KOMPETENZ · HANSER · GEWINNT

Kansy

Datenbankprogrammierung mit .NET 4.0

Thorsten Kansy

Datenbankprogrammierung mit .NET 4.0

HANSER

Der Autor:

Thorsten Kansy, Viersen

Bibliografische Information Der Deutschen Nationalbibliothek
Die Deutsche Nationalbibliothek verzeichnet diese Publikation in der Deutschen Nationalbibliografie; detaillierte bibliografische Daten sind im Internet über http://dnb.d-nb.de abrufbar.

Gesamtlektorat: Fernando Schneider
Sprachlektorat: Sandra Gottmann, Münster-Nienberge
Herstellung: Stefanie König
Coverconcept: Marc Müller-Bremer, www.rebranding.de, München
Coverrealisierung: Stephan Rönigk
Datenbelichtung, Druck und Bindung: Kösel, Krugzell
Ausstattung patentrechtlich geschützt. Kösel FD 351, Patent-Nr. 0748702
Printed in Germany

ISBN 978-3-446-42120-2

www.hanser.de/computer

Geleitwort des Herausgebers

Liebe Leserinnen, liebe Leser,

das .NET Framework ist inzwischen mehr als acht Jahre alt, und man kam ihm Reife nicht nur altersbedingt, sondern vor allem auch aus fachlichen Gründen bescheinigen. Hervorstechend in .NET ist, dass es immer mehr Anwendungsarten gibt, die sich mit der gleichen Sprachsyntax, den gleichen Bibliotheken und den gleichen Werkzeugen erstellen lassen. Zu Desktop- und Standard-Web-Applikationen haben sich inzwischen Multimedia- und Office-Anwendungen sowie Rich Internet Applications gesellt. Und auch auf der Serverseite gibt es zahlreiche Möglichkeiten für den Einsatz von .NET, vom Microsoft SQL Server über Biztalk bis hin zu SharePoint. Mit der Version 4.0 liefert Microsoft wesentliche Verbesserungen für zahlreiche Bausteine (z.B. für das ADO.NET Entity Framework) und ergänzt hilfreiche neue Klasse.

Anlässlich von .NET 4.0 aktualisieren wir die erfolgreiche „.NET-Bibliothek", die ich für den Carl Hanser-Verlag als Herausgeber betreue. Die Fachbücher dieser Reihe liefern fundiertes Wissen zu zentralen Bausteinen der Klassenbibliothek im .NET Framework. Die Reihe zeichnet sich durch prägnant gehaltene Bücher aus, die das elementare Wissen zu einem Fachgebiet für den professionellen Entwickler aufbereiten. Ein weiteres Merkmal der Reihe sind die Autoren, die seit vielen Jahren mit .NET-Technologien arbeiten und ihre umfangreiche Praxiserfahrung aus .NET-Projekten in die Bücher einfließen lassen.

Thorsten Kansy ist ein erfahrener Datenbankexperte aus unserem Netzwerk. Der vorliegende Band zum Thema „Datenbankzugriff" wurde in der zweiten Auflage komplett aktualisiert und berücksichtigt nun neben .NET 4.0 auch den Microsoft SQL Server 2008 R2. Der Autor stellt den Weg der Daten von der Datenbank über die .NET-Schnittstellen (ADO.NET, LINQ-to-SQL und Entity Framework) bis zur Benutzeroberfläche (Datenbindung an Steuerelemente in Windows Forms und ASP.NET) dar. Zu dem Themengebiet gehört auch die datenbanknahe Programmierung mit T-SQL oder SQLCLR. Das Buch stellt die Konzepte vor und liefert viele Tabellen zum Nachschlagen der wichtigsten De-tails.

Ich wünsche Ihnen, dass dieses Buch zu Ihrem Projekterfolg beitragen kann.

Essen, im April 2010

Dr. Holger Schwichtenberg

www.IT-Visions.de

He learned to walk because there was a way.
He learned to talk because he couldn't stand the silence.

Für Ursula – Danke für alles

Inhalt

1 Vorwort und Einleitung

Willkommen! Schön, dass (auch) Sie in dieses Buch schauen. Es ist das zweite, das ich nun zu diesem Thema schreiben durfte; der Erfolg seines Vorgängers hat es möglich gemacht.

Dieses Buch soll Ihnen helfen, sich in der Welt der Datenbankprogrammierung mit .NET 4.0 und SQL Server 2008 (R2) zurechtzufinden. Es wurde von mir mit großer Sorgfalt geschrieben. Ich habe versucht, meine Erfahrung aus vielen Jahren der Entwicklung mit .NET und noch mehr mit anderen Programmiersprachen einfließen zu lassen. Hilfreich waren dabei auch die unzähligen Schulungen und Gespräche mit Entwicklern. Damit ist es das Buch eines Programmierers für Programmierer. Ich hoffe, dass sich dies in diesem Werk positiv bemerkbar macht.

Für wen ist dieses Buch?

Dieses Entwicklerbuch richtet sich sowohl an den Anfänger, der bereits ein wenig Erfahrung in der C#-Programmierung mitbringt, als auch an den Profi, der auf der Höhe der Zeit bleiben möchte. In ein paar Stichworte gefasst, sollte der „optimale" Leser folgende Eigenschaften mitbringen:

- Interesse und Spaß an der Technik und Programmierung
- Neugier und Geduld
- Kenntnisse in C#
- einige Kenntnisse in SQL und relationalen Datenbanken, vielleicht sogar SQL Server

Alles, was darüber hinaus nötig ist, finden Sie in den folgenden Kapiteln.

Warum dieses Buch?

Dieses Buch bringt Ihnen ganz gezielt die Grundlagen und Techniken rund um die Datenbankentwicklung mit C#, .NET 4.0 und SQL Server 2008 (R2) näher. Es beschreibt die Neuerungen, die SQL Server 2008, SQL Server 2008 R2, Visual Studio 2010 und .NET 4.0 mit sich bringen, und zeigt in vielen Beispielen, wie sich welche Herausforderungen meistern lassen. Bei all dem konzentriert es sich genau auf diese Themen – andere Programmiersprachen oder Datenbankserver werden nur ganz am Rande erwähnt, damit mehr wertvoller Platz für das Kernthema zur Verfügung steht.

Kapitel 2 beschäftigt sich erst einmal, als allgemeine Einführung, in einer Übersicht mit den Neuerungen, die Visual Studio 2010, C# .NET 4.0 und SQL Server 2008 mit sich bringen. Damit wird die Basis für die weiteren Kapitel gelegt – das Fundament sozusagen.

Darauf folgen *Kapitel 3 und 4*, die Ihnen den Umgang mit T-SQL und dem neuen SQL Server 2008 (R2) erleichtern werden. Denn trotz aller Assistenten und Visualisierungen geht es ohne eine solide Prise an Kenntnissen über die Basis von Abfragen und des Datenbankservers noch lange nicht so gut wie mit.

In *Kapitel 5 bis 7* finden Sie dann alles Wissenswerte über die C#-Programmierung mittels Datenbankzugriff via ADO.NET, die CLR-Integration für die Entwicklung von .NET-Objekten, die auf dem SQL Server ausgeführt werden, und den effizienten Umgang mit DataSets.

Kapitel 8 widmet sich den Möglichkeiten und unzähligen Operatoren der LINQ-Abfragesprache, mit der sich ebenfalls neue Wege in der Entwicklung von hoch performanten Anwendungen beschreiten lassen.

Kapitel 9 zeigt, wie die Lücke zum Endanwender geschlossen wird und die Daten in die Oberfläche einer Anwendung eingebettet werden können.

Das letzte *Kapitel 10* schließlich beschäftigt sich mit dem ADO.NET Entity Framework 4.0, das mit .NET Framework 4.0 massiv überarbeitet wurde und nun aus den Kinderschuhen gewachsen ist.

Um Ihnen, dem Leser, das Lesen und Suchen nach bestimmten (Kern-)Informationen zu erleichtern, folgt dieses Buch einigen Konventionen bezüglich der verwendeten Schriftarten und Formatierungen.

`Quellcode (C#, T-SQL, etc), Schlüsselwörter, Methoden und Eigenschaften wurden mit diesem Format versehen.` **`Wichtige`** `Details werden darin zudem noch` **`fett`** `hervorgehoben. Dies geschieht meist in einem bestimmten` ***Kontext*** `und wird recht spärlich eingesetzt, um die Wirkung zu erhalten.`

Dateipfade, Menünamen, Tastaturkürzel oder Beschriftungen von Schaltflächen etc. werden in dieser Schriftart gedruckt.

Wichtig:

Wirklich wichtige Informationen und Hinweise werden mit diesem grauen Block und der sprechenden Beschriftung „Wichtig“ versehen. Diese Informationen sollten Sie sich nach Möglichkeit genau anschauen.

Hinweis/Interessant:

Darüber hinaus befinden sich noch viele Blöcke in diesem Buch, die mit „Hinweis“ oder „Interessant“ überschrieben sind. Diese sind zwar nicht ganz so wichtig, jedoch auf jeden Fall einen Hinweis wert oder von Interesse.

Es wurden alle Anstrengungen unternommen, um dieses Werk möglichst fehlerfrei drucken zu können. Sollten Sie (was ich natürlich nicht hoffe) Fehler/Unstimmigkeiten finden, Anregungen oder Kritik (auch positive) für mich haben oder Unterstützung benötigen, so freue ich mich über eine E-Mail unter tkansy@dotnetconsulting.eu. Zudem empfängt meine Webseite www.dotnetconsulting.eu rund um die Uhr Besucher.

Als Letztes möchte ich mich noch, bevor ich Sie dem Buch überlasse, bei meinem Herausgeber, den Mitarbeitern des Carl Hanser Verlages und meinen Freunden bedanken, ohne deren Unterstützung ich wohl niemals fertig geworden wäre. Besonderen Dank gebührt auch meinen Lesern, die mit ihren E-Mails (kritisch als auch lobend) geholfen haben, dieses Buch noch besser zu machen.

Nidderau/Santa Cruz de Tenerife, im März 2010

Thorsten Kansy

MCPD ▪ MCTS ▪ MCAD ▪ MCSD ▪ MCDBA ▪ MCSE+I ▪ MCT

Consultant, Software Designer, Trainer, Fachautor

tkansy@dotnetconsulting.eu

http://www.dotnetconsulting.eu

2

2 Neuerungen in SQL Server, Visual Studio und C#

Das folgende Kapitel beschreibt die wichtigsten Neuerungen der Werkzeuge, die für die Entwicklung von Datenbankanwendungen mit Visual Studio 2010 und SQL Server 2008 verwendet werden. Da für Mitte 2010 die neue SQL Server 2008 R2 von Microsoft angekündigt wurde, befinden sich hier auch deren Neuerungen erläutert.

Neben diesen beiden großen Softwareprodukten betrifft dies auch C# 4.0, das mit einigen neuen, interessanten Möglichkeiten aufwarten kann.

Hinweis:

Das, was der geneigte Leser an dieser Stelle findet, kann und ist nur eine Übersicht. Alleine die detaillierte Liste der Neuerungen von nur einem der Produkte würde den Rahmen dieses Buches massiv sprengen, den solch ein Kapitel einnehmen darf. Die Auswahl der Punkte ist zudem ein wenig von dem Thema dieses Buches getrieben.

2.1 SQL Server 2008

Zwar sind die Neuerungen von SQL Server 2008 im Vergleich zu seinem Vorgänger nicht ganz so massiv, wie es bei dem Wechsel auf SQL Server 2005 war, doch gibt es einige interessante Punkte für den Entwickler. Diese Features sollen im Folgenden für den Umsteiger kurz vorgestellt werden. Im Anschluss befindet sich unter *2.2, „Neuerungen des MS SQL Server* 2008 R2*"*, ein Abschnitt, der speziell auf die Neuerungen eingeht, die mit SQL Server 2008 R2 eingeführt werden. Dieses soll ca. Mitte 2010 erscheinen.

2.1.1 Neue Datentypen

SQL Server 2008 bietet einige neue Datentypen, die hier in einem Kurzüberblick erläutert werden.

- *Date*: Dieser neue Datentyp dient zur Speicherung eines reinen Datums ohne Uhrzeit, dessen Wertebereich sich vom 01.01.0001 bis zum 31.12.9999 erstreckt.
- *Time*: Dient zur Speicherung einer reinen Uhrzeit ohne Datum. Die Genauigkeit kann dabei bis zu 100 Nanosekunden betragen.
- *DateTimeOffset*: Datum und Uhrzeit werden in Verbindung mit der Zeitzone gespeichert, sodass diese (in anderen Zeitzonen) angepasst werden können. Die Genauigkeit liegt ebenfalls bei 100 Nanosekunden.
- *DateTime2*: Dies stellt eine genauere und größere Variante des bekannten `DateTime`-Datentyps dar. Sein Wertebereich erstreckt sich vom 01.01.0001 0:00:00 bis zum 31.12.9999 23:59:59.9999999.
- *Geometry & Geography*: Diese neuen Datentypen speichern Koordinaten im 2D-Raum durch Angabe von Ordinate & Abszisse oder durch Längen- und Breitengrad. Besonders der Geography-Datentyp ist von Interesse, da dieser von einer Projektion auf einer Kugel (wie unsere Erde sie annähernd ist) arbeitet und sich daher sehr gut für das exakte Beschreiben von Positionen eignet.
- *HierarchyId*: Um Hierarchien, die als Baumstrukturen angelegt wurden, lückenlos realisieren zu können, steht dieser Datentyp zur Verfügung. Durch die Implementierung als .NET UDT (User-defined Typ, benutzerdefinierter Typ) steht eine Reihe von Methoden wie z.B. `GetRoot()`, `IsDescendant()` und `GetLevel()` zur Verfügung, um innerhalb einer Hierarchie zu navigieren.

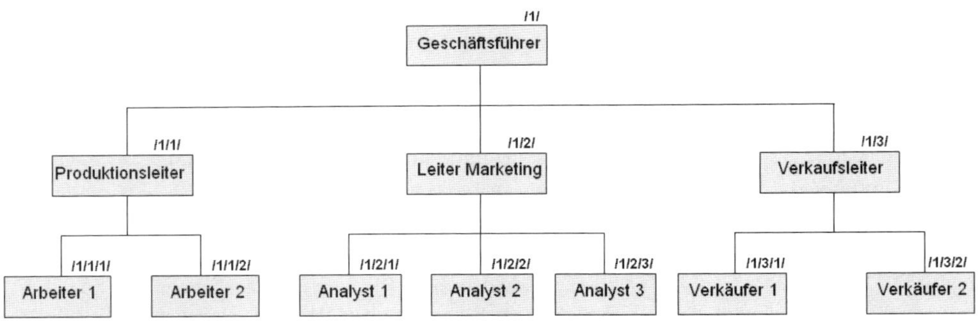

Abbildung 2.1 Eine mögliche Baumhierarchie in einem Unternehmen

2.1.2 Vereinfachte Initialisierung

Variablen können nun gleichzeitig deklariert werden und einen Wert zugewiesen bekommen. In der Praxis sieht dies so aus und erspart ein wenig Tipparbeit.

```
DECLARE @Name VARCHAR(50) ='Kansy';

DECLARE @ID INT = 4711;
```

2.1.3 Vereinfachte Berechnung

Ebenfalls klein, aber fein ist die aus C# bekannte Möglichkeit, Variablen vereinfacht um einen bestimmten Wert zu verändern. Passend zu den Variablen `@Name` und `@ID` von oben sieht dies so aus:

```
SET @Name += ', Thorsten';

SET @ID -= 100;
```

Dies funktioniert auch mit allen anderen geeigneten Operatoren wie z.B. den Grundrechenarten etc.

2.1.4 FileStream-Storage

Mit SQL Server 2008 eröffnet sich die Möglichkeit, (binäre) Daten getrennt von den restlichen Daten der Tabelle in einem FileStream-Storage anzulegen. Die entsprechenden Inhalte einer Spalte werden dann nicht in den Datenmedien der Datenbank abgelegt, sondern direkt im Dateisystem, das dafür zwingend mit NTFS[1] formatiert worden sein muss. In der Tabelle befinden sich dann quasi nur noch Verweise. Somit können effizient sehr große Datenmengen gespeichert werden. Der SQL Server legt diese BLOB-Daten selbstständig im NTFS-Dateisystem ab und sorgt gleichzeitig bei Änderungen für die notwendigen Unterstützungen bei Transaktionen, Sicherungen/Wiederherstellung und Replikationen. Unter *3.11, „Filestream“*, finden Sie beschrieben, wie mit diesem neuen Feature gearbeitet werden kann.

2.1.5 CDC (Change Data Capture)

Mit CDC können auf einfache Weise Änderungen am Inhalt und am Schema einer Tabelle überwacht und in eine Historientabelle geschrieben werden.

> **Hinweis:**
> Unter *2.1.6, „*Change Tracking*“*, ist auf den ersten Blick ein recht ähnliches Feature beschrieben. Zur Orientierung finden Sie dort auch eine Entscheidungshilfe, wann CDC und wann Change Tracking die bessere Wahl ist.

Anders als bisherige Lösungen arbeitet CDC nicht mit Triggern, sondern als Auftrag des SQL Server-Agenten, der das Transaktionsprotokoll für diesen Zweck nutzt. Der Vorteil liegt dabei auf der Hand: Neben der besseren Performance besteht nicht die Gefahr, dass ein Fehler beim Protokollieren beeinträchtigt, wie es bei Triggern der Fall war.

---

[1] NTFS: New Technology File System, das Standarddateisystem für Windows XP, Windows Vista und Windows Server

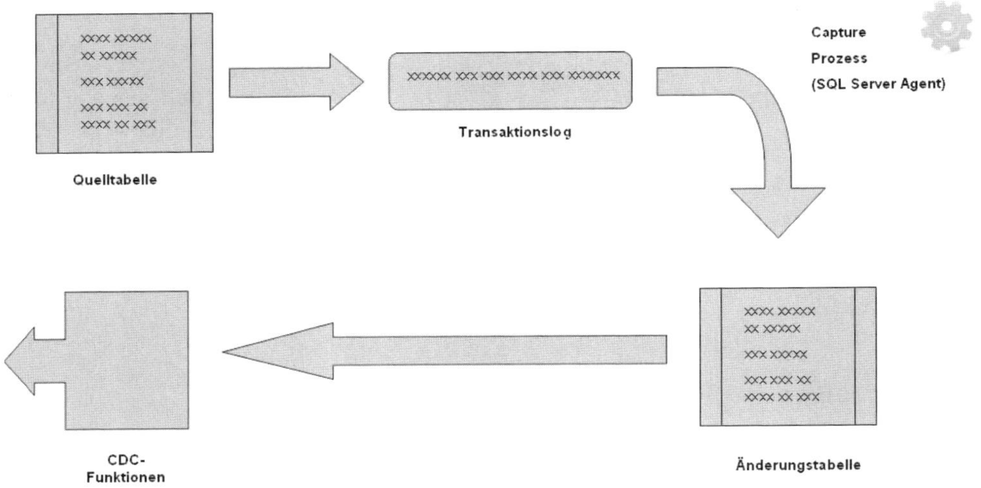

Abbildung 2.2 Diese Abbildung zeigt die Funktionsweise von CDC.

Hinweis:
Details darüber, wie CDC eingesetzt werden kann, finden Sie unter Abschnitt 3.7, „CDC (Change Data Capture)", der sich vollständig dieser Technik widmet.

2.1.6 Change Tracking

Werden Änderungen an Daten mittels Change Tracking verfolgt, so geschieht dies im Vergleich zu CDC nicht asynchron, sondern zeitgleich mit der Änderungsanweisung (`INSERT`, `DELETE`, `UPDATE` und `MERGE`, nicht jedoch `TRUNCATE TABLE`). Das bedeutet, dass Change Tracking die Geschwindigkeit dieser Anweisungen abbremst, dafür die Änderungen jedoch umgehend abgerufen werden können — eine Verzögerung, die, wie bei CDC, abhängig von der Auslastung des Systems ist, muss nicht berücksichtigt werden.

Change Tracking arbeitet mit Versionsnummern, die mit 0 beginnen und suggestiv erhöht werden, wenn Änderungen durchgeführt werden. Diese Versionsnummern sind für die gesamte Datenbank gültig und stellen damit die Grundlage für eine effiziente Datenreplikation dar, wie sie z.B. auch vom Microsoft Sync Framework realisiert wird, um zwei Datenbestände zu replizieren.

Diese funktioniert in Kürze so: Seite A hat eine Tabelle, von der Seite B weiß, dass sie bis zur Änderungsversion N auf dem aktuellstem Stand ist. Verbinden sich nun beide Systeme miteinander, kann Seite B abfragen, welche Versionsnummer gerade aus Seite A die aktuelle ist. Ist dieser Wert gleich N, so wurde in der Zwischenzeit nichts verändert. Ist der Wert allerdings größer N, so kann Seite B fragen „Gibt mir alle Änderungen der Tabelle in Version N", den eigenen Datenbestand entsprechend auffrischen und schließlich N auf den neuen, höheren Wert aktualisieren. Später wiederholt sich der Prozess, um dann die neuen

Änderungen an den Daten erneut zu replizieren, usw. usw. Ist der Wert jedoch kleiner, so liegt ein Problem vor, und die beiden Seiten A & B müssen sich komplett neu initialisieren — oftmals so, dass eine Seite alle Daten der anderen übernimmt. Was dieses System nicht hergibt, ist der genaue Zeitpunkt, wann eine Änderung vorgenommen wurde.

Informationen über Änderungen sind nur für einen definierbaren Zeitraum verfügbar. Wird versucht, nach dessen Ablauf Änderungen abzufragen, sind diese nicht mehr gültig oder lückenhaft. Wie Sie nach der Aktivierung weiter unten sehen werden, gibt es jedoch einen Mechanismus, der solche Fälle erkennt und angemessen reagiert.

Hinweis:

Details darüber, wie Change Tracking in der eigenen Anwendung eingesetzt werden kann, finden Sie unter Abschnitt 3.8, „Change Tracking“.

CDC vs. CT

Die Funktionalitäten von CDC und CT erscheinen recht ähnlich, wenn nicht sogar gleich. Doch es gibt Unterschiede, die wichtig für die Entscheidungsfindung sind, wenn es darum geht, welche der beiden die richtige Wahl ist. Die folgende Tabelle stellt die unterschiedlichen Merkmale gegenüber.

Tabelle 2.1 Gegenüberstellung der Merkmale von CDC und CT

Merkmal	CDC	CT
Asynchrone Ausführung	Ja	Nein
Zeitgleiche, synchrone Ausführung	Nein	Ja
Benötigt SQL Server Agent	Ja	Nein
Erfasst Nettodatenänderungen	Ja	Ja
Erfasst Bruttodatenänderungen	Ja	Nein
Tabellengenaue Überwachung	Ja	Ja
Spaltengenaue Überwachung	Ja	Ja
Art der Änderung ist bekannt	Ja	Ja
Genauer Zeitpunkt ist bekannt	Ja	Nein
Änderungskontext	Nein	Ja
Erfasst Änderungen am Aufbau von Tabellen	Ja	Nein
Erfasst jegliche Änderungen an und in der Datenbank, inklusive Leseoperation auf einer Tabelle, und hält zudem fest, wer für die Änderung verantwortlich ist.	Nein	Nein

Das letzte Merkmal der vorherigen Tabelle, nämlich das Erfassen von Leseoperationen in der Datenbank, ist weder mit CDC noch mit CT möglich. Für Anwendungen oder Situationen, die solch eine Funktion benötigen, sei auf Auditing hingewiesen, das im nächsten Abschnitt beschrieben wird.

2.1.7 Auditing

Mit Auditing lassen sich ab SQL Server 2008 alle Arten von Zugriffen auf Datenbanken aufzeichnen. Da es sich hierbei um ein Feature handelt, das zur vollständigen, jedoch selektiven Überwachung gedacht ist, kann über eine Spezifikation festlegt werden, welche Aktion (z.B. DML-Anweisungen) von welchen Benutzern/Rollen dabei berücksichtigt wird.

Auditing bedient sich der erweiterten Ereignisse (Extended Events), der neuen Ereignis-Infrastruktur, die mit SQL Server 2008 eingeführt wurde. Der praktische Einsatz gliedert sich grob in die vier folgenden Schritte aus:

- Die Erstellung und das Aktivieren eines Überwachungsobjekts auf Instanzebene, das alle Zugriffe zu einem Ziel sendet. Dies kann eine Datei, das Anwendungs- oder das Sicherheitsprotokoll des Betriebssystems sein.
- In den betreffenden Datenbanken kann eine Überwachungsspezifikation anlegt werden, die festlegt, welche Aktionen von wem in dieser Datenbank aufgezeichnet werden sollen.
- Aktivierung der Überwachung
- Später Auswertungen und Analyse der Zugriffe

SQL Server Auditing ist ein Feature, das für die Überwachung und den Nachweis des Zugriffs auf sensible Dateien entwickelt wurde. Daher kann es vollständig per Oberfläche administriert und die Protokollierung außerhalb der Datenbank abgelegt werden — damit ist z.B. verstärkt sichergestellt, dass der Zugriff auf diese empfindlichen Daten wirklich nur von einer auserlesenen Schar von Anwendern (Revision) möglich ist.

Jedoch lassen sich die gewonnenen Informationen leicht per T-SQL abfragen, sodass auch ein Einsatz in der eigenen Anwendung keine großen Probleme bereitet.

> **Hinweis:**
> Eine kleine Einführung, wie Auditing aktiviert und verwendet werden kann, finden Sie in Kapitel 3 unter *3.9, „Auditing“*.

2.1.8 Die Merge-Anweisung

Neu in der Familie der DML-Anweisungen ist die ANSI[2]-SQL-konforme `MERGE`-Anweisung, die `INSERT`-, `DELETE`- und `Update`-Anweisungen in sich vereint. So ist es z.B. möglich, mit nur einer Anweisung Zeilen in einer Tabelle entweder zu aktualisieren oder einzufügen, je nachdem, ob die Zeile schon vorher existierte. Dabei eignet sich diese Anweisung besonders in Data-Warehousing-Szenarien.

---

[2] ANSI: American National Standards Institute

Ohne die MERGE-Anweisung könnte eine solche Aufgabenstellung mit einer entsprechenden Kombination aus INSERT-, DELETE- und UPDATE-Anweisungen erledigt werden. Diese haben aber klar den Nachteil, dass Daten mehrfach abgefragt werden müssen und, da es sich nicht um eine einzelne Anweisung handelt, Vorkehrungen für eine Transaktion getroffen werden müssen — ein Umstand, der sich gerade bei Abfragen, die auf mehrere Server verteilt wurden, als langsam und kompliziert erweist.

```
-- Zuerst das Ziel festlegen (Tabelle oder Sicht)
MERGE Ziel Z
-- Nun die Quelle festlegen (Tabelle, Sicht oder Abfrage)
USING Quelle Q
-- Verbindung zwischen Zeilen im Ziel und in der Quelle
ON Q.ID = Z.ID
-- Zeile aktualisieren, wenn in Quelle und Ziel vorhanden
WHEN MATCHED THEN UPDATE SET Name = Q.Name
-- Zeile einfügen, wenn in Quelle, aber nicht im Ziel vorhanden
WHEN NOT MATCHED THEN INSERT (id, Name) VALUES (id, Name)
-- Zeile löschen, wenn im Ziel, aber nicht (mehr) in der Quelle vorhanden
WHEN NOT MATCHED BY SOURCE THEN DELETE
--Zurückgeben, was mit welcher Zeile geschehen ist
OUTPUT $ACTION, Q.ID;
```

Über das Pseudonym $ACTION lassen sich zudem in Verbindung mit einer OUTPUT-Klausel die Veränderungen für jede Zeile abrufen (INSERT; DELETE oder UPDATE).

Hinweis:

Unter 4.5.5, „Die Merge-Anweisung“, finden Sie weitere Details zu dieser neuen Anweisung.

2.1.9 Mehrere Zeilen mit einer INSERT-Anweisung einfügen

Bis SQL Server 2005 konnten pro INSERT-Anweisung nur jeweils die Werte für eine einzige Zeile angegeben werden. Mehr als eine Zeile konnte damit nicht eingefügt werden, sodass eine Reihe von „Notlösungen“ existierten, die z.B. mit SELECT und dem UNION ALL-Operator als Wertequelle arbeitet. Nun ist dies nicht mehr notwendig. Die INSERT-Anweisung akzeptiert nun Werte einer beliebigen Anzahl Zeilen:

```
INSERT INTO Tabelle VALUES
('Kansy', 'Thorsten', DEFAULT), -- Zeile 1
('Bond', 'James', 54),          -- Zeile 2
('Sponge', 'Bob', DEFAULT);     -- Zeile 3
```

Können die Werte einer Zeile nicht eingefügt werden, so wird die gesamte Anweisung abgebrochen und kein Wert eingefügt. Schließlich ist die gesamte Anweisung nach wie vor nur eine einzige.

2.1.10 Grouping Sets

Mit den neuen Grouping Sets lässt sich die Ausgabe einer SELECT-Anweisung nach mehr als nur einem Satz Spalten gruppieren. Dadurch lassen sich u.a. ähnliche, jedoch flexiblere Abfragen, wie sie mit WITH ROLLUP und CUBE möglich sind, realisieren.

```
SELECT Mitarbeiter, Jahr, SUM(Umsatz) AS Umsatz
FROM Umsaetze
GROUP BY GROUPING SETS
(
    (Mitarbeiter), -- Gruppierungssatz 1
    (Jahr)         -- Gruppierungssatz 2
);
```

Die Ausgabe kann so aussehen:

```
Mitarbeiter  Jahr        Umsatz
----------- ----------- ---------
NULL        2005        37000.00
NULL        2006        44000.00
NULL        2007        39000.00
TKA         NULL        32000.00
HUT         NULL        34000.00
UNE         NULL        54000.00
```

Da die gleiche `SELECT`-Anweisung quasi mehrfach hintereinander gruppiert wird, gibt es bei Kombinationen, in denen eine Spalte in einer einzelnen Gruppierung nicht zulässig wäre, lediglich den Wert `NULL` als Rückgabe.

2.1.11 Tabellen als Parameter (Table-Valued Parameters – TVP)

Mit SQL Server 2008 können Funktionen und gespeicherte Prozeduren Parameter erhalten, die einen tabellarischen Aufbau haben (Table-Valued Parameters). Damit können statt einzelner Werte ganze Datenmengen übergeben werden. Das folgende Beispiel zeigt, wie dies in T-SQL realisiert wird.

```
-- Datentyp erzeugen
CREATE TYPE tParam AS TABLE
(
    id INT
);
GO

-- Gespeicherte Prozedur erstellen
CREATE PROC TestTVP
(
    @IDs tParam READONLY
)
AS
    -- Ausgabe zu Testzwecken
    SELECT * FROM @IDs;
GO

-- Aufruf
DECLARE @IDs tParam;
INSERT INTO @IDs VALUES (0815), (4711);

EXEC TestTVP @IDs;
```

Die Ausgabe sieht wie erwartet so aus:

```
id
-----------
815
4711
```

In diesem Fall gibt die gespeicherte Prozedur die Werte nur aus, eine sinnvolle Implementierung ist jedoch eine einfache Übung.

Eine .NET-Anwendung kann mit ADO.NET zwei unterschiedliche Wege beschreiten, um TVP zu verwenden.

- *In-memory table*: D.h., eine Tabelle aus dem Speicher wird direkt als Parameter verwendet. Zu diesem Zweck akzeptiert das `SqlParameter`-Objekt ein `DataTable`-Objekt als Wert. Dies ist recht einfach zu implementieren, hat jedoch den Nachteil, dass der Speicherbedarf direkt von der Größe der Tabelle abhängt – etwas, was bei kleinen Tabellen jedoch vernachlässigbar ist.
- *Stream row data*: Bei diesem Ansatz werden die Daten direkt per Datenstrom übermittelt. Dies wird mit einem `DbDataReader`-Objekt in Verbindung mit `IEnumerable<SqlDataRecord>` realisiert. Der Nachteil der etwas umfangreicheren Implementierung wird durch einen Speicherbedarf, der nicht von der Größe der Tabelle abhängig ist, ausgeglichen.

}

2.1.12 Sparse-Spalten

Mit SQL Server 2008 werden sogenannte Sparse-Spalten (sparse = engl. für spärlich) eingeführt. Diese belegen keinen physikalischen Platz, wenn sie keinen Wert, sondern `NULL` beinhalten. Sinnvoll kann dies z.B. bei einer Tabelle sein, welche die sehr unterschiedlichen Waren eines Kaufhauses beschreibt. Eigenschaften wie Speicherkapazität machen vielleicht für MP3-Player und Digitalkameras Sinn, jedoch nicht für CDs (die Gesamtlaufzeit) und Waschmaschinen (die eine maximale Beladungsgrenze haben). Das Tabellendesign muss für alle möglichen Merkmale eine Spalte bereitstellen, die in vielen Fällen einfach leer (`null`) wären.

Damit kann das Limit von 1.024 Spalten pro Tabelle in solchen Szenarien gesprengt werden, in denen immer nur ein kleiner Teil der Spalten mit Werten belegt ist. Auf diese Weise sind mehr als 32.000 Spalten möglich. Das SQL Server Management Studio (Express) nennt die entsprechende Eigenschaft solcher Spalten „Ist von geringer Dichte", im T-SQL wird das `SPARSE`-Schlüsselwort eingefügt.

```
CREATE TABLE Tabelle
(
    [ID] INT IDENTITY(1,1) NOT NULL,
    [s1] NCHAR(10) SPARSE NULL,
    [s2] NCHAR(10) SPARSE NULL,
    [s3] NCHAR(10) SPARSE NULL
    -- Über 32.000 weitere Sparse-Spalten möglich
);
```

Sparse-Spalten sind jedoch etwas unhandlich abzufragen. Sowohl bei Abfragen à la `SELECT * FROM TabelleMitSparse;` als auch beim Öffnen der Tabelle im SQL Server Management Studio (Express) sind sie nicht sichtbar. Nur in der Tabellendefinition und wenn sie namentlich angesprochen werden, stehen sie zur Verfügung.

Hinweis:

Unter *4.6.3.1, „Tabelle anlegen“*, werden Sparse-Spalten detailliert behandelt. Dort findet sich auch ein Hinweis, wie diese Werte im XML-Format abgefragt werden können.

2.1.13 Transparente Verschlüsslung der gesamten Datenbank

Auf Wunsch kann die gesamte Datenbank für Anwendungen transparent verschlüsselt werden. Somit können sensible Daten abgesichert werden, ohne dass Änderungen an den laufenden Anwendungen vorgenommen werden müssen. In der Praxis stellt sich diese Funktion so dar, dass ohne den richtigen Schlüssel kein Datenmedium oder Backup auf einem SQL Server verwendet werden kann.

Der entsprechende Schlüssel kann sowohl auf dem SQL Server als auch auf einem externen Schlüsselspeicher einer PKI abgelegt werden.

Hinweis:

Bedenken Sie, dass eine Verschlüsselung eine Belastung für die CPU bedeutet. Setzen Sie dieses Feature also nur ein, wenn es wirklich aus sicherheitstechnischen Gründen benötigt wird. So werden Anwendungen nicht unnötig verlangsamt, und die mit der Verschlüsselung verbundenen administrativen Aufgaben fallen nicht an.

Wichtig:

Die Verschlüsselung wirkt sich automatisch auf die tempdb-Systemdatenbank aus. Dies bedeutet für andere Datenbanken, die intensiv Gebrauch von dieser Datenbank machen, einen mitunter spürbaren Leistungseinbruch. Eine Lösung kann in diesem Fall sein, mit getrennten SQL Server-Instanzen zu arbeiten.

2.1.14 IntelliSense

Das SQL Server Management Studio (Express) unterstützt nun IntelliSense beim Schreiben von T-SQL-Abfragen. Damit hat dieses Feature auch in diesen Bereich Einzug gehalten.

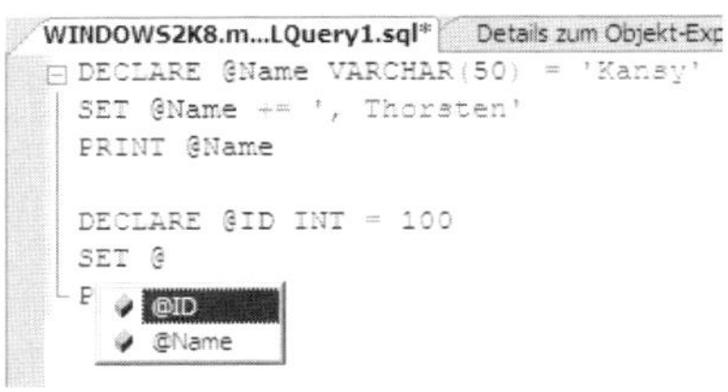

Abbildung 2.3 T-SQL IntelliSense dürfte das Entwicklerleben um einiges erleichtern.

2.1.15 Was sonst noch neu ist

So weit die Verbesserungen, welche die Entwicklung einer Anwendung für SQL Server 2008 direkt betreffen. Die nun folgende Auflistung soll der Orientierung dienen.

- Die Volltextsuche wurde integriert und stellt nun keinen eigenen Dienst mehr dar. Unter *3.10, „Volltextsuche“*, findet sich die Volltextsuche im Einsatz beschrieben.
- Die Performance beim Suchen über sehr große Tabellen wurde optimiert.
- Auf entsprechenden (virtualisierten) Hardware-Plattformen kann ohne Ausfallzeit CPU für SQL Server 2008 bereitgestellt werden.
- Die Verwaltung des SQL Servers kann nun über eine neue Richtlinienarchitektur durchgeführt werden.
- Die Verwaltung von Verschlüsselungen und der sicherheitsrelevante Schlüssel wurden überarbeitet, das erlaubt nun den Einsatz von Hardware Security Modules-Produkten (HSM).
- Die Datenkomprimierung von Medien und Backups wurde verbessert, um das I/O-System des Computers zu entlasten.
- Ein Ressourcen-Management sorgt für eine Festlegung von maximalem CPU-Verbrauch pro Nutzer/Nutzungsart.

SQL Server Reporting Services (SSRS)

- SSRS-Berichte können nun URLs enthalten, die wieder auf die Clientanwendung verweisen und dort verarbeitet werden können.
- Die Ausführungsgeschwindigkeit, die Verteilung über das Internet und bei der Verwaltung von mehreren Berichtsservern wurde verbessert.
- Die Microsoft Office-Integration wurde verbessert, sodass SSRS-Berichte direkt in Word oder Excel verwendet werden können.

SQL Server Integration Services (SSIS)

- Die SSIS Pipeline wurde überarbeitet und in puncto Performance und Stabilität verbessert.

2.2 Neuerungen des MS SQL Server 2008 R2

Die neue SQL Server-Version, die nicht durch eine neue Jahreszahl, sondern nun um den Zusatz „R2“ zu erkennen ist, bringt einige Neuerungen mit, die hier auf den nächsten Seiten zu finden sind. Zusätzlich finden sich hier Neuerungen, welche die SQL Server Reporting Services (SSRS) betreffen, da die SSRS kein eigenständiges Produkt, sondern Bestandteil des SQL Servers sind.

Hinweis:
Ein Hinweis in eigener Sache: Der Autor arbeitet an einem Buch, das sich ausschließlich und tiefgehend mit SSRS und seinen diversen Erweiterungsmöglichkeiten beschäftigt. Es erscheint voraussichtlich Ende 2010, ebenfalls im Hanser-Verlag.

2.2.1 Datenbank

Die Neuerungen in SQL Server 2008 R2 sind für Entwickler mehr als mager. Diese Version hat Data Warehouse und die damit verbundenen Dimensionen an Datenbankgrößen und Abfragemechanismen auf der Fahne stehen. Die folgenden Abschnitte geben einen kleinen Überblick.

2.2.1.1 Datacenter und Parallel Data Warehouse Edition

SQL Server 2008 R2 wird in zwei neuen, zusätzlichen Editionen verkauft werden: Datacenter und Parallel Data Warehouse Edition. Beide adressieren Szenarien für sehr große bis extrem große Datenbanken. Die maximale Datenbankgröße liegt damit im Petabyte[3]-Bereich.

2.2.1.2 256 Kerne

Entsprechende Hardware vorausgesetzt, werden nun bis zu 256 CPU-Kerne unterstützt. Diese können zudem beim laufenden Betrieb ohne Neustart hinzugefügt oder entfernt werden. Ein Feature, das gerade bei virtuellen Umgebungen Sinn macht.

2.2.1.3 Verbesserte Datenkomprimierung

Die Datenkomprimierung wird durch Einsatz von UCS-2-Unicode-Unterstützung verbessert. Dadurch fällt eine unglückliche Wahl von Unicode-Datentypen, wenn diese später nicht benötigt werden, bei großen Datenbanken nicht mehr so schwer ins Gewicht.

2.2.1.4 Verbesserte Komprimierung von Datenbanksicherungen

Die Verbesserungen von Datenbanksicherungen, sowohl deren Platz- und Zeitbedarf, beträgt um die 60%. Gerade der Platzbedarf bedeutet für viele Unternehmen bares Geld, da die Archivierung von Backups oftmals nach Gigabytes bezahlt wird. Durch die Verbesserungen ist auch die Wiederherstellung aus einer Sicherung in kürzerer Zeit (in Vergleich zu SQL Server 2008) möglich.

---

[3] 1 Petabyte (PB) entspricht
10^{15} Byte = 1.000.000.000.000.000 Byte (Dezimalpräfix) bzw.
2^{50} Byte = 1.125.899.906.842.624 Byte (Binärpräfix)

2.2.1.5 Multi-Server-Management

Wer mehr als nur eine Handvoll SQL Server zu verwalten hat, kann sicherlich leicht nachvollziehen, welchen Aufwand die Verwaltung von einer großen Anzahl von SQL Servern (Instanzen) mit sich bringt. Bis dato mussten für diesen Zweck externe Anwendungen eingekauft werden. Mit SQL Server 2008 R2 wird eine Reihe von Features eingebaut, welche die Überwachung unterstützen. In das SQL Server Management Studio wurde zu diesem Zweck z.B. der „Utility Explorer" integriert, der mit einem Blick erkennen lässt, wo die Auslastung der verwalteten Instanzen im Durchschnitt liegt. Dabei wird sinnvollerweise sowohl zwischen über- und unterbelasteten Datenbanken unterschieden und Datenbanken, die sich im „grünen" Bereich befinden.

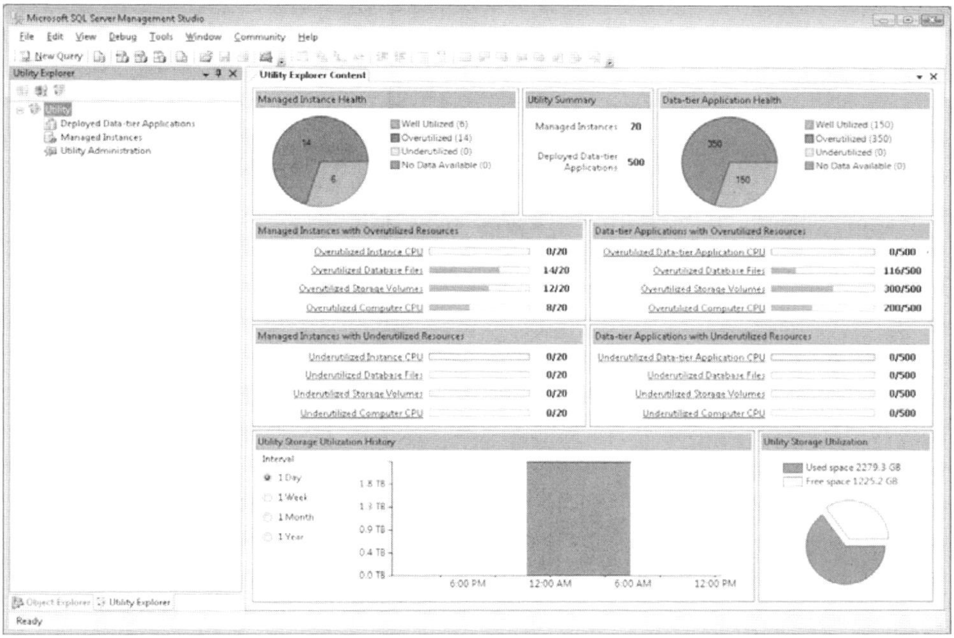

Abbildung 2.4 Sämtliche Ressourcen aller verwalteten Instanzen auf einen Blick

Für eine solche Bewertung fließt die Auslastung von CPU, Speicher, Datenbankmedien, etc. mit ein. Mit einem Klick kann auf Wunsch weiter ins Detail gegangen und Informationen über einzelne Instanzen können abgerufen werden.

2.2.1.6 Power-Pivot für SharePoint

Für Auswertungen steht Power-Pivot zur Verfügung, das in SharePoint-Anwendungen eingebaut werden kann.

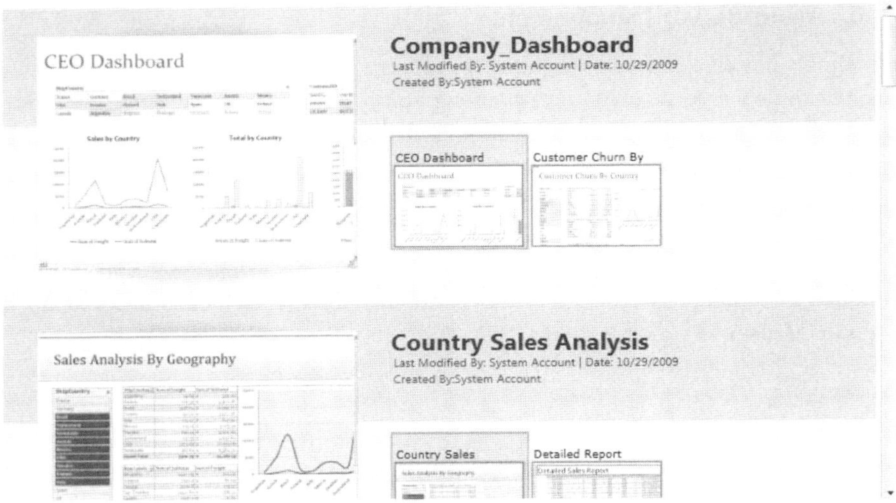

Abbildung 2.5 Eine der Darstellungsmöglichkeiten aus einem SharePoint Portal ist hier geöffnet.

Mit diesem Feature lassen sich optisch anspruchvolle Darstellungen und SharePoint, das sich in vielen Unternehmen in den letzten Jahren etabliert hat, einfacher miteinander verbinden.

2.2.1.7 Master Data Services

Die Master Data Services sollen in großen Unternehmen dazu beitragen, eine standardisierte Datenbasis zu schaffen, um sicherer kritische Entscheidungen auf Grundlage dieser Daten treffen zu können.

Die wichtigsten Punkte sind in der folgenden Stichpunktliste zusammengefasst.

- Zentraler Master Data Hub, der für die Verteilung und das Management von Master Entities und Hierarchien verantwortlich ist.
- Thin-Client-Portal zur Verwaltung. Dies ist technisch eine ASP.NET-Anwendung und wird als Master Data Manager (MDM) bezeichnet.
- Eingebaute automatische Versionierung von Entitäten und Hierarchien.
- Flexible und erweiterbare Geschäftsregeln, welche die Datenqualität überwachen.
- Workflows, die auf Grundlage von definierten Geschäftsregeln die verantwortlichen Mitarbeiter (per E-Mail) benachrichtigen
- Rollenbasiertes Sicherheitsmodell

2.2.2 SQL Server Reporting Services

Die Technologie SQL Server Reporting Services (SSRS), die kostenfrei für alle SQL Server 2008 R2[4]-Editionen[5] zur Verfügung steht, bekommt bei dieser neuen Version besonders viele Überarbeitungen und Neuerungen.

2.2.2.1 Karten-Steuerelemente zur Darstellung von räumlichen Daten

Mit SQL Server 2008 ersetzen die Berichtssteuerelemente der Firma Dundas die Diagramme und Graphen aus dem Hause Microsoft, um Daten anschaulich als Diagramm, Graph oder Messgerät („Gauge") darstellen zu können. Neu sind nun Steuerelemente, mit denen Daten (`GEOMETRY` und `GEOGRAPHY`) anschaulich auf Land-/Weltkarten dargestellt werden können.

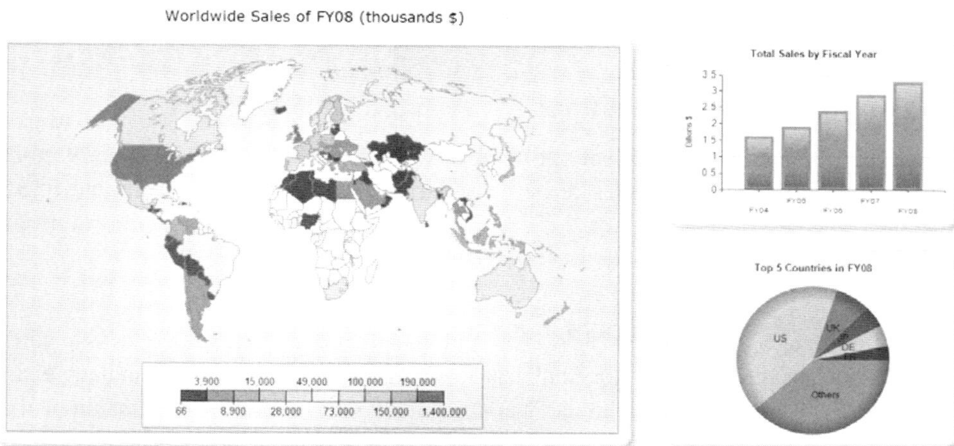

Abbildung 2.6 Das neue Karten-Steuerelement zur Darstellung räumlicher Daten

Die zugrunde liegenden Karteninformationen können heruntergeladen[6] bzw. auch selbst erstellt werden. Auf diese Weise kann z.B. auch Deutschland oder die eigene Region dargestellt werden. Auch „Nicht-Landschaften" wie z.B. Bauteile oder Lagepläne von Einkaufszentren sind möglich.

---

[4] SSRS war schon als Add-On für SQL Server 2000 verfügbar und ist seit Version 2005 fester Bestandteil des SQL Servers.

[5] Für die Express Edition ist eine entsprechende Variante „SQL Server 2008 R2 with advanced Services" kostenfrei verfügbar, zu der unter anderem SSRS dazugehört.

[6] z.B. http://www.dundas.de

2.2.2.2 Report Builder 3.0

Der Report Builder, die benutzerfreundliche Alternative zu Visual Studio bei der Erstellung von Berichten, der eine ähnliche Oberfläche besitzt wie die Programme aus dem Office 2007-Paket (Stichwort: Ribbons), geht mit Version 3.0 ebenfalls in die nächste Runde. Diese Version unterstützt die neuen Features und verbessert die Benutzerfreundlichkeit. Wer Office 2007 bedienen kann, wird auch mit diesem Tool (höchstwahrscheinlich) keine größeren Probleme haben.

2.2.2.3 AJAX Report Viewer

Um in einer ASP.NET-Anwendung Berichte anzuzeigen, gibt es ein neues Report Viewer-Steuerelement, das nun AJAX verwendet, sodass z.B. bei einem Drill-down-Bericht nur die notwendigen Teile ausgetauscht und neu gerändert werden müssen. Daher ist es auch nicht mehr notwendig, bei Drill-down-Berichten mehrfach auf die Zurück-Schaltfläche des Browsers zu klicken.

2.2.2.4 Neues Stand-alone-Report Viewer-Steuerelement

Bereits zusammen mit Visual Studio 2010 Beta wird ein neues Stand-alone-Steuerelement für Berichte ausgeliefert. Es wird die gleiche Anzeigetechnologie für lokale und SSRS-basierte Berichte verwenden, sodass die Entwicklung von Anwendungen, die wahlweise mit oder ohne Server laufen sollen, vereinfacht wird.

2.2.2.5 Überarbeiteter Berichtsmanager

Der Berichtsmanager bekommt ebenfalls ein Facelifting, das vom Aussehen und der Funktionsweise an SharePoint angelehnt ist. Damit ist diese Komponente angemessen modernisiert und in puncto Bedienungskomfort auf dem aktuellen Stand.

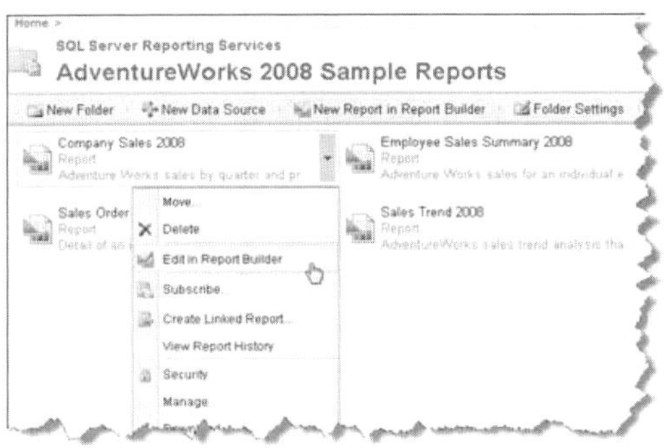

Abbildung 2.7 Der neue Look des Berichtsmanagers

2.2.2.6 Expression Language-Erweiterungen

Für die Beschreibung des Aufbaues eines Berichtes verwendet SSRS eine XML-Variante, die Report Definition Language (RDL) genannt wird. Mit SQL Server 2008 R2 wird RDL um einige neue Funktionalitäten wie `Lookup`, `LookupSet`, `MultiLookup` erweitert, die noch umfangreichere und komplexere Nachbearbeitungen von Daten (abhängig von der jeweiligen Datenquelle) gestatten.

2.3 Visual Studio 2010

Auch Visual Studio 2010 hat in der neuen Version einige Verbesserungen und Neuheiten an Bord. Es folgt eine stichwortartige Liste mit den wichtigsten Punkten.

Generell wird Visual Studio so ausgebaut, dass jede Aufgabe, die im Lebenszyklus einer Anwendung[7] eine Rolle spielt (von Projektmanager über Programmierer bis hin zum Tester), abgedeckt wird.

Da Visual Studio an sich sprachneutral ist, sind einige Punkte zu finden, die sich keiner oder mehreren Programmiersprachen zuordnen lassen.

- Bis dato war es nur möglich, sich beim Debuggen den aktuellen Wert von Variablen an der Stelle in der Ausführung anzuschauen, an der der Fehler aufgetreten ist. Mit dem neuen historischen Debuggen („Historical Debugging"), das über die Einstellungen explizit aktiviert werden muss, ist es möglich, die Uhr für die Anwendung quasi rückwärts laufen zu lassen und nach den Gründen für den Fehler zu fahnden. Variablen nehmen so den Wert an, den sie bei der Ausführung zuvor hatten.
- Ein Architecture Explorer wurde für die Darstellung der Anwendungsarchitektur in Form von Graphen, Diagrammen und Abhängigkeitsmatrizen eingebaut.
- Microsoft ist der Object Management Group (OMG[8]) beigetreten und hat konsequenterweise Visual Studio 2010 um eine Unified Modeling Language 2.1.1 (UML) erweitert. Damit stehen fünf der 13 Diagrammtypen, die UML zu bieten hat, zur Verfügung (Use Case, Component, Activity, Classes und Sequences).
- Es gibt einen neuen Modell-Explorer, der alle erstellten (UML-)Modelle strukturiert darstellen kann.
- Visual Studio 2010 kann aus bestehenden Quelltexten Sequenz-Diagramme erstellen.
- Neue Debug-Funktionen sollen die Möglichkeit von Fehlern, die sich im Entwicklungsumfeld nicht reproduzieren lassen, erheblich vermindern helfen. Zu diesem Zweck können bei Programmausführung alle relevanten Informationen aufgezeichnet und später quasi abgespielt werden. Ob dies im praktischen Einsatz bei komplexeren Anwendungen nützlich sein wird, wird sich herausstellen.

---

[7] Application Lifecycle Management (ALM)

[8] Nicht zu verwechseln mit der Abkürzung für einen Ausruf der Verzweiflung.

- Intelligente Tests erlauben es, dass nur solche Tests in Codeteilen durchgeführt werden, die verändert wurden. Tests für Programmteile, die durch die Änderungen nicht betroffen sind, müssen also nicht wieder durchgeführt werden — das spart Zeit.
- Weitere Verbesserungen bei der Integration von Quellverwaltungen wie z.B. Team Foundation Server.
- Silverlight 3.0 ist nun integriert und muss nicht mehr (wie bei Visual Studio 2008) nachträglich installiert werden. Außerdem existiert nun ein grafischer Designer für die WPF-Oberfläche von Silverlight-Anwendungen.
- Anwendungen für Windows Azure können ebenfalls direkt entwickelt werden, ohne dass zusätzliche Software installiert werden muss.
- Visual Studio 2010 kann nun MVC2[9]-Projekte für ASP.NET Anwendungen erstellen und unterstützen.

Und viele Dinge mehr. Wie bereits geschrieben, kann und ist dies nur ein kleiner Überblick.

2.4 Neuheiten in C# 4.0

Mit C# 4.0 werden ebenfalls einige Erweiterungen für diese Programmiersprache eingeführt. Die wichtigsten werden in diesem Abschnitt vorgestellt.

2.4.1 Optionale und benannte Parameter

In VB.Net und bei Attributen schon seit der ersten Version möglich, existieren nun auch in C# optionale und benannte Parameter. Gemeint sind zum einen Parameter, die nicht zwingend für den Aufruf einer Methode sind — der Aufrufer entscheidet, welche Werte übergeben werden sollen. Gedacht ist dieses Feature für die Arbeit mit COM-Objekten (z.B. von den Microsoft Office-Programmen) und Legacy-Code, deren Methoden teilweise Dutzende Parameter erwarten, obwohl für einen Aufruf je nachdem nur wenige Werte benötigt werden. Mit der Möglichkeit optionaler Parameter wird es möglich, dass nicht jeder Aufruf sich über mehrere Zeilen erstreckt. Vielmehr müssen nur diejenigen Parameter übergeben werden, die keine „leeren" Werte wie `null` enthalten und für den Aufruf wichtig sind.

Dieses Einsatzgebiet ist auch der Grund für das, was sich im nächsten Achtung-Kästchen befindet.

[9] MVC2: Model View Control Version 2

Achtung:

Optionale Parameter besitzen Standardwerte. Diese Werte werden jedoch nicht in der aufgerufenen Methode abgelegt, sondern an der Stelle, an welcher der Aufruf geschieht. Intern passiert Folgendes: Der C#-Compiler ergänzt im Aufruf alle nicht verwendeten Parameter und verwendet dabei die Standardwerte. Bei Schnittstellen zu COM macht dies durchaus Sinn, da auf diese Weise sichergestellt ist, dass auch bei einer neueren Version der Schnittstelle noch die gleichen Werte übergeben werden. Erst wenn der Aufrufer neu kompiliert, kommen mögliche Änderungen an den Standardwert hier zum Tragen.

Eine Methode mit einem oder mehreren optionalen Parametern wird definiert, indem für den entsprechenden Parameter ein konstanter Standardwert angegeben wird.

```
static void MeineMethode(bool optionalerParameter1 = false,
                         string optionalerParameter2 = "Wert2")
{
    ...
}
```

Eine solche Methode kann erst einmal wie gewohnt aufgerufen werden.

```
MeineMethode(false, "tkansy@dotnetconsulting.eu");
```

Möglich sind aber auch Aufrufe, die einen oder mehrere Parameter von rechts her einfach weglassen. Also:

```
MeineMethode(false);
```

Oder sogar nur:

```
MeineMethode();
```

Soll ein Parameter von links her weggelassen, d.h. übersprungen werden, so müssen die Parameter benannt werden. Statt

```
MeineMethode("tkansy@dotnetconsulting.eu"); // Kompiliert nicht
```

muss es daher korrekt heißen:

```
MeineMethode(optionalerParameter2: "Thorsten Kansy");
```

Durch diese Benennung kann auch die Reihenfolge der Werte beim Aufruf vertauscht werden, was sicherlich in die Rubrik „Machbar, aber wenig sinnvoll" gehört.

```
MeineMethode(optionalerParameter2: "Thorsten Kansy",
             optionalerParameter1: false);
```

Eine Methode kann sowohl optionale als auch nicht optionale Parameter besitzen. Allerdings müssen alle nicht optionalen Parameter links vor dem ersten optionalen Parameter erscheinen. Die folgende Methode ist daher nicht gültig.

```
static void MeineMethode(bool optionalerParameter1 = false,
                         bool Parmeter3, // nicht optional
                         string optionalerParameter2 = "Wert2")
{ ... }
```

Gültig ist hingegen diese Methode:

```
static void MeineMethode(bool optionalerParameter1 = false,
                         string optionalerParameter2 = "Wert2",
                         bool Parmeter3, // nicht optional)
{ … }
```

Hinweis:

Auch Konstruktoren von Klassen können optionale Parameter besitzen.

Optionale Parameter vs. überladene Methoden

Optionale Parameter scheinen auf den ersten Blick eine Alternative für die Überladungen von Methoden und Konstruktoren darzustellen. Doch dem ist nicht so, es gibt Gründe, „trotzdem" Überladungen zu verwenden.

- Der Programmierer einer überladenen Methode verfolgt mit der Erstellung von Überladungen eine Strategie und möchte dem aufrufenden Programmierer damit helfen, die richtige Überladung zu finden. Optionale Parameter können diese Hilfestellung nicht leisten. Als Beispiel sei hier die `MessagBox.Show()`-Methode der WindowsForms-Technologie genannt: mit insgesamt 21 Überladungen, von Minimum (eine Zeichenkette für die Nachricht) über eine weitere mit der Überschrift, der Definition der Schaltflächen etc bis hin zu Maximum, kann der Entwickler die Überladung wählen, die in der entsprechenden Situation passend ist. So macht es z.B. keinen Sinn, bei nur einer Schaltfläche (also nur der OK-Schaltfläche) deren Vorauswahl festzulegen.
- Überladungen können für die Werte von nicht vorhandenen Parametern, d.h. solchen, die nicht vom Aufrufer angegeben werden können, die Werte zur Laufzeit berechnen. Standardwerte von optionalen Parametern müssen Konstanten sein, die während der Kompilierung schon zur Verfügung stehen.

Nicht zuletzt sei erwähnt, dass ein unkontrollierter gemischter Einsatz von optionalen Parametern und Überladungen schnell zu unübersichtlichen Aufrufen und Code führen kann.

2.4.2 Dynamic

Das neue `dynamic`-Schlüsselwort erlaubt etwas, das bis dato in der stark typisieren Sprache C# faktisch nicht möglich war: Late-binding. Erst zur Laufzeit wird also ermittelt, ob der Typ einer Variablen über die geforderte Methode oder Eigenschaft verfügt.

```
dynamic d1;
```

Während des Programmierens ist dies gut daran zu erkennen, dass Visual Studio nicht in der Lage ist, mittels IntelliSense unterstützend einzugreifen. Während der Laufzeit eines Programms können einer solchen Variablen die unterschiedlichsten Typen zugewiesen werden — ob Werte- oder Referenztyp spielt dabei keine Rolle.

```
dynamic d2 = bool; // Die Variable startet als boolescher Wert
d2 = "String"; // Nun ist es eine Zeichenkette
d2 = 1.0; // Nun ein Double
d2 = new System.Windows.Forms.Form(); // Und nun eine Form
```

Die `GetType()`-Methode liefert immer den Typ, der der letzten Zuweisung entspricht (sofern der Wert nicht `null` ist).

Aber auch Parameter und Rückgabewerte können mit `dynamic` versehen werden.

```
private dynamic MeineMethode(dynamic Parameter1)
{
    ...
}
```

Ist die gewünschte Methode oder Eigenschaft beim Aufruf zur Laufzeit nicht vorhanden oder stimmen deren Parameter nicht, wird eine `RuntimeBinderException`-Ausnahme ausgelöst, die auf Wunsch wie jede andere Ausnahme abgefangen werden kann.

> **Wichtig:**
> Verwechseln Sie dieses Schlüsselwort nicht mit `var`. Bei `var` ermittelt der Compiler den tatsächlichen Datentyp. Dieser steht dann zur Laufzeit unverrückbar fest!

Das neue `dynamic`-Schlüsselwort ist nicht für die alltägliche Arbeit gedacht, sondern ähnlich wie optionale und benannte Parameter für die Zusammenarbeit mit COM-Objekten (z.B. von den Microsoft Office-Programmen) und Legacy-Code vorgesehen. Auch ist es für den Einsatz von DLR (siehe *2.5.1, „DLR (Dynamic Language Runtime)“*) vorgesehen.

Beim Einsatz des `dynamic`-Schlüsselworts gibt es eine Reihe von Argumenten, die dafür sprechen, dieses neue Feature nur dann zu verwenden, wenn keine andere sinnvolle Möglichkeit offen ist.

- Bei der Entwicklung steht keinerlei Unterstützung durch IntelliSense zur Verfügung.
- Falsch verwendete Methoden oder Eigenschaften oder ein einfacher Schreibfehler im Namen fallen erst zur Laufzeit (`RuntimeBinderException`-Ausnahme) auf. Der Compiler hat keine Möglichkeit, sinnlose Parameterübergaben oder Zuweisungen im Vorfeld zu erkennen.
- Das erstellte Programm wird vergleichsweise langsam ausgeführt, da alle Aufrufe von Methoden und Eigenschaften (das sogenannte Binden) umständlich mit einem Reflection-ähnlichen Verfahren durchgeführt werden müssen.

2.5 Einige Neuheiten für .NET Framework 4.0

Das .NET Framework 4.0 verfügt über eine große Anzahl von Neuerungen, sodass es unmöglich ist, alles im gebührenden Umfang zu behandeln. Daher in diesem Abschnitt eine Übersicht über wichtige und interessante Neuigkeiten. Einige davon (wie z.B. `BigInte-`

ger) sind relativ spät aus dem .NET Framework 3.5 herausgefallen und auch mit dem Service Pack 1 nicht hinzugefügt worden.

2.5.1 DLR (Dynamic Language Runtime)

Mit DLR (Dynamic Language Runtime) ist es möglich, ein bestehendes Objekt zur Laufzeit mit den gewünschten Eigenschaften zu versehen. Es baut auf die CLR (Common Langugae Runtime) auf und ermöglicht auf diese Weise dynamische Sprachen wie Python oder Ruby. Die mit DLR realisierte Python-Variante für .NET heißt IronPython.

2.5.2 Numerische Werte

Eine Reihe neuer, numerischer Werte hat in das .NET Framework 4.0 Einzug gefunden.

BigInteger

Für beliebig große ganzzahlige Werte steht `System.Numerics.BigInteger` zur Verfügung. Dieser Datentyp gestattet das Anlegen und Arbeiten mit einer (theoretisch) unendlich großen Ziffernfolge. Umgesetzt wurde dieser Datentyp als Struktur.

Eine neue Instanz kann mit dem `new`-Schlüsselwort oder mit der statischen `Parse()`-Methode erzeugt werden.

```
// Aus einem long-Wert einen BigInteger erzeugen
BigInteger bi1 = new BigInteger(45345345m);

// Von einer Zeichenkette, hier leicht abgekürzt
BigInteger bi2 =
    BigInteger.Parse("4568734563478569347856775389457384957...");

// Und eine Multiplikation durchführen
BigInteger bi3 = bi2 * bi1;

// Das Ergebnis ist recht groß und sicherlich richtig
// 207170844994360127184990490622454483690635 24...
```

Da auch die notwendigen mathematischen Operatoren für Addition, Multiplikation, Subtraktion und Division implementiert wurden, kann mit diesen Zahlenriesen wie mit gewöhnlichen Zahlen gerechnet werden. Einige wichtige Eigenschaften und Methode befinden sich in der folgenden Tabelle.

Tabelle 2.2 Einige wichtige Methoden/Eigenschaften des BigInteger-Datentyps

Eigenschaft/Methode	Beschreibung
`Addition`	Führt eine Addition durch
`Division`	Führt eine Division durch
`Increment/Decrement`	Aktuellen Wert um 1 erhöhen bzw. verringern.
`BitwiseAnd/BitwiseOr`	Verknüpft zwei `BigInteger` bitweise mit UND/ODER

Eigenschaft/Methode	Beschreibung
`Sign`	Vorzeichen des Wertes
`IsEven/IsOdd`	Prüft, ob der Wert gerade bzw. ungerade ist
`IsZero`	Prüft, ob der Wert gleich 0 ist
`IsPowerOfTen`	Prüft, ob die Zahl eine Zehnerpotenz ist (d.h. mit ‚0' endet)

Komplexe Zahlen

Mit dem neuen Datentyp `System.Numeric.Compex` ist das .NET Framework nun auch von Hause aus in der Lage, mit komplexen Zahlen zu arbeiten. Über eine große Anzahl von Methoden und Eigenschaften kann eine Vielzahl von Berechungen durchgeführt werden. Genau wie `BigInteger` ist auch `Complex` als Struktur umgesetzt worden.

Neue Instanzen können mittels des `new`-Schlüsselworts oder der statischen `Parse()`-Methode erstellt werden.

```
// Zwei Instanzen von complex
Complex c1 = new Complex(1,-1);
Complex c2 = new Complex(2,-2);

// Und Berechnungen durchführen
Complex c3 = c1 * c2;
c3 = c1 * 100;
c3 = c2 - 3;
```

Auch für diesen Datentyp stehen wie zu sehen ist die gewöhnlichen mathematischen Operatoren für Rechnungen zur Verfügung.

2.5.3 Datenstrukturen

Auch einige (generische) Datenstrukturen stehen ab .NET Framework 4.0 bereit, die es bis dato noch nicht gegeben hat.

Tuple

Die generische `System.Tuple<>`-Klasse erlaubt es typensicher, bis zu acht Elemente unterschiedlichen Typs zusammen in einem Tupel abzuspeichern. Da es sich streng genommen nicht um eine, sondern um mehrere Klassen handelt, kann mittels der Eigenschaften `Item1` bis `Item7` sowie mit dem übrigen Rest auf die Elemente zugegriffen werden.

Das folgende märchenhafte Beispiel verdeutlicht den Einsatz.

```
// Die notwendigen Klassen
public class Zwerg
{
    public string Name { get; set; }
}

public class Schneewittchen
{ }
```

Nun kann das Märchen, aus Platzgründen, in leicht gekürzter Weise erstellt werden.

```
// Alle Objekte erzeugen
Schneewittchen sw = new Schneewittchen();
Zwerg z1 = new Zwerg() { Name = "Chef" };
Zwerg z2 = new Zwerg() { Name = "Brummbär" };
Zwerg z3 = new Zwerg() { Name = "Happy" };

Tuple<Schneewittchen, Zwerg, Zwerg, Zwerg > SundDieDreiZwerge =
    new Tuple<Schneewittchen, Zwerg, Zwerg, Zwerg>
    (sw, z1, z2, z3);
```

Der Zugriff erfolgt über die entsprechenden Eigenschaften.

```
Schneewittchen s = SundDieDreiZwerge.Item1;
```

oder

```
Zwerg z = SundDieDreiZwerge.Item3;
```

Hinweis:

Die Elemente eines Tupels können nur gelesen werden. Eine Veränderung eines Wertes ist nicht möglich.

Sortierte Mengen (SortedSet<T>)

Mit der generischen `System.Collections.Generic.SortedSet<>`-Klasse werden automatisch sortierte Menge realisiert. Jedes Element wird beim Einfügen (mittels `Add()`-Methode) auch gleich einsortiert.

```
// Instanz erzeugen
SortedSet<string> Vornamen = new SortedSet<string>()

// Element hinzufügen
Vornamen.Add("Thorsten");
Vornamen.Add("Carsten");
Vornamen.Add("Mike");

// Ausgeben
foreach (string s in Vornamen)
    Debug.WriteLine(s);

// Die Ausgabe ist alphabetisch, was dem Standard für
// Zeichenketten entspricht

Carsten
Mike
Thorsten
```

Der Konstruktor der SortedSet<>-Klasse akzeptiert in diversen Überladungen ein Objekt vom Typ `System.Collections.Generic.IComparer<T>`, mit dem die Sortierung der Menge gesteuert werden kann. Das folgende Beispiel sortiert so, dass lange Zeichenketten vor kurzen eingefügt werden.

```
public class meineSortierung : IComparer<String>
{
    public int Compare(string x, string y)
    {
        return y.Length - x.Length;
    }
}
```

Die Instanz der sortieren Menge wird so erstellt:

```
SortedSet<string> Vornamen =
    new SortedSet<string>(new meineSortierung());
```

Mit den gleichen Werten wie das vorherige Bespiel befüllt, sieht die Ausgabe entsprechend so aus:

```
Thorsten
Carsten
Mike
```

Da diese Klasse die ebenfalls neue `System.Collections.Generic.ISet<>`-Schnittstelle implementiert, sind neben Methoden für das Hinzufügen und Entfernen von Elementen auch Methoden vorhanden, um Mengenoperationen wie Schnittmenge, Deckungsgleichheit, Komplementärmengen etc. abzurufen.

2.5.4 Parallel Computing

Mit .NET Framework 4.0 wird ein neues Programmiermodell eingeführt, mit dem einfach und stabil Multithreading und asynchroner Code geschrieben werden können. Mit Parallel LINQ (PLINQ), einer entsprechenden LINQ to Objects-Implementierung, steht dieser Ansatz als deklarative Syntax zur Verfügung.

2.5.5 Verzögerte Initialisierung (Lazy Initialization)

Die verzögerte Initialisierung (Lazy Initialization) von Objekten bewirkt, dass diese erst dann Speicherplatz belegen, wenn sie tatsächlich verwendet werden. Bisher wurde der Speicher direkt bei der Initialisierung mit dem `new`-Schlüsselwort belegt. Von diesem Vorgehen können besonders Anwendungen profitieren, die viele oder sehr umfangreiche Klassen-Instanzen verwenden.

Wichtig:
Konsequenterweise werden auch erst bei der ersten Verwendung Standardwerte von Feldern zugewiesen und der Konstruktor (wenn vorhanden) ausgeführt.

Zu diesem Zweck wurde die generische `System.Lazy<>`-Klasse eingeführt, welche die gewünschte Klasse kapselt. Folgendes Beispiel macht das Vorgehen klar.

```
public class meineKlasse

{
    public meineKlasse()
    {
        /// Mein Konstruktor
    }

    public string Eigenschaft1 { get; set; }

    public void Methode1()
    {
```

```
            /// ...
        }
    }
```

Der Einsatz der verzögerten Initialisierung sieht vereinfacht so aus:

```
System.Lazy<meineKlasse> verInit;
verInit = new Lazy<meineKlasse>();
```

Bis zu diesem Punkt wurde das Objekt noch nicht erstellt, und der Wert der `verInit.IsValueCreated`-Eigenschaft ist `false`.

Nun wird das Objekt durch einen Zugriff auf die Eigenschaft erzeugt:

```
verInit.Value.Eigenschaft1 = "Das ist ein Wert";
```

Damit ist das `meineKlasse`-Objekt initialisiert, und die `verInit.IsValueCreated`-Eigenschaft hat nun den Wert `true`.

2.5.6 Code Contracts

Mit Code Contracts können bei der Implementierung von Methoden Annahmen über Parameter- und Rückgabewerte festgelegt werden. Dazu wurde die statische `System.Diagnostics.Contracts.Contract`-Klasse eingeführt, welche die notwendigen Methoden bereitstellt. Im Quelltext kann dies beispielsweise so aussehen:

```
public double Dividiere(double divident, double divisor)
{
    // Divisor darf nicht gleich 0 sein
    Contract.Assume(divisor != 0);

    // ...
    return divident / divisor;
}
```

oder

```
public string BuildString(int i)
{
    Contract.Assume(i > 0);
    Contract.Ensures(Contract.Result<string>() != null);

    // ...

    // Eine offensichtliche Verletzung, da die Rückgabe
    // nicht null sein darf!
    return null;
}
```

Zur Laufzeit hätte dies allerdings auch schon mit früheren Versionen des .NET Frameworks unter Einsatz der `System.Diagnostics.Debug.Assert()`-Methode realisiert werden können. Die wirkliche Neuerung ist, dass dies nun auch schon beim Kompilieren erkannt werden kann. So führt die `return null`-Anweisung im vorherigen Beispiel schon bei der Erstellung zu einem Fehler. (Daneben werden natürlich auch Überprüfungen zur Laufzeit durchgeführt.) Auf diese Weise kann durch konsequenten Einsatz von Code Contracts die Programmqualität spürbar verbessert werden, da einige Fehler nicht erst beim Testen auffallen.

2.5.7 Side-by-Side-Ausführung

Side-by-Side-Ausführung bedeutet, dass innerhalb eines Prozesses unterschiedliche .NET Framework-Versionen Seite an Seite ausgeführt werden können. Konkret bedeutet dies, dass ab .NET Framework 2.0 unterschiedliche Versionen zusammenarbeiten können.

2.5.8 Garbage Collection

Das .NET Framework 4.0 verfügt nun über eine Garbage Collection, die im Hintergrund ausgeführt wird. Dies geschieht durch einen Thread, der bei Bedarf mit niedriger Priorität diese Aufgabe im Hintergrund versieht.

3

3 Microsoft SQL Server 2008 (R2)

Dieses Kapitel widmet sich eingehend den Grundlagen des Microsoft SQL Servers 2008 (interne Version 10.0) und Nachfolgerversion SQL Server 2008 R2 (interne Version 10.5). Dabei soll der Fokus auf solche Funktionen gelegt werden, die wichtig für den Programmierer bei seiner täglichen Arbeit sind. Andere, die dabei weniger von Relevanz, mehr für den Administrator interessant sind oder sich hervorragend in den Dokumentationen zu diesem Projekt nachschlagen lassen, wie z.B. die umfangreichen Optionen und/oder gespeicherte Prozeduren/Sichten, die zum System gehören, werden dagegen nur kaum oder nur oberflächlich angesprochen. Dem geneigten Leser, dem dies nicht tiefgehend genug ist, sei ein spezielles Buch ans Herz gelegt, das ausschließlich dieses Thema behandelt.

Hinweis:

Für den Entwickler hat SQL Server 2008 R2 im Vergleich zu seinem Vorgänger SQL Server 2008 nicht sehr viel Neues zu bieten, sodass sich alle Aussagen auch auf die neue Version übertragen lassen. Aus diesem Grund wird an Stellen, die beide Versionen betreffen, von „SQL Server 2008 (R2)“ die Rede sein. Nur wenn entweder „SQL Server 2008“ oder „SQL Server 2008 R2“ zu lesen ist, ist genau diese Version gemeint. Dieser kleine Kniff soll unnötige Namenswiederholungen vermeiden.

3.1 Woraus besteht der SQL Server eigentlich?

Auch wenn oft nur von „dem SQL Server“ gesprochen wird, bedeutet dies nicht, dass dieser aus einem monolithischen Block besteht, sondern der Name dient eher als ein Sammelbegriff für die unterschiedlichen Elemente, die insgesamt die Software ausmachen. Einige dieser Komponenten sind extern und können je nach Wunsch aus- und wieder eingeschaltet werden, andere dagegen sind intern und damit immer „mit von der Partie“.

Aus Sicht des Betriebssystems besteht der SQL Server lediglich aus einer Reihe von Windows-Systemdiensten, den Datenbankmedien mit dem Inhalt der Datenbanken und einigen, gemeinsam genutzten Programmen zu deren Verwaltung. Daher gemeinsam genutzt, weil sich die Dienste mehrfach als getrennte Instanzen auf einem System installieren lassen.

3.1.1 Instanzen

SQL Server 2008 (R2) wird immer als eine sogenannte Instanz installiert. Auf einem System können (theoretisch) beliebig viele Instanzen installiert werden, auch von älteren Versionen ab SQL Server 2000 (vorher wurden noch keine Instanzen unterstützt, und der SQL Server konnte nur einmal installiert werden). Eine dieser Instanzen kann dabei die Standardinstanz sein, alle anderen sind benannte Instanzen, deren Instanz-ID auf dem System eindeutig sein und die bei einer Anmeldung oder in einer Verbindungszeichenfolge verwendet werden muss. Die Konvention ist dabei recht einfach:

```
{ServernameOderIPAdresse}\{InstanzID}
```

Im Anmeldedialog des SQL Server Management Studios (Express)[1], dem grafischen Administrationsprogramm, sieht dies z.B. folgendermaßen aus:

Abbildung 3.1 Anmeldung an eine Instanz

In einer Verbindungszeichenfolge bei der Programmierung mit ADO.NET sieht es entsprechend ähnlich aus:

```
Data Source=DNCX\Instanz;Initial Catalog=TestDb;Integrated Security=True
```

Hinweis:
Das SQL Server Management Studio (Express) wird unter *3.2*, „Verwaltungsprogramme“, zusammen mit den anderen Verwaltungsprogrammen genauer beschrieben.

Nun gibt es für die Verwendung unterschiedlicher Instanzen eine Reihe von Gründen.

[1] Der Zusatz „Express“ bezieht sich auf die von Microsoft kostenfrei zur Verfügung gestellte Variante für Microsoft SQL Server Express, der sonst ohne solche Verwaltungswerkzeuge installiert wird.

- *Unabhängiger Betrieb*: Durch die strikte Trennung können die einzelnen Instanzen unabhängig voneinander gestartet und gestoppt werden.
- *Sicherheit*: Auch versehentliche Fehler in der Administration lassen sich nicht für den Zugriff auf Datenbanken und Einstellungen in einer anderen Instanz nutzen.
- *Konfiguration*: Da jede Instanz völlig getrennt von allen anderen ist, beeinflussen auch „Servereinstellungen" nur genau die Instanz, für die sie vorgenommen werden.
- *Verwaltung*: Durch die unabhängige Konfiguration und den Betrieb der Instanz kann damit ganz hervorragend eine Instanz der Verantwortung eines Administrators übergeben werden, ohne dass dieser mit anderen in die Quere kommt, da auch Anmeldungen und Berechtigungen völlig getrennt sind.

Nun mag der Eindruck aufkommen, dass es möglicherweise eine kluge Idee sei, für jede Datenbank eine eigene Instanz zu erstellen. Obwohl dies möglich ist, gibt es einige Gründe, die gegen eine zu starke Aufteilung sprechen:

- *Verwaltung*: Der unabhängige Betrieb, der auf der einen Seite ein Vorteil sein kann, ist auf der anderen auch Fluch, da gemeinschaftliche Einstellungen für jede Instanz einzeln vorgenommen werden müssen.
- *Ressourcen*: Da jeder Dienst einen gewissen Grundbedarf an Arbeitsspeicher und CPU hat, verbrauchen im Vergleich zehn Instanzen für je eine Datenbank mehr als eine Instanz für zehn Datenbanken.

Um in unterschiedlichen Szenarien die jeweils optimale Lösung bieten zu können, existieren von Microsoft SQL Server 2008 unterschiedliche Editionen. Hier ein Überblick über die wichtigsten Varianten:

- *Developer*: Für die Entwicklung sehr gut geeignet, jedoch von der Anzahl der gleichzeitigen Verbindungen beschränkt.
- *Compact*: Bei dieser Variante (ehemals SQL Server CE) handelt es sich um eine in die Anwendung eingebettete Datenbank. Sie wird nicht getrennt installiert, sondern besteht nur aus einer DLL, die zusammen mit der Anwendung installiert wird. Sie verfügt über einen im Vergleich zu den anderen Varianten eingeschränkten Funktionsumfang.
- *Express*: Diese kostenfreie Variante ist auf eine CPU, ein GByte RAM und maximal 4 GByte große Datenbanken beschränkt. Sie wird ohne grafische Programme zur Verwaltung ausgeliefert, die jedoch nachträglich von Microsoft heruntergeladen und installiert werden können.
- *Standard*: Für Anwendungen von bis zu 250 parallelen Verbindungen ist diese Variante von Microsoft vorgesehen.
- *Enterprise*: Zu guter Letzt ist dies die Variante ohne Einschränkungen. Es werden zudem auf Wunsch alle CPUs, der gesamte Arbeitsspeicher, Cluster für Hochverfügbarkeit und Datenbanken bis zur technischen Beschränkung des Systems unterstützt. Diese Variante kommt bei kritischen 24 x 7-Anwendungen zum Einsatz.

Hinweis:

Datenbankmedien und Sicherungsdateien sind in der Regel bei kleineren Datenbanken, wie sie häufig für die Entwicklung verwendet werden, auf höheren Varianten einsatzfähig. Bei den Service-Packs müssen Sie allerdings aufpassen, da diese bis dato immer nur für eine bestimmte Variante entwickelt wurden.

3.1.2 Datenbankmodul

Das Datenbankmodul ist die wichtigste Komponente des SQL Servers. Es ist für das Speichern, Abfragen und Modifizieren der Daten zuständig. Neben diesen Aufgaben übernimmt dieses Modul die folgenden Funktionen:

- *Ressourcenverwaltung*: Jegliche Ressource wie CPU, Arbeitsspeicher, Festplattenplatz etc. wird zentral für alle Datenbanken verwaltet.
- *Transaktionen*: Um die Konsistenz der Datenbank in jeder Situation sicherstellen zu können, werden Transaktionen verwendet. Die Abkürzung ACID[2] (oder auch AKID[3]) beschreibt dabei die benötigten Eigenschaften, über die eine solche Transaktion verfügen soll.
- *Sicherheit*: Das Datenbankmodul sorgt dafür, dass auf Daten und Funktionalitäten nur zugegriffen werden darf, wenn die benötigten Berechtigungen vorliegen. Ist dies nicht der Fall, so wird der Versuch recht uncharmant abgewiesen und auf Wunsch protokolliert, sodass ein Administrator sich davon in Kenntnis setzen kann.
- *Backups*: Das Erstellen und Wiedereinspielen von Sicherungen, welche die gesamte oder nur einen Teil der Datenbank umfassen.

Die Sprache, mit der mit dem Datenbankmodul kommuniziert werden kann, ist ausschließlich T-SQL (siehe *Kapitel 4*). Konsequent bedeutet dies, dass alles (wirklich alles), was über das SQL Server Management Studio administriert werden kann, auch in T-SQL machbar ist. Die sogenannten SMO (Server Management Objects) erledigen die notwendige Übersetzungsarbeit.

Tipp:

Über den SQL Server Profiler können Sie sich anzeigen lassen, welche Anweisungen dies konkret sind. Unter *3.15.2*, „Sehen, welche T-SQL-Anweisungen das Management Studio (Express) verwendet", wird beschrieben, wie dies machbar ist.

[2] ACID: Atomicity, Consistency, Isolation, Durability

[3] AKID: Atomarität, Konsistenz, Isolation, Dauerhaftigkeit

3.1.3 SQL Server Agent

Der SQL Server Agent ist der Dienst, der neben dem SQL Server immer laufen sollte. Er ist für eine Reihe automatischer Aufgaben zuständig – von der Wartung der Datenbank bis hin zu der Benachrichtigung von Operatoren, wenn bestimmte Bedingungen erfüllt sind.

Tipp:

Dieser Dienst sollte nicht nur laufen, sondern auch als Starttyp Automatisch eingestellt bekommen haben, damit sichergestellt ist, dass dies auch nach dem nächsten Start des Computers der Fall ist. Über die Computerverwaltung > Dienste kann dies konfiguriert werden. Die Installation des SQL Servers 2008 erledigt dies **nicht** automatisch!

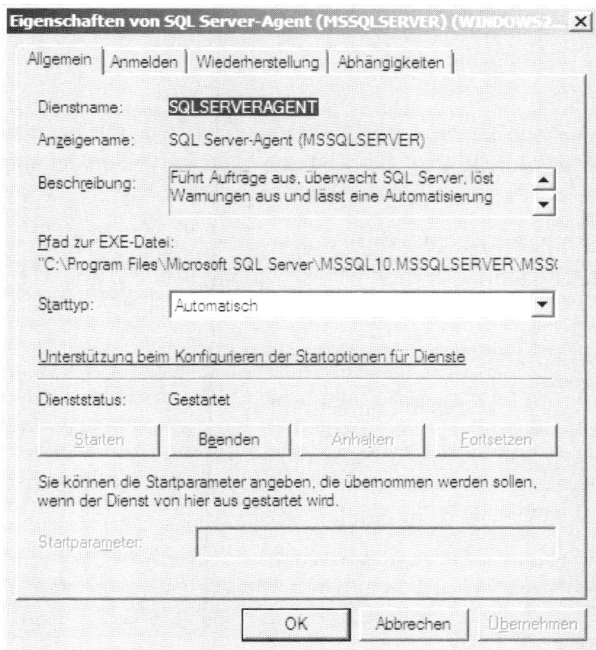

Abbildung 3.2 Der SQL Server Agent sollte immer ausgeführt werden und automatisch starten.

Technisch meldet sich der Agent beim SQL Server-Datenbankmodul an und kann daher nicht, ohne dass dieser ausgeführt wird, laufen (der Dienst hängt also von dem des Datenbankmoduls ab). Für seine Verwaltung steht im SQL Server Management Studio (Express) ein eigener Zweig bereit, über den alle Elemente und Optionen erreichbar sind.

Abbildung 3.3 Der SQL Server Agent im SQL Server Management Studio (Express)

Aufträge

Jeder Auftrag besteht aus einem oder mehreren Schritten, die nach einem bestimmten Zeitplan ausgeführt werden. Ein solcher Zeitplan kann aus einem der folgenden Typen bestehen:

- Einmal (zu einem festen Zeitpunkt)
- Wiederholt (nach einem Muster wie „Jeden Montag 3:00“ oder „Alle drei Wochen montags)
- Automatisch beim Start des SQL Server Agenten
- Wenn die CPU sich im Leerlauf befindet. Dieser Wert kann über eine Servereinstellung definiert werden. Der Auftrag wird nicht abgebrochen, wenn seine Ausführung die CPU belastet und damit aus dem Leerlauf holt.

Wichtig:
Auch wenn ein Auftrag laut Plan gestartet werden sollte, dieser Auftrag jedoch noch läuft, wird er nicht erneut gestartet – ein Auftrag wird also immer nur einmal gleichzeitig ausgeführt.

Liegt kein (aktiver) Zeitplan vor, so kann der Auftrag von einem Administrator über SQL Server Management Studio (Express) mittels Kontextmenübefehl Auftrag starten bei Schritt... oder T-SQL oder z.B. als Antwort auf eine Warnung gestartet werden.

Hinweis:
Die neue CDC (Change Data Capture, siehe *3.7*, „CDC (Change Data Capture)“) und die Replikation zwischen unterschiedlichen Datenbanken sind ebenfalls als Aufträge realisiert, auch führt der Dienst auf Wunsch auch automatische Wartungen in der Datenbank durch.

Jedes Mal, wenn es also ein Zeitplan vorschreibt, wird der Auftrag gestartet, indem der erste Schritt ausgeführt wird. Ein Schritt kann von einem bestimmten Typ sein, der vorgibt, welche Art von Skript oder Programm gestartet werden soll. Einige wichtige Typen sind:

- T-SQL
- Powershell
- Active X-Skript
- Betriebssystem (CmdExec)

Der jeweils nächste Schritt kann abhängig davon, ob der aktuelle Schritt erfolgreich war oder mit einem Fehlschlag (auf Wunsch nach mehreren Versuchen) abgeschlossen wurde, festgelegt werden. Standardmäßig wird bei Erfolg der nächste Schritt (wenn vorhanden) ausgeführt, während ein Fehlschlag die Ausführung beendet.

Zusätzlich kann ein Operator benachrichtigt oder ein Eintrag im Windows-Anwendungsprotokoll vorgenommen werden, wenn der Auftrag abgeschlossen wurde (erfolgreich, fehlerhaft oder generell).

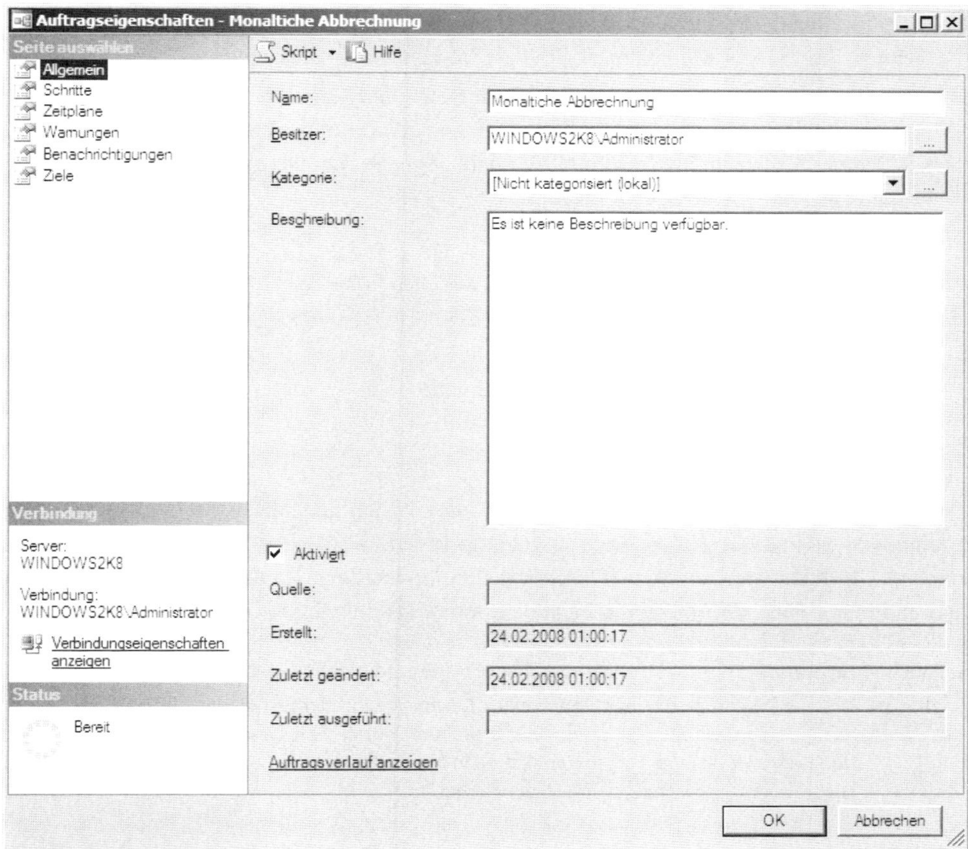

Abbildung 3.4 Der Dialog zum Bearbeiten von Aufträgen für den SQL Server-Agenten

Warnungen

Warnungen sind mehr oder weniger dramatische Fehlerzustände, die durch das Auslösen per T-SQL, Leistungsindikatoren des Systems oder WMI[4]-Abfragen ermittelt werden. Als Antwort auf einen solchen Fehler oder Warnung können ein oder mehrere Operatoren benachrichtigt werden.

Damit verfügt der SQL Server über ein eigenes Bordmittel, um auf Fehler und Ressourcenengpässe reagieren zu können.

Operatoren

Operatoren sind Administratoren, die bei Warnungen oder bei Beendigungen von Aufträgen benachrichtigt werden. Zu diesem Zweck wird für jeden Operator neben den Namen auch angegeben, wie dieser erreichbar ist. Zur Auswahl stehen:

- E-Mail (Hierfür muss das Feature Datenbank-E-Mail eingerichtet sein. Dieses befindet sich im SQL Server Management Studio (Express) unter Verwaltung.)
- NET SEND (Neben den Namen eines Benutzers kann hier auch der Name eines Computers verwendet werden, sodass derjenige, der gerade an dem System arbeitet, mit einer kleinen Nachricht überrascht wird, unabhängig davon, wer dies gerade ist.)

Tipp:
Es ist etwas ärgerlich, dass der SQL Server 2008 (R2) für einen Operator immer nur eine einzige E-Mail-Adresse akzeptiert. Soll eine Gruppe benachrichtigt werden, so bleibt leider nur der Ausweg, auf dem E-Mail-Server eine Verteilerliste einzurichten und deren E-Mail-Adressen anzugeben.

3.1.4 Die Systemdatenbanken

Die Datenbanken, die zum System gehören, also diejenigen, die nicht vom einem Programmierer oder einer Anwendung angelegt wurden, werden oft als Systemkatalog bezeichnet. In ihnen speichert der SQL Server die notwendigen Daten über seine Konfiguration und bietet Platz für unterschiedliche temporäre Daten während der Ausführung.

Hinweis:
Die hier beschriebenen vier Datenbanken finden sich in jeder Installation, es kann jedoch noch mehr geben. Zum Beispiel wird für die Replikation[5] eine Datenbank namens distribution (als Standard) erzeugt. Da die Replikation in diesem Buch nicht behandelt wird, wird auch die dazugehörige Datenbank nicht weiter erwähnt.

---

[4] WMI: Windows Management Instrumentation ist die Implementierung des Microsoft Web Based Enterprise Management for Windows (WBEM) für Windows

[5] Replikation ist der Prozess, um den Inhalt zweier Datenbanken durch Übermittlung der angefallenen Änderungen anzugleichen – entweder als „Einbahnstraße" oder in beide Richtungen.

master

Das zentrale Gedächtnis des SQL Servers ist die master-Datenbank. In ihr werden alle Einstellungen, Angaben über Anmeldungen und Informationen darüber, welche Benutzerdatenbanken existieren, abgelegt.

tempdb

In dieser Datenbank werden temporäre Informationen abgelegt. Dabei kann es sich sowohl um temporäre Tabellen handeln, die der Programmierer erzeugt hat, als auch um interne Zwischenergebnisse bei Gruppierungen. Gelöscht werden solche Informationen automatisch dann, wenn sie nicht mehr benötigt werden oder der SQL Server beendet wird.

msdb

Diese Datenbank wird für Einstellungen und Aufträge für den SQL Server Agenten verwendet. Zusätzlich befindet sich eine Historie über alle gemachten Sicherungen in dieser Datenbank.

model

Diese Datenbank dient beim Erstellen neuer Datenbanken als Vorlage. Alle Objekte, seien es Tabellen, Benutzer, gespeicherte Prozeduren etc., die sich zum Zeitpunkt der Erstellung in der model-Datenbank befinden, sind anschließend auch in der neuen Datenbank zu finden – die Datenbank wird quasi kopiert.

Hinweis:

Es gehört noch eine weitere Datenbank dazu, die `mssqlsystemresource`-Datenbank. In ihr werden alle Verwaltungssichten gespeichert, die in jeder Datenbank zu sehen sind. Im Gegensatz zu der anderen Datenbank wird diese jedoch nicht angezeigt, und sie wird immer im `Bin`-Verzeichnis gespeichert, wo sich die Binärdateien der Instanz befinden (standardmäßig %ProgramFiles%\Microsoft SQL Server\MSSQL10.MSSQLSERVER\MSSQL).

3.1.5 Volltextsuche

Mit der Volltextsuche lässt sich der Inhalt von Textspalten auf dem Weg durchsuchen, wie es auch viele Suchmaschinen im Internet tun. Es wird nicht nur nach einem Muster wie bei `LIKE` gesucht, sondern die Texte werden in einen eigenen Index überführt, für den alle Worte normalisiert werden und unerwünschte Begriffe (Stop-Words) entfernt wurden. Seit dieser Version des SQL Servers wurde aus Gründen der Leistung die Volltextsuche in das Datenbankmodul eingebaut.

Hinweis:

Weiter hinten in diesem Kapitel finden Sie unter 3.10, „Volltextsuche“ ein praktisches Beispiel, wie die Volltextsuche in einer Anwendung verwendet werden kann.

3.1.6 Analysis Services

Mithilfe der Analysis Services können mehrdimensionale Datensammlungen (sogenannte Cubes) automatisch mit Daten befüllt und ausgewertet werden. Häufig in diesem Zusammenhang vorkommende Begriffe sind OLAP (Online Analytical Processing) sowie Data Mining. Sie beschreiben Verfahren, um komplexe Abfragen aus verrechneten und verdichteten Datengrundlagen, die von der jeweiligen Fragestellung (worüber werden Aussagen benötigt) abhängen, mit geringem Zeitaufwand beantworten zu können.

3.1.7 Reporting Services

Mit den Reporting Services des SQL Servers können servergestützte Berichte entwickelt und verteilt werden. Diese Berichte können von Anwendern abgerufen, aber auch aktiv nach einem Zeitplan z.B. per E-Mail verteilt werden.

3.1.8 Integration Services

Um Daten aus unterschiedlichsten Datenquellen (Microsoft Excel, Microsoft Access, CSV, XML etc.) zusammen und in eine einheitliche Form zu überführen, existieren die Integration Services. Anwendungen für diese sind als Pakete organisiert, welche die entsprechenden Transformationen durchführen.

3.2 Verwaltungsprogramme

SQL Server 2008 (R2) wird von Hause aus mit einer Reihe von Verwaltungsprogrammen von Microsoft ausgeliefert, die auch im Standard installiert werden, wenn sie nicht extra bei der Installation abgewählt werden. Diese Programme werden auch nur einmal installiert, unabhängig davon, wie viele (Datenbank-)Instanzen auf einem Computer installiert werden. Werden dabei SQL Server 2008 und SQL Server 2008 R2 nebeneinander betrieben, so werden automatische die Verwaltungsprogramme der neueren R2-Version verwendet!

3.2.1 SQL Server Management Studio

Das SQL Server Management Studio, das auch für die Express-Variante zur Verfügung steht (daher der Zusatz), ist das wichtigste Werkzeug für die Verwaltung des SQL Servers 2008. Das Programm befindet sich direkt in der SQL Server 2008 (R2)-Programmgruppe.

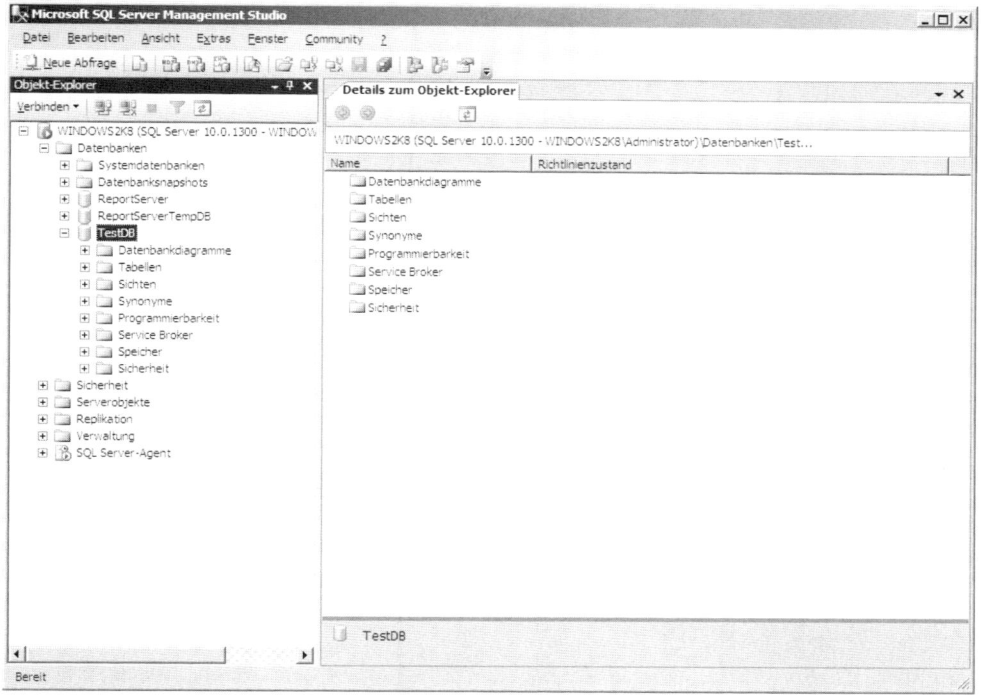

Abbildung 3.5 Das SQL Server Management Studio (Express)

Mit dem Programm können alle wesentlichen Aspekte der Datenbank und der SQL Server-Instanz administriert, T-SQL-Skripte erzeugt und ausgeführt und Tabelleninhalte eingesehen und verändert werden.

Das SQL Server Management Studio (Express) hat jedoch oft übersehene Funktionen:

- Mit ihm lässt sich nicht nur das Datenbankmodul administrieren, sondern auch andere Servertypen wie Analysis Services, Reporting Services und die Integration Services. Zu diesem Zweck kann im Anmeldedialog bestimmt werden, zu welchem Servertyp eine Verbindung aufgebaut werden soll. Zusätzlich befindet sich im Objekt-Explorer der Befehl Verbinden, der ebenfalls die entsprechende Auswahl zulässt.

Abbildung 3.6 Dem Anwender wird die Wahl gelassen, was er administrieren möchte.

- Die Registrierungen werden im Objekt-Explorer gespeichert und stehen auch beim nächsten Start des SQL Server Management Studios (Express) zur Auswahl. Auf diese Weise können recht bequem mehrere, auch unterschiedliche Server verwaltet werden.

3.2.2 SQL Server Profiler

Mithilfe des SQL Server Profilers können die SQL-Anweisungen angezeigt und auf Wunsch aufgezeichnet werden, die an den SQL Server geschickt werden. Diese Informationen können z.B. zu Studienzwecken und zur Fehlersuche verwendet werden.

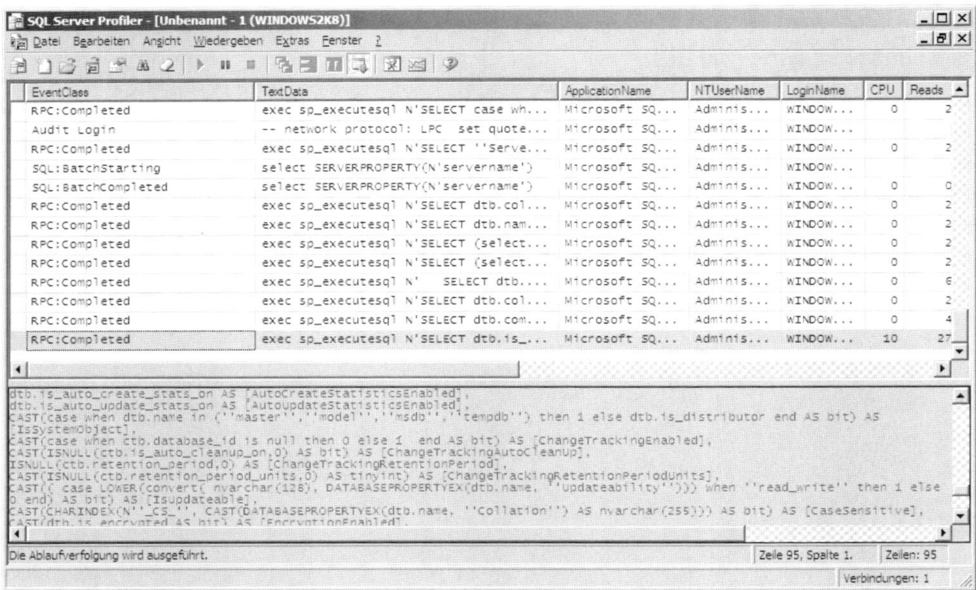

Abbildung 3.7 Der SQL Server Profiler zeigt Abfragen an, die an den Server geschickt wurden.

Der SQL Server Profiler kann direkt auf dem SQL Server Management Studio (Express) über das Menü Extras gestartet werden. Zusätzlich befindet es sich jedoch auch in der Programmgruppe Microsoft SQL Server 2008/Performance Tools.

Wichtig:

Spätestens durch dieses Programm sollte dem geneigten Programmierer bewusst werden, dass die Implementierung eines eigenen Anmeldeverfahrens, das Benutzername und Kennwort im Klartext in einer Tabelle speichert, keine allzu gute Idee ist – beides wird nämlich gnadenlos angezeigt.

```
SELECT ID FROM Benutzertabelle
    WHERE Name='MeinName' AND Kennwort='MeinKennwort';
```

Auf die Kennwörter der SQL Server-Authentifizierung trifft dies selbstverständlich nicht zu. Muss ein eigenes Anmeldeverfahren unbedingt her, so sollte das Kennwort möglich nicht als Klartext, sondern lediglich als `Hash` gespeichert und in der Abfrage verwendet werden.

3.2.3 Datenbankoptimierungsratgeber (Database Tuning Advisor)

Dieses kleine Programm mit dem langen Namen ist in der Lage, eine Datenbank zu optimieren, indem es Abfragen analysiert und Vorschläge zu Indizes und der Partitionierung der Daten unterbreitet.

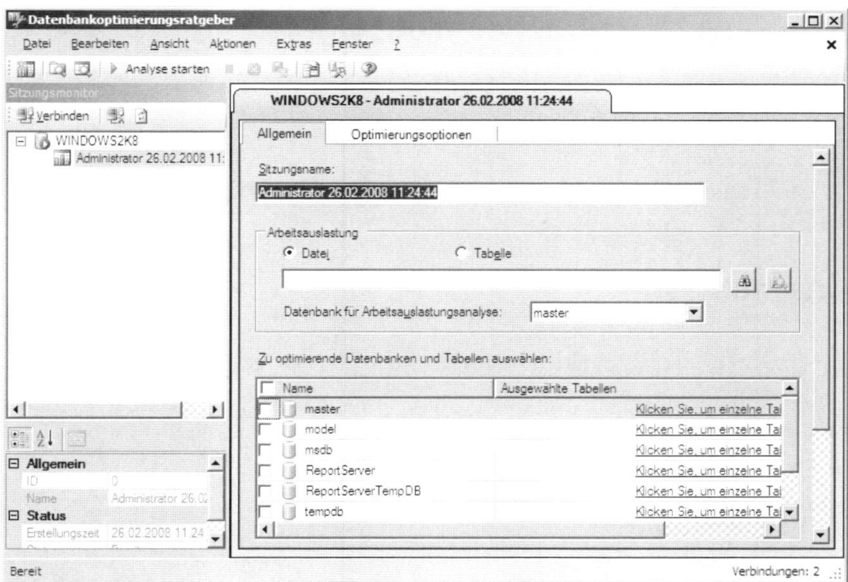

Abbildung 3.8 Der Datenbankoptimierungsratgeber

Ebenso wie der SQL Server Profiler kann dieses Werkzeug direkt über den SQL Server Management Studio (Express) über das Menü Extras gestartet werden. Außerdem ist es auch in der Programmgruppe Microsoft SQL Server 2008/Performance Tools zu finden.

3.2.4 SQL Server-Konfigurationsmanager

Mithilfe dieses Programms (zu finden in der Programmgruppe Microsoft SQL Server 2008/Configuration Tools) können zum einen die installierten Dienste gestartet bzw. gestoppt werden, zum anderen kann die Netzwerkkonfiguration des SQL Servers verändert werden. Damit kann festgelegt werden, auf welche Netzwerkprotokolle (im Falle von TCP/IP auch welcher Port) er auf Anfragen von Clients reagieren soll.

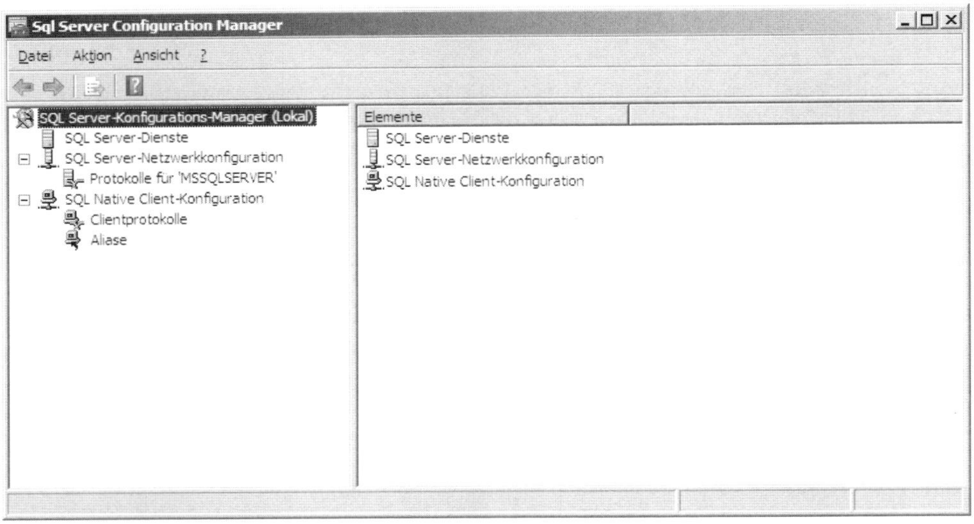

Abbildung 3.9 Der SQL Server-Konfigurationsmanager

Es ist in der Programmgruppe Microsoft SQL Server 2008/Configuration Tools zu finden.

3.3 Die Installation

Wie bei Microsoft allgemein üblich, ist die Installation des SQL Servers 2008 an sich eine recht einfache Angelegenheit. Dennoch gibt es einige Dinge, die bedacht werden sollten, bevor das Setup gestartet wird.

3.3.1 Vorbereitung

Vor der eigentlichen Installation gilt es, sich um ein paar wichtige Dinge zu kümmern, damit während der Installation alles glatt und ohne große Probleme ablaufen kann. Dabei gehen diese Punkte nicht auf die Hardwareanforderungen oder auf das benötigte Betriebssystem ein.

- *Administrative Rechte*: Für die Installation werden wie üblich administrative Rechte auf dem Computer benötigt. Es reicht, mit einem Konto zu arbeiten, das für die lokale Maschine diese Rechte besitzt.
- *Internet Explorer*: Für die MMC (Microsoft Management Console, Microsoft Verwaltungskonsole) wird der Internet Explorer verwendet. Es reicht dabei eine Minimalinstallation, und der Internet Explorer muss zudem auch nicht der Standardbrowser auf dem System sein, sonst kann es zu JavaScript-Fehlern und Ähnlichem kommen.
- *Dienstkonto*: Soll der SQL Server später einmal Teil eines Replikationsszenarios sein oder auf Ressourcen im Netzwerk zugreifen (z.B. durch CLR-Programmierung), dann muss für die Dienste ein Windows-Konto zur Verfügung stehen, das bei Start des Dienstes für die Anmeldung verwendet werden kann. Es sollte für die lokale Maschine administrative Rechte und im Netzwerk gerade so viele Rechte haben, wie für die geplanten Funktionen notwendig sind. Widerstehen Sie der Verlockung, das Konto eines Administrators zu verwenden – weder eines der Domäne noch ein lokales. Bedenken Sie, dass die Kennwörter solcher Konten regelmäßig geändert werden (sollten), und die Wahrscheinlichkeit, dass in einem solchen Fall an die SQL Server-Installation gedacht wird, ist recht gering – mal vom Aufwand abgesehen.
- *Komprimierte/Verschlüsselte Ordner*: Da sich der SQL Server weder in komprimierten noch in verschlüsselten Ordnern installieren lässt (zumindest nicht die Mediendateien), sollte sichergestellt sein, dass der gewünschte Zielordner für die Installation weder das eine noch das andere ist. Bei der Wahl der Ordner lässt sich zwischen denen für die Programmdateien (Binärdateien) des SQL Servers und denen für die Mediendateien (dort, wo die Datenbanken also physikalisch liegen) unterscheiden.

Nachdem die vorbereiteten Maßnahmen beschrieben wurden, kann die eigentliche Installation beginnen.

3.3.2 Installation starten

Die Installation an sich geht, nachdem die benötigten Komponenten für das Setup eingereicht und die Lizenzbedingungen bestätigt wurden, von dem SQL Server-Installationscenter aus. Aus diesem können gewünschte Aufgaben ausgewählt werden.

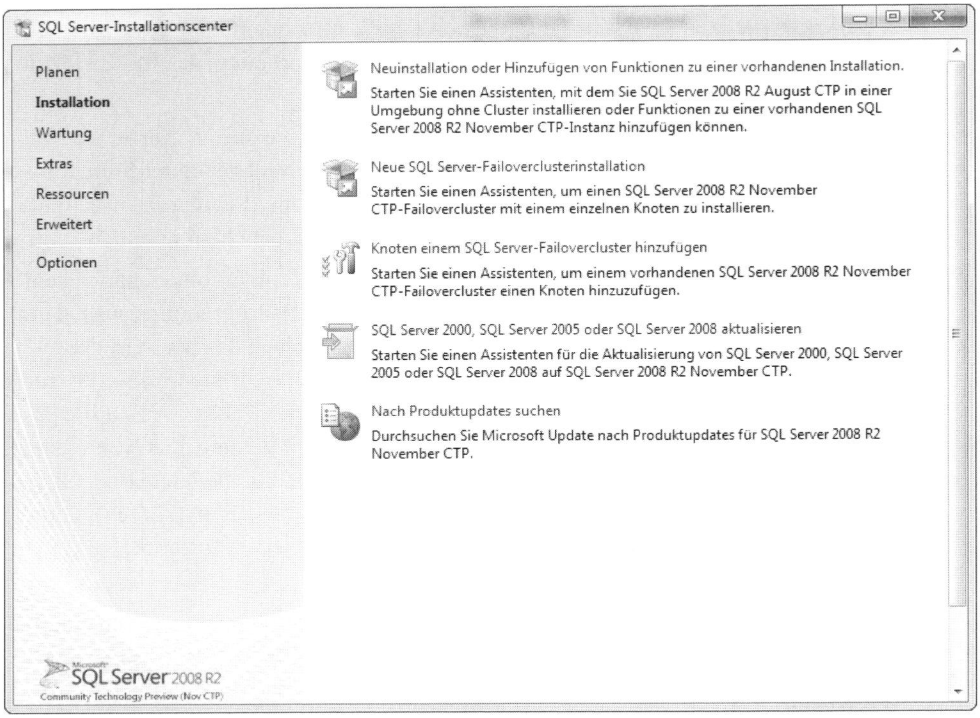

Abbildung 3.10 Das SQL Server-Installationscenter

Über den Punkt Installation kann der SQL Server 2008 (R2) (oder eine neue Instanz) installiert werden.

Hinweis:

Um den SQL Server komplett oder teilweise zu entfernen, gehen Sie bitte in die Systemsteuerung. Dort finden Sie den SQL Server, wie alle installierten Programme, unter Programme und Funktionen.

3.3.3 Während der Installation

Während der Installation gibt es einige Schritte, die bei dem vom Assistenten gesteuerten Vorgang von einiger Wichtigkeit sind, sodass an dieser Stelle auf diese eingegangen wird, damit das System so läuft, wie es gewünscht wird.

3.3.3.1 Featureauswahl

In diesem Schritt kann festgelegt werden, welche Komponenten von SQL Server 2008 (R2) auf dem Computer installiert werden sollen. Zudem lässt sich bestimmen, wo die gemeinsamen Komponenten, wie z.B. die Client-Tools, installiert werden sollen. Der Standardspeicherort für Daten und Sicherungen kann in späteren Schritten bestimmt werden.

3.3.3.2 Instanzkonfiguration

Da von SQL Server 2008 (R2) mehrere Instanzen installiert werden können, lässt sich in diesem Schritt bestimmen, wie diese heißen sollen und wo deren Standardspeicherort auf den lokalen Festplatten liegen soll. Als Hilfe werden dabei die bereits ermittelten Instanzen, die auf diesem Computer existieren, angezeigt.

3.3.3.3 Serverkonfiguration

Im Kern besteht SQL Server 2008 (R2) „lediglich" aus einer Reihe von Diensten, so dass für diese Dienste Anmeldeinformationen für deren Start bereitgestellt werden müssen. Zusätzlich kann an dieser Stelle der Starttyp für jeden Dienst bestimmt werden.

Tipp:
Am besten legen Sie den Starttyp für den SQL Server Agenten gleich an dieser Stelle auf automatisch fest. Das macht Sinn und wird dann später nicht mehr vergessen.

Auf einem zweiten Karteireiter kann die Sortierung für diese Instanz festgelegt werden – eine Einstellung, die Sie ohne guten Grund am besten ignorieren.

3.3.3.4 Datenbankmodulkonfiguration

Wenn das Datenbankmodul mit installiert werden soll (dies muss nicht zwangsläufig der Fall sein, da z.B. auch eine ausschließliche Installation der Client-Tools sinnvoll sein kann, wenn z.B. von dem Computer aus lediglich administriert werden soll), kann in diesem Schritt der Sicherheitsmodus festgelegt werden. Wird dieser auf den gemischten Modus (Windows und SQL Server-Authentifizierung) gesetzt, so kann das anfängliche Kennwort für die sa-Anmeldung festgelegt werden.

Zusätzlich besteht die Möglichkeit, SQL Server-Administratoren zu bestimmen.

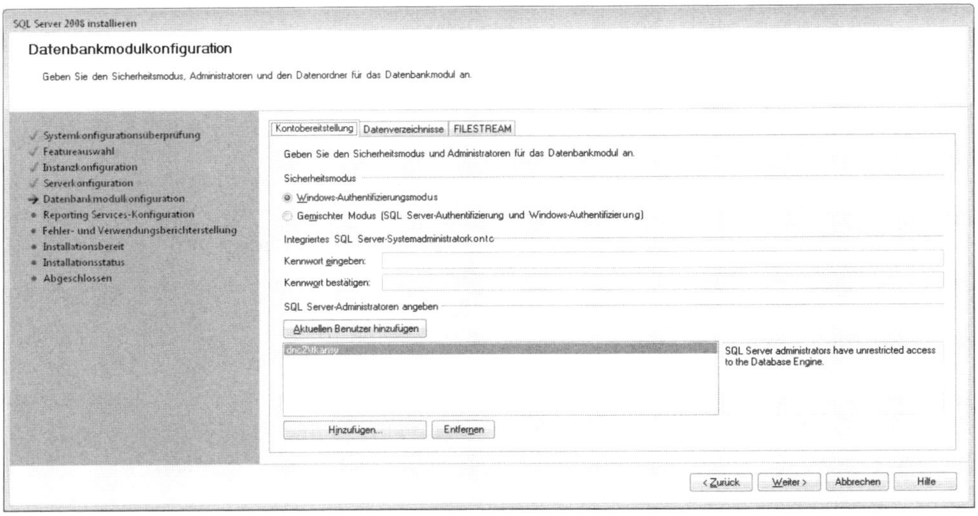

Abbildung 3.11 Sicherheitsmodus und SQL Server-Administratoren lassen sich hier bestimmen.

3.4 Die Dienste hinter den Kulissen

Wurde der SQL Server 2008 (R2) auf einem System installiert, so ist dies immer durch eine Reihe von Diensten erkennbar, die wie üblich über die Computerverwaltung > Dienste eingesehen werden können.

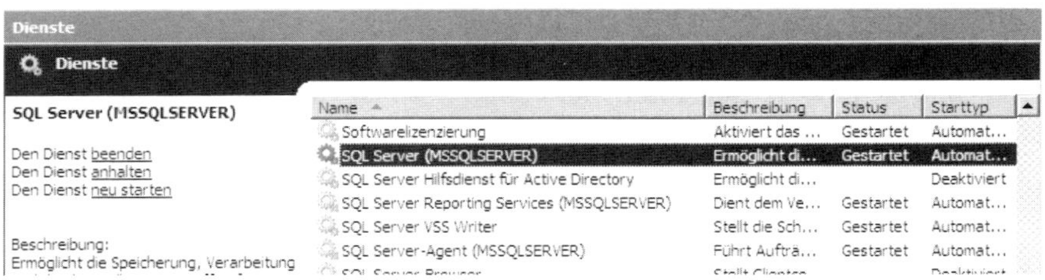

Abbildung 3.12 Die Dienste, die bei der SQL Server-Installation eingerichtet wurden

Neben dem SQL Server-Konfigurationsmanager (siehe *3.2.4,* „SQL Server-Konfigurationsmanager") können in der Dienstverwaltung des Systems alle Dienste, die zum SQL Server gehören, kontrolliert werden.

Tipp:

Wenn Sie den `SQLSERVER`-Dienst statt zu beenden lediglich anhalten, werden bestehende Verbindungen weiter bedient, jedoch keine neueren akzeptiert.

Tabelle 3.1 Die wichtigen Dienste des SQL Servers 2008 (R2)

Dienstname	Aufgabe
SQLSERVER	Datenbankmodul
SQLSERVERAGENT	SQL Server Agent. Siehe *3.1.3,* „SQL Server Agent“, für Details.

Die konkreten Namen der Dienste (dieser wird angezeigt, wenn die Diensteigenschaften geöffnet werden) hängen von dem Namen der Instanz ab, für die sie installiert wurden. Wurden diese für eine andere als für die Standardinstanz (einer benannten Instanz also) installiert, so wird deren Namen ein Dollarzeichen angehängt.

Tipp:

Streng genommen ist das Vorhandensein des `SQLSERVER`-Dienstes der einzig sichere Beweis dafür, dass der SQL Server 2008 (R2) installiert wurde, da dieser Dienst die Kernkomponente darstellt.

3.5 Sicherheit

SQL Server 2008 (R2) bietet ein umfangreiches System mit Berechtigungen für einzelne Anmeldungen oder ganze Rollen (Gruppen) an. Dieser Abschnitt wird sich (auch aus Platzgründen) auf die wesentlichen Grundzüge beschränken, damit der Entwickler einen Einblick über die ihm gebotenen Zugriffskontrollen erhält.

Benutzer müssen sich auf dem SQL Server (nicht an der Datenbank!) anmelden, bevor sie versuchen können, auf etwas zuzugreifen.

3.5.1 Ein wenig Begriffsklärung

Um eine Verwechslung der Begriffe, die in der Umgangssprache oftmals synonym verwendet werden, zu vermeiden, hier eine kurze Auflistung mit Erklärungen.

- *Authentifizierung*: Die Anmeldung am Server, die Benutzername und Kennwort umfasst oder sich auf das Windows-Betriebssystem verlässt. Damit ist sichergestellt, dass nur solche Anmeldungen vom Server akzeptiert werden, bei denen dies erwünscht ist. Was der Benutzer letztendlich auf dem Server und in den Datenbanken ausrichten darf, steht auf einem anderen Blatt.
- *Anmeldungen*: Alle Anmeldungen, die durch die Authentifizierung auf den Server und die Datenbanken zugreifen sollen, müssen angelegt und aktiv sein. Dies entspricht also der Anmeldung an der Domäne oder dem lokalen Betriebssystem. Um Benutzer nicht einzeln angeben zu müssen, können auch Windows-Gruppen verwendet werden, deren Mitgliedern der entsprechende Zugriff gestattet wird.

- *Benutzer*: Benutzer der Datenbank (also Datenbankbenutzer), sind diejenigen Anmeldungen, die Zugriff auf eine Datenbank haben. Eine Anmeldung kann Benutzer einer, mehrerer oder keiner Datenbank sein, was sie oft ein wenig nutzlos werden lässt.
- *Gruppe*: Gruppen bestehen aus einer freien Anzahl von Mitgliedern, bei denen es sich – je nachdem – um eine Gruppe aus Server- oder Datenbankebenen handelt. Gruppen können beliebige Rechte zugewiesen werden.
- *Rollen*: Eigentlich sind Rollen wie Gruppen, nur mit dem Unterschied, dass Rollen feste und unveränderliche Rechte besitzen. Daher dürfen auch keine neuen Rollen angelegt werden.

Wichtig:

SQL Server 2008 (R2) verwendet Rollen und Gruppen weitestgehend synonym (alles wird an der Oberfläche als Rolle bezeichnet). Streng genommen sind jedoch alle Rollen, die nicht fest eingebaut sind, Gruppen, da ihre Rechte frei definierbar sind.

3.5.2 Zwei Arten der Authentifizierung

Für die Authentifizierung an einem SQL Server 2008 (R2) stehen zwei Möglichkeiten bereit:

Integrierte Windows-Authentifizierung

Dem SQL Server wird kein Benutzername oder Kennwort übermittelt, sondern er verlässt sich auf die Anmeldung, die dieser zuvor an dem Windows-System durchgeführt hat. Konsequenterweise müssen die benötigten Anmeldungen dem Betriebssystem bekannt sein, oder der Computer muss Mitglied in einer Domäne sein, sodass er den Anmeldungen durch einen der Domänencontroller (DC) vertraut. Durch die Verwendung von Windows-Anmeldungen und Gruppen wird die Verwaltung vereinfacht.

SQL Server-Authentifizierung

Dem SQL Server werden sowohl eine Benutzerkennung als auch ein passendes Kennwort übermittelt, sodass dieser selbst anhand seiner eigenen Benutzerdatenbank die Anmeldung durchführen kann. Diese Lösung kommt ohne Windows-Domäne aus, was besonders in kleineren Unternehmen von Vorteil sein kann.

Für welche Art der Authentifizierung sich der Benutzer entscheidet, spiegelt sich in der Verbindungszeichenfolge wieder (siehe *5.2.5, „Verbindungszeichenfolge (Connection String)*“). Welche Authentifizierung der Server akzeptiert, entscheidet seine Konfiguration, die im SQL Server Management Studio (Express) über die Eigenschaften des Servers erreichbar ist.

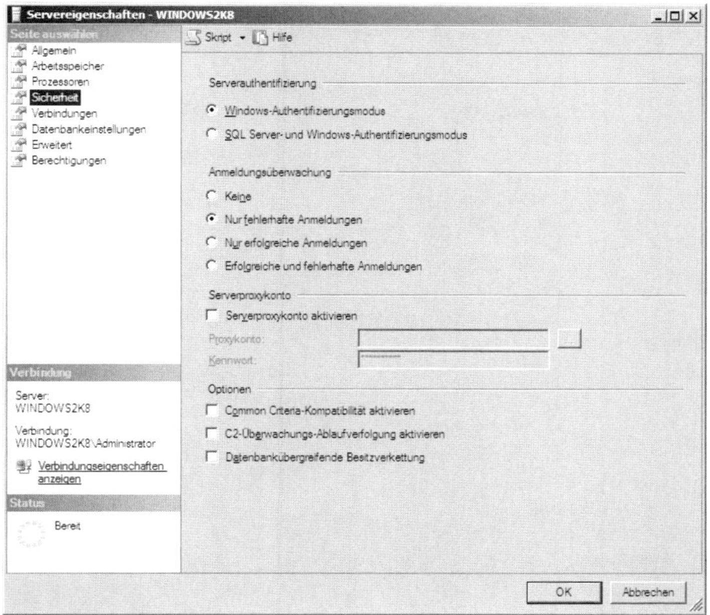

Abbildung 3.13 Die Serverauthentifizierung wird auf dem Karteireiter Sicherheit festgelegt.

Wie zu erkennen ist, wird die Windows-Authentifizierung immer unterstützt, während die SQL Server-Authentifizierung aktiviert werden muss. (Dies kann allerdings bereits bei der Installation geschehen.) Sind beide Methoden aktiv, so spricht man vom „gemischten Sicherheitsmodus".

Unter Sicherheit/Anmeldungen werden alle dem SQL Server bekannten Anmeldungen angezeigt (egal von welcher Authentifizierung). An dieser Stelle können diese auch bearbeitet werden.

Hinweis:

Diese Informationen sind serverbezogen und werden daher in der master-Systemdatenbank gespeichert.

Ein kleiner, roter Pfeil, der nach unten zeigt, symbolisiert, dass eine Anmeldung oder Windows-Gruppe den Status „deaktiviert für den SQL Server" besitzt und daher nicht berücksichtigt wird.

Über das Kontextmenü des Anmeldungen-Containers, Befehl Neue Anmeldung, kann eine neue Anmeldung angelegt werden. Dabei ist es unabhängig, ob es sich dabei um

- eine SQL Server-Anmeldung,
- eine Windows-Anmeldung

oder

- eine Windows-Gruppe handelt (in diesem Fall gilt dies für alle Mitglieder der Gruppe).

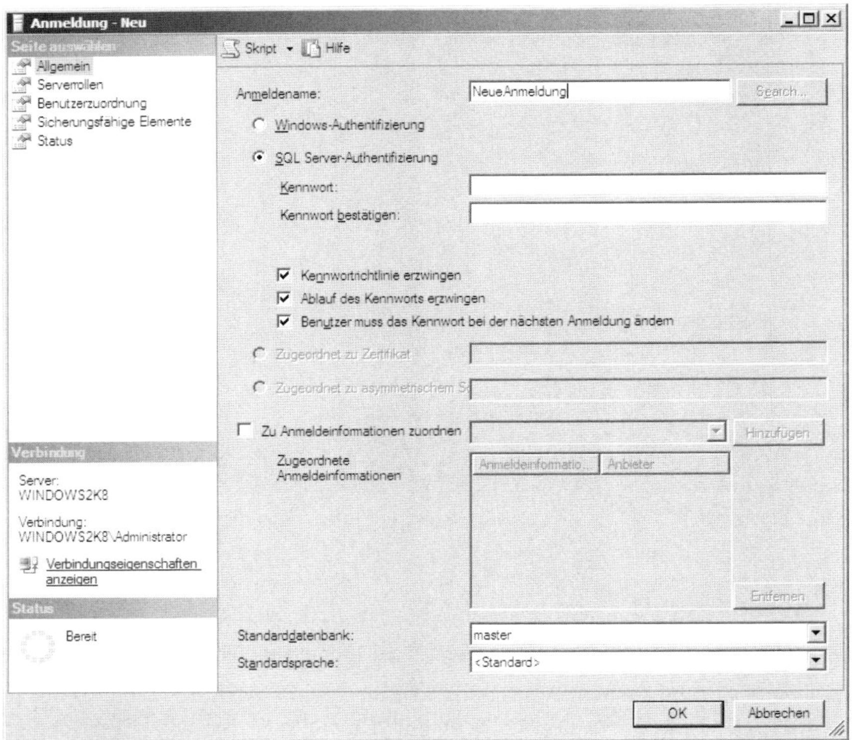

Abbildung 3.14 Eine neue Anmeldung wird erzeugt.

Neben der Möglichkeit, neue Anmeldungen zu erstellen, existiert bereits eine Reihe von vordefinierten Anmeldungen.

3.5.3 Vordefinierte Anmeldungen

Einige Anmeldungen werden direkt durch die Installation des SQL Servers 2008 angelegt, damit nach dessen Start ein Zugriff stattfinden kann.

VORDEFINIERT\ADMINISTRATOREN

Diese Windows-Anmeldung macht alle lokalen Administratoren (oder alle Administratoren der Domäne, wenn es sich um einen Domänencontroller handelt) zu SQL Server-Administratoren. Deaktivieren oder löschen Sie diese, wenn dies nicht erwünscht ist.

sa

Der „sa“ (Abkürzung für system administrator) ist eine SQL Server-Anmeldung, die über sämtliche Rechte auf Server- und Datenbankebene verfügt. Wer sich damit angemeldet hat, darf alles – wirklich alles!

3.5.4 Vordefinierte Datenbankbenutzer

So, wie es vordefinierte Anmeldungen auf Serverebene gibt, existieren einige vordefinierte Datenbankbenutzer, ohne dass sie von einem Administrator erstellt werden müssen.

guest

Der `guest`-Benutzer entspricht dem Gastkonto, das verwendet wird, wenn eine Anmeldung nicht durchgeführt werden kann, weil der gewünschte Benutzer nicht vorhanden ist. Aus verständlichen Gründen ist dieser Benutzer daher standardmäßig nicht aktiv.

dbo

Dieser Benutzer (dbo steht für „database owner") ist mit der Gruppe verbunden, die Mitglied der `db_owner`-Rolle ist. Er kann weder gelöscht noch deaktiviert werden und besitzt alle Berechtigungen auf alle Objekte und Operationen innerhalb einer Datenbank – nicht jedoch auf Ebene des SQL Servers.

3.5.5 Berechtigungen vergeben

Berechtigungen werden an Anmeldungen vergeben (seien es Windows- oder SQL Server-Anmeldungen). Dabei ist es von Vorteil, dass diese sowohl einen Benutzer als auch Rollen (Gruppen) darstellen können. Damit ist es auf dem SQL Server ebenfalls möglich, den recht sinnvollen Weg zu gehen, Berechtigungen nicht direkt an einzelne Benutzer zu vergeben, sondern an ganze Rollen (Gruppen), in denen sich die gewünschten Benutzer befinden.

Wichtig:
Weiter hinten in diesem Abschnitt werden sowohl Schema- als auch Datenbankberechtigungen (siehe *3.5.11, „Schemasicherheit"*) beschrieben, die einen effizienten Weg darstellen.

Einer Anmeldung kann dabei ein Recht zugewiesen, entzogen oder verweigert werden. Effektiv sind letztendlich die Rechte ausschlaggebend, die mindestens einmal zugewiesen wurden und wobei kein einziges verweigert wurde.

Wichtig:
Verweigern (DENY) hat immer Priorität.

Zuweisen (GRANT)

Das entsprechende Recht wird der Anmeldung zugewiesen. Damit liegt das Recht vor, falls es nicht an anderer Stelle (durch eine Mitgliedschaft etc.) verweigert wird. Über die `GRANT`-Anweisung können die gewünschten Rechte an ein Objekt per T-SQL zugewiesen werden.

Entziehen (REVOKE)

Das entsprechende Recht wird der Anmeldung entzogen, was bedeutet, dass es nicht zugewiesen wird. Durch andere Mitgliedschaften kann effektiv jedoch das Recht vorliegen. Die entsprechende T-SQL-Anweisung lautet `REVOKE`.

Verweigern (DENY)

Wird ein Recht explizit verweigert, so besitzt der Benutzer dieses Recht nicht, unabhängig wie oft er es an anderer Stelle zugewiesen bekommen hat.

3.5.6 Serverrollen

Die vom SQL Server 2008 (R2) definierten Serverrollen sind fix, d.h., sie können weder gelöscht noch können neue erstellt werden. Ihnen kommen innerhalb des SQL Servers bestimmte Rechte zu, die ebenfalls nicht verändert werden können.

Tabelle 3.2 Serverrollen auf SQL Server 2008 (R2)

Serverrolle	Mitglieder dürfen ...
bulkadmin	... sogenannte `BULK INSERT`-Operationen durchführen. Für weitere Details siehe SQL Server-Dokumentation.
dbcreator	... Datenbanken anlegen und ihre eigene Datenbank ändern und aus einer Sicherung wiederherstellen.
diskadmin	... Datenmedien verwalten.
processadmin	... laufende Prozesse beenden.
securityadmin	... Berechtigungen auf Server- und Datenbankebene verändern und Kennwörter der SQL Server-Anmeldungen verändern.
serveradmin	... alles auf Serverebene – nicht zwangsläufig auf Datenbankebene.
setupadmin	... Verbindungsserver hinzufügen oder entfernen.
sysadmin	... alles auf Server- und Datenbankebene – einfach alles.
public	... das, was der Gruppe an Berechtigungen zugewiesen wurde. Jede Anmeldung auf diesem Server ist Mitglied dieser Rolle. Sie ist damit das Äquivalent zu der Jeder-Gruppe des Betriebssystems.

Die Mitglieder dieser Rollen können auch per T-SQL verändert werden.

```
EXEC sp_addsrvrolemember 'UserName', 'bulkadmin';
```

3.5.7 Datenbankrollen

Zusätzlich zu den Rollen auf Serverebene kommen einige Rollen auf Datenbankebene, die ebenfalls unveränderlich sind. Allerdings können auf dieser Ebene eigene Rollen erstellt und mit Rechten versehen werden.

Tabelle 3.3 Eingebaute Datenbankrollen auf SQL Server 2008 (R2)

Datenbankrolle	Mitglieder dürfen ...
db_accessadmin	... Anmeldungen hinzufügen und entfernen.
db_backupoperator	... die Datenbank sichern und wiederherstellen.
db_datareader	... auf alle Tabellen und Sichten lesend zugreifen.
db_datawriter	... den Inhalt aller Tabellen verändern.
db_ddladmin	... alle DDL-Anweisungen ausführen.
db_dennydatareader	... unter keinen Umständen auf Tabellen und Sichten lesend zugreifen.
db_dennydatawriter	... unter keinen Umständen den Inhalt von Tabellen verändern.
db_owner	... alles in der Datenbank, da sie durch diese Mitgliedschaft Datenbankbesitzer sind.
db_securityadmin	... Mitgliedschaften verändern und Berechtigungen modifizieren.
public	... das, was der Gruppe an Berechtigungen zugewiesen wurde. Jeder Benutzer ist Mitglied dieser Rolle. Sie ist damit das Äquivalent zu der Jeder-Gruppe des Betriebssystems.

3.5.8 Besitzer

Der SQL Server kennt das Konzept des Besitzers für viele Objekte. Der Besitzer eines Objektes darf mit den Objekten, die ihm gehören, alles tun und lassen. Derjenige, der ein Objekt erstellt, wird automatisch sein Besitzer. Bei Datenbanken existiert die `db_owner`-Rolle, deren Mitglieder automatisch die Besitzer der Datenbank sind – mit allen Konsequenzen.

3.5.9 Benutzer anlegen

Da es jeder Entwickler im Laufe seiner Arbeit mit dem SQL Server sicherlich nicht nur einmal, sondern mehrfach tun wird oder tut, seien hier kurz die Schritte zusammengefasst, die dafür notwendig sind.

1. Anmeldung auf Serverebene mit dem SQL Server Management Studio (Express) unter Sicherheit > Anmeldungen anlegen. Ist die Anmeldung schon vorhanden, sicherstellen, dass diese aktiv ist.
2. Nun in den entsprechenden Datenbanken einen neuen Benutzer anlegen. Zur Auswahl stehen alle Anmeldungen, die noch keinem Benutzer in dieser Datenbank zugewiesen sind. Dies geschieht in der Datenbank unter Sicherheit > Benutzer.
3. Der so erstellte Benutzer kann nun auf Wunsch Mitglied beliebiger Rollen in der Datenbank werden. Existieren die Rollen noch nicht, können sie hier angelegt werden.
4. Dem Benutzer (oder einer Rolle, in der er Mitglied ist) können nun nach Herzenslust Berechtigungen in der Datenbank und auf Objekten vergeben werden.

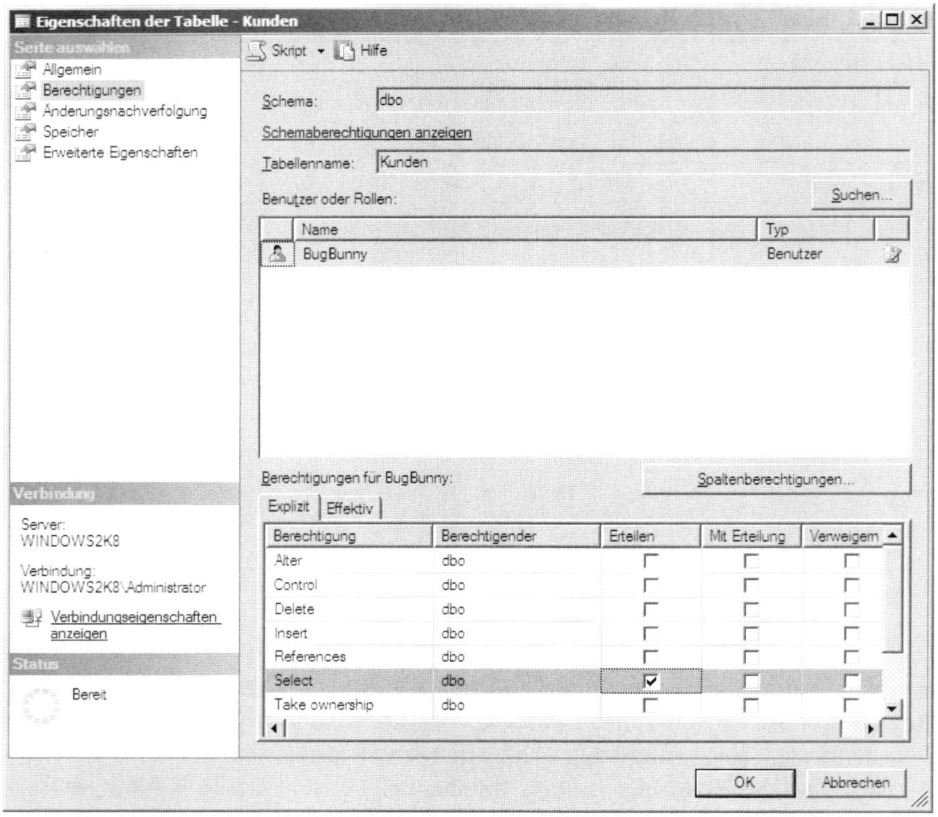

Abbildung 3.15 Der Benutzer „BugBunny" darf aus dieser Tabelle nur lesen.

3.5.10 Datenbankschema

Innerhalb einer Datenbank können unabhängige Schemata erstellt werden. Innerhalb eines Schemas können dann z.B. Tabellen, Sichten etc. erstellt werden. Diese können sogar identische Namen verwenden, solange sie nur in unterschiedlichen Schemata liegen. Damit kann jedes Objekt, wie hier eine Tabelle, mit einem zweiteiligen Namen angesprochen werden:

```
SELECT * FROM Schema.Tabelle;
```

Zudem ist jeder Anmeldung ein Standardschema zugewiesen, sodass dieses verwendet wird, wenn der Name nur aus einem Teil besteht, wie es oft üblich ist. Der zweiteilige Name ist also nur notwendig, wenn Objekte aus einem anderen Schema angesprochen werden sollen. Das Standardschema, das der SQL Server verwendet, heißt dbo. Der Grund dafür liegt darin begründet, dass vor SQL Server 2000 der Teil des Namens, der nun das

Schema darstellt, den Besitzer eines Objektes (also denjenigen, der es erstellt hat) benannte. Dies war im Zweifel der Besitzer der Datenbank.

Hinweis:

Weitere Details über Schemata finden Sie zudem unter *4.6.10, „Datenbankschemata“.*

Jedes Schema hat zudem einen Besitzer, der, ähnlich wie der Besitzer der Datenbank, innerhalb der Datenbank uneingeschränkte Berechtigungen auf die Objekte innerhalb des Schemas besitzt.

Tipp:

Ein Schema eignet sich gut dafür, eigene Objekte in fremden Datenbanken zu platzieren, ohne Gefahr zu laufen, dass Namen bereits verwendet werden. Erstellen Sie einfach ein Schema, und weisen Sie es der entsprechenden Anmeldung als Standardschema zu. Schon ist sichergestellt, dass trotz bekannter (und vielleicht ohne Schema nicht eindeutiger) Namen auf die richtigen Objekte zugegriffen wird.

3.5.11 Schemasicherheit

Neben den Möglichkeiten, die Datenbankschemata bieten, um sicherzustellen, dass Objektnamen in der Datenbank eindeutig sind, bieten sie die Möglichkeit, Berechtigungen zu vergeben, die alle Objekte in dem Schema betreffen, sodass keine Vergabe für einzelne Elemente durchgeführt werden muss. Diese Schemaberechtigungen umfassen die bekannten Rechte für DML- (`INSERT`, `DELETE`, `UPDATE` und `SELECT`) und DDL-Aktionen (`CREATE`, `DROP`, `ALTER`, etc.) sowie für das Ausführen von Prozeduren und Funktionen (`EXECUTE`) für einzelne Benutzer oder Rollen.

So kann einfach und effizient bestimmt werden, wer z.B. auf alle Tabellen/Sichten zugreifen oder alle Prozeduren/Funktionen ausführen darf (in dem Schema). Die folgende Abbildung zeigt, wie einem Benutzer die Rechte `SELECT`, `UPDATE` und `ALTER` vergeben werden.

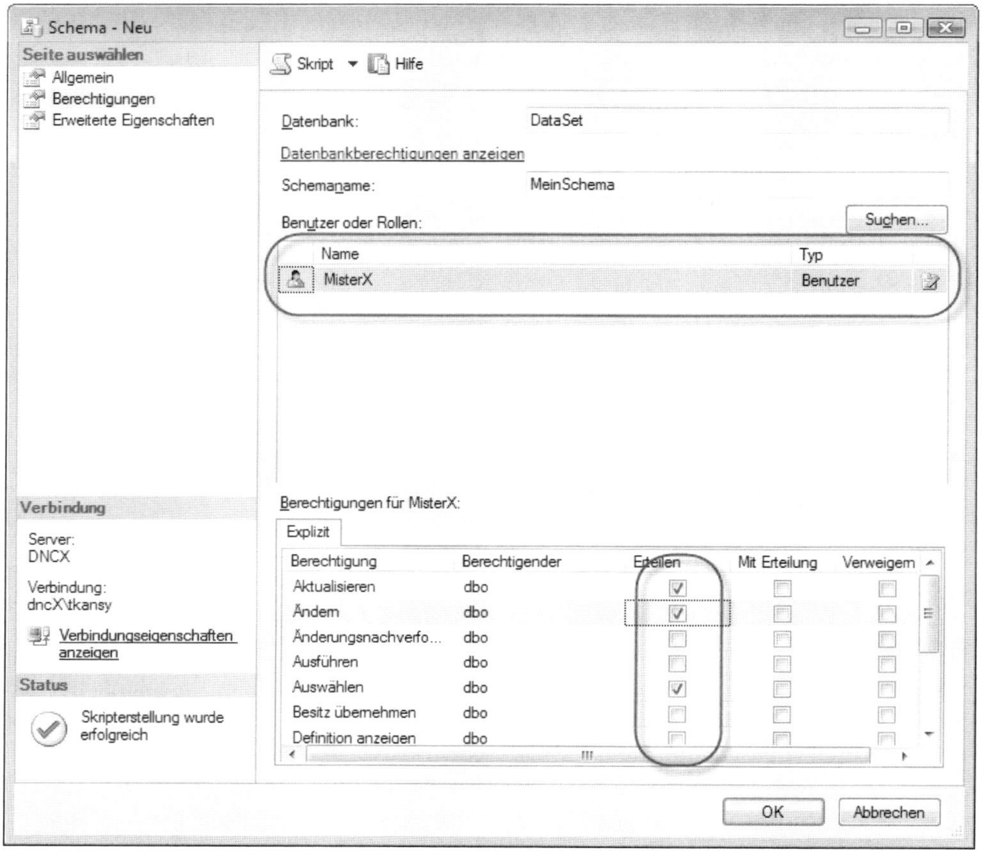

Abbildung 3.16 Der Benutzer „MisterX" erhält Schemaberechtigungen.

Darüber hinaus besitzt jedes Schema einen Besitzer, der über alle Berechtigungen auf Objekte in diesem Schema verfügt und festlegen darf, wer welche Schemaberechtigungen besitzen soll. Wird expliziert kein Besitzer beim Erstellen des Schemas angegeben, so ist dies automatisch der Ersteller.

Profi-Tipp:

Wenn Sie sich die Berechtigung eines Objektes mithilfe des SQL Server Management Studio (Express) anzeigen lassen, so befindet sich unter Berechtigungen im oberen Drittel ein recht unscheinbarer Link auf die Schemaberechtigungen des Schemas, zu dem das Objekt gehört. Von dort aus gelangen Sie durch einen ähnlichen Link zu den Datenbankberechtigungen.

Datenbankberechtigungen/Serverberechtigungen

Was sich als Schemaberechtigung aus Ebene eines Schemas möglich ist, ist im größeren Rahmen für die ganze Datenbank möglich. Allerdings sind die Datenbankberechtigungen um einiges umfangreicher, da noch Berechtigungen dazukommen, die spezifisch für eine Datenbank sind (z.B. Assembly erstellen oder Benutzer ändern).

Noch einen „Schritt weiter weg", existieren darüber hinaus noch Serverberechtigungen. Diese umfassen jedoch keine DML-Berechtigungen mehr, sondern neben DDL- noch sonstige Berechtigungen rund um den Server.

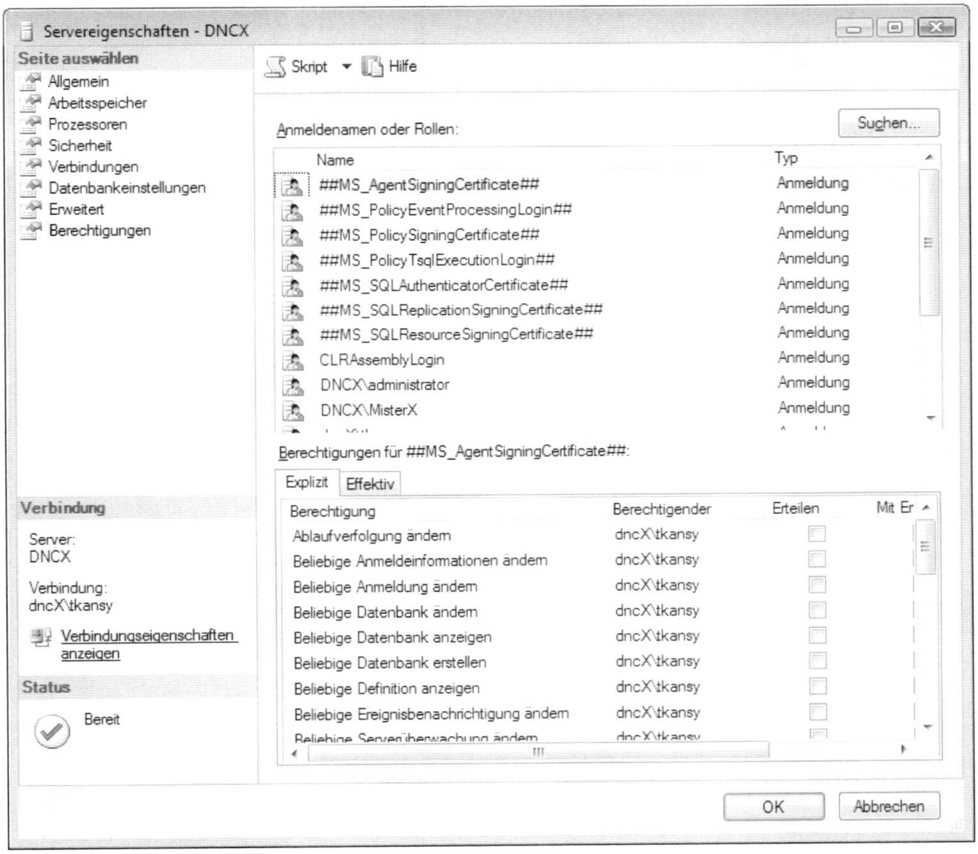

Abbildung 3.17 Serverberechtigungen

3.6 Mit Datenbanken arbeiten

Die folgenden Abschnitte beschreiben die wichtigsten Dinge, die ein Entwickler bei der Arbeit mit dem SQL Server 2008 (R2) kennen sollte.

3.6.1 Grundlegendes

Eine Datenbank besteht immer aus mindestens zwei Dateien, den sogenannten Medien, die unterschiedliche Informationen (Zeilendaten oder Transaktionsprotokolle) speichern. Bei Bedarf können weitere Dateien der Datenbank zur Verfügung gestellt werden, damit diese ihre Daten auf anderen Laufwerken ablegen kann.

Zeilendaten werden dabei in Dateien mit der Erweiterung .MDF oder .NDF (siehe *3.6.1.1, „Datendateien MDF und NDF“*) und das Transaktionsprotokoll in einer Datei mit der Erweiterung .LDF (siehe *3.6.1.2, „Transaktionsprotokoll LDF“*) gespeichert.

Alle Dateien werden standardmäßig in das Verzeichnis gelegt, das bei der Installation dafür vorgesehen wurde. Auf Wunsch kann jedoch ein anderes Verzeichnis verwendet werden, wenn die folgenden Bedingungen für dieses Laufwerk zutreffen:

- Das Verzeichnis muss lokal sein, Netzwerklaufwerke und Wechselmedien, die das Betriebssystem als solche erkennt, sind tabu.
- Das Verzeichnis darf nicht komprimiert sein.
- Das Verzeichnis darf nicht verschlüsselt sein.
- Das SQL Server-Dienstkonto muss vollen Zugriff auf das Verzeichnis haben.

Wichtig:

Sollte die Festplatte, auf der die Medien abgespeichert werden, über einen Hardware Write-Buffer verfügen, so sollten Sie diesen ausschalten. Sonst kann es sein, dass der Treiber dem SQL Server mitteilt, die Daten seien schon geschrieben, obwohl diese sich noch im Buffer befinden. Als Nächstes würden dann die Änderungen im Transaktionsprotokoll als ordnungsgemäß geschrieben werden. Wenn es genau in einem solchen Moment zu einem Ausfall kommt, ist das Datenbankmedium höchstwahrscheinlich korrupt.

Hinweis:

Die Dateierweiterungen MDF, LDF und NDF sind zwar technisch nicht zwingend, sollten jedoch korrekt verwendet werden, um unnötige Verwirrung zu vermeiden.

Ein Medium ist dabei trotz seiner Größe immer nur zu einem bestimmten Prozentsatz tatsächlich mit Daten gefüllt – der Rest ist leer und steht auf Abruf bereit. Ist diese Reserve erschöpft, wird (wenn möglich auch konfiguriert) das Medium erweitert – die Datei wächst. Die Größe wird später auch beibehalten, wenn der Inhalt abnimmt (weil z.B. eine große Tabelle geleert wird). Um die Dateigröße tatsächlich wieder zu verkleinern, kann dies per SQL Server Management Studio (Express) oder T-SQL geschehen.

- Über das Kontextmenü der Datenbank Tasks > Verkleinern > Dateien erscheint der Dialog zum Verkleinern einer Datei. Als Verkleinerungsaktion bietet sich der zweite Punkt („Seiten vor dem Freigeben…“) an.
- Per T-SQL kann dies mit diesem Befehl erledigt werden:

```
USE Datenbankname;
DBCC SHRINKFILE ('TestDB', 0);
```

oder

```
DBCC SHRINKFILE ('TestDB_log', 0, TRUNCATEONLY);
```

In beiden Fällen wird die Datei so weit wie möglich verkleinert.

Was passiert, wenn kein freier Platz mehr vorhanden ist?

Aufgrund der Konfiguration oder des beschränkten Festplattenplatzes kann es immer mal wieder vorkommen, dass für die Medien kein freier Platz mehr vorhanden ist. Dies hat unterschiedliche Auswirklungen:

- Datendateien: In diesem Fall können in die entsprechenden Tabellen keine weiteren Inhalte eingefügt werden.
- Transaktionsprotokoll: In diesem Fall können die Daten in der Datenbank nicht mehr verändert (`INSERT`, `DELETE`, `UPDATE`, `MERGE`) werden.

Bereits vorhandene Inhalte können in beiden Fällen noch gelesen werden, was in vielen Fällen jedoch ein schwacher Trost ist.

3.6.1.1 Datendateien MDF und NDF

In diesen Dateien werden die Inhalte der gesamten Datenbank angelegt – seien es Schemainformationen über den Aufbau, Zelleninhalte von Tabellen oder Indizes. Da der Zugriff auf Daten maßgeblich für die Leistung einer Anwendung verantwortlich sein kann, empfiehlt es sich, die Medien auf einer schnellen Festplatte unterzubringen. Datendateien werden in Dateigruppen organisiert, sodass bei der Erstellung einer Tabelle oder eines Index bestimmt werden kann, in welcher Dateigruppe dies geschehen soll.

Tipp:
Es ist eine gute Idee, diese (überlebens-)wichtigen Dateien auf einem RAID[6]-System unterzubringen – zumindest wenn die Anwendung fertig entwickelt und im Einsatz ist.

Der Unterschied zwischen der Datei mit der Dateierweiterung .MDF und den restlichen Medien, welche die Erweiterung .NDF tragen, ist der, dass in der .MDF der sogenannte Datenbankkatalog gespeichert ist. Im Gegensatz zum Systemkatalog, der alle Informationen zu der SQL Server-Instanz speichert, speichert der Datenbankkatalog alle Informationen über die Datenbank – hier finden sich also die Angaben, welche Tabellen, Sichten, gespeicherte Prozeduren etc. existieren.

3.6.1.2 Transaktionsprotokoll LDF

In den Dateien des Transaktionsprotokolls mit LDF-Dateierweiterung werden alle Änderungen an den Daten (bedingt durch `INSERT`-, `DELETE`-, `UPDATE`- und `MERGE`-Anweisungen) als redundante, leider jedoch nicht frei auslesbare Information abgelegt. Dies hat zur Folge,

[6] RAID: Redundant Array of Inexpensive Disks oder Redundant Array of Independent Disks – mehrere Festplatten, die aus Gründen der Redundanz zu einer zusammengeschaltet werden.

dass die Größe des Transaktionsprotokolls nicht von der Menge an Daten in der Datenbank bestimmt wird, sondern von der Häufigkeit der Änderungen, die es wie ein Videorekorder aufzeichnet. Nach Importen ist es erfahrungsgemäß oft relativ umfangreich und beträgt ein Vielfaches der Größe im Normalbetrieb. Dies hat aber auch zur Folge, dass dieses Protokoll geleert werden muss, da es sonst weiter anwächst, bis es die physikalischen Grenzen der Festplatte erreicht. Dazu sind zwei Wege für einen Entwicklungsserver praktikabel.

- Die Datenbank kann in das einfache Wiederherstellungsmodell schalten. Dieses sorgt dafür, dass nicht mehr benötigte Einträge automatisch entfernt werden. Eingestellt werden kann dieses Modell über die Eigenschaften einer Datenbank auf dem Karteireiter Optionen unter Wiederherstellungsmodell oder per T-SQL.

  ```
  ALTER DATABASE [Name] SET RECOVERY SIMPLE WITH NO_WAIT;
  ```

  Der Nachteil dieses Modells ist, dass bei Verlust der Datenmedien die Datenbank nicht mehr mithilfe des Transaktionsprotokolls wiederhergestellt werden kann.
- Die Datenbank sichern (für Details siehe *3.6.3,* „Sichern/Wiederherstellen“).

Wichtig:
Es sei noch einmal darauf hingewiesen, dass das Transaktionsprotokoll ohne Eingriff solange wächst, bis es dafür keinen Raum mehr hat. Im Gegensatz zu früheren Versionen ist es nicht mehr möglich, das Transaktionsprotokoll explizit ohne Sicherungen abzuschneiden. Anweisungen wie `BACKUP LOG WITH NO_LOG` oder `DUMP TRANSACTION` werden nicht mehr unterstützt.

3.6.2 Datenbank erstellen

Das Erstellen einer neuen Datenbank gestaltet sich mittels des SQL Server Management Studios (Express) als einfache Aufgabe. Im Kontextmenü einer bereits bestehenden Datenbank oder des Datenbankcontainers befindet sich zu diesem Zweck der Neue Datenbank...-Befehl. Im erscheinenden Dialog können Sie den Namen sowie die Einstellungen für Datenbankdateien festlegen.

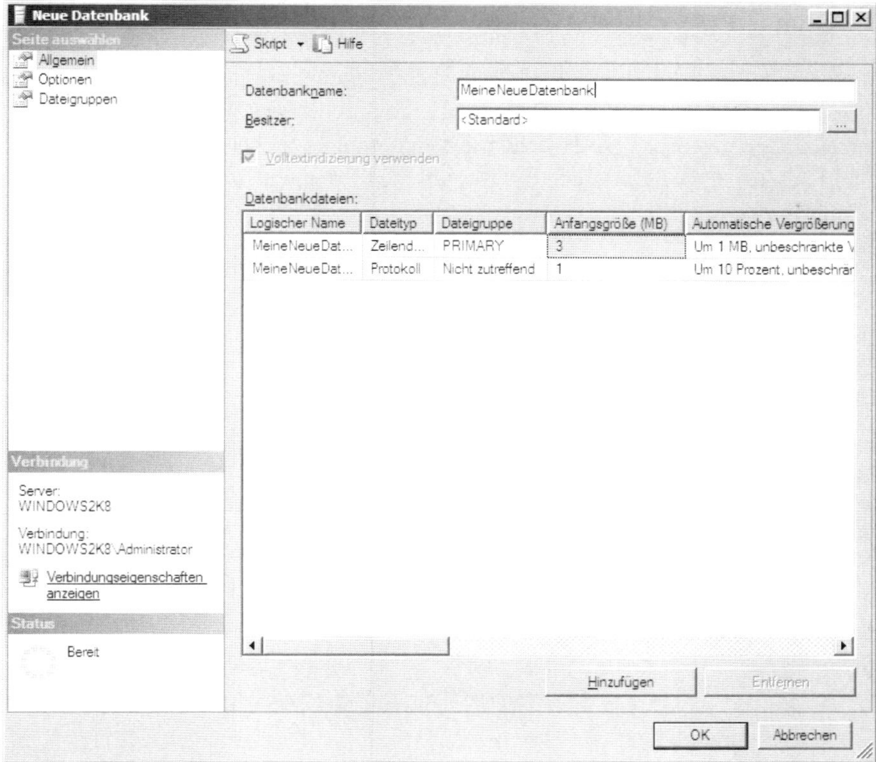

Abbildung 3.18 Der Dialog zum Erstellen einer neuen Datenbank

Standardmäßig speichert der SQL Server 2008 (R2) die Medien in dem Verzeichnis ab, das bei der Installation angegeben wurde, und lässt eine unbeschränkte Vergrößerung zu.

Hinweis:
Um die Vergrößerungsoptionen und den Speicherort der Datenbankmedien zu verändern, ist es notwendig, in der Liste nach rechts zu scrollen oder den Dialog entsprechend zu vergrößern und auf die entsprechende Schaltfläche mit den drei Punkten (...) zu klicken.

Die entsprechende Anweisung in T-SQL sieht so aus:

```
CREATE DATABASE MeineNeueDatenbank ON  PRIMARY
(
    NAME = N'MeineNeueDatenbank',
    FILENAME = N'C:\DBVerzeichnis\MeineNeueDatenbank.mdf' ,
    SIZE = 3072KB , FILEGROWTH = 1024KB
)
LOG ON
(
    NAME = N'MeineNeueDatenbank_log',
    FILENAME = N'C:\DBVerzeichnis\MeineNeueDatenbank_log.ldf' ,
    SIZE = 1024KB , FILEGROWTH = 10%
);
```

Der Ersteller der Datenbank wird automatisch ihr Besitzer (Database Owner).

3.6.3 Sichern/Wiederherstellen

Jede Datenbank, auch in der Entwicklung, sollte regelmäßig gesichert werden. Keinem noch so perfekten Code nützt eine Datenbank, die durch einen Hardwareschaden zur großen Unbekannten geworden ist. Erstellt werden kann eine Sicherung per SQL Server Management Studio (Express) durch das Kontextmenü der entsprechenden Datenbank via Tasks > Sichern.

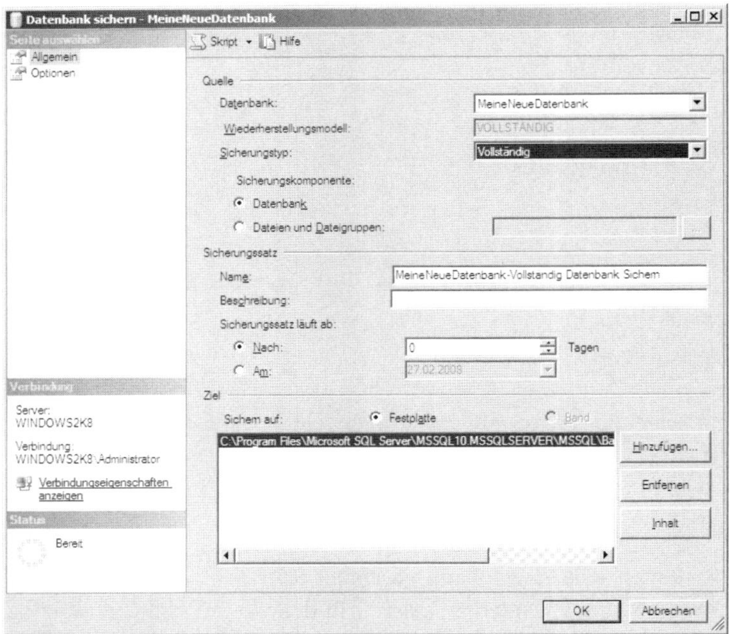

Abbildung 3.19 Mit diesem Dialog können Datenbanken gesichert werden.

Bei einer Sicherung spielt deren Typ eine wichtige Rolle. SQL Server 2008 (R2) unterstützt drei unterschiedliche Sicherungstypen:

- *Vollständig*: Sichert die komplette Datenbank. Wenn Dauer und Festplattenplatz es zulassen, ist dies der zu bevorzugende Typ, da für das spätere Wiederherstellen lediglich diese eine Datei benötigt wird.
- *Differenziell*: Dieser Typ sichert lediglich die Änderungen in der Datenbank, die nach der letzten vollständigen Sicherung erfolgt sind. Für das Herstellen werden daher diese Datei und die entsprechende vollständige Sicherung benötigt.
- *Transaktionsprotokoll*: Durch diesen Sicherungstyp wird lediglich das Transaktionsprotokoll gesichert und anschließend abgeschnitten, d.h., die Datenmedien sind anschließend fast vollständig leer.

Als Nächstes ist das Ziel interessant, das in den meisten Fällen für Entwicklungsserver die Festplatte und kein Bandlaufwerk sein wird. Beachten Sie, dass eine Datei (ähnlich wie ein

Bandlaufwerk) mehrere Sicherungen (auch unterschiedlicher Datenbanken) beinhalten kann. Über die Einstellung Alle vorhandenen Sicherungssätze überschreiben auf dem Optionen-Karteireiter können Sie sicherstellen, dass vor jeder Sicherung evtl. vorhandene, ältere Sicherungen gelöscht werden.

Wichtig:

Als Ziel für eine Sicherung kann nur eine lokale Festplatte der Maschine verwendet werden, auf welcher der SQL Server ausgeführt wird. Bedenken Sie dies, wenn Sie Ihre Wahl treffen und sich wundern, warum Ihre Festplatte F: nicht gefunden wird, wenn der Server nicht lokal installiert ist. Da sich leider auch keine Netzwerkfreigaben verwenden lassen, müssen Sie das fertige Sicherungsmedium ggf. von Hand kopieren/verschieben.

Tipp:

Da Sicherungen häufig regelmäßig erstellt werden müssen, bietet es sich an, den SQL Server Agenten dafür „einzuspannen". Über den Befehl Skript > Skript für Aktion in Auftrag schreiben (Strg-Shift-M) können Sie dies ganz elegant erreichen. Durch einen zweiten Schritt kann das Sicherungsmedium dann gleich per `XCOPY`-Befehl auf eine andere Maschine kopiert/verschoben werden.

Auch wenn es technisch nicht notwendig ist, so ist es doch sinnvoll, den Sicherungsdateien die Erweiterung BAK zu geben. Um von einer Datenbank eine Sicherung per T-SQL zu erstellen, kann folgende Anweisung verwendet werden.

```
BACKUP DATABASE MeineNeueDatenbank
TO DISK = N'C:\BackupVerzeichnis\MeineNeueDatenbank.bak'
WITH NOFORMAT, INIT, NAME = N'Backup Name', SKIP,
     NOUNLOAD, STATS = 10, CHECKSUM;
```

Das Wiederherstellen einer Datenbank geschieht über das Kontextmenü des Datenbankcontainers über Datenbank wiederherstellen... In dem so aufgerufenen Dialog können Sie bestimmen, welche Datenbank (Namen) aus welchen Medien wiederhergestellt werden soll. Da in der msdb-Systemdatenbank eine Historie über alle gemachten Sicherungen gespeichert wird, kann als Quelle auch eine datenbankbezogene Sicherung ausgewählt werden anstatt eines Sicherungsmediums.

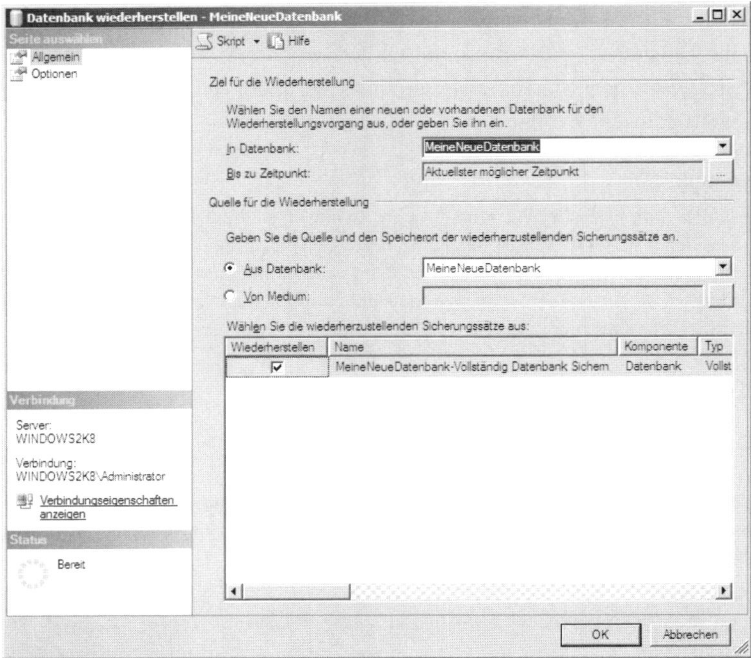

Abbildung 3.20 Mit diesem Dialog können Datenbanken aus einer Sicherung wiederhergestellt werden.

Eine Datenbank lässt sich nur dann wiederherstellen, wenn sie derzeit nicht verwendet wird, d.h. keine Verbindungen existieren (auch nicht die eigene Verbindung!). Versuchen Sie es trotzdem, kommt es zu einer hässlichen Fehlermeldung.

> **Tipp:**
> Sollten sich nicht alle Verbindungen schließen wollen oder können, so bietet es sich an, die Datenbank vor der Wiederherstellung zu löschen. Wie unter *3.6.4,* „Löschen", beschrieben, steht für dieses Vorgehen eine entsprechende Option bereit, die eine bestehende Verbindung zuvor schließt.

Als T-SQL-Anweisung sieht die Wiederherstellung so aus:

```
RESTORE DATABASE MeineNeueDatenbank
FROM DISK = N'C:\BackupVerzeichnis\MeineNeueDatenbank.bak'
WITH FILE = 1, NOUNLOAD, STATS = 10;
```

3.6.4 Löschen

Eine bestehende Datenbank kann über ihr Kontextmenü durch den Befehl Löschen gelöscht und von der Festplatte entfernt werden. Da eine Datenbank nur dann gelöscht werden kann, wenn sie derzeit nicht in Verwendung ist, befindet sich im Dialog die Option Bestehende Verbindungen schließen, damit dies automatisch erledigt wird.

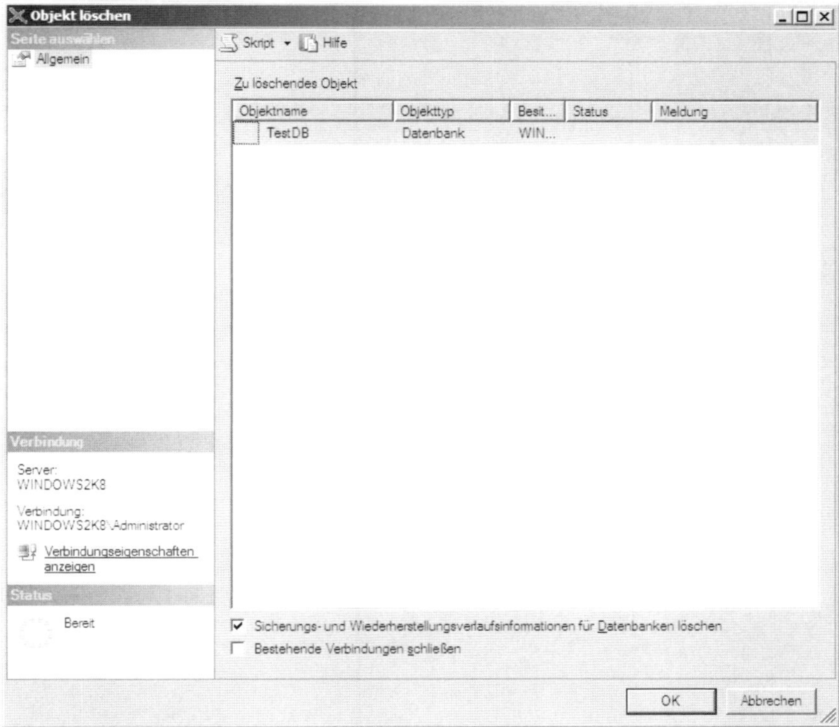

Abbildung 3.21 Der Dialog zum Löschen einer Datenbank

Um eine Datenbank per T-SQL zu löschen, kommt diese kurze Anweisung zum Einsatz:

```
DROP DATABASE MeineNeueDatenbank;
```

3.6.5 Tabellen & Co

Das Kernstück einer jeden Datenbank sind sicherlich Tabellen. Ihre Erstellung und Bearbeitung kann aus dem Visual Studio 2008 heraus, per T-SQL oder über das SQL Server Management Studio (Express) erfolgen. Zu diesem Zweck steht im Kontextmenü des Tabellencontainers oder jeder schon bestehenden Tabelle der Neue Tabelle...-Befehl zur Verfügung. Besteht die Tabelle schon, kann sie mit dem Entwerfen-Befehl nachträglich verändert werden.

Hinweis:

Viele nachträgliche Veränderungen an einer Tabelle werden so realisiert, dass eine Interimstabelle nach den neuen Angaben erzeugt, der Inhalt in diese kopiert, die alte Tabelle gelöscht und die Interimstabelle anschließend umbenannt wird. Bei kleineren Tabellen ist dieses Vorgehen sehr schnell und geht ohne größere Verzögerung vonstatten. Befinden sich allerdings bereits größere Datenmengen in der Tabelle, kann dies einen längeren Zeitraum in Anspruch nehmen!

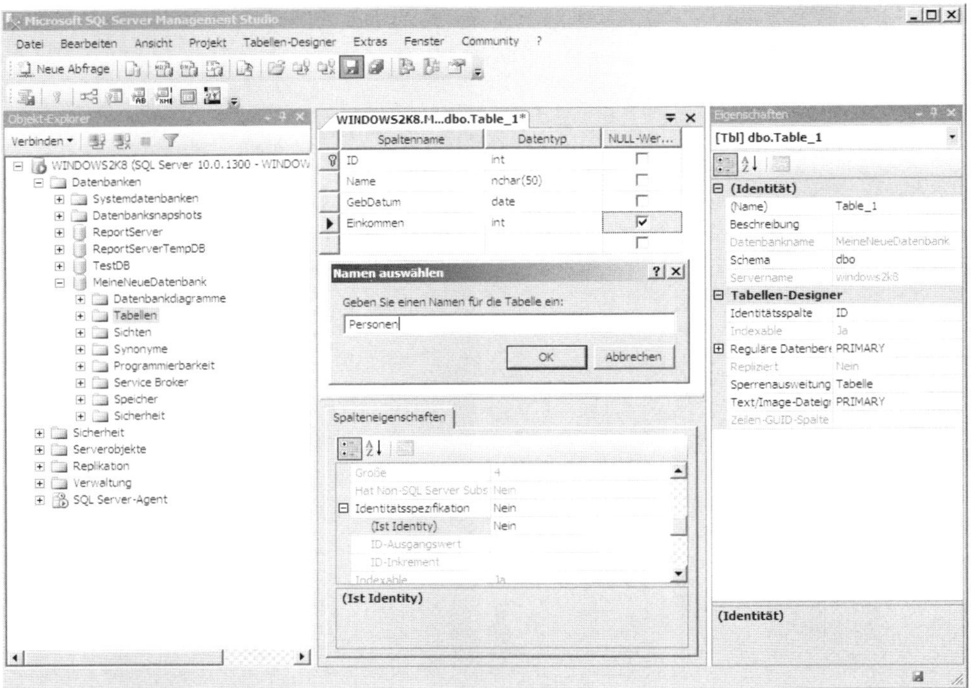

Abbildung 3.22 Eine Tabelle wird im SQL Server Management Studio (Express) bearbeitet.

Jede Tabelle besteht aus einer mehr oder weniger großen Anzahl Spalten. Diese Spalten haben einen in der Tabelle eindeutigen Namen, einen Datentyp (außer berechnete Spalten) und die Information, ob sie `NULL`-Werte zulassen oder nicht.

Weitere Eigenschaften lassen sich über das Spalteneigenschaften-Gitter definieren.

Hinweis:

Details über Datentypen, NULL, berechnete Spalten, Einschränkungen etc. finden Sie unter *4.6.3.1, „Tabelle anlegen“.*

Neben der Tabelle befindet sich eine ganze Reihe von Objekten, wie z.B. gespeicherte Prozeduren, Sichten, Funktionen etc. in der Datenbank. Das SQL Server Management Studio (Express) zeigt diese schön ordentlich in der Baumstruktur an. Dabei lassen sich Objekte (wie z.B. die Tabellen) ebenfalls aufklappen, um deren Unterobjekte anzuzeigen (wie z.B. Spalten und Trigger).

Über die entsprechenden Befehle in den Kontextmenüs lassen sich viele Objekte dabei löschen, bearbeiten (dies geht z.B. nicht mit .NET entwickelten Objekten) oder neu erstellen. In einigen Fällen öffnet dies jedoch nur ein Fenster zur Eingabe von T-SQL. Zusätzlich zu der grundlegenden Funktion können auf diesem Weg auch die Berechtigungen für die Benutzer der Datenbank eingesehen und festgelegt werden.

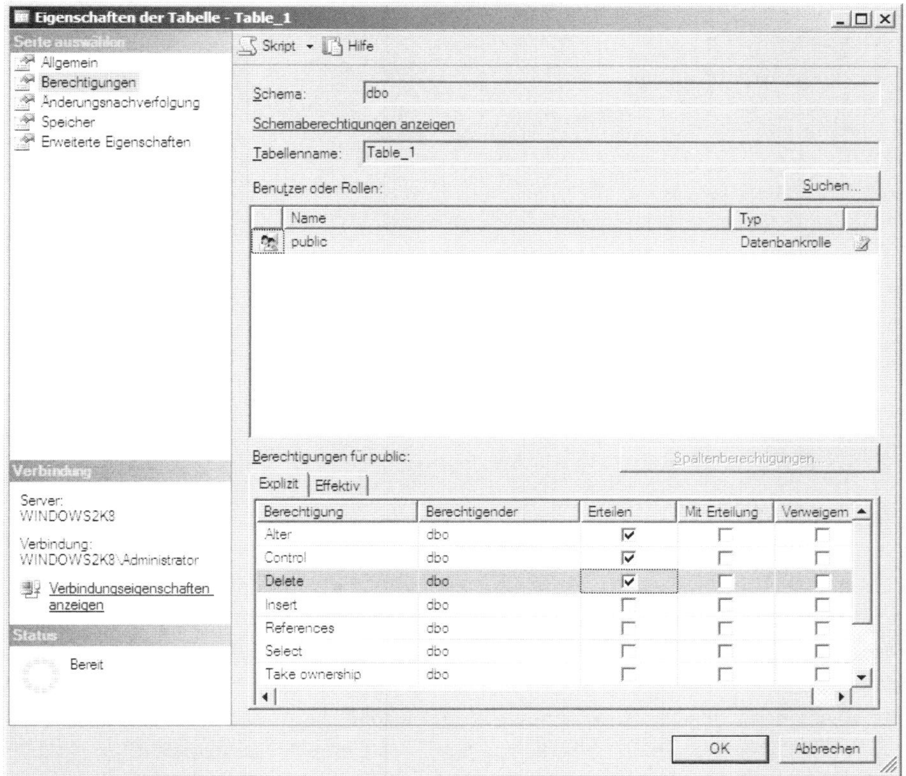

Abbildung 3.23 Die Berechtigungen einer Tabelle werden angezeigt.

Weitere Details über T-SQL finden Sie im nächsten Kapitel, das ausschließlich diesem Thema gewidmet ist.

3.7 CDC (Change Data Capture)

Dieses neue Feature seit SQL Server 2008 (R2) erlaubt die einfache, performante und robuste Möglichkeit, Änderungen in und an Tabellen zu protokollieren.

> **Hinweis:**
> Unter *2.1.6, „Change Tracking“*, ist ein auf den ersten Blick recht ähnliches Feature beschrieben. Zur Orientierung finden Sie dort auch eine Entscheidungshilfe, wann CDC und wann Change Tracking die bessere Wahl ist.

Im Gegensatz zu anderen Lösungen (z.B. mit Triggern) arbeitet CDC asynchron und unabhängig zur DML-Anweisung (`INSERT`, `DELETE`, `UPDATE` und `MERGE`, nicht jedoch `TRUNCATE TABLE`!), indem es anhand des Transaktionsprotokolls die Protokolltabellen füllt. Die folgende Abbildung stellt dies schematisch dar.

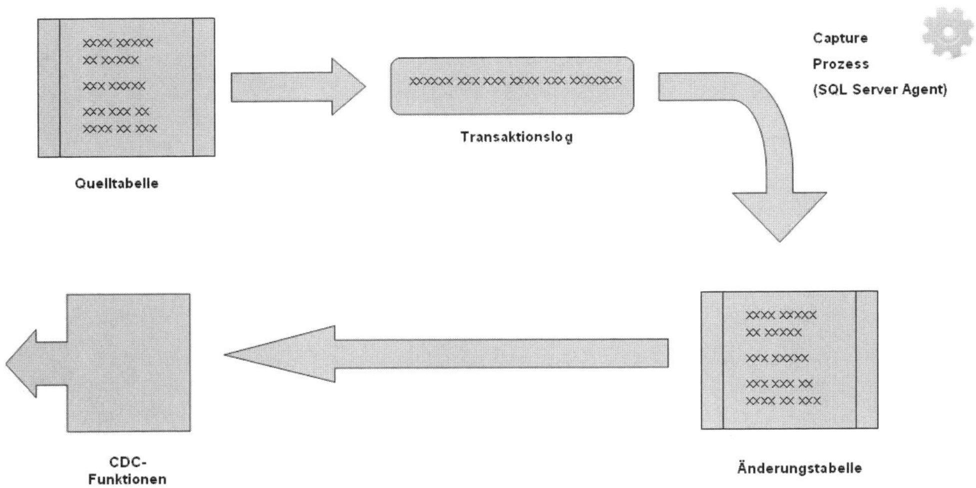

Abbildung 3.24 Das Funktionsschema von CDC (Change Data Capture)

Wurde eine DML-Anweisung erfolgreich ausgeführt, so werden die Änderungen, mit einer eindeutigen LSN[7] (Log Sequence Number, Protokollsequenzummer) versehen und in das Protokoll geschrieben. Der SQL Server Agent liest im Hintergrund mithilfe eines Auftrags diese Änderungen aus und schreibt diese in die entsprechenden Protokolltabellen. Da diese Pflege unabhängig geschieht, wird auch im Fehlerfall die Änderungsanweisung nicht beeinflusst oder gar abgebrochen. Die so entstandenen Einträge lassen sich mittels dafür vorgesehener Funktionen wie unten beschrieben gezielt abfragen. Dabei wird zwischen Brutto- und Nettoänderungen unterschieden: Während erstere sämtliche Änderungen einer Zeile einzeln widerspiegeln und sich so verfolgen lässt, welchen Wandel diese Zeile durchgemacht hat, werden bei Nettoänderungen aufeinanderfolgende Änderungen zu einer zusammengefasst, wenn diese die gleiche Zeile betreffen. Aus diesem Grund wird auch ein eindeutiger Schlüssel in der Tabelle benötigt: Nur mit ihm kann zweifelsfrei festgestellt werden, dass es sich mehrfach um die gleiche Zeile gehandelt hat. Das Sammeln von Nettoänderungen durch CDC muss bei der Aktivierung angegeben werden.

Da der SQL Server Agent für CDC essenziell ist, muss er für diese Funktionalität ausgeführt werden. Läuft er nicht, werden keine Änderungen aufgezeichnet. Allerdings werden nach einem Start des SQL Server Agenten alle in der Zwischenzeit stattgefundenen Änderungen nachträglich eingepflegt. Da das Transaktionsprotokoll hier die Basis darstellt, geht also nichts verloren, solange das Protokoll nicht bis zum erneuten Laufen des Agenten geleert wird (nach erfolgreichem Backup bei einfachem Wiederherstellungsmodell).

---

[7] Werden Änderungen an einer Tabelle auf dem SQL Server durchgeführt, so werden diese intern mit einer eindeutigen, aufsteigenden Nummer versehen. Diese Nummer (oft auch Protokollfolgenummer genannt) findet neben CDC auch beim Wiederherstellen einer Datenbank Verwendung. Diese sind an sich nicht sehr aussagekräftig, sodass deren Ausgabe oft keinen Sinn macht. Einzig die Tatsache an sich, dass eine LSN größer als eine andere ist, sagt aus, dass diese Änderung zeitlich nach der anderen stattgefunden hat – ob dies allerdings nur Sekunden oder Monate sind, ist unklar.

3.7.1 Aktivierung

Für die Aktivierung von CDC muss als Erstes sichergestellt sein, dass der SQL Server Agent ausgeführt wird, da der eben erwähnte Auftrag dazu erstellt werden muss. Ist das sichergestellt, muss für jede Datenbank die Ablaufverfolgung aktiviert werden, dies geschieht mit folgender Anweisung:

```
USE MeineDatenbank;
GO
EXEC sys.sp_cdc_enable_db;
```

Die Ausführung kann beim ersten Mal eine Weile dauern, da eine Reihe von Objekten angelegt werden muss.

Wichtig:
Stellen Sie auf jeden Fall sicher, dass Sie die Anweisung in der richtigen Datenbank ausführen (die, für die Sie CDC aktivieren möchten). Das gilt auch für alle anderen Anweisungen. Alle beziehen sich immer auf die aktuelle Datenbank.

Um zu prüfen, ob CDC für eine Datenbank aktiviert wurde, oder um sich eine Übersicht über alle Datenbanken, für die CDC aktiviert wurde, zu verschaffen, kann folgende Abfrage benutzt werden:

```
SELECT is_cdc_enabled, [name] FROM sys.databases
    WHERE is_cdc_enabled=1;
```

Der Wert 1 in der `is_cdc_enabled`-Spalte steht für eine Aktivierung, 0 konsequenterweise für das Gegenteil.

Nachdem diese Hürde genommen wurde, muss die Überwachung für jede gewünschte Tabelle mit einem Aufruf von `sys.sp_cdc_enable_table` eingeschaltet werden. Dabei kann eine Reihe von Parameter angegeben werden, die im Folgenden beschrieben sind.

Tabelle 3.4 Parameter der sys.sp_cdc_enabled_table_change_data_capture-Prozedur

Parameter	Erläuterung
`@source_name`	Name der Tabelle, die überwacht werden soll. Sichten dürfen hier nicht angegeben werden.
`@source_schema`	Schema, dem die Tabelle angehört.
`@role_name`	Name der Rolle für den Zugriff auf die protokollierten Daten. Wenn die Rolle nicht existiert, wird versucht, sie anzulegen. Hat der Aufrufer dazu nicht genügend Berechtigungen, kommt es zu einem Fehler.
`@capture_instance`	Name der CDC-Instanz, die über diese Tabelle wacht. Wird dieser Parameter nicht angegeben, so wird der Wert nach dem Muster {Schema}_{Tabelle} gebildet.

Parameter	Erläuterung
`@supports_net_changes`	Legt fest, ob „Nettoänderungen" unterstützt werden. Wird ein Wert von 1 angegeben, dann muss ein Index bestimmt werden (Parameter @index_name), oder die Tabelle muss über einen Primärschlüssel verfügen. Der Standard ist 0.
`@index_name`	Mit diesem Parameter kann ein eindeutiger Index der Tabelle angegeben werden, der anstelle des Primärschlüssels verwendet wird. Der Parameter macht nur Sinn in der Verbindung mit @supports_net_changes=1.
`@captured_column_list`	Ohne diesen Parameter werden alle Spalten der Tabelle überwacht. Mit ihm kann über eine Liste von Spaltennamen, die durch Kommata getrennt sind, bestimmt werden, welche Spalten überwacht werden sollen. Enthält eine Spalte ein ungültiges Zeichen, so muss der Name mit Hochkommata oder [] eingeschlossen werden.
`@filegroup_name`	Standardmäßig wird die Protokolltabelle in der Standarddateigruppe angelegt. Über diesen Parameter kann alternativ eine andere Dateigruppe angegeben werden.

Um zum Beispiel die Überwachung für alle Spalten einer Tabelle mit dem Namen Kundendaten (im Standardschema dbo) sowohl für Brutto- als auch Nettoänderungen zu aktivieren, kommt dieser Aufruf zum Einsatz:

```
EXEC sys. sys.sp_cdc_enable_table
    @source_schema = 'dbo',
    @source_name = 'Kundendaten',
    @role_name = 'cdc_admin',
    @supports_net_changes = 1;
```

Nach der Ausführung kann mit folgender Abfrage überprüft werden, ob die Tabelle sich unter denen befindet, für die CDC aktiviert wurde:

```
SELECT [name],is_tracked_by_cdc FROM sys.tables;
```

Wieder stehen ein Wert von 1 in der `is_tracked_by_cdc`-Spalte für eine Aktivierung und ein Wert von 0 für das Gegenteil.

Die Aktivierung ist nicht ganz spurlos an der Datenbank vorübergegangen, sondern es wurde (neben anderen Objekten wie Tabellenwertfunktionen) auch eine Reihe von (System-)Tabellen im Schema `cdc` erstellt. Die folgende Übersicht zeigt, welche das sind und welche Informationen sie speichert:

Tabelle 3.5 Erzeugte CDC-Tabellen

Tabelle	Speichert
`cdc.captured_columns`	Informationen über die Spalten, die überwacht werden.
`cdc.change_tables`	Informationen über Tabellen, die überwacht werden.
`cdc.ddl_history`	Details über Änderungen an dem Schema der Tabelle – inklusive der DDL-Anweisung.

Tabelle	Speichert
`cdc.index_columns`	Informationen über indexierte Spalten, die überwacht werden.
`cdc.lsn_time_mapping`	Informationen, welche LSN zu welchem Zeitpunkt verwendet wurde.
`cdc.dbo_Kundendaten_CT`	Historische Daten. Für jede überwachte Tabelle wird eine solche Tabelle nach dem folgenden Schema erzeugt: `cdc.{Tabellenschema}_{Tabellenname}_CT`.

Diese Tabellen können wie alle anderen Tabellen direkt abgefragt werden. Allerdings werden für einige Informationen Hilfsfunktionen benötigt, da z.B. LSN-Werte für sich nicht sehr informativ sind. Die Änderungen (hier aus der `cdc.dbo_Kundendaten_CT`-Tabelle) werden zusammen mit fünf CDC-Spalten in folgender Form gespeichert.

	__$start_lsn	__$end_lsn	__$seqval	__$operation	__$update_mask	ID	Name	Str
1	0x0000006D0000017C001A	NULL	0x0000006D0000017C0019	2	0x1F	3	Kansy AG	W

Abbildung 3.25 CDC-Tabelle mit historisierten Daten

Rechts neben den CDC-Spalten, deren Namen alle mit ‚__$' beginnen, schließen sich die Spalten der Basistabelle an, die überwacht werden.

Hinweis:
Beachten Sie, dass die `__$end_lsn`-Spalte nur angelegt wird, wenn für den Parameter `@supports_net_changes` ein Wert von 1 übergeben wurde.

Im Folgenden finden Sie Erklärungen über den Inhalt der CDC-Spalten.

Tabelle 3.6 CDC-Spalten der Tabellen mit historisierten Daten

Tabelle	Inhalt
`__$start_lsn`	LSN, zu der die Änderung begonnen hat. Wie dieser Wert zu einem Zeitpunkt umgesetzt werden kann, steht weiter unten.
`__$end_lsn`	LSN, zu der die Änderung abgeschlossen wurde. Diese Spalte erscheint nur, wenn der Parameter `@supports_net_changes=1` bei der Einrichtung angegeben wurde. Wie dieser Wert zu einem Zeitpunkt umgesetzt werden kann, steht weiter unten.
`__$seqval`	Gehören mehrere Änderungen zusammen, so werden diese zu einer Sequenz zusammengefasst.
`__$operation`	Art der Datenänderungen. Mögliche Werte sind: 1: Daten wurden gelöscht (DELETE). 2: Daten wurden eingefügt (INSERT). 3: Daten, bevor sie geändert wurden (vor dem UPDATE) 4: Daten, nachdem sie geändert wurden (nach dem UPDATE)

Tabelle	Inhalt
`__$update_mask`	Binäre Maske, welche die Spalten beschreibt, die geändert wurden. Bei DELETE (__$operation: 1) oder INSERT (__$operation: 2) wird für alle Spalten eine binäre 1 gesetzt.

Um Änderungen, egal ob brutto oder netto, abfragen zu können, müssen die jeweiligen LSN-Werte für den Anfang und das Ende der gewünschten Zeitspanne ermittelt werden. Dies geschieht mit der Funktion `sys.fn_cdc_map_time_to_lsn`, die zwei Parameter übergeben bekommt: eine Einschränkung und den Datum- und Uhrzeit-Wert. Ersterer kann dabei einer der folgenden Werte sein:

Tabelle 3.7 Mögliche Werte für die Einschränkungen der cdc.fn_cdc_map_time_to_lsn-Funktion

Wert	LSN-Wert
`largest less than`	Größter vorhandener, der noch kleiner ist als
`largest less than or equal`	Größter vorhandener, der kleiner oder gleich ist als
`smallest greater than`	Kleinster vorhandener, der größer ist als
`smallest greater than or equal`	Kleinster vorhandener, der größer oder gleich ist als

Dieses Beispiel zeigt einen exemplarischen Aufruf, wie er auch in den beiden nächsten Abschnitten Anwendung findet.

```
DECLARE @VonLSN BINARY(10) =
    sys.fn_cdc_map_time_to_lsn('smallest greater than', '20071106');
```

3.7.2 DML-Bruttoänderungen

Für den Zugriff auf Bruttoänderungen selbst steht eine weitere Funktion, `cdc.fn_cdc_get_all_changes_{Schema}_{Tabellenname}`, zur Verfügung. In diesem kleinen Beispiel werden die Änderungen für eine Tabelle `dbo.Kundendaten` abgerufen. Zuvor jedoch werden wie bereits beschrieben die beiden Zeitpunkte für Start und Ende in LSN-Werte umgewandelt:

```
-- Von/Bis Zeitpunkt in LSN mappen
DECLARE @VonLSN BINARY(10) =
    sys.fn_cdc_map_time_to_lsn('smallest greater than',
                               '20071106 19:00:00');
DECLARE @BisLSN BINARY(10) =
    sys.fn_cdc_map_time_to_lsn('largest less than',
                               '20071106 20:00:00');
-- Änderungen ausgeben
SELECT * FROM
    cdc.fn_cdc_get_all_changes_dbo_Kundendaten(@VonLSN, @BisLSN, 'ALL');
```

Die Ausgabe kann z.B. so aussehen:

	__$start_lsn	__$end_lsn	__$seqval	__$operation	__$update_mask	ID	Name	Stra
1	0x0000006D0000017C001A	NULL	0x0000006D0000017C0019	2	0x1F	3	Kansy AG	Wa

Abbildung 3.26 Ausgabe der Bruttoänderungen

Hinweis:

Wenn es zu keinen Änderungen in dem beschriebenen Zeitraum gekommen ist, so kommt es zu diesem Fehler:

Meldung 313, Ebene 16, Status 3, Zeile 9

Für die Prozedur oder Funktion cdc.fn_cdc_get_all_changes_ ... wurden zu wenige Argumente bereitgestellt.

Der Grund hierfür liegt darin, dass in einem solchen Fall `@VonLSN`/ `@BisLSN` lediglich `NULL` ist, sodass der Funktion in der Tat zu wenige Werte übergeben werden.

Während die rechten Spalten keiner weiteren Erklärung bedürfen, da diese lediglich den überwachten Spalten mit dem zu diesem Zeitpunkt gültigen Inhalt entsprechen, müssen über die ersten ein paar erklärende Worte verloren werden.

Tabelle 3.8 CDC-Spalten in Protokolltabelle

Tabelle	**Inhalt**
`__$start_lsn`	LSN, zu der die Änderung begonnen hat. Wie dieser Wert zu einem Zeitpunkt gemappt werden kann, steht weiter unten.
`__$end_lsn`	LSN, zu der die Änderung abgeschlossen wurde. Diese Spalte wird nur dann angelegt, wenn für den Parameter @supports_net_changes bei der Aktivierung durch die sys.sp_cdc_enable_table_change_data_capture-Prozedur ein Wert von 1 angegeben wurde.
`__$seqval`	Gehören mehrere Änderungen zusammen, so werden diese zu einer Sequenz zusammengefasst.
`__$operation`	Art der Datenänderungen. Mögliche Werte sind: 1: Daten wurden gelöscht (`DELETE`). 2: Daten wurden eingefügt (`INSERT`). 3: Daten, bevor sie geändert wurden (pre `UPDATE`) 4: Daten, nachdem sie geändert wurden (post `UPDATE`)
`__$update_mask`	Binäre Maske, welche die Spalten beschreibt, die geändert wurden. Bei `DELETE` (`__$operation`: 1) oder `INSERT` (`__$operation`: 2) wird für alle Spalten eine 1 gesetzt.

Da die LSN-Werte bei späteren Auswertungen nicht besonders aussagekräftig sind, gibt es die `sys.fn_cdc_map_lsn_to_time`-Funktion, welche die Werte zu dem Änderungszeitpunkt umsetzt. Die obige Abfrage kann so verbessert werden.

```
SELECT sys.fn_cdc_map_lsn_to_time(__$start_lsn), * FROM
       cdc.fn_cdc_get_all_changes_dbo_Kundendaten(
           @VonLSN, @BisLSN, 'ALL');
```

Die Ausgabe sieht nun so aus:

	(No column name)	__$start_lsn	__$seqval	__$operation	__$update_mask	I...	Name	St
1	2007-11-06 19:35:46.843	0x0000005D000000670015	0x0000005D000000670013	2	0x0F	1	Kansy AG	W

Abbildung 3.27 Verbesserte Ausgabe mit dem genauen Zeitpunkt der Änderung

Interessant:

An den Bruttoänderungen erkennt man, dass z.B. Änderungen am Primärschlüssel einer Tabelle aus einer Kombination aus Löschen und Einfügen vom SQL Server realisiert werden.

Da auch die binäre Maske, welche die veränderten Spalten beschreibt, nicht einfach zu handhaben ist, existiert die `sys.fn_cdc_has_column_changed`-Funktion. Sie prüft, ob in einer Spalte Änderungen vorgenommen wurden. Folgende Abfrage demonstriert dies:

```
SELECT sys.fn_cdc_has_column_changed('dbo_Kundendaten','ID',0x0F);
```

Liefert die Abfrage den Wert 1, so wurden Spalten verändert.

3.7.3 DML-Nettoänderungen

Die bisher ausgewerteten Änderungen sind so genannte Bruttoänderungen. Oft sind jedoch nur Nettoänderungen von Interesse, bei denen mehrere Änderungen an der gleichen Zeile zusammengefasst werden. Für diesen Zweck kommt eine andere Funktion mit dem Namen `cdc.fn_cdc_get_net_changes` zum Einsatz, allerdings mit identischen Parametern – Anfang und Ende werden auch diesmal über LSN-Werte angegeben.

```
-- Von/Bis Zeitpunkt in LSN mappen
DECLARE @VonLSN BINARY(10) =
    sys.fn_cdc_map_time_to_lsn('smallest greater than',
                               '20071106 19:00:00');
DECLARE @BisLSN BINARY(10) =
    sys.fn_cdc_map_time_to_lsn('largest less than',
                               '20071106 20:00:00');
-- Änderungen ausgeben
SELECT * FROM
    cdc.fn_cdc_get_net_changes_dbo_Kundendaten(@VonLSN, @BisLSN, 'ALL');
```

Um schließlich alle Änderungen zu erhalten, die an den Daten einer Tabelle stattgefunden haben, müssen LSN-Werte nicht für den Beginn und das Ende eines Zeitraums ermittelt werden. Vielmehr müssen der erste LSN-Wert, der für eine Änderung in dieser Tabelle vergeben wurde, und der höchste aktuelle LSN-Wert für die Datenbank ermittelt werden. Dies geschieht mit den Funktionen `sys.fn_cdc_get_min_lsn` und `sys.fn_cdc_get_max_lsn`. Zusammen mit der Ausgabe von Nettoänderungen sieht dies dann so aus:

```
-- Niedrigste und höchste LSN für diese Tabelle ermitteln
DECLARE @VonLSN BINARY(10) =
    sys.fn_cdc_get_min_lsn('dbo_Kundendaten');
DECLARE @BisLSN BINARY(10) =
    sys.fn_cdc_get_max_lsn();
-- Änderungen ausgeben
SELECT * FROM
    cdc.fn_cdc_get_net_changes_dbo_Kundendaten(@VonLSN, @BisLSN, 'ALL');
```

3.7.4 DDL-Änderungen

CDC ist nicht nur in der Lage, die Änderungen an den Daten einer Tabelle, sondern auch an ihrem Aufbau zu überwachen. Solcherlei Änderungen lassen sich ohne weitere Hilfsfunktionen mit einer `JOIN`-Abfrage zwischen den `sysObjects`- und `cdc.ddl_history`-Tabellen abfragen (die Spalte `source_object_id` ist sonst nicht sehr aussagekräftig). Praktischerweise ist neben der DDL-Anweisung als Klartext auch der genaue Zeitpunkt direkt verfügbar, sodass diesmal keine Hilfsfunktionen verwendet werden müssen.

```
SELECT O.name,H.*
    FROM cdc.ddl_history H LEFT JOIN sysObjects O
    ON H.source_object_id=O.id;
```

Wurde der überwachten Tabelle z.B. eine Spalte mithilfe der `ALTER TABLE`-Anweisung hinzugefügt, so sieht das Ergebnis dieser Abfrage so aus:

	name	source_object_id	object_id	requir...	ddl_command	ddl_lsn
1	Kundendaten	2073058421	1781581385	0	ALTER TABLE Kundendaten ADD Ort VARCHAR(50) NULL	0x0000005D00000

Abbildung 3.28 Auswertung über Veränderungen am Schema der Tabelle

3.7.5 Deaktivierung

Wird die Überwachung zu irgendeinem Zeitpunkt nicht mehr benötigt, so lässt sie sich auch wieder ausschalten. Zuerst kann die CDC-Funktionalität für eine einzelne Tabelle wieder deaktiviert werden. Dies lässt sich mit folgender Anweisung erledigen:

```
EXEC sys. sp_cdc_disable_table
    @source_schema = 'dbo',
    @source_name = 'Kundendaten',
    @capture_instance = 'dbo_Kundendaten';
```

Nach Ausführung dieser gespeicherten Prozedur wird der SQL Server Agent für diese Tabelle keine Protokolleinträge mehr anlegen. Die Protokolltabellen selbst und deren Inhalt werden durch diesen Aufruf nicht gelöscht.

Schließlich kann die Überwachung für die gesamte Datenbank deaktiviert werden. Dies geschieht mithilfe der folgenden gespeicherten Prozedur:

```
USE MeineDatenbank;
GO
EXEC sys.sp_cdc_disable_db;
```

Nach der Ausführung ist nicht nur das CDC deaktiviert, es wurden auch alle Tabellen aus dem CDC-Schema gelöscht.

3.8 Change Tracking

Change Tracking ist ähnlich wie CDC ebenfalls neu und für die Überwachung von Datenänderungen in der Datenbank konzipiert.

> **Hinweis:**
> Unter *2.1.6, „Change Tracking"*, finden Sie zur Orientierung eine Entscheidungshilfe, wann CDC und wann Change Tracking die bessere Wahl ist.

Werden Änderungen an Daten mittels Change Tracking verfolgt, so geschieht dies im Vergleich zu CDC jedoch nicht asynchron, sondern zeitgleich mit der Änderungsanweisung (`INSERT`, `DELETE`, `UPDATE` und `MERGE`, nicht jedoch `TRUNCATE TABLE`). Zwar bremst Change Tracking die Geschwindigkeit dieser Anweisungen aufgrund dessen ab, jedoch können die Änderungen umgehend abgerufen werden — eine Verzögerung muss nicht, wie bei CDC, das abhängig von der Auslastung des Systems ist, berücksichtigt werden.

Change Tracking arbeitet mit Versionsnummern, die für die gesamte Datenbank gültig sind, mit 0 beginnen und suggestiv erhöht werden, wenn Änderungen durchgeführt werden. Diese Versionsnummern stellen damit die Grundlage für eine effiziente Datensynchronisation dar, wie sie z.B. auch vom Microsoft Sync Framework realisiert wird, um zwei Datenbestände zu replizieren.

Diese funktioniert in Kürze so: Seite A hat eine Tabelle, von der Seite B weiß, dass sie bis zur Änderungsversion N auf dem aktuellstem Stand ist. Verbinden sich nun beide Systeme miteinander, so kann Seite B abfragen, welche Versionsnummer gerade auf Seite A die aktuelle ist. Ist dieser Wert gleich N, so wurde in der Zwischenzeit nichts verändert. Ist der Wert allerdings größer N, so kann Seite B fragen „Gib mir alle Änderungen der Tabelle in Version N", den eigenen Datenbestand entsprechend auffrischen und schließlich N auf den neuen, höheren Wert aktualisieren. Später wiederholt sich der Prozess, um dann die neuen Änderungen an den Daten erneut zu replizieren, usw. Ist der Wert jedoch kleiner, so müssen sich die beiden Seiten A & B komplett neu initialisieren, da dann ein Problem vorliegt. Die Synchronisation erfolgt dann oftmals so, dass eine Seite alle Daten der anderen übernimmt. Was dieses System nicht hergibt, ist der genaue Zeitpunkt, wann eine Änderung vorgenommen wurde.

Informationen über Änderungen sind nur für einen definierbaren Zeitraum verfügbar. Wird versucht, nach dessen Ablauf Änderungen abzufragen, sind diese nicht mehr gültig oder lückenhaft. Wie Sie nach der Aktivierung weiter unten sehen werden, gibt es jedoch einen Mechanismus, der solche Fälle erkennt und angemessen reagiert. Zunächst wollen wir uns aber mit der Aktivierung der Änderungsverfolgung durch Change Tracking beschäftigen.

3.8.1 Aktivierung

Die Aktivierung geschieht auf zwei Ebenen: erst für die Datenbank und anschließend für jede gewünschte Tabelle. So wird sichergestellt, dass nur die Datenbanken und Tabellen überwacht werden, für die diese Überwachung von Interesse ist, da dies Ressourcen kostet. Wie üblich kann dieser Schritt sowohl mit dem SQL Server Management Studio also auch mit reinem T-SQL erfolgen. In beiden Fällen sollte beachtet werden, dass sich einige Einstellungen nicht mehr verändern lassen, ohne vorher eine Deaktivierung durchzuführen, wobei alle Informationen über vorherige Änderungen verloren gehen!

Aufgrund der tatsächlichen Reihenfolge kommt zunächst die Aktivierung auf Datenbankebene. Die Aktivierung geschieht hier über die Eigenschaften einer Datenbank.

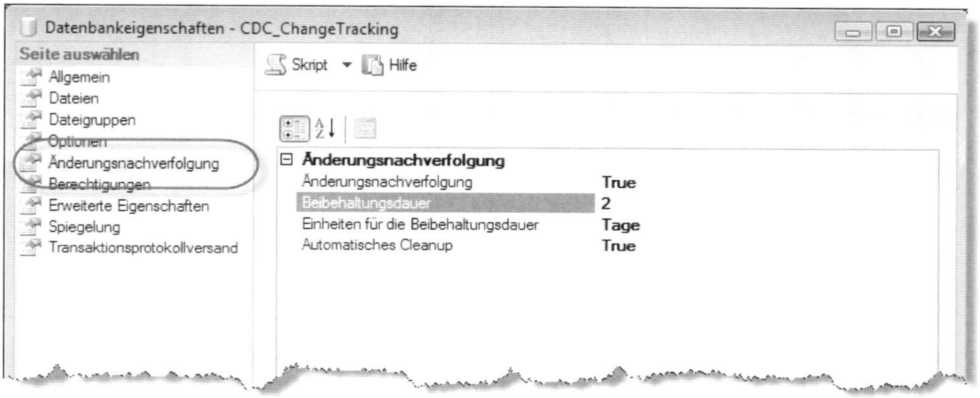

Abbildung 3.29 Aktivierung der Änderungsverfolgung für die Datenbank

Entsprechend der technischen Anforderungen kann bestimmt werden, wie lange Informationen über gemachte Änderungen erhalten bleiben sollen. Wurde die Einstellung „Automatisches Cleanup" eingeschaltet, so stehen Änderungen, die vor dem angegebenen Zeitrahmen liegen, nicht mehr zur Verfügung und werden entfernt. Dies geschieht durch einen Hintergrundprozess in regelmäßigen Abständen. Dieser Umstand wird später noch einmal wichtig, wenn es darum geht, korrekte und vor allen Dingen umfangreiche Informationen darüber zu erhalten, welche Änderungen getätigt wurden.

Die gleiche Aktivierung auf Ebene einer Datenbank kann mit der folgenden T-SQL-Anweisung erreicht werden.

```
USE master;
GO
ALTER DATABASE CDC_ChangeTracking SET CHANGE_TRACKING = ON
    (CHANGE_RETENTION = 2 DAYS, AUTO_CLEANUP = ON);
```

Damit ist die Grundvoraussetzung erfüllt, Change Tracking gezielt für einzelne Tabellen zu aktiveren. Microsoft rät hingegen dringend davon ab, dies für Systemtabellen zu tun, da es bei Service Packs und Patches zu Problemen kommen kann. Auch diesmal geschieht die Aktivierung aus dem SQL Server Management Studio über den Eigenschaften-Dialog der betreffenden Tabelle.

Abbildung 3.30 Aktivierung der Änderungsverfolgung für eine Tabelle

Bei der Aktivierung (und nur bei der Aktivierung, später ist dies nur durch vorherige Deaktivierung möglich) kann angegeben werden, ob Änderungen bis auf einzelne Spalten genau verfolgt werden sollen. Zwar kostet dies mehr Ressourcen, erlaubt aber eine genaue Erkennung darüber, welche Spalte verändert wurde, statt der simpleren Information, dass in dieser Zeile eine Änderung vorgenommen wurde. Der T-SQL-Code der Aktivierung sieht wie folgt aus:

```
USE MeineDatenbank;
GO
ALTER TABLE Kundendaten ENABLE CHANGE_TRACKING
    WITH (TRACK_COLUMNS_UPDATED = ON);
```

Aus Sicht von Change Tracking sind nun alle notwendigen Schritte erfolgt, jedoch gibt es einen wichtigen Punkt, den es noch unbedingt zu beachten gilt. Da der SQL Server bekanntlich ein Datenbanksystem ist, das parallele Änderungen an Daten zulässt, kann es während einer Abfrage für Änderungen zu zwei Situationen kommen, die zu inkonsistenten und falschen Ergebnissen führen kann:

- Der Hintergrundprozess zum Entfernen von Änderungsinformationen, die älter sind als der zulässige Zeitrahmen, wird tätig und tut seine Pflicht (`AUTO_CLEANUP = ON`) und löscht überalterte Einträge.
- Durch andere Prozesse werden Daten in den betreffenden Tabellen verändert.

Zur eleganten Lösung dieser Probleme eignet sich der Isolationsgrad (Isolation Level) `SNAPSHOT_ISOLATION` und der entsprechende Einsatz einer Transaktion für die Dauer der Abfrage. `SNAPSHOT_ISOLATION` sorgt dafür, dass innerhalb einer Transaktion keine Änderungen sichtbar sind, die durch andere Prozesse herbeigeführt wurden, zudem werden keine anderen Prozesse blockiert. Zu diesem Zweck speichert der SQL Server den Originalinhalt jeder Zeile in der TempDB-Datenbank und liefert diesen Inhalt bei einer Abfrage zurück. Praktisch wird dabei der Inhalt der Datenbank für die Dauer der Transaktionen eingefroren.

Wichtig:

Isolationsgrad SNAPSHOT_ISOLATION kann nicht zusammen mit dem FileStream-Feature eingesetzt werden.

Vor dem Einsatz dieses Isolationsgrades muss dieser in der Datenbank mit folgender Anweisung aktiviert werden:

```
ALTER DATABASE MeineDatenbank SET ALLOW_SNAPSHOT_ISOLATION ON;
```

Kann zuverlässig ausgeschlossen werden, dass keine Änderungen von anderen Prozessen durchgeführt werden, so muss dieser Isolationsgrad selbstverständlich nicht aktiviert werden, was eine Belastung des Systems verringert.

3.8.2 Abfragen

Die Abfrage von Daten über Änderungen geschieht durch eine Reihe von Schritten, die im Folgenden aufgelistet sind.

- Der Isolationsgrad wird auf SNAPSHOT_ISOLATION gesetzt und die Transaktion gestartet (nur wenn notwendig).
- Durch einen Vergleich mit der Versionsnummer der letzten Abfrage (Synchronisation) und der CHANGE_TRACKING_MIN_VALID_VERSION()-Funktion können Sie sicherstellen, dass keine Änderungen verloren gegangen sind, da die letzte Abfrage zu lange her ist. Diese Prüfung wird pro Tabelle durchgeführt.
- Mit der CHANGE_TRACKING_CURRENT_VERSION()-Funktion wird die aktuelle Versionsnummer abgefragt.
- Mittels CHANGETABLE(CHANGES ...) und einem Join auf die Originaltabelle werden die Änderungen sowohl abgefragt als auch angezeigt bzw. eine Synchronisation durchgeführt. Dabei sollte beachtet werden, dass für den Join entsprechende Spalte(n) vorhanden sein müssen.
- Transaktion freigeben (nur wenn notwendig)

Mittels eines T-SQL-Skripts können diese Schritte wie folgt realisiert werden.

```
-- Die Version der letzten Abfrage laden,
-- hier als Beispiel einfach die 4
DECLARE @last_version BIGINT = 4;

-- Isolationsgrad für Transaktion setzen
SET TRANSACTION ISOLATION LEVEL SNAPSHOT;

-- Transaktion starten
BEGIN TRANSACTION;

-- Für die Tabelle prüfen, ob noch alle Änderungen vorhanden sind
IF @last_version <
        CHANGE_TRACKING_MIN_VALID_VERSION(OBJECT_ID('Kundendaten'))
    BEGIN
        PRINT 'Änderungen wurden bereits entfernt';
        PRINT 'Keine vollständige Auflistung möglich';
    END
ELSE
```

```
        BEGIN
            -- Änderungen abfragen
            SELECT * FROM
                Kundendaten K RIGHT OUTER JOIN
                    CHANGETABLE(CHANGES Kundendaten, @last_version) CT
                ON K.ID = CT.ID;

            -- Letzte Versionsnummer für nächste Abfrage dauerhaft speichern
            SET @last_version = CHANGE_TRACKING_CURRENT_VERSION();
        END

    -- Transaktion freigeben
    COMMIT TRANSACTION;
```

Eine Beispielausgabe, die auf die ersten drei Zeilen gekürzt wurde, sieht dann so aus:

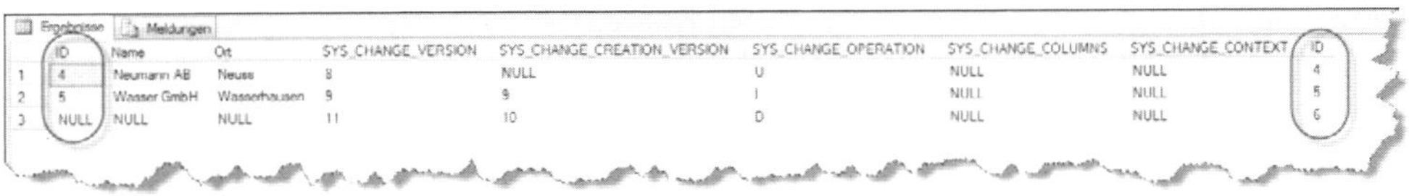

	ID	Name	Ort	SYS_CHANGE_VERSION	SYS_CHANGE_CREATION_VERSION	SYS_CHANGE_OPERATION	SYS_CHANGE_COLUMNS	SYS_CHANGE_CONTEXT	ID
1	4	Neumann AB	Neuss	8	NULL	U	NULL	NULL	4
2	5	Wasser GmbH	Wasserhausen	9	9	I	NULL	NULL	5
3	NULL	NULL	NULL	11	10	D	NULL	NULL	6

Abbildung 3.31 Die Ausgabe der Abfrage im SQL Server Management Studio (Express)

Zuerst erscheinen die ursprünglichen Daten aus der Tabelle (die ersten drei Spalten) und anschließend die Spalten der Change Tracking-Änderungstabelle inklusive dem Primärschlüssel der ursprünglichen Zeile (hier mit dem Namen ID).

Zur Ermittlung, in welchen Datenbanken und Tabellen die Überwachung von Änderungen durch Change Tracking eingeschaltet wurde, stehen die beiden Systemsichten `sys.change_tracking_databases` und `sys.change_tracking_tables` zur Verfügung. Über diese können auch Details über die Change Tracking-Konfiguration ermittelt werden.

3.8.3 Änderungskontext

Schaut man sich die zurückgelieferten Spalten, die bei der Abfrage von Änderungen zur Verfügung stehen, genau an, so fällt auf, dass eine Spalte mit dem Namen SYS_CHANGE_CONTEXT existiert. Da diese Spalte nicht vom System genutzt wird, bietet sie dem Entwickler Platz für die Anwendung, um einen Kontext (Grund, Benutzer etc.) für jede Änderung anzugeben, der in dieser Spalte aufgeführt werden kann. Die Spalte ist vom Typ `VARBINARY` und kann daher jegliche Daten aufnehmen, auch wenn eine Zeichenkette bestimmt der wahrscheinlichste Kandidat ist. Eine sprechende `INSERT`-Anweisung als Beispiel finden Sie im Folgenden abgedruckt.

```
-- Kontext festlegen und als VARBINARY konvertieren
DECLARE @meinContext VARBINARY(128) =
    CAST('UserID: tkansy; Reason: Umzug' AS varbinary(128));

-- Änderung mit Kontext durchführen
WITH CHANGE_TRACKING_CONTEXT (@meinContext)
    UPDATE Kundendaten SET Ort = 'Frankfurt' WHERE ID = 1;
```

Andere DML-Anweisungen wie `DELETE` und `UPDATE` sind genauso aufgebaut. Bei der Verwendung aus ADO.NET heraus muss der Wert, der als Kontext verwendet werden soll, beim Hinzufügen in die Parameterauflistung entsprechend konvertiert werden. Hier geschieht dies mit der `GetBytes()`-Methode der `System.Text.AsciiEndcoding`-Klasse.

```
private void updateOrt(int Id, string Ort, string ChangeContext)
{
    // Verbindung aufbauen
    using (SqlConnection con = new SqlConnection(@"..."))
        using (SqlCommand cmd = con.CreateCommand())
        {
            // Verbindung öffnen und SqlCommand-Objekt einrichten
            con.Open();
            cmd.CommandText =
                "WITH CHANGE_TRACKING_CONTEXT (@ChangeContext) " +
                "UPDATE Kundendaten SET Ort = @Ort WHERE ID = @Id";

            cmd.Parameters.AddWithValue("Ort", Ort);
            cmd.Parameters.AddWithValue("Id", Id);
            cmd.Parameters.Add
              ("ChangeContext", SqlDbType.VarBinary).Value =
               new System.Text.ASCIIEncoding().GetBytes(ChangeContext);

            // Ausführen
            cmd.ExecuteNonQuery();
        }
}
```

Ist die Überwachung für eine Tabelle dabei nicht eingeschaltet, so macht dies nichts, die Anweisung erzeugt keinen Fehler, die DML-Anweisung wird korrekt ausgeführt; die Änderungen zusammen mit dem Kontext werden natürlich nicht erfasst.

Für eine sinnvolle Abfrage muss der Änderungskontext wieder in den ursprünglichen Datentyp umgewandelt werden, da sonst nur die binäre Repräsentation zur Verfügung steht, was ein wenig unpraktisch ist. Als Beispiel wird die zentrale Abfrage des vorherigen T-SQL-Skriptes leicht modifiziert, sodass es nun wie folgt aussieht:

```
-- Änderungen mit Kontext abfragen
SELECT *, CAST(SYS_CHANGE_CONTEXT AS VARCHAR) FROM
    Kundendaten K
    RIGHT OUTER JOIN CHANGETABLE(CHANGES [Kundendaten], @last_version) CT
ON K.ID = CT.ID
```

Das Ergebnis des gesamten Skriptes sieht im SQL Server Management Studio (Express) so aus. Zu sehen ist der Kontext in binärer und in konvertierter Form. Dazwischen der Primärschlüssel der überwachten Tabelle.

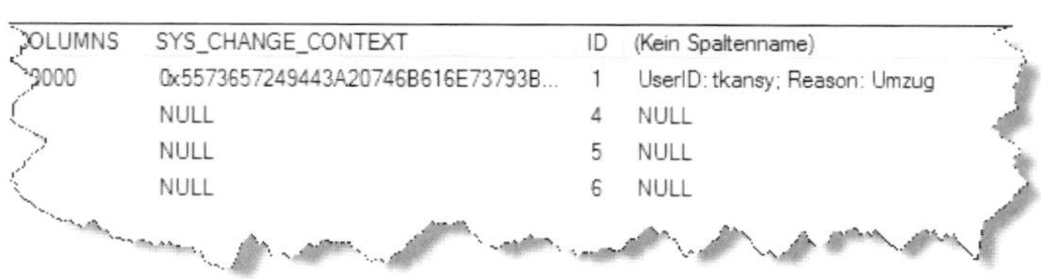

OLUMNS	SYS_CHANGE_CONTEXT	ID	(Kein Spaltenname)
000	0x5573657249443A20746B616E73793B...	1	UserID: tkansy; Reason: Umzug
	NULL	4	NULL
	NULL	5	NULL
	NULL	6	NULL

Abbildung 3.32 Der Änderungskontext in binärer Form und als Zeichenkette

Auf diese Weise steht ein ganz neuer Weg offen, ohne Veränderungen an der Tabelle weitere Informationen beliebiger Art (durch `VARBINARY`) an die DML-Anweisung „anzufügen“.

3.8.4 Deaktivierung

Analog zur Aktivierung kann die Deaktivierung entweder für eine gesamte Datenbank oder für eine einzelne Tabelle erfolgen. Soll eine Deaktivierung für die Datenbank durchgeführt werden, so muss zuvor die Deaktivierung für alle Tabellen erfolgen, sonst kommt es zu einem Fehler. Gehen Sie also in umgekehrter Reihenfolge vor. Zum Einsatz kommen dabei die gleichen Dialoge und T-SQL-Anweisungen.

3.9 Auditing

SQL Server 2008 (R2) führt ein neues Feature ein, mit dem fast alle Aktionen (DML, auch rein lesende Zugriffe, DDL etc.) in einer Datenbank überwacht und später ausgewertet werden können und auf das viele Entwickler gewartet haben: SQL Server Auditing. Dies umfasst auch solche Aktionen, bei denen es aufgrund mangelnder Berechtigung bei einem Versuch geblieben ist.

Wichtig:
Auditing wird von SQL Server 2008 (R2) Express nicht unterstützt!

Zwar wurden ähnliche Funktionen schon von den Vorgängern beherrscht, doch war deren Handhabung umständlich und schwierig in der praktischen Verwendung. Dieser Abschnitt zeigt, wie sich Auditing für eigene Anwendungen nutzen lässt. Dabei wird ein besonderes Augenmerk auf den Einsatz von T-SQL gelegt, das einfach übernommen und eingebaut werden kann. Auditing kann jedoch mehr, hierfür sei allerdings auf die entsprechende Literatur verwiesen.

SQL Server 2008 (R2) Auditing bedient sich der erweiterten Ereignisse (Extended Events), der neuen Ereignis-Infrastruktur, die mit dieser Version eingeführt wurde. Sie machen das Laufen eines externen Prozesses überflüssig, und die Überwachung wird innerhalb des SQL Servers direkt selbst durchgeführt. Der praktische Einsatz gliedert sich grob in die vier folgenden Schritte aus:

- Die Erstellung und Aktivierung eines Überwachungsobjekts auf Instanzebene, das alle Zugriffe zu einem Ziel sendet. Dies kann eine Datei, das Anwendungs- oder das Sicherheitsprotokoll des Betriebssystems sein. Hier wird eine Datei verwendet, da später eine Auswertung möglich sein soll.
- Eine Überwachungsspezifikation in einer Datenbank anlegen, die festlegt, welche Aktionen von wem in dieser Datenbank aufgezeichnet werden sollen.
- Aktivierung der Überwachung.
- Zu einem späteren Zeitpunkt Auswertung und Analyse der Zugriffe.

Im Folgenden wird beschrieben, wie Auditing eingerichtet und aktiviert wird. Eine spätere Deaktivierung geschieht im Wesentlichen in umgekehrter Reihenfolge der Aktivierung, und aus `CREATE` werden entsprechende `DROP`-Anweisungen.

Bei der Beschreibung wird weniger auf technische Vollständigkeit, dafür mehr Wert auf den praktischen Nutzen gelegt, damit es dem geneigten Leser leichter fällt, die Vielfältigkeit dieses Features zu erkennen.

Hinweis:
Es wird in diesem Abschnitt keinerlei Rücksicht auf rechtliche Aspekte genommen, die sich aus der Überwachung der Zugriffe ergeben. Datenschutz ist zweifellos eine wichtige Angelegenheit, doch konzentriert sich dieses Buch lediglich auf die technischen Möglichkeiten. Vor dem praktischen Einsatz sollte die juristische Seite jedoch auf jeden Fall betrachtet werden und berücksichtigen, ob dies auch den entsprechenden rechtlichen Vorgaben entspricht.

3.9.1 Ein Überwachungsobjekt erstellen

Der erste Schritt ist zunächst einmal, ein entsprechendes Überwachungsobjekt anzulegen. Dies geschieht auf Ebene der SQL Server-Instanz für die gesamte Instanz und kann Überwachungsdaten aus unterschiedlichen Datenbanken speichern. Im Kontextmenü auf Sicherheit > Überwachungen in SQL Server Management Studio 2008 befindet sich der entsprechende Befehl zum Anlegen einer neuen Überwachung.

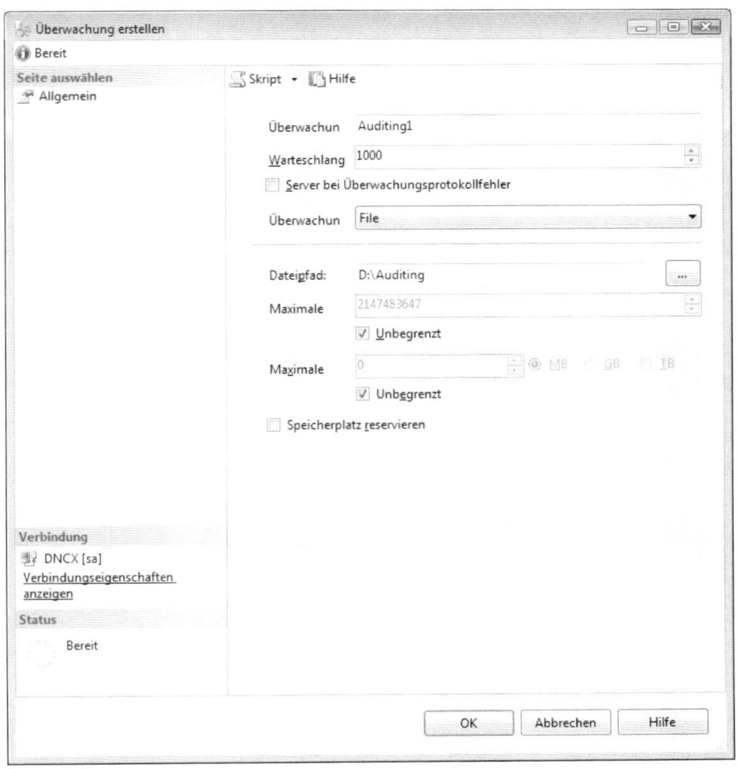

Abbildung 3.33 Ein neues Überwachungsobjekt erstellen

Die entsprechende T-SQL-Anweisung, für den gleichen Schritt, sieht wie folgt aus:

```
USE MASTER;
GO
CREATE SERVER AUDIT [Auditing1]
TO FILE
(
    FILEPATH = N'D:\Auditing',
    MAXSIZE = 0 MB,
    MAX_ROLLOVER_FILES = 2147483647,
    RESERVE_DISK_SPACE = OFF
)
WITH
(
    QUEUE_DELAY = 1000,
    ON_FAILURE = CONTINUE
);
```

Über entsprechende Parameter kann bestimmt werden, wie die Überwachung genau heißen soll, wo die Datei(en) liegen soll(en), wie groß sie werden darf etc. Wichtig ist dabei, dass der Datenbankkontext sich bei Ausführung der Anweisung nicht auf eine Benutzerdatenbank bezieht – die `MASTER`-Datenbank ist hier eine gute Wahl. Gelöscht werden kann das Überwachungsobjekt später wieder mit `DROP SERVER AUDIT [Auditing1];`.

Vor der Verwendung muss eine Aktivierung der neuen Überwachung durchgeführt werden, da sonst keinerlei Zugriffe protokolliert werden. Per T-SQL ist dies mit

```
ALTER SERVER AUDIT [Auditing1] WITH (STATE = ON);
```

machbar. Eine Deaktivierung findet im Prinzip mit der gleichen Anweisung statt.

```
ALTER SERVER AUDIT [Auditing1] WITH (STATE = OFF);
```

Die Daten, die vom SQL Server 2008 (R2) bei der Überwachung gesammelt und in die Datei geschrieben werden, sind kein Klartext und können daher nur per SQL Server Management Studio und Abfrage ausgewertet werden. Damit sind die Erstellung und Aktivierung des Überwachungsobjektes abgeschlossen, und es kann mit der Festlegung fortgefahren werden, was wo von wem überwacht werden soll.

3.9.2 Eine Überwachungsspezifikation erstellen

Nun kann innerhalb der Datenbank die Überwachung aktiviert werden. Dabei kann angegeben werden, welche Aktion oder Aktionen überwacht und welche Login/Rollen dabei berücksichtigt werden sollen. Für DDL-Anweisungen stehen `SELECT`, `INSERT`, `DELETE`, `UPDATE` und `MERGE` zur Verfügung. Im SQL Server Management Studio 2008 bietet Sicherheit > Datenbank-Überwachungsspezifikationen im Kontextmenü den notwendigen Befehl zum Erstellen einer neuen Überwachung.

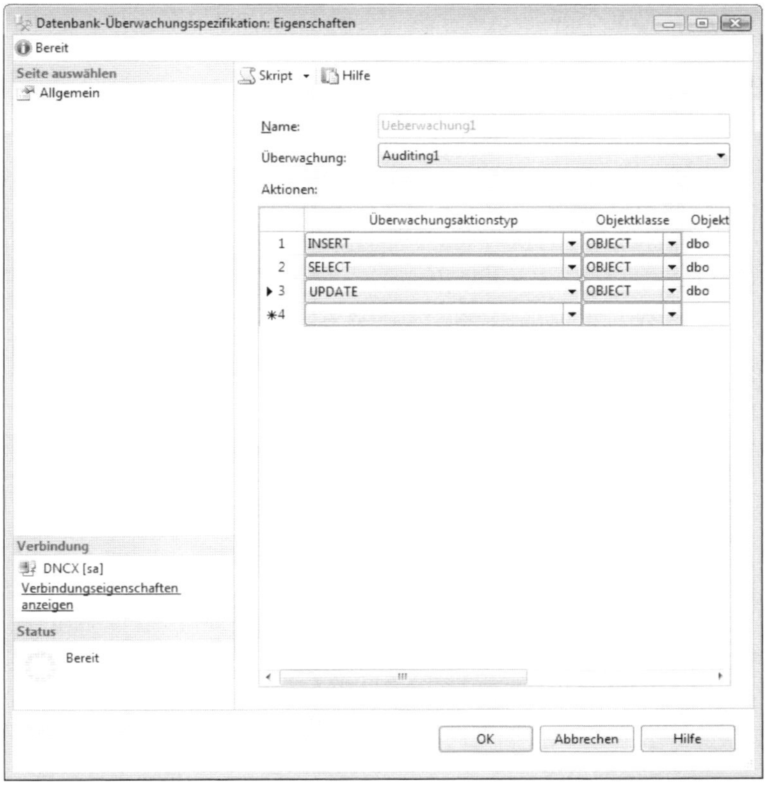

Abbildung 3.34 Was überwacht werden soll, wird in einer Überwachungsspezifikation festgelegt.

Das entsprechende T-SQL-Pendant muss im Datenbankkontext der gewünschten Daten ausgeführt werden. Mit beliebig vielen `ADD`-Zweigen kann bestimmt werden, welches Login/welche Rolle überwacht werden soll. Da jedes Login Mitglied der `Public`-Rolle ist, bezieht sich dieses Beispiel auf alle Zugriffe und unterscheidet nicht weiter.

```
USE Auditing;
GO
CREATE DATABASE AUDIT SPECIFICATION Ueberwachung1
FOR SERVER AUDIT Auditing1
ADD
(
    SELECT,
    INSERT,
    UPDATE ON Kunden BY Public
),
ADD
(
    SELECT,
    INSERT,
    UPDATE ON Kunden BY Public
)
WITH
(
    STATE = ON
);
```

Der fett hervorgehobene Teil der Anweisung aktiviert die Überwachung auch gleichzeitig, sodass die Anweisung im nächsten Abschnitt in einem solchen Fall nicht mehr notwendig ist.

Aktivierung

Wurde bei der `CREATE DATABASE AUDIT SPECIFICATION`-Anweisung `WITH (STATE = ON)` nicht mit angegeben, so muss die Überwachung nachträglich aktiviert werden. Die folgende Anweisung erledigt dies nachträglich.

```
ALTER DATABASE AUDIT SPECIFICATION Ueberwachung1
WITH
(
    STATE = ON
);
```

Eine Deaktivierung ist mit der folgenden Anweisung ebenso einfach durchzuführen.

```
ALTER DATABASE AUDIT SPECIFICATION Ueberwachung1
WITH
(
    STATE = OFF
);
```

Damit ist die Vorbereitung abgeschlossen, und es kann per Abfrage abgerufen und analysiert werden, welche der überwachten Aktionen in der Zwischenzeit ausgeführt wurden.

3.9.3 Auswertung

Gibt es mehr als nur ein Überwachungsobjekt, so muss für die Auswertung dessen Name bekannt sein, damit gezielt danach gefiltert werden kann. Da außerdem ein Überwachungsobjekt in mehreren Datenbanken verwendet werden kann, ist zudem ein Filter mit den Datenbanknamen oftmals sinnvoll. Diesem Problem wird in dem Beispiel damit begegnet, dass die Anweisung im Kontext der entsprechenden Datenbank ausgeführt (was in Anwendungen durch die Verbindungszeichenfolge oftmals der Fall ist) und im Filter später die eingebaute `DB_NAME()`-Funktion verwendet wird.

Die folgenden n Codezeilen zeigen, wie die Auswertung aussehen kann. Verwendet werden die Systemsichten `sys.dm_server_audit_status` und die Systemfunktion `sys.fn_get_audit_file`. Beide führen die notwendigen Filterungen und Sortierungen durch.

```
USE Auditing;
GO
SELECT database_name, schema_name, object_name,
       event_time, database_principal_name, statement,*
FROM
sys.dm_server_audit_status AS AuditStatus
CROSS APPLY
sys.fn_get_audit_file
(
    AuditStatus.audit_file_path, default, default
)
AS
AuditFile
```

```
WHERE AuditStatus.name = 'Auditing1' AND database_name = DB_NAME()
ORDER BY 4; -- Sortierung nach Zeitpunkt
```

Auf diese Weise können u.a. der genaue Zeitpunkt „event_time", das verwendete Login „database_principal_name" und auch die verwendete T-SQL-Anweisung „statement" abgefragt werden.

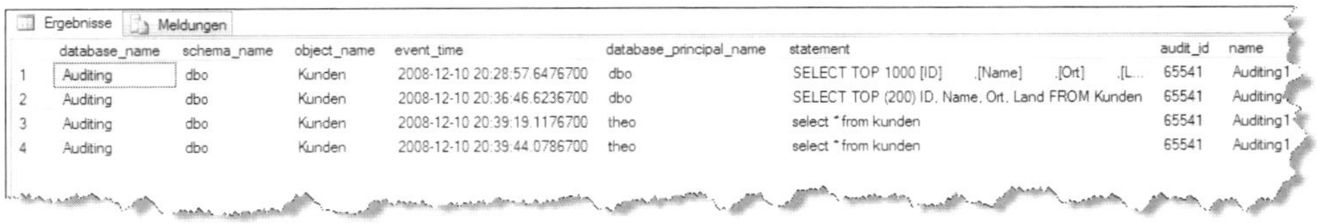

	database_name	schema_name	object_name	event_time	database_principal_name	statement	audit_id	name
1	Auditing	dbo	Kunden	2008-12-10 20:28:57.6476700	dbo	SELECT TOP 1000 [ID] ,[Name] ,[Ort] ,[L...	65541	Auditing1
2	Auditing	dbo	Kunden	2008-12-10 20:36:46.6236700	dbo	SELECT TOP (200) ID, Name, Ort, Land FROM Kunden	65541	Auditing
3	Auditing	dbo	Kunden	2008-12-10 20:39:19.1176700	theo	select * from kunden	65541	Auditing1
4	Auditing	dbo	Kunden	2008-12-10 20:39:44.0786700	theo	select * from kunden	65541	Auditing1

Abbildung 3.35 Die Auswertung liefert eine Unmenge an Informationen, viele davon mit direktem Nutzen.

Für den Einsatz in einer eigenen Anwendung macht es Sinn, diese Abfrage in einer gespeicherten Prozedur anzulegen, damit ein entsprechender Ausführungsplan verwendet werden kann; der Name des Überwachungsobjektes kann dann als Parameter übergeben werden (oder es wird immer ein fester Name verwendet). Zudem macht ein Filtern nach Zeitpunkt und wohl auch Login Sinn, um nicht in einer Informationsflut unterzugehen.

Damit bleibt dem großen Bruder im SQL Server, und natürlich auch dem Anwender, keine Aktion einer Anwendung verborgen.

3.10 Volltextsuche

SQL Server 2008 (R2) besitzt eine neue, überarbeitete Implementierung der Volltextsuche (Full Text Search, FTS[8]), die es auf recht intelligente Weise ermöglicht, nach Wörtern in Spalten zu suchen, in denen Texte oder ganze Dokumente abgelegt wurden. Dieser Abschnitt gibt einen Überblick über die Möglichkeiten, die Konfiguration und die Anwendung bei Abfragen.

Generell hat die Volltextsuche einige Vorteile gegenüber einer Suche nach Wörtern und Begriffen mit dem `LIKE`-Operator oder einem Vergleich mit ‚='. Wörter werden für die Aufnahme im zugrunde liegenden Suchindex normalisiert. Das heißt Substantive, Verben oder Adjektive werden in den Singular bzw. in ihre entsprechende Grundform überführt. Auf diese Weise werden bei der Suche nach „schlief" auch Texte gefunden, in denen „geschlafen" zu finden ist. Die folgende Abfrage einer dynamischen Sicht, die u.a. auch den Ländercode (Local ID) der Sprache benötigt, demonstriert dies, in dem sie bekannte Formen des übergebenen Wortes auflistet:

[8] VTS für Volltextsuche ist wenig bis gar nicht gebräuchlich.

```
SELECT * FROM sys.dm_fts_parser
(
    N'FORMSOF(FREETEXT, schlief)',
    1031,     /* LCID: 1031 Deutsch, 1033 Englisch US */
    NULL,     /* Stopplist ID oder NULL */
    0         /* Akzente (Umlaute) berücksichtigen? */
);
```

Hinweis:

LCID (Language Code): Sprachen und Länder werden mit eindeutigen Codes gekennzeichnet. Die Volltextsuche verwendet an einigen Stellen die LCID und an anderen den sogenannten Ländercode. Die LCID für Deutsch ist z.B. 1031, der Ländercode für Deutschland „DEU". Eine recht umfangreiche Liste, die zusätzlich auch noch die entsprechenden Codepages enthält, findet sich unter diesem Link http://www.science.co.il/language/Locale-Codes.asp?s=hexadecimal.

Die Ausgabe zeigt gleichzeitig, wie diese Sicht für die Funktionsanalyse zum Verständnis der Volltextsucht verwendet werden kann. Alle Begriffe, die bei einer Volltextsuche mit dem übergebenen Begriff übereinstimmen (Umlaute werden umgeformt), werden hier aufgelistet.

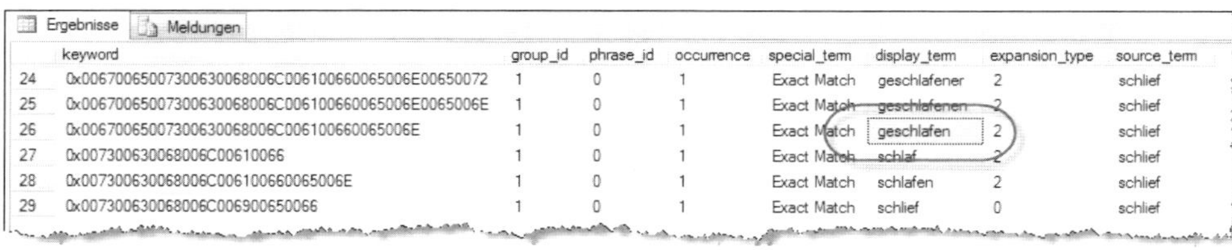

	keyword	group_id	phrase_id	occurrence	special_term	display_term	expansion_type	source_term
24	0x006700650073006300680006C006100660065006E00650072	1	0	1	Exact Match	geschlafener	2	schlief
25	0x006700650073006300680006C006100660065006E0065006E	1	0	1	Exact Match	geschlafenen	2	schlief
26	0x006700650073006300680006C006100660065006E	1	0	1	Exact Match	geschlafen	2	schlief
27	0x007300630068006C00610066	1	0	1	Exact Match	schlaf	2	schlief
28	0x007300630068006C006100660065006E	1	0	1	Exact Match	schlafen	2	schlief
29	0x007300630068006C006900650066	1	0	1	Exact Match	schlief	0	schlief

Abbildung 3.36 Unterschiedliche Formen des Verbs "schlief"

Zusätzlich werden Wörter ohne eigene Bedeutung (Stoppwörter[9]) entfernt, sodass diese bei Abfragen nicht berücksichtigt werden müssen. Darüber hinaus bietet ein Thesaurus eine gewisse Flexibilität durch die Berücksichtigung von Synonymen, wie sie aus Textverarbeitungen wie Microsoft Word bekannt sind.

Aufgrund des Zurückgreifens der Volltextsuche auf einen Index ist die Leistung auch bei umfangreichen und zahlreichen Texten höher als bei alternativen Abfragen, die meist nach dem Strickmuster `LIKE '%Suchtext%'` arbeiten, da dies die Verwendung jedes (gewöhnlichen) Indexes ausschließt.

3.10.1 Neuerung ab SQL Server 2008

Der größte Unterschied zur bisherigen Umsetzung in vorherigen SQL Server-Versionen besteht darin, dass die Volltextsuche nicht mehr als eigenständiger Dienst implementiert

[9] Oftmals auch als Störwörter bezeichnet oder mit dem englischen Begriff „Noise Words" tituliert.

ist, sondern in den SQL Server-Prozess integriert wurde. Daraus ergibt sich eine Reihe von Vorteilen:

- Der zeitraubende Zugriff über Prozessgrenzen hinweg entfällt — eine höhere Performance ist die direkte Konsequenz.
- Ressourcen, besonders CPU und Speicher, können aufgrund der wegfallenden Prozessgrenze effizienter eingesetzt und verwaltet werden.
- Der Abfrage-Optimierer kann FTS-Abfragen besser optimieren, da der Volltextindex direkt in der Datenbank gespeichert wird.
- Durch eine Reihe dynamischer Verwaltungssichten und -funktionen (Dynamic Management Views/Functions) entsteht eine größere Transparenz und ein besseres Verständnis, wie FTS-Abfragen verarbeitet und ausgeführt werden.

Konsequenterweise lässt sich für die Volltextsuche auch kein eigenständiger Dienst mehr ausfindig machen. Dafür existiert jedoch ein Dienst („SQL Full-text Filter Daemon Launcher"), der einen Hostprozess startet, der für das Filtern von Volltextsuchen und die Wörtertrennung verantwortlich ist. Dieser muss für die Volltextsuche ausgeführt werden und wird automatisch beim Start des Datenbankmodul-Dienstes mit gestartet.

Neue Funktionalitäten erlauben die Erstellung von angepassten Listen mit sogenannten Störwörtern (Stoppwörtern), die von FTS ignoriert und nicht in den Index aufgenommen werden.

3.10.2 Suchkatalog und Indizes einrichten

Die Tabelle oder Sicht muss dafür über einige Voraussetzungen verfügen. So muss sie zwingend über einen eindeutigen Index verfügen. Dabei ist recht einsichtig und überraschend, dass Spalten für die Volltextsuche verwendet werden, die Text speichern können. Darüber hinaus können jedoch auch Spalten vom Typ `VARBINARY`, `VARBINARY(MAX)`, `IMAGE`, oder `XML` ebenfalls indexiert werden. Wird eine solche Spalte angegeben, so muss automatisch eine weitere benannt werden, die angibt, in welchem Format der Text gespeichert wurde. Diese Typspalte legt also fest, ob es sich bei den Daten in der Spalte z.B. um ein Microsoft Word-Dokument, eine PowerPoint-Präsentation oder eine HTML-Seite handelt. FTS verwendet vorinstallierte Filter, um den Textinhalt aus den Daten zu extrahieren, der anschließend in den Volltextindex integriert werden kann. Die Anweisung

```
EXEC sp_help_fulltext_system_components 'filter';
```

liefert eine Liste aller installierten Filter, die von der Volltextsuche verwendet werden können.

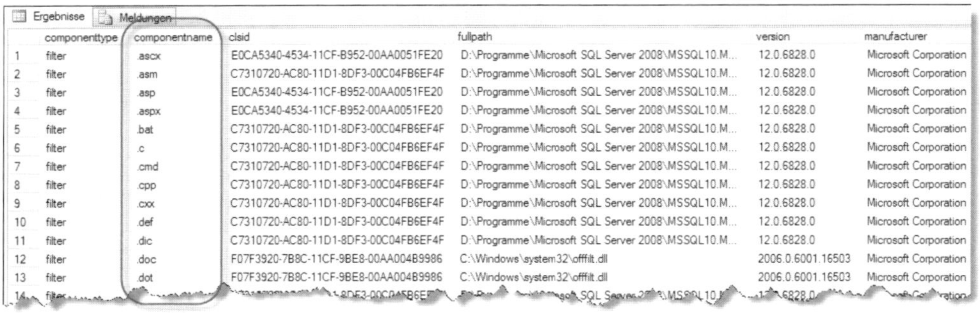

Ergebnisse | Meldungen

	componenttype	componentname	clsid	fullpath	version	manufacturer
1	filter	.ascx	E0CA5340-4534-11CF-B952-00AA0051FE20	D:\Programme\Microsoft SQL Server 2008\MSSQL10.M...	12.0.6828.0	Microsoft Corporation
2	filter	.asm	C7310720-AC80-11D1-8DF3-00C04FB6EF4F	D:\Programme\Microsoft SQL Server 2008\MSSQL10.M...	12.0.6828.0	Microsoft Corporation
3	filter	.asp	E0CA5340-4534-11CF-B952-00AA0051FE20	D:\Programme\Microsoft SQL Server 2008\MSSQL10.M...	12.0.6828.0	Microsoft Corporation
4	filter	.aspx	E0CA5340-4534-11CF-B952-00AA0051FE20	D:\Programme\Microsoft SQL Server 2008\MSSQL10.M...	12.0.6828.0	Microsoft Corporation
5	filter	.bat	C7310720-AC80-11D1-8DF3-00C04FB6EF4F	D:\Programme\Microsoft SQL Server 2008\MSSQL10.M...	12.0.6828.0	Microsoft Corporation
6	filter	.c	C7310720-AC80-11D1-8DF3-00C04FB6EF4F	D:\Programme\Microsoft SQL Server 2008\MSSQL10.M...	12.0.6828.0	Microsoft Corporation
7	filter	.cmd	C7310720-AC80-11D1-8DF3-00C04FB6EF4F	D:\Programme\Microsoft SQL Server 2008\MSSQL10.M...	12.0.6828.0	Microsoft Corporation
8	filter	.cpp	C7310720-AC80-11D1-8DF3-00C04FB6EF4F	D:\Programme\Microsoft SQL Server 2008\MSSQL10.M...	12.0.6828.0	Microsoft Corporation
9	filter	.cxx	C7310720-AC80-11D1-8DF3-00C04FB6EF4F	D:\Programme\Microsoft SQL Server 2008\MSSQL10.M...	12.0.6828.0	Microsoft Corporation
10	filter	.def	C7310720-AC80-11D1-8DF3-00C04FB6EF4F	D:\Programme\Microsoft SQL Server 2008\MSSQL10.M...	12.0.6828.0	Microsoft Corporation
11	filter	.dic	C7310720-AC80-11D1-8DF3-00C04FB6EF4F	D:\Programme\Microsoft SQL Server 2008\MSSQL10.M...	12.0.6828.0	Microsoft Corporation
12	filter	.doc	F07F3920-7B8C-11CF-9BE8-00AA004B9986	C:\Windows\system32\offfilt.dll	2006.0.6001.16503	Microsoft Corporation
13	filter	.dot	F07F3920-7B8C-11CF-9BE8-00AA004B9986	C:\Windows\system32\offfilt.dll	2006.0.6001.16503	Microsoft Corporation

Abbildung 3.37 Um die 50 Filter sind zurzeit für die Volltextsuche verfügbar.

Alle Werte, für die eine Typspalte zulässig ist, sind in der Spalte `componentname` der Ausgabe enthalten. Sind alle Voraussetzungen erfüllt, kann über den Volltextindizierung-Assistenten oder die entsprechende T-SQL-Anweisung der Volltextindex für die Tabelle/Sicht erstellt und konfiguriert werden. Der Assistent kann über das Kontextmenü der gewünschten Tabelle gestartet werden.

Dabei kann für jede Spalte, die in den Volltextindex aufgenommen wird, separat ausgewählt werden, aus welcher Sprache der Inhalt ist. Neben Chinesisch bis Arabisch kann auch eine „neutrale" Sprache gewählt werden. Die Sprachauswahl wird sowohl für das Trennen und Normalisieren der Texte als auch zur Auswahl der passenden Stoppliste und des passenden Thesaurus verwendet. Wird keine Sprache ausgewählt, so entscheidet die Sprache der SQL Server-Instanz.

Bei der Erstellung muss darüber hinaus entschieden werden, in welcher Dateigruppe der Datenbank der Index erstellt werden soll. Die Entscheidung darüber legt also fest, auf welchen Speichermedien letztendlich die Indexdaten abgelegt werden und welche bei Abfragen in Anspruch genommen werden.

Neben dieser Angabe muss auch bestimmt werden, welche Änderungen an den Inhaltsspalten sich im Index wiederfinden sollen. Drei potenzielle Einstellungen sind möglich:

- Automatisch: Jede Änderung wird automatisch in den Index übertragen. Je nachdem, wie der Server ausgelastet ist, kann dies eine Weile in Anspruch nehmen. Man kann also keineswegs von einer sofortigen Übernahme sprechen. Bei dieser Einstellung handelt es sich um den Standard, sie erlaubt jedoch keine Festlegung, wann der Index aktualisiert wird.
- Manuell: Der Volltextindex wird nur durch manuelles Zutun oder vom SQL Server Agenten aufgrund eines Zeitplans aktualisiert. Der Zeitplan kann bequem in einem späteren Schritt des Assistenten bestimmt werden. Aufgrund des Änderungsprotokolls (Change-Tracking Log) ergeben sich dabei die zu berücksichtigenden Änderungen. Diese Option ist eine gute Wahl, wenn gesteuert werden muss, wann der Index aktualisiert werden soll.

- Änderungen nicht nachverfolgen: Änderungen werden nicht nachverfolgt, und es bedarf einer `ALTER FULLTEXT INDEX`-Anweisung mit `START FULL` oder `INCREMENTAL POPULATION`-Klausel.

Ein Volltextindex kann also entweder vollständig oder inkrementell aufgefüllt werden. Dies kann mit den genannten T-SQL-Anweisungen oder per SQL Server Management Studio über das Kontextmenü der Tabelle/Sicht geschehen.

Wurde der Assistent abgeschlossen, so dauert es eine Weile, bis der Index komplett aufgebaut wurde. Die Dauer hängt von den dem Datenbankmodul zur Verfügung stehenden Ressourcen und von dem Umfang der Inhalte ab — entsprechende Inhalte werden bei Abfragen bis dahin nicht gefunden. Ist der Aufbau abgeschlossen, so wird eine entsprechende Nachricht protokolliert.

3.10.3 Stopplisten

Nicht jedes Wort ist es wert, in den Index aufgenommen zu werden. Solche Wörter beinhalten keine Informationen und werden daher Stoppwörter oder Noise Words genannt. Artikel, Konjunktionen und Präpositionen (alle Wörter, nach denen auch niemand im Internet suchen würde) gehören z.B. dazu und werden daher vom SQL Server 2008 in einer entsprechenden Stoppwortliste geführt. Diese Listen werden in der Datenbank (nicht mehr im Dateisystem) abgelegt. Dabei kann es sich um eine Liste handeln, die vom System bereitgestellt wird, oder um eine benutzerdefinierte, der auch neue Begriffe hinzugefügt werden können. Die folgende T-SQL-Anweisung erzeugt eine neue Stoppwortliste und verwendet als Vorlage die des Systems.

```
CREATE FULLTEXT STOPLIST MeineStoppList FROM SYSTEM STOPLIST;
```

Die Stoppwortlisten des Systems werden in der internen Ressourcen Datenbank (Resource Database) gespeichert und stehen als Datenbank zur Verfügung. Die neu erstellte Liste mit dem Namen MeineStoppList enthält alle Wörter der Vorlagenliste und kann wie erwähnt mit ei-genen Begriffen wie z.B. eigenen Produktnamen erweitert werden, nach denen in der eigenen Anwendung nicht gesucht werden würde. Wird keine Vorlagenliste angegeben, so ist die neue Liste schlicht leer. Hier als Beispiel das Hinzufügen des Begriff „Windows“.

```
ALTER FULLTEXT STOPLIST MeineStoppList ADD 'Windows' LANGUAGE GERMAN;
```

Diese Stoppwortliste muss nun noch für einen Volltextindex konfiguriert werden, damit sie auch verwendet werden kann. Dies geschieht mit der folgenden Anweisung, die sowohl den Namen der Liste als auch den der entsprechenden Tabelle enthält:

```
ALTER FULLTEXT INDEX ON Produkte SET STOPLIST MeineStoppList;
```

Soll eine Stoppwortliste gelöscht werden, so genügt die folgende Anweisung. Diese kann allerdings nur dann ausgeführt werden, wenn die Liste von keinem Volltextindex verwendet wird.

```
DROP FULLTEXT STOPLIST MeineStoppList;
```

Soll ermittelt werden, welche Listen in einer Datenbank vorhanden sind, so reicht die folgende Abfrage `SELECT * FROM sys.fulltext_stoplists;` die für jede Liste einen Einträg enthält.

Ergebnisse | Meldungen

	stoplist_id	name	create_date	modify_date	principal_id
1	5	MeineStopList	2009-04-27 20:26:24.507	2009-04-27 20:33:15.610	1

Abbildung 3.38 Alle Stoppwortlisten der aktuellen Datenbank

Auch kann recht leicht mit dieser Abfrage

```
SELECT * FROM sys.fulltext_stopwords;
```

ermittelt werden, welche Wörter in einer Liste vorhanden sind.

Ergebnisse | Meldungen

	stoplist_id	stopword	language	language_id
1048	5	auront	French	1036
1049	5	aus	German	1031
1050	5	ausgangs	German	1031
1051	5	ausgenommen	German	1031
1052	5	ausschliesslich	German	1031
1053	5	ausschließlich	German	1031
1054	5	ausser	German	1031
1055	5	ausserhalb	German	1031

Abbildung 3.39 Alle Stoppwörter der aktuellen Datenbank

Über die Spalte stoplist_id kann eine Beziehung zwischen dieser und der vorherigen Abfrage hergestellt werden.

3.10.4 Thesaurus

Um bei der Suche Synonyme berücksichtigen zu können, unterstützt SQL Server 2008 ein Thesaurus-Wörterbuch als Datei im XML-Format. Genau genommen gibt es zwei Dateien: eine, die für alle Sprachen allgemeingültig ist („tsglobal.xml"), und eine speziell für jede Sprache (für Deutsch „tsdeu.xml", für Englisch „tseng.xml"), die auch die allgemeine übersteuern kann. Beide Dateien befinden sich im MSSQL-\FTData-Verzeichnis, so wie z.B. D:\Programme\Microsoft SQL Server 2008\MSSQL10.MSSQLSERVER\MSSQL\FTData.

```
<XML ID="Microsoft Search Thesaurus">

<!--  Commented out (SQL Server 2008)

    <thesaurus xmlns="x-schema:tsSchema.xml">
     <diacritics_sensitive>0</diacritics_sensitive>
        <expansion>
```

```
                <sub>Internet Explorer</sub>
                <sub>IE</sub>
                <sub>IE5</sub>
            </expansion>
            <replacement>
                <pat>NT5</pat>
                <pat>W2K</pat>
                <sub>Windows 2000</sub>
            </replacement>
            <expansion>
                <sub>run</sub>
                <sub>jog</sub>
            </expansion>
        </thesaurus>
    -->
    </XML>
```

Wurde eine Datei modifiziert, so muss die `sys.sp_fulltext_load_thesaurus_file`-Prozedur aufgerufen werden, die die LCID der gewünschten Sprache akzeptiert. Die allgemeine Thesaurus-Datei wird dabei ebenfalls geladen.

3.10.5 FTS-Abfragen

Sind Volltextindex, Stoppliste und Thesaurus konfiguriert, kann mittels entsprechender Abfragen nach den gewünschten Begriffen gesucht werden. Der folgende Abschnitt gibt einen Überblick über die Möglichkeiten, die dabei zur Verfügung stehen. FTS bietet dafür zunächst einmal zwei Prädikate, die bei Abfragen mit einer `WHERE`-Klausel verwendet werden können: `FREETEXT` und `CONTAINS`. Dabei akzeptiert `FREETEXT` als Erstes die Namen der Spalte(n), die berücksichtigt werden soll(en); oder einen ‚*', um alle Spalten aus der Tabelle/Sicht zu berücksichtigen, die sich im Volltextindex befinden, und den oder die gesuchten Begriffen, die dann durch ein Leerzeichen voneinander getrennt werden. Zwei einfache Beispiele für eine Abfrage können so aussehen:

```
SELECT * FROM dbo.Produkte
WHERE FREETEXT((Beschreibung, Produktname) , 'Stuhl');
```

Oder

```
SELECT * FROM dbo.Produkte
WHERE FREETEXT(* , 'Stuhl Holz');
```

Gefunden wird so konsequenterweise auch eine Produktbeschreibung, die das Wort „Stühle" enthält.

	ID	Produktname	Beschreibung
1	2	Plastikbezug	Plastikbezug für Stühle mit Holzlehnen

Abbildung 3.40 Das Ergebnis der Abfrage

Bei der Abfrage wird die konfigurierte Sprache der jeweiligen Spalte verwendet. Ist dies nicht gewünscht, so ist ein weiterer Parameter möglich, der die LCID der Wunschsprache angibt.

Komplexere Abfragen sind mit CONTAINS möglich. Zwar akzeptiert auch dieses Prädikat eine oder mehrere Spalten und eine LCID, doch sind komplexere Abfragen als nur nach einfachen Begriffen wie bei FREETEXT machbar. So ist z.B. auch eine Suche mit Wildcards (‚*') und die Berücksichtigung von Begriffen möglich, die sich in der Nähe zu einem anderen befinden (z.B. „Stuhl NEAR Holz"). „In der Nähe" bedeutet dabei 50 Wörter vorher oder nachher.

```
SELECT * FROM dbo.Produkte
WHERE CONTAINS(* , '"Stu*" NEAR Holz');
```

Bei einer Suche mit Wildcards muss der Begriff in doppelten Anführungszeichen stehen.

```
SELECT * FROM dbo.Produkte
WHERE CONTAINS((Beschreibung, Produktname), '"Stu*"');
```

Darüber hinaus besteht die Möglichkeit, gewisse Suchbegriffe mit 0.0 bis 1.0 zu gewichten, um mittels Ranking das Suchergebnis zu verfeinern. Dafür ist ISABOUT vorgesehen.

```
SELECT * FROM dbo.Produkte
WHERE CONTAINS((Beschreibung, Produktname) ,
    'ISABOUT Stuhl WEIGHT(1.0), Holz WEIGHT(0.2)');
```

Alternativ zu den beiden vorgestellten Prädikaten existieren zwei Tabellenwertfunktionen, die im Prinzip gleich arbeiten und zwei Spalten zurückliefern: KEY und RANK. Ihre Namen lauten FREETEXTTABLE und CONTAINSTABLE. Während die erste Spalte den eindeutigen Schlüssel der abgesuchten Tabelle/Sicht liefert (für einen Join), liefert die zweite ein Maß, wie gut die Zeile auf die angegebenen Suchbegriffe passt. Je niedriger, desto passender und gedacht für Sortierungen via ORDER BY. Die grundlegende Verwendung sieht wie in dem folgenden Beispiel aus.

```
SELECT * FROM FREETEXTTABLE
(
    Produkte,      /* Tabelle oder Sicht */
    *,             /* Spaltenliste */
    'Stuhl'        /* Suchbegriff*/
);
```

Ein Join mit passender Sortierung ist ebenfalls schnell gemacht und sieht wie folgt aus.

```
SELECT TOP 10 * FROM FREETEXTTABLE
(
    Produkte,
    *,
    'Stuhl'
) F JOIN Produkte P ON F.[Key] = P.IDENTITYCOL
ORDER BY F.RANK;
```

Damit soll der Überblick über die Möglichkeiten, wie eine Abfrage mit der Volltextsuche aussehen kann, abgeschlossen sein.

3.11 FileStream

SQL Server 2008 bietet ein neues Feature, das die Ablage von binären, unstrukturierten Inhalten der Datenbank (BLOB[10]s) direkt im NTFS-Dateisystem gestattet. Dabei sorgt das Datenbankmodul sowohl für die notwendige Transaktionssicherheit als auch für eine vollständige Integrität bei Sicherungen/Wiederherstellungen der Datenbank.

Hinweis:
Wird FileStream unter SQL Server Express eingesetzt, so wird die Größe der entsprechenden BLOB-Spalten nicht für die 4-GB-Grenze mitgezählt. Die Datenbank kann damit um einiges größer werden.

Vonseiten des Tabellendesigns wird mit oder ohne Filestream der Datentyp `VARBINARY(MAX)` für Spalten verwendet, die BLOBs aufnehmen sollen. Aus dieser Sicht ändert sich also nichts. Für die Anwendung kann es also transparent sein, wo die Daten tatsächlich abgelegt werden — der Zugriff ist mit den üblichen ADO.NET-Aufrufen möglich, so als wären die BLOBs in der Datenbank gespeichert. Doch es gibt eine Reihe von Vorteilen, die dieses neue Feature interessant machen.

3.11.1 Wann Filestream einsetzen?

Es gibt einige Gründe, warum das Filestream-Feature verwendet werden sollte oder warum es für einige Projekte eher uninteressant oder sogar völlig ungeeignet ist. So ist dieses Feature ist eine gute Wahl, wenn:

- die durchschnittliche Größe der BLOBs einer Tabelle mehr als 1 MB beträgt. In diesem Fall ist die Performance besser als bei BLOBs, die direkt in der Tabelle gespeichert werden.
- Änderungen den gesamten oder einen großen Teil des BLOB in einer Spalte betreffen.
- die maximale Größe eines BLOB mehr als 2 GB beträgt.
- die Größe einzelner BLOBs von einer `UPDATE`-Anweisung zur nächsten `UPDATE`-Anweisung stark schwankt, da so eine unnötige Fragmentierung der Datenbank verhindert wird.
- Verschlüsselung der Daten keine große Rolle spielt, da dies mit Filestream unter SQL Server 2008 nicht möglich ist.
- Streaming-Funktionen wie `Read()`, `Write()` und `Seek()` zum Einsatz kommen sollen, um gezielt bestimmte Abschnitte in den BLOBs zu lesen oder zu schreiben.
- SQL Server Express zum Einsatz kommen soll und mehr als 4 GB an BLOBs vorliegen.

[10] BLOB: Binary Large Object oder Big Large Object

- weder die Datenbank-Optionen `READ_COMMITTED_SNAPSHOT` noch `ALLOW_SNAPSHOT_ISOLATION` verwendet werden. Diese beiden Optionen dürfen bei der Verwendung von Filestream nicht aktiviert werden.

Daten, die in einer Filestream-Spalte abgelegt werden, werden wie gewohnt durch die Sicherheit des SQL Servers geschützt. Zwar ist ein direkter Zugriff auf die Daten im NTFS-Dateisystem denkbar, jedoch nur für Administratoren möglich und zudem nicht empfehlenswert.

3.11.2 Aktivierung auf der SQL Server-Instanz

Bevor Filestream zum Einsatz kommen kann, muss dieses Feature für die SQL Server-Instanz aktiviert werden, da es standardmäßig deaktiviert ist. Zur Aktivierung stehen drei Möglichkeiten zur Auswahl:

- Aktivierung zum Zeitpunkt der Installation
- Aktivierung mittels SQL Server-Konfigurations-Manager
- Aktivierung per T-SQL

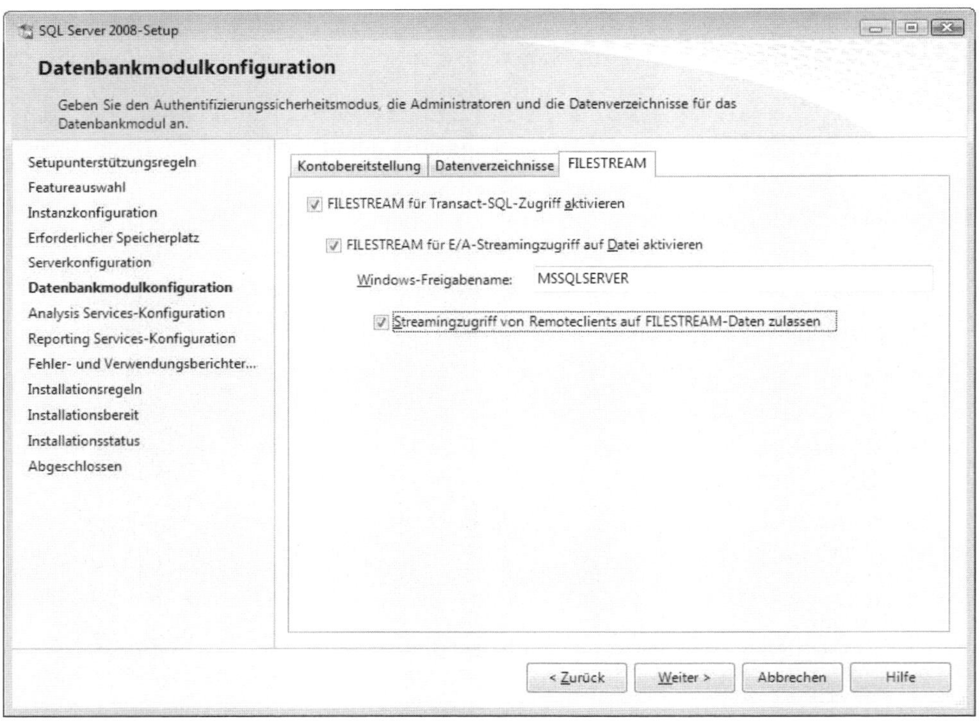

Abbildung 3.41 Filestream-Aktivierung bei der Installation

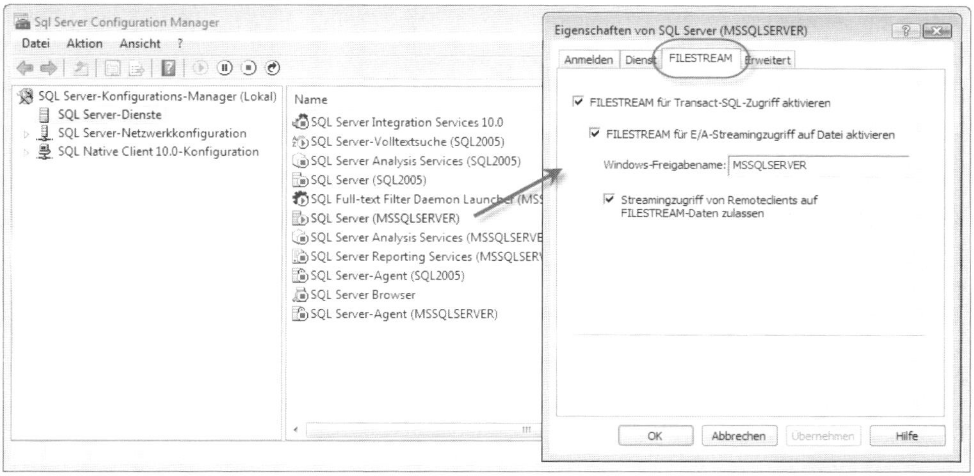

Abbildung 3.42 Filestream-Aktivierung im SQL Server-Konfigurations-Manager

Werden direkte Filestream-Zugriffe auf die BLOB-Dateien aktiviert, so wird dies technisch durch eine logische UNC[11]-Freigabe (die z.B. auch mittels der `NET SHARE`-Anweisung angezeigt werden kann) realisiert. Diese Freigabe ist dann entweder nur von dem lokalen System oder von einem Remoteclient aus verwendbar. In beiden Fällen ist der Freigabename für alle Datenbanken und Tabellen mit Filestream-BLOB einer SQL Server-Instanz identisch. Lediglich der weitere Pfad, der mit der `PathName()`-Funktion abgerufen werden kann, bildet eine eindeutige Verzeichnisstruktur nach. Der Zugriff kann dann über die später beschriebene Fileshare-API durchgeführt werden.

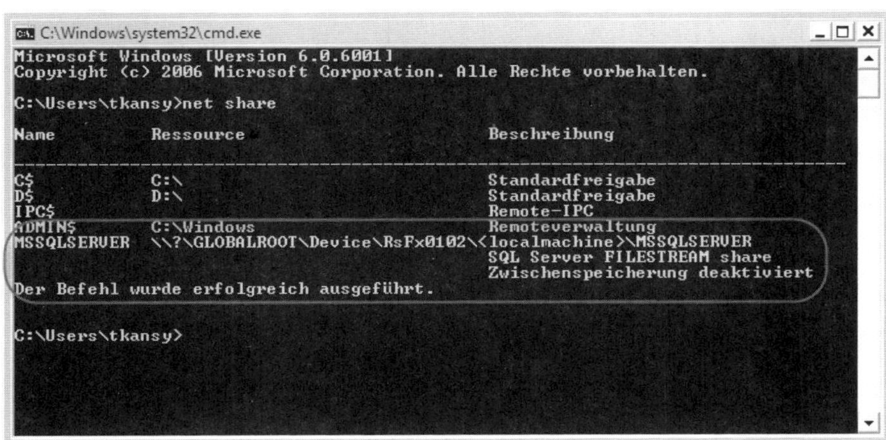

Abbildung 3.43 Die Filestream-Freigabe zusammen mit anderen Shares

[11] UNC: Uniform Naming Convention

Zudem kann auch mittels der folgenden T-SQL-Anweisung die De-/Aktivierung vorgenommen werden,

```
EXEC sp_configure filestream_access_level, 2;
RECONFIGURE;
```

wobei die folgenden Werte erlaubt sind.

Tabelle 3.9 Mögliche Werte für filestream_access_level

Wert	Beschreibung
0	Filestream ist deaktiviert. Dies ist der Standard.
1	Zugriff mit T-SQL möglich
2	Zugriff mit T-SQL und über die Filestream-API möglich

Unabhängig auf welchem Weg, eine Konfiguration des Filestream-Features ist den Mitgliedern der `sysadmin`-Rolle vorbehalten.

Wurde Filestream aktiviert (also ein Wert ungleich 0 gewählt) oder deaktiviert (also der Wert 0 gewählt), so kann es notwendig sein, die SQL Server-Instanz erneut zu starten. Ansonsten reicht eine `RECONFIGURE [WITH OVERRIDE];`-Anweisung, um die neue Einstellung wirksam werden zu lassen.

Soll nun später abgefragt werden, ob und inwieweit das Filestream-Feature aktiviert wurde, so reicht die folgende Abfrage, die darüber genau Auskunft gibt.

```
SELECT
    @@servername AS 'Servername',
    SERVERPROPERTY('FilestreamSharename') AS 'Share',
    CASE SERVERPROPERTY('FilestreamEffectiveLevel')
        WHEN 0 THEN 'Deaktiviert'
        WHEN 1 THEN 'Nur T-SQL Zugriff'
        WHEN 2 THEN 'Nur T-SQL und lokales System'
        WHEN 3 THEN 'T-SQL, Lokales und entfernte Systeme'
    END AS 'Aktuelle Einstellung',
    CASE SERVERPROPERTY('FilestreamConfiguredLevel')
        WHEN 0 THEN 'Deaktiviert'
        WHEN 1 THEN 'Nur T-SQL-Zugriff'
        WHEN 2 THEN 'Nur T-SQL und lokales System'
        WHEN 3 THEN 'T-SQL, Lokales und entfernte Systeme'
    END AS 'Konfigurierte Einstellung';
```

Achtung:

Auf manchen SQL Server 2008-Installationen (bis inkl. Service Pack 1) liefert "FilestreamEffectiveLevel" falsche Werte. So scheint es solider zu sein, sich auf „FilestreamConfiguredLevel“ zu verlassen, auch wenn dies bedeuten kann, dass die SQL Server-Instanz neu gestartet oder eine `RECONFIGURE`-Anweisung ausgeführt werden muss, um sicherzugehen, dass das Filestream-Feature wirklich aktiviert wurde.

3.11.3 Vorbereitung der Datenbank

Nachdem die SQL Server-Instanz für den Einsatz von Filestream konfiguriert wurde, muss die Datenbank ebenfalls vorbereitet werden. Mindestens eine Dateigruppe, die für die Verwendung von Filestream angelegt wurde, ist zwingend notwendig, die eine entsprechende Datenbankdatei (Medium) enthält. Dieses Medium wird später bei der Erstellung der Tabelle benötigt und bezeichnet das Verzeichnis (keine einzelne Datei!), in dem später die Dateien abgelegt werden. Das Verzeichnis muss sich zwingend auf einem lokalen NTFS-Laufwerk befinden. Eine maximale Größenbeschränkung ist mit SQL Server-Mitteln leider nicht möglich. Eine Beschränkung mittels der Kontingentierung des Festplattenplatzes über das Betriebssystem ist nur bedingt zu empfehlen, da das Volumen aller Dateien auf diesem Laufwerk angerechnet wird. Daher empfiehlt es sich eher, ein komplettes Laufwerk für das Filestream-Feature zur Verfügung zu stellen. Dessen Größe begrenzt dann gleichzeitig die Gesamtgröße aller BLOBs.

Über das SQL Server Management Studio (Express) kann bei der Erstellung oder bei Änderungen an einer Datenbank sowohl eine Dateigruppe als auch eine Datenbankdatei (wie schon erwähnt eigentlich ein Verzeichnis) benannt werden. Wichtig ist, dass bei Filestream je Gruppe nur eine Datenbankdatei erlaubt ist. Eine Lastenverteilung, wie es bei Dateigruppen für Zeilendaten möglich ist, existiert nicht.

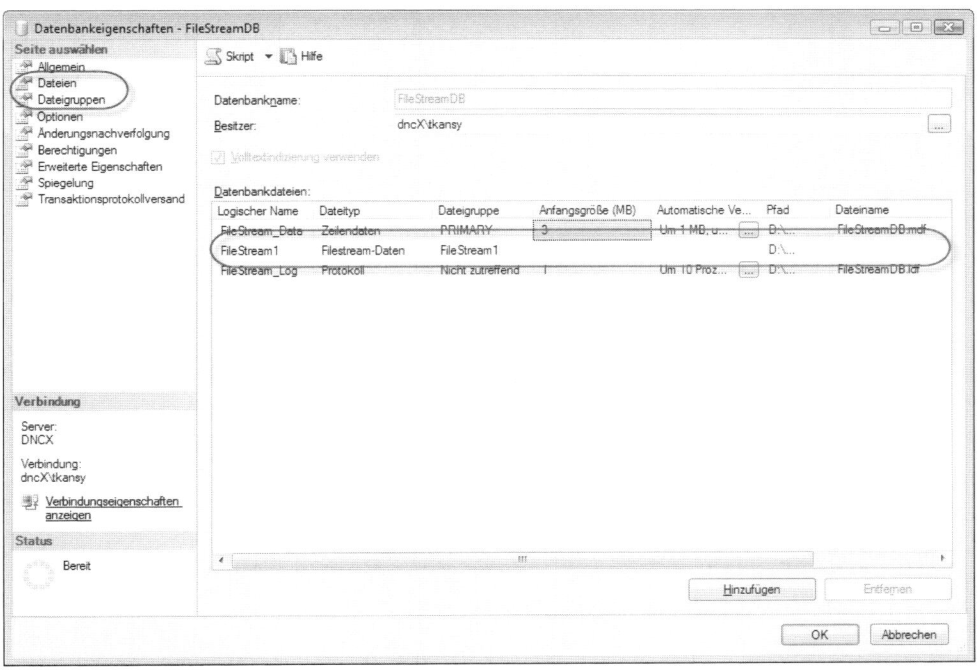

Abbildung 3.44 Die Filestream-Freigabe zusammen mit anderen Shares

Als Klausel der `CREATE DATABASE`-Anweisung sieht dies wie folgt aus:

```
-- Neue Datenbank erstellen
CREATE DATABASE FileStreamDB
ON
-- Primäre Ablage für Zeilendaten
PRIMARY
(
    NAME = FileStream_Data,
    FILENAME = 'D:\...\ FileStreamDB\FileStream.mdf'
),
-- Dateigruppe für Filestream
FILEGROUP FileStream1 CONTAINS FILESTREAM
(
    NAME = FileStream1,
    FILENAME = 'D:\...\FileStreamDB\Blobs'
)
-- Transaktionsprotokoll
LOG ON
(
    NAME = FileStream_Log,
    FILENAME = 'D:\...\FileStreamDB\FileStream.ldf'
);
```

Soll eine bestehende Datenbank um eine Filestream-Dateigruppe erweitert werden, so ist dies auch ohne Weiteres möglich. Wieder steht die Wahl zwischen dem SQL Server Management Studio und einer entsprechenden T-SQL-Anweisung, so wie sie wie folgt gezeigt wird.

```
ALTER DATABASE FileStreamDB
    ADD FILEGROUP [FileStreamGroup2] CONTAINS FILESTREAM;

ALTER DATABASE FileStreamDB ADD FILE
(
    NAME = FileStream2,
    FILENAME = 'D:\...\FileStreamDB\Blobs2'
) TO FILEGROUP FileStreamGroup2;
```

Das Entfernen nicht genutzter Dateien oder Dateigruppen geschieht ebenfalls mit einer `ALTER DATABASE`-Anweisung, dieses Mal mit `REMOVE FILE` bzw. `REMOVE FILEGROUP` Klausel.

3.11.4 Vorbereitung der Tabelle

Bei dem Entwurf der Tabelle müssen drei wichtige Punkte berücksichtigt werden: Zum einen muss die Tabelle über eine Spalte verfügen, die als `ROWGUIDCOL` gekennzeichnet ist und den Datentyp `UNIQUEIDENTIFIER` besitzt. Dieser eindeutige Wert wird später dafür sorgen, dass der Name der internen Datei, welche die Daten speichert, auch bei Replikation und Wiederherstellung der Datenbank eindeutig ist und es auch bleibt. Als Zweites wird eine Spalte benötigt, die den Zusatz `FILESTREAM` trägt und als Datentyp `VARBINARY(MAX)` besitzt. Zu guter Letzt muss die Tabelle mit der `FILESTREAM_ON`-Klausel angeben, in welcher Dateigruppe die BLOBs abgelegt werden sollen.

Beim Tabellendesign muss übrigens darauf geachtet werden, dass konsequenterweise nur die Daten des BLOB abgelegt werden, nicht jedoch, um was für eine Art von Daten es sich handelt. Ist dies also von Interesse zu wissen, so muss z.B. MIME-Typ, Dateierweiterung oder Ähnliches in entsprechenden Spalten abgelegt werden, damit beim Auslesen Klarheit darüber besteht, was mit den Daten angefangen werden kann. Das folgende Beispiel speichert den kompletten Inhalt beliebiger Dateien ab, sodass es sinnvoll erscheint, dass deren Dateiname und Erweiterungen ebenfalls mit abgespeichert werden.

Die folgende T-SQL-Anweisung erstellt eine entsprechende Tabelle, die sämtliche Punkte umgesetzt.

```
CREATE TABLE FileStore
(
    ID INT NOT NULL IDENTITY (1, 1) PRIMARY KEY CLUSTERED,
    Dateiname NVARCHAR(256) NOT NULL,
    Erweiterung NVARCHAR(64) NOT NULL,
    -- Eindeutige GUID für Filestream
    RowGuid UNIQUEIDENTIFIER DEFAULT(NEWID()) NOT NULL ROWGUIDCOL UNIQUE,
    -- Spalte, deren Inhalt im NTFS-Dateisystem abgelegt wird
    Blob VARBINARY(max)  FILESTREAM NOT NULL
)
ON [PRIMARY]
FILESTREAM_ON FileStreamGroup1;
```

Wichtig:

Soll die Tabelle nicht, so wie in diesem Beispiel gezeigt, über eine zusätzliche Identitätsspalte als (gruppierten) Primärschlüssel verfügen, sondern soll stattdessen die GUID-Spalte als Primärschlüssel verwendet werden, so sollte dringend statt der `NEWID()`-Funktion die `NEWSEQUENTIALID()`-Funktion für den Standardwert verwendet werden. Auf diese Weise wird eine unnötige Fragmentierung der Datenbankseiten (Page Splits) vermieden. Die `NEWSEQUENTIALID()`-Funktion erzeugt aufsteigende GUIDs, indem die GUID segmentweise hochgezählt wird. Das folgende Beispiel zeigt deren Einsatz.

```
CREATE TABLE FileStore2
(
    Dateiname NVARCHAR(256) NOT NULL,
    Erweiterung NVARCHAR(64) NOT NULL,
    -- Eindeutige GUID für Filestream und Primärschlüssel
    RowGuid UNIQUEIDENTIFIER DEFAULT(NEWSEQUENTIALID())
        NOT NULL ROWGUIDCOL PRIMARY KEY CLUSTERED,
    -- Spalte, deren Inhalt im NTFS-Dateisystem abgelegt wird
    BLOB VARBINARY(MAX) FILESTREAM NOT NULL
)
ON [PRIMARY]
FILESTREAM_ON FileStreamGroup1;
```

3.11.5 Ablage der Daten im NTFS-Dateisystem

Unter dem NTFS-Pfad, der in der Dateigruppe für Filestream angegeben wurde, hat der SQL Server ein Verzeichnis angelegt und dieses per NTFS-Berechtigungen vor unbeabsichtigtem/unberechtigtem Zugriff geschützt. Als Administrator können Sie jedoch trotzdem einen Blick in diesen Ordner werfen.

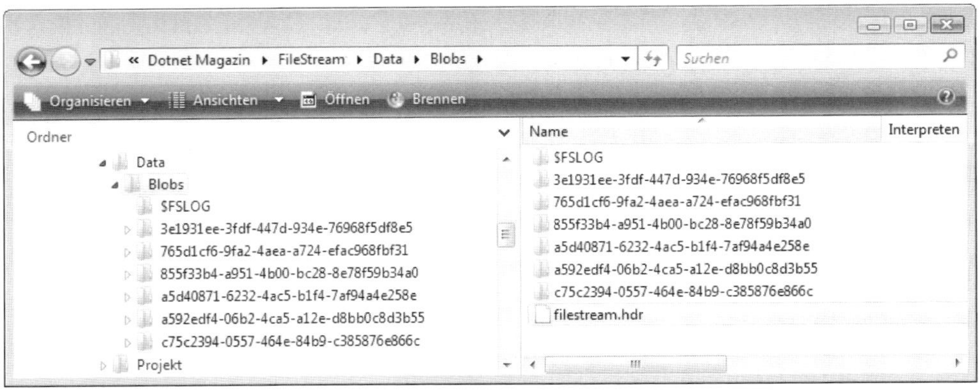

Abbildung 3.45 Das Verzeichnis, in dem die BLOBs plus einige Metadateien abgelegt werden

> **Wichtig:**
> Wichtig ist, dass es bei einem Blick bleibt. Alle direkten Änderungen an den Dateien, ganz gleich welche, führen zu einer korrupten Datenbank und sind daher tunlichst zu vermeiden!

Welche Wege für die Zugriffe auf die Daten zur Auswahl stehen, finden Sie in den nächsten Abschnitten.

3.11.6 Zugriff per ADO.NET

Der Zugriff via ADO.NET unterscheidet sich nicht von dem Vorgehen für den Zugriff auf BLOBs, die direkt in der Datenbank abgelegt sind. Daher an dieser Stelle nur zwei Methoden zum Lesen und Schreiben von Dateien. Der dritte im Bunde wäre das Löschen, das jedoch nur eine einfache `DELETE`-Anweisung mit einer entsprechenden Einschränkung auf die gewünschte Zeile darstellt und daher an dieser Stelle ausgelassen wird. Der SQL Server entfernt die Datei aus dem Dateisystem automatisch, wenn dies sicher erscheint. Zum Beispiel. wenn die Transaktion bestätigt ist oder eine möglicherweise vorhandene Replikation durchgeführt wurde.

Zunächst also das Speichern von BLOBs in einer Datenbank. Auch wenn diese Lösung einfach ist, so hat sie jedoch einen entscheidenden Nachteil: Zu einem Zeitpunkt müssen die gesamten Daten des BLOB in einem Byte-Array im Speicher vorliegen — bei einer möglichen Größe von mehreren Gigabytes sicherlich keine besonders gute Idee.

```
// Benötigte Importe
using System.IO;
using System.Data.SqlClient;

private int storeFileInDatabase(int ID, string FullFilename)
{
    // SQL-Anweisung
    const string SQL = "IF EXISTS (SELECT IDENTITYCOL FROM FileStore " +
                       " WHERE IDENTITYCOL = @ID) " +
                       "    UPDATE FileStore SET " +
                       "        Dateiname = @Dateiname, " +
                       "        Erweiterung = @Erweiterung, " +
```

```
                        "       BLOB = @BLOB " +
                        "     OUTPUT INSERTED.IDENTITYCOL " +
                        "     WHERE IDENTITYCOL = @ID " +
                        "ELSE " +
                        "     INSERT FileStore" +
                        "         (Dateiname, Erweiterung, BLOB) " +
                        "     OUTPUT INSERTED.IDENTITYCOL VALUES " +
                        "         (@Dateiname, @Erweiterung, @BLOB);";

    try
    {
        using (SqlConnection con
               =new SqlConnection(Properties.Settings.Default.ConString))
        {
            // Datenbankverbindung öffnen
            con.Open();

            using (SqlCommand cmd = con.CreateCommand())
            {
                cmd.CommandType = CommandType.Text;
                cmd.CommandText = SQL;

                // Werte für Parameter der T-SQL-Anweisung ermitteln
                string Dateiname =
                    Path.GetFileNameWithoutExtension(FullFilename);
                string Erweiterung = Path.GetExtension(FullFilename);

                cmd.Parameters.AddWithValue("ID", ID);
                cmd.Parameters.AddWithValue("Dateiname", Dateiname);
                cmd.Parameters.AddWithValue("Erweiterung", Erweiterung);

                // BLOB einlesen und in Byte-Array speichern
                int filelength  =
                    (int)(new FileInfo(FullFilename)).Length;

                // Buffer anlegen
                byte[] buffer = new byte[filelength];

                // Buffer füllen
                using (StreamReader sr = new StreamReader(FullFilename))
                    sr.BaseStream.Read(buffer, 0, filelength);

                // Ebenfalls als Parameter einfügen
                cmd.Parameters.AddWithValue("Blob", buffer);

                // Zeile einfügen und ID zurückliefern
                return (int)cmd.ExecuteScalar();
            }
        }
    }
    catch (SqlException ex)
    {
        // Fehler mit SQL Server
        // ...
    }
    catch (FileNotFoundException ex)
    {
        // Datei nicht gefunden
        // ...
    }
    catch (IOException ex)
    {
        // I/O nicht möglich (Rechte?)
        // ...
    }
    catch (Exception ex)
    {
        // Sonst ist etwas schiefgelaufen
        // ...
    }
}
```

Die hier gezeigte Methode ermittelt mit der `EXISTS()`-Funktion, ob die übergebene ID bereits in der Tabelle vorhanden ist und so statt eines `INSERT` ein `UPDATE` durchgeführt werden muss. Für die ermittelten und eingefügten Werte (Dateiname, Erweiterung und BLOB) spielt dies keine große Rolle. Alle Werte werden der SQL-Anweisung hinzugefügt und die Anweisung schließlich ausgeführt. Der fett hervorgehobene Teil hebt dabei die verwendete SQL-Anweisung und die Zeilen hervor, die das Byte-Array für die Übergabe an ADO.NET befüllt.

Das spätere Auslesen der BLOB-Daten aus der Datenbank kann bei Erstellung des `System.Data.SqlClientSqlDataReader`-Objektes den Wert `CommandBehavior.SequentialAccess` für dessen Parameter `behavior` als Optimierung verwenden. Dieser Wert sorgt zwar dafür, das Spalten nur noch der Reihe nach von links nach rechts gelesen werden dürfen (also noch Spalte 2 vor Spalte 1), ermöglicht aber auch den Zugriff auf Daten einer Spalte, bevor deren Daten komplett an den Client gesandt wurden.

```
private string retrieveFileFromDatabase(int ID, string TargetDirectory)
{
    // SQL Anweisung
    const string SQL = "SELECT Dateiname, Erweiterung, " +
        "DATALENGTH(Blob) " + AS 'Größe', Blob FROM FileStore " +
        "WHERE IDENTITYCOL = @ID;";

    try
    {
        using (SqlConnection con
            =new SqlConnection(Properties.Settings.Default.ConString))
        {
            // Datenbankverbindung öffnen
            con.Open();

            using (SqlCommand cmd = con.CreateCommand())
            {
                cmd.CommandType = CommandType.Text;
                cmd.CommandText = SQL;

                // Parameter befüllen
                cmd.Parameters.AddWithValue("ID", ID);

                // Per SqlDataReader einlesen, dabei
                // mögliche Optimierung ausnutzen
                using (SqlDataReader dr = cmd.ExecuteReader(
                    SingleResult|SequentialAccess))
                {
                    // Zeile gefunden?
                    if (!dr.Read())
                        throw new InvalidOperationException(
                            "Unbekannte ID");

                    // Werte aus der Datenbank auslesen
                    string Dateiname = (string)dr["Dateiname"];
                    string Erweiterung = (string)dr["Erweiterung"];
                    long length = (long)dr["Größe"];

                    // Wohin speichern? Zieldateinamen zusammenstellen
                    if (string.IsNullOrEmpty(TargetDirectory))
                        TargetDirectory = Path.GetTempPath();
                    string filename =
                        Path.Combine(TargetDirectory, Dateiname);
                    filename =
                        Path.ChangeExtension(filename, Erweiterung);

                    // BLOB lesen
```

```
                        System.Data.SqlTypes.SqlBinary Blob =
                            dr.GetSqlBinary(dr.GetOrdinal("Blob"));

                        using (StreamWriter sw
                                = new StreamWriter(filename, true))
                            sw.BaseStream.Write(
                                Blob.Value, 0, Blob.Value.Length);

                        // Rückgabe des vollen Dateinamens
                        return filename;
                    }
                }
            }
        }
        catch (SqlException ex)
        {

            // Fehler mit SQL Server
            // ...
        }
        catch (IOException)
        {
            // I/O nicht möglich (Rechte?)
            // ...
        }
        catch (InvalidOperationException)
        {
            // ID unbekannt
            throw;
        }
        catch (Exception ex)
        {
            // Sonst ist etwas schiefgelaufen
            // ...
        }
    }
```

Damit können binäre BLOB-Daten in der Datenbank abgelegt und wieder abgerufen werden. Es sei noch einmal darauf hingewiesen, dass dies in der gezeigten Form auch ohne das Filestream-Feature und damit z.B. auch für SQL Server 2005 funktioniert.

3.11.7 Zugriff per Filestream API

Um nur gezielt einen Teil eines umfangreichen BLOB aus der Datenbank zu lesen oder zu schreiben oder um dabei nicht die kompletten Daten im Speicher halten zu müssen, kommt die `System.Data.SqlTypes.SqlFileStream`-Klasse zum Einsatz. Diese leitet sich von der bekannten `System.IO.Stream`-Klasse ab und bietet damit die notwendigen Methoden `Read()`, `Write()` und `Seek()`.

Wichtig:
Die SqlFileStream-Klasse ist ab .NET Framework 3.5 Service Pack 1 verfügbar.

Um die `SqlFileStream`-Klasse einsetzen zu können, müssen zuvor drei teils ungewöhnlich erscheinende Aufgaben erledigt werden.

- Es muss eine Transaktion (z.B. `SqlTransaction`-Klasse) begonnen werden. Dies ist auch zwingend notwendig, wenn nur Daten gelesen werden sollen.

- Mittels der T-SQL-Funktion `PathName()` muss der Freigabe(UNC)-Pfad der BLOB-Spalte ermittelt werden. Dieser Pfad ist für jede Zeile anders und weist auf die entsprechende Datei im NTFS-Dateisystem des SQL Servers hin. Aussehen kann dieser Pfad in etwa so: \\DNCX\MSSQLSERVER\v1\FileStreamDB\dbo\FileStore2\Blob\40562257-0128-DE11-8E70-0019B98874A0. Aus diesem Grund muss auch bei Einfüge-Operationen vor dem Einfügen der BLOB-Daten in der Tabelle bereits eine Zeile für diese vorhanden sein, damit die Datei geöffnet und befüllt werden kann!
- Mit der T-SQL-Funktion `GET_FILESTREAM_TRANSACTION_CONTEXT()` muss ein Kontext für den I/O-Zugriff erstellt werden.

Sind alle drei Aufgaben erledigt, kann eine Instanz dieser Klasse erzeugt werden, die entweder die Daten liest, schreibt oder beides erledigt. Mittels `Seek()` kann an eine beliebige Stelle in den Daten gesprungen werden. Wichtig und interessant: Es werden nur wirklich die Daten übertragen, die gelesen/geschrieben werden!

Die folgenden beiden Codebeispiele zeigen, wie die notwendigen Schritte effizient umgesetzt werden können, um Daten aus einer Datei zu speichern und wieder zu laden. Sie stellen eine Variante der beiden vorherigen Codebeispiele dar. Auch hier sind die interessanten Stellen fett hervorgehoben.

```
' Benötigte Importe
using System.Data.SqlTypes;
using System.IO;
using System.Data.SqlClient;

private int storeFileInDatabaseFileStreamAPI(int ID, string FullFilename)
{
    // SQL Anweisung
    const string SQL = "IF EXISTS (SELECT IDENTITYCOL FROM FileStore " +
           " WHERE IDENTITYCOL = @ID) " +
           "    UPDATE FileStore SET " +
           "        Dateiname = @Dateiname, " +
           "        Erweiterung = @Erweiterung, BLOB=0x00" +
           "    OUTPUT INSERTED.IDENTITYCOL AS 'ID', " +
           "           INSERTED.Blob.PathName() AS 'PathName', " +
           "           GET_FILESTREAM_TRANSACTION_CONTEXT() AS 'FTC'"  +
           "    WHERE IDENTITYCOL = @ID " +
           "ELSE " +
           "    INSERT FileStore (Dateiname, Erweiterung, BLOB) " +
           "    OUTPUT INSERTED.IDENTITYCOL AS 'ID', " +
           "        INSERTED.Blob.PathName() AS 'PathName', " +
           "        GET_FILESTREAM_TRANSACTION_CONTEXT() AS 'FTC'" +
           "    VALUES (@Dateiname, @Erweiterung, 0x00);";

    string PathName;
    byte[] FSContext = new byte[16];

    try
    {

        using (SqlConnection con
            =new SqlConnection(Properties.Settings.Default.ConString))
        {
            // Datenbankverbindung öffnen
            con.Open();

            // Transaktion beginnen
            using (SqlTransaction tran = con.BeginTransaction())
            {
                // ggf. Zeile in Tabelle anlegen, in die später die BLOB-
```

```
            // Daten gespeichert werden.
            // Durch eine SQL-Anweisung mit EXISTS()-Funktion wird
            // ermittelt, ob ein UPDATE
            // oder INSERT durchgeführt werden muss
            // Außerdem muss ermittelt werden, mit welchem Pfad auf
            // die Datei zugegriffen werden kann
            // Hierfür wird die PathName()-Funktion verwendet. Und
            // der Transaktionskontext muss erstellt werden

            using (SqlCommand cmd = con.CreateCommand())
            {
                cmd.CommandType = CommandType.Text;
                cmd.CommandText = SQL;
                cmd.Transaction = tran;

                // Werte für Parameter der T-SQL-Anweisung ermitteln
                string Dateiname =
                    Path.GetFileNameWithoutExtension(FullFilename);
                string Erweiterung =
                    Path.GetExtension(FullFilename);

                // Wert für Parameter übergeben
                cmd.Parameters.AddWithValue("ID", ID);
                cmd.Parameters.AddWithValue("Dateiname", Dateiname);
                cmd.Parameters.AddWithValue
                    ("Erweiterung", Erweiterung);

                using (SqlDataReader dr = cmd.ExecuteReader(
                       CommandBehavior.SingleResult))
                {
                    // Erste und einzige Zeile einlesen
                    dr.Read();

                    // Benötigte Werte einlesen
                    ID = (int)dr["ID"];
                    PathName = (string)dr["PathName"];
                    dr.GetBytes(
                        dr.GetOrdinal("FTC"), 0, FSContext, 0, 16);
                }
            }

            // Nun können die Daten geschrieben werden. Dies
            // geschieht über einen bescheidenen Buffer von
            // gerade mal 10 Kilobytes.
            using (SqlFileStream SqlFileStream = new SqlFileStream(
                     PathName, FSContext, FileAccess.Write))
            {
                const int BufferSize = 10 * 1024;
                byte[] buffer = new byte[BufferSize];

                int i;
                using (StreamReader sr =
                          new StreamReader(FullFilename))
                    do
                    {
                        i = sr.BaseStream.Read(
                                buffer, 0, BufferSize);
                        SqlFileStream.Write(buffer, 0, i);

                    } while (i == BufferSize);
            }

            // Transaktion freigeben, da Änderung
            tran.Commit();
        }
    }

    // Rückgabe der ID
    return ID;
}
```

```
        catch (SqlException ex)
        {
            // Fehler mit SQL Server
            // ...
        }
        catch (FileNotFoundException ex)
        {
            // Datei nicht gefunden
            // ...
        }
        catch (IOException ex)
        {
            // I/O nicht möglich (Rechte?)
            // ...
        }
        catch (Exception ex)
        {
            // Sonst etwas ist schief gelaufen
            // ...
        }
    }
```

Das Auslesen aus der Datenbank gestaltet sich recht ähnlich. Größter Unterschied ist, dass nun ein `StreamWriter`-Objekt zum Einsatz kommt und die `SqlFileStream`-Instanz für das Lesen erstellt wird. Transaktionskontext und Transaktion müssen auch in diesem Fall erzeugt werden.

```
private string retrieveFileFromDatabaseFileStreamAPI(
                                          int ID, string TargetDirectory)
{
    // SQL-Anweisung
    const string SQL = "SELECT Dateiname, Erweiterung, " +
        "DATALENGTH(Blob) AS 'Größe', Blob.PathName() as 'PathName', " +
        "GET_FILESTREAM_TRANSACTION_CONTEXT() AS 'FTC' " +
        "FROM FileStore WHERE IDENTITYCOL = @ID;";

    string Dateiname, Erweiterung, PathName;
    long length;
    byte[] FSContext = new byte[16];

    try
    {

        using (SqlConnection con
            = new SqlConnection(Properties.Settings.Default.ConString))
        {
            // Datenbankverbindung öffnen
            con.Open();

            // Transaktion beginnen
            using (SqlTransaction tran = con.BeginTransaction())
            {
                using (SqlCommand cmd = con.CreateCommand())
                {
                    cmd.CommandType = CommandType.Text;
                    cmd.CommandText = SQL;
                    cmd.Transaction = tran;

                    // Parameter befüllen
                    cmd.Parameters.AddWithValue("ID", ID);

                    // Benötigte Werte aus Tabelle lesen und
                    // Transaktionskontext erstellen
                    using (SqlDataReader dr = cmd.ExecuteReader(
                        CommandBehavior.SingleRow))
                    {
                        // Erste und einzige Zeile einlesen
```

```
                    if (!dr.Read())
                        throw new
                        InvalidOperationException("Unbekannte ID");

                    // Benötigte Werte einlesen
                    Dateiname = (string)dr["Dateiname"];
                    Erweiterung = (string)dr["Erweiterung"];
                    length = (long)dr["Größe"];
                    PathName = (string)dr["PathName"];
                    dr.GetBytes(dr.GetOrdinal("FTC"), 0,
                        FSContext, 0, 16);
                }

                // Wohin speichern? Zieldateinamen zusammenstellen
                if (string.IsNullOrEmpty(TargetDirectory))
                    TargetDirectory = Path.GetTempPath();
                string filename =
                    Path.Combine(TargetDirectory, Dateiname);
                filename =
                    Path.ChangeExtension(filename, Erweiterung);

                // Nun können die Daten geschrieben werden.
                // Dies geschieht über einen bescheidenen Buffer von
                // gerade mal 10 Kilobytes.
                using (StreamWriter sw =
                    new StreamWriter(filename, false))
                {
                    const int BufferSize = 10 * 1024;
                    byte[] buffer = new byte[BufferSize];

                    int i;
                    using (SqlFileStream SqlFileStream =
                        new SqlFileStream(PathName, FSContext,
                                          FileAccess.Read))
                        do
                        {
                            i = SqlFileStream.Read(
                                buffer, 0, BufferSize);
                            sw.BaseStream.Write(buffer, 0, i);

                        } while (i == BufferSize);
                }

                // Rückgabe des vollen Dateinamens
                return filename;
            }
        }
        // Transaktion implizit durch Ende des USING-Blocks
        // schließen (ROLLBACK)
    }

}
catch (SqlException ex)
{

    // Fehler mit SQL Server
    // ...
}
catch (IOException)
{
    // I/O nicht möglich (Rechte?)
    // ...
}
catch (InvalidOperationException)
{
    // ID unbekannt
    throw;
}
catch (Exception ex)
{
```

```
            // Sonst etwas ist schief gelaufen
            // ...
        }
    }
```

Damit sind die Daten auch mit der Filestream API wieder aus der Datenbank ausgelesen und in dem vorgegebenen Verzeichnis gespeichert.

3.12 HierarchyID

Ab SQL Server 2008 lassen sich Hierarchien in Form einer Baumstruktur mittels des HierarchyId-Typs abbilden Dieser ist in der .NET-Programmierung auch als `Microsoft.SqlServer.Types.SqlHierarchyId`-Typ verfügbar.

Die Abbildung der Hierarchie geschieht durch einen Hierarchieschlüssel, der beschreibt, an welcher Stelle die Entität (oftmals das Objekt in einer Tabellenzeile) steht. Wie dies genau aussieht, zeigt die folgende Abbildung.

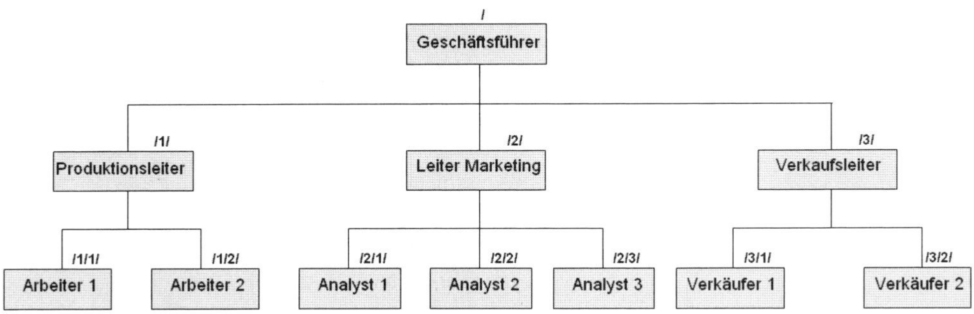

Abbildung 3.46 Eine einfache Hierarchie mit den dazugehörigen Schlüsseln

Der Vorteil dieses Verfahrens liegt nun darin, dass bei Veränderungen nur das einzelne Objekt geändert werden muss. Wird z.B. »Verkäufer 2« in die Produktion versetzt, so wird aus seinem Hierarchieschlüssel (»/3/2«) einfach »/1/1.5/«. Damit ist nun klar, dass sein Vorgesetzter (Parent-Element) der Produktionsleiter ist und seine Position zwischen Arbeiter 1 und 2 liegt.

Es ist wichtig zu verstehen, dass `HierarchyId` auch lediglich mit diesen Schlüsseln arbeitet, um z.B. zu testen, ob ein Knoten ein Nachfahre eines anderen ist. Damit sind alle /1/2/-Schlüssel Nachfahren von /1/, auch wenn in der Tabelle mehrere Hierarchien (diese müssen dann durch einen gemeinsamen Schlüsselwert zugeordnet werden) gespeichert sind. Auch können mehrere Knoten auf einer Position liegen, sprich den gleichen Hierarchieschlüssel besitzen. Erst ein eindeutiger Index schafft hier Abhilfe. Konsequenterweise ändert sich ein solcher Schlüssel auch, wenn sich die Position innerhalb der Hierarchie verändert. Damit scheidet ein sicherer Zugriff auf einen speziellen Knoten aus. Vielmehr kann nur der Knoten abgefragt werden, der sich an einer bestimmten Stelle befindet.

Die folgende Tabelle zeigt die Methoden und Eigenschaften, die für die Arbeit mit dem `HierarchyId`-Typ zur Verfügung stehen

> **Hinweis:**
> Beim Lesen der folgenden Tabelle sollte darauf geachtet werden, dass mit »liefert einen Knoten« eigentlich »liefert den Schlüssel eines Knotens« gemeint ist. Diese sprachliche Notation wurde lediglich zur Vereinfachung benutzt.

Die folgende Tabelle stellt die wichtigsten Methoden und Eigenschaften des `Hierarchy-ID`-Typs vor.

Tabelle 3.10 Wichtige Methoden/Eigenschaften des HierarchyId-Typs

Methode/Eigenschaft	Aufgaben
`GetRoot()`	Diese statische Methode liefert den Wurzelknoten einer Hierarchie. Dies ist zurzeit und wohl auch bei zukünftigen SQL Server-Versionen „/".
`GetLevel()`	Liefert die Tiefe, in dem sich das Element befindet. Das Wurzelelement hat dabei die Tiefe 0, die Elemente der 2. Ebene eine Tiefe von 1 usw.
`GetAncestor()`	Liefert den Vorfahren eines Knotens.
`GetDescendant()`	Liefert einen Nachfahren eines Knotens. Über eine entsprechende Kombination der Parameter (child1, child2) kann bestimmt werden, an welcher Stelle dieser stehen soll.
`IsDescendant()`	Prüft, ob der angegebene Knoten ein Nachfahre eines anderen ist. Diese Methode liefert auch für den Knoten selbst 1, sodass jeder Knoten ein Nachfahre von sich selbst ist – das funktioniert wahrlich nur in der IT.
`Parse()`	Statische Methode zum Interpretieren von Zeichenfolgen, um daraus eine `HierarchyId`-Instanz zu machen.
`Reparent()`	Mittels dieser Methode wird ein Knoten von einem Vorfahren zu einem anderen verschoben.
`ToString()`	Liefert eine lesbare Form (Zeichenkette) der `HierarchyId`-Instanz, die auch von der `Parse()`-Methode interpretiert werden kann. Die `ToString()`-Methode wird auch implizit bei der Verwendung des `CAST`-Operators verwendet.

In diesem Abschnitt finden Sie ein kleines Beispiel, das Ihnen genau zeigt, wie dieser Typ verwendet werden kann. In diesem werden Daten zu mehreren, getrennten Hierarchien in einer Tabelle abgelegt, und mittels einiger T-SQL-Abfragen werden Aktionen wie »Neuen Baum anlegen«, »Knoten einfügen«, »Knoten auslesen« etc. demonstriert.

Die Tabellenstruktur

Gespeichert werden die Daten in der folgenden kleinen Tabelle, die neben den notwendigen Spalten nur wenig mehr enthält, um nicht den Blick auf das Wesentliche zu verlieren.

```
CREATE TABLE Hierarchie
(
    -- technisch notwendige Spalten
```

```
        ID INT PRIMARY KEY NOT NULL IDENTITY,
        TreeID INT NOT NULL,
        Hierarchy HIERARCHYID NOT NULL,

        -- Berechnete Spalte, um Hierarchie lesbar darzustellen
        HierarchyDisplay AS Hierarchy.ToString()

        [Text] VARCHAR(50) NOT NULL
    );
```

In der Spalte „TreeId" wird die eindeutige ID des Baumes gespeichert, die angibt, zu welcher Hierarchie ein Knoten gehört. Die restlichen beiden technischen Spalten („ID" und „Hierarchy") beinhalten die eindeutigen Schlüsselwerte für den Zugriff und die Angabe der Position in der Hierarchie.

	ID	TreeID	Hierarchy	Text
▶	191	1	/	Geschaftsführer
	192	1	/1/	Produktionsleiter
	194	1	/2/	Leiter Marketing
	195	1	/3/	Verkaufsleiter
	196	1	/1/1/	Arbeiter 1
	197	1	/1/2/	Arbeiter 2
	198	1	/2/1/	Analyst 1
	199	1	/2/2/	Analyst 2
	200	1	/2/3/	Analyst 3
	201	1	/3/1/	Verkäufer 1
	202	1	/3/2/	Verkäufer 2
*	NULL	NULL	NULL	NULL

Abbildung 3.47 Die geöffnete Tabelle im SQL Server Management Studio (Express)

So ist sichergestellt, dass in jeder Hierarchie jede Position (also jeder HierarchyId-Wert) eindeutig ist. Um entsprechende Abfragen zu beschleunigen, macht ein entsprechender Index Sinn.

```
CREATE UNIQUE INDEX IDX_Hierarchie
ON Hierarchie (TreeID, Hierarchy);
```

Somit ist die Tabelle fertig und kann nun mit den folgenden Prozeduren (oder einem einmaligen Import-Skript) mit Leben gefüllt werden.

Erstellen eines neuen Baumes

Die Wurzel eines Baums, unter der alle weiteren Elemente eingefügt werden können, ist das Erste, das in einer Hierarchie erstellt werden sollte. Da es per Definition keine Vorfahren gibt, ist der einzige Parameter lediglich der Text, der in die Textspalte geschrieben werden soll. Der benötigte Wert für die „Hierarchy"-Spalte wird mit der `GetRoot()`-Methode erzeugt. Da dies eine statische Methode ist, wird für den Aufruf keine bestehende Instanz verwendet, sondern `HIERARCHYID::GetRoot():` als Notation verwendet.

```
CREATE PROC USP_CreateTree
    @Text VARCHAR(50)
AS
BEGIN
```

```
        DECLARE @NewTreeID INT;

        -- Parameter überprüfen
        IF @Text IS NULL
            RAISERROR ('Parameter @Text darf nicht NULL sein', 11, 1);

        -- Tabelle vor Änderungen von anderer Seite schützen,
        -- damit @NewTreeID gültig bleibt
        BEGIN TRAN;
            SET NOCOUNT ON;

            -- Nächste TreeID abfragen
            SELECT @NewTreeID = ISNULL(MAX(TreeID),0)+1 FROM Hierarchie;

            -- Einfügen und Identity-Wert zurück liefern
            INSERT INTO Hierarchie
             (TreeID, Hierarchy, [Text])
            OUTPUT INSERTED.IDENTITYCOL
            VALUES
            (@NewTreeID, HIERARCHYID::GetRoot(), @Text);

            SET NOCOUNT OFF;
        COMMIT TRAN;
    END;
```

Als Rückgabe erhält man die eindeutige ID der neuen Zeile, die für den direkten Zugriff oder zum Einfügen weiterer Knoten verwendet werden kann.

Will man den Baum wieder löschen, so ist es ausreichend, den Wurzelknoten zu löschen, da mit diesem auch alle anderen Knoten (siehe hierzu weiter unten: „Einen Knoten und seine Nachfahren löschen") entfernt werden. Eine eigene Prozedur zum Löschen eines Baums ist also nicht notwendig.

Auslesen der Werte eines Knotens und seiner Nachfahren

Werden die Werte eines Knotens benötigt, so stellt sich in einer Hierarchie die Frage, ob nur genau die Werte des angegebenen Knotens gelesen werden sollen oder auch die aller seiner Nachfahren. Da dies nicht pauschal zu beantworten ist, soll ein Parameter darüber entscheiden. In der Prozedur muss außerdem die ID des Baumes ermittelt werden, zu dem der Knoten gehört. Dies ist deshalb zwingend notwendig, da sonst Knoten anderer Bäume zurückgeliefert werden, nur weil sich Knoten in anderen Bäumen auf der entsprechenden Ebene befinden. Die Rückgabe besteht neben dem eigentlichen Wert (Textspalte) auch aus der ID, der Hierarchie und der Tiefe, in der sich der Knoten befindet. Die Tiefe wird dabei so berechnet, dass der angebende Knoten die Tiefe 0 hat, die erste Ebene 1 und so weiter. Damit lässt sich einfach ein entsprechendes Steuerelement (z.B. in einem TreeView-Steuerelement) befüllen.

```
CREATE PROC USP_GetNodeValue
    @NodeID INT,
    @IncludeDescendant bit = 1
AS
BEGIN
    DECLARE @TreeID INT;
    DECLARE @HierarchyID HIERARCHYID;
    -- Parameter überprüfen
    IF NOT EXISTS(SELECT IDENTITYCOL FROM Hierarchie
                  WHERE IDENTITYCOL=@NodeID)
        RAISERROR ('ID %u ist nicht gültig', 11, 1, @NodeID);
```

```
    -- TreeID und HierarchyId des Knotens ermitteln
    SELECT @TreeID=TreeID, @HierarchyID=Hierarchy FROM Hierarchie
        WHERE IDENTITYCOL = @NodeID;

    -- Wert des Knotens zurückliefern
    SET NOCOUNT ON;

    SELECT IDENTITYCOL,
           HierarchyDisplay,
           Hierarchy.GetLevel()-@HierarchyID.GetLevel() [Level],
           [TEXT]
    FROM Hierarchie
    WHERE TreeID = @TreeID AND
          @HierarchyID.IsDescendant(Hierarchy) = 1 AND
          (@IncludeDescendant = 1 OR
          (@IncludeDescendant = 0 AND @NodeID = IDENTITYCOL))
    ORDER BY Hierarchy;

    SET NOCOUNT OFF;
END;
```

Die Werte eines Knotens verändern

Mit dieser Prozedur lassen sich gezielt die Werte (an dieser Stelle gibt es dafür nur die Textspalte) verändern. Die dafür vorgesehene Prozedur muss also erweitert werden, wenn noch weitere Spalten dazukommen. Die Erweiterungen beziehen sich dabei auf die Parameter und die `UPDATE`-Anweisung, welche die Spalten dann berücksichtigen muss. Eine ID wird diesmal nicht zurückgeliefert, da diese dem Aufrufer ohnehin bekannt sein muss.

```
CREATE PROC USP_SetNodeValue
    @NodeID INT,
    @Text VARCHAR(50)
AS
BEGIN
    -- Parameter überprüfen
    IF NOT EXISTS(SELECT IDENTITYCOL FROM Hierarchie
                  WHERE IDENTITYCOL=@NodeID)
        RAISERROR ('NodeID %u ist nicht gültig', 11, 1, @NodeID);

    IF @Text IS NULL
        RAISERROR ('Parameter @Text darf nicht NULL sein', 11, 1);

    -- Werte des Knotens neu setzen
    SET NOCOUNT ON;

    UPDATE Hierarchie SET [Text] = @Text WHERE IDENTITYCOL=@NodeID;

    SET NOCOUNT OFF;
END;
```

Einfügen eines neuen Knotens

Da es mehrere Möglichkeiten für neue Knoten gibt, ist das Einfügen desselbigen so ziemlich das Komplizierteste, was in einer Hierarchie geschehen kann. Die Möglichkeiten sind:

- Der Knoten ist der erste Nachfahre seines Vorfahren.
- Der Knoten soll als Erstes vor allen anderen Knoten eingefügt werden.
- Der Knoten soll als Letztes nach allen anderen Knoten eingefügt werden.
- Der Knoten soll zwischen zwei Knoten eingefügt werden.

Alle genannten Fälle werden mit der `GetDescendant()`-Methode abgedeckt, die den benötigten `HierarchyId`-Wert erzeugt. Die folgende Prozedur fügt diesen dann entsprechend in die Tabelle ein. Damit der Knoten im richtigen Baum angelegt wird, muss auch dessen ID übergeben werden. Sind die Werte der Parameter nicht schlüssig, so erzeugt die `GetDescendant()`-Methode einen Fehler. Aus diesem Grund prüft die folgende Prozedur nur das Nötigste. Konnte der Knoten eingefügt werden, so wird dessen ID an den Aufrufer zurückgegeben.

```
CREATE PROC USP_CreateNode
    @AncestorID INT,
    @Text VARCHAR(50),
    @Sibling1ID INT = NULL,
    @Sibling2ID INT = NULL
AS
BEGIN
    DECLARE @TreeID INT;
    DECLARE @HierarchyID HIERARCHYID;
    DECLARE @Sibling1HierarchyID HIERARCHYID;
    DECLARE @Sibling2HierarchyID HIERARCHYID;

-- Parameter überprüfen
    IF NOT EXISTS(SELECT IDENTITYCOL FROM Hierarchie
                  WHERE IDENTITYCOL=@AncestorID)
        RAISERROR ('AncestorID %u ist nicht gültig', 11, 1, @AncestorID);

    IF @Text IS NULL
        RAISERROR ('Parameter @Text darf nicht NULL sein', 11, 1);

    -- TreeID und HierarchyId des Knotens ermitteln
    SELECT @TreeID=TreeID, @HierarchyID=Hierarchy FROM Hierarchie
        WHERE IDENTITYCOL = @AncestorID;

    -- HierarchyId für Sibling1 und 2 ermitteln
    SELECT @Sibling1HierarchyID=Hierarchy FROM Hierarchie
        WHERE IDENTITYCOL = @Sibling1ID;
    SELECT @Sibling2HierarchyID=Hierarchy FROM Hierarchie
        WHERE IDENTITYCOL = @Sibling2ID;

    -- Werte einfügen
    SET NOCOUNT ON;

    INSERT INTO Hierarchie
     (TreeID, Hierarchy, [Text])
    OUTPUT INSERTED.IDENTITYCOL
    VALUES
     (
        @TreeID,
        @HierarchyID.GetDescendant(
            @Sibling1HierarchyID,@Sibling2HierarchyID),
        @Text
    );

    SET NOCOUNT OFF;
END;
```

Der Aufrufer dieser Prozedur muss ziemlich genau wissen, wo er den neuen Knoten eingefügt haben möchte. Das sollte jedoch für eine Anwendung mit einem TreeView-Steuerelement (oder einem ähnlichen Steuerelement) kein größeres Problem darstellen, da sich leicht abfragen lässt, ob z.B. schon Nachfahren existieren. Daher macht es weniger Sinn, solche Abfragen in der Prozedur unterzubringen.

Die folgende kleine Tabelle beschreibt die vier Möglichkeiten und zeigt, wann `@Sibling1` und/oder `@Sibling2` mit welchem Wert besetzt sein müssen. Die beiden Parameter `@AncestorID` und `@Text` müssen immer gültige Werte ausweisen.

Tabelle 3.11 GetDescendant()-Wertekombinationen und ihre Ergebnisse

Rückgabe	@Sibling1	@Sibling2
Erster Knoten	`NULL`	`NULL`
Als Erster, vor allen Knoten	`NULL`	ID des ersten Knotens, der dann zum zweiten Knoten wird
Als Letzter, hinter allen Knoten	ID des letzen Knotens	`NULL`
Zwischen zwei Knoten	ID des vorherigen Knotens	ID des nachfolgenden Knotens, der dann eins nach hinten rutscht

Löschen eines Knotens und all seiner Nachfahren

Abschließend die Prozedur, mit der Knoten gelöscht werden können, die aufgrund des HierarchyId-Typs recht simpel ist. Es wird sogar auf einen Fehler verzichtet, wenn der Knoten bereits schon nicht mehr vorhanden ist. In diesem Fall macht die Prozedur einfach nichts – ein Verhalten, das sich mit dem der `DELETE`-Anweisung deckt.

```
CREATE PROC USP_DeleteNode
    @NodeID INT
AS
BEGIN
    DECLARE @HierarchyId HIERARCHYID,
            @TreeID INT;

    -- HierarchyID des Knotens ermitteln
    SELECT @HierarchyId=Hierarchy, @TreeID = TreeID FROM Hierarchie
        WHERE IDENTITYCOL=@NodeID ;

    -- Prüfen, ob ID gültig war
    SET NOCOUNT ON;

    IF NOT @HierarchyId IS NULL
        DELETE FROM Hierarchie
        OUTPUT DELETED.IDENTITYCOL
        WHERE TreeID = @TreeID AND
              @HierarchyId.IsDescendant(Hierarchy) = 1;

    SET NOCOUNT OFF;
END;
```

Die `IsDecendant()`-Methode liefert dabei den Wert eins, wenn es sich bei einem Knoten um den Nachfahren eines übergebenen Wertes handelt.

Das `OUTPUT`-Schlüsselwort sorgt auch diesmal dafür, dass die IDs der gelöschten Knoten an den Aufrufer übergeben werden. Dieses kann dann die Knoten aus der Oberfläche entfernen oder einfach ignoriert werden.

3.13 Geometry & Geography

Als eine weitere Neuerung wurden mit SQL Server 2008 die OGC[12]-konformen Spatial-Typen `Geometry` und `Geography` ebenfalls eingeführt, die als .NET-Datentypen `Microsoft.SqlServer.Types.SqlGeometry` und `Microsoft.SqlServer.Types.SqlGeography` zur Verfügung stehen. Sie implementieren den neuen OGC 05-129-Standard. Obwohl dies nicht nur interessant klingt, sondern es mit Sicherheit auch ist, drängt sich die Frage auf, was eine gewöhnliche Anwendung damit anfangen kann. Die einfache Antwort lautet: einiges, wenn sie mit Adressen arbeitet – und das machen fast alle.

Beide Typen stellen Positionen im 2D-Raum dar, die mit Längen-/Breitengrad oder X-/Y-Werten beschrieben werden. Dies kann von einfachen Punkten über Linien bis hin zu Polygonen sein.

Kommen wir zunächst einmal zu den Unterschieden zwischen beiden Typen. Im Wesentlichen speichern beide die gleiche Art von Informationen, mit dem Unterschied, dass `Geometry` die Daten auf einer „flachen Erde" abbildet, während `Geography` dies auf einer »runden Erde« tut. Was nach einem kleinen Detail klingt, ist die Ursache dafür, dass z.B. Entfernungen zwischen zwei Punkten umso stärker voneinander abweichen, je weiter diese auseinander liegen. Aufgrund dessen, eignet sich `Geometry` eher für kleinere, übersichtlichere Systeme wie eine Stadt, einen Freizeitpark oder Ähnliches. Für alles Größere wie z.B. Länder, Kontinente oder der gesamte Planet Erde ist `Geography` die bessere bzw. präzisere Wahl.

Die folgende Tabelle gibt eine Übersicht über die möglichen räumlichen Objekte, die genutzt werden können.

Tabelle 3.12 Mögliche Spatial-Objekte der Geometry-/Geography-Typen

Spatial-Objekt	**Beschreibung**
`POINT`	Ein einzelner, bescheidener Punkt
`LINESTRING`	Eine Linie von einem Punkt zu einem anderen Punkt mit endlicher Länge.
`POLYGON`	Eine abgeschlossene Fläche in einem geschlossenen Polygon, d.h., dessen erster Punkt muss zwingend dem letzten entsprechen.
`MULTIPOINT`	Eine Menge von mehreren unabhängigen Punkten.
`MULTILINESTRING`	Eine Menge mehrerer Linien, die nicht zusammenhängen müssen.
`MULTIPOLYGON`	Eine Menge mehrerer Polygone, die keine Schnittpunkte haben müssen.
`GEOMETRYCOLLECTION`	Eine Auflistung mehrerer, unterschiedlicher Spatial-Objekte – eine gemischte Liste also.

[12] OGC: Open Geospatial Consortium

Über eine Reihe von Methoden stellen beide Typen Funktionen zur einfachen Berechnung von Entfernungen, Schnittmengen sowie Mutationen der gegebenen Spatial-Objekte bereit.

Hinweis:
Diese Spatial-Objekte finden sich in der .NET-Welt auch in den Aufzählungen `Microsoft.SqlServer.Types.OpenGisGeometryType` und `Microsoft.SqlServer.Types.OpenGisGeographyType` wieder. Beide enthalten für jedes Spatial-Objekt jeweils einen Wert.

Wie schon beschrieben, können unterschiedliche Formen wie Linien, Polygone etc. gespeichert werden. Sämtliche Formen werden dabei über Punkte definiert. Diese Punkte werden für die räumlichen Typen durch die Angabe von Breiten- und Längengraden beschrieben. Hier beginnen schon die ersten Schwierigkeiten im Austausch mit anderen Datenbanken wie Oracle und PostgreSQL. Diese verwenden die umgekehrte Reihenfolge.

Sollen Polygone abgelegt werden, steht eine weitere Festlegung an: Müssen die einzelnen Punkte im oder gegen den Uhrzeigersinn angegeben werden? Was auf den ersten Blick unwichtig klingt, ist auf einer „runden Erde" von essenzieller Wichtigkeit, da die Drehrichtung ("Ring Orientation") darüber entscheidet, ob die Fläche innerhalb des Polygons oder die außerhalb gemeint ist. Besonders offensichtlich wird dies bei einem auf dem Äquator verlaufenden Linienzug, da sonst völlig unklar ist, ob die nördliche oder südliche Hemisphäre zur Fläche des Polygons gehört. Microsoft SQL Server 2008 verlangt hier eine Angabe entgegen dem Uhrzeigersinn, wohingegen sowohl Oracle als auch PostgreSQL eine Angabe der Punkte im Uhrzeigersinn verlangen.

Bei der Projektion einer „runden Erde" auf eine „flache Erde" (und umgekehrt) wird ein Bezugssystem benötigt. Dieses wird über einen sogenannten SRID[13] bestimmt und bei der Erstellung eines Spatial-Objektes als Parameter übergeben. Hier wird meist die SRID 4326 verwendet, der WGS84-Standard, der insbesondere auch von GPS-Systemen verwendet wird und Entfernungen und Flächen in metrischen Einheiten zurückliefert. Es besteht keine technische Notwendigkeit dass alle Spatial-Werte einer Spalte die gleiche SRID besitzen, solange nicht z.B. Entfernungen oder Schnittstellen berechnet werden sollen – diese Methoden setzen gleiche SRIDs voraus. Über die Systemsicht `sys.spatial_reference_systems` können alle verfügbaren Bezugssysteme abgerufen werden.

Wichtig:
Spatial-Objekte mit unterschiedlichen SRIDs können nicht miteinander in einer Berechnung verwendet werden! Auch können `Geometry` und `Geography` nicht vermischt werden. Trotz der Ähnlichkeiten, sind dies zwei völlig unterschiedliche Typen!

In der Praxis sieht die Definition von räumlichen Objekten wie folgt aus, wobei die Objekte dabei als Well-known Text (WKN) angegeben werden.

Ein Punkt wird so definiert:

---

[13] Spatial Reference Identifier

```
DECLARE @g GEOGRAPHY =
    GEOGRAPHY::STGeomFromText('POINT(51.26 6.36)',4326);
```

Eine Linie so:

```
DECLARE @g GEOGRAPHY =
    GEOGRAPHY::STGeomFromText('
         LINESTRING(51.26 6.36, 50.26 6.25
      )',4326);
```

Ein Polygon auf diese Art:

```
DECLARE @g GEOMETRY =
    GEOMETRY::STGeomFromText('
         POLYGON(
             (
                 47.658 -102.368,
                 48.240 -122.338,
                 49.750 -107.368,
                 47.658 -102.368
              )
      )', 4326);
```

Und schließlich eine gemischte Auflistung unterschiedlicher Typen auf diese Weise:

```
DECLARE @g GEOMETRY =
    GEOMETRY::STGeomFromText('GEOMETRYCOLLECTION(
        POLYGON(
            (
                 47.658 -102.368,
                 48.240 -122.338,
                 49.750 -107.368,
                 47.658 -102.368
             )),
        LINESTRING
            (
                47.656 -122.360,
                47.656 -122.343
             ),
        POINT
            (
                47.656 -122.35
            )
      )', 4326);
```

Ist die Beschreibung der Werte nicht gültig, so löst die `STGeomFromText()`-Methode erwartungsgemäß eine .NET-Framework-Ausnahme aus.

Einsatz in einer Tabelle

Eine Tabelle, die später mit Inhalt gefüllt wird und die Umrisse von Postleitzahl-Gebieten in Deutschland beherbergt, kann so aussehen.

```
CREATE TABLE PlzGebiete
(
    ID INT IDENTITY(1,1) NOT NULL,
    PLZ char(5) NULL,
    NameOrt VARCHAR(50) NULL,
    Area GEOGRAPHY NULL,
    AreaText AS Area.ToString()
);
```

Neben der Area-Spalte besitzt die Tabelle zur Veranschaulichung auch eine berechnete AreaText-Spalte, deren Inhalt als Text angezeigt wird, da sonst nur binäre Daten angezeigt werden.

	ID	PLZ	NameOrt	Area	AreaText
1	1	01067	Dresden	0xE61000000104 3C0...	MULTIPOLYGON (((51.07600017 13.7189358, 51.07649616 13.71...
2	2	01069	Dresden	0xE6100000010449 0...	MULTIPOLYGON (((51.05443194 13.74983892, 51.05278782 13.7...
3	3	01097	Dresden	0xE610000001042A0...	MULTIPOLYGON (((51.06863403 13.727583, 51.06833649 13.728...
4	4	01099	Dresden	0xE610000001 04AD0...	MULTIPOLYGON (((51.1249428 13.82015592, 51.10539246 13.79...
5	5	01109	Dresden	0xE61000000104810...	MULTIPOLYGON (((51.1381836 13.75953588, 51.13616562 13.75...
6	6	01127	Dresden	0xE610000001042B0...	MULTIPOLYGON (((51.08573916 13.72007952, 51.08158116 13.7...
7	7	01129	Dresden	0xE610000001044B0...	MULTIPOLYGON (((51.11303328 13.69848816, 51.112278 13.697...

Abbildung 3.48 Die Tabelle im SQL Server Management Studio (Express)

Gut zu sehen sind einmal die binäre Darstellung und zum anderen die Darstellung als lesbare Beschreibung (Well-known Text oder kurz WKT) der `Geography`–Spalte, in der die Umrisse des PLZ-Gebietes gespeichert werden.

Auf Wunsch kann das SQL Server Management Studio (Express) die räumlichen Daten einer Spalte auch grafisch darstellen.

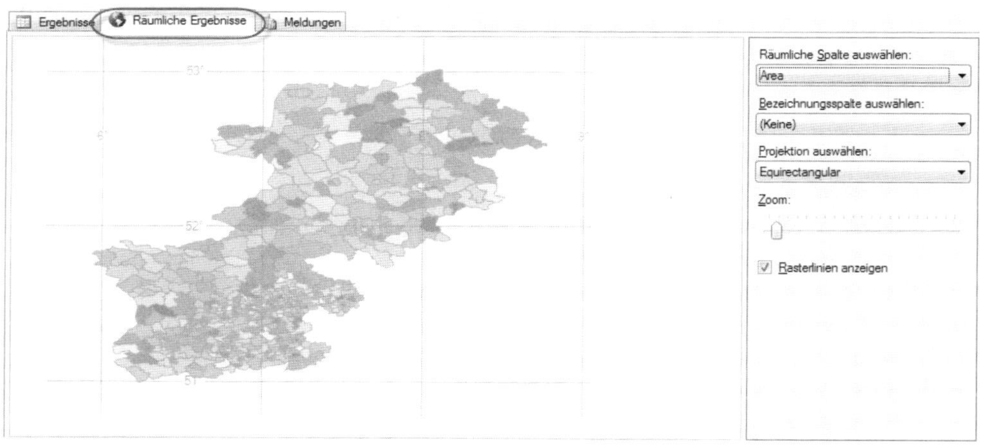

Abbildung 3.49 Räumliche Daten können grafisch angezeigt werden.

Auf dieser Weise ist es möglich, sich schnell eine Übersicht über die Daten zu verschaffen. Dies setzt voraus, dass die einzelnen Objekte nicht zu weit auseinander liegen und in etwa von gleicher Größe, sind da sonst aufgrund des Zooms nicht alles gleichzeitig angezeigt werden kann. Auch dürfen es nicht zu viele Objekte sein, da sonst nur ein Teil dargestellt wird.

Hinweis:

Ein Teil der hier gezeigten Datenbank besteht aus der Mondial-Datenbank, die von der Universität Göttingen gepflegt wird und eine Vielzahl von weltweiten, geografischen Daten enthält. So finden sich dort neben Städten, Ländern und Bergen auch Informationen über die Staatsform, die Bevölkerungsanzahl etc. Allerdings hat diese Datenbank auch einen kleinen Nachteil: Sie enthält nicht allzu viel über den deutschsprachigen Raum, sie enthält nur Punkte und keine Linienzüge oder Gebiete und ist teilweise recht ungenau. Trotzdem eine interessante Datensammlung. Die hier verwendete Version enthält zudem die Umrisse als PLZ-Gebiete. Gut ist dies in **Abbildung 3.49** zu erkennen, auf der das Bundesland NRW dargestellt wird, das sich aus diesen einzelnen Gebieten zusammensetzt.

Die nächste Tabelle zeigt eine Auswahl der wichtigsten Eigenschaften und Methoden, die für die Arbeit mit den beiden Typen zur Verfügung stehen.

Tabelle 3.13 Mögliche Spatial-Objekte der Geometry-/Geography-Typen

Methode/Eigenschaft	Beschreibung
`STArea()`	Liefert die Fläche eines zweidimensionalen Spatial-Objektes. Die Fläche anderer Objekte ist gleich 0. Die Einheit hängt von der SRID ab und ist bei SRID 4326 ‚Quadratmeter'.
`STAsText()` `ToString()`	Gibt den WKT des Objektes zurück. Dieser kann angezeigt oder zur Erstellung neuer Objekte verwendet werden.
`STDistance()`	Liefert die Entfernung (Luftlinie) zweier Spatial-Objekte. Wie die Fläche, ist die Einheit auch von der SRID abhängig. Ist diese 4326, so ist dies »Meter«.
`STEquals()`	Liefert 1, wenn zwei Objekte die gleichen Punkte beinhalten. Ansonsten wird 0 zurückgeliefert.
`STGeometryType()`	Liefert den enthaltenen Spatial-Objekttyp wie `POINT`, `LINESTRING`, `POLYGON` etc.
`STIntersection()`	Liefert ein Objekt, das die Schnittstellen zweier Objekte beschreibt. Gibt es keine Schnittpunkte, so wird `GEOMETRYCOLLECTION EMPTY` als Ergebnis geliefert.
`STIntersects()`	Prüft, ob zwei Objekte gemeinsame Berührungspunkte haben. Ist dies der Fall, so wird 1 geliefert, sonst 0.
`STGeomFromText()`	Diese Methode dient der Erstellung neuer Spatial-Objekte aus dem OGC WKT, wie oben bereits gezeigt.

`AsGml()`	Liefert die Geography Markup Language-(GML-)Repräsentation des Spatial-Objekts. Für ein `LINESTRING`-Objekt sieht dies z.B. so aus:
	`<LineString xmlns="http://www.opengis.net/gml">`
	`  <posList>51.26 6.36, 50.26 6.25</posList>`
	`</LineString>`

`Lat`	Liefert den Breitengrad, wenn das Spatial-Objekt nur einen einzigen Punkt enthält, sonst `NULL`.
`Long`	Liefert den Längengrad eines Punktes, sonst wie `Lat` auch nur `NULL`.

Methode/Eigenschaft	Beschreibung
`Point()`	Diese Methode erstellt einen einzelnen Punkt durch Angabe von Breiten- und Längengrad und SRID. Es stellt eine schnelle Alternative zu der `STGeomFromText()`-Methode dar.

Abfragen räumlicher Typen

Wie bereits erwähnt, ist die Testdatenbank für diesen Abschnitt mit den Umrissen aller PLZ-Gebiete in Deutschland befüllt, sodass z.B. folgende Abfragen möglich sind:

„Welche anderen PLZ-Gebiete grenzen an ein vorgegebenes?“

```
-- Spatial-Objekt aus Tabelle laden
DECLARE @Viersen GEOGRAHPY;
SELECT @Viersen = Area FROM PLZGebiete WHERE PLZ='41747';

-- Schauen, welche Gebiete angrenzen,
-- also Berührungspunkte besitzen
SELECT PLZ, NameOrt FROM PLZGebiet
    WHERE Area.STIntersects(@Viersen) = 1;
```

„Wie weit ist München vom Mont Blanc entfernt?“

```
-- Spatial-Objekte aus den Tabellen laden
DECLARE @Muenchen GEOGRAHPY;
SELECT @Muenchen = Area FROM PLZGebiete WHERE PLZ='80333';

DECLARE @Montblanc GEOGRAHPY;
SELECT @Montblanc  = geog FROM mountain WHERE Name = 'Montblanc';

-- Entfernung (in Metern) ausgeben
PRINT @Muenchen.STDistance(@Montblanc);
```

Damit Abfragen möglichst schnell vom SQL Server verarbeitet werden können, existiert ein entsprechender Index, der im nächsten Abschnitt beschrieben wird.

Spatial-Index

Um Abfragen auf Geo-Datentypen möglichst schnell ausführen zu können, bietet der SQL Server den passenden Index an. Isaac K. Kunen von Microsoft nannte den Spatial-Index ein »adaptive multi-level grid«, das nach dem gleichen Konzept wie z.B. Virtual Earth funktioniert. Im Kern besteht der Index aus einer begrenzten Anzahl Stufen (vier Stück) von quadratischen Rastern, die aus 16 bis 256 Zellen bestehen. Jede Zelle, bis auf die unterste kann wiederum aus einem Raster bestehen, sodass auch komplexere Formen gefunden bzw. schnell Bereiche bei der Suche ausgeschlossen werden können.

Eine Suche funktioniert im Kern so: Wird ein Objekt wie ein Haus in der Stadt Viersen gesucht, so muss nur auf dem Kontinent Europe („Ebene 1“) gesucht werden – alle anderen Gebiete müssen nicht berücksichtigt werden. Als Nächstes muss nur das Land Deutschland („Ebene 2“) abgesucht werden, anschließend das Bundesland NRW („Ebene 3“). Nun muss lediglich innerhalb Viersens die richtige Straße („Ebene 4“) nach dem Haus abgesucht werden.

Zur Beschleunigung der weiteren Suche und um Platz zu sparen, kann eine Ebene im Index leer sein. Dies ist auf der Erde bei Wasserflächen der Fall. Gebiete, die hingegen besonders gefüllt sind, wie z.B. dicht besiedelte Städte, sind auf allen Ebenen mit Objekten gefüllt. So können unregelmäßige Verteilungen effizient abgebildet werden.

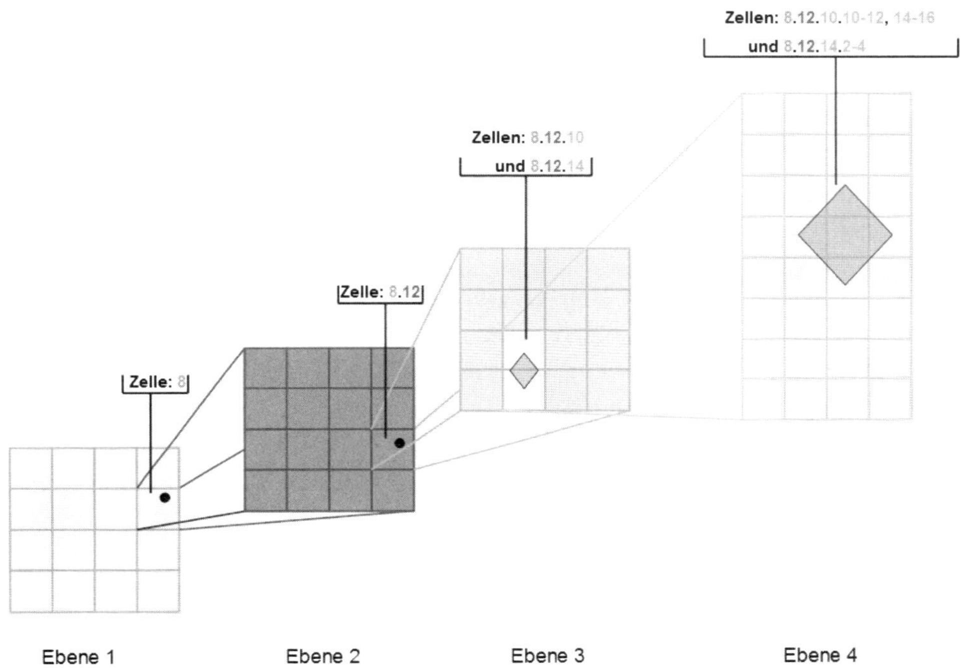

Abbildung 3.50 Der exemplarische Aufbau eines Spatial-Index

Per T-SQL wird ein solcher Index mit der `CREATE SPATIAL INDEX`-Anweisung erzeugt, wobei es keinen Unterschied macht, ob es sich um eine Spalte vom Typ `GEOMETRY` oder `GEPGRAPHY` handelt.

```
CREATE SPATIAL INDEX idxArea ON PLZGebiete
(
    Area
)
USING GEOGRAPHY_GRID
WITH
(
    GRIDS =(
        LEVEL_1 = MEDIUM,
        LEVEL_2 = MEDIUM,
        LEVEL_3 = MEDIUM,
        LEVEL_4 =  MEDIUM),
    CELLS_PER_OBJECT = 16
);
```

Zu erkennen ist, dass für jede Ebene einzeln bestimmt werden kann, wie voll deren Befüllung wahrscheinlich sein wird. Außerdem kann für alle Ebenen bestimmt werden, wie viele Objekte pro Ebene vorgesehen sein sollen.

Ansonsten wird dieser Index wie jeder andere Index verwendet, d.h., entweder indem er bei der Ausführung automatisch gewählt oder durch einen Optimizer-Hint erzwungen wird.

3.14 Table-Valued Parameters

Mittels Table-Valued Parametern (TVP) ist es ab SQL Server 2008 möglich, Typen zu definieren, die nicht nur einen einzelnen Wert, sondern eine ganze Tabelle enthalten. Diese Typen können dann für Parameter von Prozeduren und Funktionen verwendet werden. Auf ADO.NET-Seite können diese Parameter beim Aufruf z.B. mit einem `System.Data.DataTable`-Objekt befüllt werden. Bei der Verwendung von TVP müssen einige Punkte beachtet werden.

- Der Parameter muss zwingend mit `READONLY` gekennzeichnet werden und konsequenterweise nicht änderbar sein.
- TVPs können nicht mit `RETURN`-Variablen verwendet werden. Da sie aber eh unveränderlich sind, ist dies keine große Einschränkung.
- TVPs werden in der tempdb-Datenbank gespeichert, sodass diese bei sehr großen Übergabe-Tabellen entsprechend groß werden kann.

Innerhalb der gespeicherten Prozeduren oder Funktionen können die Parameter dann wie gewöhnliche Tabellen, d.h. z.B. mit `SELECT`-Anweisungen oder innerhalb eines Joins, verwendet werden — nur Änderungen an ihnen sind wie schon gesagt nicht gestattet.

Die Verwendung von TVP gestaltet sich recht einfach und übersichtlich, wie das folgende Beispiel, das die Daten aus einem `DataTable`-Objekt mit in eine Tabelle importiert.

> **Hinweis:**
> Daten in großen Mengen mittels TVP aus einem `DataTable`-Objekt aus dem SQL-Server zu exportieren, kann eine interessante Alternative zum Einsatz der `SqlBulkCopy`-Klasse sein. Diese ist zwar ein wenig schneller (ca. 10%), erlaubt es jedoch nicht, die von dem Datenbankmodul erzeugten, eindeutigen Identitätswerte (`IDENTITYCOL`) direkt innerhalb des gleichen Aufrufs zurück zu liefern. Mit der `OUTPUT`-Klasse ist dies, wie im folgenden Beispiel gezeigt wird, auf diesem Weg ohne Schwierigkeiten machbar.

DataTable-Objekt

Zunächst muss der Aufbau des `DataTable`-Objektes feststehen. Dies kann mittels einer Reihe von `Columns.Add()`-Aufrufen geschehen, oder mittels Einsatz der `SqlDataAdapter`-Klasse.

```
// DataTable inkl. seiner Spalten erstellen
dt = new DataTable("Import");

dt.Columns.Add("ID", typeof(int));
dt.Columns.Add("CatalogID", typeof(int));
dt.Columns.Add("LanguageID", typeof(string));
dt.Columns.Add("ProductID", typeof(string));
dt.Columns.Add("Brand", typeof(string));
dt.Columns.Add("ProductFamily", typeof(string));
dt.Columns.Add("EAN", typeof(string));
dt.Columns.Add("Status", typeof(string));
dt.Columns.Add("StatusDate", typeof(DateTime));
```

Die erste Spalte („ID“) ist im späteren Verlauf nicht für den Import auf den Server gedacht, sondern soll umgekehrt den dort erzeugten eindeutigen Wert für die Zeile aufnehmen.

Hinweis:
Die `DataTable`- und `SqlDataAdapter`-Klassen werden in Kapitel *7, „DataSets“*, genauer beschrieben.

Benutzerdefinierter Tabellentyp

Um das so erstellte `DataTable`-Objekt als Parameter zu erstellen, muss ein entsprechender benutzerdefinierter Tabellentyp existieren. Erzeugt wird dieser mit der `CREATE TYPE <Name> AS TABLE`-Anweisung. Einmal erstellt können diese nicht mehr verändert, sondern nur wieder gelöscht werden, wenn sie nicht an anderer Stelle noch verwendet werden. Es existiert also keine `ALTER TYPE`-Anweisung, sondern nur eine `DROP TYPE`-Anweisung! Diese Typen verfügen wie gewöhnliche Tabellen über Spalten, die ganz gewöhnliche Definitionen besitzen über Datentypen, maximale Größe und ob sie `NULL` gestatten. Ansonsten können sie wie gewöhnliche Tabellen über Einschränkungen, Indizes etc. verfügen.

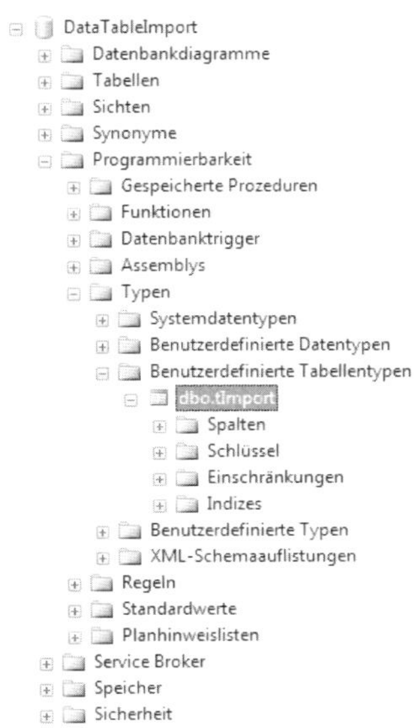

Abbildung 3.51 Der benutzerdefinierte Tabellentyp im SQL Server Management Studio (Express)

Der passende Tabellentyp zum vorgestellten `DataTable`-Objekt sieht wie folgt aus:

```
CREATE TYPE tImport AS TABLE(
    ID INT NULL,
    CatalogID INT NOT NULL,
    LanguageID CHAR(2) NULL,
    ProductID NVARCHAR(50) NOT NULL,
    Brand NVARCHAR(100) NOT NULL,
    ProductFamily NVARCHAR(100) NOT NULL,
    EAN VARCHAR(20) NULL,
    Status INT NULL,
    StatusDate DATETIME NULL
);
```

Da die Daten später in einer Tabelle auf dem SQL Server importiert werden sollen, muss diese natürlich ebenfalls mit einem kompatiblen Aufbau vorhanden sein. Aus Platzgründen wird diese hier jedoch nicht abgedruckt, da sich daraus nichts Interessantes für den Leser erkennen lässt.

Gespeicherte Prozedur/Funktion

Der so erstellte Typ kann nun als Typ für einen Parameter verwendet werden. Dieser Parameter muss zwingend mit `READONLY` versehen werden und ist konsequenterweise innerhalb der Prozedur/Funktion unveränderlich.

Hinweis:
Vor der Übergabe als Parameter kann die entsprechende Variable selbstverständlich verändert und somit „befüllt" werden. Ansonsten wären diese Parameter immer leer und somit eher witzlos.

Die folgende gespeicherte Prozedur übernimmt genau einen solchen Parameter (natürlich können es auch mehr sein) und fügt dessen Inhalt in eine dafür vorgesehene Tabelle ein.

```
CREATE PROC [dbo].[usp_InsertProductTVPwithID]
    @ImportTable tImport READONLY
AS
BEGIN
    INSERT INTO
    [dbo].[Products]
       ([CatalogID], [LanguageID], [ProductID], [Brand],
        [ProductFamily], [EAN], [Status], [StatusDate])
    OUTPUT inserted.IDENTITYCOL
    SELECT [CatalogID], [LanguageID], [ProductID], [Brand],
           [ProductFamily], [EAN], [Status], [StatusDate]
    FROM @ImportTable;
END;
```

Über die `OUTPUT`-Klausel (siehe *4.5.1.11, „OUTPUT-Klausel"*) werden alle erzeugten eindeutigen Identitätswerte an den Aufrufer übermittelt.

Aufruf T-SQL

Der Aufruf mit T-SQL gestaltet sich recht einfach und gradlinig: Die Variable wird deklariert und kann anschließend wie eine gewöhnliche Tabelle z.B. mittels `INSERT`-Anweisungen mit Inhalt versehen werden. Anschließend wird sie beim Aufruf der Prozedur/Funktion verwendet. Abschnitt *2.1.11, „Tabellen als Parameter (Table-valued parameters – TVP“*, zeigt diesen einfachen Vorgang.

Aufruf ADO.NET

Für den Aufruf mittels ADO.NET stehen generell zwei Möglichkeiten offen, von denen allerdings nur die erste näher demonstriert wird.

- *In-memory table*: D.h., eine Tabelle aus dem Speicher wird direkt als Parameter verwendet. Zu diesem Zweck akzeptiert das `SqlParameter`-Objekt ein `DataTable`-Objekt als Wert. Dies ist recht einfach zu implementieren, hat jedoch den Nachteil, dass der Speicherbedarf direkt von der Größe der Tabelle abhängt – etwas, was bei kleinen Tabellen jedoch vernachlässigbar ist.
- *Stream row data*: Bei diesem Ansatz werden die Daten direkt per Datenstrom übermittelt. Dies wird mit einem `DbDataReader`-Objekt in Verbindung mit `IEnumerable<SqlDataRecord>` realisiert. Der Nachteil der etwas umfangreicheren Implementierung wird durch einen Speicherbedarf, der nicht von der Größe der Tabelle abhängig ist, ausgeglichen.

Als Beispiel sei die folgende Methode gezeigt, die ein korrekt erstelltes und befülltes `DataTable`-Objekt als Parameter akzeptiert und der zuvor gezeigten gespeicherten Prozedur übergibt.

```
public static void ImportDataTVPWithID(string conString, DataTable dt)
{
    const string sql = "usp_InsertProductTVPwithID";

    using (SqlConnection con = new SqlConnection(conString))
    {
        con.Open();
        using (SqlCommand cmd = con.CreateCommand())
        {
            // Abfrage festlegen
            cmd.CommandType = CommandType.StoredProcedure;
            cmd.CommandText = sql;

            // Parameter hinzufügen
            cmd.Parameters.AddWithValue("ImportTable", dt);

            // Ausführen und Identitätswerte zuordnen
            int RowIndex = 0;
            using (SqlDataReader dr = cmd.ExecuteReader())
                while (dr.Read())
                    // Identitätswert übernehmen
                    dt.Rows[RowIndex++]["ID"] = dr.GetInt32(0);

            // ggf. Änderungen annehmen
            dt.AcceptChanges();
        }
    }
}
```

Dadurch, dass die `usp_InsertProductTVPwithID`-Prozedur mithilfe der `OUTPUT`-Klausel die von der Datenbank generierten Identitätswerte für die eingefügten Zeilen zurückliefert, wird das `SqlDataReader`-Objekt mit der `ExecuteReader()`-Methode erzeugt und zeilenweise die (einspaltige) Ergebnismenge durchlaufen und der jeweilige Wert dem `DataTable`-Objekt in der dafür vorgesehenen Spalte („ID“) zugewiesen.

3.15 Tipps und Tricks

In diesem Abschnitt werden, wie in den meisten der folgenden Kapitel, einige Kniffe beschrieben, die für den geschätzten Leser hoffentlich von einem gewissen Nutzen sind.

3.15.1 Benutzen der erweiterten Eigenschaften der Datenbank

SQL Server 2008 (R2) bietet die Möglichkeit, zu (fast) jedem Objekt in der Datenbank erweiterte Eigenschaften abzuspeichern – dies gilt auch für die Datenbank. Über das SQL Server Management Studio (Express) können diese Werte eingesehen und verändert werden. Damit eignen sie sich als eine einfache Art der Konfiguration von z.B. T-SQL- oder .NET-Programmierungen im SQL Server.

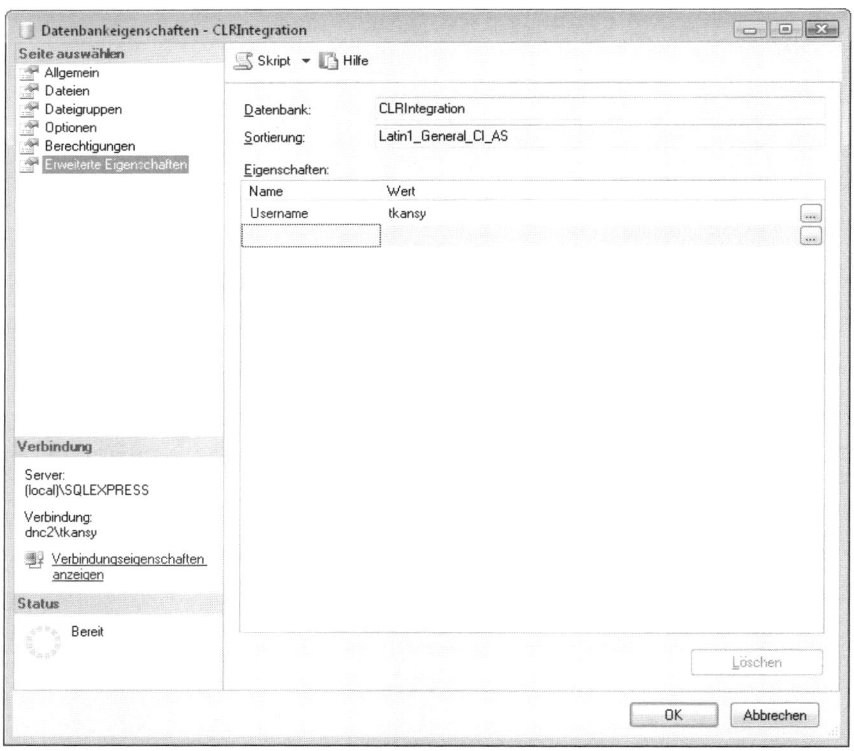

Abbildung 3.52 Die erweiterten Eigenschaften der Datenbank

In der Abbildung ist eine Eigenschaft mit dem Name „Username“ zu sehen, die im Folgenden abgefragt wird. Zuerst mit T-SQL und anschließend mit C#, so dass u.a. ein Einsatz in einem .NET-Objekt (z.B. eine gespeicherte Prozedur) denkbar ist.

Hinweis:

Alles, was hier über die erweiterten Eigenschaften der Datenbank geschrieben steht, lässt sich auch auf andere Objekte innerhalb der Datenbank übertragen. Auch dort befinden sich erweiterte Eigenschaften, die abgefragt werden können. Lediglich die Tatsache, dass dies zu einem bestimmten Grad an Unübersichtlichkeit führen kann, wenn jedes Objekt seine eigenen Werte auf diese Art definiert bekommt, setzt eine Grenze.

Um den Wert mit T-SQL abzurufen, kann folgende kleine Skalarwertfunktion verwendet werden, die zusätzlich noch einen Wert akzeptiert, der zurückgeliefert wird, wenn die gesuchte Eigenschaft nicht gefunden werden kann.

```
CREATE FUNCTION [dbo].[fn_getDatabaseConfig]
(
    @Name VARCHAR(max), // Name der Eigenschaft
    @Fallback SQL_VARIANT // Fallbackwert
)
RETURNS SQL_VARIANT
AS
BEGIN
    DECLARE @retValue SQL_VARIANT;

    -- Wert abrufen
    SELECT @retValue = [value] FROM sys.extended_properties WHERE
        class_desc='DATABASE' AND [Name]=@Name;

    -- Rückgabe des Wertes oder (wenn diese NULL ist), von @Fallback
    RETURN ISNULL(@retValue,@Fallback);
END
```

Der Aufruf mit anschließender Ausgabe gestaltet sich nun recht einfach.

```
// Variable deklarieren und Wert zuweisen
DECLARE @Username SQL_VARIANT =
    dbo.fn_getDatabaseConfig('Username','{unbekannt}');

// Ausgabe
PRINT CAST(@Username AS VARCHAR);
```

Mit C# und ADO.NET ist die Abfrage ebenfalls recht einfach und nur ein paar Zeilen lang, wie der folgende Code zeigt.

```
string getDatabaseConfig(string Name,string Fallback)
{
    string retValue;
    // Datenbankverbindung aufbauen
    using (SqlConnection con = new SqlConnection(conString))
    {
        con.Open();
        using (SqlCommand cmd = con.CreateCommand())
        {
            // Abfragetexte festlegen
            cmd.CommandText = "SELECT [value] FROM
                                sys.extended_properties WHERE
                                class_desc='DATABASE' AND [Name]=@Name";
            // Parameter einfügen
            cmd.Parameters.Add(new SqlParameter("Name", Name));
            // Abfrage ausführen
```

```
                retValue = (string)cmd.ExecuteScalar();
                if (retValue != null)
                    return retValue;
                else
                    return Fallback;
            }
        }
    }
```

Die Ausgabe des Ergebnisses sieht dementsprechend analog so aus:

```
string Username = getDatabaseConfig("Username", "{unbekannt}");
Debug.Print(Username);
```

Auf ähnliche Art lässt sich auch eine Funktion vorstellen, die alle erweiterten Eigenschaften auflistet.

Hinweis:
Die erweiterten Eigenschaften lassen sich natürlich nicht nur über das SQL Server Management Studio bearbeiten, sondern auch direkt mittels T-SQL. Dies geschieht durch die Verwendung der folgenden drei gespeicherten Prozeduren:
EXEC `sys.sp_addextendedproperty 'Name','Wert';`
EXEC `sys.sp_updateextendedproperty 'Name','Wert';`
EXEC `sys.sp_dropextendedproperty 'Name';`
Das Bearbeiten der Eigenschaften über die Oberfläche hat jedoch den Charme, dass es recht einfach ist.

3.15.2 Sehen, welche T-SQL-Anweisungen das Management Studio (Express) verwendet

Mit dem mitgelieferten SQL Server Profiler (siehe *3.2.2,* „SQL Server Profiler“) können Sie nicht nur beliebigen Anwendungen, sondern auch dem SQL Server Management Studio (Express) auf die Finger schauen.

3.15.3 Ein T-SQL-Skript für ein Objekt oder eine Aktion erstellen

Um ein T-SQL-Skript für ein Objekt zu erstellen, stehen zwei praktische Wege zur Auswahl.

- Datenbank: Über das Kontextmenü steht über Tasks > Skript generieren… die Möglichkeit offen, einen Teil oder die gesamte Datenbank zu „skripten“. In einigen Schritten kann über einen Assistenten bestimmt werden, was dabei berücksichtigt werden soll.
- Objekt: Soll nur das Skript eines einzelnen Objekts, wie z.B. eine Tabelle, Sicht oder gespeicherte Prozedur, erstellt werden, so ist es bestimmt schneller, dies über den Befehl Skript für {Objekt} als des Objekts zu tun. Neben dem Ziel (Editorfenster, Datei etc.) können Sie so auch bestimmen, ob Sie ein Skript zum Erstellen, Anpassen oder Löschen benötigen.

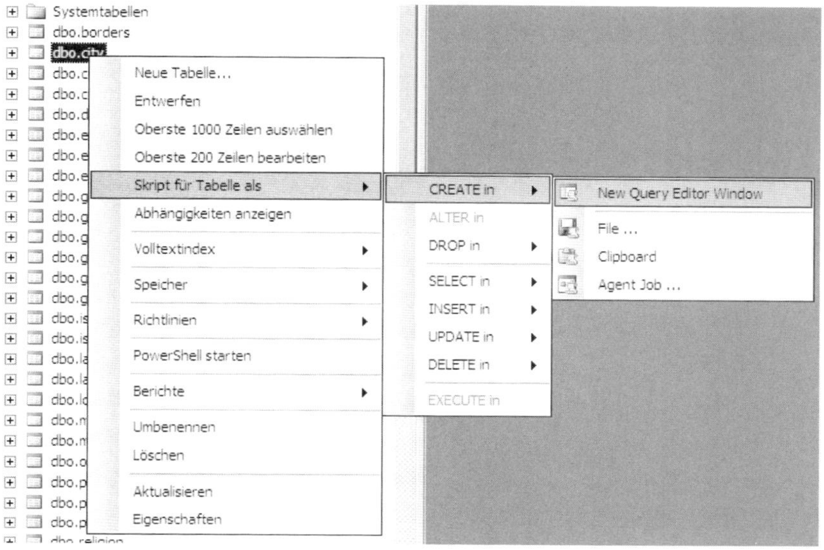

Abbildung 3.53 Das Skript für eine Tabelle kann über das Kontextmenü erzeugt werden.

Wichtig:

Aus Sicherheitsgründen wird das Kennwort einer SQL Server-Anmeldung nicht im Skript gespeichert – es wird einfach leer gelassen.

Hinweis:

Der Inhalt einer Tabelle wird auf diesem Weg nicht mit erfasst. Unter *3.15.4,* „Eine Datenbank als Skript ausliefern“, finden Sie einen Weg, wie die ganze Datenbank inklusive Inhalt geskriptet werden kann.

Soll das Skript für eine Aktion (z.B. das Ändern einer Einstellung) erzeugt werden, so kann dies einfach durch die `Skript`-Befehlsschaltfläche geschehen, die zu diesem Zweck in allen Dialogen zu finden ist.

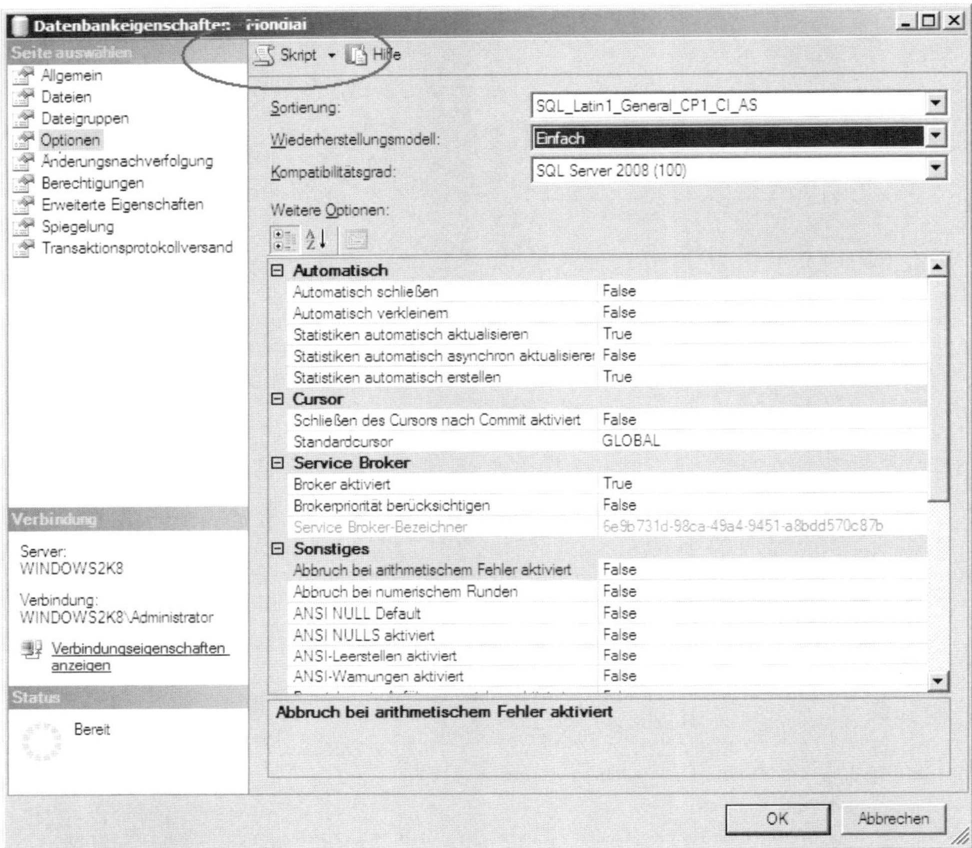

Abbildung 3.54 Die Skript-Schaltfläche ist in fast jedem Eigenschaften-Dialog zu finden.

Das so erstellte Skript spiegelt die gemachten Änderungen wieder.

```
USE [master];
GO
ALTER DATABASE [Mondial] SET RECOVERY SIMPLE WITH NO_WAIT;
GO
```

3.15.4 Eine Datenbank als Skript ausliefern

Soll eine Datenbank ausgeliefert werden, ist es oftmals praktisch, diese als Skript vorliegen zu haben. Das SQL Server Management Studio (Express) kann zwar das Schema, nicht aber den Inhalt von Tabellen skripten. Daher hat Microsoft den Database Publishing Wizard (zu Deutsch etwas sperrig: Datenbankveröffentlichungs-Assistent) entwickelt, der kostenfrei heruntergeladen[14] und eingesetzt werden kann, der aber auch bereits ab Visual Studio 2008 mitinstalliert wird. Dieses ca. 2,2 MB große Programm erstellt genau dieses Skript, das dann von einer Installationsroutine oder per SQL Server Management Studio auf dem Zielsystem ausgeführt werden kann.

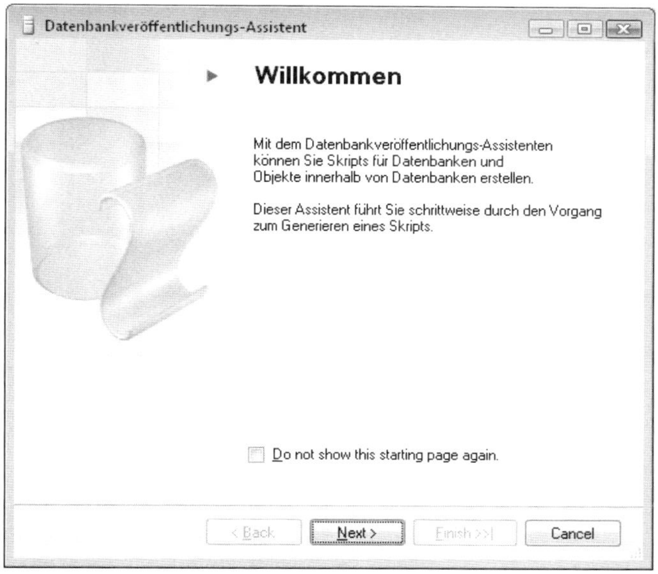

Abbildung 3.55 Der Database Publishing Wizard

[14] http://www.microsoft.com/downloads/details.aspx?displaylang=de&FamilyID=56e5b1c5-bf17-42e0-a410-371a838e570a

4

4 T-SQL

In diesem Kapitel werden Sie den Aufbau und die Möglichkeiten der Transact Structured Query Language (T-SQL), die SQL-Variante des Microsoft SQL Servers 2008 (R2) sowie vorheriger Versionen, kennenlernen. Sollten Sie schon Kenntnisse in T-SQL haben, so sollen die nächsten Seiten auch einladen, diese aufzufrischen. Vielleicht findet sich das eine oder andere, das neu erscheint oder das interessant sein könnte.

> **Hinweis:**
> Die datenbankunabhängige Abfragesprache „Entity SQL", die von dem ADO.NET Entity Framework bereitgestellt wird, wird in *Kapitel 10, „ADO.NET Entity Framework 4.0"*, behandelt.

Allerdings muss auch erwähnt werden, dass T-SQL als Thema für sich alleine schon so umfangreich ist, das es ein (sehr) dickes Buch für sich alleine füllen könnte. Der Autor versucht hier eine sinnvolle Auswahl zu treffen, damit der Entwickler sinnvolle Informationen erhält, ohne dabei durch zu viele, letztendlich recht unwichtige Details das Große und Ganze aus den Augen zu verlieren.

> **Interessant:**
> Auch wenn in diesem Kapitel immer von SQL Server 2008 (R2) die Rede ist, funktionieren viele Befehle auf exakt die gleiche Art und Weise auf dem SQL Server 2005 und zum Teil sogar noch auf früheren Versionen; und wahrscheinlich auch in späteren Versionen.

4.1 SQL-Varianten

Trotz des Versuchs der Standardisierung durch den ANSI SQL-92-Standard sehen SQL-Anweisungen für verschiedene Systeme leider mehr oder weniger unterschiedlich aus und sind nicht miteinander kompatibel. Lediglich bei einfacheren Abfragen ist eine Kompatibilität für mehrere Datenbanksysteme vorhanden. Nur ist dies bei der praktischen Arbeit selten hilfreich. Beim Schreiben von SQL-Anweisungen muss daher immer die gewünschte

Zieldatenbank im Blick behalten werden, da bereits die Platzhalterzeichen (Wildcards) für ein einfaches `LIKE` unterschiedlich sein können (der SQL Server verwendet für beliebige Zeichen hier ein %, andere Datenbanksysteme z.B. ein *).

Mit der SQL ähnlichen und datenbankunabhängigen Abfragesprache „Entity SQL" für das ADO.NET Entity Framework 2.0 (siehe *Kapitel 10, „ADO.NET Entity Framework 4.0"*) wird quasi ein weiterer Versuch unternommen. Entity SQL ist eine reine Abfragesprache, die keinerlei Möglichkeiten bietet, Daten oder Objekte in der Datenbank zu manipulieren.

Achtung:
Dass unterschiedliche Klassen (`System.Data.Odbc`, `System.Data.OleDb`, `System.Data.SqlClient`, `System.Data.OracleClient`[1]) oder sogar eine ganze ProviderFactory-Klasse (`System.Data.Common.DbProviderFactory`) für den Zugriff auf unterschiedliche Datenbanken existieren, bedeutet absolut nicht automatisch, dass diese Klassen die notwendige Übersetzung von einer SQL-Variante zu einer anderen vornehmen.

4.2 Anweisungen mit einem Semikolon abschließen?

Eine andere Frage, die schnell aufkommt, ist die, ob T-SQL-Anweisungen mit einem Semikolon abgeschlossen werden müssen oder nicht. Tatsache ist, dass viele Anweisungen ohne dieses Zeichen lauffähig sind, da bei deren Ausführung aus dem Kontext erkannt wird, ob eine Anweisung zu Ende ist oder nicht. Zumindest sind solche Anweisungen *noch* lauffähig. Der ANSI-SQL-92-Standard verlangt den Abschluss mit einem Semikolon, und Microsoft hat sich entschlossen, in zukünftigen Versionen von SQL Server mehr diesen Standard einzuhalten, sodass dieses Trennzeichen irgendwann einmal zwingend sein wird.

Die mit SQL Server 2008 eingeführte `MERGE`-Anweisung muss z.B. zwingend so abgeschlossen werden. Daher dringend der folgende Tipp:

Tipp:
Verwenden Sie bei Neuentwicklungen unbedingt ein Semikolon als Abschluss, auch wenn die aktuelle Zielversion des SQL Servers, für den die Entwicklung durchgeführt wird, dies (noch) nicht zwingend erfordert. So ist eine erhöhte Zukunftstauglichkeit sichergestellt. Für eine bestehende T-SQL-Programmierung lohnt sich dieser Aufwand in der Praxis wahrscheinlich nur, wenn das Semikolon im Zuge von Anpassungen hinzugefügt wird — es sei denn, die „zukünftige Version" wird Realität.

Abgesehen von dem Standard ergibt sich jedoch auch ein praktischer Nutzen, da nicht immer richtig erkannt wird, wo eine Anweisung endet. So liefert z.B. die folgende Anwei-

[1] System.Data.OracleClient ist nicht Bestandteil des .NET 4.0 Frameworks, sondern separat zu erwerben über http://crlab.com/oranet/ oder direkt bei Oracle.

sung nicht das Ergebnis, dass zuerst die Zeichenkette „Hallo Welt" und anschließend die gespeicherte Prozedur mit dem Namen „usp_MachWasSinnvolles" ausgeführt wird.

```
SELECT 'Hallo Welt'
usp_MachWasSinnvolles
```

Vielmehr wird „Hallo Welt" zurückgeliefert und diese Spalte mit dem Namen „sp_who2" versehen. Ein Semikolon an der richtigen Stelle hilft hier, indem ein Fehler darauf aufmerksam macht, dass hier etwas nicht stimmen kann.

```
SELECT 'Hallo Welt';
usp_MachWasSinnvolles;
```

Neben der Tatsache, dass so die Anfälligkeit gegenüber Schreibfehlern reduziert wird, die sonst nur zu unerwünschten Effekten führen, wird der T-SQL-Code so auch lesbarer.

```
SELECT 'Hallo Welt';
EXEC usp_MachWasSinnvolles;
```

Das kleine Beispiel ist so im Sinne des Programmierers lauffähig.

Wichtig:

Der Batch-Separator `GO` ist nicht für den Abschluss eines T-SQL-Codes notwendig oder gar dazu zu gebrauchen, da er, wie später noch erläutert wird, zum Trennen einzelner Ausführungsblöcke dient. Dazu kommt, dass `GO` überhaupt kein T-SQL-Befehl ist und sogar per Konfiguration des SQL Server Management Studios komplett umbenannt werden kann — was in der Praxis jedoch kaum bis gar nicht geschieht. Eine Anweisung wie `GO;` wird von SQL Server allerdings mit einem Fehler quittiert, da davon ausgegangen wird, dass vor dem Semikolon eine T-SQL-Anweisung oder eine gespeicherte Prozedur steht.

Das abschließende Semikolon darf dabei wirklich nur am Ende der gesamten Anweisung stehen. Besteht diese aus mehreren Teilanweisungen, so dürfen diese nicht selbst abgeschlossen werden.

```
SELECT 'München'; -- Semikolon führt zu Fehlern
UNION
SELECT 'Viersen'; -- dito
UNION
SELECT 'Hamburg' ORDER BY 1; -- Tatsächlicher Abschluss
```

Hinweis:

Der `UNION`-Operator (unter *4.5.1.9*, „Mehrere Abfrageergebnisse mittels UNION zusammensetzen") und die Sortierung mittels `ORDER BY` (unter *4.5.1.6*, „Sortierung mittels ORDER BY") werden im Laufe dieses Kapitel noch behandelt.

4.3 T-SQL-Anweisungen entwickeln und testen

Um T-SQL-Anweisungen auszuprobieren und zu entwickeln, bietet sich das SQL Server Management Studio (Express) an. Dort können, nach einem Klick auf Neue Abfrage, in einem Editorfenster alle Anweisungen ausprobiert und ggf. Fehler korrigiert werden. Durch das Einfärben des Textes erhöht sich die Lesbarkeit. Folgende Farben kommen dabei zum Einsatz:

- *Blau*: T-SQL-Schlüsselwörter
- *Grau*: Operatoren wie z.B. 'AND', 'OR', '*', '+' und '/'
- *Rot*: Zeichenketten, auch solche mit nur einem Zeichen
- *Grün*: Kommentare, die vom SQL Server nicht beachtet werden
- *Rosa*: Eingebaute Funktionen oder globale Variablen
- *Schwarz*: Alles, was nicht in die anderen Rubriken fällt

Um die Anweisung (oder Anweisungen) auszuführen, wird auf Ausführen geklickt oder einfach auf F5 gedrückt.

Achtung:
Wurde vor der Ausführung ein Teil der T-SQL-Anweisungen markiert (mittels Maus oder Tastatur), wird nur der Inhalt dieser Markierung ausgeführt. Dies kann zum einen bewusst genutzt werden, um einzelne (Teil-)Anweisungen auszuführen, es kann zum anderen aber auch zu Verwirrung führen, wenn die Markierung unbeabsichtigt angebracht wurde.

Die Ausführung von T-SQL-Anweisungen bewirkt, dass der Client – in diesem Fall das SQL Server Management Studio (Express) – die Eingabe unverändert an den SQL Server sendet und anschließend auf eine Antwort wartet. In vielen Fällen wird die Ausführung durch ein zeitliches Limit (Timeout) begrenzt. So wird vermieden, dass eine Abfrage die gesamte Anwendung blockieren kann. Dieses Verhalten lässt sich auch für das SQL Server Management Studio (Express) einschalten, das standardmäßig unbegrenzt lange auf die Antwort des SQL Servers wartet:

1. Im Menü Extras den Punkt Optionen auswählen.
2. Den Punkt Abfrageausführung markieren.
3. Unter Ausführungstimeout wird der gewünschte Wert eingetragen. Der Wert 0 steht dabei für keinerlei zeitliche Begrenzung.

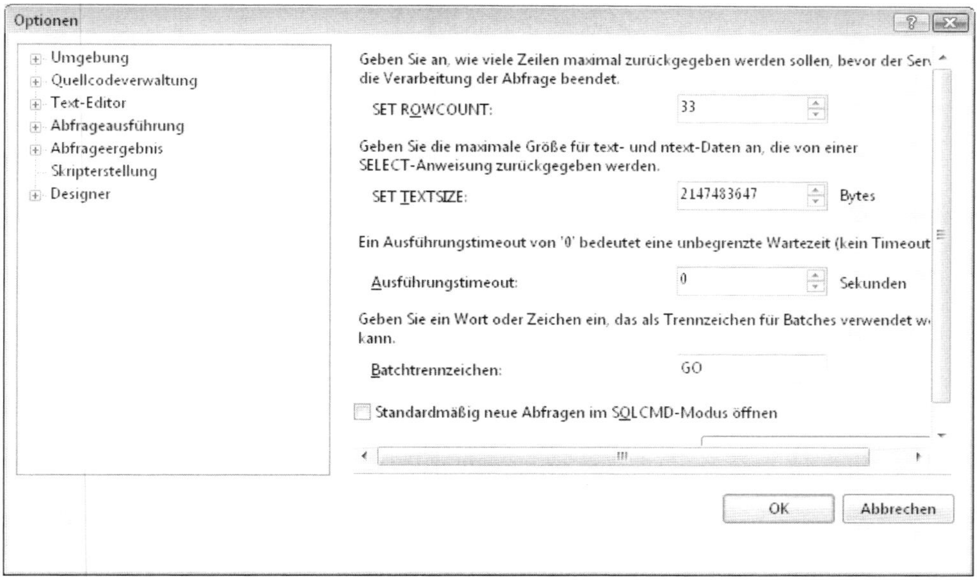

Abbildung 4.1 Der Dialog, um das Zeitlimit für die Ausführung einzustellen

Leider ist es jedoch ziemlich selten, dass ein etwas kompliziertes oder umfangreicheres Skript direkt auf Anhieb funktioniert und auch genau das tut, was es tun soll.

4.3.1 Syntaktische oder deklarative Fehler

Kommt es bei der Abarbeitung der T-SQL-Anweisung zu einem syntaktischen Fehler oder wurde eine Variable falsch oder gar nicht deklariert, so kommt es zu Fehlern, die in etwa das sind, was Kompilierfehler bei der Entwicklung mit C# sind: Die Anweisungen werden vom SQL Server abgewiesen, und es kommt zu keiner Ausführung. Die folgende, fehlerhafte Anweisung

```
SELECT Fehler; -- Erzeugt einen Fehler
```

erzeugt z.B. diese Ausgabe:

```
Meldung 207, Ebene 16, Status 1, Zeile 1
Ungültiger Spaltenname 'Fehler'.
```

Um nicht selbst die Zeilen zählen zu müssen, können Sie sich eine Zeilennummerierung vom SQL Server Management Studio (Express) anzeigen lassen. Leider ist dieses extrem sinnvolle Feature standardmäßig deaktiviert. Die folgenden Schritte zeigen, wie es aktiviert werden kann.

Die einzigen Hinweise darauf, *wo* sich der Fehler befindet, finden sich in der Angabe der Zeile und der Fehlermeldung. Während Letzeres oft nichtssagend ist, ist Ersteres bei längeren Anweisungen (z.B. in gespeicherten Prozeduren) oft auf den ersten Blick falsch.

1. Im Menü **Extras** den Punkt **Optionen** auswählen.
2. Öffnen Sie zunächst den Punkt **Text-Editor**, und markieren Sie anschließend **Transact-SQL**.
3. Nun kann mit dem Häkchen **Zeilennummern** die Nummerierung aktiviert werden.

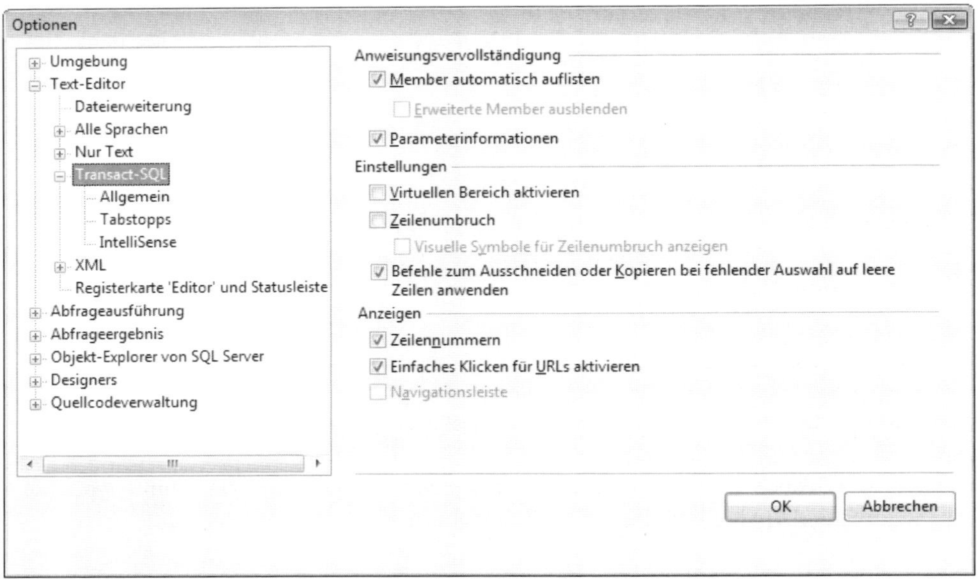

Abbildung 4.2 Der Dialog, um die Zeilennummerierung zu aktivieren

Leider hilft die Zeilennummer nicht immer weiter. So kann es passieren, dass dort Zeile 1 als Fehlerquelle erwähnt wird, obwohl der Fehler viel weiter unten im Skript zu finden ist. Das liegt daran, dass der SQL Server Anweisungen blockweise ausführt. So ist die komplette Eingabe ein Block, wenn nicht der sogenannte Batch-Separator GO verwendet wird. Folgende Anweisungen erzeugen jeweils in der ersten Zeile zwei Fehler:

```
SELECT Fehler; -- Erzeugt einen Fehler
GO
SELECT Fehler; -- Erzeugt einen Fehler
```

Das Ergebnis sieht dann in etwa so aus:

```
Meldung 207, Ebene 16, Status 1, Zeile 1
Ungültiger Spaltenname 'Fehler'.
Meldung 207, Ebene 16, Status 1, Zeile 1
Ungültiger Spaltenname 'Fehler'.
```

Während die erste Meldung korrekt ist, verweist die zweite ebenfalls auf Zeile 1, obwohl der Fehler in der dritten Zeile steht — zumindest in der dritten Zeile im Editor.

Gute Maßnahmen, um die betreffende Zeile dennoch zu finden, sind in solchen Situationen:

- *Markieren durch Groß- und Kleinschreibung*: Sofern der angegebene Objektname (hier eine Spalte) häufiger in der T-SQL-Anweisung vorkommt und die Datenbankkonfiguration nicht nach Groß- und Kleinschreibung unterscheidet (siehe *4.4.3, „Groß- und Kleinschreibung"*), ist es hilfreich, den Namen an verschiedenen Stellen unterschiedlich mit großen und kleinen Buchstaben zu notieren. So lässt sich zweifelsfrei die Stelle finden, die für den Fehler verantwortlich ist.
- *Batch-Separatoren entfernen*: Viele GO-Anweisungen sind gerade bei automatisch generierten T-SQL-Anweisungen unnötig. Die nicht unbedingt benötigten Separatoren sollten entfernt werden. Es sollte jedoch Schritt für Schritt überprüft werden, ob das Skript nun nicht andere Fehler erzeugt.
- *Zeilennummern addieren*: Die Zeilennummern, in denen ein GO vorkommt, notieren und zu der angegebenen Zeile in der Fehlerbeschreibung hinzuaddieren, um zur fehlerhaften Stelle zu kommen. Dies ist etwas mühselig, aber bei nur wenigen GO-Separatoren durchaus schnell erledigt.
- *Anweisungen schrittweise ausführen:* Es sollte versucht werden, die Anweisungen nicht in einem Stück, sondern Stück für Stück auszuführen. Dies kann durch einzelne Abfragefenster oder durch gezielte Markierungen geschehen. Aber Vorsicht: Dies funktioniert nicht mit allen Skripten, da so oft notwendige Teile (Deklaration von Variablen etc.) nicht mitausgeführt werden.

Ist diese Hürde genommen, geht es weiter mit den wirklich schweren und oftmals den Programmierer zur Verzweiflung treibenden Fehlern.

4.3.2 Logische Fehler im Ablauf

Kann das T-SQL-Skript zwar ausgeführt werden, enthält jedoch noch logische Fehler im Ablauf, so kann sich die Fehlersuche schwierig und nervenaufreibend gestalten. Seit Version 2008 bietet das SQL Server Management Studio (Express) die Möglichkeit an, solche Skripte zu Debuggen. Für diese Weise stehen aus dem Visual Studio gewohnte Funktionen wie Prozedurschritt (F10), Einzelschritt (F11), womit in eine mit T-SQL entwickelte Prozedur oder Funktion gesprungen werden kann, sowie Haltepunkte (F9) zur Verfügung. Das Debuggen kann via F5 oder Debuggen-Schaltfläche gestartet werden. Alternativ kann auch direkt mit dem Einzel- bzw. Prozedurschritt begonnen werden.

Abbildung 4.3 Die unscheinbare Debugger-Schaltfläche

Läuft das Debuggen, so kann auch der Inhalt von Variablen eingesehen und verändert werden. Eine Aufrufliste lässt dann einfach endlose Rekursionen erkennen.

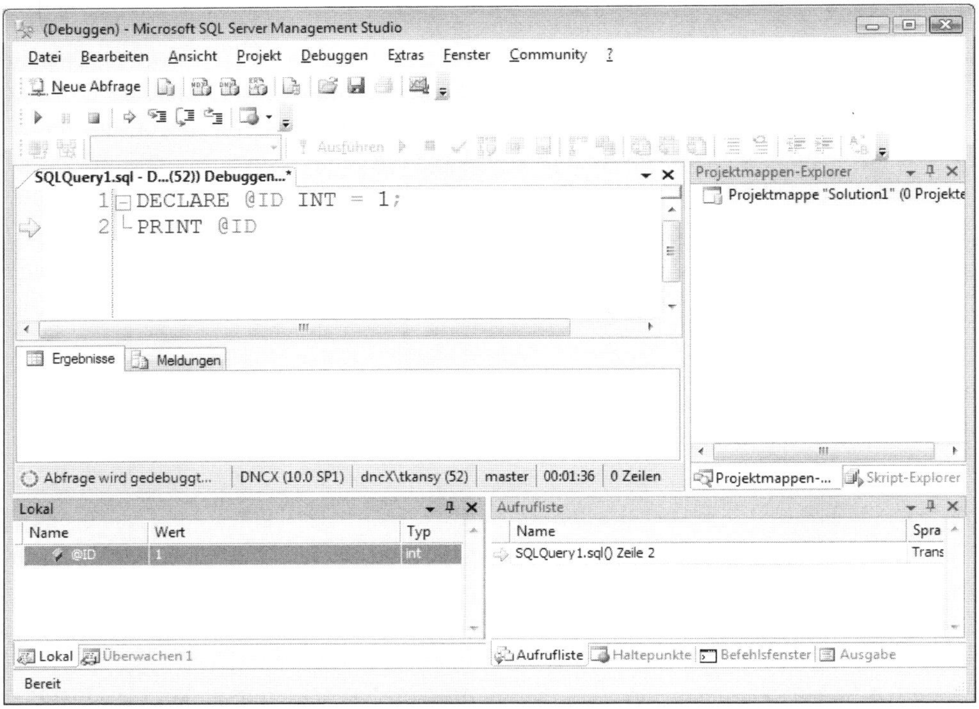

Abbildung 4.4 T-SQL lässt sich mit dem SQL Server Management Studio (Express) debuggen.

Mit .NET entwickelte Objekte und solche, die zwar mit T-SQL entwickelt wurden, jedoch verschlüsselt angelegt wurden (mit dem `WITH ENCRYPTION`-Zusatz), werden als eine Anweisung behandelt. Das Gleiche gilt für DML- und DDL-Anweisungen. Die Funktionsweise einer `SELECT`-Anweisung kann also nicht debuggt werden.

4.3.3 Visual Studio 2010

Wie schon seine Vorgänger kann T-SQL-Code auch direkt im Visual Studio 2010 entwickelt und ausgeführt werden. Der T-SQL Editor befindet sich im Daten-Menü und sieht nach Auswahl der Abfrageverbindung wie folgt aus:

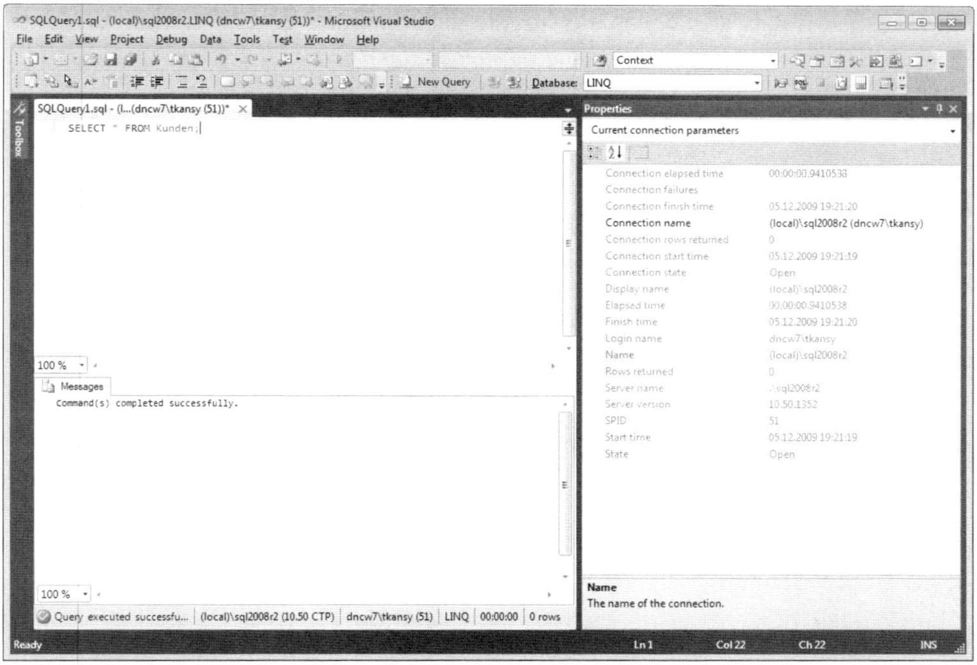

Abbildung 4.5 Der T-SQL Editor des Visual Studio 2010

Über die entsprechende Symbolleiste lassen sich Abfragen syntaktisch analysieren, ausführen und auch Clientstatistiken anzeigen, wie es auch im SQL Server Management Studio (Express) möglich ist. Dennoch ist dieser Weg bei der effizienten Entwicklung von Anwendungen für den SQL Server nur zweite Wahl. Besser ist ein direkter Einsatz des SQL Server Management Studio (Express), da hier schnell und einfach auf alle Objekte aus einer Datenbank und des gesamten Servers und deren Eigenschaften zugegriffen werden kann.

4.4 Allgemeine Grundlagen

In diesem Abschnitt finden Sie eine Reihe von grundlegenden Informationen rund um T-SQL.

4.4.1 Kommentare

Kommentare in T-SQL lassen sich auf zwei Arten realisieren:

- *Zeilenweise*: Ein solcher Kommentar wird mit zwei Minuszeichen ('--') eingeleitet und gilt bis zum Ende der Zeile.

- *Blockweise*: Diese Art wird mit '/*' begonnen und mit '*/' beendet. Sowohl Anfang als auch Ende können sich sowohl in der gleichen Zeile als auch in unterschiedlichen Zeilen befinden.

Interessant:
Kommentare werden im Abfrage-Editor grün dargestellt. Erscheint in einem T-SQL-Skript zu viel Grün, so liegt die Vermutung nahe, dass ein Kommentarblock nicht rechtzeitig geschlossen wurde.

Wichtig:
Kommentare sollten gezielt eingesetzt werden (wie auch in C#). Es ist von unschätzbarem Wert, wenn man T-SQL-Skripte nach zwei Monaten noch auf Anhieb verstehen kann. Im Moment des Programmierens ist einiges klarer als später! Dazu kommt noch, dass Sie unter Umständen nicht der Einzige sind, der an dem Skript arbeitet, und dass der andere vielleicht nicht Ihren Wissensstand hat.

4.4.2 Operatoren

Für die Arbeit mit Werten steht eine ganze Reihe von Operatoren zur Verfügung. Die meisten davon sind von binärer Natur. Dies bedeutet, sie stehen zwischen zwei Werten und verarbeiten diese Werte zu einem. Nur wenige sind unär und arbeiten lediglich mit einem Wert. Die Verarbeitung zu einem Wert kann zu einem solchen gleichen Typs oder zu einem booleschen `TRUE` bzw. `FALSE` geschehen. Solche booleschen Operatoren kommen oft in Verbindung mit `WHERE` zum Einsatz.

Tabelle 4.1 T-SQL-Operatoren

Operator	Funktion
+, -, *, /	Addition, Subtraktion, Multiplikation und Division: die vier Grundrechenarten mit Zahlen. '+' steht dabei auch für das Aneinanderfügen (Konkatenieren) von zwei Zeichenketten.
%	Modul: der ganzzahlige Rest einer Division, z.B. 4%3 = 1
&, |, ^, ~	Bitweise UND, ODER, exklusives ODER, Negierung
=	Vergleichsoperator „Gleich“
>	Vergleichsoperator „Größer“
<	Vergleichsoperator „Kleiner“
>=	Vergleichsoperator „Größer oder Gleich“
<=	Vergleichsoperator „Kleiner oder Gleich“
<>, !=	Vergleichsoperator „Ungleich“'
!>	Vergleichsoperator „Nicht größer“
!<	Vergleichsoperator „Nicht kleiner“

Operator	Funktion
LIKE	Vergleich einer Zeichenkette mit einem Muster
IS NULL	Vergleich mit NULL
BETWEEN...AND...	Prüft, ob sich ein Wert zwischen zwei anderen befindet.
IN	Prüft, ob sich ein Wert in einer Menge befindet. Diese Menge kann konstant angegeben oder durch eine `SELECT`-Anweisung definiert werden.
NOT	Logisch NICHT. Negiert den Wahrheitsgehalt einer Aussage.
AND	Logisch UND. Beide Aussagen müssen wahr sein.
OR	Logisch OR. Eine der beiden Aussagen muss wahr sein.

4.4.3 Groß- und Kleinschreibung

T-SQL unterscheidet im Gegensatz zu C# nicht zwischen Groß- und Kleinschreibung seiner Schlüsselwörter und Objekt-/Funktionsnamen. Es ist also für den SQL Server vollkommen unerheblich, ob

```
select spalte1, spalte2 from tabelle1;
```

oder

```
SELECT spalte1, spalte2 FROM tabelle1;
```

notiert wurde.

Etwas anders sieht es bei der Groß- und Kleinschreibung von Objektnamen (Datenbanken, Tabellen, Spalten etc.) aus. Hier richtet es sich nach der Konfiguration des SQL Servers und der Datenbank, ob zwischen kleinen und großen Buchstaben unterschieden wird. Diese Einstellung wird bei der Installation festgelegt und betrifft dann alle Datenbanken auf diesem SQL Server, die den Serverstandard verwenden.

Wichtig:
Ganz richtig ist dies nicht, da für jede einzelne Spalte (vom Typ `CHAR`, `NCHAR`, `VARCHAR`, `NVARCHAR`, `TEXT`, `NTEXT`) einer Tabelle die Sortierung getrennt festgelegt werden kann. Doch findet diese Möglichkeit selten Anwendung, da dies die Definition der Datenbank und deren Verhalten unüberschaubar macht.

Die Einstellung, die dafür zuständig ist, ist die sogenannte Ordnung (Collation). Diese legt fest, in welcher Reihenfolge Zeichenfolgen angeordnet werden und ob die Groß- und Kleinschreibung beachtet wird oder nicht.

Zwar lässt sich diese Ordnung für einen SQL Server nicht mehr ohne weiteres verändern, es ist jedoch möglich, diese abzufragen:

```
SELECT SERVERPROPERTY('COLLATION');
```

Die Ausgabe kann wie folgt aussehen:

```
Latin1_General_CI_AS
```

Hinweis:

Um alle verfügbaren Ordnungen abzurufen, kann folgende kleine Abfrage verwendet werden: `SELECT * FROM fn_helpcollations();`. In der Ausgabe ist eine Spalte enthalten, die in Klartext ausgibt, was berücksichtigt wird (Groß-/Kleinschreibung, Akzente etc). Es ist zu beachten, dass nur solche „Collations" zur Verfügung stehen, die von dem Betriebssystem, auf dem der SQL Server ausgeführt wird, auch unterstützt werden.

Interessant ist in diesem Fall das *CI*. Es sagt aus, dass die konfigurierte Ordnung „case insensitive" ist und damit Groß- und Kleinschreibung nicht berücksichtigt. Das Pendant dazu ist *CS* („case sensitive") und drückt genau das Gegenteil aus. Die gleiche Ordnung sieht dann so aus:

```
Latin1_General_CS_AS
```

Wichtig:

Zwar dürfte die überwältigende Mehrheit der SQL Server-Installationen mit der Standardeinstellung und damit ohne Berücksichtigung der Groß- und Kleinschreibung laufen, doch sollten (um auf Nummer sicher zu gehen) bei Objektnamen diese so geschrieben werden, wie sie angelegt wurden.

Interessant:

Ähnlich verhält es sich, wenn es darum geht, ob Akzente berücksichtigt werden sollen oder nicht. Hier ist es das *AS* („Accent Sensitive"), das Auskunft darüber gibt, dass dies geschehen soll. Das Gegenstück dazu lautet konsequenterweise *AI* („Accent Insensitive").

Auch wenn die Groß- und Kleinschreibung von T-SQL-Schlüsselwörtern für den SQL Server selber ohne Belang ist, ist sie für eine verbesserte Lesbarkeit nicht ganz so unwichtig. Mit einer durchgängigen Großschreibung aller Schlüsselwörter können solche gut lesbar gekennzeichnet werden – auch ohne Färbung des Abfrage-Editors. Ohne in diesem Absatz zu philosophisch zu werden, hier ein paar Anstöße, wie es machbar ist:

- *Schlüsselwörter*: Alle durchgängig großschreiben. Damit fallen sie leicht ins Auge und sind als Schlüsselwörter leicht zu erkennen.
- *Funktionen*: Diese kleinschreiben. Sie sind so ebenfalls einfach zu erkennen und bilden einen Kontrast zu den großgeschriebenen Schlüsselwörtern.
- *Objektnamen*: Diese mit einem großen Buchstaben beginnen lassen. Bei zusammengesetzten Begriffen jedes Wort ebenfalls groß beginnen lassen. Also z.B. „Adresse", „LieferAdresse", „LieferAdresseOrt".

4.4.4 Literale

Literale sind Zeichenfolgen, die zur Darstellung von Werten wie z.B. Zahlen, Daten oder Zeichenketten dienen. Literale können nur auf der rechten Seite einer Zuweisung stehen, da ihr Wert konstant und damit unveränderlich ist. Beispiele sind:

- *Ganzzahl*: 4711, +999, –12
- *Kommazahlen*: 8.15, +10.9, 0.0, –32.33
- *Datum*: '1971-12-18'
- *Uhrzeit*: '23:59:01', '11:50:23AM', '20:15:00PM'[2]
- *Datum & Uhrzeit*: '2007-09-28 11:55:23.000AM'
- *Boolean*: true, false, 1, 0
- *Zeichenkette*: `'Harry Hirsch'`
- *einzelne Zeichen*: Hier existiert keine besondere Notation, dies sind einfache Zeichenketten mit nur einem Zeichen Länge: `'H', '2'`

Literale dürfen weder von Zeilenumbrüchen noch von Kommentaren unterbrochen werden. Dies gilt besonders für Zeichenketten, da es hierbei nicht zwangsläufig zu einem Fehler kommt, sondern „lediglich" die Zeichenkette unbeabsichtigt verändert wird.

Wichtig:
Zwar gibt es einen Datentyp für Spalten und Parameter, der CHAR bzw. NCHAR heißt, jedoch steht dieser immer in Verbindung mit einer Längenangabe. Der SQL Server kennt keinen speziellen Datentyp für genau ein Zeichen.

Wichtig:
Datum und Uhrzeit können zwar auch in der landesspezifischen Notation des Servers und der Verbindung angegeben werden, die US-amerikanische Variante wird jedoch immer verstanden und ist damit eine sichere Alternative.

4.4.5 Zeichenketten

Zeichenketten müssen in T-SQL mit einfachen Hochkommata umschlossen werden und stellen ASCII[3]-Zeichenketten dar, die je ein Byte pro Zeichen Speicherplatz verbrauchen. Dies sieht dann so aus:

```
SELECT * FROM Tabelle WHERE Ort = 'London';
```

Soll die Zeichenkette selbst ein Hochkomma enthalten, so müssen an der Stelle zwei Hochkommata notiert werden:

```
DECLARE @Name VARCHAR(100) = 'Harry''s Bar';
```

Auf diese Weise enthält die Variable den Wert "Harry's Bar".

---

[2] AM: lat. „ante meridiem" (vor dem Mittag), PM: lat. „post meridiem" (nach dem Mittag)

[3] ASCII: American Standard Code for Information Interchange. Nein, in diesem Buch befindet sich frevelhafterweise keine ASCII-Tabelle im Anhang.

Tipp:

Tritt bei der Ausführung ein Fehler auf, wenn sich in Ihrem Abfrage-Editor zu viel roter Text befindet (besonders am Ende des Skripts), so ist das ein guter Hinweis darauf, dass ein abschließendes Hochkomma fehlt. Eine der Zeichenketten wurde dann nicht geschlossen, oder es wurde versehentlich eine überzählige begonnen.

4.4.6 Unicode-Zeichenketten

Unicode ist ein Standard, mit dem internationale Schriftzeichen und Textelemente aus einer Vielzahl bekannter Schriften und Zeichensystem abgebildet werden können. SQL Server bietet zu diesem Zweck die Datentypen `NVARCHAR`, `NCHAR` und `NTEXT`. Der Speicherbedarf pro Zeichen ist mit zwei Bytes pro Zeichen doppelt so groß wie das entsprechende ASCII-Äquivalent. Notiert werden solche Zeichenketten mit einem „N“ vor dem ersten Hochkomma.

```
SELECT * FROM Tabelle WHERE Ort = N'London';
```

Ist die Spalte oder der Ausdruck, auf den sich die Unicode-Zeichenkette bezieht, selber nicht Unicode, so findet eine automatische Umwandlung statt; es kommt daher zu keinem Fehler. Oftmals wird daher in automatisch erzeugten Skripten diese Notation verwendet.

Hinweis:

Der Datentyp String des .NET Frameworks besteht immer aus Unicode-Zeichen.

4.4.7 Zahlen mit Komma

In Kommazahlen (Fix- oder Fließkommazahlen) wird das Komma immer durch einen Punkt dargestellt. Dies ist die gleiche amerikanische Notation, wie sie auch in C# und den meisten Programmiersprachen Verwendung findet. Wird für eine solche Zahl kein Nachkommaanteil benötigt, so kann das Komma samt folgenden Nullen weggelassen werden.

```
SELECT * FROM Mitarbeiter WHERE Umsatz = 1500.90;
```

Tipp:

Versuchen Sie Einschränkungen mit Werten vom Typ `FLOAT` und `REAL` zu vermeiden, da diese Typen genähert sind und daher nicht zwingend an der interessanten Stelle genau sein müssen. Eine bessere Wahl für solche Abfragen ist, besonders wenn es um exakte Geldbeträge und Ähnliches geht, der `DECIMAL`-Typ.

4.4.8 Datum und Uhrzeit

Datum und Uhrzeit werden in einer T-SQL-Anweisung als Zeichenkette notiert. Dabei kommt ziemlich schnell das Problem auf, dass das notwendige Format durch eine Reihe länderspezifischer Einstellungen des Servers und des Clients beeinflusst wird. Um dieses Problem zu umgehen, bietet es sich an, die vorgeschlagenen Formate zu verwenden – damit ist die Abfrage unabhängig von Sprach- und Ländereinstellungen.

Warnung:
Es sollte besonders darauf geachtet werden, dass Monat und Tag im Gegensatz zu unserer deutschen Notation vertauscht sind. Damit kann eine Abfrage nach dem `'12.01.2007'` als ‚12. Januar' oder als ‚1. Dezember' interpretiert werden. Im schlimmsten Fall entwickeln Sie ein Skript, das ab dem 13. eines Monats einen Fehler produziert, da dies versehentlich als Monat interpretiert wird – selbstverständlich erst auf dem Produktivsystem.

4.4.8.1 Datum inklusive Uhrzeit

Das generelle Muster für die Angabe eines Datums mit Uhrzeit lautet:

```
'yyyymmdd hh:mm:ss[.mmm]'
```

Dabei bedeuten die Buchstaben Folgendes:

Tabelle 4.2 Bedeutung der Buchstaben in dem Muster zur Angabe von Datum und Uhrzeit

Buchstaben	Bedeutung
yyyy	Jahr
mm	Monat
dd	Tag
hh	Stunden
mm	Minuten
ss	Sekunden
mmm	Millisekunden. Dieser Teil ist optional.

z.B.:

```
SELECT * FROM Bestellungen WHERE Datum > '20070131 13:00:00';
```

Tipp:
Um das aktuelle Datum mit Uhrzeit des SQL Servers abzurufen, kann diese Abfrage verwendet werden: `SELECT getdate();`

4.4.8.2 Nur Datum oder Uhrzeit

Wird lediglich Datum oder Uhrzeit benötigt, so wird nur der entsprechende Teil notiert und der andere Teil weggelassen.

- *Datum*: `'yyyymmdd'`, z.B.: `'1971-12-18'`
- *Uhrzeit*: `'hh:mm:ss.mmm'`, z.B.: `'20:15:43.124'`

Tipp:

Um das aktuelle Datum des SQL Servers abzurufen, lässt sich die folgende Abfrage verwenden: `SELECT CAST(getdate() AS DATE);`

Tipp:

Um die aktuelle Uhrzeit des SQL Servers zu ermitteln, kann die folgende Abfrage ausgeführt werden:

```
SELECT CAST(getdate() AS TIME);
```

4.4.9 Ungültige Zeichen und reservierte Schlüsselwörter

Wurden Objekte nach reservierten Schlüsselwörtern benannt oder beinhalten ihre Namen ungültige Zeichen, so müssen diese mit eckigen Klammern ('[' und ']') umschlossen werden.

```
SELECT [Straße], [PLZ Ort] FROM Kunden;
```

Wichtig:

Wenn `SET QUOTED_IDENTIFIER` auf ON gesetzt ist, können stattdessen auch doppelte Anführungszeichen (Gänsefüßchen) verwendet werden. Dies entspricht dann dem ANSI SQL-92-Standard. Um T-SQL-Anweisungen unabhängig von dieser Einstellung zu gestalten, empfiehlt es sich, immer die eckigen Klammern zu verwenden.

Tipp:

Wird beim Tabellenentwurf im SQL Server Management Studio (Express) der Name einer neuen Spalte automatisch mit eckigen Klammern umschlossen, so ist dies ein sicheres Zeichen dafür, dass der Name ein verbotenes Zeichen enthält oder einem reservierten Schlüsselwort gleicht.

Interessant:

Auch wenn diese Grenze selten erreicht wird: Objektnamen dürfen nicht länger als 128 Zeichen sein.

4.4.9.1 Ungültige Zeichen in Bezeichnern

Die gängigsten ungültigen Zeichen, die gerade dann Verwendung finden, wenn die Datenbank von einer anderen Datenbankplattform (z.B. Microsoft Access) importiert wurde, sind hier aufgeführt:

- *Umlaute*: „üöäÜÖÄß“
- *Sonstige Sonderzeichen:* z.B. áà+*/!“§$%&/()
- *Das Leerzeichen*

Auf der anderen Seite gilt es für die Zeichenauswahl bei der Vergabe von Objektnamen ein paar Regeln zu beachten, um so die spätere Arbeit nicht unnötig zu erschweren:

- Nur Buchstaben, Ziffern und den Unterstrich (Underscore _) verwenden
- Die Namen mit Buchstaben beginnen lassen
- Keine Groß- und Kleinschreibung einsetzen, um Namen auf einer Ebene (als z.B. Spalten einer Tabelle oder Tabellen einer Datenbank) zu unterscheiden

4.4.9.2 Reservierte Schlüsselwörter

Die Liste der vom SQL Server reservierten Schlüsselwörter ist umfangreich und unübersichtlich. Daher wird an dieser Stelle darauf verzichtet, diese seitenweise komplett abzudrucken – im Internet ist dies jedoch hier[4] zu finden. Zu dieser Liste gehören:

- T-SQL-Anweisungen
- ODBC-Anweisungen

Es existiert jedoch ein einfacher Test, um schnell und sicher festzustellen, ob ein bestimmter Begriff ein reserviertes Schlüsselwort ist oder nicht:

1. Eine neue Abfrage durch Klicken auf Neue Abfrage im SQL Server Management Studio (Express) öffnen.
2. Den zu testenden Begriff in den Abfrage-Editor schreiben.
3. Wird der Begriff beim Tippen nicht schwarz dargestellt, so handelt es sich um ein Schlüsselwort.

4.4.10 Zeilenumbrüche und Einschübe mit Tab oder Leerzeichen

In T-SQL können an fast allen Stellen Zeilenumbrüche, Leerzeichen oder Tabs eingefügt werden, ohne dass die Ausführung davon betroffen ist. Innerhalb von T-SQL-Schlüsselwörtern, Operatoren und Literalen ist dies jedoch nicht möglich, bzw. hat Auswirkungen auf die Ausführung. Folgende Aufteilung in verschiedene Zeilen hat sich in der Praxis als praktisch erwiesen:

```
SELECT * FROM Bestellung
WHERE Umsatz > 1900
ORDER BY Datum;
```

Somit ist jeder Teil der Abfrage in einer Zeile (oder mehreren) untergebracht. Zusätzlich besteht die einfache Möglichkeit, einzelne Teile für die Entwicklung und den Test durch einen Zeilenkommentar unwirksam zu machen. Es lassen sich so logische Fehler in der T-SQL-Anweisung einkreisen.

```
SELECT * FROM Bestellung
-- WHERE Umsatz > 1900
ORDER BY Datum;
```

---

[4] http://msdn2.microsoft.com/de-de/library/ms189822.aspx (Achtung! SQL 2005)

Tipp:
Gerade umfangreiche T-SQL-Skripte lassen sich so durch ein paar sinnvolle Zeilenumbrüche viel lesbarer und somit verständlicher notieren.

4.4.11 Ausführungsblöcke (Batches)

Der SQL Server führt T-SQL-Anweisungen immer blockweise aus. Werden mithilfe des Batch-Separators `GO` keine Blöcke abgegrenzt, so gilt die gesamte Anweisung (oder Anweisungen), die an den Server geschickt wurde, als ein Block. Folgendes ist dabei zu beachten:

- Variablen, die mit `@DECLARE` eingerichtet wurden, werden am Ende des Blocks entsorgt und stehen damit im nächsten Block nicht mehr zur Verfügung.
- Anweisungsblöcke (`BEGIN` oder `END`) dürfen nicht von Blöcken unterbrochen werden.
- Blöcke werden vom SQL Server genutzt, um umfangreiche Skripte parallel zu verarbeiten und damit die Verarbeitungsgeschwindigkeit zu erhöhen. Das bedeutet, dass Skripte, die im ersten Block einen Eintrag in einer Tabelle vornehmen, der im zweiten Block dringend benötigt wird, zu schwer lokalisierbaren Fehlern führen, die mitunter auch nur sporadisch auftreten.
- Transaktionen können über Blockgrenzen hinweg existieren.

4.4.12 Ausdrücke

Ausdrücke sind ein mächtiges Mittel, Daten auf dem SQL Server aus unterschiedlichen Werten zu berechnen. Im Einzelnen kann ein Ausdruck aus folgenden Komponenten bestehen:

- *Konstanten*: Unveränderliche und unabhängige Werte, die als Literale notiert werden.
- *Spalten*: Der Inhalt der betreffenden Spalte.
- *Berechnungen*: Eine Berechnung aus mehreren Ausdrücken, die durch Operatoren wie z.B. `'+'`, `'-'`, `'*'` verbunden sind.
- *Funktionen*: Hier werden die Ergebnisse eines Funktionsaufrufes verwendet. Die Funktion kann dabei keine oder eine beliebige Anzahl von Parametern haben, die wiederum Ausdrücke sein können.
- Eine Kombination aus diesen Elementen.

Folgende Beispiele sind gültige Ausdrücke:

- [Name]
- `LEN`([Name]) + 2
- 'Butterbrot'
- '2007-09-30 18:30:00'
- `ISNULL`(`LEFT`(Vorname,1)+ '. ','') + [Name]

Ausdrücke können an vielen Stellen in Abfragen auftauchen, in denen auch Spalten zulässig sind. Jedoch gibt es eine wichtige Einschränkung: Sie dürfen nicht als Ziel von Wertezuweisungen verwendet werden. Diese Beispiele sind daher nicht gültig, da sie Ausdrücken Werte zuweisen:

```
INSERT INTO Tabelle (Spalte1 + Spalte2) VALUES ('Wert');

UPDATE TABLE SET Spalte1 + Spalte 2 = 'Wert';
```

4.4.13 Lexikografische Ordnung

Die lexikografische Ordnung legt die Reihenfolge von Zeichen für Sortierung und Vergleiche fest. Dabei sind es zwei Optionen, die diesen Prozess besonders beeinflussen:

- *Groß- und Kleinschreibung*: Wird bei der Sortierung die Groß- und Kleinschreibung nicht berücksichtigt, so werden kleine in der gleichen Weise wie große Buchstaben behandelt.
- *Akzente*: Werden Akzente nicht berücksichtigt, so wird ein Zeichen mit Akzent in der gleichen Weise behandelt wie das entsprechende Zeichen ohne Akzent.

Wichtig:
Unter *4.4.3, „Groß- und Kleinschreibung“*, erfahren Sie, wie nach diesen Optionen unterschieden wird.

Interessant:
Als Orientierung, in welcher Reihenfolge Zeichen sortiert werden, kann eine ASCII-Tabelle dienen. Diese unterscheidet jedoch nach Groß- und Kleinschreibung und enthält nicht alle internationalen Zeichen.

Folgendes Beispiel zeigt einige Zeichenketten, die aufsteigend lexikografisch sortiert wurden:

- 12.03.2009
- 29.01.2007
- -4
- 911er
- Abwasser
- Änderung
- C#
- München
- Münchhausen
- VB.NET

Tipp:

Für einen Test, wie konkret die Sortierung in einer Datenbank durchgeführt wird, ist eine Abfrage dieser Art nützlich:

```
SELECT 'München'
UNION
SELECT 'Viersen'
UNION
SELECT 'Hamburg' ORDER BY 1;
```

4.4.14 Tabellen oder Sichten

Viele Aussagen und Anweisungen lassen sich nicht nur auf Tabellen anwenden, wie es die folgenden Ausführungen vielleicht vermuten lassen könnten, sondern auch auf Sichten. Beim Manipulieren von Daten durch Sichten ergibt sich allerdings ein entscheidender Unterschied. Während Tabellen in jedem Fall „aktualisierbar" sind, d.h., dass deren Inhalt gelöscht, geändert und eingefügt werden kann, gilt dies nur für einige Arten von Sichten. Damit eine Sicht „aktualisierbar" ist, ist Folgendes zu beachten:

- Keine Verknüpfungen mittels `JOIN`
- Keine berechneten Spalten
- Keine Gruppierungen
- Kein `UNION`

Sie merken schon, es bleiben nicht viele Sichten übrig. Für diese Sichten gilt aber: Es sind die gleichen Operationen wie bei Tabellen möglich – auch wenn es im Folgenden nicht immer ausdrücklich erwähnt wird.

4.4.15 Gruppen von T-SQL-Anweisungen

Um der (Un-)Menge an T-SQL-Befehlen besser Herr zu werden, bietet es sich an, diese in unterschiedliche Gruppen einzuteilen. Diese Einteilung ist nicht als zwingend anzusehen, da eine Reihe von Befehlen existiert, die in keiner Einteilung Platz finden oder die gut in mehrere passen könnten.

- *DML (Data Manipulation Language)*: Mit dieser Gruppe werden Daten in Tabellen gespeichert (`INSERT`), verändert (`UPDATE`) und wieder gelöscht (`DELETE`). Als Erweiterung für XML-basierte Daten kennt SQL Server 2008 (R2) noch entsprechende XML-DML-Anweisungen.
- *DQL (Data Query Language)*: Diese Gruppe, die nur aus der `SELECT`-Anweisung besteht, dient der Abfrage von Daten.
- *DDL (Data Definition Language)*: Diese Anweisungen sind für das Anlegen, die Änderung und das Löschen der Datenbankobjekte zuständig. Es werden also keine Daten bearbeitet, sondern es wird auf den Aufbau der Datenbank eingewirkt.

- *DCL (Data Control Language)*: Diese Befehle dienen der Zuweisung und der Entziehung jeglicher Art von Berechtigungen.
- *Ablaufsteuerung*: In dieser Gruppe befinden sich die Anweisungen für Schleifen und bedingte Ablaufsteuerungen.
- *Fehlerbehandlung*: Diese Befehle sorgen für eine ordnungsgemäße Reaktion auf Fehler bei der Ausführung von T-SQL.
- *Transaktionssteuerung*: Hier finden sich alle Befehle, die zur Steuerung von Transaktionen hilfreich sind.

4.4.16 Alles unsicher?

Bestimmt nicht! Für die folgenden Ausführungen und Beispiele wird (bis auf den entsprechenden Abschnitt) die Berechtigung zur Durchführung der notwendigen Aktionen außer Acht gelassen und davon ausgegangen, dass die entsprechenden Berechtigungen vorhanden sind. Dies geschieht nicht, weil Sicherheit keine Rolle spielen soll oder unwichtig ist, sondern damit sich die Beispiele auf das Wesentliche konzentrieren können.

4.5 DML

Die Bestandteile von T-SQL, die zum Lesen, Ändern, Löschen und Einfügen von Daten zuständig sind, werden unter dem Kürzel DML (Data Manipulation Language) zusammengefasst. Oft werden diese Befehle auch unter dem Akronym CRUDsiehe [5] zusammengefasst.

- *Create*: Anlegen von Datensätzen in Tabellen
- *Retrieve*: Abrufen von Daten
- *Update*: Aktualisieren von Daten
- *Delete*: Löschen von Datensätzen

Da diese Anweisungen die Kernfunktionalität des SQL Servers betreffen, sind sie sicherlich die wichtigsten für die Entwicklung von Datenbankanwendungen.

Interessant:
Auf den ersten Blick mag es verwundern, dass auch das Abrufen von Daten zu der Gruppe DML gehört, wo doch das ‚M' für Manipulation (engl. Manipulation) steht. Der Grund dafür ist, dass Daten auch bei einer Ausgabe oft gefiltert oder sortiert werden.

[5] Manchmal wird auch alternativ RUDI verwendet. Dieses steht dann für Retrieve, Update, Delete, Insert.

4.5.1 Daten abfragen

Dieser Abschnitt beschäftigt sich mit dem Abrufen von Daten. Dabei werden auch Funktionen wie das Filtern mittels WHERE behandelt, die auch beim Löschen und Ändern von Daten zum Einsatz kommen.

Wichtig:
Auch wenn immer nur von Tabellen die Rede ist, Abfragen funktionieren auch mit Sichten. Siehe *4.4.14*, „Tabellen oder Sichten".

4.5.1.1 Spalten festlegen

Daten lassen sich zum Teil mit ganz einfachen Anweisungen aus Tabellen abfragen. Die einfachste Form, den gesamten Inhalt einer Tabelle zu erhalten, ist:

```
SELECT * FROM <Tabelle>;
```

Achtung:
Dies ist nicht nur die einfachste, sondern auch ungünstigste Art, Daten abzufragen. Nicht nur das alle Zeilen zurückgeliefert werden (was in vielen Fällen gar nicht notwendig ist), es werden auch alle Spalten geliefert – also z.B. auch die ROWGUID-Spalte, die zur Entwicklungszeit noch nicht vorhanden war, aber durch ein Replikationsszenario dazu gekommen ist.

Da dies aber selten bis gar nicht sinnvoll ist, gibt es die Möglichkeit, die benötigten Spalten anzugeben, die Tabelle also vertikal einzuschränken.

```
SELECT <Spalte1>, <Spalte2> FROM <Tabelle>;
```

Spalten können dabei mehrfach oder gar nicht vorkommen.

```
SELECT <Spalte1>, <Spalte3>, <Spalte3> FROM <Tabelle>;
```

Wichtig:
Alles, was hier über Spalten gesagt wird, gilt auch für Ausdrücke, die sich aus den Spalten oder anderen Ausdrücken ergeben.

Namentlich aufgeführte Spalten können zusammen mit dem Sternchen ('*') als Symbol für alle Spalten gemischt werden.

```
SELECT <Spalte1>, <Spalte2>, * FROM <Tabelle>;
```

Tipp:
Diese Notation ist recht praktisch, wenn bei der Entwicklung von Abfragen, die eine Vielzahl von Spalten zurückliefern, noch nicht ganz klar ist, welche genau benötigt werden. So hat man die Möglichkeit, die Spalten nach und nach vor dem '*' zu notieren und diese erst dann zu entfernen, wenn alle gewünschten Spalten aufgeführt sind.

Tipp:

Um die Identitätsspalte einer Tabelle anzusprechen, ohne den Namen zu verwenden, können Sie die symbolischen Namen `IDENTITYCOL` oder `$IDENTITY` verwenden. Hat die betreffende Tabelle keine Identitätsspalte, kommt es zu einem Fehler. Um die `ROWGUID`-Spalte ohne deren Namen anzusprechen, kann $ROWGUID verwendet werden. Existiert keine Identitätsspalte oder keine `ROWGUID`-Spalte, so führt die Verwendung zu einem Fehler.

Alias

Jede Spalte kann durch die Angabe eines Alias für die Ausgabe umbenannt werden. Dies kann mit zwei unterschiedlichen Notationen geschehen. Entweder so

```
SELECT Spalte4 AS [PLZ Ort], Spalte5 AS [PLZ Postfach], Spalte6 Ort
FROM Tabelle;
```

oder so

```
SELECT Spalte4 AS 'PLZ Ort', Spalte5 AS 'PPLZ Postfach', Spalte6 Ort
FROM Tabelle;
```

Wichtig:

In der ersten Variante wurden die Aliase mit '[' und ']' und in der zweiten mit einfachen Hochkommata eingeschlossen, da sie ungültige Zeichen beinhalten (hier ein Leerzeichen).

In einer Abfrage sind auch konstante Werte für eine Spalte möglich. Deren Inhalt wird dann für jede Zeile immer gleich zurückgeliefert.

```
SELECT 3, 'München', <Spalte7> FROM <Tabelle>;
```

Es können ebenfalls nur konstante Werte zurückgeliefert werden, was allerdings selten von wirklich großem Nutzen ist.

```
SELECT 3, 'München' FROM <Tabelle>;
```

Interessant:

Die letzte Abfrage liefert für jede Zeile aus der Tabelle eine Zeile mit den konstanten Werten. Möchte man nur eine Zeile zurückerhalten, muss man den Teil ab `FROM` weglassen. Das sieht dann so aus:

```
SELECT 3, 'München';
```

Da für alle Spalten auch ein Ausdruck verwendet werden kann, ist folgendes Beispiel möglich, das die aktuelle Uhrzeit und das Datum des SQL Servers liefert.

```
SELECT getdate();
```

Auch die Tabelle in einer `SELECT`-Anweisung kann mit einem Alias versehen werden. Dies macht bei Abfragen auf nur einer Tabelle zwar keinen besonderen Sinn, leistet aber beim Einsatz von `Joins` gute Dienste, wenn die Tabelle notiert werden muss, um mehrdeutige Spaltennamen zu vermeiden. Auf diese Art spart man sich eine Menge Tipparbeit und umfangreiche Skripte. Dieses Beispiel zeigt, wie das aussieht:

```
SELECT b.Bemerkung, b.Betrag, b.ID, d.ID, d.* FROM
Bestellungen b LEFT JOIN Details d ON b.ID = d.BestellungID;
```

Der Tabellen-Alias wird hier verwendet, um genau anzugeben, aus welcher Tabelle die Spalten kommen.

Tipp:

Weitere Informationen über `Joins` finden Sie unter *4.5.1.13, „JOINS"*. Dort werden Sie die Tabellen-Aliase zu schätzen lernen.

Abgeleitete Tabellen

Unter einer abgeleiteten Tabelle (Derived Table), oft auch Unterabfrage genannt, versteht man die Möglichkeit, in einer Abfrage, wo ansonsten der Name einer Tabelle oder einer Sicht erscheinen kann, eine eigenständige `SELECT`-Anweisung zu verwenden, um die gewünschten Zeilen und Spalten zu liefern. Auf diese Weise können z.B. Einschränkungen in den so verwendeten Zeilen realisiert werden, ohne z.B. eine Sicht verwenden zu müssen, die separat erstellt werden müsste. Diese Abfragen können so kompliziert wie nötig gestaltet sein und auch wieder selbst abgeleitete Tabellen enthalten.

```
SELECT * FROM Kunden
WHERE ID IN
    (SELECT ID FROM Bestellungen
        GROUP BY ID HAVING SUM(Bestellwert) > 1000);
```

Die runden Klammern um die Abfrage der abgeleiteten Tabelle sind zwingend notwendig, ein Semikolon innerhalb der Klammern jedoch nicht erlaubt — schließlich ist die Abfrage an dieser Stelle noch nicht zu Ende.

Tipp:

Der IN-Operator wird unter *4.5.1.5, „Zeilen mittels WHERE einschränken"*, näher erläutert.

In vielen Situationen können abgeleitete Tabellen auch zu einem `JOIN` umformuliert werden, in anderen Situationen wie z.B. bei der `MERGE`-Anweisung, die als Quelle ebenfalls eine abgeleitete Tabelle zulässt, nicht. Häufig sind Abfragen mit abgeleiteten Tabellen jedoch einfacher zu schreiben und zu verstehen.

Tipp:

Falls Ihnen das Schreiben einer entsprechenden Abfrage als JOIN nicht recht „von der Hand gehen will", versuchen Sie es einfach mal als abgeleitete Tabelle.

4.5.1.2 Anzahl der Zeilen mit TOP und TOP PERCENT begrenzen

In Fällen, in denen nur die ersten Zeilen einer Abfrage benötigt werden, lässt sich dies leicht mit dem Zusatz `TOP` oder `TOP PERCENT` erreichen. Um z.B. die Ausgabe auf maximal zehn Zeilen zu begrenzen, kommt eine Abfrage wie diese zum Einsatz:

```
SELECT TOP 10 * FROM Tabelle;
```

In der Praxis führt diese Anweisung dazu, dass nach zehn Zeilen die Verarbeitung beendet werden kann. Anders verhält es sich, wenn ein `ORDER BY` mit ins Spiel kommt. In einem solchen Fall müssen alle Zeilen generiert und sortiert werden, sodass im letzen Schritt schließlich die gewünschte Anzahl an Zeilen verwendet werden kann — dies kostet Zeit.

Alternativ können maximal auch die ersten 25% der Zeilen von Interesse sein:

```
SELECT TOP 25 PERCENT * FROM Tabelle;
```

Für `TOP PERCENT` muss für die Verarbeitung die gesamte Anzahl der Ergebnismenge ermittelt werden, damit die gewünschten Prozente zurückgeliefert werden können — auch dies kostet Zeit bei der Ausführung.

Soll der Wert in Verbindung mit `TOP` oder `TOP PERCENT` kein fester Wert, sondern eine Variable sein, so muss die verwendete Variable in runden Klammern stehen. Werden die Klammern vergessen, gibt es einen Fehler. Die folgende Anweisung demonstriert dies:

```
-- Variable mit dem Namen @top und dem Typ INT einrichten und zuweisen
DECLARE @top INT = 10;

SELECT TOP (@top) * FROM Tabelle;
-- oder
SELECT TOP (@top) PERCENT * FROM Tabelle;
```

Alternativ kann als Wert auch die Rückgabe einer Abfrage verwendet werden, die lediglich einen Wert in der Zeile zurückliefert. Kommen mehr oder weniger Werte, kommt es zu einem Fehler.

```
SELECT TOP (SELECT t FROM TopTable WHERE [Key]='BS') * FROM Bestellungen;
```

Hinweis:

Bis SQL Server 2000 musste dies durch die Option `ROWCOUNT` bewerkstelligt werden. Diese Option gibt an, wie viele Datensätze maximal verarbeitet (in diesem Fall zurückgegeben) werden. Vermeiden Sie diesen Ansatz bei Neuentwicklungen. Einzig in Fällen, in denen Sie keinen direkten Zugriff auf die `SELECT`-Anweisungn haben (weil sie z.B. in einer gespeicherten Prozedur gekapselt ist), stellt dieser Weg noch eine gangbare Lösung dar.

4.5.1.3 WITH TIES-Klausel

Mit der `WITH TIES`-Klausel wird in Verbindung mit `TOP`/`TOP PECENT` und einer `ORDER BY`-Klausel sichergestellt, dass zusätzlich zu der maximal angeforderten Zeilenanzahl auch solche mitgeliefert werden, die nach der letzten Zeile kommen würden und die gleichen Werte in den `ORDER BY`-Spalten aufweisen. Auf diese Weise wird sichergestellt, dass alle Zeilen gemäß der Sortierung zurückgegeben und keine abgeschnitten werden, die nach der Sortierung auch weiter oben hätten stehen können.

Wichtig:

Die `WITH TIES`-Klausel muss immer in Verbindung mit `ORDER BY` verwendet werden, sonst kommt es zu einem Fehler.

Ein kleines Beispiel beseitigt die letzten Unklarheiten:

Ergebnisse | Meldungen

	ID	Bezeichnung	LeistungPS
1	2	Borsche Poxster (Rot)	220
2	3	Borsche Poxster (Blau)	220
3	4	Terrari Festarossa	428
4	5	Baserati Miturbo	179
5	6	Damborghini Liablo	331

Abbildung 4.6 Die Tabelle, die den Fuhrpark des Autos widerspiegelt[6]

Um die drei leistungsstärksten Boliden auszuwählen, sieht die Abfrage wie folgt aus:

```
SELECT TOP 3 * FROM KFZTabelle ORDER BY LeistungPS DESC;
```

Das Ergebnis besteht auch tatsächlich aus genau drei Zeilen. Der „Borsche Poxter“ (mit der ID 2) wird nicht ausgegeben, obwohl er in der Sortierung nach PS an der gleichen Stelle steht wie sein Pendant.

Da dies mehr oder minder Willkür ist, lässt sich dies mit der `WITH TIES`-Klausel umgehen.

```
SELECT TOP 3 WITH TIES * FROM KFZTabelle ORDER BY LeistungPS DESC;
```

Das Ergebnis umfasst also keine drei, sondern vier Zeilen und gibt zwei „Borsche Poxter“ aus.

Ergebnisse | Meldungen

	ID	Bezeichnung	LeistungPS
1	4	Terrari Festarossa	428
2	6	Damborghini Liablo	331
3	2	Borsche Poxster (Rot)	220
4	3	Borsche Poxster (Blau)	220

Abbildung 4.7 Das Abfrageergebnis mit TOP und der WITH TIES-Klausel

Ohne die `WITH TIES`-Klausel würde das Ergebnis wie gesagt „lediglich“ aus drei Zeilen bestehen.

4.5.1.4 Nur eindeutige Zeilen mit DISTINCT zurückliefern

Standardmäßig liefert eine Abfrage immer alle Zeilen einer Ergebnismenge, auch wenn diese zum Teil doppelt vorhanden sind. Dies mag bei einer Vielzahl von Abfragen nicht der Fall sein, da diese eindeutige Werte in Form von Identitäten etc. beinhalten, doch gibt es auch eine Reihe von Abfragen, die dies nicht tun. Wenn Sie z.B. wissen wollen, in wel-

[6] Leider nur die des virtuellen

che Städte Ihre Bestellungen gehen, ist es wahrscheinlich so, dass einige Städte mehr als nur einmal in dieser Abfrage auftauchen.

```
SELECT Ort FROM Bestellungen;
```

Um genau dies zu vermeiden, kann der SQL Server doppelte Zeilen vor der Rückgabe aus der Ergebnismenge entfernen, sodass nur noch einmalige Zeilen übrig bleiben. Dies geschieht durch den Einsatz des Schlüsselwortes `DISTINCT`.

```
SELECT DISTINCT Ort FROM Bestellungen;
```

Diese Abfrage lässt pro Ort nur noch maximal eine Zeile in der Ergebnismenge zu.

Sie können auch die `TOP`- oder `TOP PERCENT`-Schlüsselwörter mit `DISTINCT` kombinieren, was zur Folge hat, dass von allen einmaligen Zeilen nur eine bestimmte Anzahl zurückgeliefert wird. Mehr zu `TOP` und `TOP PERCENT` finden Sie unter *4.5.1.2, „Anzahl der Zeilen mit TOP und TOP PERCENT begrenzen“*.

Warnung:

Achten Sie besonders darauf, `DISTINCT` nicht in solchen Abfragen einzusetzen, deren Ergebnismenge von einem Clientprogramm aufsummiert wird. Ein Abfrage wie

```
SELECT DISTINCT Datum, Ort, Betrag FROM Bestellungen
```

würde auch bei mehreren Bestellungen aus einer Stadt, an einem Datum und mit dem gleichen Betrag nur eine Zeile zurückliefern, und damit wäre eine Aufsummierung im Clientprogramm zu niedrig. Diese Art von Fehler ist zwar recht unwahrscheinlich, aber gerade deswegen schwer zu finden.

4.5.1.5 Zeilen mittels WHERE einschränken

Ein wichtiger Bestandteil einer Abfrage ist die Möglichkeit, nur mit solchen Zeilen zu arbeiten, die bestimmte Kriterien erfüllen. Für diese Aufgabe ist das so genannte Prädikat zuständig, ein boolescher Ausdruck, der nach dem Schlüsselwort `WHERE` notiert wird und der entscheidet, ob eine Zeile in die Ergebnismenge aufgenommen wird oder nicht.

```
SELECT * FROM Bestellungen WHERE Ort = 'Berlin';
```

Interessant:

Auch wenn oft darüber gesprochen wird, dass „eine Abfrage nichts zurückliefert“, ist dies technisch gesehen nicht richtig. Eine Abfrage liefert immer etwas zurück, nämlich eine Ergebnismenge. Nur kann diese Ergebnismenge auch leer sein.

Wichtig:

Alle Einschränkungen, die hier für eine `SELECT`-Anweisung beschrieben werden, um Zeilen einzuschränken, die angezeigt werden sollen, funktionieren auch mit einer `DELETE`-Anweisung, um die Zeilen zu bestimmen, die gelöscht werden sollen. Details zum Löschen von Zeilen finden Sie unter *4.5.3, „Daten löschen“*.

Operatoren

Für Vergleiche von Ausdrücken steht eine ganze Reihe von Operatoren zur Verfügung.

Tabelle 4.3 Vergleichsoperatoren für den Einsatz mit WHERE

Operator	Beschreibung
=	Vergleichsoperator „Gleich"
>	Vergleichsoperator „Größer"
<	Vergleichsoperator „Kleiner"
>=	Vergleichsoperator „Größer oder gleich"
<=	Vergleichsoperator „Kleiner oder Gleich"
<>, !=	Vergleichsoperator „Ungleich"'
!>	Vergleichsoperator „Nicht größer"
!<	Vergleichsoperator „Nicht kleiner"
LIKE	Vergleich einer Zeichenkette mit einem Muster
IS NULL	Vergleich mit NULL
BETWEEN...AND...	Prüft, ob sich ein Wert zwischen zwei anderen befindet.
IN	Prüft, ob sich ein Wert in einer Menge befindet. Diese Menge kann konstant angegeben oder durch eine `SELECT`-Anweisung definiert werden.
NOT	Logisch NICHT. Negiert den Wahrheitsgehalt einer Aussage.
AND	Logisch UND. Beide Aussagen müssen wahr sein.
OR	Logisch ODER. Eine der beiden Aussagen muss wahr sein.

Wichtig:

Vergleiche zwischen unpassenden Datentypen sollten vermieden werden. Vergleicht man z.B. eine Spalte vom Typ `VARCHAR` (also eine Zeichenkette) mit dem numerischen Wert 3:

```
SELECT * FROM Bestellungen WHERE VarCharSpalte > 3;
```

wird diese Abfrage so lange funktionieren, wie sich nur Zahlen in der `VARCHAR`-Spalte befinden. Im Gegensatz zu C# versucht der SQL Server, bei der Auswertung den Inhalt der Spalte automatisch zum passenden Typ zu interpretieren – und dies führt bei dem ersten Wert, bei dem dies nicht funktioniert, zu einem Fehler!

Wird eine Abfrage benötigt, die alle Bestellungen aus den Städten Berlin, Viersen und München liefert, so ist es möglich, mehrere Vergleiche mit einem logischen Oder zu kombinieren.

```
SELECT * FROM Bestellungen
WHERE Ort = 'Berlin' OR Ort = 'Viersen' OR Ort = 'München';
```

Achtung:

Da alle Bestellungen aus Berlin, Viersen und München benötigt werden, bedeutet das für eine einzelne Bestellung, dass sie *entweder* aus Berlin, Viersen *oder* München kommen muss, um den Filter zu passieren. Eine Verknüpfung mit AND würde immer nur eine leere Ergebnismenge zurückliefern, da eine Bestellung nicht aus drei Orten gleichzeitig kommen kann. Hier ist also Vorsicht bei der Übertragung der menschlichen Sprache in boolesche Ausdrücke geboten.

Die Operatoren AND und OR lassen sich beliebig in einer Abfrage kombinieren. Die folgende Abfrage liefert alle Bestellungen, die entweder aus Berlin kommen oder aus München, wenn sie einen Bestellwert von größer 1000 haben.

```
SELECT * FROM Bestellung WHERE
Ort = 'Berlin' OR Ort = 'München' AND Bestellwert > 1000;
```

Priorität der logischen Operatoren

Werden unterschiedliche logische Operatoren kombiniert, ist deren Priorität zu beachten, mit der diese ausgewertet werden. Diese lautet wie folgt:

1. NOT
2. AND
3. OR

Wichtig:

C# und viele andere Programmiersprachen (darunter auch VB.NET, JAVA, C, C++ etc.) verwenden die gleiche Priorität.

Benötigen Sie statt der Abfrage oben alle Bestellungen aus Berlin und solche aus München mit einem Bestellwert ab 1000, so müssen Sie diese Priorität übersteuern, indem Sie runde Klammern setzen:

```
SELECT * FROM Bestellung WHERE
Ort = 'Berlin' OR (Ort = 'München' and Bestellwert > 1000);
```

Da NOT eine höhere Priorität als OR hat, liefern die folgenden beiden Abfragen die gleichen Ergebnisse, da die Klammern nicht die Priorität der Auswertung ändern.

```
SELECT * FROM Bestellung WHERE NOT ORT='Berlin' OR Bestellwert>1000;

SELECT * FROM Bestellung WHERE (NOT ORT='Berlin') OR (Bestellwert>1000);
```

Interessant:

Wie Sie vielleicht schon bemerkt haben, sind Leerzeichen vor und nach den Operatoren, die aus Symbolen bestehen, nicht zwingend, sondern dienen allenfalls einer besseren Lesbarkeit.

Tipp:

Setzen Sie Klammern gezielt dazu ein, um möglichst kurze und übersichtliche Teilausdrücke zu erhalten, ohne dabei die Priorität der Auswertung zu verändern. Dies macht auch umfangreiche und komplizierte Prädikate halbwegs gut lesbar und verständlich.

Datums- und Uhrzeitwerte

Es können nicht nur numerische Werte zu Vergleichen herangezogen werden, sondern auch Datums- und Uhrzeitwerte. Diese Abfrage liefert z.B. alle Bestellungen, die am oder nach dem 29. September 2007 ausgeliefert wurden:

```
SELECT * FROM Bestellungen WHERE Lieferdatum >= '2007-09-29';
```

Detaillierter muss eine Abfrage aussehen, die alle am (und nur am) 29. September 2007 ausgelieferten Bestellungen liefern soll:

```
SELECT * FROM Bestellungen WHERE Lieferdatum = '2007-09-29';
```

Dies sieht zwar gut aus, kann aber Probleme bereiten. Um dies zu erkennen, muss ein genauer Blick auf den Datentyp der Spalte `Lieferdatum` geworfen werden. Ist dieser nicht vom Typ `DATE`, sondern vom Typ `DATETIME` oder `SMALLDATETIME`, so hat das Datum auch einen Anteil für die Uhrzeit. Ist dies der Fall, kann es sein, dass die Programmierung, die diese Spalte füllt, neben dem Datum auch die tatsächliche Uhrzeit in dieses Feld geschrieben hat. Die Abfrage würde dann nur diejenigen Datensätze zurückliefern, deren Uhrzeit exakt `0:00:00` beträgt, und das dürften nicht ganz so viele sein. Eine Lösung für dieses Problem sieht so aus:

```
SELECT * FROM Bestellungen WHERE CAST(Lieferdatum AS DATE)='2007-09-29';
```

Damit wird für diese Abfrage der Datentyp auf `DATE` konvertiert („gecastet"), einem Datentyp, der nur ein Datum ohne eine Uhrzeit speichert.

Wichtig:
Die Datentypen `DATE` und `TIME` sind neu seit SQL Server 2008 und speichern ein Datum ohne Uhrzeit bzw. eine Uhrzeit ohne Datum.

Ähnlich verhält es sich mit einer Abfrage, die alle Lieferungen aus dem Zeitraum vom 24.09.2007 bis 28.09.2007 liefern soll.

```
SELECT * FROM Bestellungen
WHERE Lieferdatum >= '2007-09-24' AND Lieferdatum <= '2007-09-28';
```

Ist der Datentyp der Spalte `Bestelldatum` ein Typ mit Uhrzeit, dann liefert die Abfrage nur die Bestellungen bis `28.09.2007 0:00:00`. Auch hier ist die Lösung mit `CAST` möglich.

```
SELECT * FROM Bestellungen WHERE
CAST(Lieferdatum AS DATE) >= '2007-09-24' AND
CAST(Lieferdatum AS DATE) <= '2007-09-28';
```

Hinweis:
Unter *4.6.3.1, „Tabelle anlegen"*, finden Sie im Zuge der Definition der Spalten einer Tabelle eine Übersicht über die Datentypen des SQL Servers 2008.

Zeichenketten

Kommen bei Vergleichoperatoren Zeichenketten zum Einsatz, so geschieht dies nach lexikografischen Regeln (für Details siehe *4.4.13, „Lexikografische Ordnung“*). Da bei Zeichenketten jedoch mehr auf Gleichheit und Ungleichheit getestet wird, wird auf diese Vergleichsoperatoren der Fokus gesetzt.

Diese drei Abfragen unterscheiden sich lediglich durch ihre Notation und liefern das gleiche Ergebnis:

```
SELECT * FROM Bestellungen WHERE Ort <> 'München';

SELECT * FROM Bestellungen WHERE Ort != 'München';

SELECT * FROM Bestellungen WHERE NOT Ort = 'München';
```

Wichtig:

Damit Vergleiche mit Zeichenketten so funktionieren, wie es erwartet wird, muss Klarheit darüber herrschen, ob die SQL Server-Installation zwischen Groß- und Kleinschreibung unterscheidet. Wie sich dies ermitteln lässt, ist unter *4.4.3, „Groß- und Kleinschreibung“*, beschrieben. Da eine Standard-SQL Server-Installation (und das dürften die meisten der eingesetzten sein) diese Unterscheidung nicht vornimmt, gehe ich hier ebenfalls davon aus.

Mustervergleiche mit LIKE

Mit dem `LIKE`-Operator können Zeichenketten nach Mustern durchsucht werden. Für die Beschreibung der Muster steht eine Reihe von Zeichen für die Notationen zur Verfügung – so genannte Platzhalter (Wildcards).

Tabelle 4.4 Notation für LIKE-Muster

Platzhalter	Beschreibung	Beispiel	Passend ist
%	Beliebige Zeichen von beliebiger Anzahl	`'Mün%'`	München Münchhausen
_ (Underscore)	Genau ein beliebiges Zeichen	`'_auer'`	Mauer Lauer
[...]	Genau ein Zeichen aus dieser Menge	`'[BS]auer'`	Bauer Sauer
		`'[0-9]TV'`	1TV 6TV
		`'[0-9]%er'`	2er 3Master
[^...]	Ein Zeichen, das nicht aus dieser Menge ist	`'[^BS]auer'`	Dauer Lauer

Praktisch kann dies wie in dieser Abfrage aussehen, die alle Bestellungen aus einem PLZ-Bereich liefert.

```
SELECT * FROM Bestellungen WHERE PLZ LIKE '4%';
```

Die größere Flexibilität hat jedoch einen Preis: Abfragen mit LIKE sind immer langsamer als solche, die mit einfachen Vergleichsoperatoren arbeiten. Zwar werden Abfragen wie die folgenden ausgeführt, stellen jedoch nicht die optimale Lösung dar.

```
SELECT * FROM Bestellungen WHERE Ort LIKE 'Viersen';
```

Tipp:

Versuchen Sie am Anfang des LIKE-Musters keinen Platzhalter zu verwenden, da dies jeglichen Index, der die Suche beschleunigen könnte, für diese Suche unbrauchbar macht. Dem SQL Server bleibt so nur, die gesamte Tabelle durchzugehen (Tablescan).

Wichtig:

Manche Datentypen wie `TEXT` und `NTEXT` lassen sich nur mit `LIKE` vergleichen, auch wenn keine Platzhalter verwendet werden. Zwar wäre es möglich, die entsprechende Spalte mittels `CAST(TextSpalte AS VARCHAR(MAX))` für den Vergleich vom Datentyp her zu ändern (casten), dies verlangsamt aber die Abfrage, da kein Index verwendet werden kann und die Umwandlung selbst auch Zeit in Anspruch nimmt.

In manchen Fällen werden die Zeichen, die für das `LIKE` als Platzhalter dienen, als einfache Zeichen ohne jegliche Funktion benötigt. Soll eine Abfrage z.B. alle Bestellungen liefern, die in der Bemerkung das Fragment ‚30% reduziert' haben, so funktioniert diese Abfrage nicht, da das %-Zeichen als Platzhalter interpretiert wird.

```
SELECT * FROM Bestellungen WHERE Bemerkung LIKE '%30% reduziert';
```

Der Ausweg ist die Definition eines sogenannten Escape-Zeichens, das vor das vermeintliche Platzhalterzeichen gestellt wird. So wird verhindert, dass das Zeichen als Platzhalter gedeutet wird. Die Anweisung sieht dann so aus:

```
SELECT * FROM Bestellungen
WHERE Bemerkung LIKE '%30\% reduziert' ESCAPE '\';
```

Der Backslash wurde hier als Escape-Zeichen definiert und in dem Muster verwendet, damit das Prozentzeichen nach der 30 nicht als Platzhalter dient.

Profi-Tipp:

Sollen umfangreiche Texte wie z.B. ganze Beschreibungen oder Verträge abgesucht werden, so ist die Volltextsuche, die in *Kapitel 3.10, "Volltextsuche"*, beschrieben wird, möglicherweise die bessere Technologie. Neben der Tatsache, dass die Suche hier über einen Index durchgeführt wird, stehen Möglichkeiten bereit, um unerwünschte Worte zu ignorieren und Inhalte aus kompletten Dokumenten (z.B. Word, Excel, HTML etc.) abzusuchen. Außerdem werden sprachabhängig Grundformen aller Worte gebildet, sodass eine Suche nach „Stuhl" auch „Stühle" etc. findet.

Leere Werte mit IS NULL

Spalten in Tabellen und Parameter in gespeicherten Prozeduren können so definiert werden, dass sie NULL als Wert zulassen und damit faktisch keinen Wert haben (können). Um in einer Abfrage zu prüfen, ob der Wert einer Spalte NULL ist, existiert der IS NULL-Operator.

Wichtig:

Bei Spalten, die Zeichenketten speichern, ist NULL **nicht** gleichbedeutend mit einer Zeichenkette der Länge 0. Für Spalten, die numerische Werte speichern, gilt übertragen das Gleiche – ihr Wert ist **nicht** 0!

Achtung:

Verwechseln Sie den IS NULL-Operator nicht mit der ISNULL-Funktion. Diese Funktion besitzt zwei Parameter. Von diesen Parametern liefert sie den Wert des ersten, wenn dieser nicht NULL entspricht. Ist dies der Fall, so ist die Rückgabe der zweite Parameter, für den es unerheblich ist, ob er NULL ausweist oder nicht.

Diese Abfrage liefert alle Bestellungen, die keinen Wert in der Spalte Bemerkung haben, d.h., deren Wert NULL ist.

```
SELECT * FROM Bestellungen WHERE Bemerkung IS NULL;
```

Um einen IS NULL-Operator zu negieren, muss das entsprechende NOT vor dem entsprechenden Ausdruck stehen:

```
SELECT * FROM Bestellungen WHERE NOT Bemerkung IS NULL;
```

Wert in einer Menge mittels IN suchen

Gilt es zu prüfen, ob ein Ausdruck einen von mehreren Werten hat, ist es eine Möglichkeit, eine entsprechende Reihe von Vergleichen mit OR zu kombinieren. Diese Abfrage ist ein Beispiel dafür:

```
SELECT * FROM Bestellungen
WHERE Ort = 'Berlin' OR Ort = 'Viersen' OR Ort = 'München';
```

Dieses Vorgehen hat jedoch zwei Nachteile:

- Bei vielen möglichen Werten wird die Abfrage schnell sehr umfangreich und unübersichtlich. Stellen Sie sich vor, Sie würden nicht nur nach drei, sondern nach zwanzig möglichen Werten suchen.
- Alle möglichen Werte müssen in der Abfrage stehen und damit bekannt sein. Es besteht so keine Möglichkeit, die Menge der möglichen Werte aus einer Abfrage zu generieren.

Um diese Mankos zu eliminieren, existiert der IN-Operator. Die Abfrage oben lässt sich mit ihm so formulieren:

```
SELECT * FROM Bestellungen
WHERE Ort IN ('Berlin', 'Viersen', 'München');
```

Die entsprechende negierte Abfrage sieht dann so aus:

```
SELECT * FROM Bestellungen
WHERE NOT Ort IN ('Berlin', 'Viersen', 'München');
```

Wie schon gesagt ist es nicht notwendig, die Liste der Werte zu notieren, sondern über eine Unterabfrage zu definieren.

```
SELECT * FROM Bestellungen
WHERE Ort IN (SELECT DISTINCT Ort FROM Liefergebiet);
```

Wichtig:

Unterabfragen, die mit dem `IN`-Operator zum Einsatz kommen, dürfen nur eine Spalte zurückliefern, deren Typ zu dem des geprüften Ausdrucks passt. Ansonsten sind für diese Abfragen alle Möglichkeiten erlaubt, die einer `SELECT`-Anweisung zur Verfügung stehen.

Hinweis:

Unterabfragen für den `IN`-Operator sind ein guter Einsatz für `DISTINCT`, da jeder Wert in der Menge nur einmal existieren muss. Eine Sortierung ist dagegen nicht sinnvoll.

Bereichsprüfung mittels BETWEEN ... AND

Für Abfragen, die prüfen, ob sich der Wert eines Ausdrucks in einem bestimmten Bereich befindet, existiert der `BETWEEN ... AND`-Operator.

```
SELECT * FROM Bestellungen WHERE Bestellwert BETWEEN 1000 AND 2000;
```

Diese Abfrage liefert alle Zeilen, deren Bestellwert zwischen einschließlich 1000 und 2000 liegt.

Hinweise:

Diese Abfrage könnte man auch wie folgt formulieren, doch ist der `BETWEEN ... AND`-Operator sicherlich eleganter.

```
SELECT * FROM Bestellungen
WHERE Bestellwert >= 1000 AND Bestellwert <= 2000;
```

Um eine Abfrage mit dem `BETWEEN ... AND`-Operator zu negieren, muss das entsprechende `NOT` wieder vor dem Ausdruck stehen.

```
SELECT * FROM Bestellungen WHERE NOT Bestellwert BETWEEN 1000 AND 2000;
```

4.5.1.6 Sortierung mittels ORDER BY

Ohne Angabe einer Sortierung liefert der SQL Server Zeilen immer in der Reihenfolge, in der diese intern gespeichert werden. Meist ist dies die Reihenfolge, in der die Daten angelegt wurden – verlassen kann man sich aber nicht darauf. Daher macht es für fast alle Abfragen Sinn, ihre Ausgabe zu sortieren.

Eine einfache Sortierung nach einer Spalte sieht dabei so aus:

```
SELECT * FROM Tabelle ORDER BY Spalte1;
```

Wichtig:
Auch wenn hier nur von Spalten bei Sortierungen die Rede sein wird, funktioniert die Sortierung auch mit Ausdrücken.

Die Sortierung der vorherigen Abfrage erfolgte aufsteigend. Dies ist der Standard für Sortierungen unter T-SQL und muss damit nicht extra notiert werden. Die genau gleiche Ausgabe erhält man mit dieser Abfrage:

```
SELECT * FROM Tabelle ORDER BY Spalte1 ASC;
```

`ASC` (engl. Ascending) steht dabei für aufsteigend. Das Gegenstück dazu lautet `DESC` (engl. Descending) und sorgt für eine absteigende Sortierung.

```
SELECT * FROM Tabelle ORDER BY Spalte1 DESC;
```

Wichtig:
Wird nach Spalten mit Zeichenketten sortiert, so geschieht dies nach lexikografischen Regeln. Weitere Details finden Sie unter *4.4.13, „Lexikografische Ordnung"*.

Es kann nach Spalten sortiert werden, die selbst nicht mit ausgegeben werden, solange kein `DISTINCT` angegeben wird. Dies ist oft sinnvoll, wenn in der Tabelle eine Spalte existiert, die nur für die Ordnung existiert.

```
SELECT Spalte1 FROM Tabelle ORDER BY Spalte2;
```

Wichtig:
Wenn Sie `DISTINCT` angeben, müssen alle Spalten, nach denen sortiert wird, ausgegeben werden. Für Details zu `DISTINCT` siehe *4.5.1.4, „Nur eindeutige Zeilen mit DISTINCT zurückliefern"*. Auch wenn hier nur von Spalten bei Sortierungen die Rede sein wird, funktioniert die Sortierung auch mit Ausdrücken.

Es ist möglich, nach mehreren Spalten gleichzeitig zu sortieren. In diesem Fall wird bei Gleichheit der ersten Spalte nach der zweiten entsprechend sortiert.

```
SELECT * FROM Tabelle ORDER BY Spalte1, Spalte2;
```

Bei mehrfacher Sortierung kann für jede Spalte die Sortierrichtung getrennt bestimmt werden. Dabei ist eine aufsteigende Sortierung für jede Spalte, für die weder `ASC` noch `DESC` angegeben wurde, der Standard.

```
SELECT * FROM Tabelle ORDER BY Spalte1 DESC, Spalte2 ASC;
```

Alternativ zu der Möglichkeit, die Spalten, nach denen sortiert werden soll, per Namen anzugeben, existiert die Möglichkeit, diese per Index anzugeben. Die erste Spalte hat dabei den Index 1, nicht 0, wie es bei C#/VB.NET üblich ist. Eine entsprechende Abfrage, die nach Spalte1 und Spalte2 sortiert, sieht dann so aus:

```
SELECT Spalte1, Spalte2, Spalte3 FROM Tabelle ORDER BY 1, 2;
```

Achtung:
Im Gegensatz zu der in C# üblichen Zählweise für Indexwerte, die bei 0 für das erste Element beginnt, hat in diesem Fall die erste Spalte einen Indexwert von 1.

Auch hier kann für jede Spalte ASC oder DESC angegeben werden:

```
SELECT Spalte1, Spalte2, Spalte3 FROM Tabelle ORDER BY 1 ASC,2 DESC;
```

Tipp:
Verwenden Sie nur dann die Sortierung per Index, wenn Sie mit Spalten arbeiten, die keinen Namen haben. Die Verwendung von Indizes ist immer fehleranfälliger als die Verwendung eines Namens.

4.5.1.7 Gruppierung mittels GROUP BY

Mit dem `GROUP BY`-Operator bietet T-SQL die Möglichkeit, Zeilen nach auftretenden Werten zu gruppieren und zusammen mit berechneten Werten wie Summe, Anzahl etc. auszugeben.

Folgende Abfrage liefert alle Städte, aus denen Bestellungen kommen, zusammen mit deren Anzahl:

```
SELECT COUNT(*) AS 'Anzahl', Ort FROM Bestellungen
GROUP BY Ort;
```

Soll die Ausgabe dann noch zusätzlich nach Anzahl sortiert werden, lässt sich die Anweisung entsprechend erweitern.

```
SELECT COUNT(*) AS 'Anzahl', Ort FROM Bestellungen
GROUP BY Ort ORDER BY Anzahl;
```

Gruppierungen sind nicht nur auf eine Spalte beschränkt. Diese Abfrage gruppiert nicht nur nach Ort, sondern auch nach den Straßen in einem Ort:

```
SELECT COUNT() AS 'Anzahl', Ort FROM Bestellungen
GROUP BY Ort, Strasse ORDER BY Anzahl;
```

Die Gruppierung nach zwei oder mehr Spalten funktioniert ähnlich wie eine Sortierung: Zuerst wird nach den Werten aus der ersten Spalte gruppiert und bei Gleichheit nach denen der zweiten und so weiter.

Hinweise:
Es können alle Möglichkeiten des `ORDER BY`-Operators ausgeschöpft werden. Jedoch dürfen nur Werte und darauf basierende Funktionen verwendet werden, die nach `GROUP BY` aufgeführt sind. Sonstige Spalten aus der Tabelle sind nicht erlaubt.

Wichtig:
Es kann nicht nach Spalten vom Typ `TEXT`, `NTEXT` oder `IMAGE` gruppiert werden.

Die Funktionen, die hier Verwendung finden können, sind sogenannte Aggregatfunktionen. Sie verdichten Werte zu Kennzahlen wie Anzahl, Summe, arithmetisches Mittel (Durchschnitt) etc. Eine kleine Übersicht hilfreicher Aggregatfunktionen finden Sie in der folgenden Übersicht:

Tabelle 4.5 Aggregat-Funktionen für GROUP BY

Name	Beschreibung
`COUNT(*)`	Anzahl
`SUM(<Ausdruck>)`	Summe
`AVG(<Ausdruck>)`	Arithmetisches Mittel (Durchschnitt)
`MIN(<Ausdruck>)`	Minimum
`MAX(<Ausdruck>)`	Maximum

Durch die Natur der Gruppierung ist es nicht möglich, auf individuelle Zeilen zuzugreifen, die Rückgabe einer eindeutigen Zeile ist daher nicht möglich – Gruppierungen liefern immer Übersichten und Zusammenfassungen.

Es müssen nicht immer alle Datensätze einer Tabelle in der Gruppierung erscheinen. Durch den `WHERE`-Operator können Zeilen herausgefiltert werden, die nicht erwünscht sind und daher nicht in die Gruppierung aufgenommen werden sollen. Diese Abfrage liefert nur alle Bestellungen, die aus dem Inland kommen.

```
SELECT COUNT(Ort) AS 'Anzahl', Ort FROM Bestellungen
WHERE Inland=1 GROUP BY Ort ORDER BY Anzahl;
```

Hinweis:
Im Gegensatz zum `ORDER BY`-Operator akzeptiert `WHERE` jede Spalte oder jeden Ausdruck der zugrunde liegenden Tabelle.

4.5.1.8 Grouping Sets

Mit den neuen Grouping Sets lässt sich die Ausgabe einer `SELECT`-Anweisung nach mehr als nur einem Satz Spalten gruppieren. Dadurch lassen sich u.a. ähnliche, jedoch flexiblere Abfragen, wie sie mit `WITH ROLLUP` und `CUBE` möglich sind, realisieren.

```
SELECT Mitarbeiter, Jahr, SUM(Umsatz) AS Umsatz
FROM Umsaetze
GROUP BY GROUPING SETS
(
    (Mitarbeiter), -- Gruppierungssatz 1, eine oder mehrere Spalten
    (Jahr)         -- Gruppierungssatz 2, eine oder mehrere Spalten
);
```

Die Ausgabe kann so aussehen:

```
Mitarbeiter  Jahr         Umsatz
-----------  -----------  ---------
NULL         2005         37000.00
NULL         2006         44000.00
NULL         2007         39000.00
TKA          NULL         32000.00
HUT          NULL         34000.00
UNE          NULL         54000.00
```

Da die gleiche `SELECT`-Anweisung quasi mehrfach hintereinander gruppiert wird, gibt es bei Kombinationen, in denen eine Spalte in einer einzelnen Gruppierung nicht zulässig wäre, lediglich den Wert `NULL` als Rückgabe.

Gruppierung mittels HAVING filtern

Eine etwas andere Filterung ist mit dem `HAVING`-Operator realisierbar. Mit ihm können die gruppierten Zeilen (Spalten und Aggregatfunktionen) vor der Ausgabe gefiltert werden. `HAVING` akzeptiert ein Prädikat, das nach Wahr oder Falsch ausgewertet werden kann und darüber entscheidet, ob eine Zeile ausgegeben wird oder nicht.

Um z.B. nur solche Orte zu erhalten, die sowohl aus dem Inland kommen als auch mindestens zehn Bestellungen haben, kommt diese Abfrage zum Einsatz:

```
SELECT COUNT(Ort) AS 'Anzahl', Ort FROM Bestellungen WHERE Inland=1
GROUP BY Ort HAVING COUNT(ORT) > 10
ORDER BY Anzahl;
```

Hinweis:

Leider erlaubt der SQL Server weder die Verwendung des Alias (Anzahl) noch die Angabe eines Spaltenindex wie `ORDER BY` für `HAVING`. Es gibt keine andere Möglichkeit, den Ausdruck für die Gruppierung erneut zu notieren.

4.5.1.9 Mehrere Abfrageergebnisse mittels UNION zusammensetzen

T-SQL bietet eine elegante Methode, die Ergebnismengen mehrerer Abfragen (`SELECT`) zu einer einzigen zu kombinieren, indem die Zeilen hintereinander angefügt werden. Diese Abfrage liefert Werte aus zwei Tabellen in einer zurück.

```
SELECT Ort FROM Bestellungen
UNION
SELECT Ort FROM Angebote;
```

Werden mehr als nur zwei Ergebnismengen `UNION/INTERSECT/EXCEPT` miteinander kombiniert, so gilt folgende Reihenfolge:

1. Mit runden Klammern geklammerte Ausdrücke
2. `INTERCEPT`
3. `UNION` und `EXCEPT` anhand ihrer Reihenfolge in der Abfrage

Um `SELECT`-Anweisungen mittels `UNION` zu einer Ergebnismenge zu verbinden, müssen ein paar einfache Regeln beachtet werden:

- Alle Anweisungen müssen die gleiche Anzahl an Spalten zurückliefern. Hat eine der Abfragen dafür zu wenige Spalten, so können diese mit konstanten Werten „aufgefüllt" werden.
- Alle Spalten, die an der gleichen Stelle stehen, müssen vom Datentyp her verträglich sein. Ist dies nicht bei allen Spalten der Fall, so kann der Datentyp umgewandelt werden (gecastet).
- Eine Sortierung ist nur bei dem letzten `SELECT` erlaubt und betrifft dann das gesamte verbundene Ergebnis. Andere Angaben von `ORDER BY` führen zu einem Fehler.
- Einzelne Spalten können für die Ausgabe mit einem Alias versehen und umbenannt werden. Dies geschieht auf die gleiche Art wie bei `SELECT`-Anweisungen ohne `UNION`. Weitere Details stehen unter *4.5.1.1, „Spalten festlegen"*.

Im ersten Beispiel wird die erste Abfrage des `UNION`-Operators durch eine weitere Spalte mit leerem (und daher konstantem) Inhalt erweitert.

```
SELECT Ort, PLZ FROM Bestellungen
UNION
SELECT Ort, '' FROM Angebote ORDER BY Ort;
```

Stehen beide `SELECT`-Anweisungen in umgekehrter Reihefolge, so sollte die zweite Spalte einen Alias bekommen.

```
SELECT Ort, '' AS PLZ FROM Angebote ORDER BY Ort
UNION
SELECT Ort, PLZ FROM Bestellungen;
```

Diese Abfrage sortiert die gesamten Zeilen nach der einzigen Spalte, die sie zurückliefert.

```
SELECT Ort, '' AS PLZ FROM Angebote
UNION
SELECT Ort, PLZ FROM Bestellungen ORDER BY Ort, PLZ;
```

UNION DISTINCT

Der Standardumgang des `UNION`-Operators in Bezug auf Zeilen mit komplett identischem Inhalt besteht darin, diese aus der verbundenen Ergebnismenge zu entfernen.

> **Wichtig:**
> T-SQL erlaubt nicht die Angabe von `DISTINCT` nach `UNION` (also kein `UNION DISTINCT`), sondern wird indirekt, durch Nichtangabe von `UNION ALL`, aktiviert.

Die oben abgebildeten Abfragen liefern also jeden Ort bzw. jede Kombination aus Ort und PLZ nur einmal, unabhängig davon, wie oft diese vorkommt.

UNION ALL

Ist das Standardverhalten nicht erwünscht, so kann `UNION ALL` verwendet werden, um alle Zeilen des `UNION`-Operators zurückzuliefern, unabhängig davon, ob deren Inhalte eindeutig sind.

```
SELECT Ort FROM Angebote
UNION ALL
SELECT Ort FROM Bestellungen;
```

Wichtig:

Falls die Abfrage mehr als nur einen `UNION`-Operator beinhaltet, so ist es wichtig, dass alle mit `ALL` erweitert werden, da jeder die bis dahin gebildeten Ergebnismengen mit der folgenden `SELECT`-Anweisung kombiniert. Fehlt die Angabe von `ALL`, so werden bei diesem Schritt Zeilen mit identischen Werten entfernt.

Dieses Beispiel verbindet mehr als nur Ergebnismengen miteinander.

```
SELECT Ort FROM Angebote
UNION ALL
SELECT Ort FROM Bestellungen
UNION ALL
SELECT Ort FROM Mahnungen;
```

4.5.1.10 Schnittmenge mehrerer Abfragen mittels INTERSECT bilden

Mittels `INTERSECT` kann aus zwei Ergebnismengen die Schnittmenge erzeugt werden, zu der alle Zeilen gehören, die in beiden Abfragen zu finden sind.

```
SELECT Ort FROM Angebote
INTERSECT
SELECT Ort FROM Bestellungen;
```

Ansonsten gelten die gleichen Regeln, die auch bei `UNION` zu beachten und unter *4.5.1.9, „Mehrere Abfrageergebnisse mittels UNION zusammensetzen“*, erläutert sind. Dort ist zudem die Reihenfolge dargestellt, die bei der Verwendung von `UNION/INTERSECT/EXCEPT` in Kombination gilt.

4.5.1.11 Komplementärmenge mehrerer Abfragen mittels EXCEPT bilden

Wird die Komplementärmenge zweiter Abfragen benötigt, so kann diese mithilfe von `EXCEPT` gebildet werden. Diese enthält dann alle Zeilen, die in einer von beiden Ergebnismengen vorkommt, jedoch nicht in beiden.

```
SELECT Ort FROM Angebote
INTERSECT
SELECT Ort FROM Bestellungen;
```

Ansonsten gelten die gleichen Regeln, die auch bei `UNION` zu beachten und unter *4.5.1.9, „Mehrere Abfrageergebnisse mittels UNION zusammensetzen“*, erläutert sind. Dort ist auch die Reihenfolge dargestellt, die bei der Verwendung von `UNION/INTERSECT/EXCEPT` in Kombination gilt.

4.5.1.12 OUTPUT-Klausel

Mittels der OUTPUT-Klausel können Daten von DML-Anweisungen zurückgegeben werden, die dies eigentlich nicht vorsehen. Außer den `SELECT`-Anweisungen, deren vorrangiger Sinn es schon ist, Daten zu liefern, können damit die `INSERT`-, `DELETE`-, `UPDATE`- und

MERGE-Anweisungen ohne weiteren Zugriff auf den SQL Server Informationen an den Aufrufer liefern. In einigen Fällen ist dies sogar die Königslösung, z.B. um nach dem Einfügen eines Datensatzes den Wert der Identitätsspalte sicher (ohne dass Trigger etc. „dazwischenfunken" können) zu ermitteln. Der folgende Code zeigt, wie dies gemacht werden kann.

```
INSERT INTO Kunde
(Name, Ort, Telefon, Sprache, Vorzugskunde)
OUTPUT INSERTED.IDENTITYCOL
VALUES ('dotnetconsulting.eu', 'Viersen', '+2162 123456', 2, 1);
```

Die Ausgabe besteht aus dem Wert der Identitätsspalte, die aus der virtuellen INSERTED-Tabelle geholt wird.

Hinweis:

Ähnlich wie bei der Ausführung von DML-Triggern (siehe *4.6.4.1, „DML-Trigger")* stellt die virtuelle INSERTED-Tabelle die Daten in der Form zur Verfügung, wie sie nach Beendigung der Anweisung vorliegen werden. Die DELETED-Tabelle hingegen enthält alle Daten, wie sie vor dem Begin der Anweisung vorlagen. Es liegt auf der Hand, dass die entsprechenden Tabellen nur dann verfügbar sind, wenn sie einen Sinn ergeben. So stellt die INSERT-Anweisung nur eine INSERTED-Tabelle und die DELETE-Anweisung nur eine DELETED-Tabelle bereit. Die Anweisungen UPDATE und MERGE hingegen bieten beide Tabellen.

Ähnlich funktioniert dies auch bei den anderen erwähnten DML-Anweisungen. Unter *4.5.5, „Die Merge-Anweisung"*, finden Sie die OUTPUT-Klausel daher noch einmal in Zusammenarbeit mit der MERGE-Anweisung.

Wichtig:

Berücksichtigen Sie beim Einsatz der OUTPUT-Klausel, dass dies zum Teil DML-Trigger sind.

4.5.1.13 JOINS

Der Zugriff auf nur eine Tabelle stößt in einer relationalen Datenbank schnell an seine Grenzen. Oft sind zwischen mehreren Tabellen Beziehungen vorhanden, die berücksichtigt werden müssen. Hier ein kurzes Beispiel:

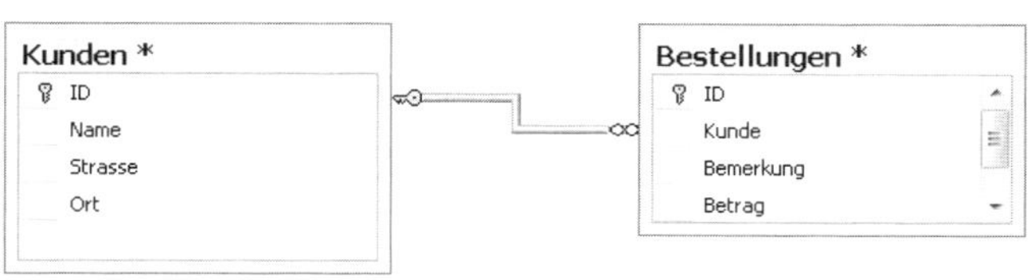

Abbildung 4.8 Eine 1:n-Beziehung zwischen Bestellungen und Kunden

Hier wird jeder Bestellung genau ein Kunde zugewiesen. Die Beziehung wird über die Felder Kunde (Tabelle Bestellungen) und ID (Tabelle Kunden) hergestellt. Um nun eine Abfrage schreiben zu können, die alle Bestellungen zusammen mit den Kundeninformationen auflistet, kommt die JOIN-Syntax zum Einsatz. Hier direkt ein kleines Beispiel:

```
SELECT * FROM Bestellungen
JOIN Kunden ON Bestellungen.Kunde = Kunden.IDENTITYCOL;
```

Die Abfrage liefert alle Zeilen aus der Tabelle Bestellungen, kombiniert mit der jeweiligen Zeile aus der Tabelle Kunden.

Wichtig:

Auch wenn hier die Verknüpfung mehrerer Tabellen mittels JOIN für die SELECT-Anweisung beschrieben wird, ist deren Einsatz auch bei UPDATE- und DELETE-Anweisungen möglich.

Die vorherige Anweisung kann durch die Verwendung kurzer Aliasnamen für die Tabellen kompakter notiert werden. Dies kommt der Übersichtlichkeit zugute.

```
SELECT K.Name, K.Strasse, B.Bemerkung, B.Betrag
FROM Bestellungen B JOIN Kunden K ON B.Kunde = K.IDENTITYCOL;
```

Hinweis:

Die Namen der Spalten wurden in diesem Beispiel alle mit der Tabelle (durch den Alias) qualifiziert. Dies ist eigentlich nur dann zwingend notwendig, wenn Namensgleichheit zweier Spalten herrscht. Abgesehen davon, dass es sich hierbei um einen guten Stil handelt, hilft es, diese lesbarer und einfacher verständlich zu machen.

Dieses Beispiel demonstriert noch einmal eine Abfrage mit JOIN, die einige der vorher beschriebenen Möglichkeiten kombiniert.

```
SELECT
K.Name 'Kundenname', K.Strasse, B.Bemerkung 'Bestellbemerkung', B.Betrag
FROM Bestellungen B JOIN Kunden K ON B.Kunde = K.IDENTITYCOL
WHERE B.Betrag > 1900 ORDER BY K.Name;
```

Es sind JOIN-Abfragen mit mehr als nur zwei Tabellen möglich:

```
SELECT * FROM
Bestellungen B INNER JOIN Kunden K ON B.Kunde = K.IDENTITYCOL
INNER JOIN Zahlungsziele Z ON B.Zahlungsziel = Z.IDENTITYCOL;
```

Hinweise:

Kommen mehrere JOINs in einer Abfrage zum Einsatz, können diese unterschiedlichen Varianten entsprechen.

Unterschiedliche JOIN-Varianten

Um zwei Tabellen miteinander zu verbinden, gibt es unterschiedliche JOIN-Varianten, die im Folgenden näher beschrieben werden:

Tabelle 4.6 Unterschiedliche JOIN-Varianten

Variante	Beschreibung
`INNER JOIN`	Dieser `JOIN` liefert die Schnittmenge aus beiden Tabellen. D.h., nur solche Zeilen, für welche die Bedingung zutrifft, werden berücksichtigt. Ohne weitere Angaben entspricht dies dem Standard-`JOIN`. Daher sind alle bisherigen Beispiele `INNER JOIN`-Abfragen.
`LEFT [OUTER] JOIN,` `RIGHT [OUTER] JOIN`	Gibt an, dass alle Zeilen der linken (rechten) Tabelle, selbst wenn diese die angegebene Verknüpfungsbedingung nicht erfüllen, in der Ergebnismenge enthalten sind. Die Ausgabespalten der anderen Tabelle werden auf `NULL` gesetzt. Dies erfolgt zusätzlich zu allen Zeilen, die von `INNER JOIN` zurückgegeben werden.
`FULL [OUTER] JOIN`	Gibt an, dass eine Zeile aus der linken oder der rechten Tabelle in der Ergebnismenge aufgeführt werden soll, auch wenn diese die Verknüpfungsbedingung nicht erfüllt. Die Ausgabespalten der anderen Tabelle werden in diesem Fall auf `NULL` festgelegt. Dies erfolgt zusätzlich zu allen Zeilen, die von `INNER JOIN` zurückgegeben werden.
`CROSS JOIN`	Gibt an, dass aus beiden Tabellen ein Kreuzprodukt gebildet wird. Dies bedeutet, dass jede Zeile aus der einen Tabelle mit jeder Zeile aus der anderen kombiniert wird. Dieser besondere `JOIN` kommt daher auch ohne `ON`-Syntax aus. `SELECT * FROM Bestellungen CROSS JOIN Kunden;`

Dieses Beispiel liefert alle Kunden und deren Bestellungen. Dabei werden auch solche Kunden geliefert, für die keine Bestellung gespeichert ist.

```
SELECT * FROM
Kunden K RIGHT JOIN Bestellungen B ON K.IDENTITYCOL = B.Kunde;
```

Hinweis:

`INNER JOIN`-Abfragen können auch ohne das `JOIN`-Schlüsselwort realisiert werden. Hier ein Beispiel:

```
SELECT * FROM
Bestellungen B, Kunden K WHERE B.Kunde = K.IDENTITYCOL;
```

Hinweis:

Auch `CROSS JOIN`-Abfragen kommen ohne das `JOIN`-Schlüsselwort aus:

```
SELECT * FROM Bestellungen, Kunden;
```

Tipp:

Am einfachsten lassen sich auch komplexe `JOIN`-Abfragen über das SQL Server Management Studio (Express) erstellen. Mehr Details finden sich in *Kapitel 3, „Microsoft SQL Server 2008 (R2)*“.

4.5.1.14 Daten als XML abrufen

Die `SELECT`-Anweisung kann, mittels Erweiterung durch eine `FOR`-Klausel, Daten direkt als XML formatiert zurückliefern. Es existiert eine ganze Reihe von Kombinationsmöglichkeiten für unterschiedliche Zwecke. Hier werden die wichtigsten kurz beschrieben.

Um die Daten einer Ergebnismenge zeilenweise als XML-Elemente mit Attributen zu erhalten, wird die `FOR XML AUTO`-Variante verwendet.

```
SELECT * FROM Kunden FOR XML AUTO;
```

Das Ergebnis kann so aussehen:

```
<Kunden ID="2" Name="Neumann AG" Strasse="Neue Straße" Ort="Neuhausen"/>
<Kunden ID="3" Name="Wasser AG" Strasse=" Leitung 3" Ort="Wasserteich"/>
<Kunden ID="4" Name="Sand GmbH" Strasse="Holzweg 1" Ort="Baumhausen"/>
```

Sollen am Anfang Informationen über das XML Schema eingefügt werden, so muss die `FOR XML AUTO, XMLSCHEMA`-Variante verwendet werden. Nach dem Schema werden die Daten zeilenweise in Form von XML-Elementen und spaltenweise als XML-Attribute angehängt.

```
SELECT * FROM Kunden FOR XML AUTO, XMLSCHEMA;
```

Um mit dem `SqlXmlReader`-Objekt (ADO.NET) zu arbeiten, wird folgende Variante benötigt, welche die Daten in der entsprechenden Form liefert:

```
SELECT * FROM Bestellungen FOR XML AUTO, XMLDATA;
```

Die Ausgabe sieht so aus:

```
<Schema name="Schema13" xmlns="urn:schemas-microsoft-com:xml-data"
xmlns:dt="urn:schemas-microsoft-com:datatypes">
  <ElementType name="Kunden" content="empty" model="closed">
    <AttributeType name="ID" dt:type="i4" />
    <AttributeType name="Name" dt:type="string" />
    <AttributeType name="Strasse" dt:type="string" />
    <AttributeType name="Ort" dt:type="string" />
    <attribute type="ID" />
    <attribute type="Name" />
    <attribute type="Strasse" />
    <attribute type="Ort" />
  </ElementType>
</Schema>
<Kunden ID="2" Name="Neumann AG" Strasse="Neue Straße" Ort="Neuhausen" />
<Kunden ID="3" Name="Wasser AG" Strasse=" Leitung 3" Ort="Wasserteich" />
<Kunden ID="4" Name="Sand GmbH" Strasse="Holzweg 1" Ort="Baumhausen" />
```

Abbildung 4.9 XML-Daten werden strukturiert angezeigt.

Das SQL Server Management Studio (Express) kann XML-Daten, nach einem Klick auf Rückgabe der T-SQL-Abfrage, strukturiert anzeigen.

4.5.1.15 Rangfolgefunktionen

Mit sogenannten Rangfolgefunktionen (Ranking Functions) sind Funktionen gemeint, die das Ergebnis einer Abfrage aufteilen und mit einem Rang, also einer aufsteigenden Nummerierung, versehen. Dieses Aufteilen kann so aussehen, dass z.B. jede Zeile für sich steht, also eine Zeilennummerierung generiert wird, alle Zeilen in (fast) gleich große „Abschnitte" aufgeteilt werden oder dass unterschiedliche Werte jeweils in einem „Abschnitt" zusammengefasst und mit einem Wert versehen werden.

Da die Nummerierung gleichzeitig einen Rang darstellt, muss bestimmt werden, in welcher Reihenfolge die Zeilen zu betrachten sind. Dabei kommt eine Syntax zum Einsatz, wie sie auch bei der Sortierung mittels `ORDER BY` verwendet wird. Diese wird in runden Klammern nach dem Schlüsselwort `OVER` angegeben und bietet die gleichen Möglichkeiten (Details zu `ORDER BY` finden Sie unter *4.5.1.6*, *„*Sortierung mittels ORDER BY*"*).

Das folgende Beispiel zeigt die Syntax anhand der `ROW_NUMBER()`-Funktion.

```
SELECT ROW_NUMBER() OVER (ORDER BY ID) AS 'Zeilennummer',
    * FROM Kunden;
```

Alle Rangfolgefunktionen vergeben Werte von 1 aufsteigt, das Ergebnis zeigt daher eine aufsteigende Nummerierung von 1 bis 6 für die Werte aus **Abbildung 4.10**.

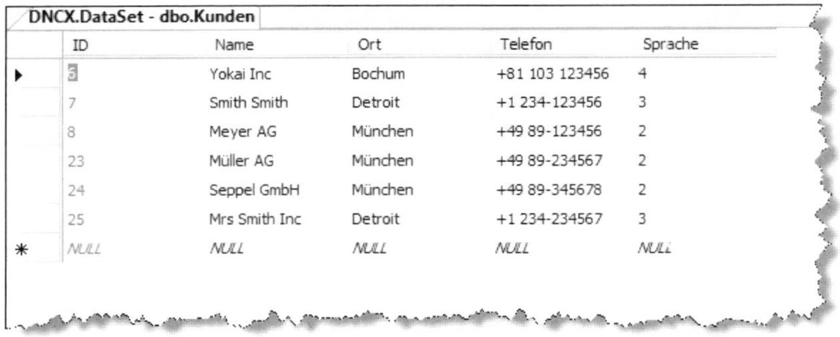

DNCX.DataSet - dbo.Kunden

	ID	Name	Ort	Telefon	Sprache
▶	6	Yokai Inc	Bochum	+81 103 123456	4
	7	Smith Smith	Detroit	+1 234-123456	3
	8	Meyer AG	München	+49 89-123456	2
	23	Müller AG	München	+49 89-234567	2
	24	Seppel GmbH	München	+49 89-345678	2
	25	Mrs Smith Inc	Detroit	+1 234-234567	3
*	NULL	NULL	NULL	NULL	NULL

Abbildung 4.10 .Die Daten für die folgenden Beispiele der Rangfolgefunktionen

Die folgenden Abschnitte beschreiben nun die vier Rangfolgefunktionen mit einem Beispiel und dem entsprechenden Ergebnis auf diese Daten.

ROW_NUMBER()

Diese Funktion liefert eine fortlaufende, lückenlose Zeilennummerierung. Ihre Syntax ist einfach und wurde bereits gezeigt, sodass an dieser Stelle nur eine Wiederholung zusammen mit dem Ergebnis für die Übersichtlichkeit erfolgt.

```
SELECT ROW_NUMBER() OVER (ORDER BY ID) AS 'Zeilennummer', *
FROM Kunden;
```

Das Ergebnis wird in der folgenden Abbildung gezeigt und dürfte kaum überraschen.

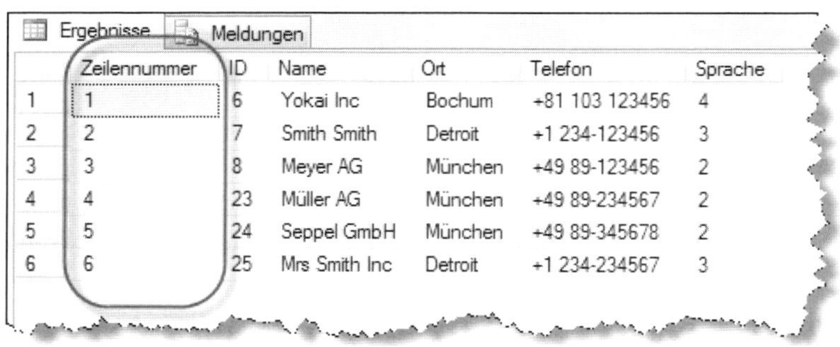

Ergebnisse | Meldungen

	Zeilennummer	ID	Name	Ort	Telefon	Sprache
1	1	6	Yokai Inc	Bochum	+81 103 123456	4
2	2	7	Smith Smith	Detroit	+1 234-123456	3
3	3	8	Meyer AG	München	+49 89-123456	2
4	4	23	Müller AG	München	+49 89-234567	2
5	5	24	Seppel GmbH	München	+49 89-345678	2
6	6	25	Mrs Smith Inc	Detroit	+1 234-234567	3

Abbildung 4.11 .Das Ergebnis der ROW_NUMBER()-Funktion

PARTITION BY

Zusätzlich ist Folgendes möglich, was zum Ergebnis hat, dass sowohl alle Orte zusammengefasst als auch die Zeilen nach dem Namen sortiert und durchnummeriert werden. Das Zusammenfassen nach einer oder mehreren Spalten wird als Partitionierung bezeichnet und geschieht mittels des `PARTITION BY`-Schlüsselworts.

```
SELECT ROW_NUMBER() OVER (PARTITION BY Ort ORDER BY Name)
    AS 'Zeilennummer', * FROM Kunden;
```

Die so entstehende Nummerierung beginnt konsequenterweise für jeden einzelnen Ort immer wieder bei 1. Das Ergebnis der vorherigen Abfrage sieht wie folgt aus:

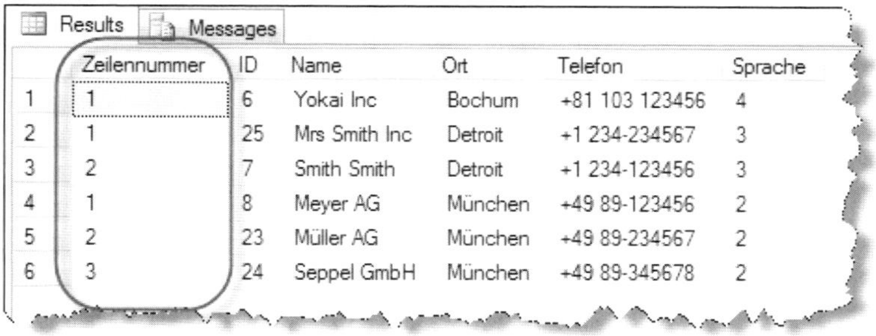
Results | Messages

	Zeilennummer	ID	Name	Ort	Telefon	Sprache
1	1	6	Yokai Inc	Bochum	+81 103 123456	4
2	1	25	Mrs Smith Inc	Detroit	+1 234-234567	3
3	2	7	Smith Smith	Detroit	+1 234-123456	3
4	1	8	Meyer AG	München	+49 89-123456	2
5	2	23	Müller AG	München	+49 89-234567	2
6	3	24	Seppel GmbH	München	+49 89-345678	2

Abbildung 4.12 .Das Ergebnis der ROW_NUMBER()-Funktion mit Partitionierung

Für die Partitionierung kann nach `PARTITION BY` mehr als nur eine Spalte oder Ausdruck jeweils durch ein Komma getrennt angegeben werden.

```
SELECT ROW_NUMBER() OVER (PARTITION BY Ort, Sprache ORDER BY Name)
    AS 'Zeilennummer', * FROM Kunden;
```

Hinweis:
Auch die anderen Rangfolgefunktionen können über partitionierte Daten mittels `PARTITION BY` angewandt werden. Das Ergebnis ist dann entsprechend und beziehend sich jeweils auf den oder die Werte, die für die Partitionierung angegeben wurden.

NTILE()

Die `NTILE()`-Funktion ist die einzige Rangfolgefunktion, die einen Parameter akzeptiert. Dieser Parameter gibt an, in wie viele (halbwegs) gleich große „Abschnitte" die Zeilen unterteilt werden sollen. Dabei sind die folgenden beiden Ausnahmen zu berücksichtigen, die jedoch nicht zu einem Fehler führen:

- Ist der angegebene Wert gleich oder größer als die Anzahl der Zeilen, so bekommt jede Zeile einen Wert, bis alle Zeilen „versorgt" sind. Äußerlich verhält sich `NTILE()` dann wie die `ROW_NUMBER()`-Funktion.
- Für den Fall, dass die Anzahl an Zeilen sich nicht glatt durch die Anzahl der gewünschten „Abschnitte" teilen lässt, enthalten einige „Abschnitte" weniger Zeilen, damit jeder „Abschnitt" mindestens eine Zeile enthält. Dabei kann die Differenz zwischen der Anzahl des Auftretens einer Nummer und einer anderen höchstens 1 betragen.

Ein Beispiel für die `NTILE()`-Funktion sieht wie folgt aus:

```
SELECT NTILE(4) OVER (ORDER BY ID) AS 'Abschnitte', *
FROM Kunden;
```

Beachten Sie, dass die Zeilen insgesamt in die „Abschnitte“ 1 bis 4 aufgeteilt werden, jedoch einzelne Nummern unterschiedlich oft auftauchen.

	Abschnitte	ID	Name	Ort	Telefon	Sprache
1	1	6	Yokai Inc	Bochum	+81 103 123456	4
2	1	7	Smith Smith	Detroit	+1 234-123456	3
3	2	8	Meyer AG	München	+49 89-123456	2
4	2	23	Müller AG	München	+49 89-234567	2
5	3	24	Seppel GmbH	München	+49 89-345678	2
6	4	25	Mrs Smith Inc	Detroit	+1 234-234567	3

Abbildung 4.13 .Das Ergebnis der NTILE()-Funktion

RANK()

Mit der `RANK()`-Funktion werden unterschiedliche Werte(kombinationen) durchnummeriert. Hier enthalten gleiche Werte(kombinationen) die gleiche Nummerierung. Dabei wird die Nummerierung intern fortgeführt, sodass es zu entsprechenden Lücken kommt.

Folgende Abfrage

```
SELECT RANK() OVER (ORDER BY Ort) AS 'Rang', *
FROM Kunden;
```

führt z.B. zu dem folgenden Ergebnis:

	Rang	ID	Name	Ort	Telefon	Sprache
1	1	6	Yokai Inc	Bochum	+81 103 123456	4
2	2	7	Smith Smith	Detroit	+1 234-123456	3
3	2	25	Mrs Smith Inc	Detroit	+1 234-234567	3
4	4	8	Meyer AG	München	+49 89-123456	2
5	4	23	Müller AG	München	+49 89-234567	2
6	4	24	Seppel GmbH	München	+49 89-345678	2

Abbildung 4.14 .Das Ergebnis der RANK()-Funktion

Betrachten Sie hier, dass der Ort „Detroit“ die Nummerierung 2 bekommt, München später jedoch erst bei 4 beginnt. Die 3 wird quasi vom zweiten Auftauchen von „Detroit“ überlagert.

Sind diese Lücken unerwünscht, so ist die `DENSE-RANK()`-Funktion die richtige Wahl.

DENSE_RANK()

Die `DENSE_RANK()`-Funktion arbeitet wie die `RANK()`-Funktion, indem sie gleiche Werte zu nummerierten „Abschnitten“ zusammenstellt, doch mit einem Unterschied: Die entstehende Nummerierung ist lückenlos!

```
SELECT DENSE_RANK() OVER (ORDER BY Ort) AS 'Rang, lückenlos', *
FROM Kunden;
```

Das Ergebnis sieht wie folgt aus

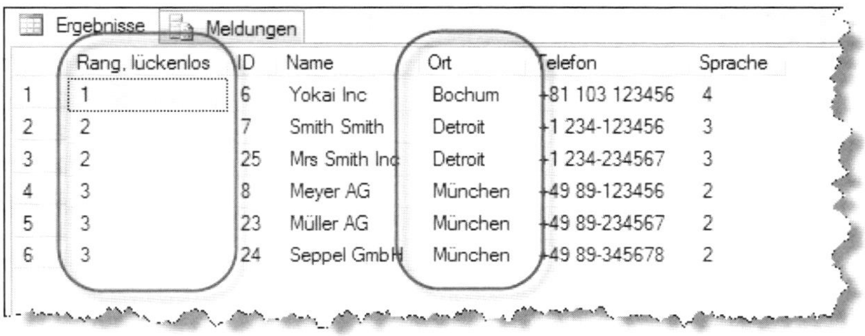

	Rang, lückenlos	ID	Name	Ort	Telefon	Sprache
1	1	6	Yokai Inc	Bochum	+81 103 123456	4
2	2	7	Smith Smith	Detroit	+1 234-123456	3
3	2	25	Mrs Smith Inc	Detroit	+1 234-234567	3
4	3	8	Meyer AG	München	+49 89-123456	2
5	3	23	Müller AG	München	+49 89-234567	2
6	3	24	Seppel GmbH	München	+49 89-345678	2

Abbildung 4.15 .Das Ergebnis der DENSE_RANK()-Funktion

„München“ besitzt nun als Dritter den Wert 3, es entstehen also keine Lücken mehr!

Sortieren, Gruppieren und Filtern mit Rankfolgefunktionen

Während die Sortierung von Ergebnissen nach den Werten von Rangfolgefunktionen weniger interessant ist (schließlich erlauben sie bereits die Sortierung), ist das Gruppieren und besonders das Filtern schon spannender und benötigt einen kleinen Trick, damit die Abfrage ausgeführt werden kann. Die Funktion muss sich in einer Unterabfrage (auch abgeleitete Tabellen oder „Derived Table“ genannt) befinden, damit die äußere Abfrage nach entsprechenden Rückgabewerten filtern und gruppieren kann.

Der folgende Beispielt zeigt, wie dies gemacht wird.

```
SELECT * FROM
(SELECT ROW_NUMBER() OVER (ORDER BY ID) AS 'ZNr', * FROM Kunden) AS t
WHERE ZNr BETWEEN 50 AND 99;
```

Auf diese Weise kann z.B. mit der `ROW_NUMBER()`-Funktion ein Paging[7] realisiert werden. Das Beispiel zeigt alle Zeilen zwischen der 50. und 99. Zeile (jeweils einschließlich) an.

---

[7] [7]Paging ist eine Technik, mit der z.B. von einem Suchergebnis nur die Zeilen von n bis m angezeigt werden. Diese bilden quasi eine Seite (engl. Page), was dieser Technik ihren Namen verliehen hat.

Wichtig:

Das Beispiel definiert den Alias `t` für die Unterabfrage. Auch wenn dieser nicht in der Abfrage verwendet wird, so ist er doch nötig, da SQL Server sonst einen Fehler erzeugt und sich beschwert, dass eine falsche Syntax in der Nähe des `WHERE`-Schlüsselwortes verwendet wurde.

Somit kann z.B. einfach die folgende gespeicherte Prozedur geschrieben werden, um eine Suche zu realisieren, die nicht immer die ersten Zeilen des Ergebnisses zurückliefert, sondern auf Wunsch jeden anderen „Abschnitt".

```
CREATE PROC usp_SucheKundenNachName
    @Name VARCHAR(100),
    -- Standardmäßig maximal die
    -- ersten 20 Zeilen zurückliefern
    @StartIndex INT = 1,
    @PageSize INT = 20
AS
BEGIN
    SET NOCOUNT ON;

    -- Suchparameter für LIKE vorbereiten
    SET @Name = ISNULL(@Name, '') + '%';

    -- Suchen
    SELECT * FROM
     (SELECT ROW_NUMBER() OVER (ORDER BY ID) AS 'Zeilennr', *
     FROM Kunden WHERE Name LIKE @Name) t
    WHERE Zeilennr BETWEEN @StartIndex AND @StartIndex+@PageSize;
END;
```

Sowohl die erste Zeile (`@StartIndex`) also auch die maximale Größe der Rückgabe (`@PageSize`) wurden als optimale Parameter mit sinnvollen Standardwerten implementiert.

Mit diesem Vorgehen können die zurückgelieferten Werte der Rangfolgefunktionen wie schon erwähnt nicht nur gefiltert, sondern auch gruppiert und, wenn es denn sein muss, sogar sortiert werden.

4.5.2 Daten einfügen

Bevor Daten aus Tabellen oder durch Sichten ausgegeben werden können, müssen diese erst einmal eingefügt werden. Dies kann mittels zweier unterschiedlicher T-SQL-Anweisungen geschehen: über die `INSERT`- oder `SELECT INTO`-Anweisung.

Wichtig:

Auch wenn hier wieder nur von Tabellen die Rede ist, da manche Sichten änderbar sind, können in diese ebenfalls Daten eingefügt werden (die Daten werden letztendlich jedoch immer in einer Tabelle gespeichert). Details finden Sie unter *4.4.14, „Tabellen oder Sichten"*.

Interessant:

Egal wie Daten in eine Tabelle eingefügt werden, häufig ist die Frage interessant, welchen eindeutigen Identitätswert (ID) der letzte eingefügte Datensatz bekommen hat. Für diesen Zweck existieren `@@IDENTITY` & Co. oder, noch viel besser, die `OUTPUT`-Anweisung, die unter *4.5.1.12, „OUTPUT-Klausel"* beschrieben wird.

INSERT

Die `INSERT`-Anweisung ist das primäre Mittel, um Daten in eine Tabelle einzufügen. Von ihr gibt es wiederum zwei Varianten, die sich lediglich darin unterscheiden, woher die Daten, die eingefügt werden sollen, kommen – der Teil, der angibt, in welchen Spalten der Tabelle die Daten abgelegt werden sollen, ist in beiden Fällen der identische.

> **Wichtig:**
> Unabhängig davon, welche der beiden Varianten der `INSERT`-Anweisung verwendet wird, sollte immer darauf geachtet werden, dass die Anzahl der angegebenen Spalten der Anzahl der vorhandenen Werte genau entspricht.

Zunächst einmal die einfachere Variante, die mit konstanten Werten und mit Funktionen (die wiederum nur von Kostanten abhängen oder keine Parameter erwarten) arbeitet. Ein einfaches Beispiel soll dies demonstrieren.

```
INSERT INTO Bestellungen (Bemerkung, Betrag, Datum)
VALUES ('Schnelle Lieferung', 1900, getdate());
```

> **Tipp:**
> In Fällen, in denen wie hier z.B. ein Anlagedatum eingefügt werden soll, ist es praktischer, das Datum durch einen Standardwert einfügen zu lassen. Damit wird das Datum immer eingefügt, unabhängig davon, durch welche T-SQL-Anweisung die Daten eingefügt werden, und kann nicht vergessen werden.

Es müssen stets neben der Tabelle auch alle Spalten, die einen Wert erhalten sollen, notiert werden. Wird keine Felderliste angegeben, geht der SQL Server davon aus, dass in alle Spalten ein Wert eingefügt werden soll. Diese Anweisung würde nur dann laufen, wenn die Tabelle nur zwei Spalten hat.

```
INSERT INTO Bestellungen VALUES ('Schnelle Lieferung', 1900);
```

Bei der Angabe der Spalten und Werte sollte bitte Folgendes beachtet werden:

- Es müssen für alle Spalten Werte vorhanden sein, die weder `NULL` sind noch einen Standardwert definieren. Ansonsten würden Spalten `NULL`-Werte erhalten, für die dies nicht zugelassen ist.
- Datentypen und Werte müssen zusammenpassen. Ist dies nicht der Fall, so helfen `CONVERT` und `CAST`.
- Alle verwendeten Werte müssen den Regeln der Spalten (`CHECK CONTRAINT`) und denen der Tabelle genügen. Auf Wunsch können alle oder einige Einschränkungen deaktiviert werden. Für Details siehe *4.9.6*, „Einschränkungen deaktivieren“.
- Unter normalen Umständen können keine Werte in die Identitätsspalte eingefügt werden, da diese automatisch vom SQL Server vergeben werden. Wie dies jedoch für einen Import etc. möglich ist, erfahren Sie unter *4.9.2*, „Werte in die Identitätsspalte einfügen“.

- Für Spalten, die einen Standardwert haben, lässt sich dieser mit dem `DEFAULT`-Symbol notieren. Dies kann dann so aussehen:
  `INSERT INTO Bestellung (Bemerkung, Betrag) VALUES (DEFAULT, 1900);`

Wichtig:

Bevor die Daten tatsächlich in der Tabelle gespeichert werden, führt der SQL Server alle definierten Trigger (`INSERT` und `INSTEAD OF`) aus. Diese Trigger werden intern in der gleichen Transaktion ausgeführt. So besteht die Möglichkeit, durch Aufrufen der `ROLLBACK TRANSACTION`-Anweisung die Änderung abzubrechen. Damit wird die Transaktion zurückgerollt und der Zustand wieder hergestellt, der bestand, bevor die `INSERT`-Anweisung ausgeführt wurde. Details zu Triggern und Transaktionen finden sich unter *4.6.4, „Trigger“*, und hier: *4.8, „Transaktionen“*.

SQL Server 2008 (R2) bietet im Gegensatz zu seinen Vorgängern eine leicht erweiterte Syntax für die `INSERT`-Anweisung, mit der mehrere Zeilen durch eine einzelne Anweisung eingefügt werden können.

```
INSERT INTO Bestellungen (Bemerkung, Betrag, Datum)
VALUES
('Schnelle Lieferung 1', 2500, getdate()),
('Schnelle Lieferung 2', 1900, getdate()),
('Schnelle Lieferung 3', 2900, getdate());
```

Dieses Beispiel ist die kompakte Alternative zu den drei separaten `INSERT`-Anweisungen.

Die schon angesprochene Variante bezüglich der Herkunft der Werte für die `INSERT`-Anweisung ist ähnlich aufgebaut. Der Unterschied liegt darin, dass die Daten hierbei aus einer `SELECT`-Anweisung bezogen werden.

```
INSERT INTO Bestellung (Bemerkung, Betrag)
SELECT Bemerkung, Betrag FROM ImportTabelle
```

In Verbindung mit einer `UNION`-Anweisung existiert eine alternative Möglichkeit, mehrere Zeilen gleichzeitig einzufügen. Diese funktioniert auch unter SQL Server 2005 und früheren Versionen. Das folgende Beispiel fügt die gleichen Inhalte wie oben ein.

```
INSERT INTO Tabelle
SELECT 'Schnelle Lieferung 1', 2500, getdate() UNION ALL
SELECT 'Schnelle Lieferung 2', 1900, getdate() UNION ALL
SELECT 'Schnelle Lieferung 3', 2900, getdate();
```

Tipp:

Bei der `SELECT`-Anweisung stehen alle Möglichkeiten offen, die benötigten Daten bereitzustellen. Dies betrifft auch die Sortierung und Gruppierung. Weitere Details unter *4.5.1, „Daten abfragen“*.

Eine solche Anweisung kann entweder keinen, einen oder mehr als nur einen Datensatz in die Zieltabelle einfügen – je nachdem, wie viele Zeilen die `SELECT`-Anweisung zurückliefert. Kommt es dabei auch nur in einer Zeile zu einem Fehler, weil eine Regel einer Spalte oder der Tabelle verletzt wurde, wird die Anweisung komplett abgebrochen und keine Zeile eingefügt. Setzt ein Trigger die Transaktion (`ROLLBACK TRANSACTION`, siehe *4.8,*

„Transaktionen") zurück, dann werden konsequenterweise ebenfalls keine Zeilen eingefügt.

Um gleichzeitig beim Einfügen von Daten Informationen an den Aufrufer zurückzuliefern, existiert die `OUTPUT`-Anweisung. Mit ihr lassen sich berechnete Spalten und Werte, die vom Server vergeben werden (Identitätsspalte), ausgeben.

```
INSERT INTO Kunden ([Name], Strasse, Ort)
OUTPUT INSERTED.IDENTITYCOL
VALUES ('Kansy','Wasserweg','Viersen');
```

Solche Anweisungen können bequem mit der `SqlCommand.ExecuteScalar`-Funktion ausgeführt werden und liefern den gewünschten Wert zurück. Das SQL Server Management Studio (Express) stellt das Ergebnis als eine Tabelle mit einer Zeile und einer Spalte dar.

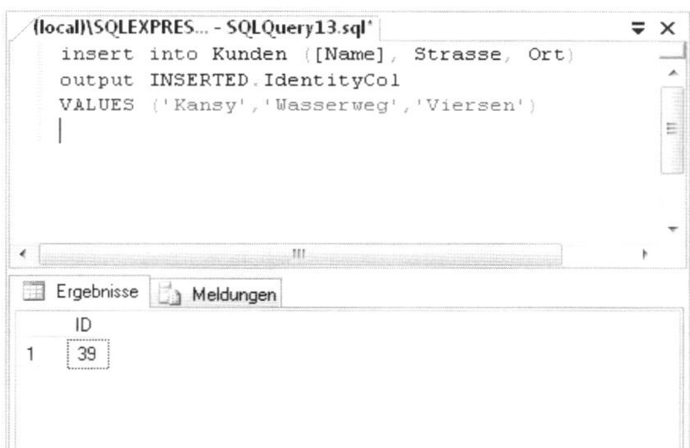

Abbildung 4.16 INSERT-Anweisung in Verbindung mit der OUTPUT-Klausel

Kapitel 5 beschäftigt sich ausgiebig mit ADO.NET.

Hinweis:
Die virtuelle Tabelle `INSERTED` wird zur Laufzeit der Anweisung vom SQL Server bereitgestellt.

SELECT INTO

Ein anderer Weg, Daten in eine Tabelle einzufügen, ist die `SELECT INTO`-Anweisung. Das Besondere daran ist, dass die angebende Tabelle nicht existieren darf und bei der Ausführung passend für die entsprechenden Daten erstellt wird. Damit wird also eine `INSERT`- und eine `CREATE TABLE`-Anweisung kombiniert.

Wichtig:
Wenn die Tabelle dauerhaft ist, d.h., ihr Name nicht mit '#' oder '##' anfängt, muss der Programmierer das Recht besitzen, Tabellen anlegen zu dürfen, da sonst die Anweisung scheitert.

Ihre Syntax ist fast identisch mit der einer gewöhnlichen SELECT-Anweisung zur Datenabfrage.

```
SELECT * INTO NeueTabelle FROM Bestellungen;
```

Es sind, um die Daten zurückzuliefern, auch komplexere Anweisungen möglich.

```
SELECT count(*) Anzahl, Bemerkung INTO NeueTabelle
FROM Bestellungen GROUP BY Bemerkung ORDER BY Anzahl;
```

Wichtig:

SELECT INTO sollte möglichst nur verwendet werden, um temporäre Tabellen zu erzeugen. Dauerhafte Tabellen sollten von vornherein vorhanden sein und wenn überhaupt nur sehr selten von einer laufenden Anwendung verändert werden.

Tipp:

Um einen Namen für Tabellen (sowohl temporäre als auch dauerhafte) erneut zu verwenden, muss die alte Tabelle vorher gelöscht werden. Dies wird mit der DROP TABLE-Anweisung erledigt. Da der Erzeuger eines Datenbankobjektes auch gleichzeitig dessen Besitzer ist und ein Objektbesitzer alle Berechtigungen auf das Objekt hat, ist dies in der Regel möglich. Mehr Details finden sich unter *4.6.3.4, „Tabellen komplett löschen“*.

4.5.3 Daten löschen

Um Daten aus einer Tabelle zu löschen, stehen zwei verschiedene T-SQL-Anweisungen für unterschiedliche Anwendungsbereiche zur Verfügung. Es wird jedoch so sein, dass die DELETE-Anweisung für die Mehrheit der Anforderungen die richtige Wahl ist. Die TRUNCATE TABLE-Anweisung ermöglicht nur das Löschen des gesamten Tabelleninhalts ohne Einschränkungen und unterliegt einigen Einschränkungen – mehr dazu weiter unten.

DELETE

Um Daten gezielt aus einer Tabelle zu löschen, steht die DELETE-Anweisung zur Verfügung. Mittels des Schlüsselwortes WHERE können, genau wie bei einer SELECT-Anweisung, die zu löschenden Spalten gefiltert werden.

Wichtig:

Auch wenn hier wieder nur von Tabellen die Rede ist, da manche Sichten änderbar sind, können aus diesen ebenfalls Daten gelöscht werden (die Daten werden letztendlich jedoch immer aus einer Tabelle gelöscht). Details finden Sie unter *4.4.14, „Tabellen oder Sichten“*.

Die DELETE-Anweisung arbeitet so, dass sie jede Zeile einzeln löscht. Kommt es dabei zu einem Fehler, so wird die gesamte Anweisung abgebrochen, und alle Zeilen sind so vorhanden, als wäre die Anweisung nicht ausgeführt worden.

Wichtig:
Bevor die Daten tatsächlich aus einer Tabelle gelöscht werden, führt der SQL Server alle definierten Trigger (`DELETE` und `INSTEAD OF`) aus. Diese Trigger werden intern in der gleichen Transaktion ausgeführt. Damit besteht die Möglichkeit, durch Aufrufen der `ROLLBACK TRANSACTION`-Anweisung, die Änderung abzubrechen. Damit wird die Transaktion zurückgerollt und der Zustand wieder hergestellt, der bestand, bevor die `DELETE`-Anweisung ausgeführt wurde. Details zu Triggern und Transaktionen finden sich unter *4.6.4, „Trigger“* und hier: *4.8, „Transaktionen“*.

Diese Abfrage löscht ohne Einschränkung alle Zeilen aus der angebenden Tabelle.

```
DELETE FROM Bestellungen;
```

Das `FROM`-Schlüsselwort ist dabei optional und kann entfallen, sodass es etwas kürzer mit dem folgenden Abfragetext geht:

```
DELETE Bestellungen;
```

Hier sieht man, wie gezielt nur solche Zeilen gelöscht werden, die aus London stammen.

```
DELETE FROM Bestellungen WHERE Ort = 'London'
```

Weitere Hinweise, wie Sie welchen Filter mit der `WHERE`-Syntax erreichen, finden Sie unter *4.5.1.5, „Zeilen mittels WHERE einschränken“*.

Tipp:
Die Gemeinsamkeiten im Aufbau zwischen der `DELETE` und der `SELECT`-Anweisung lassen sich praktisch ausnutzen um Zeilen erst anzuzeigen, bevor sie gelöscht werden. Die folgende Anweisung demonstriert dies. Es benötigt nur eine geringfügige Veränderung der Zeilenkommentare um die Zeilen tatsächlich zu löschen:

```
SELECT *
-- DELETE
FROM Bestellungen WHERE Ort = 'London';
```

Hinweis:
Ähnlich wie die `SELECT`-Anweisung können Sie die Anzahl der Datensätze die maximal gelöscht werden mit den Anweisungen `TOP` oder `TOP PERCENT` begrenzen. Für weitere Details siehe *4.5.1.2, „Anzahl der Zeilen mit TOP und TOP PERCENT begrenzen“*.

TRUNCATE TABLE

Um den kompletten Inhalt einer Tabelle möglichst schnell zu löschen, kommt die `TRUNCATE TABLE`-Anweisung zum Einsatz. Sie löscht alle Zeilen aus einer Tabelle, ohne die einzelnen Löschungen zu protokollieren. Dabei entstehen ein Geschwindigkeitsvorteil und ein reduzierter Bedarf an Systemressourcen gegenüber `DELETE`.

Hinweis:

Die TUNCATE TABLE-Anweisung gehört nicht zu den DML-, sondern zu der Gruppe der DDL-Anweisungen. Begründet liegt dies darin, dass der Wert der Identitätsspalte (soweit vorhanden) wieder auf seinen Anfangswert zurückgesetzt wird und somit nicht nur der Inhalt der Tabelle von der Anweisung betroffen ist. Intern wird die Tabelle durch die Anweisung gelöscht und wieder erzeugt. Das erklärt sowohl den Geschwindigkeitsvorteil als auch eine Vielzahl der Einschränkungen, die im Folgenden aufgeführt werden.

Dieser Vorteil steht einer ganzen Reihe von Einschränkungen gegenüber.

- Es kann nur der gesamte Inhalt einer Tabelle gelöscht werden. Eine Einschränkung in Form eines WHERE-Zusatzes, wie es DELETE erlaubt, ist nicht möglich.
- Es werden keine Trigger ausgelöst.
- Die Tabelle darf nicht Bestandteil einer Replikation der Datenbank sein.
- Die Tabelle darf nicht Bestandteil einer indizierten Sicht sein.
- Es dürfen keine Fremdschlüssel-Einschränkungen (FOREIGN KEY) auf die Tabelle verweisen.
- Es werden recht umfangreiche Berechtigungen benötigt. Mindestens wird die Berechtigung zum Ändern des Schemas einer Tabelle (ALTER-Berechtigung) benötigt. Dieses Recht liegt standardmäßig beim Tabellenbesitzer, bei der Serverrolle sysadmin und den Datenbankrollen db_owner und db_ddladmin.

Dieses Beispiel löscht den gesamten Inhalt einer Tabelle in Rekordzeit. Zusätzlich wird der Wert der Identitätsspalte (wenn eine vorhanden ist), wieder auf ‚1' gesetzt.

```
TRUNCATE TABLE ImportTabelle;
```

Tipp:

Diese Anweisung sollte nur dann gezielt eingesetzt werden, wenn die Geschwindigkeit des Löschens entscheidend ist und die restlichen Einschränkungen für den konkreten Anwendungsfall kein Problem darstellen.

4.5.4 Daten manipulieren

Für das Ändern bestehender Daten steht die T-SQL-Anweisung UPDATE zur Verfügung. Neben den neuen Werten der Spalten für die gewünschten Zeilen können die betroffenen Zeilen durch die entsprechende WHERE-Syntax eingeschränkt werden.

Wichtig:

Auch wenn hier wieder nur von Tabellen die Rede ist, da manche Sichten änderbar sind, können in diesen ebenfalls Daten geändert werden (die Daten werden letztendlich jedoch immer in einer Tabelle geändert). Details finden Sie unter *4.4.14, „Tabellen oder Sichten“*.

Die UPDATE-Anweisung arbeitet so, dass jede Zeile einzeln geändert wird. Kommt es dabei zu einem Fehler, wird die gesamte Anweisung abgebrochen und alle Zeilen sind so vorhanden als wäre die Anweisung nicht ausgeführt worden.

Wichtig:

Bevor die Daten tatsächlich in der Tabelle geändert werden, führt der SQL Server alle definierten Trigger (UPDATE und INSTEAD OF) aus. Diese Trigger werden intern in der gleichen Transaktion ausgeführt. So besteht die Möglichkeit, durch Aufrufen der ROLLBACK TRANSACTION-Anweisung, die Änderung abzubrechen. Damit wird die Transaktion zurückgerollt und der Zustand wieder hergestellt, der bestand bevor die UPDATE-Anweisung ausgeführt wurde. Details zu Triggern und Transaktionen finden sich hier *4.6.4, „Trigger“* und *4.8, „Transaktionen“*.

Diese Abfrage korrigiert einen Fehler in der Schreibweise der englischen Hauptstadt und setzt das aktuelle Datum nebst Uhrzeit in eine andere Spalte.

```
UPDATE Bestellungen
SET Ort = 'London', Aenderungszeitpunkt = getdate()
WHERE Ort 'Lodnon';
```

Die UPDATE-Anweisung akzeptiert bei den Zuweisungen für die Werte rechts des Gleichheitszeichens Ausdrücke jeglicher Art. Für weitere Details lesen Sie bitte unter *4.4.12, „Ausdrücke“* weiter.

Auch die Möglichkeiten der WHERE-Anweisung decken sich mit denen der SELECT- und der DELETE-Anweisung, sodass an dieser Stelle nur der Verweis auf *4.5.1.5, „Zeilen mittels WHERE einschränken“*, bleibt.

Wichtig:

Es sollte besonders darauf geachtet werden, dass die Einschränkung mittels WHERE die gewünschten Zeilen betrifft. Eine falsche oder gar versehentlich vergessene Einschränkung kann fatale Folgen haben. Die Änderungen sind unwiderruflich, und bei umfangreichen Änderungen bleibt nur das Einspielen eines Backups. Im Zweifelsfall ist es daher hilfreich, die Einschränkung erst mit einer harmlosen SELECT-Anweisung zu überprüfen. Für das letzte Beispiel kann dies so aussehen:

```
SELECT * FROM Bestellungen WHERE Ort ='London';
```

Hinweis:

Ähnlich wie die SELECT-Anweisung können Sie die Anzahl der maximal zu ändernden Datensätze mit den Anweisungen TOP oder TOP PERCENT begrenzen. Für weitere Details schauen Sie unter *4.5.1.2, „Anzahl der Zeilen mit TOP und TOP PERCENT begrenzen“*.

4.5.5 Die Merge-Anweisung

Die mit SQL Server 2008 neu eingeführte MERGE-Anweisung kombiniert INSERT, UPDATE und DELETE miteinander und erlaubt es so, ein Ziel inhaltlich den Daten einer Quelle anzupassen. Die Anweisung ist ANSI SQL-konform und bietet im Kern die Möglichkeit, eine dieser drei Anweisungen pro Datenzeile auszuführen, je nachdem, ob die Zeile schon im Ziel (`UPDATE`), nur in der Quelle (`INSERT`) oder nur im Ziel, aber nicht in der Quelle vorhanden ist (`DELETE`). So ist es also möglich, mit nur einer Anweisung Zeilen in einer Tabelle entweder zu aktualisieren oder einzufügen, je nachdem, ob die Zeile schon vorher existierte.

Da `MERGE` jedoch nur eine einzelne Anweisung darstellt, kann sie optimal und performanter ausgeführt werden. Dies macht sich besonders bei Abfragen bemerkbar, bei denen Quelle und Ziel auf unterschiedlichen Datenbankservern liegen.

Wichtig:

Wichtig ist in diesem Zusammenhang auch, dass die `MERGE`-Anweisung keine Transaktion benötigt, wie eine entsprechende `INSERT`/`UPDATE`/`DELETE`-Kombination es sinnvollerweise voraussetzt, um die Datenintegrität zu wahren. Gerade bei verteilten Abfragen machen die Konfiguration und der Betrieb des Disturbed Transaction Coordinator (DTC), eine zusätzliche Komponente um Transaktionen über mehrere Datenbankmodule zu ermöglichen, in der Praxis immer wieder Schwierigkeiten.

Für die Ausführung der `MERGE`-Anweisung wird zunächst das Ziel angegeben. Dabei kann es sicht um eine Tabelle oder eine (aktualisierbare) Sicht handeln. Nach dem `USING`-Schlüsselwort wird die Quelle benannt, bei der es sich um einen Tabelle, eine Sicht oder (in runden Klammern) eine entsprechende Abfrage handeln kann.

Hinweis:

Die Quelle wird niemals verändert und muss daher auch nicht aktualisierbar sein. Das Ziel jedoch muss zwingend aktualisierbar sein.

Quelle und Ziel werden dann ähnlich einem `JOIN` miteinander verknüpft. Diese Verknüpfung muss so gestaltet sein, dass jede Zeile aus der Quelle nur mit keiner oder genau einer Zeile im Ziel verknüpft wird. Ist dies nicht der Fall, so wird ein Fehler ausgeworfen. In der Praxis bedeutet dies, dass das Prädikat nach `ON` mit dem Vergleich zweier eindeutiger Spalten arbeiten wird.

Aufgrund dieser Verknüpfung kann entschieden werden, ob die Zeile im Ziel vorhanden ist (`WHEN MATCHED`) oder nicht (`WHEN NOT MATCHED`). Oder wenn sie in der Quelle nicht vorhanden ist (`WHEN NOT MATCHED BY SOURCE`). Dabei müssen nicht alle, jedoch mindestens einer diese Fälle in der Anweisung auftauchen.

Wie gesagt, kann ein möglicher Einsatz der `MERGE`-Anweisung das Synchronisieren zweier Tabellen sein, mit dem Ergebnis, dass die Zieltabelle anschließend den gleichen Inhalt hat wie die Quelltabelle. In einem solchen Fall müssen:

- Zeilen, die vorhanden sind, auf den aktuellen Stand gebracht werden.
- Zeilen, die in der Zieltabelle nicht vorhanden sind, eingefügt werden.
- Zeilen, die sich zwar (noch) im Ziel befinden, jedoch aus irgendwelchen Gründen nicht mehr in der Quelle sind, auch aus dem Ziel entfernt werden.

Die `MERGE`-Anweisung setzt dies mit `WHEN`-Zweigen um, die wie folgt heißen und wirken:

- *WHEN MATCHED*: Die Zeilen sind in der Quelle und in dem Ziel vorhanden und können daher im Ziel aktualisiert werden.
- *WHEN NOT MATCHED*: Dieser Fall gilt für Zeilen, die in der Quelle, jedoch nicht im Ziel vorhanden sind und daher eingefügt werden können.
- *WHEN NOT MATCHED BY SOURCE*: Diese Zeilen sind im Ziel, jedoch nicht (mehr) in der Quelle vorhanden und können daher gelöscht werden.

Beachten Sie bitte das folgende Beispiel, das alle drei Fälle abdeckt:

```
-- Zuerst das Ziel festlegen (Tabelle oder Sicht)
MERGE Ziel Z
-- Nun die Quelle festlegen (Tabelle, Sicht oder abgeleitete Tabelle)
USING Quelle Q
-- Verbindung zwischen Zeilen im Ziel und in der Quelle
ON Q.ID = Z.ID
-- Zeile aktualisieren, wenn in Quelle und Ziel vorhanden
WHEN MATCHED THEN UPDATE SET Name = Q.Name
-- Zeile einfügen, wenn in Quelle aber nicht im Ziel vorhanden
WHEN NOT MATCHED THEN INSERT (id, Name) VALUES (id, Name)
-- Zeile löschen, wenn im Ziel, aber nicht (mehr) in der Quelle vorhanden
WHEN NOT MATCHED BY SOURCE THEN DELETE;
```

Wichtig:

Es muss darauf geachtet werden, dass die Zieltabelle immer hinter `MERGE` und die Quelltabelle immer hinter `USING` angegeben wird. Dies ist insoweit wichtig, da Änderungen **immer** in der Zieltabelle durchgeführt werden. Wenn statt der Zieltabelle eine Sicht verwendet wird, muss diese aktualisierbar sein.

Wie Sie sehen, benötigt die `MERGE`-Anweisung syntaktisch nicht immer alle `WHEN`-Zweige, jedoch immer mindestens einen von ihnen. `WHEN`-Zweige dürfen dabei nicht doppelt vorkommen. Ihre Reihenfolge untereinander ist jedoch nicht von Bedeutung.

Achtung:

Die `MERGE`-Anweisung muss (im Gegensatz zu vielen anderen T-SQL-Anweisungen) zwingend mit einem Semikolon abgeschlossen werden.

$Action

Über das Pseudonym `$ACTION` kann in Verbindung mit der `OUTPUT`-Klausel für jede einzelne Zeile ausgegeben werden, wie diese im Ziel verändert wurde. Als mögliche Werte stehen daher `INSERT`, `DELETE` und `UPDATE` bereit. Im folgenden Beispiel wird zu diesem Zweck eine `MERGE`-Anweisung lediglich mit einer Klausel zur Rückgabe erweitert.

```
MERGE Ziel Z
USING Quelle Q
ON Q.ID = Z.ID
WHEN MATCHED THEN UPDATE SET Name = Q.Name
WHEN NOT MATCHED THEN INSERT (id, Name) VALUES (id, Name)
WHEN NOT MATCHED BY SOURCE THEN DELETE
OUTPUT $ACTION, Q.IDENTITYCOL; -- Änderungen im Ziel ausgeben
```

Somit wird neben der entsprechenden Aktion auch der Identitätswert der Zieltabelle ausgegeben.

4.5.6 Allgemeine Tabellenausdrücke (CTE) für rekursive Abfragen

Allgemeine Tabellenausdrücke, auch oftmals Common Table Expressions (CTE) genannt, bieten die Möglichkeit, über einen rekursiven „Ausdruck" für die darauffolgende Anweisung eine Tabelle darzustellen. Der „Ausdruck" besitzt dabei einen Namen und besteht aus zwei `SELECT`-Anweisungen, die mit einem `UNION ALL`-Operator vereint werden.

Die beiden Anweisungen haben dabei die folgenden Aufgaben:

- Die erste Anweisung ist der Anker der Rekursion, mit der festgelegt wird, mit welchen Zeilen der gesamte Ausdruck durchgeführt werden soll bzw. welche die aktuelle Zeile während der Rekursion darstellt. Im Fall einer einfachen Hierarchie, wie im anschließenden Beispiel, sind dies z.B. alle Kisten, die zwar Inhalt haben (können), selbst jedoch sich in keiner anderen Kiste befinden.
- Die zweite Anweisung ist der rekursive Teil, der selbst auf den Tabellenausdrücken zugreift, womit die Rekursion zustande kommt. An dieser Stelle steht oftmals ein innerer Bezug in Form eines `INNER JOIN`.

Das folgende Beispiel zeigt anhand einer einfachen Hierarchie, wie CTEs in der Praxis angewandt werden. Es basiert auf einer Tabelle, in der Lagerbestände gespeichert werden. Jede Zeile enthält dabei ein Objekt, das entweder selbst ein Container ist (z.B. eine Kiste) oder ein einfaches Objekt, das nichts anderes enthält (z.B. Seile). Befindet sich ein Objekt in keinem anderen, so steht/liegt es direkt auf dem Boden der Lagerhalle. Die Tabelle sieht wie folgt aus:

DNCX.TestDB - dbo.Lager

ID	KisteID	Bezeichnung	Gewicht
1	NULL	Große Holzkiste	5,00
2	1	Segeltuch	1,50
3	1	Schatulle	0,50
4	3	Dicker Brief	0,05
5	3	Dünner Brief	0,01
6	1	Zeltsack	0,20
7	6	Zelt	5,00
8	NULL	Kleine Holzkiste	2,50
9	8	Seile	1,00
NULL	NULL	NULL	NULL

Abbildung 4.17 Eine einfache Hierarchie

Mit einem allgemeinen Tabellenausdruck lässt sich nun einfach abfragen, welche Elemente sich in der großen Holzkiste (ID: 1) befinden. Dabei werden sowohl solche berücksichtigt, die sich direkt in der Kiste befinden, als auch solche, die sich indirekt in dieser befinden, weil sie sich selbst z.B. in einer Schatulle befinden.

```
-- ID der großen Holzkiste
DECLARE @ID INT = 1;

WITH LagerCTE (ID, Bezeichnung, Gewicht, level)
AS
(
    -- Anker
    SELECT ID, Bezeichnung, Gewicht, 0 FROM Lager WHERE ID = @ID

    -- Beide Abfragen zu einem Ergebnis kombinieren
    UNION ALL

    -- Rekursiver Teil
    SELECT L.ID, L.Bezeichnung, L.Gewicht, level + 1
    FROM Lager L INNER JOIN LagerCTE C ON L.KisteID = C.ID
)
SELECT * FROM LagerCTE ORDER BY level;
```

Das Ergebnis sieht nach der Rekursionstiefe aufsteigend sortiert so aus:

Ergebnisse | Meldungen

	ID	Bezeichnung	Gewicht	level
1	1	Große Holzkiste	5.00	0
2	2	Segeltuch	1.50	1
3	3	Schatulle	0.50	1
4	6	Zeltsack	0.20	1
5	7	Zelt	5.00	2
6	4	Dicker Brief	0.05	2
7	5	Dünner Brief	0.01	2

Abbildung 4.18 Das Ergebnis des CTE

Hinweis:

Mehr über den `UNION`-Operator finden Sie unter *4.5.1.9, „Mehrere Abfrageergebnisse mittels UNION zusammensetzen“*. Joins sind unter *4.5.1.13, „JOINS“*, beschrieben.

Zwar könnte man das gleiche Ergebnis auch unter Verwendung von benutzerdefinierten Funktionen realisieren, doch kann man dieser Lösung nicht ihre Einfachheit und Eleganz absprechen.

Tipp:

Nach einem allgemeinen Tabellenausdruck muss nicht zwingend eine `SELECT`-Anweisung stehen. Jede Art von DML-Anweisung ist erlaubt, die für die Zeilen, die generiert werden, Verwendung hat. So z.B. `SELECT INTO`, `INSERT` etc.

Hinweis:

Die gleiche Aufgabe könnte ab SQL Server 2008 auch mit dem `HIERARCHYID`-Datentyp gut erledigt werden, doch hier sollte es ja um allgemeine Tabellenausdrücke gehen.

MAXRECURSION

Mithilfe der MAXRECURSION-Option kann die maximale Verschachtelungstiefe der Rekursion festgelegt werden. Ohne Angabe dieser Option liegt die Grenze bei 32. Wird die Tiefe überschritten, so wird die gesamte Verarbeitung mit einem Fehler abgebrochen; d.h., es werden auch keine Teilergebnisse geliefert! Die folgende Variante des CTE zeigt die praktische Verwendung von MAXRECURSION:

```
WITH LagerCTE (ID, Bezeichnung, Gewicht, level)
AS
(
    -- Anker
    SELECT ID, Bezeichnung, Gewicht, 0 FROM Lager WHERE ID = @ID

    -- Beide Abfragen zu einem Ergebnis kombinieren
    UNION ALL

    -- Rekursiver Teil
    SELECT L.ID, L.Bezeichnung, L.Gewicht, level + 1
    FROM Lager L INNER JOIN LagerCTE C ON L.KisteID = C.ID
)
SELECT * FROM LagerCTE ORDER BY level
OPTION (MAXRECURSION 5);
```

Sollen nur Zeilen geliefert werden, die bis zu einer bestimmten Verschachtelungstiefe zu finden sind, ohne dass es zu einem Fehler kommt, so muss dies selbst programmiert werden. Wie in dem vorherigen Code zu erkennen ist, wird neben den drei Spalten („ID", „Bezeichnung" und „Gewicht"), die aus der zugrunde liegenden Tabelle stammen, eine weitere eingeführt. Die Spalte „level" beginnt mit einem Wert von 0 und wird bei jedem weiteren rekursiven Aufruf um jeweils eins erhöht, sodass bei der anschließenden Ausgabe die Tiefe für jede Zeile bekannt ist. Ein Filter ist dann der nahe liegende nächste Schritt.

```
WITH LagerCTE (ID, Bezeichnung, Gewicht, level)
AS
(
    -- Anker
    SELECT ID, Bezeichnung, Gewicht, 0 FROM Lager WHERE ID = @ID

    -- Beide Abfragen zu einem Ergebnis kombinieren
    UNION ALL

    -- Rekursiver Teil
    SELECT L.ID, L.Bezeichnung, L.Gewicht, level + 1
    FROM Lager L INNER JOIN LagerCTE C ON L.KisteID = C.ID
)
SELECT * FROM LagerCTE WHERE level <= 1 ORDER BY level
OPTION (MAXRECURSION 10);
```

Die MAXRECURSION-Option wird dann nur noch quasi als Notbremse benötigt, falls die Standardgrenze von 32 sich als zu rechenintensiv erweisen sollte oder aus anderen Gründen nicht erwünschenswert ist.

4.6 Data Definition Language (DDL)

Anweisungen, die nicht den Inhalt, also die Daten, einer Datenbank manipulieren, sondern die Datenbank selbst nebst den Objekten in ihr, werden DDL-Anweisungen (Data Definition Language) genannt.

Hinweis:

Da bei der praktischen Arbeit oft Werkzeuge (Tools) wie das SQL Server Management Studio (Express) zum Einsatz kommen, um Datenbankobjekte zu manipulieren, geht dieses Kapitel nur grob auf die konkreten T-SQL-Anweisungen ein und stellt im Folgenden lieber die Möglichkeit vor, wie diese Anweisungen automatisch erstellt werden können. Nichtsdestotrotz schadet ein grundlegendes Verständnis der DDL-Anweisungen sicherlich nicht.

4.6.1 DDL-Anweisungen automatisch erstellen lassen

Mit dem SQL Server Management Studio (Express) können einfach und komfortabel DDL-Anweisungen für bestehende Datenbankobjekte erzeugt werden. Dabei gibt es zwei Vorgehensweisen, je nachdem, ob das T-SQL-Skript nur für ein Objekt erstellt werden soll oder für mehrere.

4.6.1.1 DDL-Skript für ein einzelnes Objekt erstellen

Um dieses Feature zu nutzen, geht man wie folgt vor:

- Markieren des gewünschten Objekts.
- Durch einen Klick mit der rechten Maustaste öffnet sich das Kontextmenü.
- Durch das Fahren mit dem Mauszeiger über den Eintrag Skript für <Objekttyp> öffnet sich das Untermenü.
- Nun lässt sich auswählen, ob eine DDL-Anweisung erstellt werden soll, die das Objekt
- erstellt (`CREATE...`)
- ändert (`ALTER...`)
- löscht (`DROP...`)

Anschließend bleibt nur festzulegen, mit welchem Ziel das Skript erstellt werden soll:

- in ein neues Abfragefenster
- in eine Datei
- in die Zwischenablage

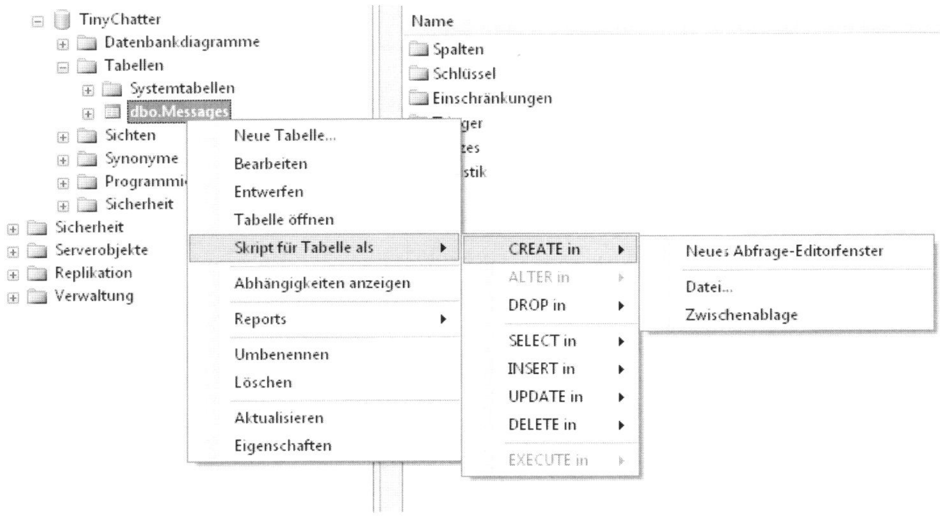

Abbildung 4.19 Das SQL Server Management Studio (Express) kann DDL-Anweisungen erstellen.

Da dieses Vorgehen für mehrere Objekte ein wenig mühselig ist, folgt nun das genaue Vorgehen dafür.

4.6.1.2 DDL-Skript für mehrere Objekte oder eine gesamte Datenbank erstellen lassen

Für das Erstellen eines DDL-Skripts für eine größere Anzahl von Objekten oder gar ganze Datenbanken steht ein anderer Assistent mit dem Namen Skript-Assistent zur Verfügung. Mit ihm lässt sich recht genau festlegen, welche Objekte mit welchen Optionen dabei berücksichtigt werden sollen.

Um den Assistenten zu starten, geht man wie folgt vor:

- Die Datenbank, welche die gewünschten Objekte enthält, wird markiert.
- Mit einem Klick auf die rechte Maustaste öffnet sich das Kontextmenü.
- Durch Bewegen des Mauszeigers auf den Eintrag Tasks öffnet sich das Untermenü.
- Über den Befehl Skripts generieren… wird der Assistent gestartet.

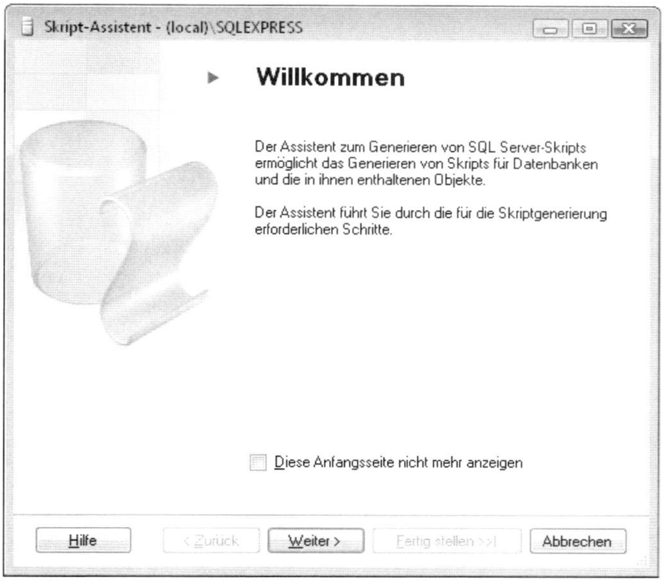

Abbildung 4.20 Der Skript-Assistent des SQL Server Management Studios (Express)

In den folgenden Schritten lässt sich bestimmen, für welche Objekte DDL-Skripte erstellt werden sollen. Im vorletzten Schritt kann dann schließlich noch bestimmt werden, wohin das Skript (oder die Skripte) erstellt werden soll.

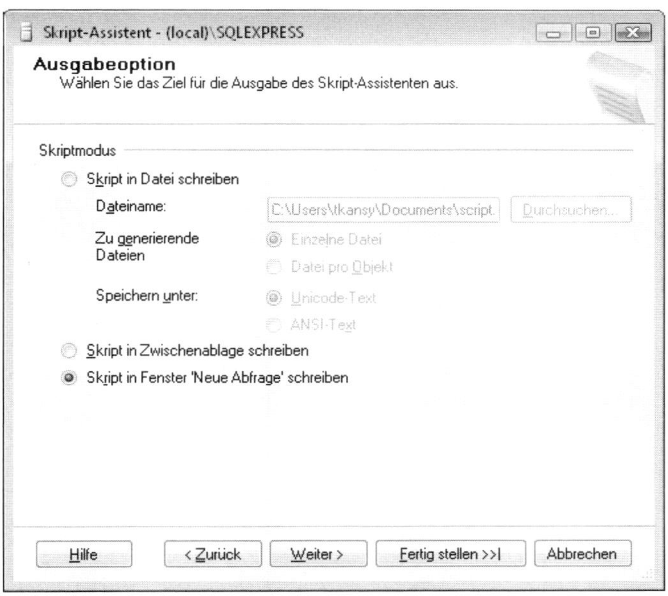

Abbildung 4.21 Die Ausgabeoptionen des Assistenten

Die DDL-Skripte, egal durch welches Vorgehen erzeugt, werden mithilfe der SMO (Server Management Objekte) erstellt. Deren Funktionalität kann auch von jedem .NET-Programm verwendet werden, das sich in der Assembly `Microsoft.SqlServer.Smo` (und `Microsoft.SqlServer.SmoEnum`) befindet.

Hinweis:

Nahezu alle Aktionen, die mit dem SQL Server Management Studio (Express) oder einem anderen entsprechenden Werkzeug mit dem SQL Server 2008 (R2) durchführbar sind, werden mithilfe der SMO als T-SQL-Anweisungen formuliert und an den Server geschickt – streng genommen versteht dieser nichts anderes. Ausnahmen von dieser Aussage sind z.B. Start und Stopp des SQL Serverdienstes.

4.6.2 Datenbanken

Im folgenden Abschnitt werden die Erstellung, Änderungen und Löschen einer Datenbank auf dem SQL Server 2008 (R2) mittels T-SQL beschrieben.

Hinweis:

Der Namen einer Datenbank muss eindeutig sein. Muss ein Name mehrfach verwendet werden, so bleibt nur der Ausweg über einen anderen SQL Server oder eine andere Instanz.

4.6.2.1 Erstellen einer Datenbank

Erstellt wird eine neue Datenbank mit der `CREATE DATABASE`-Anweisung. In der einfachsten Form wird dafür nur der Name der neuen Datenbank benötigt.

```
CREATE DATABASE MeineNeueDatenbank;
```

In diesem Fall wird die Datenbank mit den Standardoptionen erzeugt, und die Mediendateien werden im Standardordner abgelegt. Beides kann bei der Erstellung angegeben und später mittels `ALTER DATABASE`-Anweisung verändert werden. Hier ein Beispiel, das eine Datenbank erstellt, die bei Sortierungsabfragen Groß- und Kleinschreibung berücksichtigt:

```
CREATE DATABASE TestDB
ON
(
    NAME = TestDB_Daten,
    FILENAME = 'd:\DatenbankMedien\TestDB.mdf',
    SIZE = 10MB,
    MAXSIZE = 50MB,
    FILEGROWTH = 5MB
)
LOG ON
(
    NAME = TestDB_Log,
    FILENAME = 'd:\DatenbankMedien\TestDB.ldf',
    SIZE = 5MB,
    MAXSIZE = 25MB,
    FILEGROWTH = 5MB
)
COLLATE Latin1_General_CI_AS
WITH TRUSTWORTHY ON;
```

Hinweis:
Eine Beschreibung der einzelnen Optionen und die Bedeutung von Mediendateien finden Sie in *Kapitel 3*, „Microsoft SQL Server 2008 (R2)".

Leider ist es nicht erlaubt, Werte als Variablen der `CREATE DATABASE`-Anweisung zu übergeben, da SQL Server 2008 (R2) an diesen Stellen nur konstante Literale akzeptiert. Ein Ausweg kann es sein, die gesamte Anweisung in einer Variablen vom Typ `VARCHAR(MAX)` zusammenzusetzen und anschließend mit der `EXECUTE`-Anweisung auszuführen.

```
DECLARE @DBName VARCHAR(16)     = 'NeueDB'; -- Name der neuen Datenbank
DECLARE @CreateDB VARCHAR(MAX) = 'CREATE DATABASE [' + @DBName + ']';

EXECUTE (@CreateDB); --Ausführen
```

Eine erstellte Datenbank ist sofort einsatzfähig, sodass direkt damit begonnen werden kann, Objekte zu erstellen.

4.6.2.2 Ändern einer Datenbank

Um eine bereits erstellte Datenbank im Nachhinein zu ändern, steht die `ALTER DATABASE`-Anweisung zur Verfügung. Mit ihrer Hilfe können Optionen verändert werden, wie die folgenden Beispiele zeigen. Das erste markiert die Datenbank als nur lesend (read only) und bringt es anschließend wieder in den normalen Modus, der Lesen und Änderungen erlaubt:

```
ALTER DATABASE TestDB SET READ_ONLY;
ALTER DATABASE TestDB SET READ_WRITE;
```

Die folgenden Zeilen schränken den Zugriff auf die Datenbank ein:

```
-- Nur eine einzelne Anmeldung zulassen
ALTER DATABASE TestDB SET SINGLE_USER;

-- Nur Anmeldung von Datenbankbesitzern und Administratoren zulassen
-- (Mitglieder der db_owner, dbcreator und sysadmin-Rollen)
ALTER DATABASE TestDB SET RESTRICTED_USER;

-- Wieder alle Anmeldungen zulassen
ALTER DATABASE TestDB SET MULTI_USER;
```

Die Datenbank bleibt auch nach der Abmeldung in diesem Modus, bis eine entsprechende `ALTER DATABASE`-Anweisung ausgeführt wird. Das SQL Server Management Studio (Express) macht solche Datenbanken auf folgende Weise kenntlich:

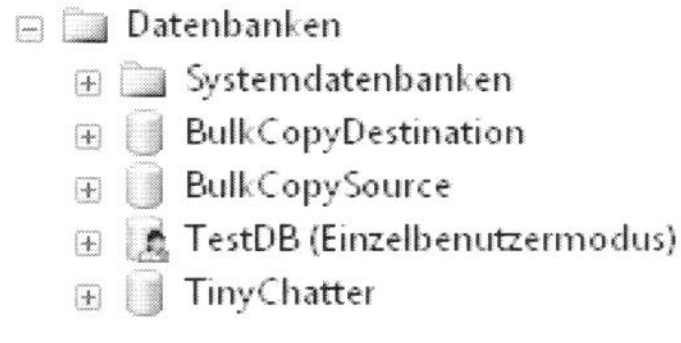

Abbildung 4.22 Datenbank TestDB steht nur einem einzelnen Benutzer zur Verfügung.

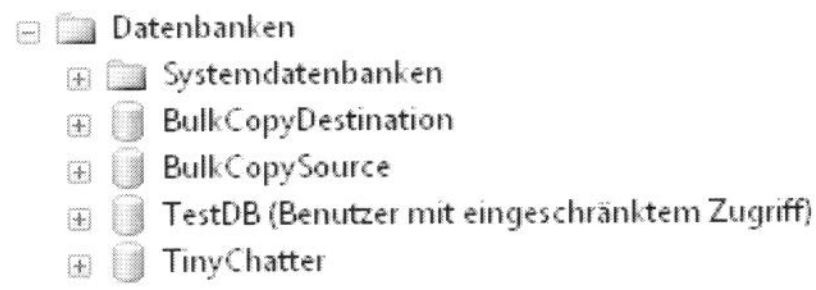

Abbildung 4.23 Datenbank TestDB steht nur für Datenbankbesitzer und Administratoren zur Verfügung.

> **Hinweis:**
> Ist bei dem Versuch, eine Datenbank nur für eine einzelne Verbindung zu konfigurieren (`SINGLE_USER`), mehr als diese eine Verbindung vorhanden, so wartet die `ALTER DATABASE`-Anweisung, bis nur noch eine Verbindung vorhanden ist. In der Regel kommt es dabei zu einem Timeout (CommandTimeout).

4.6.2.3 Löschen einer Datenbank

Das Löschen einer Datenbank sorgt für deren Entfernen vom SQL Server und das Löschen der Mediendatei(en) vom Server. Damit ist die Datenbank endgültig gelöscht und kann ohne ein Backup nicht wieder hergestellt werden.

```
DROP DATABASE MeineDatenbank;
```

Allerdings gibt es eine Reihe von Umständen, unter denen eine Datenbank nicht gelöscht werden kann:

- Wenn sie zurzeit in Verwendung ist. Dies kann auch durch das SQL Server Management Studio (Express) verursacht worden sein, mit dessen Abfrage gerade versucht wird, die Datenbank zu löschen. Wechseln Sie in diesem Fall in die Master-Datenbank.
- Die Datenbank wurde zur Replikation freigegeben.
- Es befindet sich ein Snapshot[8] in der Datenbank.
- Die Datenbank wird zurzeit gespiegelt.
- Die Datenbank ist zurzeit fehlerverdächtig.
- Die Daten gehören zum System (`MASTER`, `MODEL`, `MSDB`, `TEMPDB`, `DISTRIBUTION`).

4.6.2.4 Trennen/Anfügen

Zwar gehören das Trennen einer bestehenden Datenbank sowie das spätere Anfügen auf dem gleichen oder einem anderen SQL Server streng genommen nicht zu den DDL-Anweisungen, jedoch passen beide Aktionen gut an diese Stelle.

---

[8] Datenbank-Snapshots sind Kopien, die sich auf dem gleichen oder einem anderen SQL Server befinden und von denen nur gelesen werden kann. Für das Verständnis stellen Sie sich einen fotografischen Schnappschuss vor, der ein Objekt zu einer bestimmten Zeit abbildet, das Sie natürlich nicht verändern können.

Der Unterschied zwischen dem Löschen und dem Entfernen einer Datenbank ist der, dass beim Entfernen die Mediendateien (`*.mdf`, `*.ndf`, `*.ldf`) nicht gelöscht werden, sodass diese auf dem gleichen oder einem anderen SQL Server wieder verwendet werden können.

Um eine nicht verwendete Datenbank vom SQL Server zu entfernen, steht diese Anweisung zur Verfügung.

```
-- In die Master-Datenbank wechseln
use master;

EXEC sp_detach_db 'MeineDatenbank';
```

Für das Entfernen einer Datenbank gelten die gleichen Einschränkungen wie für das Löschen einer Datenbank.

Das Anfügen der frei gewordenen Mediendateien geschieht durch eine Variante der `CREATE DATABASE`-Anweisung. Wichtig ist dabei, dass die Daten von einer gleichen oder niedrigeren Version des SQL Servers stammen.

```
CREATE DATABASE MeineDatenbank
ON (FILENAME = 'd:\Medien\MeineDatenbank.mdf')
FOR ATTACH;
```

Der Name, der für die Datenbank angegeben wird, muss nicht mit dem alten übereinstimmen. Auch können sich die Mediendatei(en) an anderen Speicherorten befinden.

Hinweis:

Laut Microsoft sollen für das Anfügen von Datenbanken die folgenden beiden gespeicherten Prozeduren nicht für Neuentwicklungen verwendet werden, obwohl beide noch zum Lieferumfang des SQL Servers 2008 gehören: `sp_attach_db` und `sp_attach_single_File_db`.

Tipp:

Ist auf dem Computer die Express-Variante des SQL Servers installiert, so kann die Datenbank zur Laufzeit mit Angabe des `AttachDBFilename`-Parameters in der Verbindungszeichenfolge angebunden und verwendet werden. Siehe 5.2.5, „Verbindungszeichenfolge (Connection String)“.

4.6.3 Tabellen

Tabellen gehören zweifelsfrei zu den wichtigsten Objekten innerhalb einer Datenbank und bilden deren Herzstück, da in ihnen alle Daten gespeichert werden. Sie selbst besteht wiederum aus einer Reihe von Spalten.

Hinweis:

Tabellen befinden sich in einem Datenbankschema, wie es unter *4.6.10, „Datenbankschemata“*, beschrieben ist. Der Übersichtlichkeit halber wird an dieser Stelle jedoch auf Schemata verzichtet.

4.6.3.1 Tabelle anlegen

Für das Erstellen einer Tabelle existiert die CREATE TABLE-Anweisung. Ihr müssen im Wesentlichen der Name der neuen Tabelle und die Definitionen der gewünschten Spalten übergeben werden. Damit sieht sie so aus:

```
CREATE TABLE MeineNeueTabelle
(
<SpaltenName1> <SpaltenDefinition1>
...
<SpaltenNameN> <SpaltenDefinitionN>

);
```

Praktisch kann dies zum Beispiel so aussehen:

```
CREATE TABLE Mitarbeiter
(
    ID INT IDENTITY(1,1) NOT NULL,
    Name VARCHAR(100) NOT NULL,
    Vorname VARCHAR(100) NULL,
    AnzahlKinder INT NOT NULL CONSTRAINT DF_MA_AK DEFAULT ((0)),
    Einkommen DECIMALE(18, 2) NOT NULL
) ON PRIMARY;
```

Hinweis:

Der Zusatz ON PRIMARY legt die Dateigruppe fest, auf der die Tabelle erzeugt werden soll. Ohne diesen Zusatz wird die Tabelle auf der primären Dateigruppe erzeugt.

Angabe von Spaltendefinitionen

Da eine Tabelle aus Spalten besteht, ist die Definition der Spalten eine der zentralen Aufgaben beim Tabellenentwurf. Zu einer Spaltendefinition gehören mindestens der in der Tabelle eindeutige Name sowie der Datentyp. Mit dem Datentyp geht in einigen Fällen noch eine Angabe über die Genauigkeit bzw. die (maximale) Größe einher.

Im Folgenden werden die Datentypen nach Gruppen aufgeteilt und beschrieben, damit Sie leicht eine Auswahl treffen können.

Zeichenketten

Für das Speichern einfacher Zeichenketten stehen die folgenden Datentypen auf dem SQL Server zur Verfügung.

Tabelle 4.7 Auf Zeichenketten bezogene Datentypen

Datentyp	Bytes	Beschreibung
char(<Größe>) nchar(<Größe>)	<Größe> 2* <Größe>	Zeichenkette mit fixer Länge. Werden kürzere Literale oder Ausdrücke zugewiesen, so wird der freie Rest mit Leerzeichen aufgefüllt. Achtung! Dies muss bei Vergleichen berücksichtigt werden.

Datentyp	Bytes	Beschreibung
varchar(<Größe>) nvarchar(<Größe>)	<Größe>+4 2*<Größe>+4	Zeichenkette, für welche die maximale Größe angegeben wird. Kürzere Literale oder Ausdrücke werden ohne Auffüllen von Leerzeichen gespeichert, wie sie sind.
varchar(MAX) nvarchar(MAX)	<Größe>+4 2*<Größe>+4	Gleicher Typ wie [n]varchar(<Größe>), nur ohne Begrenzung für die maximale Größe. Achtung! Ohne Begrenzung bedeutet hier 2 GB.
text ntext	<Größe>+16 2*<Größe>+16	Ähnlich wie [n]varchar(MAX). Texte werden als BLOB[9] gespeichert, sodass nicht alle Textfunktionen mit diesen Datentypen funktionieren. Verwenden Sie bei Möglichkeit [n]varchar(MAX).
xml	<Größe>+4	Zeichenkette, die als XML formatiert sein muss.

Hinweis:

Die Datentypen, die mit einem ‚n' beginnen, stellen die Unicode[10]-Variante dar. Das Gleiche gilt für Unicode-Literale, die mit einem N vorneweg notiert werden.

```
DECLARE @NAME NVARCHAR(50) = N'Müller';
```

Numerische Werte

Für das Speichern numerischer Werte stehen die folgenden Datentypen bereit, die sich im Wesentlichen in ihrer Genauigkeit und der Fähigkeit, Nachkommastellen zu speichern, unterscheiden.

Tabelle 4.8 Numerische Datentypen

Datentyp	Wertebereich	Bytes
bigint	9.223.372.036.854.775.808 bis 9.223.372.036.854.775.807	8
decimal, numeric	–10^38 +1 bis 10^38 –1	5–17
float	–1,79E + 308 bis 1,79E + 308 (genähert)	4 oder 8
int	–2.147.483.648 bis 2.147.483.647	4

9 BLOB: Big Large Object – große Datenmenge

10 Unicode: Internationaler Standard mit der Aufgabe, für alle sinntragenden Zeichen und Textelemente aller bekannten Schriften einen digitalen Code zu definieren.

Datentyp	Wertebereich	Bytes
`money`	–922.337.203.685.477,5808 bis +922.337.203.685.477,5807	8
`real`	–3.40E + 38 bis 3.40E + 38 (genähert)	4
`smallint`	–32,768 bis 32,767	2
`smallmoney`	–214.748,3648 bis +214.748,3647	4
`tinyint`	0 bis 255	1

Datum & Uhrzeit

Es folgen nun alle Datentypen zum Speichern von Datum & Uhrzeit.

Tabelle 4.9 Auf Datum & Uhrzeit bezogene Datentypen

Datentyp	Format	Wertebereich	Genau-igkeit	Bytes	Genauigkeit bestimmbar?
`time`	hh:mm:ss[.nnnnnnn]	00:00:00,0000000 bis 23:59:59,9999999	100 ns	3–5	Ja
`date`	DD.MM.YYYY	01.01.0001 bis 31.12.9999	1 Tag	3	Nein
`small-datetime`	DD.MM.YYYY hh:mm:ss	01.01.1901 bis 06.06.2079	1 Minute	4	Nein
`datetime`	DD.MM.YYYY hh:mm:ss[.nnn]	01.01.1753 00:00:00,000 bis 31.12.9999 23:59:59,999	0,333 s	8	Nein
`date-time2`	DD.MM.YYYY hh:mm:ss[.nnnnnnn]	01.01.0001 00:00:00,0000000 bis 31.12.9999 23:59:59,9999999	100 ns	6–8	Ja

Datentyp	Format	Wertebereich	Genauigkeit	Bytes	Genauigkeit bestimmbar?
`datetimeoffset`	DD.MM.YYYY hh:mm:ss[.nnnnnnn] +/- hh:mm	01.01.0001 00:00:00,0000000 bis 31.12.9999 23:59:59,9999999 (UTC)	100 ns	8–10	Ja

Hinweis:
Das Format bezieht sich auf die im deutschen Sprachraum gültige Notation.

Sonstige Datentypen

Datentypen, die zu keiner der vorherigen Gruppen gehören, werden hier aufgeführt und beschrieben.

Tabelle 4.10 Sonstige Datentypen

Datentyp	Bytes	Beschreibung
`binary`(<Größe>)	<Größe>+4	Binäre Daten mit einer fixen Größe, die ca. 8.000 Bytes nicht überschreiten darf.
`bit`	1 (je 8 Bit Spalten werden zu einem Byte zusammengefasst)	Boolescher Wert, der 0 und 1 erlaubt.
`image`	<Größe>+4	Binäre Daten mit einer variablen Länge von bis zu 2 GB.
`geography`	–	Geografische Koordinaten auf der gekrümmten Erdoberfläche, die durch Längen- und Breitengrad bestimmt werden.
`geometry`	–	Geometrische Koordinaten für eine nicht gekrümmte Fläche.
`hierarchyid`	-	Speichert hierarchische Daten für baumähnliche Strukturen.
`sql_variant`	-	Speichert jeden dem SQL Server bekannten Datentyp außer [n]text und timestamp.
`timestamp`	4	Serverweit eindeutiger numerischer Wert, der bei Änderungen der Zeile aktualisiert wird. Oft auch als „Zeilenversion“ bezeichnet.
`uniqueidentifyer`	16	Speichert eine global eindeutige ID (GUID).
`varbinary` `varbinary(MAX)`	<Größe>+4	Speichert binär Daten bis zu ca. 8.000 Bytes oder bis zu 2 GB.

Eine einfache Tabellendefinition kann also so aussehen:

```
CREATE TABLE Mitarbeiter
(
    ID INT,
    Name VARCHAR(100),
    Vorname VARCHAR(100),
    AnzahlKinder INT,
    Einkommen DECIMAL(18, 2)
) ON PRIMARY;
```

Die Spaltendefinitionen finden weiter unten unter *4.6.3.3, „Tabellen ändern“*, noch einmal Verwendung, wenn es um das Hinzufügen und Ändern von Spalten geht.

Identitätsspalte

Der SQL Server bietet die Funktion an, den Inhalt einer Spalte je Tabelle automatisch mit einem eindeutigen numerischen Wert zu versehen, wenn eine neue Zeile eingefügt wird. Diese Spalte wird Identitätsspalte genannt, für deren Definition ein Startwert und eine Schrittweite benötigt werden.

```
CREATE TABLE Mitarbeiter
(
    ID INT IDENTITY(<Startwert>,<Schrittweite>) NOT NULL,
...
);
```

Folgende Dinge sind in Bezug auf die Identitätsspalte wichtig zu wissen:

- Es darf nur eine einzige Spalte pro Tabelle als Identitätsspalte definiert werden.
- Als Datentyp kommen nur numerische Werte ohne Nachkommastellen infrage. In den meisten Fällen ist dies der `INT`-Datentyp.
- Spalten dürfen nicht mit `NULL`, sondern nur mittels `NOT NULL` definiert werden.
- Unter normalen Umständen dürfen keine Werte in diese Spalte eingefügt werden und Änderungen sind unter keinen Umständen möglich.
- Der SQL Server garantiert nicht, dass die Werte fortlaufend und lückenlos sind.
- Ebenso wenig prüft der SQL Server, ob der Wert, der als Nächstes eingefügt werden soll, schon vorhanden ist oder nicht. Ist dies der Fall, wird ein Fehler ausgelöst, und es können keine Zeilen eingefügt werden.
- Eine Identitätsspalte gehört nicht zwangsläufig zum Primärschlüssel der Tabelle, auch wenn dies häufig der Fall ist.
- Die Identitätsspalte kann neben ihrem tatsächlichen Namen auch über die symbolischen Namen `IDENTITYCOL` oder `$IDENTITY` angesprochen werden.

Hinweis:

Wie der aktuelle Wert der Identitätsspalte ermittelt oder verändert werden kann, finden Sie unter *4.9.3, „Aktuellen Wert der Identitätsspalte auslesen und festlegen“*. Unter *4.9.2, „Werte in die Identitätsspalte einfügen“*, erfahren Sie, wie Werte beim Einfügen für diese Spalte festgelegt werden können.

Primärschlüssel

Der Primärschlüssel einer Tabelle dient zum eindeutigen Identifizieren einer Zeile. Es kann sich dabei um eine oder mehrere Spalten handeln. Bei der Wahl der Spalten sollte Folgendes berücksichtigt werden: so wenige wie möglich, so viele wie nötig.

Zwei verschiedene Sorten von Primärschlüsseln gibt es: natürliche und künstliche.

Ein natürlicher Primärschlüssel ist ein solcher, der aus Spalten besteht, die sich in der Tabelle befinden und Daten enthalten. Dagegen wird für einen künstlichen eine spezielle Spalte angelegt, die einen eindeutigen Wert enthält. Meistens ist dies die Identitätsspalte der Tabelle.

Hier ein Beispiel für einen natürlichen Primärschlüssel, der aus den Spalten Name und Vorname besteht.

```
CREATE TABLE Mitarbeiter
(
    ID INT IDENTITY(1,1) NOT NULL,
    Name VARCHAR(100) NOT NULL,
    Vorname VARCHAR(100) NULL,
    AnzahlKinder INT NOT NULL CONSTRAINT DF_MA_AK DEFAULT ((C)),
    Einkommen DECIMALE(18, 2) NOT NULL
    CONSTRAINT [PK_Mitarbeiter] PRIMARY KEY CLUSTERED
    (
        Name ASC,
        Vorname ASC
    )
) ON PRIMARY;
```

Hinweis:

Der Zusatz `CLUSTERED` bewirkt, dass die Daten in dieser Tabelle intern gemäß der Sortierung dieses Primärschlüssels gespeichert werden. Dies erlaubt einen sehr schnellen Zugriff, bedeutet mitunter ein Verzögern beim Einfügen von Zeilen und: Es kann nur einen geben.

Bei einem künstlichen Primärschlüssel sieht die Definition fast genau so aus, nur dass die Identitätsspalte statt der Spalten `Name` und `Vorname` verwendet wird.

```
CREATE TABLE Mitarbeiter
(
...
    CONSTRAINT [PK_Mitarbeiter] PRIMARY KEY CLUSTERED
    (
        ID ASC
    )
...
);
```

Da künstliche Primärschlüssel oft aus nur einer Spalte bestehen, wird konsequenterweise diese auch nur angegeben – eine „Vermischung“ mit anderen Spalten wäre nicht zielführend.

Tipp:
Versuchen Sie, wann immer es möglich ist, künstliche Primärschlüssel zu verwenden. Wie Sie vielleicht schon an dem einfachen Beispiel erkennen können, haben Spalten, die in einem natürlichen Primärschlüssel verwendet werden, oft die unangenehme Eigenschaft, nicht so eindeutig zu sein, wie es wünschenswert wäre. Ein solches Problem bedeutet meist umfangreiche Änderungen an der Anwendung.

Zu beachten ist, dass Spalten, die `NULL`-Werte zulassen, nicht in einem Primärschlüssel aufgenommen werden können.

Standardwerte

Mithilfe des `DEFAULT`-Zusatzes kann der Standardwert für eine Spalte definiert werden. Dieser Standardwert wird immer dann bei Einfüge-Operationen (`INSERT`- oder `MERGE`-Anweisung) verwendet, wenn kein anderer Wert explizit für diese Spalte angegeben wurde.

Bei Spalten, die weder einen Standardwert haben noch einen Wert erhalten, wird versucht, `NULL` zuzuweisen.

Im folgenden Beispiel wird für die Spalten `Laenge` und `Breite` ein Standardwert von jeweils 1 festgelegt.

```
CREATE TABLE Raum
(
    ID INT IDENTITY(1,1) NOT NULL,
    Laenge INT NOT NULL CONSTRAINT [DF_Raum_Laenge] DEFAULT (1),
    Breite INT NOT NULL CONSTRAINT [DF_Raum_Breite] DEFAULT (1),
    Flaeche AS Laenge * Breite
);
```

Alternativ kann dies auch ohne das `CONSTRAINT`-Schlüsselwort erledigt werden, die `Default`-Einschränkungen werden dann automatisch benannt.

```
CREATE TABLE Raum
(
    ID INT IDENTITY(1,1) NOT NULL,
    Laenge INT NOT NULL DEFAULT (1),
    Breite INT NOT NULL DEFAULT (1),
    Flaeche AS Laenge * Breite
);
```

Im SQL Server Management Studio (Express) werden diese dann konsequenterweise auch unter Einschränkungen angezeigt.

Abbildung 4.24 Automatisch benannte Standardwerte im SQL Server Management Studio (Express)

Standardwerte müssen nicht konstant sein, sondern können auch der Rückgabewert einer Funktion oder einer Berechnung sein. Das Beispiel oben kann z.B. durch eine Spalte erweitert werden, die automatisch den Zeitpunkt des Anlegens des Datensatzes speichert.

```
CREATE TABLE Raum
(
    ID INT IDENTITY(1,1) NOT NULL,
    Laenge INT NOT NULL CONSTRAINT [DF_Raum_Laenge] DEFAULT ((1)),
    Breite INT NOT NULL CONSTRAINT [DF_Raum_Breite] DEFAULT ((1)),
    Flaeche AS Laenge * Breite,
    [Aufgenommen] [datetime] NULL CONSTRAINT [DF_RA] DEFAULT (getdate())
);
```

NULL oder NOT NULL

Für jede Spalte einer Tabelle kann bestimmt werden, ob diese `NULL` anstelle eines Wertes zulässt. Dies bedeutet, dass diese Spalte dann gar keinen Wert hat – im Fall einer Spalte, die Zeichenfolgen speichert (`CHAR`, `VARCHAR`, `TEXT`, `NCHAR`, `NVARCHAR`, `NTEXT`), auch keine leeren Zeichenfolgen der Länge 0. Sie sind vollständig leer. Spalten, für die dies nicht gewünscht ist, müssen mit `NOT NULL` definiert werden.

Hinweis:
Es ist nicht zwingend notwendig, `NULL` oder `NOT NULL` für eine Spalte anzugeben. Wird diese Angabe nicht gemacht, so entscheidet die Datenbankeinstellung `ANSI NULL DEFAULT` (Standardwert `False`), von welcher Angabe ausgegangen wird. Verlassen Sie sich jedoch nicht auf diese Einstellung (es sei denn, Sie setzen diese ganz bewusst), und geben Sie immer `NOT` oder `NOT NULL` an.

Das folgende kleine Beispiel zeigt die Anwendung beider Fälle:

```
CREATE TABLE Mitarbeiter
(
    ID INT IDENTITY(1,1) NOT NULL,
    Name VARCHAR(100) NOT NULL,
    Vorname VARCHAR(100) NULL,
);
```

Wichtig:
Die Identitätsspalte einer Tabelle darf nicht mit `NULL`, sondern nur mit `NOT NULL` definiert werden.

Der Umgang mit `NULL`-Werten ist ein wenig schwierig und unterscheidet sich von dem mit anderen Werten. Das zeigt schon dieses Beispiel, das niemals etwas zurückliefert, obwohl das `WHERE`-Prädikat es vermuten lässt:

```
SELECT 1 WHERE NULL = NULL OR NOT NULL = NULL;
```

Generell wird mit dem `IS NULL`-Operator ermittelt, ob eine Spalte leer ist und `NULL` enthält. Für Details sehen Sie *4.5.1.5, „Zeilen mittels WHERE einschränken“*.

```
SELECT * FROM Mitarbeiter WHERE Vorname IS NULL;
```

Tipp:

Versuchen Sie, wo immer es möglich ist, `NULL` zu vermeiden, da es kaum einen guten Grund für den Einsatz gibt, es meist aber Schwierigkeiten und Probleme bei der Programmierung verursacht. So liefern standardmäßig Zeichenketten, die mit `NULL` verbunden werden, genauso `NULL` wie arithmetische Operationen, an denen `NULL`-Werte beteiligt sind.

SPARSE-Spalten

Mit SQL Server 2008 werden sogenannte Sparse-Spalten (sparse engl. für spärlich oder „von geringer Dichte") eingeführt. Diese belegen keinen physikalischen Platz, wenn sie lediglich `NULL` beinhalten. Auch kann das Limit von 1.024 Spalten pro Tabelle durch ihren Einsatz gesprengt werden, in denen immer nur ein kleiner Teil der Spalten mit Werten belegt ist. Damit wird die Maximale Spaltenanzahl auf über 32.000 erhöht. Das SQL Server Management Studio (Express) nennt die entsprechende Eigenschaft solcher Spalten „Ist von geringer Dichte", im T-SQL wird das `SPARSE`-Schlüsselwort eingefügt.

```
CREATE TABLE TabelleMitSparse(
    ID INT IDENTITY(1,1) NOT NULL,
    s1 NCHAR(10) SPARSE NULL,
    s2 NVARCHAR(10) SPARSE NULL,
    s3 INT SPARSE NULL,
    s4 NCHAR(10) SPARSE NULL,
    /* Über 32.000 Sparse-Spalten noch möglich */
);
```

Bei der Verwendung von Sparse-Spalten müssen die folgenden Punkte berücksichtigt werden.

- `NULL` muss gestattet sein, und die Spalten dürfen nicht als `ROWGUIDCOL` oder `IDENTITY` markiert sein.
- Es sind alle Datentypen außer den folgenden zugelassen: `text`, `ntext`, `image`, `timestamp`, `geometry` und `geography`.
- Standardwerte und Berechnungen sind für diese Spalten nicht zugelassen.
- Die Spalte darf nicht zu einem Index gehören.

Bei Abfragen à la `SELECT * FROM TabelleMitSparse` werden Sparse-Spalten nicht an den Aufrufer zurückgeliefert. Leider kommt das SQL Server Management Studio (Express) mit Sparse-Spalten auch nicht besonders gut zurecht[11]: Weder beim Bearbeiten noch beim Ausgeben von Tabelleninhalten sind sie dabei — unabhängig ob mit oder ohne Inhalt.

Die folgende Abbildung zeigt, was von der eben erstellten Tabelle zu sehen ist.

[11] Zumindest bis Service Pack 1, das aktuell war, als diese Zeilen geschrieben wurden.

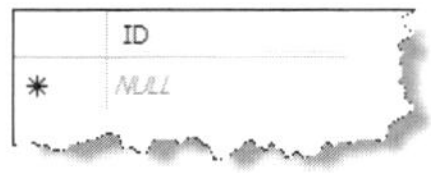

Abbildung 4.25 Sparse-Spalten werden vom SQL Server Management Studio (Express) ignoriert, ...

Im Entwurf und bei der Auflistung der Spalten einer Tabelle werden diese Spalten jedoch wie gewohnt aufgelistet.

Abbildung 4.26 ... jedoch zusammen mit anderen Spalten aufgelistet.

Wichtig:
Um Fehler zur Laufzeit zu vermeiden, die aufgrund „verschwundener" Spalten auftreten, müssen alle Spalten der Tabelle namentlich angegeben werden.

Bei Sparse-Spalten kann zusätzlich eine Art „berechneter Spalte" vom Typ `XML` erzeugt werden, die im XML-Format die Werte der Spalten als XML-Attribut enthält, die nicht `NULL` sind. Die restlichen Nicht-Sparse-Spalten und solche, die `NULL` enthalten, tauchen nicht auf. Aus dieser Spalte kann nur gelesen werden, ein Ändern ist nicht möglich.

```
CREATE TABLE TabelleMitSparse(
    ID INT IDENTITY(1,1) NOT NULL,
    s1 NCHAR(10) SPARSE NULL,
    s2 NVARCHAR(10) SPARSE NULL,
    s3 INT SPARSE NULL,
    s4 NCHAR(10) SPARSE NULL,
    /* Über 32.000 Sparse-Spalten sind noch möglich */

    Sparse XML COLUMN_SET FOR ALL_SPARSE_COLUMNS
);
```

Die Ausgabe dieser speziellen Spalte sieht für eine Zeile, die über Daten in den Spalten S1, S2 und S4 verfügt, wie folgt aus:

```
<s1>WertS1</s1>
<s2>WertS2</s2>
<s4>WertS4</s4>
```

Da die Spalte vom Typ `XML` ist, bietet sich von .NET-Seite ein Zugriff via `SqlXmlReader`-Objekt (ADO.NET) an.

Berechnete Spalten

Für Spalten, deren Inhalt sich aus einer oder mehreren anderen Spalten ergibt, gibt es das Feature berechneter Spalten. Für diese Berechnung stehen beliebige Ausdrücke und Funktionen zur Verfügung.

```
CREATE TABLE Raum
(
    ID INT IDENTITY(1,1) NOT NULL,
    Laenge INT,
    Breite INT,
    Flaeche AS Laenge * Breite
);
```

Da der Inhalt einer berechneten Spalte automatisch bestimmt wird, darf eine solche Spalte weder bei `INSERT`- noch bei `UPDATE`-Anweisungen explizit mit Werten versehen werden.

Über den `PERSISTED`-Zusatz kann der SQL Server angewiesen werden, die Werte nicht nur dann zu berechnen, wenn diese benötigt werden, sondern dauerhaft in der Tabelle zu speichern. Im letzteren Fall werden die Werte immer dann aktualisiert, wenn ein Wert, auf dem die Berechnung basiert, sich verändert.

```
CREATE TABLE Raum
(
    ID INT IDENTITY(1,1) NOT NULL,
    Laenge INT,
    Breite INT,
    Flaeche AS Laenge * Breite PERSISTED
);
```

Es gibt zwei wichtige Gründe, warum eine berechnete Spalte als „dauerhaft" (`PERSISTED`) markiert werden sollte:

- Die Berechnung des Wertes ist recht aufwendig, und auf die Spalte muss zeitnah zugegriffen werden.
- Die Spalte soll Bestandteil eines Index oder des primären Schlüssels für die Tabelle werden.

Alle Funktionen, die in einer solchen dauerhaft berechneten Spalte Verwendung finden, müssen deterministisch sein, da der Wert jeweils nur bei Änderungen der beteiligten Spalten neu berechnet und gespeichert wird.

Umgekehrt bedeutet dies, dass für nicht deterministische Funktionen nur berechnete Spalten verwendet werden, die nicht dauerhaft sind.

Hinweis:

Deterministische Funktionen sind solche, die bei gleichen Parameterwerten das gleiche Ergebnis liefern. Gegenbeispiele sind die `RAND`-Funktion, die einen (Pseudo-)Zufallswert liefert, oder die `GETDATE`-Funktion.

Berechnete Spalten werden im SQL Server Management Studio (Express) auf folgende Art grafisch dargestellt.

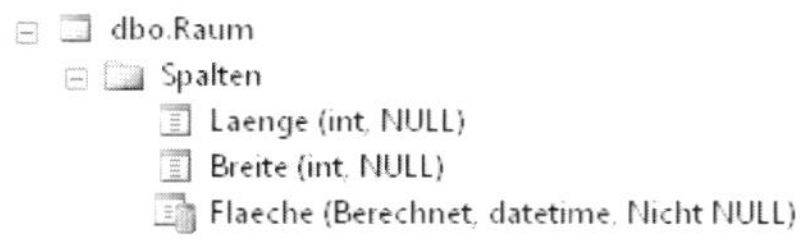

Abbildung 4.27 Grafische Darstellung einer berechneten Spalte

UNIQUE-Einschränkungen

Um die Konsistenz der Daten in einer Tabelle zu erhalten, bietet der SQL Server die Möglichkeit an, über die `UNIQUE`-Einschränkung sicherzustellen, dass keine zwei Zeilen in den betroffenen Spalten die gleichen Werte haben. Wegen der Ähnlichkeit zum Primärschlüssel einer Tabelle, für den Gleiches gilt, wird diese Einschränkung oft auch als Sekundärschlüssel bezeichnet. Im Gegensatz zu einem Primärschlüssel kann eine Tabelle jedoch theoretisch beliebig viele Sekundärschlüssel besitzen.

```
CREATE TABLE Gebaeude
(
    ID INT IDENTITY(1,1) NOT NULL,
    Name VARCHAR(100),
    Strassenname VARCHAR(100),
    Hausnummer int,
    CONSTRAINT [UQ_Gebaeude] UNIQUE
    (
        Strassenname,
        Hausnummer
    )
);
```

In diesem Beispiel darf jede Kombination aus Straßenname und Hausnummer nur ein einziges Mal vorkommen. Im Gegensatz zum Primärschlüssel dürfen `UNIQUE`-Einschränkungen Spalten beinhalten, die `NULL`-Werte zulassen.

`UNIQUE`-Einschränkungen werden vom SQL Server Management Studio (Express) grafisch unter Schlüssel dargestellt:

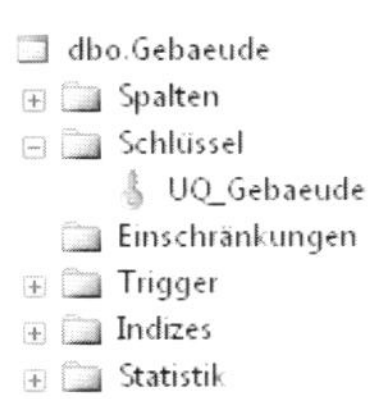

Abbildung 4.28 Grafische Darstellung einer UNIQUE-Einschränkung unter Schlüssel

> **Hinweis:**
> Auf Wunsch können alle oder einige Einschränkungen deaktiviert werden. Für Details siehe *4.9.6*, „Einschränkungen deaktivieren".

CHECK-Einschränkung

Über die CHECK-Einschränkungen in der Tabelle können Bedingungen für die Werte festgelegt werden, die erfüllt werden müssen, damit diese eingefügt werden können. Wird nur eine dieser Bedingungen verletzt, ist es nicht möglich, diese Werte in der Tabelle zu speichern – sei es beim Einfügen oder Ändern. Folgendes Beispiel zeigt, wie dies praktisch aussieht:

```
CREATE TABLE Raum
(
    ID INT IDENTITY(1,1) NOT NULL,
    Laenge INT,
    Breite INT,
    Flaeche AS Laenge * Breite PERSISTED,
    CONSTRAINT [CK_Laenge] CHECK (Laenge>=1),
    CONSTRAINT [CK_Breite] CHECK (Breite>=1)
);
```

Auch diese Einschränkung lässt sich alternativ ohne das CONSTRAINT-Schlüsselwort erstellen, die CHECK-Einschränkung wird dann automatisch vom SQL Server benannt.

```
CREATE TABLE Raum
(
    ID INT IDENTITY(1,1) NOT NULL,
    Laenge INT NOT NULL DEFAULT (1) CHECK (Laenge>=1),
    Breite INT NOT NULL DEFAULT (1) CHECK (Breite>=1),
    Flaeche AS Laenge * Breite PERSISTED
);
```

Einen kleinen, aber sehr feinen Unterschied gibt es zwischen beiden Varianten allerdings: Einschränkungen ohne das CONSTRAINT-Schlüsselwort erlauben nur Zugriff auf die Spalte, für die sie definiert sind. Sie sind streng dieser einen Spalte zugeordnet. Folgende Einschränkung funktioniert deswegen nicht:

```
Laenge INT NOT NULL DEFAULT (1) CHECK (Laenge > Breite)
```

In Verbindung mit dem CONSTRAINT-Schlüsselwort ginge dies sehr wohl:

```
CONSTRAINT [CK_Laenge] CHECK (Laenge > Breite)
```

Ansonsten können Ausdrücke für die CHECK-Einschränkung beliebig komplex werden und Funktionen und andere Spalten dieser Tabelle umfassen, solange diese nur skalar sind und sich zu einem booleschen Ausdruck auswerten lassen. Unterabfragen auf andere Tabellen sind daher nicht möglich. Im Folgenden finden Sie eine Reihe von Einschränkungen, die alle gültig sind:

```
CONSTRAINT [CheckCon] CHECK (Laenge > Breite)

CONSTRAINT [CheckCon] CHECK (Laenge BETWEEN 1 AND 100)

CONSTRAINT [CheckCon] CHECK (LEN(Besitzer) > 3)

CONSTRAINT [CheckCon] CHECK (DATEDIFF(YEAR, GebDat, getdate())
```

Tipp:

Bedenken Sie, dass alle CHECK-Einschränkungen (wie alle anderen Einschränkungen auch) bei jedem Einfügen und jeder Veränderung der Daten ausgeführt werden müssen. Bei den CHECK-Einschränkungen ist das insofern kritisch, da die Anweisungen komplex und rechenintensiv sein können. In Kombination mit einer entsprechend großen Anzahl von CHECK-Einschränkungen kann dies zu einem massiven Leistungseinbruch führen. Versuchen Sie also, die Anzahl möglichst niedrig und die Einschränkungen möglichst einfach zu halten.

CHECK-Einschränkungen werden vom SQL Server Management Studio (Express) auf folgende Art grafisch dargestellt:

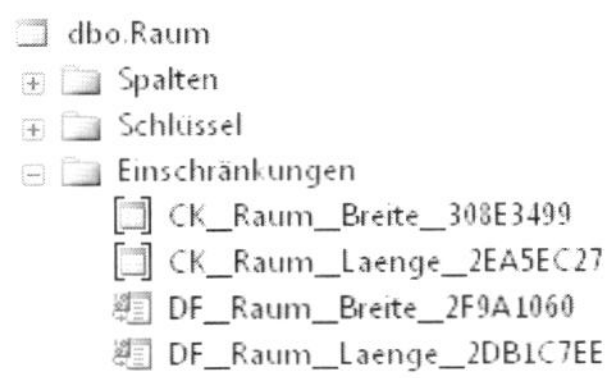

Abbildung 4.29 Grafische Darstellung zweier CHECK-Einschränkungen

Hinweis:

Auf Wunsch können alle oder einige Einschränkungen deaktiviert werden. Für Details siehe *4.9.6*, „Einschränkungen deaktivieren".

Fremdschlüssel

Mit Fremdschlüsseln wird die Beziehung zwischen zwei Tabellen festgelegt. Soll zum Beispiel neben der Tabelle Raum auch eine Tabelle existieren, die das Mobiliar eines jeden Raumes speichert, so könnte diese Tabelle zum Beispiel so aussehen:

```
CREATE TABLE Mobiliar
(
    ID INT IDENTITY(1,1) NOT NULL,
    RaumID INT NOT NULL,
    Bezeichnung VARCHAR(50) NOT NULL
);
```

In der Spalte RaumID soll jeweils der Wert der Spalte ID aus der Tabelle Raum eingetragen werden, in dem das Möbel steht. Damit wäre eine Zuordnung von n Möbeln in einem Raum möglich, und jedes Möbel kann nur in einem Raum stehen. Leider stellt dies zu diesem Zeitpunkt nicht sicher, dass nur RaumID-Werte verwendet werden, die auch existieren. Und was passiert mit Möbeln, deren Räume gelöscht (abgebrannt) werden? Um die Konsistenz der Daten zwischen zwei Tabellen zu gewährleisten, kommt die Fremdschlüssel-Einschränkung zum Einsatz.

```
CREATE TABLE Mobiliar
(
    ID INT IDENTITY(1,1) NOT NULL,
    RaumID INT NOT NULL,
    Bezeichnung VARCHAR(50) NOT NULL,
    CONSTRAINT [FK_Mobiliar] FOREIGN KEY (RaumID) REFERENCES Raum(ID)
);
```

Wichtig:
Spalten, auf die verwiesen wird (wie hier die ID-Spalte in der Tabelle Raum), müssen entweder eine `UNIQUE`-Einschränkung besitzen oder den Primärschlüssel der Tabelle darstellen.

Durch diese neue Einschränkung ist eine 1:n-Beziehung zwischen den Tabellen `Raum` und `Mobilar` entstanden, welche die referenzielle Integrität zwischen den beiden Tabellen sicherstellt. Da die `RaumID`-Spalte keine `NULL`-Werte zulässt, kann es keine Möbel geben, die sich nicht in einem der Räume befinden.

Das SQL Server Management Studio (Express) stellt Fremdschlüssel-Einschränkungen als kleinen grauen Schlüssel dar.

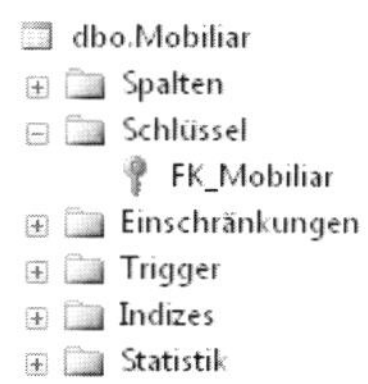

Abbildung 4.30 Grafische Darstellung einer Fremdschlüssel-Einschränkung

Bei der Definition einer Fremdschlüssel-Einschränkung kann angegeben werden, was mit Zeilen in der abhängigen Tabelle geschehen soll, wenn der Fremdschlüssel geändert wird. Die `ADD CONSTRAINT`-Anweisung kennt deshalb für diese Fälle die Zusätze `ON DELETE` und `ON UPDATE`.

Folgende Aktionen sind beim Löschen oder Ändern der Werte möglich:

Tabelle 4.11 Fremdschlüssel-Aktionen für ON DELETE und ON UPDATE

Aktion	Beschreibung
`NO ACTION`	Löschen oder Ändern einer Zeile in der Primärtabelle führt zu einem Fehler, der die entsprechende Anweisung abbricht. Dies ist der Standard.
`CASCADE`	Die Änderungen werden weitergereicht, sodass Zeilen, die den entsprechenden Wert des Fremdschlüssels verwenden, ebenfalls gelöscht oder geändert werden.
`SET NULL`	Alle Zeilen, welche die geänderten oder gelöschten Werte verwenden, werden auf `NULL` gesetzt. Lässt eine der Spalten keine `NULL`-Werte zu, so kann die Einschränkung nicht angelegt werden.
`SET DEFAULT`	Alle Zeilen, welche die geänderten oder gelöschten Werte verwenden, werden auf ihren Standardwert gesetzt. Besitzt eine der Spalten keine Standardwerte, so kann die Einschränkung nicht angelegt werden.

Hinweis:
Eine Fremdschlüssel-Einschänkung kann sich auf mehr als nur eine Spalte beziehen. Aus diesem Grund ist in Tabelle 4.11 von Spalten die Rede.

Obwohl es mehrere Fremdschlüssel-Einschränkungen zwischen zwei Tabellen geben kann (was eher unüblich ist), kann jeweils nur eine die `CASCADE`-Aktion mit `ON DELETE` und `ON UPDATE` verwenden.

Um beispielsweise beim Löschen eines Raumes die gesamten Möbel, die sich in ihm befinden, ebenfalls zu löschen, muss die Definition so aussehen:

```
CREATE TABLE Mobiliar
(
    ID INT IDENTITY(1,1) NOT NULL,
    RaumID INT NOT NULL,
    Bezeichnung VARCHAR(50) NOT NULL,
    CONSTRAINT [FK_Mobiliar] FOREIGN KEY (RaumID) REFERENCES Raum(ID)
        ON DELETE CASCADE
);
```

Damit ist sichergestellt, dass kein „Datenmüll" übrig bleibt.

Hinweis:

Auf Wunsch können alle oder einige Einschränkungen deaktiviert werden. Für Details siehe *4.9.6, „Einschränkungen deaktivieren"*.

4.6.3.2 Temporäre Tabellen

Neben regulären, dauerhaften Tabellen können auch solche erstellt werden, die von temporärem Charakter sind und deren Lebensdauer daher begrenzt ist. Solche temporären Tabellen werden in T-SQL mit der `CREATE TABLE`-Anweisung erzeugt und verfügen über einen speziellen Namen, um sich von regulären Tabellen abzugrenzen. Diese Tabellen werden nicht in der aktuellen Datenbank, sondern in der tempdb-Datenbank abgelegt.

Dabei existieren zwei unterschiedliche Arten, die sich durch ihre Sichtbarkeit für die Verbindung unterscheiden:

Tabelle 4.12 Tabellenpräfixe und ihre Bedeutung für die Lebenszeit einer Tabelle

Tabellenname beginnt mit	Sichtbarkeits-/Lebenszeit
#	Sichtbar für die Verbindung, die sie erstellt hat. Ihre Lebensdauer endet, wenn diese Verbindung abgebaut oder die `DROP TABLE`-Anweisung aufgerufen wird.
##	Für alle Verbindungen sichtbar. In diesem Fall endet die Lebenszeit dieser global-temporären Tabelle, wenn die letzte Verbindung abgebaut oder die `DROP TABLE`-Anweisung aufgerufen wird.

Wichtig:

Das Rautezeichen (‚#') am Anfang gehört zum Namen, sodass `#TempTbl` eine andere Tabelle meint als `##TempTbl`.

Im folgenden Beispiel wird eine kleine temporäre Tabelle erstellt, befüllt und das Ergebnis schließlich ausgegeben.

```
-- Temp. Tabelle erstellen
-- (Nur für diese Verbindung sichtbar)
CREATE TABLE #MeineTempTabelle
(
  Id INT IDENTITY(1,1),
  Name VARCHAR(50)
);

-- Drei Datensätze einfügen
INSERT INTO #MeineTempTabelle (Name)
VALUES ('Kansy'), ('Neumann'), ('Bond');

-- Ausgeben
SELECT * FROM #MeineTempTabelle ORDER BY Name;
```

Die so erstellte Tabelle kann wie gewohnt mit CRUD-Anweisungen verwendet werden.

Tipp:

Temporäre Tabellen werden oder besser wurden oft dazu verwendet, größere Datenmengen zwischen mehreren gespeicherten Prozeduren zu transportieren. Da SQL Server 2008 (R2) nun aber die neue Möglichkeit bietet, ganze Tabellen als Parameter zu verwenden (siehe *2.1.11,* „Tabellen als Parameter (Table valued parameters – TVP)“), ist diese Notlösung nicht mehr notwendig und sollte bei neuen Entwicklungen auch nicht mehr angewandt werden.

4.6.3.3 Tabellen ändern

Die zentrale Anweisung, um den Aufbau einer Tabelle zu verändern, lautet `ALTER TABLE`. Mit ihr können folgende Änderungen an der Tabelle durchgeführt werden:

- *Spalten*: Hinzufügen, ändern und entfernen
- *Primärschlüssel*: Hinzufügen und löschen
- *Standardwerte*: Hinzufügen und löschen
- *UNIQUE-Einschränkungen*: Hinzufügen und löschen
- *CHECK-Einschränkungen*: Hinzufügen und löschen
- *Fremdschlüssel-Einschränkungen*: Hinzufügen und löschen

Im Folgenden wird genau beschrieben, wie welche Aktion dabei zu bewältigen ist und welche Dinge es zu beachten gilt.

Spalten hinzufügen, ändern oder löschen

Um neue Spalten in eine bestehende Tabelle einzufügen, wird die `ALTER TABLE`-Anweisung mit dem Zusatz `ADD` verwendet. Nach diesem Zusatz kommt die Spaltendefinition, wie sie auch beim Anlegen der Tabelle Verwendung findet.

```
ALTER TABLE Raum
ADD Bewohner VARCHAR(100) NULL;
```

Wenn die Tabelle bereits Zeilen enthält, gibt es eine Besonderheit zu beachten, damit die Datenkonsistenz erhalten bleibt: Es können nur Spalten hinzugefügt werden, die entweder `NULL` zulassen, einen automatisch bestimmten Wert oder einen Standardwert haben. Wäre dies nicht der Fall, hätte die Tabelle plötzlich eine Spalte, die zwar keine Werte enthält (also NULL), auf der anderen Seite aber NULL nicht zulassen darf. Bei einer Tabelle ohne Inhalt spielt dies keine Rolle, da es dann zu so einer Situation nicht kommen kann.

```
ALTER TABLE Raum
ADD Bewohner VARCHAR(100) DEFAULT ('Unbekannt') NOT NULL;
```

Folgende Anweisung fügt einer Tabelle, die noch keine Identitätsspalte hat, eine solche hinzu:

```
ALTER TABLE Gebaeude
ADD ID INT IDENTITY(1,1) NOT NULL;
```

Berechnete Spalten lassen sich auf diese Art auch hinzufügen, da deren Werte aus anderen Spalten berechnet werden.

```
ALTER TABLE Gebaeude
ADD Grundflaeche as Laenge * Breite PERSISTED;
```

Um eine bestehende Spalte zu verändern, steht der ALTER COLUMN-Zusatz zur Verfügung. Mit ihm können der Datentyp und die Information, ob die Spalte NULL-Werte akzeptiert oder nicht, verändert werden.

```
ALTER TABLE Raum
ALTER COLUMN Bewohner VARCHAR(50) NOT NULL;
```

Unter den folgenden Bedingungen kann eine Spalte nicht verändert werden:

- Es existiert ein Standardwert oder eine sonstige Einschränkung.
- Die Spalte dient als Grundlage für mindestens eine berechnete Spalte.
- Die Spalte ist Teil des Primärschlüssels der Tabelle.

Wichtig:

Das Ändern des Datentyps funktioniert nur unter bestimmten Bedingungen: Beide Datentypen (der alte und der neue) müssen verträglich sein. Zusätzlich dürfen beim Kürzen von Maximalgrößen, wie in den beiden Beispielen, keine Daten verloren gehen. Das Gleiche gilt übertragen auch für NULL/NOT NULL. Alle Daten müssen der neuen Spaltendefinition genügen.

Der Name einer Spalte kann durch die ALTER TABLE...ALTER COLUMN-Anweisung nicht geändert werden. Hierfür muss mit einer neuen Spalte oder gar einer Hilfstabelle gearbeitet werden. Eine etwas schreibintensive Angelegenheit, die am besten dem SQL Server Management Studio (Express) überlassen wird – es gestattet im visuellen Entwurf das Umbenennen von Spalten.

Schließlich ist das Löschen das Letzte, was noch mit einer bestehenden Spalte geschehen kann. Für diese Aufgabe ist der Zusatz DROP COLUMN vorgesehen.

```
ALTER TABLE Raum
DROP COLUMN Bewohner;
```

Unter den folgenden Bedingungen kann eine Spalte nicht gelöscht werden:

- Es existiert ein Standardwert oder eine sonstige Einschränkung.
- Die Spalte dient als Grundlage für mindestens eine berechnete Spalte.

- Die Spalte ist Teil des Primärschlüssels der Tabelle.

In all diesen Fällen muss das entsprechende Objekt erst entfernt werden, bevor das Löschen der Spalte ausgeführt werden kann.

Primärschlüssel hinzufügen oder löschen

Tabellen, die noch keinen Primärschlüssel besitzen, können einen solchen im Nachhinein erhalten. Voraussetzung ist jedoch, dass die betroffenen Spalten keine Duplikate enthalten und dass keine von ihnen `NULL`-Werte erlaubt. Ist dies der Fall, so wird die Anweisung mit einem Fehler abgebrochen.

```
ALTER TABLE Raum
DROP COLUMN Bewohner;
```

Für mehrere Spalten sieht die Anweisung recht ähnlich aus:

```
ALTER TABLE Gebaeude
ADD CONSTRAINT [PK_Gebaeude] PRIMARY KEY CLUSTERED
               (Strassenname ASC, Hausnummer DESC);
```

Um einen existierenden Primärschlüssel aus einer Tabelle zu löschen, kommt die `ALTER TABLE...DROP CONSTRAINT`-Anweisung zum Einsatz.

```
ALTER TABLE Gebaeude
DROP CONSTRAINT [PK_Gebaeude];
```

Standardwerte hinzufügen oder löschen

Standardwerte können zu einer bestehenden Tabelle auf zweierlei Art hinzugefügt werden:

```
ALTER TABLE Raum
ADD DEFAULT (1) FOR Breite;
```

Im letzteren Fall werden die Default-Einschränkungen wieder automatisch vom SQL Server mit einem in der Datenbank eindeutigen Namen versehen.

Ein zuvor festgelegter Standardwert kann mit dieser Anweisung wieder aus der Tabelle gelöscht werden:

```
ALTER TABLE Raum
DROP CONSTRAINT DF_Raum_Laenge;
```

Hinweise:

Wurde kein Name für den Standardwert vergeben, so muss der vom SQL Server automatisch und zufällig generierte verwendet werden, der so aussehen kann: `DF__Raum__Laenge__24927208`.

UNIQUE-Einschränkungen hinzufügen oder löschen

Um einer bestehenden Tabelle nachträglich eine `UNIQUE`-Einschränkung hinzuzufügen, dient folgende `ALTER TABLE`-Anweisung:

```
ALTER TABLE Gebaeude
ADD CONSTRAINT [UQ_Gebaeude] UNIQUE (Strassenname, Hausnummer);
```

Beachten Sie, dass die betroffenen Spalten keine Duplikate aufweisen dürfen, sonst wird die Ausführung mit einem Fehler abgebrochen.

Eine zuvor erstellte `UNIQUE`-Einschränkung kann mit einer `ALTER TABLE...DROP CONSTRAINT`-Anweisung wieder aus dieser Tabelle gelöscht werden.

```
ALTER TABLE Gebaeude
DROP CONSTRAINT [UQ_Gebaeude];
```

CHECK-Einschränkungen hinzufügen oder löschen

`CHECK`-Einschränkungen können bei Bedarf zu einer bestehenden Tabelle hinzugefügt werden. Voraussetzung dafür ist, dass keine Werte existieren, welche die neue Regel verletzen. Ist dies der Fall, so wird die Anweisung mit einem Fehler abgebrochen.

```
ALTER TABLE Raum
ADD CONSTRAINT [CK_Laenge] CHECK (Laenge >Breite);
```

Da diese Anweisung mit dem `CONSTRAINT`-Schlüsselwort arbeitet, gilt die Einschränkung nicht für eine einzelne Spalte, sondern für die gesamte Zeile der Tabelle. Es stehen daher die gleichen Möglichkeiten offen wie beim Anlegen einer `CHECK`-Einschränkung mit diesem Schlüsselwort.

Für das Löschen einer `CHECK`-Einschränkung wird die `ALTER TABLE...DROP CONSTRAINT`-Anweisung verwendet:

```
ALTER TABLE Raum
DROP CONSTRAINT [CK_Laenge];
```

Dieses Beispiel löscht die Einschränkung mit dem Namen `CK_Laenge` aus der Beispieltabelle.

Fremdschlüssel-Einschränkungen hinzufügen oder löschen

Um Fremdschlüssel-Einschränkungen zu einer Tabelle hinzuzufügen, muss die `ALTER TABLE...ADD CONSTRAINT`-Anweisung ausgeführt werden. Damit dies erfolgreich geschehen kann, müssen folgende Faktoren gewährleistet sein:

- Die Spalten, auf die verwiesen wird, müssen entweder eine `UNIQUE`-Einschränkung besitzen oder den Primärschlüssel der Tabelle darstellen.
- Es darf keinen Wert geben, der laut der Einschränkung ungültig wäre.
- Die `CASCADE`-Aktion darf zwischen zwei Tabellen nur jeweils einmal für `ON DELETE` und `ON UPDATE` definiert werden.

Eine einfache Anweisung sieht dann so aus:

```
ALTER TABLE Mobiliar
ADD CONSTRAINT [FK_Mobiliar] FOREIGN KEY (RaumID) REFERENCES Raum(ID) ON
UPDATE SET DEFAULT ON DELETE CASCADE;
```

Damit eine bestehende Fremdschlüssel-Einschränkung gelöscht wird, wird die folgende Anweisung benötigt:

```
ALTER TABLE Mobiliar
DROP CONSTRAINT [FK_Mobiliar];
```

Damit ist die 1:n-Beziehung genauso gelöscht wie die referenzielle Integrität, für die sie stand.

4.6.3.4 Tabellen komplett löschen

Tabellen können endgültig aus einer Datenbank gelöscht werden. Geschieht dies, sind alle Daten, die sich in dieser Tabelle befunden haben, konsequenterweise ebenso gelöscht.

```
DROP TABLE Raum;
```

Tabellen, auf die noch durch einen Fremdschlüssel verwiesen wird, können nicht gelöscht werden. In einem solchen Fall wird die Anweisung mit einer Fehlermeldung abgebrochen.

4.6.4 Trigger

Unter Triggern werden Prozeduren (geschrieben in T-SQL oder in .NET) verstanden, die für bestimmte Änderungen oder Ereignisse in der Datenbank oder der SQL Server-Instanz ausgeführt werden.

Hinweis:
Nicht alle Trigger lassen sich mit .NET programmieren. Mehr dazu in Kapitel 6, das die CLR-Integration behandelt.

Trigger lassen sich grob in drei unterschiedliche Kategorien einteilen.

Transaktionen

Ein Trigger wird immer in der gleichen Transaktion ausgeführt wie die Anweisung, die ihn ausgelöst hat. Dadurch hat dieser durch ein einfaches `ROLLBACK` die Möglichkeit, die Änderungen zu annullieren. Weitere Informationen über Transaktionen befinden sich unter *4.8, „Transaktionen“*.

Wichtig:
Lassen Sie bei der Entwicklung von Triggern besondere Umsicht walten, da Fehler sonst die Daten in der Tabelle oder der Sicht quasi unveränderlich werden lassen. In solchen unangenehmen Fällen hilft oft nur das (zeitweise) Deaktivieren der Trigger, bis das Problem gelöst ist (siehe *4.6.4.4, „Deaktivierung von Triggern“*).

Verschachtelte und rekursive Trigger

Auf Wunsch können Trigger auch wiederum weitere Trigger auslösen – sogar sich selbst (rekursiv). Da dies gleichzeitig Fluch und Segen ist, existiert die Möglichkeit, diese Funktion ein-/auszuschalten (standardmäßig sind rekursive Trigger nicht aktiv). Dies kann über das SQL Server Management Studio (Express) erledigt werden (Eigenschaften der Datenbank, Optionen-Karteireiter, Einstellung Rekursive Trigger aktivieren) oder per T-SQL.

```
ALTER DATABASE [DatenbankName] SET RECURSIVE_TRIGGERS ON WITH NO_WAIT;
```

> **Tipp:**
> Versuchen Sie, ohne diese Einstellung auszukommen. Gerade in Datenbanken mit einer großen Anzahl von Triggern sind Fehler durch unbeabsichtigte Rekursionen sehr schwer zu finden.

Im Gegensatz dazu sind verschachtelte Trigger standardmäßig aktiv, können jedoch für die gesamte SQL Server-Instanz deaktiviert werden. Im SQL Server Management Studio (Express) geschieht dies über die Servereigenschaften, den Erweitert-Karteireiter und durch die Einstellung Triggern ermöglichen, weitere Trigger auszulösen.

Per T-SQL sieht eine solche Änderung folgendermaßen aus:

```
EXEC sys.sp_configure N'nested triggers', N'0';
GO
RECONFIGURE WITH OVERRIDE;
GO
```

Für das spätere Wiedereinschalten muss lediglich ein Wert von `1` übergeben werden.

Generell werden Trigger mit der `CREATE TRIGGER`-Anweisung erstellt. Das Löschen geschieht über die `DROP TRIGGER`-Anweisung, während Änderungen mittels `ALTER TRIGGER` realisiert werden.

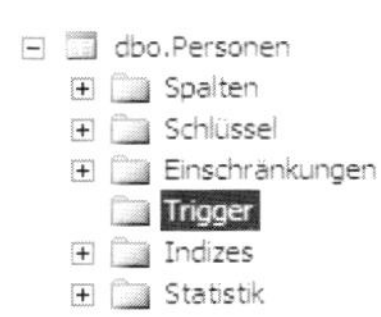

Abbildung 4.31 Trigger lassen sich auch im SQL Server Management Studio (Express) verwalten.

4.6.4.1 DML-Trigger

DML-Trigger reagieren, wenn Inhalte von Tabellen oder Sichten verändert werden. Ein solcher Trigger kann dementsprechend auf `INSERT`, `DELETE` und `UPDATE` oder auf eine Kombination reagieren.

> **Wichtig:**
> Die `TRUNCATE`-Anweisung löst beim Leeren der Tabelle z.B. keine Trigger aus. Das Gleiche gilt für `BULK`-Operationen wie z.B. Import oder auch Replikation.

Auf Wunsch können mehrere Trigger auf ein und dieselbe Änderung reagieren – eine Reihenfolge der Ausführung wird vom SQL Server in einem solchen Fall dann nicht garantiert – es ist jedoch wahrscheinlich die, in der die Trigger erzeugt wurden.

Wichtig:

Ein Trigger wird nicht pro veränderte Zeile, sondern pro Anweisung aufgerufen. Bedenken Sie bei Ihrer Implementierung, dass sowohl `INSERT`-, `UPDATE`- als auch `DELETE`-Anweisungen mehr als nur eine Zeile betreffen können. Ist keine Zeile betroffen, so wird der Trigger selbstverständlich nicht ausgeführt.

Während der Laufzeit des Triggers stehen die virtuellen Tabellen `INSERTED` und/oder `DELETED` zur Verfügung, welche die alten bzw. die neuen Daten beinhalten. Das folgende Beispiel nutzt die `DELETED`-Tabelle, um die Summe der gelöschten Waren zu ermitteln.

```
CREATE TRIGGER trg_Waren
  ON Waren
  AFTER DELETE
AS
BEGIN
    DECLARE @Total decimal(18,3) = 0.0;
    SELECT @Total = SUM(WERT) FROM DELETED;
    PRINT 'Wert der gelöschten Waren ' + CAST(@Total as VARCHAR);
END;
```

Wichtig:

Trigger können nicht für temporäre Tabellen erstellt werden – weder für lokale noch für globale.

Hinweis:

Um zu prüfen, ob eine bestimmte Spalte von einer `UPDATE`- oder `INSERT`-Anweisung betroffen ist, existiert die `UPDATE`-Funktion. Innerhalb des Triggers können Sie daher schreiben:

```
IF UPDATE(SpalteA)
    PRINT 'Wert SpalteA wurde verändert';
```

Wird die Zeile eingefügt, so ist dies so zu verstehen, dass die `INSERT`-Anweisung für diese Spalte einen Wert definiert, der Standardwert also nicht zum Zuge kommt. Achtung! Weder bei `UPDATE`- noch bei `INSERT`-Anweisungen bedeutet dies, dass der Wert unterschiedlich sein muss. Es heißt lediglich, dass die Spalte angegeben wurde.

Für DML-Trigger existieren noch zwei weitere Varianten, die im Folgenden beschrieben werden.

AFTER-Trigger

`AFTER`-Trigger sind solche, die direkt nach erfolgreicher Durchführung aller Datenänderungen ausgeführt werden. Tritt vorher ein Fehler auf oder bricht ein anderer Trigger die Änderungen ab, so kommt es zu keiner Ausführung.

Das folgende Beispiel zeigt so einen `AFTER`-Trigger, der nach Änderungen von Daten in der Tabelle `Kunden` eine E-Mail an den Administrator sendet.

```
CREATE TRIGGER trg_Kunden
  ON Kunden
  AFTER INSERT, UPDATE, DELETE
AS
   EXEC msdb.dbo.sp_send_dbmail
        @profile_name = 'eMail Profile',
        @recipients = 'admin@dotnetconsulting.eu',
        @body = 'Daten wurden gelöscht ',
        @subject = 'Achtung';
```

INSTEAD OF-Trigger

`INSTEAD OF`-Trigger werden, wie der Name schon suggeriert, anstelle der DML-Anweisung ausgeführt. So kann z.B. realisiert werden, dass Datensätze bei einer `DELETE`-Anweisung nicht tatsächlich gelöscht werden, sondern lediglich deren Gelöscht-Kennzeichen gesetzt wird. Der folgende Trigger demonstriert dies.

```
CREATE TRIGGER trg_LoeschePersonen
    ON Personen
    INSTEAD OF DELETE
AS
BEGIN
    SET NOCOUNT ON; -- Keine Information über betroffene Zeilen
    UPDATE Personen SET Geloescht=1;
    WHERE IDENTITYCOL IN (SELECT IDENTITYCOL FROM DELETED);
END;
```

Da sich nun die Datensätze aber so gar nicht mehr löschen lassen, bietet sich eine Mechanik an, die aus einer zweiten `bit`-Spalte besteht, deren Wert 1 sein muss, damit die Werte physikalisch gelöscht werden. Diese Spalte könnte dann z.B. nicht von einem Anwender, sondern lediglich von Admin-Tools vor dem endgültigen Löschen gesetzt werden. Technisch müsste der Trigger dabei zusätzlich noch eine `DELETE`-Anweisung auf die Personen-Tabelle durchführen – oder der Trigger wird für „Aufräumarbeiten" deaktiviert (siehe *4.6.4.4, „Deaktivierung von Triggern"*).

Wichtig:

`INSTEAD OF`-Trigger können nicht zusammen mit Anweisungen ausgeführt werden, welche die `OUTPUT`-Klausel verwenden! Details zu dieser Klausel finden Sie unter *4.5.1.12, „OUTPUT-Klausel"*.

4.6.4.2 DDL-Trigger

DDL-Trigger werden dann ausgeführt, wenn die entsprechende DDL-Anweisung eine Änderung am Aufbau einer Datenbank bewirkt. Während DML-Trigger mit ihren Möglichkeiten noch richtig überschaubar sind, so erweitert der SQL Server 2008 (R2) die zur Verfügung stehenden Optionen für DDL-Trigger noch einmal. So gut wie jede DDL-Anweisung oder sonstige Änderung an einer Datenbank (bis hin zu deren Erstellen und Löschen) kann einen Trigger auslösen.

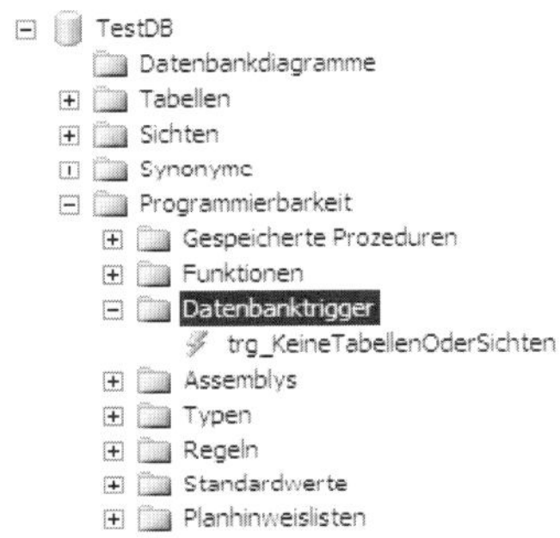

Abbildung 4.32 DDL-Trigger im SQL Server Management Studio (Express)

Über die `EVENTDATA`-Funktion können Details ermittelt werden, warum der Trigger ausgelöst wurde. Sie liefert eine Reihe von Informationen als XML-Daten. Dieser recht generische Ansatz ist notwendig, da sonst die Vielzahl unterschiedlicher Trigger nicht unter „einen Hut“ zu bekommen wäre. Für einen DDL-Trigger, der auf `ALTER TABLE` reagiert, werden die folgenden Informationen geliefert.

```
<EVENT_INSTANCE>
    <EventType>type</EventType>
    <PostTime>date-time</PostTime>
    <SPID>spid</SPID>
    <ServerName>name</ServerName>
    <LoginName>name</LoginName>
    <UserName>name</UserName>
    <DatabaseName>name</DatabaseName>
    <SchemaName>name</SchemaName>
    <ObjectName>name</ObjectName>
    <ObjectType>type</ObjectType>
    <T-SQLCommand>command</T-SQLCommand>
</EVENT_INSTANCE>
```

Das folgende Beispiel verhindert das Erstellen neuer Tabellen und Sichten – seien sie auch noch so klein.

```
CREATE TRIGGER trg_KeineTabellenOderSichten
  ON DATABASE
  FOR CREATE_TABLE, CREATE_VIEW
AS
BEGIN
    DECLARE @CMD NVARCHAR(MAX)= EVENTDATA()
        .value('(/EVENT_INSTANCE/T-SQLCommand/CommandText)[1]',
               'nvarchar(max)');

    PRINT 'Unerwünschte DDL-Anweisung:';
    PRINT @CMD;
    ROLLBACK;
END;
```

4.6.4.3 Sonstige Trigger

Seit SQL Server 2005 SP2 (Service Pack 2) existiert noch ein Trigger der besonderen Art: der `LOGON`-Trigger. Wie der Name vermuten lässt, wird dieser ausgelöst, wenn der SQL Server eine Anmeldung durchführt. Im Gegensatz zu ORACLE-Datenbanken gibt es bis dato leider keinen `LOGOFF`-Trigger.

Intern wird eine Transaktion erstellt, sodass der Trigger die Möglichkeit hat, die Anmeldung abzubrechen (damit schlägt die Anmeldung natürlich fehl), indem er ein `ROLLBACK` ausführt.

Achtung!

Dieser Trigger wird für die gesamte SQL Server-Instanz definiert und bietet schon durch einen kleinen Fehler (die Rückgabe von Werten mittels `SELECT` reicht auch) die fantastische Gelegenheit, sämtliche Anmeldungen zu unterbinden – außer bei dedizierten Administratoren-Verbindungen[12] zum Server, bei denen der Trigger nicht ausgelöst wird. So bleibt der Griff zum Backup (oder Setup) erspart.

Ähnlich wie bei DDL-Triggern stellt die `EVENTDATA`-Funktion die zur Verfügung stehenden Informationen bereit.

```
<EVENT_INSTANCE>
    <EventType>event_type</EventType>
    <PostTime>post_time</PostTime>
    <SPID>spid</SPID>
    <ServerName>server_name</ServerName>
    <LoginName>login_name</LoginName>
    <LoginType>login_type</LoginType>
    <SID>sid</SID>
    <ClientHost>client_host</ClientHost>
    <IsPooled>is_pooled</IsPooled>
</EVENT_INSTANCE>
```

Das folgende Beispiel geht einen etwas anderen Weg. Es hält die Anzahl der Anmeldungen zum Server nach und beschränkt diese auf nicht mehr als drei Stück.

```
CREATE TRIGGER AnmeldungsLimit
    ON ALL SERVER WITH EXECUTE AS 'UseLogin' -- Login muss existieren
    FOR LOGON
AS
BEGIN
IF ORIGINAL_LOGIN()='UseLogin' AND
    (SELECT COUNT(*) FROM sys.dm_exec_sessions
            WHERE is_user_process = 1 AND
                original_login_name = 'UseLogin') > 3
    ROLLBACK;
END;
```

Alternativ kann auf diese Art und Weise theoretisch auch ein eigener Anmelde-Mechanismus oder eine Lizenzüberprüfung realisiert werden.

4.6.4.4 Deaktivierung von Triggern

In manchen Fällen, z.B. wenn im Trigger ein Fehler vorliegt oder wenn Daten importiert werden sollen, ist es hilfreich, Trigger zu deaktivieren und nicht gleich zu löschen. Zu diesem Zweck existiert die `DISABLE TRIGGER`-Anweisung und ihr Gegenstück, die `ENABLE TRIGGER`-Anweisung, mit der die Trigger wieder aktiviert werden können.

---

[12] DAC: Dedicated Admin Connection. Diese besondere Art der Anmeldung, die es Administratoren in vielen (Not-)Fällen noch ermöglicht, Verbindung zu dem Datenbankserver aufzunehmen, wird in diesem Buch nicht weiter behandelt.

Bei beiden Anweisungen besteht die Möglichkeit, einen, mehrere oder pauschal alle Trigger anzusprechen. Dies wiederum kann sich auf ein Objekt (Tabelle, Sicht), eine Datenbank oder den gesamten Server beziehen, je nachdem, was für Trigger angesprochen werden sollen.

Die folgende Anweisung deaktiviert einen bestimmten Trigger für eine Tabelle:

```
DISABLE TRIGGER trg_LoeschPerson ON Personen;
```

Um alle Trigger auf dieser Tabelle anzusprechen, kommt die folgende Anweisung zum Einsatz:

```
DISABLE TRIGGER ALL ON Personen;
```

Alle datenbankbezogenen (DDL) Trigger werden auf diese Weise deaktiviert.

```
DISABLE TRIGGER ALL ON DATABASE;
```

Schließlich können noch serverweite Trigger deaktiviert werden mit

```
DISABLE TRIGGER ALL ON ALL SERVER;
```

oder

```
DISABLE TRIGGER AnmeldungsLimit ON ALL SERVER;
```

Wie schon erwähnt, funktioniert das Aktivieren auf die gleiche Weise, lediglich das `DISABLE` weicht einem `ENABLE`.

Hinweis:

DML-Trigger können auch über eine `ALTER TABLE`/`ALTER VIEW`-Anweisung deaktiviert werden. Microsoft empfiehlt jedoch `DISABLE`/`ENABLE TRIGGER`. Diese haben zudem den Vorteil, dass sie keiner Änderung am Aufbau der Tabellen/Sichten entsprechen und auch in Replikationsszenarien möglich sind.

4.6.5 Sichten (Views)

Sichten auf dem SQL Server stellen nichts anderes dar als `SELECT`-Abfragen, die zentral gespeichert werden. Sie enthalten keine Daten, sondern basieren immer auf Tabellen oder anderen Sichten. Schlussendlich muss natürlich mindestens eine Tabelle verwendet werden. Je nach Aufbau können Daten auch aktualisierbar sein, die durch eine Sicht ermittelt werden. Auch sonst lassen sich Sichten in vielen Fällen dort verwenden, wo der Zugriff auf eine Tabelle sinnvoll ist.

Hinweis:

Sichten befinden sich in einem Datenbankschema, wie es unter *4.6.10, „Datenbankschemata“*, beschrieben ist. Der Übersichtlichkeit halber wird an dieser Stelle jedoch auf Schemata verzichtet.

Eine einfache Abfrage sieht daher wie folgt aus:

```
SELECT * FROM vwMeinView;
```

Im Vergleich zu Ad-hoc[13]-Abfragen kann der Einsatz von Sichten in einigen Fällen sinnvoller sein:

- Eine Anwendung muss die genaue Abfrage nicht kennen, die in der Sicht steckt. Änderungen aufgrund von Bugs oder anderen Anforderungen betreffen die Anwendung nicht.
- Für den Zugriff auf die Daten muss der Aufrufer nur Zugriff auf die Sicht, nicht jedoch auf die darunter liegende Tabelle haben – ein solides Sicherheitskonzept, das garantiert, dass die Daten nur so (und genau so) sichtbar sind, wie es gedacht ist.
- Sichten werden kompiliert zusammen mit ihrem Ausführungsplan gespeichert, sodass dieser Schritt bei der Abfrage entfallen kann – die Abfrage ist im direkten Vergleich schneller.
- Im Gegensatz zum kompletten Abfragetext wird nur unwesentlich mehr als der Name der Sicht übertragen – das spart Bandbreite.

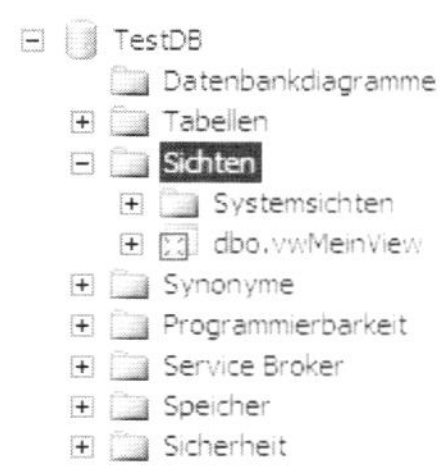

Abbildung 4.33 Sichten im SQL Server Management Studio (Express)

Sichten werden mit der `CREATE VIEW`-Anweisung erzeugt. Dazu wird neben dem (eindeutigen) Namen die entsprechende `SELECT`-Anweisung benötigt.

Für diese gibt es keine nennenswerten Einschränkungen, und sowohl `JOINS` als auch `ORDER BY` und `GROUP BY` sind erlaubt. Allerdings müssen alle Spalten eindeutige Namen aufweisen!

> **Tipp:**
> Im SQL Server Management Studio (Express) können Sichten mit einem grafischen Programm erstellt werden – sicherlich eine gute Wahl bei umfangreichen Sichten, an denen viele Tabellen beteiligt sind. (Befehl Neue Sicht im Kontextmenü des Sichten-Containers oder Befehl Erstellen im Kontextmenü einer bestehenden Sicht)

```
CREATE VIEW vwPersonen
AS
SELECT TOP 100 PERCENT Name FROM Personen
WHERE Geloescht = 0 ORDER BY Name;
```

[13] ad hoc: „zu diesem" oder „hierfür" in der Bedeutung von „für diesen Augenblick gemacht", also Abfragen, die von der Anwendung nur für einen einzigen Einsatz generiert werden.

Wichtig:

Möchten Sie in der Sicht per `ORDER BY` sortieren, so muss die `SELECT`-Abfrage das `TOP`- oder `FOR XML`-Schlüsselwort enthalten. Das Beispiel schließt dieses daher ein. Allerdings haftet dem Sortieren innerhalb einer Sicht der Makel des Unsinnigen an, da die Abfrage, welche die Sicht verwendet, wieder eine ganz andere Sortierung verwenden kann (wenn die Anwendung nicht eh die Daten in der Tabelle für den Benutzer sortiert). Somit werden die Daten mehrfach und völlig unnütz umsortiert.

```
-- Sortierungen in einer Sicht sind oft sinnfrei und nur ein Vorschlag
SELECT * FROM vwPersonen ORDER BY Name DESC;
```

Sichten können mit der `ALTER VIEW`-Anweisung verändert und, wenn sie nicht mehr benötigt werden, mit der `DROP VIEW`-Anweisung gelöscht werden. Allerdings nur, wenn kein anderes Objekt von dieser abhängt.

Für Sichten existieren einige Attribute, die bei der Erstellung/Modifikation angegeben werden können. Sollten mehrere Attribute gleichzeitig zum Einsatz kommen, so werden diese mit einem Komma getrennt aufgelistet.

Hinweis:

Beachten Sie, dass lediglich die `WITH CHECK OPTION` zum Schluss der `CREATE VIEW`-Anweisung stehen muss. (Dies ist streng genommen auch kein Attribut, sondern eine Option, aber der Unterschied ist an dieser Stelle völlig unwichtig.)

WITH CHECK OPTION

Bei Sichten, welche Daten filtern, stellt sich immer die spannende Frage, was passiert, wenn die Daten durch die Sicht so verändert werden, dass diese sie nicht mehr anzeigt und herausfiltert. Unter normalen Umständen verschwinden die betroffenen Zeilen aus dem Dunstkreis der Sicht und können daher auch nicht erneut verändert werden. `WITH CHECK OPTION` löst das Dilemma, indem es Änderungen an den Daten unterbindet, die diese für die Sicht unerreichbar machen würden.

```
CREATE VIEW vwMeinView
AS
SELECT Name, Geloescht FROM Personen WHERE Geloescht = 0
WITH CHECK OPTION;

-- Diese Anweisung wird einen Fehler erzeugen
UPDATE vwMeinView SET Geloescht = 1;
```

WITH SCHEMABINDING

Soll verlässlich sichergestellt sein, dass die Sicht oder Tabelle, auf welche/r die Sicht basiert, nicht verändert werden darf, so bietet sich die `WITH SCHEMABINDING`-Option an. Sie stellt genau dies sicher, erfordert jedoch, dass die `SELECT`-Anweisung in der Sicht die benötigten Spalten namentlich angibt, ein ‚*' ist nicht gültig. Außerdem müssen alle verwendeten Tabellen und Sichten mit einem zweiteiligen Namen angegeben werden.

```
CREATE VIEW vwPersonen WITH SCHEMABINDING
AS
SELECT Name FROM dbo.Personen WHERE Geloescht = 0;
```

WITH ENCRYPTION

Normalerweise wird zu jedem Objekt der Bauplan, also die DDL-Anweisung, gespeichert (in der Systemtabelle `syscomments`), mit dem diese erstellt wurde. Dieser kann später abgerufen und verändert werden. Die `WITH ENCRYPTION`-Option verhindert genau dies, wirklich verschlüsselt wird jedoch nichts. Die Sicht wird wie gewohnt erzeugt, ihr Bauplan jedoch nur nicht gespeichert.

```
CREATE VIEW vwPersonen WITH ENCRYPTION
AS
SELECT Name FROM dbo.Personen WHERE Geloescht = 0;
```

Wichtig:

Wahrscheinlich völlig selbstverständlich, aber ich erwähne es trotzdem einmal: Verlieren Sie den Code der Sicht, so haben Sie von nun an eine Sicht, die Sie zwar in dieser Datenbank verwenden, jedoch niemals in eine andere übertragen oder einfach mal ändern können. Verwahren Sie die `CREATE VIEW`-Anweisung so gut wie den restlichen Code Ihrer Anwendung.

4.6.6 Gespeicherte Prozeduren

Gespeicherte Prozeduren sind genau das, was ihr Name suggeriert: Prozeduren, die in T-SQL programmiert und auf dem SQL Server angelegt wurden. Sie können Parameter haben und sogar einen bescheidenen Rückgabewert, der jedoch nur aus einem numerischen Wert bestehen darf. Ihre Parameter können dabei sowohl optional (indem diese einen Standardwert besitzen) als auch Ausgabeparameter sein, deren aktueller Wert zum Ende der Ausführung an den Aufrufer zurück übermittelt wird. Innerhalb einer solchen Prozedur können Variablen, Schleifen, Fehlerbehandlungen, Cursor etc. verwendet werden. Sie kann aber auch lediglich eine einfache DML-Anweisung enthalten – alles ist möglich.

Hinweis:

Gespeicherte Prozeduren befinden sich in einem Datenbankschema, wie es unter *4.6.10, „Datenbankschemata"*, beschrieben ist. Der Übersichtlichkeit halber wird an dieser Stelle jedoch auf Schemata verzichtet.

Also das Eldorado für den geneigten Entwickler? Mitnichten. T-SQL ist eine Sprache, die mit Datenmengen operiert, und keine iterative Programmiersprache, die Schleifen etc. erlaubt. Die Entwicklung umfangreicherer Prozeduren mit komplexen Ablaufsteuerungen ist daher auch eher ein mittlerer Albtraum als das, was ein Programmierer heutzutage noch erleben muss. Die Entwicklung ist daher schwerfällig, fehleranfällig, eingeschränkt und nicht wirklich schnell in der Ausführung. Da es seit SQL Server 2005 die CLR-Integration gibt (siehe Kapitel 6), sind gespeicherte Prozeduren für solche Aufgaben absolut nicht mehr konkurrenzfähig.

Daher ein wirklich gut gemeinter Tipp[14]:

> **Tipp:**
> Nutzen Sie in T-SQL entwickelte Prozeduren nur dann, wenn deren Funktion sich auf Datenmanipulation beschränkt. In diesen Fällen ist T-SQL schnell und leistungsfähig. Das Gleiche gilt auch für Trigger, die im Kern nur gespeicherte Prozeduren sind, die automatisch bei bestimmten Ereignissen aufgerufen werden. Unter *6.1.3*, „Wann T-SQL- und wann .NET-Objekte entwickeln?“, finden Sie alle weiteren Argumente.

Aus diesem Grund werde ich an dieser Stelle auch all die Dinge nicht vorstellen, die für DML-Anweisungen unwichtig sind.

Abbildung 4.34 Gespeicherte Prozeduren im SQL Server Management Studio 2008 (Express)

Erstellt werden gespeicherte Prozeduren durch die `CREATE PROCEDURE`- oder `CREATE PROC`-Anweisung. `PROC` ist dabei nur eine Abkürzung für Schreibfaule, die auch bei anderen Anweisungen verwendet werden kann. Neben dem (eindeutigen) Namen müssen auch die gewünschten Parameter inkl. Datentyp und der Inhalt der Prozedur dabei angegeben werden.

> **Tipp:**
> Versehen Sie Ihre gespeicherten Prozeduren nicht mit dem Präfix ‚sp_‘. Dies bedeutet nämlich nicht, wie viele meinen, „stored procedure“, sondern „system procedure“, und der SQL Server sucht diese dementsprechend auch erst einmal prompt in der master-Systemdatenbank – ein unnötiger Umweg.

```
CREATE PROC loeschePerson
    @ID int
AS
DELETE FROM Personen WHERE IDENTITYCOL=@ID;
```

[14] Glauben Sie es ruhig, der Autor redet aus eigener, schmerzvoller Erfahrung.

Eine gespeicherte Prozedur kann nun durch ihren Namen oder mit der EXEC-Anweisung ausgeführt werden. Parameter können dabei in der korrekten Reihenfolge oder per Name angegeben werden – Letzteres ist mit Bestimmtheit sicherer gegenüber Änderungen an den Parametern. Deren Reihenfolge spielt überdies auch keine Rolle mehr.

```
EXEC loeschePerson @ID=1;

loeschePerson @ID=1;

loeschePerson 1;
```

Soll ein Parameter einen Standardwert erhalten, so sieht dies folgendermaßen aus: Das Beispiel wird um einen solchen Parameter erweitert, der angibt, ob das Löschen einer Person protokolliert werden soll oder nicht.

```
CREATE PROCEDURE loeschePerson
    @ID int,
    @WriteToLog BIT = 0
AS
BEGIN
    -- Variablen für die Prozedur
    DECLARE @MustLog BIT = 0;

    BEGIN TRY
        -- Müssen wir nach dem Löschen ins Protokoll schreiben
        IF EXISTS (SELECT ID FROM Personen WHERE IDENTITYCOL=@ID)
            SET @MustLog = 1;

        -- Löschen
        DELETE FROM Personen WHERE IDENTITYCOL=@ID;

        -- ggf. ins Protokoll schreiben
        IF (@MustLog = 1)
            PRINT 'Ins Protokoll schreiben';
    END TRY
    BEGIN CATCH
        -- @@Error könnte abgefragt werden
        PRINT 'Es ist ein Fehler aufgetreten';
    END CATCH
END;
```

Das Anlegen eines Protokolleintrags kann u.a. im Anwendungsprotokoll des Systems geschehen. Unter *4.9.4*, „In das Anwendungsprotokoll des Systems schreiben“, finden Sie einen Vorschlag.

Hinweis:

Der T-SQL-Code ist sicher nicht der Weisheit letzter Schluss, vielmehr soll er aus didaktischen Gründen einige Dinge wie z.B. die Fehlerbehandlung mit TRY/CATCH (ein FINALLY gibt es im T-SQL nicht) zumindest anhand eines Beispiels zeigen.

Der Aufruf birgt keine Überraschungen:

```
EXEC loeschePerson @ID=3;

EXEC loeschePerson @WriteToLog=1, @ID=3;

EXEC loeschePerson 3,1;
```

Gelöscht werden gespeicherte Prozeduren mittels der `DROP PROCEDURE`-Anweisung, verändert durch einen Aufruf von `ALTER PROCEDURE`.

WITH EXECUTE AS

Möchten Sie nicht, dass die Prozedur mit den gleichen Rechten ausgeführt wird, die der Aufrufer besitzt, kann die `EXECUTE AS`-Option recht nützlich sein. Mit ihr kann bestimmt werden, welche Anmeldung für die Bestimmung der Berechtigungen herangezogen werden soll – unabhängig von denen des Aufrufers. Das folgende Beispiel zeigt, wie eine solche Prozedur angelegt werden kann.

```
CREATE PROC loeschePerson
    @ID int
WITH EXECUTE AS 'dbo'
AS
DELETE FROM Personen WHERE IDENTITYCOL=@ID;
```

WITH RECOMPILE

Normalerweise speichert der SQL Server für jede gespeicherte Prozedur einen sogenannten Ausführungsplan, der Informationen darüber enthält, auf welchem Weg (z.B. mit welchem Index) die schnellste Ausführung geschehen kann. Dies ist in den meisten Fällen auch eine gute Idee, doch kann dies auch genau den gegenteiligen Effekt haben, wenn sich die Daten zwischen den Aufrufen extrem stark gewandelt haben und ein Index, der vorher ziemlich günstig war, nun eine extreme Bremse darstellt.

Um dies zu verhindern, existiert die `WITH RECOMPILE`-Option; somit büßt die Prozedur zwar ein wenig von ihrer allgemeinen Ausführungsgeschwindigkeit ein, es ist jedoch auch sichergestellt, dass keine völlig unsinnigen Ausführungspläne zum Zuge kommen.

```
CREATE PROC loeschePerson
    @ID int
WITH RECOMPILE
AS
...
```

Alternativ kann `WITH RECOMPILE` auch beim Aufruf angegeben werden, was dann zur Erstellung des Ausführungsplans führt.

```
EXEC loeschePerson @ID = 4711 WITH RECOMPILE;
```

WITH ENCRYPTION

Ähnlich wie bei Sichten wird der Bauplan einer gespeicherten Prozedur beim Anlegen gespeichert (Tabelle `syscomments`). Um dies zu verhindern, existiert auch hier eine `WITH ENCRYPTION`-Option. Wird das vorhergehende Beispiel entsprechend erweitert, sieht dies so aus:

```
CREATE PROCEDURE loeschePerson
    @ID int
WITH EXECUTE AS 'dbo', ENCRYPTION
AS
DELETE FROM Personen WHERE IDENTITYCOL=@ID;
```

Wichtig:

Auch an dieser Stelle die mahnenden Worte: Bewahren Sie die `CREATE PROCEDURE`-Anweisung gut und sicher auf.

4.6.7 Benutzerdefinierte Funktionen

Benutzerdefinierte Funktionen, die das T-SQL-Äquivalent zu C#-Methoden darstellen, die einen Wert an den Aufrufer zurückgeben, teilen ein wenig das Schicksal von gespeicherten Prozeduren: Alles, was auch nur ansatzweise komplex in der Programmierung (Schleifen, komplexere Arbeiten mit Zeichenketten, Zugriffe auf externe Daten, etc.) ist, lässt sich in vielen Fällen schneller und solider mit .NET entwickeln. Obwohl auch in T-SQL einiges machbar ist, lohnt es oft den Aufwand nicht, da sich schnellere und bessere Ergebnisse mittels .NET erzielen lassen.

Nichtsdestotrotz dürfen sie hier nicht fehlen und sollen daher in aller gebotenen Kürze vorgestellt werden. Es gibt zwei unterschiedliche Typen von Funktionen, die jedoch einige Merkmale miteinander teilen.

- Sie dürfen zwar Parameter besitzen, diese dürfen jedoch keine Ausgabeparameter sein, wie gespeicherte Prozeduren dies erlauben.
- Zwar können Parameter Standardwerte besitzen, sie dürfen jedoch beim Aufruf nicht einfach weggelassen werden, sondern es muss explizit das Schlüsselwort `DEFAULT` auftauchen.
- Es dürfen keine Seiteneffekte genutzt werden. D.h. eine Funktion darf nicht mittels einer DML-Anweisung Daten verändern.
- Jede Funktion muss einen Rückgabewert mittels `RETURN` ausweisen. Dieser kann, wie bei gespeicherten Prozeduren, ein einfacher numerischer Wert sein, er kann aber auch jeden beliebigen Datentypen darstellen.
- Ihr Aufruf muss immer in Verbindung mit dem Schema erfolgen, in dem sie existiert (sonst einfach `dbo`).

Hinweis:

Benutzerdefinierte Funktionen befinden sich in einem Datenbankschema, wie es unter *4.6.10, „Datenbankschemata"*, beschrieben ist. Zugunsten der Übersichtlichkeit wird an dieser Stelle jedoch auf Schemata verzichtet.

Eine benutzerdefinierte Funktion gibt entweder einen einzelnen Skalarwert zurück oder eine ganze Tabelle.

Abbildung 4.35 Benutzerdefinierte Funktionen im SQL Server Management Studio (Express)

Hinweis:
Aggregatfunktionen, die mehrere Werte wie die `SUM`-Funktion verdichten, können nur mit .NET entwickelt werden.

Erzeugt werden Funktionen unabhängig vom Typ mittels `CREATE FUNCTION`, verändert mit `ALTER FUNCTION` und gelöscht letztendlich mit `DROP FUNCTION`.

Wichtig:
Im Gegensatz zu gespeicherten Prozeduren kann bei der Entwicklung von Funktionen keine Fehlerbehandlung mit `TRY/CATCH` eingesetzt werden.

4.6.7.1 Skalarwertfunktion

Eine Funktion, die einen einzelnen Wert zurückliefert, wird Skalarwertfunktion genannt. Das folgende Beispiel zeigt, wie eine solche Funktion aufgebaut ist. Es liest eine Tabelle mit Personen und konstruiert aus den Namen eine durch Kommata getrennte Liste.

```
CREATE FUNCTION listeLoonesTunes
(
    -- Parameter mit Standardwert
    @AuchGeloeschte BIT = 1
)
RETURNS NVARCHAR(MAX)
AS
BEGIN
    DECLARE @result NVARCHAR(MAX) = '';

    WITH list(toon) AS
    (
        SELECT Name FROM Personen
            WHERE Geloescht=0 OR @AuchGeloeschte=1;
    )
    SELECT @result = toon + ', ' + @result FROM list ORDER BY toon DESC;

    IF LEN(@result)>0
```

```
        SET @result = SUBSTRING(@result,1, LEN(@result)-1);
    -- Rückgabe
    RETURN @result;
END;
```

Hinweis:

Diese Funktion verwendet einen sogenannten allgemeinen Tabellenausdruck (Common Table Expression oder kurz CTE), wie er unter *4.5.6, „Allgemeine Tabellenausdrücke (CTE) für rekursive Abfragen"*, beschrieben wird.

Der Aufruf mit dem Ergebnis sieht so aus:

```
PRINT dbo.listeLoonesTunes(DEFAULT);

--Bugs Bunny, Duffy Duck, Elma Fudd, Tweety, Yosemite Sam
```

Wie zu erkennen ist, wird für den einzigen Parameter kein Wert übergeben, sondern lediglich angezeigt, dass der Standardwert verwendet werden soll. Hat eine Funktion keine Parameter, muss (wie in C# auch üblich) ein leeres Klammernpaar übergeben werden.

4.6.7.2 Tabellenwertfunktion

Um mit einer Funktion Tabellen zurückzuliefern, muss auf eine Tabellenwertfunktion zurückgegriffen werden. Die Definition der Funktion ähnelt sehr der einer Skalarwertfunktion, nur dass als Rückgabetyp `TABLE` angegeben werden muss – und eine solche mittels `RETURN`-Anweisung an den Aufrufer zurückgeliefert werden muss.

```
CREATE FUNCTION listKunden
(
    @vonPLZ VARCHAR(5),
    @bisPLZ VARCHAR(5)
)
RETURNS TABLE
AS
BEGIN
    RETURN SELECT Name FROM Kunden
                WHERE PLZ BETWEEN @vonPLZ AND @bisPLZ;
END;
```

Der Aufruf hat naturgemäß etwas von einem Zugriff auf eine Tabelle oder Sicht. Dies ist jedoch nicht verwunderlich, da ja gerade diese auch zurückgeliefert wird.

```
SELECT * FROM dbo.listKunden('0','1');
```

Auch hier müssen die Parameter in ausreichender Anzahl angegeben werden (evtl. wieder durch `DEFAULT` vertreten).

4.6.8 Synonyme

Synonyme stellen an sich keine eigenen Objekte dar, sondern sind lediglich (wie der Name schon vermuten lässt) Synonyme (Alias) für andere bestehende Objekte. Diese können dann nicht nur mit ihrem ursprünglichen (originalen) Namen, sondern auch mit dem gewählten Alias angesprochen werden. Der Vorteil liegt darin, dass z.B. in der Umstellungsphase, wenn Tabelle, Prozeduren etc. einen neuen Namen erhalten, durch Synonyme sichergestellt werden kann, dass Programmteile, die noch den alten verwenden, trotzdem funktionieren.

Wichtig:
Ein Synonym ist kein abhängiges Objekt, und bei Synonymen wird SQL Server späte Bindung (Late Binding) verwenden. Dies bedeutet, dass sowohl Objekte, für die ein Synonym angelegt wurde, gelöscht/umbenannt werden können, als auch dass Synonyme für überhaupt nicht existierende Objekte erstellt werden können. Bei einem Aufruf kommt es dann zu dem erwarteten Fehler (es sein denn, das Objekt wurde zuvor doch noch erstellt bzw. wieder umbenannt).

Das ursprüngliche Objekt, für das ein Synonym erstellt wird, muss sich dabei nicht zwangsläufig in der gleichen Datenbank oder gar auf dem gleichen Server befinden.

Möglich sind Synonyme für die folgenden Objekte:

- Tabellen (auch temporäre)
- Sichten
- Prozeduren (mit T-SQL oder CLR entwickelt)
- Funktionen (mit T-SQL oder CLR entwickelt)

Wichtig:
Auch wenn es möglich, ist Synonyme zu verketten, d.h., ein Synonym für ein bereits bestehendes zu erzeugen, so können solche Konstrukte nicht verwendet werden, und es kommt zu einer entsprechenden Fehlermeldung.

Erstellt werden Synonyme mit der `CREATE SYNONYM`-Anweisung:

```
CREATE SYNONYM MeineTabelle FOR Products;
```

In der Anweisung ist nicht zu erkennen, für was für eine Art von Objekt der Alias erzeugt wird. Im SQL Server Management Studio (Express) werden Synonyme direkt unter der Datenbank aufgelistet.

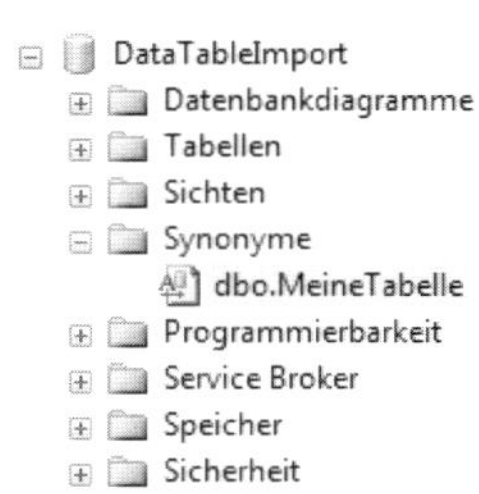

Abbildung 4.36 Benutzerdefinierte Datentypen im SQL Server Management Studio (Express)

Der Aufruf auf diese Tabelle sieht mit dem Synonym einfach so aus:

```
SELECT * FROM MeineTabelle;
```

Einmal erzeugt können Synonyme nicht verändert, sondern nur wieder gelöscht werden. Zu diesem Zweck existiert die `CREATE SYNONYM`-Anweisung.

```
DROP SYNONYM MeineTabelle;
```

4.6.9 Benutzerdefinierte Datentypen

Der SQL Server bietet das Erstellen eigener Datentypen an, die sich aus anderen Datentypen zusammensetzen oder eine Tabelle darstellen. Im Gegensatz zu mit .NET entwickelten Typen (Typen, nicht Datentypen, man achte auf den kleinen Unterschied) können diese jedoch keine Funktionalität enthalten. Eine gewünschte Datentypendefinition (z.B. `CHAR(5)`) kann somit einem Alias zugeordnet werden, der später für Spalten und Parameter verwendet werden kann. Damit wird der Komfort geboten, statt `CHAR(5)` dann also `tPLZ`[15] zu schreiben.

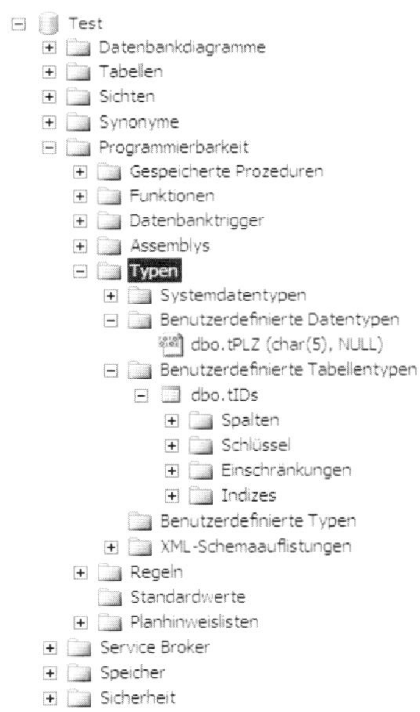

Abbildung 4.37 Benutzerdefinierte Datentypen im SQL Server Management Studio (Express)

Hinweis:
Benuterdefinierte Typen können ausschließlich in .NET entwickelt werden.

[15] Postleitzahlen: DAS Paradebeispiel, der Autor hofft inständig, dass die Leser außerhalb der BRD ihm seine Engstirnigkeit verzeihen.

Generell werden benutzerdefinierte Datentypen mit `CREATE TYPE`, `ALTER TYPE` und `DROP TYPE` erstellt, verändert und gelöscht. Das erste Beispiel zeigt einen einfachen Datentyp, so wie er oben schon beschrieben wurde.

```
CREATE TYPE tPLZ FROM CHAR(5) NULL;
```

Der so erstellte Datentyp kann als Parameter für Prozeduren und Funktionen sowie für Spaltendefinitionen verwendet werden.

Soll ein benutzerdefinierter Tabellentyp erstellt werden, so sieht die Definition größtenteils aus wie bei einer gewöhnlichen Tabelle. In der Tat können diese Tabellentypen neben den Spalten auch Indizes, Einschränkungen etc. besitzen.

```
CREATE TYPE tIDs AS TABLE
(
    ID INT NOT NULL UNIQUE
);
```

Dieser entstandene Datentyp darf nun nicht in anderen Tabellen verwendet werden, sondern lediglich für die Definition eines Parameters. Das folgende Beispiel demonstriert dies für eine gespeicherte Prozedur.

```
CREATE PROC zeigeIDs
@IDs tIDs READONLY
AS
    SELECT ID FROM @IDs;
```

Wichtig:

Mit dieser Version des SQL Servers (also 2008) ist es noch notwendig, den Tabellentypparameter mit dem `READONLY`-Schlüsselwort zu versehen. Damit kann dieser innerhalb der Prozedur nicht verändert werden. Microsoft hat allerdings schon angekündigt, dass mit späteren Versionen diese Einschränkung fallen soll.

Der Aufruf inkl. eines Parameters, der eine Liste von IDs enthält, kann so aussehen.

```
-- Variable deklarieren
DECLARE @IDs tIDS;

-- Ein paar Werte einfügen
INSERT INTO @IDs
VALUES (1),(0815),(4711);

-- Aufrufen
EXEC zeigeIDs @IDs;
```

Auf diese Weise können ab SQL Server 2008 elegant beliebig viele Werte als Liste und nicht (wie es leider vorher notwendig war) als z.B. kommagetrennte Zeichenkette, temporäre Tabelle oder was auch immer für Lösungen erdacht wurden, übergeben werden.

	ID
1	1
2	815
3	4711

Abbildung 4.38 Die Ausgabe ist unspektakulär, der Ansatz jedoch die Lösung vieler Probleme.

4.6.10 Datenbankschemata

Mit unterschiedlichen Schemata in einer Datenbank lassen sich Namensräume abgrenzen und wie unter Kapitel *3.5.10, „Datenbankschema“*, erläutert, effiziente Berechtigungskonzepte realisieren, die darauf basieren, dass für alle Objekte eines Typs (z.B. alle Tabelle, Sichten, Prozeduren etc.) innerhalb eines Schemas die gleichen Berechtigungen gelten.

Das Konzept der Namensräume setzt darauf, dass jedes Objekt einem Schema zugeordnet ist, sodass es mit einem zweiteiligen Namen angesprochen werden kann.

```
SELECT * FROM MeinSchema.MeineTabelle;
```

Auch im SQL Server Management Studio (Express) werden Objekte mit ihrem zweiteiligen Namen aufgeführt. Da das Standardschema `dbo` heißt, sieht es z.B. unter Tabellen in vielen Dankbanken wie folgt aus:

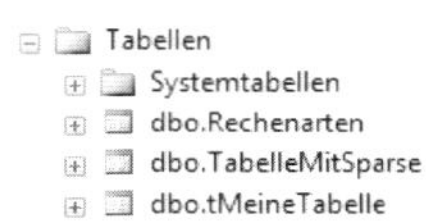

Abbildung 4.39 Einige Tabellen im Standardschema dbo

Dass das Schema in vielen Fällen bei Abfragen entfallen kann, liegt daran, dass jedem (Datenbank-)Benutzer und jeder Datenbankrolle ein Standardschema zugeordnet ist, das dann verwendet wird. Im Dialog, mit dem die Eigenschaften eines Benutzers/einer Datenbankrolle eingesehen werden können, ist dieses Schema zu finden (im SQL Server Management Studio (Express) unter Sicherheit/Benutzer bzw. Sicherheit/Rollen/Datenbankrollen).

Abbildung 4.40 Das Standardschema eines Datenbankbenutzers

Erzeugt wird ein Schema mit der `CREATE SCHEMA`-Anweisung:

```
CREATE SCHEMA MeinSchema;
```

Anschließend befindet sich das neue Schema in der Gesellschaft einer Reihe von vordefinierten Schemata und kann dort angezeigt und modifiziert werden.

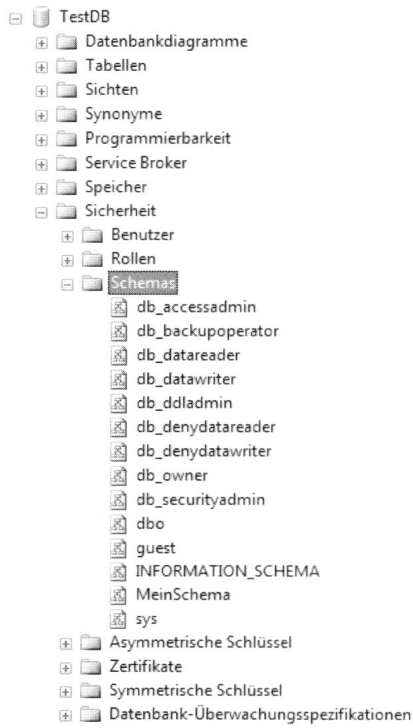

Abbildung 4.41 Die definierten Schemata im SQL Server Management Studio (Express)

Verwendung kann es in DDL-Anweisungen finden, indem z.B. eine Tabelle in diesem Schema erzeugt wird.

```
CREATE TABLE MeinSchema.MeineTabelle
(
<SpaltenName1> <SpaltenDefinition1>
...
<SpaltenNameN> <SpaltenDefinitionN>
);
```

Wird es später nicht mehr benötigt (und verwendet), kann es mit

```
DROP SCHEMA MeinSchema;
```

gelöscht werden.

4.7 Indizes

Zeit ist Geld. Dieser Grundsatz gilt auch für den SQL Server, der bei Abfragen vor der kniffligen Frage steht, wie er am schnellsten die gewünschten Daten liefern kann. Hat eine Tabelle oder Sicht nur ein paar Dutzend Zeilen, so ist es nicht weiter schlimm, wenn immer alle Zeilen in Augenschein genommen werden, um die entsprechenden herauszufiltern. Mit zunehmender Anzahl wird dieser Ansatz jedoch mehr und mehr zur Bremse. An dieser Stelle betreten Indizes die Bühne; sie dienen einem schnellen Zugriff. Der Grundgedanke ist dabei recht einfach:

Stellt man sich ein Telefonbuch vor, so lässt sich recht einfach erkennen, dass eine Suche nach dem Namen eines Teilnehmers keine arbeitsintensive Angelegenheit ist, da diese in sortierter Form abgelegt sind. Die Frage „Welche Telefonnummer hat Peter Meyer?“ ist also schnell zu beantworten. Anders sieht es mit der Frage „Wer hat die Nummer 123456?“ aus. Was in solch einer Situation nur bleibt, ist das komplette Durchsuchen des Telefonbuchs mit dem Risiko, dass der allerletzte Eintrag der gesuchte ist oder dass einfach niemand diese Nummer besitzt. Einfacher wäre es, das Telefonbuch in einer zweiten Version nicht nach Namen, sondern nach der Telefonnummer aufzubauen und niederzuschreiben (speichern). Das ist zwar zu diesem Zeitpunkt Arbeit, erleichtert jedoch alle entsprechenden Suchen.

Soll die Frage „Welche Telefonnummern sind in der Wasserstraße vergeben?“ beantwortet werden, bleibt nichts anderes übrig, der geneigte Leser ahnt es schon, als einen weiteren Index zu erstellen.

Es ist zu erkennen, dass Indizes folgende Eigenschaften haben:

- Sie beziehen sich auf eine ganz bestimmte Art von Frage. Übersetzt in die Welt des SQL Servers bedeutet dies, dass nach bestimmten Spalten gefiltert werden muss.
- Sie konsumieren Speicherplatz, da sie (mit Verweisen) eine eingeschränkte, nach entsprechenden Spalten sortierte Version der ursprünglichen Datenmenge darstellt.
- Sie stellen Mehraufwand bei den Änderungen der Datenmenge dar. Wird das Telefonbuch um einen weiteren Teilnehmer vergrößert, so muss dieser für weitere Suchen in jeden Index eingetragen werden. Vermeiden Sie es also nach Möglichkeit, Unmengen von Indizes zu erstellen, die vielleicht mal ab und an verwendet werden könnten – eine schnelle Abfrage alle drei Monate wiegt keine 100 langsameren Änderungen täglich auf!

Welcher Index wann Sinn macht, ist eine Wissenschaft für sich, die im Rahmen dieses Buches leider nicht abschließend geklärt werden kann. Daher an dieser Stelle nur das technische Handwerkszeug.

Tipp:
Der Datenbankoptimierungsratgeber (siehe *3.2.3, „Datenbankoptimierungsratgeber (Database Tunung Advisor)“*) unterstützt Sie gerne bei der Analyse und Erstellung von Indizes.

Einige Spalten mit deren Inhalt eignen sich besonders dabei für Indizes, nämlich solche, die eine hohe Selektivität haben, also viele unterschiedliche Werte beinhalten. Wohnen alle (viele) Einwohner einer Stadt in einer einzelnen Straße, so macht es kaum Sinn, einen Index für die Straße zu erstellen. Datentypen wie `bit` oder Spalten, die durch Einschränkungen etc. relativ wenige unterschiedliche Werte besitzen, sind also keine guten Kandidaten. Spalten der folgenden Typen sind sogar für einen Index technisch verboten (`ntext`, `text`, `varchar(max)`, `nvarchar(max)`, `varbinary(max)`, `xml`, und `image`).

Wichtig:
Ein Index kann nur verwendet werden, wenn er genau die Spalten enthält, die in der Abfrage auch wirklich verwendet werden. Definiert ein Index drei Spalten und in der Abfrage werden lediglich die zweite und dritte verwendet, so ist der Index nicht nutzbar.

Es gibt aber auch Abfragen, die so gebaut sind, dass dem SQL Server nichts anderes übrig bleibt, als sich alle Zeilen anzuschauen (der gefürchtete Tablescan). Die folgende Abfrage ist so ein Beispiel.

```
SELECT * FROM Personen WHERE Name LIKE '%unger';
```

Da der Platzhalter für das `LIKE` am Anfang steht, kann kein Index der Tabelle verwendet werden. Stünde er am Ende, wäre dies etwas anderes.

SQL Server 2008 (R2) hält Indizes automatisch aktuell, wenn sich die Daten ändern, und wählt in den allermeisten Fällen bei Abfragen die optimalen Indizes aus. Daher sei an dieser Stelle nur erwähnt, dass es die Möglichkeit gibt, beides zu beeinflussen – in 99% aller Fälle wird dies jedoch nicht notwendig sein und richtet mehr Schaden an, als dass es nützt.

Um einen Index per T-SQL zu erstellen, existiert die `CREATE INDEX`-Anweisung (siehe weiter unten). Gelöscht wird ein Index durch einen Aufruf der `DROP INDEX`-Anweisung. Diese muss sowohl den Namen als auch das Objekt (Tabelle/Sicht) beinhalten.

```
DROP INDEX myIndex ON Personen;
```

Alternativ können mittels der `ALTER INDEX`-Anweisung Indizes auch umdefiniert werden.

CLUSTERED INDEX

Ein `CLUSTERED INDEX` (auch gruppierter Index) ist gleichzeitig die physikalische Reihenfolge, in der die Daten abgelegt werden, und es darf daher nur einen dieser Art pro Objekt (Tabelle/Sicht) geben. Auf diese Weise wird für den Zugriff der Umweg über einen externen Index vermieden, was noch mehr Geschwindigkeit für den Zugriff bedeutet. Allerdings kann es aus offensichtlichen Gründen pro Tabelle nur einen einzigen solchen Index geben. Oftmals ist der Primärschlüssel einer Tabelle gleichzeitig der `CLUSTERED INDEX`.

```
CREATE CLUSTERED INDEX myIndex
ON Personen (Name, Ort);
```

UNIQUE INDEX

Kann garantiert werden, dass alle Wertekombinationen für den Index eindeutige Werte enthalten, so kann ein besonders schneller `UNIQUE INDEX` erstellt werden.

```
CREATE UNIQUE INDEX myIndex
ON Personen (Name, Ort);
```

Sind die Werte in der angegebenen Spaltenkombination nicht eindeutig, so scheitert die Indexerstellung. Auch müssen die Werte eindeutig bleiben; Änderungsanweisungen werden daher ggf. mit einem Fehler abgebrochen.

Hinweis:

Dies kann für Datenimporte durch `IGNORE_DUP_KEY=ON` bei Bedarf ein wenig „entschärft" werden, sollte aber nicht zur dauerhaften Einrichtung werden, da dieser Index sonst an Sinn und Effizienz beraubt wird.

NOTCLUSTERED INDEX

Alle Indizes, die weder `UNIQUE` noch `CLUSTERED` sind, sind `NOTCLUSTERED`, was bedeutet, dass sie identische Werte erlauben und dass sie nicht die tatsächliche Reihenfolge der Daten in der Tabelle darstellen. `NONCLUSTERED INDEX` ist der Standard, sodass das Schlüsselwort nicht angegeben werden muss.

```
CREATE INDEX myIndex
ON Personen (Name, Ort);
```

entspricht daher

```
CREATE NONCLUSTERED INDEX myIndex
ON Personen (Name, Ort);
```

FILTERED INDEX

Ein neues Feature ab SQL Server 2008 sind sogenannte gefilterte Indizes (Filtered Index), die es erlauben, nur bestimmte Zeilen (durch ein `WHERE`-Prädikat definiert) in den Index aufzunehmen. Ein Beispiel ist die folgende Anweisung:

```
CREATE INDEX myIndex
ON Personen (Name, Ort)
WHERE Land IN ('A', 'CH', 'D');
```

Für das Löschen von Indizes steht die `DROP INDEX`-Anweisung zur Verfügung, die den Namen des Index benötigt.

```
DROP INDEX myIndex;
```

SPATIAL INDEX

Dieser spezielle Index ist für die ab SQL Server 2008 neuen Datentypen `GEOMETRY` und `GEOGRAPHY` gedacht und erlaubt einen schnellen Zugriff auf gesuchte Positionen oder geometrische Objekte, die bestimmte Bedingungen erfüllen, wie z.B. Schnittpunkte mit einem anderen Objekt zu besitzen.

Details und ein praktisches Beispiel zu diesen beiden Datentypen und den dafür vorgesehenen Index finden Sie unter *3.13, „Geometry & Geography“*.

4.8 Transaktionen

Werden Änderungen an Daten einer Tabelle vorgenommen, wird jede einzelne Änderung für sich nach dem Motto „alles oder nichts“ behandelt, dies bedeutet z.B., dass entweder alle entsprechenden Zeilen gelöscht werden oder keine – nur die Hälfte zu löschen ist nicht Rechtens und verstößt gegen die Atomarität des SQL Servers (siehe *3.1.2, „Datenbankmodul“*). Sollen mehrere DML-Anweisungen wie eine einzige ausgeführt werden, muss explizit mit Transaktionen gearbeitet werden. Die für die Kontrolle der Transaktionen verwendeten Anweisungen werden oft unter dem Kürzel TCL (Transaction Control Language) zusammengefasst. Dabei spielt der Isolationsgrad eine Rolle, der die einzelnen parallel laufenden Transaktionen mehr oder weniger voneinander abschottet. Unter *5.13.2, „Isolationsgrad“*, finden Sie zu diesem Thema einige interessante Details.

Wichtig:
Halten Sie Transaktionen immer nur so lange wie unbedingt nötig offen und niemals (wirklich niemals) während einer Benutzerinteraktion.

Das folgende Beispiel skizziert den Einsatz von Transaktionen.

```
-- Gewünschten Isolationsgrad bestimmen
-- Der Standard ist 'READ COMMITED'
SET TRANSACTION ISOLATION LEVEL REPEATABLE READ;

BEGIN TRY
    -- Transaktion beginnen
    BEGIN TRAN;

    -- Ein paar DML-Anweisungen
    -- ...

    -- Alles okay, Transaktion freigeben
    -- mit @@TRANCOUNT könnte abgefragt werden, wie viele Transaktionen
    -- derzeit noch offen sind
    COMMIT TRAN;
END TRY
BEGIN CATCH
    -- Fehlerfall, Transaktion rückgängig machen
    ROLLBACK TRAN;
END CATCH
```

Wieder kommt T-SQL dem Schreibfaulen ein wenig entgegen, indem es sowohl `TRAN` als auch `TRANSACTION` akzeptiert – sogar beim Festlegen des Isolationsgrades.

Hinweis:

ADO.NET bietet konsequenterweise ebenfalls die Möglichkeit, mit Transaktionen zu arbeiten. Unter *5.13, „Die SqlTransaction-Klasse“*, finden Sie weitere Details, die auch auf die kleinen Unterschiede eingehen.

4.9 Tipps und Tricks

4.9.1 Ermitteln der eingefügten Identitätswerte

Immer wieder taucht die Frage auf, wie sich am besten der Identitätswert ermitteln lässt, den die gerade eben eingefügte Zeile erhalten hat – und dies möglichst noch am ressourcensparendsten und elegantesten. Um die Antwort vorwegzunehmen: Es sind nicht `@@IDENTITY` & Co., da diese von Triggern beeinflusst werden und einen zweiten (unnötigen) Zugriff auf den SQL Server erfordern. Viel besser ist der Ansatz mit der `OUTPUT`-Klausel, die unter *4.5.1.12, „*OUTPUT-Klausel*“*, beschrieben ist.

Um diesen Abschnitt nicht zu wiederholen, hier nun ein T-SQL-Beispiel:

```
INSERT INTO Kunde
(Name, Ort, Telefon, Sprache, Vorzugskunde)
OUTPUT INSERTED.IDENTITYCOL
VALUES ('dotnetconsulting.eu', 'Viersen', '+2162 123456', 2, 1);
```

Dieser Ansatz hat den Vorteil, dass er auch bei mehreren Zeilen funktioniert und auch bei `DELETE` und `UPDATE` solide Ergebnisse liefert.

4.9.2 Werte in die Identitätsspalte einfügen

Normalerweise wird der Wert für die Identitätsspalte automatisch bestimmt und bei einer `INSERT`-Anweisung eingefügt. Bei Importen oder ähnlichen Aktionen ist es aber oft nötig, dass deren Werte ebenfalls eingefügt werden können, was der SQL Server durch einen Schutzmechanismus mit einer Fehlermeldung unterbindet.

Um trotzdem Werte einfügen zu können, muss dieser Schutz auf Tabellenbasis mit der folgenden Anweisung deaktiviert werden, für deren Ausführung die aktive Anmeldung Mitglied einer dieser Gruppen sein muss: `sysadmin`, `db_dbowner` oder `db_ddladmin`.

```
SET IDENTITY_INSERT Tabelle1 ON;
```

Wichtig:

Das Einfügen von Identitätswerten darf nur für maximal eine Tabelle zu einer Zeit aktiv sein. Versuchen Sie, für zwei oder mehr Tabellen das Einfügen von Identitätswerten zu aktivieren, so kommt es zu einem Fehler. Erst wenn das vorherige deaktiviert wurde, ist das Aktivieren für eine andere Tabelle möglich.

Nun sind Werte beim Einfügen neuer Zeilen auch für diese Spalte erlaubt. Jedoch bedeutet dies nicht, dass doppelte Werte akzeptiert werden. Dies ist in keinem Fall möglich, da dies den Sinn der Identitätsspalte ad absurdum führen würde.

Wichtig:

Wenn Sie `IDENTITY_INSERT..ON` verwenden möchten, um Werte für die Identitätsspalte zu vergeben, dann muss die entsprechende `INSERT`-Anweisung eine Spaltenliste aufweisen. Übergeben Sie „nur" Werte für alle Spalten, kommt es zu einer Fehlermeldung.

Nachdem die gewünschten Spalten eingefügt wurden, sollte der Schutz mit der folgenden Anweisung wieder aufgehoben werden, da dieser nicht automatisch deaktiviert wird, wenn die Verbindung abgemeldet wird:

```
SET IDENTITY_INSERT Tabelle1 OFF;
```

Nun können wie gewohnt keine Werte mehr für die Identitätsspalte angegeben werden. Die `SET IDENTITY_INSERT`-Anweisung erzeugt eine Fehlermeldung, wenn die angegebene Tabelle über keine Identitätsspalte verfügt oder wenn eine Anweisung zweimal hintereinander ausgeführt wird und somit der Schutz bereits ein- bzw. ausgeschaltet ist.

Ein nachträgliches Ändern der Werte in der Identitätsspalte ist nicht möglich. Es bleibt nur der Ausweg, die vorhandenen Werte zu löschen (exportieren) und die gewünschten Werte einzufügen.

Wichtig:

Beim Einfügen eines Wertes in die Identitätsspalte wird zwar geprüft, ob dieser schon existiert, nicht jedoch, ob er (demnächst) als automatischer Wert bestimmt wird. In einem solchen Fall wäre das Einfügen neuer Zeilen nicht möglich, da niemals doppelte Werte vorhanden sein dürfen. Um dies zu vermeiden, können Sie die `DBCC CHECKIDENT`-Anweisung verwenden, um die automatisch erzeugten Werte in einen „sicheren" Bereich zu verlegen. Mehr dazu unter *4.9.3, „Aktuellen Wert der Identitätsspalte auslesen und festlegen"*.

4.9.3 Aktuellen Wert der Identitätsspalte auslesen und festlegen

Manchmal ist es interessant, den aktuellen Wert der Identitätsspalte einer Tabelle auszulesen, ohne ihn zu verändern oder gar den nächsten Wert festzulegen. Für diese Zwecke existiert die `DBCC CHECKIDENT`-Anweisung, die als dritte Funktion die Möglichkeit bietet, den nächsten Wert für die Identitätsspalte so zu bestimmen, dass er größer als der größte Wert ist, der sich zurzeit in der Spalte befindet. Aber alles der Reihe nach. Wichtig ist zuerst, dass die aktive Anmeldung Mitglied einer dieser Gruppen sein muss: `sysadmin`, `db_dbowner` oder `db_ddladmin`

Um den aktuellen Wert der Identitätsspalte auszugeben, muss folgende Funktion ausgeführt werden. Dieser verändert nichts, sondern zeigt nur an.

```
DBCC CHECKIDENT ( 'Tabelle1', NORESEED);
```

Am Ergebnis ist leicht zu erkennen, dass der SQL Server nicht den nächsten verfügbaren Wert speichert, sondern den Wert davor (abhängig von der Schrittweite, die für die Identitätsspalte festgelegt wurde, meist jedoch eins).

Damit der nächste Wert für die Identitätsspalte so gesetzt wird, dass er um eins größer sein wird als der zurzeit größte Wert in dieser Spalte, kommt folgende Anweisung zum Einsatz.

```
DBCC CHECKIDENT ( 'Tabelle1', RESEED);
```

Als Drittes kann der nächste Wert für die Identitätsspalte auf eigenes Risiko bestimmt werden. Dies geschieht mit folgender Anweisung, die einen weiteren Parameter, den Wert vor dem nächsten Wert, enthält.

```
DBCC CHECKIDENT ( 'Tabelle1', RESEED, 0);
```

Wie schon erwähnt, wird nicht der nächste Wert gespeichert, der eingefügt werden wird, sondern der vorherige. Damit ist der Wert des dritten Parameters von der Schrittweite abhängig, die für die Identitätsspalte per Definition festgelegt wurde. Da dieser jedoch oft eins ist, ist dieser nächste Identitätswert nach Ausführung dieser Anweisung eins (aktueller Wert 0 + Schrittweite 1 = 1). Würde als nächster Wert z.B. 1000 gewünscht werden, so müsste die Anweisung so aussehen:

```
DBCC CHECKIDENT ( 'Tabelle1', RESEED, 999);
```

Wichtig:

Diese Anweisung prüft nicht, ob Werte größer als der neue Wert für die Identitätsspalte schon vorhanden sind. Somit kann es passieren, dass später keine Zeilen mehr eingefügt werden können, da doppelte Werte unter keinen Umständen akzeptiert werden. Die Ausführung ist daher rein auf eigene Gefahr und sollte nur dann mit Umsicht vorgenommen werden, wenn ein guter Grund dafür existiert. Beispiel: Per `DBCC CHECKIDENT` wird der Wert wie oben auf „999“ gesetzt. Der Wert „1005“ existiert jedoch bereits in der Identitätsspalte. Somit können lediglich fünf Zeilen (1000–1004) eingefügt werden. Die sechste Zeile wird mit einem Fehler abgewiesen, da 1005 bereits verwendet wird.

Werden Werte von Hand mit dem SQL Server Management Studio (Express) eingefügt, kann es sein, dass Lücken in der Abfolge der Werte auftreten. Der Grund dafür liegt darin, dass sich eine `INSERT`-Anweisung (die auch hier zur Anwendung kommt) intern einen Wert zuweisen lässt und erst dann überprüft wird, ob die Werte, die eingefügt werden sollen, zulässig sind (z.B. aufgrund von Einschränkungen oder `NOT NULL`-Spalten). Ist dies nicht der Fall, wird die Anweisung mit einem Fehler abgebrochen, der Wert für die Identitätsspalte jedoch nicht wieder „zurückgelegt“. Dies ist nicht sicher machbar, da der SQL Server als Mehrbenutzersystem nicht sicherstellen kann, ob in der Zwischenzeit nicht bereits ein weiterer Wert von einer anderen Verbindung verwendet wurde. Was bleibt, ist eine Lücke.

4.9.4 In das Anwendungsprotokoll des Systems schreiben

Um Einträge in das Anwendungsprotokoll des Systems zu schreiben, existiert die xp_logEvent-Prozedur (eine erweiterte Prozedur, daher das Präfix ‚xp_'). Das folgende, recht kurze Beispiel zeigt, wie ihr Aufruf aussehen kann.

```
EXEC xp_logEvent 50001,'Alarm',WARNING;
```

Der letzte Parameter, der den Schweregrad der Nachricht beschreibt, kann wahlweise `INFORMATIONAL`, `WARNING` oder `ERROR` sein.

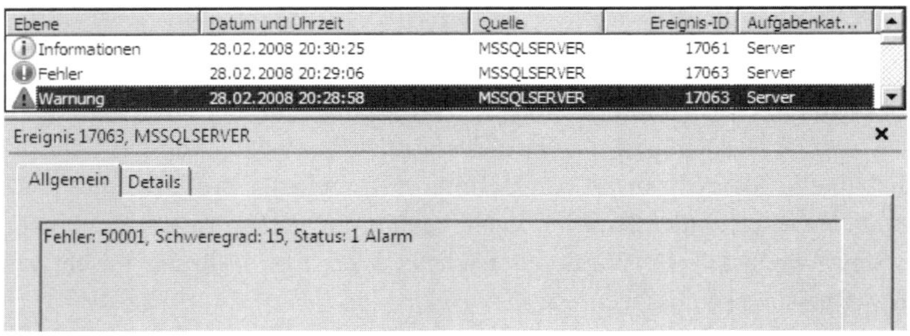

Abbildung 4.42 Die Einträge aus dem Anwendungsprotokoll

4.9.5 Bei der Ausführung eine Pause einlegen

Um eine T-SQL-Anweiung für eine bestimmte Zeitspanne pausieren zu lassen, bevor deren Verarbeitung fortgesetzt wird, steht die `waitfor delay`-Anweisung zur Verfügung. Ihr kann eine Zeitspanne von bis zu 23:59:59 als Parameter übergeben werden. Das folgende kleine Beispiel legt eine Pause von zehn Sekunden ein:

```
WAITFOR DELAY '0:00:10';
```

Um auf eine bestimmte Uhrzeit zu warten, bevor die Ausführung fortgesetzt wird, kann wiederum diese Anweisung genutzt werden:

```
WAITFOR TIME '20:15';
```

Erst um genau 20:15 Uhr geht es in diesem Beispiel weiter.

4.9.6 Einschränkungen deaktivieren

Ähnlich wie Trigger können auch Einschränkungen einer Tabelle für eine gewisse Zeit außer Kraft gesetzt werden. Dies kann beim Importieren von Daten nützlich sein, wenn z.B. Fremdschlüsselbeziehungen (die auch Einschränkungen darstellen) zwischen bestehenden Tabellen existieren und die Tabellen in „falscher" Reihenfolgen befüllt werden; also erst die Haupttabelle und später erst die Detailtabelle.

Alle Einschränkungen einer Tabelle können mit der folgenden Anweisung gleichzeitig deaktiviert werden.

```
ALTER TABLE <Tabellenname> NOCHECK CONSTRAINT ALL;
```

Möchten Sie nur eine Einschränkung gezielt „schlafen" legen, so muss statt `ALL` der Name angegeben werden.

```
ALTER TABLE <Tabellenname> NOCHECK CONSTRAINT tblConstraint1;
```

Soll die Einschränkung wieder aktiviert werden, so reicht:

```
ALTER TABLE <Tabellenname> CHECK CONSTRAINT ALL;
```

Gezielt kann auch wieder eine Einschränkung mit ihrem Namen angesprochen werden.

```
ALTER TABLE <Tabellenname> CHECK CONSTRAINT tblConstraint1;
```

Der Versuch, eine deaktivierte Einschränkung zu deaktivieren oder eine aktive Einschränkung zu aktivieren, führt zu keinem Fehler — die Anweisung wird ohne Auswirkung ausgeführt.

Wichtig:

Beachten Sie, dass beim Einsatz dieser Anweisung zwar das Einfügen neuer Zeilen bzw. das Verändern bestehender Zeilen schneller durchgeführt werden kann, dies jedoch die Datenqualität beeinflussen kann. Achten Sie darauf, und prüfen Sie besonders die Daten, die Sie so einfügen.

5

5 SQL Server 2008 (R2) mit ADO.NET

ADO.NET ist die universelle Technologie von .NET, um auf Daten zuzugreifen. Es bietet Programmierern die benötigten Methoden für die Entwicklung mehrschichtiger, leistungsfähiger Anwendungen.

Dabei konzentriert sich dieses Kapitel bewusst auf die wichtigsten Punkte, die notwendig sind, um schnell und gezielt die gewünschte Funktion zu realisieren.

Historisch ist ADO.NET der .NET-Nachfolger von ADO (ActiveX Data Objects), die wiederum die DAO (Data Access Objects) abgelöst haben. Trotz der Namensähnlichkeit zwischen ADO.NET und ADO stellt ADO.NET aufgrund eines grundlegenden Neudesigns keinesfalls nur einen Evolutionsschritt dar. Vielmehr konzentriert sich diese Technologie auf Disconnected-Szenarios, bei denen die Verbindung zur Datenbank immer nur so kurz wie möglich aufrechterhalten werden soll.

Alle ADO.NET-Klassen, die für den Zugriff auf den SQL Server notwendig sind, um auf Daten zuzugreifen oder T-SQL Befehle auszuführen, befinden sich im Namensraum (Namespace) `System.Data.SqlClient`.

5.1 Übersicht über die Klassen

Im Folgenden finden Sie eine Skizze mit den wichtigsten ADO.NET-Klassen, die für die Arbeit mit dem SQL Server 2008 (R2) relevant sind. Andere Provider, etwa für Datenbanken wie Oracle, existieren ebenfalls und verfügen über den gleichen strukturellen Aufbau, werden in diesem Buch jedoch nicht behandelt.

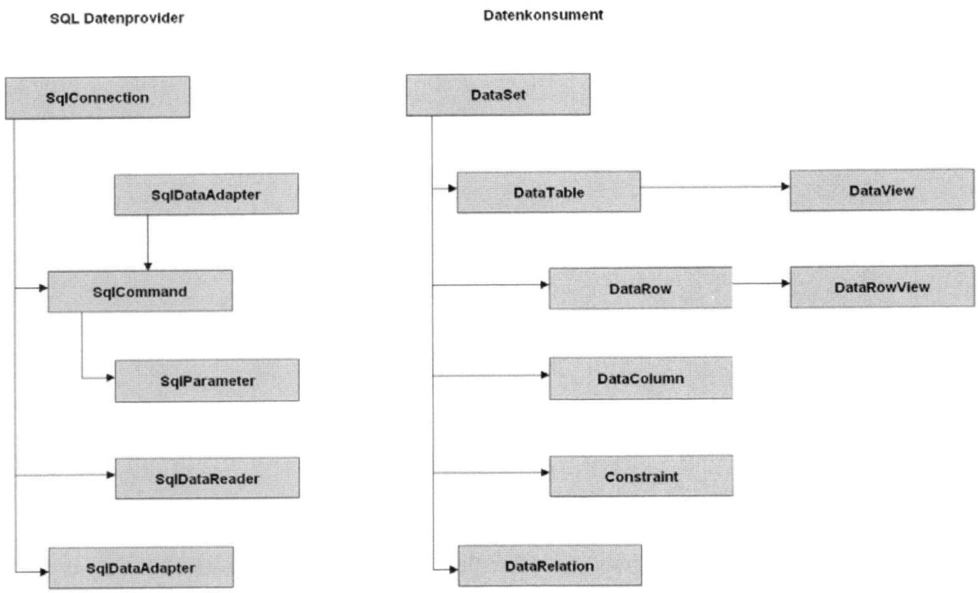

Abbildung 5.1 Die wichtigsten ADO.NET-Klassen für den SQL Server 2008 (R2)

Besonders klar wird in dieser Abbildung, dass SQL Datenprovider und Datenkonsument klar getrennt sind. Dies rührt von der Tatsache her, dass Datenprovider und -konsument nicht miteinander verbunden sind (disconnected), sodass beide unabhängig voneinander verwendet werden können. Durch diese Trennung lassen sich auf einfache Weise hochskalierbare und solide Anwendungen erstellen. Außerdem sorgt sie für die heute notwendige Erweiterbarkeit in Bezug auf neue Technologien.

Hinweis:
Die Klassen des Datenkonsumenten werden in Kapitel 7, „DataSets", detailliert beschrieben.

Um einen leichterten Überblick zu erhalten, finden Sie hier eine Übersicht über die wichtigsten Klassen, die in diesem Buch beschrieben werden – die meisten davon in diesem Kapitel, der Rest in Kapitel 7, „*DataSets*".

Tabelle 5.1 Wichtige Klassen des System.Data.SqlCient-Namensraum

Klasse	Aufgaben
`SqlConnection`	Stellt eine Verbindung zum SQL Server her, damit überhaupt auf dessen Daten zugegriffen werden kann.
`SqlConnectionStringBuilder`	Hilfsklasse zum Erstellen und Analysieren von Verbindungszeichenfolgen.
`SqlCommand`	Diese Klasse führt T-SQL-Anweisungen aus und ist damit nach der `SqlConnection`-Klasse sicherlich die zweitwichtigste Klasse überhaupt.

Klasse	Aufgaben
`SqlParameter`	Diese Klasse arbeitet mit der `SqlCommand`-Klasse zusammen und stellt die Parameter für vorbereitete Abfragen und gespeicherte Prozeduren dar.
`SqlDependency`	Mithilfe dieser Klasse können sich Anwendungen benachrichtigen lassen, wenn sich Daten oder Datenbankobjekte geändert haben, ohne pollen zu müssen.
`SqlDataReader`	Diese Klasse stellt einen Weg dar, Daten schnell und effizient zu durchlaufen; allerdings ist nur lesender Zugriff möglich.
`SqlClientPermission`	Diese Klasse prüft, ob die Anwendung die benötigten Berechtigungen zur Ausführung hat.
`SqlBulkCopy`	Mit dieser Klasse können schnell große Datenmengen von einer Tabelle in eine andere kopiert werden.
`SqlTransaction`	Diese Klasse stellt eine datenbankbezogene Transaktion dar, um mehrere Änderungsanweisungen nach dem Alles-oder-nichts-Prinzip auszuführen.
`SqlException` und `SqlError`	Mit der Klasse stehen detaillierte Informationen zur Verfügung, die zeigen, warum eine Operation fehlgeschlagen ist.
`SqlDataAdapter` und `SqlCommandBuilder`	Mithilfe dieser beiden Klassen können Daten aus der Datenbank in DataSets gelesen und Änderungen auf Wunsch zurück in die Datenbank geschrieben werden. Aufgrund ihrer thematischen Nähe zu DataSets und DataTables werden sie in *Kapitel 7, „DataSets“*, genauer beschrieben.
`XmlReader`	Gehört in den Namensraum `System.Xml` und stellt eine Möglichkeit dar, Daten im XML-Format vom SQL Server zu verarbeiten.

5.2 Die SqlConnection-Klasse

Über die `System.Data.SqlClient.SqlConnection`-Klasse wird eine Verbindung zur gewünschten Datenbank auf dem SQL Server aufgebaut. Die dafür notwendigen Informationen (Servername, Datenbankname etc.) werden in Form einer Verbindungszeichenfolge (Connection String) zur Verfügung gestellt. Der wichtigste Konstruktor, der am häufigsten Verwendung findet, ist dieser:

```
SqlConnection con = new SqlConnection(String connectionString);
```

Nachdem von dieser Klasse eine Instanz erzeugt wurde, muss die Verbindung mittels `Open()` geöffnet werden. Ist die gewünschte Datenbank nicht erreichbar, wird eine Ausnahme vom Typ `SqlException` erzeugt, die abgefangen werden sollte. Nach erfolgreichem Öffnen der Verbindung ist diese bereit verwendet zu werden.

Da die `SqlConnection`-Klasse die `IDisposable`-Schnittstelle implementiert, bietet sich folgende Programmierung an:

```
using (SqlConnection con = new SqlConnection(connectionString)
{
    con.Open();
    // Irgendetwas Nützliches mit der Verbindung durchführen
}
```

Der implizite Aufruf von `con.Dispose()` beim Verlassen des `using`-Blocks sorgt dafür, dass die Verbindung geschlossen und die benötigten Ressourcen freigegeben werden.

Alternativ können Sie auch eine `try...catch...finally`-Konstruktion verwenden und im `finally`-Block die Verbindung durch einen Aufruf von `Close()` schließen.

Wichtig:
Es sollte in jedem Fall sichergestellt sein, dass eine Verbindung ordnungsgemäß geschlossen wurde. Es reicht nicht aus, dass die Referenzvariable der Verbindung ihren Gültigkeitsbereich verlässt! Die `Close()`-Methode der `SqlConnection`-Klasse kann auch ohne Fehler aufgerufen werden, wenn diese nicht geöffnet ist. Eine Sicherheitsabfrage vor dem Schließen, die testet, ob die Verbindung tatsächlich offen ist, ist daher nicht notwendig.

5.2.1 Wichtige Methoden und Eigenschaften

Diese Übersicht stellt die wichtigsten Methoden und Eigenschaften der `SqlConnection`-Klasse vor.

Tabelle 5.2 Wichtige Methoden/Eigenschaften der SqlConnection-Klasse

Methode/Eigenschaft	Beschreibung
`BeginTransaction()`	Startet eine SQL Server-Transaktion für diese Verbindung. Über das zurückgelieferte `SqlTransaction`-Objekt kann diese Transaktion gesteuert werden. Für Details sehen Sie *5.13,* „Die SqlTransaction-Klasse."
`Close()`	Schließt eine Verbindung. Ist die Verbindung bereits geschlossen, so geschieht nichts.
`ChangeDatabase()`	Diese Methode erlaubt das Wechseln zu einer Datenbank, die sich auf dem gleichen SQL Server befindet. Der angemeldete Benutzer muss über die notwendigen Berechtigungen für die neue Datenbank verfügen. Ist dies nicht der Fall oder existiert die Datenbank nicht, wird eine Ausnahme ausgelöst. Die Wirkung entspricht der `USE`-T-SQL-Anweisung.
`ConnectionString`	Liefert die Verbindungszeichenfolge für diese Verbindung. Achtung: Das verwendete Kennwort (Parameter `Password`) wird aus der Zeichenfolge entfernt, wenn für den Parameter `Persistent Security Info` nicht der Wert `true` angegeben wurde.

Methode/Eigenschaft	Beschreibung
`ConnectionTimeout`	Zeitbegrenzung (Timeout) für den Versuch des Verbindungsaufbaus in Sekunden. Der Standardwert ist 15.
`CreateCommand()`	Liefert ein `SqlCommand`-Objekt für diese Verbindung. Für Details über die `SqlCommand`-Klasse sehen Sie *5.4,* „Die SqlCommand-Klasse“.
`Database`	Liefert den Namen der Datenbank dieser Verbindung.
`Datasource`	Liefert den Namen der SQL Server-Instanz dieser Verbindung.
`FireInfoMessage EventOnUserErrors`	Legt fest, ob das `InfoMessage`-Ereignis ausgelöst werden soll, wenn ein benutzerdefinierter Fehler vom Schweregrade 11 bis 16 ausgelöst wurde. Ist diese Eigenschaft auf `true` gesetzt, wird in einem solchen Fall keine `SqlException`-Ausnahme erzeugt, sondern nur das `InfoMessage`-Ereignis. Diesem steht eine `Errors`-Auflistung zur Verfügung, um Einzelheiten über die Ursache abzurufen. Für Details siehe *5.2.3.2,* „InfoMessage“. Der Standardwert ist `false`.
`GetSchema()`	Diese Methode liefert einige Schemainformationen über die aktuelle Datenbank. Aus einem `System.Data.DataTable`-Objekt lässt sich so z.B. auslesen, wie viele (Benutzer-)Tabellen, Sichten, Benutzer etc in der Datenbank existieren. Diese Art der Schemainformationen ist nicht identisch mit denen, die für ein Abfrageergebnis mit der `GetSchemaTable()`-Methode der `SqlDataReader`-Klasse abgefragt werden können. (Siehe *5.17.1,* „Das Schema einer Tabelle abfragen“.)
`Open()`	Öffnet eine Verbindung zu der in der Verbindungszeichenfolge angegebenen Datenbank. Ist die Datenbank nicht erreichbar, die Verbindung nicht geschlossen oder die Verbindungszeichenfolge ungültig, wird eine Ausnahme von Typ `SqlException` erzeugt.
`ResetStatistics()`	Setzt die statistischen Werte der Verbindung zurück.
`RetrieveStatistics()`	Liefert die aktuellen statistischen Werte der Verbindung. Details finden Sie unter *5.2.6,* „Statistische Werte abrufe“.
`State`	Liefert den aktuellen Zustand der Verbindung. Details finden Sie unter *5.2.2,* „Zustand der Verbindung“.
`ServerVersion`	Liefert die Version der Datenbank als Zeichenkette.
`StatisticsEnabled`	Legt fest oder ruft ab, ob statistische Werte für diese Verbindung gesammelt werden sollen. Der Standardwert ist `false`.
`WorkStationId`	Liefert die Kennung des Clients, so wie sie dem SQL Server bekannt ist. Dieser Wert wird von der `host_name()`-T-SQL Funktion zurückgeliefert und kann über den `Workstation ID`-Parameter der Verbindungszeichenfolge bestimmt werden.

5.2.2 Zustand der Verbindung

Die Verbindung einer Datenbank kann sich in unterschiedlichen Zuständen (States) befinden. Über das `StateChanged`-Ereignis (siehe *5.2.3.1,* „StateChanged") lassen sich diese Wechsel verfolgen. Den jeweils aktuellen Zustand einer Verbindung können Sie über die `State`-Eigenschaft abrufen. Über die System.Data.ConnectionState-Aufzählung werden die folgenden Zustände beschrieben:

Tabelle 5.3 Mögliche Zustände eines SqlConnection-Objekts

Zustand	Beschreibung
`Closed`	Die Verbindung ist geschlossen.
`Open`	Die Verbindung ist geöffnet.
`Connecting`	Es wird versucht, die Verbindung zu öffnen (asynchrone Verarbeitung).
`Executing`	Eine Anweisung wird über die Verbindung ausgeführt, die noch nicht abgeschlossen wurde (asynchrone Verarbeitung).
`Fetching`	Über die Verbindung werden gerade Daten zum Client geladen, z.B. durch ein `DataReader`-Objekt oder ein `TableAdapter`-Objekt (asynchrone Verarbeitung).
`Broken`	Die Verbindung wurde unterbrochen (z.B. durch Probleme mit dem Netzwerk).

5.2.3 Ereignisse

Ein `SqlConnection`-Objekt kann zwei wichtige Ereignisse auslösen: `StateChanged` und `InfoMessage`. Genauere Beschreibungen folgen.

5.2.3.1 StateChanged

Dieses Ereignis wird ausgelöst, wenn sich der Zustand der `SqlConnection` (Eigenschaft State) verändert. Es hat zwei Parameter, die eine Referenz auf das auslösende `SqlConnection`-Objekt und Informationen über den alten und neuen Zustand der Verbindung liefern. Seine Signatur sieht so aus:

```
void StateChangeEventHandler(object sender, StateChangeEventArgs e)
```

Im Folgenden sind die Parameter sowie wichtige Eigenschaften der `StateChangeEventArgs`-Klasse beschrieben.

Tabelle 5.4 Parameter des SqlConnection.StateChanged-Ereignisses

Parameter	Beschreibung
`sender`	Referenz auf das auslösende `SqlConnection`-Objekt.
`e`	Objekt vom Typ `StateChangeEventArgs` mit Informationen über den alten und neuen Zustand der Verbindung.

Tabelle 5.5 Wichtige Eigenschaften der StateChangeEventArgs-Klasse

Eigenschaft	**Beschreibung**
`CurrentState`	Der jetzige, aktuelle Zustand der Verbindung.
`OriginalState`	Der Zustand der Verbindung, der vor dem Ereignis aktuell war.

Hinweise:

Weitere Details über den Verbindungszustand finden Sie unter *5.2.2, „Zustand der Verbindung“*.

Dieses kurze Beispiel zeigt, wie das Ergebnis gebunden und verarbeitet wird:

```
con.StateChange += new StateChangeEventHandler(StateChange);

void StateChange(Object sender, StateChangeEventArgs e)
{
    SqlConnection con = (SqlConnection) sender;  // Verbindungsobjekt
    ConnectionState alterZustand = e.OriginalState;
    ConnectionState neuerZustand = e.CurrentState;
}
```

In der Beispielanwendung zu diesem Kapitel wird dieses Ereignis verwendet, um die auftretenden Zustandswechsel der Verbindung zu protokollieren.

Hinweis:

Der Wert von `e.CurrentState` entspricht der `State`-Eigenschaft der aktuellen Verbindung.

5.2.3.2 InfoMessage

Dieses Ereignis wird ausgelöst, wenn eine Info-Nachricht vom SQL Server an den Client geschickt wird (z.B. durch die `PRINT`-Anweisung oder die `SqlPipe.Send()`-Methode) oder wenn Fehler vom Schweregrad 11 bis 16 auftreten und die `FireInfoMessageEventOnUserError`-Eigenschaft der `SqlConnection`-Klasse auf `true` gesetzt wurde. Dies muss bei einer Verarbeitung des Ereignisses berücksichtigt werden.

```
void SqlInfoMessageEventHandler(object sender, SqlInfoMessageEventArgs e)
```

Es folgen die Parameter und wichtigen Eigenschaften der `SqlInfoMessageEventArgs`-Klasse.

Tabelle 5.6 Parameter des SqlConnection.InfoMessage-Ereignisses

Parameter	**Beschreibung**
`sender`	Referenz auf das auslösende `SqlConnection`-Objekt.
`e`	Objekt vom Typ `SqlInfoMessageEventArgs` mit Informationen über die Info-Nachricht

Tabelle 5.7 Wichtige Eigenschaften der SqlInfoMessageEventsArgs-Klasse

Eigenschaft	**Beschreibung**
`Message`	Der Text der Nachricht oder des Fehlers als Zeichenkette.
`Errors`	Auflistung mit `SqlError`-Objekten. Dies entspricht der `Errors`-Auflistung der `SqlException`-Ausnahme. Für weitere Details schauen Sie bitte unter *5.14.2, „Die SqlError-Klasse“,* nach.

So wird dieses Ergebnis gebunden und verarbeitet:

```
con.InfoMessage += new SqlInfoMessageEventHandler(InfoMessage);

void InfoMessage (Object sender, SqlInfoMessageEventArgs e)
{
    SqlConnection con = (SqlConnection) sender;  // Verbindungsobjekt
    String Message = e.Message;
    if (e.Errors[0].Class > 0) // Auf Fehler prüfen
        {
            writeMessage("Es liegen {0} Fehler vor", e.Errors.Count);
                foreach (System.Data.SqlClient.SqlError SqlError
                         in e.Errors)
                {
                    writeMessage("{0}", SqlError.Message);
                    writeMessage(" Class: {0}", SqlError.Class);
                    // ..
                }
        }
        else
            writeMessage("Dies war kein Fehler");
}
```

Hinweise:

Die Überprüfung, ob die Info-Nachricht ein Fehler ist, muss nicht gemacht werden, wenn die `FireInfoMessageEventOnUserError`-Eigenschaft des `SqlConnection`-Objekts den Wert `false` hat. `false` ist der Standardwert, sodass Fehler kein `InfoMessage`-Ereignis auslösen, sondern eine `SqlException`-Ausnahme erzeugen.

In der Beispielanwendung zu diesem Kapitel wird dieses Ereignis verwendet, um die auftretenden Zustandswechsel der Verbindung zu protokollieren.

5.2.4 Verbindungs-Pooling (Connection Pooling)

Um nicht bei jeder Erzeugung eines `SqlConnection`-Objektes eine neue Verbindung zum SQL Server aufbauen zu müssen, unterstützt ADO.NET ein sogenanntes Connection-Pooling. In diesem Pool werden alle Verbindungen der Anwendung verwaltet und bei Bedarf entnommen. Der Vorteil liegt darin, dass diese Verbindungen nicht erst extra aufgebaut werden müssen, sondern fast augenblicklich zur Verfügung stehen. Dies bedeutet einen erheblichen Geschwindigkeitsvorteil. Bei der Arbeit mit Connection-Pooling sind folgende Dinge zu berücksichtigen:

- Um zu entscheiden, welches `SqlConnection`-Objekt welchem Pool zugeordnet werden soll, verwendet ADO.NET die Verbindungszeichenfolge. Nur Objekte mit identischen Verbindungszeichenfolgen werden in einem Pool gehalten.
- Wird ein neues `SqlConnection`-Objekt erzeugt und mit einem Aufruf von `Open()` geöffnet, wird dies möglichst dem Connection-Pool entnommen. Dies ist jedoch nicht möglich, wenn:
  - alle Verbindungen des Connection-Pools derzeit verwendet werden. In diesem Fall wird der Aufruf von `Open()` so lange verzögert, bis wieder eine Verbindung frei wird. Dies kann beliebig lange dauern und ist nicht mit dem `Conenction Timeout`-Parameter zu verwechseln.
  - die Verbindungszeichenfolge keinem existierenden Connection-Pool zugeordnet werden kann.
  - der Parameter `Pooling` der Verbindungszeichenfolge den Wert `False` enthält.
- Durch den Aufruf der `Close()`-Methode der `SqlConnection`-Klasse wird die Verbindung wieder als frei markiert und kann dem Pool wieder entnommen werden (Ausnahme: Parameter `Pooling` hat den Wert `False`).

Wie ein Connection-Pool per Programmcode geleert werden kann, findet sich unter *5.17.5, „Verbindungs-Pool per Code leeren"*.

5.2.5 Verbindungszeichenfolge (Connection String)

Die Verbindungszeichenfolge enthält alle Werte, die notwendig sind, um mit einer Datenbank auf einem SQL Server Verbindung aufzunehmen. Ihr grundsätzlicher Aufbau sieht so aus:

```
Parameter1=Wert1; Parameter 2=Wert2;....; Parameter N=WertN;
```

In welcher Reihenfolge die Parameter aufgeführt werden, ist unerheblich. Es dürfen jedoch keine Parameter mehrfach vorkommen. Manche Parameter schließen sich gegenseitig aus, andere bedingen sich. Kurzum: Die Verbindungszeichenfolge muss in sich schlüssig sein, egal welche Variante verwendet wird.

5.2.5.1 Wichtige Parameter

Es folgt eine Auflistung wichtiger Parameter, die in einer Verbindungszeichenfolge auftauchen können.

Tabelle 5.8 Wichtige Parameter in einer Verbindungszeichenfolge für SQL Server 2008 (R2)

Parameter	Beschreibung
`Application Name`	Legt den Namen der Anwendung fest. Dieser kann im T-SQL über die `app_name()`-Funktion abgefragt werden. Der Standard lautet „.Net SqlClient Data Provider".

Parameter	Beschreibung

`Asynchronous Processing`
oder
`Async`
	Legt fest, ob mit dieser Verbindung asynchrone Abfragen möglich sind. Der Standard ist `True`.

`AttachDbFilename`	Erlaubt die Angabe eines Datenbankmediums (MDF-Datei), um diese Datenbank für die Verbindung an den SQL Server anzufügen. Eine Verbindung, die nicht diesen Parameter mit derselben Datei angegeben hat, kann nicht mit der Datenbank arbeiten.

`Connection Timeout`
oder
`Connect Timeout`
	Legt die Dauer (in Sekunden) fest, in der versucht wird, die Verbindung zu dem SQL Server aufzubauen. Der Standard von 15 wird verwendet, wenn dieser Parameter nicht angegeben wird.

`Connection Lifetime`	Legt fest (in Sekunden), wie lange eine Verbindung im Verbindungspool verwendet werden darf. Immer wenn eine Verbindung in den Pool zurückgegeben wird, wird geprüft, ob dieser Wert erreicht wurde. Der Standard ist 0 (unendlich). Ein anderer Wert macht in geclusterten Serverumgebungen Sinn, sodass Server, die vor kurzer Zeit zu dem Cluster hinzugefügt wurden, benutzt werden können.
`Context Connection`	Dieser Parameter wird bei der Programmierung von CLR-Objekten in SQL Server 2005/2008 benötigt. Er gibt an, dass die Verbindung aus dem Kontext erzeugt werden kann. Anwendung findet diese Eigenschaft bei CLR-Objekten, damit diese in der Lage sind, auf Daten zuzugreifen. Der Standardwert ist `False`.
`Current Language`	Die Sprache, die für die Verbindung verwendet werden soll. Diese Einstellung spielt bei der Interpretation von Datums-, Zeit- und Zahlenwerten eine Rolle. Der Standard ist die Sprache, die der Anmeldung auf dem SQL Server zugewiesen wurde.

`Data Source`
oder
`Server`
	Gibt den Namen (bzw. die IP-Adresse [,Port']) des Servers und wenn notwendig den Namen der Instanz an, auf die zugegriffen werden soll. Wird eine Instanz benannt, so muss ein Backslash ('\') zwischen Server und Instanz notiert werden. Beispiel 'MeinServer\MeineInstanz'. Wird keine Instanz notiert, so wird die Standardinstanz auf dem Server verwendet. Soll der lokale Computer angesprochen werden, so kann dies über einen einfachen Punkt (‚.') oder durch (‚local') geschehen.

`Failover Partner`	Legt den „Failover Partner" bei einer Verbindung zu einem SQL Server fest. Dieser Parameter wird in Verbindung mit Datenbankspiegelung oder Datenbank-Clustern verwendet, um ADO.NET anzuzeigen, auf welche SQL Server-Instanz ausgewichen werden soll, wenn primäre Server („Data Source") nicht erreichbar sind.

Parameter	Beschreibung
`File name`	Legt den Pfad zu einer UDF-Datei fest, welche die notwendigen Informationen für die Verbindungszeichenfolge enthält.
`Initial Catalog` oder `Database`	Gibt den Namen der Datenbank an, die verwendet werden soll. Wird dieser Parameter nicht angegeben, wird die Standarddatenbank des SQL Server-Logins verwendet.
`Integrated Security` oder `Trusted_Connection`	Wird dieser Parameter auf `True` (oder `SSPI`) gesetzt, so wird die integrierte Windows-Authentifizierung verwendet. Die Parameter `User ID` und `Password` werden ignoriert. Der Standard ist `False`.
`MultipleActiveResultSets`	Legt fest, dass die Verbindung sowohl von `SELECT`-Abfragen als auch von `UPDATE`-, `DELETE`- und `INSERT`-Anweisungen verwendet werden kann. Der Standardwert ist `False`. Mehr Details finden Sie unter *5.15, „MARS (Multiple Active Result Sets)“*.
`Max Pool Size` und `Min Pool Size`	Legt die Größe des Connection-Pools fest, aus dem die Verbindung entnommen werden kann. Der Standard für die untere Grenze beträgt 0, für die obere 100. Für Anwendungen, die eine konstant (kurze) Antwortzeit beim Öffnen von `SqlConnection`-Objekten benötigen, kann ein größerer Wert von 5 für `Min Pool Size` Sinn machen, da damit Verbindungen zum SQL Server sozusagen auf Vorrat erzeugt werden.
`Persist Security Info`	Wird diesem Parameter der Wert `True` zugewiesen, so wird der Parameter `Password` bei einem entsprechenden Zugriff über die Eigenschaft `ConnectionString` der `SqlConnection`-Klasse nicht entfernt. Der Standardwert ist `False`, sodass der Parameter `Password` entfernt wird.
`Pooling`	Erlaubt es, diese Verbindung zum Verbindungspool hinzuzufügen. Der Standard ist `True`. Mehr Details finden Sie unter *5.2.4,* „Verbindungs-Pooling (Connection Pooling)“.
`User ID`	Der Benutzername für die SQL Server-Authentifizierung
`Password`	Das Kennwort für die SQL Server-Authentifizierung
`Workstation ID`	Legt den Namen des SQL Server-Clients fest. Dieser kann in T-SQL über die `host_name()`-Funktion abgefragt werden. Der Standard entspricht dem Namen des Computers, auf dem die Anwendung läuft.

Hinweis:

Die Reihenfolge der Parameter innerhalb der Verbindungszeichenfolge ist unwichtig. Groß- und Kleinschreibung spielt nur bei `Password` immer eine Rolle. Es ist zusätzlich bei `User ID`, `Database` und `Initial Catalog` von Bedeutung, wenn der SQL Server von seiner Installation her ebenfalls zwischen Groß- und Kleinschreibung unterscheidet.

Werden in einer Verbindungszeichenfolge ungültige oder unbekannte Parameter verwendet, wird eine Ausnahme vom Typ `Exception` erzeugt.

Verbindungszeichenfolge mit Visual Studio erzeugen

Verbindungszeichenfolgen können einfach mit dem Visual Studio 2008 erzeugt und in der Konfigurationsdatei der Anwendung gespeichert werden. Diese Datei im XML-Format befindet sich im gleichen Ordner wie die Anwendungsdatei selbst. Ihr Name ist dabei immer der Name der Anwendung, der um `.CONFIG` erweitert wird. So hat z.B. die Anwendung `MeineAnwendungs.exe` eine Konfigurationsdatei mit dem fast identischen Namen `MeineAnwendung.exe.config`. Die Konfiguration ist im XML-Format aufgebaut und kann somit auch mit einfachsten Mitteln wie dem Windows eigenen Editor bearbeitet werden.

> **Wichtig:**
> Wenn die Konfigurationsdatei mit einem einfachen Editor bearbeitet wird, sollte besonders darauf geachtet werden, Aufbau und Struktur nicht versehentlich zu beschädigen, da sonst beim Start der Anwendung ein Fehler angezeigt wird. Daher sollte *vor* der Bearbeitung immer eine Kopie der Datei erstellt werden.

Die folgende Abbildung zeigt die Konfiguration der Beispielanwendung dieses Kapitels im Vista eigenen Editor.

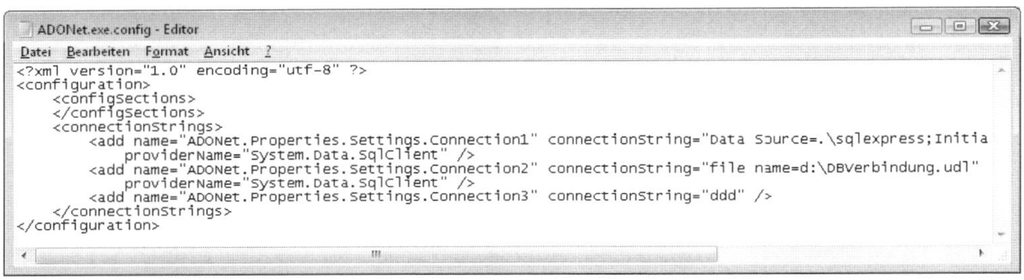

Abbildung 5.2 Die Konfiguration im Vista eigenen Editor

So wird der Konfiguration eine Verbindungszeichenfolge mit dem Visual Studio 2008 hinzugefügt:

1. Es muss sichergestellt werden, dass das Projekt der Anwendung im Projektmappen-Explorer markiert ist. Die Eigenschaften des Projektes werden im Unterpunkt {Anwendungsname} Eigenschaften des Menüs Projekt angezeigt.
2. Durch die Auswahl Einstellungen links in den Karteireitern werden die definierten Einstellungen der Anwendung in einer Tabelle angezeigt.
3. Der Verbindungszeichenfolge kann in der Spalte Name ein (eindeutiger) Name gegeben werden, über den diese später im Quelltext angesprochen werden kann.
4. Der Wert „(Verbindungszeichenfolge)“ wird nun in der Spalte Typ ausgewählt.
5. Zur Bearbeitung der Verbindungszeichenfolge kann nun in der Spalte Wert rechts auf die „…“-Schaltfläche geklickt werden. Es öffnet sich ein Dialog, der die Bearbeitung ermöglicht.

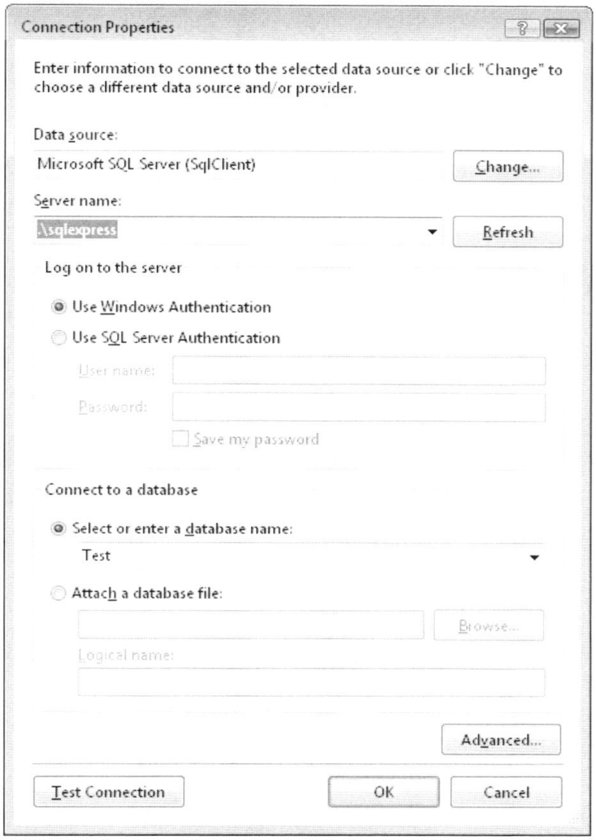

Abbildung 5.3 Eine Verbindungszeichenfolge in Visual Studio 2008 bearbeiten

6. Nachdem alle notwendigen Werte eingegeben wurden, können diese mit einem Klick auf die Schaltfläche Testverbindung ausprobiert werden.
7. Wenn alles korrekt und nach Wunsch läuft, können diese Einstellungen mit einem Klick auf die Schaltfläche OK übernommen werden. Ansonsten kann der Dialog einfach mit Abbrechen geschlossen werden, ohne die Werte zu übernehmen.

Achtung:
Wurde angegeben, dass sowohl die SQL Server-Authentifizierung verwendet als auch das angegebene Kennwort gespeichert werden soll, so wird eine Warnung ausgegeben, die nicht leichtfertig in den Wind geschlagen werden sollte. Das Kennwort wird so unverschlüsselt in die Konfigurationsdatei geschrieben und kann leicht dort ausgelesen werden.

Zum Löschen einer Verbindungszeichenfolge wird mit der rechten Maustaste auf den gewünschten Eintrag geklickt und aus dem Kontextmenü der Befehl Löschen gewählt.

5.2.5.2 Verbindungszeichenfolgen zur Laufzeit

Für eine Anwendung, die auf eine Datenbank auf einem SQL Server 2008 (R2) zugreifen will, stellt sich zur Laufzeit die Frage, wie sie die dazu benötigte Verbindungszeichenfolge abrufen kann. Es existieren unterschiedliche Ansätze, wo die Verbindungszeichen oder die dafür notwendigen Informationen sicher abgelegt werden können. Ganz trivial ist die Frage nicht, da ein unbefugtes Auslesen von Benutzer-ID und Kennwort ein Sicherheitsrisiko darstellt.

Der sicherste Weg ist daher, keine dieser Informationen in der Konfiguration zu speichern, sondern lediglich eine unvollständige Verbindungszeichenfolge, die im Wesentlichen nur aus Server und Datenbank besteht.

Windows-Authentifizierung (integrierte Sicherheit)

Wenn Sie über eine Windows-Domäne verfügen, so können die Anmeldekonten aller Benutzer einer Anwendung leicht in einer Windows-Gruppe zusammengefasst und dieser Gruppe die notwendigen Berechtigungen auf dem SQL Server 2008 (R2) gegeben werden. Die Verbindungszeichenfolge kann dann so aussehen:

```
Data Source=dnc2\SQLExpress;Initial Catalog=Test;Integrated Security=True
```

Der notwendige Code, um eine Verbindung zur angegebenen Datenbank aufzubauen, sieht dann so aus:

```
string cs = @"Data Source=dnc2\SQLExpress;Initial Catalog=Test;" +
            "Integrated Security=True";
SqlConnection con = new SqlConnection(cs);
con.Open();
```

Wird die Verbindungszeichenfolge in der Konfiguration gespeichert (z.B. unter dem Namen Connection1), so würde das zu diesem Code führen:

```
// Connection1 ist der Name der Verbindung in der Konfiguration
string cs = Properties.Settings.Default.Connection1;
SqlConnection con = new SqlConnection(cs);
con.Open();
```

Ist der Benutzer der Anwendung nicht in der entsprechenden Windows-Gruppe und hat auch nicht anderweitig die notwendigen Berechtigungen für die Datenbank, wird eine Ausnahme vom Typ `SqlException` erzeugt. Für weitere Details zu dieser Ausnahme sehen Sie bitte *5.14,* „Die SqlException- und SqlError-Klasse“.

> **Hinweis:**
> Die Windows-Authentifizierung des SQL Servers ist immer aktiv und kann nicht wie die SQL Server-Authentifizierung deaktiviert werden.

SQL Server-Authentifizierung

Soll der Anwender sich beim Start der Anwendung mit einem Benutzernamen und Kennwort authentifizieren, so bietet sich die SQL Server-Authentifizierung an. Die Verbindungszeichenfolge muss bei dieser Art der Authentifizierung neben dem Server und der Datenbank auch Benutzernamen und Kennwort enthalten und sieht dann so aus:

```
Data Source=dnc2\SQLExpress;Initial Catalog=Test;
Persist Security Info=True;User ID=Benutzer;Password=Kennwort
```

Da Benutzername und Kennwort abhängig vom Anwender sind und auch auf keinen Fall in der Anwendungskonfiguration gespeichert werden[1] sollen, kommt bei der SQL Server-Authentifizierung meist ein Anmeldedialog zum Einsatz, der diese beiden Daten entgegennimmt. Diese Informationen werden dann am besten mit der `SqlConnectionString-Builder`-Klasse in die Verbindungszeichenfolge eingebaut, die nur die restlichen (unkritischen) Informationen enthalten muss, und finden daher gut in der Konfiguration der Anwendung Platz.

Hinweise:

Der Dialog aus **Abbildung 5.3** Eine Verbindungszeichenfolge in Visual Studio 2008 bearbeiten", mit dem Verbindungszeichenfolgen für die Konfiguration bearbeitet werden können, kann nicht mit OK bestätigt werden, wenn die SQL Server-Authentifizierung ausgewählt, aber keine Benutzerkennung eingegeben wurde. Für diesen Fall wird irgendein Wert eingegeben und anschließend der Parameter `User ID` entfernt.

Das folgende Quelltextfragment zeigt. wie eine unvollständige Verbindungszeichenfolge mit „Benutzername" und „Kennwort" vervollständigt wird:

```
// Werte kommen aus einem Anmeldedialog
String Benutzername = "ich";
String Kennwort = "geheim";
// Wert kommt aus der Konfiguration der Anwendung
String cs = @"Data Source=dnc2\SQLExpress;Initial Catalog=Test;Persist
Security Info=True";

SqlConnectionStringBuilder csb;
SqlConnection con;

// Instanz mit unvollständiger Verbindungszeichenfolge erzeugen
csb = new SqlConnectionStringBuilder(cs);

// Benutzername und Kennwort eintragen
csb.UserID = Benutzername;
csb.Password = Kennwort;

// SqlConnection mit Verbindungszeichenfolge erzeugen und öffnen
con1 = new SqlConnection(csb.ToString());
// Erzeugt im Fehlerfall eine Ausnahme vom Typ System.Exception
con1.Open();
```

Weitere Details zur `SqlConnectionStringBuilder`-Klasse finden Sie unter *5.3, „Die SqlConnectionStringBuilder-Klasse"*.

[1] Es sei denn, dies ist eine „technische" Anmeldung, die für alle gültig sein soll. In diesem Fall darf aber auch das Kennwort keine Sicherheitsrelevanz besitzen.

Tipp:
Es bietet sich an, in der Anwendung eine kleine Methode zu erstellen, die diese Zeilen enthält und als Rückgabewert ein gültiges, geöffnetes `SqlConnection`-Objekt liefert. Die Werte für Benutzername und Kennwort müssen hierfür nur, nachdem der Anmeldedialog nicht mehr existiert, in entsprechenden Variablen gespeichert werden.

5.2.5.3 Typische Verbindungszeichenfolgen

Hier finden Sie eine Reihe typischer Verbindungszeichenfolgen, die oft in der Praxis zum Einsatz kommen. Details zu den einzelnen Parametern der Verbindungszeichenfolge finden Sie unter *5.2.5.1*, „Wichtige Parameter“. Die relevanten Parameter sind jeweils **fett** hervorgehoben:

- *SQL Server auf lokaler Maschine ansprechen*:
  Data Source=.`; Initial Catalog={Datenbank}; Integrated Security=True`
- *Windows-Authentifizierung*:
  `Data Source={Server}; Initial Catalog={Datenbank};`
  Integrated Security=True
- *SQL Server-Authentifizierung*:
  `Data Source={Server}; Initial Catalog={Datenbank};`
  Persist Security Info=True;User ID={Benutzername};Password={Kennwort}
- *Angabe von TCP/IP und Port anstatt des Servernamens*:
  Data Source=192.168.2.1,4532`; Initial Catalog={Datenbank};`
  `Integrated Security=True`
- *SQL Server-Instanz verwenden*:
  Data Source={Server}\{Instanz}`; Initial Catalog={Datenbank};`
  `Integrated Security=True`
- *Anfügen einer Datenbankdatei*:
  `Data Source={Server};` **AttachDbFilename='{DB-Medium}'**`;`
  `Integrated Security=True`
- *Größe des Connection-Pools angeben*:
  `Data Source={Server}; Initial Catalog={Datenbank};`
  `Integrated Security=True;` **Min Pool Size=5; Max Pool Size=80**
- *Ohne Connection-Pooling:*
  `Data Source={Server}; Initial Catalog={Datenbank};`
  `Integrated Security=True;` **Pooling=False**

5.2.6 Statistische Werte abrufen

Wurde die `StatisticsEnabled`-Eigenschaft eines `SqlConnection`-Objektes auf `true` gesetzt, sammelt ADO.NET für diese Verbindung statistische Daten. Diese Daten stehen als Schlüssel-Werte-Paar zur Verfügung und können über die Methode `RetrieveStatistics()` des `SqlConnection`-Objektes abgerufen werden. Über die Methode `Re-`

`setStatistics()` hingegen können alle Werte für die entsprechende Verbindung zurückgesetzt werden.

Hinweise:

Wurde die `StatisticsEnabled`-Eigenschaft nicht auf `true` gesetzt, stehen alle Werte auf dem Wert, den sie auch nach einem Aufruf von `Statistics()` haben. Alle Werte sind also in der Liste, werden nur nicht aktualisiert.

Zurzeit stehen diese 18 statistischen Werte zur Verfügung, die sich alle auf die entsprechende Verbindung zum SQL Server beziehen. Alle Werte nehmen Bezug auf den Zeitraum seit Aktivierung der Statistik bzw. den letzten Aufruf von `ResetStatistics()`.

Tabelle 5.9 Schlüssel-Werte-Paare der SqlConnection-Statistik

Schlüssel	**Datentyp**	**Beschreibung**
`BuffersReceived`	Int64 (long)	Stellt die Anzahl der TDS-Pakete (Tabular Data Stream) dar, die vom SQL Server gesendet wurden.
`BuffersSent`	Int64 (long)	Stellt die Anzahl der TDS-Pakete (Tabular Data Stream) dar, die an den SQL Server gesendet wurden.
`BytesReceived`	Int64 (long)	Anzahl der Bytes, die vom SQL Server empfangen wurden.
`BytesSent`	Int64 (long)	Anzahl der Bytes, die an den SQL Server gesendet wurden.
`ConnectionTime`	Int64 (long)	Zeitspanne (in ms), in der die Verbindung aktiv war.
`CursorOpens`	Int64 (long)	Gibt an, wie oft Cursor geöffnet wurden.
`ExecutionTime`	Int64 (long)	Zeitspanne (in ms), in der die Verbindung aktiv war. Inklusive der Zeit, in der auf die Antwort des SQL Servers gewartet wurde.
`IduCount`	Int64 (long)	Gibt die Anzahl der `INSERT`-, `DELETE`- und `UPDATE`-Anweisungen an, die ausgeführt wurden. (IDU = InsertDeleteUpdate)
`IduRows`	Int64 (long)	Anzahl der Zeilen, die durch `INSERT`-, `DELETE`- und `UPDATE`-Anweisungen verändert wurden (IDU = InsertDeleteUpdate).
`NetworkServerTime`	Int64 (long)	Zeitspanne (in ms), die dem Netzwerk zugeschrieben wird.
`PreparedExecs`	Int64 (long)	Anzahl der vorbereiteten Befehle, die ausgeführt wurden.
`Prepares`	Int64 (long)	Anzahl der vorbereiteten Anweisungen, die ausgeführt wurden.
`SelectCount`	Int64 (long)	Anzahl der `SELECT`-Anweisungen, die ausgeführt wurden.
`SelectRows`	Int64 (long)	Anzahl der Zeilen, die ausgewählt wurden.

Schlüssel	Datentyp	Beschreibung
`ServerRoundtrips`	Int64 (long)	Anzahl der Befehle, die über das Netzwerk zum Server, und Antworten, die von diesem gesandt wurden.
`SumResultSets`	Int64 (long)	Anzahl der vom Server gesendeten Ergebnismengen.
`Transactions`	Int64 (long)	Anzahl der Benutzertransaktionen.
`UnpreparedExecs`	Int64 (long)	Anzahl der nicht vorbereiteten Anweisungen.

Die Methode `RetrieveStatistics()` ist als `Collection.IDictionary`-Schnittstelle implementiert, sodass alle Werte sowohl mit einer `foreach`-Schleife durchlaufen als auch einzelne Werte über ihren Schlüssel direkt angesprochen werden können.

Wichtig:

Bei den Schlüsseln aus Tabelle 5.9 **Schlüssel-Werte-Paare der SqlConnection-Statistik**, wird zwischen Groß- und Kleinschreibung unterschieden, sodass diese genau eingehalten werden muss, wenn man auf einzelne Werte zugreifen möchte.

Hier sehen Sie, wie in der Beispielanwendung zu diesem Kapitel alle Werte mit einer `foreach`-Schleife ausgegeben werden:

```
using System.Collections;

writeMessage("Folgende statistische Werte stehen bereit:");
foreach (DictionaryEntry value in con.RetrieveStatistics())
    writeMessage(" {0} = {1} (Typ:'{2}')",
    value.Key, value.Value, value.Value.GetType().ToString());
```

Der Zugriff auf individuelle Werte sieht so aus:

```
Text = String.Format("Ausführungsdauer: {0} ms",
       (long) con.RetrieveStatistics()["ExecutionTime"]);
```

Es sollte darauf geachtet werden, dass die Werte als Typ `Object` bereit stehen und daher vor der Weiterverwendung ein „Unboxing" durchgeführt werden muss.

5.3 Die SqlConnectionStringBuilder-Klasse

Mit der `System.Data.SqlClient.SqlConnectionStringBuilder`-Klasse lässt sich einfach und komfortabel eine Verbindungszeichenfolge zusammenbauen oder auf die Werte einzelner Parameter zugreifen. Damit entfällt bis zu einem gewissen Maß die Notwendigkeit, die genauen Namen in einer Verbindungszeichenfolge zu kennen. Man kann sicher sein, dass das Ergebnis (formal) korrekt ist. Welche Konstruktoren/Methoden/Eigenschaften zur Verfügung stehen, finden Sie in den nächsten Abschnitten.

Die Beispielanwendung dieses Kapitels nutzt die `SqlConnectionStringBuilder`-Klasse zum Erzeugen einer Verbindungszeichenfolge, die auf Werte aus einer Eingabemaske basiert.

5.3.1 Wichtige Methoden und Eigenschaften

Diese Übersicht stellt die wichtigsten Methoden und Eigenschaften der `SqlConnectionStringBuilder`-Klasse vor. Im Wesentlichen sind dies Eigenschaften, die ihre Entsprechungen in den Parametern der Verbindungszeichenfolge haben. Details über die Parameter finden Sie unter *5.2.5.1, „Wichtige Parameter“*.

Tabelle 5.10 Wichtige Methoden/Eigenschaften der SqlConnection-Klasse

Methode/Eigenschaft	**Beschreibung**
`Add()`	Fügt ein weiteres Schlüssel-Wert-Paar der internen Auflistung des `SqlConnectionStringBuilder`-Objektes hinzu.
`ApplicationName`	Parameter `Application Name` der Verbindungszeichenfolge.
`AsynchronousProcessing`	Parameter `Asynchronous Processing` der Verbindungszeichenfolge.
`AttachDBFilename`	Parameter `AttachDbFilename` der Verbindungszeichenfolge.
`Clear()`	Entfernt alle Schlüssel-Wert-Paare aus der internen Auflistung des `SqlConnectionStringBuilder`-Objektes.
`ConnectTimeout`	Parameter `Connect Timeout` der Verbindungszeichenfolge.
`ContainsKey()`	Prüft, ob ein bestimmter Wert mittels `Add()` hinzugefügt wurde.
`ContextConnection`	Parameter `Conext Connection` der Verbindungszeichenfolge.
`CurrentLanguage`	Parameter `Current Language` der Verbindungszeichenfolge.
`InitialCatalog`	Parameter `Initial Catalog` der Verbindungszeichenfolge.
`IntegratedSecurity`	Parameter `Integrated Security` der Verbindungszeichenfolge.
`FailoverPartner`	Parameter `Failover Partner` der Verbindungszeichenfolge.
`Keys`	Liefert eine Liste aller definierten Schlüssel in der internen Auflistung des `SqlConnectionStringBuilder`-Objektes.
`MaxPoolSize`	Parameter `Max Pool Size` der Verbindungszeichenfolge.
`MinPoolSize`	Parameter `Min Pool Size` der Verbindungszeichenfolge.
`MultipleActiveResultSets`	Parameter `MultipleActiveResultSets` der Verbindungszeichenfolge.
`Password`	Parameter `Password` der Verbindungszeichenfolge

Methode/Eigenschaft	Beschreibung
`PersistSecurityInfo`	Parameter `PersistSecurityInfo` der Verbindungszeichenfolge.
`Pooling`	Parameter `Pooling` der Verbindungszeichenfolge.
`Remove()`	Mit dieser Methode kann ein zuvor mit `Add()` hinzugefügter Parameter wieder entfernt werden.
`UserID`	Parameter `User ID` der Verbindungszeichenfolge.
`WorkstationID`	Parameter `Workstation ID` der Verbindungszeichenfolge.

Wichtig:

Es werden alle Werte als Parameter in der Verbindungszeichenfolge untergebracht, wenn diese dem Code zugewiesen wurden – auch wenn der Wert dem Standard entspricht. Daher ist es ratsam, vor der Zuweisung einen kleinen Vergleich zu machen:

```
if (csBuilder.Pooling != chkPooling.Checked)
    csBuilder.Pooling = chkPooling.Checked;
```

Dies sorgt dafür, dass die Verbindungszeichenfolge nicht mit (unnötigen) Parametern überflutet wird, die nur den Standardwert zuweisen.

5.3.2 Praktischer Einsatz

Hier folgt eine Reihe von Beispielen, wie mit der `SqlConnectionStringBuilder`-Klasse zu programmieren ist. Es wird dabei eine Reihe praktischer Aufgaben und deren Lösung vorgestellt.

5.3.2.1 Eine Verbindungszeichenfolge erstellen

Dieses Beispiel zeigt, wie eine Verbindungszeichenfolge erzeugt werden kann, wenn alle dafür notwendigen Informationen vorliegen.

```
// Instanz erzeugen und Werte übergeben
SqlConnectionStringBuilder csBuilder = new SqlConnectionStringBuilder();

csBuilder.InitialCatalog = "MeineDatenbank";
csBuilder.DataSource = @"MeinSQLServer";
csBuilder.UserID = "sa";
csBuilder.Password = "geheim";

// Zeichenfolge auslesen und verwenden (anzeigen)
MessageBox.Show(csBuilder.ConnectionString);
```

5.3.2.2 Erzeugen einer Verbindungszeichenfolge mittels einer bereits vorhandenen Verbindungszeichenfolge

Dieses Beispiel geht von einer (teilweise) vorhandenen Verbindungszeichenfolge aus, die durch Zuweisung von Eigenschaften an ein `SqlConnectionStringBuilder`-Objekt erweitert bzw. verändert wird. Dies ähnelt dem, was unter *5.2.5.2,*

„Verbindungszeichenfolgen zur Laufzeit", für die „SQL Server-Authentifizierung" beschrieben wurde.

```
// Verbindungszeichenfolge teilweise schon als String vorhanden
String cs = @"Data Source=.\sqlexpress;Initial Catalog=Test";

// Instanz erzeugen und Werte übergeben
SqlConnectionStringBuilder csBuilder
    = new SqlConnectionStringBuilder(cs);
csBuilder.UserID = "sa";
csBuilder.Password = "geheim";

// Zeichenfolge auslesen und verwenden (anzeigen)
MessageBox.Show(csBuilder.ConnectionString);
```

5.3.2.3 Auslesen von Standardwerten für Parameter

Um die (statischen) Standardwerte der Parameter einer Verbindungszeichenfolge abzufragen, reicht es, ein `SqlConnectionStringBuilder`-Objekt zu erzeugen und anschließend die gewünschten Werte auszulesen. Statisch bedeutet dabei, dass z.B. der Standard für den Parameter `Workstation ID`, der gleich dem lokalen Namen des Computers ist, trotzdem eine leere Zeichenkette (`String.Empty`) zurückliefert.

Achtung:

Dies funktioniert natürlich nur bei Parametern, welche die `SqlConnectionStringBuilder`-Klasse kennt. Andere Werte können zwar auch abgefragt werden (siehe *5.3.2.4,* „Alle definierten Parameter auflisten"), doch dies sind nicht die Standardwerte!

```
// Instanz erzeugen und Standardwert auslesen
SqlConnectionStringBuilder csBuilder = new SqlConnectionStringBuilder();

// Auslesen
int DefaultConnectionTimeout = csBuilder.ConnectTimeout;
```

Hinweis:

Das Auslesen der Standardwerte funktioniert so lange, wie der entsprechende Parameter nicht im Konstruktor als Verbindungszeichenfolge oder per Eigenschaftszuweisung verändert wurde.

5.3.2.4 Alle definierten Parameter auflisten

Durch den Einsatz der `ICollection`- und der `IDirectory`-Schnittstellen bei der Implementierung der `SqlConnectionStringBuilder`-Klasse können alle zugewiesenen Werte mit einer `foreach`-Schleife durchlaufen werden. Des Weiteren kann per Schlüssel (dem Namen) auf einzelne Werte ohne deren Eigenschaft zugegriffen werden.

```
SqlConnectionStringBuilder csBuilder;

// csBuilder erzeugen und Werte zuweisen

foreach (String key in csBuilder.Keys)
    Debug.Print("{0} = {1} (Typ:'{2}')",
    key,csBuilder[key],csBuilder[key].GetType());
```

Wichtig:

Groß- und Kleinschreibung spielt beim Zugriff über den Schlüssel (dem Namen) keine Rolle. Wird allerdings ein Schlüssel angegeben, der nicht vorhanden ist, wird eine Ausnahme vom Typ `ArgumentException` erzeugt.

5.4 Die SqlCommand-Klasse

Für alle Arten von Befehlen, egal ob T-SQL Abfragen oder der Aufruf von gespeicherten Prozeduren, wird die `System.Data.SqlClient.SqlCommand`-Klasse benötigt. Sie führt die T-SQL Anweisung aus und liefert das entsprechende Ergebnis vom SQL Server. Damit dies funktioniert, werden zwei Dinge benötigt: eine gültige, geöffnete Verbindung zum SQL Server (ein `SqlConnection`-Objekt) und den Text der Abfrage. Da ein `SqlCommand`-Objekt nicht ohne Verbindung auskommt, hat die `SqlConnection`-Klasse eine Methode mit dem Namen `CreateCommand()`, die alles Notwendige erledigt und ein einsatzbereites Objekt zurückliefert.

```
SqlCommand cmd;
SqlConnection con;

// con einrichten und öffnen
cmd = con.CreateCommand();
```

Da die `SqlCommand`-Klasse die `IDisposable`-Schnittstelle implementiert, bietet es sich an, dies auszunutzen und eine `using`-Anweisung zu verwenden. Dies sieht dann zusammen mit der Initialisierung der Verbindung zum SQL Server so aus:

```
// SqlConnection-Objekt erzeugen und Verbindung öffnen
using (con = new System.Data.SqlClient.SqlConnection(myConnectionString))
{
    con.open();
    // SqlCommand-Objekt erzeugen
    using (cmd = con.CreateCommand())
    {
        // Nun ist das SqlCommand-Objekt bereit zum Einsatz
        ...

    }
}
```

Muss mehr als nur eine Änderung vorgenommen werden, so ist dies mit einem einzigen `SqlCommand`-Objekt möglich. Lediglich die `CommandText`-Eigenschaft muss vor der Ausführung jeweils entsprechend angepasst werden.

```
cmd.CommandText = "DELETE FROM Bestellungen WHERE ID = 1;";
cmd.ExecuteNonQuery();

cmd.CommandText = "DELETE FROM Rechnungen WHERE ID = 33;";
cmd.ExecuteNonQuery();
```

5.4.1 Wichtige Methoden und Eigenschaften

Diese Übersicht stellt die wichtigsten Methoden und Eigenschaften der `SqlCommand`-Klasse vor.

Tabelle 5.11 Wichtige Methode/Eigenschaften der SqlCommand-Klasse

Methode/Eigenschaft	**Beschreibung**

`BeginExecuteNonQuery()`
`BeginExecuteDataReader()`
`BeginExecuteXmlReader()`
	Diese Methoden kommen in Verbindungen mit asynchroner Ausführung zum Einsatz und starten die entsprechende asynchrone Ausführung. Mehr Details darüber finden Sie unter *5.16*, „Asynchrone Ausführung“.

`Cancel()`	Diese Methode kommt in Verbindung mit asynchroner Ausführung zum Einsatz und versucht, die laufende Ausführung abzubrechen. Mehr Details darüber finden Sie unter *5.16,* Asynchrone Ausführung“.
`CommandText`	Die T-SQL-Anweisung, gespeicherte Prozedur oder Tabelle, die ausgeführt bzw. abgefragt werden soll.
`CommandTimeout`	Zeitdauer in Sekunden, die für die Ausführung maximal gewartet wird. Der Standardwert ist 30.
`CommandType`	Legt fest, welchem Typ der Inhalt der Eigenschaft `CommandText` entspricht. Weitere Details siehe unter Tabelle 5.12 **Mögliche Werte der CommandType-Eigenschaft**“.
`CreateParameter()`	Erzeugt einen Parameter vom Typ `SqlParameter`.

`EndExecuteNonQuery()`
`EndExecuteDataReader()`
`EndExecuteXmlReader()`
	Wertet das Ergebnis einer asynchronen Ausführung aus. Diese Methoden kommen in Verbindung mit asynchroner Ausführung zum Einsatz. Mehr Details darüber finden Sie unter *5.16*, „Asynchrone Ausführung“.

`ExecuteNonQuery()`	Führt die Anweisung in der Eigenschaft `CommandText` aus und liefert die Anzahl der betroffenen Zeilen zurück. Diese Methode ist für `INSERT`-, `DELETE`- und `UPDATE`-Anweisungen geeignet. Unter *5.4.2*, „ExecuteNonQuery-Methode“, finden Sie weitere Details.
`ExecuteReader()`	Führt die Anweisung in der Eigenschaft `CommandText` aus und liefert die Ergebnismenge als `SqlDataReader`-Objekt. Diese Methode eignet sich für `SELECT`-Anweisungen. Unter *5.4.4*, „ExecuteReader-Methode“, finden Sie weitere Details.
`ExecuteScalar()`	Führt die Anweisung in der Eigenschaft `CommandText` aus und liefert einen einzigen Wert zurück. Diese Methode eignet sich für `SELECT`-Anweisungen, die lediglich einen einzelnen Wert zurückliefern. Unter *5.4.3*, „ExecuteScalar-Methode“, finden Sie weitere Details.

Methode/Eigenschaft	Beschreibung
`ExecuteXmlReader()`	Führt die Anweisung in der Eigenschaft `CommandText` aus und liefert die Ergebnismenge als `System.Xml.XmlReader`-Objekt. Diese Methode eignet sich für `SELECT`-Anweisungen. Unter *5.4.5*, „ExecuteXmlReader-Methode", finden Sie weitere Details.
`Parameters`	Parameterauflistung, die bei der Ausführung verwendet werden soll. Mehr Details finden Sie in den Abschnitten *5.4.7*, „Parameter verwenden", und *5.5*, „Die SqlParameter-Klasse".
`Prepare()`	Bereitet das Objekt für die Ausführung vor. Diese Methode kann bei häufigem, mehrfachem Ausführen des `SqlCommand`-Objekts (z.B. in einer Schleife) bei Anweisungen mit einer großen Anzahl von Parametern einen Geschwindigkeitszuwachs bedeuten.
`ResetCommandTimeout()`	Setzt die `CommandTimeout`-Eigenschaft auf den Standardwert zurück; dieser liegt bei 30 Sekunden.
`Transaction`	Stellt die Transaktion dar, in der das `SqlCommand`-Objekt ausgeführt werden soll.
`UpdateRowSource`	Legt fest, wie das Ergebnis nach dem Ausführen behandelt wird, wenn die `Update`-Methode in Verbindung mit einem `SqlDataAdapter`-Objekt verwendet wird.

Über die `CommandType`-Eigenschaft wird festgelegt, von welcher Art der Inhalt der `CommandText`-Eigenschaft ist. Die möglichen Werte sind in der System.Data.CommandType-Aufzählung definiert. Im Anschluss finden Sie die möglichen Werte und deren Bedeutungen:

Tabelle 5.12 Mögliche Werte der CommandType-Eigenschaft

Wert	Beschreibung
`Text`	Die `CommandText`-Eigenschaft enthält eine T-SQL Anweisung wahlweise mit Parametern, die zur Laufzeit mit Werten gefüllt werden. Dieser Typ ist der Standard, wenn kein anderer Wert zugewiesen wird.
`StoredProcedure`	Die `CommandText`-Eigenschaft enthält den Namen einer gespeicherten Prozedur oder einer CLR-Prozedur.
`TableDirect`	Die `CommandText`-Eigenschaft enthält lediglich den Namen einer Tabelle oder einer Sicht. Dies entspricht dem Wert von `Text`-Wert mit `CommandText` = „`SELECT * FROM <TabelleOderSicht>`". Dieser Wert wird vom SqlClient-Datenanbieter nicht unterstützt und erzeugt eine Ausnahme vom Typ `ArgumentOutOfRangeException`.

5.4.2 ExecuteNonQuery-Methode

Mit der `ExecuteNonQuery()`-Methode der `SqlCommand`-Klasse wird die Anweisung in der `CommandText`-Eigenschaft ausgeführt und lediglich die Anzahl der betroffenen Zeilen zurückgeliefert. Anweisungen, die gar keine Zeilen betreffen, liefern den Wert –1 zurück.

Damit eignet sich diese Methode für alle Arten von T-SQL Anweisungen, die keine Ergebnismenge zurückliefern. Im Wesentlichen sind dies alle Anweisungen außer der `SELECT`-Anweisung (also `INSERT`-, `DELETE`-, `UPDATE` und `MERGE`-Anweisungen, alle `DDL`-Anweisungen und solche T-SQL-Befehle, die nicht auf Daten einwirken).

Es können bei Bedarf beliebig viele Aufrufe von `ExecuteNonQuery()` auf ein `SqlCommand`-Objekt erfolgen. Jede fehlerfreie Ausführung löst ein `StatementCompleted`-Ereignis des beteiligten `SqlCommand`-Objekts aus.

Im zweiten Beispiel wird dies demonstriert.

Wichtig:

Halten Sie aus diesem Grund keine Verbindung zum SQL Server aufrecht, indem Sie das `SqlConnection`-Objekt nicht schließen. Dies widerspricht dem korrekten Arbeiten mit Verbindungs-Pooling. Sorgen Sie dafür, dass das `SqlConnection`-Objekt immer umgehend geschlossen wird, wenn es nicht mehr benötigt wird.

Anbei ein Beispiel mit einer `DELETE`-Anweisung, die einige Zeilen löschen soll:

```
// SqlCommand-Objekt erzeugen
using (SqlCommand cmd = con.CreateCommand())
{
    // Anweisungstext zuweisen
    cmd.CommandText = "DELETE FROM Bestellungen WHERE erledigt=1;";

    // Die nächste Zeile ist nicht zwingend notwendig, da dies
    // der Standard ist, erhöht jedoch die Lesbarkeit des Codes
    cmd.CommandType = CommandType.Text;
    int RowsAffected = cmd.ExecuteNonQuery();

    if (RowsAffected != -1)
        MessageBox.Show(RowsAffected.ToString(), "RowAffected");
    else
        MessageBox.Show("Keine Datenve", "RowAffected");
}
```

Ein weiteres Beispiel soll zeigen. wie zwei unabhängige Anweisungen nacheinander ausgeführt werden. Beide wirken nicht auf Datenzeilen ein:

```
// SqlCommand-Objekt erzeugen
using (SqlCommand cmd = con.CreateCommand())
{
    // Erste Anweisung
    cmd.CommandType = CommandType.Text;
    cmd.CommandText = "DROP TABLE Bestellungen;";
    cmd.ExecuteNonQuery();

    // Zweite Anweisung
    cmd.CommandText = "xp_logEvent 50001,'Tabelle gelöscht!', WARNING;";
    cmd.ExecuteNonQuery();
}
```

Wichtig:

Die zweite Anweisung ist inhaltlich eine gespeicherte (System-)Prozedur, wird jedoch vom `CommandType`-Objekt her nicht als solche behandelt. Dies ist an dieser Stelle nur machbar, da der Prozedur keine Parameter übergeben werden, die aus C#-Variablen entstehen. Verwenden Sie sonst immer Prozeduren mit Parametern. Für Details sehen Sie bitte unter *5.5, „Die SqlParameter-Klasse“*.

5.4.3 ExecuteScalar-Methode

Diese Methode liefert bei ihrem Aufruf nur einen einzelnen Wert zurück, einen sogenannten Skalar. Dieser Wert ist nicht mit dem Rückgabewert der `ExecuteNonQuery()`-Methode zu verwechseln, der immer die Anzahl der betroffenen Zeilen bei Datenmanipulationen liefert. `ExecuteScalar()` ist geeignet, um Rückgaben von T-SQL Funktionen und globalen Variablen zu liefern.

Liefert die T-SQL-Anweisung mehr als nur einen Wert zurück, dann steht nur der erste Wert zur Verfügung. Bei einer `SELECT`-Anweisung auf eine Tabelle/ Sicht oder eine Anweisung mit `OUTPUT`-Klausel ist dies die erste Spalte der ersten Zeile. Wird kein Wert zurückgeliefert, so liefert `ExecuteScalar()` lediglich den Wert `null` zurück.

Es können bei Bedarf beliebig viele Aufrufe von `ExecuteScalar()` auf ein `SqlCommand`-Objekt erfolgen. Jede fehlerfreie Ausführung löst ein `StatementCompleted`-Ereignis des beteiligten `SqlCommand`-Objekts aus.

Im folgenden Beispiel wird gezeigt, wie dies in C# aussieht:

```
// SqlCommand-Objekt erzeugen
using (SqlCommand cmd = con.CreateCommand())
{
    // Erste Anweisung: die aktuelle SQL Server-Zeit mit Datum
    cmd.CommandText = "SELECT getdate();";

    // Die nächste Zeile ist nicht notwendig, da dies eh der Standard ist
    // cmd.CommandType = CommandType.Text;
    DateTime d = (DateTime)cmd.ExecuteScalar();
    MessageBox.Show(d.ToString(), "Serverzeit mit Datum");

    // Zweite Anweisung: die Version des SQL Servers
    cmd.CommandText = "SELECT @@version;";
    String s = (String)cmd.ExecuteScalar();
    MessageBox.Show(s, "Serverversion");

}
```

Wichtig:

Die Rückgabe der `ExecuteScalar()`-Methode ist vom Typ `Object`, sodass Sie wissen müssen, von welchem Typ die Rückgabe tatsächlich ist, und vor der weiteren Verwendung ein „Unboxing“ durchführen müssen. Wählen Sie hierfür den falschen Typ, so wird eine Ausnahme vom Typ `InvalidCastException` erzeugt.

5.4.4 ExecuteReader-Methode

Um ganze Ergebnismengen, die von `SELECT`-Anweisungen geliefert werden, zu erhalten, steht die `ExecuteReader()`-Methode zur Verfügung. Sie liefert ein `SqlDataReader`-Objekt, das es erlaubt, die erhaltenen Ergebnismengen zu durchlaufen. Dabei handelt es sich immer um mindestens eine Ergebnismenge, es können aber auch mehrere sein.

Es besteht die Möglichkeit, einen Parameter zu übergeben, der angibt, wie das `SqlDataReader`-Objekt sich verhalten soll. Die möglichen Werte finden Sie in dieser Übersicht.

Hinweis:
Die Aufzählung `CommandBehavior` ist mit dem `Flags`-Attribut implementiert, so kann eine Kombination unterschiedlicher Werte angegeben werden (z.B. `SingleResult|SequentialAccess|CloseConnection`).

Tabelle 5.13 Werte der CommandBehavior-Aufzählung

Wert	Beschreibung
`Default`	Dies ist der Standard, der auch dann Verwendung findet, wenn die `ExecuteReader()`-Methode ohne `behavior`-Parameter aufgerufen wird. Damit werden die Zeilen aller Ergebnismengen zurückgeliefert. Auf die Spalten kann in beliebiger Reihenfolge zugegriffen werden.
`SingleResult`	Liefert nur eine Ergebnismenge, unabhängig davon, wie viele tatsächlich vorhanden sind.
`SchemaOnly`	Mit diesem Wert werden nur die Schemainformationen (der Aufbau) geliefert.
`KeyInfo`	Wird dieser Wert verwendet, werden zusätzliche Spalten für den Primärschlüssel angefügt (wenn vorhanden).
`SingleRow`	Dieser Wert legt fest, dass nur eine Zeile (pro Ergebnismenge) geliefert wird. Dies ermöglicht dem SQL Server Provider Zugriffsoptimierungen für erhöhte Leistung.
`SequentialAccess`	Erlaubt es, nur auf Spalten von links nach rechts in der Reihenfolge zuzugreifen, in der sie angefordert wurden – andernfalls wird eine Ausnahme erzeugt. Durch diese Einschränkungen können die Daten optimal als Tabular Data Stream (TDS) über das Netzwerk geschickt werden. Dies ermöglicht der Anwendung, bereits mit der Verarbeitung zu beginnen, auch wenn noch nicht alle Daten vom SQL Server empfangen wurden. Ein Verfahren, das besonders bei großen Datenmengen einen Vorteil darstellt.
`CloseConnection`	Sorgt dafür, dass die zugrunde liegende Verbindung geschlossen wird, wenn das `SqlDataReader`-Objekt geschlossen wird.

Hinweis:
Beachten Sie, dass auch gespeicherte Prozeduren und CLR-Prozeduren in der Lage sind, Daten im XML-Format an den Aufrufer zu liefern, sodass auch diese mit der `ExecuteReader()`-Methode zum Einsatz kommen können.

Das Erzeugen eines `SqlDataReader`-Objekts mit dem Standardverhalten sieht so aus:

```
// Das SqlCommand-Objekt ist bereits vorhanden
cmd.CommandText = "SELECT * FROM Bestellungen;";

// Ein SqlDataReader mit dem Standardverhalten erzeugen
SqlDataReader dr = cmd.ExecuteReader();
```

Während sich die Variante mit einem Parameters nur für die `ExecuteReader()`-Methode geringfügig unterscheidet:

```
// Das SqlCommand-Objekt ist bereits vorhanden
cmd.CommandText = "SELECT * FROM Bestellungen;";

// Ein SqlDataReader mit dem Standardverhalten erzeugen
SqlDataReader dr = cmd.ExecuteReader(SingleResult | SequentialAccess);
```

Jede fehlerfreie Ausführung der `ExecuteReader()`-Methode löst ein `StatementCompleted`-Ereignis aus.

Da die `SqlDataReader`-Klasse die `IDisposable`-Schnittstelle implementiert, bietet sich folgende Programmierung an:

```
// Das SqlCommand-Objekt ist bereits vorhanden
using (SqlDataReader dr = cmd.ExecuteReader())
{
    // SqlDataReader verwenden
}
```

Tipp:

Wenn nur eine Ergebnismenge erwartet wird, wird die schnellste Ausführung der `ExecuteReader()`-Methode beim Aufruf von `ExcuteReader()` durch Angabe von `SingleResult | SequentialAccess` erreicht. Wie die `SqlDataReader`-Klasse verwendet wird, um die Ergebnismengen einer T-SQL Abfrage zu durchlaufen, erfahren Sie unter *5.7, „Die SqlDataReader-Klasse“*.

5.4.5 ExecuteXmlReader-Methode

Mit dieser Methode können Spalteninhalte, die im XML-Format vorliegen, und Daten, die mittels einer `SELECT`-Anweisung mit der `FOR XML`-Klausel angefordert wurden, gelesen werden. Werden andere Daten angefordert, so wird eine Ausnahme vom Typ `InvalidOperationException` erzeugt. Werden Daten aus einer Spalte verwendet und tritt ein struktureller Fehler während der Analyse der XML-Daten auf, so wird eine Ausnahme vom Typ `System.Xml.XmlException` ausgelöst.

Der Aufruf der `ExecuteXmlReader()`-Methode benötigt keine Parameter und liefert ein `XmlReader`-Objekt (aus dem Namensraum `System.Xml`) als Rückgabewert.

```
cmd.CommandText = "SELECT * FROM Bestellungen FOR XML AUTO, XMLDATA;";
XmlReader xmldr = cmd.ExecuteXmlReader()
```

Wie die `XmlReader`-Klasse verwendet wird, um die enthaltenen XML-Daten zu durchlaufen, steht unter *5.8, „Die XmlReader-Klasse“*.

Hinweis:

Beachten Sie, dass auch gespeicherte Prozeduren und CLR-Prozeduren in der Lage sind, Daten im XML-Format an den Aufrufer zu liefern, sodass auch diese mit der `ExecuteXml-Reader()`-Methode verwendet werden können.

Jede fehlerfreie Ausführung löst ein `StatementCompleted`-Ereignis des beteiligten `SqlCommand`-Objekts aus.

5.4.6 SqlCommand in Verbindung mit SqlDataAdapter

Die `SqlCommand`-Klasse kommt auch in Verbindung mit der `SqlDataAdapter`-Klasse zum Einsatz. Mit ihr werden Änderungen, die im Client in einem `DataSet` oder `DataTable`-Objekt vorgenommen werden, in die SQL Server-Datenbank zurückgeschrieben. Insgesamt arbeiten vier `SqlCommand`-Objekte, die über die folgenden Eigenschaften des DataAdapters gesetzt bzw. ausgelesen werden können:

- *`SelectCommand`*: Wird durch Aufruf der `Fill()`-Methode angelegt und ist zuständig für das Einlesen der Daten vom Server.
- `InsertCommand`: Zuständig für das Einfügen neuer Zeilen, die im Client erzeugt wurden und sich noch nicht in der Datenbank befinden.
- `UpdateCommand`: Zuständig für das Ändern bereits bestehender Zeilen, die im Client verändert wurden.
- `DeleteCommand`: Zuständig für das endgültige Löschen bestehender Zeilen.

Diese `SqlCommand`-Objekte werden in der Regel durch den Konstruktor des `SqlDataAdapter`-Objekts (`SelectCommand`) oder durch ein `SqlCommandBuilder`-Objekt (`InsertCommand`, `DeleteCommand` und `UpdateCommand`) erzeugt, sodass ein direktes Erzeugen nicht notwendig ist.

Tipp:

Die Erstellung durch ein `SqlCommandBuilder`-Objekt sorgt automatisch für die benötigten T-SQL Anweisungen. Sie werden selten in die Verlegenheit kommen, die T-SQL-Anweisungen von Hand ändern oder gar selbst erstellen zu müssen.

```
// SqlDataAdapter erzeugen und damit intern das
// SqlCommand-Objekt fürs Lesen erzeugen lassen
// Das SqlConnection-Objekt muss an dieser Stelle schon gültig und
// geöffnet sein
SqlDataAdapter da =
    new SqlDataAdapter("Select * FROM Bestellungen;",con);

// DataTable-Objekt erzeugen
DataTable dt = new DataTable();

// Und füllen
da.Fill(dt)

// An dieser Stelle Änderungen an den Daten im DataTable-Objekt
// durchführen.

// SqlCommandBuilder verwenden, um die drei anderen SqlCommand-Objekte
// zu erzeugen
```

```
using (SqlCommandBuilder sb = new SqlCommandBuilder(da))
{
    da.InsertCommand = sb.GetInsertCommand();
    da.DeleteCommand = sb.GetDeleteCommand();
    da.UpdateCommand = sb.GetUpdateCommand();
}

// Änderungen in die Datenbank schreiben
da.Update(dt);
```

Weitere Details zur `SqlCommandBuilder`-Klasse finden sich unter *5.10,* „Die SqlCommandBuilder-Klasse". Die `SqlDataAdapter`-Klasse wird näher unter *5.9,* „Die SqlDataAdapter-Klasse", behandelt.

5.4.7 Parameter verwenden

Häufig ist es sinnvoll, Anfragen nicht vollständig zu speichern, sondern variable Werte als Parameter erst zur Laufzeit einzufügen. Hierfür ist die `System.Data.SqlClient.SqlParameter`-Klasse vorgesehen (siehe *5.5,* „Die SqlParameter-Klasse" für mehr Details). Mit ihr können sowohl gespeicherte Prozeduren als auch vorbereitete Abfragen mit dynamischem Werten vor der Ausführung zur Laufzeit ergänzt werden. Während bei gespeicherten Prozeduren Parameter offensichtlich bei der Definition festgelegt werden, sieht es bei anderen Abfragen anders aus. Hier werden Werte, die als Parameter fungieren sollen, mit einem Parameternamen gekennzeichnet, dem das ‚@' vorangestellt wurde.

Hinweis:

Vorbereitete Abfragen erlauben dem SQL Server, einen Ausführungsplan zu speichern, der mehrfach verwendet werden kann. Dies ermöglicht eine schnellere Ausführung, ohne bei jeder Ausführung die gesamte Anweisung jedes Mal neu analysieren zu müssen.

Eine vorbereitete Anweisung für eine `SELECT`-Anweisung kann z.B. so aussehen:

```
SELECT * FROM Kunden WHERE Name = @Name AND Status = @Status;
```

Wichtig:

Zu beachten ist, dass auch bei Parametern, die als Zeichenkette (`CHAR`, `VARCHAR`, `NCHAR`, `NVARCHAR`, `TEXT`, `NTEXT`, `DATETIME`) dargestellt werden, der Parametername nicht mit den sonst üblichen einfachen Anführungszeichen (') eingeschlossen wird. Dies liegt darin begründet, dass der Wert auch `null` sein kann, sodass in die Abfrage NULL eingefügt wird – und dabei würden die Anführungszeichen stören.

Bei einer solchen Abfrage werden die einzelnen Parameter am einfachsten mit der `AddWithValues()`-Methode der `Parameters`-Auflistung eingefügt. Hier das passende Beispiel:

```
// Das SqlConnection-Objekt muss an dieser Stelle schon gültig und
// geöffnet sein
SqlCommand cmd = con.CreateCommand();

cmd.CommandText = "SELECT * FROM Bestellungen WHERE IDENTITYCOL=@ID;";
cmd.Parameters.AddWithValue("ID", id);
```

```
// Nun das SqlCommand-Objekt wie gewünscht verwenden
```

Achten Sie bei der Notation der Parameter darauf, das ‚@'-Zeichen nicht mit anzugeben, da dies sonst als Teil des Namens verstanden wird. Auch dürfen Parameter nur einmal mit der `AddWithValue()`-Methode mit Werten versehen werden. Geschieht dies mehrfach, so wird erst bei der Ausführung des `SqlCommand`-Objektes eine Ausnahme vom Typ `SqlException` erzeugt. Das Gleiche geschieht, wenn versäumt wird, eine oder mehrere Variablen mit einem Wert zu versehen. Andererseits spielt bei der Notation die Groß- und Kleinschreibung keine Rolle, sodass ein Parameter mehr als nur einmal in der `CommandText`-Eigenschaft vorkommen kann.

Hinweis:

Das Auslesen der `CommandText`-Eigenschaft liefert auch nach dem Einfügen von Werten für die Parameter noch immer die Zeichenfolge, die ihr anfänglich zugewiesen wurde – inklusive der ‚@'-Zeichen. Dies ist kein Fehler, sondern so gewollt. Erst zur Ausführung werden in einer Kopie dieser Eigenschaft die Parameter durch Ihre Werte ersetzt. Der Vorteil: Ein `SqlCommand`-Objekt kann mehrfach mit unterschiedlichen Parameterwerten ausgeführt werden, ohne dass es notwendig wird, die `CommandText`-Eigenschaft erneut zuzuweisen.

Die Verwendung gespeicherter Prozeduren läuft im Prinzip genauso ab, wenn die Parameter nur übergeben werden, ohne dass sie bei der Ausführung der Prozedur einen Wert zurückgeben.

```
// Das SqlConnection-Objekt muss an dieser Stelle schon gültig und
// geöffnet sein
SqlCommand cmd = con.CreateCommand();

// Abfrage und Typ der Abfrage festlegen
cmd.CommandType = CommandType.StoredProcedure;
cmd.CommandText = "usp_getOrderInfo";

// Parameter mit Werte versorgen
cmd.Parameters.AddWithValue("ID", id);

// Nun das SqlCommand-Objekt wie gewünscht verwenden
```

Etwas komplizierter kann es werden, wenn Parameter nicht nur Werte beisteuern, sondern Werte erhalten (`Out`-Parameter oder Rückgabewert). In diesen Fällen muss hier mit einer `SqlParameter`-Klasse gearbeitet werden. Wie dies funktioniert, findet sich unter *5.5, „Die SqlParameter-Klasse“*.

5.4.8 Ereignisse

Die `SqlCommand`-Klasse hat nur ein Ereignis, das `StatementCompleted`-Ereignis. Es wird ausgelöst, wenn die T-SQL Anweisung erfolgreich beendet wurde und Daten zurückgeliefert hat. Wird keine Ergebnismenge geliefert (auch keine leere), wird das Ergebnis nicht ausgelöst.

Wichtig:
Kommt es bei der Ausführung zu einem Fehler, so wird eine SqlException-Ausnahme erzeugt. Mehr dazu finden Sie unter *5.14, „Die SqlException- und SqlError-Klasse“*.

Dies ist die Signatur des `StatementCompleted`-Ereignisses:

```
void StatementCompletedEventHandler(object sender,
     StatementCompletedEventArgs e)
```

Es folgen die Parameter und wichtigsten Eigenschaften der `StatementCompletedEventArgs`-Klasse.

Tabelle 5.14 Parameter des SqlCommand.StatementCompleted-Ereignisses

Parameter	Beschreibung
sender	Referenz auf das auslösende `SqlCommand`-Objekt.
e	Objekt vom Typ `StatementCompletedEventArgs` mit Informationen über die Anzahl der Zeilen, welche die T-SQL Anweisung zurückliefert.

Tabelle 5.15 Wichtige Eigenschaften der StatementCompletedEventArgs-Klasse

Eigenschaft	Beschreibung
`RecordCount`	Stellt die Anzahl der Zeilen dar, die von der T-SQL-Anweisung zurückgeliefert wurden. Werden keine Zeilen geliefert, wird das Ereignis nicht ausgelöst.

So wird dieses Ergebnis gebunden und verarbeitet:

```
cmd.StatementCompleted +=
  new StatementCompletedEventHandler (StatementCompleted);

void StatementCompleted
  (Object sender, System.Data.StatementCompletedEventArgs e)
{
    int RecordCount = e.RecordCount;
}
```

In der Beispielanwendung zu diesem Kapitel wird dieses Ereignis verwendet, um eine Nachricht mit der Anzahl der zurückgelieferten Zeilen zu protokollieren.

5.4.9 Praktischer Einsatz

Hier sehen Sie anhand einiger praktischer Aufgaben und deren Lösungen, wie mit der Klasse `SqlCommand`-Klasse gearbeitet werden kann. In einigen Beispielen wird zudem die `SqlParameter`-Klasse verwendet, um Parameter in die Abfrage einzufügen. Details über diese Klasse finden Sie unter *5.5, „Die SqlParameter-Klasse“*.

Wichtig:
Alle Beispiele gehen von einem gültigen und geöffneten `SqlConnection`-Objekt aus. Dies kann z.B. durch einen entsprechenden `using`-Block realisiert werden.

5.4.9.1 Daten einfügen

Hier sehen Sie, wie Daten einfach in eine Tabelle eingefügt werden können.

```
// Gültige und geöffnete Verbindung muss vorhanden sein
using (SqlCommand cmd = con.CreateCommand())
{
    // Abfrage vorbereiten
    cmd.CommandText = "INSERT INTO Kunden ([Name], Strasse, Ort) " +
                      "VALUES (@Name,@Strasse,@Ort);";

    // Parameter einfügen
    cmd.Parameters.AddWithValue("Name", "dotnetconsulting.eu");
    cmd.Parameters.AddWithValue("Strasse", "Wasserweg 11");
    cmd.Parameters.AddWithValue("Ort", "Viersen");

    // Ausführen
    cmd.ExecuteNonQuery();
}
```

Dieses Vorgehen ist annehmbar, wenn die folgende Programmierung nicht den Wert der Identitätsspalte oder einer berechneten Spalte benötigt. Sonst ist das Beispiel im nächsten Abschnitt passender.

5.4.9.2 Datensatz einfügen und gleichzeitig Identitätswert erhalten

Dieses Beispiel fügt die Daten nicht mittels eines Aufrufs von `ExecuteNonQuery()`, sondern durch `ExecuteScalar()` ein. Dadurch ist es möglich, den Rückgabewert (Identitätswert) entgegenzunehmen.

```
// Gültige und geöffnete Verbindung muss vorhanden sein
using (SqlCommand cmd = con.CreateCommand())
{
    // Abfrage vorbereiten
    cmd.CommandText = "INSERT INTO Kunden ([Name], Strasse, Ort) " +
                      "OUTPUT INSERTED.IdentityCOl " +
                      "VALUES (@Name,@Strasse,@Ort);";

    // Parameter einfügen
    cmd.Parameters.AddWithValue("Name", "dotnetconsulting.eu");
    cmd.Parameters.AddWithValue("Strasse", "Wasserweg 11");
    cmd.Parameters.AddWithValue("Ort", "Viersen");

    // Ausführen und Rückgabe entgegennehmen
    int id = (int)cmd.ExecuteScalar();

    // Wert ausgeben
    MessageBox.Show(id.ToString());
}
```

Der Trick besteht in der Verwendung der `OUTPUT`-Anweisung, die neben der Ausführung der `INSERT`-Anweisung in der Lage ist, Werte zurückzuliefern. In diesem Fall ist dies der Identitätswert aus der virtuellen `INSERTED`-Tabelle, die der SQL Server zur Ausführung der Anweisung zur Verfügung stellt.

5.4.9.3 Daten löschen

Um gezielt Daten aus Tabellen zu löschen, existiert die `DELETE`-Anweisung, deren Wirkung mittels eines `WHERE`-Prädikats eingeschränkt werden kann. Diese in Verbindung mit dem `SqlCommand`-Objekt zu verwenden ist recht simpel.

```
// Gültige und geöffnete Verbindung muss vorhanden sein
using (SqlCommand cmd = con.CreateCommand())
{
    // Abfrage vorbereiten
    cmd.CommandText =
        "DELETE FROM Bestellungen WHERE IDENTITYCOL = @ID;";

    // Parameter einfügen
    cmd.Parameters.AddWithValue("ID", 4711);

    // Ausführen und Anzahl der betroffenen Zeilen entgegennehmen
    int RowsAffected = (int)cmd.ExecuteNonQuery();

    // Wert ausgeben
    MessageBox.Show(RowsAffected.ToString());
}
```

Hinweis:

Eine Einschränkung auf einen einzelnen Identitätswert wird immer einen Wert von `RowAffected` von 0 oder 1 liefern, aber so besteht die Möglichkeit, auf Nummer sicher zu gehen.

5.4.9.4 Gesamten Tabelleninhalt mit TRUNCATE TABLE löschen

Wenn die entsprechenden Berechtigungen auf dem SQL Server vorliegen, kann auch der gesamte Inhalt der Tabelle mit der `TRUNCATE TABLE`-Anweisung gelöscht werden. Dabei muss beachtet werden, dass der Name der Tabelle nicht als Parameter verwendet werden kann, sondern durch ein `String.Replace` eingefügt wird.

```
// Gültige und geöffnete Verbindung muss vorhanden sein
using (SqlCommand cmd = con.CreateCommand())
{
    // Abfrage vorbereiten
    cmd.CommandText =
     "TRUNCATE TABLE [@Tabelle];".Replace("@Tabelle", "Bestellungen");

    // Ausführen
    cmd.ExecuteNonQuery();// Der Rückgabewert ist immer -1
}
```

Hinweis:

Die `TRUNCATE TABLE`-Anweisung löst keine Trigger aus, kann nicht durch ein Rollback einer Transaktion rückgängig gemacht werden und funktioniert nicht mit replizierten Tabellen. Dafür ist sie sehr schnell und damit zum Leeren von Tabellen mit rein temporärem Inhalt geeignet.

5.4.9.5 Daten ändern

So wie das Einfügen und Löschen von Daten über ein `SqlCommand`-Objekt kein Problem darstellt, ist das Ändern ebenfalls recht eingängig. Im Kern ist es lediglich eine andere T-SQL Anweisung, nämlich die `UPDATE`. Hier das entsprechende Beispiel:

```
// Gültige und geöffnete Verbindung muss vorhanden sein
using (SqlCommand cmd = con.CreateCommand())
{
    // Abfrage vorbereiten
    cmd.CommandText =
     "UPDATE Kunden SET Ort = @OrtNeu WHERE Ort = @OrtAlt;";

    // Parameter einfügen
    cmd.Parameters.AddWithValue("OrtNeu", "Viersen");
    cmd.Parameters.AddWithValue("OrtAlt", "Neuss");

    // Ausführen und Anzahl der betroffenen Zeilen entgegennehmen
    int RowsAffected = (int)cmd.ExecuteNonQuery();

    // Wert ausgeben
    MessageBox.Show(RowsAffected.ToString());
}
```

5.4.9.6 Eine Tabelle erstellen

Auch DDL-(Data Definition Language-)Anweisungen zum Erzeugen von Datenbankobjekten wie Tabellen, Sichten etc. sind einfach umzusetzen. Die eigentliche Schwierigkeit besteht eher darin, diese Anweisungen zu erstellen. Aber hier leistet das SQL Server Management Studio (Express) gute Dienste. Über das Kontextmenü eines Objektes (z.B. einer Tabelle) steht der Befehl Skript als {Objekttyp} als zur Verfügung, mit dem gesteuert werden kann, welches Skript es werden soll.

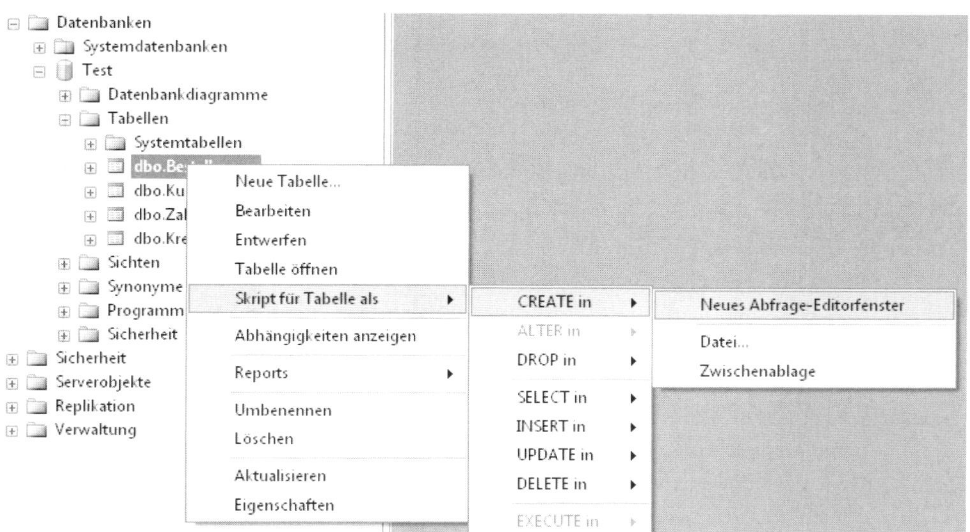

Abbildung 5.4 Über das Kontextmenü lassen sich beliebige Objekte aus der Datenbank „skripten".

Hinweis:

Im Wesentlichen wird nur die CREATE-Anweisung benötigt. Der „Vorspann" ist nicht unbedingt notwendig.

Ausgeführt wird das fertige Skript dann so:

```
// Gültige und geöffnete Verbindung muss vorhanden sein
using (SqlCommand cmd = con.CreateCommand())
{
    // Abfrage vorbereiten
     cmd.CommandText = "CREATE TABLE MeineBestellungen  " +
                       "(ID int IDENTITY(1,1) NOT NULL, " +
                       "Bemerkungen varchar (100) NULL);";

    // Ausführen
    cmd.ExecuteNonQuery();
}
```

Tipp:

Eine Anweisung kann auch beliebig viele CREATE-Anweisungen und Ähnliches beinhalten. Ab einem gewissen Umfang macht es daher Sinn, die Anweisung(en) als eingebettete Ressource in die Anwendung einzufügen, anstatt sie umständlich im Quelltext zu notieren. Das erspart viel Arbeit und Nerven.

5.4.9.7 Eine Tabelle löschen

Auch das Löschen von Datenbankobjekten wie Tabellen, Sichten etc. gestaltet sich recht einfach und unterscheidet sich nur in der auszuführenden Anweisung.

```
// Gültige und geöffnete Verbindung muss vorhanden sein
using (SqlCommand cmd = con.CreateCommand())
{
    // Abfrage vorbereiten
     cmd.CommandText = "DROP TABLE MeineBestellungen";

    // Ausführen
    cmd.ExecuteNonQuery();
}
```

Da die DROP-Anweisungen leider einen Fehler auslösen, wenn das zu löschende Objekt nicht besteht, muss entweder die Ausnahme vom Typ SqlException abgefangen und ignoriert werden, oder es ist etwas mehr T-SQL Code notwendig, der prüft, ob das Objekt besteht, und es nur dann mit DROP löscht.

Die Anweisung für die CommandText-Eigenschaft sieht dann folgendermaßen aus:

```
IF EXISTS (SELECT * FROM sys.objects WHERE
  object_id = OBJECT_ID('MeineBestellungen') AND type IN (N'U'))
    DROP TABLE MeineBestellungen;
```

Ähnlich sieht es beim Anlegen eines Objektes aus, wenn bereits ein Objekt mit dem gleichen Namen vorhanden ist. Auch dann gilt: Ausnahme ignorieren oder Vorsorge treffen.

5.4.9.8 T-SQL-Anweisung auf Richtigkeit prüfen, ohne sie auszuführen

Es ist möglich, T-SQL-Anweisungen vom SQL Server analysieren zu lassen, um zu sehen, ob sie (syntaktisch) einwandfrei sind, ohne sie dafür auszuführen.

Achtung:
Da die Überprüfung nur syntaktisch ist, ist die T-SQL-Anweisung „`DROP TABLE` xzy" auch dann korrekt, wenn gar keine Tabelle mit dem Namen „xzy" existiert. Laufzeitfehler können so also nicht festgestellt werden. Dafür muss die Anweisung „richtig" ausgeführt werden.

Dies lässt sich gut mittels einer Methode realisieren:

```
private bool checkTSQLStatement(SqlConnection con, string TSQL)
{
    using (SqlCommand cmd = con.CreateCommand())
    {
        // TRY/CATCH damit der "Prüfmodus" wieder ausgeschaltet wird
        try
        {
            // Prüfmodus ein
            cmd.CommandText = "SET PARSEONLY ON;";
            cmd.ExecuteNonQuery();

            // Anweisung prüfen
            cmd.CommandText = TSQL;
            cmd.ExecuteNonQuery();

            // Keine Ausnahme, also korrekt
            return true;
        }
        catch
        {
            // Fehler, also kein Fehler in der Anweisung
            return false;
        }
        finally
        {
            // Prüfmodus aus, da dieser sonst so lange aktiv ist, wie
            // die Verbindung des SqlConnection-Objektes verwendet wird
            cmd.CommandText = "SET PARSEONLY OFF;";
            cmd.ExecuteNonQuery();
        }
    }
}
```

Hinweis:
Der Code dieser Methode befindet sich in der Beispielanwendung in der Klasse `Sonstiges`, wird jedoch nicht weiter verwendet.

5.4.9.9 Den SQL Server stoppen

Zum Schluss etwas, das bleibenden Eindruck hinterlässt – der Stopp des gesamten SQL Servers (nicht des darunter laufenden Windows!). Die entsprechenden Berechtigungen vorausgesetzt, sieht dies so aus:

```
// Gültige und geöffnete Verbindung muss vorhanden sein
using (SqlCommand cmd = con.CreateCommand())
{
```

```
        // Abfrage vorbereiten
        cmd.CommandText = "SHUTDOWN;";

        // Ausführen
        cmd.ExecuteNonQuery();
    }
```

Hinweis:
Für die Ausführung wird eine Mitgliedschaft in der Serverrolle `sysadmin` oder `serveradmin` benötigt. Das Recht `SHUTDOWN` muss vergeben worden sein. „Gewöhnliche" Anwender sollten dieses Recht nicht besitzen.

5.5 Die SqlParameter-Klasse

Um gespeicherte Prozeduren und vorbereitete Abfragen mit den zur Laufzeit notwendigen Werten für Parameter zu versorgen, existiert die `System.Data.SqlClient.SqlParameter`-Klasse. Außerdem bietet sie die Möglichkeit, Rückgabewerte und Werte von `out`-Parametern abzufragen.

Wichtig:
Neben gespeicherten Prozeduren können so auch Funktionen (eingebaute und benutzerdefinierte) aufgerufen und deren Rückgabewert abgefragt werden. Da dies jedoch die Ausnahme sein dürfte, ist im Weiteren nur von gespeicherten Prozeduren die Rede.

Hinweis:
Wenn es lediglich um das einfache Einfügen von Werten geht, ist dies mit der `AddWithValue()`-Methode einfacher zu realisieren. Mit ihr ist pro Parameter nur ein einfacher Aufruf notwendig. Dies kann für einen einzelnen Parameter so aussehen:
`cmd.Parameters.AddWithValue("ParameterName", Wert);`
Weitere Details finden Sie unter *5.4.7*, „Parameter verwenden".

Um eine `SqlParameter`-Instanz mit Parameternamen und Wert zu erstellen, bietet sich diese Version des Konstruktors an. Es werden nur der Name des Parameters und der gewünschte Wert benötigt. Aus dem CLR-Typ des Wertes kann ADO.NET den richtigen Typ für den Parameter ermitteln:

```
SqlParameter p = new SqlParameter("ID",id);
```

Erscheint dieser nicht passend, so kann er auf Wunsch in Form eines SQL Server-Datentyps angegeben werden. Allerdings ist dann keine gleichzeitige Angabe des Wertes im Konstruktor möglich. Beachten Sie, dass dies nur selten notwendig ist:

```
SqlParameter p = new SqlParameter("Name", SqlDbType.VarChar);
```

Auf Wunsch ist dies mit einer Größenangabe möglich, was besonders bei Datentypen sinnvoll ist, die auf Zeichenketten darstellen.

```
SqlParameter p = new SqlParameter("Name", SqlDbType.VarChar,10);
```

Tipp:

Um trotzdem die Erstellung und Zuweisung eines solchen Parameters in einer Zeile erledigen zu können, bietet sich folgende Notation an, da die `Add()`-Methode eine Referenz auf den soeben in die Aufzählung eingefügten Parameter zurückgibt:

```
cmd.Parameters.Add("Name", SqlDbType.VarChar, 80)
    .Value ="Meyer";
```

Wichtig:

Wollen Sie einen Parameter mit dem Wert `NULL` versehen, dürfen Sie nicht C# `null` übergeben, sondern als `System.DBNull.Value`. Das nächste Beispiel zeigt dies:

```
cmd.Parameters.Add("Name",SqlDbType.VarChar,80).Value =
 System.DBNull.Value;
```

Wird dies missachtet und null übergeben, so wird Wert des Parameters nicht an den SQL Server weitergereicht. Ist die ein Pflichtparameter, so kommt es dann zu einer entsprechenden Fehlermeldung.

Vor der Ausführung des `SqlCommand`-Objektes muss das `SqlParameter`-Objekt der `Parameters`-Auflistung des `SqlCommand`-Objekts hinzugefügt werden. Dies geschieht durch einen einfachen Aufruf der `Add()`-Methode.

```
SqlCommand.Parameters.Add(p);
```

5.5.1 Wichtige Methoden und Eigenschaften

Die folgende Übersicht stellt die wichtigsten Methoden und Eigenschaften für die Arbeit mit der `SqlParameter`-Klasse vor.

Tabelle 5.16 Wichtige Methoden und Eigenschaften der SqlParameter-Klasse

Methode/ Eigenschaft	**Beschreibung**
`CompareInfo`	Legt über Werte der `SqlCompareOptions`-Auflistung fest, wie bei Vergleichen von Zeichenketten (`SqlString`) vorgegangen werden soll.
`DbType`	Stellt den Datentyp des Parameters dar. Der Standard ist der Wert `DbType.String`. In *Kapitel 7, „DataSets“*, finden Sie weitere Details.
`Direction`	Richtung des Parameters. Für Details sehen Sie bitte unter *5.5.2, „Übergaberichtung des Parameters“*.
`IsNullable`	Bestimmt, ob der Parameter Null-Wert (also `DBNull.Value`) akzeptiert oder nicht.
`ParameterName`	Stellt den Namen des Parameters dar.
`Precision`	Gesamtanzahl der Ziffern bei numerischen Werten.
`Scale`	Anzahl der Dezimalstellen bei numerischen Werten.
`Size`	(Maximale) Länge

Methode/ Eigenschaft	Beschreibung
SourceColumn	Gibt an, für welche Spalte der Abfrage und damit des befüllten DataTable-Onjektes dieser Parameter verwendet werden soll. Diese Eigenschaft findet Anwendung in Zusammarbeit mit dem SqlDataAdaptern-Objekt, wenn benutzerdefinierte Insert- und Update-Anweisungen verwendet werden, um Änderungen in die Datenbank zu schreiben. Auch hier finden Sie mehr Details in *Kapitel 7, „DataSet“*.
SourceVersion	Bestimmt die Version der Inhalte eines DataTable-Objektes. Wird in der Regel zusammen mit der SourceColumn-Eigenschaft verwendet.
SqlDbType	Stellt den Datentyp des Parameters dar. Der Standard ist der Wert DbType.String. In Kapitel 6, „CLR-Integration in SQL Server 2008 (R2)“, finden Sie weitere Details.
SqlValue	Stellt den Wert des Parameters als SQL Server-Wert dar.
UdtTypeName	Ist der Typ des Parameters ein benutzerdefinierter Typ, so müssen dessen Eigenschaften den korrekten Namen dieses Typs enthalten, damit ADO.NET diesen korrekt an den SQL Server übergeben kann.
Value	Stellt den Wert des Parameters als gewöhnlichen CLR-Wert dar.

5.5.2 Übergaberichtung des Parameters

Über die Direction-Eigenschaften kann gesteuert werden, in welcher Richtung die Werte übergeben werden sollen (bezogen auf den SQL Server) oder ob der Parameter den Rückgabewert einer gespeicherten Prozedur entgegennehmen soll. Die Eigenschaft ist vom Typ ParameterDirection und lässt folgende Werte zu:

Tabelle 5.17 Mögliche Werte der Direction-Eigenschaft

Wert	Beschreibung
Input	Der Parameter ist ein Eingabeparameter. Werte werden vom .NET-Code zum SQL Server übertragen. Dies ist der Standard.
Output	Der Parameter ist ein Ausgabeparameter. Werte werden vom SQL Server zum .NET-Code übertragen.
InputOutput	Der Parameter wird in beide Richtungen übertragen.
ReturnValue	Der Rückgabewert einer gespeicherten Prozedur. Der Name des Parameters ist dabei unerheblich, jedoch darf es nur einen Parameter mit dieser Übergaberichtung geben.

5.5.3 Praktischer Einsatz

Hier finden Sie anhand einiger praktischer Aufgaben und deren Lösungen Hinweise, wie mit der SqlParameter-Klasse gearbeitet werden kann.

Wichtig:

Alle Beispiele gehen von einem gültigen und geöffneten `SqlConnection`-Objekt aus. Dies kann z.B. durch einen entsprechenden `using`-Block realisiert werden.

5.5.3.1 Parameter in eine vorbereitete Abfrage einfügen

Das Einfügen von Parametern in vorbereitete Abfragen gestaltet sich recht einfach. Im Kern müssen nur die entsprechenden Werte bereitgestellt und mit `AddWithValue()` eingefügt werden.

```
// Gültige und geöffnete Verbindung muss vorhanden sein
using (SqlCommand cmd = con.CreateCommand())
{
    // Abfrage vorbereiten
    cmd.CommandText = "INSERT INTO Kunden ([Name], Strasse, Ort) " +
                      "VALUES (@Name,@Strasse,@Ort);";

    // Parameter einfügen
    cmd.Parameters.AddWithValue("Name", "dotnetconsulting.eu");
    cmd.Parameters.AddWithValue("Strasse", "Wasserweg 11");
    cmd.Parameters.AddWithValue("Ort", "Viersen");

    // Ausführen
    cmd.ExecuteNonQuery();
}
```

Sind alle Werte eingefügt, kann die Abfrage ausgeführt werden.

5.5.4 Parameter für mehrere Abfragen wieder verwenden

Da die `Parameters`-Auflistung nach einer Ausführung nicht automatisch geleert wird, können die Werte für mehrere Ausführungen verwendet werden. Voraussetzung dafür ist natürlich, dass die Parameter in beiden Abfragen die gleichen Namen haben.

```
// Gültige und geöffnete Verbindung muss vorhanden sein
using (SqlCommand cmd = con.CreateCommand())
{
    // Abfrage I vorbereiten
    cmd.CommandText = "DELETE FROM Bestellungen WHERE KNr = @Knr;";

    // Parameter einfügen
    cmd.Parameters.AddWithValue("KNr", "11-02");

    // Ausführung I
    cmd.ExecuteNonQuery();

    // Abfrage II vorbereiten
    cmd.CommandText = "DELETE FROM Kreditkarteninfo WHERE KNr = @Knr;";

    // Ausführung II
    cmd.ExecuteNonQuery();
}
```

Hinweis:

Das Gleiche funktioniert auch bei gespeicherten Prozeduren. Einzig entscheidend ist nur, dass bei Abfragen, welche die gleichen Parameter haben, für diese die gleichen Werte verwendet werden können.

5.5.4.1 Parameter für gespeicherte Prozeduren erstellen

So wie das Einfügen der Parameter in vorbereitete Abfragen funktioniert, so ist es auch bei gespeicherten Prozeduren umsetzbar. Einziger nennenswerter Unterschied ist, dass die `CommandType`-Eigenschaft auf den Wert `StoredProcedure` gesetzt werden muss, da der Standard `Text` ist.

```
// Gültige und geöffnete Verbindung muss vorhanden sein
using (SqlCommand cmd = con.CreateCommand())
{
    // Abfrage vorbereiten
    cmd.CommandText = "deleteCustomer";
    cmd.CommandType = CommandType.StoredProcedure;

    // Parameter einfügen
    cmd.Parameters.AddWithValue("ID", 245);

    // Ausführen
    cmd.ExecuteNonQuery();
}
```

Hinweis:

Hat die gespeicherte Prozedur Parameter, die einen Standardwert definieren, so sind diese lediglich optional und müssen daher nicht zwingend angegeben werden. Unten finden Sie ein Beispiel, in dem der Parameter `Country` ein optionaler Parameter ist, dem kein Wert zugewiesen wird.

Falls die gespeicherte Prozedur Daten in Form von Ergebnismengen (durch eine `SELECT`-Anweisung) zurückliefert, wie das folgende Beispiel, können diese Werte z.B. mit einem `SqlDataReader`-Objekt ausgelesen werden.

```
CREATE PROCEDURE getCustomersByCity
    @City varchar(100)
    @Country varchar(3) = 'D'
AS
    SELECT * FROM Kunden WHERE Ort LIKE @City AND Country = @Country;
```

Der Aufruf in C# gestaltet sich recht einfach und kaum anders.

```
// Gültige und geöffnete Verbindung muss vorhanden sein
using (SqlCommand cmd = con.CreateCommand())
{
    // Abfrage vorbereiten
    cmd.CommandText = "getCustomersByCity";
    cmd.CommandType = CommandType.StoredProcedure;

    // Parameter einfügen
    cmd.Parameters.AddWithValue("City", "Viersen");

    // Ausführen
    SqlDataReader dr = cmd.ExecuteReader();
    cmd.ExecuteNonQuery();
    {
        // Werte verarbeiten
        // …
    }
}
```

Hinweis:

Liefert die gespeicherte Prozedur sogar mehr als nur eine Ergebnismenge, so können Sie diese mit einer kopfgesteuerten Schleife (`do...while`) und der `NextResult()`-Methode durchlaufen.

5.5.4.2 Out-Parameter und Rückgabewert einer gespeicherten Prozedur

Hier sehen Sie, wie die `SqlParameter`-Klasse verwendet werden kann, um sowohl den Rückgabewert als auch einen `OUT`-Parameter einer gespeicherten Prozedur, nach Ausführung, auslesen zu können. Die Prozedur, die dabei zum Einsatz kommt, verdoppelt so lange einen Wert, bis eine vorgegebene Grenze erreicht wurde. Schließlich werden der erreichte Wert (Rückgabewert) und die dafür benötigte Anzahl (`OUT`-Paramter) von Schleifendurchläufen zurückgegeben. Die Prozedur sieht so aus:

```
ALTER PROCEDURE findBorder
    @Border INT,
    @Loops INT OUTPUT
AS
BEGIN
    DECLARE @Value INT = 1;
    SET @Loops=1;

    WHILE @Value < @Border
    BEGIN
        SET @Loops+=1;
        SET @Value*=2;
    END

    RETURN @Value;
END;
```

Der `@Loop`-Parameter wird durch die Angabe des `OUTPUT`-Parameters (alternativ auch nur `OUT`) nach Ausführung an den Aufrufenden zurückgeliefert. Durch den folgenden C#-Code wird eine `findBorder`-Prozedur ausgeführt, und die beiden Werte werden in einer MessageBox ausgegeben.

```
// SqlCommand-Objekt muss an dieser Stelle schon erzeugt und mit einem
// gültigen SqlConnection-Objekt initialisiert worden sein
cmd.CommandText = "findBorder";
cmd.CommandType = CommandType.StoredProcedure;

// Parameter erzeugen und anfügen
cmd.Parameters.AddWithValue("Border", 1000);

// Der nächste Parameter ist für den OUTPUT-Wert @Loops
SqlParameter param = new SqlParameter("Loops", SqlDbType.Int,0);
param.Direction = ParameterDirection.Output;
cmd.Parameters.Add(param);

// Nun noch einen Parameter für den Rückgabewert
param = new SqlParameter("returnValue", 0);
param.Direction = ParameterDirection.ReturnValue;
cmd.Parameters.Add(param);

// Nun ausführen und Werte ausgeben
cmd.ExecuteNonQuery();

// Werte auslesen
int loops = (int)cmd.Parameters["loops"].Value;
```

```
int returnValue = (int)cmd.Parameters["returnValue"].Value;
MessageBox.Show(
    string.Format("loops={0}; returnValue={1}", loops, returnValue));
```

Um es wieder einfach zu halten, wurde der „normale“ Parameter (`Border`) mit der `AddWithValue()`-Methode hinzugefügt. Für die beiden anderen Parameter muss je ein `SqlParameter`-Objekt erzeugt werden, damit die `Direction`-Eigenschaft wie gewünscht gesetzt werden kann.

Wichtig:

Beachten Sie, dass für den `Loops`-Parameter der Datentyp mit `SqlDbType.Int` angegeben werden muss, da der Rückgabewert später sonst vom Typ `Int64` ist. Für den Rückgabewert ist dies nicht notwendig.

Name und Wert für den `returnValue`-Parameter (der eigentlich kein Parameter ist, sondern für den Rückgabewert der gespeicherten Prozedur steht) sind nicht weiter von Belang. Lediglich beim späteren Zugriff wird der Name verwendet, damit dafür nicht zwingend ein `SqlParameter`-Objekt verwendet werden muss.

Hinweis:

Der vollständige C#-Code und die gespeicherte Prozedur befinden sich in der Beispielanwendung in der Klasse `Sonstiges`, wird jedoch nicht weiter verwendet.

5.6 Die SqlDependency-Klasse

Mit der `System.Data.SqlClient.SqlDependency`-Klasse existiert eine einfache Möglichkeit zur Benachrichtigung, wenn an Daten auf dem SQL Server Änderungen auftreten. In Verbindung mit einem `SqlCommand`-Objekt, das die gewünschten Daten beschreibt (Tabellen oder einen Teil davon), wird ein Ereignis ausgelöst, wenn die Daten oder die Tabelle selbst geändert werden – egal auf welche Art und von welchem Client.

Ein `SqlDependency`-Objekt kann über eine Reihe von Konstruktoren erstellt werden. Die einfachste Variante hat keine Parameter, benötigt aber einen Aufruf der `AddCommandDependency()`-Methode, um das benötigte `SqlCommand`-Objekt festzulegen.

```
SqlDependency dep = new SqlDependency();
```

Dies ist bei diesem Konstruktor nicht notwendig.

```
SqlDependency dep = new SqlDependency(cmd);
```

Um bei Änderungen an der Datenbank per Ereignis benachrichtigt zu werden, müssen im Groben folgende Schritte durchgeführt werden:

- Überprüfen, ob die notwendigen Berechtigungen vorliegen.
- Durch einen Aufruf der statischen `Start()`-Methode wird die Überwachung an sich aktiviert.

- Je ein `SqlConnection`- und `SqlCommand`-Objekt für den Zugriff auf die Datenbank einrichten. Die `CommandText`-Eigenschaft des `SqlCommand`-Objekts legt dabei mit seiner `SELECT`-Anweisung fest, welche Daten und Datenbankobjekte überwacht werden sollen. Beide werde nach erfolgreicher Einrichtung nicht mehr benötigt und können geschlossen werden.
- Ein `SqlDependency`-Objekt erstellen und den Ereignishandler für das `OnChange`-Ereignis einrichten.
- Nun kann durch die `ExecuteReader()`-Methode das `SqlCommand`-Objekt aufgerufen werden. Ihr Rückgabewert (also das `SqlDataReader`-Objekt) spielt keine Rolle und kann direkt verworfen werden.
- Zum Schluss, wenn keine Überwachung mehr benötigt wird, sollte die Überwachung durch Aufruf der statischen `Stop()`-Methode wieder deaktiviert werden.

In der Beispielanwendung „Tiny Chatter“ für dieses Kapitel wird dies demonstriert. Unter *5.6.3, „*Praktischer Einsatz“, finden Sie zudem noch ein paar weitere Details.

Das `OnChange`-Ereignis kann neben dem offensichtlichen Grund (nämlich dass sich Daten bzw. die entsprechenden Datenbankobjekte geändert haben) auch deswegen ausgelöst werden, weil sich bei der Einrichtung der Überwachung ein Fehler eingeschlichen hat. Signalisiert wird dies über einen speziellen Wert, wie dieses Beispiel zeigt.

```
void OnChange(object sender, SqlNotificationEventArgs e)
{
    if (e.Type == SqlNotificationType.Subscribe)
        MessageBox.Show("Fehler! ");
}
```

Wichtig:

Das `OnChange`-Ereignis wird nur ein einziges Mal ausgelöst, danach muss das `SqlDependency`-Objekt neu initialisiert werden.

Auftretende Fehler können folgende Ursachen haben:

- Das Betriebssystem, auf dem die Anwendung ausgeführt ist, ist Windows 98 oder Windows 2000.
- Die verwendete Abfrage gibt die Besitzer für die beteiligten Datenbankobjekte nicht an. Dies bedeutet, dass diese Abfrage nicht korrekt für diese Verwendung ist:

  `SELECT ID, Datum, Bemerkung FROM Bestellungen;`

  Richtig muss es lauten:

  `SELECT ID, Datum, Bemerkung FROM` **dbo.**`Bestellungen;`

  Bei der zweiten Anweisung wurde der Besitzer (hier die Rolle `dbo`) vor dem Namen der Tabelle angegeben.
- Die verwendete Abfrage benennt nicht die benötigten Spalten, sondern gibt ein ‚*‘ an. Diese Abfrage ist daher nicht gültig:

  `SELECT * FROM DBO.Bestellungen;`

  Hier muss es richtig lauten:

  `SELECT ID, Datum, Bemerkung FROM dbo.Bestellungen;`

- Die verwendete Abfrage ist keine SELECT-Abfrage oder verwendet Aggregatfunktionen wie COUNT, AVG etc.
- Die verwendete Abfrage enthält ein CROSS JOIN, was nicht erlaubt ist.
- Der SQL Server läuft nicht auf dem Computer, auf dem die Anwendung ausgeführt wird, sein Dienstkonto ist jedoch das lokale Systemkonto.
- Das Dienstkonto des SQL Servers gehört nicht zu der Domäne, zu welcher der Client gehört, auf dem die Anwendung ausgeführt wird.
- Die entsprechende Datenbank ist nicht für die Überwachung konfiguriert. Dies kann mit der Anweisung `ALTER DATABASE <Datenbankname> SET ENABLE_BROKER;` geändert werden. Beachten Sie jedoch, dass diese Anweisung exklusiven Zugriff auf die Datenbank benötigt. Jede andere Verbindung (auch inaktive) blockiert deshalb diese Anweisung.
- Der verwendete Isolationsgrad der Datenbankverbindung ist ungültig (z.B. Snapshot).

Sie sehen, eine Menge Umstände können den Einsatz der SqlDependency-Klasse vereiteln.

Ein SqlCommand-Objekt kann nicht nur eine Ergebnismenge anfordern, die überwacht werden soll, sondern beliebig viele. Dazu muss die CommandText-Eigenschaft entsprechend mehrere SELECT-Anweisungen beinhalten (Batch-Abfrage).

Hinweis:
Um die Datenmenge, die überwacht werden soll, vertikal einzuschränken, kann wie gewohnt ein WHERE-Prädikat angegeben werden.

5.6.1 Wichtige Methoden und Eigenschaften

Diese Übersicht stellt die wichtigsten Methoden und Eigenschaften der SqlDependency-Klasse vor, die Sie kennen sollten, wenn Sie mit dieser Klasse arbeiten.

Tabelle 5.18 Wichtige Methoden/Eigenschaften der SqlDependency-Klasse

Methode/Eigenschaft	Beschreibung
AddCommandDependency()	Mit dieser Methode kann dem Objekt ein SqlCommand-Objekt zugeordnet werden, wenn dies nicht durch den Konstruktor erledigt wurde.
HasChanges	Liefert den Wert true, wenn Änderungen vorliegen, sonst false.
Id	Liefert eine eindeutige ID für diese Instanz.
Start()	Aktiviert die Überwachung für diese Anwendung. Diese Methode muss pro Anwendung nur einmal aufgerufen werden.
Stop()	Deaktiviert die Überwachung für diese Anwendung wieder.

Hinweis:
Beachten Sie, dass sowohl die `Start()`- als auch die `Stop()`-Methode statisch sind und ohne Instanz direkt aus der `SqlDependency`-Klasse aufgerufen werden. Damit eignet sich die allgemeine Initialisierungsmethode einer Anwendung (oder das `Form_Load`-Ereignis) gut für einen Aufruf.

5.6.2 Ereignisse

Das Ereignis, das gleichzeitig auch die Existenzberechtigung der `SqlDependency`-Klasse erklärt, ist das `OnChange`-Ereignis. Es wird ausgelöst, wenn sich etwas an den überwachten Daten ändert.

5.6.2.1 Das OnChange-Ereignis

Wie schon gesagt, wird dieses Ereignis ausgelöst, wenn die überwachten Daten geändert wurden. Es hat zwei Parameter, die eine Referenz auf das auslösende `SqlDependency`-Objekt und Informationen über die geschehenen Änderungen enthalten. Seine Signatur sieht so aus:

```
void OnChangeEventHandler(object sender, SqlNotificationEventArgs e)
```

Tabelle 5.19 Parameter des SqlDependency.OnChangeEvent-Ereignisses

Parameter	Beschreibung
`sender`	Referenz auf das auslösende `SqlDependency`-Objekt.
`e`	Objekt vom Typ `SqlNotificationEventArgs` mit Informationen über die Änderungen, die passiert sind.

Tabelle 5.20 Wichtige Eigenschaften der SqlNotificationEventArgs-Klasse

Eigenschaft	Beschreibung
`Info`	Ein Wert aus der `SqlNotificationInfo`-Aufzählung, der den Grund für das Auslösen des Ereignisses beschreibt.
`Source`	Ein Wert vom Typ `SqlNotificationSource`, der angibt, welche Quelle das Ereignis ausgelöst hat.
`Type`	Ein Wert vom Typ `SqlNotificationType`, der anzeigt, warum das Ereignis ausgelöst wurde. Ist der Wert `Subscribe`, so liegt ein Fehler vor.

Anhand dieser drei Werte kann sehr präzise bestimmt werden, was das Ereignis ausgelöst hat. Im Folgenden finden Sie en detail, was welcher Wert dabei für einen Sinn hat.

Die SqlNotificationInfo-Aufzählung

Die Werte dieser Aufzählung können ausgewertet werden, um etwas über den Grund für das Auslösen des `OnChange`-Ereignisses zu erfahren.

Tabelle 5.21 Werte der SqlNotificationInfo-Aufzählung und ihre Bedeutung

Wert	Beschreibung
`Truncate`	Eine oder mehrere überwachte Tabellen wurden mit der `TRUNCATE`-Anweisung komplett geleert.
`Insert`	Es wurden Daten mit der `INSERT`-Anweisung eingefügt.
`Update`	Es wurden Daten mit der `UPDATE`-Anweisung geändert.
`Delete`	Es wurden Daten mit der `DELETE`-Anweisung gelöscht.
`Drop`	Ein oder mehrere Datenbankobjekte, die überwacht werden, wurden gelöscht.
`Restart`	Der SQL Server wurde erneut gestartet. Das `OnChange`-Ereignis wird während des Neustarts ausgelöst.
`Error`	Es ist zu einem internen Fehler gekommen.
`Query`	Es wurde eine Anweisung angegeben, die nicht überwacht werden kann.
`Invalid`	Die Anweisung in der `CommandText`-Eigenschaft des `SqlCommand`-Objekts ist keine `SELECT`-Anweisung (sondern z.B. eine `UPDATE`-Anweisung).
`Options`	Es wurden ungültige Werte für den `Options`-Parameter des Konstruktors angegeben.
`Isolation`	Der Isolationsgrad der Verbindung zur Datenbank ist ungültig (z.B. Snapshot).
`Expired`	Das Zeitlimit des `SqlDependecy`-Objekts ist abgelaufen. Dieser Wert kann durch einen der Konstruktoren angegeben werden. Der Standard ohne Angabe ist 0, ein Wert, der für keinerlei Zeitlimit steht.
`Resource`	Ein Ressourcenengpass auf dem SQL Server macht die Überwachung unmöglich.
`PreviousFire`	Die Änderung wurde durch eine andere Anweisung in der gleichen Transaktion ausgelöst.
`TemplateLimit`	Es wurde versucht, zu viele Überwachungen hinzuzufügen.
`Merge`	Es wurden Daten mit einer `MERGE`-Anweisung geändert.
`Unkown`	Der Grund ist unbekannt.
`AllreadyChanged`	Da die Überwachung bereits begonnen hat, ist ein Aufruf der `AddCommandDependency()`-Methode nicht mehr erlaubt.

Die SqlNotificationSource

Diese Aufzählung beschreibt die Quelle, die dieses Ereignis erzeugt hat.

Tabelle 5.22 Wert der SqlNotificationSource-Aufzählung und Ihre Bedeutung

Wert	Beschreibung
`Data`	Einige Daten wurden durch eine der folgenden Anweisungen geändert: `INSERT`, `DELETE`, `UPDATE`, `MERGE` oder `TRUNCATE`.
`Timeout`	Das Zeitlimit des `SqlDependecy`-Objekts ist abgelaufen. Dieser Wert kann durch einen der Konstruktoren angegeben werden. Der Standard ohne Angabe ist 0, ein Wert, der für keinerlei Zeitlimit steht.
`Object`	Ein Datenbankobjekt, das überwacht wird, wurde geändert oder gelöscht.
`Database`	Die komplette Datenbank wurde gelöscht oder vom Server entfernt.
`System`	Ein interner Fehler ist im SQL Server aufgetreten, oder die Ressourcen reichen nicht für eine fehlerfreie Funktion aus.
`Statement`	Die verwendete T-SQL Anweisung im entsprechenden `SqlCommand`-Objekt ist keine `SELECT`-Anweisung oder ist nicht zur Überwachung geeignet.
`Environment`	Der Isolationsgrad des beteiligten `SqlConnection`-Objekts ist nicht zur Überwachung geeignet (z.B. Snapshot).
`Execution`	Ein Laufzeitfehler ist aufgetreten.
`Owner`	(Für den internen Gebrauch von Microsoft)
`Unknown`	Es wurden ungültige Werte für den `Options`-Parameter des Konstruktors angegeben.
`Client`	Da die Überwachung bereits begonnen hat, ist ein Aufruf der `AddCommandDependency()`-Methode nicht mehr erlaubt.

Die SqlNotificationType-Aufzählung

In dieser Aufzählung sind Werte, die anzeigen, warum das `OnChange`-Ereignis ausgelöst wurde.

Tabelle 5.23 Werte der SqlNotificationType-Aufzählung und ihre Bedeutung

Wert	Beschreibung
`Change`	Zeigt an, dass die überwachten Daten oder die entsprechenden Datenbankobjekte (in der Regel Tabellen) geändert wurden.
`Subscribe`	Zeigt an, dass etwas mit der Einrichtung des `SqlDependency`-Objekts nicht funktioniert hat. In diesem Fall wurde das `OnChange`-Ereignis direkt nach der Einrichtung ausgelöst und nicht erst, wenn eine Änderung aufgetreten ist. Da dies einen Fehler signalisiert, werden Änderungen nicht überwacht.
`Unknown`	Zeigt an, dass der Grund, warum das `OnChange`-Ereignis ausgelöst wurde, unbekannt ist oder keinem der anderen beiden Werte entspricht.

Dieses kurze Beispiel zeigt, wie das Ergebnis gebunden und verarbeitet wird:

```
dep.OnChange += new OnChangeEventHandler(OnChange);

void OnChange(Object sender, SqlNotificationEventArgs e)
{
```

```
        SqlDependency dep = (SqlDependency) sender;  // SqlDependency-Objekt
        //...
    }
```

Wichtig:

Leider hat das `OnChange`-Ereignis einen Haken: Es wird nur einmal ausgelöst. Danach müssen Sie das `SqlDependency`-Objekt inkl. des Ereignishandlers neu einrichten. Die Beispielanwendung „Tiny Chatter“ für dieses Kapitel zeigt, wie dies effizient machbar ist.

5.6.3 Praktischer Einsatz

Der praktische Einsatz der `SqlDependency`-Klasse wird in diesem Kapitel anhand einer kleinen Beispielanwendung demonstriert. Das „Tiny Chatter“-Programm ist ein kleines Chatprogramm, das über eine Tabelle Nachrichten zwischen seinen laufenden Instanzen austauscht.

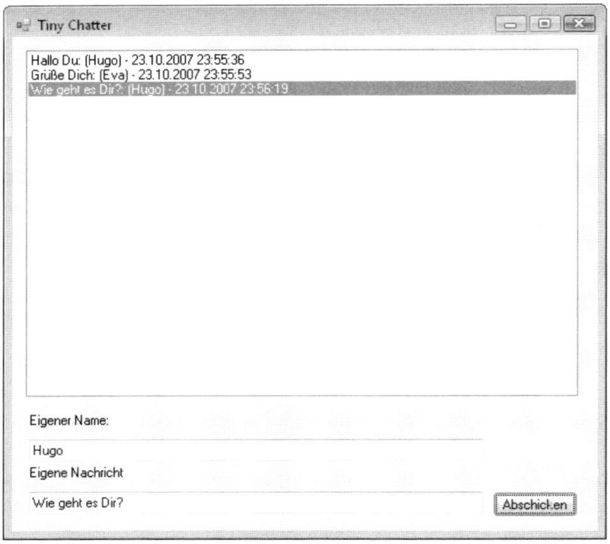

Abbildung 5.5 Das Beispielprogramm „Tiny Chatter“

Durch einen Klick auf die Abschicken-Schaltfläche wird eine Zeile in der Tabelle Messages eingefügt, was das `OnChange`-Ereignis auslöst. Dieses liest einfach alle Zeilen der Tabelle ein und zeigt diese in der Listbox an.

Nach dem Start prüft die Anwendung zuerst, ob genügend Berechtigungen vorhanden sind, und beendet diese, wenn dies nicht der Fall ist. Dies wird mit einem `SqlClientPermission`-Objekt realisiert.

```
private bool checkPermission()
    try
    {
```

```
            SqlClientPermission perm = new SqlClientPermission
                (System.Security.Permissions.PermissionState.Unrestricted);
            perm.Demand();

            // Keine Ausnahme, also Rechte vorhanden
            return true;
        }
        catch (System.Security.SecurityException)
        {
            return false;
        }
    }
```

Der Aufruf der `Demand()`-Methode prüft, ob ausreichende Rechte vorhanden sind, und erzeugt eine Ausnahme vom Typ `System.Security.SecurityException`. Für Details über diese Klasse sehen Sie unter *5.11*, „Die SqlClientPermission-Klasse“.

Der nächste relevante Schritt ist dann das Einrichten der Überwachung. Da weder das `SqlConnection`- noch das `SqlCommand`-Objekt für die Überwachung (das Warten auf ein `OnChange`-Ereignis) benötigt werden, werden beide Objekte in einem `using`-Block verwendet.

```
    void addNotification()
    {
        using (SqlConnection con = new SqlConnection
         (Tiny Chatter.Properties.Settings.Default.ConString))
        {
            con.Open();
            using (SqlCommand cmd = con.CreateCommand())
            {
                // Wichtig! Tabellenname mit Schema
                cmd.CommandText = "SELECT Message, Sender, Date " +
                                  "FROM dbo.Messages ORDER BY Date;";

                // Überwachung beginnen
                SqlDependency dep = new SqlDependency(cmd);
                dep.OnChange += new OnChangeEventHandler(OnChange);

                // Erst dann SqlReader-Objekt öffnen
                cmd.ExecuteReader(CommandBehavior.SequentialAccess);
            }
        }
    }
```

Nun kann die Anwendung darauf warten, dass das `OnChange`-Ereignis ausgelöst wird und von einer Änderung an der `Messages`-Tabelle Nachricht erhält. Da das Ereignis von einem anderen Thread ausgeführt wird (werden kann) als dem, mit dem die Oberfläche erstellt wurde, muss ggf. der Thread gewechselt werden.

```
    void OnChange(object sender, SqlNotificationEventArgs e)
    {
        // Prüfen, ob es sich um eine Änderungen handelt
        Debug.Print("Source: {0}, Type: {1}, Info: {2}",
            e.Source.ToString(), e.Type.ToString(), e.Info.ToString());

        if (e.Type == SqlNotificationType.Subscribe)
            MessageBox.Show("Fehler bei der Einrichtung der Überwachung");

        if (e.Type == SqlNotificationType.Change &&
            e.Source == SqlNotificationSource.Data)
        {
            // Wurde etwas eingefügt?
            // if (e.Info == SqlNotificationInfo.Insert)
            loadMessages();
```

```
        }
        addNotification();
    }
```

Dieser Thread-Wechsel findet in der `loadMessages()`-Methode mithilfe eines `Delegate`-Objektes und einer `Invoke()`-Methode der Windows Forms statt:

```
    delegate void loadMessagesDelegate();

    private void loadMessages()
    {
        if (InvokeRequired)
            Invoke(new loadMessagesDelegate(loadMessages), new object[] {});
        else
        {
            // Füllen der Listbox hier, nun im richtigen Thread
        }
    }
```

Der Start der Anwendung stellt sich recht einfach und übersichtlich dar. Es werden die Berechtigungen überprüft, um die Überwachung zu starten. Wichtig ist an dieser Stelle die `Start()`-Methode, welche die Überwachung startet.

```
    private void frmMain_Load(object sender, EventArgs e)
    {
        // Erst prüfen, ob die notwendigen Berechtigungen vorhanden sind
        if (checkPermission())
        {
            // Um später die Überwachung mit dem SqlDependency-Objekt
            // ohne weitere Parameter
            // beginnen zu können, müssen wir die Überwachung
            // mit dem ConnectionString starten
            if (!SqlDependency.Start(
                Tiny Chatter.Properties.Settings.Default.ConString))
            {
                MessageBox.Show("Überwachung konnte nicht aktiviert werden");
                Application.Exit();
            }

            loadMessages();
            addNotification();
        }
        else
        {
            MessageBox.Show("Unzureichende Berechtigungen");
            Application.Exit();
        }
    }
```

5.7 Die SqlDataReader-Klasse

Die `System.Data.SqlClient.SqlDataReader`-Klasse ermöglicht, eine erhaltene Ergebnismenge zu durchlaufen. Es kann nicht direkt mit dem `new`-Schlüsselwort erzeugt werden, sondern wird von einem `SqlCommand`-Objekt als Rückgabewert der `ExecuteReader()`-Methode geliefert.

```
    SqlDataReader dr = mySqlCommand.ExecuteReader();
```

Hinweise:

Daten, auf die durch ein `SqlDataReader`-Objekt zugegriffen wird, können nur gelesen, nicht aber verändert werden.

Da die `SqlDataReader`-Klasse die `IDisposable`-Schnittstelle implementiert, bietet sich folgende Programmierung folgende Programmierung an

```
// Das SqlCommand-Objekt ist bereits vorhanden
using (SqlDataReader dr = cmd.ExecuteReader())
{
    // SqlDataReader verwenden
}
```

Für weitere Details über die `ExecuteReader()`-Methode schauen Sie bitte unter *5.4.4, „ExecuteReader-Methode“*.

5.7.1 Wichtige Methoden und Eigenschaften

Diese Übersicht stellt die wichtigsten Methoden und Eigenschaften der `SqlDataReader`-Klasse vor.

Tabelle 5.24 Wichtige Methoden und Eigenschaften der SqlDataReader-Klasse

Methode/Eigenschaft	Beschreibung
`Close()`	Schließt das `SqlDataReader`-Objekt. Wurde beim Aufruf von `ExecuteReader()` der Wert `CloseConnection` angegeben, wird die zugrunde liegende Verbindung ebenfalls geschlossen.
`Connection`	Liefert das zugrunde liegende `SqlConnection`-Verbindungsobjekt.
`FieldCount`	Liefert die Anzahl der Spalten (inkl. ausgeblendeter Spalte) in der aktuellen Ergebnismenge. Eine Erklärung zu ausgeblendeten Spalten finden Sie in der Beschreibung der Eigenschaft `VisibleFieldCount` etwas weiter unten.
`GetDataTypeName()`	Liefert den Namen des SQL Server-Datentyps der gewünschten Spalte. Die Spalte wird per Index angegeben.
`GetFieldType()`	Liefert den .NET-Datentyp der gewünschten Spalte. Die Spalte wird per Index angegeben.
`GetName()`	Liefert den Namen einer Spalte. Die Spalte wird per Index angegeben. Achtung: Der Name muss nicht eindeutig sein!
`GetOrdinal()`	Liefert den Index einer Spalte nach ihrem Namen. Wird der Name nicht gefunden oder ist nicht eindeutig, wird der Wert –1 zurückgeliefert. Beachten Sie, dass Abfragen sowohl Spalten ohne Namen als auch Namen für mehr als nur eine Spalte zulassen. Lediglich Abfragen in Sichten erfordern, dass Namen eindeutig sind.
`GetSchemaTable()`	Liefert ein `DataTable`-Objekt mit allen Informationen zum Schema der aktuellen Ergebnismenge. Wie diese Methode benutzt werden kann, finden Sie unter *5.17.1*, „Das Schema einer Tabelle abfragen“.

Methode/Eigenschaft	Beschreibung
`GetValue()`	Liefert den Wert der Spalte als `Object`. Die Spalte wird per Index angegeben.
`HasRows`	Prüft, ob mindestens eine Zeile existiert.
`IsClosed`	Fragt ab, ob das `SqlDataReader`-Objekt mit `Close()` geschlossen wurde.
`IsDBNull()`	Fragt ab, ob die angegebene Spalte einen Wert enthält oder nicht.
`IsCommand-Behavior()`	Prüft, ob der übergebene Wert für `CommandBehavior` bei der Erstellung dieser Instanz durch die `ExecuteReader()`-Methode den angegebenen Werten entspricht. So kann z.B. ermittelt werden, ob auf Spalten in wahlfreier Reihenfolge zugegriffen werden darf oder nur von links nach rechts, da `CommandBehavior.SequentialAccess` verwendet wurde. Mehr darüber finden Sie unter *5.4.4*, „ExecuteReader-Methode".
`NextResult()`	Bewegt das `SqlDataReader`-Objekt zur nächsten Ergebnismenge. Die Methode liefert `true`, wenn eine weitere Ergebnismenge vorliegt, sonst `false`. Standardmäßig ist die erste Ergebnismenge nach Erzeugung die aktuelle, sodass diese Methode nur aufgerufen werden muss, wenn möglicherweise mehr als nur eine Ergebnismenge vorliegen kann.
`Read()`	Bewegt das `SqlDataReader`-Objekt zur nächsten Zeile. Die Methode liefert `true`, wenn eine weitere Zeile vorliegt, sonst `false`. Diese Funktion muss, vor dem ersten Zugriff auf die zurückgelieferten Daten, aufgerufen werden.
`RecordsAffected`	Liefert die Anzahl der verarbeiteten Zeilen. Um einen korrekten Wert zu erhalten, sollte auf diese Eigenschaft erst zugegriffen werden, wenn vorher `Close()` aufgerufen wurde.
`VisibleFieldCount`	Liefert die Anzahl der nicht ausgeblendeten Spalten in der aktuellen Ergebnismenge. Ausgeblendete Spalten sind z.B. der restliche Teil eines Primärschlüssels, wenn die `SELECT`-Anweisung nur einen Teil des Schlüssels zurückliefert. Sie befinden sich immer hinter den sichtbaren Spalten.

In dieser Übersicht sind bis auf die `GetValue()`-Methode keine Methoden enthalten, welche die Inhalte der Spalten in der aktuellen Zeile des `SqlDataReader`-Objektes liefern. Da für jeden nativen Datentyp eine solche Methode existiert, würde dies den Umfang der Übersicht sprengen. Dazu kommt noch ein Satz Methoden, welche die Inhalte im jeweiligen SQL Server-konformen Datentyp liefern.

Hinweis:

Da die `GetValue()`-Methode den Inhalt der Spalte als `Object` zurückliefert, muss ein „Unboxing" durchgeführt werden, um den Wert als gewünschten Wert zu erhalten.

Die Methoden liefern jeweils den Datentyp, den sie im Namen tragen. Kann der Typ der Spalte nicht zum geforderten Typ umgewandelt werden, so wird eine Ausnahme vom Typ `InvalidCastException` erzeugt.

Tabelle 5.25 Zugriffsmethoden für .NET-Datentypen

`GetBoolean()`	`GetByte()`	`GetChar()`	`GetDateTime()`
`GetDateTimeOffset()`	`GetDecimal()`	`GetDouble()`	`GetFloat()`
`GetGuid()`	`GetInt16()`	`GetInt32()`	`GetInt64()`
`GetString()`	`GetTimeSpan()`		

Im Folgenden sind deren Pendants aufgeführt, die den Wert der Spalte als SQL Server-Datentyp liefern. Ist keine Umwandlung möglich, so wird auch hier eine Ausnahme vom Typ `InvalidCastException` erzeugt.

Tabelle 5.26 Zugriffsmethoden für SQL Server-Datentypen

`GetSqlBoolean()`	`GetSqlBinary()`	`GetSqlByte()`	`GetSqlDateTime()`
`GetSqlDecimal()`	`GetSqlDouble()`	`GetSqlGuid()`	`GetSqlInt16()`
`GetSqlInt32()`	`GetSqlInt64()`	`GetSqlMoney()`	`GetSqlSingle()`
`GetSqlString()`	`GetSqlXml()`		

Hinweis:

Auf die meisten Methoden und Eigenschaften kann nur so lange zugegriffen werden, bis das `SqlDataReader`-Objekt mit einem Aufruf von Close geschlossen wurde.
Auf alle Methoden, die Werte liefern (`GetXXX`), kann außerdem nur dann zugegriffen werden, wenn die aktuelle Zeile vorhanden ist. Findet trotzdem ein Aufruf statt, wird eine Ausnahme vom Typ `InvalidOperationException` erzeugt.

Das nun folgende erste Beispiel ruft Zeilen aus einer Tabelle ab, damit die Werte der Spalten in lokalen Variablen abgelegt werden können. Da die `SqlDataReader`-Klasse die `IDisposable`-Schnittstelle implementiert, bietet sich folgende Programmierung an:

```
// Das SqlCommand-Objekt muss für die Verwendung initialisiert sein
cmd.CommandText = "SELECT * FROM Kunden;";

using(SqlDataReader dr = cmd.ExecuteReader(
     CommandBehavior.SequentialAccess | CommandBehavior.CloseConnection))
{
    // Alle Zeilen durchlaufen
    while (dr.Read())
    {
        // Zugriff per Index
        int ID = dr.GetInt32(0);

        // Zugriff per Name
        String Name = dr.GetString(dr.GetOrdinal("Name"));
        String Strasse = dr.GetString(dr.GetOrdinal("Strasse"));
        String Ort = dr.GetString(dr.GetOrdinal("Ort"));

        // Irgendetwas Sinnvolles damit machen
        //...
    }
}
```

Wenn die Möglichkeit besteht, dass eine der Spalte `NULL` enthält, so muss dies entsprechend berücksichtigt werden, da sonst eine Ausnahme vom Typ `SqlNullValueException` erzeugt wird.

```
// Enthält die Spalte einen Wert?
if (!dr.IsDBNull(1))
    String Name = dr.GetString(1);
```

Um Spalten über ihren Namen anzusprechen, so ist dies indirekt mit der `GetOrdinal()`-Methode machbar, die versucht, den Namen dem entsprechenden Index der Spalte zuzuordnen. Ist dies nicht möglich, so liefert die Funktion den Wert –1.

```
String Name = dr.GetString(dr.GetOrdinal("Name"));
```

Hinweis:

Dabei muss beachtet werden, dass Spaltennamen mehrfach vorkommen können oder Spalten gar keinen Namen haben. Die ausgeführte Abfrage selbst muss dafür sorgen, dass die gewünschten Namen vorhanden sind. Allerdings wertet die `GetOrdinal()`-Methode Namen nicht abhängig von Groß- und Kleinschreibung aus, sodass hierauf keine Rücksicht genommen werden muss.

Alternativ kann auch über den Indexer der `SqlDataReader`-Klasse auf eine Spalte per Namen zugegriffen werden. Dabei sind die gleichen Dinge bezüglich des Spaltennamens zu beachten, und der Rückgabewert muss entsprechend umgewandelt werden.

```
String Name = (string)dr["Name"];
```

Bei Bedarf kann dies in einer einzelnen Methode realisiert werden, die einen Zugriff über den Namen ermöglicht und im Falle eines `NULL`-Wertes einen Defaultwert liefert. Dieses Beispiel zeigt, wie diese Methode aussehen könnte:

```
String getStringValue(SqlDataReader dr, String FieldName, String Default-
Value)
{
    int idx = dr.GetOrdinal(FieldName);
    if (idx != -1)
        if (!dr.IsDBNull(idx))
            return dr.GetString(idx);
        else
            return DefaultValue;
    else
        throw new ArgumentException("Unbekannte Spalte");
}
```

Leider müsste so eine Methode für jeden relevanten Datentyp implementiert werden, um Typensicherheit zu bewahren. Soll nur eine Methode implementiert werden, so muss der Rückgabewert jeweils in den richtigen Datentyp umgewandelt werden. Als Möglichkeit steht jedoch offen, dies als Erweiterungsmethode zu realisieren, sodass die spätere Verwendung sich halbwegs intuitiv gestaltet.

Hinweis:

Der Code dieser Methode befindet sich in der Beispielanwendung in der Klasse `Sonstiges`, wird jedoch nicht weiter verwendet.

Abschließend noch ein Beispiel, das in einem `SqlDataReader`-Objekt alle Ergebnismengen durchläuft und alle Zeilen ausgibt. Vor dieser Ausgabe werden die Namen und Datentypen der Spalten aufgelistet.

```
// Das SqlCommand-Objekt muss so weit eingerichtet sein
// T-SQL-Abfrage, die zwei Ergebnismengen liefert
cmd.CommandText = "SELECT * FROM Kunden; SELECT * FROM Bestellungen;";
using (SqlDataReader dr = cmd.ExecuteReader
    (CommandBehavior.SequentialAccess | CommandBehavior.CloseConnection))
{
    do // Alle Ergebnismengen durchlaufen
    {
        // Kein StringBuilder, so ist es einfacher
        String Header = "";

        // Namen und Datentypen der Spalten auslesen
        for (int i = 0; i < dr.VisibleFieldCount; i++)
            Header += String.Format("{0} ({1}) |",
                      dr.GetName(i), dr.GetFieldType(i).ToString());

        // Im Debug ausgeben
        Debug.Print(Header);
        Debug.Print("".PadLeft(Header.Length, '='));
        while (dr.Read()) // Alle Zeilen durchlaufen
        {
            for (int i = 0; i < dr.VisibleFieldCount; i++) // Spalten
                if (!dr.IsDBNull(i)) // NULL?
                    // Wert ausgeben
                    Debug.Write(dr.GetValue(i).ToString() + '|');
                else
                    Debug.Write("<NULL> |");
            Debug.WriteLine(""); // Zeilenumbruch
        }
    } while (dr.NextResult());
}
```

Hinweis:

Der Code dieser Methode befindet sich in der Beispielanwendung in der Klasse `Sonstiges`, wird jedoch nicht weiter verwendet.

5.8 Die XmlReader-Klasse

Die `System.Xml.XmlReader`-Klasse ermöglicht, die erhaltenen Ergebnismengen in Form von XML-Daten zu durchlaufen. Es kann nicht direkt mit dem `new`-Schlüsselwort erstellt werden, sondern wird von einem `SqlCommand`-Objekt als Rückgabewert der `ExecuteXml-Reader()`-Methode geliefert.

```
XmlReader xmldr = cmd.ExecuteXmlReader();
```

Hinweis:

Die `XmlReader`-Klasse befindet sich im Namensraum `System.Xml`.

Die `XmlReader`-Klasse arbeitet auf die Weise, dass jeweils ein aktueller Knoten im XML-Dokument existiert. Auf diesen Knoten kann entweder zugegriffen oder der `XmlReader` auf den nächsten, gewünschten Knoten bewegt werden.

Für den Einsatz mit ADO.NET bedeutet dies konkret, dass der erste Knoten, der nach dem ersten Zugriff der `Read()`-Methode aktuell ist, das erste Element des XML-Dokuments darstellt. So kann bequem auf jedes Attribut (per Index) und den Wert (wenn vorhanden) des Elements zugegriffen werden.

In diesem Beispiel wird demonstriert, wie mit einer `XmlReader`-Klasse alle Knoten (XML-Elemente) durchlaufen und für jedes Element die Werte aller definierten XML-Attribute ausgegeben werden.

```
// Das SqlCommand-Objekt muss hier schon fertig eingerichtet worden sein
cmd.CommandText = "SELECT * FROM Kunden FOR XML AUTO, XMLDATA;";
using (System.Xml.XmlReader xmldr = cmd.ExecuteXmlReader())
{
    while (xmldr.Read())
    {
        if (xmldr.Name == "Schema" ||
            xmldr.NodeType == System.Xml.XmlNodeType.Element)

        Debug.Print("\"{0}\" (Knoten Typ: {1})",
                    xmldr.Name,xmldr.NodeType.ToString());

        for (int i = 0; i < xmldr.AttributeCount; i++)
            Debug.Print(" {0}",xmldr.GetAttribute(i));
    }
}
```

Hinweis:

Für das reine Durchlaufen der Daten eignet sich die `SqlDataReader`-Klasse besser, da hier zeilen- und spaltenweise gearbeitet werden kann, ohne sich mit der Struktur eines XML-Dokumentes auseinandersetzen zu müssen. Setzen Sie daher das `XmlReader`-Objekt nur ein, wenn Sie auf Daten zugreifen müssen, die im XML-Format in Spalten einer Tabelle vorliegen, oder wenn Sie die Daten im XML-Format weiterverarbeiten wollen (z.B. in eine Datei etc. schreiben).

Die Beispielanwendung dieses Kapitels nutzt eine `XmlReader`-Klasse, um die Daten auszugeben, die mittels einer `SELECT`-Anweisung mit `FOR XML`-Klausel (diese muss vom Anwender eingetippt werden) geliefert werden.

5.8.1 Wichtige Methoden und Eigenschaften

Diese Übersicht stellt die wichtigsten Methoden und Eigenschaften der `SqlXmlReader`-Klasse vor.

Tabelle 5.27 Wichtige Methoden/Eigenschaften der SqlXmlReader-Klasse

Methode/Eigenschaft	Beschreibung
`AttributeCount`	Liefert die Anzahl der Attribute des aktuellen XML-Elementes.
`BaseURI`	Liefert die Basis URI (Uniform Resource Identifier) des aktuellen XML-Elementes.
`Close()`	Schließt das `SqlXmlReader`-Objekt. Weitere Zugriffe auf die Daten sind nicht mehr möglich.

Methode/Eigenschaft	Beschreibung
`Depth`	Liefert die Tiefe der Verschachtelung des aktuellen XML-Elementes in Bezug auf das gesamte XML-Dokument. Die erste Verschachtelung hat die Tiefe 0.
`GetAttribute()`	Liefert ein Attribut des aktuellen XML-Elements über seinen Index.
`HasAttributes`	Gibt an, ob dem aktuellen XML-Element Attribute zugeordnet sind oder nicht.
`HasValue`	Gibt an, ob der aktuelle XML-Knoten einen Wert besitzt oder nicht.
`IsDefault`	Liefert `true`, wenn der aktuelle Knoten ein XML-Attribut ist und dieses laut DTD (Document Type Definition) oder XML-Schema nur einen Standardwert enthält, da es selbst keinen Wert definiert. Andernfalls liefert diese Eigenschaft `false`.
`IsEmptyElement`	Liefert `true`, wenn der aktuelle Knoten ein XML-Element und leer ist (also direkt mit '/>' geschlossen wird). Ansonsten wird der Wert `false` zurückgegeben.
`Name`	Liefert den Namen des aktuellen Knotens, wenn dieser einen Namen hat, sonst eine leere Zeichenkette (`String.Empty`).
`NodeType`	Liefert den Typ des aktuellen XML-Knotens als System.Xml.XmlNodeType.
`Value`	Liefert abhängig vom Typ des aktuellen XML-Knotens den Wert oder eine leere Zeichenkette (`String.Empty`).
`ValueType`	Liefert den CLR-Typ des Wertes der `Value`-Eigenschaft.
`GetAttribute()`	Diese Methode liefert den Wert eines XML-Attributs als Zeichenkette, wenn der aktuelle XML-Knoten ein XML-Element ist. Das XML-Attribut kann per Index oder Namen angegeben werden.
`IsName`	Prüft, ob der übergebene Name gültig ist oder nicht.
`Skip()`	Überspringt alle untergeordneten XML-Knoten des aktuellen XML-Knotens.

In dieser Übersicht ist eine Reihe von Methoden nicht enthalten, die unten aufgeführt sind, damit die Übersichtlichkeit nicht durch ihre schiere Anzahl verloren geht.

Um das `XmlReader`-Objekt zum nächsten XML-Knoten zu bewegen und so zum aktuellen Knoten zu machen, stehen einige Methoden zur Verfügung. Sie haben allesamt einen Rückgabewert vom Typ `bool` und liefern `true`, wenn die gewünschte Bewegung ausgeführt werden konnte, sonst `false`.

Tabelle 5.28 Methoden zur Navigation innerhalb von XML-Daten

`MoveToAttribute()`	`MoveToContent()`
`MoveToElement()`	`MoveToFirstAttribute()`
`MoveToNextAttribute()`	

Diese Gruppe von Methoden liefert den Inhalt des aktuellen XML-Knotens jeweils als den Datentyp, den sie im Namen tragen (Ausnahme die `ReadControlAs()`-Methode, ihr kann der gewünschte Datentyp als Parameter übergeben werden). Ist eine Umwandlung nicht möglich, so wird eine Ausnahme vom Typ `InvalidCastException` erzeugt.

Tabelle 5.29 Methoden zum Lesen des aktuellen XML-Knotens

ReadContentAs()	ReadContentAsBase64()
ReadContentAsBinHex()	ReadContentAsBoolean()
ReadContentAsDateTime()	ReadContentAsDecimal()
ReadContentAsDouble()	ReadContentAsFloat()
ReadContentAsInt()	ReadContentAsLong()
ReadContentAsObject()	ReadContentAsString()

Soll auf den Inhalt des aktuellen XML-Dokuments zugegriffen werden, so steht hierfür ebenfalls eine Reihe von Methoden zur Verfügung. Sie finden wieder im Namen den Zieldatentyp, in den der Inhalt vor der Rückgabe umgewandelt wird (erneute Ausnahme hier: die `ReadElementControlAs()`-Methode, s.o.). Ist eine Umwandlung nicht möglich, so wird eine Ausnahme vom Typ `InvalidCastException` erzeugt.

Tabelle 5.30 Methoden zum Lesen des Inhaltes des aktuellen XML-Elements

ReadElementContentAs()	ReadElementContentAsBase64()
ReadElementContentAsBinHex()	ReadElementContentAsBoolean()
ReadElementContentAsDateTime()	ReadElementContentAsDecimal()
ReadElementContentAsDouble()	ReadElementContentAsFloat()
ReadElementContentAsInt()	ReadElementContentAsLong()
ReadElementContentAsObject()	ReadElementContentAsString()

5.9 Die SqlDataAdapter-Klasse

Bei der Arbeit mit `System.Data.DataSet`-Objekten oder `System.Data.DataTable`-Objekten und einer SQL Server-Datenbank führt kein Weg effizient an der `System.Data.SqlClient.SqlDataAdapter`-Klasse vorbei. Diese fungiert dabei als „Datenpumpe", um Daten aus der Datenbank einzulesen und die Änderungen später wieder zurück zu schreiben. Beim Einlesen werden die dafür notwendigen `DataTable`-Objekte entsprechend der Struktur der Daten erzeugt. Um die benötigen `SqlCommand`-Objkete inklusive der notwendigen T-SQL Anweisungen autoamtisch erstellen zu können, wird die `SqlCommandBuilder`-Klasse verwendet, welche die notwendige T-SQL-Anweisung automatisch erstellt.

Hinweise:

Es ist auch möglich (und manchmal sogar notwendig), die T-SQL Anweisung von Hand zu erstellen, sodass die `SqlCommandBuilder`-Klasse nicht zwingend unumgänglich ist. Jedoch macht es die Arbeit um einiges leichter. `DataSet`-Objekte wollen Sie doch auch nicht von Hand befüllen, oder?!

Aufgrund dieser engen Symbiose mit der `DataSet`-Klasse finden Sie alle Einzelheiten in *Kapitel 7, „DataSets“*.

5.10 Die SqlCommandBuilder-Klasse

Die `System.Data.SqlClient.SqlCommandBuilder`-Klasse wird für das automatische Erstellen von `SqlCommand`-Objekten in Verbindung mit der `SqlDataAdapter`-Klasse verwendet. Damit entfällt das aufwendige Erstellen und Zuweisen der benötigten `DELETE`-, `INSERT`- und `UPDATE`-Anweisungen, um die Daten dauerhaft in der Datenbank zu ändern.

Da diese Klasse ihren großen Auftritt zusammen mit der `SqlDataAdapter`-Klasse hat und dieses wiederum in Verbindung mit der `DataSet`-Klasse funktioniert, finden Sie detaillierte Erklärungen in *Kapitel 7, „DataSets“*.

5.11 Die SqlClientPermission-Klasse

Mit der `System.Data.SqlClient.SqlClientPermission`-Klasse kann der .NET Framework-Datennanbieter für den SQL Server sicherstellen, dass die Anwendung über die notwendigen CAS[2]-Berechtigungen verfügt. Ist dies nicht der Fall, so kann eine Anwendung schon beim Start darauf reagieren.

Hinweis:

CAS kann für Anwendungen, Computer oder das ganze Unternehme (Enterprises) in Form einer Active Dirctory-Domäne verwaltet und angepasst werden. Hier sei jedoch auf entsprechende Literatur verwiesen.

---

[2] Zur Laufzeit verwendet .NET die sogenannte Code Access Security (CAS). Diese Sicherheit schützt keine Ressourcen wie Datenbanken, Dateien, etc., sondern Funktionalitäten. Eine solche Funktionalität (also letzendlich eine C#-Methode) kann z.B. sein »Zugriffe auf das Dateisystem«, »Aufrufen von Web-Diensten«, etc. Nur wenn die CAS diese Funktionalität überhaupt zulässt, wird die entsprechde Methode überhaupt aufgerufen. Ob schließlich der Zugriff auf ein Objekt wie einer Tabelle, Sicht, etc zugelassen wird, steht dabei auf einem anderen Blatt.

5.11.1 Wichtige Methoden und Eigenschaften

Diese Übersicht stellt die wichtigsten Methoden und Eigenschaften der `SqlClientPermission`-Klasse vor.

Tabelle 5.31 Wichtige Methoden/Eigenschaften der SqlClientPermission-Klasse

Methode/Eigenschaft	Beschreibung
`Add()`	Fügt dem Objekt die übergebene Verbindungszeichenfolge hinzu.
`AllowBlankPassword`	Diese Eigenschaft entscheidet darüber, ob ein leeres Kennwort bei Anmeldungen erlaubt ist oder nicht. Achtung: Der Wert des `PermissionState`-Parameters des Konstruktors hat Vorrang vor diesem Wert.
`Assert()`	Sorgt dafür, dass selbst dann auf die durch eine Berechtigungsanforderung geschützte Ressource über den aufrufenden Code zugegriffen werden kann, wenn die benötigten Berechtigungen nicht vorhanden sind. Die Verwendung der `Assert()`-Methode kann zu Sicherheitsrisiken führen.
`Copy()`	Liefert diese Instanz als `IPermission`.
`Demand()`	Erzeugt eine Ausnahme vom Typ `SecurityException`, wenn die gewünschten Berechtigungen nicht gewährt wurden.
`Deny()`	Verhindert, dass übergeordnete Aufrufer in der Aufrufliste auf alle außer der von der aktuellen Instanz angegebenen Ressource über den Code zugreifen, der diese Methode aufruft.
`FromXml()`	Rekonstruiert ein Objekt und seinen Zustand aus XML-Daten. Diese Daten können mit der `ToXml`-Methode erzeugt werden.
`Intersect()`	Ergibt die Schnittmenge dieses Berechtigungsobjekts und des als Parameter übergebenen Objekts.
`IsSubsetOf()`	Liefert `true`, wenn das Berechtigungsobjekt eine Teilmenge des angegebenen Berechtigungsobjekts ist.
`IsUnrestricted()`	Liefert den Wert `true`, wenn die Berechtigungen als uneingeschränkt dargestellt werden können, ohne dass die Berechtigungssemantik bekannt ist.
`PermitOnly()`	Dieselbe Methode wie `Deny()`, nur dass hier die Berechtigungen angegeben werden, für die ein Stackwalk erfolgreich verläuft.
`RevertAll()`	Macht vorherige Aufrufe der `Assert()`-, `Deny()`- und `PermitOnly()`-Methode rückgängig. Diese Methode ist statisch und muss daher direkt über die Klasse und ohne Instanz aufgerufen werden.
`RevertAssert()`	Macht einen vorherigen Aufruf der `Assert()`-Methode rückgängig. Diese Methode ist statisch und muss daher direkt über die Klasse und ohne Instanz aufgerufen werden.
`RevertDeny()`	Macht einen vorherigen Aufruf der `Deny()`-Methode rückgängig. Diese Methode ist statisch und muss daher direkt über die Klasse und ohne Instanz aufgerufen werden.

Methode/Eigenschaft	Beschreibung
`RevertPermitOnly()`	Macht einen vorherigen Aufruf der `PermitOnly()`-Methode rückgängig. Diese Methode ist statisch und muss daher direkt über die Klasse und ohne Instanz aufgerufen werden.
`ToXml()`	Speichert das Objekt und seinen Zustand in XML-Daten. Diese können mit der `FromXml()`-Methode verwendet werden.
`Union()`	Ergibt die Obermenge dieses Berechtigungsobjekts und des als Parameter übergebenen.

5.11.2 Praktischer Einsatz

Dieses kleine Beispiel zeigt, wie die `SqlClientPermission`-Klasse verwendet werden kann, um sicherzustellen, dass die Anwendung über die notwendigen Berechtigungen verfügt. Wenn dies nicht der Fall ist, wird eine Ausnahme vom Typ `SecurityException` erzeugt, und die Methode liefert statt `true` den Wert `false` zurück.

```
private bool checkPermission()
{
    try
    {
        SqlClientPermission perm = new SqlClientPermission (
           Security.Permissions.PermissionState.Unrestricted);

        // Prüfen
        perm.Demand();

        // Keine Ausnahme, also erlaubt
        return true;
    }
    catch (System.Security.SecurityException)
    {
        // Die Ausnahme zeigt mangelnde Berechtigungen an
        return false;
    }
}
```

Hinweis:
Diese Methode finden Sie in dem Beispielprogramm „Tiny Chatter" für dieses Kapitel. Dort wird sie bei Programmstart aufgerufen, um sicherzustellen, dass alle Berechtigungen vorhanden sind.

5.12 Die SqlBulkCopy-Klasse

Für das Kopieren großer Datenmengen in eine SQL Server-Datenbank steht die `System.Data.SqlClient.SqlBulkCopy`-Klasse zur Verfügung. Mit ihr ist es möglich, Daten aus einem `SqlDataReader`-Objekt, einem `System.Data.DataTable`-Objekt oder einem Array aus `System.Data.DataRow`-Objekten schnell und mit wenig Code in eine Tabelle zu schreiben.

Profi-Tipp:

Die `SqlBulkCopy`-Klasse hat aufgrund des BulkCopy-Ansatzes, den sie verwendet, einen entscheidenden Nachteil: Identitätswerte, die von dem Datenbankmodul erzeugt werden, können nicht in der gleichen Operation an den Client zurück übermittelt werden. D.h., die Daten müssen bereits mit gültigen Identitätswerten (z.B. GUIDs) vorliegen, damit diese nach dem Import datenbankseitig referenziert werden können. Da dies nicht immer zu leisten ist, bietet sich eine Kombination aus Table Value Parameters (TVP) und `OUTPUT` an, die nur ein wenig langsamer ist (ca. 10%), dafür aber die vom Datenbankmodul erzeugten ID-Werte effizient an den Aufrufer zurückliefert. Unter *3.14, „Table Value Parameters"*, finden Sie dafür ein Bespiel.

Die Verwendung ist dabei recht einfach und lässt sich mit vier Schritten beschreiben:

1. Verbindung zur Quelldatenbank aufbauen (nur bei `SqlDataReader`).
2. Verbindung zur Zieldatenbank aufbauen.
3. Quelldaten bereitstellen.
4. `SqlBulkCopy`-Objekt erzeugen und die `WriteToServer()`-Methode aufrufen.

Darüber hinaus ist es möglich, einer Quellspalte eine Zielspalte jeweils per Name oder Index zuzuordnen. Mehr darüber finden Sie unter *5.12.3, „Zuordnung von Quell- und Zielspalten"*.

Mit den beiden folgenden Konstruktoren kann auf unterschiedliche Art die notwendige Verbindung zur Zieldatenbank angegeben werden:

```
// Verbindungszeichenfolge
SqlBulkCopy sbc = new SqlBulkCopy(string);
```

oder

```
// SqlConnneciton-Objekt
SqlBulkCopy sbc = new SqlBulkCopy(SqlConnection);
```

Hinweis:

Die Quelldatenbank kommt, wenn überhaupt, erst beim Aufruf der `WriteToServer()`-Methode in Form eines gültigen `SqlDataReader`-Objektes zum Einsatz.

Darüber hinaus existieren noch Konstruktoren, denen weitere Optionen (siehe *5.12.2*, „Optionen für das Kopieren") und ein gültiges `SqlTransaction`-Objekt übergeben werden können. Die Transaktion muss dabei zu dem `SqlConnection`-Objekt gehören.

```
SqlBulkCopy sbc = new SqlBulkCopy(string, SqlBulkCopyCptions);
```

und

```
sbc = new SqlBulkCopy(SqlConnection, SqlBulkCopyOptions, SqlTransaction);
```

Wichtig:

Sie können statt des `SqlTransaction`-Objekts auch null angeben, wenn Sie keine Transaktion übergeben, aber trotzdem den Konstruktor verwenden möchten.

Da die `SqlBulkCopy`-Klasse die `IDisposable`-Schnittstelle implementiert, bietet sich folgende Programmierung an:

```
using (SqlBulkCopy sbc = new SqlConnection(…)
{
    // Objekt einrichten und kopieren lassen
    // …
    sbc.WriteToServer(…);
}
```

Durch einen Aufruf der `WriteToServer()`-Methode beginnt das Kopieren. Wurde die Eigenschaft `NotifyAfter` auf einen Wert größer 0 gesetzt, wird nach der angegebenen Anzahl an kopierten Zeilen das `SqlRowsCopied`-Ereignis ausgelöst. Mehr dazu finden Sie unter *5.12.4,* „Ereignisse“.

Wichtig:
Die Zieltabelle muss beim Start des Kopiervorganges bereits existieren, sie wird nicht angelegt!

Wird nach dem Kopieren die `Close()`-Methode aufgerufen, wird das beteiligte `SqlConnection`-Objekt für die Zieldatenbank geschlossen. Die Verbindung der Quelldatenbank (wenn überhaupt vorhanden) muss dagegen an anderer Stelle geschlossen werden.

5.12.1 Wichtige Methoden und Eigenschaften

Diese Übersicht stellt die wichtigsten Methoden und Eigenschaften der `SqlBulkCopy`-Klasse vor.

Tabelle 5.32 Wichtige Methoden und Eigenschaften der SqlBulkCopy-Klasse

Methode/Eigenschaft	Beschreibung
`BatchSize`	Legt fest, wie viele Zeilen jeweils in einem Schwung (Batch) kopiert werden sollen.
`BulkCopyTimeout`	Legt die Zeitspanne (in Sekunden fest), in welcher der gesamte Kopiervorgang abgeschlossen werden muss. Ein Wert von 0 steht für keinerlei zeitliche Einschränkung. Der Standard beträgt 30 Sekunden.
`Close()`	Schließt das `SqlBulkCopy`-Objekt.
`ColumnMappings`	Mit dieser Auflistung können Zuordnungen zwischen Quell- und Zielspalten vorgenommen werden. Ist die Liste leer, wird während des Kopierens automatisch eine 1:1-Zuordnung verwendet. Mehr Details finden Sie unter *5.12.3,* „Zuordnung von Quell- und Zielspalten“.
`DestinationTableName`	Legt den Namen der Zieltabelle auf dem Zielserver fest.

Methode/Eigenschaft	Beschreibung
`NotifyAfter`	Legt fest, nach wie vielen Zeilen jeweils ein `SqlRowCopied`-Ereignis ausgelöst werden soll. Ist der Wert gleich 0, dann wird zu keiner Zeit ein Ereignis ausgelöst. Da der Standardwert 0 ist, muss diese Eigenschaft gesetzt werden, um mit dem Ereignis zu arbeiten.
`WriteToServer()`	Diese Methode startet den Kopierprozess. Als Quelle kann neben einem gültigen `SqlDataReader`-Objekt auch ein Array mit `DataRow`-Objekten oder ein `DataTable`-Objekt angegeben werden. Diese Methode kann mehrfach hintereinander aufgerufen werden, um unterschiedliche Daten in die Zieltabelle zu schreiben.

5.12.2 Optionen für das Kopieren

Einer der Konstruktoren der `SqlBulkCopy`-Klasse nimmt einen Parameter vom Typ `SqlBulkCopyOptions` an. Diese Aufzählung legt die gewünschten Optionen für das Kopieren fest.

Tabelle 5.33 Werte der SqlBulkCopyOptions-Aufzählung

Wert	Beschreibung
`Default`	Leicht erkennbar, dass dies der Standardwert ist. Keiner der folgenden Werte gehört zum Standard!
`KeepIdentity`	Hat die Quelltabelle eine Identitätsspalte, so wird versucht, die Werte in der Zieltabelle beizubehalten. Dies führt zu einem Fehler, wenn einzelne Werte schon vorhanden sind.
`CheckConstraints`	Veranlasst, dass beim Kopieren Einschränkungen (Constraints) beachtet werden.
`TableLock`	Dieser Wert hat die Verwendung von Sperren (Bulk Update Locks) für die Zieltabelle zur Folge. Ansonsten wird sie nur zeilenweise gesperrt.
`KeepNulls`	Dieser Wert fügt den Wert `NULL` auch in solche Zielspalten ein (nur wenn die entsprechende Quellspalte `NULL` enthält), die einen Standardwert definieren. Ansonsten wird der Standardwert verwendet.
`FireTriggers`	Sollen Trigger während des Kopierens in der Zieltabelle ausgelöst werden, so muss dieser Wert angegeben werden. Achtung: Das Auslösen der Trigger kann dafür verantwortlich sein, dass der gesamte Prozess erheblich länger dauert.
`UseInternalTransaction`	Gibt an, dass intern eine Transaktion verwendet werden soll. Wird zusätzlich ein `SqlTransaction`-Objekt dem Konstruktor übergeben, wird eine Ausnahme vom Typ `ArgumentException` erzeugt.

Hinweis:

Die Aufzählung `SqlBulkCopyOptions` ist mit dem `Flags`-Attribut implementiert. Daher kann eine Kombination unterschiedlicher Werte angegeben werden (z.B. `KeepIdentity|CheckConstraints|KeepNulls`).

5.12.3 Zuordnung von Quell- und Zielspalten

Durch die `ColumnMappings`-Auflistung besteht die Möglichkeit, eine Zuordnung zwischen Quell- und Zielspalten zu definieren. Alle Spalten, die in dieser Auflistung nicht vorhanden sind, werden beim Kopieren ignoriert. Dies bedeutet, sobald eine Zuordnung gemacht wurde (die `ColumnMappings`-Auflistung nicht mehr leer ist), müssen auch alle anderen Spalten zugeordnet werden.

Welche Quellspalte welcher Zielspalte zugeordnet werden soll, kann jeweils über den nullbasierenden Spaltenindex oder den eindeutigen Spaltennamen festgelegt werden. Achten Sie darauf, dass eine Spalte (egal ob aus der Quelle oder vom Ziel) nur einmal angegeben werden darf.

Hinweis:

Sie müssen keine Zuordnung von Spalten vornehmen. In diesem Fall wird eine 1:1-Zuordnung automatisch erzeugt.

Folgende Möglichkeiten stehen für die Erstellung von Zuordnungen zur Verfügung.

```
// sbc ist das SqlBulkCopy-Objekt
sbc.ColumnMappings.Add(1, 4);                   // Spalte 1 => 4
sbc.ColumnMappings.Add(1, "SpalteB");           // Spalte 1 => "SpalteB"
sbc.ColumnMappings.Add("SpalteA", 3);           // "SpalteA" => 3
sbc.ColumnMappings.Add("SpalteA", "SpalteB"); // "SpalteA" => "SpalteB"
```

Da eine Zuordnung an sich ein Objekt vom Typ `SqlBulkCopyColumnMapping` darstellt, kann diese auch erst erstellt und später der `ColumnMappings`-Auflistung hinzugefügt werden. Dabei ist es auch möglich, ein Objekt mehreren Auslistungen zuzufügen.

```
// sbc ist das SqlBulkCopy-Objekt
SqlBulkCopyColumnMapping map;
map = new SqlBulkCopyColumnMapping(1,4); // Spalte 1 => 4
sbc.ColumnMappings.Add(map);
```

Wichtig:

So oder so: Achten Sie bei den Zuordnungen darauf, dass die Datentypen beider Spalten miteinander vereinbar sind.

Fehler, gleich welcher Art, werden in Form einer Ausnahme vom Typ `SqlException` erst bei Ausführung der `WriteToServer()`-Methode entdeckt.

5.12.4 Ereignisse

Ein `SqlBulkCopy`-Objekt kann nur ein Ereignis auslösen: `SqlRowCopied`. Sein Zweck ist dabei recht einsichtig: Es wird nach einer bestimmten Anzahl (`NotifyAfter`-Eigenschaft) von kopierten Zeilen ausgelöst, um der Anwendung ein Feedback über den Stand des Kopierprozesses zu liefern.

Wichtig:
Das Ereignis wird nur dann ausgelöst, wenn die `NotifyAfter`-Eigenschaft einen Wert größer 0 hat. Da der Standardwert gerade 0 ist, muss diese Eigenschaft gesetzt werden, wenn dieses Ereignis verwendet werden soll. Zu bedenken ist aber auch: Je häufiger das Ereignis erzeugt wird, desto länger dauert der gesamte Kopiervorgang, da – während das Ereignis läuft – nicht weiter kopiert wird.

5.12.4.1 SqlRowCopied

Dieses Ereignis wird ausgelöst, um den Fortschritt im Kopierprozess anzuzeigen. Durch die beiden übergebenen Parameter kann ermittelt werden, welches `SqlBulkCopy`-Objekt das Ereignis erzeugt hat und wie viele Zeilen bereits kopiert wurden.

Achtung:
Das Ereignis wird (konsequenterweise) während der Übertragung der Daten ausgelöst und bevor die Transaktion, in der das Kopieren stattfindet, bestätigt (commited) wurde. Dies hat leider auch zur Folge, dass nach der Übertragung einige Zeit für die Bestätigung benötigt wird, wobei dabei noch ein Fehler auftreten kann. Beispielsweise kann dies bei Verletzungen der Eindeutigkeit des Primärschlüssels der Fall sein. Praktisch sieht das dann so aus, dass durch das Ereignis suggeriert wird, der Kopiervorgang sei schon so weit, nur damit am Ende eine Ausnahme vom Typ `SqlException` erzeugt wird.

Dies sind die Parameter, die dem `SqlRowCopied`-Ereignis übergeben werden, wenn es ausgelöst wird.

Tabelle 5.34 Parameter des SqlBulkCopy.SqlRowCopied-Ereignisses

Parameter	Beschreibung
`sender`	Referenz auf das auslösende `SqlConnection`-Objekt.
`e`	Objekt vom Typ `SqlRowsCopiedEventArgs`, das über den Fortschritt des Kopiervorgangs informiert.

Tabelle 5.35 Wichtige Eigenschaften der StateChangeEventArgs-Klasse

Eigenschaft	Beschreibung
`Abort`	Wird dieser Wert auf `true` gesetzt, so bricht das `SqlBulkCopy`-Objekt nach der Verarbeitung des Ereignisses ab.
`RowsCopied`	Liefert die Gesamtzahl der Zeilen, die bisher kopiert wurden.

Dieses kurze Beispiel zeigt, wie das Ergebnis gebunden und verarbeitet wird:

```
con.StateChange += new SqlRowsCopiedEventHandler(SqlRowsCopied);

void SqlRowsCopied (Object sender, SqlRowsCopiedEventArgs e)
{

}
```

In der Beispielanwendung „ADOBulkCopyMachine“ zu diesem Kapitel wird dieses Ereignis verwendet, den Anwender über den Fortschritt des Kopierens zu informieren.

5.12.5 Praktischer Einsatz

Um den praktischen Einsatz der `SqlBulkCopy`-Klasse zu demonstrieren, gehört eine kleine Beispielanwendung namens „ADOBulkCopyMachine“ zu diesem Kapitel. Wie der Name schon vermuten lässt, kopiert diese Daten von einer Quelle zu einem Ziel. Über das `SqlRowsCopied`-Ereignis wird dabei regelmäßig Auskunft über den Fortschritt des Kopiervorganges gegeben.

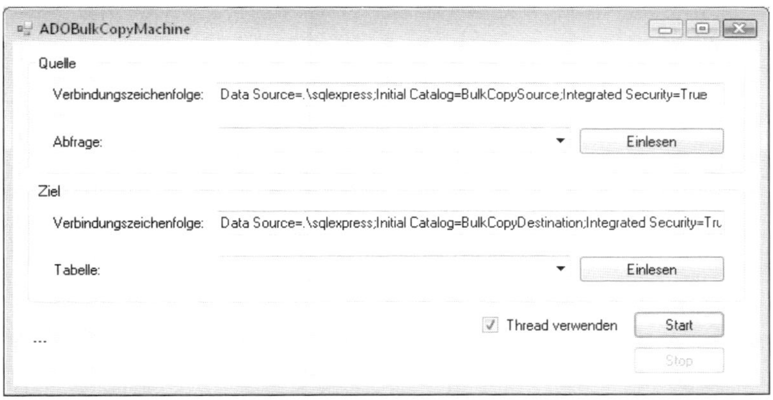

Abbildung 5.6 Die Beispielanwendung „ADOBulkCopyMachine“

Tipp:

Falls Sie gerade nicht über eine genügend große Tabelle mit ausreichend Zeilen verfügen, können Sie dies leicht in der folgenden `INSERT`-Anweisung ändern, welche die Anzahl der Zeilen pro Aufruf verdoppelt:

```
INSERT INTO Quelle1 (Spalte1,Spalte2)
    SELECT Spalte1,Spalte2 FROM Quelle1;
```

Gehen Sie hierbei jedoch mit Bedacht vor, und bedenken Sie, wie die Geschichte um den Erfinder des Schachspiels mit einer Belohnung an Reiskörnern ausgegangen ist – und dort fing es mit nur einem Korn an.[3]

[3] http://www.kochmix.de/kochmagazin-reis-schach-der-weise-mann-der-koenig-das-schachbrett-203.html

Das Programm an sich ist recht simpel. Nachdem die Verbindungszeichenfolgen sowie Quellabfrage und Zieltabelle angegeben wurden, kann es schon durch einen Klick auf **Start** losgehen. Egal ob mit oder ohne Ausführung in einem eigenen Thread, aufgerufen wird die statische `copyBulk()`-Methode im `CBulkCopy`-Objekt.

Hinweis:
Durch die Auslagerung in ein eigenes (statisches) Objekt lässt sich die `copyBulk()`-Methode leichter in andere Projekte integrieren.

```
public static void copyBulk(string sourceConString, string SourceQuery,
                   string destinationConString, string destinationTable,
                   SqlRowsCopiedEventHandler feedBackEventHandler)
{
    // Verbindung zur Quelldatenbank aufbauen
    using (SqlConnection conSource = new SqlConnection(sourceConString))
    {
        conSource.Open();

        // Verbindung zur Zieldatenbank aufbauen
        using (SqlConnection conDestination =
               new SqlConnection(destinationConString))
        {
            conDestination.Open();

            // Nun die Quelldaten bereitstellen
            using (SqlCommand cmd =
                   new SqlCommand(SourceQuery, conSource))
            {
                // Der Übersichtlichkeit halber kein Using-Block!
                SqlDataReader sourceDr = cmd.ExecuteReader();

                // Nun haben wir alles für das SqlBulkCopy-Objekt
                using (SqlBulkCopy sbc =
                new SqlBulkCopy(conDestination,
                KeepIdentity | UseInternalTransaction, null))
                {
                    // Ereignishandler anbinden
                    if (feedBackEventHandler != null)
                        sbc.SqlRowsCopied += feedBackEventHandler;

                    // Und los geht's
                    // Alle 1000 Zeilen ein Ereignis
                    sbc.NotifyAfter = 1000
                    sbc.DestinationTableName = destinationTable;
                    sbc.WriteToServer(sourceDr);
                }
            }
        }
    }
}
```

Nachdem die `WriteToServer()`-Methode aufgerufen wurde, beginnt der Kopierprozess. Alle 1000 Zeilen wird das `SqlRowsCopied`-Ereignis aufgerufen, das hier in der Hauptform behandelt wird (ein entsprechendes `Delegate`-Objekt wurde per Parameter `feedBackEventHandler` übergeben) und anzeigt, wie viele Zeilen schon kopiert wurden.

```
void SqlRowsCopied(object sender, SqlRowsCopiedEventArgs e)
{
    setProgressLabel(string.Format("Zeilen {0}", e.RowsCopied));
}
```

Hinweis:

Dass das einfache Setzen des Textes eines Label-Controls in einer eigenen Methode gekapselt wurde, hat den Grund, dass beim Einsatz von mehr als nur einem Thread bei Zugriffen auf die Elemente der Oberfläche der Thread gewechselt werden muss. Dies geschieht mithilfe der `Invoke()`-Methode. Das Gleiche gilt für die `setStartCancelButtonEnabled()`-Methode.

Dies ist der Code der `setProgressLabel()`-Methode. Weitere Details über asynchrone Verarbeitung finden Sie unter *5.16*, „Asynchrone Ausführung".

```
delegate void setProgressLabelDelegate(string text);

void setProgressLabel(string text)
{
    if (InvokeRequired)
        Invoke(new setProgressLabelDelegate(setProgressLabel),
        new object[] {text});
    else
    {
        // Den neuen Text setzen
        lblProgressLabel.Text = text;
    }
}
```

Hinweis:

Beim Programmieren mit nur einem Thread ist der Einsatz von `Delegate`-Objekten und der `Invoke()`-Methode nicht notwendig, da in diesem Fall kein Thread-Wechsel stattfindet.

5.13 Die SqlTransaction-Klasse

Um mehrere Änderungsanweisungen (`INSERT`, `DELETE`, `UPDATE` oder `MERGE`) innerhalb einer Transaktion nach dem Alles-oder-nichts-Prinzip auszuführen, steht die `System.Data.SqlClient.SqlTransaction`-Klasse zur Verfügung. Eine Transaktion bewirkt dabei, dass der Inhalt der SQL Server-Datenbank zum Beginn der Transaktion gespeichert wird. Anschließend werden die gewünschten Änderungen wie gewohnt durchgeführt. Nun besteht die Option, die Transaktion zu bestätigen, (`Commit()`-Methode), damit die Änderungen dauerhaft in der Datenbank gespeichert werden. Ist dies nicht gewünscht, kann die Transaktion auch abgebrochen und alle vorgenommenen Änderungen können rückgängig gemacht werden (`Rollback()`-Methode). Wird eine Transaktion nicht bestätigt (weil es z.B. im Code vergessen oder die gesamte Anwendung beendet wurde), so wird sie automatisch rückgängig gemacht.

Eine Transaktion bezieht sich immer nur auf die Änderungen, die in der Verbindung gemacht werden, für die sie erstellt wurde. Andere Verbindungen und Clients können nach wie vor mit der Datenbank arbeiten. Lediglich der Isolationsgrad (`Isolationlevel`-Eigenschaft) legt fest, ob Änderungen, die noch nicht freigegeben wurden, von ihnen gelesen werden können oder ob Sperren dies verhindern.

Wichtig:

Eine Transaktion besteht immer aus einem Start (`BeginTransaction()`-Aufruf) und entweder einem `Commit()`- **oder** einem `Rollback()`-Aufruf.

Zusätzlich besteht die Möglichkeit, Transaktionen zwischenzuspeichern und diesem Speicherpunkt einen Namen zu geben. Somit können Änderungen bis zu diesen Speicherpunkten rückgängig gemacht werden.

ADO.NET-Transaktionen unterscheiden sich in zwei sehr wichtigen Punkten von T-SQL Transaktionen (`BEGIN TRAN`, `COMMIT TRAN`, `ROLLBACK TRAN`, `SAVE TRAN`) auf dem SQL Server:

- Durch das Zurücksetzen zu einem vorher gesicherten Punkt mit der `Rollback()`-Methode wird die Transaktion beendet! Bei T-SQL bewirkt dies lediglich ein Zurückrollen bis zu diesem Datenbestand. Hier ist nach wie vor eine `COMMIT`- oder `ROLLBACK`-Anweisung notwendig, um die Transaktion zu beenden.
- Es sind keine verschachtelten (parallelen) Transaktionen erlaubt. D.h., ein Aufruf der `BeginTransaction()`-Methode, bevor die letzte Transaktion mit `Commit()` oder `Rollback()` beendet wurde, führt dazu, dass eine Ausnahme vom Typ `InvalidOperationException` erzeugt wird.

Da neue Transaktionen nicht per Konstruktor erstellt werden können, existiert die `BeginTransaction()`-Methode des `SqlConnection`-Objekts. Von ihr existieren vier Überladungen, die wahlweise den Isolationsgrad und/oder den Namen des ersten Speicherpunktes akzeptieren.

Dieser Aufruf erstellt eine neue Transaktion mit dem Isolationsgrad `ReadUncommited`. Mehr Details dazu unter *5.13.2*, „Isolationsgrad".

```
SqlTransaction t = con.BeginTransaction();
```

Um einen anderen Grad zu bestimmen, kommt diese Überladung zum Einsatz

```
SqlTransaction t = con.BeginTransaction(IsolationLevel.ReadUncommitted);
```

Zudem kann der Transaktion direkt ein Name gegeben werden. Damit wird dem Anfang der Transaktion ein Name gegeben, der später beim Aufrufen der `Commit()`-Methode oder der `Rollback()`-Methode angegeben werden kann, um diese bis zu diesem Punkt zu bestätigen bzw. wiederherzustellen.

```
SqlTransaction tran = con.BeginTransaction("PunktA");
```

Soll auch der Isolationsgrad bestimmt werden, so steht diese Überladung schließlich zur Verfügung.

```
SqlTransaction tran = con.BeginTransaction(
                        IsolationLevel.ReadUncommitted, "PunktA");
```

Wichtig:

Der Name einer Transaktion darf nicht länger als 32 Zeichen sein, sonst wird eine Ausnahme vom Typ `SqlException` erzeugt.

Nachdem eine Transaktion begonnen wurde, können nun Änderungen z.B. mithilfe eines `SqlCommand`-Objekts in der Datenbank durchgeführt werden.

Um dies zu erreichen, muss das `SqlCommand`-Objekt die Transaktion durch die `Transaction`-Eigenschaft zugewiesen bekommen. Ansonsten wird bei der Erstellung der Instanz der richtige Konstruktor gewählt.

```
SqlCommand cmd = new SqlCommand(sql, con, tran));
```

Auch `SqlCommand`-Objekte, die mit der `CreateCommand()`-Methode erzeugt wurden, müssen die `Transaction`-Eigenschaft zugewiesen bekommen.

```
SqlCommand cmd = con.CreateCommand();
cmd.Transaction = t;
```

Nun können wie gewohnt Daten geändert werden. Für mehrere Änderungen wird nur ein `SqlCommand`-Objekt benötigt, da dieses mehrfach mit unterschiedlichen Anweisungen (`CommandText`-Eigenschaft) ausgeführt werden kann (`ExecuteNonQuery()`-Methode):

```
cmd.CommandText = "DELETE FROM Bestellungen WHERE IDENTITYCOL = 1;";
cmd.ExecuteNonQuery();

cmd.CommandText = "DELETE FROM Rechnungen WHERE IDENTITYCOL > 100;";
cmd.ExecuteNonQuery();
```

Wichtig:

Wird gegen eine Verbindung, der eine Transaktion zugeordnet wurde, eine Anweisung ausgeführt, die diese Transaktion nicht benutzt, wird eine Ausnahme vom Typ `SqlException` erzeugt.

Nachdem nun Änderungsanweisungen durchgeführt wurden, kann eine der folgenden Dinge passieren:

- Alle Änderungen werden freigegeben. Dies geschieht durch den Aufruf von `tran.Commit()`. Damit sind alle Änderungen dauerhaft in der Datenbank gespeichert. Die Transaktion ist damit beendet.
- Alle Änderungen werden rückgängig gemacht. Dies geschieht durch den Aufruf von `tran.Rollback()`. Damit stehen alle Daten in der Datenbank wieder so dar, wie sie vor der ersten Änderung standen. Die Transaktion ist damit beendet.
- Alle Änderungen werden bis zu einem benannten Punkt rückgängig gemacht. Dies ist durch den Aufruf `tran.Rollback("PunktA")` möglich. Die Transaktion ist damit beendet.
- Das betroffene `SqlConnection`-Objekt wird einfach geschlossen. Dies entspricht einem Aufruf von `tran.Rollback()`.
- Die Transaktion kann gespeichert werden, was bedeutet, dass diesem Stand der Änderungen ein Namen zugewiesen wird. Ein Aufruf von `tran.Save("PunktA")` erledigt dies. Findet ein solcher Aufruf mehrfach mit dem gleichen Namen statt, wird einfach der neue Punkt benannt. Zu diesen benannten Punkten kann später unter Verwendung dieses Namens zurückgekehrt werden (`tran.Rollback("PunktA")`).

Um die gesamten Änderungen freizugeben, reicht ein einfacher Aufruf der `Rollback()`-Methode.

```
tran.Commit();
```

Stattdessen können aber auch alle Änderungen rückgängig gemacht werden. Damit sind alle gemachten Änderungen unwirksam.

```
tran.Rollback();
```

Durch die Angabe des Namens eines zuvor gesicherten Punktes können alle Änderungen nach diesem Punkt rückgängig gemacht werden. Wurde der angegebene Punkt vorher nicht gesichert, wird eine Ausnahme vom Typ `SqlException` erzeugt.

```
tran.Rollback("PunktA");
```

Tipp:
Für die Abfrage, ob für ein `SqlTransaction`-Objekt noch ein `Commit` oder ein `Rollback`-Aufruf aussteht, lässt sich die `Connection`-Eigenschaft abfragen. ADO.NET setzt diesen Wert bei Beendigung auf `null`, da das Objekt keinen Sinn mehr erfüllt.

Es ist möglich, mehrere eigenständige Transaktionen pro Verbindung zu verwenden, solange diese nicht verschachtelt werden. Dies bedeutet, eine Transaktion muss beendet werden, bevor die nächste beginnt.

5.13.1 Wichtige Methoden und Eigenschaften

Diese Übersicht stellt die wichtigsten Methoden und Eigenschaften der `SqlTransaction`-Klasse vor.

Tabelle 5.36 Wichtige Methoden und Eigenschaften der SqlTransaction-Klasse

Methode/Eigenschaft	Beschreibung
`Commit()`	Bestätigt alle Änderungen, die seit dem Beginn der Transaktion gemacht wurden.
`Connection`	Liefert das `SqlConnection`-Objekt, zu dem die Transaktion gehört. Diese Eigenschaft kann nur gelesen werden, da ein nachträglicher Wechsel der Verbindung nicht möglich ist.
`IsolationLevel`	Gibt den Isolationsgrad an. Dieser entspricht wenn möglich dem Wert, der bei Erzeugung durch die `BeginTransaction()`-Methode angegeben wurde.
`Rollback()`	Macht alle Änderungen rückgängig; alle, die seit dem Beginn der Transaktion oder seit dem angegebenen Punkt (der vorher durch die `Save()`-Methode markiert wurde) gemacht wurden.
`Save()`	Markiert einen Punkt in der Transaktion, um später nach diesem Punkt eventuell alle Änderungen mit der `Rollback()`-Methode rückgängig zu machen. Wird der Name des Punktes mehrfach verwendet, so ersetzt der neue Punkt den bestehenden alten.

5.13.2 Isolationsgrad

Die Eigenschaft `IsolationLevel` ist vom gleichnamingen Aufzählungstyp `IsolationLevel` und legt den Isolationsgrad der Transaktion fest. Der Isolationsgrad legt fest, welche Art von Sperren auf dem SQL Server verwendet werden sollen und wie andere Verbindungen auf die geänderten und noch nicht freigegebenen Änderungen zugreifen können.

Tabelle 5.37 Mögliche Isolationslevel der SqlTransaction-Klasse

Isolationsgrad	**Beschreibung**
`Chaos`	Der Isolationsgrad wird von einer höheren Transaktionsebene festgelegt und kann nicht bestimmt werden.
`ReadUncommited`	Dieser Grad bietet die geringste Isolation. Sogar noch nicht freigegebene Änderungen können von anderen Verbindungen gelesen werden. Da keine Sperren verwendet werden, bietet es den größten Schutz gegen Deadlocks (gegenseitiges Sperren zweier Zugriffe, die aufeinander warten).
`ReadCommitted`	Durch die Verwendung von Sperren werden Änderungen erst dann für andere Verbindungen sichtbar, wenn diese bestätigt werden. Versuchen in der Zeit andere Verbindungen, auf die Daten zuzugreifen, müssen sie warten, bis die Sperren entfern werden (durch `COMMIT` oder `ROLLBACK`). Dies ist der Standardwert.
`RepeatableRead`	Durch weitere Sperren wird für diesen Isolationsgrad Sorge getragen, dass Daten auch bei mehrfachem Lesen den gleichen Wert haben. Unabhängig davon, ob sie von einer anderen Verbindung geändert wurden oder vielleicht schon gar nicht mehr existieren (sogenannte Phantomzeilen).
`Serializable`	Dieser Isolationsgrad sperrt großzügig alle betroffenen Daten einer Abfrage, wodurch ein noch höherer Schutz realisiert wird. Auf der anderen Seite steigen die Chancen eines Deadlocks. Dieser Grad findet oft mit dem `DataSet`-Objekt Verwendung.

`Snapshot`	Dieser Isolationsgrad bietet das beste Umfeld für die laufenden Abfragen. Änderungen werden in einer Kopie der betroffenen Datenbank gemacht. Damit werden Änderungen ohne Einsatz von hinderlichen Sperren erst dann sichtbar, wenn sie bestätigt werden. Achtung: Dieser Isolationsgrad ist sehr ressourcenhungrig und muss vor Verwendung in der Datenbank mit der Anweisung
	`ALTER DATABASE <Datenbank>`
	`SET ALLOW_SNAPSHOT_ISOLATION ON;`
	konfiguriert werden. Dieser Isolationsgrad kann nicht zusammen mit dem FileStream-Feature verwendet werden.

`Unspecified`	Der Isolationsgrad kann nicht bestimmt werden. Mit diesem Wert können keine Transaktionen begonnen werden, und er sollte beim Einsatz mit dem SQL Server nicht auftreten.

Hinweis:

Beachten Sie, dass die Isolationsgrade von `ReadUncomitted` bis `Snaphot` nicht nur immer komfortabler werden, sondern auch immer mehr Ressourcen des SQL Servers beanspruchen.

5.13.3 Praktischer Einsatz

Im Folgenden findet sich eine Reihe von Beispielen, wie mit der `SqlTransaction`-Klasse gearbeitet werden kann.

5.13.3.1 Transaktion verwenden für den Fehlerfall

Diese Methode soll nach Angabe einer Kundennummer sowohl den Stammdatensatz als auch die Kreditkartendaten (die aus sicherheitstechnischen Gründen in einer anderen Tabelle gespeichert werden) eines Kunden löschen. Wird in einem der beiden Schritte nicht genau eine Zeile gelöscht, dann wird dies als Fehler interpretiert und eine Ausnahme vom Typ `ArgumentException` erzeugt. Tritt ein Fehler auf, so sollen keinerlei Änderungen durchgeführt werden.

```
private void deleteCustomer(string CustomerNo)
{
    // Stammdaten und Kreditkartendaten löschen
    SqlTransaction tran;
    try
    {
        // Verbindung zum Server aufbauen
        using (SqlConnection con = new SqlConnection
        (@"Data Source=.\SQLExpress;Initial Catalog=Test;" +
           "Integrated Security=True"))
        {
            // Verbindung öffnen
            con.Open();

            tran = con.BeginTransaction(); // Transaktion starten
            try
            {
                using (SqlCommand cmd = con.CreateCommand())
                {
                    cmd.Transaction = tran; // Transaktion zuweisen
                    cmd.CommandType = CommandType.Text;

                    // Stammdaten löschen
                    cmd.CommandText =
                     "DELETE FROM Kunden WHERE CustomerID=@CustomerID;";

                    // Parameter einsetzen
                    cmd.Parameters.AddWithValue
                     ("CustomerID", CustomerNo);

                    // Ausführen und Anzahl betroffener Zeilen prüfen
                    if (cmd.ExecuteNonQuery() != 1)
                        throw new ArgumentException("Fehler!");

                    // Kreditkartendaten ebenfalls löschen
                    cmd.CommandText =
                      "DELETE FROM Kreditkarten WHERE " +
                      "CustomerID = @CustomerID;";
```

```
                    // Der Wert für Parameter CustomerID ist noch in der
                    // Auflistung und kann weiter genutzt werden
                    // Ausführen und Anzahl der betroffenen Zeilen prüfen
                    if (cmd.ExecuteNonQuery() != 1)
                        throw new ArgumentException("Fehler!");
                }
                // Alles okay, Transaktion bestätigen
                tran.Commit();
            }
            catch
            {
                // Bei Fehler Transaktion rückgängig machen
                tran.Rollback();
                throw; // Ausnahme weiterreichen
            }
        }
    }
    catch (ArgumentException ex)
    { /* In einem Fall wurde nicht genau eine Zeile gelöscht*/ }
    catch (SqlException ex)
    { /* SQL Server-bezogener Fehler. Server erreichbar? */}
    catch (Exception ex)
    { /* Sonstiger Fehler */;}
}
```

Was dieser Methode fehlt, ist die Verarbeitung der Ausnahmen, die erzeugt wurden. Üblicherweise kann man hier eine anwendungsbezogene Ausnahme erzeugen, damit beim Aufrufen erkennbar ist, dass ein Fehler aufgetreten ist.

Hinweis:

Der Code dieser Methode befindet sich in der Beispielanwendung in der Klasse `Sonstiges`, wird jedoch nicht weiter verwendet.

5.13.3.2 Transaktion zwischenspeichern

Dieses Beispiel ist eine Erweiterung des Beispiels aus *5.13.3.1*, „Transaktion verwenden für den Fehlerfall“. Die Methode wird so erweitert, dass nicht nur eine einzelne Kundennummer als Parameter akzeptiert wird, sondern eine generische Liste aus beliebig vielen Kundennummern. Nachdem jeweils die Stammdaten und die Kreditdateninformationen eines Kunden gelöscht wurden, wird die Transaktion gesichert, sodass im Fehlerfall dieser Punkt wiederhergestellt werden kann.

```
private List<string> deleteCustomers(List<string> CustomerNos)
{
    // Stammdaten und Kreditkartendaten löschen
    // Alle gelöschten Kunden werden zurückgeliefert
    SqlTransaction tran;
    List<string> geloescht = new List<string>();
    try
    {
        // Verbindung zum Server aufbauen
        using (SqlConnection con = new SqlConnection
        (@"Data Source=.\SQLExpress;Initial Catalog=Test;" +
           "Integrated Security=True"))
        {
            // Verbindung öffnen
            con.Open();

            // Transaktion starten
            tran = con.BeginTransaction("RB");
            using (SqlCommand cmd = con.CreateCommand())
```

```
            {
                cmd.Transaction = tran; // Transaktion zuweisen
                cmd.CommandType = CommandType.Text;

                // Alle Kundennummern durchlaufen
                foreach (string cno in CustomerNos)
                {
                    try
                    {
                        // Stammdaten löschen
                        cmd.CommandText =
                         "DELETE FROM Kunden WHERE CustomerID = " +
                         "@CustomerID;";

                        // Parameter vom letzten Durchlauf entfernen
                        cmd.Parameters.Clear();

                        // Parameter einsetzen
                        cmd.Parameters.AddWithValue("CustomerID", cno);
                        if (cmd.ExecuteNonQuery() != 1)
                            throw new ArgumentException("Fehler!");

                        // Kreditkartendaten löschen
                        cmd.CommandText = "DELETE FROM Kreditkarten " +
                         "where CustomerID = @CustomerID;";

                        // Der Wert für Parameter CustomerID ist noch in
                        // der Auflistung und kann weiter genutzt werden
                        if (cmd.ExecuteNonQuery() != 1)
                            throw new ArgumentException("Fehler!");

                        // Ein Kunde konnte komplett gelöscht werden
                        // Transaktion sichern
                        tran.Save("RB");

                        // In Rückgabemenge aufnehmen
                        geloescht.Add(cno);
                    }
                    catch
                    {
                        // Fehler, also Transaktion rückgängig machen
                        tran.Rollback("RB");

                        // Leider ist damit die Transaktion beendet,
                        // sodass wir die Schleife verlassen müssen
                        throw;
                    }
                }
            }
            // Alles okay, Transaktion bestätigen
            tran.Commit();
        }
    }
    catch (ArgumentException ex)
    { /* In einem Fall wurde nicht genau eine Zeile gelöscht*/ }
    catch (SqlException ex)
    { /* SQL Server-bezogener Fehler. Server erreichbar? */}
    catch (Exception ex)
    { /* Sonstiger Fehler */;}
    // Rückgabe der gelöschten Kundennummern
    return geloescht;
}
```

Was dieser Methode ebenso fehlt, ist die Verarbeitung der Ausnahmen, die erzeugt werden. Üblicherweise kann man hier eine anwendungsbezogene Ausnahme erzeugen, damit beim Aufrufen erkennbar ist, dass ein Fehler aufgetreten ist. Ein Aufruf könnte testweise so aussehen:

```
List<string> r = deleteCustomers(
                  new List<string>(new string[] { "K1", "K2", "K3" }));
```

Hinweis:

Der Code dieser Methode befindet sich in der Beispielanwendung in der Klasse `Sonstiges`, wird jedoch nicht weiter verwendet.

5.14 Die SqlException- und SqlError-Klasse

Kommt es bei der Arbeit mit ADO.NET zu einem Fehler, wird eine Ausnahme vom Typ `System.Data.SqlClient.SqlException` erzeugt. Diese Ausnahme enthält neben den üblichen Informationen eine Auflistung aller SQL Fehler, die vom SQL Server zurückgeliefert wurden. Jeder dieser Fehler wird in Form der `System.Data.SqlClient.SqlError`-Klasse dargestellt.

Der SQL Server gruppiert Fehler nach ihrem Schweregrad (Severity) von 0 bis 25. Dabei gilt: Je höher der Schweregrad, desto schwerwiegender der Fehler.

- *0 bis 10*: Dies sind weniger richtige Fehler, sondern mehr benutzerdefinierte Warnungen. Daher lösen diese Grade keine `SqlException`-Ausnahme aus, sondern lediglich das `InfoMessage`-Ereignis der `SqlConnection`-Klasse.
- *11 bis 16*: Bei diesen Schweregraden ist es von der `FireInfoMessageEventOnUserError`-Eigenschaft des `SqlConnection`-Objektes abhängig, ob ein `InfoMessage`-Ereignis ausgelöst oder eine `SqlException`-Ausnahme erzeugt wird.
- 17 bis 18: Bei diesen Graden wird immer eine `SqlException`-Ausnahme erzeugt.
- *19 bis 25*: Diese Fehler können nur vom SQL Server selbst, von Mitgliedern der `sysadmin`-Rolle oder Benutzern mit `ALTER TRACE`-Berechtigung erzeugt werden. Ab 20 werden sie als schwerwiegend betrachtet. Wird ein solcher Fehler ausgelöst, wird dies vom Server protokolliert, und die Verbindung zum Client wird abgebrochen. In jedem Fall wird eine `SqlException`-Ausnahme erzeugt.

Hinweise:

Der Begriff „Severity" („Ernst", „Ernsthaftigkeit", „Härte" etc.) wird in der deutschen Version des SQL Servers etwas ungünstig mit „Ebene" übersetzt. Gemeint ist eigentlich Schweregrad.

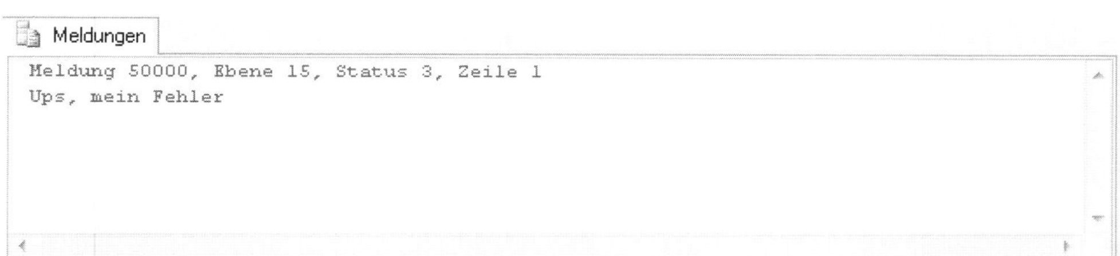

Abbildung 5.7 Mit „Ebene" ist eigentlich „Schweregrad" gemeint.

Wichtig:
Inhaltlich entspricht die `SqlException`-Ausnahme dem ersten Element (Index 0) der `Errors`-Auflistung. Die Ausnahme stellt lediglich die „Spitze des Eisberges" dar, sodass immer mindestens ein Element in der `Errors`-Auflistung existiert.

Hinweis:
Durch Aufruf des T-SQL Befehls `RAISERROR` können Sie per T-SQL Fehler erzeugen.

5.14.1 Wichtige Eigenschaften der SqlException-Klasse

Wie üblich stehen die Details über die Ausnahme durch deren Eigenschaften zur Verfügung. Die Werte, die dadurch ausgelesen werden, gehören zu dem Fehler, der an erster Stelle einer möglichen Fehlerkette steht, d.h., der dem .NET-Code am nächsten liegt. Um an Informationen über Fehler zu gelangen, die tiefer verborgen sind, muss die `Errors`-Auflistung durchlaufen werden.

Tabelle 5.38 Wichtige Eigenschaften der SqlException-Klasse

Eigenschaft	Beschreibung
`Class`	Liefert den Schweregrad des Fehlers.
`Errors`	Eine Auflistung der bei der Ausführung aufgetretenen Fehler. Etwas weiter unten finden Sie dazu mehr Details.
`LineNumber`	Liefert die Zeilennummer, in welcher der Fehler aufgetreten ist.
`Number`	Liefert eine Nummer, die den Typ des Fehlers beschreibt.
`Message`	Enthält die Nachricht als Text.
`Procedure`	Liefert den Namen der gespeicherten Prozedur, die den Fehler ausgelöst hat.
`State`	Liefert den numerischen Code für den Status des Fehlers. Dieser kann dazu verwendet werden, bei benutzerdefinierten Fehlern, die an mehreren Stellen ausgelöst werden können, durch eindeutige Werte die betreffende Stelle im Quelltext schneller zu finden.

Hinweis:
Da die `SqlException`-Klasse (wie jede andere Ausnahme) von `System.Exception` abgeleitet ist, kann auch auf die gewohnten Eigenschaften einer Ausnahme zugegriffen werden.

5.14.2 Die SqlError-Klasse

Die `Errors`-Eigenschaft der `SqlException`-Klasse stellt eine Auflistung aller Fehler in Form von `SqlError`-Objekten bereit, die während einer Ausführung aufgetreten sind.

Damit lassen sich die beteiligten Fehler so weit in die Tiefe verfolgen bis zu dem Fehler, welcher der eigentliche Auslöser war.

Tabelle 5.39 Wichtige Eigenschaften der SqlError-Klasse

Eigenschaft	Beschreibung
`Class`	Liefert den Schweregrad des Fehlers.
`Errors`	Eine Auflistung der bei der Ausführung aufgetretenen Fehler.
`LineNumber`	Liefert die Zeilennummer, in welcher der Fehler aufgetreten ist.
`Number`	Liefert eine Nummer, die den Typ des Fehlers beschreibt.
`Message`	Enthält die Nachricht als Text.
`Procedure`	Liefert den Namen der gespeicherten Prozedur, die den Fehler ausgelöst hat.
`State`	Liefert den numerischen Code für den Status des Fehlers. Dieser kann dazu verwendet werden, bei benutzerdefinierten Fehlern, die an mehreren Stellen ausgelöst werden können, durch eindeutige Werte die betreffende Stelle im Quelltext schneller zu finden.

5.14.3 Alle relevanten Informationen im Fehlerfall auswerten

Dieses kleine Beispiel aus der Beispielanwendung des Kapitels zeigt, wie im Falle eines Fehlers durch Abfangen der `SqlException`-Ausnahme auf alle relevanten Informationen über die beteiligten Fehler zugegriffen werden kann.

Zu beachten ist, dass nicht das `SqlException`-Objekt selbst ausgewertet wird, sondern die `SqlErrors`-Auflistung dafür durchlaufen wird.

```
try
{
     // Stelle, welche die SqlException-Ausnahme erzeugt
}
catch (SqlException ex)
{
    writeMessage("== SqlException ==");
    writeMessage(" SqlErrors: Anzahl {0}",ex.Errors.Count);
    foreach (SqlError SqlError in ex.Errors)
    {
        writeMessage("{0}", SqlError.Message);
        writeMessage(" Class: {0}", SqlError.Class);
        writeMessage(" LineNumber: {0}", SqlError.LineNumber);
        writeMessage(" Number: {0}", SqlError.Number);
        writeMessage(" Procedure: {0}", SqlError.Procedure);
        writeMessage(" State: {0}", SqlError.State);
    }
}
```

Wichtig:

In jedem Fall sollte sichergestellt sein, dass das beteiligte `SqlConnection`-Objekt durch einen Aufruf von `Close()` ordnungsgemäß geschlossen wird. Unter *5.2.1*, „Wichtige Methoden und Eigenschaften", finden Sie Details, wie sich dies mittels eines `using`-Blocks oder einer `try`...`catch`...`finally` -Konstruktion erreichen lässt.

5.15 MARS (Multiple Active Result Sets)

Um mit einem `SqlConnection`-Objekt mehr als nur ein `SqlDataReader`-Objekt und zusätzlich noch T-SQL Anweisungen wie `INSERT`, `DELETE` oder `UPDATE` verwenden zu können, muss in der Verbindungszeichenfolge der Parameter `MultipleActiveResultSets` den Wert `True` erhalten. Dies aktiviert `MARS` für diese Verbindung, womit dem Programmierer folgende Eigenschaften zur Verfügung stehen, die ohne nicht möglich sind.

- Mehr als nur ein Aufruf der Methoden `SqlCommand.ExecuteDataReader()` und `SqlCommandExecuteXmlReader()` möglich.
- Zusätzlich können die Methoden `SqlCommand.ExecuteNonQuery()` und `SqlCommand.ExecuteScalar()` ausgeführt werden.

Möglich ist mit solchen Eigenschaften z.B. das Durchlaufen der Zeilen eines `SqlDataReader`-Objektes, verbunden mit dem Ausführen einer `UPDATE`-Anweisung mittels `ExecuteNonQuery()`-Methode – alles mit einem einzigen `SqlConnection`-Objekt.

Dies ist ein Beispiel für eine MARS-fähige Verbindungszeichenfolge:

```
Data Source=dnc2\SQLExpress;Initial Catalog=Test;
Integrated Security=True; MultipleActiveResultSets=True;
```

5.16 Asynchrone Ausführung

Häufig kommt es bei den Arbeiten mit Datenbanken dazu, dass eine Operation etwas länger dauert – unschöne Effekte wie das Einfrieren der Oberfläche sind die Folge. Um dies zu vermeiden, gibt es eine Reihe von Möglichkeiten:

- Asynchrone Ausführung mittels der IAsyncResult-Schnittstelle
- BackgroundWorker-Komponente
- Threads

Im Folgenden werden diese Möglichkeiten erläutert.

5.16.1 Die IAsyncResult-Schnittstelle

Die `SqlCommand`-Klasse unterstützt die `IAsyncResult`-Schnittstelle und besitzt daher für die folgenden drei Methoden jeweils ein Pärchen von `BeginExecuteXXX()`- und `EndExecuteXXX()`-Methoden, um asynchrone Aufrufe zu realisieren.

Tabelle 5.40 Synchrone/Asynchrone Methoden des SqlCommand-Objektes

Synchrone Methode	Asynchrone Methodenpärchen
`ExecuteNonQuery()`	`BeginExecuteNonQuery()/EndExecuteNonQuery()`
`ExecuteDataReader()`	`BeginExecuteDataReader()/EndExecuteDataReader()`
`ExecuteXmlReader()`	`BeginExecuteXmlReader()/EndExecuteXmlReader()`

Hinweise:

Leider besitzt die `SqlDataAdapter`-Klasse keine Schnittstelle, sodass Sie beim Befüllen umfangreicher `DataSet`-Objekte auf eine der beiden anderen Methoden ausweichen müssen.

Um asynchrone Zugriffe auf die Datenbank zu ermöglichen, muss in der verwendeten Verbindungszeichenfolge der Parameter `Asynchronous Processing` (oder einfach `Async`) den Wert `True` erhalten.

```
string conString = @"Data Source=.\SQLExpress;
            Initial Catalog=Test;Integrated Security=True;Async=True;"
```

Ein asynchroner Aufruf unterscheidet sich bei der Vorbereitung ansonsten nicht von einem synchronen Aufruf.

```
try
{
    using (SqlConnection con = new SqlConnection(conString))
    {
        con.Open();
        using (SqlCommand cmd = con.CreateCommand)
        {
            // Gespeicherte Prozedur aufrufen,
            // die eine Zeit lang laufen wird
            cmd.CommandTimeout = 0; // Unbegrenzt lange warten
            cmd.CommandType = CommandType.TableDirect;
            cmd.CommandText = "performMaintenance";
            // Ausführung starten
            IAsyncResult result = cmd.BeginExecuteNonQuery();
            Debug.Print("Wartung gestartet");
            while (!result.IsCompleted)
            {
                Threading.Thread.Sleep(1000);
                Debug.Print("{0:t} Wartung läuft", DateTime.Now);
            }
            Debug.Print("Wartung abgeschlossen);
            // Ergebnis
            int MaintenanceResult = cmd.EndExecuteNonQuery(result);
            // ..
        }
    }
}
catch (SqlException ex)
{
    // Vorsicht beim Zugriff auf die Oberfläche, die Ausnahme
    // kann von einem anderen Thread erzeugt worden sein
    Debug.Print("Fehler! {0}", ex.ToString());
}
```

Als Alternative zur regelmäßigen Abfrage, die prüft, ob die Ausführung abgeschlossen ist (Polling), kann mit einer Callback-Methode gearbeitet werden, die aufgerufen wird, wenn die Ausführung zu einem Ende gekommen ist.

In diesem Fall ändert sich der Start der asynchronen Ausführungen, und das regelmäßige Abfragen entfällt selbstverständlich.

```
// Ausführung starten
cmd.BeginExecuteNonQuery(new AsyncCallback(AsyncCallbackFunction), null);


// Ausgabe in das Debug-Objekt
Debug.Print("Wartung begonnen");
```

Hinweis:

Der zweite Parameter der `BeginExecuteNonQuery()`-Methode, der in dem Beispiel den Wert `null` erhält, kann ein beliebiges, benutzerdefiniertes Objekt sein, das in der Callback-Methode über `ar.AsyncState` zur Verfügung steht. Damit kann eine Callback-Methode für mehrere, unterschiedliche asynchrone Ausführungen gleichzeitig verwendet werden, die über diesen Wert unterschieden werden können.

Die Callback-Methode sieht dann entsprechend so aus:

```
void AsyncCallbackFunction(IAsyncResult ar)
{
    Debug.Print("Wartung abgeschlossen");

    // Ergebnis
    int MaintenanceResult = cmd.EndExecuteNonQuery(result);

    // ...
}
```

Achtung:

Das Ereignis kann von einem anderen Thread ausgeführt werden als der, mit dem die Operation gestartet und die Oberfläche erzeugt wurde. Dies macht einen Thread-Wechsel notwendig, bevor auf die Oberfläche zugegriffen werden kann. Unter *5.16.3*, „Thread", finden Sie, wie dies mit `Delegate`-Objekten und der `Invoke()`-Methode funktioniert.

Für das vorzeitige Abbrechen asynchroner Aufrufe existiert die `Cancel()`-Methode des `SqlCommand`-Objektes. Durch deren Aufruf wird versucht, die laufende Operation abzubrechen. Gelingt dies nicht, so wird eine Ausnahme erzeugt.

Ist die Ausführung zum Zeitpunkt des Aufrufes bereits abgeschlossen, passiert nichts.

5.16.2 BackgroundWorker-Komponente

Durch die Entwurfszeitkomponente BackgroundWorker ist es relativ leicht, umfangreiche Aufgaben im Hintergrund auszuführen, während die Oberfläche nicht blockiert wird und weiter vom Anwender Eingaben entgegennehmen kann. Leider hat diese Komponente eine Eigenschaft, die ihre Verwendung in Verbindung mit ADO.NET relativ unbrauchbar macht: Sie lässt sich nicht zu einem beliebigen Zeitpunkt unterbrechen.

Zwar gibt es prinzipiell die Möglichkeit, ihre Ausführung abzubrechen (`CancelAsync()`-Methode), dies bewirkt jedoch keinen Abbruch, sondern lediglich, dass die `CancellationPending`-Eigenschaft den Wert `true` erhält. Dieser muss dann bei der Ausführung (`DoWork`-Ereignis) berücksichtigt werden. Da dies jedoch nicht während der synchronen Datenbankoperation möglich ist, geschieht der Abbruch frühestens nach deren Beendigung. Aufgrund dieser Einschränkung, ist die BackgroundWorker-Komponente für die asynchrone Ausführung bei länger dauernden Aufrufen nicht brauchbar – nur für viele kürzere, die in einer Schleife laufen, da sonst das Abfragen der `CancellationPending`-Eigenschaft den Code aufbläht.

5.16.3 Thread

Die flexibelste Lösung stellt die Verwendung eines Threads für die Ausführung längerer Datenbankoperationen dar. Da Threads nicht auf die `IAsyncResult`-Schnittstelle angewiesen sind, eignen sie sich optimal zur parallelen Ausführung verschiedenster Operationen. Durch den Einsatz mehrerer Threads kann neben der Datenbeschaffung auch eine andere Aktion wie z.B. die Darstellung einer kleinen Animation einfach umgesetzt werden.

Die Beispielanwendung „ADOServerTester" nutzt Threads, um zu testen, ob die Verbindungszeichenfolge gültig ist und der benannte Server erreicht werden kann. Damit wird der Effekt vermieden, dass während des Verbindungsversuchs die Anwendung „einfriert".

Die einzige kleinere Hürde liegt darin begründet, dass ein Thread nicht auf Oberflächenelemente zugreifen darf, wenn er diese nicht selbst erzeugt hat. Die einzige Lösung liegt in diesem Fall darin, mittels eines `Delegate`-Objekts und der `Invoke()`-Methode einen Thread-Wechsel zu veranlassen.

Hinweis:
Die Beispielanwendung „ADOBulkCopyMachine" dieses Kapitels verwendet ebenfalls Threads, um Daten asynchron zu kopieren.

Wie das funktioniert, zeigt dieser kleine Code-Ausschnitt für Windows Forms:

```
delegate void showThreadResultDelegate(string msg, bool success);

void showThreadResult(string msg, bool success)
{
    if (InvokeRequired)
        Invoke(new showThreadResultDelegate(showThreadResult), new ob-
ject[] { msg, success });
    else
    {
        button1.Text = "Test";
        MessageBox.Show(string.Format("Erfolg: {0}", success), msg);
    }
}
```

Die Schaltfläche `button1` fungiert sowohl zum Starten als auch zum Abbrechen des Verbindungsversuchs. Über die Variable `workingThread`, die bei Ausführung eine Referenz auf den Thread enthält, wird entschieden, was genau bei einem Klick geschehen muss.

```
private void button1_Click(object sender, EventArgs e)
{
    // Wird der Thread gerade ausgeführt, brechen wir ihn ab
    // Sonst aber wird er gestartet
    if (workingThread == null)
    {
        // Start vorbereiten
        workingThread = new System.Threading.Thread(
            new System.Threading.ParameterizedThreadStart(ThreadStart));
        workingThread.IsBackground = true;

        // Und Starten
        workingThread.Start(txtConString.Text);

        // Schaltfläche anpassen
        button1.Text = "Abbrechen";
    }
```

```
        else
        {
            // Thread abbrechen
            workingThread.Abort();

            // Schaltfläche anpassen
            button1.Text = "Test";
        }
    }
```

Die Implementierung der `ThreadStart()`-Methode, die den Verbindungsaufbau versucht, ist recht einfach. Einzig muss darauf geachtet werden, dass eine Ausnahme vom Typ `ThreadAbortException` zu jedem Zeitpunkt erzeugt werden kann, wenn der Thread beendet wird. Dies ist dann kein Fehler, sondern nur das Signal aufzuhören.

Wichtig:

Nachdem eine Ausnahme vom Typ `ThreadAbortException` abgefangen wurde, wird lediglich der `finally`-Teil noch ausgeführt. Der Teil nach dem `try...catch` kommt nicht mehr zur Ausführung.

```
void ThreadStart(object ConString)
{
    // Testet, ob eine Verbindung mit der Verbindungszeichenfolge
    // geöffnet werden kann.
    try
    {
        using (SqlConnection con = new SqlConnection((string)ConString))
        {
            con.Open();
            showThreadResult("Erfolg", true);
        }
    }
    catch (System.Threading.ThreadAbortException)
    {
        showThreadResult("Abbruch", false);
    }
    catch
    {
        showThreadResult("Fehler", false);
    }
    finally
    {
        // Wird bei einem Thread-Abbruch noch ausgeführt
        workingThread = null;
    }
    // Alles, was nach dem try...catch kommt, wird nach einem
    // Thread-Abbruch nicht mehr ausgeführt!
}
```

Hinweis:

Den kompletten Quelltext finden Sie in der Beispielanwendung „ADOServerTest" dieses Kapitels.

5.17 Tipps und Tricks

5.17.1 Das Schema einer Tabelle abfragen

Das Vorgehen, um das Schema einer Tabelle (oder Sicht) abzufragen, unterscheidet sich nur geringfügig vom Abrufen von Daten mit einem `SqlDataReader`-Objekt. Durch einen Aufruf der `SqlCommand.ExecuteDataReader()`-Methode wird neben dem Inhalt immer auch das Schema der zugrunde liegenden Daten mitgeliefert.

Hinweis:
Wenn Sie nur an dem Schema, nicht aber an den Daten interessiert sind, so kann für diesen Zweck der Wert `CommandBehavior.SchemaOnly` beim Aufruf der `ExecuteReader()`-Methode verwendet werden. Das folgende Beispiel demonstriert dies.

Die `GetSchemaTable()`-Methode der `SqlDataReader`-Klasse liefert dabei alle verfügbaren Schemainformationen in Form eines `DataTable`-Objekts.

Wichtig:
Werden lediglich die Namen und Datentypen (indirekt auch der Index) der Spalten benötigt, so ist dieses Vorgehen nicht notwendig, da diese Informationen auch durch das `SqlDataReader`-Objekt zur Verfügung stehen.

In dieser Tabelle befinden sich zeilenweise für jede Spalte der angebenden Abfrage folgende Informationen:

Tabelle 5.41 Verfügbare Schemainformationen

Information	Bedeutung
`ColumnName`	Liefert den Namen der Spalte oder `null`, wenn die Spalte keinen Namen hat.
`ColumnOrdinal`	Liefert den Index der Spalte.
`ColumnSize`	Die maximale Länge der Daten, die in dieser Spalte Platz finden können.
`NumericPrecision`	Liefert bei numerischen Werten die Anzahl der möglichen Stellen, sonst den Wert 255.
`NumericScale`	Liefert bei numerischen Werten die Anzahl der Stellen nach dem Komma, sonst den Wert 255.
`IsUnique`	Liefert den Wert `true`, wenn diese Spalte eindeutig ist.
`IsKey`	Liefert den Wert `true`, wenn diese Spalte zum Primärschlüssel gehört.
`DataType`	Liefert den Datentyp als CLR-Datentyp.
`AllowDBNull`	Liefert den Wert `true`, wenn diese Spalte auf dem SQL Server den Wert `NULL` akzeptiert.

Information	Bedeutung
`ProviderType`	Liefert den Datentyp der Spalte.
`IsAliased`	Liefert den Wert `true`, wenn diese Spalte in der Abfrage einen Alias erhalten hat.
`IsExpression`	Liefert den Wert `true`, wenn diese Spalte ein berechneter Ausdruck ist.
`IsIdentity`	Liefert den Wert true, wenn diese Spalte die Identitätsspalte der Tabelle ist.
`IsAutoIncrement`	Liefert den Wert `true`, wenn der Wert dieser Spalte für neue Zeilen automatisch erhöht wird (AutoIncrement-Spalte).
`IsRowVersion`	Liefert den Wert `true`, wenn diese Spalte die RowGuid-Spalte ist.
`IsHidden`	Liefert den Wert `true`, wenn diese Spalte ausgeblendet ist. Ausgeblendete Spalten sind z.B. der restliche Teil eines Primärschlüssels, wenn die `SELECT`-Anweisung nur einen Teil des Schlüssels zurückliefert. Sie befinden sich immer hinter den sichtbaren Spalten.
`IsLong`	Liefert den Wert `true`, wenn diese Spalte `BLOB`-Werte enthält.
`IsReadOnly`	Liefert den Wert `true`, wenn diese Spalte vor Änderungen gesperrt ist.
`ProviderSpecificDataType`	Liefert den Datentyp der Spalte als Wert der `Sytem.Data.SqlTypes`-Aufzählung.
`DataTypeName`	Der Datentyp der Spalte auf dem SQL Server.

Das folgende Beispiel ruft das Schema ab und gibt die vorhandenen Informationen der Reihe nach aus:

```
public static void queryTableSchema(string conString, string query)
{
    DataTable Schema;

    // Verbindung zur Datenbank aufbauen und öffnen
    using (SqlConnection con = new SqlConnection(conString))
    {
        con.Open();
        using (SqlCommand cmd = con.CreateCommand())
        {
            cmd.CommandText = query;

            // Nun lediglich das Schema abrufen
            // Und using-Block verlassen, damit die Verbindung zur
            // Datenbank geschlossen werden kann
            Schema = cmd.ExecuteReader(CommandBehavior.SchemaOnly).
                     GetSchemaTable();
        }
    }

    // Nun die Schemadaten auswerten
    foreach (DataRow dr in Schema.Rows)
    {
        // Namen anzeigen
        Debug.Print("Spalte: '{0}'", dr["ColumnName"]);
        Debug.IndentLevel = 1;

        // Nun alle Eigenschaften anzeigen
        for (int i = 0; i < Schema.Columns.Count - 1; i++)
            Debug.Print("'{0}' = {1}", Schema.Columns[i].Caption,dr[i]);
        Debug.IndentLevel = 0;
    }
}
```

Hinweis:
Der Code dieser Methode befindet sich in der Beispielanwendung in der Klasse `Sonstiges`, wird jedoch nicht weiter verwendet.

5.17.2 Das Kennwort über SqlConnection.ConnectionString erhalten

Um das Kennwort für die SQL Server-Authentifizierung zu erhalten, muss die Verbindungszeichenfolge dem Parameter `Persistent Security` den Wert `True` zuweisen. Ist dies nicht der Fall, wird die Verbindungszeichenfolge beim Abfragen der `ConnectionString`-Eigenschaft ohne Kennwort zurückgeliefert. Ähnlich sieht es dann mit der `SqlConnectionStringBuilder`-Klasse aus. Bei dieser wird beim Auslesen der `Password`-Eigenschaft eine leere Zeichenkette geliefert. Weitere Details finden Sie unter *5.3*, „Die SqlConnectionStringBuilder-Klasse“.

5.17.3 Das Kennwort bei SQL Server-Authentifizierung ändern

Um das Kennwort einer SQL Server-Anmeldung zu ändern, steht die statische Methode `ChangePassword()` zur Verfügung. Sie erwartet zwei Parameter:

Tabelle 5.42 Parameter der SqlConnection.ChangePassword()-Methode

Parameter	Beschreibung
`connectionString`	Eine Verbindungszeichenfolge, die den Benutzernamen und das alte Kennwort enthält sowie genügend Informationen, um auf den SQL Server zuzugreifen. Es darf keine Windows-Authentifizierung gefordert werden (Parameter `Integrated Security`).
`newPassword`	Das neue Kennwort. Dieses muss alle konfigurierten Richtlinien erfüllen.

In der Praxis sieht dies dann so aus:

```
String cs = @"Data Source=.\sqlexpress;User ID=sa;Password=geheim";
String newPassword = "auch geheim";

// Kennwortänderung durchführen
SqlConnection.ChangePassword(cs, newPassword);
```

Das neue Kennwort ist dann augenblicklich gültig und muss daher bei allen folgenden Verbindungen zum SQL Server verwendet werden.

Wichtig:
Die Verwendung dieser Methode hat im Gegensatz zu einem direkten Aufruf der gespeicherten Systemprozedur `sp password` den Vorteil, dass alle nicht mehr benötigten Verbindungen aus den von ADO.NET verwalteten Verbindungspools entfernt werden – die Änderung des Kennwortes macht sie unbrauchbar.

5.17.4 Feststellen, warum eine SQL Server-Anmeldung fehlschlägt

Manchmal reicht es nicht, nur zu erkennen, dass eine SQL Server-Anmeldung fehlgeschlagen ist. Man möchte auch wissen warum. Für diesen Fall enthält die `SqlException`-Ausnahme nähere Informationen in den Eigenschaften `Number` und `Class`.

Tabelle 5.43 Werte der SqlException.Number-Eigenschaft bei fehlerhaftem Login

Number-Wert	Class-Wert	Bedeutung
–1	20	SQL Server konnte nicht erreicht werden.
17142	14	Der SQL Server pausiert und nimmt keine neuen Verbindungen an. Benutzername und Kennwort wurden daher auch nicht überprüft.
18456	14	Benutzername oder Kennwort sind falsch
18487	14	Das Kennwort ist abgelaufen und muss vor der nächsten Anmeldung geändert werden.
18488	14	Das Kennwort muss vor der nächsten Anmeldung zurückgesetzt werden.

In C# kann dies so abgefragt werden:

```
try
{
    myConnection.Open(); // Dies schlägt fehl
    ...
}
catch (SqlException ex)
{
    switch (ex.Number)
    {
        case -1:
            if (ex.Class == 20)
                MessageBox.Show("SQL Server nicht erreichbar.");
            break;
        case 18487:
            MessageBox.Show("Das Kennwort ist abgelaufen");
            break;
        case 18488:
            MessageBox.Show("Das Kennwort muss zurückgesetzt werden");
            break;
        default:
            // Dies behandelt auch ex.Number == 18456
            MessageBox.Show("Benutzername/ Kennwort sind falsch");
            break;
    }
}
```

5.17.5 Verbindungs-Pool per Code leeren

Es gibt zwei Wege, den Verbindungs-Pool des ADO.NET zu leeren und damit den Zustand herzustellen, der beim Start der Anwendung herrschte. Um gezielt den Connection-

Pool zu leeren, dem ein geöffnetes `SqlConnection`-Objekt angehört, existiert die statische Methode `SqlConnection.ClearPool()`. Ihr Aufruf sieht so aus:

```
// SqlConnection-Objekt erzeugen und öffnen
SqlConnection con = new SqlConnection(MeinConnectionString);
con.Open();

// Connection-Pool der angegebenen Verbindung leeren
SqlConnection.ClearPool(con);
```

Sollen, unabhängig von einer bestimmten Verbindung, alle Connection-Pools geleert werden, so lässt sich dies so tun:

```
// Alle Connection-Pools leeren
SqlConnection.ClearAllPools();
```

Wichtig:

Das regelmäßige Leeren der Connection-Pools sollte vermieden werden, da dies die Ausführung der Anwendung bei jedem Erzeugen eines `SqlConnection`-Objektes merklich senkt. Sollte ein Connection-Pool „leerlaufen" (d.h., alle Verbindungen sind in Verwendung), ist dies oft ein Hinweis darauf, dass irgendwo `SqlConnection`-Objekte geöffnet, jedoch nicht wieder geschlossen wurden. Für Details, wie dies zuverlässig machbar ist, sehen Sie bitte *5.2*, „Die SqlConnection-Klasse".

6

6 CLR-Integration in SQL Server 2008 (R2)

Die seit SQL Server 2005 existierende Integration der CLR (Common Language Runtime) ist mit Sicherheit seit Langem das spannendste neue Feature des SQL Servers für den Programmierer. Es ermöglicht die Entwicklung programmierbarer Datenbankobjekte (wie z.B. gespeicherte Prozeduren, benutzerdefinierte Funktionen etc.) in einer .NET-Programmiersprache. Damit stehen (fast) alle Möglichkeiten in C# oder VB.Net offen, um so Dinge zu realisieren, die vor SQL Server 2005 selbst über komplizierte, sogenannte erweiterte Prozeduren in C++ nicht möglich waren.

Diese programmierten Objekte wie Prozeduren, Funktionen, Trigger etc. werden dabei wie gewöhnliche, per TSQL erstellte Objekte behandelt und können auch so verwendet werden.

6.1 Grundlagen

Jedes mit einer .NET-Sprache entwickelte Programm wird nicht direkt als ausführbarer Prozessorcode gespeichert, sondern in einer Art Zwischensprache, dem IL-Code (Intermediate Language). Unmittelbar vor der Ausführung wird dieser IL-Code in den vom Prozessor verwendeten spezifischen Prozessorcode übersetzt. Dieser Prozess wird von einem sogenannten JIT-Compiler (Just-in-time-Compiler) durchgeführt. Der so entstandene Prozessorcode wird letztendlich ausgeführt.

Hinweise:

Durch den „Umweg“ über IL-Code ist es unter anderem möglich, .NET-Code auf Nicht-Windows-Systemen auszuführen. Das Mono-Projekt ist dafür ein Beispiel[1]. Ein anderes ist die Silverlight 2.0-Unterstützung, die von Microsoft für Apple und Unix-/Linux-Betriebssysteme geplant ist.

[1] http://www.mono-project.com/Main_Page

Die Laufzeitumgebung ist dafür die CLR (Common Language Runtime), die wiederum von unterschiedlichen Umgebungen „gehostet", also beherbergt werden kann. Während gewöhnliche Anwendungen quasi vom Betriebssystem selbst und ASP.NET-Anwendungen vom IIS (Internet Information Services) gehostet werden, werden .NET-Erweiterungen für den SQL Server genau von diesem gehostet.

Auf diese Art lassen sich mit Visual Studio die folgenden Objekte entwickeln und debuggen, die sich nahtlos in den SQL Server einfügen.

- Gespeicherte Prozeduren
- Trigger
- Benutzerdefinierte Funktionen
- Tabellenwertfunktionen
- Aggregate
- Benutzerdefinierte Typen

Dabei ist es beim Debugging unerheblich, um welche Art von Objekt es sich handelt. Über ein T-SQL-Skript im Visual Studio wird das Objekt „gestartet", und der Debugger stoppt wie gewohnt an zuvor definierten Haltepunkten (siehe *6.2, „Entwicklung & Debugging"*).

6.1.1 Was ist machbar, was nicht?

Wie bereits angedeutet, ist nicht alles bei der Programmierung von .NET-Erweiterungen für den SQL Server erlaubt. Einige dieser Einschränkungen liegen allerdings auf der Hand und beziehen sich darauf, dass der Code völlig ohne Oberfläche ausgeführt wird. Funktionen, welche die grafische Benutzeroberfläche von Windows verwenden, stehen daher nicht zur Verfügung. Diese liegen vor allem in den Namensräumen `System.Windows.Forms`, `System.Drawing` und den der Windows Presentation Foundation (WPF).

Direkt verwendet werden können die folgenden Assemblies:

- CustomMarshalers
- Microsoft.VisualBasic/ Microsoft.VisualC
- System
- System.Data
- System.Data.OracleClient
- System.Data.SqlXml
- System.Security
- System.Transactions
- System.Web.Services
- System.Xml

Vervollständig wird die Liste durch alle Assemblys, die in der Datenbank durch eine `CREATE ASSEMBLY`-Anweisung erzeugt werden. Wie das geht, zeigt 6.1.8, „Assemblies mit T-SQL verwalten". Und auch das Beispiel *6.4.4, „LINQ to XML (oder andere Assemblies) verwenden"*, führ das Vorgehen vor.

Wird später im Visual Studio eine Referenz zu einem Projekt hinzugefügt (im Projektmappen-Explorer, Kontextmenü des Verweise-Ordners, Befehl Verweis hinzufügen...), so stehen genau diese Assemblies zur Verfügung. Ein Durchsuchen, um Verweise auf Assemblies im Dateisystem einzurichten, steht nicht zur Auswahl.

Profi-Tipp:

Das hat z.B. zur Folge, dass z.B. LINQ nicht direkt verwendet werden darf, sondern nur aus einer solchen Assembly heraus, die dann quasi als Mittler zwischen dem CLR-Objekt und LINQ fungiert — eine etwas skurrile Situation. Wie dies praktisch realisiert werden kann, zeigt der Tipp unter *6.4.4, „LINQ to XML (oder andere Assemblies)"*.

Zu diesem Assemblies kommen schließlich noch die folgenden Projekte/Verweise:

- alle SQL Server-Projekte, die sich in der gleichen Projektmappe befinden
- Webverweise

Zudem kann der Code, der wie erwähnt auf dem SQL Server ausgeführt wird, nichts auf dem Client-Computer auslösen. Es ist also nicht direkt möglich, durch Code auf dem SQL Server z.B. auf eine Form auf dem Client zu schließen oder eine Anwendung zu starten.

Weitere Einschränkungen, auf welche Ressourcen der Code zugreifen darf, können konfiguriert werden. Weitere Details dazu befinden sich unter *6.1.5, „Sicherheit"*.

6.1.2 Wie wurde die CLR-Integration realisiert?

Die technische Umsetzung der CLR-Integration seitens Microsoft ist eigentlich recht einfach und nachvollziehbar.

Jedes .NET-Objekt ist entweder eine statische C#-Methode oder eine Struktur. Durch entsprechende Attribute werden weitere Informationen festgelegt. Durch diese Kennzeichnung werden detaillierte Informationen über die Verwendung für den SQL Server als CLR-Host bereitgestellt (z.B. wann ein Trigger ausgelöst werden soll oder welchen Aufbau eine Rückgabetabelle einer Tabellenwertfunktion hat) oder dem Visual Studio mitgeteilt, welche Objekte bereitgestellt werden müssen. Mehr darüber in den entsprechenden Abschnitten.

Die folgende Liste zeigt eine kleine Übersicht über diese verwendeten Attribute

Tabelle 6.1 Übersicht über Objekttyp – .NET-Element – Attribut

Objekttyp	.NET-Element	Attribut
Gespeicherte Prozedur	Methode	`SqlProcedure`
Trigger	Methode	`SqlTrigger`

Objekttyp	.NET-Element	Attribut
Aggregate	Struktur (struct)	`SqlUserDefinedAggregate`
Benutzerdefinierte Funktion	Methode	`SqlFunction`
Tabellenwertfunktion	Methode	`SqlFunction`
Benutzerdefinierter Typ	Struktur (struct)	`SqlUserDefinedType`

Alle Attribute entstammen aus dem `Microsoft.SqlServer.Server`-Namensraum.

Hinweis:
Streng genommen werden die meisten Attribute für die reine Implementierung nicht direkt benötigt. Sie dienen dem Visual Studio ausschließlich zur Festlegung, welche C#-Methode wie auf dem SQL Server registriert werden soll (also z.B. für welche Zwecke ein Trigger programmiert wurde). Da der Entwicklungsprozess und die Bereitstellung jedoch in meinen Augen ein wichtiger Teil der CLR-Integration sind, setze ich die Attribute als zwingend voraus.

Jede .NET-Assembly wird innerhalb der Datenbank kompiliert binär in einer Tabelle gespeichert. Über die Systemsicht `sys.assembly_files` kann dies überprüft werden (Spalte `content`). Dieses Vorgehen hat eine Reihe von Vorteilen, unter anderem dass es keine Berechtigungen des Dateisystems zu berücksichtigen gilt, dass die Assembly beim Sichern und bei der Wiederherstellung der Datenbank nicht vergessen werden kann und dass bei einer Datenbankreplikation alle Datenbanken automatisch über die gleiche Version der Assembly verfügen. Zusätzlich zu der Assembly an sich werden auch alle Dateien in der Datenbank gespeichert, die zur Ausführung benötigt werden (durch Verweise angegebene Assemblies). Für Dateien aus dem .NET-Framework ist dies nicht nötig, da diese vom CLR-Host, also dem SQL Server, aus dem GAC (Global Assembly Cache) geladen werden.

Hinweis:
Über eine Abfrage der Systemsicht `sys.assemblies` können weitere Informationen ermittelt werden. So z.B. über welche Berechtigungen die Assembly verfügt, deren eindeutigen Namen (Strong Name) etc.

Assemblies können mit dem SQL Server Management Studio (Express) oder der `CREATE ASSEMBLY`-Anweisung in der Datenbank angelegt werden. Letzteres geschieht entweder versteckt bei der Entwicklung oder bei der Auslieferung aus einer Datei oder einem Skript über das Visual Studio. Weitere Details finden Sie dazu unter *6.3*, „Installation, Aktualisierung und Deinstallation“.

Auf der anderen Seite reicht es der SQL-Seite nicht, dass die entsprechenden Methoden/Klassen vorhanden sind. Für sie muss auch eine Art SQL-Kopf erstellt werden, damit sie exakt wie „gewöhnliche“ mit T-SQL erstellte Objekte erscheinen und verwendet werden können. Für jede Art von Objekt existiert daher wie üblich eine `CREATE`-Anweisung, nur mit dem Unterschied, dass auf eine externe Quelle (dem Namen der Methode/Klasse) einer installierten Assembly verwiesen wird. Beispielhaft sieht diese Anweisung für eine gespeicherte Prozedur so aus:

```
CREATE PROCEDURE meineSP
    AS EXTERNAL NAME SqlServerProject1.StoredProcedure.meineSP;
```

Der angegebene externe Name entspricht dabei dem voll qualifizierten Objektnamen der C#-Methode, in der die gewünschte Funktionalität implementiert wurde.

Durch dieses Vorgehen ist es möglich, ein und dieselbe C#-Methode für mehrere .NET-Objekte zu verwenden. Dies macht z.B. bei DML-Triggern Sinn, die – generisch programmiert – die gleiche Aufgabe für unterschiedliche Tabellen erfüllen können.

Dargestellt werden Assemblies im SQL Server Management Studio Express unterhalb der Datenbank in Programmierbarkeit > Assemblys (obwohl es wohl eher Assemblies heißen müsste).

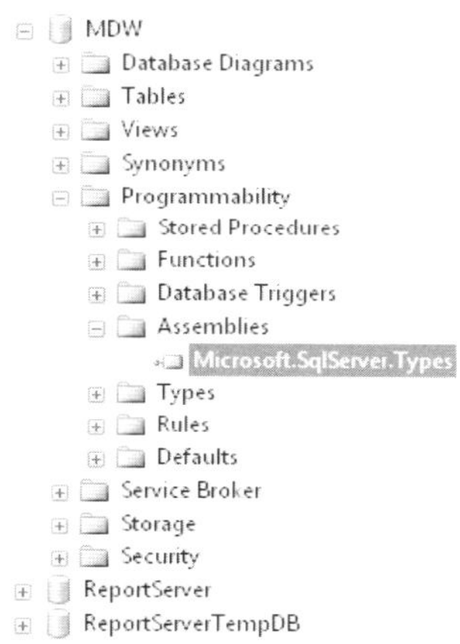

Abbildung 6.1 Die Ansicht der Assemblies einer Datenbank

An dieser Stelle können auch neue Assemblies angelegt und die Eigenschaften bestehender Assemblies eingesehen werden. Mehr dazu unter *6.1.7,* „Assemblies verwalten im SQL Server Management Studio (Express)“.

6.1.3 Wann T-SQL- und wann .NET-Objekte entwickeln?

Zwar können .NET-Objekte alles, was gewöhnliche T-SQL-Objekte können, jedoch soll und kann die CLR-Integration an dieser Stelle T-SQL nicht verdrängen. Es stellt sich also die berechtigte Frage, wann .NET-Objekte und wann T-SQL-Objekte verwendet werden sollen. Generell kann man wohl sagen, dass T-SQL dort verwendet werden soll, wo es ohne große Probleme möglich ist. Mit der Verwendung von .NET-Objekten geht in vielen Fällen immer ein Performanceverlust einher, sodass dieser nur in Kauf genommen werden sollte, wenn T-SQL nicht ausreichend ist.

Die folgende Aufstellung liefert einige Punkte, die bei der Entscheidung berücksichtigt werden sollten:

- T-SQL ist bei Abfragen und Datenmanipulationen einfacher zu entwickeln und schneller in der Ausführung.
- T-SQL kann einfach über das SQL Server Management Studio (Express) erstellt und modifiziert werden. Dies kann, muss aber nicht, ein Vorteil von T-SQL sein.
- T-SQL bietet nicht die Möglichkeit, einfache benutzerdefinierte Typen und Aggregatfunktionen zu erstellen.
- T-SQL steht auch bei SQL Server-Versionen vor 2005 zur Verfügung. Zwar gibt es einige Unterschiede, die sich von Version zu Version ergeben haben, aber diese lassen sich meist umgehen. Die CLR-Integration ist erst seit SQL Server 2005 vorhanden.
- T-SQL erlaubt den einfacheren Zugriff auf die Vielzahl von Funktionen, Sichten und gespeicherten Prozeduren, um mit der Datenbank oder dem Server zu arbeiten. Deren Aufruf kann sich gerade bei Abfragen mit .NET etwas unhandlich gestalten.
- T-SQL erlaubt das Erstellen von Triggern, die serverbezogen sind. Damit können serverweite DDL-Trigger und LOGON-Trigger realisiert werden. Mit .NET entwickelte Trigger sind immer nur für die betreffende Datenbank gültig.
- .NET erlaubt den Zugriff auf einen großen Teil der umfangreichen Klassen des .NET Frameworks.
- .NET ist bei rechenintensiven Funktionen schneller und ressourcenschonender.
- .NET ermöglicht den Zugriff auf WCF (Windows Communication Foundation) und XML-Webdienste.
- .NET ermöglicht das Verarbeiten von Dateien, seien diese binär, Text oder in XML formatiert.
- CLR-Integration ist nur für SQL Server möglich. Eine Portierung auf andere Datenbank-Server setzt also voraus, dass dort etwas Ähnliches möglich ist, sonst werden Funktionen geschaffen, die sich auf anderen Systemen nicht oder nur mit unverhältnismäßig hohem Aufwand realisieren lassen.
- Der Speicherbedarf der .NET-Laufzeitumgebung beträgt ca. 10–30 MB Arbeitsspeicher.

Bedenken Sie also, was Sie wo verwenden. Für jede Aufgabe die CLR-Integration zu verwenden, macht dabei genau so wenig Sinn, wie diese komplett zu ignorieren.

6.1.4 Datentypen

Bei der Entwicklung von .NET-Objekten kommen für Parameter andere Datentypen als gewohnt zum Einsatz. Zwar ist es in vielen Fällen erlaubt, die herkömmlichen Datentypen wie z.B. `string` und `int` zu verwenden, doch sagt Microsoft im Hinblick auf künftige SQL Server-Versionen und damit mögliche Weiterentwicklungen, dass die dafür vorgesehenen Datentypen aus dem `System.Data.SqlTypes`-Namensraum verwendet werden sollen.

Diese Datentypen zeichnen sich alle dadurch aus, dass sie alle als Struktur realisiert sind und `NULL` als Wert erhalten können (durch Implementierung der `INullable`-Schnittstelle). Damit lassen sich Laufzeitfehler vermeiden, wenn z.B. einer gespeicherte Prozedur der Wert `NULL` beim Aufruf übergeben wird, der Parameter aber lediglich als `int` definiert ist.

All diese *SqlTypes*-Datentypen haben zwei interessante Eigenschaften:

- *Value*: Jeder Wert kann mit der Value-Eigenschaft abgerufen oder festgelegt werden. Der Wert ist dabei vom entsprechenden .NET-Datentyp.
- *IsNull*: Diese Eigenschaft liefert `true`, wenn der Datentyp lediglich `NULL` als Wert hat.

Darüber hinaus verfügen sie über eine ganze Reihe von Methoden, um ihren Inhalt in einen anderen `SqlTypes`-Datentyp umzuwandeln (sofern das möglich ist).

```
SqlInt32 SqlZahl;
SqlString SqlZiffer;

SqlZahl.Value = 1;
SqlZiffer = SqlZahl.ToSqlString();
```

Die Namen dieser Datentypen sind aus den Namen der gewöhnlichen Daten recht leicht zu ermitteln. So ist dies z.B. für `string` `SqlString`, für `int` (also eigentlich `Int32`), `SqlInt32` etc. Die folgende kleine Tabelle stellt die wichtigsten Werte gegenüber. Zusätzlich werden die Datentypen des SQL Servers aufgeführt.

Tabelle 6.2 .NET-, SqlTypes- und SQL Server-Datentypen

.NET-Datentyp	SqlTypes-Datentyp	SQL Server-Datentyp
byte[]	SqlBinary	binary, image, timestamp, varbinary
bool	SqlBoolean	bit
byte	SqlByte	tinyint
DateTime	SqlDataTime	datetime, smalldatetime, date, time
decimal	SqlDecimal	decimal
double	SqlDouble	float
Guid	SqlGuid	uniqueidentifier
Int16	SqlInt16	smallint
Int32, int	SqlInt32	int
Int64	SqlInt64	bigint
decimal	SqlMoney	money, smallmoney
Single	SqlSingle	real
string	SqlString	char, nchar, text, ntext,nvarchar, varchar
XML	SqlXml	xml

Die .NET-Datentypen sind in einigen Fällen nicht die exakte Entsprechung, sondern stellen nur die beste Alternative dar.

6.1.5 Sicherheit

Um sicherzustellen, dass die .NET-Programmierung nur auf Funktionen zugreifen darf, auf die sie zugreifen soll, existiert ein erweitertes Sicherheitskonzept für die CLR-Integration. Der SQL Server, als CLR-Host, sieht für eine Assembly einen von drei Berechtiungsebenen vor, der festlegt, worauf diese potenziell zugreifen darf.

Dazu wird von .NET die sogenannte Code Access Security (CAS) verwendet. Diese Sicherheit schützt keine Ressourcen wie Datenbanken, Dateien etc., sondern Funktionalitäten. Der Zugriff auf Ressourcen ist Aufgabe des Betriebssystems. Eine solche Funktionalität kann z.B. sein „Zugriffe auf das Dateisystem", „Aufrufen von Webdiensten" etc. Nur wenn die CAS diese Funktionalität überhaupt zulässt, wird die entsprechende Methode ausgeführt, und es fällt dem Betriebssystem im nächsten Schritt zu zu prüfen, ob auf die bestimmte Ressource, also z.B. auf eine genau benannte Datei, im vorhandenen Sicherheitskontext zugegriffen werden darf. Dies geschieht oftmals mithilfe sogenannter Access Control Lists (ACL), also Listen, in denen vermerkt ist, welches Sicherheitskonto (NT-Konto) auf eine bestimmte Ressource zugreifen darf. Es dienen jedoch auch andere Methoden als gängige Mittel wie z.B. Positiv-/Negativlisten von TCP/IP-Adressen.

Die folgenden drei Berechtigungsebenen sind vorgesehen:

Tabelle 6.3 Berechtigungsebene für eine Assembly auf dem SQL Server 2008 (R2)

Berechtigungsebene	Erklärung
Sicher (`SAFE`)	Keinerlei Zugriff auf Ressourcen außerhalb der eigenen Datenbank.
Externer Zugriff (`EXTERNAL_ACCESS`)	Erlaubt den Zugriff auf externe Ressourcen (gesehen von der Datenbank), wie z.B. die Registrierungsdatenbank (Registry), das Dateisystem oder das Netzwerk.
Unsicher (`UNSAFE`)	Erlaubt uneingeschränkten Zugriff, insbesondere ist auch die Ausführung von Nicht-.NET-Code (Unmanaged Code) erlaubt. Zusätzlich ist der Zugriff auf statische Felder erlaubt. Im SQL Server Management Studio (Express) wird diese Ebene „Uneingeschränkt" genannt.

Jeder dieser Berechtigungssätze umfasst dabei sämtliche Zugriffsmöglichkeiten aller vorherigen Berechtigungssätze. Daher ergibt sich diese Reihenfolge mit abnehmenden Einschränkungen.

Der Name der Berechtigungsebene bezieht sich also aus der Sicht des SQL Servers, für den eine Assembly nur dann sicher ist, wenn diese nicht auf externe Ressourcen zugreifen darf. Ob der Zugriff auf eine bestimmte Ressource im Einzelnen erlaubt ist oder nicht, hängt

- bei Zugriff auf Datenbankobjekte von den SQL Server-Berechtigungen der verwendeten Anmeldung ab.
- bei Zugriff auf die Registrierungsdatenbank, das Dateisystem, das Netzwerk etc. von der verwendeten Windows-Anmeldung, ansonsten von dem Dienstkonto, mit dem der SQL Server bzw. die Instanz konfiguriert wurde, ab.

> **Wichtig:**
> Diese Betrachtung ist, wenn auch ein wenig vereinfacht, richtig. Bei der Erstellung einer gespeicherten Prozedur, Funktion etc. können Sie als eine Option der `CREATE`-Anweisung festlegen, unter welchem Sicherheitskontext diese ausgeführt werden soll – unabhängig vom tatsächlichen Aufrufer. Wie dies genau geschieht und welche Möglichkeiten zur Verfügung stehen, wird unter *6.4.1*, „Sicherheitskontexte bei Erstellung mit CREATE festlegen", beschrieben.

Wurde lediglich eine unzureichende Berechtigungsebene zugewiesen, so kommt es erst während der Ausführung zu einem Fehler; genau dann, wenn eine Funktionalität ausgeführt werden soll, die das Erlaubte übersteigt.

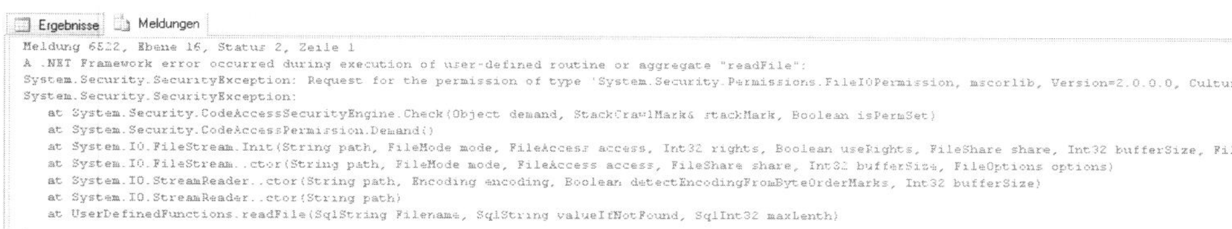

```
Ergebnisse | Meldungen
Meldung 6522, Ebene 16, Status 2, Zeile 1
A .NET Framework error occurred during execution of user-defined routine or aggregate "readFile":
System.Security.SecurityException: Request for the permission of type 'System.Security.Permissions.FileIOPermission, mscorlib, Version=2.0.0.0, Cultur
System.Security.SecurityException:
   at System.Security.CodeAccessSecurityEngine.Check(Object demand, StackCrawlMark& stackMark, Boolean isPermSet)
   at System.Security.CodeAccessPermission.Demand()
   at System.IO.FileStream.Init(String path, FileMode mode, FileAccess access, Int32 rights, Boolean useRights, FileShare share, Int32 bufferSize, Fil
   at System.IO.FileStream..ctor(String path, FileMode mode, FileAccess access, FileShare share, Int32 bufferSize, FileOptions options)
   at System.IO.StreamReader..ctor(String path, Encoding encoding, Boolean detectEncodingFromByteOrderMarks, Int32 bufferSize)
   at System.IO.StreamReader..ctor(String path)
   at UserDefinedFunctions.readFile(SqlString Filename, SqlString valueIfNotFound, SqlInt32 maxLenth)
```

Abbildung 6.2 Beispiel einer Meldung bei unzureichender Berechtigungsebene der Assembly

Der Fehler (Meldung 6522, Ebene 16, Status 2) ist dabei immer der gleiche, der nur aussagt, dass die angeforderte .NET-Berechtigung nicht gewährt werden kann. Lediglich in den Details findet sich als Text Angaben darüber, um welche Berechtigungen es sich hier handelt.

Darüber hinaus steht der .NET-Programmierung der Weg offen, für den Zugriff auf eine bestimmte Ressource die Identität zu wechseln (Impersonation).

> **Wichtig:**
> Um es noch einmal ganz deutlich zu sagen: Durch die entsprechende Berechtigungsebene darf die .NET-Programmierung nicht automatisch auf die entsprechende Ressource zugreifen. Es wird überhaupt erst einmal geprüft, ob sie darf oder nicht. Ansonsten kommt es ohne Prüfung zu einem Fehler.

Als weitere Sicherheitsmaßnahme können Assemblies nur dann eine Berechtigungsebene höher als „Sicher" (also „Externer Zugriff" oder „Unsicher") zugewiesen bekommen, wenn sie signiert und mit einer SQL-Anmeldung verbunden wurden, die auf externe Ressourcen zugreifen darf. Durch diesen Schutzmechanismus ist gewährleistet, dass nach Einrichten der Assembly diese in der Datenbank nicht mehr unbemerkt modifiziert werden kann. Er kann jedoch bewusst für eine Datenbank umgangen werden, indem die Datenbankoption `TRUSTWOTH` auf den Wert `ON` gesetzt wird. Mehr dazu unter *6.1.5.3, „Die TRUSTWORTHY-Datenbankeinstellung“*.

> **Wichtig:**
> Setzen Sie diese Option nur bei der Entwicklung ein, wenn Sie den Aufwand der Signierung und der Erstellung der SQL-Anmeldung umgehen wollen. Vermeiden Sie den Einsatz aber auf jeden Fall für produktive Datenbanken.

Standardmäßig hat diese Einstellung einen Wert von `OFF` und ist damit nicht aktiv. Der SQL Server achtet somit auf die Signaturen einer Assembly, bevor die Berechtigungsebene verändert wird.

6.1.5.1 Windows-Authentifizierung vs. SQL Server-Authentifizierung

So wie der SQL Server zwei unterschiedliche Möglichkeiten kennt, um Authentifizierungen durchzuführen (die Windows-Identität des Ausrufers und die eigene SQL Server-Authentifizierung), so existieren auch zwei unterschiedliche Szenarien, wie die Berechtigungen ermittelt werden, auf welche externe Ressource zugegriffen werden darf und auf welche nicht.

> **Hinweise:**
> Dies setzt voraus, dass der Assembly die Berechtigungsebene „Externer Zugriff“ oder „Unsicher“ zugewiesen wurde.

Beachten Sie, dass die SQL Server-Authentifizierung nur benutzt werden kann, wenn der SQL Server für den gemischten Sicherheitsmodus (SQL Server- und Windows-Authentifizierungsmodus) konfiguriert wurde. Die Windows-Authentifizierung steht immer zur Verfügung. Für Details sehen Sie bitte unter *3.5, „Sicherheit“*, weiter.

In beiden Fällen steht der Programmierung der Weg offen, die verwendete Identität zu wechseln (Impersonation). Dann wird diese neue Identität für die Bestimmung der Berechtigungen verwendet.

> **Hinweis:**
> Alternativ kann es auch sinnvoll sein, beim Anlegen einer gespeicherten Prozedur, Funktion etc. festzulegen, unter welchem Sicherheitskontext diese (unabhängig vom Aufrufer) aus geführt wird. Wie dies möglich ist, ist unter *6.4.1,* „Sicherheitskontexte bei Erstellung mit CREATE festlegen“, beschrieben.

Windows-Authentifizierung

Hat sich der Aufrufer des .NET-Objektes durch die Windows-Authentifizierung beim SQL Server angemeldet, so wird diese auch in dem Sicherheitskontext dieses Windows-Kontos ausgeführt. Dies bedeutet, dass beim Zugriff auf externe Ressourcen, besonders auf das

Dateisystem und die Registrierung, das Windows-Konto über die notwendigen Berechtigungen verfügen muss.

SQL Server-Authentifizierung

Im Fall der SQL Server-Authentifizierung wird das Windows-Konto, unter dem der SQL Server-Dienst ausgeführt wird, verwendet. Da es sich bei dieser „Einstellung" um eine globale Festlegung handelt, die auch für andere Datenbanken von Relevanz ist, sollten Änderungen mit Bedacht vorgenommen werden. In vielen Fällen ist es aus Sicherheitsgründen sogar sinnvoll, ein Windows-Konto mit möglichst überschaubaren Rechten zu wählen.

6.1.5.2 Signierung und Anmeldung mit asymmetrischen Schlüsseln

Mit der Signierung der Assembly werden zweierlei Ziele verfolgt:

- Zu erkennen, wenn die Assembly unberechtigt modifiziert wird.
- Die Assembly über einen asymmetrischen Schlüssel mit einer SQL-Anmeldung zu verbinden, welche die Berechtigung erhält, auf externe Ressourcen zuzugreifen.

Der erste Schritt ist die Signierung der Assembly, dies kann komfortabel bei der Entwicklung mithilfe des Visual Studio signiert werden. Auf dem Karteireiter Signierung geschieht dies, indem zuerst das Häkchen Sign the assembly (Assembly signieren) gesetzt wird.

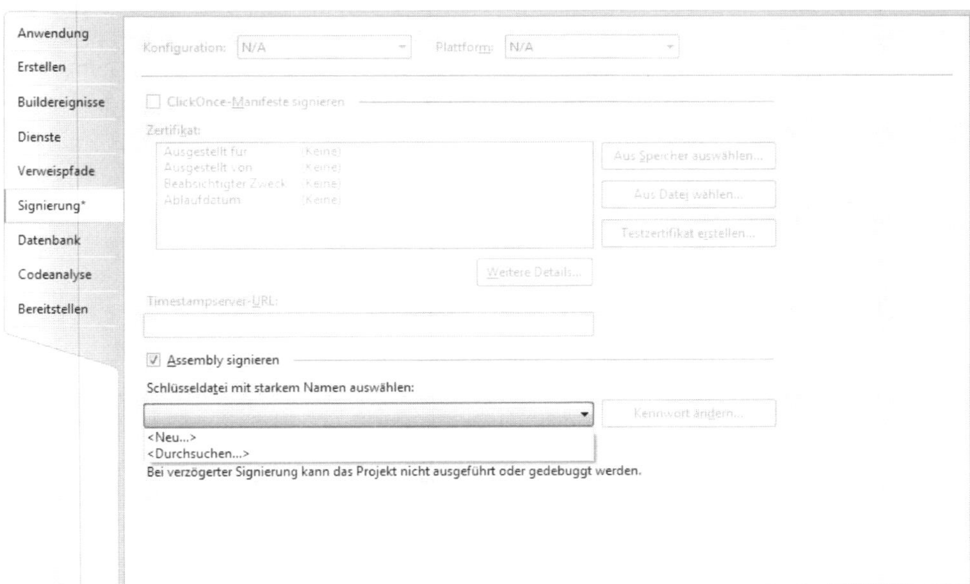

Abbildung 6.3 Signierung einer Assembly mit dem Visual Studio

Anschließend kann unter Schlüsseldatei mit starkem Namen auswählen entweder ein bestehendes Zertifikat (Erweiterung pfx oder snk) ausgewählt werden, das auch für die Signierung anderer Assemblies verwendet wird, oder ein neues Zertifikat erstellt werden.

Abbildung 6.4 Der Dialog zur Erstellung eines Zertifikates zur Signierung einer Assembly

Wurde ein neues Zertifikat erstellt, so liegt die Datei anschließend in dem Ordner, in dem auch die Projektdatei (Erweiterung csproj) des Projektes liegt. Von dort aus kann sie bei Bedarf für die Signierung weiterer Assemblies verwendet werden. Außerdem wird es zu einem Bestandteil des C#-Projektes.

So oder so muss die Assembly neu erstellt werden, damit die Signatur durchgeführt wird, nur bereitstellen reicht hier nicht. Anschließend muss ein asymmetrischer Schlüssel erstellt werden. Dies geschieht in der `master`-Datenbank und darf pro Assembly nur einmal geschehen – auch wenn unterschiedliche Namen verwendet werden. Das folgende T-SQL-Skript übernimmt diese Aufgabe:

```
CREATE ASYMMETRIC KEY CLRAssembly FROM
EXECUTABLE FILE='D:\bin\SqlServerProject2.dll';
```

Hinweis:

Der Pfad der Datei wurde an dieser Stelle zum Niederschreiben gekürzt und ist in der Praxis wahrscheinlich viel länger.

Wird der Schlüssel später nicht mehr benötigt, so kann er mit dieser Anweisung gelöscht werden.

```
DROP ASYMMETRIC KEY CLRAssembly;
```

Mit diesem Schlüssel kann im Weiteren eine SQL-Anmeldung erstellt werden, die den notwendigen Zugriff auf die Assembly zugewiesen bekommt. Diesmal sieht das benötigte T-SQL-Skript so aus:

```
CREATE LOGIN CLRAssemblyLogin FROM
ASYMMETRIC KEY CLRAssembly;
```

Eine so erstelle Anmeldung kann später mit der Anweisung

```
DROP LOGIN CLRAssemblyLogin;
```

oder mit dem SQL Server Management Studio (Express) gelöscht werden, wo es auch eingesehen und modifiziert werden kann. Es befindet sich, wie auch die übrigen Anmeldungen, unter Sicherheit > Anmeldungen.

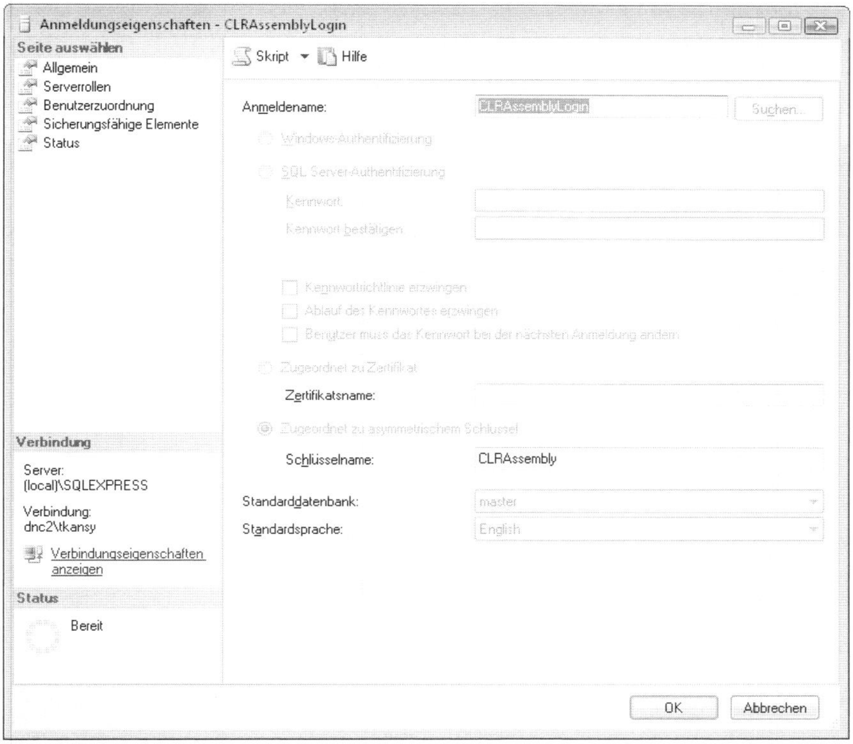

Abbildung 6.5 Die Eigenschaften der Anmeldung im SQL Server Management Studio (Express)

Das Löschen im SQL Server Management Studio (Express) ist über den Befehl Löschen aus dem Kontextmenü der Anmeldung möglich.

Wichtig:
Obwohl das Verändern und Löschen einer Anmeldung, die einen asymmetrischen Schlüssel besitzt, im SQL Server Management Studio (Express) möglich ist, ist zurzeit das Erstellen nur via T-SQL-Skript machbar.

Nun kann, als letzter Schritt, dieser neuen Anmeldung das Recht zugewiesen werden, auf externe Ressourcen zuzugreifen. Dies geschieht mit der folgenden Anweisung:

```
GRANT EXTERNAL ACCESS ASSEMBLY TO CLRAssemblyLogin;
```

Soll das Recht später einmal wieder entzogen werden, so geschieht dies durch die entsprechende `REVOKE`-Anweisung:

```
REVOKE EXTERNAL ACCESS ASSEMBLY TO CLRAssemblyLogin;
```

Hinweis:

Auch die GRANT/REVOKE-Anweisung muss im Kontext der master-Datenbank ausgeführt werden, da es ansonsten zu einem Fehler kommt.

Nun kann die Berechtigungsebene nach Belieben und Bedarf vergeben werden, auch wenn die Assembly bei der weitergehenden Entwicklung verändert wird. Wichtig ist nur, dass immer dasselbe Zertifikat (Erweiterung pfx) verwendet wird. Ein anderes Zertifikat bedeutet, dass die vorher beschriebenen Schritte wiederholt werden müssen.

Wichtig:

Der so erstellten Anmeldung müssen keine weiteren Berechtigungen zugewiesen werden. Insbesondere legt sie nicht fest, auf welche internen SQL Server-Objekte der .NET-Code zugreifen darf. Dazu wird die Anmeldung des Aufrufers hinzugezogen.

Als Test kann nun die Berechtigungsebene im Visual Studio auf z.B. „Unsicher" gesetzt werden (Eigenschaften des Projektes > Karteireiter Datenbank > Berechtigungsebene) und das Projekt anschließend erstellt und verteilt werden.

6.1.5.3 Die TRUSTWORTHY-Datenbankeinstellung

Um Assemblies nicht signieren zu müssen und sich den Aufwand mit der Erstellung der benötigten Anmeldung zu ersparen, steht die TRUSTWORTHY-Datenbankeinstellung zur Verfügung. Wird ihr der Wert ON zugewiesen, so verzichtet der SQL Server für die betreffende Datenbank auf eine Prüfung der Signierung einer Assembly.

Über die folgende kurze T-SQL-Anweisung kann diese Option gesetzt werden.

```
ALTER DATABASE <Datenbankname> SET TRUSTWORTHY ON;
```

Entsprechend kann sie wieder mit einer sehr ähnlichen Anweisung ausgeschaltet werden.

```
ALTER DATABASE <Datenbankname> SET TRUSTWORTHY OFF;
```

Für die Ausführung dieser Anweisung muss die Anmeldung auf dem SQL Server die ALTER-Berechtigung besitzen.

6.1.5.4 Sicherheitsüberlegungen

Durch den Umstand, dass durch den Einsatz einer .NET-Programmiersprache den Möglichkeiten (fast) keine Grenzen mehr gesetzt sind, kombiniert mit der Einschränkung, dass der Code einer Assembly nicht einsehbar ist, ergibt sich die Notwendigkeit, sich konkret über die Frage der Sicherheit Gedanken zu machen.

Der Betreiber des SQL Servers bzw. der SQL Server-Instanz muss der Programmierung regelrecht vertrauen, und es muss ihm bewusst sein, dass je nach Dienstkonto keine bzw. kaum eine Einschränkung auf dem Server oder gar dem gesamten Netzwerk existiert.

Und selbst wenn der Programmierung in der Assembly vertraut wird, besteht immer noch das Risiko, dass ein Fehler für unvorhergesehene Folgen verantwortlich ist.

Der SQL Server 2008 (R2) begegnet dieser Problematik damit, dass

- die CLR-Integration anfänglich deaktiviert ist und erst bewusst eingeschaltet werden muss.
- jeder Assembly eine maximale Berechtigungsebene zugewiesen werden muss, die festlegt, wie weitreichend die Möglichkeiten dieser Assembly sind.

Es ist daher keine gute Idee, sämtliche Bedenken in den Wind zu schlagen und jeder Assembly einfach vorschnell die Berechtigungsebene „Sicher" zu vergeben, nur um keine Probleme mit der Sicherheit zu haben.

Wichtig:

Überlegen Sie für jede Assembly genau, welche Berechtigungen diese benötigt, und versuchen Sie, beim Entwurf mit einer möglichst geringen Berechtigung auszukommen. Es ist nicht ratsam, für eine unwichtige Funktion, die möglicherweise auch anders implementiert werden kann, höhere Ansprüche an die Sicherheit zu erheben. Ein Beispiel wäre z.B. eine Protokollfunktion, die in eine Datei schreiben könnte (Berechtigungsebene „Externer Zugriff") oder einfach in eine Tabelle (Berechtigungsebene „Sicher").

Ähnliches gilt auch für die Signierung einer Assembly bzw. das Setzen der Datenbankeinstellung `TRUSTWORTHY` auf den Wert `ON`. Statt diese Option unbedacht zu setzen, sollte jede Assembly, die eine Berechtigungsebene höher als „Sicher" benötigt, lieber signiert werden. Dies gewährleistet, dass nur die gewünschten Funktionalitäten ausgeführt werden und der Code nicht im Nachhinein modifiziert wurde.

Wichtig:

Für die Entwicklung bzw. das Debuggen einer Datenbank mit Assembly ist gegen die `TRUSTWORTHY`-Option nichts einzuwenden. Auf produktiven Systemen sollte sie jedoch nichts zu suchen haben.

Zusammenfassend kann man sagen, dass die gebotenen Mittel genutzt und nicht nur als hinderliche Barriere betrachtet werden sollten. Sicherheit, in diesem Fall der Schutz vor der Assembly, sollte genutzt werden, um einen zuverlässigen Betrieb des SQL Servers 2008 zu gewährleisten.

6.1.6 CLR-Integration aktivieren und deaktivieren

Aus Sicherheitsgründen ist die CLR-Integration nach der Installation deaktiviert und muss daher vor der Verwendung aktiviert werden. Dies geschieht für den gesamten SQL Server bzw. für die gesamte Instanz.

Wichtig:

Die Aktivierung sollte nur dann durchgeführt werden, wenn die Notwendigkeit besteht und die CLR-Integration tatsächlich verwendet werden soll. Eine Aktivierung „auf Vorrat" ist nicht zu empfehlen. Für die eingebauten Systemtypen, die von Microsoft mittels .NET entwickelt wurden, besteht keine Notwendigkeit, die CLR-Integration einzuschalten – diese laufen immer.

Die Aktivierung kann auf zwei Wegen geschehen: mittels der Richtlinien für den SQL Server (Declarative Management Framework) oder per T-SQL-Anweisung. Für die Aktivierung mittels T-SQL muss die verwendete Anmeldung Mitglied der festen Serverrollen `sysadmin` und `serveradmin` sein.

Wird die CLR-Integration nicht mehr benötigt, so kann sie entsprechend auf einem dieser Wege wieder deaktiviert werden.

Des Weiteren muss jede Datenbank, in der .NET-Objekte erstellt und verwendet werden sollen, mindestens mit einem Kompatibilitätsgrad von 90 (SQL Server 2005) konfiguriert worden sein. Dies können Sie leicht überprüfen, indem Sie im SQL Server Management Studio (Express) die Eigenschaften der entsprechenden Datenbank über das Kontextmenü öffnen (Rechtsklick > Eigenschaften) und dort links Optionen auswählen.

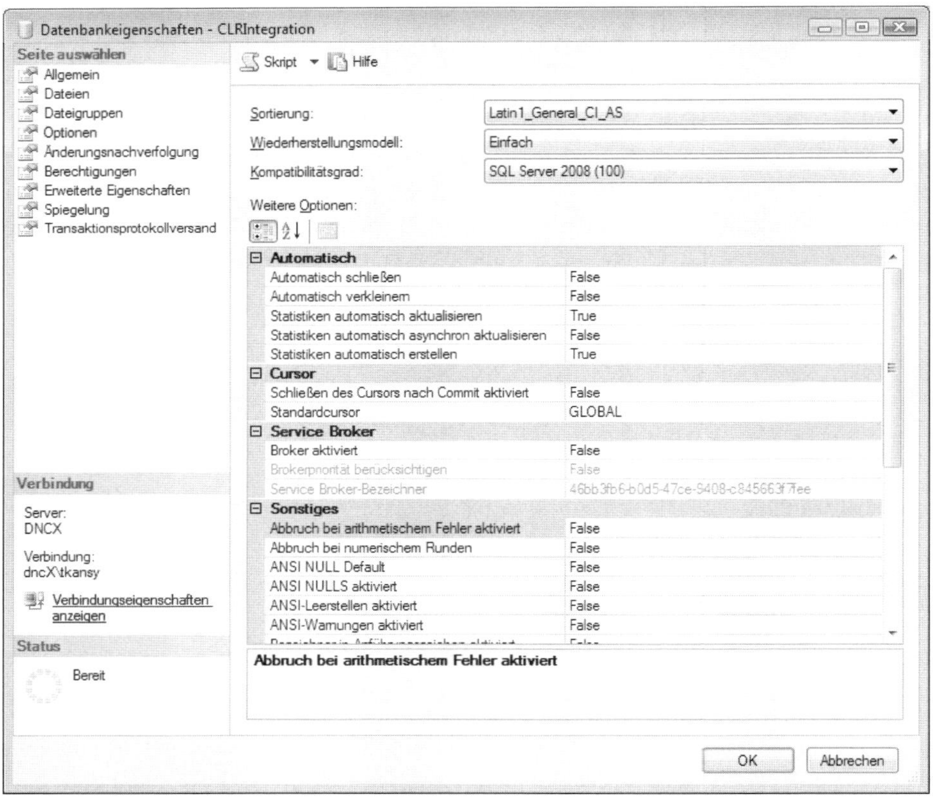

Abbildung 6.6 Die Optionen einer Datenbank im SQL Server Management Studio (Express)

Hier können Sie den Kompatibilitätsgrad sowohl ablesen als auch ändern. Änderungen sind nach einem Klick auf die OK-Schaltfläche sofort wirksam.

Alternativ kann dies auch über die folgende T-SQL-Anweisung geschehen:

```
ALTER DATABASE <Datenbankname> SET COMPATIBILITY_LEVEL = 90;
```

Als Wert für den Kompatibilitätsgrad stehen folgende Werte zur Verfügung:

- *80*: SQL Server 2000
- *90*: SQL Server 2005
- *100*: SQL Server 2008

Auch hier ist die neue Einstellung augenblicklich aktiv. Für die Veränderungen des Kompatibilitätsgrad einer Datenbank muss die ALTER-Berechtigung für diese vorhanden sein.

Aktivierung per T-SQL

Die Aktivierung per T-SQL-Anweisung geschieht mittels eines Aufrufs der `sp_configure`-Prozedur. Genau wie bei der Verwendung der SQL Server 2008 (R2)-Oberflächenverwaltung für Features muss die verwendete Anmeldung über die notwendigen Berechtigungen in Form der Mitgliedschaft in der Serverrolle `sysadmin` oder `serveradmin` verfügen.

```
EXEC sp_configure 'clr enable', 1;
RECONFIGURE WITH OVERRIDE;
```

Die Anweisung `RECONFIGURE` sorgt dafür, dass die Einstellung sofort aktiv ist. Ohne sie muss der SQL Server bzw. die Instanz neu gestartet werden.

Wird der `sp_configure`-Prozedur der Wert 0 übergeben, so wird die CLR-Integration deaktiviert.

Um herauszufinden, ob die CLR-Integration zurzeit aktiv ist oder nicht, kann die Prozedur nur mit dem Namen des Parameters ausgeführt werden.

```
EXEC sp_configure 'clr enable';
```

	name	minimum	maximum	config_value	run_value
1	clr enabled	0	1	0	0

Abbildung 6.7 Ausgabe der sp_configure-Prozedur

Der Wert in der Spalte `run_value` gibt Auskunft darüber, ob die CLR-Integration aktiviert ist (= 1) oder nicht (= 0). Die Spalte `config_value` dagegen enthält den Wert, den run_value nach dem nächsten Neustart des SQL Servers bzw. der Instanz oder dem nächsten Aufruf von `RECONFIGURE` haben wird.

Hinweis:

Wenn Sie die `sp_configure`-Prozedur ganz ohne Parameter aufrufen, so erhalten Sie einen Überblick über sämtliche Konfigurationswerte der aktuellen Datenbank.

6.1.7 Assemblies verwalten im SQL Server Management Studio (Express)

Über das SQL Server Management Studio (Express) können existierende Assemblies mit .NET-Objekten in einer Datenbank eingerichtet, ihre Eigenschaften eingesehen und schließlich wieder gelöscht werden.

Hinweis:
Dieser Abschnitt geht davon aus, dass die entsprechende Assembly bereits fertig als Datei vorliegt und nur noch eingerichtet, nicht aber erst noch entwickelt werden muss.

In dem Abschnitt *6.1.8*, „Assemblies mit T-SQL verwalten", befinden sich alle Details, um Assemblies ohne Oberfläche in einer Datenbank einzurichten.

Assembly einrichten

Durch das Kontextmenü unter Programmierbarkeit > Assemblys-Containers steht mit dem Neue Assembly-Befehl die Möglichkeit offen, Assemblies für die entsprechende Datenbank einzurichten.

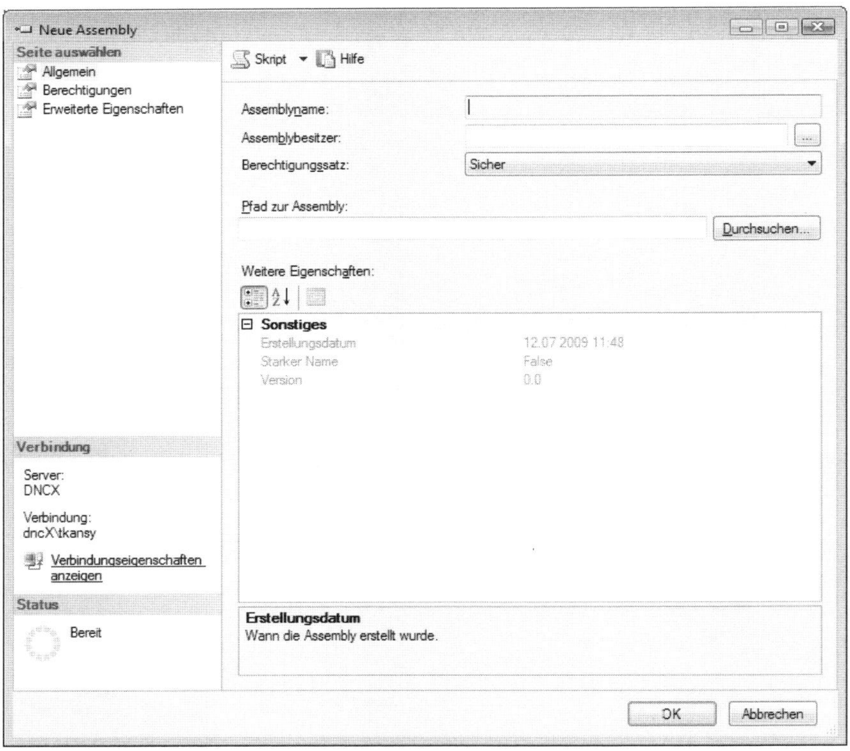

Abbildung 6.8 Der Dialog zum Einrichten einer Assembly

In diesem Dialog müssen die Anmeldung des Besitzers der Assembly innerhalb der Datenbank und der Pfad zur Assembly angegeben werden. Voreingestellt ist für die neue Assembly die Berechtigungsebene mit den stärksten Einschränkungen. Diese muss nun geändert werden, wenn bekannt ist, dass die implementierten Funktionen auf externe Ressourcen zugreifen.

Hinweis:
Weitere Details zum Thema Sicherheit und Berechtigungssätze finden Sie unter *6.1.5*, „Sicherheit".

Nach erfolgreicher Einrichtung der Assembly wird die Datei nicht mehr benötigt und kann gelöscht werden, da sie in der Datenbank selbst kopiert wurde.

Assembly entfernen

Das Entfernen einer Assembly kann je nach Fall etwas arbeitsintensiver sein, da jedes Objekt, das aus dieser Assembly verwendet wird, von dieser abhängt. Diese kann konsequenterweise erst dann gelöscht werden, wenn keine Abhängigkeiten mehr vorliegen. Über das Kontextmenü der Assembly steht daher der Befehl Abhängigkeiten anzeigen zur Verfügung, der genau Auskunft darüber gibt, auf welche Objekte dies zutrifft.

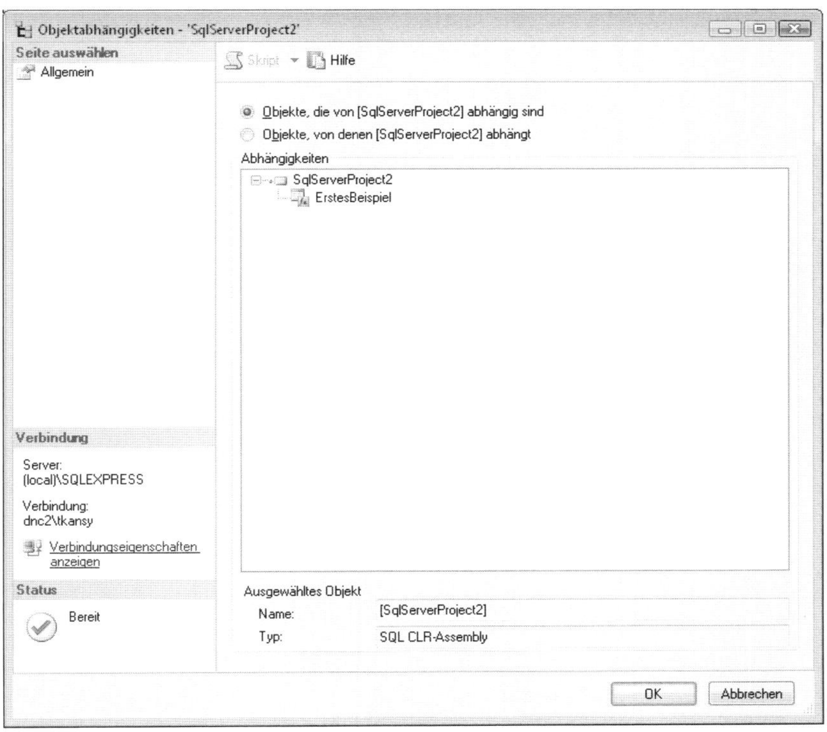

Abbildung 6.9 Die Objekte, die von der Assembly abhängen, werden angezeigt.

Der Dialog, der nun angezeigt wird, ist der Standarddialog, der auch für andere Objekte auf dem SQL Server angezeigt wird. Nachdem letztendlich alle aufgeführten Objekte selbst gelöscht wurden, kann man versuchen, die Assembly selbst zu entfernen.

Hinweis:
Bei Bedarf kann der Spieß auch umgedreht werden, und Sie können sich anzeigen lassen, von welchen Objekten eine bestimmte Assembly abhängt.

Das Löschen der Assembly an sich kann anschließend ebenfalls über das Kontextmenü mit dem Befehl Löschen durchgeführt werden. Durch das Löschen werden alle internen Verweise und der binäre Code entfernt. Der Dialog, der dazu bestätigt werden muss, ist ebenfalls ein Standarddialog, der zudem über eine Schaltfläche (Abhängigkeiten anzeigen) verfügt, über die ebenfalls die Objekte aufgelistet werden können, die von der Assembly abhängen.

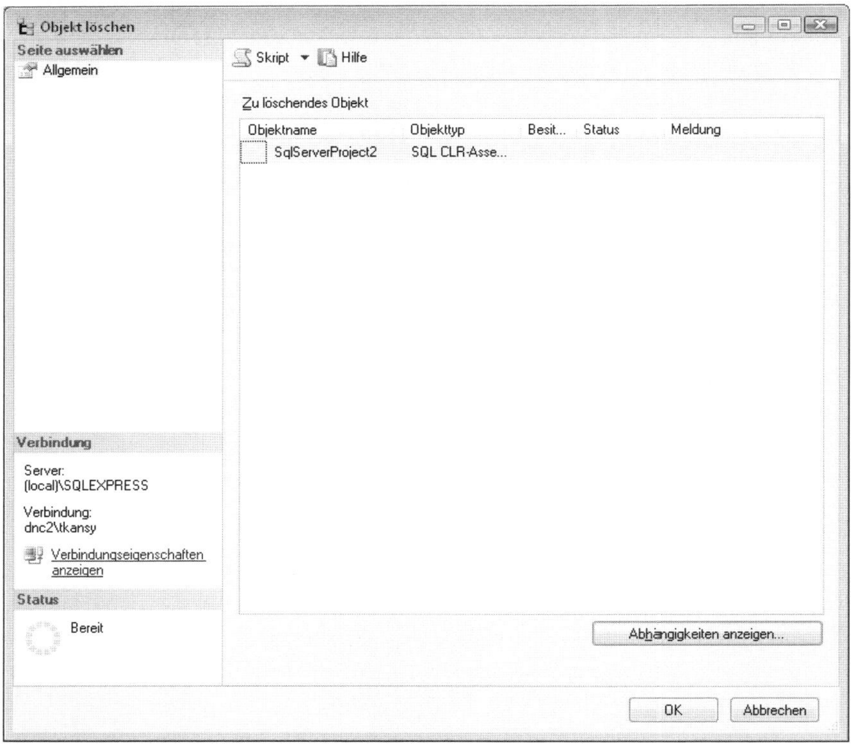

Abbildung 6.10 Der Dialog zum Löschen einer Assembly

Wurden vor dem Löschen nicht alle Objekte gelöscht, die von der Assembly abhängig sind, so kommt es zu einem entsprechenden Fehler.

Ebenfalls kommt es zu einem Fehler, wenn Dateien zugeordnet wurden. Dies kann zurzeit nur per T-SQL-Anweisung geschehen und ist nicht durch das SQL Server Management

Studio (Express) möglich, sodass diese auch auf dieselbe Weise entfernt werden müssen (`ALTER ASSEMBLY <Assemblyname> DROP FILE ALL`). Details finden Sie weiter unten unter „*Dateien zuordnen*“.

6.1.8 Assemblies mit T-SQL verwalten

Neben dem SQL Server Management Studio (Express) können Assemblies auch mittels T-SQL-Anweisungen verwaltet werden. Dabei sind sogar einige Dinge machbar, die durch die Oberfläche nicht möglich sind.

> **Hinweis:**
> Das SQL Server Management Studio (Express) selbst verwendet für alle seine Aufgaben ebenfalls T-SQL-Anweisungen, die mithilfe der SMO (Server Management Objects) für SQL Server erzeugt werden.

Assembly einrichten

Eine Assembly wird mit der `CREATE ASSEMBLY`-Anweisung angelegt und innerhalb der Datenbank abgelegt. Diese kann dafür entweder in Form einer Datei oder als binäre Daten in einem Skript zur Verfügung stehen. Das folgende Beispiel zeigt, wie eine Assembly aus einer Datei angelegt wird.

```
CREATE ASSEMBLY SqlServerProject2 AUTHORIZATION dbo
FROM 'd:\SqlServerProject2.dll' WITH PERMISSION_SET = SAFE;
```

Beim angegebenen Pfad kann es sich auch um einen UNC-Pfad (also z.B. \\Server01\Freigabe01\SqlServerProject2.dll) handeln. Wichtig ist, dass der Name in der Datenbank eindeutig ist und es sich bei der Datei um eine .NET-Assembly handelt. Über den Parameter `AUTHORIZATION` wird der Besitzer angegeben, während `PERMISSION_SET` die Berechtigungsebene benennt, die für die Assembly gilt. Mögliche Werte sind `SAFE`, `EXTERNAL_ACCESS` und `UNSAFE`. Wird die Assembly-Option `PERMISSION_SET` nicht angegeben, so wird der Standard `SAFE` zugewiesen. Weitere Details zu diesen sicherheitsrelevanten Werten finden Sie unter *6.1.5,* „Sicherheit“.

> **Hinweis:**
> Wie eine Assembly über binäre Daten in einem Skript angelegt werden kann, wird ausführlich in dem Abschnitt *6.3.1.2,* „In einem Skript ausliefern“, beschrieben, da sich dieses Vorgehen besonders für das Ausliefern einer Assembly eignet.

Für die Ausführung der `CREATE ASSEMBLY`-Anweisung wird die `CREATE ASSEMBLY`-Berechtigung benötigt.

> **Wichtig:**
> Beachten Sie, dass von einer Assembly nur eine Version installiert wird kann – auch nicht unter unterschiedlichen Namen.

Eingerichtete Assemblies auflisten

Das Auflisten der bestehenden Assemblies in einer Datenbank erfolgt durch folgende SQL-Abfrage:

```
SELECT * FROM sys.Assemblies;
```

In der Spalte `permission_set` ist die Berechtigungsebene gespeichert. Die folgende kleine Tabelle zeigt, welcher (numerische) Wert für welchen Satz steht.

Tabelle 6.4 Zuordnung des numerischen Werts zu der Berechtigungsebene

Wert	Berechtigungsebene
1	Sicher (SAFE)
2	Externer Zugriff (EXTERNAL_ACCESS)
3	Unsicher (UNSAFE)

Zudem steht mit dieser Abfrage eine Möglichkeit bereit, die Dateien zu ermitteln, die in der Datenbank vorhanden sind. Dies können die Assemblies selbst, aber auch ihr zugeordnete Daten sein.

```
SELECT * FROM sys.assembly_files;
```

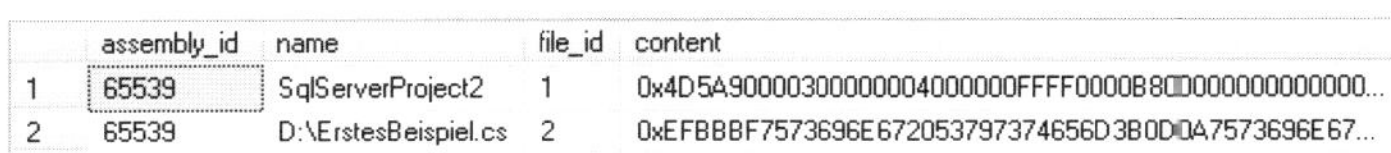

	assembly_id	name	file_id	content
1	65539	SqlServerProject2	1	0x4D5A90000300000004000000FFFF0000B80000000000000...
2	65539	D:\ErstesBeispiel.cs	2	0xEFBBBF7573696E672053797374656D3B0D0A7573696E67...

Abbildung 6.11 Übersicht über die in der Datenbank gespeicherten Dateien

Ein identischer Wert in der Spalte assembly_id bedeutet dabei, dass diese Dateien zu der gleichen Assembly gehören. Die Spalte wiederum bildet die Beziehung zur vorherigen Abfrage auf sys.assemblies, sodass eine Übersicht über alle Assemblies und deren zugeordnete Dateien über folgende Abfrage zu sehen ist.

```
SELECT * FROM sys.Assemblies A
JOIN sys.assembly_files F ON A.assembly_id = F.assembly_id;
```

Mehr Details über zugeordnete Dateien finden Sie weiter unten.

Assemblies verändern

Zuvor erstellte Assemblies können nachträglich mit der `ALTER ASSEMBLY`-Anweisung modifiziert werden. Dies bedeutet, dass entweder von Seiten des SQL Servers Optionen wie die Berechtigungsebene verändert werden können oder der gesamte binäre Inhalt der Programmierung. Das erste Beispiel zeigt, wie die Berechtigungsebene auf `EXTERNAL_ACESS` gesetzt wird.

```
ALTER ASSEMBLY SqlServerProject2 WITH PERMISSION_SET = EXTERNAL_ACCESS;
```

Um nachträglich den Besitzer einer Assembly auf eine andere SQL-Anmeldung zu ändern, ist dies mit der folgenden Anweisung durchführbar.

```
sp_changeobjectowner 'SqlServerProject2', 'Hugo';
```

Nach der Ausführung ist der Besitzer der Assembly die Anmeldung mit dem Namen ‚Hugo'. Für die Ausführung muss der Aufrufer Mitglied der `db_owner`-Rolle oder Mitglied der Rollen `ddladmin` und `db_securityadmin` sein.

Hinweise:

Diese gespeicherte Prozedur ist nicht ausschließlich für Assemblies gedacht, sondern kann auch auf andere Objekte im SQL Server angewendet werden.

Muss die Assembly nach einer Aktualisierung (durch Weiterentwicklung oder das Beheben von Fehlern) ausgewechselt werden, so ist dies wie beim Einrichten durch die Angabe einer Datei oder durch binäre Daten in einem Skript machbar. Jedoch nur, wenn es keine Datei in der Datenbank gibt, die dieser Assembly zugeordnet wurde (mehr dazu weiter unten).

```
ALTER ASSEMBLY SqlServerProject2 AUTHORIZATION dbo
FROM 'd:\SqlServerProject2.dll';
```

Wie beim Anlegen wird nach der Ausführung der Anweisung die Datei an sich nicht mehr benötigt und kann gelöscht werden.

Hinweis:

Wie eine Assembly über binäre Daten in einem Skript aktualisiert werden kann, wird ausführlich in dem Abschnitt *6.3.2.2*, „Durch ein Skript aktualisieren", beschrieben.

Mittels der `ALTER ASSEMBLY`-Anweisung kann eine Assembly für die direkte Verwendung durch den CLR-Host unsichtbar gemacht werden. Dadurch kann sie nicht für gespeicherte Prozeduren, benutzerdefinierte Funktionen etc. benutzt werden, sondern lediglich durch andere Assemblies. Die folgende Anweisung sorgt dafür, dass die angegebene Assembly derart unsichtbar wird.).

```
ALTER ASSEMBLY SqlServerProject2Tools WITH VISIBILITY = OFF;
```

Dennoch erscheint sie nach wie vor im SQL Server Management Studio (Express). Um diesen Effekt wieder aufzuheben, genügt ein Wert von `ON` für die `VISIBILITY`-Option.

```
ALTER ASSEMBLY SqlServerProject2Tools WITH VISIBILITY = ON;
```

Andere Werte außer `ON` und `OFF` sind nicht gültig und führen zu einem Fehler. Für die Ausführung wird die `ALTER`-Berechtigung für die Assembly benötigt.

Dateien einer Assembly zuordnen

Es besteht die Möglichkeit, einer Assembly beliebige Dateien zuzuordnen, die ebenfalls in der Datenbank abgelegt werden. Bei diesen zugeordneten Dateien kann es sich um völlig beliebige Dateien handeln – von Quelltexten bis hin zu Assemblies, von denen die Hauptassembly mit den .NET-Objekten zur Ausführung abhängig ist. Allerdings darf jede Datei nur einmal vorhanden sein. Dies wird über den Namen inkl. des ursprünglichen Pfads festgemacht. Das folgende Beispiel ordnet einer Assembly eine Code-Datei zu.

```
ALTER ASSEMBLY SqlServerProject2 ADD FILE FROM 'D:\ErstesBeispiel.cs';
```

Um diese Datei wieder zu entfernen, kommt diese Anweisung zum Einsatz:

```
ALTER ASSEMBLY SqlServerProject2 DROP FILE FROM 'D:\ErstesBeispiel.cs';
```

Alle zugeordneten Dateien können auch gleichzeitig mit dieser Anweisung entfernt werden. Dadurch ist es wieder möglich, die Hauptassembly auszutauschen.

```
ALTER ASSEMBLY SqlServerProject2 DROP FILE ALL;
```

Da Dateien durch eine Änderung an der Assembly zugeordnet und wieder gelöscht werden, benötigt der Aufrufer die `ALTER`-Berechtigung.

Wichtig:
Wurden einer Assembly Dateien zugeordnet, so kann sie nicht mehr mit dem SQL Server Management Studio (Express) gelöscht werden.

Assemblies löschen

Wird eine Assembly nicht mehr benötigt, so kann diese wieder gelöscht werden. Dies setzt voraus, dass zu diesem Zeitpunkt keine .NET-Objekte mehr existieren, die von dieser Assembly abhängen – also keine gespeicherten Prozeduren, Funktionen etc. aus dieser Assembly mehr im SQL Server existieren. Wurden der Assembly außerdem noch Dateien zugeordnet, so müssen diese ebenfalls vorher entfernt werden.

Sind die zugeordneten Dateien einer Assembly interessant, so kann folgende Abfrage die benötigten Informationen liefern. Für den praktischen Einsatz sollte sie nach dem konkreten Namen der Assembly eingeschränkt werden.

```
SELECT * FROM sys.Assemblies A JOIN
sys.assembly_files F ON A.assembly_id = f.assembly_id;
```

Ist sichergestellt, dass letztendlich keine Abhängigkeiten und keine zugeordneten Dateien mehr existieren, kann mit der `DROP ASSEMBLY`-Anweisung die Assembly an sich entfernt werden.

```
DROP ASSEMBLY SqlServerProject2;
```

Für die Ausführung wird die `CONTROL`-Berechtigung benötigt, wenn die ausführende SQL-Anmeldung nicht der Besitzer ist.

6.2 Entwicklung & Debugging

Zwar ist es generell möglich, .NET-Objekte mittels eines einfachen Editors wie z.B. dem systemeigenen Editor (Notepad.exe) zu programmieren und anschließend per Kommandozeile zu einer Assembly zu kompilieren, doch dies sei nur am Rande erwähnt. Dieser Abschnitt wird sich ausschließlich auf die viel komfortablere Entwicklung mit dem Visual Studio beschränken. Alle .NET-Objekte, von gespeicherter Prozedur bis hin zu einem benutzerdefinierten Typ, können so entwickelt und debuggt werden.

6.2.1 Visual Studio als Entwicklungsumgebung

Das Visual Studio unterstützt die Entwicklung durch einen speziellen Projekttyp, das SQL Server-Projekt.

Ein solches SQL Server-Projekt kann über Datei > Neu > Projekt erstellt werden. Der gesuchte Projekttyp befindet sich unter Datenbankprojekte > SQL CLR.

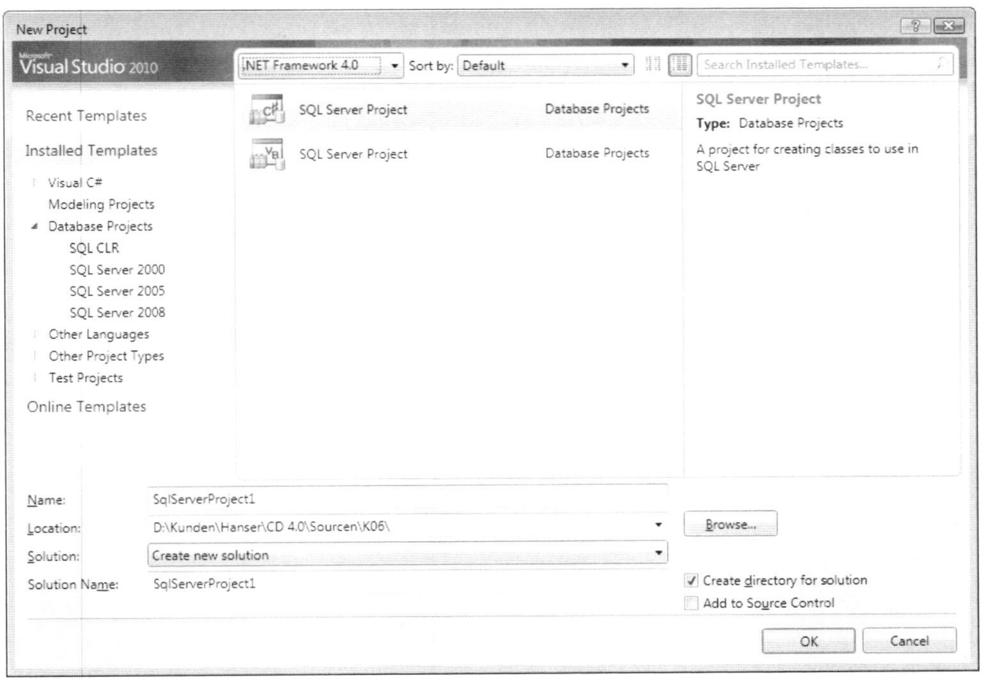

Abbildung 6.12 Auswahl eines SQL Server-Projektes

Wie bei einem neuen Projekt üblich, können an dieser Stelle auch hier der Speicherort und ähnliche grundlegende Dinge bestimmt werden. Ist dies erledigt, so muss eine Datenbankverbindung ausgewählt werden. Existiert diese noch nicht, so kann sie in diesem Dialog auch gleich erstellt werden.

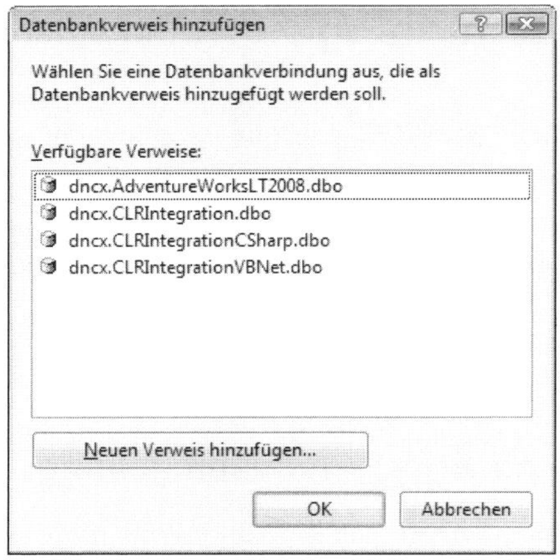

Abbildung 6.13 Der Auswahldialog für die Datenbankverbindung

Um die .NET-Objekte auf dem SQL Server auch debuggen zu können, muss die Einstellung SQL/CLR-Debuggen zulassen für die gewählte Datenbankverbindung aktiviert sein. Ist dies nicht der Fall (z.B. bei neuen Verbindungen), so erscheint ein kleiner Dialog, der nachfragt, ob diese Einstellung aktiviert werden soll. Nach Möglichkeit sollte dies geschehen.

Hinweis:

Nachträglich kann diese Einstellung über das Kontextmenü der Datenbankverbindung im Server-Explorer verändert werden. Alternativ kann dies auch für eine Verbindung über deren Kontextmenü im Server-Explorer geschehen.

Das so erstellte Projekt ist zwar noch ziemlich leer, aber bereit für die Entwicklung. Alles, was sich zu diesem Zeitpunkt an Inhalten finden lässt, ist eine Datei unter Test Script mit dem Namen Test.sql. Dies ist die Datei, die bei der Ausführung des Projekts, nach dem sich die entwickelten Objekte auf dem SQL Server befinden, ausgeführt wird. In ihr müssen die notwendigen T-SQL-Anweisungen notiert werden, um diese aufzurufen. Diese Vorgehensweise ersetzt die Startdatei/Methode bei anderen Projekten.

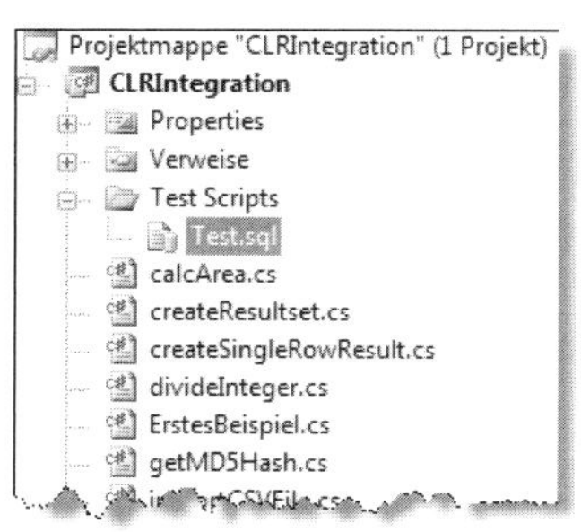

Abbildung 6.14 Die Testdatei in der Lösung

Hinweis:

Möchten Sie eine andere Datei mit T-SQL-Anweisungen zum Testen verwenden, so können Sie diese wie gewohnt erzeugen und über ihr Kontextmenü als Standardtestskript festlegen.

Über die Eigenschaften des Projekts lassen sich auf dem Karteireiter Datenbank die Verbindung zur Datenbank, die Berechtigungsebene (siehe **Abbildung 6.15** Die datenbankbezogenen Einstellungen des Projektes") und der Besitzer der Assembly in der Datenbank einsehen und festlegen.

Wichtig:

Wird hier die Berechtigungsebene oder der Besitzer geändert, so reicht es nicht, diese Änderungen nur zu speichern. Das Projekt muss erneut bereitgestellt werden. Nur so werden diese Einstellungen auch auf dem SQL Server wirksam.

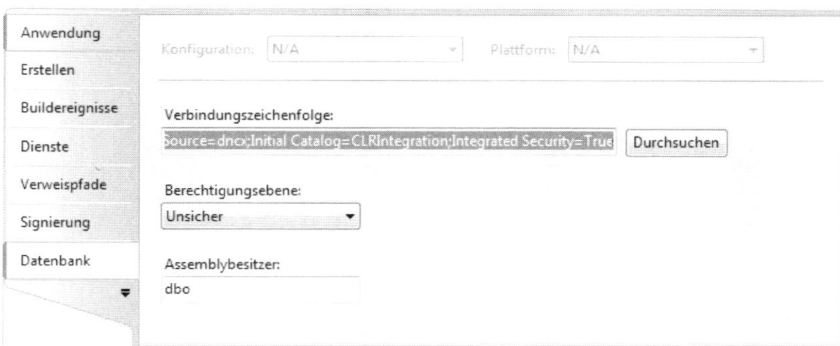

Abbildung 6.15 Die datenbankbezogenen Einstellungen des Projektes

Hinweis:

Um einer Assembly einer Berechtigungsebene zuzuweisen, die mehr als nur „Sicher" ist, muss die Assembly signiert oder die `TRUSTWORTHY`-Datenbankoption gesetzt werden. Weitere Details finden Sie unter *6.1.5.2,* „Signierung und Anmeldung mit asymmetrischen Schlüsseln", und *6.1.5.3,* „Die TRUSTWORTHY-Datenbankeinstellung".

6.2.2 Erste Schritte bei der Entwicklung

Ist das Projekt so weit erstellt, kann mit der Entwicklung begonnen werden. Dieser Abschnitt beschreibt erst das allgemeine Vorgehen und Techniken, die für alle Arten von Datenbankobjekten gleich sind, und geht anschließend auf jede Art von Objekt gezielt ein.

6.2.2.1 Allgemeines Vorgehen und einführendes Beispiel

Das allgemeine Vorgehen bei der Erstellung von .NET-Objekten für den SQL Server sieht so aus, dass ein Element zuerst über das Kontextmenü des Projektes über Hinzufügen >

Neues Element erzeugt wird. Über den folgenden Dialog kann die Art des gewünschten Objektes ausgewählt und der Name der Code-Datei festgelegt werden.

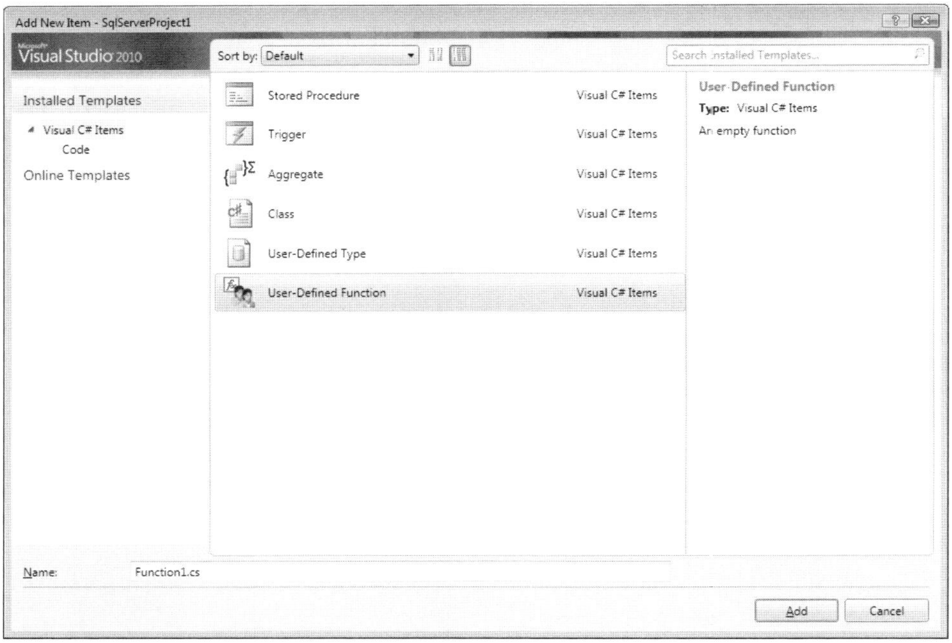

Abbildung 6.16 Dialog zur Auswahl des gewünschten .NET-Objektes

Nach der Bestätigung des Dialogs durch Klick auf die Schaltfläche Hinzufügen gehört eine Datei folgenden Inhalts zum Projekt, wenn eine benutzerdefinierte Funktion ausgewählt wurde.

```
using System;
using System.Data;
using System.Data.SqlClient;
using System.Data.SqlTypes;
using Microsoft.SqlServer.Server;

public partial class UserDefinedFunctions
{
    [Microsoft.SqlServer.Server.SqlFunction]
    public static SqlString Function1()
    {
        // Fügen Sie hier Ihren Code ein.
        return new SqlString("Hello");
    }
};
```

Wie ansatzweise zu erkennen ist, werden Klassen nach Typ sortiert in einer Klasse angelegt, die als `public partial` gekennzeichnet ist und Einfachheit halber den Namen des Objekttyps führt. Dies ist zwar nicht unbedingt notwendig, sorgt aber für eine gewisse Ordnung und die damit verbundene Übersichtlichkeit. Das eigentliche Objekt wird in einer Methode, die als `public static` gekennzeichnet ist, implementiert.

Hinweis:

Im Gegensatz zu C# unterstützt der SQL Server nicht das Überladen gespeicherter Prozeduren oder Funktionen. Auch der Einsatz des `Name`-Parameters, der für die Attribute zur Verfügung steht, verhindert einen entsprechenden Fehler nicht. Fazit: Funktionsnamen müssen immer eindeutig sein.

Die einzige Ausnahme bilden hier lediglich benutzerdefinierte Typen, die jeweils eine gesamte Klasse darstellen.

```
using System;
using System.Data;
using System.Data.SqlClient;
using System.Data.SqlTypes;
using Microsoft.SqlServer.Server;

[Serializable]
[Microsoft.SqlServer.Server.SqlUserDefinedType(Format.Native)]
public struct Type1 : INullable
{
...
}
```

Aber auch hier findet ein Attribut, nämlich `Microsoft.SqlServer.Server.SqlUserDefinedType`, Einsatz bei der Markierung dieser Klasse als benutzerdefinierter Typ für den SQL Server.

Für dieses einführende Beispiel wird der Code der benutzerdefinierten Funktion wie folgt modifiziert:

```
[Microsoft.SqlServer.Server.SqlFunction]
[return: SqlFacet(IsFixedLength=true, MaxSize=57)]
public static SqlString ErstesBeispiel(
    [SqlFacet(IsFixedLength = true, MaxSize = 57)]SqlString name)
{
    if (!name.IsNull)
        return "Hallo, " + name.ToString();
    else
        return "Hallo an unbekannt!";
}
```

Um diese kleine Funktion zu testen, bedarf es einer SQL-Abfrage, die diese Funktion aufruft. Dies kann z.B. mit der folgenden kleinen Abfrage geschehen:

```
SELECT dbo.ErstesBeispiel('Harry');
```

Dafür existieren nun drei Möglichkeiten, die es erlauben, durch Haltepunkte und ähnliche Mittel den C#-Code zu debuggen:

- Durch entsprechendes Anpassen der Test.sql-Datei. In diesem Fall erscheint das Ergebnis in den Direktfenstern des Visual Studios 2008.
- Für die Ausführung der notwendigen Abfrage wird ein Abfrage-Tool wie das SQL Server Management Studio (Express) verwendet. In diesem Fall reicht es, die Anwendung im Visual Studio über das Kontextmenü des Projektes bereitzustellen (Deploy), wobei der Code vorher kompiliert wird.

- In dem Kontext, in dem diese Abfrage verwendet werden soll. Dieser Ansatz eignet sich allerdings nur für einen späten Zeitpunkt im Entwicklungsprozess. Wie in der vorherigen Möglichkeit, reicht auch das Bereitstellen (Deploy) des Projekts, das eine Kompilierung des Codes einschließt.

Sollte bei der Ausführung folgender Fehler auftreten:

```
Meldung 6263, Ebene 16, Status 1, Zeile 1
Die Ausführung von Benutzercode in .NET Framework ist deaktiviert.
Aktiveren Sie die Konfigurationsoption 'clr enabled'.
```

dann liegt es daran, dass die CLR-Integration nicht aktiviert wurde. Unter *6.1.6, „CLR-Integration aktivieren und deaktivieren“*, befinden sich die notwendigen Schritte, um die Integration zu aktivieren.

Bei der Ausführung bzw. dem Verteilen der Anwendung hat das Visual Studio mehrere Dinge im Hintergrund erledigt:

- Die kompilierte Assembly wurde auf dem SQL Server gespeichert. Damit befindet sie sich in einer Tabelle und ist für den Einsatz bereit.
- Für jedes .NET-Element wurde für die SQL-Seite mittels einer `CREATE...AS EXTERNAL NAME...`-Anweisung ein Objekt erzeugt, das verwendet bzw. aufgerufen werden kann.

Hinweis:

Unter *6.1.7, „Assemblies verwalten im SQL Server Management Studio (Express)“*, finden Sie beschrieben, wie Assemblies mit dem SQL Server Management Studio 2008 hinzugefügt und wieder entfernt werden können. Unter *6.3, „Installation, Aktualisierung und Deinstallation“*, ist dagegen beschrieben, wie dies automatisiert für eine Verteilung der Anwendung funktionieren kann.

Hinweise:

Weiter unten finden Sie für jedes .NET-Objekt die entsprechende `CREATE...AS EXTERNAL NAME...`-Anweisung, um das Objekt von der SQL-Seite aus nutzbar zu machen.

Damit sind die grundlegenden Vorgehensweisen erklärt, und wir können beginnen, auf die wichtigen Details zu blicken.

6.2.2.2 Die SqlContext-Klasse

Die `SqlContext`-Klasse ist die zentrale Klasse, mit der ein .NET-Objekt auf seinen Kontext, unter dem es ausgeführt wird, zugreift. Sie stammt aus dem Namensraum `Microsoft.SqlServer.Server` und hält sowohl Informationen zur reinen Abfrage bereit als auch eine Möglichkeit, Daten in Form von Ergebnismengen und Nachrichten an den Aufrufer zurückzuliefern.

Tabelle 6.5 Wichtige Methoden/Eigenschaften der SqlContext-Klasse

Methode/Eigenschaft	Beschreibung
`IsAvailable`	Gibt mit dem Wert `true` an, dass sowohl die kontextbezogene Verbindung zur eigenen Datenbank (siehe *6.2.2.3,* „Kontextbezogener Zugriff auf die eigene Datenbank") als auch alle anderen Eigenschaften des Objektes zur Verfügung stehen. Damit kann die Programmierung feststellen, dass sie in einem .NET-Objekt ausgeführt wird. Es bedeutet jedoch nicht, dass die Eigenschaft zwangsläufig immer einen anderen Wert als `null` liefert. So stellt z.B. die `TriggerContext`-Eigenschaft nur für einen Trigger und die `Pipe`-Eigenschaft nicht in einer benutzerdefinierten Funktion ein Objekt zur Verfügung.
`Pipe`	Diese Eigenschaft liefert ein `SqlPipe`-Objekt, über das Ergebnismengen und Nachrichten an den Aufrufer geschickt werden können. Steht diese Möglichkeit nicht offen, so wird der Wert `null` geliefert (z.B. bei benutzerdefinierten Funktionen).
`TriggerContext`	Liefert bei der Ausführung in einem Trigger ein `SqlTriggerContext`-Objekt, das Informationen über den Kontext des Triggers (z.B. warum der Trigger ausgelöst wurde) enthält. Außerhalb eines Triggers wird der Wert `null` geliefert.
`WindowsIdentitiy`	Stellt die Identität des Aufrufers zur Verfügung, wenn sich dieser mit der Windows-Authentifizierung am SQL Server angemeldet hat. Wurde die SQL Server-Authentifizierung benutzt, so wird `null` als Wert geliefert.

6.2.2.3 Kontextbezogener Zugriff auf die eigene Datenbank

Es liegt sicherlich in der Natur eines SQL CLR-Objektes, dass es auf die Datenbank zugreifen möchte, in der es ausgeführt wird. Wie bei .NET-Programmierungen üblich, wird dabei für einen solchen Zugriff ADO.NET verwendet. Damit taucht das Problem auf, welche Verbindungszeichenfolge für die Erstellung eines `SqlConnection`-Objektes und damit für die Verbindung von .NET zur Datenbank verwendet werden soll. Außerdem möchte man in vielen Fällen gar keine eigene Verbindung, sondern die verwenden, mit der das CLR-Objekt „gestartet" wurde. Zu diesem Zweck ist es möglich, eine Verbindung aus dem Kontext zu erstellen, in dem das .NET-Objekt gerade ausgeführt wird. Eigentlich wird dadurch die laufende Verbindung mit genutzt, es wird lediglich ein weiteres `SqlConnection`-Objekt zu deren Verwendung erzeugt. Dazu wird als Verbindungszeichenfolge lediglich `context connection=true` verwendet. Das folgende Beispiel zeigt anhand einer gespeicherten Prozedur, wie dies praktisch aussieht.

```
[Microsoft.SqlServer.Server.SqlProcedure]
public static void queryTable(SqlString tablename)
{
    // Laufende Verbindung mitbenutzen
    using (SqlConnection con
              = new SqlConnection("context connection=true"))
    {
        // Verbindung öffnen
        con.Open();

        // SqlCommand-Objekt für die Abfrage erzeugen
        using (SqlCommand cmd = con.CreateCommand())
```

```
            {
                // Abfrage erzeugen und zuweisen
                cmd.CommandType = CommandType.Text;
                cmd.CommandText = "SELECT * FROM " + tablename.ToString();

                using (SqlDataReader dr = cmd.ExecuteReader())
                    // Abfrage durchführen und via SqlContext-Objekt
                    // das Ergebnis liefern
                    SqlContext.Pipe.Send(dr);
            }

            // Verbindung demonstrativ schließen, obwohl durch using-Block
            // eigentlich nicht notwendig
            con.Close();
        }
    }
```

Beim näheren Betrachten des Codes wird der Umstand auffallen, dass die Verbindung sowohl geöffnet als auch wieder geschlossen wird (auch wenn dies durch den `using`-Block nicht expliziet notwendig wäre und hier nur zu demonstrativen Zwecken geschieht). Und das, obwohl durch `context connection=true` lediglich die Verbindung aus dem Kontext der gespeicherten Prozedur mit verwendet wird. Man sollte meinen, dass diese weder geöffnet werden muss noch geschlossen werden darf. Der Grund, warum dies dennoch geschehen muss, ist der, dass der Aufruf von `Open()` und `Close()` sich nicht direkt auf die Datenbankverbindung zum Server bezieht, sondern lediglich auf ein `SqlConnection`-Objekt.

Hinweise:

Auch bei der Verwendung von gewöhnlichen Verbindungszeichenfolgen steht ein Aufruf von `Open()` nicht zwingend für den Aufbau einer Verbindung. Genauso wenig wie es `Close()` für das Schließen tut. Das sogenannte Verbindungs-Pooling sorgt z.B. dafür, dass eine Verbindung zum SQL Server (nacheinander) von mehreren `SqlConnection`-Objekten verwendet wird – dies spart Zeit beim Aufbau. Mehr Details dazu finden Sie unter *5.2.4*, „Verbindungs-Pooling (Connection Pooling)“.

Neben den Kontextverbindungen können nach wie vor gewöhnliche Verbindungen mit Verbindungszeichenfolgen benutzt werden, die Server, Benutzername etc. angeben, doch hat dies eine Reihe von Nachteilen und sollte daher so weit es geht vermieden werden,

- da dadurch zwei völlig voneinander getrennte Verbindungen verwendet werden, kann es zu einer Situation kommen, in der durch Sperren in der Datenbank die neue Verbindung blockiert wird. Dadurch wird die Verarbeitung faktisch gestoppt, und es kommt zu einem Timeout.
- da das Erzeugen der Verbindungszeichenfolge unnötig kompliziert bis gar nicht möglich ist. Zwar lassen sich die Namen der Anmeldung, der Datenbank und des Servers (inkl. SQL Server-Instanz) ermitteln, doch fehlt diese Möglichkeit für das Kennwort. Damit sind die Informationen für die SQL Server-Authentifizierung unvollständig.
- da es zusätzlich (unnötige) Ressourcen verbraucht.

Eine solche Verbindung macht also nur dann Sinn, wenn z.B. die Programmierung auf Objekte zugreifen oder Aktionen durchführen soll, für die der Aufrufer in der Datenbank nicht die notwendigen Berechtigungen hat. In diesem Fall sollte die Verbindungszeichenfolge nicht fest in der Assembly gespeichert sein, sondern z.B. in einer Tabelle oder als erweiterte Eigenschaft der Datenbank. Unter *3.15.1,* „Benutzen der erweiterten Eigenschaften der Datenbank“, finden Sie hierzu ein Beispiel.

Hinweise:

Ausführliche Beschreibung von ADO.Net finden Sie in *Kapitel 5,* „SQL Server 2008 (R2) mit ADO.NET“.

6.2.2.4 Die SqlPipe-Klasse

Die durch die `SqlContext.Pipe`-Eigenschaft zur Verfügung gestellte Instanz der `SqlPipe`-Klasse dient der Rückgabe von Ergebnismenge und Nachrichten an den Aufrufer. Im Folgenden befindet sich eine Tabelle mit den wichtigen Methoden/Eigenschaften dieser Klasse, gefolgt von detaillierten Erläuterungen.

Tabelle 6.6 Wichtige Methoden/Eigenschaften der SqlPipe-Klasse

Methode/Eigenschaft	Beschreibung
`IsSendingResults`	Liefert mit einem Wert von `true` die Information, dass die `SendResultsStart()`-Methode aufgerufen wurde, ohne dass `SendResultsEnd()` aufgerufen wurde. Damit befindet sich das Objekt in dem Zustand, dass Ergebnisse mit mehr als nur einer Zeile an den Aufrufer zurückgeschickt werden können.
`ExecuteAndSend()`	Dieser Methode kann ein gültiges und fertig erstelltes `SqlCommand`-Objekt übergeben werden, das dann ausgeführt und dessen Ergebnis an den Aufrufer geschickt wird. Dabei kann es sich um einen einzelnen Wert, aber auch um eine Ergebnismenge handeln.
`Send()`	Diese Methode ist dreifach überladen, um das Versenden unterschiedlicher Arten von Informationen an den Aufrufer zu ermöglichen. Vorgesehen ist damit das Senden: ▪ der kompletten Daten aus einem `SqlDataReader`-Objekt. ▪ einer einzelnen Zeile in Form eines `SqlDataRecord`-Objektes. ▪ einer Nachricht in Form einer Zeichenkette. Dies entspricht der `PRINT`-Anweisung des T-SQL und kann über das `InfoMessage`-Ereignis des `SqlConnection`-Objektes beim Aufrufer abgefangen werden. Beispiele für alle drei Überladungen finden Sie im Anschluss.
`SendResultsStart()`	Diese Methode leitet das Senden einer Ergebnismenge an den Client ein. Die `IsSendingResults`-Eigenschaft liefert den Wert `true`, und die `SendResultsRow()`-Methode kann zum Senden von Zeilen verwendet werden.
`SendResultsRow()`	Diese Methode erlaubt das Senden einer einzelnen Zeile einer Ergebnismenge.

Methode/Eigenschaft	Beschreibung
`SendResultsEnd()`	Durch den Aufruf dieser Methode wird der Versand einer Ergebnismenge abgeschlossen, und die Eigenschaft `IsSendingResults` liefert anschließend wieder den Wert `false`.

Es folgen nun Beispiele mit Erläuterungen für die Methoden und Eigenschaften.

Das Senden von Ergebnismengen

Über den Einsatz der Methoden `SendResultsStart()`, `SendResultsRow()` und `SendResultsEnd()` steht eine Möglichkeit offen, Ergebnismengen an den Aufrufer zu senden. Eine gespeicherte Prozedur oder eine Tabellenwertfunktion, die in T-SQL entwickelt wurde, tut dies durch den Einsatz der `SELECT`-Anweisung, wie dieses kleine Beispiel demonstriert.

```
CREATE PROCEDURE enumAssemblies
AS
    SELECT * FROM sys.Assemblies;
```

Damit dies auch bei .NET-Objekten möglich ist, existieren die oben erwähnten. Methoden und eine Reihe von Klassen, welche die Struktur, also die Metadaten, und den Inhalt der zurückgelieferten Tabelle beschreiben. Diese Klassen werden weiter unten beschrieben.

Wichtig:

Bedenken Sie bei Ihren Programmierungen immer, dass die Möglichkeit besteht, mehrere Ergebnismengen gleichzeitig an den Client zu senden. Der Client kann diese dann der Reihe nach durchlaufen und auswerten. Wie dies funktionieren kann, findet sich unter *5.7*, „Die SqlDataReader-Klasse". Dort ist ein Beispiel abgedruckt, das mit den `Read()`- und `NextResult()`-Methoden der `SqlDataReader`-Klasse arbeitet.

Ob nun durch T-SQL oder .NET, Ergebnismengen in Form von Tabellen werden über sogenannte Tabular Data Streams (TDS) an den Aufrufer übermittelt. Dabei wird die Ergebnismenge in einzelne Blöcke aufgeteilt und dem Client sozusagen häppchenweise zugeschickt. Dieses Vorgehen erklärt, warum die Methoden `SendResultsStart()` und `SendResultsEnd()` benötigt werden: Sie grenzen eine Ergebnismenge ab und erlauben damit erst den Versand mehrerer, auch unterschiedlicher Ergebnismengen als ein Datenstrom.

Hinweis:

Wird beim Erstellen eines `SqlDataReader`-Objektes der `ExecuteReader()`-Methode als ein Parameter für ihr Verhalten `SequentialAccess` übergeben, so kann das Leseverhalten bei umfangreichen Ergebnismengen dadurch optimiert werden, dass mit dem Einlesen der Werte begonnen werden kann, bevor alle Daten beim Client eingetroffen sind. Mehr Details zur `ExecuteReader()`-Methode finden Sie unter *5.4.4*, „ExecuteReader-Methode":

Hinweis:
Wenn Sie an Statistiken interessiert sind, dann können Sie über die `RetrieveStatistics()`-Methode eines `SqlConnection`-Objektes z.B. abrufen, wie viele TDS-Pakete für eine Ergebnismenge verschickt und empfangen wurden. Mehr Details dazu unter *5.2.6*, Statistische Werte abrufen".

Die folgenden Seiten beschreiben dabei erst die umfangreichste Variante, in der die Ergebnismenge im Aufbau und Inhalt frei definiert wird. Da es jedoch zum Glück nicht immer so aufwendig sein muss, finden Sie weiter unten vereinfachte Möglichkeiten, wenn z.B. nur eine Zeile geschickt werden soll oder wenn das Ergebnis in Form eines `SqlDataReader`-Objektes vorliegt. Zunächst aber erst einmal der Weg.

Damit eine frei definierte Ergebnismenge an den Aufrufer übermittelt werden kann, muss deren Aufbau definiert werden können. Zu diesem Zweck steht die `SqlMetaData`-Klasse bereit. Sie beschreibt die Definition einer Spalte und verfügt über eine ganze Reihe von Konstruktoren (derzeit derer 16 Stück), sodass sich ihre Verwendung in vielen Fällen auf eine elegante Zeile reduziert. Die folgende Tabelle enthält die wichtigsten Methoden und Eigenschaften der `SqlMetaData`-Klasse.

Tabelle 6.7 Wichtige Methoden/Eigenschaften der SqlMetaData-Klasse

Methode/Eigenschaft	Beschreibung
`CompareOptions`	Legt als Wert der Aufzählung `SqlCompareOptions` die Regeln fest, wie der Inhalt dieser Spalte bei Vergleichen und Sortierungen zu verwenden ist. Möglich Werte sind: ■ `None`: Keine Angabe ■ `IgnoreCase`: Groß-/Kleinschreibung ignorieren ■ `IgnoreNonSpace`: Gibt an, dass Akzente und Sonderzeichen ignoriert und somit als Basiszeichen behandelt werden sollen. ■ `IgnoreKanaType`: Zeichen vom Typ Kana (phonetische Laute bei japanischen Hiragana- und Katakana-Schriftzeichen) ignorieren ■ `IgnoreWidth`: Breite bei japanischen Katakana-Zeichen ignorieren ■ `BinarySort`: Gibt an, dass die Sortierung binär stattfinden soll. ■ `BinarySort2`: Gibt an, dass die Sortierung binär stattfinden soll. Da diese Aufzählung mit dem `Flags`-Attribut markiert ist, können mehrere Werte kombiniert werden. Diese Angabe bezieht sich auf die `SqlTypes`-Klasse. Siehe daher auch unter *6.1.4*, „Datentypen".

Methode/Eigenschaft	Beschreibung
`DbType`	Liefert ein Objekt vom Typ `DbType`, das den Typ dieser Spalte widerspiegelt.
`IsUniqueKey`	Gibt an, ob der Wert dieser Spalte eindeutig in dieser Tabelle sein muss.
`LocalId`	Liefert den numerischen Ländercode dieser Spalte.
`Max`	Liefert die maximale Länge der Spalten vom Typ `text`, `ntext` und sonstige Daten.
`MaxLength`	Liefert die maximale Länge der Spalte.
`Name`	Liefert den Namen der Spalte.
`Precision`	Liefert die Anzahl der numerischen Stellen bei numerischen Datentypen.
`Scale`	Liefert die Anzahl der Dezimalstellen bei numerischen Datentypen.
`SortOrder`	Liefert die Sortierung der Spalten als ein Wert der Aufzählung SortOrder. Folgende Werte sind möglich: ▪ `Unspecified`: Keine Sortierung. ▪ `Ascending`: Aufsteigend sortiert. ▪ `Descending`: Absteigend sortiert. Standardmäßig ist eine Spalte nicht sortiert.
`SortOrdinal`	Gibt die Position der Spalte in der Sortierung an.
`SqlDbType`	Liefert den Typ der Spalte als `SqlDbType`-Objekt.
`Type`	Liefert den Typ der Spalten als CLR-Typ.
`TypeName`	Liefert den Typ der Spalte, wie dieser auf dem SQL Server definiert wurde, als Zeichenkette.
`UserServerDefault`	Legt fest, ob die Standardwerte des SQL Servers für diese Spalte verwendet werden sollen.
`Adjust()`	Diese Methode existiert in zahllosen Überladungen und dient zur Überprüfung und gegebenenfalls der Anpassung der übergebenen Daten gegen die Metadaten für diese Spalte.
`InferFromValue()`	Diese statische Methode versucht, den Datentyp von dem übergebenen Wert abzuleiten, und erstellt daraus zusammen mit dem übergebenen Namen die Metadaten für eine Spalte.

Wie üblich werden einzelne Spalten zu einer Tabelle zusammengefasst, in die dann zeilenweise Werte eingetragen werden. Ein `SqlDataRecord`-Objekt übernimmt in diesem Fall die Rolle einer Zeile. Im Anschluss finden Sie die wichtigsten Methoden/Eigenschaften dieser Klasse, die im Wesentlichen dem Setzen und Auslesen der Werte der Spalten dienen.

Tabelle 6.8 Wichtige Methoden/Eigenschaften der SqlDataRecord-Klasse

Methode/Eigenschaft	Beschreibung
`FieldCount`	Gibt die Anzahl der definierten Spalten zurück, die dem Konstruktor als Array von `SqlMetaData`-Objekten übergeben wurde.
`GetName()`	Liefert den Namen einer Spalte, deren Index bekannt ist.
`GetOrdinal()`	Liefert den Index einer Spalte, deren Name bekannt ist.
`GetFieldType()`	Liefert den CLR-Typ einer Spalte.
`IsDbNull()`	Liefert `true`, wenn der Wert der gesuchten Spalte dem Wert `NULL` entspricht.
`SetXXX()`	Über eine ganze Reihe von Methoden kann der Wert einer Spalte festgelegt werden. Dieser kann als CLR-Datentyp oder als SQL Server-Datentyp vorliegen. Siehe auch *6.1.4*, „Datentypen".
`GetXXX()`	Dies sind die Gegenstücke zu den `SetXXX`-Methoden und erlauben das Auslesen des Wertes einer Spalte.
`SetValue()`	Erlaubt das Setzen des Wertes einer Spalte, der als `object` übergeben wird.
`GetValue()`	Liefert den Wert der Spalte als `object`.
`SetValues()`	Erlaubt das Setzen der Werte der Spalten mit einem Aufruf.
`GetValues()`	Liefert die Werte der Spalten mit einem Aufruf.

Als Nächstes folgt nun ein Beispiel, das die beiden Objekte verwendet, um Ergebnismengen zu erstellen. Wie viele genau, soll von einem Parameter abhängen.

```
[Microsoft.SqlServer.Server.SqlProcedure]
public static void createResultsets(SqlInt32 rows,
                                    SqlInt32 columns,
                                    SqlInt32 resultsets)
{
    SqlDataRecord row;

    // Anzahl der Spalten pro Zeile in einem Array
    SqlMetaData[] ColumnsMetaData = new SqlMetaData[columns.Value];

    // Spalten erzeugen. Hier wird für jede Spalte der Typ VARCHAR(50)
    // verwendet, was jedoch einfach durch einen anderen gewünschten
    // Datentyp ersetzt werden kann
    for (int c = 0; c < columns; c++)
        ColumnsMetaData[c] =
            new SqlMetaData(string.Format("Spalte {0}", c),
                            SqlDbType.VarChar,50);

    // In einer Schleife die gewünschte Anzahl der Zeilen in der
    // Ergebnismenge erstellen
    for (int r=0; r < resultsets; r++)
    {
        // Zähler für gewünschte Anzahl der Zeilen
        for (int s=0; s< rows; s++)
        {
            // Neue Zeile nach Metadaten erstellen
            row = new SqlDataRecord(ColumnsMetaData);

            // Und mit Werten auffüllen. Die konkret verwendete Methode
            // hängt dabei vom Datentyp ab
```

```
                for (int c = 0; c < columns; c++)
                    row.SetString(c,
                        string.Format("Zeile: {0}, Spalte: {1}", s, c));

                // Wenn noch nicht mit der Ausgabe dieser Ergebnismenge
                // begonnen wurde, dann nun damit anfangen
                if (!SqlContext.Pipe.IsSendingResults)
                    SqlContext.Pipe.SendResultsStart(row);

                // Nun die Zeile senden
                SqlContext.Pipe.SendResultsRow(row);
            }

            // Nachdem alle Zeilen ausgegeben wurden, die Ergebnismenge
            // abschließen
            if (SqlContext.Pipe.IsSendingResults)
                SqlContext.Pipe.SendResultsEnd();
        }
    }
```

Wichtig:

Achten Sie darauf, dass jedem `SendResultsStart()` genau ein `SendResultsEnd()` folgt. Eine Verschachtelung ist nicht erlaubt und führt zu einer Ausnahme. Allerdings dürfen die Ergebnismengen leer sein, sodass zwischen `SendResultsStart()` und `SendResultsEnd()` nicht zwingend eine `SendResultsRow()` ausgeführt werden muss. Die Ergebnismenge ist dann natürlich vorhanden, nur ist diese leer. Dies entspricht einer `SELECT`-Abfrage, die keine Zeile liefert.

Der Aufruf geschieht recht unspektakulär:

```
EXEC createResultsets @rows=4, @columns=3, @resultsets=2;
```

Und erzeugt im SQL Server Management Studio (Express) folgendes Ergebnis:

	Spalte 0	Spalte 1	Spalte 2
1	Zeile: 0, Spalte: 0	Zeile: 0, Spalte: 1	Zeile: 0, Spalte: 2
2	Zeile: 1, Spalte: 0	Zeile: 1, Spalte: 1	Zeile: 1, Spalte: 2
3	Zeile: 2, Spalte: 0	Zeile: 2, Spalte: 1	Zeile: 2, Spalte: 2
4	Zeile: 3, Spalte: 0	Zeile: 3, Spalte: 1	Zeile: 3, Spalte: 2

	Spalte 0	Spalte 1	Spalte 2
1	Zeile: 0, Spalte: 0	Zeile: 0, Spalte: 1	Zeile: 0, Spalte: 2
2	Zeile: 1, Spalte: 0	Zeile: 1, Spalte: 1	Zeile: 1, Spalte: 2
3	Zeile: 2, Spalte: 0	Zeile: 2, Spalte: 1	Zeile: 2, Spalte: 2
4	Zeile: 3, Spalte: 0	Zeile: 3, Spalte: 1	Zeile: 3, Spalte: 2

Abbildung 6.17 Die beiden Ergebnismengen, welche die .NET-Programmierung erzeugt hat

Hinweis:

Unter *5.7*, „Die SqlDataReader-Klasse", finden Sie ein entsprechendes Beispiel, bei dem in C# mittels ADO.NET die Werte aus mehreren Ergebnismengen durchlaufen und ausgegeben werden.

Wie bereits angekündigt, kann das Senden von Ergebnismengen in bestimmten Situationen einfach sein, und man kann sich so ein wenig Tipparbeit ersparen, etwa wenn nur eine einzige Zeile gesendet werden soll. In diesem Fall kann einfach die `Send()`-Methode eines `SqlPipe`-Objektes verwendet werden. Praktisch sieht dies so aus:

```
[Microsoft.SqlServer.Server.SqlProcedure]
public static void createSingleRowResult()
{
    // Zeilen mit Metadaten für zwei Spalten erstellen
    SqlDataRecord row  = new SqlDataRecord(new SqlMetaData[]
        {new SqlMetaData("Spalte 1", SqlDbType.Int),
         new SqlMetaData("Spalte 2", SqlDbType.VarChar,50)});

    // Werte setzen
    row.SetInt32(0, 0815);
    row.SetString(1, "Hallo Welt");

    // Und diese Zeile als Ergebnismenge mit genau einer Zeile
    // an den Aufrufer senden
    SqlContext.Pipe.Send(row);
}
```

Nach einen parameterlosen Aufruf mittels

```
EXEC createSingleRowResult;
```

sieht das Ergebnis folgendermaßen aus:

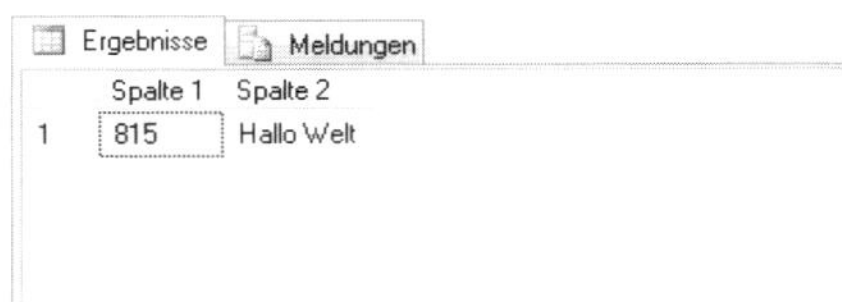

Abbildung 6.18 Die einzeilige Ergebnismenge durch die vereinfachte Programmierung

Leider sieht man dem Ergebnis die vereinfachte Programmierung nicht an.

Tipp:

Eine solche Ergebnismenge sollte am besten mit einem `SqlDataReader`-Objekt verarbeitet werden. Bei dessen Erstellen wurde der `ExecuteReader()`-Methode für ihr Verhalten als ein Parameter `SequentialAccess` übergeben. Mehr dazu unter *5.4,* „Die SqlCommand-Klasse".

Tipp:

Sollte diese eine Zeile auch nur eine einzelne Spalte haben, so ist es effizienter, ganz auf die Verwendung eines SqlDataReaders zu verzichten und den Wert über die `ExecuteScalar()`-Methode einzulesen. Mehr dazu unter *5.4,* „Die SqlCommand-Klasse".

Eine andere Vereinfachung kann verwendet werden, wenn die Daten, welche die Ergebnismenge darstellen, bereits in Form eines `SqlDataReader`-Objektes vorliegen. Unter *6.2.2.3,* „Kontextbezogener Zugriff auf die eigene Datenbank", finden Sie ein Beispiel, das genau diese Technik verwendet, um das Ergebnis einer Abfrage an den Aufrufer zu senden.

Hinweis:
Die unterschiedlichen Methoden, um Ergebnismengen an den Aufrufer zu senden, können auch gemischt werden, das heißt, eine Ergebnismenge kann so, eine zweite anders erstellt worden sein.

Die letzte Vereinfachung besteht in der `SqlPipe.ExecuteAndSend()`-Methode, die ein initialisiertes `SqlCommand`-Objekt übergeben bekommt, dieses ausführt und das so erstellte Ergebnis an den Aufrufer schickt. Dies wird in der folgenden gespeicherten Prozedur verwendet, um den einzigen Parameter als Abfragetext auszuführen und das Ergebnis anschließend an den Aufrufer zu senden.

```
[Microsoft.SqlServer.Server.SqlProcedure]
public static void runQuery(SqlString query)
{
    // Verbindung aufbauen
    using (SqlConnection con =
            new SqlConnection("context connection=true"))
    {
        // Verbindung muss geöffnet werden
        con.Open();

        // SqlCommand-Objekt erzeugen und übergeben
        using (SqlCommand cmd = new SqlCommand(query.ToString(),con))
            SqlContext.Pipe.ExecuteAndSend(cmd);
    }
}
```

Der Aufruf kann so aussehen und erzeugt das gleiche Ergebnis wie bei einer direkten Ausführung der Abfrage.

```
EXEC runQuery @query='SELECT * FROM sys.Assemblies'
```

Hinweis:
Da ein `SqlCommand`-Objekt mehrere `SELECT`-Anweisungen auf einmal ausführen kann (Batch-Abfragen), kann es durch die `ExecuteAndSend()`-Methode zu mehreren Ergebnismengen für den Aufrufer kommen.

Das Senden von Textnachrichten

Im Vergleich zum Senden ganzer Ergebnismengen ist das Senden einfacher Textnachrichten vergleichbar ein simples Kinderspiel. Das folgende Beispiel einer gespeicherten Prozedur demonstriert dies.

```
[Microsoft.SqlServer.Server.SqlProcedure]
public static void sendEcho(SqlString text)
{
    // Nachricht gesendet
    SqlContext.Pipe.Send(string.Format("Echo: '{0}'",text.ToString()));
}
```

Ein Aufruf im SQL Server Management Studio (Express) in der Form

```
EXEC sendEcho 'Hurra';
```

erzeugt erwartungsgemäß folgende Meldung:

Abbildung 6.19 Die Ausgabe der Prozedur im SQL Server Management Studio (Express)

Soll der Aufruf und die Auswertung der Nachricht durch C#-Code geschehen, ist dies wie folgt möglich. Das Ausführen der Abfrage erfolgt wie gewohnt, und mithilfe des `InfoMessage`-Ereignisses lässt sich auf die Nachricht reagieren.

Der Aufruf findet dabei wie gewohnt statt, lediglich muss nach der Erstellung des `SqlConnection`-Objektes das Ereignis explizit angebunden werden. Damit dieses abgearbeitet werden kann, wird im Anschluss dafür eine kleine Methode definiert.

```
private void callEcho()
{
    // Verbindung zur Datenbank aufbauen
    using (SqlConnection con = new SqlConnection(conString))
    {
        con.Open();

        // Ereignis anbinden
        con.InfoMessage += new SqlInfoMessageEventHandler(InfoMessage);
        using (SqlCommand cmd = con.CreateCommand())
        {
            // Abfrage mit SqlCommmand-Objekt vorbereiten
            cmd.CommandText = "sendEcho";
            cmd.CommandType = CommandType.StoredProcedure;

            // Parameter
            cmd.Parameters.Add(new SqlParameter("text","Hallo Welt"));

            // Und ausführen
            cmd.ExecuteNonQuery();
        }
    }
```

Und gleich im Anschluss die Methode zur Abarbeitung des `InfoMessage`-Ereignisses:

```
void InfoMessage(Object sender, SqlInfoMessageEventArgs e)
{
    // Hier wird das Ereignis abgearbeitet
    MessageBox.Show(e.Message);
}
```

Ein Aufruf der `callEcho()`-Methode erzeugt das erhoffte Ereignis und zeigt dieses in einer kleinen Textbox an.

Abbildung 6.20 Die durch SqlContext.Pipe.Send erzeugte Nachricht

Hinweis:

Weitere Details finden Sie unter *5.2, „Die SqlConnection-Klasse“*, und besonders unter *5.2.3.2, „InfoMessage“*, wo das Ereignis beschrieben wird.

Hinweis:

Diesen kleinen Demo-Code finden Sie im Projekt CLRIntegration2 in dem Verzeichnis zu diesem Kapitel.

6.2.2.5 Das SqlFacet-Attribut

Parameter und Rückgabewert weisen auf dem SQL Server Facetten auf, für die es keine Entsprechung in .NET gibt. Beispielsweise ist es dort nicht möglich, für eine Zeichenkette eine maximale oder eine feste Länge zu definieren. Bei der automatischen Bereitstellung über Visual Studio finden sich solche Details daher später nicht auf dem SQL Server wieder. Parameter und Rückgabewerte vom Typ `SqlString` oder `String` werden so z.B. immer als `NVARCHAR(4000)` und `SqlDecimal` oder `Decimal` immer als `NUMERIC(18,0)` bereitgestellt.

Zum Zweck der „Feinjustierung“ existiert daher das Attribut `Microsoft.SqlServer.Server.SqlFacet`, mit dem Parameter und Rückgabewerte ausgezeichnet werden können. Über entsprechende benannte Parameter können die gewünschten Angaben vorgenommen werden.

Die folgende Tabelle stellt die zur Verfügung stehenden Parameter dieses Attributes vor und beschreibt deren Funktionsweise.

Tabelle 6.9 Parameter des SqlFacet-Attributs

Parameter	Beschreibung
`IsFixedLength`	Gibt an, ob der Parameter oder der Rückgabewert eine feste Länge hat. So wird für Zeichenketten bei `true` nicht `NVARCHAR`, sondern `NCHAR` als Datentyp verwendet. Der Standard lautet false bzw. False, was zur Folge hat, dass so eine variable Länge verwendet wird.
`IsNullable`	Gibt an, ob der Rückgabewert einer benutzerdefinierte Funktion `NULL` sein kann oder nicht. Der Standardwert ist `false`.
`MaxSize`	Legt die maximale Länge eines Parameters oder Rückgabewertes fest. Erlaubt ist jeder positive Wert und –1, der für eine unbegrenzte Länge (`NVARCHAR(MAX)`)steht. Wurde –1 angegeben, so wird automatisch von einer variablen Länge ausgegangen, unerheblich ob und welcher Wert für IsFixedLength angegeben wurde. Ohne Angabe des `MaxSize`-Parameters wird für Zeichenketten eine maximale Länge von 4000 Zeichen verwendet. Wurde `IsFixedLength=true` angegeben, so gibt dieser Parameter nicht die maximale Länge an, sondern lediglich die Länge.

Parameter	Beschreibung
`Precision`	Gibt an, wie viele Dezimalstellen ein numerischer Wert insgesamt besitzt. Der Standard, der verwendet wird, wenn dieser Parameter nicht angegeben wird, ist 18.
`Scale`	Gibt die Genauigkeit, d.h. die Nachkommastellen eines numerischen Wertes, an. Diese Anzahl muss gleich oder kleiner der Dezimalstellen insgesamt sein.

Werden Parameter angegeben, die für einen bestimmten Datentypen keinen Sinn ergeben (z.B. `Precision` für `SqlString`), so werden diese einfach ignoriert. Zu Fehlern kommt es nur, wenn klar widersprüchliche Angaben gemacht werden (z.B. Wert für `Scale` größer als für `Precision`). Das folgende Beispiel zeigt das Code-Fragment einer benutzerdefinierten Funktion, deren Parameter und Rückgabewert mit dem `SqlFacet`-Attribut versehen wurden.

```
[Microsoft.SqlServer.Server.SqlFunction]
[return: SqlFacet(Precision=14, Scale=2)]
public static SqlDecimal MeineFunktion(
    [SqlFacet(IsFixedLength=true, MaxSize=100)]SqlString Parameter1,
    [SqlFacet(Precision=18, Scale=2)]SqlDecimal Parameter2)
{
    ...
}
```

Hinweis:

Verwenden Sie das `SqlFacet`-Attribut wenn möglich für jeden Parameter und jeden Rückgabetyp. Zum einen verlassen Sie sich damit nicht blind auf Standardwerte, die das Visual Studio für Sie definiert, und zum anderen wird das Projekt dadurch leichter für andere Entwickler verständlich, die nicht diese Standardwerte auswendig kennen – das „Mehr" an Code und die damit verbundene verschlechterte Überschaubarkeit wird dadurch mehr als ausgeglichen.

6.2.2.6 Rückgabeparameter

Um die aus dem T-SQL bekannten Rückgabeparameter, deren Veränderungen an den Werten zurück an den Aufrufer übermittelt werden, in der .NET-Programmierung zu realisieren, müssen die entsprechenden Parameter lediglich mit dem `out`-Schlüsselwort versehen werden. Das Minimalbeispiel hierzu sieht so aus:

```
[Microsoft.SqlServer.Server.SqlProcedure]
public static void returnParameter(out SqlString name, out SqlInt32
length)
{
    name = "Harry Hirsch";
    length = name.ToString().Length;
}
```

Der Aufruf mit T-SQL gestaltet sich ein wenig umfangreicher, da beide Parameter zwecks späterer Ausgabe als Variablen vorliegen müssen. Würde man darauf verzichten, so gäbe es keinen Weg, die neuen Werte anzuzeigen.

```
-- Variablen deklarieren
DECLARE @name VARCHAR(50), @length INT;

-- Gespeicherte Prozedur ausführen
EXEC returnParameter @name OUT, @length OUT;

-- Ergebnis anzeigen
PRINT 'Name: ' +@name;
PRINT 'Länge: ' + CAST(@length AS VARCHAR);
```

Die Ausgabe besteht aus zwei Nachrichten und sieht so aus:

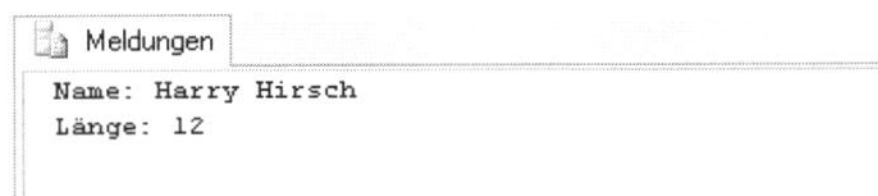

Abbildung 6.21 Die Ausgabe des Namens und dessen Länge über Rückgabeparameter

Hinweis:

Unter *6.2.4.2,* „Rückgabewert und Parameter", finden Sie ein Beispiel, wie solche Rückgabeparameter mit ADO.NET verwendet werden können.

6.2.2.7 Zugriff auf externe Ressourcen

Liegt die benötigte Berechtigung vor, kann die Programmierung der .NET-Objekte auf beliebige externe Ressourcen zugreifen. Extern bedeutet in diesem Zusammenhang alles, was sich nicht in der Datenbank befindet, in der die Assembly liegt.

Wichtig:

Das folgende Beispiel funktioniert nicht, wenn die Assembly die Berechtigungsebene „Sicher" (SAFE) zugewiesen bekommen hat. Ausgenommen der Fall, dass Sie die TRUSTWORTHY-Datenbankeinstellung gesetzt haben. Mehr zum Thema Sicherheit unter *6.1.5,* „Sicherheit".

Mit der richtigen Berechtigungsebene ist es also ohne Weiteres möglich, z.B. auf den Inhalt von Dateien zuzugreifen, wie es diese einfache Beispielfunktion demonstriert, die den Inhalt einer Datei einliest und zurückliefert.

```
[Microsoft.SqlServer.Server.SqlFunction]
public static SqlString readFile(SqlString Filename,
                                 SqlString valueIfNotFound,
                                 SqlInt32 maxLenth)
{
    string result;
    try
    {
        // Datei einlesen. Um es einfach zu halten, wird diese hier
        // komplett eingelesen
        using (StreamReader sr = new StreamReader(Filename.ToString()))
            result = sr.ReadToEnd();

        // Wurde zu viel gelesen?
        if (maxLenth > 0 && result.Length > maxLenth)
            result = result.Substring(0, maxLenth.Value);
```

```
            // Rückgabe
            return result;
        }
            catch (System.Security.SecurityException)
            {
                throw;

            }
        catch (Exception)
        {
            // Fehler, also liefern wir den dafür vorgesehenen Wert
            return valueIfNotFound;
        }
    }
```

Wurde nicht mindestens die benötigte Berechtigungsebene „Externer Zugriff" (EXTERNAL_ACCESS) zugewiesen, kommt es bei Ausführung zu einer `SecurityException`-Ausnahme, die mittels `throw` weiter zum Aufrufer, dem SQL Server CLR Host, hochgereicht wird.

Wichtig:
Der Fehler tritt auf unabhängig davon, ob auf die Datei via ACL zugegriffen werden durfte oder nicht!

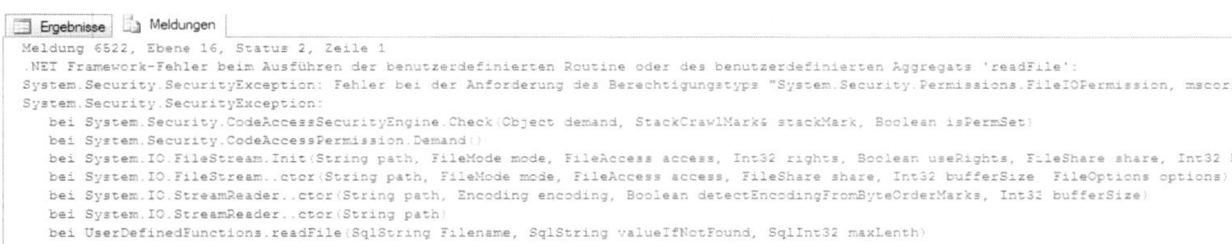

Abbildung 6.22 Fehler durch unzureichende Berechtigungsebene der Assembly

Der Fehler (Meldung 6522, Ebene 16, Status 2) ist dabei immer der gleiche, der nur aussagt, dass die angeforderte .NET-Berechtigung nicht gewährt werden kann.

6.2.3 Fehler und Ausnahmen

Leider geht bei Programmierungen nicht immer alles glatt, und man muss mit Fehlern rechnen. Die Programmierung von SQL Server-Objekten macht da keine Ausnahme. Während solche, die mit T-SQL entwickelt wurden, Fehler mit der `RAISERROR`-Anweisung signalisieren, steht dieser Weg bei der .NET-Programmierung aus nahe liegenden Gründen nicht offen. Dies ist auch nicht nötig, und es müssen auch keine anderen Wege beschritten werden. Vielmehr werden wie bei jeder anderen .NET-Programmierung zu diesem Zweck Ausnahmen verwendet. Daher wird die folgende kleine Funktion definiert, die erwartungsgemäß eine Ausnahme vom Typ `DivideByZeroException` erzeugt, wenn für den zweiten Parameter ein Wert von 0 übergeben wird.

```
[Microsoft.SqlServer.Server.SqlFunction]
public static SqlInt32 divideInteger(SqlInt32 x, SqlInt32 y)
{
    return x / y;
}
```

Wird diese Funktion nun vom SQL Server Management Studio (Express) direkt aufgerufen, so zeigt sich die Ausnahme als Textausgabe.

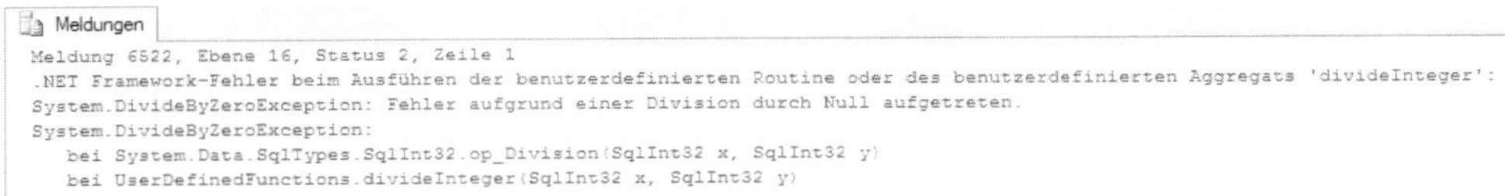

Abbildung 6.23 Die Ausnahme im SQL Server Management Studio (Express)

Hier ergeben sich also zum ersten Mal entscheidende Unterschiede im Verhalten zwischen .NET und T-SQL-Objekten, da eine entsprechende T-SQL-Implementierung einen solchen Fehler in folgender Form ausgibt.

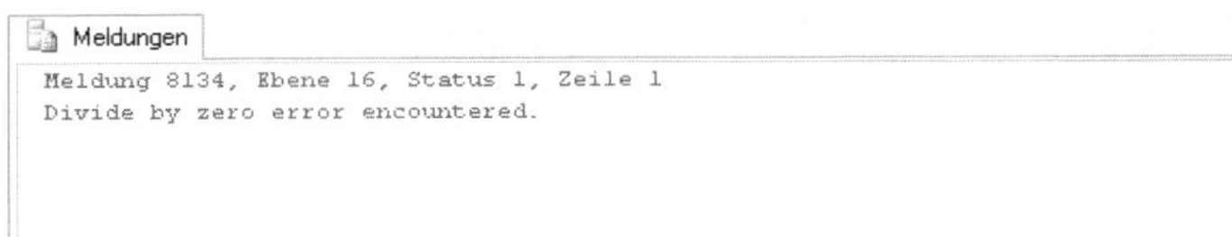

Abbildung 6.24 Der gleiche T-SQL-Fehler im SQL Server Management (Express)

Dies hat auch für die Programmierung des Aufrufers Konsequenzen, der mit diesem Fehler umgehen möchte. Alle Ausnahmen, die von der .NET-Programmierung auf dem SQL Server nicht behandelt werden, werden in einer T-SQL-Ausnahme „verpackt" (`Meldung 6522, Ebene 16, Status 2`) und an den Aufrufer weitergeleitet. Dieser kann die Ausnahme dann als `SqlException` abfangen und verarbeiten. Leider geht dabei der Typ der Ausnahme verloren und steht nur noch im Text der Ausnahme zur Verfügung. Dies erscheint auf den ersten Blick vielleicht unpraktisch und ist es sicherlich auch, ergibt sich jedoch aus dem konzeptionellen Gedanken, dass nach Möglichkeit alle Ausnahmen behandelt werden sollen.

Das folgende kleine C#-Beispiel ruft die `divideInteger`-Funktion (oder ihr T-SQL-Pendant) auf und gibt die dabei entstehenden Ausnahmen aus.

```
private void divideInteger(bool useTSQL)
{
    SqlParameter retParameter;
    try
    {
        // Verbindung zur Datenbank aufbauen
        using (SqlConnection con = new SqlConnection(conString))
        {
            con.Open();

            using (SqlCommand cmd = con.CreateCommand())
            {
                // Entscheiden, welche Programmierung zu verwenden ist
```

```
                    if (useTSQL)
                        cmd.CommandText = "divideIntegerTSQL";
                    else
                        cmd.CommandText = "divideInteger";

                    // Dies ist zwar eine Funktion auf dem SQL Server,
                    // doch diese werden ebenfalls mit
                    // CommandType.StoredProcedure angesprochen
                    cmd.CommandType = CommandType.StoredProcedure;

                    // Parameter
                    cmd.Parameters.AddWithValue("x", 1);
                    cmd.Parameters.AddWithValue("y", 0);

                    // Rückgabewert
                    retParameter = new SqlParameter();
                    retParameter.Direction = ParameterDirection.ReturnValue;
                    cmd.Parameters.Add(retParameter);

                    // Ausführen und ausgeben
                    cmd.ExecuteScalar();
                    MessageBox.Show(string.Format("Das Ergebnis ist: {0}",
                        retParameter.Value.ToString()));
                }
            }
        }
        catch (SqlException ex)
        {
            // Hier laufen alle Fehler auf, die durch die Funktion
            // erzeugt werden
            foreach (SqlError Error in ex.Errors)
                MessageBox.Show(Error.ToString(),"T-SQL Fehler");
        }
        catch (Exception ex)
        {
            // Sonstiger Fehler, man weiß ja nie
            MessageBox.Show(ex.ToString(), "Sonstige Ausnahme");
        }
    }
```

Hinweis:

Diesen kleinen Demo-Code finden Sie im CLRIntegration2-Projekt im Verzeichnis zu diesem Kapitel.

Hinweis:

Details über die Fehlerbehandlung bei ADO.NET finden Sie unter *5.14*, „Die SqlException- und SqlError-Klasse“.

6.2.4 Gespeicherte Prozeduren

Mit diesem Vorwissen nun ist es ein Leichtes, gespeicherte Prozeduren mit .NET zu entwickeln. Dies kann auf zwei Arten geschehen: mithilfe des Visual Studios 2010 oder indem der benötigte Coderumpf von Hand geschrieben wird.

Um mit dem Visual Studio eine gespeicherte Prozedur zu erstellen, steht unter anderem im Kontextmenü des Projektes der Befehl Hinzufügen > Gespeicherte Prozedur zur Verfügung.

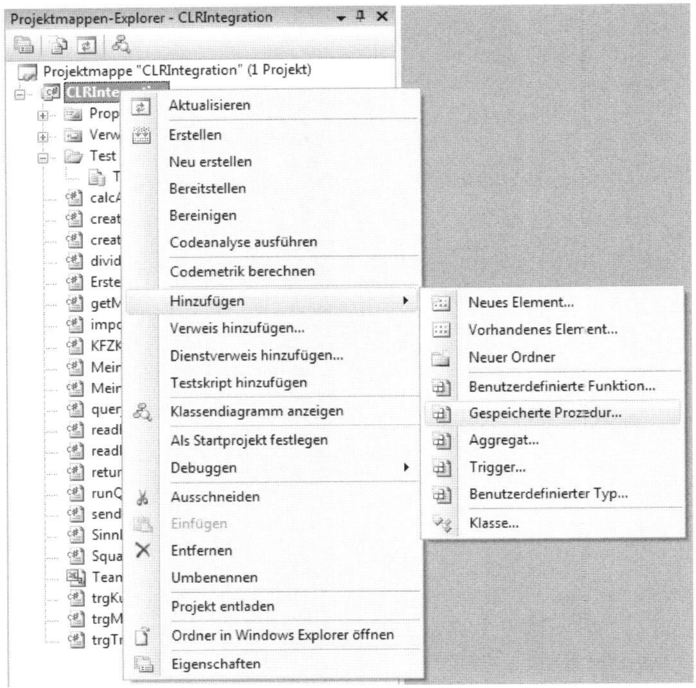

Abbildung 6.25 Einfügen einer gespeicherten Prozedur über das Visual Studio

Dies erzeugt nach Angabe des Namens der Datei, der auch gleichzeitig der Name der neuen Prozedur ist, folgendes Grundgerüst an Code.

```
using System;
using System. Data;
using System.Data.SqlClient;
using System.Data.SqlTypes;
using Microsoft.SqlServer.Server;

public partial class StoredProcedures
{
    [Microsoft.SqlServer.Server.SqlProcedure]
    public static void NeueGespeicherteProzedur()
    {
        // Fügen Sie hier Ihren Code ein.
    }
};
```

Jede gespeicherte Prozedur befindet sich in einer eigenen Datei, liegt aber mit allen anderen Prozeduren in der Klasse `StoredProcedures`, die aus diesem Grund mit dem `partial`-Schlüsselwort gekennzeichnet ist. Die C#-Methode selbst muss dringend die folgenden Kriterien erfüllen, um als gespeicherte Prozedur verwendet werden zu können:

- Sie muss das Attribut `Microsoft.SqlServer.Server.SqlProcedure` besitzen. Über den benannten Parameter `Name` kann der Name in der gespeicherten Prozedur bestimmt werden. Wurde er nicht angegeben, wird der Name der C#-Methode verwendet.

- Sie muss sowohl mit `public` als auch mit `static` gekennzeichnet werden. Dies dient dem direkten Aufruf durch den CLR-Host, ohne eine Instanz erstellen zu müssen.
- Sie darf nur einem numerischen Wert ohne Nachkommastellen (also Integer) oder nichts (`void`) zurückliefern. Dies geschieht in Analogie mit in T-SQL entwickelten Prozeduren. Sollten Ergebnisse von Abfragen an den Aufrufer übermittelt werden, so geschieht dies nicht über den Rückgabewert, sondern über Tabular Data Streams (TDS). Wie dies genau funktioniert, finden Sie unter *6.2.2.4, „Die SqlPipe-Klasse“*.
- Über das `SqlFacet`-Attribut kann für jeden Parameter, wenn er eine Zeichenkette repräsentiert, auf Wunsch genau festgelegt werden, ob er eine feste Länge hat oder nicht und wie lang der übergebene Wert maximal sein darf. Bei Zahlen mit Nachkommastellen kann die Aufteilung der Stellen vor und nach dem Komma bestimmt werden. Zudem kann festgelegt werden, ob es `NULL` zulässt. Weitere Details über dieses Attribut befinden sich unter *6.2.2.5, „Das SqlFacet-Attribut“*.

Des Weiteren muss sich die gespeicherte Prozedur nicht in einer eigenen Datei befinden und kann sowohl mit anderen gespeicherten Prozeduren als auch anderen .NET-Objekten zusammen stehen – je nachdem, was aus Sicht des Projektaufbaus sinnvoll erscheint.

6.2.4.1 Das SqlProcedure-Attribut

Durch das `Microsoft.SqlServer.Server.SqlProcedure`-Attribut wird eine C#-Methode als gespeicherte Prozedur markiert. Es hat nur einen benannten Parameter `Name`, über den es möglich ist, den Namen der gespeicherten Prozedur, die das Visual Studio bei der Bereitstellung verwendet, festzulegen. Dies ist z.B. dann notwendig, wenn der Name durch Überladung in der .NET-Welt mehrfach vorkommt. Wird der Parameter nicht explizit angegeben, so wird als Name der Name der C#-Methode verwendet.

Im Folgenden wird eine Prozedur mit dem Namen `proc1` als `procA` auf dem SQL Server erstellt.

```
[Microsoft.SqlServer.Server.SqlProcedure(Name="procA")]
public static void proc1()
{...}
```

Wichtig:

Der `Name`-Parameter hat keine Auswirkung, wenn die gespeicherte Prozedur direkt über die T-SQL-Anweisung `CREATE PROCEDURE` erstellt wird. Er ist ausschließlich für das Visual Studio von Relevanz.

6.2.4.2 Rückgabewert und Parameter

Wie schon erwähnt darf eine gespeicherte Prozedur entweder keinen Wert oder nur einen numerischen Wert, ohne Nachkommastellen, direkt zurückliefern. Umgesetzt wird dies, indem die Methode mit dem Rückgabetyp `void` oder `SqlInt32` definiert und der gewünschte Wert mit dem `return`-Schlüsselwort zurückgegeben wird – so wie es sonst auch bei der C#-Programmierung üblich ist.

```
[Microsoft.SqlServer.Server.SqlProcedure]
public static SqlInt32 SinnDesLebens()
{
    return 42;
}
```

Neben der Rückgabe kann eine Prozedur natürlich auch Parameter besitzen. Diese können zudem auch als Rückgabeparameter fungieren, das heißt, dass Änderungen an deren Werten zurück an den Aufrufer übermittelt werden. Solche Rückgabeparameter werden mit dem `out`-Schlüsselwort gekennzeichnet. Das folgende Beispiel kombiniert (Rückgabe-)Parameter und Rückgabewert.

```
[Microsoft.SqlServer.Server.SqlProcedure]
public static SqlInt32 calcArea(SqlInt32 x, SqlInt32 y, SqlDouble price,
out SqlDouble rent)
{
    SqlInt32 result;

    // Fläche berechnen
    result = x * y;

    // Mietpreis berechnen

    rent = result * price;

    // Rückgabe
    return result;
}
```

Möchten Sie dies mit ADO.NET erledigen, so finden Sie unter *5.5.4.2, „Out-Parameter* und Rückgabewert einer gespeicherten Prozedur“, die notwendigen Details.

Hinweis:

Mit dem SqlFacet-Attribut können Sie detailliert einige Eigenschaften der Parameter bestimmen. Für weitere Info siehe *6.2.2.5, „Das SqlFacet-Attribut“*.

Sollen darüber hinaus auch Ergebnismengen aus Abfragen oder anderen Quellen an den Aufrufer zurückgegeben werden, so wird dies bei einer gespeicherten Prozedur nicht als Rückgabewert realisiert, sondern mithilfe von Tabular Data Streams (TDS). Diese Technik, die über das `SqlPipe`-Objekt zur Verfügung steht, erlaubt das Definieren und Befüllen beliebiger Ergebnismengen. Auf Wunsch können diese aber auch direkt aus einem `SqlDataReader`-Objekt erstellt werden. Details hierzu finden Sie unter *6.2.2.4, „Die SqlPipe-Klasse“*.

Bei Bedarf kann eine gespeicherte Prozedur alle drei Wege (Rückgabewert, Rückgabeparameter und TDS) gleichzeitig benutzen, um dem Aufrufer Informationen zukommen zu lassen.

6.2.4.3 Die CREATE PROCEDURE-Anweisung

Damit eine gespeicherte Prozedur aus einer Assembly verwendet werden kann, muss für sie eine Art SQL-Wrapper erstellt werden. Dies geschieht durch die `CREATE PROCEDURE` Anweisung, die auch für die Erstellung gespeicherter Prozeduren mit T-SQL verwendet wird.

Das folgende Beispiel zeigt den notwendigen Aufruf, der bei der Bereitstellung durch das Visual Studio automatisch erfolgt.

```
CREATE PROCEDURE NeueGespeicherteProzedur
AS
EXTERNAL NAME
CLRIntegration.StoredProcedures.NeueGespeicherteProzedur;
```

Dabei ist Folgendes zu beachten:

- Wie gewohnt muss der Name der Prozedur in der Datenbank eindeutig sein. Dabei wird nicht zwischen .NET und T-SQL-Prozeduren unterschieden.
- Der externe Name (External Name) besteht aus dem Namen der Assembly, der Klasse, in der die C#-Methode definiert ist, und dem Namen der C#-Methode selbst. Damit handelt es sich um den voll qualifizierten Namen der Methode.
- Die Namen der Parameter müssen nicht zwingend mit denen der C#-Methode übereinstimmen, obwohl sie es aus Gründen der Übersichtlichkeit tun sollten. Die Datentypen hingegen müssen zueinander passen.

Etwas umfangreicher wird der Aufruf, wenn die gespeicherte Prozedur Parameter hat. Diese müssen in der richtigen Reihenfolge mit den richtigen Datentypen angegeben werden. Nicht zwingend notwendig, aber sicher eine gute Übung ist die Vergabe der gleichen Namen wie in der C#-Programmierung. Diese Namen sind beim Aufruf mit benannten Parametern entsprechend zu verwenden.

```
CREATE PROCEDURE NeueGespeicherteProzedur
@Wert1 INT
@Wert2 VARCHAR(50)
AS
EXTERNAL NAME
CLRIntegration.StoredProcedures.NeueGespeicherteProzedur;
```

Durch die Angabe eines Standardwertes muss ein Parameter nicht mehr zwingend beim Aufruf angegeben werden. Im folgenden Beispiel wird für den `Wert1`-Parameter ein solcher Standardwert definiert.

```
CREATE PROCEDURE NeueGespeicherteProzedur
@Wert1 INT = 1
@Wert2 VARCHAR(50)
AS
EXTERNAL NAME
CLRIntegration.StoredProcedures.NeueGespeicherteProzedur;
```

Tipp:

Statt der Anweisung `CREATE PROCEDURE` können Sie alternativ `CREATE PROC` schreiben.

Für die Ausführung benötigt der Aufrufer die `ALTER`-Berechtigung.

Nachdem die `CREATE PROCEDURE`-Anweisung ausgeführt wurde oder die Bereitstellung durch das Visual Studio stattgefunden hat, befindet sich die gespeicherte Prozedur im SQL Server Management Studio (Express) in der entsprechenden Datenbank unter Programmierbarkeit > Gespeicherte Prozeduren.

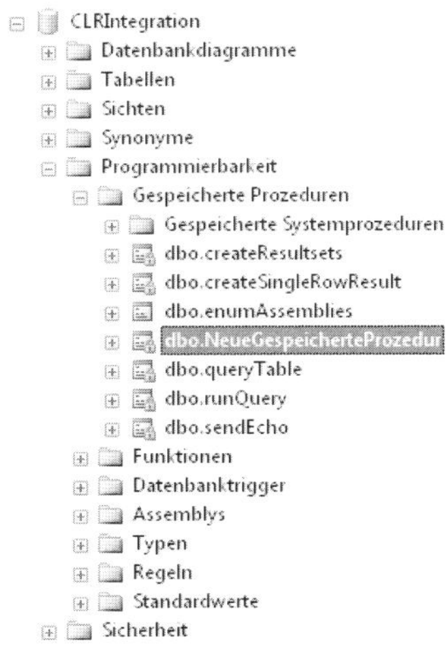

Abbildung 6.26 Mit .NET erstellte Prozeduren im SQL Server Management Studio (Express)

Das kleine Schloss-Symbol deutet darauf hin, dass eine mit .NET erstellte gespeicherte Prozedur hier nicht direkt verändert werden kann, im Gegensatz zu einer, die mit T-SQL erstellt wurde.

Hinweis:

Alternativ können die gespeicherten Prozeduren auch mit folgender Abfrage ermittelt werden:

```
select * from sys.Procedures;
```

6.2.4.4 Die DROP PROCEDURE-Anweisung

Um eine bestehende gespeicherte Prozedur zu löschen, wird die `DROP PROCEDURE`-Anweisung verwendet. Diese setzt voraus, dass kein Objekt in der Datenbank von der betreffenden Prozedur abhängt. Das folgende Beispiel zeigt ihren Aufruf.

```
DROP PROCEDURE NeueGespeicherteProzedur;
```

Für die Ausführung benötigt der Aufrufer die `ALTER`-Berechtigung oder die `CONTROL`-Berechtigung für die Prozedur.

Tipp:

Statt der Anweisung `DROP PROCEDURE` können Sie alternativ `DROP PROC` schreiben.

6.2.4.5 Einfaches Beispiel

Das folgende kleine Beispiel versucht, ein wenig aus dem Vollen zu greifen und zu demonstrieren, auf welchem Weg Informationen an den Aufrufer übermittelt werden können und gleichzeitig wie mit der Umwelt des SQL Servers 2008 (in diesem Fall dem Dateisystem) gearbeitet werden kann. Dabei wird nichts Neues gezeigt, sondern lediglich schon

Dargestelltes kombiniert. Die gespeicherte Prozedur liest eine Datei in der Form ein, dass jede Zeile einer Textdatei als Tabelle mit drei Spalten an den Aufrufer geliefert wird: Zeilennummer, Anzahl der Zeichen und der Text der Zeile selbst. Über den Rückgabewert wird außerdem die Gesamtsumme der gelesenen Zeichen zurückgeliefert. Zusätzlich kann über einen Parameter gesteuert werden, ob die einzelnen Zeilen mit doppelten Anführungszeichen (") versehen werden sollen oder nicht.

Wichtig:

Beachten Sie, dass die Assembly für den Zugriff auf das Dateisystem mindestens die Berechtigungsebene „Externer Zugriff" (EXTERNAL_ACCESS) zugewiesen bekommen haben muss, sonst kommt es zu einem Laufzeitfehler.

Hier nun der Code für das Beispiel:

```
[Microsoft.SqlServer.Server.SqlProcedure]
public static SqlInt32 readFile2(SqlString Filename,
                                 out SqlInt32 NumberOfRows,
                                 SqlBoolean QuoteLine)
{
    SqlDataRecord row;
    SqlInt32 sumChars = 0;
    string line;
    try
    {
        NumberOfRows = 0;
        using (StreamReader sr = new StreamReader(Filename.ToString(),
                                        System.Text.Encoding.Default))
        {
            // Die gewünschten Metadaten für die Zeilen der
            // Rückgabemenge erstellen
            // Es sollten drei Spalten sein mit den Typen
            // INT,INT,VARCHAR(1024)
            row = new SqlDataRecord(new SqlMetaData[]
                    { new SqlMetaData("No", SqlDbType.Int),
                      new SqlMetaData("Size",SqlDbType.Int),
                      new SqlMetaData("Content", SqlDbType.VarChar,1024)
                    });

            // Ergebnismenge beginnen
            SqlContext.Pipe.SendResultsStart(row);

            // Nun die geöffnete Datei durchlaufen
            while (true)
            {
                line = sr.ReadLine();
                if (line != null)
                {
                    // Anzahl der Zeilen und Bytes aktualisieren
                    NumberOfRows += 1;
                    sumChars += line.Length;

                    // Quoten?
                    if (QuoteLine && !string.IsNullOrEmpty(line))
                        line = string.Format("\"{0}\"", line);

                    // Zeile mit Werten füllen
                    row.SetValues(new object[]
                                  { NumberOfRows, sumChars, line });

                    // Und anfügen
                    SqlContext.Pipe.SendResultsRow(row);
                }
```

```
                    else
                        break;
                }
                // Ergebnismenge abschließen
                SqlContext.Pipe.SendResultsEnd();
            }
        }
        catch (Exception)
        {
            // Irgendetwas ist schiefgelaufen
            sumChars = NumberOfRows = -1;

            // Ausnahme einfach weiter hochreichen
            throw;
        }
        // Rückgabe
        return sumChars;
    }
```

Der Aufruf im SQL Server Management Studio (Express) oder im Testskript (Projekt CLRIntegration > Test Scripts > Test.sql) erzeugt z.B. dieses Ergebnis aus einem der bekanntesten Gedichte von J. W. v. Goethe.

```
EXEC readFile2 'd:\Der Zauberlehrling.txt', 1, true;
```

Die Ausgabe sieht dann entsprechend so aus:

Ergebnisse | Meldungen

	No	Size	Content
1	1	18	"Der Zauberlehrling"
2	2	43	"Hat der alte Hexenmeister"
3	3	71	"sich doch einmal wegbegeben!"
4	4	99	"Und nun sollen seine Geister"
5	5	129	"auch nach meinem Willen leben."
6	6	149	"Seine Wort und Werke"
7	7	174	"merkt ich und den Brauch,"
8	8	195	"und mit Geistesstärke"
9	9	214	"tu ich Wunder auch."

Abbildung 6.27 Ausgabe des ersten Absatzes im SQL Server Management Studio (Express)

Die Ergebnismenge kann nun weiterverwendet werden (z.B. zum Durchlaufen mit einem `SqlDataReader`-Objekt oder zum Binden an ein Control).

Hinweis:
Wie den Code zu den meisten anderen Beispielen finden Sie auch diesen im Projekt CLRIntegration im Verzeichnis zu diesem Kapitel.

6.2.5 Trigger

In diesem Abschnitt wird die Entwicklung von Triggern mit .NET näher beleuchtet. Diese können wie gewöhnliche T-SQL-Trigger sowohl bei Änderungen von Daten in Tabellen oder Sichten (DML-Trigger) als auch bei Änderungen am Schema einer Datenbank (DDL-Trigger) aktiviert werden. Dabei ist es auch möglich, mehrere Trigger auf eine Aktion reagieren zu lassen.

Wichtig:
DML-Trigger können sich auf beliebig viele Änderungen pro Ausführung beziehen, da z.B. eine `DELETE`-Anweisung beliebig viele Zeilen löschen kann. DDL-Trigger dagegen beziehen sich immer auf genau eine Änderung. Werden also z.B. mehrere Tabellen gelöscht, geschieht dies immer der Reihe nach, eine nach der anderen.

Einer Übersicht, welche Aktionen von einem mit CLR entwickelten Trigger überwacht werden können, liefert die folgende Tabelle. Hier finden Sie zunächst die drei DML-Anweisungen (die `MERGE`-Anweisung ist eine fallabhängige Kombination aus diesen drei-en). Anschließend werden die DDL-Aktionen aufgeführt, die zahlenmäßig bei Weitem die große Fraktion darstellen.

Tabelle 6.10 Trigger, die für SQL Server 2008 (R2) mit CLR-Integration implementiert werden können

Insert	Update	Delete
Create_Table	Alter_Table	Drop_Table
Create_Index	Alter_Index	Drop_Index
Create_Synonym		Drop_Synonym
Create_View	Alter_View	Drop_View
Create_Procedure	Alter_Procedure	Drop_Procedure
Create_Trigger	Alter_Trigger	Drop_Trigger
Create_EventNotification	Alter_EventNotification	Drop_EventNotification
Create_Type		Drop_Type
Create_Assembly	Alter_Assembly	Drop_Assembly
Create_User	Alter_User	Drop_User
Create_Role	Alter_Role	Drop_Role
Create_Schema	Alter_Schema	Drop_Schema
Create_MsgType		Drop_MsgType
Create_Contract		Drop_Contract
Create_Queue	Alter_Queue	Drop_Queue
Create_Service	Alter_Service	Drop_Service
Create_Route	Alter_Route	Drop_Route
Grant_Statement	Deny_Statement	Revoke_Statement
Create_PartitionFunction	Alter_PartitionFunction	Drop_PartitionFunction
Create_PartitionSchema	Alter_PartitionSchema	Drop_PartitionSchema
Grant_Object	Deny_Object	Revoke_Objekt
Create_Binding	Alter_Bindung	Drop_Binding

Um mit dem Visual Studio einen Trigger zu erstellen, steht unter anderem im Kontextmenü des Projektes der Befehl Hinzufügen > Trigger zur Verfügung.

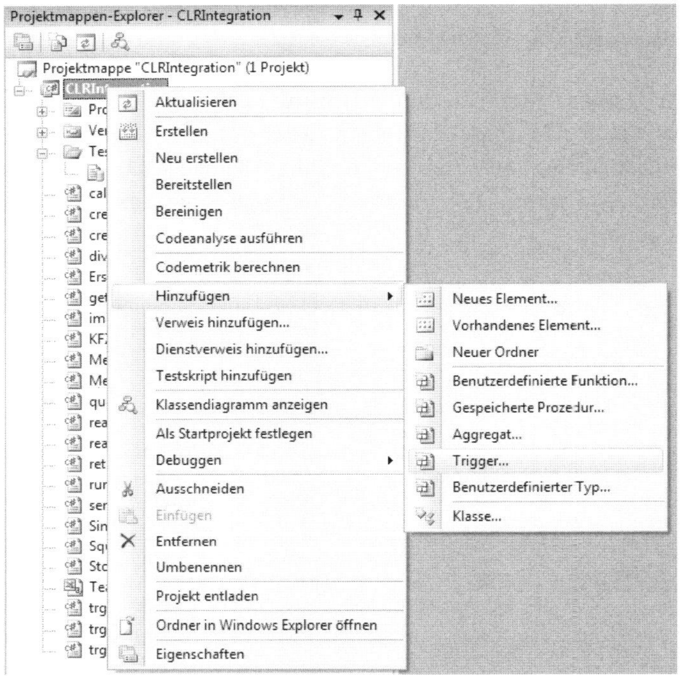

Abbildung 6.28 Einfügen eines Triggers über das Visual Studio

Somit wird nach der Angabe des Namens für die Datei, der gleichzeitig auch der Name des Triggers ist, folgendes Grundgerüst an Code erzeugt.

```
using System;
using System.Data;
using System.Data.SqlClient;
using Microsoft.SqlServer.Server;

public partial class Triggers
{
    // Geben Sie für das Ziel eine vorhandene Tabelle oder Ansicht ein,
    // und heben Sie die Auskommentierung der Attributzeile auf.
    // [Microsoft.SqlServer.Server.SqlTrigger
    //     (Name="Trigger1", Target="Table1", Event="FOR UPDATE")]
    public static void Trigger1()
    {
        // Ersetzen Sie hier durch Ihren Code
        SqlContext.Pipe.Send("Trigger FIRED");
    }
}
```

Jeder Trigger befindet sich in einer eigenen Datei, liegt aber mit allen anderen Triggern in einer Klasse mit dem Namen `Trigger`, die aus diesem Grund mit dem `partial`-Schlüsselwort gekennzeichnet ist. Die C#-Methode muss dabei dringend die folgenden Kriterien erfüllen, um als Trigger verwendet werden zu können:

- Sie muss mit dem `Microsoft.SqlServer.Server.SqlTrigger`-Attribut gekennzeichnet sein. Über benannte Parameter dieses Attributes kann festgelegt werden, auf welche Aktion (oder Aktionen) der Trigger reagieren soll. Dabei darf ein Trigger entweder auf DDL- oder auf DML-Aktionen reagieren, jedoch nicht gemischt.
- Da Trigger keinen Rückgabewert haben, muss die C#-Methode mit `void` definiert werden.
- Ebenfalls besitzen Trigger keine Parameter, sodass auch die C#-Methode keine Parameter definieren darf.

> **Wichtig:**
> Aufgrund der Zuordnung einer Assembly zu einer Datenbank ist es nicht möglich, serverweite Trigger zu entwerfen. Dies betrifft z.B. DDL-Trigger und LOGON-Trigger.

Tritt während der Ausführung eines .NET-Triggers eine Ausnahme auf, die nicht behandelt wird, so wird die auslösende Anweisung (DML oder DDL) abgebrochen. Dies kann sich sowohl in der Entwicklung als auch auf einem Produktivsystem zu einem echten Problem entwickeln. Eine Lösung kann dann entweder das Löschen des Triggers oder seine Deaktivierung sein. Unter *4.6.4.4,* „Deaktivierung von Triggern", ist beschrieben, wie dies möglich ist.

6.2.5.1 Das SqlTrigger-Attribut

Das `Microsoft.SqlServer.Server.SqlTrigger`-Attribut dient der Markierung einer C#-Methode als Trigger. Außerdem wird über einige bekannte Parameter festgelegt, auf welche Aktion(en) des Objekts der Trigger reagieren soll. Die folgende Tabelle beschreibt die vorhandenen Parameter.

Tabelle 6.11 Parameter des SqlTrigger-Attributs

Parameter	Beschreibung
`Event`	Beschreibt die Aktion, die den Trigger auslöst. Für DML-Trigger sind folgende Werte erlaubt: ■ `FOR INSERT|UPDATE|DELETE` ■ `AFTER INSERT|UPDATE|DELETE` ■ `INSTEAD OF INSERT|UPDATE|DELETE` Dabei sind Kombinationen in der Art erlaubt, dass z.B. ein Trigger bei `INSERT` und `UPDATE` ausgelöst wird: `FOR INSERT, UPDATE`. Für einen DDL-Trigger sind Werte erlaubt, die Schemaänderungen beschreiben: ■ `CREATE_TABLE|ALTER_TABLE| DROP_TABLE` ■ `CREATE_USER|DROP_USER|ALTER_USER` ■ `CREATE_VIEW|DROP_VIEW|ALTER_VIEW`

Parameter	Beschreibung
`Name`	Über diesen Parameter kann der Name des Triggers in dem SQL Server bestimmt werden. Dieser Parameter ist optional. Wird er nicht angegeben, so wird der Name der C#-Methode verwendet.
`Target`	Benennt das Objekt, das überwacht werden soll. Bei DML-Triggern muss dies der Name der Tabelle oder Sicht sein, bei DDL-Triggern der Wert „`DATABASE`". Dieser Parameter muss angegeben werden.

Werden für den `Target`- oder den `Event`-Parameter ungültige Werte übergeben, so wird dies bei der Bereitstellung des Projektes durch das Visual Studio durch einen Fehler signalisiert.

Über das im Folgenden beschriebene `SqlTriggerContext`-Objekt kann bei der Programmierung u.a. genau abgefragt werden, aus welchem Grund der Trigger ausgelöst wurde und was im Detail dazu geführt hat (z.B. welche Spalte verändert wurde).

6.2.5.2 Die SqlTriggerContext-Klasse

Über die `SqlContext`-Klasse hinaus, von der dem .NET-Objekt eine Instanz zur Verfügung steht, kann ein Trigger durch die `TriggerContext`-Eigenschaft auf eine Instanz der `Microsoft.SqlServer.Server.SqlTriggerContext`-Klasse zugreifen. Diese stellt weitere Einzelheiten bereit, die sich aus dem Ausführungsgrund des Triggers ergeben. Somit kann z.B. festgestellt werden, ob eine bestimmte Spalte aktualisiert wurde oder die Details für einen DDL-Trigger abgerufen werden.

Tabelle 6.12 Wichtige Methoden/Eigenschaften der SqlTriggerContext-Klasse

Methode/Eigenschaft	Beschreibung
`ColumnCount`	Liefert die Anzahl der Spalten der Datentabelle, zu der dieser Trigger gehört. Nur für DML-Trigger interessant.
`EventData`	Durch diese Eigenschaft kann ein DDL-Trigger Informationen darüber abrufen, in welchem Kontext er aktiviert wurde. Details finden Sie im Anschluss.
`TriggerAction`	Diese Eigenschaft liefert eine Aufzählung vom Typ `TriggerAction`, die für jeden Auslösungsgrund eines Triggers einen Wert enthält. Von `Insert`, `Update`, `Delete` bis hin zu `DropPartionScheme`. Da zurzeit über sechs Dutzend Werte existieren, wird an dieser Stelle von einem Abdruck Abstand genommen.
`IsUpdatedColumn()`	Prüft durch Angabe eines Index, ob die betreffende Spalte verändert wurde. Nur für DML-Trigger interessant, die auf Änderungen reagieren.

6.2.5.3 EventData für DDL-Trigger

Wie ein gewöhnlicher DDL-Trigger, der mithilfe von T-SQL entwickelt wurde, können über die `EventData`-Eigenschaft des `SqlTriggerContext`-Objektes Informationen im XML-Format abgerufen werden, die angeben, warum der Trigger aktiviert wurde. Die Daten stehen hierfür als `Microsoft.Data.SqlTypes.SqlXml`-Objekt zur Verfügung und können mit den üblichen Mitteln für XML analysiert werden.

Das folgende Beispiel reagiert auf das Anlegen, Ändern und Löschen von Tabellen in einer Datenbank. Die durch `EventData` erhaltenen Informationen werden mit der `Send()`-Methode an den Aufrufer gesendet.

```
[Microsoft.SqlServer.Server.SqlTrigger (Target="DATABASE",
             Event="FOR CREATE_TABLE, ALTER_TABLE, DROP_TABLE")]
public static void trgModifyTables()
{
    // Ausgabe an den Aufrufer
    SqlContext.Pipe.Send(SqlContext.TriggerContext.EventData.Value);
}
```

Wird nun z.B. eine Tabelle mit der folgenden kleinen Anweisung erstellt,

```
CREATE TABLE DummyTable
(
    Spalte1 int,
    Spalte2 varchar(10)
)
```

so sehen die erhaltenen Informationen so aus. Ein paar Zeilenumbrüche und einige Einschübe wurden nur für eine bessere Lesbarkeit eingefügt.

```
<EVENT_INSTANCE>
    <EventType>CREATE_TABLE</EventType>
    <PostTime>2007-12-27T14:15:12.740</PostTime>
    <SPID>53</SPID>
    <ServerName>DNC2\SQLEXPRESS</ServerName>
    <LoginName>dnc2\tkansy</LoginName>
    <UserName>dbo</UserName>
    <DatabaseName>CLRIntegration</DatabaseName>
    <SchemaName>dbo</SchemaName>
    <ObjectName>DummyTable</ObjectName>
    <ObjectType>TABLE</ObjectType>
    <TSQLCommand>
        <SetOptions ANSI_NULLS="ON" ANSI_NULL_DEFAULT="ON"
         ANSI_PADDING="ON" QUOTED_IDENTIFIER="ON" ENCRYPTED="FALSE" />
        <CommandText>CREATE TABLE DummyTable
                    (
                    Spalte1 int,
                    Spalte2 varchar(10)
                    )
        </CommandText>
    </TSQLCommand>
</EVENT_INSTANCE>
```

Mit diesen Informationen lassen sich DDL-Trigger recht generisch und flexibel entwickeln.

Hinweis:

Für DML-Trigger stehen diese Informationen nicht bereit, und die `EventData`-Eigenschaft hat den Wert `null`.

Hinweis:
Die gleichen Informationen erhält ein in T-SQL programmierter Trigger durch die EVENTDATA-Funktion. Mehr Details zu DDL-Trigger mit T-SQL finden Sie unter *4.6.4.2*, „DDL-Trigger".

6.2.5.4 Die virtuellen Tabellen INSERTED und DELETED

Um bei DML-Triggern auf die Daten zuzugreifen, die verändert wurden, stehen die beiden virtuellen Tabellen INSERTED und DELETED zur Verfügung. Virtuell bedeutet in diesem Zusammenhang, dass sie nur während der Veränderungen (zu der auch der Trigger gehört) für die ausführende Verbindung zur Verfügung stehen. Die folgende Übersicht zeigt, wann welche der beiden Tabellen verwendet werden kann.

Tabelle 6.13 Übersicht über die Verfügbarkeit von INSERTED und DELETED

DML-Aktion	Verfügbar sind
INSERT	Nur die INSERTED-Tabelle steht mit den neuen Zeilen zur Verfügung.
DELETE	Nur die DELETED-Tabelle steht mit den Zeilen, die gelöscht werden, zur Verfügung.
UPDATE	In der DELETED-Tabelle stehen die veränderten Zeilen in der alten Version (vor der Änderung) und in der INSERTED-Tabelle in der neuen Version zur Verfügung.

Beachten Sie, dass nur solche Zeilen in den beiden Tabellen zu finden sind, die geändert wurden. Unveränderte Zeilen finden sich nicht in den Tabellen.

Dabei werden bei einer UPDATE-Anweisung auch solche Zeilen als verändert betrachtet, die vorher und nachher den gleichen Wert ausweisen, bei denen jedoch eine Spalte über das SET-Schlüsselwort angesprochen wurde. Die folgende Anweisung zeigt, was gemeint ist:

```
UPDATE KUNDEN SET Ort='Tokyo' WHERE ORT='Tokyo';
```

Der folgende Beispiel-Trigger demonstriert die Verwendung der beiden Tabellen. Er wird bei INSERT, UPDATE und DELETE ausgelöst und sendet die zur Verfügung stehenden Informationen an den Aufrufer.

```
[Microsoft.SqlServer.Server.SqlTrigger
              (Target = "Kunden", Event = "FOR UPDATE,DELETE,INSERT")]
public static void trgKunden()
{
    // DELETED Tabelle an den Aufrufer schicken?
    if (SqlContext.TriggerContext.TriggerAction == TriggerAction.Delete
     || SqlContext.TriggerContext.TriggerAction == TriggerAction.Update)
        SendTable("DELETED");

    // INSERTED Tabelle an den Aufrufer schicken?
    if (SqlContext.TriggerContext.TriggerAction == TriggerAction.Insert
     || SqlContext.TriggerContext.TriggerAction == TriggerAction.Update)
        SendTable("INSERTED");
}
```

```
private static void SendTable(string Tablename)
{
    // Kontextverbindung aufbauen
    using (SqlConnection con =
                         new SqlConnection("context connection=true"))
    {
        con.Open();

        // SqlCommand-Objekt erstellen und ausführen
        using (SqlCommand cmd = con.CreateCommand())
        {
            cmd.CommandType = CommandType.Text;
            cmd.CommandText = "SELECT * FROM " + Tablename;

            // An den Aufrufer schicken
            SqlContext.Pipe.ExecuteAndSend(cmd);
        }
    }
}
```

Der Trigger muss durch eine entsprechende Anweisung ausgelöst werden. Die folgende Anweisung zeigt ein Beispiel:

```
UPDATE KUNDEN SET Ort='Tokyo' WHERE ORT='Tokio';
```

Die Ausgabe sieht im SQL Server Management Studio (Express) wie folgt aus. Die erste Ergebnismenge ist dabei der Zustand der veränderten Zeile vor und die zweite nach der `UPDATE`-Anweisung.

	ID	Name	Ort	Telefon	Sprache	Geaendert
1	3	Yokai Inc	Tokio	+81 103 123456	1041	2007-12-01 11:30:00.000

	ID	Name	Ort	Telefon	Sprache	Geaendert
1	3	Yokai Inc	Tokyo	+81 103 123456	1041	2007-12-01 11:30:00.000

Abbildung 6.29 Die Ausgabe des Triggers im SQL Server Management Studio (Express)

Sollen die Ergebnismengen einer C#-Anwendung verwendet werden, so muss die DML-Anweisung (auch wenn es auf den ersten Blick seltsam erscheinen mag) mit der `ExecuteReader()`-Methode des `SqlCommand`-Objektes ausgeführt werden.

```
private void runTrgKunden()
{
    // SQL-Anweisung zur Veränderung der Daten in der Tabelle
    string sql =
        "UPDATE Kunden SET Geaendert=@Geaendert WHERE [Name]=@Name;";
    SqlDataReader dr;

    // Verbindung zur Datenbank aufbauen
    using (SqlConnection con = new SqlConnection(conString))
    {
        con.Open();

        using (SqlCommand cmd = con.CreateCommand())
        {
            cmd.CommandText = sql;

            // Parameter einfügen
            cmd.Parameters.AddWithValue("Name", "Yokai Inc");
            cmd.Parameters.AddWithValue("Geaendert", DateTime.Now);
```

```
                // Ausführen, der Übersichlichkeit wegen kein using-Block
                dr = cmd.ExecuteReader();
                do // Alle Ergebnismengen durchlaufen
                {
                    String Header = "";

                    // Namen und Datentypen der Spalten auslesen
                    for (int i = 0; i < dr.VisibleFieldCount; i++)
                        Header += String.Format("{0} ({1}) |",
                            dr.GetName(i), dr.GetFieldType(i).ToString());

                    // Ausgeben
                    Debug.Print(Header);
                    Debug.Print("".PadLeft(Header.Length, '='));

                    // Alle Zeilen durchlaufen
                    while (dr.Read())
                    {
                        // Alle Spalten
                        for (int i = 0; i < dr.VisibleFieldCount; i++)
                            if (!dr.IsDBNull(i)) // NULL?
                                // Wert ausgeben
                                Debug.Write(dr.GetValue(i).ToString() + '|');
                            else
                                Debug.Write("<NULL> |");

                        Debug.WriteLine(""); // Zeilenumbruch
                    }
                } while (dr.NextResult());
            }
        }
    }
```

Die Ausgabe besteht aus den Zeilen der beiden Ergebnismengen, denen die Spaltennamen samt Datentyp vorangestellt werden.

Wichtig:

Bedenken Sie bei der Entwicklung solcher Trigger, dass es Ressourcen kostet, eine oder zwei Ergebnismengen an den Clint zu übermitteln. Zwar müssen diese nicht zwingend ausgewertet werden. Es macht jedoch keinen Sinn, solche Trigger „auf Vorrat" zu entwickeln.

Tipp:

Obwohl es recht einfach machbar erscheint: Geht es darum, die Daten einer Tabelle bei Veränderungen zu historisieren, so ist das für die CDC(Change Data Capture)-Funktionalität des SQL Servers 2008 besser geeignet. Diese Technik verwendet keine Trigger, welche die Ausführung der DML-Anweisungen verzögern, sondern das Transaktionsprotokoll des Servers. Details finden Sie unter *3.7, „CDC (Change Data Capture)"*.

Der Code für diese Methode befindet sich im Projekt CLRIntegration2 in dem Verzeichnis zu diesem Kapitel. Mehr Details über die Verarbeitung von Ergebnismengen finden Sie unter *5.7, „Die SqlDataReader-Klasse"*.

6.2.5.5 Die CREATE TRIGGER-Anweisung

Bevor ein mit .NET entwickelter Trigger seine Aufgabe aufnimmt, muss für ihn, wie für alle anderen .NET-Objekte, ein SQL-Wrapper erstellt werden. Für diesen Zweck existiert die `CREATE TRIGGER`-Anweisung.

Das folgende Beispiel zeigt den Aufruf dieser Anweisung, wie sie auch bei der Bereitstellung durch das Visual Studio automatisch erfolgt. Durch sie wird für die Tabelle `Kunden` der Trigger mit dem Namen `trgKunden` erstellt, der bei `UPDATE`, `INSERT` und `DELETE` aktiv wird.

```
CREATE TRIGGER trgKunden
ON Kunden
FOR UPDATE, DELETE, INSERT
AS
EXTERNAL NAME
CLRIntegration.Triggers.trgKunden;
```

Handelt es sich bei dem Trigger um einen DDL-Trigger, der für die gesamte Datenbank gilt, so sieht die Anweisung recht ähnlich aus:

```
CREATE TRIGGER trgModifyTables
ON Database
FOR CREATE_TABLE, ALTER_TABLE, DROP_TABLE
AS
EXTERNAL NAME
CLRIntegration.Triggers.trgKunden;
```

Damit reagiert dieser Trigger auf alle Änderungen am Aufbau der Datenbank.

Egal ob DML- oder DDL-Trigger, das Folgende ist zu beachten:

- Wie gewohnt muss der Name des Triggers in der Datenbank eindeutig sein. Dabei wird nicht zwischen .NET- und T-SQL-Triggern unterschieden.
- Der externe Name (External Name) besteht aus dem Namen der Assembly, der Klasse, in der die Methode definiert ist, und dem Namen der Methode selbst. Damit handelt es sich um den voll qualifizierten Namen der Methode.

Für die Ausführung benötigt der Aufrufer bei DML-Triggern die `ALTER`-Berechtigung für die entsprechende Tabelle und bei DDL-Triggern die `ALTER ANY DATABASE DDL TRIGGER`-Berechtigung.

Anschließend werden DML-Trigger wie gewohnt unterhalb der entsprechenden Tabelle unter Trigger, DDL-Trigger unterhalb der Datenbank unter Programmierbarkeit > Datenbanktrigger angezeigt.

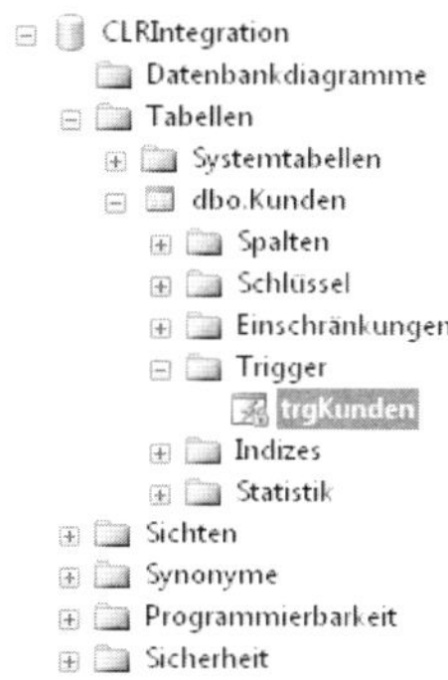

Abbildung 6.30 Mit .NET erstellter Trigger im SQL Server Management Studio (Express)

Das kleine Schloss-Symbol deutet wieder darauf hin, dass ein mit .NET erstellter, gespeicherter Trigger hier nicht direkt verändert werden kann, im Gegensatz zu einem, der mit T-SQL erstellt wurde.

> **Hinweis:**
> Die Trigger einer Datenbank können alternativ auch über folgende Abfrage ermittelt werden:
> `SELECT * FROM sys.Triggers;`

6.2.5.6 Die DROP TRIGGER-Anweisung

Ein zuvor erstellter Trigger kann unter Angabe seines Namens mit der `DROP TRIGGER`-Anweisung gelöscht werden. Das folgende Beispiel löscht einen DML-Trigger.

```
DROP TRIGGER trgKunden;
```

Für DDL-Trigger auf Ebene der Datenbank sieht der Aufruf so aus:

```
DROP TRIGGER trgModifyTables ON DATABASE;
```

Für die Ausführung wird bei DML-Triggern die `ALTER`-Berechtigung der entsprechenden Tabelle benötigt. Bei DDL-Triggern ist dies die `ALTER ANY DATABASE DDL TRIGGER`-Berechtigung.

> **Hinweis:**
> Zusätzlich wird ein DML-Trigger auch dann gelöscht, wenn die Tabelle oder Sicht, zu der er gehört, entfernt wird. Es besteht also keine echte Abhängigkeit, die dies verhindert.

6.2.5.7 Einfaches Beispiel

Das abschließende Beispiel zeigt noch einmal, wie ein DDL-Trigger aussieht, der alle Änderungen an den Benutzer der Datenbank in eine Archivtabelle („UserTracking") schreibt. Dort können diese Änderungen später abgefragt werden.

```
[Microsoft.SqlServer.Server.SqlTrigger
   (Target = "DATABASE", Event = "FOR CREATE_USER,ALTER_USER,DROP_USER")]
public static void trgTrackUserChanges()
{
    // Verbindung zur Datenbank aufbauen
    using (SqlConnection con =
                       new SqlConnection("context connection=true"))
    {
        con.Open();
        using (SqlCommand cmd = con.CreateCommand())
        {
            // Abfragetexte mit Parameter vorbereiten
            cmd.CommandType = CommandType.Text;
            cmd.CommandText = "INSERT INTO UserTracking (DDLEventData)
                               VALUES (@DDLEventData);";

            cmd.Parameters.AddWithValue("DDLEventData",
                            SqlContext.TriggerContext.EventData.Value);

            // Einfügen
            cmd.ExecuteNonQuery();
        }
    }
}
```

Nachdem nun z.B. ein Benutzer der Datenbank hinzugefügt wurde, kann auf die so entstandenen Daten zugegriffen werden. Im Folgenden finden Sie ein kleines Beispiel, wie dies mit T-SQL machbar ist.

```
-- Auf die XML-Daten des ersten Eintrags zugreifen
DECLARE @Eventdata XML;
SELECT TOP 1 @Eventdata = DDLEventData FROM UserTracking;

-- Werte ermitteln und ausgeben
DECLARE @PostTime DATETIME =
@Eventdata.value('(/EVENT_INSTANCE/PostTime)[1]','DATETIME');
PRINT @PostTime;

DECLARE @LoginName sysname =
@Eventdata.value('(/EVENT_INSTANCE/LoginName)[1]','sysname');
PRINT @LoginName;

DECLARE @ObjectName NVARCHAR(80) =
@Eventdata.value('(/EVENT_INSTANCE/ObjectName/text())[1]','NVARCHAR(80)');
PRINT @ObjectName;
```

Die Ausgabe sieht dann z.B. so aus:

```
Jul 12 2007  4:12PM
dnc2\tkansy
HarryHirsch
```

Wichtig:

Beachten Sie, dass dieser Trigger nicht überwachen kann, ob eine Anmeldung auf dem SQL Server erzeugt wurde, da serverweite Trigger mit .NET nicht entwickelt werden können. Dieser Trigger „bemerkt" nur Änderungen an einem Benutzer innerhalb der Datenbank.

6.2.6 Benutzerdefinierte Funktionen

Als Nächstes werden in diesem Abschnitt benutzerdefinierte Funktionen beschrieben. Da solche Funktionen eine (theoretisch) beliebige Anzahl an Parametern übergeben bekommen und genau ein Ergebnis zurückliefern, werden sie oft auch als Skalarfunktionen bezeichnet. Im Gegensatz zu gespeicherten Prozeduren stehen hier nicht nur numerische Werte ohne Nachkommastellen zur Verfügung, sondern alle Datentypen. Dafür darf eine benutzerdefinierte Funktion keine Ergebnismenge via TDS an den Aufrufer senden und zudem keine Daten verändern. Für das Erstellen von Ergebnismengen, die wie eine Tabelle oder Sicht abgefragt werden können, stehen Tabellenwertfunktionen zur Verfügung. Mehr über diese Art von Funktionen unter *6.2.7, „Tabellenwertfunktion"*.

Um mit dem Visual Studio eine benutzerdefinierte Funktion zu erstellen, steht u.a. im Kontextmenü des Projektes der Befehl Hinzufügen > Benutzerdefinierte Funktion zur Verfügung.

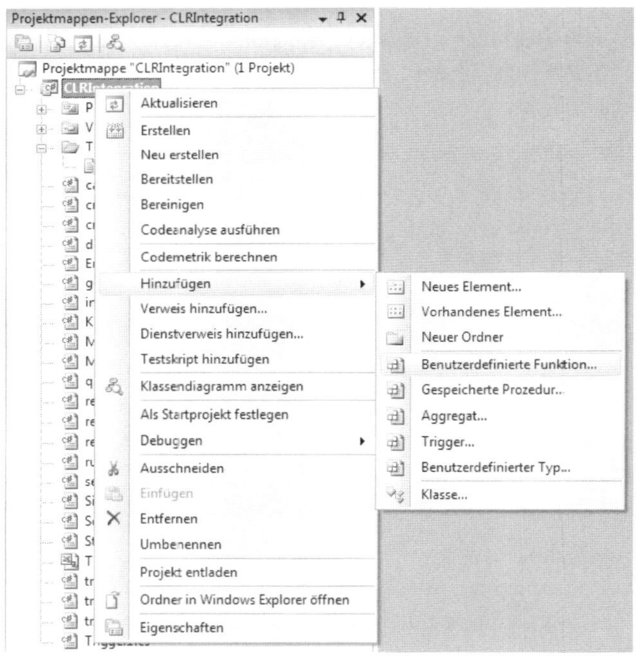

Abbildung 6.31 Einfügen einer benutzerdefinierten Funktion über das Visual Studio

Nach Angabe des gewünschten Namens, der für die Funktion und die Daten verwendet wird, wird folgendes Grundgerüst an Code erzeugt.

```
using System;
using System.Data;
using System.Data.SqlClient;
using System.Data.SqlTypes;
using Microsoft.SqlServer.Server;
```

```
public partial class UserDefinedFunctions
{
    [Microsoft.SqlServer.Server.SqlFunction]
    public static SqlString Function1()
    {
        // Fügen Sie hier Ihren Code ein.
        return new SqlString("Hello");
    }
};
```

Jede benutzerdefinierte Funktion befindet sich so in einer eigenen Datei, zusammen mit allen anderen benutzerdefinierten Funktionen dieses Projektes in der Klasse `UserDefinedFunctions`, die aus diesem Grund mit dem `partial`-Schlüsselwort markiert ist. Die C#-Methode muss dabei zwingend die folgenden Kriterien erfüllen, um als benutzerdefinierte Funktion auf dem SQL Server verwendet werden zu können.

- Sie muss mit dem Attribut `Microsoft.SqlServer.Server.SqlFunction` versehen sein. Über benannte Parameter können weitere Details, wie z.B. ob die Funktion deterministisch[2] ist oder welchen Namen sie bekommen soll, bestimmt werden.
- Sie muss sowohl mit `public` als auch mit `static` versehen sein. Dies dient dem direkten Aufruf durch den CLR-Host, ohne eine Instanz der Klassen erzeugen zu müssen.
- Sie muss einen Rückgabewert besitzen (darf also nicht als `void` definiert werden). Als Datentyp für den Rückgabewert stehen alle bekannten Datentypen des SQL Servers 2008 sowie bekannte benutzerdefinierte Typen zur Verfügung.
- Sie muss mindestens einen Parameter besitzen, es können aber auch mehrere sein. Diese Parameter dürfen jedoch keine Rückgabeparameter sein, also nicht mit dem `out`-Schlüsselwort versehen werden.
- Die Methode darf keine Daten verändern; weder direkt noch indirekt durch den Aufruf von z.B. gespeicherten Prozeduren. Allerdings dürfen Werte gelesen werden, wenn die benannten Parameter `DataAccess` und/oder `SystemDataAccess` des `SqlFunction`-Attributes den entsprechenden Wert haben. Weitere Details unter *6.2.6.1, „Das SqlFunction-Attribut“*.
- Es dürfen keine Ergebnismenge oder Nachrichten an den Aufrufer gesendet werden. Für diesen Zweck existieren Tabellenwertfunktionen, die als Rückgabewert eine komplette Tabelle liefern.
- Über das `SqlFacet`-Attribut kann für den Rückgabewert und jeden Parameter, sofern dieser eine Zeichenkette repräsentiert, auf Wunsch genau festgelegt werden, ob er eine feste Länge hat oder nicht und wie lang der übergebene Wert maximal sein darf. Bei Zahlen mit Nachkommastellen kann die Aufteilung der Stellen vor und nach dem Komma bestimmt werden. Zudem kann festgelegt werden, ob `NULL` zulässig ist. Weitere Details über dieses Attribut befinden sich unter *6.2.2.5, „Das SqlFacet-Attribut“*.

[2] d.h., bei gleichen Parameterwerten immer das gleiche Ergebnis zurückliefert

Des Weiteren muss sich die benutzerdefinierte Funktion nicht in einer eigenen Datei befinden und kann sowohl mit anderen Funktionen als auch mit .NET-Objekten zusammenstehen – je nachdem, was aus Sicht des Projektaufbaus sinnvoll erscheint.

6.2.6.1 Das SqlFunction-Attribut

Durch das `Microsoft.SqlServer.Server.SqlFunction`-Attribut wird eine C#-Methode als benutzerdefinierte Funktion markiert. Darüber hinaus dient es zur Angabe von Details über die Art und den Datenzugriff der Funktion.

Hinweis:
Da dieses Attribut auch für Tabellenwertfunktionen verwendet wird, haben nicht alle Parameter bei einer benutzerdefinierten Funktion einen Sinn und werden an dieser Stelle nicht erwähnt.

Die folgende Tabelle enthält die wichtigsten benannten Parameter des `SqlFunction`-Attributes für eine benutzerdefinierte Funktion.

Tabelle 6.14 Parameter des SqlFunction-Attributs für benutzerdefinierte Funktionen

Parameter	Beschreibung
`DataAccess`	Legt über die Werte der Aufzählung `DataAccessKind` fest, wie die Funktion auf Daten, die nicht zum System gehören, zugreifen darf. Mögliche Werte sind: ■ *None*: Kein Zugriff, auch nicht lesend ■ *Read*: Lesender Zugriff
`IsDeterministic`	Gibt an, dass die Funktion deterministisch ist, also für die gleichen Parameterwerte immer den gleichen Wert zurückliefert. Beispiele für solche Funktionen sind `LEN` und `LEFT`, während die Funktionen `RAND` und `GETDATE` Gegenbeispiele sind. Deterministische Funktionen können, zur Steigerung der Leistung, vom SQL Server zwischengespeichert werden. Dies lohnt sich gerade bei aufwendigeren Berechnungen. Außerdem können deterministische Funktionen für berechnete Spalten verwendet werden, die in einem Index genutzt werden. Gibt an, ob die Funktion unpräzise ist und Fließkommaoperationen verwendet. Funktionen, die dies nicht tun, können performanter ausgeführt werden. Außerdem ist die Kombination `IsDeterministic=true` und `IsPrecise=true` die Grundlage für Erstellung von Indizes auf einer Spalte, deren Inhalt ganz oder teilweise mit dieser Funktion berechnet wird. Weitere Details finden Sie weiter unten.
`IsPrecise`	Gibt an, ob die Funktion unpräzise ist und Fließkommaoperationen verwendet. Funktionen, die dies nicht tun, können performanter ausgeführt werden. Außerdem ist die Kombination `IsDeterministic=true` und `IsPrecise=true` die Grundlage für Erstellung von Indizes auf einer Spalte, deren Inhalt ganz oder teilweise mit dieser Funktion berechnet wird. Weitere Details finden Sie weiter unten.

Parameter	Beschreibung
`Name`	Über diesen Parameter kann der Name der benutzerdefinierten Funktion bestimmt werden. Wird er nicht angegeben, so wird der Name der C#-Methode verwendet.
`SystemDataAccess`	Legt über die Werte der Aufzählung `SystemDataAccessKind` fest, wie die Funktion auf Daten, die zum System gehören, zugreifen darf. Mögliche Werte sind: ■ *None*: Kein Zugriff, auch nicht lesend ■ *Read*: Lesender Zugriff

6.2.6.2 Rückgabewert und Parameter

Da es in der Natur einer Funktion liegt, ihren Rückgabewert aus anderen Werten zu bestimmen, hat die überwiegende Zahl der Funktionen Parameter. Da macht auch eine, mit .NET entwickelte, benutzerdefinierte Funktion für den SQL Server keine Ausnahme.

```
[Microsoft.SqlServer.Server.SqlFunction
                    (IsDeterministic=true, IsPrecise=false)]
public static SqlInt32 divideInteger(SqlInt32 x,SqlInt32 y)
{
    return x / y;
}
```

Im Gegensatz zu einer gespeicherten Prozedur dürfen die Parameter keine Rückgabeparameter sein, d.h., sie dürfen nicht mit dem `out`-Schlüsselwort versehen werden.

Hinweis:
Details über die zur Verfügung stehenden Datentypen finden Sie unter *6.1.4,* „Datentypen“.

6.2.6.3 Die CREATE FUNCTION-Anweisung

Damit eine benutzerdefinierte Funktion verwendet werden kann, muss wieder ein SQL-Wrapper erstellt werden. Dieser beinhaltet neben dem Namen der Funktion den Rückgabetyp, ihre Parameter nebst Datentypen und die Angabe der entsprechenden C#-Methode.

Das folgende Beispiel zeigt einen solchen Aufruf, den das Visual Studio automatisch bei der Bereitstellung des Projektes erledigt.

```
CREATE FUNCTION divideInteger
(
    @x INT,
    @y INT
)
RETURNS INT
AS EXTERNAL NAME CLRIntegration.UserDefinedFunctions.divideInteger;
```

Dabei ist Folgendes zu beachten:

- Der Name muss wie immer eindeutig sein. Dabei wird nicht zwischen .NET und T-SQL-Funktionen unterschieden.

- Der externe Name (External Name) setzt sich aus dem Namen der Assembly, der Klasse, in der die C#-Methode definiert wurde, und dem Namen der C#-Methode selbst zusammen. Damit handelt es sich um den voll qualifizierten Namen der Methode.
- Die Namen der Parameter müssen nicht zwingend mit denen der C#-Methode übereinstimmen, obwohl sie es aus Gründen der Übersichtlichkeit tun sollten. Die Datentypen hingegen müssen zueinander passen.

Für die Ausführung werden die `CREATE FUNCTION`-Berechtigung und die `ALTER`-Berechtigung des Schemas, in dem die Funktion erstellt wird, benötigt. Wird darüber hinaus ein benutzerdefinierter Typ verwendet, so muss für diesen die `EXECUTE`-Berechtigung vorhanden sein.

Wurde die `CREATE FUNCTION`-Anweisung ausgeführt oder hat die Bereitstellung durch das Visual Studio stattgefunden, so wird die benutzerdefinierte Funktion im SQL Server Management Studio (Express) in der entsprechenden Datenbank unter Programmierbarkeit > Funktionen > Skalarwertfunktionen angezeigt.

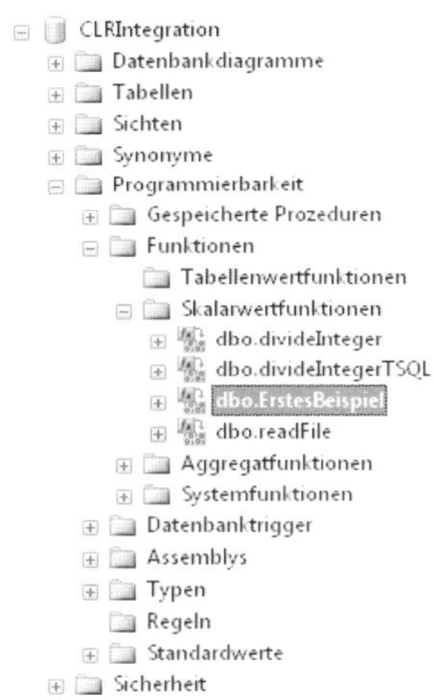

Abbildung 6.32 Mit .NET erstellte benutzerdefinierte Funktionen im SQL Server Management Studio (Express)

Hinweis:

Alternativ können die benutzerdefinierten Funktionen, die mit .NET erstellt wurden, auch mit folgender Abfrage ermittelt werden:

```
SELECT * FROM sysObjects WHERE xType='FS'.
```

6.2.6.4 Die DROP FUNCTION-Anweisung

Um vorhandene benutzerdefinierte Funktionen zu löschen, steht die `DROP FUNCTION`-Anweisung bereit. Ihr wird einfach der Name der gewünschten Funktion übergeben. Das folgende Beispiel demonstriert dies.

```
DROP FUNCTION divideInteger;
```

Der Aufrufer muss für diese Anweisung über die `ALTER`-Berechtigung für das Schema, zu der die Funktion gehört, oder über die `CONTROL`-Berechtigung für die Funktion verfügen.

6.2.6.5 Ein einfaches Beispiel

Das folgende kleine Beispiel demonstriert, wie mit .NET mit wenigen Zeilen eine Funktionalität implementiert wird, die mit T-SQL, wenn überhaupt, nur mit massivem Aufwand realisierbar wäre.

Aus einer übergebenen Zeichenkette (einem Kennwort), wird ein eindeutiger, nicht symmetrischer MD5-Hashwert errechnet und in hexadezimaler Schreibweise als Zeichenmitte mit exakt 32 Zeichen (also 16 Werte in hexadezimaler Schreibweise) zurückgeliefert. Damit können z.B. Kennwörter für die Anmeldung sicher gespeichert werden, und das Kennwort selbst muss bei einer Anmeldung niemals als Klartext über das Netzwerk geschickt werden, sondern es reicht immer dieser Hashwert für einen Vergleich.

```
[Microsoft.SqlServer.Server.SqlFunction(IsDeterministic=true)]
[return: SqlFacet(IsFixedLength=true, MaxSize=64, IsNullable=false)]
public static SqlString getMD5Hash(SqlString Password)
{
    // StringBuilder für die Rückgabe
    StringBuilder result = new StringBuilder(32);

    // Über einem MD5-Sicherheitsprovider aus den Bytes
    // des Passwortes einen Hash errechnen und diesen in hexadezimaler
    // Notation für die Rückgabe zusammensetzen
    foreach(byte b in new MD5CryptoServiceProvider().ComputeHash(
            new UTF8Encoding().GetBytes(Password.ToString())))
        result.Append(b.ToString("X2"));

    // Rückgabe
    return result.ToString();
}
```

Für die Berechnung des MD5-Hashwertes wird der MD5-CryptoServiceProvider aus dem `System.Security.Cryptography`-Namensraum verwendet.

Bei einem Aufruf durch eine Abfrage im SQL Server Management Studio (Express) oder durch das Testskript (Projekt CLRIntegration > Test Scripts > Test.sql) in folgender Form

```
SELECT dbo.getMD5Hash('GanzGeheim') MD5Hash;
```

erscheint die Ausgabe des Hashwertes.

Abbildung 6.33 Die Ausgabe des Hashwertes im SQL Server Management Studio 2008 (Express)

Hinweis:
Dieser Code ist ebenfalls im Projekt CLRIntegration im Verzeichnis zu diesem Kapitel zu finden.

6.2.7 Tabellenwertfunktion

Nun sind Tabellenwertfunktionen (Table Value Function – TVF) an der Reihe. Im Gegensatz zu benutzerdefinierten Funktionen liefert diese Funktionsart nicht nur einen Wert an den Aufrufer zurück, sondern ganze Tabellen. Aus diesem Grund kann eine solche Tabellenwertfunktion auf ähnliche Art und Weise wie eine Tabelle oder Sicht verwendet werden.

```
SELECT * FROM dbo.MeineTabelleWertfunktion();
```

Hinweis:
Im Gegensatz zu Tabellen und Sichten können Tabellenwertfunktionen natürlich nicht aktualisiert werden, da ihr Inhalt beim Aufruf der Funktion gebildet wird.

Tabellenwertfunktionen sind in ihrer Implementierung ein wenig „trickreich“, sodass ihr Aufbau an dieser Stelle ein wenig ausführlicher erläutert wird:

Die eigentliche C#-Methode (die, die mit dem `SqlFunction`-Attribut versehen wurde) definiert die Parameter, die sie benötigt, und den Aufbau der Rückgabetabelle. Sie liefert eine Auflistung mit genau einem Wert vom Typ `object` pro Zeile. Sie wird vom SQL Server einmal aufgerufen.

Um aus dem `object`-Wert pro Zeile die Werte für die einzelnen Spalten zu erstellen, wird eine zweite Methode definiert, die genau festgelegte Parameter besitzt. Als Erstes einen Parameter vom Typ `object`, der bei jedem Aufruf den `object`-Wert einer Zeile übergeben bekommt. Die nächsten Parameter sind Rückgabeparameter, die von den Typen her der Rückgabetabelle entsprechen. Diese Methode wird vom SQL Server für jede Zeile (also für jedes Element aus der Auflistung, welche die andere Funktion liefert) einmal aufgerufen.

Das folgende Beispiel zeigt, wie dies funktioniert, indem es die Programmierung auf das absolut Wesentliche reduziert:

```
[Microsoft.SqlServer.Server.SqlFunction(
    TableDefinition="ID INT, Spalte1 NVARCHAR(50)",
    FillRowMethodName="GetSingleLine")]
public static IEnumerable MeineTabellenwertfunktion()
{
    // Dies liefert eine Auflistung von 4 Elementen à 3 Zeichen
    return "1;A\n2;B\n3;C\n4;D".Split('\n');
}
```

Der erste Teil definiert über benannte Parameter des `SqlFunction`-Attributes den Aufbau der Rückgabetabelle mit zwei Spalten

```
TableDefinition="ID INT, Spalte1 NVARCHAR(100)"
```

und legt fest, dass die Methode zum Aufteilen der Spaltenwerte `GetSingleLine()` heißt. (Diese wird weiter unten definiert.)

```
FillRowMethodName="GetSingleLine"
```

Die Methode selbst liefert eine Auflistung mit vier Elementen, die jeweils drei Zeichen besitzen:

```
1;A
2;B
3;C
4;D
```

Im zweiten Teil wird die `GetSingleLine()`-Methode definiert, die aus jedem dieser Zeilenwerte die Werte für die beiden Spalten erzeugt und als Rückgabeparameter zur Verfügung stellt.

```
public static void GetSingleLine(object row,
                    out SqlInt32 ID, out SqlString Spalte1)
{
    string[] split = ((string)row).Split(';');
    // Spalten mit Werten versehen
    ID = int.Parse(split[0]);
    Spalte1 = split[1];
}
```

Die Namen der Parameter sind dabei technisch unwichtig, es kommt nur auf den Datentyp und die Reihefolge sowie die Anzahl an.

Durch einen Aufruf der Art

```
SELECT * FROM dbo.MeineTabellenwertfunktion();
```

sieht die Ausgabe entsprechend so aus:

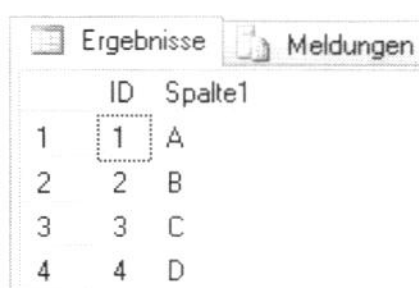

Abbildung 6.34 Die Ausgabe unserer Tabellenwertfunktion

Damit alles reibungslos funktioniert, müssen einige wichtige Dinge beachtet werden. Die nachfolgende Liste fasst diese noch einmal zusammen.

- Die Tabellenwertfunktion muss mit dem Attribut `Microsoft.SqlServer.Server.SqlFunction` versehen werden. Über dessen benannte Parameter werden u.a. der Aufbau der zurückzuliefernden Tabelle und der Name der Funktion bestimmt.
- Über das `SqlFacet`-Attribut kann für jeden Parameter, wenn er eine Zeichenkette repräsentiert, auf Wunsch genau festgelegt werden, ob er eine feste Länge hat oder nicht und wie lang der übergebene Wert maximal sein darf. Bei Zahlen mit Nachkommastellen kann die Aufteilung der Stellen vor und nach dem Komma bestimmt werden. Zudem kann festgelegt werden, ob `NULL` zulässig ist. Weitere Details über dieses Attribut befinden sich unter *6.2.2.5, „Das SqlFacet-Attribut“.*
- Die beiden benannten Parameter `TableDefinition` (legt den Aufbau der zurückgelieferten Tabelle fest) und `FillRowMethodName` (zum Aufteilen der Werte einer Zeile in Spalten) müssen gültige Werte besitzen.

- Die Tabellenwertfunktion und die Methode zum Aufteilen der Spaltenwerte müssen sowohl mit `public` als auch mit `static` gekennzeichnet sein. Dies dient wieder dem direkten Aufruf durch den CLR-Host, ohne eine Instanz erzeugen zu müssen.
- Der Rückgabetyp der Tabellenwertfunktion muss zwingend `System.Collection.IEnumerable` sein. Über diese Auflistung wird je ein Element pro Zeile zurückgeliefert.
- Die Methode zur Aufteilung der Spaltenwerte darf keinen Rückgabewert definieren.
- Die Methode zum Aufteilen der Spaltenwerte muss die entsprechenden Parameter besitzen, einen (den ersten) Parameter für den Wert der Zeile vom Typ `object` und jeweils einen Rückgabeparameter für jede Spalte der zurückgelieferten Tabelle. Bei entsprechendem Aufbau kann diese Methode auch von mehreren Tabellenwertfunktionen verwendet werden.
- Es können keine Ergebnismengen oder Nachrichten über `SqlContext.Pipe` an den Aufrufer zurückgeliefert werden.
- Keine der beiden Methoden darf Daten verändern; weder direkt noch indirekt durch den Aufruf von z.B. gespeicherten Prozeduren. Allerdings dürfen Werte gelesen werden, wenn die benannten Parameter `DataAccess` und/oder `SystemDataAcces` des `SqlFunction`-Attributes den entsprechenden Wert haben. Weitere Details unter *6.2.7.1,* „Das SqlFunction-Attribut“.

Hinweis:

Die `IEnumerable`-Schnittstelle befindet sich im Namensraum `System.Collections`, sodass dieser entweder mit der Anweisung `using System.Collections;` verfügbar gemacht oder der Name der Schnittstelle vervollständigt werden muss.

6.2.7.1 Das SqlFunction-Attribut

Durch das `Microsoft.SqlServer.Server.SqlFunction`-Attribut wird eine C#-Methode als Tabellenwertfunktion markiert. Darüber hinaus dient es zur Angabe weiterer Informationen z.B. über den Aufbau der Rückgabetabelle.

Hinweis:

Da dieses Attribut auch für benutzerdefinierte Tabellen verwendet wird, haben nicht alle Parameter bei einer Tabellenwertfunktion einen Sinn und werden an dieser Stelle nicht erwähnt.

Die folgende Tabelle enthält die wichtigsten benannten Parameter des `SqlFunction`-Attributs für eine Tabellenwertfunktion.

Tabelle 6.15 Parameter des SqlFunction-Attributs für benutzerdefinierte Funktionen

Parameter	**Beschreibung**
`DataAccess`	Legt über die Werte der Aufzählung `DataAccessKind` fest, wie die Funktion auf Daten, die nicht zum System gehören, zugreifen darf. Mögliche Werte sind: ▪ *None*: Kein Zugriff, auch nicht lesend ▪ *Read*: Lesender Zugriff
`FillRowMethodName`	Legt den Namen der Methode fest, die für jede Zeile einmal aufgerufen wird und aus dem Wert der Zeile die Werte der einzelnen Spalten ermittelt.
`Name`	Über diesen Parameter kann der Name der Tabellenwertfunktion bestimmt werden. Wird er nicht angegeben, so wird der Name der C#-Methode verwendet.
`SystemDataAccess`	Legt über die Werte der Aufzählung `SystemDataAccessKind` fest, wie die Funktion auf Daten, die zum System gehören, zugreifen darf. Mögliche Werte sind: ▪ *None*: Kein Zugriff, auch nicht lesend ▪ *Read*: Lesender Zugriff
`TableDefinition`	Beschreibt den Aufbau der Rückgabetabelle als SQL-Definition. Achtung! Es sind nur Unicode-Varianten für Zeichenketten erlaubt.

6.2.7.2 Parameter

Eine Tabellenwertfunktion kann, muss aber keine Parameter besitzen. Auch wenn keine Parameter vorhanden sind, muss beim Aufruf der Funktion ein leeres Klammerpaar angegeben werden, da der SQL Server sonst nach einer Tabelle oder Sicht mit dem entsprechenden Namen sucht.

Sofern notwendig, können Parameter mit dem SqlFacet-Attribut ausgezeichnet werden (siehe *6.2.2.5, „Das SqlFacet-Attribut“*, für Details).

Hinweis:
Details über die zur Verfügung stehenden Datentypen finden Sie unter *6.1.4, „Datentypen“*.

6.2.7.3 Die CREATE FUNCTION-Anweisung

Um eine Tabellenwertfunktion verwenden zu können, muss für sie ein SQL-Wrapper erstellt werden. Dieser beinhaltet ihren Namen und ihre Parameter sowie den Namen der entsprechenden C#-Methode.

Das folgende Beispiel zeigt einen solchen Aufruf, wie es vom Visual Studio automatisch bei der Bereitstellung des Projektes ausgeführt wird.

```
CREATE FUNCTION MeineTabellenwertfunktion()
RETURNS TABLE
(
```

```
    ID INT,
    Spalte1 NVARCHAR(50)
)
AS EXTERNAL NAME
    CLRIntegration.UserDefinedFunctions.MeineTabellenwertfunktion;
```

Die Definition der Rückgabetabelle entspricht genau dem Inhalt des `TableDefinition`-Parameters des `SqlFunction`-Attributes.

Achtung:

Beachten Sie auf jeden Fall das leere Klammerpaar nach dem Funktionsnamen, wenn keine Parameter existieren.

Besitzt die Tabellenwertfunktion darüber hinaus auch noch Parameter, so müssen diese mit Datentyp, Reihenfolge und Anzahl passend benannt werden. Der Name spielt technisch (mal wieder) keine Rolle, sollte der Übersichtlichkeit wegen jedoch identisch sein.

```
CREATE FUNCTION importCSVFile
(
    @Filename NVARCHAR(4000)
)
RETURNS TABLE
(
    ID INT,
    [Name] NVARCHAR(50),
    Ort NVARCHAR(50),
    Telefon NVARCHAR(50)
)
AS EXTERNAL NAME CLRIntegration.UserDefinedFunctions.importCSVFile;
```

Insgesamt ist beim Aufruf der Anweisung Folgendes zu beachten:

- Der Name muss wie immer eindeutig sein. Dabei wird nicht zwischen .NET- und T-SQL-Tabellenwertfunktionen unterschieden.
- Die Definition der Rückgabetabelle muss bis auf den Namen der Spalten passend sein. Allerdings sind die hier vergebenen Namen die, die bei einer Abfrage für die Spalte verwendet werden.
- Der externe Name (External Name) setzt sich aus dem Namen der Assembly, der Klasse, in der die C#-Methode definiert wurde, und den Namen der C#-Methode selbst zusammen. Damit handelt es sich um den voll qualifizierten Namen der Methode.
- Die Namen der Parameter müssen nicht zwingend mit denen der C#-Methode übereinstimmen, obwohl sie es aus Gründen der Übersichtlichkeit tun sollten. Die Datentypen hingegen müssen zueinander passen.
- Der Rückgabewert ist immer `TABLE`. Dies unterscheidet sie quasi von einer benutzerdefinierten Funktion (dort steht der Datentyp der Rückgabe).

Für die Ausführung werden die `CREATE FUNCTION`-Berechtigung und die `ALTER`-Berechtigung des Schemas, in dem die Funktion erstellt wird, benötigt. Wird darüber hinaus ein benutzerdefinierter Typ verwendet, so muss für diese die `EXECUTE`-Berechtigung vorhanden sein.

Wurde die `CREATE FUNCTION`-Anweisung ausgeführt oder hat die Bereitstellung durch das Visual Studio stattgefunden, so wird die benutzerdefinierte Funktion im SQL Server Management Studio (Express) in der entsprechenden Datenbank unter Programmierbarkeit > Funktionen > Tabellenwertfunktionen angezeigt.

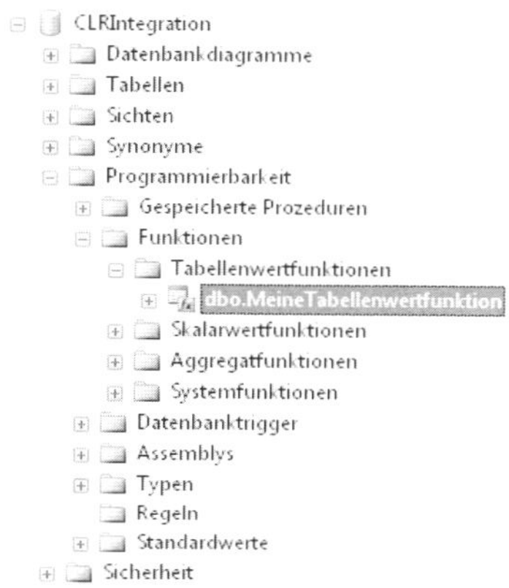

Abbildung 6.35 Mit .NET erstellte Tabellenwertfunktion im SQL Server Management Studio (Express)

Hinweis:

Alternativ können die benutzerdefinierten Funktionen, die mit .NET erstellt wurden, auch mit folgender Abfrage ermittelt werden:

```
SELECT * FROM sysObjects WHERE xType='FT';
```

6.2.7.4 Die DROP FUNCTION-Anweisung

Um eine vorhandene Tabellenwertfunktion zu löschen, steht die `DROP FUNCTION`-Anweisung bereit. Ihr wird einfach der Name der gewünschten Funktion übergeben. Das folgende Beispiel demonstriert dies:

```
DROP FUNCTION MeineTabellenwertfunktion;
```

Der Aufrufer muss für diese Anweisung über die `ALTER`-Berechtigung für das Schema, zu der die Funktion gehört, oder über die `CONTROL`-Berechtigung für die Funktion verfügen.

6.2.7.5 Ein einfaches Beispiel

Das folgende Beispiel demonstriert, wie eine Tabellenwertfunktion zur Aufbereitung einer CSV-Datei (Comma Seperated Values – durch Kommata getrennte Werte) verwendet werden kann. Sie besitzt einen Parameter für den Dateinamen inkl. Pfad. Da die Spalten der Rückgabetabelle bereits zur Entwurfszeit festgelegt werden müssen, ist es leider nicht möglich, diese Funktion flexibel auf unterschiedliche Spalten in der Importdatei reagieren zu lassen. Dies wäre mit einer gespeicherten Prozedur möglich, die vor dem eigentlichen Import die Datei analysieren könnte.

Wichtig:

Leider gibt es aufgrund der Aufteilung in zwei Methoden keinen einfachen Weg, wie z.B. einen zweiten Parameter zu verwenden, der das Trennzeichen angibt. Dies liegt daran, dass er der ersten Methode übergeben würde und in der zweiten verwendet werden müsste. Der Austausch könnte zwar über ein statisches Feld stattfinden, doch dadurch müsste die Assembly die Berechtigungsebene „Unsicher (Unsafe)" erhalten, was abzuwägen wäre. Außerdem ist dieser Wert dann für alle parallel laufenden Instanzen der Funktion gleich.

Daher gehen wir hier von vier festen Spalten aus: ID, Name, Ort und Telefon. Die Testdatei sieht so aus:

```
1;Harry Hirsch;Waldhausen;1234567
2;Karla Kuh;Grünhausen;234567
3;Arnold Ameise;Hügelberg;3456432
4;Zacharias Zander;Wassernapf;3432343
5;Kathrin Koala;Dschungeldorf;3123123
6;Hyronimus Hase;Wiesengrund;444323
```

Diesen lustigen Haufen soll die folgende Programmierung als Tabelle ausgeben, damit diese z.B. importiert werden kann.

```
[Microsoft.SqlServer.Server.SqlFunction(
    TableDefinition=
   "ID INT, [Name] NVARCHAR(50), Ort NVARCHAR(50), Telefon NVARCHAR(50)",
    FillRowMethodName="ImportSingleRow")]
public static IEnumerable importCSVFile(SqlString Filename)
{
    // Tabelle über StreamReader einlesen und in Zeilen aufteilen
    // Jede Zeile der Datei soll eine Zeile in der Rückgabetabelle werden
    using (StreamReader sr = new StreamReader(Filename.ToString(),
           System.Text.Encoding.Default))
        return sr.ReadToEnd().Split('\n');
}

public static void ImportSingleRow(object row, out SqlInt32 ID,
    out SqlString Name, out SqlString Ort, out SqlString Telefon)
{
    // Hier jede Zeile in Spalten aufteilen
    try
    {
        string[] cols = ((string)row).Split(';');
        ID = int.Parse(cols[0]);
        Name = cols[1];
        Ort = cols[2];
        Telefon = cols[3];
    }
    catch
    {
        // Im Fehlerfall Spalten mit Dummywerten füllen
        ID = -1;
        Name = Ort = Telefon ="n.n.";
    }
}
```

Durch einen entsprechenden Aufruf

```
SELECT * FROM dbo.importCSVFile('D:\Team.csv');
```

sieht das Ergebnis im SQL Server Management Studio (Express) so aus:

	ID	Name	Ort	Telefon
1	1	Harry Hirsch	Waldhausen	1234567
2	2	Karla Kuh	Grünhausen	234567
3	3	Arnold Ameise	Hügelberg	3456432
4	4	Zacharias Zander	Wassernapf	3432343
5	5	Kathrin Koala	Dschungeldorf	3123123
6	6	Hyronimus Hase	Wiesengrund	444323

Abbildung 6.36 Das Ergebnis der importCSV-Funktion im SQL Server Management Studio (Express)

Hinweis:

Den Code zu diesem Beispiel, wie für die meisten anderen auch, finden Sie im CLRIntegration-Projekt im Verzeichnis zu diesem Kapitel.

6.2.8 Aggregate

Als Aggregate werden spezielle Funktionen bezeichnet, die mehrere Werte (typischerweise die einer Spalte) zusammenfassen und zu einem einzigen Wert verdichten. Bekannte Vertreter auf dem Standardumfang des SQL Servers 2008 sind die `MIN`-, `MAX`-, `AVG`- und `SUM`-Funktionen. Auch mit .NET können solche Funktionen entwickelt werden.

Um mit dem Visual Studio ein Aggregat zu erstellen, steht u.a. im Kontextmenü des Projektes der Befehl Hinzufügen > Aggregat zur Verfügung.

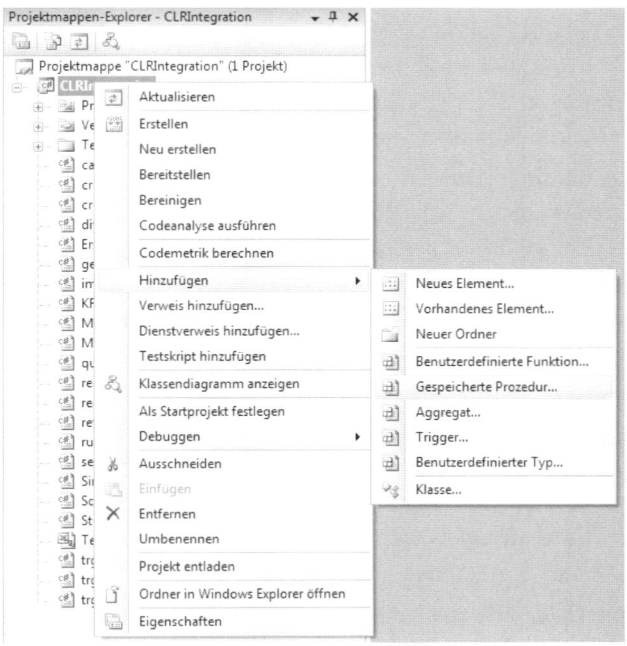

Abbildung 6.37 Einfügen eines Aggregats über das Visual Studio

Nach der obligatorischen Angabe des Namens für die Datei, der gleichzeitig auch der Name des Aggregates ist, wurde folgendes Grundgerüst erzeugt.

```
using System;
using System.Data;
using System.Data.SqlClient;
using System.Data.SqlTypes;
using Microsoft.SqlServer.Server;

[Serializable]
[Microsoft.SqlServer.Server.SqlUserDefinedAggregate(Format.Native)]
public struct SquareSum
{
    public void Init()
    {
        // Fügen Sie hier Ihren Code ein.
    }

    public void Accumulate(SqlString Value)
    {
        // Fügen Sie hier Ihren Code ein.
    }

    public void Merge(SquareSum Group)
    {
        // Fügen Sie hier Ihren Code ein.
    }

    public SqlString Terminate()
    {
        // Fügen Sie hier Ihren Code ein.
        return new SqlString("");
    }

    // Dies ist ein Platzhalter-Memberfeld.
    private int var1;

}
```

Wie zu erkennen ist, wird ein Aggregat als Struktur realisiert, die neben dem `SqlUserDefinedAggregate`-Attribut mit dem `Serialized`-Attribut markiert ist.

Die Struktur muss die folgenden Kriterien erfüllen, um als Aggregat für den SQL Server 2008 (R2) verwendet werden zu können.

- Das `Microsoft.SqlServer.Server.SqlUserDefinedAggregate`-Attribut muss vorhanden sein. Über seinen Konstruktor muss zwingend das Format für die Serialisierung bestimmt werden. Über eine Reihe benannter Parameter können zudem diverse Feinheiten bestimmt werden. Details finden Sie unter *6.2.8.1*, „Das SqlUserDefinedAggregate-Attribut".
- Das `System.Serializable`-Attribut muss vorhanden sein.
- Es müssen die Methoden `Init`, `Accumulate`, `Merge` und `Terminate` implementiert und mit `public` versehen werden. Diese Methoden dienen unterschiedlichen Schritten der Erstellung des Endwertes. Weitere Details unter *6.2.8.2*, „Die Init-, Accumulate-, Merge- und Terminate-Methoden".
- Es dürfen keine Daten an den Client geschickt werden, weder in Form von Nachrichten noch als TDS (Tabular Data Stream). Die `SqlContext.Pipe.Send()`-Methode ist also tabu.

Tritt während der Berechnung des Aggregates eine Ausnahme auf, die nicht behandelt wird, so wird in der Regel die Ausführung der Abfrage, die das Aggregat verwendet, abgebrochen.

6.2.8.1 Das SqlUserDefinedAggregate-Attribut

Das `Microsoft.SqlServer.Server.SqlUserDefinedAggregate`-Attribut dient der Markierung der Struktur als Aggregat. Außerdem kann mit ihm eine Reihe von Einstellungen vorgenommen werden, die es dem SQL Server erlauben, Optimierungen bei der Ausführung oder das Verhalten des Aggregates zu beeinflussen. Die folgende Tabelle beschreibt die dafür vorgesehenen Parameter.

Tabelle 6.16 Parameter des SqlUserDefinedAggregate-Attributs

Parameter	Beschreibung
`Format`	Legt das Format für die Serialisierung fest. Dieser Wert wird zwingend über den Konstruktor des Attributs festgelegt. Mögliche Werte sind: ■ *Native*: Bewirkt die Verwendung der eingebauten Serialisierung. Dieser Wert kann verwendet werden, wenn keine Referenztypen verwendet werden. ■ *UserDefined*: Ermöglicht die Steuerung der Serialisierung durch Verwendung der `Microsoft.SqlServer.Server.IBinarySerialize`-Schnittstelle.
`IsInvariantToDuplicates`	Gibt an, ob das Aggregat ein Ergebnis ändert, wenn es in einer Menge mit Duplikaten operiert. Dies gilt z.B. bei `MIN` und `MAX`, nicht jedoch bei `SUM` oder `AVG`.
`IsInvariantToNulls`	Gibt an, ob das Aggregat sein Ergebnis ändert, wenn es in einer Menge operiert, die `NULL`-Werte enthält. Dies gilt z.B. bei `MIN` und `MAX`, nicht jedoch bei `COUNT(*)`.
`IsInvariantToOrder`	Gibt an, ob das Aggregat sein Ergebnis ändert, wenn die Menge, mit der es operiert, sortiert bzw. anderes sortiert wird. Achtung! Dieser Parameter wird bis einschließlich SQL Server 2008 (R2) nicht verwendet und ist für später reserviert. Es ist dennoch eine gute Idee, diesen Parameter zu setzen, wenn der Wert von Standard `false` abweicht, damit der Code auch unter zukünftigen Versionen korrekt läuft.
`IsNullIfEmpty`	Gibt an, ob das Ergebnis einfach `NULL` sein soll, wenn das Aggregat auf eine leere Menge (z.B. da die Tabelle leer ist oder aufgrund des Filters) angewandt wird. So liefern z.B. `MIN` und `MAX` lediglich `NULL`, da es ohne Werte weder ein Minimum noch ein Maximum gibt. `COUNT(*)` hingegen liefert die Zahl Null, was in einem solchen Fall durchaus als Anzahl zu verstehen ist.

Parameter	Beschreibung
`MaxByteSize`	Legt die maximale Größe der serialisierten Daten fest oder ruft sie ab. Wird nur mit `Format.UserDefined` verwendet und braucht bei `Format.Native` nicht gesetzt zu werden. Werte von 1 bis 8000 sind erlaubt.
`Name`	Über diesen Parameter kann der Name des Aggregats festgelegt werden. Wird er nicht angegeben, so wird der Name der C#-Methode verwendet.

6.2.8.2 Die Init-, Accumulate-, Merge- und Terminate-Methoden

Diese vier Methoden, welche die Struktur implementieren muss, dienen in unterschiedlichen Schritten der Ermittlung des Gesamtergebnisses des Aggregates.

- *Init*: Diese Methode wird einmal am Anfang zum Einrichten des Aggregates aufgerufen und dient der internen Initialisierung.
- *Accumulate*: Diese Methode wird für jedes Element einmal aufgerufen und dient der Berechnung des Aggregates.
- *Merge*: Um dem SQL Server die Möglichkeit zu geben, mittels paralleler Verarbeitung die Berechnung eines Aggregates zu beschleunigen, wird diese Methode verwendet, um zwei Teilergebnisse zusammenzuführen.
- *Terminate*: Diese Methode wird einmal zum Abschluss aufgerufen und dient der Rückgabe des finalen Endergebnisses.

Fehlt eine dieser Methoden oder hat sie eine falsche Signatur, kommt es bei der Kompilierung zu einem Fehler. Auf der anderen Seite kann es jedoch weitere Methoden/Eigenschaften geben, die zur Implementierung der Funktionalität benötigt werden.

Wichtig:

Darüber hinaus müssen Sie darauf achten, dass einige Datentypen übereinstimmen. So muss z.B. die `Terminate()`-Methode den gleichen Datentyp zurückliefern, wie ihn die `Accumulate()`-Methode als Parameter übergeben bekommt. Beide repräsentieren den Datentyp, mit dem das Aggregat arbeitet.

6.2.8.3 CREATE AGGREGATE

Damit ein mit .NET entwickeltes Aggregat verwendet werden kann, muss ein SQL-Wrapper erstellt werden. Um dies bewerkstelligen zu können, existiert die `CREATE AGGREGATE`-Anweisung.

```
CREATE AGGREGATE SquareSum (@param_name real)
RETURNS REAL
EXTERNAL NAME CLRIntegration.SquareSum;
```

Für die Ausführung wird die `CREATE AGGREGATE`-Berechtigung benötigt.

Wurde ein Aggregat erstellt, so ist es im SQL Server Management Studio (Express) in der Datenbank unter Programmierbarkeit > Funktionen > Aggregatfunktionen zu finden.

Abbildung 6.38 Das mit .NET erstellte Aggregat

Hinweis:
Alternativ können Sie die vorhandenen Aggregate auch mit folgender Abfrage ermitteln:
`SELECT * FROM sysObjects WHERE xType='AF';`

6.2.8.4 DROP AGGREGATE

Um ein bestehendes Aggregat zu löschen, wird die `DROP AGGREGATE`-Anweisung verwendet. Der Aufruf ist dabei recht einfach und benötigt nur den Namen der Funktion.

```
DROP AGGREGATE SquareSum;
```

Der Aufrufer muss die `ALTER`-Berechtigung des Schemas, zu dem das Aggregat gehört, oder die `CONTROL`-Berechtigung für das Aggregat selber besitzen, um diese Anweisung auszuführen.

6.2.8.5 Einfaches Beispiel

Das folgende kleine Beispiel soll die Funktionsweise von Aggregaten zeigen, indem es die Quadratsumme berechnet.

```
[Serializable]
[Microsoft.SqlServer.Server.SqlUserDefinedAggregate(Format.Native)]
public struct SquareSum
{
    private SqlDouble ssum;

    public void Init()
    {
        // Interne Initialisierung
        ssum = 0;
    }

    public void Accumulate(SqlDouble Value)
    {
        // Quadratsumme berechnen
        ssum += (Value*Value);
    }
```

```
        public void Merge(SquareSum Group)
        {
            // Zwei unabhängige (Teil-)Quadratsummen berechnen
            ssum += Group.ssum;
        }

        public SqlDouble Terminate()
        {
            // Endergebnis bilden und zurückliefern
            return ssum;
        }
    }
```

Der Aufruf, wie er z.B. im SQL Server Management Studio (Express) oder im Testskript (Projekt CLRIntegration > Test Scripts > Test.sql) stehen kann, sieht z.B. so aus:

```
SELECT dbo.SquareSum([Value]) FROM SquareSumTest;
```

Er liefert dieses recht unspektakuläre, jedoch korrekte Ergebnis.

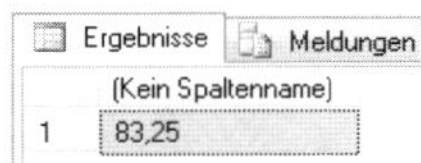

Abbildung 6.39 Die Ausgabe des SquareSum-Aggregats

Hinweis:
Wie die Codes zu den meisten anderen Beispielen, finden Sie diesen auch im Projekt CLR-Integration im Verzeichnis zu diesem Kapitel.

6.2.9 Benutzerdefinierte Typen

Über die Implementierung benutzerdefinierter Typen steht die Möglichkeit bereit, die vorhandenen Typen des SQL Servers 2008 um eigene Werte zu bereichern. Dabei beschränkt sich dies nicht nur auf Daten, sondern erstreckt sich auch auf Funktionen und Eigenschaften, die diese erhalten können. Somit sind objektorientierte Lösungen ohne Weiteres machbar.

Hinweis:
Vergleichbar ist diese Funktionalität mit dem eingebauten XML-Datentyp. Dieser erlaubt das Abfragen von Werten aus der XML-Hierarchie. Das folgende kleine Beispiel aus der Entwicklung von DDL-Triggern zeigt, was genau damit gemeint ist:

```
-- Auf die XML-Daten des ersten Eintrags zugreifen
DECLARE @Eventdata XML;
SELECT TOP 1 @Eventdata = DDLEventData FROM UserTracking;

-- Werte ermitteln und ausgeben
DECLARE @PostTime DATETIME =
@Eventdata.value('(/EVENT_INSTANCE/PostTime)[1]','DATETIME');
```

Durch den Einsatz kompletter Objekte als Datentyp könnte man schnell auf die Idee kommen, komplexere Objekte wie z.B. Personendaten, Adressen etc. umzusetzen. Dies ist zwar technisch ohne Weiteres möglich, widerspricht jedoch massiv dem Gedanken einer relationalen Datenbank wie dem SQL Server 2008 (R2) und sollte daher nicht realisiert werden. Eher eignen sich benutzerdefinierte Datentypen für Daten, die mehr als nur eine Zahl oder eine Zeichenkette darstellen. Beispiele sind E-Mail-Adressen, URL, Kfz-Kennzeichen und so weiter.

Wichtig:

Benutzerdefinierte Datentypen werden nicht von dem eingebauten DataSet-Designer des Visual Studios 2008 unterstützt. Die entsprechenden Spalten können jedoch abgewählt werden, sodass die restlichen Spalten genutzt werden können.

Um mit dem Visual Studio einen benutzerdefinierten Typ zu entwickeln, steht u.a. im Kontextmenü des Projektes der Befehl Hinzufügen > Benutzerdefinierten Typ zur Verfügung.

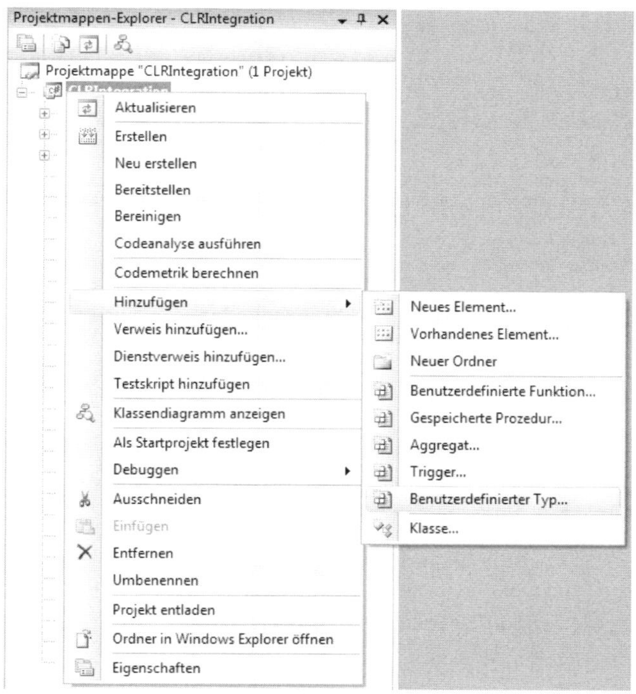

Abbildung 6.40 Einfügen eines benutzerdefinierten Typs in Visual Studio

Nach der Angabe des Namens, der sowohl für die Datei als auch für den benutzerdefinierten Typ (eine Struktur) verwendet wird, wurde folgendes Grundgerüst erzeugt.

```
using System;
using System.Data;
```

```
using System.Data.SqlClient;
using System.Data.SqlTypes;
using Microsoft.SqlServer.Server;

[Serializable]
[Microsoft.SqlServer.Server.SqlUserDefinedType(Format.Native)]
public struct MeinBenutzerdefinierterTyp : INullable
{
    public override string ToString()
    {
        // Folgenden Code durch eigenen Code ersetzen
        return "";
    }

    public bool IsNull
    {
        get
        {
            // Fügen Sie hier Ihren Code ein.
            return m_Null;
        }
    }

    public static MeinBenutzerdefinierterTyp Null
    {
        get
        {
            MeinBenutzerdefinierterTyp h =
                new MeinBenutzerdefinierterTyp();
            h.m_Null = true;
            return h;
        }
    }

    public static MeinBenutzerdefinierterTyp Parse(SqlString s)
    {
        if (s.IsNull)
            return Null;
        MeinBenutzerdefinierterTyp u = new MeinBenutzerdefinierterTyp();
        // Fügen Sie hier Ihren Code ein.
        return u;
    }

    // Dies ist eine Platzhalter-Methode.
    public string Method1()
    {
        //Methodencode hier einfügen
        return "Hello";
    }

    // Dies ist eine statische Platzhalter-Methode.
    public static SqlString Method2()
    {
        //Methodencode hier einfügen
        return new SqlString("Hello");
    }

    // Dies ist ein Platzhalter-Feldmember.
    public int var1;

    // Privater Member
    private bool m_Null;
}
```

Die Realisierung findet in Form einer Struktur (`struct`) statt, die neben dem `SqlUserDefinedType`-Attribut auch mit dem `Serializable`-Attribut markiert ist.

Die Struktur an sich muss eine Reihe von Kriterien erfüllen, damit sie als benutzerdefinierter Typ verwendet werden kann.

- Das `Microsoft.SqlServer.Server.SqlUserDefinedType`-Attribut muss vorhanden sein. Über seinen Konstruktur muss zwingend das Format für die Serialisierung festgelegt werden. Über eine Reihe von benannten Parametern können zudem diverse Feinheiten bestimmt werden. Details finden Sie unter *6.2.9.1, „*Das SqlUserDefinedType-Attribut*“*.
- Das `System.Serializable`-Attribut muss vorhanden sein.
- Es müssen die Mitglieder `ToString()`, `IsNull`, `Null` und `Parse()` implementiert werden. Details zu den Hintergründen unter *6.2.9.2, „Die ToString-, IsNull-, Null- und Parse-Mitglieder“*.
- Es dürfen weder Textnachrichten noch Ergebnismengen an den Aufrufer geschickt werden. Die `SqlContext.Pipe.Send()`-Methode ist also tabu.

6.2.9.1 Das SqlUserDefinedType-Attribut

Das `Microsoft.SqlServer.Server.SqlUserDefinedType`-Attribut dient zur Markierung der Struktur als benutzerdefinierter Typ. Darüber hinaus kann mit ihm eine Reihe von Einstellungen vorgenommen werden, mit dem z.B. die mögliche Verwendung für Vergleichsoperatoren festgelegt wird.

Tabelle 6.17 Parameter des SqlUserDefinedType-Attributs

Parameter	**Beschreibung**
`Format`	Legt das Format für die Serialisierung fest. Dieser Wert wird zwingend über den Konstruktor des Attributes festgelegt. Mögliche Werte sind: ■ *Native*: Bewirkt die Verwendung der eingebauten Serialisierung. Dieser Wert kann verwendet werden, wenn keine Referenztypen benutzt werden. ■ *UserDefined*: Ermöglicht die Steuerung der Serialisierung durch Verwendung der `Microsoft.SqlServer.Server.IBinarySerialize`-Schnittstelle.
`IsByteOrdered`	Ist dieser Parameter auf den Wert `true` gesetzt, so können Spalten mit diesem benutzerdefinierten Typ für Vergleiche, Primärschlüssel, Fremdschlüssel, Sortierungen, Gruppierungen etc. verwendet werden. Um Vergleichsoperationen mit dem benutzerdefinierten Typ zu ermöglichen, muss zusätzlich die `IComparable`-Schnittstelle implementiert werden. Mehr dazu unter *6.2.9.3, „*Vergleichsoperation*“*.
`IsFixedLength`	Legt fest, ob die Daten für den benutzerdefinierten Typen immer eine feste Länge haben und somit optional vom SQL Server 2008 (R2) abgelegt werden können. Der Standard ist `false`, sodass dieser Parameter nur angegeben werden muss, wenn alle Instanzen die gleiche Länge haben.

Parameter	Beschreibung
`MaxByteSize`	Legt die maximale Größe der serialisierten Daten fest oder ruft sie ab. Wird nur mit `Format.UserDefinded` verwendet und braucht bei `Format.Native` nicht gesetzt zu werden. Ist dieser Wert zu knapp bemessen, kommt es zu einem Fehler! Ein Wert von –1 muss für große UDT verwendet werden, deren Speicherbedarf über 8.000 Bytes liegt.
`Name`	Über diesen Parameter kann der Name des benutzerdefinierten Typs festgelegt werden. Wird er nicht angegeben, so wird der Name der Struktur verwendet.
`Validation-MethodName`	Mit diesem benannten Parameter kann eine Methode benannt werden, die nach der Deserialisierung der Daten aufgerufen wird und prüft, ob gültige Werte vorliegen. Ist dies nicht der Fall, kann sie `false` zurückliefern. Zusätzlich wird der Wert der `Null`-Eigenschaft verwendet.

6.2.9.2 Die ToString-, IsNull-, Null- und Parse-Mitglieder

Die Struktur, die als benutzerdefinierter Typ verwendet wird, muss die folgenden vier Mitglieder (je zwei Methoden und Eigenschaften) zwingend implementieren, sonst kommt es bei der Kompilierung oder bei der Bereitstellung zu Fehlern.

- *ToString()*: Obwohl für alle Klassen (und auch Strukturen) durch die Vererbung die `object`-Klasse vorhanden ist, muss diese Methode explizit überschrieben werden und die Repräsentation des Inhaltes als Zeichenkette zurückliefern. Diese Methode wird z.B. in Verbindung mit der Umwandlung zu `VARCHAR`, `NVARCHAR` etc. durch `CAST` und `CONVERT` verwendet.
- *IsNull*: Diese Eigenschaft aus der `INullable`-Schnittstelle muss `true` zurückliefern, wenn der Inhalt als leer (null) zu betrachten ist. Sie wird verwendet bei Vergleichen mit `IS NULL`.
- *Null*: Diese statische Eigenschaft liefert einen leeren (Null-)Wert des benutzerdefinierten Typs.
- *Parse()*: Mit dieser statischen Methode wird eine neue Instanz des Typs aus einer Zeichenkette gewonnen. Diese Methode wird z.B. beim Zuweisen eines neuen Wertes durch das `SET`-Schlüsselwort benötigt und als ein Literal verwendet.

Die `Null`-Eigenschaft und die `Parse()`-Methode müssen als Rückgabetyp die Struktur selbst verwenden. Darüber hinaus können weitere Methoden/Eigenschaften definiert werden, die zur Implementierung der Funktionalität benötigt werden.

6.2.9.3 Vergleichsoperation

Damit ein benutzerdefinierter Typ für Vergleiche, Sortierungen und Gruppierungen zur Verfügung steht, muss die Struktur die `System.IComparable`-Schnittstelle implementieren.

Das kleine Beispiel am Ende dieses Abschnittes entwickelt einen benutzerdefinierten Typ für die (deutschen) Kfz-Kennzeichen, und diese sollten natürlich auch verglichen und sortiert werden können. Zur Erläuterung werden daher im Folgenden die entsprechenden Passagen aus dem Code dargestellt.

Als Erstes muss wie schon gesagt die Struktur die `IComparable`-Schnittstelle implementieren und den benannten Parameter `IsByteOrdered` auf den Wert `true` setzen.

```
[Serializable]
[Microsoft.SqlServer.Server.SqlUserDefinedType(Format.UserDefined,
                              MaxByteSize=100 ,IsByteOrdered=true)]
public struct KFZKennzeichen : INullable, IBinarySerialize, IComparable
{
...
}
```

Die `IComparable`-Schnittstelle fordert nur die Implementierung einer Methode: `CompareTo`, die eine Rückgabe vom Typ `int` mit folgender Bedeutung hat.

- *0*: Der Wert beider Instanzen ist gleich.
- *>0*: Die als Parameter übergebene Instanz ist vom Wert her höher als diese Instanz.
- *<0*: Diese Instanz ist vom Wert her höher als die als Parameter übergebene.

Es spielt darüber hinaus keine Rolle, wie groß oder klein ein Wert ist; es zählt nur, ob er größer, kleiner oder gleich null ist. Der folgende Ausschnitt zeigt dies für die Kfz-Kennzeichen. Sie sollen so bewertet werden, dass große Städte/Kreise vor kleinen kommen[3]. Ansonsten sollen die Kennzeichen als Zeichenkette lexikografisch verglichen werden.

```
public int CompareTo(object obj)
{
    int order = 0;
    KFZKennzeichen KFZ2 = (KFZKennzeichen) obj;

    // Große Städte/Kreise vor kleinen
    order = (Stadt.Length - KFZ2.Stadt.Length);
    if (order == 0)
        return string.Compare(ToString(), KFZ2.ToString());
    else
        return order;
}
```

Darüber hinaus kann es sinnvoll sein, die gewünschten Vergleichsoperatoren für die Struktur zu implementieren.

> **Hinweis:**
> Die Sortierung wird am Ende unter *6.2.9.8*, „Ein kleines Beispiel“, unter Beweis gestellt.

6.2.9.4 Serialisierung

Die Daten des benutzerdefinierten Typs werden intern in binär serialisierter[4] Form gespeichert. Jedes Mal, wenn also z.B. auf den Wert aus einer Tabellenspalte lesend zugegriffen

[3] In der BRD sind die Städte-Buchstaben für große Städte kürzer als für kleine. So ist beispielsweise München (M) ein wenig größer als Viersen (VIE).

[4] Binär serialisiert bedeutet nichts anders, als dass die Daten als Abfolge von Bytes vorliegen.

werden soll, müssen diese „Roh"-Daten deserialisiert werden. Bei einer Aktualisierung hingegen muss das Gegenteil geschehen, die Daten müssen serialisiert werden. Werden zur Speicherung nur Wertetypen verwendet, so ist der SQL Server 2008 (R2) in der Lage, diesen Prozess automatisch durchzuführen. Werden darüber hinaus Referenztypen verwendet, so müssen alle Daten durch die Implementierung der `Microsoft.SqlServer.Server.IBinarySerialize`-Schnittstelle per Programmierung serialisiert bzw. deserialisiert werden.

Hinweis:
Um sich die serialisierten Daten anzusehen, bedarf es nur einer Abfrage auf eine Tabelle mit einem benutzerdefinierten Typ; das SQL Server Management Studio (Express) stellt so Werte dar. Eine Umwandlung in eine lesbare Zeichenkette findet nicht statt.

Im Folgenden wird dies durch Hervorhebung der entsprechenden Passagen aus dem kleinen Beispiel am Ende dieses Abschnitts verdeutlicht.

Der dort entwickelte benutzerdefinierte Typ dient zum Speichern und zur Handhabung von (deutschen) Kfz-Kennzeichen. Diese werden intern mit Feldern vom Typ `bool`, `string` und `int` gespeichert. Da Zeichenketten jedoch Referenztypen sind, muss deren Serialisierung von der Struktur implementiert werden. Dafür wird das Format mit Format.UserDefined angegeben und die `IBinarySerialize`-Schnittstelle implementiert. Der folgende Auszug zeigt die ersten, entscheidenden Zeilen der Struktur:

```
[Serializable]
[Microsoft.SqlServer.Server.SqlUserDefinedType(Format.UserDefined,
                                  MaxByteSize=100 ,IsByteOrdered=true)]
public struct KFZKennzeichen : INullable, IBinarySerialize, IComparable
{
    // Interne Werte, aus denen sich das Kennzeichen zusammensetzt
    private bool m_Oldtimer;
    private string m_Stadt;
    private string m_Buchstaben;
    private int m_Zahlen;
...
}
```

Zusätzlich wird über den benannten Parameter `MaxByteSize` angegeben, dass die Daten in serialisierter Form maximal 100 Bytes in Anspruch nehmen – dies sollte für Autokennzeichen reichen.

Dadurch, dass die Struktur die `IBinarySerialize`-Schnittstelle implementiert, muss sie die folgenden beiden Methoden besitzen:

- *Read*: Diese Methode liest die Daten aus einem binären Datenstrom und weist damit den internen Feldern die entsprechenden Werte zu.
- *Write*: Diese Methode schreibt die Werte der internen Felder in den binären Datenstrom.

Da es sich in unserem Beispiel nur um vier einfache Felder handelt, sieht die konkrete Programmierung recht übersichtlich aus.

```
public void Read(System.IO.BinaryReader r)
{
    // Die einzelnen Werte aus dem Stream lesen
    m_Oldtimer = r.ReadBoolean();
    m_Stadt = r.ReadString();
    m_Buchstaben = r.ReadString();
    m_Zahlen = r.ReadInt32();
}

public void Write(System.IO.BinaryWriter w)
{
    // Die einzelnen Werte in den Stream schreiben
    w.Write(m_Oldtimer);
    w.Write(m_Stadt);
    w.Write(m_Buchstaben);
    w.Write(m_Zahlen);
}
```

Wichtig:

Achten Sie besonders darauf, dass die Daten in der gleichen Reihenfolge aus dem Datenstrom gelesen werden, wie sie geschrieben wurden. In vielen Fällen kommt es nämlich nicht zu einem Fehler, sondern die Daten stimmen einfach nur nicht.

Damit sind die notwendigen Schritte für eine erfolgreiche binäre Serialisierung abgeschlossen, und der SQL Server kann auch komplexere benutzerdefinierte Typen speichern und lesen.

6.2.9.5 Das SqlMethod-Attribut

Das `Microsoft.SqlServer.Server.SqlMethod`-Attribut kann dazu verwendet werden, Methoden (und nur Methoden) des UDT mit besonderen Eigenschaften auszustatten. Es ist vom `Microsoft.SqlServer.Server.SqlFunctionAttribute`-Attribut abgeleitet, das benutzerdefinierte Funktionen und Tabellenwertfunktionen verwendet. Im Folgenden werden daher nur die für einen benutzerdefinierten Typ interessanten benannten Parameter beschrieben, über die die `SqlFunctionAttribute`-Basisklasse nicht verfügt.

Tabelle 6.18 Parameter des SqlMethod-Attributs

Parameter	Beschreibung

`InvokeIfReceiverIsNull`	Bestimmt, ob die Methode auch dann aufgerufen werden soll, wenn das zugrunde liegende Objekt (Tabellenspalte oder Variable) lediglich `NULL` ist. Der Standard ist `false`, sodass solche Aufrufe nicht durchgeführt werden. Damit macht das folgende Beispiel faktisch nichts, ansonsten würde es zu einem Fehler kommen:
	`DECLARE @T Temperature = NULL;`
	
	`PRINT @T.ToString();`

Parameter	Beschreibung
`IsMutator`	Legt fest, ob diese Methode Werte des UDT verändert, ohne dabei einen Rückgabewert zu besitzen, der die Änderungen widerspiegelt. Für Methoden mit Rückgabe spielt dieser Parameter keine Rolle. Die Methode darf, muss aber keine Parameter besitzen. Der Standard dieses benannten Parameters ist `false`.
`OnNullCall`	Bestimmt, ob die Methode auch dann aufgerufen werden soll, wenn eines ihrer Argumente `NULL` ist. Der Standardwert ist `true`, sodass im Code der Methode immer damit gerechnet werden muss, dass mindestens ein Wert `NULL` ist.

Oftmals kommt dieses Attribut zum Einsatz, um eine Methode als deterministisch zu markieren. Hierzu steht der `IsDeterministic`-Parameter der vererbenden `SqlFunctionAttribute`-Klasse zur Verfügung. So präparierte Methoden können für berechnete Spalten in Tabellen mit dem `PERSISTED`-Schlüsselwort ausgezeichnet werden. Dadurch kann SQL Server die Rückgabe der berechneten Spalten abspeichern und muss diese erneuet berechnen, wenn sich eine Änderung ergibt.

Der `IsMutator`-Parameter spielt ebenfalls eine wichtige Rolle für Methoden, die keine Rückgabe besitzen, jedoch Werte des UDT ändern.

Der folgende Auszug stammt aus *6.2.9.8, „Ein kleines Beispiel“*, und zeigt, wie eine Methode zum Setzen interner Werte verwendet werden kann.

```
//  Wunschkennzeichen setzen
[SqlMethod(IsMutator = true)]
public void Wunschkennzeichen(SqlString Stadt, SqlString Buchstaben,
                              SqlInt32 Zahlen, SqlBoolean IsOldTimer)
{
    m_Stadt = Stadt.Value;
    m_Buchstaben = Buchstaben.Value;
    m_Zahlen = Zahlen.Value;
    m_Oldtimer = IsOldTimer.Value;
}
```

Damit sind die folgenden Aufrufe erlaubt, die sonst unweigerlich zu einem Fehler führen würden:

```
DECLARE @K KFZKennzeichen = KFZKennzeichen::Parse('VIE-T 1234');
PRINT CAST(@K AS VARCHAR); -- Ausgabe: VIE-T 1234

SET @K.Wunschkennzeichen('BO', 'ND', 7, 0);
PRINT CAST(@K AS VARCHAR); -- Ausgabe BO-ND 7
```

oder

```
UPDATE TabelleKFZs
    SET KFZKennzeichenSpalte.Wunschkennzeichen('BO', 'ND', 7, 0);
```

In beiden Fällen wird der Inhalt der Spalte bzw. Variablen auf ein Wunschkennzeichen gesetzt.

Wichtig:

Die mit `IsMutator` markierte Methode darf nicht alle Eigenschaften so setzen, dass das UDT `NULL` entspricht (gemäß `IsNull`- und `Null`-Eigenschaften). Eine „`Reset()`-Methode“, die alle Wert auf `NULL` setzt, ist also nicht möglich.

Diese Art von Zuweisung ist immer dann notwendig, wenn mehr als eine Eigenschaft der UDT verändert werden sollen. Über das Zuweisen der einzelnen Eigenschaften im Zuge einer `UPDATE`-Anweisung würde es dabei zu einem Fehler kommen, da dort eine Spalte nur einmal als Ziel einer Zuweisung erscheinen darf.

Wichtig:

Ob tatsächlich durch den Aufruf der Methode Werte verändert werden, prüft SQL Server nicht. Bedenken Sie jedoch bei reinen Methodenaufrufen nach dem Motto »Erledige etwas, ändere aber keine Daten«, dass zumindest der Overhead betrieben wird, der für eine potenzielle Änderung notwendig ist!

6.2.9.6 Die CREATE TYPE-Anweisung

Um benutzerdefinierte Typen verwenden zu können, muss auch für sie ein SQL-Wrapper erstellt werden. Dieser beinhaltet den Namen des Typs und die Angabe der entsprechenden C#-Struktur.

Das folgende Beispiel zeigt, wie dies aussehen kann.

```
CREATE TYPE KFZKennzeichen
EXTERNAL NAME CLRIntegration.KFZKennzeichen;
```

Dabei ist Folgendes zu beachten:

- Der gewählte Name muss in der Datenbank eindeutig sein und darf auch nicht von einem benutzerdefinierten Datentyp belegt sein.
- Der externe Name (External Name) setzt sich aus dem Namen der Assembly und dem der C#-Struktur zusammen und ist somit der voll qualifizierte Name der Struktur.

Für die Ausführung der Anweisung wird von dem Aufrufer die `CREATE TYPE`-Berechtigung und die `ALTER`-Berechtigung des Schemas, in dem der benutzerdefinierte Typ erzeugt wird, benötigt.

Wurde die `CREATE TYPE`-Anweisung ausgeführt oder hat die Bereitstellung durch das Visual Studio stattgefunden, so wird der benutzerdefinierte Typ im SQL Server Management Studio (Express) in der entsprechenden Datenbank unter Programmierbarkeit > Typen > Benutzerdefinierte Typen angezeigt.

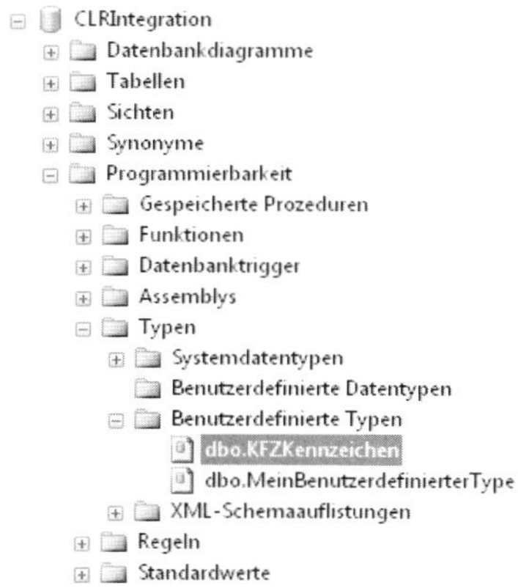

Abbildung 6.41 Benutzerdefinierte Typen im SQL Server Management Studio (Express)

Hinweis:

Alternativ können Sie die benutzerdefinierten Typen auch mit folgender Abfrage auflisten, die alle selbst definierten (Daten-)Typen liefert:

```
SELECT * FROM sys.Types WHERE is_user_defined=1;
```

6.2.9.7 Die DROP TYPE-Anweisung

Um einen bestehenden benutzerdefinierten Typ zu löschen, existiert die DROP TYPE-Anweisung. Ihr Aufruf ist recht einfach, wie das folgende Beispiel zeigt.

```
DROP TYPE KFZKennzeichen;
```

Der Aufrufer muss für diese Anweisung über die CONTROL-Berechtigung für den benutzerdefinierten Typ oder über die ALTER-Berechtigung für das Schema, in dem dieser liegt, verfügen.

6.2.9.8 Ein kleines Beispiel

Das folgende kleine Beispiel zeigt die gesamte Implementierung eines Kfz-Kennzeichens in Form eines benutzerdefinierten Typs, der in der Tabelle „Fuhrpark“ verwendet wird.

```
[Serializable]
[Microsoft.SqlServer.Server.SqlUserDefinedType(Format.UserDefined,
                                    MaxByteSize=100,IsByteOrdered=true)]
public struct KFZKennzeichen : INullable, IBinarySerialize ,IComparable
{
    // Interne Werte, aus denen sich das Kennzeichen zusammensetzt
    private bool m_Oldtimer;
    private string m_Stadt;
    private string m_Buchstaben;
    private int m_Zahlen;

    public override string ToString()
    {
        string result;
        // Diese Methode dient wie üblich der Darstellung
```

```
        // als Zeichenfolge
        result = string.Format("{0}-{1} {2}",
                               m_Stadt, m_Buchstaben, m_Zahlen);
        if (m_Oldtimer)
            result += "H";
        // Rückgabe
        return result;
    }

    public bool IsNull
    {
        get
        {
            // Liefert true, wenn das Kennzeichen nicht definiert wurde
            return string.IsNullOrEmpty(m_Stadt);
        }
    }

    public static KFZKennzeichen Null
    {
        get
        {
            // Liefert den Wert zurück, der als NULL verwendet
            // werden soll
            return new KFZKennzeichen() { m_Stadt = "" };
        }
    }

    public static KFZKennzeichen Parse(SqlString s)
    {
        string p;
        int idx1, idx2;
        KFZKennzeichen result;

        // Interpretiert eine Zeichenkette als Kennzeichen
        if (s.IsNull)
            return Null;

        try
        {
            result = new KFZKennzeichen();
            p = s.ToString().ToUpper();
            idx1 = p.IndexOf("-"); // Position des '-'-Zeichens
            idx2 = p.IndexOf(" "); // Position des ' '-Zeichens

            // Oldtimer Kennzeichen?
            result.m_Oldtimer = p.EndsWith("H");

            // Stadt
            result.m_Stadt = p.Substring(0, idx1);

            // Buchstaben
            result.m_Buchstaben = p.Substring(idx1+1, idx2 - idx1-1);

            // Zahlen
            result.m_Zahlen = int.Parse(p.Substring(idx2));

            // Rückgabe
            return result;
        }
        catch
        {
            return Null;
        }
    }

// Wunschkennzeichen setzen
[SqlMethod(IsMutator = true)]
public void Wunschkennzeichen(SqlString Stadt, SqlString Buchstaben,
                              SqlInt32 Zahlen, SqlBoolean IsOldTimer)
```

```
    {
        m_Stadt = Stadt.Value;
        m_Buchstaben = Buchstaben.Value;
        m_Zahlen = Zahlen.Value;
        m_Oldtimer = IsOldTimer.Value;
    }

        #region "Eigenschaften"
        public String Stadt
        {
            get { return m_Stadt; }
            set { m_Stadt =
                  string.IsNullOrEmpty(value) ? "VIE" : value.ToUpper(); }
        }

        public bool Oldtimer
        {
            get { return m_Oldtimer; }
            set { m_Oldtimer = value; }
        }

        public int Zahlen
        {
            get { return m_Zahlen; }
            set { m_Zahlen = value < 1 ? 1 : value; }
        }

        public string Buchstaben
        {
            get { return m_Buchstaben; }
            set { m_Buchstaben =
                  string.IsNullOrEmpty(value) ? "XX" : value.ToUpper(); }
        }

        #endregion

        #region "Binäre Serialisierung"
        // Aus Platzgründen entfernt. Siehe entsprechenden Abschnitt
        #endregion

        #region "IComparable"
        // Aus Platzgründen entfernt. Siehe entsprechenden Abschnitt
        #endregion
    }
```

Wie gesagt ist der Datentyp in der Tabelle „Fuhrpark“ verwendet worden, sodass dessen Einsatz durch folgende Abfrage demonstriert werden kann.

```
SELECT *, Kennzeichen.ToString() [Kennzeichen.ToString()]
FROM Fuhrpark ORDER BY Kennzeichen;
```

Ergebnisse | Meldungen

	ID	Marke	Kennzeichen	Kennzeichen.ToString()
1	2	Tatze	0x00014D02544BD2040000	M-TK 1234
2	1	Matze	0x000356494502544BD2040000	VIE-TK 1234

Abbildung 6.42 Die Ausgabe der Tabelle zeigt die serialisierten „Roh“-Daten.

Hinweis:

Wenn Sie hingegen im SQL Server Management Studio (Express) in der Tabelle direkt über den Befehl Tabelle öffnen schauen, wird die Spalte Kennzeichen richtig formatiert angezeigt – lassen Sie sich also nicht verwirren.

Oder durch folgende UPDATE-Anweisung, die einem Umzug des kompletten „Fuhrparks“ von Viersen nach Düsseldorf gleichkommt und zeigt, wie auf eine einzelne Eigenschaft zugegriffen werden kann.

```
UPDATE Fuhrpark SET Kennzeichen.Stadt='D' WHERE Kennzeichen.Stadt='VIE';
```

Hinweis:
Wie die Codes zu den meisten anderen Beispielen finden Sie diesen auch im Projekt CLRIntegration im Verzeichnis zu diesem Kapitel.

6.3 Installation, Aktualisierung und Deinstallation

Neben der Einrichtung einer Assembly mit .NET-Objekten per SQL Server Management Studio (Express) ist es für Programmierer immer interessant, wie diese im Zuge einer Auslieferung (Setup) auf das Zielsystem installiert werden können. Hier bieten sich zwei Varianten an, die sich im Wesentlichen durch die Frage unterscheiden, in welcher Form die Assembly vorliegt: als Datei oder als Teil eines Skriptes in Form eines binären Wertes. Und schließlich können Assemblies bei einer Deinstallation oder einem Versionswechsel auch wieder automatisch entfernt werden, ohne dass eine Oberfläche benötigt wird.

6.3.1 Installation

Vor der Erstellung der .NET-Objekte muss die Assembly auf dem System eingerichtet und ggf. die CLR-Integration aktiviert werden (siehe *6.1.6, „CLR-Integration aktivieren und deaktivieren“*). Zusätzlich kann es je nach Berechtigungsebene auch notwendig sein, für die Assembly einen symmetrischen Schlüssel zu erzeugen (siehe *6.1.5.2, „Signierung und Anmeldung mit asymmetrischen Schlüsseln“*).

Ist dies geschehen, können die .NET-Objekte angelegt werden. Hierfür zeigt die folgende Auflistung die notwendigen CREATE-Anweisungen und stellt ihnen die entsprechenden .NET-Objekte gegenüber. Da die genaue Syntax jedoch zum Teil extrem voneinander abweicht, sei auf die entsprechenden Abschnitte verwiesen, welche die einzelnen Objekte im Detail behandeln. Dort wird jeweils in Beispielen die CREATE-Anweisung vorgeführt.

Tabelle 6.19 Übersicht Objekttyp und CREATE-Anweisung

Objekttyp	CREATE-Anweisung
Gespeicherte Prozedur	`CREATE PROCEDURE` oder `CREATE PROC`
Trigger	`CREATE TRIGGER`
Aggregat	`CREATE AGGREGATE`
Benutzerdefinierte Funktion	`CREATE FUNCTION`
Tabellenwertfunktion	`CREATE FUNCTION`
Benutzerdefinierter Typ	`CREATE TYPE`

6.3.1.1 Als Datei ausliefern

Die offensichtlichste Variante ist die Auslieferung als eigenständige Datei. In diesem Fall muss lediglich die kompilierte Datei (oder Dateien) zusammen mit der Installation ausgeliefert und mit der `CREATE ASSEMBLY`-Anweisung in der gewünschten Datenbank installiert werden.

```
CREATE ASSEMBLY CLRIntegration
FROM 'd:\CLRIntegration.dll' WITH PERMISSION_SET=UNSAFE;
```

Bei der Pfadangabe kann es sich um einen lokalen Pfad oder einen UNC-Pfad (also z.B. \\Server01\Freigabe1\CLRIntegration.dll) handeln. In beiden Fällen muss das Dienstkonto des SQL Servers lesenden Zugriff auf die Datei haben. Wird der Anweisung keine Berechtigungsebene zugewiesen, so greift automatisch die Berechtigungsebene „Sicher" (SAFE).

6.3.1.2 In einem Skript ausliefern

Möchte man die Daten kompakt in einer, dann auch möglicherweise recht großen Datei ausliefern, so können Assemblies als binäre Daten im Skript vorliegen. Diese binären Daten können leicht durch das SQL Server Management Studio (Express) erstellt werden, wenn die gewünschte Assembly bereits in der Datenbank vorhanden ist. Über das Kontextmenü der Assembly kann dies über den Befehl Skript Assembly als > CREATE in > Neues Abfrage-Editorfenster geschehen.

```
CREATE ASSEMBLY [CLRIntegration]
AUTHORIZATION [dbo]
FROM 0x4D5A90000300000004000000FFF… // Gekürzt
WITH PERMISSION_SET = UNSAFE;
```

> **Hinweis:**
> Das `AUTHORIZATION`-Schlüsselwort wurde in diesem Buch nicht besprochen, da es nur für den Sonderfall verwendet wird, dass die ausführende Anmeldung nicht der Besitzer der Assembly sein soll. Das SQL Server Management Studio (Express) setzt diesen Wert vorsichtshalber, da es nicht absehen kann, wer das Skript ausführen wird.

Die so gewonnenen binären Daten (inkl. der gesamten Anweisung) können für eine Installation der Assembly in einem Skript verwendet werden.

6.3.1.3 Zusammen mit einer Datenbank

Es ist auch eine Auslieferung oder Aktualisierung zusammen mit einer kompletten Datenbank denkbar. Beachten Sie in einem solchen Szenario die folgenden Punkte:

- Stammten die Daten von einer anderen SQL Server-Instanz (was wohl meistens der Fall ist), so muss der Besitzer der Datenbank dringend auf eine Anmeldung des Zielsystems geändert werden – auch wenn sich namentlich nichts ändert. Die interne SID (Security ID), die vom SQL Server verwendet wird, muss nicht zwingend die gleiche sein, auch wenn die Anmeldung den gleichen Namen hat. Die folgende Anweisung kann dieses Problem lösen: `EXEC sp_changedbowner 'sa'`.

- Wenn die Assembly signiert und ein asymmetrischer Schlüssel für sie auf dem Server erstellt wurde, so wird dieser in der `MASTER`-Datenbank gespeichert und muss konsequenterweise auf einem neuen Zielsystem neu erstellt werden. Benötigt wird dies nur, wenn die Assembly eine Berechtigungsebene höher als „Sicher" (SAFE) für ihre Ausführung benötigt. Unter *6.1.5.2, „Signierung und Anmeldung mit asymmetrischen Schlüsseln"*, finden Sie den notwendigen Weg beschrieben.

6.3.2 Aktualisieren

Ein wichtiges, wenn nicht ganz einfaches Unterfangen ist die Aktualisierung einer .NET-Assembly. Abgesehen von der Frage, ob sie wie bei einer Installation aus einer eigenen DLL-Datei oder einem Skript aktualisiert werden soll, ist die Frage „Hat sich die verwendete Signatur verändert?" von extremer Wichtigkeit.

Hast sich die Signatur verändert, d.h., hat eine verwendete Funktion neue/andere Parameter oder wurde die Rückgabe verändert, so muss die Assembly mit der Anweisung wie z.B. der folgenden aktualisiert werden.

```
ALTER ASSEMBLY CLRIntegration FROM 'd:\CLRIntegration.dll';
```

Für die Ausführung müssen – und das ist das Problem – .NET-Objekte entfernt werden, da diese von der Assembly abhängen und eine solche Aktualisierung nur stattfinden kann, wenn keine Abhängigkeiten mehr existieren. Da nun aber wiederum andere Objekte in der Datei von den .NET-Objekten abhängen können, kann sich dies durch die komplette Datenbank ziehen. Dies ist unpraktisch und sollte daher nur gemacht werden, wenn es nicht anders geht.

Hinweis:
Wurden der Assembly Dateien zugeordnet, so müssen diese vorher ebenfalls entfernt werden. Details darüber finden Sie unter *6.1.8, „Assemblies mit T-SQL verwalten"*.

Eine andere Möglichkeit steht bereit, wenn sich die Signatur nicht verändert hat. Dann kann nämlich die Aktualisierung durch folgenden Befehl stattfinden, **ohne** dass die abhängigen .NET-Objekte vorher entfernt werden müssen.

```
ALTER ASSEMBLY CLRIntegration FROM 'd:\CLRIntegration.dll'
WITH UNCHECKED DATA;
```

Zu beachten sind folgende Dinge, wenn Sie diese Anweisung einsetzen:

- Die Meldung `Meldung 6288, Ebene 16, Status 1`, die erzeugt wird, ist kein Fehler, sondern ein dringender Hinweis, eine `DBCC`-Anweisung auszuführen.
- Die `DBCC CHECKDB`-Anweisung sollte dringend im Anschluss ausgeführt werden. Wurde sorgfältig gearbeitet, sollte es in dieser Hinsicht zu keinem Fehler kommen.
- Die Aktualisierung schlägt fehl, wenn die installierte und die neue Assembly identisch sind. Der SQL Server nutzt diese MvID (durch den Compiler generierte Versions-ID

der Assembly), um das zu ermitteln. *6.4.3, „Auf Eigenschaften der Assembly zugreifen“*, zeigt wie u.a. auf diese Information zugegriffen werden kann.

- Bestehende Verbindungen zum SQL Server, die zum Zeitpunkt der Aktualisierung die Assembly verwenden, benutzen so lange die alte Version, bis die Verbindung beendet wird. Erst nach erneuter Anmeldung steht die neue Version zur Verfügung.

6.3.2.1 Aus Datei aktualisieren

Die `ALTER ASSEMBLY`-Anweisung kann wie die `CREATE ASSEMBLY`-Anweisung mit der Angabe zu einer externen DLL-Dateien aufgerufen werden – unabhängig davon, ob sie mit dem Zusatz `WITH UNCHECKED DATA` aufgerufen wird oder nicht. Ein Beispiel ist z.B. diese Anweisung:

```
ALTER ASSEMBLY CLRIntegration FROM 'd:\CLRIntegration.dll'
WITH UNCHECKED DATA;
```

Wie bei einer Installation wird die DLL-Datei der Assembly aus dem BIN-Verzeichnis des SQL Server-Projektes entnommen.

6.3.2.2 Durch ein Skript aktualisieren

Ähnlich wie eine Installation lässt sich eine Assembly auch über die binären Daten in einem Skript aktualisieren – mit oder ohne `WITH UNCHECKED DATA`-Option.

```
ALTER ASSEMBLY CLRIntegration FROM 0x4D5A90000300000004000000FF…
WITH UNCHECKED DATA;
```

Die binären Daten lassen sich auf die gleiche Art mit dem SQL Server Management Studio (Express) gewinnen, wie für die Installation einer Assembly, sodass an dieser Stelle auf *6.3.1.2, „In einem Skript ausliefern“*, verwiesen sei.

6.3.3 Deinstallation

Muss die Funktionalität aus einer Assembly entweder ganz oder teilweise gelöscht werden, so kann dies unter Beachtung von Abhängigkeiten mit den folgenden Anweisungen für die .NET-Objekte geschehen, die nicht mehr verwendet werden.

Tabelle 6.20 Übersicht Objekttyp und DROP-Anweisung

Objekttyp	DROP-Anweisung
Gespeicherte Prozedur	`DROP PROCEDURE` oder `DROP PROC`
Trigger	`DROP TRIGGER`
Aggregat	`DROP AGGREGATE`
Benutzerdefinierte Funktion	`DROP FUNCTION`
Tabellenwertfunktion	`DROP FUNCTION`
Benutzerdefinierter Typ	`DROP TYPE`

Wurden schließlich alle Objekte entfernt und die Assembly selbst nicht mehr gebraucht, kann sie mit einer DROP ASSEMBLY <Assemblyname>-Anweisung aus der SQL Server-Datenbank entfernt werden.

Wurden der Assembly Dateien zugeordnet, so müssen diese vor dem Löschen selbst entfernt werden. Dies geschieht mit einer solchen Anweisung:

```
ALTER ASSEMBLY <Assemblyname> DROP FILE ALL;
```

Letztendlich kann es sinnvoll sein, die CLR-Integration komplett wieder zu deaktivieren. Hierfür finden Sie weitere Details unter *6.1.6, „CLR-Integration aktivieren und deaktivieren“*.

Wichtig:

Beachten Sie vor diesem Schritt auf jeden Fall mögliche .NET-Programmierungen in anderen Datenbanken auf dem SQL Server oder der Instanz. Wird die CLR-Integration deaktiviert, so geschieht dies für alle Datenbanken.

6.4 Tipps und Tricks

6.4.1 Sicherheitskontexte bei Erstellung mit CREATE festlegen

In manchen Fällen ist es nicht erwünscht, dass bei Ausführung einer gespeicherten Prozedur, Funktion etc. die Rechte des Ausrufers verwendet werden. Vielmehr sollen z.B. feste, meist höhere Rechte gelten.

Dies kann bei der Erstellung eines ausführbaren Objektes mithilfe der `EXEUCTE AS`-Option festgelegt werden, die für eine `CREATE`-Anweisung angegeben werden kann. Das folgende Beispiel einer gespeicherten Prozedur demonstriert dies.

```
CREATE PROCEDURE MeineProzedur
WITH EXECUTE AS OWNER
AS
....;
```

In diesem Fall wird die Prozedur mit den Rechten ihres Besitzers ausgeführt. Auf diese Weise können die folgenden Sicherheitskontexte angegeben werden.

Tabelle 6.21 Sicherheitskontexte für **`EXECUTE AS`**

Sicherheitskontext	Beschreibung
`AS CALLER`	Die Ausführung findet im Sicherheitskontext des Ausrufers statt. Dies ist der Standard, wenn die `EXECUTE AS`-Option nicht angegeben wird.
`AS OWNER`	Führt die Programmierung so aus, als würde der aktuelle Besitzer der Prozedur/Funktion dies tun.

Sicherheitskontext	Beschreibung
`AS 'Anmeldung'`	Für die Ermittlung der Rechte bei Ausführung wird die angebende Anmeldung verwendet.

Hinweise:
Dieses Vorgehen steht sowohl für .NET-Objekte also auch für solche, die mit T-SQL entwickelt wurden, zur Verfügung.

6.4.2 Auf zugeordnete Dateien zugreifen

Assemblies können Dateien zugeordnet werden, die sich wie die Assembly auch in der Datenbank befinden und die zur Laufzeit verwendet werden können. Über eine Abfrage wie die folgende können solche Dateien ermittelt werden.

```
SELECT F.Name, F.CONTENT FROM
sys.Assemblies A LEFT JOIN sys.assembly_files F
ON A.assembly_id=A.assembly_id
WHERE A.name = '{AssemblyName}';
```

Um auf eine Datei gezielt zuzugreifen, muss nur weiter nach `F.Name='{DateiName}'` eingeschränkt werden. In der Spalte `CONTENT` steht so der Inhalt dieser Datei in binärer Form zur Verfügung und kann genutzt werden.

Wichtig:
Die Spalte F.Name enthält nicht nur den Namen, sondern auch den ursprünglichen Pfad der Datei. Dies muss bei der Einschränkung berücksichtigt werden.

Weitere Details über zugeordnete Dateien finden Sie unter *6.1.8, „Assemblies mit T-SQL verwalten"*.

6.4.3 Auf Eigenschaften der Assembly zugreifen

Um auf die Eigenschaften einer Assembly zuzugreifen, bietet der SQL Server die `ASSEMBLYPROPERTY`-Funktion an. Ihr werden der Name der Assembly und der des entsprechenden Wertes übergeben. Das folgende Beispiel ruft die `MvID`-Eigenschaft der `CLRIntegration`-Assembly ab.

```
SELECT ASSEMBLYPROPERTY('CLRIntegration','VersionMajor');
```

Die folgenden Werte können so über eine Assembly abgerufen werden

Tabelle 6.22 Werte, die über die ASSEMBLYPROPERTY-Funktion abgerufen werden können

Wert	Beschreibung
`CultureInfo`	Das Gebietsschema der Assembly
`PublicKey`	Der öffentliche Schlüssel der Assembly

Wert	Beschreibung
`MvID`	Die vom Compiler generierte Versions-ID der Assembly
`VersionMajor`	Der erste Teil der Versionsnummer, der die Hauptversion darstellt
`VersionMinor`	Der zweite Teil der Versionsnummer, der die Nebenversion darstellt
`VersionBuild`	Der dritte Teil der Versionsnummer, der die Buildnummer darstellt
`VersionRevision`	Der vierte Teil der Versionsnummer, der die Revisions-nummer darstellt
`SimpleName`	Der einfache Name der Assembly
`Architecture`	Die Prozessorarchitektur der Assembly

Steht der Wert nicht zur Verfügung oder ist der Name der Assembly unbekannt, so wird `NULL` zurückgeliefert.

6.4.4 LINQ to XML (oder andere Assemblies) verwenden

Wichtig:
Der folgende Tipp gilt nur für SQL Server 2008 und Visual Studio 2008. Für spätere Versionen ist er, zumindest hinsichtlich LINQ to XML, schlicht nicht mehr notwendig!

Etwas skurril mag es anmuten, dass selbst unter SQL Server 2008 es nicht möglich ist, mit bei der Entwicklung von CLR-Objekten mit LINQ zu arbeiten. Dabei bleibt die Tatsache unbeachtet, dass mit der Installation des entsprechenden .NET Frameworks die benötigten Assemblies sehr wohl auf dem Computer vorhanden sind. Da es nicht möglich ist, ein SQL CLR-Projekt mit Verweisen auf Assemblies im Dateisystem zu bereichern, liegt die Idee nahe, im SQL Server Management Studio (Express) oder mittels der `CREATE ASSEMBLY`-Anweisung die gewünschte Assembly zur Datenbank hinzuzufügen, um über diesen Umweg eine Referenz im eigenen Projekt hinzufügen zu können. Doch auch dieser Versuch wird mit einer Fehlermeldung abgestraft.

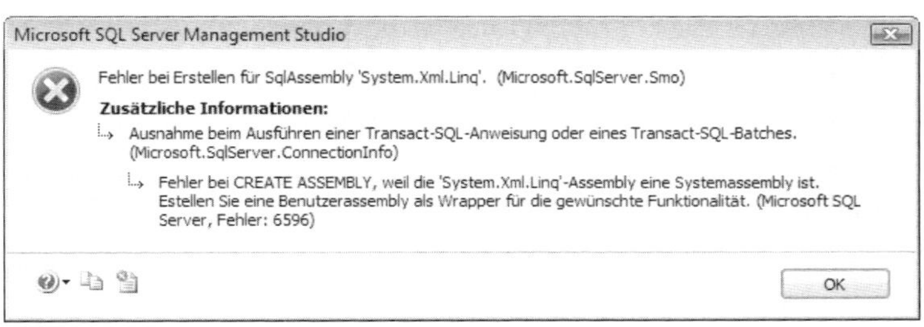

Abbildung 6.43 Systemassemblies dürfen einer Datenbank nicht hinzugefügt werden.

Doch über Umwege ist es dennoch möglich, LINQ to XML und auch andere Assemblies zu verwenden, zu denen nicht direkt ein Verweis hinzugefügt werden kann.

Wichtig:

Das hier gezeigte Vorgehen ist auch auf andere Assemblies anwendbar. Selbstverständlich darf weder eine Oberflächen/GUI- noch eine Benutzerinteraktion erzeugt werden bzw. notwendig sein.

Die Idee an sich ist recht einfach und lässt sich in ein paar Schritten skizzieren

- Als Erstes ein Hilfsprojekt in Form einer Klassenbibliothek erstellen. Dieses Projekt kann — muss aber nicht – sich zusammen mit dem SQL CLR-Projekt in einer Projektmappe befinden.
- Diesem Projekt wird nun ein Verweis auf die gewünschte Assembly (in diesem Beispiel `System.Xml.Linq`) hinzugefügt.
- Durch diesen Verweis steht nun der Verwendung der gewünschten Funktionalität in Form von Hilfsklassen und -methoden nichts mehr im Wege.
- Ist die Entwicklung des Hilfsprojektes abgeschlossen, kann es kompiliert und der Datenbank als Assembly hinzugefügt werden.
- Nun, da die Assembly in der Datenbank verfügbar ist, ist ein Verweis vom SQL CLR-Projekt kein Problem mehr.

Wie der geneigte Leser schnell erkennt, ist die direkte Verwendung nach wie vor nicht möglich, aber durch eine gewisse Aufteilung in der Projekthierarchie (die z.B. auch für Unit-Tests nicht ganz ungeeignet ist) dennoch indirekt nutzbar.

Im Folgenden finden Sie ein Beispiel, das LINQ to XML verwendet, um die Informationen im XML-Format, die in einem DDL-Trigger durch die `EventData`-Eigenschaft der `SqlTriggerContext`-Klasse bereitgestellt werden, auszulesen. Mehr finden Sie unter *6.2.5.3, „EventData für DDL-Trigger“*. Um Ihnen das Blättern zu ersparen, die vorhandenen Informationen sehen wie folgt aus:

```
<EVENT_INSTANCE>
    <EventType>CREATE_TABLE</EventType>
    <PostTime>2007-12-27T14:15:12.740</PostTime>
    <SPID>53</SPID>
    <ServerName>DNC2\SQLEXPRESS</ServerName>
    <LoginName>dnc2\tkansy</LoginName>
    <UserName>dbo</UserName>
    <DatabaseName>CLRIntegration</DatabaseName>
    <SchemaName>dbo</SchemaName>
    <ObjectName>DummyTable</ObjectName>
    <ObjectType>TABLE</ObjectType>
    <TSQLCommand>
        <SetOptions ANSI_NULLS="ON" ANSI_NULL_DEFAULT="ON"
         ANSI_PADDING="ON" QUOTED_IDENTIFIER="ON" ENCRYPTED="FALSE" />
        <CommandText>CREATE TABLE DummyTable
                    (
                    Spalte1 int,
                    Spalte2 varchar(10)
                    )
        </CommandText>
    </TSQLCommand>
</EVENT_INSTANCE>
```

Hilfsprojekt (Klassenbibliothek) erstellen, implementieren und kompilieren

Wie bereits beschrieben, soll als Erstes eine Klassenbibliothek erstellt werden. Diese soll hier den Namen „EventDataTools“ erhalten, was sich standardmäßig im Namen des obersten (Standard-)Namensraums und später im Namen der Assembly widerspiegelt.

Der Code der einzigen Klasse mit dem Namen `EventDataHelper` sieht wie folgt aus und verwendet wie versprochen LINQ in der typischen LINQ-Syntax als auch in Methodensyntax.

```
using System;
using System.Collections.Generic;
using System.Linq;
using System.Text;

using System.Data.SqlTypes;
using System.Xml.Linq;

namespace EventDataTools
{
    public class EventDataHelper
    {
        // Private Referenz auf das XElement, das den Inhalt des
        // EVENT_INSTANCE-Elements enthält.
        // Wird für spätere Abfragen benötigt
        private readonly XElement EventInstance;

        // Konstruktor, der eine SqlXml-Instanz akzeptiert
        public EventDataHelper(SqlXml EventData)
        {
            // Das XElement-Objekt wird mit XML-Elementen gefüllt.
            // Damit wird die oberste Ebene
            // mit dem Namen EVENT_INSTANCE entfernt
            EventInstance = XDocument.Parse(EventData.Value)
                                .Element("EVENT_INSTANCE");
        }

        // Interne Funktion für den Zugriff auf den Wert
        // des gesuchten Elements
        private string getEventDataElement(string name)
        {
            // Liefert den Wert des gesuchten Elements.
            return (from i in EventInstance.Elements()
                    where i.Name == name
                    select i.Value).FirstOrDefault();
        }

        // Liefert den Wert des 'EventType'-Elements
        public string EventType
        {
            get
            {
                return getEventDataElement("EventType");
            }
        }

        // Liefert den Wert des 'PostTime'-Elements
        public DateTime PostTime
        {
            get
            {
                return DateTime.Parse(getEventDataElement("PostTime"));
            }
        }

        // Liefert den Wert des 'SPID'-Elements
```

```
            public int SPID
            {
                get
                {
                    return Int32.Parse(getEventDataElement("SPID"));
                }
            }

            // Liefert den Namen des betroffenen Objektes
            public string ObjectName
            {
                get
                {
                    return getEventDataElement("ObjectName");
                }
            }

            // Über einen Indexer kann per Name auf alle Elemente
            // zugegriffen werden
            public string this[string Name]
            {
                get
                {
                    return getEventDataElement(Name);
                }
            }

            // Per Name kann auf den Wert der gewünschten Option
            // zugegriffen werden
            public string SetOptions(string name)
            {
                // Per LINQ-Abfrage das entsprechende Attribut suchen
                XElement SetOptions =
                     EventInstance.Elements("TSQLCommand").FirstOrDefault()
                     .Elements("SetOptions").FirstOrDefault();

                // Wurde das Attribut gefunden
                // (was immer der Fall sein sollte), dann
                // nach der Option (Attribut) suchen
                if (SetOptions != null)
                    return (from i in SetOptions.Attributes()
                            where i.Name == name
                            select i.Value).FirstOrDefault();
                else
                    return null;
            }
        }
    }
```

Nach dem Kompilieren ist das Ergebnis eine Assembly mit dem Namen EventDataTools.dll, die nun im nächsten Schritt der Datenbank hinzugefügt werden kann.

Hinweis:
Je nach Berechtigungsebene, die für die Assembly vorgesehen ist, kann es notwendig werden, die Assembly vorher zu signieren.

Assembly der Datenbank hinzufügen

Die so erstellte Assembly kann nun der Datenbank hinzugefügt werden. Machbar ist dies durch eine T-SQL-Anweisung

```
CREATE ASSEMBLY EventDataTools
AUTHORIZATION [dbo]
FROM '<Vollständiger Pfad>\EventDataTools.dll'
WITH PERMISSION_SET = SAFE;
```

Oder über den Neue Assembly…-Befehl aus dem Kontextmenü des Containers <Datenbank> / Programmierbarkeit / Assembly im SQL Server.

Verweis im SQL CLR-Projekt auf die Assembly des Hilfsprojektes hinzufügen

Die hinzugefügte Assembly kann nun dem SQL CLR-Projekt als Verweis hinzugefügt werden. Sie befindet sich zusammen mit anderen auf dem Karteireiter SQL Server.

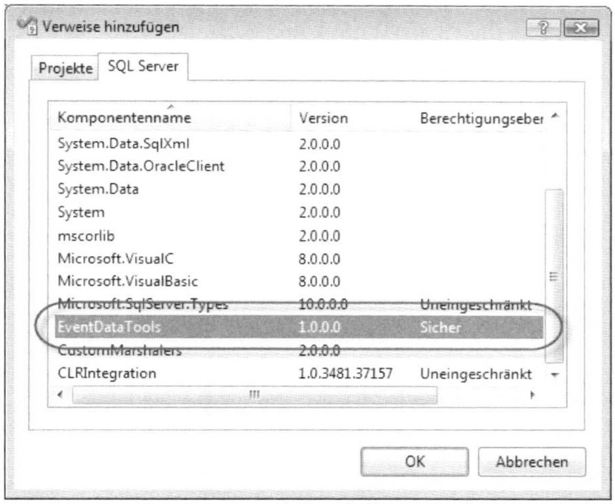

Abbildung 6.44 Die eigene Assembly kann als Verweis dem eigenen Projekt hinzugefügt werden.

Die Verwendung der Assembly im nächsten, abschließenden Schritt ist dann nur noch Standard.

Im DDL-Trigger verwenden

Im folgenden Codebeispiel wird die `EventDataHelper`-Klasse instanziiert (sie ist nicht als statisch deklariert) und verwendet.

```
[Microsoft.SqlServer.Server.SqlTrigger(Target = "DATABASE",
             Event = "FOR CREATE_TABLE, ALTER_TABLE, DROP_TABLE")]
public static void trgModifyTables()
{
    // Helper instanziieren
    EventDataTools.EventDataHelper EventDataHelper
        = new EventDataTools.EventDataHelper
             (SqlContext.TriggerContext.EventData);

    // Ausgabe der ausgewählten Werte
    SqlContext.Pipe
     .Send(string.Format("EventType: '{0}'", EventDataHelper.EventType));
    SqlContext.Pipe
```

```
          .Send(string.Format("PostTime: '{0}'", EventDataHelper.PostTime));
        SqlContext.Pipe
          .Send(string.Format("SPID: '{0}'", EventDataHelper.SPID));
        SqlContext.Pipe.Send(string.Format("ANSI_NULL_DEFAULT: '{0}'",
            EventDataHelper.SetOptions("ANSI_NULL_DEFAULT")));
    }
```

Damit sind Funktionalitäten anderer Assemblies, die nicht direkt zur Verfügung stehen, nutzbar – wenn auch leider nicht direkt. Aber wie schon erwähnt, lassen sich die Hilfsklassen auch schön per Unit-Test vor Verwendung ordentlich durchchecken.

7

7 DataSets

Mit DataSets stellt .NET eine Technologie zur Verfügung, die es erlaubt, von komplexen Tabellenstrukturen eigenständige Kopien in den Speicher zu lesen, dort zu bearbeiten und später wieder zurück in die Datenbank zu speichern. Dabei ist es größtenteils unerheblich, ob es sich bei der verwendeten Datenquelle um Microsoft Access, Microsoft SQL Server, Oracle oder einfach um XML-Dateien handelt.

7.1 Übersicht über die Klassen

In der folgenden Darstellung sehen Sie die Hierarchie der Klassen, welche die wichtigsten Beziehungen darstellt. Es wird zwischen Datenprovidern unterschieden, welche die Daten aus der Datenbank lesen und ggf. wieder zurückschreiben, und den Datenkonsumenten, in diesem Fall DataSets, welche die Daten aufnehmen und für weitere Zwecke zur Verfügung stellen.

Der Datenprovider für den SQL Server befindet sich im `System.Data.SqlClient`-Namensraum. Die Klassen mit den DataSets als Datenkonsumenten dagegen sind im `System.Data`-Namensraum zu finden.

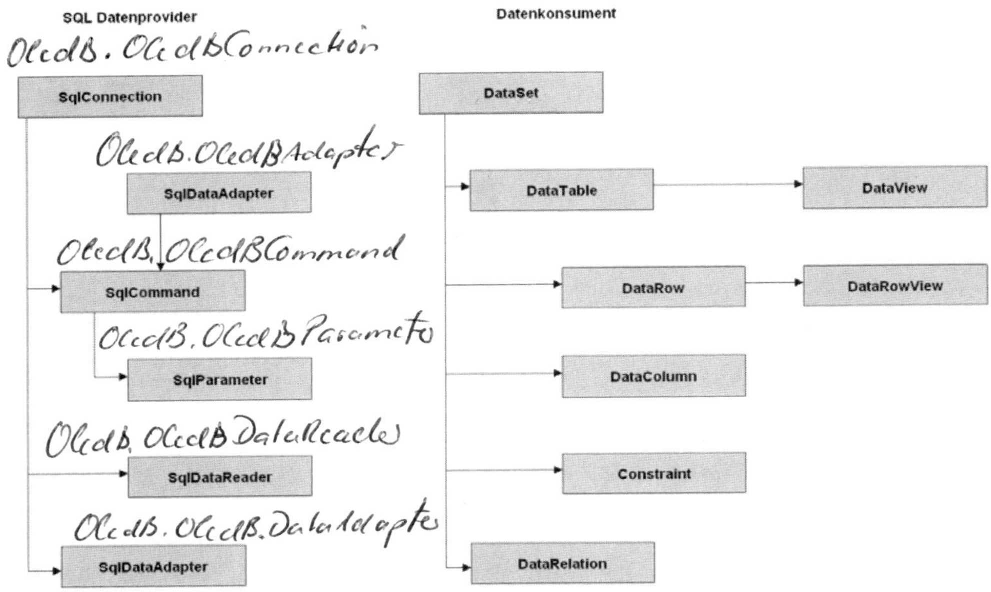

Abbildung 7.1 Die wichtigsten Klassen und ihre Zusammenhänge

Wie gut zu erkennen ist, befindet sich auf der Konsumentenseite alles logisch innerhalb der `DataSet`-Klasse. Vorneweg ist dies die `DataTable`-Klasse, die zusammen mit der `DataRow`-Klasse und der `DataColumn`-Klasse Tabellen bilden. Diese Tabellen können darüber hinaus Einschränkungen besitzen (Primär-, eindeutige und Fremdschlüssel). Mehrere solcher Tabellen können durch `DataRelation`-Klassen in Beziehung zueinander stehen.

Über die `DataView`-Klasse können gefilterte und sortierte Sichten auf diese Tabellen erstellt werden und die `DataRowView`-Klasse als Zeilen besitzen.

Die folgende Tabelle beschreibt die Aufgaben der wichtigsten Klassen noch einmal stichwortartig.

Tabelle 7.1 Wichtige Klassen des System.Data-Namensraums

Klasse	Beschreibung
`DataSet`	Bildet einen Container für alle (in Beziehung stehenden) Tabellen.
`DataTable`	Eine Tabelle mit Daten.
`DataRow`	Bildet die Zeile einer Tabelle.
`DataColumn`	Bildet die Spalte einer Tabelle.
`DataRelation`	Definiert die Beziehung zwischen Tabellen.
`DataView`	Stellt eine gefilterte und sortierte Sicht auf eine Tabelle dar.
`DataRowView`	Bildet die Zeile einer Sicht.

In den nächsten Abschnitten werden die Klassen näher beschrieben.

7.2 Die DataSet-Klasse

Die alles umfassende Klasse ist die `System.Data.DataSet`-Klasse, sie enthält neben allen Tabellen auch die notwendigen Informationen für die Beziehungen zwischen diesen. Intern ist es streng auf XML aufgebaut. Es kann recht einfach und komfortabel aus einer Datenquelle wie einer SQL Server-Datenbank, per Code oder aus einer Datei deserialisiert wurde. Letzteres nachdem es zuvor als XML-Daten oder binären Daten serialisiert wurde.

> **Hinweis:**
> Im übertragenen Sinn bestehen die Möglichkeiten auch für ein `DataTable`-Klasse. Mehr dazu unter *7.3,* „Die DataTable-Klasse“.

Ein leeres `DataSet`-Objekt ist schnell erstellt und lässt sich mittels zweier unterschiedlicher Konstruktoren erzeugen:

```
DataSet ds = new DataSet();
```

Oder

```
DataSet ds = new DataSet("DataSetName");
```

Mit diesem leeren DataSet stehen nun mehrere Möglichkeiten offen, es mit Leben zu füllen:

- Das Schema einfach per Code aufbauen und füllen (siehe *7.2.4.1,* „DataSets per Code aufbauen und befüllen“)
- Füllen mittels XML-Daten (siehe *7.2.4.2,* „Umwandlung zwischen DataSet und XML“)
- Füllen mithilfe eines `SqlDataAdapter`-Objektes (siehe *7.2.4.3,* „Per SqlDataAdapter füllen und Datenbank aktualisieren“)

7.2.1 Wichtige Methoden und Eigenschaften

Diese Übersicht stellt die wichtigsten Methoden und Eigenschaften der `DataSet`-Klasse vor.

Tabelle 7.2 Wichtige Methoden/Eigenschaften der DataSet-Klasse

Methode/Eigenschaft	Beschreibung
`AcceptChanges()`	Übernimmt alle gemachten Änderungen an den Tabellen dieses DataSets. Nach dem Aufruf dieser Methode liefert die `GetChanges()`-Methode nur noch `null`. Das Gegenstück zu dieser Methode ist `RejectChanges()`, das alle Änderungen verwirft.
`CaseSensitive`	Legt fest, ob bei Zeichenkettenvergleichen Groß-/Kleinschreibung berücksichtigt werden soll. Dies hat auch Auswirkungen darauf, ob ein bestimmter Wert in einer Spalte vorhanden ist oder nicht. Der Standard ist `false`.

Methode/Eigenschaft	Beschreibung
`Clear()`	Löscht alle Daten aus den Tabellen in diesem DataSet. Die Struktur bleibt dabei erhalten. Soll die Struktur ebenfalls gelöscht werden, so bietet es sich an, einfach ein neues `DataSet`-Objekt zu erstellen.
`Clone()`	Erstellt eine unvollständige Kopie, die nur die leere Struktur des DataSets beinhaltet.
`Copy()`	Erstellt eine vollständige Kopie der Struktur und der Daten in diesem DataSet.
`CreateDataReader()`	Liefert ein `DataTableReader`-Objekt für einige oder alle Tabellen des DataSets. Diese erlaubt das Lesen als schreibgeschützte, nur vorwärtslesbare Ergebnismenge, ähnlich einem `System.Data.SqlClient.SqlDataReader`. Mehr Details werden unter *7.9*, „Die DataTableReader-Klasse", beschrieben.
`DataSetName`	Legt den Namen des `DataSet`-Objektes fest.
`EnforceConstraints`	Legt fest, ob Einschränkungen beachtet werden sollen, wenn Daten aktualisiert werden. Diese Eigenschaft ist hilfreich, wenn Daten in das DataSet geladen werden sollen, von denen sichergestellt ist, dass alle Einschränkungen eingehalten werden (ohne Überprüfung ist das Laden etwas schneller), oder bei denen es unerheblich ist. Der Standard ist `true`.
`ExtendedProperties`	Über diese Eigenschaft steht ein `PropertyCollection`-Objekt zur Verfügung, das das Speichern und Abrufen von Werten für eindeutige Schlüssel erlaubt. Weitere Details und Beispiele finden Sie unter *7.2.2*, "Erweiterte Eigenschaften".
`GetChanges()`	Ruft alle Änderungen seit dem Laden oder dem letzten Aufruf von `AcceptChanges()` oder `RejectChanges()` der Tabellen in diesem DataSet als eigenes DataSet ab. Auf Wunsch kann bestimmt werden, welche Art von Änderungen dabei berücksichtigt werden sollen. Liegen keine Änderungen vor, so wird `null` geliefert.
`GetXml()`	Liefert die Daten in diesem DataSet im XML-Format als Zeichenkette.
`GetXmlSchema()`	Liefert das XML-Schema der Struktur des DataSets als Zeichenkette.
`HasChanges()`	Prüft, ob mindestens eine der Tabellen in diesem DataSet Änderungen an ihren Daten hat. Es kann angegeben werden, welche Art von Änderungen interessieren.
`HasErrors`	Liefert die Information, ob in einer der Tabellen des DataSets nach Aktualisierung mit der Datenquelle ein Fehler vorliegt.
`Load()`	Lädt die Daten aus einem Objekt, das die `System.Data.IDataReader`-Schnittstelle implementiert, dies ist z.B. eine `SqlDataReader`-Klasse. Für das Laden kann bestimmt werden, wie mit Änderungen im Speicher (von einem vorherigen Laden) verfahren werden soll.
`Local`	Legt ein `System.Globalization.CultureInfo`-Objekt, das zum Vergleich von Zeichenketten herangezogen wird, fest und damit die Sprachversion des DataSets.

Methode/Eigenschaft	Beschreibung
`Merge()`	Fügt zwei DataSets zu einem zusammen. Dabei kann bestimmt werden, was passieren soll, wenn die Schemata nicht zusammenpassen, oder was mit gemachten Änderungen geschehen soll.
`Namespace`	Legt den Namensraum für XML-Daten fest. Sind bereits Daten in der Tabelle vorhanden und wird dieser Wert dann verändert, so wird eine Ausnahme vom Typ `ArgumentException` erzeugt.
`Prefix`	Legt das Präfix für XML-Daten fest.
`Relations`	Liefert eine Auflistung aller Beziehungen der Tabellen in diesem DataSet untereinander. Mehr Details zu der `DataRelation`-Klasse unter *7.6*, „Die DataRelation-Klasse".
`RemotingFormat`	Bestimmt das Format, in dem die Daten dieses DataSets serialisiert werden. Möglich sind diese beiden Werte: ■ *Xml*: Serialisierung als XML ■ *Binary*: Serialisierung als binäre Daten Der Standard ist `Xml`.
`Tables`	Liefert eine Auflistung der Tabellen in diesem DataSet. Über den Namen kann auf eine bestimmte Tabelle zugegriffen werden. Mehr Details zu der `DataTable`-Klasse finden Sie unter *7.3*, „Die DataTable-Klasse".
`ReadXml()`	Liest das DataSet aus XML-Daten. Diese können in unterschiedlicher Form, wie z.B. einem Datenstrom oder einer Datei, vorliegen.
`ReadXmlSchema()`	Liest nur das Schema des DataSets aus XML-Daten. Diese können in unterschiedlicher Form, wie z.B. einem Datenstrom oder einer Datei, vorliegen.
`RejectChanges()`	Weist alle gemachten Änderungen an den Tabellen dieses DataSets ab und macht sie damit ungeschehen. Somit haben die Tabellen in diesem DataSet wieder die Werte, die sie nach dem letzten Laden oder einem Aufruf von `AcceptChanges()` oder `RejectChanges()` hatten. Nach dem Aufruf dieser Methode liefert die `GetChanges()` nur noch `null`. Das Gegenstück zu dieser Methode lautet `AcceptChanges()`.
`WriteXml()`	Schreibt das DataSet im XML-Format. Dabei kann bestimmt werden, in welcher Form (Datenstrom oder Datei) und ob ebenfalls das Schema der Daten und auch gemachte Änderungen (DiffGram[1]) mitgeschrieben werden sollen.
`WriteXmlSchema()`	Schreibt das Schema des DataSets als XML-Daten. Dies kann in unterschiedlicher Form, wie z.B. einem Datenstrom oder einer Datei, geschehen.

1 DiffGram umfasst sowohl die aktuellen als auch die ursprünglichen Werte (seit dem Laden oder dem letzten Aufruf der AcceptChanges()-Methode).

Hinweis:
Eine ganze Reihe von Methoden (wie z.B. `Load()`, `Merge()`, `AcceptChanges()`, `RejectChanges()`, `HasChanges()`, `WriteXml()`, `WriteXmlSchema()`, `ReadXml()`, `ReadXmlSchema()` etc.) existiert auch in der `DataTable`-Klasse. Im Wesentlichen fasst das DataSet die Aufrufe für alle enthaltenen Tabellen zusammen.

7.2.2 Erweiterte Eigenschaften

Nicht nur die `DataSet`-Klassen, sondern eine Reihe anderer Klassen bieten über sogenannte erweiterte Eigenschaften die Möglichkeit, beliebige Werte (Typ `object`) zusammen mit einem eindeutigen Schlüssel (ebenfalls Typ `object`) abzulegen. Die „angeklebten Eigenschaften“ werden nicht vom .NET Framework, sondern nur vom eigenen Code verwendet. Diese Schlüssel-Werte-Paare werden bei einer (De-)Serialisierung zusammen mit der jeweiligen Klasse berücksichtigt, sodass sie z.B. auch nach Abspeichern in einer Datei oder der Übertragen durch einen SOAP WebService (wieder)zur Verfügung stehen.

Betroffen sind die folgenden Klassen:

- `DataSet`-Klasse
- `DataTable`-Klasse
- `DataRelation`-Klasse

Realisiert sind die erweiterten Eigenschaften in der `System.Data.PropertyCollection`-Klasse, die wiederum von `System.Collections.HashTable` ableitet.

Die folgende Tabelle stellt daher nur die wichtigsten Methoden und Eigenschaften vor, die alle von dieser Basisklasse stammen.

Tabelle 7.3 Wichtige Methoden/Eigenschaften der PropertyCollection-Klasse

Methode/Eigenschaft	Beschreibung
`Add()`	Fügt ein neues Schlüssel-Werte-Paar ein. Ist der Schlüssel bereits vorhanden, so wird eine Ausnahme vom Typ `System.ArgumentException` erzeugt.
`Clear()`	Entfernt alle Schlüssel-Werte-Paare.
`Clone()`	Erstellt eine Kopie.
`Contains()` `ContainsKey()`	Prüft, ob der übergebene Schlüssel vorhanden ist, und gibt dementsprechend `true` oder `false` zurück.
`ContainsValue()`	Prüft, ob der übergebene Wert vorhanden ist, und gibt dementsprechend `true` oder `false` zurück.
`Count`	Liefert die Anzahl der aktuell vorhandenen Schlüssel-Werte-Paare.
`CopyTo()`	Kopiert den Wert in ein übergebenes Array.
`Keys`	Liefert eine Auflistung aller vorhandenen Schlüssel.
`Values`	Liefert eine Auflistung aller vorhandenen Werte.

Methode/Eigenschaft	Beschreibung
`Remove()`	Entfernt den Wert, der dem übergebenen Schlüssel zugeordnet ist. Existiert kein solcher Wert, so geschieht nichts. Insbesondere wird keine Ausnahme erzeugt.

Das Hinzufügen eines Schlüssel-Werte-Paars ist recht einfach und folgt diesem Muster:

```
ds.ExtendedProperties.Add("Created", DateTime.Now);
```

Der Zugriff auf einen bestimmten Wert mithilfe eines bekannten Schlüssels geschieht über den Indexer der Klasse.

```
DateTime d = (DateTime)ds.ExtendedProperties["Created"];
```

Sollen alle Schlüssel mit ihren entsprechenden Werten ausgegeben werden, so ist dies einfach über einen kleine Schleife realisierbar.

```
foreach (string key in ds.ExtendedProperties.Keys)
    Debug.Print("{0} = {1}", key, ds.ExtendedProperties[key]);
```

Die Ausgabe besteht aus einer entsprechenden Auflistung von Schlüssel und Werten.

7.2.3 Ereignisse

Die `DataSet`-Klasse verfügt nur über ein einziges Ereignis, das `MergeFailed`-Ereignis.

Das MergeFailed-Ereignis

Dieses Ereignis wird ausgelöst, wenn die `Merge()`-Methode aufgerufen wird und fehlschlägt, weil zwei Zeilen einer Tabelle für den definierten Primärschlüssel den gleichen Wert besitzen.

Hinweis:
Die `Merge()`-Methode versucht, zwei DataSet-Objekte zusammenzuführen.

```
MergeFailedEventHandler(object sender, MergeFailedEventArgs e)
```

Die beiden Parameter des Ereignisses sowie die Eigenschaften des `MergeFailedEventArgs`-Objektes werden im Anschluss beschrieben.

Tabelle 7.4 Parameter des DataSet.MergeFailed-Ereignisses

Parameter	Beschreibung
`sender`	Referenz auf das auslösende `DataSet`-Objekt.
`e`	Objekt vom Typ `MergeFailedEventArgs` mit genaueren Informationen, warum das Zusammenführen fehlgeschlagen ist.

Tabelle 7.5 Wichtige Eigenschaften der MergeFailedEventArgs-Klasse

Eigenschaft	Beschreibung
`Conflict`	Liefert eine Beschreibung, warum das Zusammenführen fehlgeschlagen ist.
`Table`	Liefert das betroffene `DataTable`-Objekt.

7.2.4 DataSet befüllen

Wurde ein `DataSet`-Objekt erstellt, ist es recht nutzlos, solange es noch leer ist. In den folgenden Abschnitten wird vorgestellt, wie es mit Daten befüllt und wie diese Daten (Änderungen) geschrieben werden können.

Anschließend gehen wir unter *7.2.5, „*Ein DataSet komplett durchlaufen und ausgeben“, weiter auf die Arbeit mit einem DataSet ein.

Hinweis:
Den vollständigen Code zu den Beispielen finden Sie in der statischen Klasse DataSetDemo.cs in dem Visual Studio 2008-Projekt DataSets zu diesem Kapitel.

7.2.4.1 DataSets per Code aufbauen und befüllen

Zwar werden in vielen Fällen DataSets nicht per Code aufgebaut, doch ist es sicherlich vom Verständnis gut, einmal zu sehen, wie dies gemacht werden kann.

Hinweis:
Dieser Abschnitt greift gezwungenermaßen auf vieles zu, das noch nicht beschrieben wurde. Dies wird in den entsprechenden Abschnitten jedoch nachgeholt.

DataSet erstellen

Das DataSet an sich wird mit einem seiner beiden Konstruktoren erstellt. Der folgende Code stellt die gesamte Methode dar und führt die Erstellung, Befüllung und Ausgabe nacheinander durch.

```
public static void createFullDataSetAndDumpIt()
{
    // DataSet mit dem gewünschten Namen erstellen
    DataSet resultDS = new DataSet("MeinNeuesDataSet");

    // Schema aufbauen
    createDataSetSchema(resultDS);

    // Daten einfüllen
    fillDataSet(resultDS);

    // Ausgeben
    dumpDataSet(resultDS);
}
```

Hinweis:

Die `DumpDataSet()`-Methode wird unter *7.2.5*, *„Ein DataSet komplett durchlaufen und ausgeben"*, beschrieben.

Schema aufbauen

Das Schema wird mit der `createDataSetSchema()`-Methode erzeugt. Erst werden die Tabellen mit ihren Spalten erzeugt. Die Spalten bekommen anschließend die notwendigen Eigenschaften zugewiesen (wie z.B. `MaxLength`). Ist dies erledigt, werden die Primärschlüssel der Tabellen definiert.

```
public static void createDataSetSchema(DataSet DS)
{
    DataTable tKunden, tSprachen;

    // Schema Tabelle KUNDEN
    tKunden = new DataTable("Kunden");
    DS.Tables.Add(tKunden);

    // -- Spalte "ID", Datentyp System.Int32, Identität
    tKunden.Columns.Add(new DataColumn("ID", typeof(System.Int32)));
    tKunden.Columns["ID"].AutoIncrement = true;

    // -- Spalte Name, Datentyp String, Eindeutig, max 50 Zeichen lang
    tKunden.Columns.Add(new DataColumn("Name", typeof(System.String)));
    tKunden.Columns["Name"].Unique = true;
    tKunden.Columns["Name"].MaxLength = 50;

    // -- Spalte Ort, Datentyp String, maximal 50 Zeichen lang
    tKunden.Columns.Add(new DataColumn("Ort", typeof(System.String)));
    tKunden.Columns["Ort"].MaxLength = 50;

    // -- Spalte Telefon, Datentyp String, max 20 Zeichen lang
    tKunden.Columns.Add(new DataColumn("Telefon",typeof(System.String)));
    tKunden.Columns["Telefon"].MaxLength = 20;

    // -- Spalte Sprache
    tKunden.Columns.Add(new DataColumn("Sprache", typeof(System.Int32)));

    // Schema Tabelle SPRACHEN
    tSprachen = new DataTable("Sprachen");
    DS.Tables.Add(tSprachen);

    // -- Spalte "ID", Datentyp Int32, Identität
    tSprachen.Columns.Add(new DataColumn("ID", typeof(System.Int32)));
    tSprachen.Columns["ID"].AutoIncrement = true;

    // -- Spalte Name, Datentyp String, Eindeutig, max 50 Zeichen lang
    tSprachen.Columns.Add(new DataColumn("Name", typeof(System.String)));
    tSprachen.Columns["Name"].Unique = true;
    tSprachen.Columns["Name"].MaxLength = 50;

    // Primärschlüssel
    tKunden.PrimaryKey = new DataColumn[] { tKunden.Columns["ID"] };
    tSprachen.PrimaryKey = new DataColumn[] { tSprachen.Columns["ID"] };

    // Beziehungen anlegen
    // Durch den letzten Parameter wird auch gleich die entsprechende
    // Einschränkung erzeugt
    DS.Relations.Add ("KundenSprache",
            tSprachen.Columns["ID"],tKunden.Columns["Sprache"],true);
}
```

Zum Schluss werden noch die Beziehungen zwischen den Tabellen definiert.

Daten einfügen

Nachdem das Schema aufgebaut wurde, können nun die Daten eingefügt werden. Dies geschieht sowohl unter Berücksichtigung der erstellten Beziehungen zwischen den Tabellen als auch unter Berücksichtigung der Einschränkungen für einzelne Spalten.

Dabei werden die Daten für die Zeilen in der Form angegeben, dass für jede Spalte ein Wert in einem Array vom Typ `object` angegeben wird – dies spart Tipparbeit.

```
public static void fillDataSet(DataSet DS)
{
    try
    {
        // Daten Tabelle SPRACHEN
        DataTable tSprachen = DS.Tables["Sprachen"];
        tSprachen.Rows.Add(1030, "Daenisch");
        tSprachen.Rows.Add(1031, "Deutsch");
        tSprachen.Rows.Add(1033, "EnglischUSA");
        tSprachen.Rows.Add(1041, "Japanisch");

        // Daten Tabelle KUNDEN
        DataTable tKunden = DS.Tables["Kunden"];
        tKunden.Rows.Add(new object[]
            { 1, "Müller AG", "Bochum", "+49 234-123456", 1031 });
        tKunden.Rows.Add(new object[]
            { 2, "Yokai Inc", "Tokio", "+81 103 123456", 1041 });
        tKunden.Rows.Add(new object[]
            { 3, "Smith Inc", "Detroit", "+1 234-123456", 1033 });
        tKunden.Rows.Add(new object[]
            { 4, "Meyer AG", "München", "+49 89-123456", 1031 });

        // Die nächste Zeile würde eine Ausnahme vom Typ
        // ConstraintException erzeugen
        // tKunden.Rows.Add(new object[]
        //     { 1, "Meyer AG", "München", "+49 89-123456", 1031 });

        // Alle Änderungen übernehmen
        DS.AcceptChanges();
    }
    catch (ConstraintException ex)
    {
        MessageBox.Show(ex.ToString());
    }
}
```

Verstoßen die Daten einer Zeile gegen eine Einschränkung, so wird eine Ausnahme vom Typ `ContraintException` erzeugt. Die folgende Abbildung demonstriert dies, indem die Kommentarzeichen für die markierte Zeile, die letzte Zeile für die Tabelle Kunden, entfernt wurden.

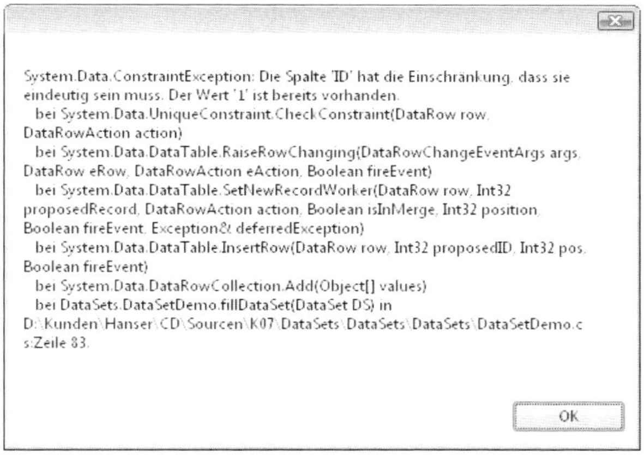

Abbildung 7.2 Der Text der ConstraintException-Ausnahme

Aus dem Text der Ausnahme kann man recht genau entnehmen, warum sie erzeugt wurde.

7.2.4.2 Umwandlung zwischen DataSet und XML

Eine der Stärken eines `DataSet`-Objekts ist es, das mit einem einfachen Aufruf zum Beispiel in einer XML-Datei geschrieben und ebenso einfach wieder gelesen werden kann.

Der folgende Code erstellt das DataSet und schreibt es in eine Datei. Anschließend wird die Kopie im Speicher gelöscht, und die Dateien werden wieder deserialisiert.

```
public static void writeAndReadDataSet()
{
    const string Filename = @"D:\MeinOrdner\MeinDataSet.xml";

    // DataSet mit dem gewünschten Namen erstellen
    DataSet resultDS = new DataSet("MeinNeuesDataSet");

    // Erzeugen und befüllen
    createDataSetSchema(resultDS);
    fillDataSet(resultDS);

    // Und schreiben
    writeDataSet(resultDS, Filename, false);

    // DataSet zerstören, indem wir ein neues erstellen
    // Der Name wird nicht durch ReadXml()verändert
    resultDS = new DataSet("MeinNeueresDataSet");
    readDataSet(resultDS, Filename);

    // Ausgeben
    dumpDataSet(resultDS);
}
```

Zu guter Letzt wird das so wieder gewonnene DataSet einmal komplett zu Informationszwecken ausgegeben.

Hinweis:

Die `DumpDataSet()`-Methode wird unter *7.2.5*, „Ein DataSet komplett durchlaufen und ausgeben“, beschrieben.

Serialisieren

Zentral ist dabei die `WriteXml()`-Methode, für die über einen Parameter vom Typ `System.Data.XmlWriteMode` bestimmt werden kann, was exakt beim Schreiben berücksichtigt werden soll. Die wichtigsten Werte sind in dieser Aufzählung definiert.

Tabelle 7.6 Mögliche Werte der XmlWriteMode-Aufzählung

Wert	Beschreibung
`WriteSchema`	Das Schema der Tabellen wird für jede Tabelle als XSD-Schema (XML-Schema-Definition)[2] geschrieben. Damit stehen auch Tabellen ohne Inhalt nach der Deserialisierung zur Verfügung. Allerdings verbraucht das Schema auch (Speicher-)Platz, sodass gerade bei vielen kleinen DataSets darüber nachgedacht werden sollte, ob es sinnvoll ist, immer das gleiche (weil statische) Schema mitzuschreiben. Alternativ kann das Schema daher mit der `DataSet.WriteXmlSchema()`-Methode einmalig geschrieben werden. Hinweise, wie Schema und Daten getrennt geschrieben und gelesen werden können, finden Sie unter *7.14.2, „Inhalt und Schema getrennt schreiben/lesen“.*
`IgnoreSchema`	Das Schema wird nicht geschrieben, sondern kann später nur von den Daten der Tabellen abgeleitet werden. Dies ist der Standard.
`DiffGram`	Bei diesem Wert werden sowohl die aktuellen als auch die ursprünglichen Werte (seit dem Laden oder dem letzten Aufruf von `AcceptChanges()`) geschrieben. Unter *7.2.6, „Datenänderungen abfragen, annehmen und verwerfen“,* können Sie hierzu mehr erfahren. Möchten Sie nur die Änderungen in einer Datei oder einen Datenstrom speichern, so finden Sie unter *7.14.2, „Inhalt und Schema getrennt schreiben/lesen“,* die Lösung.

Hinweis:

Mit den Eigenschaften `Namespace` und `Prefix` können Sie den XML-Namensraum und das Präfix bestimmen.

Der folgende Code schreibt ein DataSet in eine Datei. Es sei noch einmal angemerkt, dass über eine der Überladungen ohne Weiteres auch in einen Datenstrom geschrieben werden kann.

```
public static void writeDataSet(DataSet DS, string Filename, bool
writeSchema)
{
    XmlWriteMode mode;

    // Soll das Schema mitgeschrieben werden?
    mode =
      writeSchema ? XmlWriteMode.WriteSchema : XmlWriteMode.IgnoreSchema;

    // Und schreiben
    DS.WriteXml(Filename, mode);
}
```

[2] DTD (Document Type Definition) ist nicht möglich.

```
<?xml version="1.0" standalone="yes"?>
<MeinNeuesDataSet>
  <Kunden>
    <ID>1</ID>
    <Name>Müller AG</Name>
    <Ort>Bochum</Ort>
    <Telefon>+49 234-123456</Telefon>
    <Sprache>1031</Sprache>
  </Kunden>
  <Kunden>
    <ID>2</ID>
    <Name>Yokai Inc</Name>
    <Ort>Tokio</Ort>
    <Telefon>+81 103 123456</Telefon>
    <Sprache>1041</Sprache>
  </Kunden>
  <Kunden>
    <ID>3</ID>
```

Abbildung 7.3 Ein Teil der Daten des DataSets ohne XSD-Schema

Deserialisieren

Nachdem ein DataSet serialisiert wurde, ist es anschließend ein Leichtes, es wieder zu deserialisieren und ein DataSet-Objekt damit wieder herzustellen.

Die zentrale Methode ist diesmal die `ReadXml()`-Methode. Ähnlich wie die `WriteXml()`-Methode kann sie unterschiedliche Daten wie z.B. aus einer Datei oder einem Datenstrom lesen. Über einen Parameter vom Typ `System.Daten.XmlReadMode` kann gesteuert werden, was exakt gelesen werden soll (wenn möglich). Die folgende Tabelle beschreibt die Werte, die für diese Aufzählung definiert sind.

Tabelle 7.7 Mögliche Werte der XmlReadMode-Aufzählung

Wert	Beschreibung
`Auto`	Die Methode versucht, die vorhandenen Daten optimal einzulesen. Dies ist der Standard.
`ReadSchema`	Liest das XSD-Schema aus den Daten und lädt anschließend die Daten. Somit stehen auch Tabellen ohne Inhalt wieder zur Verfügung.
`IgnoreSchema`	Ignoriert ein vorhandenes XSD-Schema aus den Daten und verlässt sich auf ein bereits vorhandenes Schema im DataSet.
`InferSchema`	Ignoriert ein vorhandenes XSD-Schema aus den Daten und versucht, das Schema von den Daten in den Tabellen abzuleiten.
`DiffGram`	Liefert die DiffGram-Information und wendet sie auf die existierenden Daten in dem DataSet an.
`InferTypesSchema`	Ignoriert ein vorhandenes XSD-Schema aus den Daten und versucht, das typisierte Schema von den Daten in den Tabellen abzuleiten.

Wie aus diesem Wert erkennbar ist, muss `ReadXml()` nicht immer auf ein leeres DataSet angewendet werden, es wird jedoch eine Ausnahme erzeugt, wenn die gelesenen Daten mit den bereits vorhandenen Daten nicht vereinbar sind (z.B. eine Tabelle bereits vorhanden ist).

Die notwendige Methode, um das oben beschriebene DataSet wieder in den Speicher zu lesen, sieht so aus:

```
public static void readDataSet(DataSet DS, string Filename)
{
    DS.ReadXml(Filename);
}
```

Einfacher geht es nun kaum mehr.

7.2.4.3 Per SqlDataAdapter füllen und Datenbank aktualisieren

Die `System.Data.SqlClient.SqlDataAdapter`-Klasse gehört zwar nicht direkt zu den DataSets, bildet jedoch die Brücke zwischen diesen und ADO.NET. Es erlaubt das einfache Befüllen aus einer SQL Server-Datenbank (inkl. Erstellung des notwendigen Schemas) sowie in Verbindung mit der `System.Data.SqlClient.SqlCommandBuilder`-Klasse das einfache Zurückschreiben der Änderungen in die Datenbank.

> **Hinweis:**
> Gleich zu Anfang ein Hinweis: Unter *7.11*, *„Die SqlDataAdapter-Klasse“*, finden Sie mehr Details über diese Klasse. Dort ist zudem beschrieben, wie eigene T-SQL-Anweisungen oder Prozeduren zum Befüllen und Aktualisieren verwendet werden können.

Die Methode, die dabei die Daten einliest, manipuliert und wieder in die Datenbank schreibt, sieht so aus:

```
public void readAndWriteSQLServer()
{
    // DataSet erstellen
    ds = new DataSet("MeinDataSet");

    // Daten und Schema einlesen
    readFromSQLServer();

    // Daten verändern
    Debug.Print("Kundenname: {0}", ds.Tables["Kunden"].Rows[0]["Name"]);
    ds.Tables["Kunden"].Rows[0]["Ort"] =
                 ((string)ds.Tables["Kunden"].Rows[0]['Ort"]=="Bochum") ?
                 "Buxtehude" : "Bochum";

    // Daten schreiben
    writeToSQLServer();
}
```

> **Wichtig:**
> Das `DataSet`-Objekt muss vor dem Befüllen erstellt werden. Die `Fill()`-Methode der `SqlDataAdapter`-Klasse erzeugt keine Instanz. Das Gleiche gilt für das Einrichten des Schemas mit der `FillSchema()`-Methode.

Daten und Schema einlesen

Beim Einlesen von Daten und Schema kann dies nur über eine `SELECT`-Anweisung oder eine gespeicherte Prozedur geschehen, die eine solche ausführt. Da der SQL Server Stapelabfragen (Batchabfragen) unterstützt, können so gleichzeitig durch mehrere Ergebnismengen mehrere Tabellen eingelesen werden. Das Schema des DataSets wird dabei durch das Schema der Tabellen auf dem SQL Server ermittelt.

Hinweis:
Details über die verwendeten ADO.NET-Klassen außer `SqlDataAdapter` und `SqlCommandBuilder` werden in *Kapitel 5*, „SQL Server 2008 (R2) mit ADO.NET", beschrieben.

Die zentrale Methode ist hier die `Fill()`-Methode, die ein DataSet oder eine Tabelle einrichtet und die Daten einliest.

```
public void readFromSQLServer()
{
    // SqlDataAdapter erstellen
    da = new SqlDataAdapter
        ("SELECT * FROM Kunden; SELECT * FROM Sprachen;", conString);

    // Informationen über Primärschlüssel einlesen
    da.MissingSchemaAction = MissingSchemaAction.AddWithKey;

    // Da die Tabelle in der Reihenfolge, wie sie in der
    // SELECT-Anweisung steht, mit den Namen Table..Table1...TableN
    // in dem DataSet existieren würde, mappen wir die Namen, sodass
    // wir später über die echten Namen zugreifen
    da.TableMappings.Add("Table", "Kunden");
    da.TableMappings.Add("Table1", "Sprachen");

    // DataSet füllen
    da.Fill(ds);
}
```

Wurde dieser Code ausgeführt, enthält das DataSet das Schema und alle Daten entsprechend der `SELECT`-Anweisung.

Änderungen schreiben

Nachdem an dem DataSet einige Änderungen vorgenommen wurden, sollen diese nun in die Datenbank zurückgeschrieben werden.

Hier kommt die `Update()`-Methode zum Einsatz, die mithilfe eines `SqlCommandBuilder`-Objektes die notwendigen Änderungen in die Datenbank schreibt. Dies geschieht, indem die Änderungen durchlaufen werden und je nach Typ der Änderungen (Löschen, Ändern oder Hinzufügen) die notwendige SQL-Anweisung ausgeführt wird. Diese SQL-Anweisungen wurden zuvor durch ein `SqlCommandBuilder`-Objekt erstellt.

```
public void writeToSQLServer()
{
    using (SqlCommandBuilder cb = new SqlCommandBuilder(da))
    {
        // SQL-Anweisungen automatisch erstellen lassen
        da.UpdateCommand = cb.GetUpdateCommand();
        da.DeleteCommand = cb.GetDeleteCommand();
        da.InsertCommand = cb.GetInsertCommand();

        // Alle Änderungen in die Datenbank schreiben
        // cb noch gültig
        da.Update(ds);
    }
}
```

Wenn sichergestellt ist, dass z.B. ein gewisser Typ an Änderungen nicht vorkommt, kann die entsprechende `Command`-Eigenschaft des `SqlDataAdapter` unbesetzt bleiben – andererseits schadet sie in einem solchen Fall auch nicht.

Wichtig:

Achten Sie darauf, dass das `SqlCommandBuilder`-Objekt bei Ausführung der `Update()`-Methode noch gültig ist, sonst werden die Eigenschaften `UpdateCommand`, `DeleteCommand` und `InsertCommand` wieder auf `null` gesetzt, und der Aufruf bewirkt nichts. Würde man also die Zeile `da.Update(ds);` hinter den `using`-Block ziehen, würden die Änderungen nicht in die Datenbank geschrieben.

7.2.4.4 Per SqlDataAdapter und eigener Prozedur füllen und Datenbank aktualisieren

Nicht immer ist es sinnvoll oder möglich, mithilfe der `SqlCommandBuilder`-Klasse erzeugte `SqlCommand`-Instanzen und damit verbundene DML-Anweisungen zu verwenden. Alleine schon für einen sauberen Schichtenaufbau in der Anwendung und der Tatsache, das ein Anwender so nur Rechte auf diese gespeicherte Prozeduren benötigt, rechtfertigt den Einsatz eben solcher Prozeduren für jeglichen kontrollierten Zugriff auf die Daten der Anwendung!

Zu diesem Zweck besteht die Möglichkeit, eigene gespeicherte Prozeduren zu verwenden, um Daten lesen, einfügen, löschen und ändern zu können.

Hinweis:

Das, was hier mit gespeicherter Prozedur beschrieben und gezeigt wird, lässt sich auch entsprechend auf eigene Ad-hoc-Abfragen übertragen, sodass es nicht zwangsläufig notwendig ist, gespeicherte Prozeduren zu verwenden. Sollten Sie Ad-hoc-Abfragen verwenden, so ist es dringend ratsam, die `SqlCommand`-Objekte mit der `Prepare()`-Methode vorzubereiten, damit deren Ausführung schnellstmöglich geschehen kann.

Die folgenden beiden Abschnitte zeigen, wie zunächst Schema und Daten aus der Datenbank geladen und später Änderungen zurück in die Datenbank geschrieben werden können.

Daten und Schema einlesen

Das Lesen von Daten und/oder des Schemas mittels eigener Prozedur birgt im Wesentlichen keinen großen Unterschied zur vorherigen Variante, in der die `SqlDataAdapter`-Instanz mit einer Ad-hoc-Abfrage erstellt wurde. Lediglich die `CommandType`-Eigenschaft des `SelectCommand`-Objektes muss entsprechend gesetzt werden. Damit bekannt ist, dass es eben eine gespeicherte Prozedur sein soll.

Die Prozedur an sich kann nun fast jede sinnvoll erscheinende Programmierung enthalten, Hauptsache es werden die gewünschten Zeilen via SELECT-Anweisung an den Aufrufer geliefert. Das folgende Beispiel, das den Zugriff auf die Kunden-Tabelle zeigt, ist daher eher die puristische Minimalausgabe.

```
ALTER PROC [dbo].[usp_LoadKunden]
AS
SELECT * FROM Kunden;
```

Hinweis:

Kunden und Sprache werden hier zu demonstrativen Zwecken getrennt geladen. Es ist jedoch auch ohne Weiteres möglich, beide mit einer gemeinsamen Prozedur zu laden.

Der C#-Code, der die entsprechenden Aufgaben übernimmt, sieht wie folgt aus:

```
public void readFromSQLServer()
{
    // DataSet erstellen
    ds = new DataSet("MeinDataSet");

    // SqlDataAdapter erstellen für Tabelle KUNDEN
    daKunden = new SqlDataAdapter("usp_LoadKunden", conString);
    daKunden.SelectCommand.CommandType = CommandType.StoredProcedure;

    // Informationen über Primärschlüssel einlesen
    daKunden.MissingSchemaAction = MissingSchemaAction.AddWithKey;

    // Da die Tabelle in der Reihenfolge, wie sie in der SELECT-Anweisung
    // steht, mit den Name Table..Table1...TableN in dem DataSet
    // existieren würden, mappen wir die Namen, sodass wir später über
    // die echten Namen zugreifen
    daKunden.TableMappings.Add("Table", "Kunden");

    // DataSet füllen
    daKunden.Fill(ds);

    // SqlDataAdapter erstellen für Tabelle SPRACHEN
    daSprachen = new SqlDataAdapter("usp_LoadSprachen", conString);
    daSprachen.SelectCommand.CommandType = CommandType.StoredProcedure;
    daSprachen.MissingSchemaAction = MissingSchemaAction.AddWithKey;
    daSprachen.TableMappings.Add("Table", "Sprachen");
    daSprachen.Fill(ds);

    // Beziehung zwischen den Tabellen definieren
    DataTable tKunden = ds.Tables["Kunden"];
    DataTable tSprachen = ds.Tables["Sprachen"];
    ds.Relations.Add("KundenSprache",
                     tSprachen.Columns["ID"],
                     tKunden.Columns["Sprache"], true);
}
```

Hinweis:

Details über die verwendeten ADO.NET-Klassen außer `SqlDataAdapter` und `SqlCommandBuilder` werden in *Kapitel 5*, „SQL Server 2008 (R2) mit ADO.NET", beschrieben.

Damit wurden sowohl die Daten als auch deren Schema mit eigenen Prozeduren geladen.

Änderungen schreiben

Etwas interessanter gestaltet sich das Schreiben der Änderungen zurück in die Datenbank. Zunächst werden für das Einfügen, Ändern und Löschen entsprechende gespeicherte Prozeduren (oder wie gesagt entsprechende Ad-hoc-Anweisungen) benötigt.

Hinweis:

Kommt eine der Änderungen (z.B. das Löschen) aufgrund des Anwendungsdesigns nicht vor, so müssen die entsprechende Prozedur und das SqlCommand-Objekt natürlich nicht erstellt werden. In dem Bespiel können Sprachen nur hinzugefügt werden — Ändern und Löschen müssen also nicht berücksichtigt werden.

Im Folgenden werden die gespeicherten Prozeduren für das Arbeiten mit den Kundendaten gezeigt. Zugegeben, mit steigender Anzahl an Spalten in der Tabelle eine mitunter umfangreiche Angelegenheit, die sich aber lohnt und mit entsprechenden Tricks schneller erledigen lässt.

Tipp:

Im SQL Server Management Studio (Express) können über das Kontextmenü der gewünschten Tabelle über den Befehl Skript für Tabelle als die T-SQL-Skripte für INSERT, UPDATE und DELETE als Grundgerüst automatisch erzeugt werden.

Als Erstes das Einfügen eines neuen Kunden mit Rückgabe des generierten Identitätswertes.

```
CREATE PROC [dbo].[usp_InsertKunden]
    @parName VARCHAR(50),
    @parOrt VARCHAR(50),
    @parTelefon VARCHAR(50),
    @parSprache INT
AS
BEGIN
    INSERT Kunden (Name, Ort, Telefon, Sprache)
    VALUES (@parName, @parOrt, @parTelefon, @parSprache);

    RETURN @@IDENTITY;
END;
```

Als Zweites das Ändern der Daten eines bestehenden Kunden. Der Übersichtlichkeit wegen wird darauf verzichtet zu prüfen, ob die übergebene ID gültig ist. Wäre sie es nicht, könnte dies mit einem `RAISERROR`-Aufruf geahndet werden.

```
CREATE PROC [dbo].[usp_UpdateKunden]
    @parID INT,
    @parName VARCHAR(50),
    @parOrt VARCHAR(50),
    @parTelefon VARCHAR(50),
    @parSprache INT
AS
    UPDATE Kunden SET Name = @parName,
                      Ort = @parOrt,
                      Telefon = @parTelefon,
                      Sprache = @parSprache
    WHERE IDENTITYCOL = @parID;
```

Und zuletzt das recht unscheinbare Skript zum Löschen eines Kunden. Auch hier wird die Gültigkeit der übergebenen ID nicht geprüft.

```
CREATE PROC [dbo].[usp_DeleteKunden]
    @parID INT
As
    DELETE FROM Kunden WHERE IDENTITYCOL = @parID;
```

Sind die Prozeduren angelegt, so wird deren Namen natürlich im C#-Code benötigt. Zudem muss eine Zuordnung zwischen Spalte im `DataTable`-Objekt und einem Parameter hergestellt werden. Schließlich soll das `SqlDataAdapter`-Objekt selbstständig arbeiten können.

Parktisch geschieht diese Zuordnung durch eine Überladung der `Add()`-Methode, mit der Parameter dem `SqlCommand`-Objekt hinzugefügt werden. Statt eines Wertes wird der Spaltenname angegeben. Das Muster sieht wie folgt aus:

```
UpdateCmdKunden.Parameters.Add(<Parametername>,
                               <DatenTyp>,
                               <Größe>,
                               <SpaltenName>);
```

Damit weiß die Programmierung des SqlDataAdapter-Objektes, wie der Wert einer Spalte übergeben werden soll, wenn (wie in diesem Muster angedacht), Änderungen an Kundendaten in die Datenbank geschrieben werden sollen.

Wird ein Wert wie z.B. der Identitätswert benötigt, so wird die `ParameterDirection`-Eigenschaft entsprechend gesetzt. Die Prozedur `usp_InsertKunden` liefert dieses als Rückgabewert zurück, sodass der Wert `ParameterDirection.ReturnValue` verwendet wird. Alles Weitere macht die `SqlDataAdapter`-Klasse intern!

Hinweis:

Unter *5.5.2, „Übergaberichtung des Parameters“*, finden Sie weitere Details über die `ParameterDirection`-Eigenschaft und die (Übergabe-)Richtungen von Parametern und Rückgabewerten.

Der folgende Quelltext zeigt, wie die benötigten Objekte vollständig eingerichtet und zum Schluss die Änderungen geschrieben werden. Wichtige Passagen sind wieder einmal fett hervorgehoben.

```
public void writeToSQLServer()
{
    using (SqlConnection con = new SqlConnection(conString))
    {
        con.Open();

        using (SqlTransaction tran = con.BeginTransaction())
        {
            // SqlDataAdapter für "Kunden"
            // Aktualisieren
            SqlCommand UpdateCmdKunden
                = new SqlCommand("usp_UpdateKunden", con);
            UpdateCmdKunden.CommandType = CommandType.StoredProcedure;
            UpdateCmdKunden.Parameters
                .Add("parID", SqlDbType.Int, 4, "ID");
            UpdateCmdKunden.Parameters
                .Add("parName", SqlDbType.VarChar, 50, "Name");
            UpdateCmdKunden.Parameters
                .Add("parOrt", SqlDbType.VarChar, 50, "Ort");
            UpdateCmdKunden.Parameters
                .Add("parTelefon", SqlDbType.VarChar, 50, "Telefon");
            UpdateCmdKunden.Parameters
                .Add("parSprache", SqlDbType.Int, 4, "Sprache");
            UpdateCmdKunden.Transaction = tran;
            daKunden.UpdateCommand = UpdateCmdKunden;
```

```
                // Einfügen, Identitätswert als Rückgabe entgegennehmen
                SqlCommand InsertCmdKunden
                    = new SqlCommand("usp_InsertKunden", con);
                InsertCmdKunden.CommandType = CommandType.StoredProcedure;
                InsertCmdKunden.Parameters
                    .Add(null, SqlDbType.Int, 4, "ID").Direction
                        = ParameterDirection.ReturnValue;
                InsertCmdKunden.Parameters
                    .Add("parName", SqlDbType.VarChar, 50, "Name");
                InsertCmdKunden.Parameters
                    .Add("parOrt", SqlDbType.VarChar, 50, "Ort");
                InsertCmdKunden.Parameters
                    .Add("parTelefon", SqlDbType.VarChar, 50, "Telefon");
                InsertCmdKunden.Parameters
                    .Add("parSprache", SqlDbType.Int, 4, "Sprache");
                InsertCmdKunden.Transaction = tran;
                daKunden.InsertCommand = InsertCmdKunden;

                SqlCommand DeleteCmdKunden
                    = new SqlCommand("usp_DeleteKunden", con);
                DeleteCmdKunden.CommandType = CommandType.StoredProcedure;
                DeleteCmdKunden.Parameters
                    .Add("parID", SqlDbType.Int, 4, "ID");
                DeleteCmdKunden.Transaction = tran;
                daKunden.DeleteCommand = DeleteCmdKunden;

                // SqlDataAdapter für "Sprachen"
                SqlCommand InsertCmdSprachen
                    = new SqlCommand("usp_InsertSprachen", con);
                InsertCmdSprachen.CommandType = CommandType.StoredProcedure;
                InsertCmdSprachen.Parameters
                    .Add(null, SqlDbType.Int, 4, "ID").Direction
                        = ParameterDirection.ReturnValue;
                InsertCmdSprachen.Parameters
                     .Add("parSprache", SqlDbType.VarChar, 50, "Sprache");
                InsertCmdSprachen.Transaction = tran;
                daSprachen.InsertCommand = InsertCmdSprachen;

                // Schreiben
                daSprachen.Update(ds.Tables["Sprachen"]);
                daKunden.Update(ds.Tables["Kunden"]);

                // Freigeben
                tran.Commit();
            }
        }
    }
```

Um sicherzugehen, dass nicht nur ein Teil der Änderungen in die Datenbank geschrieben wird, wenn es zu einem Fehler kommt, wird zudem noch eine Transaktion benötigt, die im Fehlerfall nicht bestätigt (`Commit()`) wird, sodass kein „Datenmüll" in der Datenbank liegen bleiben kann.

7.2.5 Ein DataSet komplett durchlaufen und ausgeben

Dieser Abschnitt zeigt, wie ein `DataSet`-Objekt komplett durchlaufen und sein Inhalt per `Debug`-Objekt ausgegeben werden kann. Die folgende Methode tut dies, um zu zeigen, wie die `DataSet`, `DataTable`, `DataColumn`-Klassen dabei zusammenhängen, und setzt es praktisch, wie in **Abbildung 7.1** Die wichtigsten Klassen und ihre Zusammenhänge, zu sehen, um.

Hinweis:

Dieser Abschnitt greift gezwungenermaßen auf einige der Klassen zu, die noch nicht beschrieben wurden. Dies wird in den entsprechenden Abschnitten jedoch nachgeholt.

```
public static void dumpDataSet(DataSet DS)
{
    string ColumnNames;
    string ColumnValues;

    // Allgemeine Daten über das DataSet
    Debug.Print("DataSet.DataSetName: {0}", DS.DataSetName);
    Debug.Print("Anzahl Tabellen: {0}", DS.Tables.Count);

    // Alle Tabellen durchlaufen
    foreach (DataTable dt in DS.Tables)
    {
        // Allgemeine Daten über die DataTable
        Debug.Print(" DataTable.TableName: {0}", dt.TableName);
        Debug.Print(" Anzahl Zeilen: {0}", dt.Rows.Count);

        // Spaltenköpfe zusammenstellen
        ColumnNames = "";
        foreach (DataColumn dc in dt.Columns)
            ColumnNames += dc.ColumnName + "|   ";
        ColumnNames = ColumnNames.Trim();
        Debug.Print("   {0}", ColumnNames);
        Debug.Print("   {0}", new string('=',ColumnNames.Length));

        // Nun die Daten zeilenweise durchlaufen
        foreach (DataRow dr in dt.Rows)
        {
            ColumnValues = "";
            for (int i = 0; i < dt.Columns.Count; i++)
                // NULL-Werte ersetzen
                if (!dr.IsNull(i))
                    ColumnValues += dr[i].ToString() + "|   ";
                else
                    ColumnValues += "<NULL>|   ";

            Debug.Print("   {0}", ColumnValues);
        }
    }
}
```

7.2.6 Datenänderungen abfragen, annehmen und verwerfen

Neben der Fähigkeit, ein DataSet einfach serialisieren und später wieder deserialisieren zu können, besticht die Möglichkeit, gemachte Änderungen an den Daten der Tabellen abzufragen. Dies wird ermöglicht, indem von den Zeilen in den Tabellen unterschiedliche Versionen vorgehalten werden.

Wichtig:

Die hier beschriebenen Abläufe gelten nicht für das Schema von Tabellen. Wird eine Tabelle z.B. verändert oder gar gelöscht, so wird das Schema durch einen Aufruf der `RejectChanges()`-Methode nicht rückgängig gemacht.

Hinweis:
Die hier gemachten Aussagen beziehen sich natürlich eigentlich auf einzelne Tabellen, weil dort Werte verändert und Zeilenversionen vorgehalten werden. Zum Teil sind die Methoden sogar für einzelne Zeilen verfügbar.

Die Zusammenhänge und Abläufe lassen sich so beschreiben:

1. Das `DataSet`-Objekt wird geladen oder leer erstellt.
2. Zu diesem Zeitpunkt gibt es noch keine Änderungen an den Daten, die `GetChanges()`-Methode liefert `null`.
3. Nun werden Daten geändert (Zeilen gelöscht, hinzugefügt oder verändert).
4. Die `GetChanges()`-Methode liefert die vorgenommenen Änderungen, auf Wunsch nur die gelöschten, hinzugefügten oder veränderten Zeilen. Nicht modifizierte Tabellen sind in dem so gewonnenen `DataSet`-Objekt konsequenterweise nicht vorhanden.
5. Zudem besteht die Möglichkeit, auf die unveränderten Daten einer Zeile zuzugreifen.
6. Die Änderungen können nun entweder übernommen oder verworfen werden.
7. Werden die Änderungen mit `AcceptChanges()` übernommen, so existieren ab diesem Zeitpunkt nur noch diese neuen Werte, die unveränderten Daten stehen nicht mehr zur Verfügung. Das DataSet tritt wieder in den Zustand von Schritt 2 ein.
8. Werden die Änderungen mit `RejectChanges()` verworfen, so geschieht das Gleiche wie unter 7, nur dass die Daten exakt das Aussehen haben, das sie schon unter 2 hatten.

Der folgende Code demonstriert diesen Ablauf. Die Nummerierung entspricht dabei der obigen Auflistung.

Hinweis:
Der Code dieser Methode ist Teil der statischen Klasse DataSetDemo.cs im Visual Studio-Projekt DataSets zu diesem Kapitel.

```
public static void workWithChanges()
{
    DataTable tKunden;
    DataTable tChanges;

    // 1) DataSet erstellen und befüllen
    DataSet DS = new DataSet("MeinNeuesDataSet");
    createDataSetSchema(DS);
    fillDataSet(DS);

    // 2) Es liegen keine Änderungen vor
    if (DS.GetChanges() == null)
        Debug.Print("Keine Änderungen");

    // 3) Nun werden Daten verändert
    tKunden = DS.Tables["Kunden"];

    // Löschen, hinzufügen, verändern
    tKunden.Rows[0].Delete();
    tKunden.Rows.Add(
                 5,"Harry Hirsch Inc","Viersen","+49 2162-123456",1031);
    tKunden.Rows[1]["Ort"] = "Buxtehude";
```

```
    // 4) Nun werden die Änderungen gezielt angezeigt
    foreach (DataTable t in DS.GetChanges().Tables)
    {
        Debug.Print("Geänderte Tabelle: {0}", t.TableName);

        // Gelöschte Zeilen durchlaufen, wenn welche vorhanden
        tChanges = t.GetChanges(DataRowState.Deleted);
        if (tChanges != null)
        {
            Debug.Print(" Gelöscht");
            foreach (DataRow r in tChanges.Rows)
                Debug.Print("  ID: {0}",
                    r["ID", DataRowVersion.Original]);
        }
        // Hinzugefügte Zeilen durchlaufen, wenn welche vorhanden
        tChanges = t.GetChanges(DataRowState.Added);
        if (tChanges != null)
        {
            Debug.Print(" Hinzugefügt");
            foreach (DataRow r in tChanges.Rows)
                Debug.Print("  ID: {0}", r["ID"]);
        }

        // Veränderte Zeilen durchlaufen, wenn welche vorhanden
        tChanges = t.GetChanges(DataRowState.Modified);
        if (tChanges != null)
        {
            Debug.Print(" Verändert");
            foreach (DataRow r in tChanges.Rows)
            {
                Debug.Print("  ID: {0}", r["ID"]);

                // 5) Unterschiede anzeigen, wo welche vorliegen
                foreach (DataColumn c in t.Columns)
                    if (!object.Equals(
                         r[c.ColumnName, DataRowVersion.Original],
                         r[c.ColumnName]))
                        Debug.Print("   {0}:{1} => {2}",
                            c.ColumnName,
                            r[c.ColumnName, DataRowVersion.Original],
                            r[c.ColumnName]);
            }
        }

        // Der Vollständigkeit halber auch die restlichen beiden
        // möglichen Zeilenversionen
        if (t.GetChanges(DataRowState.Unchanged) != null)
            Debug.Print(" Unverändert");
        if (t.GetChanges(DataRowState.Detached) != null)
            Debug.Print(" Aus Tabelle entfernt");
    }
    // 6) Änderungen übernehmen oder verwerfen
    // 7) Hier werden die Änderungen übernommen
    DS.AcceptChanges();
    // 8) Hier werden die Änderungen verworfen
    // DS.RejectChanges();
    // 2) Nun wie zuvor: Keine Änderungen
    if (DS.GetChanges() == null)
        Debug.Print("Keine Änderungen");
}
```

Wichtig:

Werden Änderungen mit `AcceptChanges()` übernommen, bedeutet dies nicht, dass sie auch zurück in die Datenbank geschrieben werden. Das muss separat geschehen. Unter *7.2.4.3*, „Per SqlDataAdapter füllen und Datenbank aktualisieren", wird ausführlich erklärt, wie dies funktioniert.

Die Ausgabe sieht so aus und weist eine Merkwürdigkeit auf:

```
Keine Änderungen
Geänderte Tabelle: Kunden
 Gelöscht
  ID: 1
 Hinzugefügt
  ID: 5
 Verändert
  ID: 2
   Ort:Tokio => Buxtehude
Geänderte Tabelle: Sprachen
 Unverändert
Keine Änderungen
```

Wenn Sie sich die Ausgabe näher anschauen, werden Sie bemerken, dass auch die Tabelle Sprachen von der `DataSet.GetChanges()`-Methode mitgeliefert wird, obwohl diese keine Änderungen erfahren hat. Dies ist nicht etwa ein Bug, sondern die Konsequenz aus der Fremdschlüsseleinschränkung zwischen dieser und der Kunden-Tabelle. Ohne die Tabelle wären die Werte in der Kunden-Tabelle schlichtweg ungültig (`GetChanges()` erzeugt ja ein neues `DataSet`-Objekt). Dieses Verhalten tritt daher bei der `GetChanges()`-Methode bei `DataTable`-Objekten nicht auf und bei DataSets nur dann, wenn Fremdschlüsseleinschränkungen existieren.

Da die `DataRowState`-Aufzählung mit dem `Flags`-Attribut versehen ist, akzeptiert die `GetChanges()`-Methode auch eine Kombination aus unterschiedlichen Werten. Mit dem folgenden Beispiel werden somit nur solche Änderungen berücksichtigt, die als Parameter aufgeführt sind:

```
tChanges = DS.GetChanges(DataRowState.Added |
                         DataRowState.Deleted |
                         DataRowState.Modified);
```

Nur um zu prüfen, ob Änderungen vorliegen, ohne dass diese an der Stelle tatsächlich benötigt werden, reicht auch ein Aufruf der `HasChanges()`-Methode. Diese akzeptiert die gleichen Parameter wie die `GetChanges()`-Methode und liefert entsprechend `true` oder `false` zurück.

```
bool AenderungenVorhanden = DS.HasChanges(DataRowState.Added |
                                          DataRowState.Deleted |
                                          DataRowState.Modified);
```

Oder einfacher:

```
bool AenderungenVorhanden = DS.HasChanges();
```

Hinweis:

An ein `DataSet`-Objekt oder ein `DataTable`-Objekt gebundenes Steuerelement (Windows.Forms oder ASPX) macht nichts anderes als Änderungen an diesem Objekt.

7.2.7 Das DataSet kopieren

Es gibt zwei unterschiedliche Arten, um ein `DataSet`-Objekt zu kopieren: mit oder ohne Daten.

Um ein `DataSet`-Objekt mit seiner Struktur und seinem Inhalt zu kopieren, steht die `Copy()`-Methode bereit. Diese kann jedoch in der Ausführung je nach Umfang des DataSets durchaus eine messbare Zeit in Anspruch nehmen:

```
DataSet NeuesDS = AltesDS.Copy();
```

Als Variante können z.B. aber auch nur die Änderungen seit dem letzten Laden oder Aufruf von `AcceptChanges()` und `RejectChanges()` berücksichtigt werden:

```
DataSet NeuesDS = AltesDS.GetChanges();
```

Um ein DataSet ohne Inhalt, also nur mit dessen Schema, zu kopieren, kommt die `Clone()`-Methode zum Einsatz:

```
DataSet NeuesAberLeeresDS = AltesDS.Clone();
```

7.3 Die DataTable-Klasse

Die `System.Data.DataTable`-Klasse ist das eigentliche Gefäß für die Daten. Sie ist in Zeilen (`DataRow`) und Spalten (`DataColumn`) organisiert. Die Möglichkeiten, (mehrteilige) Primärschlüssel, automatisch generierte oder berechnete Werte und Einschränkungen zu definieren, lassen die `DataTable`-Klasse zur flexiblen Datenablage im Speicher werden. Zudem sind umfangreiche Datenmengen (ausreichend Arbeitsspeicher vorausgesetzt) kein Problem.

Dabei können `DataTable`-Objekte entweder ohne oder in einem `DataSet`-Objekt verwendet werden. Ein leeres Objekt kann dabei wahlweise über einen seiner Konstruktoren erstellt werden oder direkt mit der `Add()`-Methode eines `DataSet`-Objektes, zu dem dieses gleich hinzugefügt wird. Dies lässt sich so realisieren:

```
DataTable dt = new DataTable("TableName");
```

oder so:

```
DataTable dt = new DataTable("DataTableName","XMLNamensraum");
```

Das erstellte `DataTable`-Objekt kann durch diese Anweisung dem DataSet hinzugefügt werden.

```
ds.Tables.Add(dt);
```

Als Einzeiler lässt sich dies mit dem gleichen Ergebnis auf einem dieser beiden Wege erledigen:

```
DataTable dt = ds.Tables.Add("DataTableName");
```

Oder:

```
DataTable dt = ds.Tables.Add("DataTableName","XMLNamensraum");
```

Das nun so erstellte `DataTable`-Objekt ist nun bereit, erst mit Spalten und anschließend mit Daten gefüllt zu werden. Oder es liegt bereits in serialisierter Form oder als Datenbanktabelle vor und kann somit geladen werden. Viele Vorgehensweisen ähneln dabei denen eines DataSets, was letztendlich daran liegt, dass das DataSet „nur“ eine Ansammlung von `DataTable`-Objekten darstellt. Daher wurden viele ausführlichere Beispiele für `DataSet`- und `DataTable`-Objekte zusammen geschrieben.

Die wichtigsten Möglichkeiten, mit einem `DataTable`-Objekt weiter zu verfahren, sind:

- Das `DataTable`-Objekt kann per Code erst Spalten und anschließend Daten in Form von Zeilen erhalten (siehe *7.3.3,* *„Spalten hinzufügen, löschen und auflisten“,* und *7.3.4,* *„Zeilen hinzufügen/löschen“*).
- Das `DataTable`-Objekt kann aus XML-Daten erstellt werden (siehe *7.3.10*: „Per XML-Serialisierung lesen und schreiben“).
- Oder das `DataTable`-Objekt kann mithilfe eines `SqlDataAdapter`-Objekes mit Daten aus einer SQL Server-Abfrage befüllt werden (siehe *7.11,* *„Die SqlDataAdapter-Klasse“*).

Um auf eine Tabelle in einem DataSet zuzugreifen, muss deren Name oder Index bekannt sein.

```
DataTable dt = ds.Tables["DataTableName"];
```

oder

```
DataTable dt = ds.Tables[1];
```

Hinweis:

Während der Zugriff über den Index sicherlich eher für den Einsatz in Schleifen o.Ä. verwendet werden sollte, ist beim Zugriff über den Namen zu beachten, dass Tabellen über beliebig zugeordnete Namen angesprochen werden können. Für Details sehen Sie unter *7.11.3,* *„TableMapping“*, weiter.

Eine bestehende Tabelle kann mit all ihren Daten gelöscht werden, indem die `Remove()`-Methode aufgerufen wird. Ihr kann wie beim Zugriff der Name oder der Index der gewünschten Tabelle übergeben werden.

```
ds.Tables.Remove["DataTableName"];
```

oder

```
ds.Tables.Remove[1];Listing 7.1
```

Sollen alle Tabellen gelöscht werden, so reicht ein Aufruf von:

```
ds.Tables.Clear();
```

Wichtig:

Werden Tabellen gelöscht, so werden diese durch einen Aufruf der `RejectChanges()`-Methode des betreffenden `DataSet`-Objektes nicht wiederhergestellt. Diese Methode wirkt sich nur auf Daten, nicht aber auf das Schema (und zu diesem gehört eine Tabelle) aus.

7.3.1 Wichtige Methoden und Eigenschaften

Dies sind die wichtigen Methoden und Eigenschaften der `DataTable`-Klasse mit deren Beschreibungen.

Tabelle 7.8 Wichtige Methoden/Eigenschaften der DataTable-Klasse

Methode/Eigenschaft	Beschreibung
`AcceptChanges()`	Übernimmt alle gemachten Änderungen. Nach dem Aufruf liefert die `GetChanges()`-Methode nur noch `null`. Das Gegenstück zu dieser Methode ist die `RejectChanges()`-Methode, die alle gemachten Änderungen verwirft.
`BeginLoadData()`	Deaktiviert alle Ereignisse, Einschränkungen und (interne) Indexerstellung, um eine möglichst schnelle Beladung zu ermöglichen. Das „Gegenstück" ist die `EndLoadData()`-Methode.
`AsDataView()`	Diese Erweiterungsmethode liefert ein `DataTable`-Objekt in Form eines `DataView`-Objektes. Für Details siehe *7.7, „Die DataView-Klasse"*.
`AsEnumerable()`	Diese Erweiterungsmethode liefert ein `DataTable`-Objekt in Form einer Auflistung von `DataRow`-Objekten, die für LINQ-Abfragen verwendet werden können.
`CaseSensitive`	Legt fest, ob bei Zeichenkettenvergleichen die Groß-/Kleinschreibung berücksichtigt werden soll. Dies hat ebenfalls Auswirkungen darauf, ob ein bestimmter Wert in einer Spalte bereits existiert. Der Standardwert ist `false`.
`ChildRelations`	Liefert eine Auflistung aller Beziehungen zu anderen `DataTable`-Objekten, die diesem Objekt untergeordnet sind. Das Gegenstück ist die `ParentRelations`-Eigenschaft. Details finden Sie unter *7.3.8, „Beziehungen zwischen DataTable-Objekten"*.
`Clear()`	Löscht alle Zeilen, das Schema der Tabelle bleibt erhalten. Das Löschen der Zeilen ist nur möglich, wenn keine Fremdschlüsseleinschränkungen dagegen sprechen.
`Clone()`	Erstellt eine vollständige Kopie, die sowohl das Schema als auch die Daten umfasst.
`Columns`	Liefert eine Auflistung aller Spalten (`DataColumn`-Objekten).
`Compute()`	Berechnet einen übergebenen Ausdruck, wobei die aktuellen Zeilen einem Filter entsprechend berücksichtigt werden.
`Constraints`	Liefert eine Liste von Einschränkungen für das `DataTable`-Objekt.

Methode/Eigenschaft	Beschreibung
`Copy()`	Erstellt eine unvollständige Kopie, die lediglich das Schema, nicht aber die Daten umfasst.
`DataSet`	Wenn ein `DataTable`-Objekt zu einem DataSet gehört, so liefert diese Eigenschaft eine Referenz auf dieses DateSet. Ansonsten wird lediglich `null` geliefert.
`DisplayExpression`	Legt den Ausdruck fest, mit dem die Tabelle in der Benutzeroberfläche angezeigt wird. Dies ist in der Regel der Name der Tabelle.
`EndLoadData()`	Das „Gegenstück" ist die `BeginLoadData()`-Methode. Damit sind alle Ereignisse, Einschränkungen und die (interne) Indexerstellung wieder aktiv. Außerdem werden alle Einschränkungen überprüft und der (interne) Index auf einen aktuellen Stand gebracht.
`ExtendedProperties`	Über diese Eigenschaft steht ein `PropertyCollection`-Objekt zur Verfügung, das Speichern und Abrufen von Werte für eindeutige Schlüssel erlaubt. Weitere Details und Beispiele finden Sie unter *7.2.2, „Erweiterte Eigenschaften"*.
`GetChanges()`	Ruft alle Änderungen in dieser Tabelle ab, die nach dem Laden oder dem letzten Aufruf von `AcceptChanges()` oder `RejectChanges()` gemacht wurden. Auf Wunsch kann festgelegt werden, welche Arten von Änderungen dabei berücksichtigt werden sollen. Liegen keine Änderungen vor, so wird `null` zurückgeliefert. Siehe unter *7.3.9, „Änderungen abfragen"*.
`GetErrors()`	Liefert alle Zeilen, bei denen ein Fehler vorliegt. Liegen keine Fehler vor, so ist diese Liste leer, es wird aber nicht `null` zurückgeliefert.
`HasErrors`	Liefert die Information, ob Zeilen existieren, bei denen nach der Aktualisierung mit einer Datenquelle ein Fehler vorliegt. Diese könnten mit `GetErrors()` abgerufen werden.
`ImportRow()`	Kopiert eine (bestehende) Zeile in das `DataTable`-Objekt, in dem alle Versionen der Werte und alle Eigenschaften mit kopiert werden.
`LoadDataRow()`	Sucht und aktualisiert eine Zeile in einem `DataTable`-Objekt. Wenn die gesuchte Zeile nicht gefunden werden kann, so wird sie neu eingefügt.
`Local`	Legt ein `System.Globalization.CultureInfo`-Objekt fest, das zum Vergleich von Zeichenketten herangezogen wird und das somit die Sprachversion der DataTable bestimmt.
`Merge()`	Fügt zwei `DataTable`-Objekte zu einem zusammen. Dabei kann bestimmt werden, was gesehen soll, wenn die Schemata nicht zueinander passen, oder was mit gemachten Änderungen passieren soll.
`Namespace`	Legt den Namensraum für XML-Daten fest. Wird dieser Wert verändert, wenn schon Daten vorhanden sind, wird eine Ausnahme vom Typ `ArgumentException` erzeugt.

Methode/Eigenschaft	Beschreibung
`NewRow()`	Erzeugt ein neues `DataRow`-Objekt, das über das notwendige Schema verfügt. Wurde bei einer Spalte (`DataColumn`) die `DefaultValue`-Eigenschaft gesetzt, so enthält diese bereits diesen Wert. Achtung! Das so erstellte neue `DataRow`-Objekt muss noch der `Rows`-Auflistung hinzugefügt werden – `NewRow()` erzeugt nur das Objekt.
`ParentRelations`	Liefert eine Auflistung aller Beziehungen zu anderen `DataTable`-Objekten, die diesem Objekt übergeordnet sind. Das Gegenstück ist die `ChildRelations`-Eigenschaft. Details finden Sie unter *7.3.8*, „Beziehungen zwischen DataTable-Objekten".
`Prefix`	Legt das Präfix für XML-Daten fest.
`PrimaryKey`	Legt den Primärschlüssel fest. Dieser kann aus einer oder mehreren Spalten bestehen.
`ReadXml()`	Liest ein `DataTable`-Objekt aus XML-Daten. Diese können in unterschiedlichen Formen wie z.B. einem Datenstrom oder einer Datei vorliegen.
`ReadXmlSchema()`	Liest nur das Schema für ein `DataTable`-Objekt aus XML-Daten ein. Diese können in unterschiedlichen Formen wie z.B. einem Datenstrom oder einer Datei vorliegen.
`RejectChanges()`	Verwirft alle Änderungen. Anschließend liefert die `GetChanges()`-Methode nur noch `null`. Das Gegenstück stellt die `AcceptChanges()`-Methode dar, die alle Änderungen übernimmt.
`RemotingFormat`	Bestimmt das Format, indem die Daten der DataTable serialisiert werden. Möglich sind diese beiden Werte: ▪ *Xml*: Serialisierung als XML ▪ *Binary*: Serialisierung als binäre Daten Der Standard ist `Xml`.
`Rows`	Liefert eine Auflistung mit allen Zeilen (`DataRow`).
`Select()`	Liefert alle Zeilen, die einem gegebenen Filter entsprechend und bei Bedarf auch sortiert werden. Mehr Details unter *7.3.6, „Zeilen per Abfrage suchen"*.
`Tablename`	Legt den Namen des `DataTable`-Objektes fest. Der Name muss, wenn sich das Objekt in einem DataSet befindet, in diesem eindeutig sein.
`WriteXml()`	Schreibt ein `DataTable`-Objekt im XML-Format. Dabei kann bestimmt werden, ob das XML-Schema mit eingeschlossen und ob auch gemachte Änderungen (DiffGram[3]) mit geschrieben werden sollen.
`WriteXmlSchema()`	Schreibt das Schema der DataTable als XML-Daten. Dies kann in unterschiedlicher Form, wie z.B. einem Datenstrom oder einer Datei, geschehen.

[3] DiffGram umfasst sowohl die aktuellen als auch die ursprünglichen Werte (seit dem Laden oder dem letzten Aufruf von AcceptChanges).

7.3.2 Ereignisse

Viele der Ereignisse der DataTable-Klasse treten als Pärchen auf, wobei jeweils ein Ereignis während und das andere nach der entsprechenden Situation ausgelöst wird. Um den hier zur Verfügung stehenden Platz nicht zu sprengen, werden an dieser Stelle die Ereignisse nur kurz zusammen vorgestellt.

Tabelle 7.9 Wichtige Ereignisse der DataTable-Klasse

Ereignis	Beschreibung
ColumnChanging (während)	Wird bei der Veränderung eines Wertes in einer Spalte ausgelöst.
ColumnChanged (nachher)	
RowChanging (während)	Wird bei der Veränderung einer Zeile ausgelöst.
RowChanged (nachher)	
RowDeleting (während)	Wird beim Löschen einer kompletten Zeile aus dem DataTable-Objekt ausgelöst.
RowDeleted (nachher)	
TableClearing (während)	Wird ausgelöst, wenn alle Zeilen mit einem Aufruf der Clear()-Methode gelöscht werden.
TableCleared (nachher)	
TableNewRow	Wird ausgelöst, wenn eine neue Zeile in das DataTable-Objekt eingefügt wurde.

Bei den Ereignissen, die immer paarweise auftreten, bestimmen diejenigen, die währenddessen auftreten, die Möglichkeit, auf den weiteren Verlauf Einfluss zu nehmen.

7.3.3 Spalten hinzufügen, löschen und auflisten

Über die Columns-Eigenschaft kann auf die Spalten (DataColumn) zugegriffen werden. Über diese Auflistung können bestehende Spalten gelöscht und neue hinzugefügt werden.

Zunächst das Hinzufügen neuer Spalten. Für diese Aufgabe ist die Add()-Methode zuständig. Sie erlaubt das Hinzufügen schon bestehender DataColumn-Objekte, oder sie erstellt ein solches durch die übergebenen Werte. Wichtig ist dabei, dass der Name der Spalte eindeutig ist (in der Tabelle) und das DataColumn-Objekt nicht bereits zu einer anderen Tabelle gehört.

Hinweis:
Details über die DataColumn-Klasse finden Sie unter *7.5,* „Die DataColumn-Klasse". Dort werden auch die Möglichkeiten beschrieben, die für berechnete Spalten zur Verfügung stehen.

Besteht also ein DataColumn-Objekt bereits, so kann dieses direkt übergeben werden. Hier in dem Beispiel wird es vorher allerdings mit dem Namen „Spalte1" und dem Datentyp DateTime erstellt.

```
// Spalte erstellen
DataColumn dc = new DataColumn("Spalte1",typeof(DateTime));

// Spalte hinzufügen
dt.Columns.Add(dc);
```

> **Hinweis:**
> Über die `AddRange()`-Methode kann mit einem einzigen Aufruf über ein Array mit `DataColumn`-Objekten eine beliebige Anzahl an Spalten hinzugefügt werden.

Um eine komplette neue Spalte anzufügen, sieht der einfachste Aufruf so aus, der als Datentyp `string` annimmt.

```
dc = dt.Columns.Add("Spalte2");
```

Soll der Datentyp bestimmt werden, so kann dieser als zweiter Parameter mit dem `typeof`-Schlüsselwort bestimmt werden.

```
dc = dt.Columns.Add("Spalte2",typeof(DateTime));
```

Da die Möglichkeit besteht, Spalteninhalte automatisch über Ausdrücke berechnen zu lassen, kann dieser Ausdruck als dritter Parameter direkt mit übergeben werden.

```
dc = dt.Columns.Add("Gesamt",typeof(decimal), "Preis * Menge");
```

In diesem Fall wird der Wert durch Multiplikation der beiden Spalten Preis und Menge berechnet.

> **Hinweis:**
> Unter *7.2.4.1*, „DataSets per Code aufbauen und befüllen", finden Sie ein Beispiel, wie ein komplettes `DataSet`-Objekt inkl. Tabellen, Spalten und Zeilen per Code erstellt wird.

Spalten können auch dann einem `DataTable`-Objekt hinzugefügt werden, wenn sich in diesem bereits Daten befinden. Dann ergeben sich allerdings einige Einschränkungen, wenn die neue Spalte nicht leer sein darf (Eigenschaft `DataColumn.AllowDBNull=false`). In einem solchen Fall muss die neue Spalte entweder

- einen Standardwert definieren, der nicht `null` entspricht (Eigenschaft `DataColumn.DefaultValue`),

oder

- ihren Inhalt aus einem Ausdruck berechnen, dessen Ergebnis ebenfalls nicht `null` entspricht (Eigenschaft `DataColumn.Expression`).

Dieses Verhalten ist vergleichbar mit dem Hinzufügen einer neuen Spalte zu einer Tabelle auf dem SQL Server. Dort darf die neue Spalte ebenfalls nicht leer bleiben, wenn dies nicht zugelassen ist (`NOT NULL`).

> **Wichtig:**
> In Anlehnung an Tabellen auf dem SQL Server speichert ein `DataTable`-Objekt in seinen Zellen nicht den Wert `null`, sondern immer `System.DBNull.Value` – auch wenn vorher explizit `null` zugewiesen wurde. Daher heißt die entsprechende Eigenschaft auch

`AllowDBNull`. Dies ist besonders beim Zugriff auf Werte wichtig, da Wertetypen und viele Referenztypen nicht mit `System.DBNull` kompatibel sind. Unter *7.3.7*, „Werte lesen und verändern", finden Sie mehr Informationen, um das Problem zu lösen.

Soll auf alle Spalten eines DataTable-Objektes zugegriffen werden, so kann dies entweder mit einer `for`-Schleife oder mit einer `foreach`-Schleife geschehen. Diese beiden Beispiele sind daher von ihrer Wirkung her identisch.

```
foreach (DataColumn dc in dt.Columns)
    Debug.Print(dc.Caption);
```

und

```
for (int i=0; i < dt.Columns.Count; i++)
    Debug.Print(dt.Columns[i].Caption);
```

Um auf eine einzelne Spalte zuzugreifen, kann dies wie gewohnt über deren Index oder deren Namen geschehen.

```
DataColumn dc = dt.Columns[0]
```

oder

```
DataColumn dc = dt.Columns["ID"]
```

Es handelt sich bei beiden um gültige Zugriffe, auch wenn der Zugriff über den Namen bestimmt die Lesbarkeit des Codes erhöht und daher vorzuziehen ist.

Spalten können auf dieselbe Art, in der sie hinzugefügt werden, auch wieder entfernt werden. Dies kann analog zu den Möglichkeiten beim Hinzufügen auch über den Namen, den Index oder über einen vorhandenen Verweis auf die betreffende Spalte geschehen.

```
dt.Columns.Remove(dc);

dt.Columns.Remove("ID");
```

Das Entfernen per Spaltenindex geschieht über die `RemoveAt()`-Methode der Auflistung.

```
dt.Columns.RemoveAt(0);
```

Sollen alle Spalten entfernt werden, was sicherlich nicht oft vorkommt, so ist dies mit diesem Aufruf möglich.

Wichtig:
Spalten können nicht entfernt werden, wenn sie von anderen berechneten Spalten benötigt werden oder wenn sie Teil einer Beziehung sind.

7.3.4 Zeilen hinzufügen/löschen

Um Daten und damit Zeilen in ein `DataTable`-Objekt einzufügen, stehen zwei recht unterschiedliche Ansätze zur Verfügung. Entweder können die Werte einer Zeile über ein Array eingefügt werden oder durch ein `DataRow`-Objekt, das zuvor durch die `NewRow()`-Methode erstellt und mit dem richtigen Schema versehen wurde.

Können die Werte einer Zeile als Array vom Typ `object` notiert werden, so ist diese Alternative recht kompakt und übersichtlich, wenn nicht zu viele Spalten mit umfangreichen Zuweisungen gefüllt werden müssen.

Dabei müssen einige Dinge beachtet werden, damit das Hinzufügen mit Erfolg durchgeführt werden kann.

- Die Reihenfolge der Werte muss der der Spalten entsprechen.
- Die Werte müssen mit den Datentypen der Spalten vereinbar sein.
- Die entsprechenden Spalten müssen Änderungen akzeptieren (die `ReadOnly`-Eigenschaft darf nicht `true` sein). Somit sind u.a. auch berechnete Spalten tabu.
- Es dürfen weniger Werte als Spalten übergeben werden, wenn die restlichen Spalten entweder leer sein dürfen (`AllowDBNull`-Eigenschaft mit einem Wert von true) oder ein entsprechender Standardwert definiert wurde (über die `DefaultValue`-Eigenschaft).
- Es dürfen auf keinem Fall mehr Werte als Spalten übergeben werden.

Das folgende Beispiel erzeugt eine neue Zeile für das `DataTable`-Objekt, das über fünf Spalten verfügt.

```
tKunden.Rows.Add(1, "Müller AG", "Bochum", "+49 234-123456", 1031);
```

Damit kann mit nur einer Codezeile bequem eine Zeile erzeugt und eingefügt werden.

Wird von dem so implizit entstandenen `DataRow`-Objekt ein Verweis benötigt, so kann der Umstand ausgenutzt werden, dass die `Add()`-Methode diesen als Rückgabewert zurückliefert.

```
DataRow dr = tKunden.Rows.Add(Werte);
```

Muss eine neue Zeile durch das Anfügen eines `DataRow`-Objektes erfolgen, so kann dies nicht über einen Konstruktor erzeugt werden, sondern nur über die `NewRow()`-Methode des `DataTable`-Objektes, die das neue Objekt mit dem richtigen Schema für die Spalte ausstattet und ggf. die Standardwerte, die über die `DefaultValue`-Eigenschaft zugewiesen wurden, festlegt.

Damit stellt sich das Hinzufügen als ein Prozess in drei Schritten dar:

1. Neues `DataRow`-Objekt mit der `NewRow()`-Methode erstellen.
2. Die Werte der gewünschten Spalten festlegen.
3. Das `DataRow`-Objekt muss mit der `Add()`-Methode der Auflistung hinzugefügt werden.

Als Beispiel, in dem ebenfalls eine Zeile hinzugefügt wird, sieht dies so aus:

```
// Neues DataRow-Objekt erzeugen
DataRow dr = tKunden.NewRow();

// Werte zuweisen
dr["ID"] = 1;
dr["Name"] ="Müller AG";
```

```
dr["Ort"] = "Bochum";
dr["Telefon"] = "+49 234-123456";
dr["Sprache"] = 1031;

// Zeile hinzufügen
tKunden.Rows.Add(dr);
```

Wichtig:
Das neue `DataRow`-Objekt muss auf jeden Fall der `Rows`-Auflistung hinzugefügt werden. Die `NewRow()`-Methode erledigt dies nicht, sondern erstellt und richtet das neue Objekt lediglich ein, indem es die benötigten Spalten erstellt.

Sollen alle Zeilen eines `DataTable`-Objektes durchlaufen werden, so kann dies auch mit einer `for`-Schleife oder einer `foreach`-Schleife geschehen. Daher sind diese beiden Schleifen in dieser Hinsicht identisch:

```
foreach (DataRow dr in dt.Rows)
    Debug.WriteLine(dr["ID"]);
```

und

```
for (int i=0; i < dt.Rows.Count; i++)
    Debug.WriteLine(dt.Rows[i]["ID"]);
```

Für das Löschen einer Zeile ist die `Delete()`-Methode vorgesehen. Durch deren Aufruf wird die Zeile jedoch lediglich als gelöscht markiert, indem die `RowState`-Eigenschaft einen Wert von `Deleted` erhält. Ansonsten bleibt die Zeile in der `Rows`-Auflistung, und auf sie kann z.B. über die `GetChanges()`-Methode zugegriffen werden. Unter *7.2.6*, „Datenänderungen abfragen, annehmen und verwerfen", finden Sie genau beschrieben, wie dies funktioniert.

Wichtig:
Verwechseln Sie die `Delete()`-Methode der `DataRow`-Klasse nicht mit den `Remove()`- und `RemoveAt()`-Methoden der `Rows`-Auflistung der `DataTable`-Klasse. Letztere entfernen das `DataRow`-Objekt, das anschließend zu keiner Tabelle mehr gehört. Sollen später gemachte Änderungen mit einer Datenquelle synchronisiert werden, so wird diese Zeile dabei nicht berücksichtigt!

Der folgende Aufruf

```
dr.Delete();
```

belässt eine Zeile also in der `Rows`-Auflistung, sodass die folgende Schleife abgearbeitet werden kann, ohne dass es zu einer Ausnahme kommt.

```
foreach (DataRow dr in dt.Rows)
    dr.Delete()
```

Zum Vergleich erzeugt der folgende Code eine Ausnahme vom Typ `InvalidOperationException`, da eine Auflistung bei deren Durchlaufen nicht verändert werden darf.

```
foreach (DataRow dr in dt.Rows)
    dt.Rows.Remove(dr);
```

> **Hinweis:**
> Die RowState-Eigenschaft einer mit Remove()/RemoveAt() entfernten Zeile bekommt den Wert Detached zugewiesen und kann später zu der gleichen oder einer anderen Tabelle mit gleichem Schema durch Aufruf der Add()-Methode wieder hinzugefügt werden.

7.3.5 Mit einem Primärschlüssel arbeiten

Der Primärschlüssel eines DataTable-Objektes hat die gleichen Aufgaben in einer Tabelle einer SQL Server-Datenbank: mit eindeutigen Werten gezielt auf eine Zeile zugreifen. Da ein Primärschlüssel aus einer oder mehreren Spalten bestehen kann, wird der PrimaryKey-Eigenschaft ein Array von DataColumn-Objekten zugewiesen, die alle natürlich aus dieser Tabelle stammen müssen.

Das folgende Beispiel zeigt, wie dies funktioniert:

```
tKunden.PrimaryKey = new DataColumn[] { tKunden.Columns["ID"] };
```

oder

```
tKunden.PrimaryKey = new DataColumn[]
    { tKunden.Columns["ID"], tKunden.Columns["EineAndereSpalte"]};
```

Der Zugriff findet nun über die Find()-Methode der Rows-Auflistung des DataTable-Objektes statt. Es existieren zwei unterschiedliche Überladungen für einen Primärschlüssel, der aus genau einer oder mehrerer Spalten besteht.

Zuerst der Zugriff auf einen einspaltigen Primärschlüssel:

```
DataRow dr = tKunden.Rows.Find(1);
```

Nun der Aufruf für einen mehrteiligen Primärschlüssel, wobei die Werte der Reihenfolge und der Anzahl der Spalten entsprechen müssen.

```
DataRow dr = tKunden.Rows.Find(new object[] {1,"Wert2"});
```

So oder so, wenn keine Zeile mit den Werten des Primärschlüssels existiert, wird keine Ausnahme erzeugt, sondern lediglich ein Rückgabewert von null geliefert.

7.3.6 Zeilen per Abfrage suchen

Während bei der Verwendung eines Primärschlüssels immer nur eine einzige Zeile geliefert wird, besteht mit der Select()-Methode eine Möglichkeit, eine beliebige Anzahl von Zeilen per Abfrage zu ermitteln und diese auf Wunsch zusätzlich noch zu sortieren.

> **Hinweis:**
> Wenn die Möglichkeiten, welche die Select()-Methode bietet, nicht ausreichen, sollten Sie einen Blick auf *8.3*, „LINQ to DataSets“, werfen.

Der `Select()`-Methode wird ein Filterausdruck übergeben, der bestimmt, welche Zeilen zurückgeliefert werden sollen.

Im Folgenden finden sich einige Beispiele für solche Filter:

```
Sprache = 1031

ISNULL(SICHTBAR, False) = True

Ort LIKE 'B*'

Ort = 'München' AND MitarbeiterAnzahl >= 250

Ort LIKE 'B*'

Ort IN ('Bochum', 'München')
```

Wichtig:

Die beiden Platzhalter * und % sind bei dem Einsatz mit dem `LIKE`-Operator synonym, jedoch im Gegensatz zu SQL nur am Anfang oder am Ende zulässig.

Der Aufruf kann somit also so aussehen:

```
DataRow[] filterKunden = tKunden.Select("Ort IN ('Bochum','München')");
```

Trifft der Filter auf keine Zeile zu, so ist das zurückgelieferte Array leer, der Verweis jedoch nicht `null`. Wird ein ungültiger Ausdruck angegeben, so wird eine Ausnahme vom Typ `SyntaxErrorException` erzeugt. Wird hingegen eine Spalte verwendet, die nicht existiert, so ist es eine Ausnahme vom Typ `EvaluateException`, die erzeugt wird. In beiden Fällen geben die Ausnahmen in Textform detailliert Auskunft über die Ursache des Fehlers.

Hinweis:

Unter *7.7.3*, „Filter und Sortierung", finden Sie weitere Informationen über Filterausdrücke, die auch bei `DataView`-Objekten zum Einsatz kommen.

Neben einem Filter kann auf Wunsch in einer Überladung der `Select()`-Methode auch eine Sortierung angegeben werden, nach der die Zeilen, die dem Filter entsprechend passieren konnten, vor der Rückgabe sortiert werden. Diese Sortierung kann sich dabei auf eine oder mehrere Spalten beziehen und wahlweise auf- oder absteigend verlaufen. Ohne Sortierung werden die Zeilen in der Reihenfolge zurückgeliefert, in der sie in dem `DataTable`-Objekt gespeichert sind.

Unter *7.7.3*, „Filter und Sortierung", finden Sie diese Sortierung wieder, da diese auch (zusammen mit den Filterausdrücken) bei `DataView`-Objekten verwendet werden.

Die beiden ersten Beispiele sind von SQL bekannt, in ihrer Wirkung identisch, da die aufsteigende Sortierung der Standard ist.

```
NAME, ORT

NAME ASC, ORT ASC
```

Absteigende Sortierungen müssen mit dem `DESC`-Schlüsselwort versehen werden.

```
NAME DESC, ORT

NAME DESC, ORT DESC
```

Übergeben wird der Filterausdruck als zweiter Parameter nach dem Filter.

```
DataRow[] filterKunden = tKunden.Select(
    "Ort IN ('Bochum','München')", "Name, Telefon");
```

7.3.7 Werte lesen und verändern

Der Zugriff auf einzelne Werte in einer Zeile (also eine Zelle der Tabelle) ist einfach und über die Angabe der entsprechenden Spalte möglich. Auf die unterschiedlichen Versionen (siehe *7.4.3, „Zeilenstatus und Zeilenversionen“*) der Werte kann dabei durch eine Überladung gezielt zugegriffen werden (nur lesend).

Die folgenden Beispiele zeigen mögliche Zugriffe auf den Wert eines Feldes.

```
dr["Name"] = "Müller AG";

dr[1] = "Müller AG";

DataColumn dc = tKunden.Columns["Name"];
string name = (string)dr[dc];

string Name = (string) dr["Name", DataRowVersion.Original]; // Nur lesend

string Ort = (string)dr[2, DataRowVersion.Default]; // Nur lesend

DataColumn dc = tKunden.Columns["Name"];
string name = (string)dr[dc, DataRowVersion.Current]; // Nur lesend
```

Beim Zuweisen eines neuen Wertes müssen die folgenden Punkte beachtet werden:

- Lediglich der aktuelle Wert eines Feldes kann direkt verändert werden. Alle anderen Versionen werden intern modifiziert und können auf diesem Weg nur ausgelesen werden.
- Der Datentyp des Feldes (`DataColumn.DataType`-Eigenschaft) muss mit dem Wert vereinbar sein, sonst wird eine `ArgumentException`-Ausnahme ausgelöst.
- Ist die Zelle schreibgeschützt (`ReadOnly`-Eigenschaften eines `DataColumn`-Objektes hat den Wert `true`), so wird eine Ausnahme vom Typ `ReadOnlyException` ausgelöst.
- Darf der Wert der Zelle nicht leer sein (`AllowsDBNull`-Eigenschaften eines `DataColumn`-Objektes hat den Wert `false`) und wird `null` oder `DBNull.Value` zugewiesen, so wird eine `NoNullAllowedException`-Ausnahme erzeugt.

- Ist die geforderte Eindeutigkeit einer Spalte nicht mehr gegeben (`Unique`-Eigenschaft des `DataColumn`-Objektes hat den Wert `true`), so wird eine `ConstraintException`-Ausnahme erzeugt.

System.DBNull oder null?

Ein `DataTable`-Objekt speichert intern nicht den Wert `null` ab, sondern das Äquivalent einer Datenbank: `System.DBNull.Value`. Dies wird in dem Moment zu einem Problem, in dem der Wert einer Zelle direkt einer Variablen zugewiesen wird, ohne vorher zu prüfen, ob der Wert `DBNull.Value` vorliegt.

Das folgende kleine Beispiel verdeutlicht das Problem:

```
dr["Name"] = null;

// Die nächste Zeile löst eine InvalidCastException aus!
string Name = (string)dr["Name"];
```

Um die Ausnahme zu umgehen, gibt es zwei Ansätze:

- Vermeiden, dass `null` als Wert für Spalten zulässig ist, indem ein Wert von `false` für die `AllowDBNull`-Eigenschaft des `DataColumn`-Objekts zugewiesen wird.
- Vor der Zuweisung mit der `IsNull`-Eigenschaft des `DataRow`-Objektes prüfen, ob ein bestimmtes Feld `DBNull.Value` enthält. Dieser Ansatz kann aber leicht zu etwas unübersichtlichem Code führen.

Sicher in dieser Hinsicht ist entsprechend der folgende Code:

```
string Name;
if (!dr.IsNull("Name"))
    Name = (string)dr["Name"];
else
    Name = null;
```

Dies lässt sich zwar mit dem ternären Operator ?: als Einzeiler formulieren, doch wirklich übersichtlicher wird es leider auch nicht.

Hinweis:

Etwas eleganter und effizienter lässt sich das Problem mithilfe einer Erweiterungsmethode lösen, wie sie unter *8.4.1,* „Bei LINQ to SQL statt null einen Fallback-Wert erhalten“, beschrieben ist, die sogar einen Fallback-Wert bereitstellt. Der Aufruf sieht dann lediglich so aus: `string Name = dr.DbNullSaveField<string>("Name", "n.n.");`

7.3.8 Beziehungen zwischen DataTable-Objekten

Wie in jeder relationalen Datenbank können `DataTable`-Objekte in einem DataSet miteinander in Beziehung stehen. Während der SQL Server 2008 (R2) für diesen Fall Fremdschlüsseleinschränkungen zur Verfügung stellt, sind dies hier `DataRelation`-Objekte.

Die folgende Abbildung stellt die Beziehung zwischen Kunden und deren Sprachen grafisch dar.

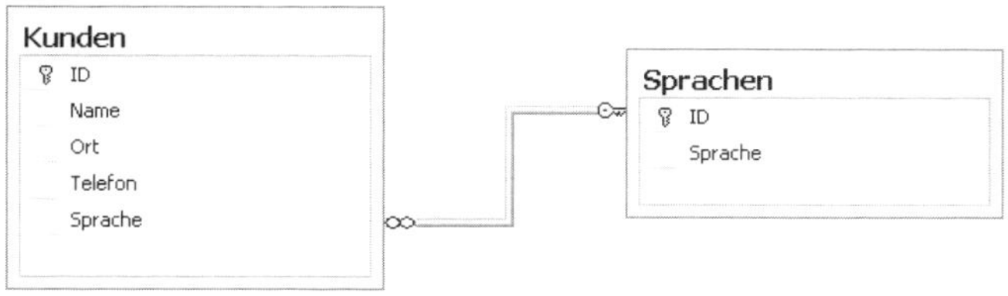

Abbildung 7.4 Die Beziehung zwischen Kunden und deren Sprachen

Dieser Zusammenhang kann folgendermaßen implementiert werden.

```
DS.Relations.Add ("KundenSprache",
tSprachen.Columns["ID"],tKunden.Columns["Sprache"],true);
```

Dabei dienen solche Beziehungen unterschiedlichen Zwecken:

- Sie dienen der Sicherstellung konsistenter Daten im Sinne einer relationalen Datenbank.
- Sie können bei berechneten Spalten für Aggregate verwendet werden. Mehr Details dazu unter *7.5.3.2,* „Berechnung mit mehreren Tabellen".
- UI-Controls können so Vater-Kind-Hierarchien visualisieren. Das Kapitel *9, „Datenbindung*", widmet sich ganz diesem Themenbereich.

Unter *7.9,* „Die DataTableReader-Klasse", finden Sie mehr Details zum `DataRelation`-Objekt.

7.3.9 Änderungen abfragen

Wie Änderungen an Daten abgefragt, übernommen oder verworfen werden können, wurde schon für die `DataSet`-Klasse beschrieben. Da deren Funktionalität über (fast) die gleiche Methode realisiert wurde (die ihrerseits nur alle Tabellen in dem DataSet durchlaufen), sei an dieser Stelle auf die ausführliche Beschreibung unter *7.2.6,* „Datenänderungen abfragen, annehmen und verwerfen", verwiesen.

7.3.10 Per XML-Serialisierung lesen und schreiben

Die gleichen Methoden, die für ein komplettes `DataSet`-Objekt zum Serialisieren und wieder Deserialisieren bereitstehen, existieren auch für ein `DataTable`-Objekt. Mit ihnen können der Inhalt und/oder das Schema verarbeitet werden. Unter *7.2.4.2,* „Umwandlung zwischen DataSet und XML", finden Sie daher die entsprechenden Beschreibungen.

7.3.11 DataTable-Objekte kopieren

Ein DataTable-Objekt kann auf zwei unterschiedliche Arten kopiert werden: mit oder ohne Daten.

Um Ersteres zu erreichen, sieht die Anweisung so aus:

```
DataTable NeuesDT = AltesDT.Copy();
```

Diese Anweisung kann allerdings je nach Umfang der Tabelle mehr oder weniger Zeit für die Ausführung in Anspruch nehmen. Ähnlich wie bei `DataSet`-Objekten können mit einer Variante z.B. aber auch nur die Änderungen seit dem letzten Laden oder Aufruf von `AcceptChanges()` und `RejectChanges()` dabei berücksichtigt werden:

```
DataTable NeueDT = AltesDT.GetChanges();
```

Um nur das Schema ohne Daten zu berücksichtigen, dient die `Clone()`-Methode.

```
DataTable NeuesAberLeeresDT = AltesDT.Clone();
```

7.3.12 Werte berechnen

Ähnlich der Funktionsweise von berechneten Spalten (siehe *7.5.3, „Berechnete Spalten“*) kann auf Wunsch eine einzelne Berechnung mit der `Compute()`-Methode durchgeführt und deren Ergebnis weiterverarbeitet werden. Diese Berechnungen können dabei sowohl das `DataTable`-Objekt selbst als auch andere `DataTable`-Objekte betreffen, die über Beziehungen verknüpft sind. Auf Wunsch kann dabei sogar ein Filter angegeben werden, um zu bestimmen, welche Werte dabei berücksichtigt werden sollen – wird dies benötigt, so reicht ein Wert von `null`. Das nächste Beispiel zeigt, wie aus einer Tabelle die Summe über alle Preise gebildet wird.

```
public static void computeValue()
{
    // DataTable erstellen
    DataTable dt = new DataTable("Bestellungen");

    // Spalten einfügen
    dt.Columns.Add("Bezeichnung");
    dt.Columns.Add("Menge", typeof(int));
    dt.Columns.Add("Preis", typeof(decimal));
    dt.Columns.Add("Gesamtpreis", typeof(decimal), "Preis * Menge");

    // Zwei Zeilen einfügen
    dt.Rows.Add(new object[] { "Blumentopf", 10, 9.95 });
    dt.Rows.Add(new object[] { "Stuhl", 4, 99.95 });

    // Berechnung durchführen und ausgeben
    decimal result = (decimal)dt.Compute("SUM(Preis)", null);
}
```

Als Filterausdruck stehen alle Möglichkeiten offen, die auch für das Suchen von Zeilen zum Einsatz kommen können. Mehr dazu finden Sie unter *7.3.6, „Zeilen per Abfrage suchen“*.

```
// Berechnung durchführen und ausgeben
decimal result = (decimal)dt.Compute("SUM(Preis)", "Preis > 10" );
```

Hier werden nur die Preise aus den Zeilen berücksichtigt, deren Wert größer 10 ist.

7.4 Die DataRow-Klasse

Die `System.Data.DataRow`-Klasse letztendlich repräsentiert eine Zeile innerhalb einer `DataTable`. Sie gehört zu genau einer oder keiner Tabelle – ein `DataRow`-Objekt kann mit der `Remove()`-Methode von einer Tabelle entfernt und einer anderen, passenden hinzugefügt werden.

7.4.1 Wichtige Methoden und Eigenschaften

Diese Übersicht stellt die wichtigsten Methoden und Eigenschaften der `DataRow`-Klasse vor.

Tabelle 7.10 Wichtige Methoden/Eigenschaften der DataRow-Klasse

Methoden/Eigenschaft	Beschreibung
`AcceptChanges()`	Übernimmt alle gemachten Änderungen an der Zeile. Das Gegenstück zu dieser Methode ist die `RejectChanges()`-Methode, die alle Änderungen verwirft.
`BeginEdit()`	Sollen mehrere Werte in der Zeile modifiziert werden, so wird dies mit dieser Methode eingeleitet. Der Abschluss wird durch einen Aufruf von `EndEdit()`, ein Abbruch durch `CancelEdit()` herbeigeführt.
`CancelEdit()`	Bricht das Bearbeiten der Werte ab, das vorher mit `BeginEdit()` begonnen wurde.
`ClearErrors()`	Löscht alle Fehler in dieser Zeile.
`Delete()`	Setzt den Status auf den Wert `DataRowState.Added`, die Zeile wird allerdings nicht aus der `Rows`-Auflistung ihrer Tabelle entfernt.
`EndEdit()`	Schließt das Bearbeiten von Werten ab, das vorher mit `BeginEdit()` begonnen wurde.
`GetChildRows()`	Liefert eine relational untergeordnete Zeile. Es muss die entsprechende Relation und es kann die gewünschte Version der Zeile angegeben werden.
`GetColumnError()`	Liefert die Beschreibung des Fehlers der per Name, Index oder `DataColumn`-Objekt übergebenen Spalte in dieser Zeile.
`GetColumnsInError()`	Liefert eine Auflistung aller Spalten, deren Werte in dieser Zeile einen Fehler aufweisen.
`GetParentRow()`	Liefert eine relational übergeordnete Zeile. Es muss die entsprechende Relation und es kann die gewünschte Version der Zeile angegeben werden.
`HasErrors`	Prüft, ob Fehler in der Zeile vorhanden sind.
`HasVersion()`	Prüft, ob eine bestimmte Version der Werte in dieser Zeile vorhanden ist.

Methoden/Eigenschaft	Beschreibung
`IsNull()`	Prüft, ob die per Name, Index oder `DataColumn`-Objekt übergebene Spalte den Wert `null`, also den Wert `System.DBNull.Value` aufweist.
`RejectChanges()`	Weist alle gemachten Änderungen an der Zeile ab und macht sie damit ungeschehen. Alle Felder haben wieder die Werte, die sie nach dem letzten Laden oder einem Aufruf von `AcceptChanges()` und `RejectChanges()` hatten. Das Gegenstück zu dieser Methode ist die `AcceptChanges()`-Methode.
`RowState`	Liefert den Status der Zeile. Details dazu finden Sie unter *7.4.3*, „Zeilenstatus und Zeilenversionen".
`SetAdded()`	Setzt den Status der Zeile auf den Wert `DataRowState.Added()`.
`SetColumnError()`	Erlaubt es, für die angegebene Spalte der Zeile einen Fehler zu signalisieren. Details finden Sie unter *7.10*, „Eigene Fehler per Code signalisieren".
`SetModified()`	Setzt den Status der Zeile auf den Wert `DataRowState.Modified`.
`Table`	Liefert einen Verweis auf das `DataTable`-Objekt, zu dem die Zeile gehört, oder `null`, wenn die Zeile zu keiner Tabelle gehört.

7.4.2 Ereignisse

Die `DataRow`-Klasse verfügt über keine Ereignisse.

7.4.3 Zeilenstatus und Zeilenversionen

Über einen Mechanismus aus unterschiedlichen Status und Versionen enthält ein `DataRow`-Objekt nicht nur die aktuellen Werte, sondern nach Änderungen auch die originalen und die aktuellen Werte. Auf diese Weise stehen immer die notwendigen Informationen bereit, um die Datenquelle (z.B. eine Tabelle auf dem SQL Server) zu aktualisieren.

Zeilenstatus

Der Status einer Zeile gibt Auskunft darüber, was mit dieser in Bezug auf „ihr" `DataTable`-Objekt geschehen ist. Er sagt also aus, ob sie verändert, gelöscht etc. wurde. Wichtig ist dabei zu sehen, dass dies immer davon abhängt, wann das letzte Mal die `AcceptChanges()`- oder die `RejectChanges()`-Methode aufgerufen wurde.

Tabelle 7.11 Werte der DataRowState-Auflistung

Wert	Beschreibung
`Detached`	Die Zeile gehört derzeit zu keinem `DataTable`-Objekt. Diesen Status hat eine Zeile z.B., kurz nachdem sie mit `DataTable.NewRow` erzeugt und bevor sie der Tabelle hinzugefügt wurde.
`Unchanged`	Die Werte der Zeile wurden seit dem letzten Aufruf von `AcceptChanges()` oder dem Laden der Tabelle nicht verändert.
`Added`	Die Zeile wurde hinzugefügt, und es wurde noch nicht `AcceptChanges()` aufgerufen.
`Deleted`	Die Zeile wurde durch die `Delete()`-Methode gelöscht.
`Modfified`	Die Zeile enthält Werte, die verändert wurden, und es wurde weder `AcceptChanges()` noch `RejectChanges()` aufgerufen.

Auf den aktuellen Status einer Zeile kann mittels der `RowState`-Eigenschaft zugegriffen werden.

```
DataRowState State = dr.RowState;
```

Des Weiteren können über die `GetChanges()`-Methode eines `DataSet`- und `DataTable`-Objektes gezielt alle Zeilen und Tabelle mit Zeilen abgerufen werden, die einen bestimmten Zeilenstatus haben.

```
// DataSet mit allen Tabellen, die neue oder unveränderte
// Zeilen beinhalten
DataSet Aenderungen =
    ds.GetChanges(DataRowState.Added | DataRowState.Unchanged);

// DataTable mit allen Zeilen, die neu oder unverändert sind
DataTable Aenderungen =
    dt.GetChanges(DataRowState.Added | DataRowState.Unchanged);
```

Wichtig:

Wenn Sie die `GetChanges()`-Methode eines `DataSet`-Objektes verwenden, kann es vorkommen, dass das DataSet, das Sie erhalten, auch Tabellen mit Zeilen enthält, die dem nicht geforderten Zeilenstatus entsprechen. In einem solchen Fall wurden die Tabellen mit Zeilen aufgrund einer Fremdschlüsseleinschränkung verändert.

Zeilenversion

Über die unterschiedlichen Versionen einer Zeile werden die Werte in unterschiedlichen Stadien einer Zeile verfügbar gemacht. Es handelt sich damit also mehr um „Werteversionen". Da ein Feld in einer Zeile einer relationalen Tabelle allerdings nicht für sich allein, sondern immer als ganze Zeile gesehen werden muss, wurde von Microsoft der Begriff der Zeilenversionen verwendet.

Hinweis:

Wenn Sie bei einem Zugriff keine Angaben über die gewünschte Version machen, so wird die aktuelle (`Current`) verwendet.

Eine Zeile kann die folgenden Werte für ein Feld speichern.

Tabelle 7.12 Werte der DataRowVersion-Auflistung

Wert	Beschreibung
`Original`	Die ursprünglichen Werte der Felder.
`Current`	Die aktuellen Werte der Felder.
`Proposed`	Die Werte, welche die Felder annehmen sollen.
`Default`	Die Standardwerte der Felder.

Zu beachten ist, dass nicht zu jeder Zeit jede Version einer Zeile zur Verfügung steht, sondern dies von Faktoren wie dem Aufrufen von `AcceptChanges()`/`RejectChanges()` abhängt.

- Wird ein einzelner Wert in einer Zeile erfolgreich verändert, so wird der aktuelle Wert (`Current`) gleich diesem Wert gesetzt. Der ursprüngliche Wert (`Original`) bleibt erhalten.
- Nachdem die `BeginEdit()`-Methode aufgerufen wurde, werden Änderungen als vorgeschlagene Werte (`Proposed`) gespeichert.
- Ein erfolgreicher Aufruf von `EndEdit()` sorgt dafür, dass die vorgeschlagenen Werte (`Proposed`) zu den aktuellen (`Current`) werden.
- `CancelEdit()` sorgt dafür, dass die vorgeschlagenen Werte (`Proposed`) entfernt werden.
- Wird die `AcceptChanges()`-Methode aufgerufen, werden die ursprünglichen Werte (`Original`) den aktuellen (`Current`) gleichgesetzt.
- Durch einen Aufruf von `RejectValues()` werden die aktuellen Werte (`Current`) auf die ursprünglichen Werte (`Original`) gesetzt.

Der Zugriff kann auf diese Weise stattfinden.

```
// Zugriff auf den aktuellen Wert
int ID = (int)dr["ID"];

// Zugriff auf den ursprünglichen Wert
int ID = (int)dr["ID", DataRowVersion.Original];
```

Weitere Beschreibungen und ein ausführliches Beispiel finden Sie unter *7.3.7, „Werte lesen und verändern“*.

AcceptChanges/RejectChanges

Die beiden Methoden `AcceptChanges()` und `RejectChanges()` existieren für die `DataSet`-, `DataTable`- und `DataRow`-Klasse. Ihre Funktionsweise ist immer die gleiche, lediglich ändert sich der Umfang. Während `DataSet.AcceptChanges()` die Änderungen für alle Tabellen in diesem DataSet übernimmt, tut `DataTable.Accc eptChanges()` dies nur noch für alle Zeilen der Tabelle. `DataRow.AcceptChanges()` letztendlich gilt nur noch für die einzelne Zeile.

Die `RejectChanges()`-Methode weist alle gemachten Änderungen zurück und macht sie damit ungeschehen. Vom Aufbau her funktioniert diese wie die `AcceptChanges()`-Methode.

7.5 Die DataColumn-Klasse

Eine einzelne Spalte eines `DataTable`-Objektes wird durch eine Instanz der `System.Data.DataColumn`-Klasse repräsentiert. Die Werte einer Spalte können auf Wunsch automatisch durch Ausdrücke berechnet (siehe *7.5.3,* „Berechnete Spalten“) oder wie gewohnt für jede Zeile zugewiesen werden.

In der Regel werden Spalten einer Tabelle hinzugefügt, bevor diese mit Daten gefüllt wird. Unter *7.2.4.1,* „DataSets per Code aufbauen und befüllen“, befindet sich zudem ein ausführliches Beispiel, wie ein komplettes `DataSet`-Objekt inklusive Tabellen und Spalten per Code aufgebaut wird.

7.5.1 Wichtige Methoden und Eigenschaften

Diese Übersicht stellt die wichtigsten Methoden und Eigenschaften der `DataColumn`-Klasse vor.

Tabelle 7.13 Wichtige Methoden/Eigenschaften der DataColumn-Klasse

Methode/Eigenschaft	Beschreibung
`AllowDBNull`	Legt fest, ob in der Spalte Werte von `null` (eigentlich `System.DBNull.Value`) erlaubt sind oder nicht.
`AutoIncrement`	Legt fest, ob der Wert dieser Spalte automatisch für neue Zeilen erhöht werden soll. Wenn der Wert `true` ist, spielen die folgenden beiden Werte eine Rolle.
`AutoIncrementSeed`	Startwert für Spalten, die automatisch ihren Wert für neue Zeilen erhöhen.
`AutoIncrementStep`	Schrittweite für Spalten, die automatisch ihren Wert für neue Zeilen erhöhen.
`Caption`	Die Überschrift der Spalte.

Methode/Eigenschaft	Beschreibung
`ColumnMapping`	Mit dieser Einstellung kann bestimmt werden, wie diese Spalte in XML dargestellt werden soll.
`ColumnName`	Der eindeutige Name der Spalte.
`DataType`	Legt den .NET-Datentyp für diese Spalte fest oder ruft ihn ab.
`DefaultValue`	Diese Eigenschaft bestimmt den Standardwert dieser Spalte.
`ExtendedProperties`	Über diese Eigenschaft steht ein `PropertyCollection`-Objekt zur Verfügung, das Speichern und Abrufen von Werten für eindeutige Schlüssel erlaubt. Weitere Details und Beispiele finden Sie unter *7.2.2*, „Erweiterte Eigenschaften".
`Expression`	Durch das Setzen dieser Eigenschaft wird die Spalte zu einer berechneten Spalte. Der Wert jeder Zeile wird durch den Ausdruck bestimmt. Mehr Details dazu unter *7.5.3*, „Berechnete Spalten".
`MaxLength`	Legt die maximale Länge von Zeichenfolgen fest, die in dieser Spalte erlaubt sind.
`Namespace`	Legt den Namensraum für XML-Daten fest. Sind bereits Daten in der Tabelle vorhanden und wird dieser Wert dann verändert, so wird eine Ausnahme vom Typ `ArgumentException` erzeugt.
`Ordinal`	Der Index einer Spalte. Die erste Spalte ganz links hat den Wert null, die nächste den Wert eins und so weiter.
`Prefix`	Legt das Präfix für XML-Daten fest.
`ReadOnly`	Legt fest, ob die Werte dieser Spalte noch verändert werden dürfen. Der Inhalt neuer Zeilen darf nur dann geändert werden, solange die neue Zeile nicht an die Tabelle angefügt wurde. Berechnete Spalten und solche mit `AutoIncrement=true` sind immer geschützt vor direkten Änderungen.
`SetOrdinal`	Legt den neuen Index fest. Der Wert kann über die `Ordinal`-Eigenschaft abgefragt werden.
`Table`	Liefert eine Referenz auf das `DataTable`-Objekt, zu dem diese Spalte gehört, oder `null`, wenn die Spalte zu keiner Tabelle gehört.
`Unique`	Bei einem Wert von `true` müssen alle Werte in dieser Spalte einmalig sein.

7.5.2 Ereignisse

Die `DataColumn`-Klasse verfügt über keine relevanten Ereignisse.

7.5.3 Berechnete Spalten

Die Werte einer Spalte können automatisch durch einen Ausdruck berechnet werden. Dieser Ausdruck kann in Formeln Spalten und eine Handvoll Funktionen verwenden.

Über die `Expression`-Eigenschaft kann so ein Ausdruck zugewiesen werden.

Eine solche berechnete Spalte kann anschließend nicht mehr:

- Mitglied des Primärschlüssels sein.
- von einer Einschränkung der Tabelle betroffen sein.
- als zwingend eindeutig markiert werden (die `Unique`-Eigenschaft ist immer `false`).
- einen anderen Inhalt durch direkte Zuweisung eines Wertes erhalten (`ReadOnly`-Eigenschaft ist immer `true`).

Die `AllowDBNull`-Eigenschaft darf jedoch den Wert `false` haben, sodass die Spalte keine leeren Werte akzeptiert. Der Ausdruck muss in einem solchen Fall jedoch so aussehen, dass er niemals `null` liefert (z.B. durch den Einsatz der `ISNULL`-Funktion). Ist das nicht der Fall, entsteht eine Art Einschränkung, die gewisse Wertekombinationen nicht zulässt.

Wichtig:

Achten Sie darauf, dass bei den Ausdrücken keine Zirkelbezüge entstehen. Wenn z.B. SpalteA von dem Wert von SpalteB abhängig ist, darf diese ihrerseits nicht von dem Wert der SpalteA abhängig sein.

Im Folgenden werden einige Beispiele von Ausdrücken gezeigt, die allesamt ohne ein Gleichheitszeichen („=“) notiert werden, also genau so wie abgedruckt. Die Groß-/Kleinschreibung von Spalten von Funktionsnamen ist unerheblich.

```
(Preis * Menge + 10) * 1.19

SUM(Preis)

Gesamtpreis * IIF(Gesamtpreis > 100, .9, 1)
```

Wird ein ungültiger Ausdruck verwendet, so wird eine Ausnahme vom Typ `SyntaxErrorException` erzeugt. Wird hingegen eine Spalte oder eine Funktion verwendet, die nicht existiert, so ist es eine Ausnahme vom Typ `EvaluateException`, die erzeugt wird. In beiden Fällen geben die Ausnahmen in Textform detailliert Auskunft über die Ursache des Fehlers.

Die `Expression`-Eigenschaft kann später durch den Wert `System.String` gelöscht werden, sodass diese Spalte wieder eine gewöhnliche Spalte ist, deren Werte nicht berechnet sind. Diese vorher berechneten Werte sind allerdings dann nicht mehr verfügbar – die Spalten sind leer.

Wichtig:

Die Werte berechneter Spalten werden nicht bei einer Änderung des Ausdrucks, sondern beim Zugriff auf den Wert berechnet.

Die folgende Liste enthält eine Übersicht über die wichtigsten Operatoren und Funktionen, die für berechnete Spalten zur Verfügung stehen.

Tabelle 7.14 Wichtige Operatoren und Funktionen zum berechnen von Spalten

Operator/Funktion	Beschreibung
`+`	Addition numerischer Werte oder Verkettung zweier Zeichenfolgen zu einer.
`-`	Subtraktion numerischer Werte
`*`	Multiplikation numerischer Werte
`/`	Division numerischer Werte
`%`	Modulo (Rest)
`SUM`	Berechnet die Summe
`AVG`	Berechnet das arithmetische Mittel (Durchschnitt)
`COUNT`	Berechnet die Anzahl der Werte.
`CHILD`	Erlaubt den Zugriff auf Elemente einer anderen Tabelle, die mit einer Relation dieser untergeordnet ist. `Avg(Child(Relationsname).Spaltenname)` Ein Beispiel dazu finden Sie unter *7.5.3.2*, „Berechnung mit mehreren Tabellen".
`ISNULL`	Liefert den Wert des ersten Parameters, wenn dieser nicht `null` ist, ansonsten den Wert des zweiten Parameters. Entspricht der `ISNULL`-Funktion auf dem SQL Server.

`IIF`	Diese Funktion arbeitet wie der ?:-Operator und so entspricht
	`Grossbestellung = Menge >= 10 ? true : false;`
	dieser Funktion:
	`Grossbestellung = IIF (Menge > 5, true, false)`

`MIN`	Wählt das Minimum.
`MAX`	Wählt das Maximum.
`STDEV`	Berechnet die statistische Standardabweichung.
`VAR`	Berechnet die statistische Varianz.
`LEN`	Ermittelt die Länge einer Zeichenkette.
`TRIM`	Entfernt alle nicht sichtbaren Zeichen (White Spaces) am Anfang und am Ende einer Zeichenkette.
`SUBSTRING`	Ermittelt einen Teil einer Zeichenkette. Der Aufruf sieht wie folgt aus: `SUBSTRING (Zeichenkette, Start, Länge)`.
`CONVERT`	Konvertiert einen Ausdruck in einen .NET-Datentyp. Der Aufruf sieht wie folgt aus: `CONVERT(Spalte, 'System.Int32')`.

Einige dieser Funktionen sind Aggregate, die sich zwar bei der Arbeit mit nur einer Tabelle verwenden lassen, deren Sinn jedoch mehr bei der Arbeit mit zwei Tabellen, die miteinander in Beziehung stehen, liegt. Die folgenden beiden Beispiele zeigen daher erst den Einsatz mit nur einer, dann mit zwei Tabellen.

7.5.3.1 Berechnungen in nur einer Tabelle

Dieses Codebeispiel ermittelt für eine berechnete Spalte den Gesamtpreis einer Bestellungsposition durch eine einfache Formel.

```
public static void calculatedColumns()
{
    // DataTable erstellen
    DataTable dt = new DataTable("Bestellungen");

    // Spalten einfügen
    dt.Columns.Add("Bezeichnung");
    dt.Columns.Add("Menge", typeof(int));
    dt.Columns.Add("Preis", typeof(decimal));
    dt.Columns.Add("Gesamtpreis", typeof(decimal), "Preis * Menge");

    // Zwei Zeilen einfügen
    dt.Rows.Add(new object[] { "Blumentopf", 10, 9.95 });
    dt.Rows.Add(new object[] { "Stuhl", 4, 99.95 });

    // Ausgabe des Ergebnisses
    foreach (DataRow dr in dt.Rows)
        Debug.Print("{0}={1:0.00€}",
            dr["Bezeichnung"], dr["Gesamtpreis"]);

    // Summe aller Bestellungen (also ohne Filter)
    Debug.Print ("Gesamtsumme: {0:0.00€}" ,
        (decimal)dt.Compute("SUM(Gesamtpreis)",null));

    // Summe aller Bestellungen ab einer Menge von 10 Stück
    Debug.Print ("Summe (Menge>=10 St.): {0:0.00€}",
        (decimal)dt.Compute("SUM(Gesamtpreis)", "Menge >= 10"));
}
```

Am Schluss wird über die `Compute()`-Methode des `DataTable`-Objektes ohne Filter, die Summe aller Bestellungen und mittels Filter die Summe alle Bestellungen über einer Menge von zehn Stück berechnet.

Hinweis:

Weitere Details über die Möglichkeiten, die Filterausdrücke bieten, finden Sie unter *7.7.3,* „Filter und Sortierung“. Dort werden solche Ausdrücke in Verbindung mit der `DataView`-Klasse benutzt.

7.5.3.2 Berechnung mit mehreren Tabellen

Wurden zwischen mehreren Tabellen Beziehungen angelegt, so können diese bei der Berechnung von Aggregaten verwendet werden. Existiert z.B. eine solche Beziehung zwischen einer Tabelle, die Sprachen, und einer Tabelle, die Kunden speichert, und ist in dieser für jeden Kunden festgehalten, welche Sprache dieser spricht, so ist es ein Leichtes, die Sprachtabelle um eine Spalte zu erweitern, die Auskunft gibt, wie oft jede Sprache verwendet wird. Über die `CHILD`-Funktion kann in übergeordneten Tabellen durch Angabe des Namens der Relation auf diejenigen Zeilen der untergeordneten Tabelle zugegriffen werden, die der Zuordnung entsprechen.

In *7.2.4.1,* „DataSets per Code aufbauen und befüllen“, wurden die beiden erwähnten Tabellen erzeugt und diese Beziehung zwischen ihnen angelegt.

```
DS.Relations.Add ("KundenSprache",
    tSprachen.Columns["ID"],tKunden.Columns["Sprache"],true);
```

Unter Verwendung des Namens der Beziehung („KundenSprache") kann nun der Tabelle „Sprachen" die gewünschte Spalte hinzugefügt werden, welche die berechnete Anzahl der Kunden enthält, welche die entsprechende Sprache sprechen.

```
tSprache.Columns.Add("Anzahl", typeof(int),
    "COUNT(CHILD(KundenSprache).ID)");
```

Wichtig:

Bei Berechnungen mit mehreren Tabellen müssen sich alle `DataTable`-Objekte in demselben `DataSet` befinden.

Das gesamte Beispiel sieht so aus und gibt zum Ende das Ergebnis über das `Debug`-Objekt aus.

```
public static void calculatedColumns2()
{
    // DataTable erstellen
    DataSet ds = new DataSet("MeinNeuesDataSet");

    // Schema aufbauen
    createDataSetSchema(ds);

    // Daten einfüllen
    fillDataSet(ds);

    // Nun die Tabelle Sprachen um eine Spalte erweitern,
    // die anzeigt, wie oft eine Sprache verwendete wird
    DataTable tSprache = ds.Tables["Sprachen"];
    tSprache.Columns.Add("Anzahl", typeof(int),
        "COUNT(CHILD(KundenSprache).ID)");

    // Ausgabe des Ergebnisses
    foreach (DataRow dr in tSprache.Rows)
        Debug.Print("{0}, Anzahl {1}", dr["Name"], dr["Anzahl"]);
}
```

Die Ausgabe sieht recht unspektakulär aus, zeigt aber, wie mithilfe von Beziehungen und berechneten Spalten sehr einfach Ergebnisse erzielt werden können, die sonst aufwendig programmiert werden müssten.

```
Daenisch, Anzahl 0
Deutsch, Anzahl 2
EnglischUSA, Anzahl 1
Japanisch, Anzahl 1
```

Auf ähnliche Art und Weise können auch die anderen Aggregate verwendet werden.

Hinweis:

Details über Beziehungen zwischen Tabellen finden Sie unter *7.3.8*, „Beziehungen zwischen DataTable-Objekten".

7.5.4 Per Code Spalten hinzufügen/entfernen

Wie Spalten per Code hinzugefügt werden, wurde bereits unter *7.3.3,* „Spalten hinzufügen, löschen und auflisten", beschrieben.

7.5.5 Die Reihenfolge der Spalten einer Tabelle verändern

Um die Reihenfolge von Spalten innerhalb einer Tabelle zu verändern, existiert die `SetOrdinal()`-Methode. Ihr wird der neue Index (oder auch die Position) der Spalte angegeben. Ist dieser Wert kleiner 0 oder größer der Anzahl der Spalten weniger1, so wird eine Ausnahme vom Typ `ArgumentException` erzeugt.

```
// Referenz auf gewünschte Spalte erzeugen
DataColumn dc = dt.Columns["ID"];

// Neuen Index festlegen
dc.SetOrdinal(0);
```

Alle Spalten rechts neben der neuen Position werden um eins weiter nach rechts geschoben, um der Spalte Platz zu bieten.

7.6 Die DataRelation-Klasse

Mit der `System.Data.DataRelation`-Klasse werden Beziehungen zwischen Tabellen im Sinne einer relationalen Datenbank beschrieben. Sie legt eine über- und eine untergeordnete Tabelle über deren Spalten fest und realisiert so eine Fremdschlüsseleinschränkung. Technisch gehört eine solche Beziehung dabei zu dem `DataSet`-Objekt, das beide `DataTable`-Objekte beinhaltet.

Wichtig:
Beziehungen lassen sich nur zwischen Tabellen aus dem gleichen DataSet definieren.

Unter *7.3.8,* „Beziehungen zwischen DataTable-Objekten", wurde bereits beschrieben, wie die Beziehung zwischen zwei Tabellen definiert werden kann, sodass an dieser Stelle lediglich das Objekt selbst ein wenig mehr vorgestellt wird.

7.6.1 Wichtige Methoden und Eigenschaften

Es folgt eine Übersicht über die wichtigsten Methoden und Eigenschaften der `DataRelation`-Klasse.

Tabelle 7.15 Wichtige Methoden/Eigenschaften der DataRelation-Klasse

Methode/Eigenschaft	**Beschreibung**
`ChildColumns`	Liefert die Spalten (`DataColumn`) der untergeordneten Tabelle der Beziehung.
`ChildKeyConstraint`	Liefert die Fremdschlüsseleinschränkung für die Beziehung zur untergeordneten Tabelle.
`ChildTable`	Liefert die untergeordnete Tabelle der Beziehung.
`DataSet`	Eine Referenz auf das `DataSet`-Objekt, zu dem die Einschränkung gehört.
`ExtendedProperties`	Über diese Eigenschaft steht ein `PropertyCollection`-Objekt zur Verfügung, das Speichern und Abrufen von Werten für eindeutige Schlüssel erlaubt. Weitere Details und Beispiele finden Sie unter *7.2.2*, „Erweiterte Eigenschaften".
`Nested`	Gibt an, ob eine Verschachtelung der Beziehung vorliegt.
`ParentColumns`	Liefert die Spalten der übergeordneten Tabelle der Beziehung.
`ParantKeyConstraint`	Liefert die Fremdschlüsseleinschränkung für die Beziehung zur übergeordneten Tabelle.
`ParentTable`	Liefert die übergeordnete Tabelle der Beziehung.
`RelationName`	Liefert den Namen der Beziehung oder legt ihn fest. Der Name wird für einen späteren Zugriff auf das `DataRelation`-Objekt oder z.B. auch für berechnete Spalten mit mehr als nur einer Tabelle benötigt.

7.6.2 Ereignisse

Die `DataRelation`-Klasse verfügt über keine relevanten Ereignisse.

7.7 Die DataView-Klasse

Mit der `System.Data.DataView`-Klasse können gefilterte Sichten auf ein `DataTable`-Objekt realisiert werden. Bei der Erstellung kann neben einem Filter per Filterausdruck und Zeilenstatus auch die gewünschte Sortierung angegeben werden, die beim Befüllen des `DataView`-Objekts berücksichtigt werden soll.

Einzelne Zeilen werden dabei durch ein `DataRowView`-Objekt repräsentiert, das jedoch nur eine Hülle für ein zugrunde liegendes `DataRow`-Objekt ist.

Wichtig:

Das `DataView`-Objekt liefert lediglich eine Abbildung des dahinter liegenden `DataTable`-Objekts. Jede Änderung wirkt sich auf die Tabelle aus, und jede Änderung ist sofort im DataView sichtbar. Wenn dies nicht erwünscht ist, so können Sie zu der `ToTable()`-Methode greifen, die eine eigenständige Kopie der Daten der Sicht erstellt (siehe *7.7.6*, „Ein DataView in eine Tabelle exportieren").

Ein `DataView`-Objekt kann direkt über einen seiner Konstruktoren erstellt werden; wovon zwei davon besonders hilfreich sind.

Sind Filter und Sortierung bereits bekannt, so bietet sich folgender Code an:

```
// Referenz auf Kundentabelle
DataTable dt = ds.Tables["Kunden"];

// DataView erstellen
DataView dv =
    new DataView(dt,"Name like 'M'","Ort",DataViewRowState.CurrentRows);
```

Wenn diese noch nicht bekannt sind oder geändert werden sollen, so kann dies so aussehen:

```
// DataView erstellen
DataView dv = new DataView(dt);

dv.RowFilter = "Name like 'M*'";
dv.RowStateFilter = DataViewRowState.CurrentRows;
dv.Sort = "Ort";
```

Die zugrunde liegende Tabelle kann über die `Table`-Eigenschaft abgerufen und bestimmt werden, sodass auch der parameterlose Konstruktor verwendet werden kann und die Tabelle erst später festgelegt wird.

```
// DataView erstellen
DataView dv = new DataView();

dv.Table = dt;

dv.RowFilter = "Name like 'M*'";
dv.RowStateFilter = DataViewRowState.CurrentRows;
dv.Sort = "Ort";
```

So oder so, alle Zeilen, die durch das `DataView`-Objekt sichtbar sein werden, sind diejenigen, deren aktueller Wert in der Spalte „Name“ mit ‚M’ beginnen. Sortiert werden sie nach dem ‚Ort’.

Ein `DataView`-Objekt kann als Auflistung fungieren und ihr Inhalt kann daher auf diese Weise ausgegeben werden.

```
foreach (DataRowView r in dv)
    Debug.WriteLine(r["Name"]);
```

Das Ergebnis sind lediglich zwei Kunden.

```
Müller AG
Meyer AG
```

Hinweis:

Alternativ kann auf einzelne Zeilen auch per Index zugegriffen werden. Dieser richtet sich nach der Sortierung der Zeilen.

7.7.1 Wichtige Methoden und Eigenschaften

Im Folgenden werden die wichtigen Methoden und Eigenschaften der `DataView`-Klasse vorgestellt.

Tabelle 7.16 Wichtige Methoden/Eigenschaften der DataView-Klasse

Methode/Eigenschaft	Beschreibung
`AddNew()`	Fügt der Sicht eine neue Zeile hinzu. Diese Zeile wird erst der zugrunde liegenden Tabelle hinzugefügt, wenn die `DataRowView.EndEdit()`-Methode aufgerufen wird. Ein Beispiel finden Sie unter *7.8.3*, „Neue Zeilen hinzufügen".
`AllowEdit`	Legt fest, ob Zeilen bearbeitet werden dürfen.
`AllowDelete`	Legt fest, ob bestehende Zeilen gelöscht werden dürfen.
`AllowNew`	Legt fest, ob neue Zeilen hinzugefügt werden dürfen.
`ApplyDefaultSort`	Legt fest oder liest aus, ob die Standardsortierung verwendet werden soll.
`Count`	Liefert die Anzahl der Zeilen, die durch das `DataView`-Objekt von der zugrunde liegenden Tabelle sichtbar sind.
`Find`	Sucht eine Zeile im DataView und liefert, wenn eine gefunden werden kann, ihren Index. Ansonsten wird der Wert –1 zurückgeliefert. Achtung! Die Suche basiert auf der Sortierung der Zeilen; es wird immer der Index der ersten Zeile geliefert, auf welche die übergebenen Werte zutreffen. Siehe *7.7.4*, „Zeilenstatus in einem DataView".
`FindRows()`	Sucht wie die `Find()`-Methode, nur werden als Ergebnis alle Zeilen in einem Array geliefert. Details finden sich ebenfalls unter *7.7.4*, „Zeilenstatus in einem DataView".
`RowFilter`	Legt fest oder verändert den Zeilenfilter.
`RowStateFilter`	Legt fest oder verändert den Zeilenstatus, den Zeilen besitzen müssen. Siehe *7.7.4*, „Zeilenstatus in einem DataView", für Details.
`Sort()`	Legt die Sortierung für die Reihenfolge der Daten fest. Details finden Sie unter *7.7.3*, „Filter und Sortierung".
`Table`	Legt die zugrunde liegende Tabelle fest, auf der das `DataView`-Objekt basiert.
`ToTable()`	Exportiert die Daten eines `DataView`-Objektes in eine eigenständige Tabelle. Ein Beispiel finden Sie unter *7.7.6*, „Ein DataView in eine Tabelle exportieren".

7.7.2 Ereignisse

Die `DataView`-Klasse verfügt über zwei relevante Ereignisse.

Das Initialized-Ereignis

Dieses Ereignis wird ausgelöst, wenn das `DataTable`-Objekt, auf dem diese `DataView`-Instanz beruht, vollständig initialisiert wurde. Sein Handler ist so simpel wie nur möglich aufgebaut.

```
EventHandler(object sender, EventArgs e)
```

Das ListChanged-Ereignis

Dieses Ereignis wird ausgelöst, wenn das `DataTable`-Objekt, auf dem diese `DataView`-Instanz beruht, verändert wurde.

```
ListChangedEventHandler(object sender, ListChangedEventArgs e)
```

Die beiden Parameter des Ereignisses sowie die Eigenschaften des `MergeFailed-EventArgs`-Objektes werden im Anschluss beschrieben.

Tabelle 7.17 Parameter des DataSet.ListChanged-Ereignisses

Parameter	Beschreibung
`sender`	Referenz auf das auslösende `DataView`-Objekt.
`e`	Objekt vom Typ `ListChangedEventArgs` mit genaueren Informationen über die aufgetretene Änderung.

Tabelle 7.18 Wichtige Eigenschaften der ListChangedEventArgs-Klasse

Eigenschaft	Beschreibung
`ListChangedType`	Ein Wert aus der `System.ComponentModel.ListChangedType`-Aufzählung, der angibt, was genau an dem zugrunde liegenden `DataTable`-Objekt verändert wurde. Mögliche Wert dafür sind: ■ `Reset`: Alle/viele Daten wurden verändert. ■ `ItemAdded`: Eine Zeile wurde eingefügt (`NewIndex`-Eigenschaft). ■ `ItemMoved`: Eine Zeile wurde verschoben. Die Eigenschaften `NewIndex`/ `OldIndex` zeigen an, von wo nach wo. ■ `ItemChanged`: Eine Zeile wurde eingefügt (`NewIndex`-Eigenchaft). ■ `PropertyDescriptorAdded`: Ein PropertyDescriptor wurde hinzugefügt (siehe `PropertyDescriptor`-Eigenschaft). ■ `PropertyDescriptorDeleted`: Ein PropertyDescriptor wurde gelöscht (siehe `PropertyDescriptor`-Eigenschaft). ■ `PropertyDescriptorChanged`: Ein PropertyDescriptor wurde verändert (siehe `PropertyDescriptor`-Eigenschaft).

Eigenschaft	Beschreibung
`NewIndex` und `OldIndex`	Index für neue, gelöschte, veränderte und verschobene Zeilen. Siehe `ListChangedType`-Eigenschaft.
`PropertyDescriptor`	Wurde ein PropertyDescript hinzugefügt, gelöscht oder verändert, so ist dies eine Referenz auf diesen.

7.7.3 Filter und Sortierung

Durch Filteroperatoren und Sortierungen, wie sie auch bei der `Select()`-Methode eines `DataTable`-Objektes (siehe 7.3.6, „Zeilen per Abfrage suchen") und in ähnlicher Form auch im SQL üblich sind, können die gewünschten Zeilen ausgewählt und anschließend sortiert werden.

Die folgende Tabelle enthält die gängigen Filteroperatoren.

Tabelle 7.19 Filteroperatoren

`LIKE`	Zeichenkettenvergleich mit Platzhaltern. Dabei steht sowohl „*" als auch „%" synonym für eine beliebige Anzahl von Zeichen. Um eines der beiden Zeichen nicht als Platzhalter zu verwenden, muss dieses mit ‚[]' umschlossen werden. Dieser Operator ist für Spalten vom Typ `bool` oder Ausdrücke für Filter gedacht. Wichtig! Sowohl „*" als auch „%" dürfen nur am Anfang oder am Ende der Suchmuster stehen, nicht jedoch in der Mitte.
`IN`	Prüft, ob sich ein Wert in einer Liste von Werten befindet.
`OR`	Verknüpft zwei Bedingungen mit ODER.
`AND`	Verknüpft zwei Bedingungen mit UND.
`=, >, <, >=, <=, <>`	Vergleich von zwei Werten. Wichtig! Die Gleichheit wird lediglich mit einem Gleichheitszeichen und die Ungleichheit mit <> geprüft.

Durch Klammerungen kann die Priorität der Operatoren in Filterausdrücken wie gewohnt bestimmt werden.

```
Ort like 'B*'

Ort = 'München' AND MitarbeiterAnzahl >= 250

Ort like 'B*'

Ort IN ('Bochum', 'München')

(Name like 'M%' AND Ort='Bochum') OR Telefon ='+81 103 123456'
```

Sortierungen werden durch die Angabe der gewünschten Spalten definiert. Dabei kann jede Spalte unabhängig von den anderen auf- oder absteigend sortiert werden. Die beiden ersten Beispiele sortieren nach Namen und Ort. Ihre Wirkung ist, wie von SQL bekannt, gleich.

```
NAME, ORT

NAME ASC, ORT ASC
```

Absteigende Sortierungen müssen allerdings mit dem `DESC`-Schlüsselwort versehen werden.

```
NAME DESC, ORT

NAME DESC, ORT DESC
```

Um einen Filter oder eine Sortierung aufzuheben, kann der entsprechenden Eigenschaft ein leerer String oder der Wert `null` zugewiesen werden.

```
// Zeilenfilter löschen
dv.RowFilter = null;

// Sortierung löschen
dv.Sort = null;
```

Anschließend liegen alle Zeilen in der Reihenfolge vor, in der sie im zugrunde liegenden `DataTable`-Objekt vorhanden sind.

7.7.4 Zeilenstatus in einem DataView

Um Zeilen nach ihrem Status zu filtern, existiert die `System.Data.DataViewRowState`-Aufzählung. Über die `RowStateFilter`-Eigenschaft kann auf die gewünschten Status eingeschränkt werden.

Die Werte der Aufzählung haben dabei die folgenden Bedeutungen.

Tabelle 7.20 Werte der DataViewRowState-Aufzählung

Wert	Beschreibung
`None`	Keine
`Unchanged`	Alle unveränderten Zeilen
`Added`	Neue Zeilen
`Deleted`	Gelöschte Zeilen
`ModifiedCurrent`	Die aktuellen Werte mit den gemachten Änderungen
`ModifiedOriginal`	Die ursprünglichen Werte mit den gemachten Änderungen
`OriginalRows`	Die ursprüngliche Version der Zeilen
`CurrentRows`	Die aktuelle Version der Zeilen

Da die Auflistung mit dem `Flags`-Attribut versehen ist, können beliebige Kombinationen übergeben werden. Das folgende Beispiel schränkt z.B. auf alle neuen und gelöschten Zeilen ein.

```
dv.RowStateFilter = DataViewRowState.Added | DataViewRowState.Deleted;
```

7.7.5 Zeilen in einem DataView finden

Es existieren zwei Methoden, über die Zeilen in einem `DataView`-Objekt gesucht werden können. Die `Find()`-Methode ist für die Suche geeignet, wenn nur eine Zeile als Treffer erwartet wird, oder es reicht, die erste Zeile zu finden. Die `FindRows()`-Methode dagegen liefert einen Array mit allen Zeilen, die den entsprechenden Werten entsprechen.

Beide Methoden können jeweils nur über genau die Spalten suchen, nach denen das `DataView`-Objekt sortiert wurde.

Die Find-Methode

Die `Find()`-Methode liefert den Index der ersten gefundenen Zeile, die den übergebenen Werten in den Zeilen entspricht, nach dem das `DataView`-Objekt sortiert wurde. Kann keine Zeile gefunden werden, so wird der Wert –1 zurückgeliefert. Wird diese Methode eingesetzt, ohne dass eine Sortierung existiert, so wird eine Ausnahme von Typ `ArgumentException` ausgelöst.

Das folgende Beispiel zeigt erst den Einsatz der Methode, wenn das `DataView`-Objekt nach nur einer Spalte, dann, wenn es nach mehreren (hier zwei) Spalten sortiert wurde.

```
public static void findRow()
{
    DataSet ds = new DataSet("MeinNeuesDataSet");

    // Schema aufbauen
    createDataSetSchema(ds);

    // Daten einfüllen
    fillDataSet(ds);

    // Referenz auf Kundentabelle
    DataTable dt = ds.Tables["Kunden"];

    // DataView erstellen, Sortierung nach einer Spalte
    DataView dv
        = new DataView(dt,null,"Name", DataViewRowState.CurrentRows);

    // Suche durchführen
    int idx1 = dv.Find("Yokai Inc");

    // Sortierung auf zwei Spalten ändern
    dv.Sort="Name,Ort";

    // Suche erneut durchführen
    int idx2 = dv.Find(new string[] {"Yokai Inc","Tokio"});

    // DataRowView-Objekt erstellen
    DataRowView drv;
    if (idx2 != -1)
        drv = dv[idx2];
}
```

Wichtig:

Wurde nach mehreren Spalten sortiert, dann müssen die Werte bei der Suche gemäß der Reihenfolge der Spalten bei der Sortierung angegeben werden. Ansonsten kann es zu keinem oder falschen Treffern führen.

Die FindRows-Methode

Im Prinzip arbeitet die `FindRows()`-Methode wie die `Find()`-Methode, mit dem Unterschied, dass ihre Rückgabe kein Index, sondern ein Array von `DataRowView`-Objekten ist. Damit können alle Zeilen gefunden werden, die den Werten entsprechen. Kann keine Zeile gefunden werden, dann ist das Array leer, die Rückgabe jedoch nicht `null`.

Der folgende Code ist eine alternative Implementierung des vorangegangenen Beispiels, mit jeweils der Suche bei nur einer Ein-Spalten-Sortierung und einer mit mehreren (wieder zwei) Spalten.

```
// Sortierung nach einer Spalte
dv.Sort="Name";
DataRowView[] drv1 = dv.FindRows("Yokai Inc");

// Sortierung nach mehreren Spalten
dv.Sort = "Name,Ort";
DataRowView[] drv2 = dv.FindRows(new string[] { "Yokai Inc", "Tokio" });
```

Das Ergebnis ist in beiden Beispielen inhaltlich identisch.

7.7.6 Ein DataView in eine Tabelle exportieren

Um eine stabile, unabhängige Kopie der Daten aus einem `DataView`-Objekt zu erhalten, die sich nicht verändert, wenn die zugrunde liegende Tabelle modifiziert wird, existiert die `ToTable()`-Methode. Sie erstellt aus den Zeilen, die das `DataView`-Objekt liefert, eine Kopie in ein `DataTable`-Objekt. Über eine Handvoll Überladungen können dabei der Name des `DataTable`-Objektes und/oder die gewünschten Spalten angegeben werden. Zusätzlich kann gefordert werden, dass deren Werte in Kombination eindeutig sein soll; Zeilen mit doppelten Werten werden nicht mit übernommen.

Das folgende Beispiel zeigt, wie dies praktisch aussieht, und exportiert die Daten der Tabelle über mehrere Überladungen in ein neues `DataTable`-Objekt.

```
public static void exportToDataTable()
{
    DataSet ds = new DataSet("MeinNeuesDataSet");

    // Schema aufbauen
    createDataSetSchema(ds);

    // Daten einfüllen
    fillDataSet(ds);

    // Referenz auf Kundentabelle
    DataTable dt = ds.Tables["Kunden"];

    // DataView erstellen, Sortierung nach einer Spalte
    DataView dv = new DataView(dt, "Name LIKE 'M*'","Name,Ort",
                               DataViewRowState.CurrentRows);

    // Kopie mit allen Zeilen erstellen, der Name ist gleich dem Namen
    // der Tabelle, auf der das DataView-Objekt basiert.
    DataTable dtKopie1 = dv.ToTable();

    // Kopie mit allen Zeilen erstellen, der Name ist "NeuerName"
    DataTable dtKopie2 = dv.ToTable("NeuerName");
```

```
        // Kopie mit allen Zeilen erstellen, der Name ist gleich dem Namen
        // der Tabelle, auf der das DataView-Objekt basiert.
        // Die neue Tabelle hat zwei Spalten in dieser Reihenfolge: Name, Ort
        // Die Werte müssen eindeutig sein
        DataTable dtKopie3 = dv.ToTable(true, "Name", "Ort");

        // Oder alternativ
        string[] Spalten = { "Name", "Ort" };
        DataTable dtKopie4 = dv.ToTable(true, Spalten);
    }
```

7.8 Die DataRowView-Klasse

Die `System.Data.DataRowView`-Klasse stellt eine einzelne Zeile in einem `DataView`-Objekt dar. Dabei enthält es selbst keine Daten, sondern stellt vielmehr lediglich eine Hülle für das jeweilige `DataRow`-Objekt dar.

7.8.1 Wichtige Methoden und Eigenschaften

Die folgende Tabelle enthält eine Übersicht über die wichtigen Methoden und Eigenschaften der `DataRowView`-Klasse.

Tabelle 7.21 Wichtige Methoden/Eigenschaften der DataRowView-Klasse

Methoden/Eigenschaft	Beschreibung
`BeginEdit()`	Beginnt die Bearbeitung der Werte in dieser Zeile.
`CancelEdit()`	Bricht die Bearbeitung der Werte in dieser Zeile ab.
`DataView`	Liefert eine Referenz auf das `DataView`-Objekt, zu dem die Zeile gehört.
`Delete()`	Markiert die Zeile als gelöscht.
`EndEdit()`	Bestätigt die veränderten Daten. Neue Zeilen, die durch die `DataView.AddNew()`-Methode angefügt wurden, werden an die zugrunde liegende Tabelle angefügt.
`IsEdit`	Liefert den Wert `true`, wenn die Zeile gerade bearbeitet wird, d.h., `BeginEdit()` ohne `EndEdit()` oder `CancelEdit()` aufgerufen wurde.
`IsNew`	Liefert den Wert `true`, wenn die Zeile neu ist.
`Row`	Liefert das `DataRow`-Objekt, das dieser Zeile zugrunde liegt.
`RowVersion`	Ruft die Zeilenversion als ein Wert der `DataRowVersion`-Aufzählung ab.

7.8.2 Ereignisse

Die `DataRowView`-Klasse besitzt nur ein einziges relevanten Ereignis.

Das PropertyChanged-Ereignis

Dieses Ereignis wird ausgelöst, wenn ein Wert eines Feldes des `DataTable`-Objektes verändert wird, auf das die dazugehörige `DataView`-Instanz beruht.

```
PropertyChangedEventHandler(object sender, PropertyChangedEventArgs e)
```

Die beiden Parameter des Ereignisses sowie die Eigenschaften des `PropertyChangedEventArgs`-Objektes werden im Anschluss beschrieben.

Tabelle 7.22 Parameter des DataSet.ListChanged-Ereignisses

Parameter	Beschreibung
`sender`	Referenz auf das auslösende `DataView`-Objekt.
`e`	Objekt vom Typ `PropertyChangedEventArgs` mit genaueren Informationen, für welche Änderungen dieses Ereignis ausgelöst wurde.

Tabelle 7.23 Wichtige Eigenschaften der PropertyChangedEventArgs-Klasse

Eigenschaft	Beschreibung
`PropertyName`	Die einzige Eigenschaft liefert den Namen des veränderten Feldes.

7.8.3 Neue Zeilen hinzufügen

Über die `AddNew()`-Methode können neue Zeilen in ein `DataView`-Objekt eingefügt werden. Solche neuen Zeilen können durch Aufruf der `EndEdit()`-Methode in die zugrunde liegende Tabelle übertragen werden. Durch die `CancelEdit()`-Methode kann die neue Zeile hingegen wieder entfernt werden, wenn bis dahin `EndEdit()` nicht aufgerufen wurde.

Durch die beiden Eigenschaften `IsNew` und `IsEdit` kann geprüft werden, ob eine Zeile neu ist (d.h., noch nicht der Tabelle durch `EndEdit()` hinzugefügt wurde) oder derzeit bearbeitet wird (d.h., hinzugefügt oder `BeginEdit()` ohne `EndEdit()` oder `CancelEdit()` aufgerufen wurde).

```
public static void addRowToDataView()
{
    DataSet ds = new DataSet("MeinNeuesDataSet");

    // Schema aufbauen
    createDataSetSchema(ds);

    // Daten einfüllen
    fillDataSet(ds);

    // Referenz auf Kundentabelle
    DataTable dt = ds.Tables["Kunden"];

    // DataView erstellen, Sortierung nach einer Spalte
    DataView dv = new DataView(dt, "Name LIKE 'M*' OR Ort='Viersen'",
                            "Name,Ort", DataViewRowState.CurrentRows);

    // Tabelle hat 4, DataView 2 Zeilen
    // Zeile hinzufügen
```

```
        DataRowView newRow = dv.AddNew(); // IsNew=true, IsEdit=true

        // Werte zuweisen
        newRow["Name"] = "dotnetconsulting.eu";
        newRow["Ort"] = "Viersen";
        newRow["Telefon"] = "+49 2162 1234567";

        // Tabelle hat 4, DataView 3 Zeilen

        // Hinzufügen
        newRow.EndEdit(); // IsNew=false, IsEdit=false

        // Tabelle hat 5, DataView 3 Zeilen
    }
```

Wichtig:

Bedenken Sie, dass Sie auch Zeilen hinzufügen können, die aufgrund des aktuellen Filters nicht sichtbar sind. Der zugrunde liegenden Tabelle werden sie aber dennoch hinzugefügt.

7.9 Die DataTableReader-Klasse

Die `System.Data.DataTableReader`-Klasse funktioniert wie die `System.Data.SqlClient.SqlDataReader`-Klasse (und jeder andere DataReader), jedoch mit einem feinen Unterschied: Sie bezieht ihre Daten nicht vom SQL Server oder von anderen Datenquellen, sondern von einem oder mehreren `DataTable`-Objekten.

Die Programmierung verläuft bis auf die Erstellung, die natürlich auch ohne Verbindung zum SQL Server und ohne `SqlCommand`-Objekte auskommt, identisch, sodass hier lediglich auf *5.7*, „Die SqlDataReader-Klasse“, verwiesen sei.

Das folgende Beispiel zeigt, wie die `DataTableReader`-Klasse verwendet wird.

```
    public static void useDataTableReader()
    {
        DataTable[] Tables;
        DataSet ds = new DataSet("MeinNeuesDataSet");

        // Schema aufbauen
        createDataSetSchema(ds);

        // Daten einfüllen
        fillDataSet(ds);

        // Array für DataTable-Objekte erstellen
        Tables = new DataTable[ds.Tables.Count];

        // Array füllen
        ds.Tables.CopyTo(Tables, 0);

        // DataTableReader mit Array erstellen
        using (DataTableReader dtr = new DataTableReader(Tables))
        {
            // Alle Ergebnismengen durchlaufen
            do
            {
                // Kein StringBuilder, da so einfacher
                String Header = "";
```

```
                // Namen und Datentypen der Spalten auslesen
                for (int i = 0; i < dtr.VisibleFieldCount; i++)
                    Header += String.Format("{0} ({1}) |",
                              dtr.GetName(i),
                              dtr.GetFieldType(i).ToString());

                // Im Debug ausgeben
                Debug.Print(Header);
                Debug.Print("".PadLeft(Header.Length, '='));
                while (dtr.Read()) // Alle Zeilen durchlaufen
                {
                    // Spalten
                    for (int i = 0; i < dtr.VisibleFieldCount; i++)
                        if (!dtr.IsDBNull(i)) // NULL?
                            // Wert ausgeben
                            Debug.Write(dtr.GetValue(i).ToString() + '|');
                        else
                            Debug.Write("<NULL> |");
                    Debug.WriteLine(""); // Zeilenumbruch
                }
            } while (dtr.NextResult());
        }
    }
```

Die Ausgabe im `Debug`-Objekt besteht pro Tabelle aus einem kleinen Vorspann, der die Namen der Spalten aufführt, und dann den Inhalt der Tabelle selbst.

7.10 Eigene Fehler per Code signalisieren

Eigene Fehler können per Code für Zeilen und einzelne Felder in einer Zeile signalisiert und später wieder abgerufen werden. Die Fehler selbst werden dabei durch eine Zeichenkette dargestellt, sind somit also eher für den Anwender gedacht und sollten entsprechend aussagekräftig sein.

Wichtig:

Fehler, die direkt mit einer Ausnahme vom .NET Framework „quittiert werden“, spiegeln sich nicht als Fehler, wie hier besprochen, wider – und können daher auch nicht auf diese Weise nach Abarbeitung der Ausnahme abgefragt werden.

Um einen Fehler zu signalisieren, stehen also zwei Wege für ein `DataRow`-Objekt zur Verfügung:

- *RowError*: Über diese Eigenschaft kann ein Fehler für eine bestimmte Zeile festgelegt werden. Gelöscht wird er, indem ein Wert von `String.Empty` oder `null` zugewiesen wird.
- *SetColumnError*: Diese Methode erlaubt das Setzen eines Fehlers für eine einzelne Spalte. Wichtig! Davon ist nur das Feld im Schnittpunkt Zeile/Spalte betroffen, nicht die gesamte Spalte, wie der Methodenname evtl. suggerieren mag. Eigentlich müsste diese Methode „SetFieldError“ oder „SetCellError“ heißen. Wiederum geschieht das Löschen durch einen Wert von `String.Empty` oder `null`.

Über die `ClearErrors()`-Methode können überdies sowohl der Zeilen- als auch der Spaltenfehler gelöscht werden.

Das folgende Beispiel demonstriert, wie Fehler signalisiert werden.

```
public static void handleErrors()
{
    DataSet ds = new DataSet("MeinNeuesDataSet");
    // Schema aufbauen
    createDataSetSchema(ds);

    // Daten einfüllen
    fillDataSet(ds);

    // Referenz auf Kundentablle
    DataTable dtKunden = ds.Tables["Kunden"];

    // Fehler signalisieren
    dtKunden.Rows[1].RowError = "Fehler Zeile #1";
    dtKunden.Rows[0].SetColumnError("Name",
                                   "Fehler Zeile #0, Spalte 'Name'");
    dtKunden.Rows[1].SetColumnError("Name",
                                   "Fehler Zeile #1, Spalte 'Name'");
    // Spaltenfehler löschen ginge so:
    //dtKunden.Rows[0].SetColumnError("Name", null);

    // Fehler ausgeben
    dumpErrors(ds,false);
}
```

Das Auslesen und Zurücksetzen kann recht generisch auf diese Weise implementiert werden.

```
public static void dumpErrors(DataSet DS, bool clearErrors)
{
    String PKValues, RowError, ColumnErrors;

    if (DS.HasErrors)
    {
        foreach (DataTable dt in DS.Tables)
            if (dt.HasErrors)
            {
                foreach (DataRow dr in dt.GetErrors())
                {
                    // Primärschlüsselwerte zur Identifikation der Zeile
                    PKValues = String.Empty;
                    foreach (DataColumn dc in dt.PrimaryKey)
                        PKValues += String.Format("{0}={1},",
                            dc.ColumnName, dr[dc]);
                    PKValues = PKValues.TrimEnd(',');

                    // Zeilenfehler
                    RowError = dr.RowError;

                    // Spaltenfehler
                    ColumnErrors = String.Empty;
                    foreach (DataColumn dc in dr.GetColumnsInError())
                        ColumnErrors += String.Format("{0} '{1}',",
                            dc.ColumnName, dr.GetColumnError(dc));
                    ColumnErrors = ColumnErrors.TrimEnd(',');

                    // Nachricht ausgeben
                    RowError = string.IsNullOrEmpty(RowError) ?
                                    "{Keine}" : RowError;
                    ColumnErrors = string.IsNullOrEmpty(ColumnErrors) ?
                                    "{Keine}" : ColumnErrors;
                    Debug.Print(
                       @"{0} [{1}]: Zeilenfehler:{2}\ Spaltenfehler:{3}",
                       dt.TableName, PKValues, RowError, ColumnErrors);

                    // Zeilenfehler löschen?
```

```
                    if (clearErrors)
                        dr.ClearErrors();
                }
            }
        }
        else
            Debug.WriteLine("Keine Fehler");
    }
```

Sowohl Zeilen- als auch Spaltenfehler können grafisch dargestellt werden, wenn ein `DataSet` oder `DataTable`-Objekt an ein Control gebunden wird.

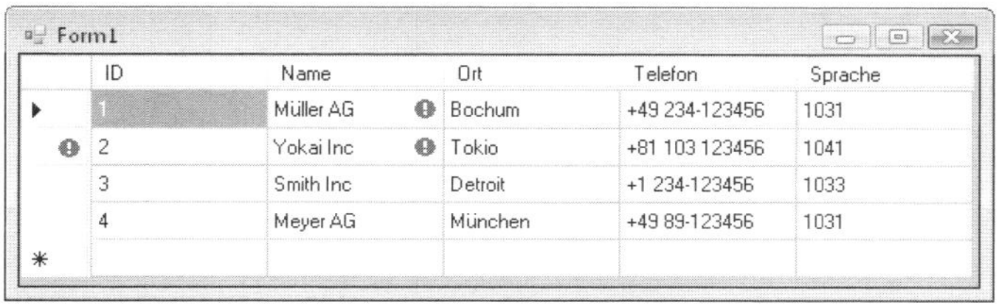

	ID	Name	Ort	Telefon	Sprache
▸	1	Müller AG	Bochum	+49 234-123456	1031
	2	Yokai Inc	Tokio	+81 103 123456	1041
	3	Smith Inc	Detroit	+1 234-123456	1033
	4	Meyer AG	München	+49 89-123456	1031
*					

Abbildung 7.5 Die Zeilen- und Spaltenfehler in einem DataGridView-Control

Hinweis:
Kapitel 9 beschäftigt sich komplett mit Datenbindung.

7.11 Die SqlDataAdapter-Klasse

Die `System.Data.SqlClient.SqlDataAdapter`-Klasse dient dem automatischen Befüllen eines `DataSets` und dem späteren Schreiben der vorgenommenen Änderungen in die SQL Server-Datenbank. Es arbeitet dabei eng mit der `SqlCommandBuilder`-Klasse aus dem gleichen Namensraum zusammen. Letzteres bildet für das Schreiben der Änderungen die benötigten SQL-Anweisungen.

Hinweis:
Ein ausführliches Beispiel, wie die `SqlDataAdapter`-Klasse Verwendung findet, zeigt sich bereits unter *7.2.4.3*, „Per SqlDataAdapter füllen und Datenbank aktualisieren".

Die `SqlDataAdapter`-Klasse hat eine überschaubare Anzahl an Konstruktoren:

```
SqlDataAdapter da = new SqlDataAdapter(SqlCommand);
```

oder

```
SqlDataAdapter da = new SqlDataAdapter(SelectText, SqlConnection);
```

oder

```
SqlDataAdapter da = new SqlDataAdapter(SelectText, SqlConnectionString);
```

Tipp:
Wenn Sie die Möglichkeit haben, verwenden Sie den letzten Konstruktor, da dieser den Vorteil hat, dass beim Schreiben der Änderungen kein (neues) `SqlConnection`-Objekt benötigt wird. Dies kann intern aus der Verbindungszeichenfolge erstellt werden.

7.11.1 Wichtige Methoden und Eigenschaften

Dies ist eine Übersicht über die wichtigen Methoden und Eigenschaften dieser Klasse.

Tabelle 7.24 Wichtige Methoden/Eigenschaften der SqlDataAdapter-Klasse

Methode/Eigenschaft	Beschreibung
`DeleteCommand`	Liefert oder setzt das `SqlCommand`-Objekt, das für das Löschen von Daten verwendet wird. Diese Eigenschaft wird oft durch ein `SqlCommandBuilder`-Objekt zugewiesen, akzeptiert jedoch auch ein selbst erstelltes `SqlCommand`-Objekt.
`InsertCommand`	Liefert oder setzt das `SqlCommand`-Objekt, das für das Einfügen von Daten verwendet wird. Diese Eigenschaft wird oft durch ein `SqlCommandBuilder`-Objekt zugewiesen, akzeptiert jedoch auch ein selbst erstelltes `SqlCommand`-Objekt.
`SelectCommand`	Liefert oder setzt das `SqlCommand`-Objekt, das für das Lesen von Daten verwendet wird. Diese Eigenschaft wird häufig durch Auswahlanweisungen direkt oder indirekt durch einen der Konstruktoren zugewiesen, akzeptiert jedoch auch ein selbst erstelltes `SqlCommand`-Objekt.
`UpdateCommand`	Liefert oder setzt das `SqlCommand`-Objekt, das für das Aktualisieren von Daten verwendet wird. Diese Eigenschaft wird oft durch ein `SqlCommandBuilder`-Objekt zugewiesen, akzeptiert jedoch auch ein selbst erstelltes `SqlCommand`-Objekt.
`Fill()`	Lädt Schema und Inhalt in ein `DataSet`- oder ein `DataTable`-Objekt. Eine Überladung bietet dabei die Möglichkeit, beim seitenweisen Arbeiten mit Daten (Paging) anzugeben, ab welcher Zeile und wie viele Zeilen maximal gelesen und bearbeitet werden sollen.
`FillSchema()`	Lädt das Schema aus der Datenbank und erstellt oder korrigiert dies in dem DataSet oder der DataTable aus einer SQL Server-Datenbank.
`Update()`	Schreibt die Änderungen aus einem `DataSet`- oder `DataTable`-Objekt in die SQL Server-Datenbank.

Methode/Eigenschaft	Beschreibung
`MissingSchemaAction`	Legt fest, was geschehen soll, wenn für die Daten die notwendige DataTable (in Fall von DataSets) oder die notwendige DataColumn (im Fall von DataTable) fehlt. Mögliche Werte sind: ▪ *Add*: Die entsprechenden Tabellen/Spalten werden im DataSet bzw. in der DataTable angefügt. Dies ist der Standard. ▪ *Ignore*: Die Daten werden ignoriert und nicht geladen. ▪ *Error*: Es wird eine Ausnahme vom Typ `InvalidOperationException` erzeugt. ▪ *AddWithKey*: Wie `Add`, nur dass zusätzlich noch Informationen zum Primärschlüssel berücksichtigt werden.
`FillLoadOption`	Legt fest, wie das Laden von Daten aus der SQL Server-Datenbank mit bereits bestehenden Daten im DataSet bzw. in der DataTable verfahren soll. Mögliche Werte sind: ▪ *OverwriteChanges*: Änderungen im Speicher werden durch die Daten aus der Datenbank überschrieben. Damit werden die aktuellen und die ursprünglichen Werte einer Zeile überschrieben. ▪ *PrevereChanges*: Änderungen im Speicher bleiben erhalten. Damit werden die ursprünglichen Werte einer Zeile überschrieben, die aktuellen Werte dagegen bleiben erhalten. Dies ist der Standard. ▪ *Upsert:* Die aktuellen Werte einer Zeile werden überschrieben, die ursprünglichen bleiben erhalten.

7.11.2 Ereignisse

Die `SqlDataAdapter`-Klasse besitzt nur drei Ereignisse, von denen zwei zusammen im Paar auftreten. Diese werden während (`RowUpdating`-Ereignis) bzw. nachdem eine Zeile aktualisiert wurde (`RowUpdated`-Ereignis) aufgerufen. Beide können dementsprechend nur ausgelöst werden, wenn die `Update()`-Methode aufgerufen wird. Das dritte ist das `FillError`-Ereignis, das ausgelöst wird, wenn das Laden der Daten vom SQL Server fehlschlägt.

7.11.2.1 Das RowUpdating-Ereignis

Dieses Ereignis wird wie erwähnt während (vor) der Aktualisierung einer Zeile ausgelöst.

```
SqlRowUpdatingEventHandler(object sender, SqlRowUpdatingEventArgs e)
```

Die beiden Parameter des Ereignisses sind im Anschluss beschrieben.

Tabelle 7.25 Parameter des SqlDataAdapter.RowUpdating-Ereignisses

Parameter	**Beschreibung**
`sender`	Referenz auf das auslösende `SqlDataAdapter`-Objekt.
`e`	Objekt vom Typ `SqlRowUpdatingEventArgs` mit genaueren Informationen, welche Zeile aktualisiert wurde.

7.11.2.2 Das RowUpdated-Ereignis

Dieses Ereignis wird ausgelöst, nachdem die Zeile aktualisiert wurde oder wenn bei der Aktualisierung ein Fehler aufgetreten ist, sodass entschieden werden kann, wie nun weiter verfahren werden soll.

```
SqlRowUpdatedEventHandler(object sender, SqlRowUpdatedEventArgs e)
```

Die beiden Parameter des Ereignisses sind im Anschluss beschrieben.

Tabelle 7.26 Parameter des SqlDataAdapter.RowUpdated-Ereignisses

Parameter	**Beschreibung**
`sender`	Referenz auf das auslösende `SqlDataAdapter`-Objekt.
`e`	Objekt vom Typ `SqlRowUpdatedEventArgs` mit genaueren Informationen, welche Zeile aktualisiert wurde.

7.11.2.3 Das FillError-Ereignis

Dieses Ereignis wird ausgelöst, wenn das Laden von Daten vom SQL Server fehlschlägt.

```
FillErrorEventHandler(object sender, FillErrorEventArgs e)
```

Die beiden Parameter des Ereignisses sind im Anschluss beschrieben.

Tabelle 7.27 Parameter des SqlDataAdapter.FillError-Ereignisses

Parameter	**Beschreibung**
`sender`	Referenz auf das auslösende `SqlDataAdapter`-Objekt.
`e`	Objekt vom Typ `FillErrorEventArgs` mit genaueren Informationen, welche Zeile aktualisiert wurde.

7.11.3 TableMapping

Werden mit einem `SqlDataAdapter`-Objekt Daten in ein `DataSet`-Objekt gelesen, in dem die notwendigen `DataTable`-Objekte noch nicht vorhanden sind, so hängt es von der `MisssingSchemaAction`-Eigenschaft ab, ob diese erstellt werden oder nicht. Werden sie angelegt, so geschieht dies in der Reihenfolge, in der die Ergebnismengen vom SQL Server geliefert werden (also die Reihenfolge, in der die `SELECT`-Anweisungen ausgeführt werden). Gleiches gilt für einen Aufruf der `FillSchema()`-Methode. Die so neu erstellten `DataTable`-Objekte werden dabei folgendermaßen benannt:

- erstes `DataTable`-Objekt: Table
- zweites `DataTable`-Objekt: Table1
- drittes `DataTable`-Objekt: Table2
- ...
- n-tes `DataTable`-Objekt: Table[n-1]

Da es etwas unübersichtlich wäre, mit diesen nichtssagenden Namen zu arbeiten, gibt es die Möglichkeit, die Namen den ursprünglichen (sprechenden) Tabellennamen zuzuordnen.

```
// Die Stapelabfrage (Batch) für die Tabellen
da=new SqlDataAdapter("SELECT * FROM Kunden;
                       SELECT * FROM Sprachen;", conString);

// Informationen über Primärschlüssel einlesen
da.MissingSchemaAction = MissingSchemaAction.AddWithKey;

// Namen zuordnen
da.TableMappings.Add("Table", "Kunden");
da.TableMappings.Add("Table1", "Sprachen");

// DataSet füllen
da.Fill(ds);

// Nun kann die Tabelle über ihren sprechenden Namen im DataSet
// angesprochen werden
DataTable tKunden = ds.Tables["Kunden"];
Debug.Print("{0}: {1} Zeilen", tKunden.TableName, tKunden.Rows.Count);
```

Achten Sie bei der Zuordnung von Tabellennamen möglichst auf Eindeutigkeit. Ist dies nicht gegeben, wird eine Ausnahme vom Typ `ArgumentException` erzeugt.

Hinweis:

Ein vollständiges Beispiel finden Sie unter *7.2.4.3*, „Per SqlDataAdapter füllen und Datenbank aktualisieren".

7.12 Die SqlCommandBuilder-Klasse

Die `System.Data.SqlClient.SqlCommandBuilder`-Klasse wird zum automatischen Erstellen von `SqlCommand`-Objekten in Verbindung mit dem `SqlDataAdapter`-Objekt verwendet.

> **Hinweis:**
> Ein ausführliches Beispiel, wie die `SqlCommandBuilder`-Klasse eingesetzt werden kann, befindet sich bereits unter *7.2.4.3,* „Per SqlDataAdapter füllen und Datenbank aktualisieren".

7.12.1 Wichtige Methoden und Eigenschaften

Die folgende Aufstellung gibt einen Überblick über die wichtigsten Methoden und Eigenschaften der `SqlCommandBuilder`-Klasse.

Tabelle 7.28 Wichtige Methoden/Eigenschaften der SqlCommandBuilder-Klasse

Methode/Eigenschaft	Beschreibung
`ConflictOption`	Legt über eine Auflistung vom Typ `ConflictOption` fest, wie Konflikte durch Änderungen an Daten von dritter Seite erkannt werden sollen. Diese Werte beeinflussen die Erstellung des `WHERE`-Teils der `UPDATE`-Anweisung. ■ *CompareAllSearchableValues*: Alle Spalten werden mit ihren alten Werten verwendet, um die Zeile zu identifizieren. Dies ist der Standardwert. ■ *CompareRowVersion*: Dieser Wert greift auf die Timestamp-Spalte der Tabelle zurück. ■ *OverwriteChanges*: Lediglich der Primärschlüssel wird zur Identifikation einer Zeile verwendet. Änderungen an anderen Spalten in der Tabelle gehen daher verloren. Es wird immer ein Konflikt erkannt, wenn nicht genau eine Zeile durch die erzeugte Anweisung aktualisiert wurde.
`DataAdapter`	Eine Referenz auf das `SqlDataAdapter`-Objekt.
`GetDeleteCommand()`	Liefert das `SqlCommand`-Objekt oder legt es fest, das für das Löschen von Zeilen verwendet wird.
`GetInsertCommand()`	Liefert das `SqlCommand`-Objekt oder legt es fest, das für das Einfügen von Zeilen verwendet wird.
`GetUpdateCommand()`	Liefert das `SqlCommand`-Objekt oder legt es fest, das für das Ändern von Zeilen verwendet wird.

Methode/Eigenschaft	Beschreibung
`QuoteIdentifier()`	Spalten- oder Feldnamen können mit dieser Methode „umfasst" (gequotet) werden, damit auch sonst ungültige Zeichen verwendet werden dürfen. Konkret bedeutet dies, dass z.B. `Spaltenname 1` zu `[Spaltenname 1]` wird. Dies ist das Gegenstück zur `UnquoteIdentifier()`-Methode.
`RefreshSchema()`	Diese Methode sorgt dafür, dass das Schema der Datenbank erneut eingelesen wird.
`SetAllValues`	Über diese Eigenschaft kann gesteuert werden, ob alle Werte beim Schreiben in die Datenbank gesetzt werden sollen oder nur solche, die verändert wurden. Der Standardwert ist `false`, sodass nur veränderte Werte geschrieben werden.
`UnquoteIdentifier()`	Zuvor umfasste (gequotete) Spalten- oder Feldnamen können mit dieser Methode rückgängig gemacht werden. Damit wird `[Spaltenname 1]` wieder zu `Spaltenname 1`. Dies ist das Gegenstück zur `QuoteIdentifier()`-Methode.

7.12.2 Ereignisse

Die `SqlCommandBuilder`-Klasse verfügt über keine relevanten Ereignisse.

7.13 Typisierte DataSets

Die typisierte Version von DataSets wird in Kapitel 9 über Datenbindung beschrieben.

7.14 Tipps und Tricks

7.14.1 Nur die Änderungen eines DataSets schreiben

Sollen lediglich die an einem `DataSet`-Objekt vorgenommenen Änderungen anstatt des gesamten DataSets in eine Datei geschrieben werden, können Sie wie im folgenden Beispiel vorgehen.

Hinweis:
Die hier beschriebene Vorgehensweise lässt sich auch für ein einzelnes `DataTable`-Objekt umsetzen.

```
public static void writeDSChanges(DataSet ds,string filename)
{
    // Liegen Änderungen vor?
    if (ds.HasChanges())
        // Wenn ja, dann die Änderungen schreiben
        ds.GetChanges().WriteXml(filename, XmlWriteMode.DiffGram);
}
```

Die so geschriebenen Daten umfassen sowohl den Zustand vor als auch nach der Änderung, und es ist leicht erkennbar, dass der Wert der Spalte „Name“ verändert wurde.

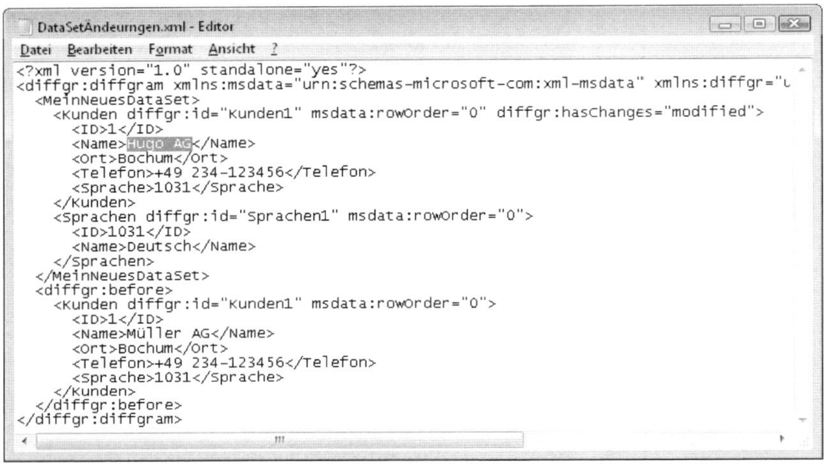

Abbildung 7.6 Die Änderungen im Vista-eigenen Editor

7.14.2 Inhalt und Schema getrennt schreiben/lesen

Nicht immer ist es effizient oder erwünscht, Daten und Schema zusammen in einer Datei zu speichern. Daher können Schema und Daten getrennt gespeichert und geladen werden. Das folgende Beispiel zeigt, wie dies gemacht werden kann.

> **Hinweis:**
> Die hier beschriebene Vorgehensweise lässt sich auch für ein einzelnes `DataTable`-Objekt umsetzen.

```
public static void splitSchemaAndContent(DataSet ds, string baseDirecto-
ry)
{
    // Dateinamen erzeugen
    string filenameSchema = Path.Combine(baseDirectory, "Schema.XML");
    string filenameContent = Path.Combine(baseDirectory, "Content.XML");

    // Schema schreiben
    ds.WriteXmlSchema(filenameSchema);

    // Inhalt schreiben
    ds.WriteXml(filenameContent);
```

```
        // Neues DataSet erstellen
        DataSet NewDS = new DataSet("NeuesDS");

        // Schema laden
        NewDS.ReadXmlSchema(filenameSchema);

        // Inhalt laden
        NewDS.ReadXml(filenameContent);
    }
```

Nachdem Schema und Inhalt geladen wurden, sehen das alte und das neue `DataSet`-Objekt inhaltlich identisch aus – so wie es sein sollte.

7.14.3 Ein DataSet komprimieren/dekomprimieren

Sollte ein `DataSet`-Objekt in Dateien gespeichert oder über das Netzwerk übertragen werden, ist manchmal seine Größe etwas störend. Abhilfe schafft hier die Funktionalität aus dem `System.IO.Compression`-Namensraum und die Tatsache, dass sich ein DataSet auch binär serialisieren lässt. Hierfür wird die `System.Runtime.Serialization.Formatters.Binary.BinaryFormatter`-Klasse verwendet.

Hinweis:
Die hier beschriebene Vorgehensweise lässt sich auch für ein einzelnes `DataTable`-Objekt umsetzen.

Damit lassen sich auf einfache Weise ohne zusätzliche Tools Kompressionsraten von bis zu 25% erreichen. Das komprimierte `DataSet`-Objekt, nun nur noch ein Array von Bytes, kann dann in eine Datei geschrieben oder per Netzwerk-Stream versandt werden.

Hinweis:
Den Quelltext der Methoden finden Sie auch in der Beispielanwendung zu diesem Kapitel.

Als Erstes die beiden Aufrufe, um das komprimierte `DataSet`-Objekt in eine Datei zu schreiben und wieder einzulesen.

```
using System.IO;

const string filename = @"d:\DataSet.bin";
byte[] compressedDataSet;
// FileStream fs;

// Komprimieren, DataSet muss vorhanden sein
compressedDataSet = (DataSetDemo.compressDataSet(ds));

// Und in eine Datei schreiben
using (FileStream fs = new FileStream(filename, FileMode.Create))
    fs.Write(compressedDataSet, 0, compressedDataSet.Length);

// Werte für Test löschen
compressedDataSet = null; ds = null;

// Daten aus Datei lesen
using (FileStream fs = new FileStream(filename,FileMode.Open))
    compressedDataSet = DataSetDemo.readFullStream(fs);
```

```
// Dekomprimieren
ds = DataSetDemo.decompressDataSet(compressedDataSet);

// Das DataSet-Objekt sieht nun inhaltlich aus wie vorher
```

Die Methode `compressDataSet()` ist für das Komprimieren des zuvor serialisierten `DataSet`-Objektes verantwortlich.

```
using System.Runtime.Serialization.Formatters.Binary;
using System.IO.Compression;

public static Byte[] compressDataSet(DataSet DS)
{
    BinaryFormatter bf;
    if (DS != null)
    {
        // Serialisieren vorbereiten

        bf = new BinaryFormatter();
        // MemoryStream erzeugen, um das DataSet im Speichern

        // zu serialisieren
        using (MemoryStream ms = new MemoryStream())
        {
            // Serialisieren und in einem Array aus Bytes speichern
            bf.Serialize(ms, DS);
            Byte[] inByte = ms.ToArray();

            // Zweiten MemoryStream erstellen, der die komprimierten
            // Daten aufnehmen wird
            using (MemoryStream objStream = new MemoryStream())
            {
                // DeflateStream, um das Array aus Bytes zu komprimieren
                using (DeflateStream compressStream =
                  new DeflateStream(objStream, CompressionMode.Compress))
                    // Komprimieren
                    compressStream.Write(inByte, 0, inByte.Length);

                // Rückgabe als Array aus Bytes
                Byte[] result = objStream.ToArray();

                // Etwas Statistik
                Debug.Print("compressDataSet: {0}/ {1} ({2:0.00}%)",
                    inByte.Length, result.Length,
                    (double)result.Length / (double)inByte.Length * 100);

                // Rückgabe
                return result;
            }
        }
    }
    else
        return null;
}
```

Zu guter Letzt die `decompressDataSet()`-Methode, die, wie der Name vermuten lässt, das DataSet wieder dekomprimiert.

```
public static Byte[] readFullStream(Stream s)
{
    Byte[] myBuffer = new Byte[32768];

    // Kleine Hilfsmethode, um alle Daten des Streams
    // in das Array aus Bytes zu lesen
    using (MemoryStream ms = new MemoryStream())
        // So lange lesen, bis alle Daten gelesen wurden
        while (true)
```

```
        {
            int BytesRead = s.Read(myBuffer, 0, myBuffer.Length);
            if (BytesRead <= 0)
                // Fertig => Rückgabe
                return ms.ToArray();

            // Weiter einlesen
            ms.Write(myBuffer, 0, BytesRead);
        }
}
```

Hinweis:

Die `readFulLStream()`-Hilfsmethode wird aus Platzgründen nicht abgedruckt. Sie sorgt lediglich dafür, dass der gesamte Datenstrom in ein Array aus Bytes gelesen wird.

8 Language Integrated Query

Language Integrated Query (LINQ) ist einer der neuen, wesentlichen Bestandteile seit .NET Framework 3.5, mit denen der Entwickler unterschiedlichste Daten mittels einer einheitlichen Abfragesprache verarbeiten kann. LINQ ist dabei in den Sprachen C# und VB.Net direkt eingebaut, sodass der Compiler ein hohes Maß an Kontrolle darüber hat. Die Vorteile sollen an dieser Stelle kurz vorgestellt werden.

- LINQ vereinheitlicht Abfragen auf unterschiedlichste Datenquellen. Ob XML, DataSets, Auflistungen, (Sequenzen) oder relationale Datenbanken, die Syntax für den Zugriff ist immer dieselbe.
- T-SQL-Anweisungen werden als Zeichenketten in der Anwendung vorgehalten und als solche an den SQL Server geschickt, ohne dass der Compiler Syntax und Inhalt überwachen kann. Kommt es zu einem Fehler, so geschieht dies erst zur Laufzeit. Bei LINQ ist der Compiler in der Lage, die Syntax zu überwachen.
- LINQ ist typsicher und vollzieht damit den Brückenschlag zwischen Daten und Anwendung. Der Compiler kann zur Entwurfszeit überprüfen, ob Spalten und Rückgabewerte korrekt sind.
- Entwickler müssen sich nur noch in eine Sprache wie C# einarbeiten. Es ist nicht absolut zwingend notwendig, über SQL-Kenntnisse zu verfügen (jedoch bestimmt von großem Vorteil).

LINQ selbst ist, wie schon beschrieben, Bestandteil der Sprachen C# und VB.Net und kann dabei für extrem unterschiedliche Datengrundlagen zum Einsatz kommen. Praktisch bedeutet dies, dass eine Abfrage wie die folgende (korrekt) ausgeführt werden kann, unabhängig, ob diese auf XML-Daten oder Daten aus einer SQL Server-Datenbank zugreift.

```
var autos =
from a in Autos
where a.Marke == "Mazda"
select new { a.Marke, a.Baujahr)
```

Wichtig ist nur, dass die Struktur der Daten identisch ist, da sonst der Compiler einen Fehler meldet.

Hinweis:
Erklärungen zu den Neuheiten in C# 3.x, von denen LINQ zum Teil regen Gebrauch macht, finden sich unter *2.4,* „Neuheiten in C# 4.0“.

Damit dies möglich ist, bedient sich LINQ eines Mehrschichtenmodells, in dem die Abfragesprache nur die oberste Schicht darstellt. Über eine Vielzahl von datenquellenspezifischen Implementierungen werden die Daten aus sogenannten LINQ-fähigen Datenquellen (LINQ enabled Data Sources) bereitgestellt. Das folgende Schema zeigt den Aufbau.

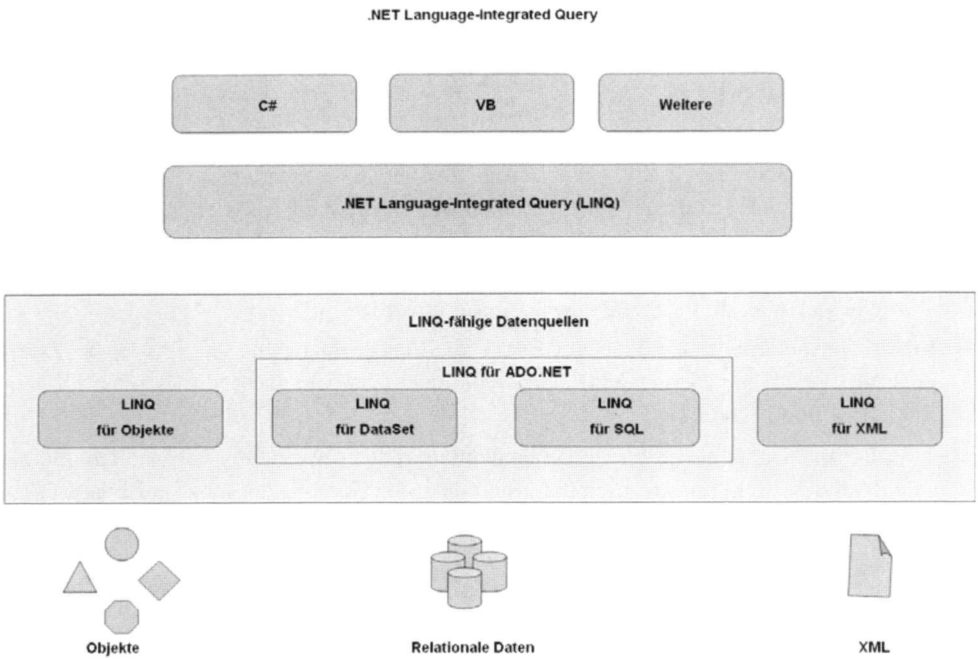

Abbildung 8.1 LINQ im Überblick

Diese Trennung zwischen Zugriffssprache und Datenquellen hat dafür besorgt, dass in der letzen Zeit mehr als Hundert unterschiedliche Datenquellen entstanden sind. Von allen möglichen relationalen Datenbanken bis hin zu LINQ to CSV, LINQ to Amazon, LINQ to Google, um nur einige zu nennen.

Der Auszug der im Folgenden vorgestellten Datenquellen erscheint vor diesem Hintergrund ein wenig bescheiden.

- *LINQ to SQL*: LINQ-Abfragen werden zu SQL-Anweisungen umgewandelt und gegen eine relationale Datenbank ausgeführt. Daten können so abgefragt und auch dauerhaft geändert werden. Diese Variante wird grob unter „LINQ to ADO.NET“ eingeordnet.
- *LINQ to Entities (ADO.NET Entity Framework 4.0)*: Dies ist ein Weiterentwicklung von LINQ to SQL, die nicht mehr über die typische 1:1-Zuordnung zwischen Tabelle

auf dem SQL Server und Klasse in C# verfügt. Für Details über das ADO.NET Framework 4.0 siehe Kapitel 10.

- *LINQ to DataSets*: Über LINQ können hier Daten verarbeitet werden, die bereits im Speicher in Form von DataSets liegen.
- *LINQ to Objects*: LINQ-Abfragen können auf allen Auflistungen durchgeführt werden, welche die `System.Collection.Generic.IEnumerable<T>`-Schnittstelle implementieren.
- *PLINQ*: Ist eine Variante von LINQ to Object, welche die Parallel-Computing-Möglichkeiten des .NET Frameworks ausnutzt. Umfangreiche Abfragen können damit schnell, weil auf mehrere Threads verteilt, ausgeführt werden.
- *LINQ to XML*: LINQ-Abfragen können auf XML-Dokumente angewendet werden.

Der Code in LINQ-Syntax wird intern vor der Kompilierung in eine Abfolge der entsprechenden Methoden umgewandelt. So wird z.B. die folgende Abfrage

```
var expr =
    from k in Kunden
    where (k.Sprache == eSprache.Deutsch)
    orderby (k.Name)
    select (k);
```

zu diesem Code umgesetzt:

```
var expr = Kunden
    .Where (k=> k.Sprache == eSprache.Deutsch)
    .OrderBy (k=> k.Name)
    .Select (k);
```

Eine Reihe von Funktionalitäten (z.B. das Sortieren nach mehr als nur einem Wert) ist sogar nicht direkt über die LINQ-Synatx verfügbar, sondern nur direkt über die dahinter stehenden Methoden. In diesen Fällen wird in den folgenden Abschnitten auf die punktorientierte Syntax zurückgegriffen, wie sie sonst auch bei „gewöhnlichen" Methoden verwendet wird.

Hinweis:

Der Grund, warum eine LINQ-Abfrage im Gegensatz zu einer SQL-Abfrage mit `from` beginnt, ist der, dass auf diese Weise Visual Studio 2010 mit IntelliSense den Entwickler mit Vorschlägen unterstützen kann. Damit wird das Schreiben von Bedingungen, Auswahllisten etc. beschleunigt.

Um das Ergebnis schließlich auszugeben, können `foreach`-Schleifen verwendet werden. Hier eine einfache Schleife. Es gibt jedoch auch Situationen, in denen mehrere Schleifen ineinander verschachtelt werden müssen.

```
foreach (var i in qErgebnis)
    Debug.WriteLine(i);
```

In diesem Kapitel werden lediglich die Fälle gezeigt, bei denen die Informationen mit dem `Debug`-Objekt ausgegeben werden, um den Effekt der jeweiligen Operatoren zu demonstrieren. Da die Ergebnissequenz jedoch ebenfalls die `System.Collection.Generic.`

`IEnumerable<T>`-Schnittstelle implementiert, stehen neben dem Durchlaufen in einer `foreach`-Schleife auch alle anderen Methoden offen, die diese Schnittstelle voraussetzen.

Hinweis:

Wenn Sie die Informationen, die angezeigt werden, nicht für sehr sprechend halten (z.B. weil für jedes Objekt nur der Typ ausgegeben wird), dann bedenken Sie, dass die `ToString()`-Methode überschrieben werden kann, um dieses Manko auszuwetzen. Für die Klasse `cKunde` kann dies z.B. so aussehen:

```
public override string ToString()
{
    return string.Format("({0}): {1} aus {2}",ID,Name,Ort);
}
```

Im Code zu diesem Kapitel wurde dies für die Klassen `cKunde`, `cWare` und `cBestellung` getan, ohne dass dies hier abgedruckt wurde, damit der Blick auf das Wesentliche erhalten bleibt.

Werden anonyme Typen ausgegeben, so wird die `ToString()`-Methode automatisch so überschrieben, dass diese einfach alle Eigenschaften per Name und aktuellem Wert aufführt.

8.1 LINQ-Abfragen

In diesem Abschnitt wird alles Wichtige über Abfragen mittels LINQ beschrieben. Da diese Daten am einfachsten zu handhaben sind, werden zum Speichern der Daten Klassen verwendet, welche die Schnittstelle System.Collection.Generic.IEnumerable<T> implementieren. Da die Sprachelemente immer die gleichen sind (einer der Vorteile von LINQ), werden die notwendigen Schritte und feinen Unterschiede für den Zugriff auf unterschiedliche Datenquellen in den Abschnitten 8.2, „LINQ to SQL“, 8.3, „LINQ to DataSets“ beschrieben. Weitere LINQ-Versionen wie z.B. LINQ to XML werden in diesem Buch nicht näher behandelt.

8.1.1 Klassen/Tabellen für die Beispiele

Für die gesamten Beispiele über LINQ-Abfragen kommt diese einfache Datenstruktur auf Basis von Klassen zum Zuge. Die folgende Abbildung zeigt die Zusammenhänge der vier Klassen, die für LINQ to SQL im weiteren Verlauf des Kapitels auch als Tabellen abgebildet werden. Im Folgenden sind die Beziehungen als Tabellendiagramm abgebildet.

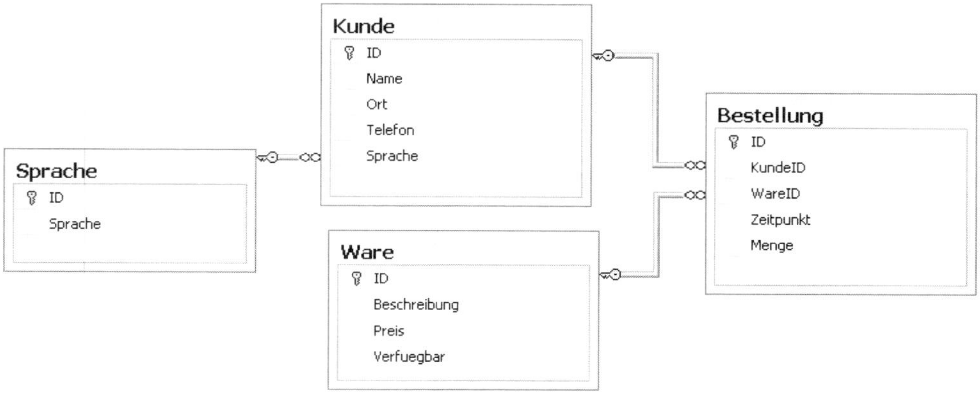

Abbildung 8.2 Die Zusammenhänge der vier Klassen/Tabellen

Entsprechend werden die Klassen im folgenden Quelltext definiert:

```
// Aufzählung der Sprachen der Kunden
public enum eSprache
{
    Daenisch =1030,
    Deutsch = 1031,
    EnglischUSA = 1033,
    Japanisch = 1041
}

// Ein Kunde
public class cKunde
{
    public int ID;
    public string Name;
    public string Ort;
    public string Telefon;
    public eSprache Sprache;
}

// Eine Ware
public class cWare
{
    public int ID;
    public string Beschreibung;
    public decimal Preis;
    public bool Verfuegbar;
}

// Eine Bestellung eines Kunden
public class cBestellung
{
    public int ID;
    public int KundeID;
    public int WareID;
    public DateTime Zeitpunkt;
    public int Menge;
}
```

Nun noch die Initialisierung, damit ein paar Daten für die Abfragen zur Verfügung stehen:

```
// Auflistungen initialisieren
cKunde[] Kunden = new cKunde[]
{
    new cKunde { ID=1, Name="Müller AG", Ort="Bochum",
```

```
        Telefon="+49 234-123456", Sprache=eSprache.Deutsch },
    new cKunde { ID=2, Name="Yokai Inc", Ort="Tokio",
        Telefon="+81 103 123456", Sprache=eSprache.Japanisch },
    new cKunde { ID=3, Name="Smith Inc", Ort="Detroit",
        Telefon="+1 234-123456", Sprache=eSprache.EnglishUSA },
    new cKunde { ID=4, Name="Meyer AG", Ort="München",
        Telefon="+49 89-123456", Sprache=eSprache.Deutsch },
    new cKunde { ID=5, Name="Hanse AG", Ort="Hamburg",
        Telefon="+49 40-123456", Sprache=eSprache.Deutsch }
};

cWare[] Waren = new cWare[]
{
    new cWare { ID=100, Beschreibung="Wasserbett", Preis=499.90M,
        Verfuegbar=true },
    new cWare { ID=101, Beschreibung="Blumentopf", Preis=9.90M,
        Verfuegbar=false },
    new cWare { ID=102, Beschreibung="Tisch", Preis=49.90M,
        Verfuegbar=true },
    new cWare { ID=103, Beschreibung="Stuhl", Preis=39.90M,
        Verfuegbar=true },
    new cWare { ID=104, Beschreibung="Teppich (groß)", Preis=59.90M,
        Verfuegbar=true },
    new cWare { ID=105, Beschreibung="Teppich (klein)", Preis=49.90M,
        Verfuegbar=true }
};

cBestellung[] Bestellungen = new cBestellung[]
{
    new cBestellung { ID=1000, KundeID=1, WareID=100, Menge=1,
        Zeitpunkt=new DateTime(2007,11,13) },
    new cBestellung { ID=1001, KundeID=2, WareID=102, Menge=1,
        Zeitpunkt=new DateTime(2007,11,14) },
    new cBestellung { ID=1002, KundeID=2, WareID=103, Menge=4,
        Zeitpunkt=new DateTime(2007,11,13) },
    new cBestellung { ID=1003, KundeID=4, WareID=105, Menge=2,
        Zeitpunkt=new DateTime(2007,10,5) },
    new cBestellung { ID=1004, KundeID=3, WareID=104, Menge=1,
        Zeitpunkt=new DateTime(2007,11,7) },
    new cBestellung { ID=1005, KundeID=1, WareID=100, Menge=1,
        Zeitpunkt=new DateTime(2007,11,16) }
};
```

Hinweis:
Sie finden die Quelltexte für die Deklaration und Initialisierung der Auflistungen im Projekt LINQ zu diesem Kapitel.

Mit dieser Struktur und diesen Daten werden nun im Folgenden die Operatoren (LINQ-Befehle) erklärt; später dann mit einer ähnlichen Tabellenstruktur LINQ to SQL.

8.1.2 LINQ-Operatoren

Befehle für LINQ werden Operatoren genannt. Viele dieser Operatoren sind als Erweiterungsmethoden für die generische Schnittstelle `IEnumerable<T>` implementiert.

Im Folgenden findet sich eine kurze Übersicht über die Operatoren, die in LINQ Anwendung finden. Im Anschluss daran folgen vertiefende Erklärungen mit Beispielen.

Tabelle 8.1 LINQ-Operatoren

Operator	Beschreibung	SQL Äquivalent
`Aggregate`	Erlaubt die Erstellung benutzerdefinierter Aggregatfunktionen, mit denen Sequenzen durchlaufen werden.	Benutzerdefinierte Aggregatfunktion
`All`	Liefert `true`, wenn alle Elemente einer Sequenz die angegebene Bedingung erfüllen.	–
`Any`	Liefert `true`, wenn mindestens ein Element der Sequenz die angegebene Bedingung erfüllt.	`EXISTS`-Funktion
`Average`	Bildet den Mittelwert (arithmetischen Durchschnitt) einer Sequenz.	`AVG`-Funktion
`Cast`	Versucht, alle Elemente einer Sequenz in einen anderen Typen umzuwandeln (casten).	–
`Concat`	Verkettet zwei Sequenzen zu einer einzigen.	`UNION`-Schlüsselwort
`Contains`	Prüft, ob eine Sequenz ein bestimmtes Element enthält.	`IN`-Schlüsselwort
`Count`	Ermittelt die Anzahl der Elemente in einer Sequenz. Der Wert ist vom Typ `int`.	`COUNT`-Funktion
`LongCount`	Ermittelt die Anzahl der Elemente in einer Sequenz. Der Wert ist vom Typ `long`.	`COUNT`-Funktion
`Distinct`	Liefert aus einer Sequenz die eindeutigen Elemente. Dubletten werden entfernt.	`DISTINCT`-Schlüsselwort
`ElementAt`	Liefert das Element in einer Sequenz an einer bestimmten Stelle (Index).	–
`ElementAtOrDefault`	Liefert das Element in einer Sequenz an einer bestimmten Stelle (Index) oder einen Standardwert, wenn der Index negativ oder größer als die Anzahl der Elemente ist.	–
`Empty`	Erstellt eine leere Sequenz vom angegebenen Typus.	–
`Except`	Vergleicht zwei Sequenzen und liefert nur diejenigen Elemente, die nur in einer der beiden Sequenzen vorhanden sind.	–
`First`	Liefert das erste Element einer Sequenz.	–

Operator	Beschreibung	SQL Äquivalent
`FirstOrDefault`	Liefert das erste Element einer Sequenz oder einen Standardwert, wenn die Sequenz leer ist.	–
`GroupBy`	Gruppiert eine Sequenz.	`GROUP BY`-Schlüsselwort
`GroupJoin`	Verbindet zwei Sequenzen durch einen OUTER JOIN.	`JOIN`-Schlüsselwort
`Intersect`	Liefert die Schnittmenge zweier Sequenzen.	–
`Join`	Verbindet zwei Sequenzen durch einen INNER JOIN.	`JOIN`-Schlüsselwort
`Last`	Liefert das letzte Element einer Sequenz.	–
`LastOrDefault`	Liefert das letzte Element einer Sequenz oder einen Standardwert, wenn die Sequenz leer ist.	–
`Max`	Ermittelt den maximalen Wert einer Sequenz.	`MAX`-Funktion
`Min`	Ermittelt den minimalen Wert einer Sequenz.	`MIN`-Funktion
`OfType`	Liefert alle Elemente einer Sequenz, die einen bestimmten Typ haben.	–
`OrderBy`	Sortiert eine Sequenz aufsteigend.	`ORDER BY`-Schlüsselwort
`OrderByDescending`	Sortiert eine Sequenz absteigend.	`ORDER BY DESC`-Schlüsselwort
`Range`	Erzeugt eine Sequenz mit den numerischen Werten von n bis m.	–
`Repeat`	Erzeugt eine Sequenz mit n mal dem gleichen Element.	–
`Select`	Projiziert die Elemente einer Sequenz und bildet sie so ab, wie sie benötigt werden.	`SELECT`-Schlüsselwort
`SelectMany`	Durchläuft Sequenzen, die selbst Mitglieder anderer Sequenzen sind, und liefert eine flache Liste.	–
`SequenceEqual`	Prüft, ob zwei Sequenzen identisch sind.	–
`Single`	Durchsucht eine Sequenz mittels eines Prädikats (Lambda-Ausdruck) und liefert das erste gefundene Element.	–

Operator	Beschreibung	SQL Äquivalent
SingleOrDefault	Arbeitet wie der Single-Operator, nur dass keine Ausnahme erzeugt wird, wenn kein Element gefunden werden kann, sondern liefert den Standardwert für das Element.	–
Skip	Überspringt die ersten n Elemente einer Sequenz und liefert den Rest.	–
SkipWhile	Überspringt so lange Elemente, wie eine Bedingung erfüllt wird, und liefert den Rest.	–
Sum	Summiert die Elemente einer Sequenz.	SUM-Funktion
Take	Liefert die ersten n Elemente einer Sequenz.	TOP-Schlüsselwort
TakeWhile	Liefert so lange Elemente, wie eine Bedingung erfüllt wird.	–
ThenBy	Sortiert wie der OrderBy-Operator eine Sequenz, mit dem Unterschied, dass eine bereits bestehende Sortierung weiter verfeinert wird.	ORDER BY nach zwei und mehr Spalten/ Ausdrücken
ThenByDescending	Sortiert wie der OrderByDescending-Operator eine Sequenz, mit dem Unterschied, dass eine bereits bestehende Sortierung weiter verfeinert wird.	ORDER BY nach zwei und mehr Spalten/ Ausdrücken
ToArray	Konvertiert eine Sequenz zu einem Array.	–
ToDictionary	Konvertiert eine Sequenz zu einem generischen Dictionary<K,T>-Objekt.	–
ToList	Konvertiert eine Sequenz zu einem generischen List<T>-Objekt.	–
ToLookup	Konvertiert eine Sequenz zu einem generischen Loopup<K, T>-Objekt.	–
Union	Vereint zwei Sequenzen zu einer einzigen.	UNION-Schlüsselwort
Where	Filtert eine Sequenz nach einem Prädikat.	WHERE-Schlüsselwort

Es bietet sich an, diese Operatoren grob in unterschiedliche Kategorien einzuordnen, um eine klare Übersicht zu erhalten. Aus diesem Grund wird dies auf den folgenden Seiten getan.

8.1.3 Sequenzen

LINQ arbeitet mit sogenannten Sequenzen. Sequenzen sind mit einem Iterator implementiert, der jedes Mal wenn ein weiteres Element benötigt wird (z.B. in einer Ausgabe-Schleife wenn der nächste Wert dargestellt werden soll), dieses bereitstellt – oder signalisiert, dass kein weiteres Element mehr vorliegt. Solche Iteratoren werden durch die `IEnumerable`-Schnittstelle bereitgestellt.

Dieses Vorgehen hat den großen Vorteil, das auch bei einer großen Anzahl von Elementen nicht alle erzeugt werden müssen, auch wenn im späteren Verlauf der Abfrage nur noch z.B. das erste benötigt wird. Die Effizienz wird also dadurch erreicht, das nur das Element bereitgestellt wird, das gerade benötigt wird (quasi eine Just-in-time-Bereitstellung).

Da jede Auflistung (sei sie generisch oder nicht) als Sequenz betrachtet werden kann, aus der jeweils bei Bedarf das nächste Element entfernt wird, stellt jede Auflistung eine Sequenz dar – nicht jedoch umgekehrt. Eine Sequenz ist keine Auflistung, wie schon die im Folgenden beschriebene verzögerte Auswertung klar werden lässt.

8.1.4 Verzögerte Ausführung

Beim Einsatz von LINQ-Abfragen gilt es immer zu bedenken, dass deren Auswertung nicht bei der Definition geschieht, sondern wenn diese benutzt werden. Das zeigt sich auch darin, dass das Ergebnis variiert, wenn die zugrunde liegenden Sequenzen sich ändern. Das folgende Beispiel demonstriert dies:

```
// Eine Liste mit den natürlichen Zahlen 1 bis 10
Zahlen = Enumerable.Range(1, 10).ToList<int>();

// Eine LINQ-Abfrage, die alle Elemente liefert
var expr = (from z in Zahlen select z);

// Erwartungsgemäß ist dies 10
Debug.WriteLine(expr.Count());
```

Nun aber wird die zugrunde liegende Liste (Zahlen) verändert und bewirkt, dass die Abfrage bei der nächsten Verwendung ein anderes Ergebnis liefert.

```
// Ein Element entfernen
Zahlen.RemoveAt(0);

// Erwartungsgemäß ist dies nur noch 9
Debug.WriteLine(expr.Count());
```

Dieses Verhalten von LINQ-Abfragen wird verzögerte Ausführung genannt. Ist diese nicht erwünscht und werden unabhängige Auflistungen benötigt, so können diese über einige Konvertierungsoperatoren erzeugt werden. Mehr zu dieser Operatorengruppe finden Sie unter *8.1.16,* „Konvertierungsoperatoren".

8.1.5 Projektionsoperatoren

In diesem Abschnitt werden die sogenannten Projektionsoperatoren beschrieben. Ihre Aufgabe ist es, die gewünschten Inhalte aus der Quellsequenz in das Ergebnis zu übertragen. Wurde ein Filter, eine Sortierung oder eine Gruppierung angewendet, so wurde dieser/diese vorher ausgeführt.

8.1.5.1 Select

Der `Select`-Operator projiziert das Abfrageergebnis auf eine Sequenz, welche die `IEnumerable<T>`-Schnittstelle implementiert. Dabei wird eine flache Liste erstellt. Die einfachste Anwendung sieht so aus:

```
var expr = Kunden.Select(c => c);
```

Das Ergebnis ist lediglich ein Abbild der Quellsequenz. Soll eine Sequenz mit nur einem Wert erstellt werden, dann kann die Abfrage so aussehen:

```
var expr = Kunden.Select(c => c.Name);
```

Die Ausgabe dieser Liste besteht aus sämtlichen Namen der initialisierten Kunden. Einfache LINQ-Abfragen, die den select-Projektionsoperator verwenden, können so aussehen:

```
var expr =
    from k in Kunden
    select k;
```

Das Ergebnis ist wieder lediglich eine Abbildung der Quellsequenz.

```
var expr =
    from k in Kunden
    select new {Kundenname = k.Name, k.Ort};
```

Die so entstandene Liste besteht aus anonymen Objekten, die über die Mitglieder `Kundenname` und `Ort` verfügen.

```
{ Kundenname = Müller AG, Ort = Bochum }
{ Kundenname = Yokai Inc, Ort = Tokio }
{ Kundenname = Smith Inc, Ort = Detroit }
{ Kundenname = Meyer AG, Ort = München }
{ Kundenname = Hanse AG, Ort = Hamburg }
```

Auf Wunsch kann der select-Operator auch gewöhnliche Klassen erstellen. Dies kann auf althergebrachte Weise (wenn der entsprechende Konstruktor angelegt wurde) oder durch die neue Syntax geschehen. Die folgenden beiden Beispiele demonstrieren dies. Althergebracht:

```
var expr =
    from k in Kunden
    select new IrgendEineKlasse (k.Name, k.Ort );
```

LINQ-Variante:

```
var expr =
    from k in Kunden
    select new IrgendEineKlasse { Wert1 = k.Name, Wert2 = k.Ort };
```

Da es sich bei Zeichenketten und Wertetypen auch nur um Objekte handelt, können auch diese erstellt und in die Ergebnissequenz aufgenommen werden. In diesem Fall jedoch ohne das new-Schlüsselwort.

```
var expr =
    from k in Kunden
    select string.Format("Firma: {0}", k.Name);
```

Oder für alle Preise der Waren:

```
var expr =
    from w in Waren
    select w.Preis;
```

Hinweis:

Bedenken Sie, dass von den Wertetypen eine Kopie erstellt wird, bei Referenztypen lediglich eine Referenz. Somit kann sich das Erstellen umfangreicher Listen von Wertetypen negativ auf die Performance auswirken.

8.1.5.2 SelectMany

Der `select`-Operator fügt jedes Element in die Ergebnissequenz ein, abhängig von dessen Typ. Der `SelectMany`-Operator verhält sich ähnlich, mit einer wichtigen Ausnahme: Ist der Typ eine Sequenz, wird diese intern durchlaufen und jedes der enthaltenen Objekte in die Ergebnissequenz aufgenommen. Dadurch ist das Ergebnis eine flache Sequenz, und der folgende Code muss sich nicht darum kümmern, dass er kein Element, sondern eine Liste vor sich hat.

8.1.6 Filteroperatoren

Die Operatoren in dieser Gruppe dienen dem Filtern der Elemente einer Sequenz, da oftmals nicht alle von Interesse sind, sondern nur solche, auf die eine bestimmte Bedingung zutrifft.

8.1.6.1 where

Mit diesem Operator lassen sich die Elemente einer Sequenz filtern, die weiter verarbeitet werden sollen. Die dabei verwendeten Prädikate werden in ganz gewöhnlichen C#-Bedingungen formuliert. Somit stehen alle bekannten Möglichkeiten offen. Das folgende Beispiel filtert alle Kunden, die Deutsch sprechen.

```
var expr =
    from k in Kunden
    where k.Sprache == eSprache.Deutsch
    select k;
```

Da konsequenterweise auch Methode in Verbindung mit dem `where`-Operator verwendet werden können, ist auch das folgende Beispiel gültig:

```
var expr =
    from k in Kunden
    where ((k.Telefon.StartsWith("+49") || k.Sprache == eSprache.Deutsch)
          && isValidCustomer(k))
    select k;
```

Durch die `isValidCustomer()`-Methode kann elegant überprüft werden, ob der Kunde gültig ist oder nicht. Um die Übersichtlichkeit bei komplexen Einschränkungen ein wenig zu wahren, steht die Möglichkeit offen, mehr als nur einen `where`-Operator zu verwenden. Es werden nur solche Elemente in das Ergebnis aufgenommen, die allen Prädikaten genügen. Es werden also logische Und-Verknüpfungen zwischen den einzelnen `where`-Operatoren angewandt.

Diese Abfrage ist also inhaltlich identisch mit der vorherigen.

```
var expr =
    from k in Kunden
    where (k.Telefon.StartsWith("+49") || k.Sprache == eSprache.Deutsch)
    where isValidCustomer(k)
    select k;
```

Da streng genommen nur ein Filter auf eine zuvor schon gefilterte Sequenz angewendet wird, ist es effizienter, zuerst solche Prädikate zu verwenden, die schnell ausgeführt werden und möglichst viele Elemente herausfiltern können.

Hinweis:

Neben Methoden können auch Variablen in LINQ-Abfragen verwendet werden. Wichtig ist nur, dass sich der gesamte Ausdruck wie bei der `if`-Abfrage zu `true` oder `false` auswerten lässt.

8.1.6.2 OfType

Der `OfType`-Operator durchläuft eine Sequenz und liefert alle Elemente, die dem übergebenen Typ entsprechen, andere Elemente werden ausgefiltert.

Nützlich kann dieser Operator in jenen Fällen sein, in denen z.B. in einer Auflistung unterschiedliche Ableitungen einer Basisklasse vereint sind.

Das folgende Beispiel macht es nicht so kompliziert, sondern demonstriert, wie aus einer gemischten Auflistung nach Typ gefiltert werden kann.

```
// ArrayList-Objekt erzeugen
System.Collections.ArrayList element =
    new System.Collections.ArrayList();

// Elemente mit unterschiedlichen Typen einfügen
element.AddRange(new string[] {"Hund", "Katze", "Maus"} );
element.AddRange(new int[] {1,2,3} );

// Alle Zeichenketten herausfiltern
var Tiere = element.OfType<string>();

// Und ausgeben
foreach (string s in Tiere)
    Debug.WriteLine (s);
```

Die Ausgabe enthält die drei Tiere, nicht aber die Zahlen:

```
Hund
Katze
Maus
```

Ist es kein Element vom geforderten Typ, wird eine leere Auflistung als Rückgabe geliefert.

8.1.7 Sortieroperatoren

Möchte man die Ergebnissequenz vor der weiteren Verwendung sortieren, so ist dies über die Sortieroperatoren möglich. Wie von SQL-Anweisungen bekannt, kann dies mehrfach nach unterschiedlichen Werten auf Wunsch auf- oder absteigend geschehen. Für die Sortierung werden die standardmäßigen Vergleichsmechanismen angewendet.

8.1.7.1 OrderBy/ OrderBy … Descending

Um z.B. die Liste aller Kunden, für die als Sprache „Deutsch" angegeben wurde, nach ihrem Namen zu sortieren, kann die LINQ-Abfrage so aussehen:

```
var expr =
    from k in Kunden
    where k.Sprache == eSprache.Deutsch
    orderby k.Name
    select k;
```

Um die Sortierung umzukehren, wird das Schlüsselwort descending angefügt.

```
var expr =
    from k in Kunden
    where k.Sprache == eSprache.Deutsch
    orderby k.Name descending
    select k;
```

Soll die Sortierung (egal ob auf- oder absteigend) nicht standardmäßig durchgeführt werden, dann kann dies nicht direkt über die LINQ-Syntax geschehen, sondern nur über die OrderBy()-Methode in Verbindung mit der punktorientierten Syntax. Eine der Überladungen akzeptiert eine Referenz auf eine Klasse, welche die IComparer<T>-Schnittstelle implementiert.

Eine Abfrage darf jeweils nur eine OrderBy()- bzw. OrderByDescending()-Methode beinhalten, die allerdings eine beliebige Anzahl von Sortierungen (auf- und absteigend) durchführen kann. Das folgende Beispiel sortiert erst nach k.Name und dann nach k.Sprache.

```
var expr =
    from k in Kunden
    where k.Sprache == eSprache.Deutsch
    orderby k.Name, k.Ort
    select k;
```

Für jede einzelne Sortierung kann bei Bedarf descending angegeben werden, um genau diese Sortierung umzukehren.

8.1.7.2 ThenBy/ThenByDescending

Um bei der punktorientierten Notation nach mehr als nur einem Ausdruck zu sortieren, stehen die beiden Methoden `ThenBy()` und `ThenByDescending()` zur Verfügung. Von ihnen dürfen beliebig viele nacheinander direkt im Anschluss an `OrderBy()` oder `OrderByDescending()` angegeben werden. Ähnlich wie bei einer SQL-Anweisung, die nach mehreren Spalten oder Ausdrücken sortiert, wird auch hier eine bereits sortierte Liste bei Gleichheit der Werte aus der vorherigen Sortierung verfeinert. Das folgende Beispiel, das eine solche punktorientierte Notation verwendet, demonstriert dies:

```
var expr = Kunden
    .Where (k=> k.Sprache == eSprache.Deutsch)
    .OrderBy(k => k.Name)
    .ThenBy(k => k.Ort)
    .ThenByDescending (k=> k.ID)
    .Select(k => k);
```

Genau wie bei den Methoden `OrderBy()` und `OrderByDescending()` kann eine Klasse, welche die `IComparer<T>`-Schnittstelle implementiert, in einer Überladung verwendet werden, um Einfluss auf die Art und Weise der Sortierung zu nehmen.

8.1.7.3 Reverse

Mit dem `Reverse`-Operator verfügt LINQ über eine Möglichkeit, die gesamte Ausgabe umzukehren, sodass das letzte Element zuerst und das erste zuletzt im Ergebnis vorhanden sein wird. Der Operator kann nur mit der punktorientierten Syntax verwendet werden.

```
var expr = Kunden
    .Where (k => k.Sprache == eSprache.Deutsch)
    .OrderBy(k => k.Name)
    .ThenBy(k => k.Ort)
    .ThenByDescending (k => k.ID)
    .Select(k => k)
    .Reverse();
```

Eine Verwendung mit der LINQ-Syntax ist nur möglich, wenn die gesamte Abfrage geklammert wird.

```
var expr =
    (from k in Kunden
    where k.Sprache == eSprache.Deutsch
    orderby k.Name, k.Sprache
    select k).Reverse();
```

Durch die Klammerung ist die `Reverse()`-Methode nach wie vor kein Bestandteil der LINQ-Abfrage, sondern wird lediglich auf deren Ergebnis angewendet.

8.1.8 Gruppierungsoperatoren

Neben dem Filtern und Sortieren ist das Gruppieren von Ergebnissen eine der wichtigsten Funktionen, die mit Abfragen gelöst werden müssen. LINQ macht da keine Ausnahme und stellt den `OrderBy`-Operator bereit. Er ersetzt den `select`-Operator und kann daher nicht zusammen mit diesem eingesetzt werden. Die einfachste Gruppierung sieht so aus:

```
var expr = Kunden.GroupBy(k => k.Sprache);
```

Durch die Natur einer Gruppierung sind für die Ausgaben zwei verschachtelte Schleifen notwendig.

```
foreach (IGrouping<eSprache, cKunde> KundenGruppen in expr)
{
    Debug.Print("Sprache: {0}", KundenGruppen.Key);

    foreach (var i in KundenGruppen)
        Debug.WriteLine(i);
}
```

Die Ausgabe sieht so aus und ist durch die Überschreibung der `ToString`()-Methode in der `cKunde`-Klasse recht ansehnlich:

```
Sprache: Deutsch
(1): Müller AG aus Bochum
(4): Meyer AG aus München
(5): Hanse AG aus Hamburg
Sprache: Japanisch
(2): Yokai Inc aus Tokio
Sprache: EnglischUSA
(3): Smith Inc aus Detroit
```

Mit der LINQ-Synatx sieht die gleiche Abfrage (die logischerweise auch das gleiche Ergebnis liefert) so aus:

```
var expr =
    from k in Kunden
    group k by k.Sprache;
```

Durch eine Überladung des `GroupBy`-Operators kann die Ausgabe, die sonst gleich dem Typ der Elemente der grundlegenden Sequenz ist, bestimmt werden. Das folgende Beispiel zeigt, wie dies funktioniert, und liefert, statt einer Liste mit `cKunden`-Objekten, Zeichenketten (`Systen.String`-Objekte) zurück.

```
var expr = Kunden.GroupBy(k => k.Sprache, k=> k.Name);
```

Die Ausgabe spiegelt sich auch in den `foreach`-Schleifen wider, die nun konsequenterweise auch mit Zeichenketten arbeiten müssen.

```
foreach (IGrouping<eSprache, string> KundenGruppen in expr)
{
    Debug.Print("Sprache: {0}", KundenGruppen.Key);
    foreach (var i in KundenGruppen)
        Debug.WriteLine(i);
}
```

Nachdem die Schleifen durchlaufen wurden, sieht die Ausgabe so aus:

```
Sprache: Deutsch
Müller AG
Meyer AG
Hanse AG
Sprache: Japanisch
Yokai Inc
Sprache: EnglischUSA
Smith Inc
```

In Verbindung mit einem Projektionsoperator kann im Rahmen des Möglichen die Gruppierung auch eine flache Liste wie bei SQL erzeugen. Das folgende Beispiel zeigt, wie dies aussehen kann.

```
var expr = from k in Kunden
           group k by k.Sprache into g
           select new { Sprache = g.Key};

foreach (var i in expr)
    Debug.WriteLine(i);
```

Die Ausgabe sieht so aus:

```
{ Sparache = Deutsch }
{ Sparache = Japanisch }
{ Sparache = EnglischUSA }
```

Genau wie bei SQL-Abfragen können Gruppierungen zusammen mit Filtern und Sortierungen verwendet werden.

```
var expr =
    from k in Kunden
    where k.Sprache != eSprache.Japanisch
    orderby k.Ort
    group k by k.Sprache;
```

Diese LINQ-Abfrage schließt alle Kunden mit japanischer Sprache aus und sortiert nach dem Ort, bevor die Gruppierung nach der Sprache durchgeführt wird.

8.1.9 Join-Operatoren

Um Beziehungen zwischen Sequenzen in LINQ-Abfragen herzustellen, dienen die `Join`-Operatoren. Ihre Funktionsweise kommt denen der `JOIN`-Operatoren bei SQL-Abfragen für relationale Datenbanken gleich.

8.1.9.1 Join

Der `Join`-Operator ist das LINQ-Äquivalänt zu einem Inner-Join aus der SQL-Welt. Er ordnet Elemente einer Sequenz solchen einer anderen Sequenz zu, bei denen das Prädikat zutrifft. Elemente, bei denen eine solche Zuordnung nicht möglich ist, werden nicht in das Ergebnis übernommen. Eine Abfrage, die z.B. Kunden mit deren Bestellungen in Beziehung setzt, sieht so aus.

```
var expr =
    from k in Kunden
    join b in Bestellungen
    on k.ID equals b.KundeID
    select new { k.Name, b.Zeitpunkt };
```

Die Zuordnung findet über die Mitglieder `cKunde.ID` und `cBestellung.KundeID` statt. Ähnlich wie bei einer T-SQL-Abfrage kann der anschließende `select`-Operator bei der Erzeugung des anonymen Typen auf die beiden beteiligten Objekte zugreifen. Das Ergebnis ist im Folgenden abgebildet. Beachten Sie, dass ein Kunde (z.B. Hanse AG) ohne Bestellung nicht und ein Kunde mit mehr als nur einer Bestellung mehrfach erscheint.

```
{ Name = Müller AG, Zeitpunkt = 13.11.2007 00:00:00 }
{ Name = Müller AG, Zeitpunkt = 16.11.2007 00:00:00 }
{ Name = Yokai Inc, Zeitpunkt = 14.11.2007 00:00:00 }
{ Name = Yokai Inc, Zeitpunkt = 13.11.2007 00:00:00 }
{ Name = Smith Inc, Zeitpunkt = 07.11.2007 00:00:00 }
{ Name = Meyer AG, Zeitpunkt = 05.10.2007 00:00:00 }
```

Um mehr als nur zwei Sequenzen miteinander zu verbinden, können entsprechend viele `join`-Operatoren hintereinander verwendet werden. Um das obige Beispiel mit der Sequenz der Waren zu erweitern (über die Mitglieder `cBestellung.WareID` und `cWare.ID`), wird die folgende Abfrage verwendet:

```
var expr =
    from k in Kunden
    join b in Bestellungen
    on k.ID equals b.KundeID
    join w in Waren
    on b.WareID equals w.ID
    select new { k.Name, w.Beschreibung };
```

Damit stehen nun auch Informationen über die gekauften Waren zur Verfügung. Das Ergebnis sieht so aus:

```
{ Name = Müller AG, Beschreibung = Wasserbett }
{ Name = Müller AG, Beschreibung = Wasserbett }
{ Name = Yokai Inc, Beschreibung = Tisch }
{ Name = Yokai Inc, Beschreibung = Stuhl }
{ Name = Smith Inc, Beschreibung = Teppich (groß) }
{ Name = Meyer AG, Beschreibung = Teppich (klein) }
```

Die punktorientierte Syntax des `join`-Operators bietet den Vorteil, dass über die Angabe eines Objektes als vierten Parameters, das die `IEqualityComparer<T>`-Schnittstelle implementiert, in den Vergleichsmechanismus der beiden Schlüssel eingegriffen werden kann – `<T>` steht dabei für deren beider Typ. Hat dieser Parameter den Wert `null` oder wird nicht angegeben, dann kommt auch hier der Standardwert wieder zum Einsatz.

```
var expr =
    Kunden.Join(Bestellungen,
                k=> k.ID,
                b => b.KundeID,
                (k,b)=> new {k.Name, b.Zeitpunkt}, new myComparer());
```

Die entsprechende Klasse, die den Vergleich durchführt, sieht so aus:

```
private class myComparer : IEqualityComparer<int>
{
    public bool Equals(int a, int b)
    {
        return a.Equals(b);
    }

    public int GetHashCode(int obj)
    {
        return obj.GetHashCode();
    }
}
```

Durch Änderungen an der `Equals()`-Methode kann festgelegt werden, wann zwei Werte (oder Objekte) gleich sind und der `Join`-Operator eine Zuordnung herstellen soll.

Hinweis:

Zugegeben, dieser Code macht nichts anderes als der Standard. Aber der Vergleich zweier `int`-Werte lässt nicht so viel Spielraum, und es soll hier nur das Vorgehen gezeigt werden.

8.1.9.2 GroupJoin

Um einen Outer-Join (Left Outer Join oder Right Outer Join) zu realisieren, wird der `GroupJoin`-Operator benötigt. Mit ihm wird eine Sequenz durchlaufen, und alle Elemente, die dem Prädikat entsprechen, werden einer zweiten Sequenz zugeordnet. Das Ergebnis ist keine flache Liste, sondern besteht, ähnlich wie bei einer Gruppierung, aus einer äußeren und einer inneren Sequenz.

Eine Abfrage, die jeden Kunden mit dessen Bestellungen liefert, sieht so aus.

```
var expr =
    from k in Kunden
    join b in Bestellungen
    on k.ID equals b.KundeID
    into KundenBestellungen
    select new { k.Name, Bestellungen = KundenBestellungen };
```

Um das Ergebnis anzuzeigen, werden, wie schon angedeutet, wieder zwei geschachtelte Schleifen benötigt.

```
foreach (var k in expr)
{
    Debug.WriteLine(k.Name);

    foreach (var b in k.Bestellungen)
        Debug.WriteLine(b);
}
```

Die Ausgabe zeigt, dass Kunden ohne Bestellungen ebenfalls aufgeführt werden.

```
Müller AG
(1000): Kunde '1', Ware '100', Menge '1', Zeitpunkt '13.11.2007 00:00:00'
(1005): Kunde '1', Ware '100', Menge '1', Zeitpunkt '16.11.2007 00:00:00'
Yokai Inc
(1001): Kunde '2', Ware '102', Menge '1', Zeitpunkt '14.11.2007 00:00:00'
(1002): Kunde '2', Ware '103', Menge '4', Zeitpunkt '13.11.2007 00:00:00'
Smith Inc
(1004): Kunde '3', Ware '104', Menge '1', Zeitpunkt '07.11.2007 00:00:00'
Meyer AG
(1003): Kunde '4', Ware '105', Menge '2', Zeitpunkt '05.10.2007 00:00:00'
Hanse AG
```

Um des Weiteren auch wieder mehr Details über die bestellten Waren zu erhalten, wird auf eine Unterabfrage zurückgegriffen, die den ersten (Inner-)Join zwischen den Bestellungen und den Waren herstellt und als Ergebnis einen anonymen Typ mit den entsprechenden Elementen liefert. Dieses Ergebnis wiederum wird anschließend über einen (Outer-)Join mit den Kunden verbunden.

```
var expr =
    from k in Kunden
    join w in
        (
            from Bestellung in Bestellungen
            join Ware in Waren
```

```
                on Bestellung.WareID equals Ware.ID
                select new { Bestellung, Ware }
            )
        on k.ID equals w.Bestellung.KundeID
        into KundenBestellungen
        select new { k.Name, Bestellungen = KundenBestellungen };
```

Wiederum sind auch Kunden ohne Bestellungen mit in der Sequenz, diesmal stehen jedoch weitere Informationen über die Bestellung und die bestellte Ware zur Verfügung. Die folgenden beiden Schleifen geben die Elemente als Ergebnis aus:

```
foreach (var k in expr)
{
    Debug.WriteLine(k.Name);

    foreach (var b in k.Bestellungen)
        Debug.Print("{0}, {1} Stk für {2:0.00}€",
            b.Ware.Beschreibung, b.Bestellung.Menge, b.Ware.Preis);
}
```

Die Ausgabe ähnelt vom Aufbau her der vorherigen und sieht so aus:

```
Müller AG
Wasserbett, 1 Stk für 499.90€
Wasserbett, 1 Stk für 499.90€
Yokai Inc
Tisch, 1 Stk für 49.90€
Stuhl, 4 Stk für 39.90€
Smith Inc
Teppich (groß), 1 Stk für 59.90€
Meyer AG
Teppich (klein), 2 Stk für 49.90€
Hanse AG
```

Wie für den `Join`-Operator existiert für den `GroupJoin`-Operator bei Anwendung der punktorientierten Syntax die Möglichkeit, über die Angabe eines Objekts, das die `IEqualityComparer<T>`-Schnittstelle implementiert, in den Vergleichsmechanismus der beiden Schlüssel einzugreifen – `<T>` steht dabei für deren beide Typen. Hat dieser Parameter den Wert `null` oder wird nicht angegeben, dann kommt auch hier wieder der Standard zum Einsatz.

8.1.10 Set-Operatoren

Die Gruppe der `Set`-Operatoren dient dem Umgang mit Mengen (Sets) von Elementen. Ihr Funktionsumfang beinhaltet aus der Mengenlehre bekannte Funktionen wie z.B. das Erstellen von Schnittmengen, Vereinigungsmengen, etc. Allen Operatoren steht nur die punktorientierte Syntax zur Verfügung.

8.1.10.1 Distinct

Soll in einem Ergebnis sichergestellt werden, dass in der Sequenz identische Elemente nur genau ein einziges Mal vorkommen, so kommt der `Distinct`-Operator zum Einsatz. Er durchläuft eine Sequenz und prüft für jedes Element, ob dieses bereits vorgefunden wurde. Ist dies der Fall, wird es entfernt.

Hinweis:

Die Funktionsweise des `Distinct`-Operators entspricht dem `DISTINCT`-Schlüsselwort, das in SQL-Abfragen verwendet werden kann, um sicherzustellen, dass eine Ergebnismenge keine Dubletten enthält.

Um z.B. eine Liste aller tatsächlich von Kunden verwendeten Sprachen zu erhalten, kann diese Abfrage verwendet werden:

```
var expr =
    (from k in Kunden
     orderby k.Sprache.ToString()
     select k.Sprache).Distinct();
```

Über eine zweite Überladung ist es möglich, durch Angabe eines Objektes, das die `IEqualityComparer<T>`-Schnittstelle implementiert, auf die Art und Weise einzuwirken, dass es bestimmt, wann zwei Elemente gleich sind. Das Vorgehen ist dabei das gleiche wie unter *8.1.9.1,* „Join“, beschrieben, nur dass diesmal die Elemente der fertigen Auflistung den benötigten Datentyp bestimmen.

8.1.10.2 Union

Über den `Union`-Operator ist es möglich, zwei Sequenzen miteinander zu verbinden, indem eine an die andere angehangen wird. Damit dies funktionieren kann, müssen die Elemente beider Sequenzen verträglich sein. Verträglich sind Elemente dann, wenn diese:

- aus dem gleichen Wertetyp bestehen
- aus dem gleichen Referenztyp bestehen
- anonyme Typen sind, die sich in Reihenfolge, Benennung und Datentypen der Mitglieder gleichen

Hinweis:

Auch hier lässt sich eine recht große Ähnlichkeit zu dem `UNION`-Schlüsselwort in SQL-Anweisungen erkennen. Auch dort müssen Sie sicherstellen, dass Spaltenanzahl und -datentyp miteinander harmonieren, um zwei Ergebnismengen miteinander zu verbinden.

Das folgende Beispiel zeigt, wie zwei Sequenzen mit anonymen Typen mittels des Union-Operators verbunden werden und anschließend eine einzige Sequenz bilden.

```
var expr =
    (from k in Kunden
     where k.Ort == "Detroit"
     select new { k.Name, k.Ort})
     .Union(
         from k in Kunden
         where k.Sprache == eSprache.Deutsch
         select new { k.Name, k.Ort});
```

Tipp:

Um auf Wunsch doppelte Elemente zu unterdrücken, steht der `Distinct`-Operator zur Verfügung.

8.1.10.3 Intersect

Um die Schnittmenge zweier Sequenzen zu erhalten, kann der `Intersect`-Operator angewendet werden. Er liefert nur solche Elemente, die in beiden Sequenzen vorkommen. Wie beim `Union`-Operator (siehe unter *8.1.10.2,* „Union", für Details) müssen die Elemente beider Sequenzen verträglich sein, sonst wirft der Compiler einen Fehler aus. Die Funktionsweise dieses Operators lässt sich am ehesten mit dem `IN`-Schlüsselwort in SQL-Abfragen vergleichen.

Dieses Beispiel liefert alle Kunden, die in „Detroit" ansässig sind und gleichzeitig „Englisch" als Sprache haben.

```
var expr =
    (from k in Kunden
     where k.Ort == "Detroit"
     select new { k.Name, k.Ort})
     .Intersect(
         from k in Kunden
         where k.Sprache == eSprache.EnglischUSA
         select new { k.Name, k.Ort});
```

Das Ergebnis ist genau eine Firma, nämlich die „Smith Inc".

Über eine zweite Überladung ist es möglich, durch Angabe eines Objektes, das die `IEqualityComparer<T>`-Schnittstelle implementiert, auf die Art und Weise, wann zwei Elemente gleich sind, einzuwirken. Das Vorgehen ist dabei das gleiche wie unter *8.1.9.1,* „Join", beschrieben, nur dass diesmal die Elemente der fertigen Sequenz den benötigten Datentyp bestimmen.

8.1.10.4 Except

Das mengentechnische Gegenstück zu dem `Intersect`-Operator ist der `Except`-Operator. Er nimmt alle Elemente der ersten Sequenz in das Ergebnis auf, die nicht gleichzeitig in der zweiten Sequenz vorkommen. Wie beim `Union`-Operator (siehe unter *8.1.10.2,* „Union", für Details) und beim `Intercept`-Operator müssen die Elemente beider Sequenzen verträglich sein, sonst wirft der Compiler einen Fehler aus. Die Funktionsweise dieses Operators lässt sich am ehesten mit dem `IN`-Schlüsselwort, in Verbindung mit `NOT`, in SQL-Abfragen vergleichen.

Das Beispiel zeigt, wie dieser Operator angewendet werden kann, um nur solche Kunden zu erhalten, die als Sprache eine andere als Japanisch gespeichert haben.

```
var expr =
    (from k in Kunden
     select k)
     .Except(
     from k in Kunden
     where k.Sprache == eSprache.Japanisch
     select k
     );
```

Genau wie bei dem `Intercept`-Operator kann durch die Angabe eines Objektes, das die `IEqualityComparer<T>`-Schnittstelle implementiert, festgelegt werden, wann Elemente gleich sind. Da dies das gleiche Vorgehen wie beim `Join`-Operator ist, finden Sie unter *8.1.9.1,* „Join", mehr Details.

8.1.11 Aggregatoperatoren

Für das Aggregieren von Elementen, also das Zusammenfassen von Informationen, stehen diese Operatoren zur Verfügung. Mit ihnen können Elemente gezählt, summiert, der Durchschnitt (arithmetische Mittel) oder das Maximum/Minimum bestimmt werden. Für alle Operatoren in dieser Kategorie existiert nur eine punktorientierte Syntax.

8.1.11.1 Count/LongCount

Um die Anzahl der Elemente in einer Sequenz als Wert zu erhalten, existieren die Operatoren `Count` und `LongCount`. Ihre Anwendung ist die gleiche, der Unterschied liegt lediglich im Datentyp der Rückgabe, der im Fall des `Count`-Operators `int` und im Fall des `LongCount`-Operators `long` ist.

Sollen beispielsweise alle Kunden mit deren Anzahl an Bestellungen abgerufen werden, kann dies mit einer solchen Abfrage geschehen.

```
var expr =
    from k in Kunden
    select new { k.Name, AnzahlBestellungen=
        (from b in Bestellungen
         where b.KundeID == k.ID
         select b).Count()
    };
```

Das Ergebnis ist eine Sequenz anonymer Elemente und sieht so aus:

```
{ Name = Müller AG, AnzahlBestellungen = 2 }
{ Name = Yokai Inc, AnzahlBestellungen = 2 }
{ Name = Smith Inc, AnzahlBestellungen = 1 }
{ Name = Meyer AG, AnzahlBestellungen = 1 }
{ Name = Hanse AG, AnzahlBestellungen = 0 }
```

Der `Count/LongCount`-Operator kann in einer Überladung einen Lambda-Ausdruck übergeben bekommen, der einen booleschen Wert (`true/false`) liefert und somit dafür sorgt, dass nur solche Elemente gezählt werden, bei denen der Lambda-Ausdruck `true` liefert. Damit eröffnet sich die Möglichkeit, die Abfrage oben alternativ so zu gestalten.

```
var expr =
    from k in Kunden
    select new
    {
        k.Name,
        AnzahlBestellungen =
            (from b in Bestellungen
             select new {b.KundeID, k.ID}).Count(c => c.KundeID == c.ID)
    };
```

Die Ausgabe ist identisch.

8.1.11.2 Sum

Um die Summe von numerischen Elementen zu bestimmen, kann auf den `Sum`-Operator zurückgegriffen werden. Der Rückgabetyp hängt vom Datentyp der Elemente ab und entspricht der `nullable`-Version des Datentyps (also z.B. wenn der Datentyp des Elements `int` ist, dann ist der Datentyp der Rückgabe `int?`).

Hinweis:

Ab C# 2.0 kann ein Nullable-Datentyp, also einer, der auch keine Werte erhalten kann, mit einem Fragezeichen hinter dem Datentyp deklariert werden, z.B. `int?` für `Nullable<int>`.

Diese Abfrage summiert den Wert aller Bestellungen der Kunden, wobei der Einzelpreis einer Ware vorher mit der bestellten Menge multipliziert wird.

```
var expr =
    from k in Kunden
    select new
    {
        k.Name,
        WertBestellungen =
            (from b in Bestellungen
             join w in Waren
             on b.WareID equals w.ID
             where b.KundeID == k.ID
             select new { b.Menge, w.Preis }).Sum(c => c.Menge * c.Preis)
    };
```

Die Ausgabe der Sequenz sieht wie folgt aus:

```
{ Name = Müller AG, WertBestellungen = 999,80 }
{ Name = Yokai Inc, WertBestellungen = 209,50 }
{ Name = Smith Inc, WertBestellungen = 59,90 }
{ Name = Meyer AG, WertBestellungen = 99,80 }
{ Name = Hanse AG, WertBestellungen = 0 }
```

Der Datentyp des WertBestellungen-Mitglieds ist `decimal?` (`Nullable<decimal>`).

Für den Fall, dass die Sequenz, auf die der Sum-Operator angewendet wird, lediglich einen numerischer Wert enthält, kann er auch ohne Lambda-Ausdruck angewendet werden. Soll z.B. der Wert aller Waren ermittelt werden, so kann die Abfrage folgendermaßen aussehen:

```
decimal m =
    (from w in Waren
     select w.Preis).Sum();
```

Das Ergebnis lautet `709,4`.

8.1.11.3 Min/Max

Wird das Minimum/Maximum benötigt, so stehen die `Min`/`Max`-Operatoren zur Verfügung. Sie ermitteln den kleinsten (größten) Wert aus einer Sequenz. Am Beispiel der Waren wird mit den folgenden Abfragen der niedrigste Wert ermittelt:

```
decimal m =
    (from w in Waren
     select w.Preis).Min();
```

Die Variable m hat anschließend den Wert 9,9.

Liefert die Sequenz nicht nur einen numerischen Wert, sondern z.B. ein Objekt, so muss mithilfe eines Lambda-Ausdrucks festgelegt werden, wie die Werte für die `Min`/`Max`-Operatoren bestimmt werden. Das folgende Beispiel ist dahingehend eine Variante der vorherigen Abfrage, die zudem statt des Minimums das Maximum ermittelt.

```
decimal m =
     (from w in Waren
      select w).Max(c => c.Preis);
```

Erwartungsgemäß beträgt der Wert der Variablen `m` genau 499,9.

8.1.11.4 Average

Soll das arithmetische Mittel berechnet werden, so kann dies mittels des `Average`-Operators erledigt werden. Er wird wie die `Min`/`Max`-Operatoren benutzt. Um den durchschnittlichen Wert einer Ware abzurufen, sieht die Abfrage so aus:

```
decimal a =
     (from w in Waren
      select w.Preis).Average();
```

In dem Fall, dass der Selektor keinen numerischen Wert aus der Sequenz liefert, muss wieder ein Lambda-Ausdruck verwendet werden, um genau zu beschreiben, welcher Wert für die Ermittlung verwendet werden soll.

```
decimal a =
     (from w in Waren
      select w).Average(c => c.Preis);
```

Das Ergebnis in beiden Fällen ist, dass die Variable `a` den Wert 118,2333... hat.

8.1.11.5 Aggregate

Sollte keiner der vorherigen Operatoren für den gewünschten Zweck ausreichend sein, steht mit dem `Aggregate`-Operator die Möglichkeit offen, eigene Funktionen für die Ermittlung aggregierter Werte zu implementieren. Bei diesen Funktionen handelt es sich um Lambda-Ausdrücke, die C#-Methoden für die Berechnungen verwenden können. Dafür stehen drei Überladungen für unterschiedliche Vorgehensweisen zur Verfügung. Gemein ist allen Überladungen, dass sie für jedes Element der Sequenz, auf die der `Aggregate`-Operator angewendet wird, einmal aufgerufen werden.

Überladung 1

Die erste Überladung bekommt für jeden Aufruf das bisherige Ergebnis sowie das aktuelle Element übergeben. Auf diese Weise lässt sich gut das „beste" Element (also das billigste/teuerste, kleinste/größte etc.) Element finden. Das folgende Beispiel demonstriert dies, indem es die teuerste Ware ermittelt.

```
cWare TeuersteWare =
    (from w in Waren
     select w).Aggregate((a, b) => a.Preis > b.Preis ? a : b);
```

`a` steht hier für das bisher teuerste („beste") Element, `b` für das aktuelle. Ist das Element `a` teurer als Element `b`, so wird `a` weiter verwendet, sonst `b`.

Überladung 2

Die zweite Überladung stellt für jeden Aufruf das bisherige Zwischenergebnis und das aktuelle Element zur Verfügung. Zudem wird ein Wert übergeben, der als Startwert für die Berechnung fungiert und beim ersten Durchlauf als bisheriges Zwischenergebnis verwendet wird. Diese Überladung eignet sich für das Zusammenrechnen von Werten (Summe etc.). Dieses Beispiel zeigt, wie die konkrete Anwendung aussehen kann, indem die Preise der Waren mithilfe einer C#-Methoden aufsummiert werden, wobei die Methode je nach Preis einen bestimmten Rabatt berücksichtigt.

```
private decimal berechneRabatt(cWare w)
{
    if (w.Preis < 50) return w.Preis * 0.95m;   // 5% Abzug
    if (w.Preis < 250) return w.Preis * 0.90m;  // 10% Abzug
    return w.Preis * 0.80m;                     // 20% Abzug
}
```

Der Aufruf des Aggregate-Operators sieht dann so aus:

```
decimal rabattierterWarenwert =
    (from w in Waren
     select w).Aggregate(0m, (a, b) => a += berechneRabatt (b));
```

Der erste Parameter stellt den Startwert der Berechnung dar und ist einfach mit `0m` notiert. Des Weiteren ist `a` das aktuelle Zwischenergebnis und `b` das aktuelle Element.

Überladung 3

Die dritte und letzte Überladung ähnelt stark der vorherigen, bietet aber zusätzlich noch die Möglichkeit, einen Lambda-Ausdruck anzugeben, der vor Rückgabe auf das gesamte Ergebnis angewendet wird. So können auf diesem Wege alle Berechnungen realisiert werden, die zum Abschluss durchgeführt werden müssen (z.B. Rabatt auf alles oder Berechnen des arithmetischen Mittels). Im Folgenden wird das vorherige Beispiel variiert, um nicht die Gesamtsumme aller rabattierten Waren zu berechnen, sondern lediglich den durchschnittlichen Preis umgerechnet auf alle Waren.

```
decimal rabattierterWarenwertDurchschnitt =
    (from w in Waren select w)
     .Aggregate(0m,
               (a, b) => a += berechneRabatt(b),
                c=> c/ Waren.Count());
```

Der Lambda-Ausdruck, der an dritter Stelle übergeben wird (`c`), führt die abschließende Berechnung durch und teilt durch die Gesamtanzahl der Waren.

Tipp:
Sollen z.B. nicht alle Waren berücksichtigt werden, sondern nur solche mit einem Preis > 10, so bietet es sich an, die Abfrage in zwei einzelne aufzuteilen: eine, die erst alle Waren zusammenstellt, für die der Preis > 10 gilt, und eine zweite, die dann den durchschnittlichen Preis berechnet. Damit muss die Sequenz aus der ersten Abfrage nicht zweimal erstellt werden (jeweils für den `Aggregate`- und den `Count`-Operator).

8.1.12 Generierungsoperatoren

Mit den Operatoren aus dieser Gruppe hat der Programmierer die Möglichkeit, einfache Sequenzen mit einfachen Mitteln erzeugen zu lassen. Neben einem numerischen Bereich (n..m) und dem wiederholten Erstellen eines Elements kann dies auch eine leere Liste sein. Um diese Operatoren zu verwenden, muss die punktorientierte Syntax verwendet werden.

8.1.12.1 Range

Dieser einfache Operator kann eine Sequenz von Integer-Werten erzeugen, indem er einen Startwert und die Anzahl der gewünschten Werte übergeben bekommt. Das Ergebnis ist eine Sequenz von Zahlen, die mit dem Startwert beginnt und deren nächster Wert jeweils um eins größer ist als der vorherige. Das folgende Beispiel zeigt dies, indem die Zahlen von 1 bis 5 erzeugt werden.

```
var expr = Enumerable.Range(1, 5);
```

In Verbindung mit dem `Aggregate`-Operator kann damit z.B. die Summe der Quadrate von 1...n berechnet werden.

```
private int QuadratSumme(int s, int a)
{
    return Enumerable.Range(s, a).Aggregate(0, (a, b) => a += b*b);
}
```

Nach einem Aufruf durch

```
int qs = QuadratSumme(1, 11);
```

hat `qs` den Wert von 506.

Hinweis:
Leider können Sie dem `Range`-Operator weder eine Schrittweite übergeben noch einen anderen (numerischen) Datentyp als Integer verwenden. Dies schränkt seine Nützlichkeit doch stark ein.

8.1.12.2 Repeat

Wird für eine Problemlösung n mal das gleiche Element in einer Auflösung benötigt, so kann diese Sequenz von dem `Repeat`-Operator erzeugt werden. Sein primärer Einsatzbereich dürfte damit die Initialisierung von Sequenzen sein. Die folgenden Beispiele zeigen den Einsatz:

```
var expr = Enumerable.Repeat("Ich bin ein Drilling", 3);
```

oder

```
var expr = Enumerable.Repeat(new { Name = "Drilling", Alter = 21 }, 3);
```

Dadurch, dass der erste Parameter entsprechend oft durchlaufen wird, ist eine gezählte Schleife denkbar, die z.B. eine Abfrage oder C#-Methode, die eine Sequenz liefert, mehrfach ausführt. Diese Abfrage führt dreimal die gleiche LINQ-Abfrage durch und erstellt mit dem `SelectMany`-Operator eine flache Sequenz aus den drei Ergebnissequenzen. Damit ist das Endergebnis vergleichbar mit dem dreifachen Aufruf in Verbindung mit dem `Union`-Operator.

```
var expr = Enumerable.Repeat((from w in Waren select w), 3)
                              .SelectMany(x => x);
```

Hinweis:
Ohne die Verwendung des `SelectMany`-Operators bestünde das Endergebnis aus drei identischen Listen, und es würden zwei verschachtelte Schleifen für die Ausgabe benötigt. Weitere Details zu diesem Operator finden Sie unter *8.1.5.2,* „SelectMany“.

8.1.12.3 Empty

Der letzte Operator in dieser Gruppe ist der `Empty`-Operator, der, wie der Name sagt, eine leere Liste liefert. Die Liste besteht aus Elementen vom angegebenen Typ. Um eine leere Sequenz von Bestellungen zu erhalten, sieht der Aufruf so aus:

```
var KeineBestellungen = Enumerable.Empty<cBestellung>();
```

Der hauptsächliche Einsatz des `Empty`-Operators dürfte das Initialisieren von Sequenzen oder die bewusste Rückgabe leerer Mengen in Fehlerfällen sein, die man nicht mit einer Ausnahme abhandeln möchte.

8.1.13 Quantifizierungsoperatoren

Die nächste Gruppe an Operatoren bietet Funktionen, die prüfen, ob alle/einige Elemente einer Bedingung entsprechen oder ob ein bestimmter Wert in einer Sequenz vorhanden ist oder nicht. Angesprochen werden alle Operatoren über die punktorientierte Syntax.

8.1.13.1 All

Der `All`-Operator liefert nur dann den Wert `true`, wenn eine Bedingung auf alle Elemente in einer Sequenz zutrifft. Andernfalls liefert er `false`.

Folgende Abfrage prüft, ob für alle Waren gilt Preis > 10.

```
bool r = (from w in Waren select w).All(c => c.Preis > 10);
```

Das Ergebnis ist `false`, da der Blumentopf günstiger ist.

Hinweis:

Wird der `All`-Operator auf eine leere Liste angewendet, so liefert er immer `true`. Dies liegt an der internen Implementierung, die bei dem ersten Element abbricht, für welches das Prädikat nicht zutrifft. Ist die Liste leer, kann dies nicht passieren, und es wird `true` geliefert. Die Variable r hat nach folgender Ausführung daher den Wert `true`, auch wenn dies durch das Prädikat bei einer nicht leeren Liste nicht möglich ist.

```
bool r = Enumerable.Empty<cWare>()
                   .All(a => a.Preis > decimal.MaxValue);
```

8.1.13.2 Any

Im Gegensatz zum `All`-Operator prüft der `Any`-Operator nicht, ob alle Elemente einem Prädikat entsprechen, sondern nur, ob es mindestens ein Element gibt, das dies tut. Damit ist er man ehesten mit der `EXISTS`-Funktion in einer SQL-Abfrage vergleichbar, die eine `SELECT`-Anweisung mit Prädikat als Argument hat.

```
bool r = (from w in Waren select w).Any(c => c.Preis > 450);
```

Das Ergebnis ist diesmal `true`, da das Wasserbett einen höheren Preis hat.

Hinweis:

Im Gegensatz zum `All`-Operator liefert der `Any`-Operator, wenn er auf eine leere Liste angewandt wird, immer `false`, egal wie das Prädikat aussieht. Die folgende Abfrage liefert also auch dieses Ergebnis:

```
bool r = Enumerable.Empty<cWare>()
                   .Any(a => a.Preis > decimal.MinValue);
```

8.1.13.3 Contains

Während die beiden vorherigen Operatoren nur prüfen, ob ein Prädikat erfüllt ist oder nicht, ohne zu sehen, für welches Element dies zutrifft, funktioniert der `Contains`-Operator anders. Er überprüft kein Prädikat, sondern durchsucht eine Sequenz nach dem übergebenen Element und testet, ob dies vorhanden ist oder nicht. Ein einfaches Beispiel mit Wertetypen kann so aussehen:

```
bool r = Enumerable.Range(1, 10).Contains(10);
```

Erwartungsgemäß hat `r` anschließend den Wert `true`.

Hinweis:

Weitere Details zu dem `Range`-Operator finden Sie unter *8.1.12.1, „Range“*.

Etwas schwieriger kann es werden, wenn der `Contains`-Operator auf eine Sequenz mit Referenztypen Anwendung findet. In einem solchen Fall reicht es nicht, dass gesuchte Elemente die gleichen Werte für alle Mitglieder aufweisen, sondern die Referenz muss tatsächlich identisch sein. Daher ist der Wert für `r` nach der folgenden Zeile `false`.

```
cWare w = new cWare() { ID=100,
                        Beschreibung="Wasserbett",
                        Preis=499.90M,
                        Verfuegbar=true };

bool r = Waren.Contains(w);
```

Um Referenztypen korrekt zu vergleichen, ohne direkt auf eine Referenz in der Sequenz zuzugreifen, existiert eine Überladung, welche die Übergabe eines Objektes, das die `IEqualityComparer<T>`-Schnittstelle implementiert, erlaubt. Waren sind z.B. gleich, wenn das `ID`-Mitglied den gleichen Wert aufweist.

Die benötigte Klasse, die diesen Vergleich auf diese Weise durchführt, sieht so aus:

```
private class myComparer : IEqualityComparer<cWare>
{
    public bool Equals(cWare a, cWare b)
    {
        return (a.ID == b.ID);
    }

    public int GetHashCode(cWare obj)
    {
        return obj.GetHashCode();
    }
}
```

Die Abfrage sieht aus wie die obige, nur dass ein weiterer Parameter übergeben wird:

```
cWare w = new cWare() { ID=100,
                        Beschreibung="Wasserbett",
                        Preis=499.90M,
                        Verfuegbar=true };

bool r = Waren.Contains(w, new myComparer());
```

Das Ergebnis ist nun wie erwartet `true`, da die angegebene ID von 100 in der Sequenz der Waren existiert.

Hinweis:

Da nur der Wert des `ID`-Mitgliedes für den Vergleich wichtig ist, können für die Abfrage auch theoretisch völlig andere Werte für die restlichen Mitglieder angegeben werden, ohne dass dies das Ergebnis beeinflusst.

8.1.14 Aufteilungsopertoren

Um andere Operatoren auf Teile von Sequenzen anzuwenden, existiert die Möglichkeit, Sequenzen aufzuteilen. Für diesen Zweck stehen die Operatoren in dieser Gruppe zur Verfügung, auf die nur über eine punktorientierte Syntax zugegriffen werden kann.

Tipp:
In Zusammenarbeit können die Skip- und die Take-Operatoren direkt für das seitenweise Anzeigen größerer Datenmengen (Paging) verwendet werden.

8.1.14.1 Take

Wird von einer Sequenz nur eine maximale Anzahl von Elementen benötigt, so kann dies mit dem `Take`-Operator bewerkstelligt werden. Seine Arbeitsweise ist vergleichbar mit dem `TOP`-Schlüsselwort, das in einer SQL-Abfrage zusammen mit einer `SELECT`-Anweisung zum Einsatz kommt. Dieses Beispiel liefert die ersten beiden Waren.

```
var expr = (from w in Waren select w).Take(2);
```

Hinweis:
Wird dem `Take`-Operator ein negativer Wert angegeben, so ist das Ergebnis eine leere Liste. Wird hingegen ein Wert angegeben, der größer als die Anzahl der Sequenz ist, so wird die gesamte Sequenz zurückgeliefert.

8.1.14.2 TakeWhile

Ist die konkrete Anzahl der gewünschten Elemente nicht bekannt, so werden alle Elemente benötigt, solange ein Prädikat erfüllt ist. Das erste Element, für das dies nicht mehr zutrifft, wird nicht mehr in die Ergebnissequenz übernommen, und der Operator beendet seine Verarbeitung. Eine Abfrage, die alle Waren liefert, bis die erste nicht verfügbar ist, sieht so aus.

```
var expr = (from w in Waren select w).TakeWhile(c => c.Verfuegbar);
```

Das dies bereits für die zweite Ware zutrifft (Blumentopf), hat die Ergebnissequenz nur ein Element:

```
(100): Wasserbett für 499,90€
```

Zur Unterscheidung von einem Filter mit dem `Where`-Operator sei darauf hingewiesen, dass dieser eine Sequenz aller Elemente liefern würde, auf die das Prädikat zutrifft – unabhängig von der Reihenfolge, in der die Elemente in der ursprünglichen Sequenz vorliegen.

8.1.14.3 Skip

Während der `Take`-Operator die ersten n Elemente liefert und den Rest ignoriert, geht der `Skip`-Operator so vor, dass er die ersten Elemente ignoriert und nur die restlichen Elemente liefert. Das folgende Beispiel liefert also die letzten vier Waren aus der Gesamtmenge von sechs Waren, da die ersten beiden übergangen werden.

```
var expr = (from w in Waren select w).Skip(2);
```

Hinweis:

Wird dem `Skip`-Operator ein negativer Wert angegeben, so ist das Ergebnis die gesamte Sequenz. Wird hingegen ein Wert angegeben, der größer als die Anzahl der Sequenz ist, so wird eine leere Liste als Ergebnis geliefert.

8.1.14.4 SkipWhile

Ist die konkrete Anzahl der Elemente aus einer Sequenz nicht bekannt, die übersprungen werden soll, bevor der Rest geliefert wird, sondern nur ein Prädikat, so ist dies mit dem `SkipWhile`-Operator machbar. Es werden so lange Elemente übersprungen, wie dieses Prädikat erfüllt ist und der Rest der Sequenz (inkl. des Elements, bei dem das Prädikat als erstes nicht erfüllt wird) zurückgeliefert wird. Im Extremfall kann dies bedeuten, dass das Ergebnis leer ist, wenn das Prädikat für alle Elemente erfüllt ist. Das folgende Beispiel liefert die fünf letzten Waren, da bereits die zweite Ware (der „Blumentopf") nicht verfügbar ist.

```
var expr = (from w in Waren select w).SkipWhile(c => c.Verfuegbar);
```

Das Ergebnis sieht dann im Detail so aus:

```
(101): Blumentopf für 9,90€
(102): Tisch für 49,90€
(103): Stuhl für 39,90€
(104): Teppich (groß) für 59,90€
(105): Teppich (klein) für 49,90€
```

8.1.15 Elementoperatoren

Diese Gruppe von Operatoren dient für den direkten Zugriff auf ein einzelnes Element einer Sequenz. Dies kann z.B. das erste, das letzte oder ein Element an einer bestimmten Indexposition sein. Zudem bieten einige von diesen Operatoren Überladungen an, welche die Übergabe von Prädikaten erlauben, sodass nicht die gesamte Sequenz betrachtet wird, sondern nur solche Elemente, bei denen dieses Prädikat (in Form eines Lambda-Ausdrucks) zutrifft. Auch diese Operatoren stehen nur in Form der punktorientierten Syntax zur Verfügung.

8.1.15.1 First/FirstOrDefault

Diese beiden Operatoren dienen für den Zugriff auf das erste Element in einer Sequenz. Der Unterschied zwischen beiden besteht darin, dass `First` eine Ausnahme vom Typ `InvalidOperationException` erzeugt, wenn:

- die zugrunde liegende Sequenz leer ist
- für kein Element der Sequenz das Prädikat zutrifft

während `FirstOrDefault` in einem solchen Fall den Standardwert (`default(T)`) zurückliefert.

Dieses Beispiel liefert das erste Element der Sequenz („Wasserbett“):

```
cWare f = Waren.First();
```

Sollen die Waren vorher alphabetisch nach der Beschreibung sortiert werden, so kann der `First`-Operator auf eine sortierte LINQ-Abfrage angewandt werden.

```
cWare f1 =
     (from w in Waren
      orderby (w.Beschreibung)
      select w).First();
```

Das nun gelieferte Element ist damit der „Blumentopf“. Alternativ kann die Sequenz auch solche Elemente einschränken, für die ein Prädikat (ein Lambda-Ausdruck) zutrifft. Dieses Beispiel zeigt, wie dies funktioniert. Es wählt die erste Ware, die mit „T“ beginnt („Tisch“).

```
cWare f = Waren.First(c => c.Beschreibung.StartsWith("T"));
```

Wie schon beschrieben, würde eine Ausnahme gelöst werden, wenn das Prädikat auf keines der Elemente zutrifft. Dies wird mit dem `FirstOrDefault`-Operator vermieden, der dann den Standardwert (`default(T)`) liefert.

```
cWare f = Waren.First(c => c.Beschreibung.StartsWith("X"));
```

Der Wert von `f` ist einfach `null`, eine Ausnahme wird nicht erzeugt.

8.1.15.2 Last/LastOrDefault

Die `Last`- und `LastOrDefault`-Operatoren stellen die Pendants zu den `First`/`FirstOrDefault`-Operatoren dar. Anstatt auf das erste greifen sie einfach auf das letzte Element zu. Details finden Sie daher unter *8.1.15.1, „*First/FirstOrDefault“.

8.1.15.3 ElementAt/ ElementAtOrDefault

Die beiden Operatoren `ElementAt` und `ElementAtOrDefault` gestatten den Zugriff auf ein Element in der Sequenz über den Index. Der Unterschied zwischen beiden besteht darin, dass `ElementAt` bei einem ungültigen Index (negativer oder zu großer Wert) eine Ausnahme vom Typ `ArgumentOutOfRangeException` (Index negativ) oder `InvalidOperationException` (Index zu groß) erzeugt, während `ElementAtOrDefault` einfach den Standardwert (`default(T)`) liefert. Das folgende Beispiel liefert den dritten Kunden („Meyer AG aus München“):

```
cKunde f = Kunden.ElementAt(3);
```

Hinweis:

`ElementAt(1)` entspricht dem `First`-Operator.

Um die Kunden vor dem Zugriff nach ihren Namen zu sortieren, kann der Operator auch auf LINQ-Abfragen angewendet werden.

```
cKunde f =
    (from k in Kunden
     orderby k.Name
     select k).ElementAt(3);
```

Das Ergebnis ist diesmal „Müller AG auch Bochum". Durch den Einsatz eines Filters kann es unklar sein, ob an dem angegebenen Index ein Element existiert. Damit keine Ausnahme erzeugt wird, kommt hier der `ElementAtOrDefault`-Operator zum Einsatz.

```
cKunde f =
    (from k in Kunden
     orderby k.Name
     where k.Sprache == eSprache.Daenisch
     select k).ElementAtOrDefault(1);
```

Da es keinen Kunden mit dänischer Sprache gibt, hat `f` den Wert `null`.

8.1.15.4 Single/SingleOrDefault

Soll der Zugriff auf ein einzelnes Element über die Angabe eines Prädikats in Form eines Lambda-Ausdrucks geschehen, sind diese Operatoren die richtige Wahl. Die Elemente müssen dafür über eindeutige Eigenschaften verfügen, damit das Prädikat funktionieren kann. Das einzelne Element wird dann zurückgeliefert und kann weiterverwendet werden.

Der `Single`-Operator erzeugt jedoch eine Ausnahme vom Typ `InvalidOperationException`, wenn:

- kein Prädikat übergeben wurde und die zugrunde liegende Sequenz etwas anderes als genau ein Element enthält.
- das Prädikat auf etwas anderes als für genau ein Element zutrifft.

Der `SingleOrDefault`-Operator liefert im Gegensatz nur dann eine solche Ausnahme, wenn das Prädikat auf mehr als ein Element zutrifft. Trifft es auf kein Element zu, so wird der Standardwert (`default(T)`) zurückgeliefert.

Diese Abfrage liefert einen Kunden („Müller AG aus Bochum") durch Angabe seiner (eindeutigen) ID.

```
cKunde k = Kunden.Single(c => c.ID == 1);
```

Ist nicht sicher, ob das Prädikat überhaupt auf mindestens ein Element zutrifft (weil z.B. die ID nicht vergeben wurde), kann die Abfrage so aussehen:

```
cKunde k = Kunden.SingleOrDefault(c => c.ID == 100);
```

Die Variable `k` hat anschließend den Wert `null`.

8.1.15.5 DefaultIfEmpty

Der `DefaultIfEmpty`-Operator liefert einen Standardwert, wenn die zugrunde liegende Sequenz leer ist. Verwendet werden kann dies, um niemals eine leere Sequenz zu bekommen, wenn sicher sein muss, dass immer ein („leeres") Element existiert. Die Klasse `cKunde` hat z.B. eine statische Methode `cKunden Empty()`, die ein grundlegend initialisiertes `cKunden`-Objekt erzeugt. Diese Methode kann verwendet werden, wenn ein Standardwert benötigt wird, weil eine Abfrage eine leere Sequenz liefern würde.

Die `Empty()`-Methode sieht so aus.

```
public static cKunde Empty()
{
    return new cKunde {ID=-1, Name="n.n.", Ort="?",
                       Telefon="?", Sprache=eSprache.Deutsch };
}
```

Die folgende LINQ-Abfrage liefert an sich eine leere Sequenz, da kein Kunde eine `ID` von 4711 besitzt.

```
var expr =
    (from k in Kunden
     where k.ID == 4711
     select k).DefaultIfEmpty(cKunde.Empty());
```

Daher ist die Ausgabe nicht leer, sondern sieht so aus:

```
(-1): n.n. aus ?
```

Hinweis:

Der `DefaultIfEmpty`-Operator besitzt auch eine Überladung, die keine Parameter erwartet. In diesem Fall wird der übliche Standardwert (`default(T)`) zurückgeliefert.

8.1.16 Konvertierungsoperatoren

Die Operatoren in dieser Gruppe dienen zur Konvertierung von Sequenzen oder deren Elementen in den gewünschten Typ. Manche Operatoren sind zudem, durch das Erstellen einer Kopie, in der Lage, ein stabiles Ergebnis zu garantieren. Damit lassen sich die Probleme lösen, die sich eventuell mit der verzögerten Ausführung von LINQ-Abfragen ergeben, wenn sich die zugrunde liegenden Sequenzen verändern. Mehr Details dazu unter 8.1.4, „Verzögerte Ausführung“.

8.1.16.1 ToArray

Der `ToArray`-Operator liefert einen Array mit allen Elementen der zugrunde liegenden Sequenz zurück. Das Ergebnis ist stabil, da es aus den Elementen der ursprünglichen Sequenz besteht. Das folgende kleine Beispiel zeigt die Anwendung.

```
// Eine Liste mit den natürlichen Zahlen 1 bis 10
Zahlen = Enumerable.Range(1, 10).ToList<int>();

// Array erzeugen
int[] meineZahlen = (from z in Zahlen select z).ToArray();

// Zugrunde liegende Auflistung leeren
Zahlen.Clear();

// Array hat nach wie vor 10 Elemente
Debug.WriteLine(meineZahlen.Length);
```

Wichtig:

Bedenken Sie, dass das Anlegen einer Kopie aller Elemente bei einer großen Menge an Elementen nicht unerhebliche Ressourcen in Anspruch nehmen kann.

8.1.16.2 ToList

Der ToList-Operator arbeitet ähnlich wie der ToArray-Operator, nur mit dem Unterschied, dass er eine generische Liste vom Typ List<T> liefert. Auch er erstellt er ein stabiles Ergebnis, das mit den Element der Sequenz befüllt wird. Analog zu dem Beispiel oben sieht die Anwendung so aus:

```
// Eine Liste mit den natürlichen Zahlen 1 bis 10
Zahlen = Enumerable.Range(1, 10).ToList<int>();

// Array erzeugen
List<int> meineZahlen = (from z in Zahlen select z).ToList();

// Zugrunde liegende Auflistung leeren
Zahlen.Clear();

// Liste hat nach wie vor 10 Elemente
Debug.WriteLine(meineZahlen.Count());
```

Wichtig:

Bedenken Sie auch hier, dass das Anlegen einer Kopie aller Elemente bei einer großen Menge an Elementen nicht unerhebliche Ressourcen in Anspruch nehmen kann.

8.1.16.3 ToDictionary

Mit dem ToDictionary-Operator kann ein Objekt vom Typ Dictionary<K,T> erstellt werden, das die Elemente der zugrunde liegenden Sequenz erhält. Über einen Lambda-Ausdruck können die benötigten, eindeutigen Schlüsselwerte generiert werden. Über dieses Dictionary<K,T>-Objekt kann durch die direkte Angabe des Schlüsselwertes auf das zugeordnete Objekt zugegriffen werden.

Wichtig:

Sind die erzeugten Schlüsselwerte nicht eindeutig, so wird eine Ausnahme vom Typ ArgumentException erzeugt.

Dieser Code zeigt, wie der Aufruf aussehen kann. In diesem Fall wird das komplette Element dem entsprechenden Schlüsselwert zugeordnet.

```
Dictionary<int,cKunde> = Kundenverzeichnis =
    (from k in Kunden select k).ToDictionary(k => k.ID);
```

Alternativ kann auch bestimmt werden, was in das Dictionary-Objekt eingefügt wird. Im folgenden Fall wird lediglich der Namen des Kunden eingefügt.

```
Dictionary<int,string> Kundenverzeichnis =
    (from k in Kunden select k).ToDictionary(k => k.ID, t => t.Name);
```

Die Ausgabe des Inhalts erfolgt mittels dieses Codes:

```
foreach (int ID in Kundenverzeichnis.Keys)
    Debug.Print("{0}: {1}",ID,Kundenverzeichnis[ID]);
```

Wie erwartet sieht die Ausgabe so aus:

```
1: Müller AG
2: Yokai Inc
3: Smith Inc
4: Meyer AG
5: Hanse AG
```

Wichtig:

Bedenken Sie bei diesem Operator, dass das Anlegen einer Kopie aller Elemente bei einer großen Menge an Elementen nicht unerhebliche Ressourcen in Anspruch nehmen kann.

8.1.16.4 ToLookup

Dieser Operator funktioniert ähnlich wie der `ToDictionary`-Operator, nur dass er, wie sein Name vermuten lässt, ein Objekt vom Typ `Lookup<K,T>` erzeugt. Diesmal müssen jedoch die Werte, die mit einem Lambda-Ausdruck für die Schlüssel generiert werden (im Gegensatz zu `Dictionary<K,T>`-Auflistungen), nicht eindeutig sein – Zugriffe sind daher nicht ganz so performant.

Tipp:

Wenn Sie sicherstellen können, dass Schlüsselwerte eindeutig sind, sollten Sie `Dictionary<K,T>` verwenden, das besonders bei Zugriffen in größeren Auflistungen schneller ist.

Dieses Beispiel zeigt, wie die kompletten Elemente dem entsprechenden Schlüsselwert zugeordnet werden, in diesem Fall die Sprache eines Kunden.

```
var meineKunden = (from k in Kunden select k).ToLookup(k => k.Sprache);
```

Alternativ kann auch bei diesem Operator festgelegt werden, was eingefügt werden soll. Im folgenden Fall ist dies lediglich der Name des Kunden.

```
var meineKunden =
    (from k in Kunden select k).ToLookup(k => k.Sprache, t => t.Name);
```

Die Ausgabe des erzeugten Ergebnisses kann durch zwei verschachtelte Schleifen geschehen:

```
foreach (var Kunde in meineKunden)
{
    Debug.Print ("Sprache: {0}", Kunde.Key);

    foreach (var k in Kunde)
        Debug.WriteLine(k);
}
```

und sieht letztendlich so aus:

```
Sprache: Deutsch
(1): Müller AG aus Bochum
(4): Meyer AG aus München
(5): Hanse AG aus Hamburg
Sprache: Japanisch
(2): Yokai Inc aus Tokio
Sprache: EnglischUSA
(3): Smith Inc aus Detroit
```

Wichtig:

Bedenken Sie bei diesem Operator, dass das Anlegen einer Kopie aller Elemente bei einer großen Menge an Elementen nicht unerhebliche Ressourcen in Anspruch nehmen kann.

8.1.16.5 Cast

Dieser Operator durchläuft eine Sequenz und versucht, alle Elemente zu dem gewünschten Typ zu casten. Ist dies nicht möglich, weil die Typen unverträglich sind, dann wird eine Ausnahme vom Typ `InvalidCastException` erzeugt.

Auch dieser Operator kann in Fällen nützlich sein, in denen z.B. in einer Sequenz unterschiedliche Ableitungen einer Basisklasse vereint sind.

Der folgende Aufruf liefert alle Controls, die sich auf einer Form befinden, und gibt sie aus.

```
// Alle Elemente umwandeln
var ControlList = this.Controls.Cast<Control>();

// Ausgeben
foreach (Control c in ControlList)
    Debug.Print("Typ: {0}, Name: {1}", c.GetType().ToString(), c.Name);
```

Die Ausgabe hängt natürlich von den Controls ab, die sich auf der Form befinden, sollte jedoch dieser Ausgabe ähneln.

```
Typ: System.Windows.Forms.GroupBox, Name: groupBox1
Typ: System.Windows.Forms.ComboBox, Name: comboBox1
Typ: System.Windows.Forms.CheckBox, Name: checkBox1
Typ: System.Windows.Forms.Button, Name: button2
Typ: System.Windows.Forms.Button, Name: button1
```

8.1.16.6 AsEnumerable

Der letzte Operator in dieser Gruppe ist der `AsEnumerable`-Operator, der die zugrunde liegende Sequenz einfach als `IEnumerable<T>` liefert. Dadurch können die universellen Erweiterungsmethoden angewendet werden, auch wenn der grundlegende Typ der Sequenz dies nicht zulassen würde.

8.1.17 Sonstige Operatoren

Die beiden Operatoren, die nicht in einem der anderen Abschnitte Platz gefunden haben, finden hier Platz.

8.1.17.1 Concat

Der `Concat`-Operator kann als Verkettungsoperator zwei Sequenzen verbinden, indem er eine Sequenz an die andere anhängt. Voraussetzung dafür ist, dass die Elemente in beiden Sequenzen streng verträglich sind. Dies ist nur der Fall, wenn die Typen identisch sind (auch abgeleitete Klassen werden vom Compiler abgewiesen) oder bei anonymen Typen mit den gleichen Mitgliedern in Bezug auf Namen und Datentyp.

Tipp:
Möchten Sie zwei Listen verbinden, die zwar unterschiedliche Typen enthalten, diese sich aber voneinander ableiten, kann der `Cast`-Operator hilfreich sein. Weitere Details unter *8.1.16.5,* „Cast“.

Dieser Code erzeugt zwei Sequenzen mit Kunden, die nach ihrer Sprache gefiltert werden. Anschließend werden beide Listen mit dem `Concat`-Operator verkettet und ausgegeben.

```
// Zwei Abfragen => zwei Sequenzen
var expr1 =
    (from k in Kunden where k.Sprache == eSprache.Deutsch select k);
var expr2 =
    (from k in Kunden where k.Sprache == eSprache.EnglischUSA select k);

// Beide Sequenzen verbinden und ausgeben
foreach (var k in expr1.Concat(expr2))
    Debug.WriteLine(k);
```

Die Ausgabe besteht aus den vier Kunden, die eine der beiden Sprachen zugewiesen bekommen haben.

```
(1): Müller AG aus Bochum
(4): Meyer AG aus München
(5): Hanse AG aus Hamburg
(3): Smith Inc aus Detroit
```

8.1.17.2 SequenceEqual

Muss geprüft werden, ob zwei Sequenzen identisch sind, so kann der `SequenceEqual`-Operator verwendet werden. Zwei Sequenzen sind nur dann identisch, wenn beide die gleichen Elemente in der gleichen Reihenfolge aufweisen. Für Referenzwerte hat dieser Operator eine Überladung, die ein Objekt als Parameter akzeptiert, das die `IEqualityComparer<T>`-Schnittstelle implementiert. Somit lässt sich der Vergleichsmechanismus, der bestimmt, wann zwei Referenzwerte gleich sind, beeinflussen. Werden Sequenzen mit anonymen Typen verglichen, so muss jedes Element über die gleichen Mitglieder (in Name und Datentyp) verfügen, um als gleich zu gelten.

Aus genau diesem Grund werden die folgenden beiden Sequenzen von dem `SequenceEqual`-Operator als gleich bewertet.

```
// Zwei Abfragen => zwei Sequenzen
var expr1 =
    (from k in Kunden
     where k.Sprache == eSprache.Deutsch
     select new { k.ID, k.Name });
var expr2 =
```

```
        (from k in Kunden
         where k.Telefon.StartsWith("+49")
         select new { k.ID, k.Name });

    // Sind es beides Mal die gleichen Kunden?
    if (expr1.SequenceEqual(expr2))
        Debug.WriteLine("Gleich");
    else
        Debug.WriteLine("Ungleich");
```

Wie schon beschrieben, ist die Ausgabe „Gleich".

8.2 LINQ to SQL

Eine der interessantesten Einsatzmöglichkeiten von LINQ sind sicherlich relationale Datenbanken, wie sie der Microsoft SQL Server bietet. Dabei können Daten wie erwartet abgefragt, verändert, eingefügt und gelöscht werden – alles ohne eine einzige SQL-Anweisung schreiben zu müssen. Diese werden zwar nach wie vor für die Kommunikation mit dem SQL Server benötigt, werden jedoch automatisch erstellt und ausgeführt.

Unterstützt werden dabei die folgenden Versionen:

- SQL Server 2008 R2
- SQL Server 2008
- SQL Server 2005
- SQL Server Compact 3.5

Für andere Version, wie z.B. SQL Server 2000 oder gar noch früher, funktionieren lediglich einige einfache Abfragen, sodass von deren Einsatz in Zusammenarbeit mit LINQ abgesehen werden sollte.

Tipp:

Die technische Fortentwicklung in Form von LINQ to Entities finden Sie zusammen mit dem ADO.NET Entity Framework in Kapitel 10.

Die Schemata der Tabellen werden als Entitäten-Klassen mit speziellen Attributen abgebildet, sodass C# selbst nur mit Objekten zu tun hat. Über eine DataContext-Klasse, die den Kontext für die Daten beschreibt, werden diese Klassen gefüllt und Änderungen auf Wunsch wieder zurück in die Datenbank geschrieben.

Die benötigten Klassen und Attribute befinden sich im Namensraum `System.Data.Linq` und `System.Data.Linq.Mapping`. Das Projekt muss daher einen Verweis auf die Datei `System.Data.Linq.dll` besitzen.

Tipp:

Auch wenn LINQ theoretisch das Erlernen von SQL-Dialekten überflüssig macht, ist es sicher nicht falsch, mindestens ein paar gesunde Grundlagen zu beherrschen; ob sich LINQ in diesem Bereich durchsetzen wird, muss sich erst erweisen.

Zusätzlich ist es über LINQ to SQL möglich, gespeicherte Prozeduren und Funktionen durch eine gewöhnliche C#-Methode aufzurufen. Auch hier wird die Brücke zwischen .NET-Welt und SQL Server mittels Attributen geschlagen.

Für die folgenden Beispiele in diesem Abschnitt existiert eine Datenbank („LINQ“), für welche die notwendigen Entitäten-Klassen mit dem Designer erstellt wurden.

8.2.1 Der Datenkontext

Bei der Arbeit mit LINQ to SQL ist die `System.Data.Linq.DataContext`-Klasse von zentraler Bedeutung. Sie beschreibt den Kontext, der für das Laden und Speichern der Daten benötigt wird. In diesem Kontext ist zudem hinerlegt, wie die Datenbank erreicht werden kann. Außerdem erlaubt sie den direkten Aufruf von gespeicherten Prozeduren und Funktionen als C#-Methode. Im Gegensatz zu ADO.NET-Klassen wird von dieser Klasse jedoch nur an einer Stelle eine Instanz erzeugt und für die gesamte Dauer der Anwendung verwendet – sie verbraucht sich dabei nicht wie z.B. eine Datenbankverbindung (`System.Data.SqlClient.SqlConnection`). Dies sind die wichtigen Methoden/Eigenschaften der `DataContext`-Klasse.

Tabelle 8.2 Wichtige Methoden/Eigenschaften der DataContext-Klasse

Methode/Eigenschaft	Beschreibung
`CommandTimeout`	Zeitdauer in Sekunden, die für die Ausführung maximal gewartet wird. Der Standardwert ist 30.
`ConflictChanges`	Eine Auflistung der Konflikte, die durch den Aufruf der `SubmitChanges()`-Methode entstanden sind. Solche Konflikte treten dann auf, wenn die Daten, die durch LINQ to SQL geladen wurden, zwischenzeitlich auf dem SQL Server verändert wurden.
`Connection`	Liefert ein Verbindungsobjekt für die zugrunde liegenden Daten. Dies ist vom Basistyp `System.Data.Common.DbConnection` und muss ggf. vor der Verwendung zu `System.Data.SqlClient.SqlConnection` gecastet werden.
`DeferredLoadingEnabled`	Mit einem Wert von `true` wird das verzögerte Laden für Objekte, die mit einer 1:1- oder einer 1:n-Beziehung zusammenhängen, aktiviert. Der Standardwert ist `true`.
`LoadOptions`	Legt die Optionen fest, die für das Laden der Daten für die Entitäten-Klassen verwendet werden sollen.
`Log`	Mit dieser Eigenschaft können alle SQL-Anweisungen, die LINQ to SQL erzeugt, in eine Datei oder das Direktausgabe-Fenster des Visual Studios 2008 ausgegeben werden. Unter 8.2.4, „Abfragen protokollieren“ finden Sie ein Beispiel, wie dies realisiert werden kann.

Methode/Eigenschaft	**Beschreibung**
`ObjectTrackingEnabled`	Mit einem Wert von `true` werden Änderungen überwacht, die mit der `GetChangeSet()`-Methode abgerufen werden können.
`Transaction`	Eine Transaktion vom Typ `System.Data.Command.DbTransaction`. Diese muss vor der Verwendung ggf. zu einem `System.Data.SqlClient.SqlTransaction` gecastet werden.
`CreateDatabase()`	Erstellt die Datenbank aus den vorhandenen Metadaten.
`DatabaseExists()`	Prüft, ob die zugrunde liegende Datenbank auf dem SQL Server existiert.
`DeleteDatabase()`	Versucht, die zugrunde liegende Datenbank vom SQL Server zu löschen.
`ExecuteCommand()`	Führt eine SQL-Anweisung auf der zugrunde liegenden Datenbank aus.
`ExecuteQuery()`	Führt eine Abfrage auf der zugrunde liegenden Datenbank aus.
`GetChangeSet()`	Liefert alle Änderungen, wenn die `ObjectTrackingEnabled`-Eigenschaft auf `true` gesetzt wurde.
`GetCommand()`	Liefert ein `System.Data.Common.DbCommand`, das ggf. vor der Verwendung zu einem `System.Data.SqlClient.SqlCommand` gecastet werden muss.
`Refresh()`	Aktualisiert die Daten in Entitäten-Klassen. Wie genau, das hängt von dem Parameter `mode` ab. Dieser ist vom Typ `RefreshMode` und kann einen dieser Werte annehmen: - *KeepCurrentValues*: Vorhandene Werte bleiben erhalten, nur neue Werte werden aus der Datenbank geladen. - *KeepChanges*: Liest neue Werte aus der Datenbank; lediglich bereits gemachte Änderungen bleiben erhalten. - `OverwriteCurrentValues`: Überschreibt auch die aktuellen Werte. Für Details sehen Sie bitte unter *„Daten erneut einlesen“* weiter.
`SubmitChanges()`	Schreibt alle Änderungen zurück in die Datenbank.

Zur Erstellung einer Instanz steht eine Reihe von Konstruktoren zur Verfügung. Die wichtigsten befinden sich im Anschluss. Wenn die Verbindungszeichenkette vorliegt, um auf die Datenbank zuzugreifen, so kann diese verwendet werden.

```
DataContext dc = new DataContext("<Verbindungszeichenfolge>");
```

Eine andere Möglichkeit ist die, direkt eine mdf-Datei anzugeben, welche die Mediendatei für die gewünschte Datenbank darstellt.

```
DataContext dc = new DataContext(@"c:\Datenbanken\LINQ.mdf");
```

Hinweis:

Weitere Details über den Aufbau von Verbindungszeichenfolgen sowie das direkte Verwenden von mdf-Datenbank-Mediendatein finden Sie unter *5.2.5*, „Verbindungszeichenfolge (Connection String)".

Existiert bereits eine Verbindung zu der gewünschten Datenbank, so kann das entsprechende `SqlConnection`-Objekt für das Erstellen verwendet werden.

```
SqlConnection con = null;

// con-Objekt erstellen und initialisieren
DataContext dc = new System.Data.Linq.DataContext(con);
```

Wurde die `DataContext`-Klasse automatisch mit dem Visual Studio 2010 Designer oder durch die SqlMetal-Anwendung erstellt und ist damit eine direkte Ableitung, so existiert zusätzlich noch ein praktischer Konstruktor ganz ohne Parameter. Dieser Konstruktor liest die benötigte Verbindungszeichenfolge aus den Einstellungen der Anwendung.

```
LINQDataContext DataContext = new LINQDataContext();
```

Damit kann diese auch nach Auslieferung der Anwendung einfach angepasst werden.

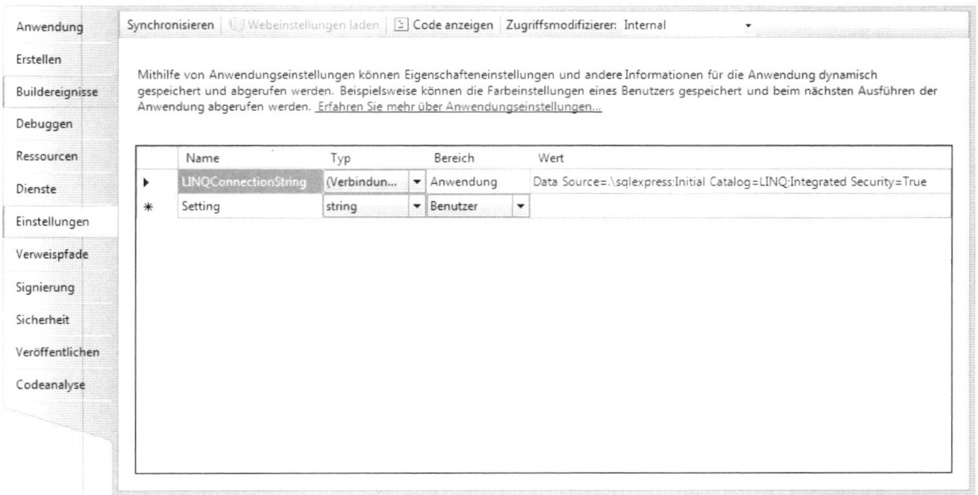

Abbildung 8.3 Die Verbindungszeichenfolge für LINQ

Hinweis:

Die Einstellungen werden in einer Datei mit dem Namen der Anwendung plus der Erweiterung „config“ (also z.B. „LINQ.exe.config“) gespeichert. Diese ist im XML-Format und kann außerhalb des Visual Studios mit jedem Texteditor bearbeitet werden.

8.2.2 Entitäten-Klassen

Sogenannte Entitäten-Klassen bilden die Tabellen auf dem SQL Server als Klassen ab, sodass LINQ-Abfragen auf die Daten zugreifen können. Das Erstellen dieser Klassen von Hand ist ein aufwendiges Unterfangen, das sich mit dem Designer, den das Visual Studio 2010 bietet, und dem Kommandozeilen-Werkzeug SqlMetal automatisieren lässt. Doch ist es sicherlich interessant, die Grundlagen zu kennen, um zu verstehen, wie LINQ to SQL funktioniert. Daher wird erst gezeigt, wie die Klassen aufgebaut sind, und anschließend, wie sie erstellt werden können.

8.2.2.1 Aufbau der Klassen

Damit LINQ to SQL funktionieren kann, muss jede Tabelle in der Datenbank als Entitäten-Klasse abgebildet werden. Diese Klassen entsprechen dabei Tabellen in der Datenbank und deren Eigenschaften (und Mitglieder) den Spalten in diesen. Über spezielle Attribute wird diese Zuordnung durchgeführt. Diese befinden sich alle im Namensraum `System.Data.Linq.Mapping`.

Tipp:

Importieren Sie den Namenraum `System.Data.Linq.Mapping`, dann können die benötigten Attribute einfach durch ihren Namen angesprochen werden, sodass weniger Code erstellt werden muss. Die folgende Zeile ist daher auch in den Demo-Klassen zu finden:

```
using System.Data.Linq.Mapping;
```

Database-Attribut

Die Klasse, die sich von der `DataContext`-Klasse ableitet, ist mit dem `Database`-Attribut versehen, das nur einen einzigen Parameter kennt. Dieser Parameter heißt `Name` und legt den Namen der Datenbank fest, für den diese Klasse als Kontext fungieren soll.

```
using System.Data.Linq.Mapping;

    [DatabaseAttribute(Name="LINQ")]
    public partial class LINQDataContext : System.Data.Linq.DataContext
{
    ...
}
```

Dieses kurze Beispiel zeigt den Einsatz dieses Attributes für die `DataContext`-Klasse, die den Zugriff auf die LINQ-Datenbank steuert.

Table-Attribut

Dieses Attribut wird direkt auf die Klasse angewendet und sorgt für die Verknüpfung zwischen der Klasse und der Tabelle auf dem SQL Server. Es hat nur einen benannten Parameter mit dem Namen der Tabelle, in der die Datenbank festgelegt wird. Damit ist der Name der Klasse an sich technisch ohne Bedeutung und muss nicht identisch mit dem der Tabelle sein. Ohne dessen Angabe wird als Tabellenname der Name der Klasse verwendet.

Tipp:
Auch wenn technisch keine Notwendigkeit mehr besteht, dass sich die Namen der Entitäten-Klassen und Datenbanktabellen ähneln, so ist es doch für die Übersichtlichkeit und Lesbarkeit nicht ganz unerheblich, dass beide einfach denselben Namen haben.

Die einfachste Anwendung des Attributes kann dann wie folgt aussehen und setzt voraus, dass Klassen und Tabellen den gleichen Namen besitzen.

```
using System.Data.Linq.Mapping;

[Table]
class Kunden
{
    ...
}
```

Weichen die beiden Namen voneinander ab, so wird es nur unwesentlich komplizierter.

```
using System.Data.Linq.Mapping;

[Table(Name="Kunden")]
class CKunden
{
    ...
}
```

Hinweis:
Auch wenn des Weiteren immer von Tabellen die Rede sein wird, können alternativ auch Sichten verwendet werden, die ggf. natürlich aktualisierbar sein müssen. Unter *4.4.14,* „Tabellen oder Sichten“, finden Sie Details, wann eine Sicht aktualisierbar ist.

Damit ist der Rahmen angelegt, und es kann nun mit den Eigenschaften/Spalten weitergehen.

Column-Attribut

Über dieses Attribut werden Spalten in einer Tabelle den einzelnen Mitgliedern oder Eigenschaften zugeordnet. Für diese Felder stehen die Modifikatoren `private`, `public` und `internal` zur Verfügung. Über benannte Parameter des Attributes können alle notwendigen Angaben für die Zuordnung vorgenommen werden.

Tabelle 8.3 Parameter des Column-Attributes

Parameter	**Beschreibung**
`AutoSync`	Gibt mit `true/false` an, ob der Wert automatisch synchronisiert werden soll.
`CanBeNull`	Gibt mit `true/false` an, ob dieses Feld `null`-Werte zulässt. Der Standardwert ist `false`, wenn dieser Parameter nicht angegeben wurde.
`DbType`	Gibt, als Zeichenkette, die Spaltendefinition der Spalte an, die verwendet werden soll. Diese sieht ähnlich aus wie in einer `CREATE TABLE`- oder `ALTER TABLE`-Anweisung. Folgende Zeichenkette stellt eine solche Spaltendefinition dar: `Name VARCHAR(100) NOT NULL` Weitere Details über die o.g. Anweisung befinden sich unter *4.6.3*, „Tabellen".
`Expression`	Gibt den Ausdruck an, mit dem der Inhalt dieser Spalte berechnet wird.
`IsDbGenerated`	Gibt mit `true/false` an, dass der Wert dieses Feldes automatisch von der Datenbank erzeugt wird.
`IsDiscriminator`	Legt mit `true/false` fest, ob der Inhalt dieser Spalte zur Unterscheidung mehrerer .NET-Typen, die in einer Tabelle gespeichert werden, dient. Weitere Details dazu unter *„InheritancingMapping Attribut"*.
`IsPrimaryKey`	Gibt mit `true/false` an, ob dieses Feld Teil des Primärschlüssels ist.
`IsVersion`	Gibt mit `true/false` an, ob das Feld nach Aktualisierung ebenfalls aktualisiert werden soll. Spalten vom Typ `timestamp` sind solche Spalten auf dem SQL Server.
`Name`	Legt den Spaltennamen für dieses Feld fest. Wird dieser Parameter nicht angegeben, dann nimmt LINQ to SQL den Namen des Feldes an.
`Storage`	Legt den Namen der Eigenschaft fest, über die diese Werte gelesen und geschrieben werden. Der Standard ist der eigentliche Name des Feldes.
`UpdateCheck`	Diese Eigenschaft legt fest, wie LINQ to SQL Konflikte durch gleichzeitige Änderungen in einer Mehrbenutzer-Umgebung erkennen soll (Optimistic Concurrency). Mögliche Werte sind: ▪ *Default*: Das ist der Standard und lässt LINQ to SQL die Wahl. ▪ *Always*: Immer beim Einfügen und Ändern von Daten. ▪ *Never*: Niemals, weder beim Einfügen noch beim Ändern. ▪ *OnInsert*: Nur beim Einfügen neuer Elemente ▪ *OnUpdate*: Nur beim Ändern vorhandener Elemente.

Nachfolgend ein kurzes Beispiel, das ein Mitglied und eine Eigenschaft über Attribute zuordnet.

```
[Table(Name="dbo.Kunden")]
public class Kunden
{

...
```

```
    [Column(Storage="_ID", AutoSync=AutoSync.OnInsert,
            DbType="Int NOT NULL IDENTITY", IsPrimaryKey=true,
            IsDbGenerated=true)]
        public int ID
        {
            // Implementierung des Feldes/ Eigenschaft
        }
    }
```

Association-Attribut

Mit diesem Attribut werden Beziehungen zwischen Tabellen, wie z.B. Fremdschlüssel, beschrieben. Diese Informationen dienen dazu, dass LINQ bei Änderungen direkt sicherstellen kann, dass diese Änderungen nicht die Relationen der Daten zerstören und somit nicht zurück in die Datenbank schreibbar wären.

Das Attribut besitzt die folgenden benannten Parameter.

Tabelle 8.4 Parameter des Association-Attributes

Parameter	Beschreibung
`DeleteOnNull`	Gibt mit `true/false` an, ob beim Wert `null` gelöscht werden soll.
`DeleteRule`	Legt die Regel fest, die beim Löschen ausgeführt werden soll. Soll nichts unternommen werden, so ist `NO ACTION` dafür vorgesehen.
`IsForeignKey`	Weist diese Beziehung als Fremdschlüssel-Einschränkungen aus. Der Standard ist `false`.
`IsUnique`	Wenn dies eine Fremdschlüssel-Einschränkung ist, dann legt diese Eigenschaft fest, ob die Werte eindeutig sein müssen.
`Name`	Legt den Namen des Attributes fest.
`OtherKey`	Legt den Namen der Eigenschaft für diese Seite der Beziehung fest. Der Standard für diesen Parameter ist die ID der enthaltenen Klasse.
`Storage`	Legt den Namen der Eigenschaft fest, über welche die Werte gelesen und geschrieben werden. Der Standard ist der eigentliche Name des Feldes.
`ThisKey`	Legt den Namen der Eigenschaft für die andere Seite der Beziehung fest.

Das folgende Beispiel definiert die Beziehung zwischen Kunden und Bestellungen und der Demo-Datenbank.

```
[Association(Name="Kunden_Bestellungen",
             Storage="_Bestellungens",
             OtherKey="KundeID")]
public EntitySet<Bestellungen> Bestellungens
{
    get
    {
        return this._Bestellungens;
    }
    set
    {
        this._Bestellungens.Assign(value);
    }
}
```

Das Attribut wird auf eine Eigenschaft angewendet, über diese Beziehung wird LINQ to SQL hergestellt.

InheritancingMapping-Attribut

Besteht die Notwendigkeit, unterschiedliche .NET-Klassen in einer Tabelle zu speichern, so kann LINQ to SQL mit diesem Attribut entsprechend verwendet werden. Mit ihm können die notwendigen Zuordnungen gesteuert werden, ohne dass unterschiedliche Tabellen existieren müssen. Folgende Parameter existieren für dieses Attribut:

Tabelle 8.5 Parameter des InheritancingMapping-Attributes

Parameter	Beschreibung
`Code`	Legt den Wert fest, den die Spalte, die über das `Column`-Attribut mit dem Parameter `IsDiscriminator=true` verfügt, enthalten muss, damit diese Zuordnung angewandt wird.
`IsDefault`	Legt mit `true/false` fest, ob dies die Standardzuordnung ist, die verwendet wird, wenn keine andere bestimmt werden kann. Dies kann der Fall sein, wenn die Spalte, die über das `Column`-Attribut mit dem Parameter `IsDiscriminator=true` verfügt, mit keinem der `Code`-Parameter übereinstimmt.
`Type`	Gibt den .NET-Typ an, der für diese Zuordnung steht.

Angenommen es existieren drei Klassen `CArzt`, `CKrankenschwester` und `CPfleger`, die alle von der gleichen Klasse `CPersonen` abgeleitet wurden. Sei weiter angenommen, dass die Tabelle `TPersonen` alle Eigenschaften für alle Klassen speichert, zuzüglich einer Spalte (`TYP`), in der für jede Klasse ein anderer Wert angelegt wird, sodass unterscheidbar ist, in welcher Zeile welche Klasse gespeichert wird. Das folgende Beispiel umreißt dieses Szenario kurz.

```
[Table(Name="Personal")]
[InheritanceMapping(Code="Arzt",
                    Type=typeof(CArzt))]
[InheritanceMapping(Code="Krankenschwester",
                    Type=typeof(CKrankenschwester))]
[InheritanceMapping(Code="Pfleger",
                    Type=typeof(CPfleger))]
public class Personal
{
    // Eine Klasse für LINQ to SQL
    [Column(IsPrimaryKey=true)] public int ID;
    [Column(IsDiscriminator = true)] public string Typ;
    // Alle weiteren Felder
}

public class CArzt : Personal
{
    // Spezialisierung für Ärzte
}

public class CKrankenschwester : Personal
{
    // Spezialisierung für Krankenschwestern
```

```
}
public class CPfleger : Personal
{
    // Spezialisierung für Pfleger
}
```

Bei Zugriffen auf die spezialisierten Klassen müssen diese aus der `Personal`-Klasse gecastet werden.

Function-Attribut und Parameter-Attribut

Neben den Zugriff auf Tabellen und Sichten ist es über LINQ to SQL auch möglich, gespeicherte Prozeduren und Funktionen direkt durch C#-Code auszuführen. Realisiert wird dies durch das Zuordnen von C#-Methoden zu SQL Server-Prozeduren oder Funktionen mittels der entsprechenden Attribute. Ähnlich wird mit den Parametern der C#-Methoden verfahren, um diese direkt den Parametern der SQL Server-Objekte zuzuordnen.

In beiden Fällen (gespeicherte Prozedur und benutzerdefinierte Funktion) wird das `Function`-Attribut verwendet, jedoch mit dem Unterschied, dass für Funktionen der Parameter mit einem Wert von `true` angegeben werden muss.

Tabelle 8.6 Parameter des Function-Attributes

Parameter	Beschreibung
`IsComposable`	Ein Wert von `false` (dem Standardwert) bedeutet, dass dies eine gespeicherte Prozedur ist. Ein Wert von `true` weist auf eine Funktion hin. Da der Standardwert `false` ist, kann dieser Parameter bei gespeicherten Prozeduren entfallen, ist jedoch für Funktionen zwingend.
`Name`	Legt den Namen der gespeicherten Prozedur oder Funktion fest. Wird dieser Parameter nicht angegeben, so wird als Name der Name der C#-Funktion angenommen. Dieser Parameter ist für Funktionen zwingend, da zu ihrem Namen immer das Schema gehört (z.B. „dbo.verfuegbareWaren") und für C# ein Punkt nicht als Teil eines Namens fungieren kann.

Neben dem Zuordnen der C#-Methoden müssen auch deren Parameter den entsprechenden Parametern der SQL Server-Objekte zugeordnet werden. Dies wird mit dem `Parameter`-Attribut bewerkstelligt, das zwei benannte Parameter hat:

Tabelle 8.7 Parameter des Parameter-Attributes

Parameter	Beschreibung
`DbType`	Gibt als Zeichenkette die serverseitige Definition des Parameters an.
`Name`	Legt den Namen des Parameters fest. Wird dieser Wert nicht angegeben, so wird als Name der Name des C#-Parameters angenommen.

Der Parameter `DbType` ist dabei die Entsprechung der Definition des Parameters, so wie der auf dem SQL Server festgelegt wurde. Dies bedeutet, dass z.B. eine gespeicherte Prozedur folgendermaßen definiert wurde.

```
CREATE PROCEDURE [dbo].[loescheBestellung]
(
    @BestellungID int
)
AS
…;
```

Der Typ für den Parameter BestellungenID wird wie folgt über Attribute zugeordnet.

```
[Parameter(Name="BestellungID", DbType="Int")]
```

Der Parametername kann für den Fall entfallen, wenn der Parameter der C#-Methode exakt dem der gespeicherten Prozedur oder Funktion entspricht. Allerdings ist dies sicherlich nicht ratsam, da so etwas von der Lesbarkeit des Codes verloren geht.

Hinweis:

Nicht jeder Parameter der C#-Methode muss an den SQL Server weitergereicht werden. Es ist denkbar, dass ein Teil der Parameter (ohne `Parameter`-Attribut) von der C#-Methode verwendet werden, während ein anderer Teil (mit `Parameter`-Attribut) an die gespeicherte Prozedur oder Funktion weitergereicht wird. Theoretisch kann sogar beides der Fall sein, d.h. ein Parameter, der sowohl von der C#-Methode verwendet als auch an SQL Server-Objekte weitergereicht wird.

Der Rückgabewert dieser Prozeduren muss dem der jeweiligen gespeicherten Prozedur oder Funktion entsprechen. In Fällen, in denen eine Tabellenwertfunktion abgebildet wird, ist eine vollständige Klasse notwendig, die der Rückgabetabelle entspricht und über die benötigten `Table`- und `Column`-Attribute verfügt. Für Details schauen Sie bitte dort nach.

Um z.B. eine einfache gespeicherte Prozedur mittels einer C#-Methode aufrufen zu können, sieht der Code so aus:

```
[Function(Name="dbo.loescheBestellung")]
public int loescheBestellung(
    [Parameter(Name="BestellungID", DbType="Int")]
    System.Nullable<int> bestellungID)
{
    IExecuteResult result =
        this.ExecuteMethodCall(this,
        ((MethodInfo)(MethodInfo.GetCurrentMethod())), bestellungID);
    return ((int)(result.ReturnValue));
}
```

Diese Methode (wie auch die folgende) wurde automatisch per Designer erzeugt und zeigt, wie der Rückgabewert in den benötigten Datentyp umgewandelt wird. Der Rückgabewert ist vom generischen Typ `System.Nullable<int>`.

Hinweis:

Beachten Sie, dass eine gespeicherte Prozedur nur einen numerischen Wert ohne Nachkommastellen als Rückgabewert verwenden kann.

Der Aufruf gestaltet sich denkbar einfach, da es nichts anderes ist als der Aufruf einer Methode der DataContext-Klasse.

```
System.Nullable<int> result = DataContext.loescheBestellung(1);
if (result == 1)
    Debug.Print("Löschen erfolgreich");
else
    Debug.Print("Löschen nicht erfolgreich");
```

Wie schon gesagt, ist die Verwendung der Attribute in Verbindung mit Funktionen nahezu identisch. Nachfolgend befindet sich der Aufruf zu einer solchen benutzerdefinierten Skalarwertfunktion, die über einen Rückgabetyp von `DECIMAL(18,2)` verfügt.

```
[Function(Name="dbo.WertBestelleWaren", IsComposable=true)]
public System.Nullable<decimal> WertBestelleWaren(
    [Parameter(Name="KundeID", DbType="Int")] Nullable<int> kundeID)
{
    return ((System.Nullable<decimal>)
    (this.ExecuteMethodCall(this, ((MethodInfo)
        (MethodInfo.GetCurrentMethod())), kundeID).ReturnValue));
}
```

Da es sich um eine Funktion handelt, muss der `IsComposable`-Parameter mit dem Wert `true` angegeben werden. Auch dieser Rückgabetyp ist die `Nullable`-Variante des Datentyps, den die zugrunde liegende Funktion zurückliefert.

Der Aufruf und die Ausgabe des Ergebnisses gestalten sich recht unspektakulär.

```
LINQDataContext DataContext = new LINQDataContext();
decimal? result = DataContext.WertBestelleWaren(1);
Debug.Print("Ergebnis: {0:0.00}€", result);
```

Die Ausgabe sieht letztendlich so aus: `Ergebnis: 999.80€`.

Hinweis:

Die Notation `decimal?` wird hier als Kurzform für `System.Nullable<decimal>` verwendet, welches der Rückgabetyp für diese Methode ist.

Als Letztes zeigt der folgende Code, wie eine Tabellenwertfunktion definiert und aufgerufen wird. Die Rückgabe ist eine Klasse (`verfuegbareWarenResult`), deren Mitglieder den einzelnen Spalten der zurückgelieferten Abfrage entsprechen.

```
[Function(Name="dbo.verfuegbareWaren", IsComposable=true)]
public IQueryable<verfuegbareWarenResult> verfuegbareWaren()
{
    return this.CreateMethodCallQuery<verfuegbareWarenResult>
        (this, ((MethodInfo)(MethodInfo.GetCurrentMethod())));
}
```

Die Rückgabe kann wie gewohnt als Sequenz oder in einer LINQ-Abfrage verwendet werden.

```
LINQDataContext DataContext = new LINQDataContext();
var items = (from v in DataContext.verfuegbareWaren()
             orderby v.Beschreibung
             select v);
```

Die Ausgabe kann mit einer einfachen `foreach`-Schleife stattfinden:

```
foreach (var i in items)
    Debug.Print("{0} für {1:0.00}€", i.Beschreibung, i.Preis);
```

Sie besteht aus fünf Zeilen und sieht so aus:

```
Stuhl für 39.90€
Teppich (groß) für 59.50€
Teppich (klein) für 49.90€
Tisch für 49.90€
Wasserbett für 499.90€
```

Durch den Einsatz der `Function`- und `Parameter`-Atttribute ist der direkte Aufruf von gespeicherten Prozeduren und Funktionen durch LINQ to SQL möglich.

8.2.2.2 Manuell oder per Code erzeugen

Alle Klassen können unter Verwendung der entsprechenden Attribute von Hand oder per eigenen Code erstellt werden. Dieser Prozess ist allerdings mehr als nur arbeitsintensiv und auch sehr fehleranfällig. Er sollte nur in solchen Situation angewendet werden, in denen es unausweichlich erscheint.

Eine solche Situation könnte das dynamische Erstellen von Code zu dessen On-the-Fly-Kompilierung sein. Selbst in einer solchen (schon recht seltenen) Situation wird es effizienter sein, das Programm SqlMetal auszuführen und seine Ausgabe zu benutzen.

8.2.2.3 Per Designer erzeugen

Visual Studio 2010 bietet den Komfort, die benötigten Klassen per integriertem Designer zu erstellen. Der Designer erzeugt alle Entitäten-Klassen und die entsprechenden Klassen für den Datenkontext, die umgehend einsatzfähig sind und sofort genutzt werden können. Folgende Schritte sind für die Erstellung notwendig:

- Das Kontextmenü des gewünschten Projektes oder das Projektmenü wird geöffnet und dann Hinzufügen (Crtl+Shift-A) gewählt.
- Zuerst wird Hinzufügen, dann Neues Element gewählt. Es erscheint der Auswahldialog für neue Elemente.

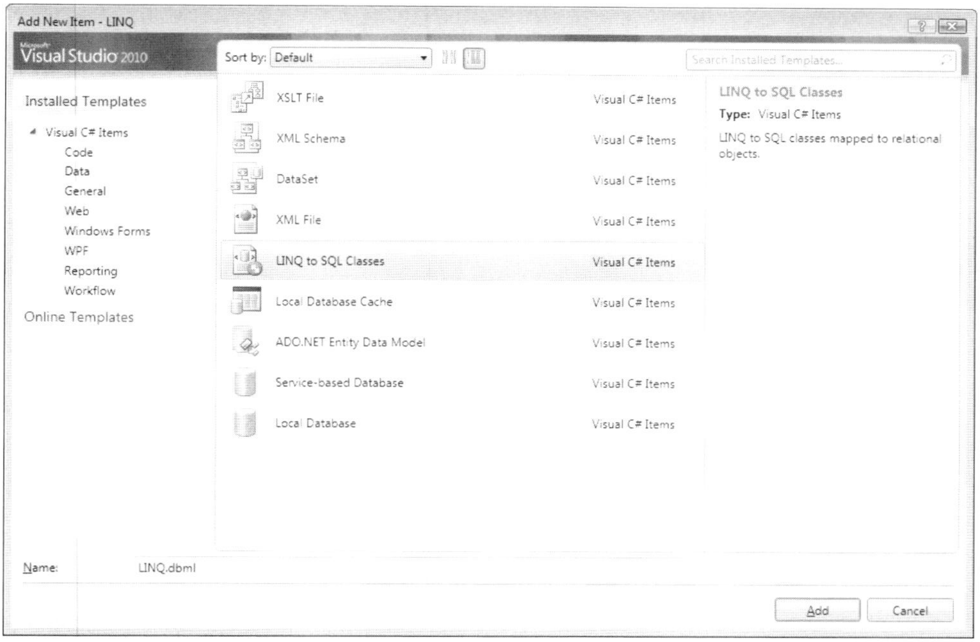

Abbildung 8.4 Auswahldialog für neue Elemente

- Der dbml-Datei wird ein sprechender Name gegeben und anschließend auf Hinzufügen geklickt.
- Nun erscheint ein leerer Bereich, in den sowohl Tabellen als auch gespeicherte Prozeduren und Funktionen aus dem Server Explorer gezogen werden können. Nach dem Schließen lässt sich dieser Bereich immer wieder öffnen, wenn Sie auf die dbml-Datei doppelt klicken, hinter der gleich zwei Dateien stehen.
  - Die dbml.layout-Datei speichert grafische Informationen, die angeben, wo welches Objekt angezeigt werden soll.
  - Die designer.cs-Datei enthält die relevanten Klassen für LINQ, welche die Datenbankobjekte reflektieren.
- Öffnen Sie den Server Explorer, und erzeugen Sie eine Datenbankverbindung zu der gewünschten Datenbank, wenn diese noch nicht existiert.
- Wenn die Datenbankverbindung vorliegt, können die gewünschten Objekte in den leeren Bereich gezogen werden. Diese Objekte sind im Wesentlichen:
  - Tabellen
  - Sichten
  - Gespeicherte Prozeduren
  - Tabellenwertfunktionen
  - Skalarwertfunktionen

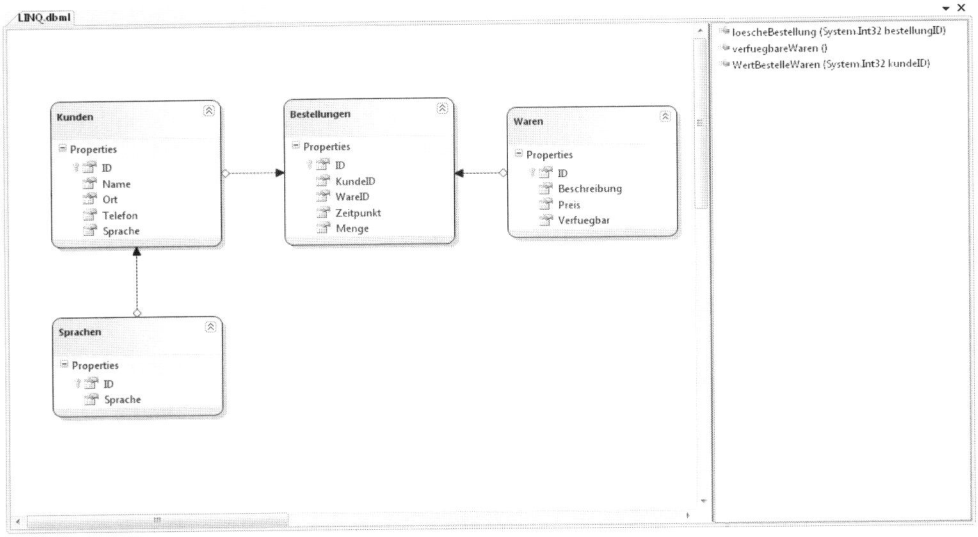

Abbildung 8.5 So stellt der Designer die Datenbankobjekte dar.

- Die Verbindungszeichenfolge für den Datenbankzugriff wurde als Einstellung angelegt und kann dort (später) modifiziert werden.
- Beziehungen zwischen Tabellen können über das Kontextmenü mit dem Befehl Hinzufügen > Zuordnung angelegt werden. Später können bestehende Zuordnungen über deren Eigenschaften verändert werden.

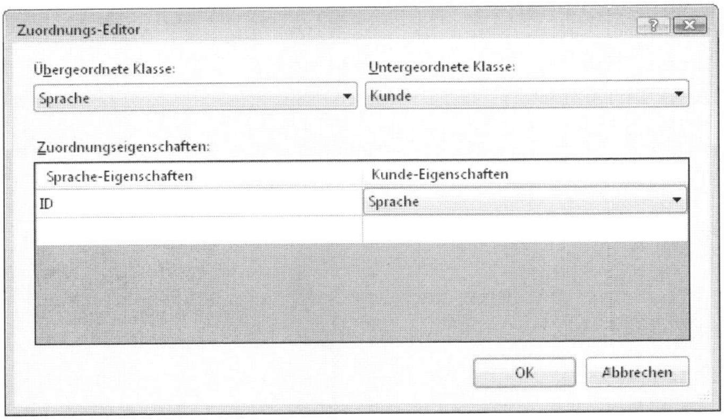

Abbildung 8.6 Beziehungen zwischen Tabellen können mit diesem Dialog bestimmt werden.

Sinnvollerweise lässt der Designer nur Objekte aus einer Datenbank zu. Wird ein Objekt aus einer anderen Datenbank dazugezogen, dann erscheint ein Dialog, der fragt, ob die Datenbank verändert werden soll. Wird dieser bestätigt, werden alle vorherigen Objekte aus der ursprünglichen Datenbank ungültig. Werden Objekte aus mehreren Datenbanken benötigt, so müssen zwei dbml-Dateien getrennt, mit unterschiedlichen Namen verwendet werden.

Wichtig:

Wie Sie weiter unten sehen werden, ist das SqlMetal-Werkzeug ebenfalls in der Lage, Entitäten-Klassen und Datenkontext-Klassen zu erstellen. Es bietet zwar nicht den Komfort einer grafischen Oberfläche, bietet aber einige Funktionen (wie z.B. die Angabe einer Basisklasse), sodass sich ein Blick auf die Parameter unter Umständen lohnen kann.

8.2.2.4 SqlMetal

Eine andere Möglichkeit, die sich gut zum Automatisieren eignet, um die von LINQ to SQL benötigten Entitäten-Klassen automatisch erstellen zu lassen, ist der Einsatz der SqlMetal-Anwendung. Diese ist eine Kommandozeilen-Anwendung und Bestandteil des .NET Frameworks SDK. Neben dem Erzeugen der .cs-Klassen können auch XML-Dateien erstellt werden, die alle relevanten Informationen für die Datenbankstruktur als Metadaten enthalten. Diese XML-Dateien können später für Dokumentationszwecke, manuelle Bearbeitung und zum Erstellen der .cs-Klassen in einem zweiten Schritt verwendet werden.

Die .cs-Klassen, die von SqlMetal erstellt werden, enthalten neben den Entitäten-Klassen auch die benötigte `DataContext`-Klasse, die inhaltlich gleichwertig sind mit den Klassen, die vom Visual Studio 2010 Designer erstellt werden.

Hinweis:

Der genaue Pfad, wo sich SqlMetal befindet, hängt von der genauen Version des SDK ab. Ein möglicher Pfad auf einer Windows Vista-Installation kann z.B. „C:\Program Files\Microsoft SDKs\Windows\v6.0A\bin“ sein.

Die erstellten .cs-Klassen können nach Erzeugung in das gewünschte Projekt eingebunden werden.

Alle Parameter, die Werte erhalten sollen, werden durch einen Schrägstrich (/) eingeleitet und durch einen Doppelpunkt (:) von ihren Werten abgetrennt. Die restlichen Parameter beginnen lediglich mit einem Schrägstrich (/). Im Folgenden befindet sich eine Aufstellung der wichtigen Parameter dieses Werkzeuges.

Tabelle 8.8 Die Parameter der SqlMetal-Anwendung

Paramter	Beschreibung
/server:	Name, TCP/IP-Adresse ggf. zusammen mit dem Namen der Instanz des SQL Servers. Außerdem kann ein einziger Punkt (.) oder der Alias (local) für den lokalen Computer verwendet werden.
/database:	Name der Datenbank. Wird dieser Parameter nicht angegeben, so wird die Standarddatenbank der folgenden Anmeldung verwendet.
/user:	Name der SQL Server-Anmeldung. Soll die Windows-Authentifizierung verwendet werden, so muss dieser Parameter weggelassen werden.
/password:	Das Kennwort der SQL Server-Anmeldung. Dieser Parameter macht nur Sinn, wenn der Parameter /user: ebenfalls angegeben wird und damit die SQL Server-Authentifizierung verwendet werden soll.

Paramter	Beschreibung
/conn:	Verbindungszeichenfolge, die für die Verbindung mit der Datenbank verwendet werden soll. Die Verwendung dieses Parameters ist eine Alternative zu den Parametern /user, /password, /server, /database und /timeout.
/timeout:	Gibt die Zeitbegrenzung (Timeout) in Sekunden an. Der Standard ist 0, was für endlos steht.
/views	Wird dieser Parameter angegeben, so werden alle Sichten neben den Tabellen extrahiert.
/functions	Durch diesen Parameter werden die Funktionen aus der Datenbank extrahiert.
/sprocs	Dieser Parameter sorgt dafür, dass die gespeicherten Prozeduren aus der Datenbank extrahiert werden.
/language:	Legt die .NET-Sprache fest, für die Codedateien erstellt werden sollen. CSharp oder C# stehen dabei für C# und z.B. VB oder VisualBasic für Visual Basic. Ohne die Angabe dieses Parameters geht SqlMetal von C# aus und muss damit nicht zwingend angegeben werden.
/code:	Legt den Namen der Code-Datei fest.
/xml:	Durch diesen Parameter wird der Name einer XML-Datei bestimmt, in der die Metadaten über die Datenbank gespeichert werden.
/map:	Gibt den Namen der Zuordnungsdatei an. Schließt den /dbml-Parameter aus.
/dbml:	Gibt den Namen der dbml-Datei an. Kann nicht zusammen mit /map verwendet werden. Schließt den /map-Parameter aus.
/pluralize	Dieser Parameter sorgt dafür, dass Klassen, Eigenschaften und Felder im Plural, statt wie sonst im Singular, benannt werden. Dies geschieht nach den Regeln der englischen Sprache.
/namespace:	Legt den Namensraum fest, der für die Erzeugung der Code-Dateien verwendet werden soll.
/entitybase:	Wird dieser Parameter angegeben, so kann mit ihm die Basisklasse der Entitäten-Klassen bestimmt werden. Standardmäßig haben Entitäten-Klassen keine explizite Basisklasse.
/serialization:	Gibt mit dem Wert ‚Unidirectional' an, dass serialisierbare Klassen erstellt werden sollen.
/provider:	Legt den zu verwendenden Datenbankprovider fest. Wird dieser Parameter nicht angegeben, so wird dieser zur Laufzeit festgelegt.

Wichtig:

Bedenken Sie, wenn Sie ‚localhost' verwenden, um den lokalen Computer anzusprechen, wird intern die IP-Adresse 127.0.0.1 verwendet und der SQL Server möglicherweise auf diese IP-Adresse nicht reagieren. Zuverlässiger ist es daher, wie oben beschrieben einen Punkt . oder (local) zu verwenden.

Das folgende Beispiel verwendet SqlMetal, um für eine Datenbank mit dem Namen LINQ die Entitäten-Klassen unter „D:\LINQ.cs“ zu erstellen.

```
SqlMetal /server:.\sqlexpress /database:LINQ /namespace:LINQ
/code:"D:\LINQ.cs"
```

Um die Metadaten für die gleiche Datenbank im XML-Format zu speichern, sieht der Aufruf so aus:

```
SqlMetal /server:.\sqlexpress /database:LINQ /namespace:LINQ
/xml:"D:\LINQ.xml"
```

Die so entstandenen Metadaten sehen wie folgt aus:

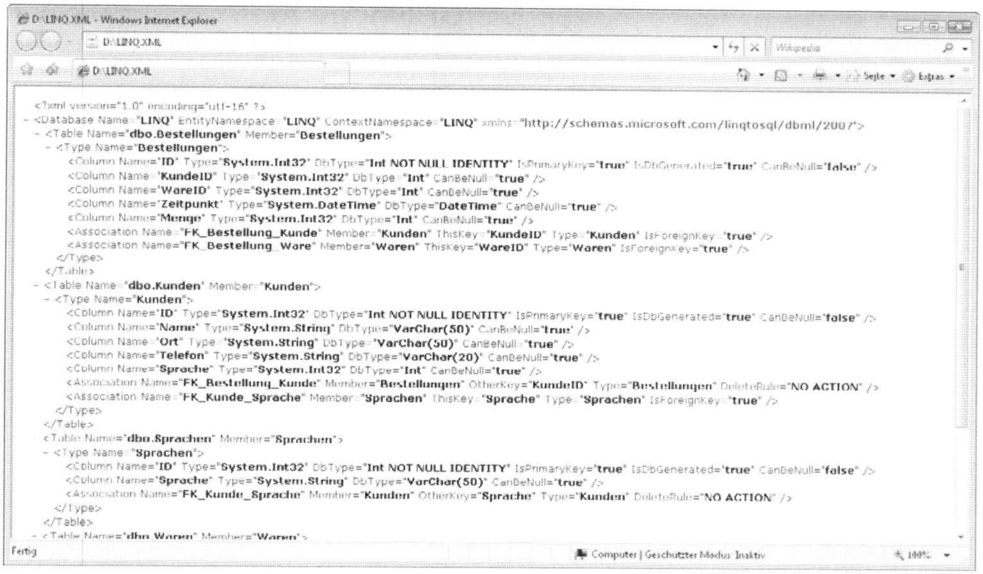

Abbildung 8.7 Die Metadaten einer Datenbank im Internet Explorer

Um aus diesen Metadaten einen .NET-Code zu erstellen, kann SqlMetal folgenderweise aufgerufen werden. Die XML-Datei wird mit den Metadaten als Eingabe verwendet.

```
SqlMetal /code:"d:\LINQ.cs" "D:\LINQ.xml"
```

Alternativ kann die dbml-Datei ebenfalls dazu verwendet werden.

```
SqlMetal /code:"d:\LINQ.cs" "D:\LINQ.dbml"
```

Hinweise:

Beachten Sie, dass die Eingabedatei (XML oder dbml) kein Parameter ist, sondern einfach nach den Parametern angegeben wird.

Datenbankstruktur aus Metadaten erstellen

Die so erstellten Metadaten können dazu verwendet werden, die benötigte Datenbank zu erzeugen und damit eine dauerhafte Datenhaltung zu ermöglichen. Möglich sind die folgenden Aktionen:

- die Datenbank zu erstellen
- zu prüfen, ob die Datenbank existiert
- die Datenbank zu löschen

Zuerst zeigt dieses Beispiel, wie die Datenbank erstellt werden kann.

```
// DataContext erstellen, die benötigte Verbindungszeichenfolge
// wird aus der Konfiguration der Anwendung ermittelt
LINQDataContext DataContext = new LINQDataContext();

// Nun die Datenbank erstellen
DataContext.CreateDatabase();
...
```

Nun wird getestet, ob die Datenbank existiert, und wenn das der Fall ist, wird die Datenbank gelöscht.

```
if (DataContext.DatabaseExists())
    DataContext.DeleteDatabase();
```

Die Methode `CreateDatabase()` erstellt die Datenbank und verwendet die Standardwerte des SQL Servers in Bezug auf Größe, Speicherort etc.

Hinweise:

Es gilt zu bedenken, dass sowohl das Erzeugen als auch das Löschen einer Datenbank voraussetzt, dass die verwendete Anmeldung (aus der Verbindungszeichenfolge) über die notwendigen Berechtigungen verfügt. Bei gewöhnlichen Anmeldungen, die lediglich auf die Daten zugreifen, ist dies in der Regel nicht der Fall.

8.2.3 Abfragen

Ein großer Vorteil von LINQ besteht darin, dass Abfragen unabgängig von der verwendeten Speichertechnologie immer gleich ablaufen. Daher wird dieser Abschnitt nicht sehr viel Neues liefern können. Die einzigen grundlegenden Unterschiede liegen im Wesentlichen darin, wie die Daten aus der Datenbank geladen und wie gemachte Änderungen anschließend wieder in diese zurückgeschrieben werden – beide beschränken sich jedoch auf einen Funktionsaufruf.

Egal welche Art von Zugriff, die entsprechenden Entitäten-Klassen müssen vor dem Einsatz von LINQ to SQL erstellt worden sein. Neben dem aufwendigen manuellen Ansatz stehen hier der visuelle Designer des Visual Studios 2008 und die SqlMetal-Anwendung zur Verfügung. Details finden Sie in den jeweiligen Abschnitten.

8.2.3.1 Daten abrufen

Das Abrufen von Daten via LINQ to SQL gestaltet sich denkbar einfach. Über ein `DataContext`-Objekt kann auf jede Tabelle, Sicht und Tabellenwertfunktion wie auf eine Sequenz zugegriffen werden – was diese im Wesentlichen aus der Sicht von LINQ auch sind. Um z.B. einfach auf alle Kunden zuzugreifen, sieht die entsprechende LINQ-Abfrage so aus:

```
// DataContext erzeugen, Verbindungszeichenfolge
// aus Anwendungseinstellungen nehmen
LINQDataContext DataContext = new LINQDataContext();

// Alle Kunden auflisten und nach Name, Ort sortieren
var Kunden = (from k in DataContext.Kundens
             orderby k.Name
             orderby k.Ort
             select new { k.Name });

// Ausgabe durch einfache Schleife
foreach (var k in Kunden)
    Debug.WriteLine(k);
```

Die Ausgabe ist wie erwartet eine Liste, deren Elemente ein anonymer Typ mit genau einer Eigenschaft (‚Name') ist und die alle Kundennamen, entsprechend der angegebenen Sortierung, notieren:

```
{ Name = Müller AG }
{ Name = Smith Inc }
{ Name = Hanse AG }
{ Name = Meyer AG }
{ Name = Yokai Inc }
```

Hinweis:

Wenn Sie im Visual Studio 2010 den Mauszeiger auf `Kunden` von `var Kunden =...` bewegen, erscheint ein Hinweis (Tooltipp), der die SQL-Abfrage anzeigt, die zur Ermittlung der Daten zum Einsatz kommt.

Der Zugriff auf das Ergebnis der Abfrage muss dabei nicht über einen anonymen Typen geschehen, sondern kann auch über das Element selbst erfolgen. Für die Ausgabe muss dann allerdings die gewünschte Ausgabezeichenfolge bestimmt werden, da die automatisch generierten Klassen die `ToString()`-Methode nicht überschreiben. Der folgende Code erzeugt also ein (fast) identisches Ergebnis, lässt aber mehr Spielraum für die Weiterverarbeitung, da alle Spalten der zugrunde liegenden Tabelle in Form von Eigenschaften zur Verfügung stehen.

```
// LINQ Abfrage
var Kunden = (from k in DataContext.Kundens
             orderby k.Name
             orderby k.Ort
             select k);

// Ausgabe durch eine einfache Schleife
foreach (var k in Kunden)
    Debug.WriteLine(k.Name);
```

Die Ausgabe sieht fast gleich aus:

```
Müller AG
Smith Inc
Hanse AG
Meyer AG
Yokai Inc
```

Auf Wunsch geht eine solche Abfrage auch noch einfacher und kommt ganz ohne LINQ-Abfrage aus:

```
foreach (var k in DataContext.Kundens)
    Debug.WriteLine(k.Name);
```

Die Ausgabe ist identisch zu der vorherigen, abgesehen von der Sortierung.

Hinweis:
Die hier gezeigten Klassen wurden mithilfe des Visual Studio 2010 Designers erstellt. Dieser verhält sich standardmäßig so, als hätte man die SqlMetal-Anwendung mit dem Parameter `/pluralize` aufgerufen. Daher bildet er die Namen der Auflistungen als Plural nach den Regeln der englischen Sprache. So kommt es zu solchen Kreationen wie „Kundens". Auf Wunsch kann dieses Verhalten jedoch unter Extras > Optionen, dort unter Datenbank-tools > O/R-Designer > Pluralisierung von Namen angepasst werden.

Daten erneut einlesen

Die Daten aus der Datenbank werden beim ersten Zugriff in den Speicher geladen. Dies gilt sowohl für die angesprochenen Sequenzen selbst als auch, wenn die `DeferredLoadingEnabled`-Eigenschaft auf den Wert `false` gesetzt wurde, für solche Sequenzen, die mit einer 1:1- oder einer 1:n-Beziehung verbunden sind. Dabei werden keineswegs alle Zeilen eingelesen, sondern nur solche, die dem Filter entsprechen, wenn ein solcher angegeben wurde. Das folgende Beispiel zeigt dies. Die erste Abfrage liefert gemäß dem Filter genau einen Kunden.

```
var Kunde = (from k in DataContext.Kundens
             where k.Name == "Müller AG"
             select k).First();

Debug.Print("{0} in {1}", Kunde.Name, Kunde.Ort);
```

Die Ausgabe sieht so aus:

```
Müller AG in Bochum
```

Wird nun z.B. der Ort dieses Kunden in der Datenbank verändert und gleichzeitig auch bei einem der anderen Kunden, so liefert die Ausgabe dieser Abfrage

```
var Kunden = (from k in DataContext.Kundens
              select k);

foreach (var k in Kunden)
    Debug.Print("{0} in {1}", k.Name, k.Ort);
```

nach wie vor „Bochum" als Ort für den Kunden „Müller AG", jedoch den aktuellen Ort aller anderen Kunden. Ist eine Zeile erst einmal im Speicher, greifen alle Abfragen auf diese Kopie im Speicher zu. Werden weitere Zeilen benötigt, so werden diese bei Bedarf geladen.

In vielen Situationen kann es jedoch vorkommen, dass die Daten in der Datenbank von anderer Seite modifiziert wurden, nachdem diese bereits als Kopie im Speicher vorliegen. Für solche Zwecke steht die `Refresh()`-Methode des `DataContext`-Objektes zur Verfügung.

Soll im obigen Beispiel die aktuelle Änderung am Ort für den Kunden „Müller AG“ verfügbar sein, so kann dies mit folgendem Aufruf zwischen den beiden LINQ-Abfragen sichergestellt werden.

```
DataContext.Refresh(System.Data.Linq.RefreshMode.KeepChanges,
                    DataContext.Kundens);
```

Wie der erste Parameter dabei schon vermuten lässt, bleiben Änderungen, die an den Eigenschaften vorgenommen wurden, dabei erhalten. Wurde z.B. der Name des Kunden mit folgender Zeile geändert:

```
Kunde.Name = "Müller KG";
```

sieht die Ausgabe der zweiten LINQ-Abfrage trotzdem so aus, da die lokale Änderung nicht verloren gegangen ist.

```
Müller KG in Bochum
Yokai Inc  in Tokio
Smith Inc in Detroit
Meyer AG in München
Hanse AG in Hamburg
```

Sollen die lokalen Änderungen bei der Aktualisierung mit den Daten aus der Datenbank nicht erhalten bleiben, so muss der erste Parameter einen anderen Wert erhalten.

```
DataContext.Refresh(System.Data.Linq.RefreshMode.OverwriteCurrentValues,
                    DataContext.Kundens);
```

Durch diesen Aufruf werden die Daten aller Zeilen im Speicher bei der nächsten Abfrage neu eingelesen (wenn diese noch vorhanden sind).

Die `Refresh()`-Methode kann außerdem auch auf die Inhalte einzelner Elemente oder gezielt auf das Ergebnis einer LINQ-Abfrage angewendet werden. Das erste Beispiel demonstriert dies für ein einzelnes Objekt, das weiter oben mit einem `First`-Operator ermittelt wurde:

```
DataContext.Refresh(System.Data.Linq.RefreshMode.KeepChanges, Kunde);
```

und das zweite Beispiel macht das Gleiche für das Ergebnis der letzten LINQ-Abfrage.

```
DataContext.Refresh(System.Data.Linq.RefreshMode.KeepChanges, Kunden);
```

In dem Fall, dass die `DeferredLoadingEnabled`-Eigenschaft eines `DataContext`-Objektes auf den Wert `false` gesetzt wurde, werden auch Zeilen aus solchen Sequenzen, die mit einer 1:1- oder einer 1:n-Beziehung verbunden sind, aktualisiert.

Sofortiges Laden

Um bei einer Abfrage nicht nur alle direkt betroffenen Objekte, sondern auch solche, die mit diesen nur in Beziehung stehen und von denen z.B. nur die Anzahl interessant ist, mit in den Speicher zu laden (z.B. bei einer Abfrage wie „Gib mir alle Kunden und die Anzahl deren Bestellungen"), kann sofortiges Laden anstelle von verzögertem Laden verwendet werden. Dies geschieht durch Verwendung eines `DataLoadOptions`-Objektes, das die relevanten Beziehungen enthält. Das folgende Beispiel zeigt, wie dies aussieht.

```
// DataContext erzeugen
LINQDataContext db = new LINQDataContext();

// DataLoadOptions-Objekt erstellen
DataLoadOptions options = new DataLoadOptions();

// Beziehungen bestimmen und zuweisen
options.LoadWith<Kunden>(Kunden => Kunden.Sprachen);
db.LoadOptions = options;
```

Nun können anschließend die Abfragen durchgeführt werden.

Abfragen kompilieren

Werden Abfragen mehrfach, eventuell nur mit unterschiedlichen Parametern, aufgerufen, kann es aus Performance-Gründen sinnvoll sein, diese zu kompilieren. Damit muss der SQL Server vor der Ausführung keine Zeit und Ressourcen damit verwenden, Parameter einzufügen und einen Ausführungsplan zu entwickeln.

> **Hinweis:**
> Der SQL Server versucht automatisch, Abfragen, die an ihn geschickt werden, mit Parametern zu versehen, um damit feststellen zu können, ob eventuell ein schon vorhandener Ausführungsplan einer vorherigen Abfrage wieder verwendet werden kann.

Damit eine Abfrage kompiliert wird, kommt die statische Methode `CompiledQuery.Compile()` (aus dem Namensraum `System.Data.Linq`) zum Zuge. Das folgende Beispiel zeigt, wie dies praktisch aussieht. Diese einfache Abfrage, die einen einzelnen Kunden liefert, dessen ID bekannt ist:

```
var Kunde = (from k in DataContext.Kundens
             where k.ID == ID
             select k).First();
```

kann durch folgenden Aufruf kompiliert werden und steht anschließend für Aufrufe bereit.

```
using System.Data.Linq;

var AbfrageKunde = CompiledQuery.Compile(
                     (LINQDataContext Context, int ID) =>
                         from k in Context.Kundens
                         where k.ID == ID
                         select k).First());
```

Über einen Lambda-Ausdruck werden zum einen ein `DataContext`-Objekt, das die Verbindung festlegt, über welche die Abfrage ausgeführt werden soll, und zum anderen alle gewünschten Parameter übergeben, die dann wie gewohnt in der Abfrage verwendet werden. Konkret sieht der Aufruf so aus:

```
var Kunde = Abfrage(DataContext, 1);
```

und liefert das gewünschte Ergebnis.

Direkte Abfragen

Abfragen durch LINQ sind ein mächtiges Mittel, jedoch ist es ab und an praktisch oder gar notwendig, direkt SQL-Anweisungen an den SQL Server zu senden und mit dem resultierenden Ergebnis weiterzuarbeiten. Für solche Zwecke stellt die `DataContext`-Klasse die `ExecuteQuery()`-Methode zur Verfügung. Ihr kann die gewünschte SQL-Abfrage übergeben werden, und sie liefert eine Liste von einem gewünschten Typ zurück. Damit dies funktionieren kann, muss der Basistyp der Liste den Spalten der Abfrage zuordenbar sein.

```
var Kunden = DataContext.ExecuteQuery<Kunden>("Select * from Kunden");
foreach (var i in Kunden)
    Debug.Print("{0} aus {1}", i.Name, i.Ort);
```

Die Ausgabe sieht auch hier aus wie erwartet:

```
Müller AG aus Bochum
Yokai Inc aus Tokio
Smith Inc aus Detroit
Meyer AG aus München
Hanse AG aus Hamburg
```

Ist der Basistyp nicht zuordenbar, so wird beim Durchlaufen der Liste eine Ausnahme vom Typ `InvalidCastException` erzeugt.

Liegt kein Ergebnis vor, ist es unwichtig oder wird es nicht in Form einer Liste benötigt, so kann ein direkter Aufruf alternativ auch so aussehen; in diesem Beispiel, um die Version des SQL Servers abzurufen.

```
using System.Data;

using (SqlClient.SqlConnection con =
      (SqlClient.SqlConnection)DataContext.Connection)
{
    // Verbindung muss geöffnet werden
    con.Open();
    using (SqlClient.SqlCommand cmd = con.CreateCommand())
    {
        // Datenbankversion abrufen
        cmd.CommandText = "SELECT @@version;";
        string version = (string)cmd.ExecuteScalar();
    }
}
```

Über die `Connection`-Eigenschaft steht nach entsprechender Umwandlung ein Verbindungsobjekt für den Zugriff auf den SQL Server bereit, das vor der Verwendung nur noch geöffnet werden muss.

Die prinzipielle Möglichkeit, eine „eigene" Verbindung mittels der Verbindungszeichenfolge zu erstellen und zu verwenden, die auch LINQ to SQL verwendet, sei hier nur der Vollständigkeit wegen erwähnt.

Gespeicherte Prozeduren

Durch den Einsatz des `Function`-Attributs können gespeicherte Prozeduren auf den SQL Server direkt aufgerufen werden. Parameter werden dabei zusätzlich mit dem `Parameter`-Attribut versehen. Die Definition einer gespeicherten Prozedur als C#-Methode kann exemplarisch so aussehen.

```
[Function(Name="dbo.loescheBestellung")]
public int loescheBestellung(
    [Parameter(Name="BestellungID", DbType="Int")]
    System.Nullable<int> bestellungID)
{
    IExecuteResult result =
        this.ExecuteMethodCall(this,
        ((MethodInfo)(MethodInfo.GetCurrentMethod())), bestellungID);
    return ((int)(result.ReturnValue));
}
```

Da es sich um eine C#-Methode handelt, ist der Aufruf an sich als Methode eines `DataContext`-Objektes keine große Sache und unterscheidet sich nicht von Aufrufen gewöhnlicher C#-Methoden.

```
// DataContext erzeugen, Verbindungszeichenfolge
// aus Anwendungseinstellungen nehmen
LINQDataContext DataContext = new LINQDataContext();

// Aufruf der gespeicherten Prozeduren
if ((bool)DataContext.loescheBestellung(1))
    Debug.Print("Löschen erfolgreich");
else
    Debug.Print("Löschen nicht erfolgreich");
```

Wenn der Kunde mit einer ID von 1 (noch) existiert, wurde dieser gelöscht und die entsprechende Nachricht in das Direktfenster ausgegeben.

Benutzerdefinierte Funktionen

Wie schon weiter oben erwähnt, können auch benutzerdefinierte Funktionen ebenso wie gespeicherte Prozeduren direkt als C#-Methode durch LINQ to SQL aufgerufen werden. Auch hier werden das `Function`-Attribut für die C#-Methode und die `Parameter`-Attribute für die Parameter verwendet. Welche Rückgabe eine solche C#-Methode liefert, hängt von der Art der benutzerdefinierten Funktion ab. Im Fall einer Skalarwertfunktion wird einfach der entsprechende .NET-Datentyp verwendet, während bei einer Tabellenwertfunktion das Ergebnis eine Auflistung ist, die auf der generischen `IQueryable`-Schnittstelle basiert, die wiederum als Elemente eine Klasse enthält, die der Rückgabe der Funktion entspricht.

Eine einfache Skalarwertfunktion kann so definiert sein:

```
[Function(Name="dbo.verfuegbareWaren", IsComposable=true)]
public IQueryable<verfuegbareWarenResult> verfuegbareWaren()
{
    return this.CreateMethodCallQuery<verfuegbareWarenResult>
    (this, ((MethodInfo)(MethodInfo.GetCurrentMethod())));
}
```

Für eine Tabellenwertfunktion, die eine Ergebnismenge liefert, sieht der Code so aus:

```
[Function(Name="dbo.WertBestelleWaren", IsComposable=true)]
public System.Nullable<decimal>
    WertBestelleWaren([Parameter(Name="KundeID", DbType="Int")]
        System.Nullable<int> kundeID)
{
    return ((System.Nullable<decimal>)(this.ExecuteMethodCall
    (this, ((MethodInfo)(MethodInfo.GetCurrentMethod())),
        kundeID).ReturnValue));
}
```

Der Aufruf der Funktionen gestaltet sich erwartungsgemäß einfach und unterscheidet sich lediglich in der Behandlung des Ergebnisses. Im Fall einer Skalarwertfunktion ist dies der entsprechende `Nullable`-Datentyp (`Nullable<Typ>` oder wie im Beispiel mit einem Fragezeichen ‚?' notiert) gemäß der Definition der Funktion auf dem SQL Server.

```
// DataContext erzeugen, Verbindungszeichenfolge
// aus Anwendungseinstellungen nehmen
LINQDataContext DataContext = new LINQDataContext();

// Funktion aufrufen
decimal? Wert = DataContext.WertBestelleWaren(1);

// Ausgabe
Debug.Print("Wert {0:0.00}€", Wert);
```

Die Ausgabe sieht entsprechend so aus:

```
Wert 999.80€
```

Ein Aufruf einer Tabellenwertfunktion gestaltet sich gleich, nur bei der Ausgabe oder weiteren Verwendung muss anders vorgegangen werden, da es in diesem Fall eine Auflistung ist.

```
// DataContext erzeugen, Verbindungszeichenfolge
// aus Anwendungseinstellungen nehmen
LINQDataContext DataContext = new LINQDataContext();

// Funktion aufrufen
var Waren = DataContext.verfuegbareWaren();

// Ausgabe
foreach (var w in Waren)
    Debug.Print("{0} für {1:0.00}€", w.Beschreibung, w.Preis);
```

Die Ausgabe der Auflistung ist unspektakulär und sieht so aus:

```
Wasserbett für 499.90€
Tisch für 49.90€
Stuhl für 39.90€
Teppich (groß) für 59.50€
Teppich (klein) für 49.90€
```

Hinweis:

Sowohl gespeicherte Prozeduren als auch benutzerdefinierte Funktionen werden mit dem `Function`-Attribut versehen. Lediglich der benannte Parameter `IsComposable` weist mit einem Wert von `true` auf eine Prozedur hin. Da der Standardwert `false` ist (bei einer Funktion), kann dieser Parameter entfallen.

8.2.3.2 Ändern, Löschen und Hinzufügen

Um die Daten in den Entitäten-Klassen und den Auflistungen zu ändern, wird auf die üblichen Mittel zugegriffen, mit denen Eigenschaften und Auflistungen sonst auch manipuliert werden. Da dies im Wesentlichen über das einfache Zuweisen von Werten sowie den Methoden `Add()` und `Remove()` (oder einer Variante von ihnen) der entsprechenden Auflistungen geschieht, hier nur drei einfache Beispiele. Als Erstes werden die Eigenschaften eines Objektes geändert.

```
// DataContext erzeugen, Verbindungszeichenfolge
// aus Anwendungseinstellungen nehmen
LINQDataContext DataContext = new LINQDataContext();

// Einen Kunden auswählen
var Kunde = (from k in DataContext.Kundens
             where k.ID == 5
             select k).First();

// Einen oder mehrere Werte ändern
Kunde.Sprache = (int)eSprache.Japanisch;
```

Wichtig:

Das Ändern der Werte funktioniert nicht, wenn anonyme Typen mittels des `Select`-Operators zurückgeliefert werden. Deren Werte können nur gelesen und daher nicht zurück in die Datenbank geschrieben werden.

Ein Objekt, hier ein Kunde, wird über ähnlichen Code wie diesen hinzugefügt.

```
// DataContext erzeugen, Verbindungszeichenfolge
// aus Anwendungseinstellungen nehmen
LINQDataContext DataContext = new LINQDataContext();

// Neue Kunden erstellen
Kunden neuerKunde = new Kunden()
    { Name = "Kohle AG", Ort="Essen", Telefon="+49 201 12345678",
      Sprache=(int)eSprache.Deutsch};

// Und hinzufügen
DataContext.Kundens.Add(neuerKunde);
```

Das Löschen geschieht entsprechend auch mit der Liste und der `Remove()`-Methode.

```
LINQDataContext DataContext = new LINQDataContext();

// Einen Kunden auswählen
var Kunde = (from k in DataContext.Kundens
             where k.ID == 5
             select k).First();

// Und entfernen
DataContext.Kundens.Remove(Kunde);
```

Darüber hinaus kann auch mehr als nur ein einzelnes Objekt pro Aufruf entfernt werden. In der gleichen Weise, wie dies auch beim Hinzufügen möglich ist.

Änderungen an den Werten der Entitäten-Klassen oder das komplette Hinzufügen oder Löschen von Elementen sind nur dann wirklich interessant, wenn diese Änderungen dauerhaft in der Datenbank gespeichert werden können. Um dies zu ermöglichen, existiert die `SubmitChanges()`-Methode.

```
// DataContext erzeugen, Verbindungszeichenfolge
// aus Anwendungseinstellungen nehmen
LINQDataContext DataContext = new LINQDataContext();

// Einen Kunden auswählen
var Kunde = (from k in DataContext.Kundens
             select k).First();

// Werte ändern
Kunde.Ort = "Viersen";

// Änderungen dauerhaft in der Datenbank speichern
DataContext.SubmitChanges();

// Änderungen sind nun in der Datenbank
```

Die `SubmitChanges()`-Methode akzeptiert in einer Überladung den Parameter `failureMode`, der vom Typ `ConflictMode` ist, einer Auflistung, die bestimmt, was im Falle eines Konfliktes geschehen soll. Ein Konflikt tritt dann ein, wenn die Daten, die durch LINQ to SQL geladen wurden, zwischenzeitlich auf dem SQL Server verändert wurden. Zwei Werte kann der Parameter annehmen:

- *FailOnFirstConflict*: Hierdurch wird sofort beim ersten auftretenden Konflikt die Methode abgebrochen und eine Ausnahme vom Typ `ChangeConflictException` erzeugt. Dies ist der Standard, wenn die `SubmitChanges()`-Methode ohne Parameter aufgerufen wird.
- *ContinueOnConflict*: Bei diesem Wert wird auch im Falle eines Konfliktes versucht, weitere, noch ausstehende Änderungen in der Datenbank zu aktualisieren, wenn dies möglich ist.

Um auf Konflikte im Nachhinein noch zugreifen zu können, steht die `DataContext.ChangeConflicts`-Auflistung bereit, die jeden Konflikt in Form eines `ObjectChangeConflict`-Objektes bereithält.

Hinweis:
Bedenken Sie, dass auch eine einzelne Änderung durchaus mehrere Konflikte in unterschiedlichen Tabellen nach sich ziehen kann.

Welche Strategie verwendet werden soll, um Konflikte zu ermitteln, kann für jedes Feld individuell durch den benannten Parameter `UpdateCheck` des `Column`-Attributes festgelegt werden. In jedem Fall können aber nur Konflikte für die Zeilen auftreten, die sich im Speicher befinden. Bei allen anderen Zeilen kann es zu keinem Konflikt kommen.

Des Weiteren kann die Markierung eines Feldes mit dem `IsVersion`-Parameter oder mit dem `IsDBGenerated`-Parameter die Erkennung von Konflikten durch kürzere SQL-Anweisungen effizienter machen. Während `IsVersion` ein Feld als Zeit- oder Versionsstempel ausgibt (auf dem SQL Server eine Spalte vom Typ `timestamp`), weist `IsDBGenerated` ein Feld als solches aus, das von der Datenbank gefüllt wird (auf SQL Servern eine Identitätsspalte).

Wichtig:

Tabellen, die eine Spalte vom Typ `timestamp` enthalten, können nicht vom SQL Server repliziert werden, da eine Änderung in dieser Tabelle, also auch während der Replikation, der Spalte einen neuen Wert zuweist. Damit würde diese Zeile gleich erneut repliziert werden müssen, und ein regelrechter Pingpong-Effekt wäre die Folge.

Der folgende Code verfeinert das Beispiel von oben in der Art, dass es auf Konflikte reagiert, indem es den Anwender fragt, ob noch ein Versuch unternommen werden soll, die Daten in die Datenbank zu schreiben. Alternativ zu der Rückfrage kann auch eine gezählte Schleife für vielleicht vier oder fünf Versuche sinnvoll sein.

```
// DataContext erzeugen, Verbindungszeichenfolge
// aus Anwendungseinstellungen nehmen
LINQDataContext DataContext = new LINQDataContext();

// Einen Kunden auswählen
var Kunde = (from k in DataContext.Kundens
             where k.ID == 5
             select k).First();

// Werte verändern
Kunde.Ort = "München";

// Nun werden die Daten dieser Kunden von anderer Seite aus verändert
while (true) // Endlosschleife
    try
    {
        // Änderungen dauerhaft in der Datenbank speichern
        DataContext.SubmitChanges(ConflictMode.FailOnFirstConflict);

        // Kein Konflikt => while-Schleife verlassen
        break;
    }
    catch (System.Data.Linq.ChangeConflictException)
    {
        // Es ist ein Konflikt aufgetreten
        string msg = "Konflikt an\n\n";
        foreach (ObjectChangeConflict conflict in
                    DataContext.ChangeConflicts)
            msg += conflict.Object.GetType().ToString()+ "\n";
        // Benutzer fragen, ob er wiederholen möchte
        if (MessageBox.Show(msg + "\nMöchten Sie es erneut versuchen?",
            "LINQ-Konflikt", MessageBoxButtons.YesNoCancel)
            == DialogResult.Yes)
            // Daten des Kunden aktualisieren,
            // eigene Änderungen dabei behalten
            DataContext.Refresh(RefreshMode.KeepChanges, Kunde);
        else
            // Keinen weiteren Versuch unternehmen
            break;
    }
    catch (Exception ex)
    {
        // Irgendetwas anderes ist schiefgelaufen
        MessageBox.Show(ex.ToString());
```

Über die `DataContext.Refresh()`-Methode wird hier versucht, die geänderten Daten aus der Datenbank zu lesen, ohne die eigenen Änderungen zu verlegen. Je nach Anwendung stehen auch die Werte `RefreshMode.KeepCurrentValues` oder `RefreshMode.OverrideCurrentValues` als Parameter zur Verfügung.

Werden durch den Aufruf von `SubmitChanges` neue Elemente, die zuvor mit `Add` einer Auflistung hinzugefügt wurden, in der Datenbank angelegt, dann stehen Werte von Feldern, die in ihrem `Column`-Attribut den genannten Parameter `IsDbGenerated=true` erhalten haben, zur Verfügung. Dies ist besonders bei Identitätswerten von einiger Wichtigkeit.

Transaktionen

Änderungen, die durch die `DataContext.SubmitChanges()`-Methode aus dem Speicher in die Datenbank geschrieben werden, werden intern immer in einer einzigen Transaktion zusammengefasst, sodass das Alles-oder-nichts-Prinzip greift. Darüber hinaus steht die Möglichkeit offen, über die `TransactionScope`-Klasse solche Änderungen transparent zusammen mit anderen Operationen in einer Transaktion zu verarbeiten.

Wichtig:

Das Projekt muss zu diesem Zweck einen Verweis auf die System.Transaction.dll besitzen. Dieser muss ggf. noch eingefügt werden.

Die System.Transaction Assembly ist seit .NET 2.0 Bestandteil des Frameworks. Über die `Complete()`-Methode können die umschlossenen Anweisungen freigegeben werden (Commit), wenn kein Fehler aufgetreten ist. Ein Abbruch (Rollback) geschieht lediglich indirekt, indem kein Aufruf der `Complete()`-Methode stattfindet.

Der nachfolgende Code demonstriert, wie dies im Groben aussehen kann.

```
using System.Transactions;

LINQDataContext DataContext = new LINQDataContext();

try
{
    // Transaktion beginnen
    using (TransactionScope tran = new TransactionScope())
    {
        var Kunde = (from k in DataContext.Kundens
                     where k.ID == 5
                     select k).First();
        Kunde.Ort = "Oberhausen";

        // Andere Anweisungen gegen die Datenbank ausführen.
        // Ob mit oder ohne LINQ to SQL spielt keine Rolle

        // Änderungen schreiben
        DataContext.SubmitChanges();
        // Noch ein paar Anweisungen

        // Alle Anweisungen waren erfolgreich
        tran.Complete();
    }
}
catch (System.Data.Linq.ChangeConflictException)
{
    MessageBox.Show("Konflikt. Daten wurden zwischenzeitlich geändert.");
}
catch (Exception ex)
{
    MessageBox.Show(ex.ToString());
}
```

8.2.4 Abfragen protokollieren

LINQ to SQL bietet die Möglichkeit, über eine Klasse, die sich von `System.IO.TextWriter` ableitet, alle SQL-Anweisungen, die erzeugt wurden, zu protokollieren. Die Beispielanwendung für LINQ to SQL benutzt dies mittels Implementierung der Klasse `LINQDebugWriter`. Die Verwendung ist denkbar einfach, indem eine neue Instanz der Log-Eigenschaft der `DataContext`-Klasse zugewiesen wird. Das folgende Beispiel demonstriert dies:

```
LINQDataContext DataContext = new LINQDataContext();
DataContext.Log = new LINQDebugWriter();
```

Müssen weitere Änderungen an den Entitäten-Klassen zurück in die Datenbank geschrieben werden (z.B. der Aufruf der `SubmitChanges()`-Methode), so sehen die protokollierten SQL-Anweisungen in etwa so aus:

```
INSERT INTO [dbo].[Bestellungen]([KundeID], [WareID], [Zeitpunkt],
[Menge]) VALUES (@p0, @p1, @p2, @p3)

SELECT [t0].[ID]
FROM [dbo].[Bestellungen] AS [t0]
WHERE [t0].[ID] = (SCOPE_IDENTITY())

-- @p0: Input Int32 (Size = 0; Prec = 0; Scale = 0) [1]
-- @p1: Input Int32 (Size = 0; Prec = 0; Scale = 0) [100]
-- @p2: Input DateTime (Size = 0; Prec = 0; Scale = 0) [03.12.2007
21:48:06]
-- @p3: Input Int32 (Size = 0; Prec = 0; Scale = 0) []
-- Context: SqlProvider(Sql2005) Model: AttributedMetaModel Build:
3.5.20706.1
```

Auf diese Art ist es recht einfach und informativ, LINQ to SQL auf die Finger zu schauen und zu sehen, mit welchen SQL-Anweisungen die Daten in der Datenbank automatisch aktualisiert werden.

Hinweis:
Den Code für die `LINQDebugWriter`-Klasse finden Sie im Verzeichnis zu diesem Kapitel in der Datei LINQDebugWriter.cs.

8.2.5 Datenbindung

LINQ to SQL eignet sich auch für die Datenbindung an Windows Forms und ASP.Net Controls. Dies wird jedoch in *Kapitel 9, „Datenbindung“*, vertieft behandelt, sodass hier nur der entsprechende Verweis erwähnt sei.

8.3 LINQ to DataSets

Um relationale Daten im Speicher darzustellen, existieren die `DataSet`-Objekte. Diese sind unabhängig von der ursprünglichen Datenquelle und sehr schnell und komfortabel in der Verwendung. Das Laden und Speichern der Daten erfolgt jedoch nach wie vor über die üblichen Wege (z.B. ein `DataAdapter`-Objekt). Ein `DataContext`-Objekt mit seinen `Refresh()`- und `SubmitChanges()`-Methoden existiert nicht.

Hinweis:
Viel mehr Details zu DataSets finden Sie in Kapitel 7, das sich ausschließlich mit `DataSets`, `DataTable`, `DataRow` etc. beschäftigt. Hier an dieser Stelle wurden nur die unbedingt nötigen Dinge erwähnt.

Daten laden und abfragen

LINQ erlaubt das Abfragen von `DataTable`-Objekten wie bei gewöhnlichen Sequenzen. Da diese jedoch die benötigte `System.Collection.Generic.IEnumerable<T>`-Schnittstelle nicht implementieren, muss der `AsEnumerable`-Operator für die notwendige Umwandlung verwendet werden. Mehr Details zu diesem Operator finden Sie unter *8.1.16.6, „AsEnumerable“*.

Zuerst müssen die gewünschten Daten jedoch erst einmal in das DataSet geladen werden. Dies kann u.a. per eigenen Code oder per `SqlDataAdapter`-Objekt geschehen. Es liegt in der Natur der `DataSets`, das es unerheblich ist, welcher Ansatz verwendet wird, wichtig ist nur, dass Daten in der gewünschten Struktur vorliegen.

Hinweise:
Unter *7.3, „Die DataTable-Klasse“*, finden Sie weitere Details, wie Daten in die `DataTable`-Objekte gefüllt werden können – per Code oder per `SqlDataAdapter`-Objekt.

Da der Einsatz von einem `SqlDataAdapter`-Objekt für den Zugriff auf Daten aus einer SQL Server-Datenbank einfacher und effizienter ist, wird dieser Ansatz gewählt, um in der folgenden kurzen Methode die benötigten Daten aus zwei Tabellen zu laden und im `DataSet`-Objekt `ds` zu speichern.

```
using System.Data.SqlClient;
using System.Diagnostics;

public void loadDataUsingDataAdapter()
{
    // DataSet erstellen
    ds = new DataSet("LINQ");

    // DataAdapter einrichten und Verbindungszeichenfolge
    // aus der Konfiguration verwenden
    da = new SqlDataAdapter(sql,
        global::LINQ.Properties.Settings.Default.LINQConnectionString);

    // Name der Tabelle zuordnen
    da.TableMappings.Add("Table", "Kunden");
    da.TableMappings.Add("Table1", "Sprachen");

    // Daten einlesen
    da.Fill(ds);

    // Ausgabe der Anzahl der Zeilen
    foreach(DataTable dt in ds.Tables)
        Debug.Print("Zeile Tabelle '{0}': {1}",
```

```
                    dt.TableName, dt.Rows.Count);
}
```

Nachdem die Daten nun vorliegen, können diese mittels LINQ aus dem Speicher abgefragt werden. Wie schon erwähnt, muss der `AsEnumerable`-Operator dafür verwendet werden, da die benötigte Schnittstelle dafür nicht vorliegt. Außerdem muss für alle verwendeten Felder ein entsprechender Datentyp angegeben werden. Als Rückgabe wird ein anonymer Typ gebildet, der die gewünschten Daten enthält.

```
// LINQ-Abfrage
var Kunden = (from k in ds.Tables["Kunden"].AsEnumerable()
              join s in ds.Tables["Sprachen"].AsEnumerable()
              on k.Field<int>("Sprache") equals s.Field<int>("ID")
              select new { Name = k.Field<string>("Name"),
                           Ort = k.Field<string>("Ort'),
                           Sprache = s.Field<string>('Sprache") });
// Ausgabe
foreach (var kunde in Kunden)
    Debug.WriteLine(kunde);
```

Das ausgegebene Ergebnis sieht wie erwartet unspektakulär aus:

```
{ Name = Müller AG, Ort = Bochum, Sprache = Deutsch }
{ Name = Yokai Inc, Ort = Tokio, Sprache = Japanisch }
{ Name = Smith Inc, Ort = Detroit, Sprache = EnglischUSA }
{ Name = Meyer AG, Ort = München, Sprache = Deutsch }
```

Daten ändern und speichern

Sollen Werte geändert werden, so stehen prinzipiell zwei Wege offen: die direkte Zuweisung über den Index der `DataTable`-Klasse, der den Namen der betroffenen Spalte oder deren Index akzeptiert.

```
Kunde["Ort"]="Flensburg";
```

Alternativ existiert die `SetField()`-Methode, die den gewünschten Feldnamen und den neuen Wert übergeben bekommt.

> **Hinweis:**
> Sowohl die `Field`- als auch die `SetField()`-Methode sind als Erweiterungen der `DataRow`-Klasse in einer Klasse namens `System.Data.DataRowExtensions` implementiert.

Das folgende kleine Beispiel demonstriert dies, in dem ein Kunde in eine neue Stadt „umzieht".

```
// LINQ-Abfrage eines Kunden
var Kunde = (from k in ds.Tables["Kunden"].AsEnumerable()
             where k.Field<int>("ID") == 4
             select k).First();
// Ort ändern
Kunde.SetField<string>("Ort", "Flensburg");
```

Damit wurde der Wert des entsprechenden Feldes geändert. Sollen nun diese Änderungen in die Datenbank geschrieben werden (und evtl. noch andere Änderungen), so kann dies recht kompakt durch die folgende kleine Methode geschehen, die das `SqlDataAdapter`-

Objekt, das in der loadDataUsingDataAdapter()-Methode erstellt wurde, verwendet und zusammen mit einem SqlCommandBuilder-Objekt die Änderungen zurück in die Datenbank schreibt.

```
public void saveDataUsingDataAdapter()
{
    // Wenn es Änderungen gegeben hat, diese speichern
    if (ds.GetChanges() != null)
    {
        // SqlCommandBuilder-Objekt zur automatischen Erstellung
        // der SQL-Anweisungen erzeugen
        using (SqlCommandBuilder sb = new SqlCommandBuilder(da))
        {
            // SQL-Anweisungen für Insert-, Update- und Delete-Anweisung
            // erstellen lassen
            da.InsertCommand = sb.GetInsertCommand();
            da.UpdateCommand = sb.GetUpdateCommand();
            da.DeleteCommand = sb.GetDeleteCommand();

            // Angefallene Änderungen speichern
            da.Update(ds);
        }
    }
}
```

Typisierte DataSets

Der Unterschied zwischen dem Zugriff auf untypisierte DataSets, wie er gerade beschrieben wurde, und dem auf typisierte (typsichere) DataSets besteht darin, dass die Syntax ein wenig vereinfacht wird. Dies liegt daran, dass typisierte DataTable-Klassen, die mit Visual Studio 2010 erstellt wurden, sich von der Basisklasse TypedTableBase<T> ableiten und diese die IEnumerable<T>-Schnittstelle implementiert. Ein Aufruf des AsEnumerable-Operators wie bei den untypisierten DataSets ist also nicht notwendig. Zudem kommt, dass durch die Typisierung die Verwendung der Field()-Methode inkl. der Angabe eines Datentyps entfällt, was noch einmal für eine kürzere Syntax sorgt.

```
var Kunden = (from k in dsTyped.Kunden
              join s in dsTyped.Sprachen
              on k.Sprache equals s.ID
              select new { k.Name, k.Ort, s.Sprache });
```

Das Verändern von Werten ist dank der Wrapper-Klassen des typisierten DataSets nur noch eine einfache Zuweisung.

```
var Kunde2 = (from k in dsTyped.Kunden
              where k.ID == 4
              select k).First();
Kunde2.Ort = "Münster";
```

Die verwendete Syntax sieht damit fast so aus wie die für „gewöhnliche“ Sequenzen. Dass es sich um DataSets handelt, bleibt fast verborgen – dank LINQ.

Hinweis:

Das Laden und Speichern der Daten in und aus einem typisierten DataSet funktioniert auf die gleiche Art und Weise wie bei den untypisierten Pendants.

8.4 Tipps und Tricks

8.4.1 Bei LINQ to SQL statt null einen Fallback-Wert erhalten

Oft ist es nicht sinnvoll, `null` als Wert zu erhalten, auch wenn in der Datenbank dieser Wert vorhanden ist. Zwar ist es auch möglich, vor jedem Zugriff auf ein solches Feld eine Überprüfung mit `IsNull` durchzuführen, dies führt aber schnell zu unnötig kompliziertem Code. Mit einer Klassenerweiterung der `DataRow`-Klasse geht es einfach eleganter. Diese Erweiterung kann so aussehen, dass die `Field()`-Methode generisch mit einer Variante überladen wird, die einen Fallback-Wert akzeptiert, der dann anstelle von `null` zurückgeliefert wird. Der folgende Code zeigt diese Erweiterung, die sich als statische Klasse mit einer zweifach überladenen generischen Methode im entsprechenden Projekt oder einer referenzierten Assembly befinden muss.

```
public static class MyDataRowExtensions
{
    public static T DbNullSaveField<T>(this DataRow row,
                                   string columnName,T FallBackValue)
    {
    // Auf DBNull prüfen und Wert oder FallBackValue zurückliefern
    return !row.IsNull(columnName) ? row.Field<T>(columnName) :
                                  FallBackValue;
    }
}
```

Der Aufruf sieht so aus und kann natürlich auch innerhalb einer LINQ-Abfrage verwendet werden.

```
string Ort = Kunde.DbNullSaveField<string>("Ort", "unbekannt");
```

Hinweis:

Der Code für diese Methode befindet sich in der Datei CLINQDataSet.cs im Projekt LINQ zu diesem Kapitel.

9

9 Datenbindung

Nachdem in den vorangegangenen Kapiteln die wichtigsten Grundlagen aufgezeigt wurden, beschäftigt sich dieses Kapitel damit, die Daten aus der Datenbank dem Endanwender in einer ansehnlichen Form anzuzeigen und ihm die Möglichkeit zu geben, diese Daten zu modifizieren.

Verweis:

Dieses Kapitel kann schon alleine durch seinen Umfang auf keinen Fall in Anspruch nehmen, vollständig zu sein. Dafür ist das Thema Oberflächengestaltung einfach zu umfangreich. Aus diesem Grund wird das Thema Datenbindung hier solide mit Beispielen für Windows Forms und ASP.NET demonstriert. Den Rest – insbesondere das immens spannende Thema WPF[1] – überlasse ich dem entsprechenden Band der .NET Bibliothek.

Technisch wird dies mit Mitteln realisiert, die bereits behandelt wurden. So werden die Steuerelemente z.B. an DataSets gebunden, die über ein `DataAdapter` (genauer ein `SqlDataAdapter`-Objekt) mit Inhalt gefüllt werden und die auch gemachte Änderungen zurück in die Datenbank schreiben können.

Durch Datenbindung werden Routineaufgaben wie das Anzeigen und Bearbeiten von Daten vereinfacht. Daher ist dieses Kapitel, ebenso wie das folgende, mehr der Praxis gewidmet.

Aufgrund des großen Umfangs können leider nur die Grundzüge der Datenbindung sowohl für Windows Forms also auch für ASP.NET-Anwendungen erläutert werden.

Hinweis:

Den Code für die Projekte finden Sie in dem Ordner zu diesem Kapitel.

---

[1] WPF: Windows Presentation Foundation

9.1 Klassen/Tabellen für die Beispiele

Die Datenbank, die wir für die Anbindung verwenden, sieht folgendermaßen aus und befindet sich in einer Datenbank auf dem SQL Server.

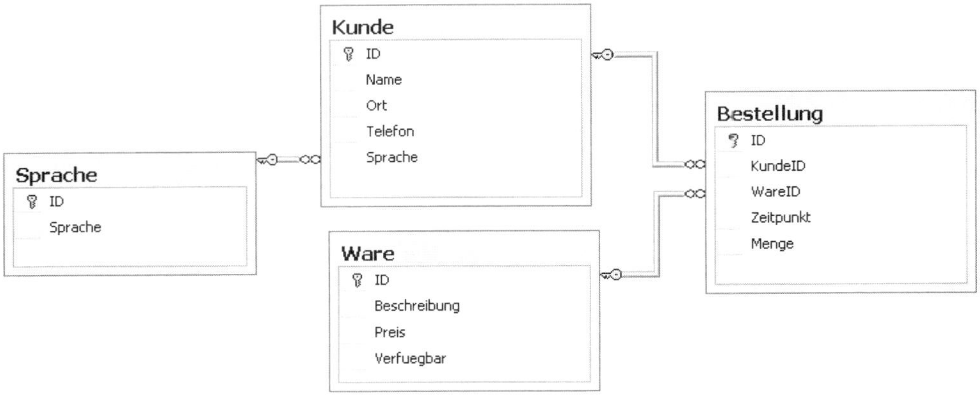

Abbildung 9.1 Die Zusammenhänge der Tabellen

Jede dieser Tabellen enthält eine gewisse Menge an Daten, die jedoch hier keine weitere Rolle spielen.

9.2 Windows Forms

Dieser Abschnitt behandelt die Datenbindung in einer Windows Forms-Anwendung. Das Vorgehen wird dabei anhand eines Beispiels Schritt für Schritt erläutert. Das Hauptaugenmerk wird dabei darauf liegen, möglichst viel mit dem visuellen Designer zu erledigen. An einigen Punkten, an denen es sinnvoll erscheint, wird jedoch auch alternativ auf den entsprechenden Code eingegangen – und an anderer Stelle ist dessen Einsatz schlichtweg unumgänglich.

9.2.1 Steuerelemente für die Entwurfszeit

Da Datenbindung ein stark visuell gestützter Prozess ist, ist es nicht verwunderlich, dass dazu einige Steuerelemente für den Entwurf existieren. Untergebracht sind diese im Visual Studio in der Toolbox in einer Registerkarte mit dem Namen Daten.

Das DataSet-Steuerelement

Das `DataSet`-Steuerelement ist eine Repräsentation eines `System.Data.DataSet`-Objekts zur Entwurfszeit und stellt die Datenquelle dar.

Das TableAdapter-Steuerelement

Dieses Steuerelement steht bei der Arbeit mit dem SQL Server für ein `System.Data.SqlClient.SqlDataAdapter`-Objekt. Es befüllt das `DataSet`-Objekt mit Daten aus der Datenbank und schreibt Änderungen dauerhaft in diese zurück.

Das BindingSource-Steuerelement

Das `BindingSource`-Steuerelement dient als Zwischenschicht zwischen der Datenquelle und den Steuerelementen für die Anzeige. Es erlaubt das einfache Navigieren, Löschen und Anlegen von Daten. Auf Wunsch können die Datensätze zudem sortiert und gefiltert werden.

9.2.2 Einfache Datenbindung

In diesem Abschnitt werden zunächst die Vorbereitung und Anbindung von einfachen Steuerelementen wie ein Eingabefeld (TextBox), ComboBox etc. beschrieben. Anschließend wird in *9.2.3, „*Das DataGridView-Steuerelement“, das Anbinden des mächtigen `DataGridView`-Steuerelements beschrieben und vorgeführt.

9.2.2.1 Daten an einfache Datenfelder anbinden

Einige Eigenschaften von Windows Forms-Steuerelementen können an eine Datenquelle angebunden werden. Verändern sich diese Eigenschaften (z.B. durch den Benutzer oder Code), dann können diese Änderungen zudem die Datenquelle aktualisieren.

1. Erstellen Sie ein Windows Forms-Projekt.
2. Nun muss als Erstes ein DataSet dem Projekt hinzugefügt werden. Dies können Sie z.B. über den Befehl Hinzufügen > Neues Element des Kontextmenüs des Projektes erledigen. Dieses DataSet, das in den nächsten Schritten visuell aufgebaut wird, entspricht technisch den DataSets aus Kapitel 7.

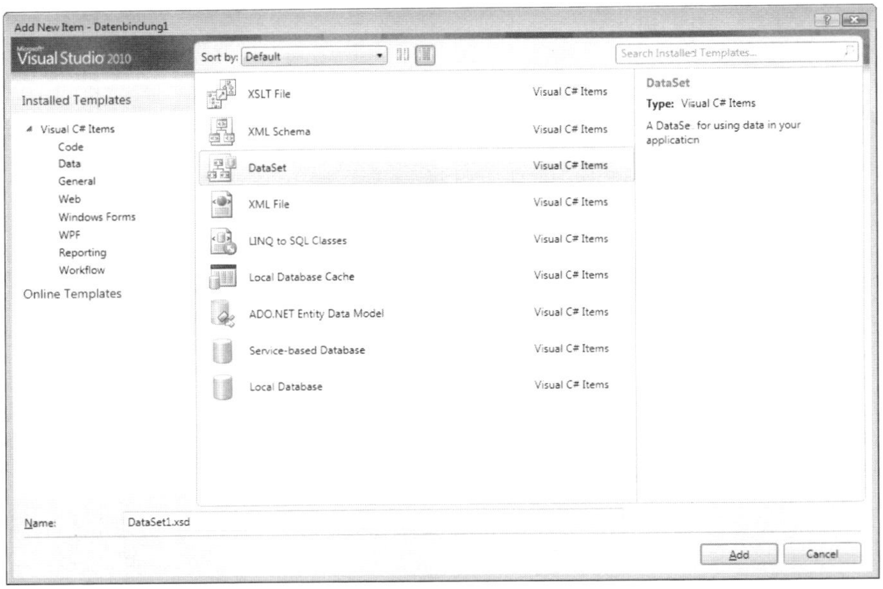

Abbildung 9.2 Fügen Sie Ihrem Projekt ein DataSet hinzu.

3. Dem anfänglich noch leeren DataSet müssen noch Tabellen und Beziehungen hinzugefügt werden. Dazu wird eine Datenverbindung benötigt, die im Server-Explorer angezeigt wird.
4. Blenden Sie den Server-Explorer über das Menü Ansicht > Server-Explorer oder durch die Tastenkombination STRG+ALT+S ein.
5. Existiert die gewünschte Datenverbindung noch nicht, so kann diese über das Kontextmenü mittels des Befehls Verbindung hinzufügen... angelegt werden. Ist die Datenverbindung dagegen schon vorhanden, so können Sie bei Punkt 7 fortfahren.

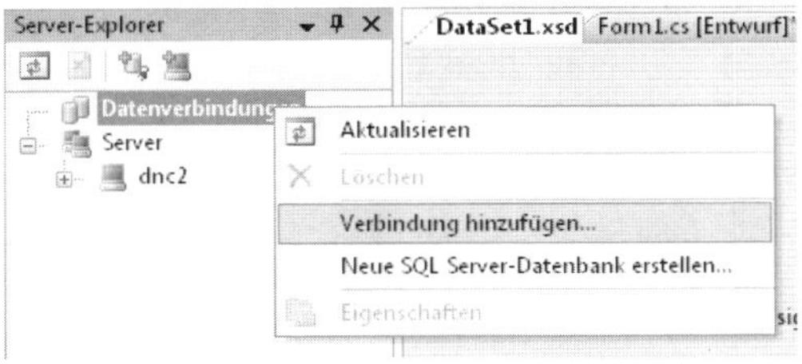

Abbildung 9.3 Die benötigte Datenverbindung kann über das Kontextmenü erstellt werden.

Hinweis:

Die Datenverbindungen, die im Server-Explorer angezeigt werden, gehören zu keinem Projekt, sondern werden vom Visual Studio gespeichert und allen Projekten z.B. für die Erstellung von DataSets bereitgestellt.

6. Wenn Sie eine neue Datenverbindung hinzufügen, müssen Sie angeben, um was für eine Datenquelle es sich handelt (Microsoft SQL Server (SqlClient), den Server, Informationen über die Anmeldung und die Datenbank an sich. Anschließend können Sie über Testverbindung prüfen, ob die gemachten Angaben korrekt waren.

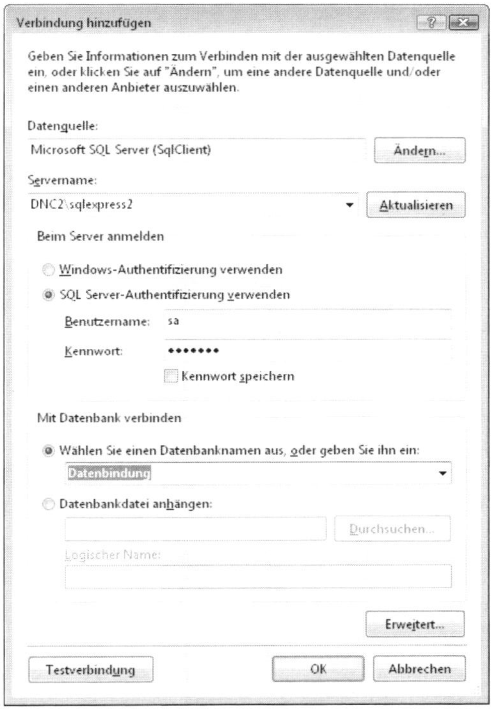

Abbildung 9.4 Geben Sie die Details über die Verbindung zum SQL Server an.

7. Klappen Sie nun die Datenverbindung bis zu den Tabellen auf, und ziehen Sie diese per Drag&Drop in den leeren Bereich des DataSets.

Abbildung 9.5 Vier Tabellen, die per Drag&Drop in das DataSet gezogen wurden

8. Durch das Hinzufügen der Tabellen aus der Datenverbindung wurde deren Verbindungszeichen in den Einstellungen der Anwendung gespeichert. Sie können diese dort über das Kontextmenü der Anwendung Eigenschaften > Karteireiter Einstellungen bearbeiten. Details über Verbindungszeichenfolgen finden Sie unter *5.2.5,* „Verbindungszeichenfolge (Connection String)".
   Bei Bedarf können Sie Tabellen über deren Kontextmenü mit dem Befehl Löschen aus dem DataSet entfernen.

Wichtig:
Die Verbindungszeichenfolge enthält das Kennwort, sofern Sie sich im in **Abbildung 9.4** gezeigten Dialog für SQL Server-Authentifizierung entschieden und zusätzlich das Kontrollkästchen Kennwort speichern ausgewählt haben.

9. Als Nächstes müssen, ebenfalls per Drag&Drop, die Beziehungen zwischen den Tabellen untereinander gemäß **Abbildung 9.5**, definiert werden. Nachdem Sie eine Spalte auf Ihrer Zielposition haben fallen lassen, erscheint ein Dialog mit den Details der Beziehung, sodass Sie noch einmal überprüfen können, ob Sie die richtigen Spalten erwischt haben.
   Diesen Dialog können Sie später auch über das Kontextmenü der Verbindungslinien mit dem Befehl Beziehung bearbeiten... öffnen. Über dieses Kontextmenü können Sie ebenfalls bestehende Relationen löschen.

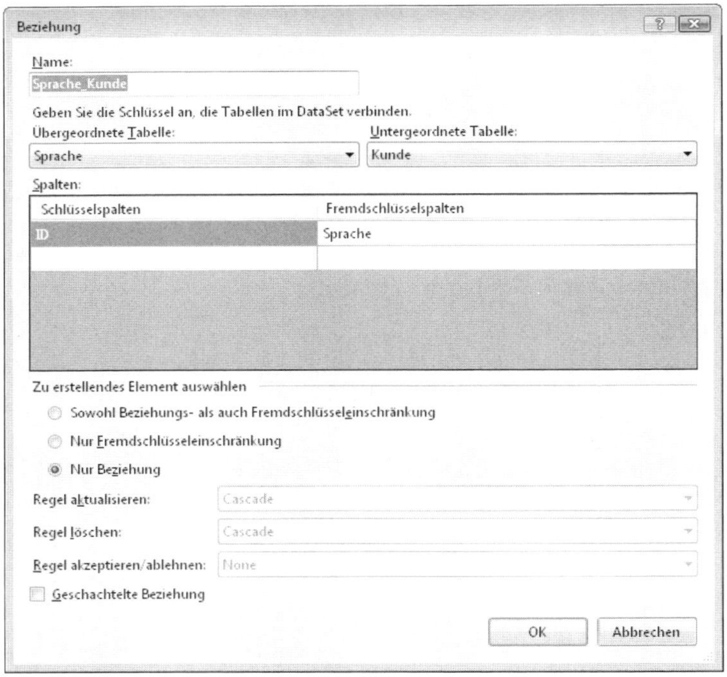

Abbildung 9.6 Der Dialog für die Beziehung zweier Tabellen

Hinweis:

Das Drop&Drop klappt nur, wenn Sie nicht auf den Namen einer Spalte, sondern auf die graue Fläche links daneben klicken. Ein Klick auf den Namen wird als Aufforderung zur Namensänderung interpretiert.

Tipp:

Wenn Sie auf dem SQL Server eine Spalte verändern, hinzufügen oder löschen, erkennt dies das DataSet nicht automatisch. Sie müssen entweder die Tabelle aus dem DataSet entfernen und über die Datenverbindung neu einfügen oder (was nicht die Beziehung zwischen den Tabellen und andere Einstellungen zerstört) die entsprechenden Spalten über das Kontextmenü anpassen, hinzufügen oder löschen. Gehen Sie hierbei jedoch mit Vorsicht vor, da Fehler nicht automatisch erkannt werden können, sondern zur Laufzeit zu einer Ausnahme führen.

10. Nachdem alle Beziehungen angelegt wurden, sollte dies so wie in **Abbildung 9.7** Die Beziehungen zwischen den vier Tabellen in der grafischen Darstellung", aussehen. Die Lage der Tabellen und der Verlauf der Verbindungslinien spielen natürlich keine Rolle.

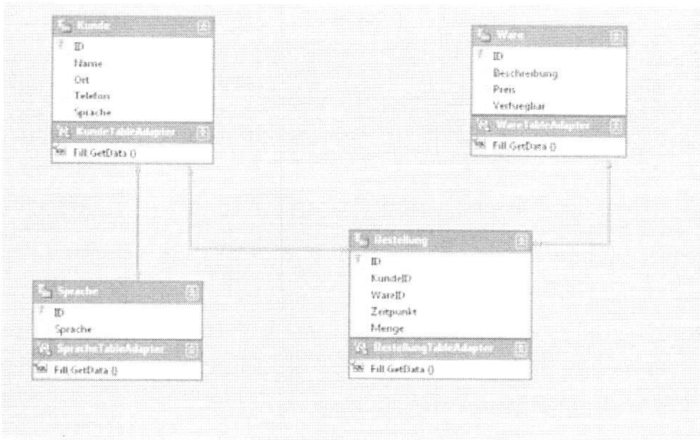

Abbildung 9.7 Die Beziehungen zwischen den vier Tabellen in der grafischen Darstellung

11. Nun können Sie sich einer leeren Form zuwenden, die auf folgende Weise mit einer Handvoll Steuerelemente ausgestattet werden sollte. Die Steuerelemente werden gleich zum Anzeigen der Daten verwendet werden.

Abbildung 9.8 Eine Handvoll Steuerelemente für das Anzeigen der Daten

12. Nun wird auf der Form ein `BindingSource`-Steuerelement benötigt. Dieses Steuerelement stellt eine Schicht zwischen den Daten (DataSet) und den visuellen Steuerelementen dar. Sie finden das Steuerelement in der Toolbox im Karteireiter Daten. Wie jedes Entwurfszeitsteuerelement wird auch dieses unterhalb der Form angezeigt.
13. Legen Sie nun in den Eigenschaften des `BindingSource`-Steuerelements die Werte für `DataMember` und `DataSource` wie folgt fest.

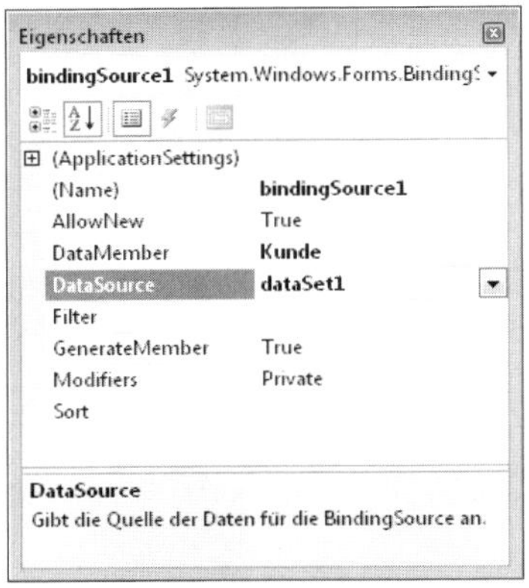

Abbildung 9.9 Legen Sie die Eigenschaften für das BindingSource-Steuerelement fest.

14. An dieses `DataBinding`-Steuerelement können nun die Textboxen auf der Form gebunden werden. Dies kann auf zwei Wegen geschehen: per Eigenschaftsfenster oder per Code.

- *per Eigenschaftsfenster*: Öffnen Sie hierfür die Eigenschaften der Textbox (oder vieler anderer Steuerelemente). Unter (DataBindings) können Sie bestimmen, welche Eigenschaft mit welchem Feld verbunden sein soll.

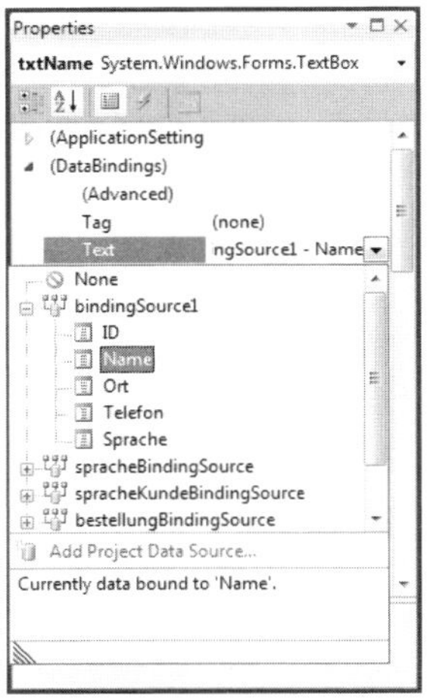

Abbildung 9.10 Die Datenbindungseigenschaften für die Texteigenschaft eines Steuerelementes

per Code: Um dies per Code zu bewerkstelligen, fügen Sie der `DataBindings`-Auflistung die gewünschte Bindung hinzu. Das Beispiel zeigt, wie dies für die Texteigenschaft mit dem `Name`-Feld aussieht. Die Daten werden dabei von dem `DataBinding`-Steuerelement zur Verfügung gestellt.

```
txtName.DataBindings.Add("Text", bindingSource1, "Name");
```

15. Nachdem alle drei Textboxen mit ihren Feldern verbunden wurden, können Sie die Anwendung starten, und es sollten die Daten des ersten Datensatzes aus der Kunden-Tabelle angezeigt werden.
16. Außer der reinen Bindung können Sie auch über ein Format bestimmen, wie die Daten in einem Steuerelement angezeigt werden. Klicken Sie dafür auf (DataBindings) > (Erweitert), um den Dialog Formatierung und erweiterte Bindung zu öffnen.

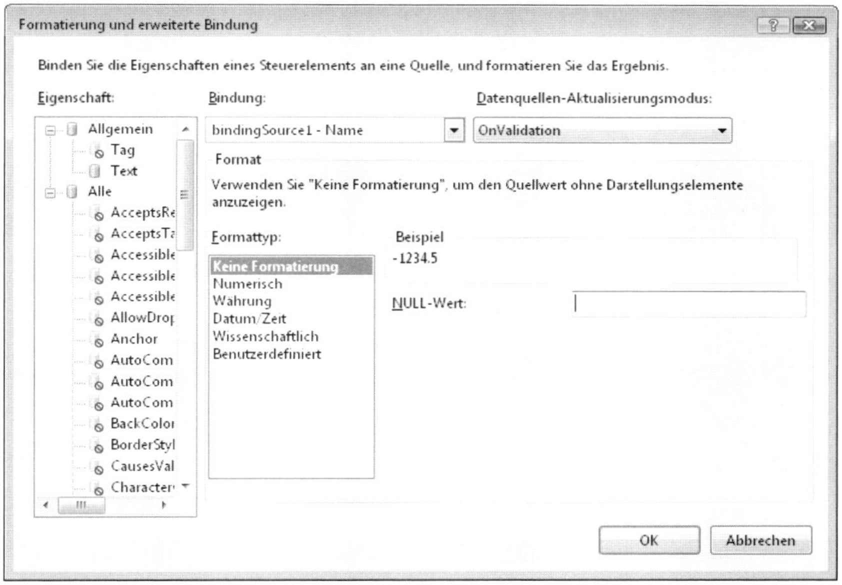

Abbildung 9.11 Ein Format und zusätzliche Datenbindungen können festgelegt werden.

9.2.2.2 Navigation

Um zwischen den vorhandenen Datensätzen hin und her zu navigieren, bieten sich zwei unterschiedliche Ansätze an: mittels des `BindingNavigator`-Steuerelementes oder per Code. Unabhängig von der Methode werden die Daten in alle angebundenen Steuerelemente automatisch übertragen.

Per BindingNavigator-Steuerelement

Die einfachste Art, eine Navigation für den Endanwender zu realisieren, die zudem auch noch ein einheitliches Erscheinungsbild gewährleistet, ist das `BindingNavigator`-Steuerelement. Es muss lediglich von der Toolbox auf die Form gezogen und seine `BindingSource`-Eigenschaft muss auf das `BindingSource`-Steuerelement gesetzt werden. Visuell ist das Steuerelement eine Toolbox, über dessen Schaltflächen in den Datensätzen navigiert werden kann.

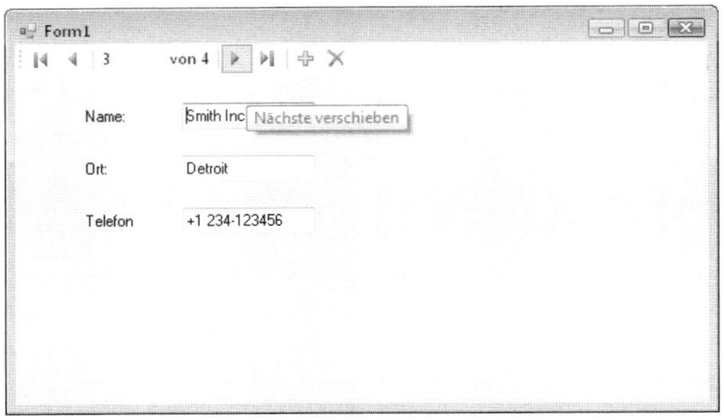

Abbildung 9.12 Das BindingNavigator-Steuerelement im Einsatz

Der Navigator befindet sich sowohl als sichtbares Steuerelement auf der Form als auch als Entwurfszeitkomponente in dem Bereich unter der Form. Standardmäßig ist das Steuerelement auf der Form am oberen Rand zu finden (`Dock`-Eigenschaft hat einen Wert von `Top`), es kann jedoch wie jedes andere Steuerelement in der Form untergebracht werden.

Da der BindungsNavigator sich vom Microsoft-eigenen Toolbox-Steuerelement (`System.Windows.Forms.ToolStrip`) ableitet, können über dessen `Items`-Auflistung die Schaltflächen angepasst werden.

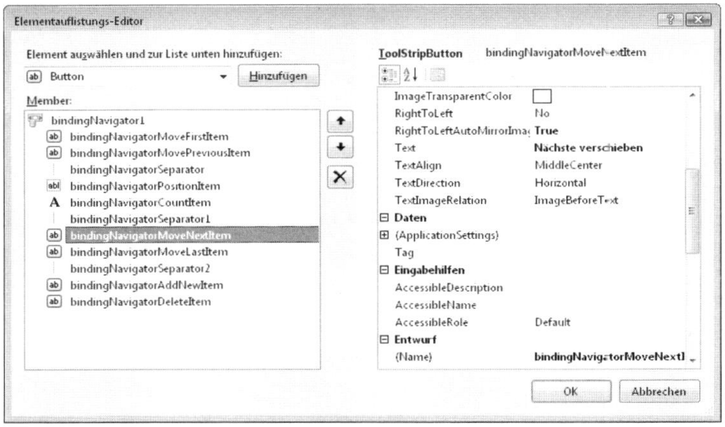

Abbildung 9.13 Über die Items-Auflistung können die Schaltflächen angepasst werden.

Hinweis:

Das Hinzufügen von eigenen Schaltflächen ist auch notwendig, da z.B. das dauerhafte Speichern gemachter Änderungen in der Datenbank nicht abgedeckt wird.

Per Code

Über die entsprechenden Methoden des `BindingSource`-Steuerelements könnten Datensätze gelöscht, angelegt und innerhalb der vorhandenen Datensätze navigiert werden. Darüber hinaus kann mit der `Position`-Eigenschaft der aktuelle Datensatz per Index bestimmt werden.

Tabelle 9.1 Methoden/Eigenschaften zum Navigieren mit dem BindingSource-Steuerelement

Methode/Eigenschaft	Aktion
`MoveFirst()`	Zum ersten Datensatz wechseln
`MoveLast()`	Zum letzten Datensatz wechseln
`MoveNext()`	Zum nächsten Datensatz wechseln
`MovePrevious()`	Zum vorherigen Datensatz wechseln
`Position`	Auslesen oder Festlegen des aktuellen Datensatzes per Index. Ist dieser Index zu hoch, wird der letzte Datensatz angezeigt.

Der folgende Code zeigt zwei typische Aufrufe

```
// Zum letzten Datensatz wechseln
bindingSource1.MoveLast();

// Den vierten Datensatz anzeigen
bindingSource1.Position = 3;
```

Hinweis:

Sie können trotz BindingNavigation-Steuerelement per Code navigieren. Das Steuerelement passt sich automatisch der neuen Position an.

9.2.2.3 Ein ComboBox- oder ListBox-Steuerelement anbinden

Häufig werden Listen jeglicher Art, wie z.B. das `ComboBox`- und das `ListBox`-Steuerelement, als „Nachschlagehilfe“ angebunden und stellen somit das sichtbare Ende der referenziellen Integrität dar. Als Beispiel dient hier die Sprache, die ein Kunde spricht. Obwohl die Sprache als Klartext angezeigt wird, wird in der Datenbank lediglich ein eindeutiger Wert für diese gespeichert, der Anwender soll die Sprache jedoch als Klartext auswählen können.

Hinweis:

Das notwendige Vorgehen wird hier anhand eines ComboBox-Steuerelementes beschrieben, funktioniert jedoch 1:1 auch z.B. mit einer ListBox.

17. Ziehen Sie ein ComboBox-Steuerelement aus der Toolbox auf die Form, und platzieren Sie dies wie gewünscht. Setzen Sie außerdem die `DropDownStyle`-Eigenschaft auf den Wert `DropDownList`, damit nur Werte aus der Liste ausgewählt werden dürfen.

18. Als Erstes muss das neue Steuerelement an das `BindingSource`-Steuerelement angebunden werden, das den Datensatz anzeigt. Öffnen Sie hierfür die Eigenschaften der ComboBox. Unter (DataBindings) können Sie bestimmen, welche Eigenschaft mit welchem Feld verbunden sein soll. Dies kann auch per Code geschehen und unterscheidet sich an dieser Stelle noch nicht von dem Anbinden einfacher Steuerelemente wie z.B. einem TextBox-Steuerelement. Die Eigenschaft, die hier verwendet werden muss, ist die `SelectedValue`-Eigenschaft.

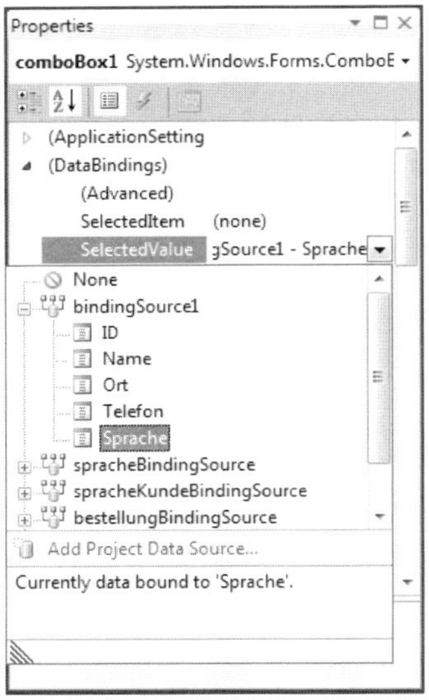

Abbildung 9.14 Die Datenbindungseigenschaft für die ComboBox

19. Als Nächstes müssen die Informationen bereitgestellt werden, nach denen die Auswahlliste befüllt wird. Dazu legen Sie die `DataSource`-Eigenschaft auf die gewünschte Tabelle (hier Sprache) des projektweiten DataSets fest. Durch diesen Schritt erzeugt das Visual Studio ein neues `BindingSource`-Steuerelement und einen neuen `TableAdapter` für diese Tabelle, wenn diese das erste Mal auf dieser Form verwendet wird. Das `BindingSource`-Steuerelement wird fortan als Zwischenschicht für die `DataSource`-Eigenschaft verwendet.

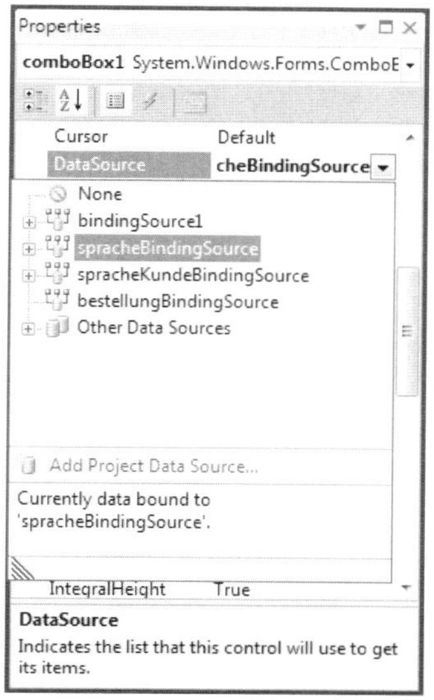

Abbildung 9.15 Die Sprache-Tabelle ist die Datenquelle für das ComboBox-Steuerelement.

20. Nun legen Sie in der `DisplayMember`-Eigenschaft fest, welche Spalte aus der Tabelle angezeigt werden soll.
21. Die `ValueMember`-Eigenschaft bekommt hingegen den Namen der Spalte, die den Wert enthält, der in der Haupttabelle gespeichert werden soll.

Mehr Schritte sind nicht notwendig. Die Liste enthält alle Werte, und genau einer ist „ausgewählt", entspricht also dem Wert für den aktuellen Datensatz.

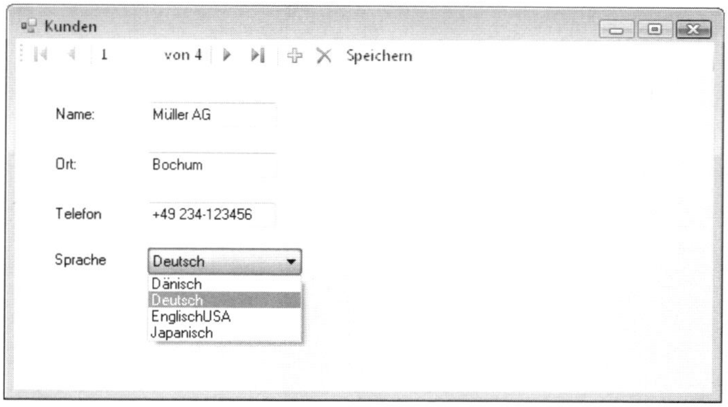

Abbildung 9.16 Das ComboBox-Steuerelement liefert eine Auswahl der Sprachen.

9.2.2.4 Datensätze hinzufügen und löschen

Wenn die Navigation nicht über das `BindingNavigator`-Steuerelement erfolgt oder Datensätze aus anderen Gründen per Code gelöscht oder hinzugefügt werden sollen, so kann dies über die entsprechende Methode des `BindingSource`-Steuerelements geschehen.

Tabelle 9.2 Methoden/Eigenschaften zum Navigieren mit dem BindingSource-Steuerelement

Methode/Eigenschaft	Aktion
`AddNew()`	Fügt einen neuen Datensatz ein.
`RemoveCurrent()`	Entfernt den aktuellen Datensatz.
`RemoveAt()`	Entfernt einen Datensatz, dessen Index angegeben wurde.

Der folgende Code zeigt zwei typische Aufrufe:

```
// Neuen Datensatz hinzufügen
bindingSource1.AddNew();

// Den aktuellen Datensatz löschen
bindingSource1.RemoveCurrent()
```

9.2.2.5 Änderungen in die Datenbank schreiben

Um Änderungen von dem DataSet dauerhaft in der Datenbank zu speichern, ist nicht viel Code notwendig. Lediglich einige Zeilen und eine Schaltfläche werden benötigt. Wenn ein `BindingNavigator`-Steuerelement verwendet wird, wovon im Folgenden ausgegangen wird, bietet es sich an, dieses um einige Schaltflächen zu erweitern.

Hinweis:
Der Code funktioniert natürlich auch ohne BindingNavigator-Steuerelement.

1. Erweitern Sie das `BindingNavigator`-Steuerelement, indem Sie eine Schaltfläche (ToolStripButton) hinzufügen.

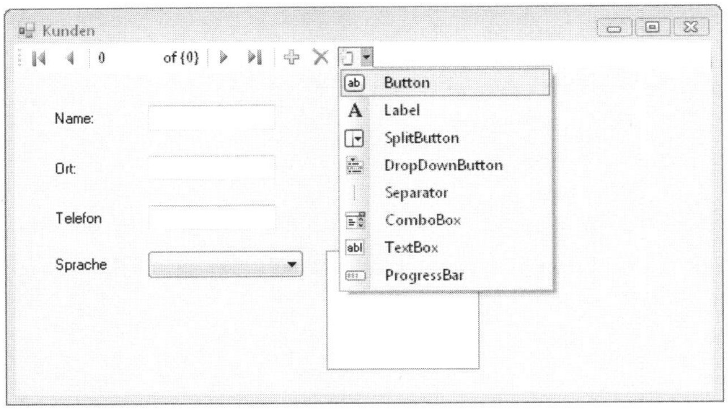

Abbildung 9.17 Das BindingNavigator-Steuerelement muss um einen ToolStripButton erweitert werden.

2. Über die Eigenschaft der neuen Schaltfläche können Sie diese nach Ihren Vorstellungen einrichten.
3. Durch einen Doppelklick auf die Schaltfläche wird ein `Click`-Ereignis erstellt, das folgenden Code beinhalten muss.

```
private void toolStripButton1_Click(object sender, EventArgs e)
{
    // Gemachte Änderungen übernehmen, ohne Datensatz zu wechseln
    bindingSource1.EndEdit();

    // Änderungen über SqlDataAdapter in die Datenbank schreiben
    kundeTableAdapter.Update(dataSet1);
}
```

Hinweis:
Das `SqlDataAdapter`-Objekt, das auch hier verwendet wird, wird näher unter *7.2.4.3*, „Per SqlDataAdapter-Objekt füllen und Datenbank aktualisieren", beschrieben.

9.2.2.6 Datensätze filtern

Die Datensätze, die von einem `DataBinding`-Steuerelement zur Verfügung gestellt werden, können komfortabel gefiltert werden. Möglich wird dies, da intern mit einem `DataView`-Objekt (siehe *7.7*, „Die DataView-Klasse") gearbeitet wird. Im Folgenden wird eine Lösung vorgestellt, die das `BindingNavigator`-Steuerelement um ein `TextBox`-Steuerelement und eine Schaltfläche erweitert.

1. Erweitern Sie das `BindingNavigator`-Steuerelement wie schon unter *9.2.2.5*, „Änderungen in die Datenbank schreiben", beschrieben.
2. Zusätzlich muss das Steuerelement um ein `TextBox`-Steuerelement erweitert werden. Dies geschieht ähnlich wie die Erweiterung um eine Schaltfläche. Anschließend sollte das `BindingNavigator`-Steuerelement in etwa so aussehen:

Abbildung 9.18 Das Binding-Navigator-Steuerelement mit TextBox-Steuerelement und Schaltfläche

3. Der Code für das `Click`-Ereignis sollte die folgende Form haben:

```
private void toolStripButton4_Click(object sender, EventArgs e)
{

    // Alten Filter für Fehlerfall speichern
    string oldFilter = bindingSource1.Filter;
    try
    {
        // Filter anwenden
        bindingSource1.Filter = txtInput.Text;
    }
    catch (EvaluateException ex)
    {
        // Fehler abfangen
        bindingSource1.Filter = oldFilter;
        MessageBox.Show(ex.Message.ToString(), "Fehlerhafter Filter");
```

```
        }
    }
```

4. Soll der Filter wieder gelöscht werden, so geschieht dies, indem der `Filter`-Eigenschaft der Wert `String.Empty` oder `null` zugewiesen wird.

```
bindingSource1.Filter=null;
```

Wenn der eingegebene Filter ungültig ist, wird eine Fehlermeldung angezeigt und der alte Filter wieder hergestellt.

Hinweis:
Ein Filter kann dafür sorgen, die neu eingegebenen oder geänderten Datensätze „verschwinden", weil sie durch den Filter fallen.

9.2.2.7 Datensätze sortieren

Ebenfalls möglich ist es, die Reihenfolge zu bestimmen, in der die Datensätze angezeigt werden. Ohne eine solche Sortierung wird die Reihenfolge verwendet, wie die Daten von der Datenquelle geliefert werden. Das folgende Beispiel erweitert das `BindingNavigator`-Steuerelement um ein `ComboBox`-Steuerelement. In diesem Steuerelement werden alle Spalten für die Sortierung aufgeführt. Wird die Auswahl vom Anwender gewechselt, so wird nach der gewählten Spalte sortiert.

1. Erweitern Sie das `BindingNavigator`-Steuerelement durch Hinzufügen eines `ComboBox`-Steuerelements.

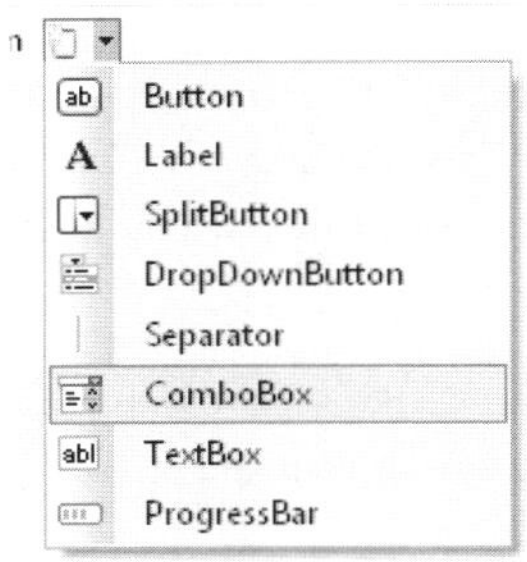

Abbildung 9.19 Das BindingNavigator-Steuerelement muss um ein ComboBox-Steuerelement erweitert werden.

2. Über die Eigenschaften des neuen Steuerelements können Sie dessen `DropDownStyle`-Eigenschaft auf den Wert `DropDownList` einstellen, sodass keine Werte eingegeben werden können.
3. Nun wird die Liste mit der folgenden Methode gefüllt. Der Aufruf erfolgt im `Load`-Ereignis der Form, nachdem alle Daten geladen wurden.

```
private const string cmbSortNoSortText = "{Keine Sortierung}";

private void fillSortComboBox()
```

```
{
    DataTable dt;
    try
    {
        // Update einleiten und vorheriges Element entfernen
        cmbSort.BeginUpdate();
        cmbSort.DropDownStyle = ComboBoxStyle.DropDownList;
        cmbSort.Items.Clear();

        // Element für keine Sortierung
        cmbSort.Items.Add(cmbSortNoSortText);

        // Referenz auf zugrunde liegende Tabelle
        dt = ((DataRowView)bindingSource1.Current).Row.Table;

        // Nun alle Spalten durchlaufen
        foreach (DataColumn dc in dt.Columns)
        {
            // Ein Eintrag für aufsteigend sortieren
            cmbSort.Items.Add(dc.ColumnName);

           // EIn Eintrag für absteigend sortieren
            cmbSort.Items.Add(dc.ColumnName + " DESC");
        }
        // Erstes Element auswählen
        cmbSort.SelectedIndex = 0;
    }
    finally
    {
        // In jedem Fall Update beenden, da sonst das Steuerelement nicht
        // mehr gezeichnet wird.
        cmbSort.EndUpdate();
    }
}
```

4. Im `SelectedIndexChanged`-Ereignis der Form wird die Sortierung jedes Mal verändert, wenn der Anwender einen neuen Wert auswählt.

```
private void cmbSort_SelectedIndexChanged(object sender, EventArgs e)
{
    // Neue Sortierung anwenden oder ggf. Sortierung entfernen
    bindingSource1.Sort =
        (cmbSort.Text == cmbSortNoSortText ? null : cmbSort.Text);
}
```

9.2.2.8 Auf nicht gespeicherte Änderungen prüfen

Wenn der Benutzer die Form schließen möchte, ohne zuvor die gemachten Änderungen zu speichern, kann eine Warnung in Form einer kleinen Nachricht sinnvoll sein.

Über die `GetChanges()`-Methode. eines `DataTable`-Objekts können alle nicht gespeicherten Änderungen abgefragt werden. Liegen keine vor, so wird lediglich der Wert `null` geliefert. Dies wird in dem `FormClosing`-Ereignis der Form verwendet, um das Schließen der Form nach einer Rückfrage ggf. abzubrechen

Der Code für das Ereignis kann so aussehen:

```
private void Form1_FormClosing(object sender, FormClosingEventArgs e)
{
    // Gemachte Änderungen übernehmen, ohne Datensatz zu wechseln
    bindingSource1.EndEdit();

    // Liegen Änderungen vor? Test mit DataSet-Instanz der Form
    if (dataSet1.Kunde.GetChanges() != null)
```

```
            // Abbrechen, wenn nicht 'Ja' gedrückt wird
            e.Cancel = MessageBox.Show("Trotz Änderungen schließen?",
                "Rückfrage",
                MessageBoxButtons.YesNoCancel, MessageBoxIcon.Warning,
                MessageBoxDefaultButton.Button3) != DialogResult.Yes;
}
```

Hinweis:

Sie können auch das gesamte DataSet statt einer einzelnen Tabelle testen. In diesem Fall steht Ihnen auch die `HasChanges()`-Methode zur Verfügung.

9.2.2.9 Aktuelle Änderungen verwerfen

Um dem Anwender eine „Rückgängig"-Funktion für die Änderungen am aktuellen Datensatz zur Verfügung zu stellen, bietet es sich wieder an, das `BindingNavigator`-Steuerelement um eine weitere Schaltfläche zu erweitern.

5. Erweitern Sie das `BindingNavigator`-Steuerelement wie schon unter *9.2.2.5, „Änderungen in die Datenbank schreiben"*, beschrieben.
6. Das `Click`-Ereignis für die Schaltfläche sollte den folgenden Code enthalten:

```
private void toolStripButton2_Click(object sender, EventArgs e)
{
    // Aktuelle Änderungen verwerfen
    bindingSource1.CancelEdit();
}
```

Nach einem Klick auf diese Schaltfläche werden nun alle Änderungen verworfen, und die angebundenen Steuerelemente zeigen wieder die ursprünglichen Werte an.

Wichtig:

Wurde zwischenzeitlich der Datensatz mit dem `BindingNavigator`-Steuerelement gewechselt, so wurde intern die `BindingSource.EndEdit()`-Methode aufgerufen, und `CancelEdit()` läuft ins Leere.

9.2.2.10 Alle Änderungen verwerfen

Um alle Änderungen zu verwerfen, bietet es sich an, das komplette DataSet neu aus der Datenbank zu laden. Der entsprechende Code wurde bereits von dem Visual Studio automatisch für das `FormLoad`-Ereignis erstellt. Jedoch bewirkt das neue Laden auch, dass der erste Datensatz angezeigt wird – ein Effekt, der mitunter unerwünscht ist. Abhilfe schafft das vorherige Auslesen der `Position`-Eigenschaft des `BindingSource`-Steuerelements und das anschließende erneute Schreiben.

7. Erweitern Sie das `BindingNavigator`-Steuerelement wie schon unter *9.2.2.5, „Änderungen in die Datenbank schreiben"*, beschrieben.
8. Das `Click`-Ereignis für die Schaltfläche sollte den folgenden Code enthalten:

```
private void toolStripButton2_Click(object sender, EventArgs e)
{
    // Alte Position merken
```

```
        int pos = bindingSource1.Position;

        // Daten erneut aus Datenbank laden
        kundeTableAdapter.Fill(dataSet1.Kunde);

        // Alte Position wiederherstellen
        bindingSource1.Position = pos;
    }
```

Diese Lösung ist einfach, kann jedoch problematisch sein, da nur die Position und nicht der Datensatz vor dem erneuten Laden gespeichert wird. Eine andere Lösung kann es sein, den Wert des Primärschlüssels zu speichern und nach diesem zu suchen. Diese Alternative sähe so aus:

```
    private void toolStripButton3_Click(object sender, EventArgs e)
    {
        // Wert für Primärschlüssel
        object pkValue;

        // Die aktuelle Zeile
        DataRowView drv = (DataRowView)bindingSource1.Current;

        // Die Tabelle
        DataTable dt = drv.Row.Table;

        // Primärschlüssel des aktuellen Datensatzes speichern
        pkValue = drv[dt.PrimaryKey[0].ColumnName];

        // Daten erneut aus Datenbank laden
        kundeTableAdapter.Fill(dataSet1.Kunde);

        // Zeile nach Primärschlüssel suchen
        bindingSource1.Position =
            bindingSource1.Find(dt.PrimaryKey[0].ColumnName, pkValue);
    }
```

Wichtig:

Dieser Lösungsansatz setzt voraus, dass der Primärschlüssel nur genau eine Spalte besitzt. Gibt es keinen solchen Primärschlüssel, kommt es zu einem Fehler, hat er dagegen mehr als nur eine Spalte, wird u.U. nicht die richtige Spalte gefunden. Man könnte jedoch leicht eine Methode schreiben, die dies abtestet und notfalls die einfachere Lösung verwendet. Dieser Ansatz könnte zusätzlich die `BindingSource.SupportsSearching`-Eigenschaft abfragen, um zu testen, ob die `BindingSource.Find()`-Methode unterstützt wird, was wiederum von der Art der Datenquelle abhängt.

9.2.3 Das DataGridView-Steuerelement

Nachdem die Anbindung einfacher Steuerelemente vorgestellt wurde, wird nun gezeigt, wie dies mit einem der Highlights der visuellen Steuerelemente funktioniert: dem `DataGridView`-Steuerelement.

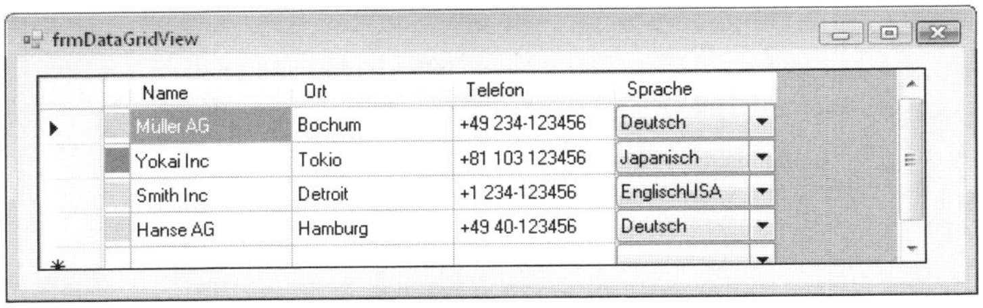

Abbildung 9.20 Das DataGridView-Steuerelement im Einsatz

Dieses Steuerelement verfügt über einen fast unüberschaubaren Umfang an Eigenschaften, Methoden und Ereignissen, auf die im Rahmen dieses Kapitels aus Platzgründen leider nicht vollständig eingegangen werden kann. Im Folgenden wird daher die grundlegende Arbeit beschrieben und vorgeführt, wie die wichtigsten Kernaufgaben mit diesem Steuerelement erledigt werden können – es bleibt jedoch genügend Raum für eigene „Nachforschungen".

9.2.3.1 Anbindung an eine Tabelle

Eine Tabelle an ein `DataGridView`-Steuerelement zu binden, ist schnell gemacht und erfordert nur wenige Einstellungen, wenn die entsprechenden Datenquellen schon im Projekt vorhanden sind (siehe *9.2.2.1, „Daten an einfache Datenfelder anbinden"*). Im Folgenden werden die notwendigen Schritte beschrieben.

1. Erstellen Sie ein Windows Forms-Projekt oder einfach eine neue Windows Form in einem bestehenden Projekt.
2. Ziehen Sie ein `DataGridView`-Steuerelement aus der Toolbox (Karteireiter Daten) auf die Form, und arrangieren Sie diese wie gewünscht.
3. Über das Ausgabenmenü kann die gewünschte Datenquelle ausgewählt werden. Durch diesen Schritt werden wieder einige Entwurfszeit-Steuerelemente für die Form erzeugt, wenn diese nicht schon vorhanden sind. Das `BindingSource`-Steuerelement wird fortan die Datenquelle für das `DataGridView`-Steuerelement.

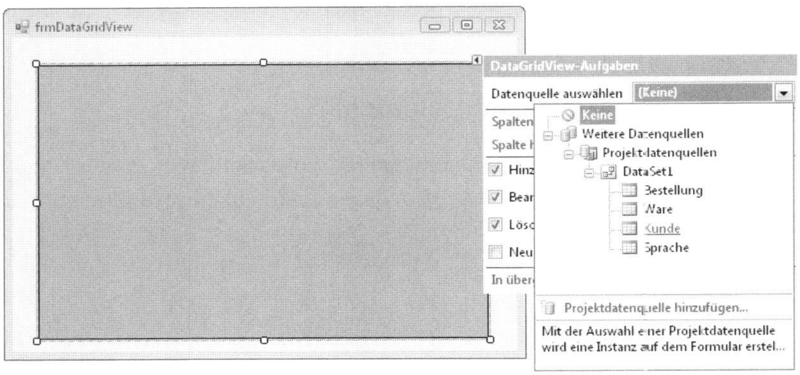

Abbildung 9.21 Per Aufgabenmenü kann die Datenquelle zugewiesen werden.

4. Da das Steuerelement damit an ein typisiertes DataSet gebunden wurde, werden die Spalten bereits zur Entwurfszeit angezeigt, wodurch diese auch direkt per Designer verändert werden können.

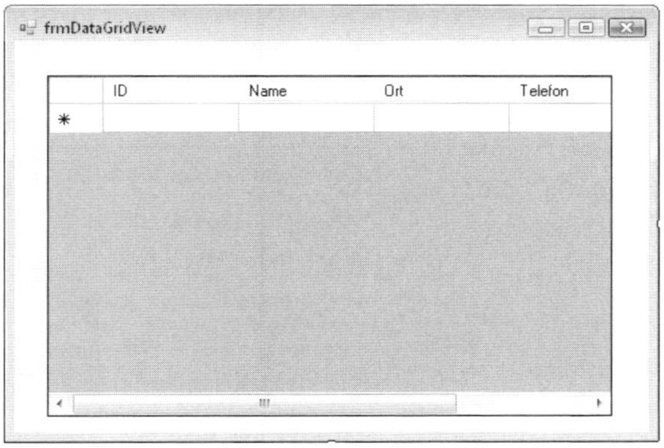

Abbildung 9.22 Das angebundene DataGridView-Steuerelement im Entwurf

9.2.3.2 Wichtige Methoden und Eigenschaften

Das `DataGridView`-Steuerelement bietet eine fast unüberschaubare Menge an Eigenschaften und Methoden, von denen im Folgenden die wichtigsten aufgeführt und erklärt werden. Bei Bedarf können die Eigenschaften (soweit nicht nur lesend) per Code oder Eigenschaftsdialog gesetzt werden.

Tabelle 9.3 Einige wichtige Eigenschaften des DataGridView-Steuerelements

Eigenschaft	Beschreibung
`AllowUserToAddRows`	Legt fest, ob Benutzer Zeilen hinzufügen dürfen.
`AllowUserToDeleteRows`	Legt fest, ob Benutzer Zeilen löschen dürfen.
`AllowUserToOrderColumns`	Legt fest, ob Benutzer Spalten umsortieren dürfen.
`AllowUserToResizeColumns`	Legt fest, ob Benutzer die Breite von Spalten verändern dürfen.
`AllowUserToResizeRows`	Legt fest, ob Benutzer die Höhe von Zeilen verändern dürfen.
`AlternatingRowsDefaultCellStyle`	Legt das Aussehen für jede ungrade Zeile fest.
`AutoSizeColumnsMode`	Mit dieser Eigenschaft kann bestimmt werden, ob und wie die Breite der Spalten automatisch ermittelt wird. Dieser Wert kann durch die `AutoSizeMode`-Eigenschaft der Spalte überschrieben werden.
`AutoSizeRowsMode`	Mit dieser Eigenschaft kann bestimmt werden, ob und wie die Breite der Spalten automatisch ermittelt wird.

Eigenschaft	Beschreibung
`ColumnHeadersHeight`	Legt die Höhe der Kopfzeile in Pixel fest.
`ColumnHeadersVisible`	Bestimmt, ob die Kopfzeile sichtbar sein soll oder nicht.
`CurrentCellAddress`	Liefert die Zeile/Spalte der aktiven Zelle in Form eines `System.Drawing.Point`-Objektes.
`CurrentCell`	Liefert eine Referenz auf die aktuelle Zelle.
`CurrentRow`	Liefert eine Referenz auf die aktuelle Zeile.
`DataMember`	Name der Tabelle, die aus einem DataSet angezeigt werden soll.
`DataSource`	Bestimmt die Datenquelle für das Steuerelement.
`EditCellOnEnter`	Legt fest, ob eine Zelle direkt in den Bearbeitungsmodus schaltet, wenn sie zur aktuellen Zelle wird.
`MultiSelect`	Legt fest, ob mehrere Zeilen/Spalten/Zellen durch die Anwendung ausgewählt werden dürfen.
`RowHeadersVisible`	Legt fest, ob die Spalten mit der Zeilenmarkierung (ganz links) angezeigt werden oder nicht.
`RowHeadersWidth`	Breite der Spalte für die Zeilenmarkierung.
`ShowCellErrors`	Legt fest, ob ein Fehlersymbol in einer Zelle angezeigt werden soll.
`ShowCellToolTips`	Legt fest, ob der Tooltipp für eine Zelle angezeigt werden soll.
`ShowEditingIcon`	Legt fest, ob ein Bearbeitungssymbol in der Zeilenmarkierung angezeigt werden soll.
`ShowRowErrors`	Legt fest, ob ein Fehlersymbol in der Zeilenmarkierung angezeigt werden soll.

9.2.3.3 Spalten konfigurieren

Spalten eines `DataGridView`-Steuerelements, das zuvor an eine (typisierte) Datenquelle gebunden wurde, können komfortabel bearbeitet werden. Dies schließt die folgenden Aktionen ein:

- Löschen, anlegen und verschieben
- Typeder Spalte (TextBox, Button, CheckBox, ComboBox etc.).
- Style und Formate
- Eigenschaften festlegen wie: Beschriftung, Sichtbarkeit, Tooltipp, Breite, festsetzen (Frozen), maximale Länge des Inhalts, nur lesend etc.
- Zur Bearbeitung von Spalten gehen Sie wie folgt vor:

1. Öffnen Sie das Aufgabenmenü des `DataGridView`-Steuerelements.

2. Wählen Sie den Befehl Spalten bearbeiten... aus, um den Dialog Spalten bearbeiten zu öffnen.

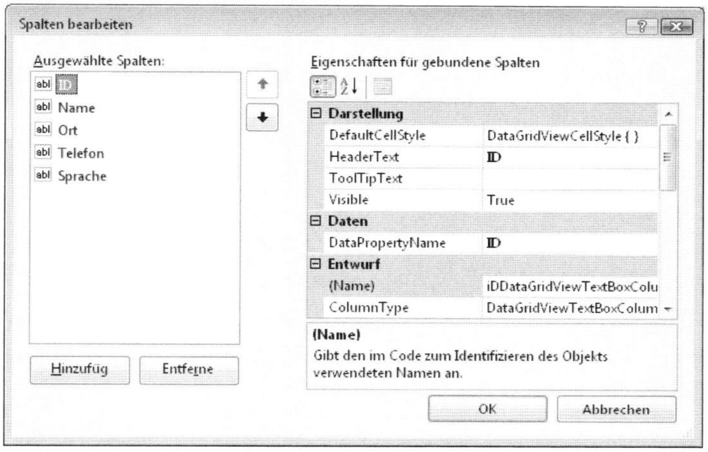

Abbildung 9.23 Spalten können komfortabel konfiguriert werden.

3. Nachdem Sie die gewünschten Änderungen vorgenommen haben, müssen Sie den Dialog nur noch mit OK bestätigen.

Löschen, anlegen und verschieben

Über die Schaltflächen Hinzufügen, Entfernen und die beiden Pfeilen nach oben und nach unten können Sie bestimmen, welche Spalte an welcher Stelle erscheinen soll.

Um dies per Code zu erledigen, existiert die `Columns`-Auflistung des `DataGridView`-Steuerelements. Über diese können sie entweder per Index oder per Name angesprochen werden.

Hinweis:
Der Name einer standardmäßig erzeugten Spalte ist eine Mischung aus dem Namen der Spalte in der Datenquelle und der Bezeichnung „DataGridView" und dem Steuerelementtyp der Spalte. Zum Beispiel: `telefonDataGridViewTextBoxColumn`.

Tabelle 9.4 Methoden zum Bearbeiten von Spalten

Methode	Beschreibung
`Remove()`	Entfernt eine Spalte, die durch Namen oder per Referenz angegeben wird.
`RemoveAt()`	Entfernt eine Spalte, von welcher der Index bekannt ist.
`Insert()`	Fügt eine Spalte an den angebenden Index ein.
`Add()`	Fügt eine Spalte ganz rechts an.
`Clear()`	Entfernt alle Spalten.

Beachten Sie beim Arbeiten mit Indizes und Namen von Spalten besonders, dass:

- eine Spalte weder einen Namen haben muss, noch dass dieser, falls vorhanden, nicht eindeutig sein muss. Existieren mehrere Spalten mit dem gleichen Namen, so wird bei einem Zugriff über den Namen die erste geliefert, die gefunden wird.
- der Index einer Spalte **nicht** von der Position der Spalte abhängt, an der die Spalte angezeigt wird. Die `DisplayIndex`-Eigenschaft legt die Reihenfolge fest. Achtung! Diese Eigenschaft wird nicht direkt im Spalten bearbeiten-Dialog angezeigt, sondern ergibt sich durch die Anordnung der Spalten in der Liste links.
- keine Spalte weiter links eingefügt werden kann, deren `Frozen`-Eigenschaft den Wert `false` aufweist, also solche, deren Wert `true` beträgt. Die `Frozen`-Eigenschaft bestimmt, dass die entsprechende Spalte fixiert ist und daher nicht per Bildlaufleiste aus dem sichtbaren Bereich des `DataGridView`-Steuerelements verschoben werden kann.

Beim Anlegen neuer Spalten können Sie im Spalte hinzufügen-Dialog die wichtigsten Eigenschaften direkt festlegen.

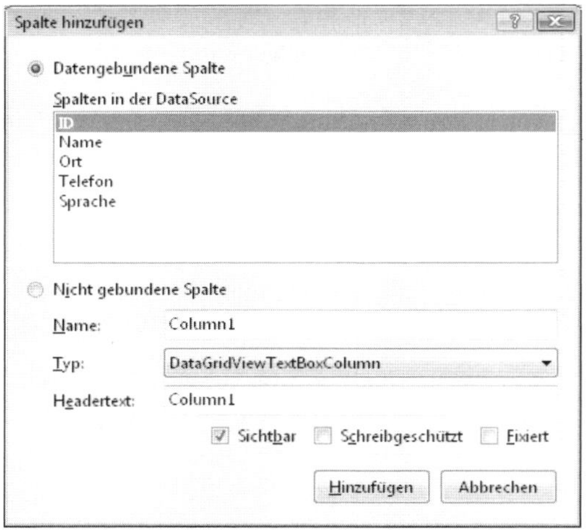

Abbildung 9.24 Der Spalte hinzufügen-Dialog mit den wichtigsten Eigenschaften

Wichtige Eigenschaften einer Spalte

Im Folgenden werden die wichtigen Eigenschaften, die eine Spalte besitzt, aufgelistet und beschrieben.

Tabelle 9.5 Wichtige Eigenschaften einer Spalte

Eigenschaft	Beschreibung
`AutoSizeMode`	Legt fest, wie die Breite der Spalte bestimmt wird. Wurde der Wert `NotSet` ausgewählt, so entscheidet die `AutoSizeColumnsMode`-Eigenschaft des `DataGridView`-Steuerelements.

Eigenschaft	Beschreibung
`ColumnType`	Legt den Typus der Spalte fest und bestimmt damit das Steuerelement, das zur Anzeige und Bearbeitung der Daten verwendet wird.
`Frozen`	Legt fest, dass diese Spalte am linken Rand fixiert und daher immer sichtbar im Bereich des `DataGridView`-Steuerelements ist.
`HeaderText`	Text, der in der Kopfzeile der Tabelle angezeigt wird.
`MinimumWidth`	Legt die Mindestbreite der Spalte in Pixel fest.
`ReadOnly`	Legt fest, dass der Inhalt dieser Spalte nicht verändert werden darf.
`Resizeable`	Legt fest, ob der Anwender die Breite der Spalte verändern darf. Diese Eigenschaft hat nur einen Effekt, wenn die `DataGridView.AllowUserToResizeColumns`-Eigenschaft den Wert `true` hat.
`ToolTipText`	Legt den Text fest, der als Tooltipp angezeigt wird, wenn die `DataGridView.ShowCellToolTips`-Eigenschaft den Wert `true` hat.
`Visible`	Legt fest, ob die Spalte sichtbar ist oder nicht.
`Width`	Legt die Breite der Spalte fest.

Dazu kommen noch einige Eigenschaften, die von dem jeweiligen Typ einer Spalte abhängen.

Typ einer Spalte

Standardmäßig versucht Visual Studio automatisch zu bestimmen, welcher Steuerelementtyp für welche Spalte abhängig vom Datentyp angemessen erscheint – ein Vorgang, der für die meisten Spalten zu einem einfachen `Textbox`-Steuerelement in der Zelle führt.

Alle Spaltentypen leiten sich von der Klasse `System.Windows.Forms.DataGridViewColumn` ab. Theoretisch können Sie eigene, neue Spaltentypen entwickeln, indem Sie sie von dieser Klasse ableiten. Microsoft liefert die folgenden sechs Spaltentypen aus, die allesamt ihren gewöhnlichen Pendants entsprechen:

- DataGridViewTextBoxColumn
- DataGridViewCheckBoxColumn
- DataGridViewButtonColumn
- DataGridViewLinkColumn
- DataGridViewComboBoxColumn
- DataGridViewImageColumn

Im Folgenden werden die einzelnen Spaltentypen kurz im Detail vorgestellt.

TextBox als Spaltentyp

Um ein Eingabefeld als Spaltentyp zu definieren, gehen Sie wie folgt vor:

1. Öffnen Sie das Aufgabenmenü des `DataGridView`-Steuerelements.
2. Wählen Sie den Befehl Spalten bearbeiten... aus, um den Spalten bearbeiten-Dialog zu öffnen.
3. Fügen Sie eine Spalte hinzu, oder wählen Sie die gewünschte Spalte aus.
4. Setzen Sie die `ColumnType`-Eigenschaft auf den Wert `DataGridViewTextBoxColumn`.
5. Über die `MaxInputLength`-Eigenschaft können Sie bestimmen, wie viele Zeichen der Anwender maximal eingeben darf.

Per Code kann auf diese Weise eine neue `TextBox`-Spalte erzeugt werden.

```
DataGridViewTextBoxColumn column = new DataGridViewTextBoxColumn();

// Der Name, damit die Spalte später angesprochen werden kann
column.Name = "Spaltenname";

// Die Spaltenüberschrift
column.HeaderText = "Spaltenüberschrift";

// Maximal 30 Zeichen
column.MaxInputLength = 30;

// Name des Feldes für die Datenbindung
column.DataPropertyName = "Name";

// Ganz rechts anfügen
dataGridView1.Columns.Add(column);
```

CheckBox als Spaltentyp

Das Vorgehen unterscheidet sich lediglich durch zwei Punkte von dem für ein Eingabefeld (Textbox).

- Der Spaltentyp ist `DataGridViewCheckBoxColumn`.
- Es existiert keine `MaxInputLength`-Eigenschaft, dafür ist die `ThreeState`-Eigenschaft von Bedeutung, da diese festlegt, ob der dritte, unbestimmte Zustand erlaubt ist.

Button (Schaltfläche) als Spaltentyp

Das Erstellen einer Spalte, in der sich eine Schaltfläche befindet, ist recht unspektakulär und gleicht dem der Erstellung für ein `TextBox`-Steuerelement. Interessanter ist hier das behandelte entsprechende `Click`-Ereignis, wenn der Anwender auf die Schaltfläche klickt.

Aber alles der Reihe nach, zuerst wird die benötigte Spalte mit dem Designer erstellt, anschließend wieder per Code.

1. Öffnen Sie das Aufgabenmenü des `DataGridView`-Steuerelements.
2. Wählen Sie den Befehl Spalten bearbeiten... aus, um den Spalten bearbeiten-Dialog zu öffnen.
3. Fügen Sie eine Spalte hinzu, oder wählen Sie die gewünschte Spalte aus.

4. Setzen Sie die `ColumnType`-Eigenschaft auf den Wert `DataGridViewButtomColumn`.
5. Setzen Sie die `Name`-Eigenschaft nach Wunsch.

Hinweis:
Sie sollten die Name-Eigenschaft in jedem Fall setzen, da das entsprechende Ereignis, um auf einen Klick des Anwenders zu reagieren, für alle Zellen ausgelöst wird. Mit einem eindeutigen Namen wird dies einfacher.

6. Die Aufschrift auf der Schaltfläche können Sie mit der `Text`-Eigenschaft festlegen, wenn die `UseColumnTextForButtonValue`-Eigenschaft den Wert `true` hat.

Per Code ist die Erstellung auch nicht schwieriger oder aufwendiger.

```
DataGridViewButtonColumn column = new DataGridViewButtonColumn();

// Der Name, um später die Spalte zu identifizieren
column.Name = "btnBenachrichtigen";

// Text auf der Schaltfläche
column.Text = "Benachrichtigen";
column.UseColumnTextForButtonValue = true;

// Keine Spaltenüberschrift
column.HeaderText = String.Empty;

// Spalte fixieren, nicht veränderbar, nicht sortierbar
column.Frozen = true;
column.Resizable = DataGridViewTriState.False;
column.SortMode = DataGridViewColumnSortMode.NotSortable;

// Ganz links einfügen
dataGridView1.Columns.Insert(0, column);
```

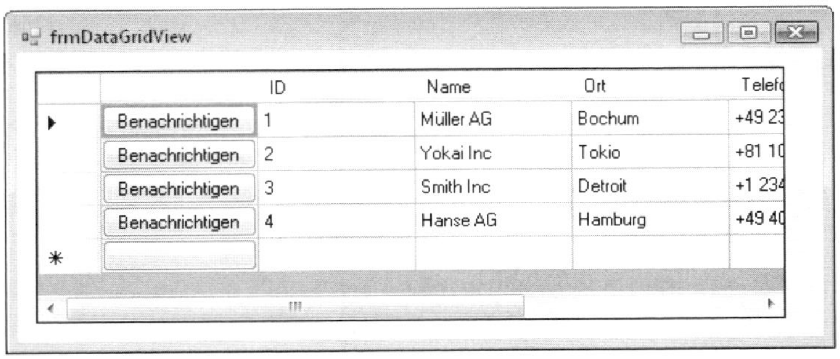

Abbildung 9.25 Das DataGridView-Steuerelement mit einer Schaltfläche in der ersten Spalte

Nun, da die Schaltfläche vorhanden ist, kann es damit weiter gehen, dass das `DataGridView`-Steuerelement auf einen Klick reagiert. Das benötigte Ereignis ist das `CellContentClick`-Ereignis, das leider auch immer dann ausgelöst wird, wenn der Anwender in eine Zelle klickt – ob mit oder ohne Button spielt dabei keine Rolle.

Im folgenden Beispiel wird dieses Ereignis genutzt, um auf einen Klick auf einen Button zu reagieren, wobei diese Lösung leicht für weitere Schaltflächen erweitert werden kann.

```
// Ereignis anbinden
dataGridView1.CellContentClick += new
    System.Windows.Forms.DataGridViewCellEventHandler
    (dataGridView1_CellContentClick);

private void dataGridView1_CellContentClick(object sender,
    DataGridViewCellEventArgs e)
{
    DataGridViewRow gdvr;
    String msg;

    // Referenz auf das DataGridView-Steuerelement
    DataGridView dgv = (DataGridView)sender;

    // Referenz auf die Spalte besorgen und gleichzeitig testen,
    // ob es sich um eine Spalte mit Schaltfläche handelt
    DataGridViewButtonColumn column =
        ((DataGridView)sender).Columns[e.ColumnIndex] as
                            DataGridViewButtonColumn;
    if (column != null)
    {
        // Zeile ermitteln
        gdvr = dgv.Rows[e.RowIndex];

        // Nur reagieren, wenn dies keine neue Zeile ist
        // Damit können mehrere Schaltflächen vorhanden sein
        if (!gdvr.IsNewRow)
        {
            // Wert des Primärschlüssels
            // Der Spaltenname wurde automatisch erzeugt
            int PKValue = (int)
                gdvr.Cells["iDDataGridViewTextBoxColumn"].Value;

            // Entscheiden, welche Aktion
            switch (column.Name)
            {
                case "btnBenachrichtigen":
                    msg = string.Format("Nachricht an Knd: {0}",PKValue);
                    MessageBox.Show(msg);
                    break;
                //case "btnWasAuchImmer":
                //    ;
            }
        }
    }
}
```

Link als Spaltentyp

Alternativ zu einem Button-Steuerelement kann auch ein Link zum Einsatz kommen, dessen Verwendung im Wesentlichen gleich ist. Das Erscheinungsbild ist nur das eines gewöhnlichen Links inkl. der Funktion, die bereits besuchte Ziele farblich anders dargestellt.

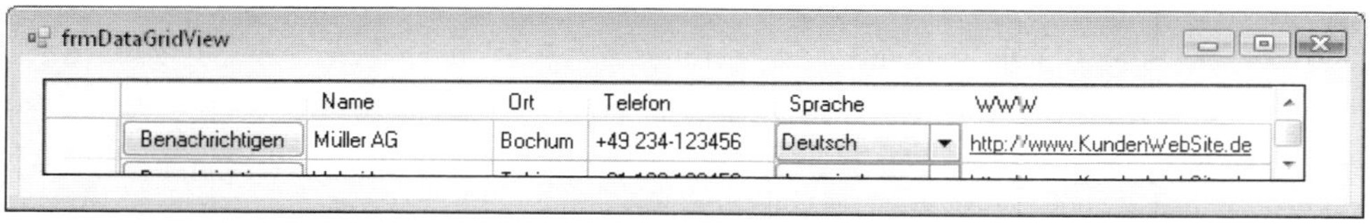

Abbildung 9.26 Eine Link-Spalte im Einsatz

Das Erzeugen ist wie schon gesagt weitestgehend gleich zu dem einer Schaltfläche in einer Spalte, sodass hier lediglich die markanten Unterschiede erwähnt seien:

- Der Spaltentyp ist `DataGridViewLinkColumn`.
- Statt einer `UseColumnTextForButtonValue`-Eigenschaft existiert eine `UseColumnTextForLinkValue`-Eigenschaft, mit der Sie bestimmen können, ob die Texteigenschaft als Link angezeigt werden soll. Da diese Art von Spalten jedoch häufig wie eine TextBox an eine Datenquelle gebunden wird, ist deren Wert wohl oft `false`.
- Die `TrackVisitedState`-Eigenschaft legt fest, ob besuchte Links farblich (`VisitedLinkColor`-Eigenschaft) anders dargestellt werden sollen.

Das `CellContentClick`-Ereignis wird für eine Reaktion auf den Link verwendet. Der Einsatz kann wie folgt aussehen:

```
// Ereignis anbinden
dataGridView1.CellContentClick += new
    System.Windows.Forms.DataGridViewCellEventHandler
    (dataGridView1_CellContentClick);

private void dataGridView1_CellContentClick(object sender,
    DataGridViewCellEventArgs e)
{
    // Referenz auf das DataGridView-Steuerelement
    DataGridView dgv = (DataGridView)sender;
    DataGridViewColumn dgvc = dgv.Columns[e.ColumnIndex];

    // Wurde auf einen Link geklickt?
    if (dgvc.GetType() == typeof(DataGridViewLinkColumn))
    {
        // Ziel des Links ermitteln
        String LinkTarget = (string)dgv.CurrentCell.Value;

        if (!String.IsNullOrEmpty(LinkTarget))
            // Externen Link starten, dies kann ein WWW-Link,
            // ein Dokument, eine Anwendung etc. sein
            Process.Start(LinkTarget);
    }
}
```

ComboBox als Spaltentyp

Eine ComboBox als Spaltentyp ist da schon ergiebiger, da es sich hier anbietet, die möglichen Werte für eine Spalte aus einer anderen Tabelle zu beziehen. Vom Gedanken her unterscheidet sich dies dann nicht von *9.2.2.3,* Ein ComboBox- oder ListBox-Steuerelement anbinden". Gehen Sie wie folgt vor:

1. Öffnen Sie das Aufgabenmenü des `DataGridView`-Steuerelements.
2. Wählen Sie den Befehl Spalten bearbeiten... aus, um den Spalten bearbeiten-Dialog zu öffnen.
3. Wenn Sie eine neue Spalte erstellen, können Sie sofort als Spaltentyp `DataGridViewComboBoxColumn` auswählen, wenn Sie eine bestehende Spalte verändern, setzen Sie die `ColumnType`-Eigenschaft auf diesen Wert.

4. Als Nächstes müssen die Informationen bereitgestellt werden, nach denen die Auswahlliste befüllt wird. Dazu setzen Sie die `DataSource`-Eigenschaft auf die gewünschte Tabelle (hier Sprache) des projektweiten, typensicheren DataSets. Durch diesen Schritt erzeugt das Visual Studio ein neues `BindingSource`-Steuerelement und einen neuen `TableAdapter` für diese Tabelle, wenn diese das erste Mal auf dieser Form verwendet wird. Das `BindingSource`-Steuerelement wird fortan als Zwischenschicht für die `DataSource`-Eigenschaft verwendet.

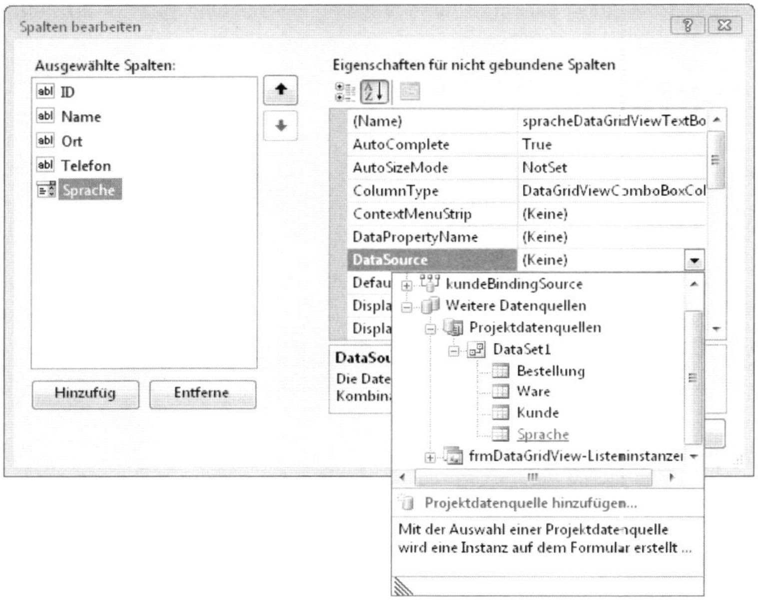

Abbildung 9.27 Die DataSource-Eigenschaft bestimmt, woher die Daten für die Liste stammen.

5. Alternativ können Sie den Inhalt der Liste auch über die Items-Auflistung befüllen, dann muss der angezeigte Inhalt jedoch genau den Daten entsprechen, die in die Tabelle eingetragen werden sollen.
6. Über die `DisplayMember`-Eigenschaft können Sie nun festlegen, was in dem Steuerelement angezeigt werden soll, wohingegen die `ValueMember`-Eigenschaft bestimmt, welche Daten gespeichert werden.
7. Als Letztes sollten Sie sicherstellen, dass die `DataPropertyName`-Eigenschaft den richtigen Namen des Feldes aus der Datenquelle enthält.

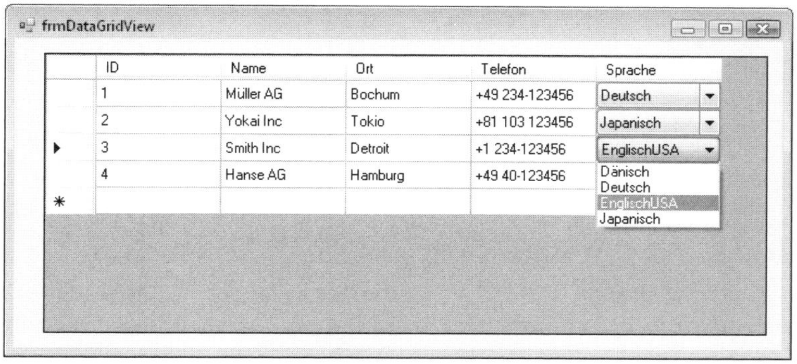

Abbildung 9.28 Das ComboBox-Steuerelement im Einsatz

Um eine ComboBox als Spaltentyp per Code zu erstellen, bietet es sich an, das `BindingSource`-Steuerelement vorher erstellen zu lassen, indem Sie die Spalte erst per Designer erstellen und anschließend (nachdem der Dialog einmal bestätigt wurde) wieder löschen. Das `BindingSource`-Objekt und der TableAdapter bleiben bestehen. Der Code, der dann noch notwendig ist, ist recht simpel.

```
DataGridViewComboBoxColumn column = new DataGridViewComboBoxColumn();

// Der Name, damit die Spalte später angesprochen werden kann
column.Name = "Spaltenname";

// Die Spaltenüberschrift

column.HeaderText = "Spaltenüberschrift";
// Name des Feldes für die Datenbindung

column.DataPropertyName = "Sprache";
// Liste über BindingSource füllen

column.DataSource = spracheBindingSource;
// Wert, der angezeigt werden soll

column.DisplayMember = "Sprache";
// Wert, der gespeichert werden soll
column.ValueMember = "ID";

// Ganz rechts anfügen
dataGridView1.Columns.Add(column);
```

Bild als Spaltentyp

Die letzte Möglichkeit, den Typ einer Spalte zu bestimmen, besteht darin, eine Grafik in den Zellen darzustellen. Dabei gibt es zwei unterschiedliche Wege, die Zellen mit dem Bild zu füllen:

- Liegt das Bild in Form von binären Daten in der Datenbank des SQL Servers vor (Datentyp `image`), so wird dies bei der Anbindung der Spalte automatisch erkannt und eine entsprechende Spalte angelegt. Zur späteren Laufzeit wird ebenfalls automatisch der Typ des Bildes erkannt und dargestellt (alle gängigen Typen).

- Das Bild kann aber auch im `CellFormating`-Ereignis (mehr darüber unter *9.2.3.8, „Zellengenau formatieren“*) des `DataGridView`-Steuerelements auf dem Dateisystem oder als eingebettete Ressource geladen werden.

Das folgende Beispiel beschreibt, wie Bilddateien in das Projekt als eingebettete Ressource eingefügt werden können, um dann als Symbole verwendet werden zu können.

Als Vorbereitung werden drei kleine Grafiken (16 x 16 Pixel) in den Ampelfarben Rot, Orange und Grün erstellt. Zusätzlich wird noch eine Grafik benötigt, die einfach nur leer ist, um in neuen Zeilen kein Symbol anzuzeigen. Fügen Sie für diese Grafiken über das Kontextmenü eine neue Ressourcendatei in das Projekt und anschließend die drei Grafiken in diese ein.

Nachdem dies geschehen ist:

1. Öffnen Sie das Aufgabenmenü des `DataGridView`-Steuerelements.
2. Wählen Sie den Befehl Spalten bearbeiten... aus, um den Spalten bearbeiten-Dialog zu öffnen.
3. Wenn Sie eine neue Spalte erstellen, können Sie sofort als Spaltentyp `DataGridViewImageColumn` auswählen, wenn Sie eine bestehende Spalte verändern, setzen Sie die `ColumnType`-Eigenschaft auf diesen Wert.
4. Setzen Sie die `Name`-Eigenschaft nach Wunsch.

> **Hinweis:**
> Auch hier sollte die Spalte einen eindeutigen Namen erhalten, damit dieser im `CellFormatting`-Ereignis verwendet werden kann.

5. Über die `ImageLayout`-Eigenschaft können Sie steuern, ob das Bild in Originalgröße angezeigt oder gestaucht/gestreckt werden soll, um in die Zelle zu passen.

Das Gleiche erreichen Sie per Code auf dem folgenden Weg:

```
DataGridViewImageColumn column = new DataGridViewImageColumn();

// Der Name, um später die Spalte zu identifizieren
column.Name = "imgRanking";

// Keine Spaltenüberschrift
column.HeaderText = "";

// Spalte fixieren, nicht veränderbar, nicht sortierbar
column.Width = 16;
column.Frozen = true;
column.Resizable = DataGridViewTriState.False;
column.SortMode = DataGridViewColumnSortMode.NotSortable;

// Ganz links einfügen
dataGridView1.Columns.Insert(0, column);
```

Um die so erstellte Spalte mit einem (von der Zeile) abhängigen Bild zu füllen, kann wie schon gesagt das `CellFormatting`-Ereignis zum Einsatz kommen, das für jede Zelle aufgerufen wird, um den Programmierern die Möglichkeit zu geben, Einfluss auf die Formatierung und den Inhalt der Zelle zu nehmen. Der folgende Code zeigt, wie dies konkret funktioniert.

```
// Ereignis anbinden
dataGridView1.CellFormatting += new
    System.Windows.Forms.DataGridViewCellFormattingEventHandler
    (dataGridView1_CellFormatting);

private void dataGridView1_CellFormatting(object sender, DataGridView-
CellFormattingEventArgs e)
{
    int RankingScore;
    DataGridViewRow gdvr;

    // Referenz auf das DataGridView-Steuerelement
    DataGridView dgv = (DataGridView)sender;

    // Ob die Spalte den richtigen Typ hat
    DataGridViewImageColumn column =
        dgv.Columns[e.ColumnIndex] as DataGridViewImageColumn;

    // Ist die Zelle in der richtigen Spalte?
    if (column != null && column.Name == "imgRanking")
    {
        // Zeile ermitteln
        gdvr = dgv.Rows[e.RowIndex];

        // Hier könnte jetzt eine Funktion für ein Kundenranking stehen
        // Hilfsweise wird hier lediglich ein Wert von 0...2 oder -1
        // "errechnet"
        RankingScore = !gdvr.IsNewRow ?
            (int)gdvr.Cells["iDDataGridViewTextBoxColumn"].Value%3 : -1;

        // Je nach Wert ein anderes Symbol
        switch (RankingScore)
        {
            case 0:
                e.Value = DataGridViewIcons.Icon0;
                break;
            case 1:
                e.Value = DataGridViewIcons.Icon1;
                break;
            case 2:
                e.Value = DataGridViewIcons.Icon2;
                break;
            default:
                e.Value = DataGridViewIcons.IconBlank;
                break;
        }
    }
}
```

Das Ergebnis sieht folgendermaßen aus, auch wenn der Druck nur Grautöne zeigt.

Abbildung 9.29 Die Symbole werden als Grafik im DataGridView-Steuerelement angezeigt.

9.2.3.4 Spalten und Zeilen auflisten

Sowohl alle Spalten also auch Zeilen und deren Zellen können mit einer Handvoll Auflistungen durchlaufen werden. Das erste Beispiel zeigt, wie alle Spalten durchlaufen werden können.

```
// Alle Spalten durchlaufen
foreach (DataGridViewColumn dgvc in dataGridView1.Columns)
    // Index, sichtbare Position und Text der Überschrift
    Debug.Print("Spalte #{0}, sichtbar bei {1}: '{1}'",
        dgvc.Index,dgvc.DisplayIndex, dgvc.HeaderText);
```

Das zweite Beispiel dagegen durchläuft alle Zeilen, dann alle Spalten und zeigt schließlich die Zelle am Schnittpunkt an.

```
// Alle Zeilen durchlaufen
foreach (DataGridViewRow dgvr in dataGridView1.Rows)
    // Nun alle Spalten durchlaufen
    foreach (DataGridViewColumn dgvc in dataGridView1.Columns)
    {

        // Achtung! Name muss weder vorhanden noch eindeutig sein,
        // daher Verwendung von Index
        DataGridViewCell dgvcl = dgvr.Cells[dgvc.Index];

        // Koordinate und Wert der Zelle ausgeben
        Debug.Print("{0}/{1}: {2}",
            dgvcl.RowIndex, dgvcl.ColumnIndex, dgvcl.Value);
    }
```

Auf diese Weise kann auf alle (oder eine Auswahl von) Zellen zugegriffen werden, um deren Eigenschaft nach eigenen Vorstellungen zu manipulieren.

9.2.3.5 Zellen auswählen

Mit den Standardeinstellungen lässt das `DataGridView`-Steuerelement eine freie Auswahl an Zellen zu. D.h., per Code durch den Anwender kann eine beliebige Anzahl von Zellen mit der Maus markiert werden – hält er dabei die STRG-Taste gedrückt, müssen diese noch nicht einmal zusammenhängend sein.

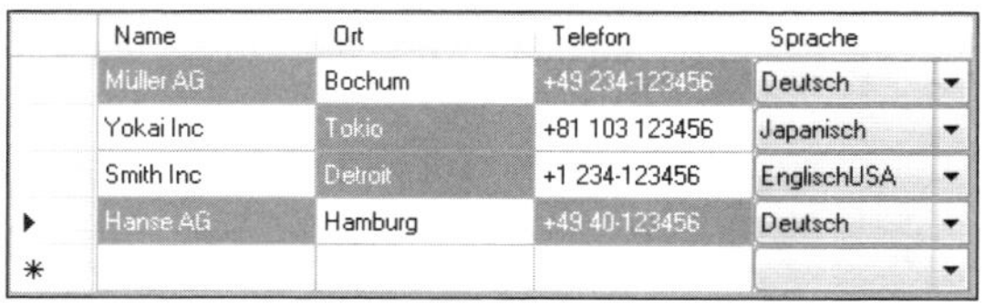

Abbildung 9.30 Die Auswahl an Zellen kann interessante Muster erzeugen.

Dieses Verhalten kann über die `SelectionMode`-Eigenschaft zusammen mit der `MultiSelection`-Eigenschaft gesteuert werden.

Während die `MultiSelection`-Eigenschaft lediglich durch einen `bool`-Wert steuert, ob eine Mehrfachauswahl erlaubt ist, legt die `SelectionMode`-Eigenschaft durch einen Wert aus der `DataGridViewSelectionMode`-Aufzählung fest, wie eine Auswahl vom Anwender durchgeführt werden kann.

Tabelle 9.6 Eigenschaften für die Auswahl von Zellen im DataGridView-Steuerelement

Wert	Gestattet
`CellSelect`	Die Auswahl einzelner Zellen.
`FullColumnSelect`	Eine ganze Spalte auswählen, indem in die Spalte oder auf den Spaltenkopf geklickt wird. Achtung! Dadurch kann ein Klick auf den Spaltenkopf nicht mehr zum Sortieren einer Spalte verwendet werden, und dieses Verhalten muss deaktiviert werden.
`FullRowSelect`	Eine ganze Zeile auszuwählen, indem in die Zeile oder auf die Zeilenmarkierung rechts neben der Zeile geklickt wird.
`ColumnHeaderSelect`	Eine Mischung aus `CellSelect` und `FullColumnSelect`.
`RowHeaderSelect`	Eine Mischung aus `CellSelect` und `FullRowSelect`. Dies ist der Standardwert.

Das folgende Beispiel lässt nur die Auswahl einer kompletten Zeile zu.

```
// Nur die Auswahl ganzer Zeilen gestatten
dataGridView1.SelectionMode = DataGridViewSelectionMode.FullRowSelect;

// Keine Mehrfachauswahl
dataGridView1.MultiSelect = false;
```

Auswahl abfragen und per Code festlegen

Um per Code die getroffene Auswahl an Zeilen, Spalten und Zellen abzufragen, hat der Programmierer prinzipiell zwei Möglichkeiten:

- Alle Zeilen, Spalten und Zellen durchlaufen und über deren `Selected`-Eigenschaft prüfen, ob eine Auswahl vorliegt oder nicht. Dies ist in vielen Fällen keine optimale Lösung, und die zweite Möglichkeit ist besser geeignet. Da die `Selected`-Eigenschaft auch beschrieben werden kann, ist dies jedoch der Weg, um die Auswahl von Code zu bestimmen.
- Durch die `SelectedRows`-, `SelectColumns`- und `SelectedCells`-Auflistungen kann gezielt auf die ausgewählten Elemente zugegriffen werden. Alle drei Auflistungen können lediglich gelesen werden.

Wichtig:

Auch wenn die Auswahl per Code bestimmt wird, die Grenzen, die durch `SelectionMode` und `MultiSelection` gesetzt werden, können nicht überwunden werden. Ist nur die Auswahl einer Spalte erlaubt, so wird bei der Auswahl der zweiten die erste aus der Auswahl entfernt.

Hinweis:

Ist eine Zeile oder eine Spalte ausgewählt, so gelten ihre sämtlichen Zellen als ausgewählt.

Das folgende Beispiel zeigt exemplarisch, wie alle ausgewählten Zellen durchlaufen und angezeigt werden können. Für Zeilen und Spalten gilt das gleiche Vorgehen.

```
foreach (DataGridViewCell dgvc in dataGridView1.SelectedCells)
    Debug.Print("{0}/{1}: {2}",
        dgvc.RowIndex, dgvc.ColumnIndex, dgvc.Value);
```

Wie schon erwähnt, kann über die `Selected`-Eigenschaft bestimmt werden, welche Zeile, Spalte oder Zelle markiert sein soll. Lediglich das Entfernen der gesamten Auswahl gestaltet sich anders. Hier reicht ein Aufruf der `ClearSelection()`-Methode, um alles abzuwählen.

```
dataGridView1.ClearSelection();
```

Wie alle Zeilen per Code ausgewählt werden können, zeigt das nächste Beispiel exemplarisch. Wieder funktioniert das gleiche Vorgehen auch für Spalten und Zellen.

```
// Mehrfachauswahl zulassen
dataGridView1.MultiSelect = true;

// Alle Zeilen durchlaufen und die Zeilen auswählen
foreach (DataGridViewRow dgvw in dataGridView1.Rows)
    dgvw.Selected = true;
```

Das SelectionChanged-Ereignis

Durch das `SelectionChanged`-Ereignis kann darauf reagiert werden, wenn die Auswahl (per Code oder vom Anwender) verändert wurde. Innerhalb des Ereignisses kann dann auf die üblichen Eigenschaften zurückgegriffen werden, um zu ermitteln, welche Zeilen/Spalten/Zellen nun markiert sind.

```
// Ereignis anbinden
dataGridView1.SelectionChanged +=
    new System.EventHandler
    (dataGridView1_SelectionChanged);

private void dataGridView1_SelectionChanged(object sender, EventArgs e)
{
    // Alle ausgewählten Spalten durchlaufen und ausgeben
    foreach (DataGridViewCell dgvc in dataGridView1.SelectedCells)
        Debug.Print("Auswahl: {0}/{1}", dgvc.RowIndex, dgvc.ColumnIndex);
}
```

9.2.3.6 Die aktuelle Zeile, Spalte, Zelle

Unabhängig davon, wie Zeilen, Spalten und Zellen markiert werden können, gibt es immer nur eine aktuelle Zeile, Spalte oder Zelle. Dies ist die Zelle, deren Inhalt der Anwender bearbeiten kann.

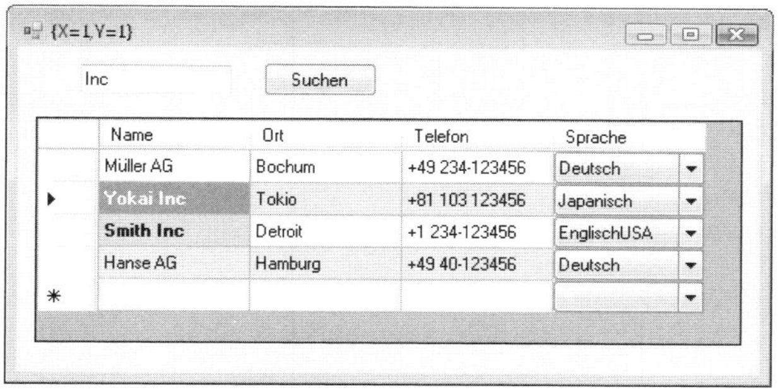

Abbildung 9.31 Die aktuelle Zelle des Steuerelements ist „Yokai Inc".

Wichtig:
In der Abbildung oben hat die erste (sichtbare) Spalte, in der sich die aktuelle Zelle befindet, einen Spaltenindex von 1. Dies liegt daran, dass die erste Spalte ID im DataGridView-Steuerelement nicht sichtbar ist.

Die folgende Tabelle stellt die beteiligten Eigenschaften vor.

Tabelle 9.7 Die Eigenschaft, um die aktuelle Zeile, Spalte, Zelle zu ermitteln

Eigenschaft	Beschreibung
`CurrentCell`	Die aktuelle Zelle. Hinweis: Dies ist die einzige der drei Eigenschaften, die beschrieben werden kann. Zeile und Spalte ergeben sich immer automatisch.
`CurrentRow`	Liefert die Zeile, in der sich die aktuelle Zelle befindet.
`CurrentColumn`	Liefert die Spalte, in der sich die aktuelle Zelle befindet.

Hinweis:
Durch die `CurrentCellAddress`-Eigenschaft können Sie direkt auf die Koordinaten der aktuellen zugreifen.

Ein Beispiel befindet sich im nächsten Absatz.

Das CurrentCellChanged-Ereignis

Jedes Mal, wenn sich die aktuelle Zelle des `DataGridView`-Steuerelements ändert (durch Code oder den Anwender), wird anschließend das `CurentCellChanged`-Ereignis ausgelöst.

```
// Ereignis anbinden
dataGridView1.CurrentCellChanged +=
    new System.EventHandler
    (dataGridView1_CurrentCellChanged);

private void dataGridView1_CurrentCellChanged(object sender, EventArgs e)
{
    // Die Koordinaten der aktuellen Zelle anzeigen
```

```
    this.Text = dataGridView1.CurrentCellAddress.ToString();
}
```

Die Ausgabe entspricht der in **Abbildung 9.31** Die aktuelle Zelle des Steuerelements ist „Yokai Inc“ “.

9.2.3.7 Styles zur Formatierung der Zellen

Über eine Reihe unterschiedlicher Styles kann der Programmierer auf das Erscheinungsbild Einfluss nehmen. Ein solcher Style setzt sich aus unterschiedlichen Angaben zusammen:

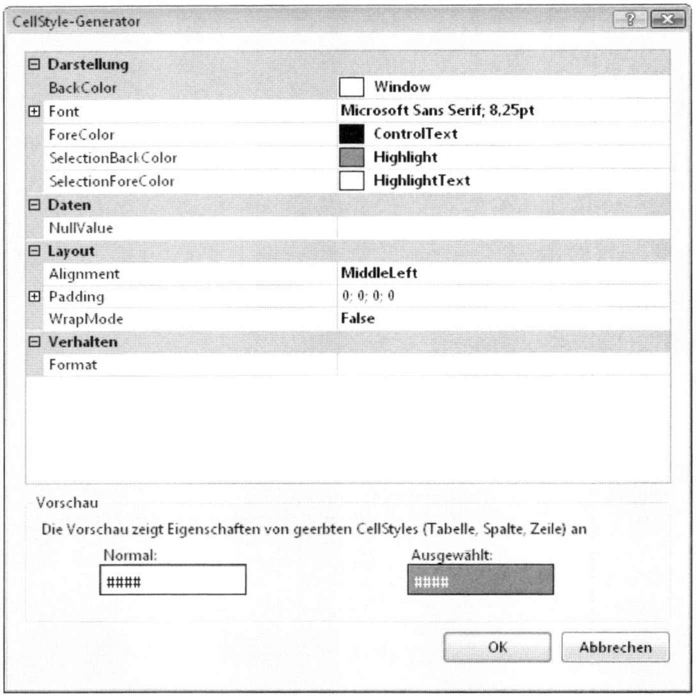

Abbildung 9.32 Die Einstellungen, die zu einem Style zusammengefasst wurden

- *Darstellung*: Festlegung für Hintergrundfarbe, Schriftart und -farbe, Hintergrundfarbe bei Auswahl etc.
- *Daten*: Was dargestellt werden soll, wenn ein `null`-Wert vorliegt.
- *Layout*: Angaben über Ausrichtung, Abstand zum Rand und Textumbrüche.
- *Verhalten*: Das Format, in dem ein Wert dargestellt werden soll. Über einen zusätzlichen Dialog kann dieses Format komfortabel ausgewählt werden.

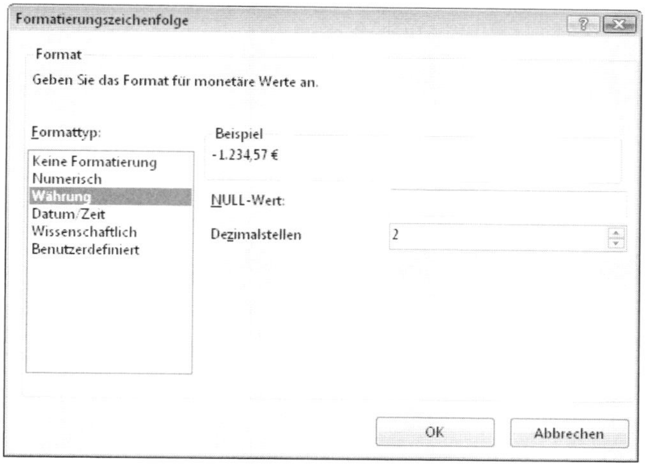

Abbildung 9.33 Der Zusatzdialog, um das Format zu wählen

Da auf eine einzelne Zelle zwangsläufig mehrere Styles angewandt werden können (z.B. aus Zeile und Spalte), ist klar geregelt, welcher Style welchen anderen überlagert.

Wichtig:

Dieses Überlagern funktioniert auf einer Pro-Einstellungs-Basis. Dies bedeutet, wenn ein Style lediglich eine Hintergrundfarbe definiert, kann auch nur diese Hintergrundfarbe die (möglichen) Angaben anderer Styles überlagern. Definiert ein Style hingegen eine Einstellung gar nicht, so beeinflusst sich auch das Aussehen der Zelle nicht.

Im Folgenden sind die existierenden Styles aufgeführt und erläutert. Zusätzlichen befindet sich hier die Angabe darüber, welche anderen Styles überlagert werden.

- *DataGridView.DefaultCellStyle*: Legt den Standard für alle Zellen des Steuerelements fest.
  Überlagert:
  -
- *DataGridView.RowsDefaultCellStyle*: Legt den Standard für alle Zeilen des Steuerelements fest.
  Überlagert:
  `DataGridView.DefaultCellStyle`
- *DataGridView.AlternatingRowsDefaultStyle*: Legt den Style für unregelmäßige Zeilen fest.
  Überlagert:
  `DataGridView.DefaultCellStyle`
  `DataGridView.RowsDefaultCellStyle`
  `DataGridViewColumn.DefaultCellStyle`

- *DataGridViewColumn.DefaultCellStyle*: Legt den Style für eine bestimmte Spalte fest. Überlagert:
  `DataGridView.DefaultCellStyle`
  `DataGridView.RowsDefaultCellStyle`
- *DataGridViewCell.Style*: Legt den Style für eine einzelne, bestimmte Zelle fest. Überlagert:
  alle übrigen.

Während alle Styles bis auf `DataGridViewCell.Style` über Code oder die oben abgebildeten Dialoge definiert werden, wird dieser Style über das `CellFormating`-Ereignis zugewiesen. Im nachfolgenden Abschnitt, unter *9.2.3.8,* „Zellengenau formatieren", wird genau beschrieben, wie dies funktioniert.

Das folgende Beispiel zeigt, wie ein Style per Code verändert werden kann.

```
// Style durch einzelne Werte verändern
dataGridView1.DefaultCellStyle.Alignment = DataGridViewContentA-
lignment.MiddleCenter;
dataGridView1.DefaultCellStyle.NullValue = "(Null)";

// Alternativ kann auch ein extra DataGridViewCellStyle-Objekt erstellt
// werden
// Kann unter Verwendung eines existierenden Styles als Vorlage geschehen
DataGridViewCellStyle myStyle;
myStyle = new DataGridViewCellStyle(dataGridView1.DefaultCellStyle);

// Alternativ kann das Style auch "leer" erzeugt werden
// myStyle = new DataGridViewCellStyle();

// Style anpassen
myStyle.BackColor = Color.Wheat;

// Style zuweisen
dataGridView1.AlternatingRowsDefaultCellStyle = myStyle;
```

Einen optischen Eindruck der unterschiedlichen Styles finden Sie im Anschluss.

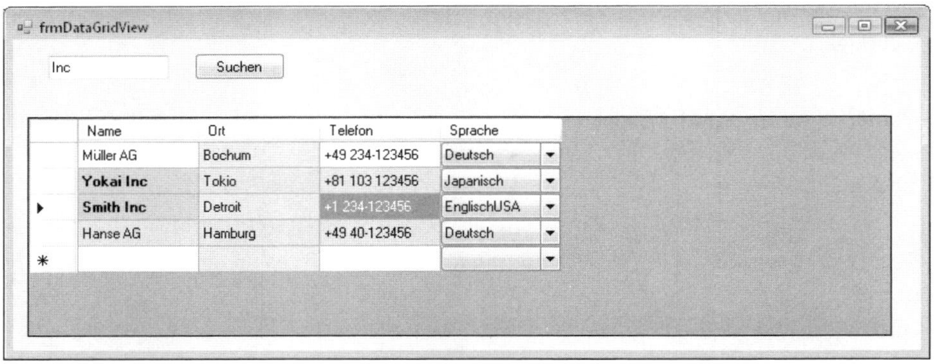

Abbildung 9.34 Unterschiedliche Styles „verschönern" das DataGridView-Steuerelement.

9.2.3.8 Zellengenau formatieren

Um effektiv und flexibel bis auf Zellenebene hinab auf die Formatierung Einfluss nehmen zu können, bietet das `DataGridView`-Steuerelement das `CellFormatting`-Ereignis an. Dieses Ereignis wird für jede Zelle, kurz bevor sie angezeigt wird, ausgelöst, sodass per Code Format und Inhalt angepasst werden. Somit ist es z.B. möglich, diejenigen Zellen zu kennzeichnen, die einen bestimmten Grenzwert unter- oder überschreiten.

Das folgende Beispiel zeigt den prinzipiellen Einsatz dieses Ereignisses, indem es den Text in einem Eingabefeld verwendet, um alle Zellen, die diesen Text beinhalten, zu markieren. Über eine Schaltfläche kann die „Suche" erneut durchgeführt werden, indem die `Refresh()`-Methode des Steuerelements aufgerufen wird.

```
// Ereignis anbinden
dataGridView1.CellFormatting += new
    System.Windows.Forms.DataGridViewCellFormattingEventHandler
    (dataGridView1_CellFormatting);

private void dataGridView1_CellFormatting(object sender, DataGridView-
CellFormattingEventArgs e)
{
    // Referenz auf das DataGridView-Steuerelement
    DataGridView dgv = (DataGridView)sender;

    // Suchbegriff vorhanden, und dies ist keine neue Zeile?
    if (!string.IsNullOrEmpty(txtTerm.Text) &&
        !dgv.Rows[e.RowIndex].IsNewRow)
        // Ist die Zelle betroffen?
        if (e.Value != null &&
             e.Value.ToString().IndexOf(txtTerm.Text) > -1)
            {
                // Style festlegen
                e.CellStyle.BackColor = Color.LightBlue;
                e.CellStyle.Font =
                    new Font(e.CellStyle.Font, FontStyle.Bold);

                // Formatierung wurde durchgeführt
                e.FormattingApplied = true;
            }
}

private void btnSearch_Click(object sender, EventArgs e)
{
    // Die Aktualisierung erzwingt das erneute
    // Formatieren der Zellen
    dataGridView1.Refresh();
}
```

Das Ergebnis sieht entsprechend so aus:

Abbildung 9.35 Der Begriff ‚Inc' taucht zweimal auf.

9.2.4 Bearbeiten der Zelleninhalte

Der Inhalt jeder Spalte, die nicht ein Bild als Spaltentyp und deren `ReadOnly`-Eigenschaft nicht den Wert `true` hat, kann vom Anwender verändert werden. Daher kennt eine Zelle des `DataGridView`-Steuerelements einen sogenannten Bearbeitungsmodus. Es kann sich immer nur eine Zelle im Bearbeitungsmodus befinden und ihren Inhalt vom Anwender bearbeiten lassen. Die Zelle betritt diesen Modus, wenn:

- der Anwender sie doppelt anklickt.
- der Anwender sie einfach anklickt, wenn sie bereits die aktuelle Zelle geworden ist.
- der Anwender F2 drückt.
- die Zelle zur aktuellen Zelle wird, wenn die `EditCellOnEnter`-Eigenschaft des `DataGridView`-Steuerelements den Wert `true` hat.

Mit dem `CellBeginEdit`-Ereignis, das bei dem Wechsel in den Bearbeitungsmodus ausgelöst wird, kann der Programmierer eingreifen und auf Wunsch den Wechsel verbieten. Das folgende Beispiel zeigt, wie dies funktioniert.

```
//Ereignis anbinden
dataGridView1.CellBeginEdit += new
    System.Windows.Forms.DataGridViewCellCancelEventHandler
    (dataGridView1_CellBeginEdit);

private void dataGridView1_CellBeginEdit
    (object sender, DataGridViewCellCancelEventArgs e)
{
    // Bei Bedarf Bearbeitungsmodus abbrechen
    e.Cancel = true;
}
```

Hinweis:
Das `CellEndEdit`-Ereignis signalisiert, dass eine Zelle den Bearbeitungsmodus verlässt.

Unabhängig, ob der Inhalt einer Zelle per Code oder durch den Anwender verändert wird, es geschieht in beiden Fällen das Gleiche: Das `CellValueChanged`-Ereignis wird ausgelöst, und, wenn die Spalte an eine Datenquelle gebunden wurde, wird diese Datenquelle aktualisiert.

Eingabevalidierung

In dem Moment, in dem die Anwendung dem Benutzer gestattet, seine Eingaben zu machen, muss sie prüfen, ob diese Eingaben sinnvoll sind. Zu diesem Zweck ist das `DataGridView`-Steuerelement mit einer Reihe Ereignissen ausgestattet, die es dem Programmierer erlauben, die Eingabe zu prüfen, bevor sie in das Steuerelement und damit in die angebundene Datenquelle übernommen wird. In der Regel handelt es sich dabei um Werte, die technisch zwar erlaubt sind, jedoch in der Anwendung keinen Sinn ergeben.

Bestätigt der Anwender seine Eingabe, indem er die Zelle anklickt, so werden die folgenden Ereignisse der Reihe nach ausgelöst.

- *CellValidating*: In diesem Ereignis kann geprüft werden, ob der Wert in den Zellen gültig ist, ohne die restlichen Zeilen zu berücksichtigen. Wird die `Cancel`-Eigenschaft des `DataGridViewCellValidatingEventArgs`-Objekts auf `true` gesetzt, so wird der neue Wert nicht übernommen, und der Anwender kann die Zelle nicht verlassen.
- *CellValidated*: Dieses Ereignis wird ausgelöst, wenn die Überprüfung des neuen Wertes positiv verlaufen ist.

In dem Fall, dass die Zeile oder das Steuerelement verlassen wird, werden die folgenden beiden Ereignisse in der Reihenfolge ebenfalls ausgelöst.

- *RowValidating*: In diesem Ereignis kann geprüft werden, ob die Daten in der Zeile stimmig sind. Wird die Cancel-Eigenschaft des `DataGridViewCellCancelEventArgs`-Objektes auf `true` gesetzt, so wird der neue Wert nicht übernommen, und der Anwender kann die Zeile nicht verlassen.
- *RowValidated*: Dieses Ereignis wird ausgelöst, wenn die Überprüfung der Zeile positiv verlaufen ist.

Wichtig:

Diese Ereignisse werden immer ausgelöst, wenn die Zelle/Zeile gewechselt wird. Auch dann, wenn sich die Zelle weder im Bearbeitungsmodus befunden hat noch der Inhalt modifiziert wurde. Daher sollten Sie mit der `IsInEditMode`-Eigenschaft des `DataGridViewCell`-Objektes auf jeden Fall prüfen, ob die Zelle überhaupt bearbeitet wurde.

Kommt es zu einer ungültigen Eingabe des Benutzers, reicht es nicht, ihm das Verlassen der Zelle/Zeile zu verbieten, er muss auch ein Feedback bekommen, was fehlerhaft ist und wie das Problem zu lösen ist.

Dafür bieten sich mehrere Wege an:

- Via Nachrichtenbox eine sprechende Mitteilung anzeigen.
- Über die `DataGridViewCell.ErrorText`-Eigenschaft den Fehlertext setzen, sodass an der Zelle ein Symbol für einen Fehler erscheint.
- Über die `DataGridViewRow.ErrorText`-Eigenschaft den Fehlertext setzen, sodass am linken Zeilenrand ein Symbol für einen Fehler erscheint.

Das folgende Beispiel führt eine einfache Prüfung ein, die sicherstellt, dass ein (Firmen-)Name mindestens drei Zeichen lang ist. Ein Fehler wird über die `ErrorText`-Eigenschaft der Zeile und einen Nachrichtendialog signalisiert.

Hinweis:

Die `ErrorText`-Eigenschaft eignet sich in diesem Fall nicht so sehr, da das Fehlersymbol so lange ausgeblendet wird, wie sich die Zelle im Bearbeitungsmodus befindet. Der Einsatzbereich dieser Eigenschaft liegt eher bei der Überprüfung der gesamten Zeile, um auf einzelne Zellen aufmerksam zu machen.

```
// Ereignisse anbinden
dataGridView1.CellValidating += new
    System.Windows.Forms.DataGridViewCellValidatingEventHandler
    (dataGridView1_CellValidating);

dataGridView1.CellValidated +=
    new System.Windows.Forms.DataGridViewCellEventHandler
    (dataGridView1_CellValidated);

private void dataGridView1_CellValidating(object sender, DataGridView-
CellValidatingEventArgs e)
{
    bool valueOkay;
    const string ErrorMsg = "Der Firmenname muss mindestens drei " +
        "Zeichen lang sein.\nDrücken Sie ESC, um den alten Wert " +
        "('{0}')" + wieder herzustellen.";

    // Referenz auf das DataGridView-Steuerelement
    DataGridView dgv = (DataGridView)sender;

    // Referenz auf aktuelle Zelle
    DataGridViewCell dgvc = dgv.CurrentCell;

    // Ist es die richtige Spalte, und wenn ja,
    // wurde die Zelle bearbeitet?
    if (dgvc.OwningColumn.Name=="nameDataGridViewTextBoxColumn" &&
        dgvc.IsInEditMode )
    {
        // Ist der Wert der Spalte mindestens drei Zeichen lang?
        valueOkay = (e.FormattedValue != null) &&
                    (e.FormattedValue.ToString().Length >= 3);

        // Fehler signalisieren?
        if (!valueOkay)
        {
            // Fehler, Meldung aufbauen
            string msg = string.Format(ErrorMsg, dgv.CurrentCell.Value);

            // Fehler der Zeile wird ganz links angezeigt
            dgvc.OwningRow.ErrorText = msg;

            // Validierung als fehlgeschlagen markieren
            e.Cancel = true;

            // Nachrichtenbox
            MessageBox.Show(msg, "Eingabevalidierung",
                            MessageBoxButtons.OK, MessageBoxIcon.Error);
        }
    }
}

private void dataGridView1_CellValidated(
                                object sender, DataGridViewCellEventArgs e)
{
```

```
        // Referenz auf das DataGridView-Steuerelement
        DataGridView dgv = (DataGridView)sender;

        // Fehler, wenn die Zelle verlassen wurde.
        dgv.Rows[e.RowIndex].ErrorText = null;
    }
```

Wichtig:

Es reicht nicht, den Fehler im `CellValidating`-Ereignis zu löschen, wenn die Eingabe okay ist. Dies würde bewirken, dass das Fehlersymbol stehen bliebe, wenn der Anwender z.B. ESC drückt und die Zelle verlässt.

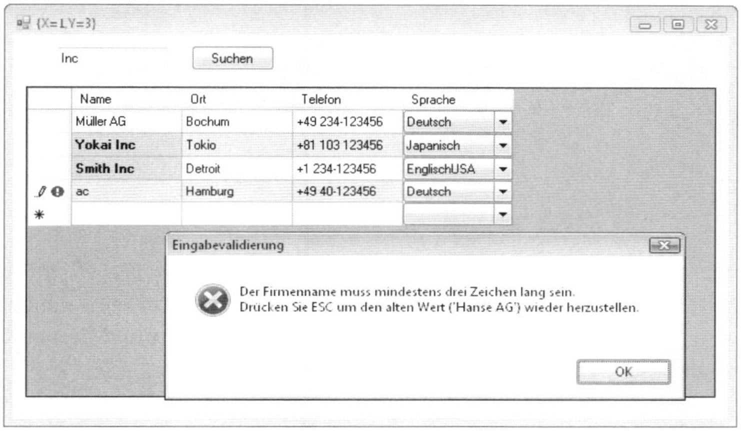

Abbildung 9.36 Es wurde ein zu kurzer Name entdeckt.

Fehlerbehandlung

Standardmäßig erlaubt eine Spalte vom Typ Textbox, dass der Anwender jedes beliebige Zeichen dort eintippt, auch wenn dies nicht zu dem entsprechenden Datentyp passt. So können z.B. beliebige Buchstaben dort eingetippt werden, wo nur Zahlen erlaubt sind. Auch ist die Eingabe von Werten, die aufgrund von Einschränkungen des angebundenen DataSets ungültig sind, möglich. Das `DataGridView`-Steuerelement reagiert abhängig davon auf die folgende Art und Weise auf solche Probleme:

Ist die Eingabe nicht mit dem Datentyp vereinbar, so ist der Anwender nicht in der Lage, die Eingabe zu bestätigen und die Zelle zu verlassen. Der Wert muss korrigiert oder wieder hergestellt werden (ESC-Taste).

Ist die Eingabe jedoch aufgrund von Einschränkungen des DataSets nicht gültig, so wird sie augenblicklich rückgängig gemacht, sobald diese bestätigt oder die Zelle verlassen wird.

Bei Bedarf kann das `DataError`-Ereignis verwendet werden, das ausgelöst wird, wenn die angebundene Datenquelle einen Fehler gemeldet hat. Das `DataGridViewDataErrorEventArgs`-Objekt liefert neben den Informationen, welche Ausnahme durch welche Zelle erzeugt wurde, auch die folgenden Möglichkeiten:

- Mit dem Setzen der `Cancel`-Eigenschaft auf `true` die Fehlerbehandlung abzubrechen.
- Mit dem Setzen der `ThrowException`-Eigenschaft auf `true` dafür zu sorgen, dass die auslösende Ausnahme erneut erzeugt wird.

Das folgende kleine Beispiel gibt eine Nachricht aus, wenn eine falsche Eingabe entdeckt wurde.

```
// Ereignis anbinden
dataGridView1.DataError += new
    System.Windows.Forms.DataGridViewDataErrorEventHandler
    (dataGridView1_DataError);

private void dataGridView1_DataError(object sender,
                                     DataGridViewDataErrorEventArgs e)
{
    // Nachricht ausgeben
    MessageBox.Show("Fehler bei der Eingabe");
}
```

9.3 ASP.NET

Bei der Datenbindung mit ASP.NET dreht sich alles um Datenquellen (DataSources). Mit deren Hilfe wird auf unterschiedliche Arten von Daten zugegriffen, um sie dem Anwender in datengebundenen Steuerelementen anzuzeigen. Über eine eindeutige DataSourceID wird die Verbindung zwischen Steuerelement und Datenquelle festgelegt.

Die folgende Abbildung zeigt diesen Zusammenhang schematisch.

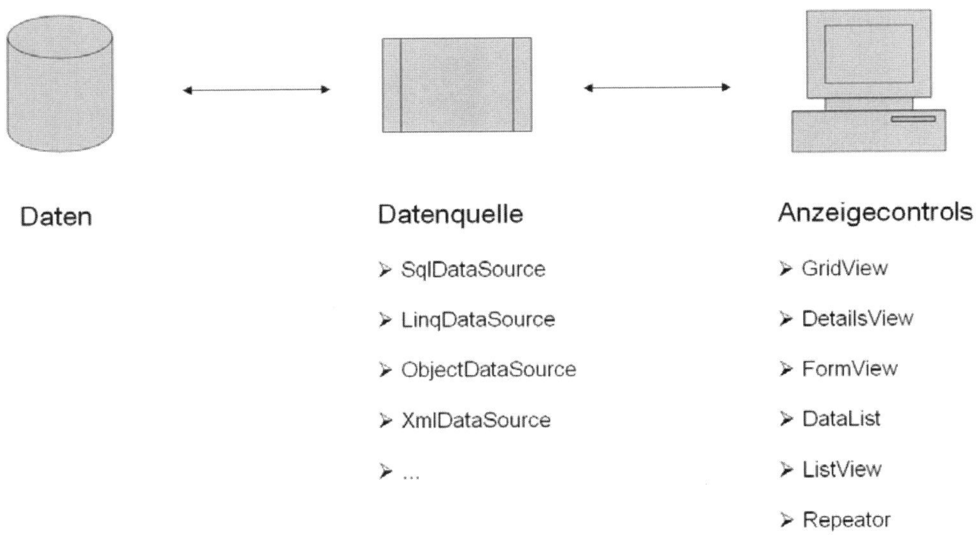

Abbildung 9.37 Das Grundschema der Datenbindung mit ASP.NET

Es gibt also immer eine Datenquelle, die bestimmt, welche Daten wie und in welcher Reihenfolge angezeigt werden sollen, und mindestens ein Anzeige-Steuerelement, das die Daten für den Anwender anzeigt und ggf. dessen Eingaben entgegennimmt.

Hinweis:

Den nun folgenden Beispielen mag der letzte optische Schliff fehlen, doch soll sich dieses Buch nicht auf die grafische Gestaltung von Webseiten mit den üblichen Mitteln wie CSS (Cascading Style Sheets) oder Designdateien (Skins) konzentrieren. Die meisten Steuerelemente sind daher nur mit den vorgefertigten Layouts versehen, die für sie vorgesehen sind.

9.3.1 Datenquellen

Datenquellen sind wie schon gesagt jeweils auf bestimmte Daten spezialisiert. So gibt es z.B. eine für SQL Server, eine für Microsoft Access, eine für XML-Daten etc. Diese Entwurfszeit-Steuerelemente befinden sich alle in der Toolbox auf dem Karteireiter Daten.

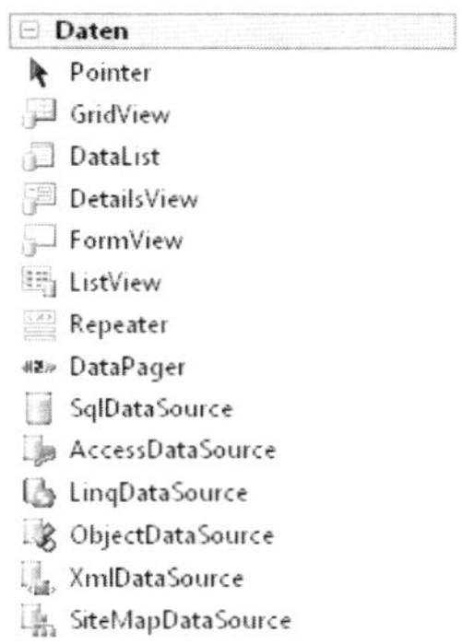

Abbildung 9.38 DataSource- und andere Steuerelemente

Egal welches `DataSource`-Steuerelement konkret zum Einsatz kommt, jedes erfüllt die gleichen Aufgaben:

- Auswahl von Daten
- Bearbeiten, Löschen und Hinzufügen von Daten
- Sortieren
- Filtern
- Unterstützung für die seitenweise Darstellung (Paging)
- Unterstützung von Master-Detail-Konstellationen
- Zwischenspeichern (Caching)

Wichtig:

Ein wichtiger Unterschied zu der Datenbindung von Windows Forms-Anwendungen ist der, dass mit diesen Steuerelementen Änderungen jeglicher Art unmittelbar in die Datenbank gespeichert werden.

Welches Steuerelement für welche Art von Daten vorgesehen ist, ergibt sich zwar zum Teil schon aus dem Namen, wird im Folgenden aber noch einmal ausführlicher erläutert:

- *SqlDataSource*: Diese Datenquelle ist für den Zugriff via ADO.NET auf SQL Server, OLEDB, ODBC etc. vorgesehen. Dieses Steuerelement wird unter *9.3.1.1,* „Das SqlDataSource-Steuerelement", detailliert vorgestellt.
- *LinqDataSource*: Für den Zugriff auf ein DataContext und LINQ-Abfragen steht diese Datenquelle zur Verfügung. Dieses Steuerelement wird unter *9.3.1.2,* „Das LinqDataSource-Steuerelement", detailliert vorgestellt.
- *AccessDataSource*: Speziell für Microsoft Access ist diese Datenquelle vorgesehen. Sie erlaubt die Angabe einer Access-Datei, hat dafür jedoch keinen Zugriff auf eine Verbindungszeichenfolge.
- *ObjectDataSource*: Um auf Objekte wie z.B. typisierte DataSets zugreifen zu können, wurde diese Datenquelle entwickelt. .
- *XmlDataSource*: Stellt die Informationen aus XML-Daten zur Verfügung. .
- *SiteMapDataSource:* Über Web.Sitemap kann auf den Aufbau der Webseite zugegriffen werden. .

Welche Datenquelle konkret verwendet wird, ist für darauf aufbauende Programmierungen auf weiten Strecken unerheblich.

Hinweis:
Auf einer Seite können sich durchaus auch unterschiedliche Datenquellen befinden.

9.3.1.1 Das SqlDataSource-Steuerelement

Für die Arbeit mit Daten, die per SQL-Abfrage und ADO.NET bezogen werden sollen, steht diese Datenquelle zur Verfügung. Dieses Steuerelement kann komfortabel per Aufgabenmenü oder entsprechendem Assistenten einsatzbereit gemacht werden.

Gehen Sie dafür wie folgt vor:

1. Erzeugen Sie in einem ASP.NET-Webprojekt eine leere Seite, oder wählen Sie ein bereits bestehendes aus, auf dem Sie die Datenbindung verwenden wollen.
2. Ziehen Sie ein `SqlDataSource`-Steuerelement auf die Form, und klicken Sie in dem Aufgabenmenü auf Datenquelle konfigurieren.

Abbildung 9.39 Das SqlDataSource-Steuerelement mit Aufgabenmenü im Entwurf

3. Es erscheint der Assistent, um das Steuerelement zu konfigurieren. Der erste Schritt fordert die Selektion einer bestehenden Datenbankverbindung. Zur Auswahl stehen dabei alle dem Visual Studio bekannten Verbindungen aus dem Server-Explorer. Existiert die gewünschte Verbindung noch nicht, können Sie alternativ eine neue erzeugen.
4. Anschließend fragt Sie der Assistent, ob die Verbindungszeichenfolge in der Konfiguration der Anwendung gespeichert werden soll. Wenn Sie sich dafür entscheiden, befindet sich diese in der Datei Web.Config und kann dort bei der Auslieferung der Anwendung entsprechend angepasst werden.

```
<connectionStrings>
    <add name="DatenbindungConnectionString"
    connectionString="Data Source=dnc2\sqlexpress2;Initial
      Catalog=Datenbindung;Persist Security Info=True;User
      ID=sa;Password=thunder"
    providerName="System.Data.SqlClient"/>
</connectionStrings>
```

Tipp:

Wenn die Anwendung unter den IIS läuft, können Sie die Verbindungszeichenfolge und alle anderen Einstellungen der Anwendung bequem über eine Oberfläche konfigurieren.

5. Im folgenden Schritt können Sie die zugrunde liegende SQL-Anweisung konfigurieren. Dabei haben Sie die Auswahl zwischen der Abfrage auf eine Tabelle/Sicht oder der Angabe einer SQL-Anweisung/gespeicherten Prozedur.

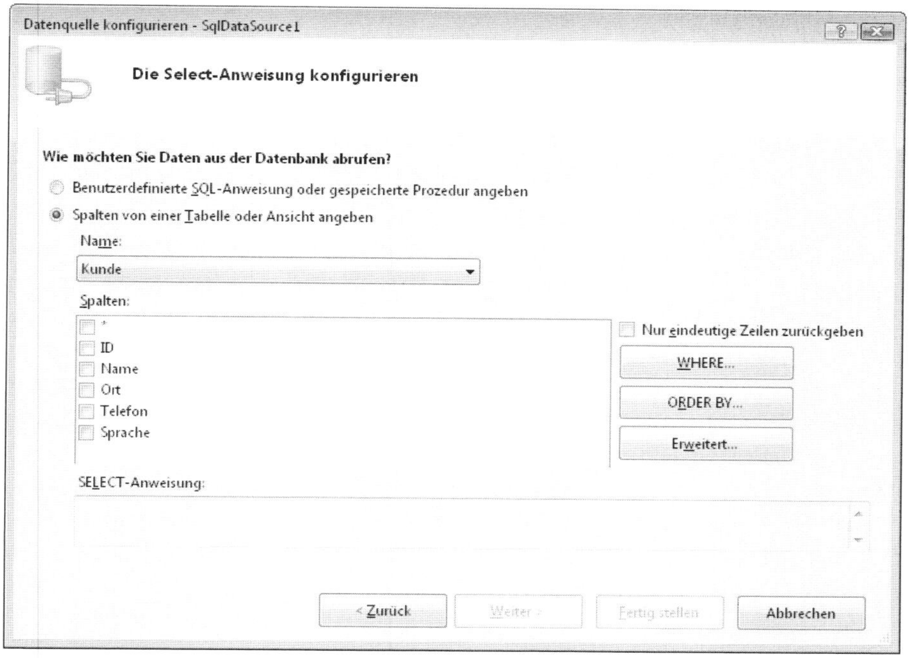

Abbildung 9.40 Per Assistent können Sie die Abfrage auf eine Tabelle oder Sicht konfigurieren.

6. Falls Sie eine benutzerdefinierte SQL-Anweisung oder gespeicherte Prozedur angeben (in diesem Fall werden wir dies allerdings nicht tun), so müssen Sie alle Anweisungen für `SELECT`, `UPDATE`, `INSERT` und `DELETE` entweder von Hand eingeben oder sich von dem Abfrage-Generator unterstützen lassen. In beiden Fällen muss dafür gesorgt sein, dass die Anweisungen korrekt und in sich schlüssig sind.

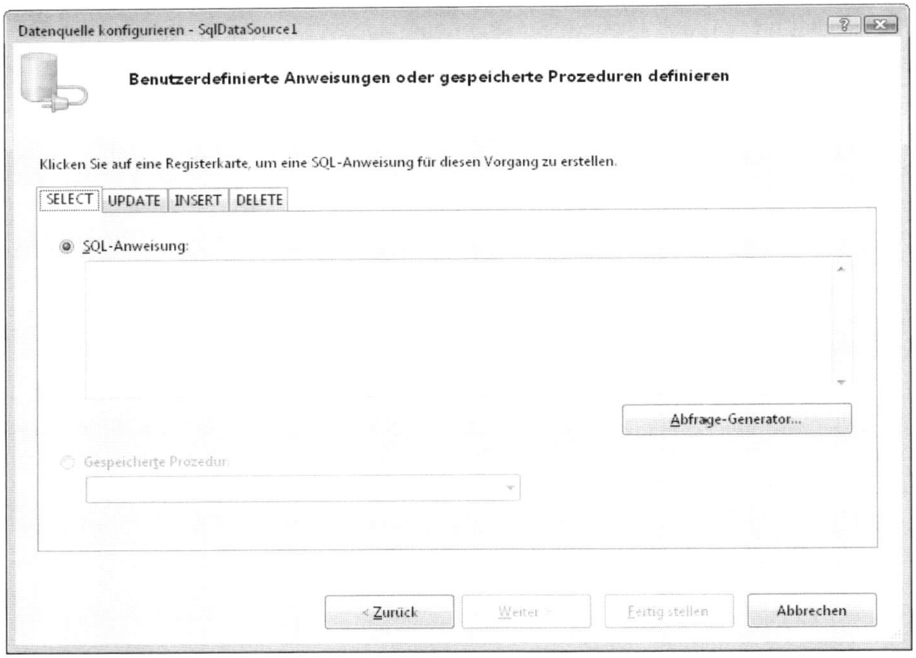

Abbildung 9.41 Benutzerdefinierte Abfragen müssen korrekt und in sich schlüssig sein.

7. Über den Dialog in **Abbildung 9.40** Per Assistent können Sie die Abfrage auf eine Tabelle oder Sicht konfigurieren", können Sie in einer Tabelle (Kunde) oder Sicht die gewünschten Spalten angeben, das `WHERE`-Prädiakt und eine Sortierung bestimmen. Aber alles der Reihe nach. Da sich ein `WHERE`-Prädikat oft nicht nur aus einer Spalte und einem Operator, sondern auch aus einem äußeren Wert (Parameter) zusammensetzt, haben Sie hier die Wahl zu bestimmen, woher ein solcher Wert bezogen werden soll. Beim Laden der Seite werden die Werte dann automatisch aus der Quelle (Cookie, URL etc.) ermittelt und als Parameter in die Abfrage eingefügt. In fast allen Fällen muss zudem noch ein Standardwert definiert werden, der dann verwendet wird, wenn reguläre Werte nicht ermittelt werden können (weil z.B. der Parameter nicht in der URL oder der Cookie nicht vorhanden ist).
   Als Quelle stehen zur Verfügung:

- *None*: Angabe eines konstanten Wertes.
- *Steuerelement*: Der Wert eines Steuerelements auf der Seite.

- *Cookie*: Der Wert eines Cookies.
- *Form*: Ein Formularwert, also auch der eines gewöhnlichen HTML-Steuerelements.
- *Profile*: Ein Wert aus dem Profil.
- *QueryString*: Ein Wert, der in der URL als Parameter steht.
- *Session*: Sitzungsbezogener (Session) Wert, der so lange gespeichert wird, wie die Sitzung existiert. Solche Werte können mittels `Session["Schlüssel"] = Wert` im Code gesetzt werden.

8. Über die Schaltfläche Erweitert… gelangen Sie zu einem Dialog, über den Sie festlegen können, dass neben der `SELECT`-Anweisung auch diejenigen für `INSERT`, `UPDATE` und `DELETE` automatisch erstellt werden sollen. Damit ist die Datenquelle aktualisierbar.

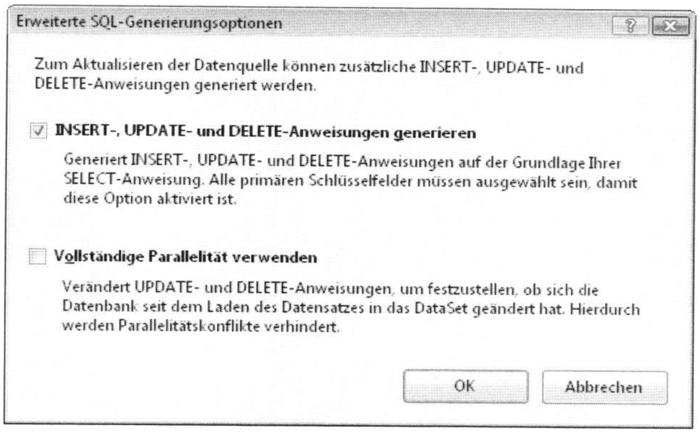

Abbildung 9.42 Die Datenquelle kann aktualisierbar gemacht werden.

9. Sind die gewünschten Einstellungen vorgenommen, so können Sie im nächsten Schritt die Abfrage ausprobieren. Parameter müssen vor der Ausführung mit Werten versorgt werden. Verläuft der Test erfolgreich, so kann der Assistent mit der Fertig stellen-Schaltfläche beendet werden.

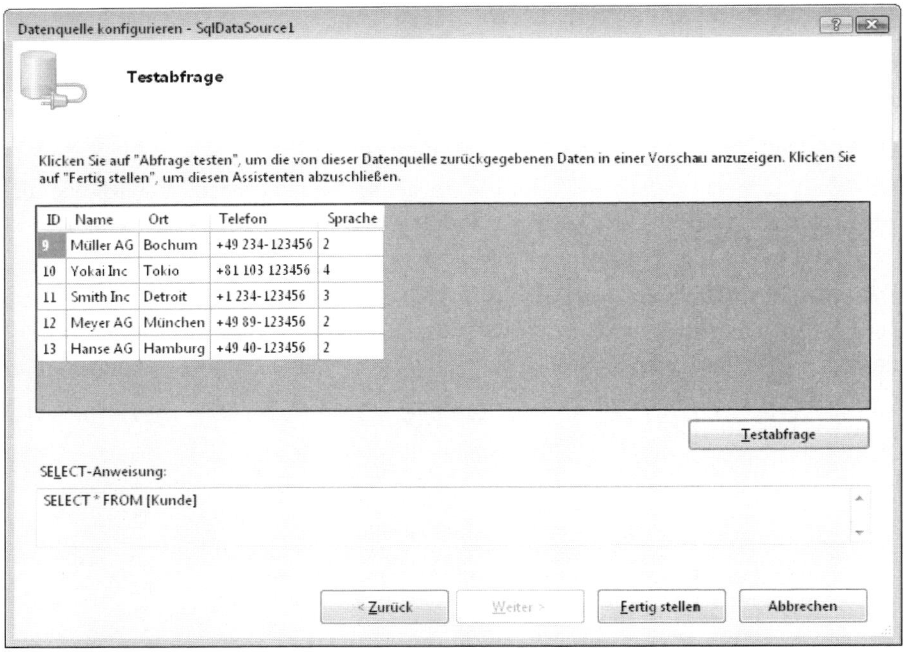

Abbildung 9.43 Der Test ist erfolgreich, der Assistent kann geschlossen werden.

10. Die Datenquelle ist nun fertig für den Einsatz mit anderen Steuerelementen, welche die Daten anzeigen können (siehe *9.3.2, „Visuelle Steuerelemente“*).

9.3.1.2 Das LinqDataSource-Steuerelement

Um auf Daten mittels LINQ für SQL zuzugreifen, wurde das `LinqDataSource`-Steuerelement neu eingeführt. Mithilfe eines Kontextobjektes können dadurch Daten nicht nur angezeigt, sondern auch aktualisierbar zur Verfügung gestellt werden.

Um die Datenquelle zu konfigurieren, gehen Sie wie folgt vor:

1. Erzeugen Sie in einem ASP.NET-Webprojekt eine leere Seite, oder wählen Sie eine bestehende aus, auf der Sie die Datenbindung verwenden wollen.
2. Für die Arbeit mit LINQ werden in dem Projekt wie gewohnt sogenannte LINQ to SQL-Klassen benötigt (Dateierweiterung: dbml). Für Details, wie solche Klassen per Designer erzeugt werden können, sehen Sie in Kapitel *8, „LINQ“*, unter Abschnitt *8.2.2.3, „Per Designer erzeugen“*, nach.

Hinweis:
Nach Rückfrage werden die Dateien im Ordner App_Code abgelegt, damit sie der gesamten Anwendung zur Verfügung stehen.

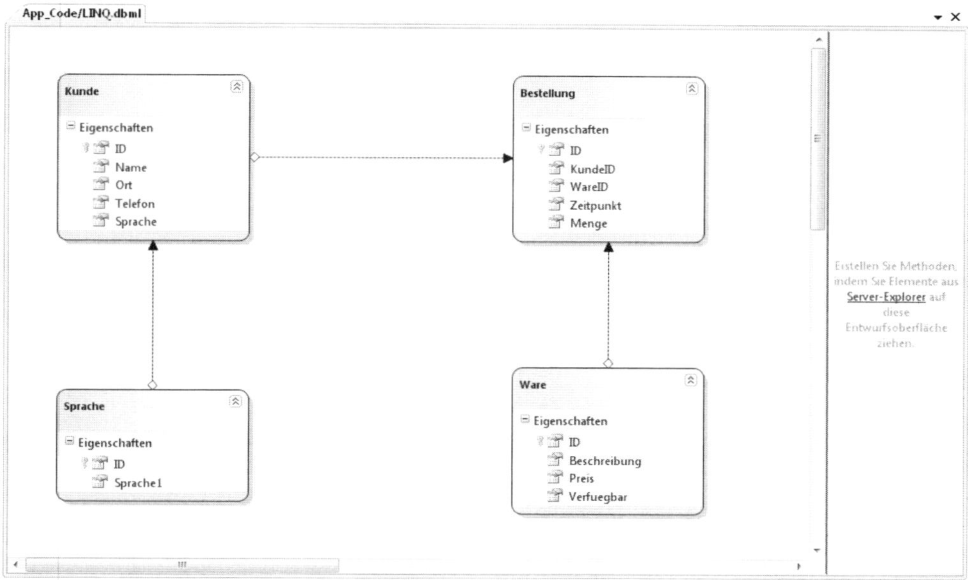

Abbildung 9.44 Gespeicherte Prozeduren werden nicht benötigt – rechts bleibt es leer.

3. Ziehen Sie ein `LinqDataSource`-Steuerelement auf die Form, und klicken Sie im Aufgabenmenü auf Datenquelle konfigurieren.

Abbildung 9.45 Das LinqDataSource-Steuerelement mit Aufgabenmenü im Entwurf

4. Es erscheint ein Assistent, der Sie bei der Einrichtung der Datenquellen unterstützt. Wählen Sie im ersten Schritt das gewünschte LINQ-Kontextobjekt aus.
5. Die Möglichkeiten, die im folgenden Schritt für das WHERE-Prädikat und die Sortierung zur Verfügung stehen, gleichen denen des `SqlDataSource`-Steuerelements – über Parameter können Werte aus Cookies, URL etc. automatisch verwendet werden (siehe *9.3.1.1*, „Das SqlDataSource-Steuerelement“).

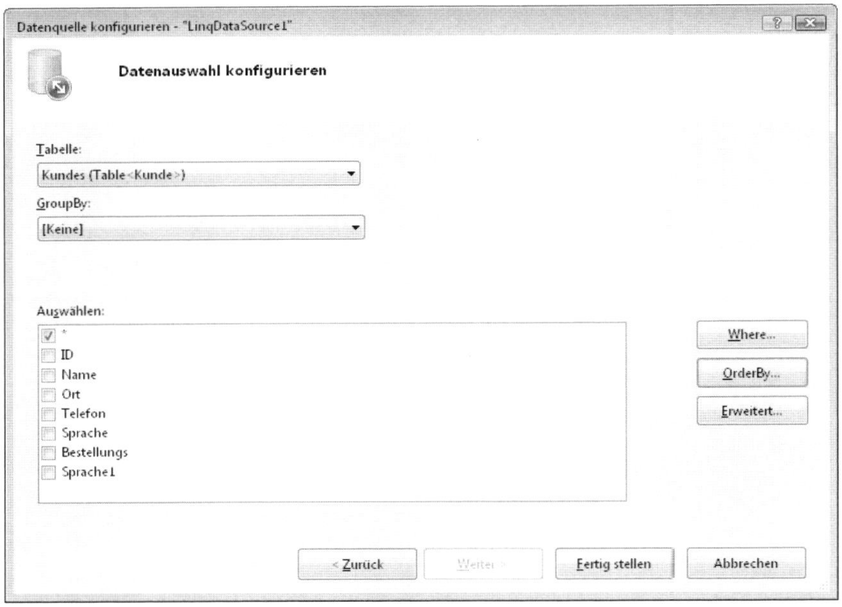

Abbildung 9.46 Per Assistent können LINQ-Datenquellen konfiguriert werden.

6. Zusätzlich zur Angabe der Tabelle, zu einer Einschränkung und einer Sortierung können Sie für die LINQ-Datenquelle bestimmen, wie die Daten gruppiert werden sollen. In einem solchen Fall sind keine Spalten mehr auswählbar, sondern nur noch Aggregate wie *Min*, *Max*, *Count* und *Average*.

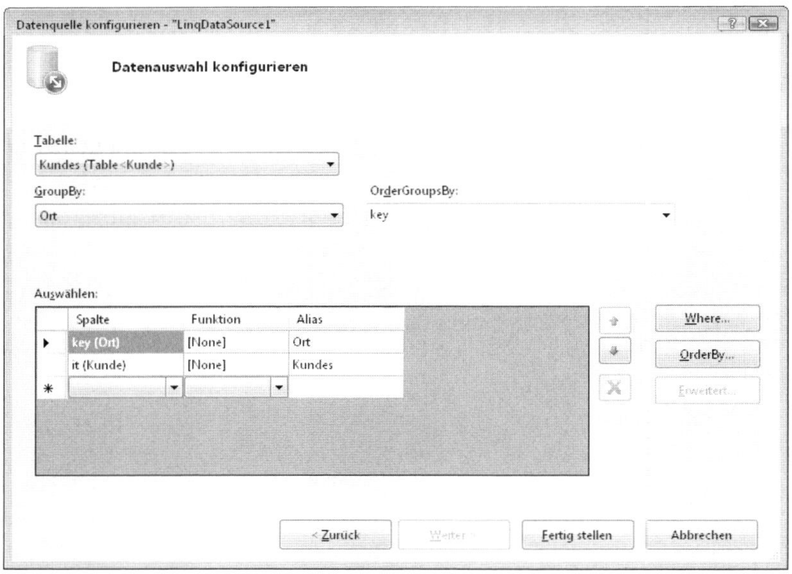

Abbildung 9.47 Der Assistent erlaubt das Gruppieren von LINQ-Abfragen.

Hinweis:
Die ersten beiden Einträge in der Liste entsprechen der Spalte, nach der gruppiert wird („Key"), und der Auflistung („it"). Beide können nicht entfernt werden.

7. Des Weiteren können Sie über die Erweitert...-Schaltfläche festlegen, ob Lösch-, Einfüge- oder Aktualisierungsvorgänge automatisch durchgeführt werden dürfen. Diese Option steht konsequenterweise nur dann zur Verfügung, wenn die Daten nicht gruppiert werden.

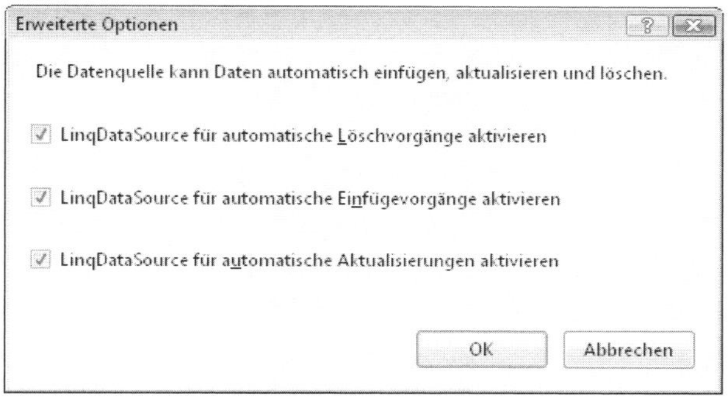

Abbildung 9.48 Das LinqDataSource-Steuerelement kann aktualisierbar konfiguriert werden.

8. Die Datenquelle ist nun fertig für den Einsatz mit anderen Steuerelementen, die deren Daten anzeigen können (siehe *9.3.2, „*Visuelle Steuerelemente").

9.3.2 Visuelle Steuerelemente

Die durch eine Datenquelle bereitgestellten Werte können komfortabel durch eine Reihe visueller Steuerelemente dargestellt werden, die im Folgenden vorgestellt werden.

- *GridView*: Zum tabellarischen Anzeigen von Daten dient dieses Steuerelement. Es unterstützt unterschiedliche Arten von Spalten (von reinen Anzeigespalten bis solchen mit Schaltfläche), die Sortierung nach einer Spalte, das Löschen, Bearbeiten, Auswählen und das seitenweise Arbeiten mit Daten (Paging).
- *DetailsView*: Während das `GridView`-Steuerelement mehrere Datensätze darstellt, zeigt dieses Steuerelement mit ähnlichen Mitteln genau einen Datensatz an. Die einzelnen Werte werden untereinander angeordnet. Es unterstützt von Hause aus Funktionen wie Einfügen, Löschen, Bearbeiten und das seitenweise Arbeiten mit Daten (Paging).
- *FormView*: Mittels dieses Steuerelements können beliebige Eigenschaften von Standard-ASP.NET-Steuerelementen direkt an die Datenquelle gebunden werden. Ein ähnliches Vorgehen bei der Datenbindung in Windows Forms-Anwendungen ist damit möglich. Unterstützt werden das Einfügen, Löschen, Bearbeiten und das seitenweise Arbeiten mit Daten (Paging) in unterschiedlichen Vorlagen.

- *ListView*: Dieses Steuerelement stellt im Kern eine Vervielfältigung des `FormView`-Steuerelements dar. Wo dieses Steuerelement nur die Daten eines Datensatzes anzeigt, zeigt das `ListView`-Steuerelement mehrere in einem konfigurierbaren Layout und in Reihenfolge an. Optisch kann es sogar als Tabelle auftreten, auch wenn ihm die Funktionen (z.B. Sortieren) des GridView-Steuerelements fehlen. Unterstützt werden das Einfügen, Löschen, Bearbeiten und das seitenweise Arbeiten mit Daten (Paging) in unterschiedlichen Vorlagen.
- *DataList*: Die `DataList`-Version stellt quasi eine ältere Version des `ListView`-Steuerelements dar, die nicht ganz so flexibel und komfortabel anzuwenden ist.
- *Repeater*: Dieses Steuerelement bietet die größte Flexibilität (auf Kosten des Entwicklungsaufwands), da es lediglich bestimmte Bereiche (Vorlagen) für jeden Datensatz simpel wiederholt. Über einfache Ausdrücke können auf die Werte des jeweils aktuellen Datensatzes zugegriffen werden. Sämtliche Funktionen, wie das Bearbeiten oder das seitenweise Arbeiten mit Daten (Paging), müssen selbst implementiert werden.
- *DataPager*: Dieses Steuerelement zeigt selbst direkt keine Daten an, sondern erweitert Steuerelemente, die von Hause aus nicht seitenweise mit Daten arbeiten können (Paging), um diese Funktionalität.

Wie Sie sehen, arbeiten einige der Steuerelemente mit Vorlagen, um je nach Funktion (nur Anzeigen, Erstellen, Löschen etc.) unterschiedliche Oberflächen erzeugen zu können. Eine Vorlage ist daher nicht mehr eine (Teil-)Vorlage, welche die Steuerelemente definiert, die für einen bestimmten Zweck (z.B. beim Erzeugen eines Datensatzes) verwendet werden sollen. Damit hat der Programmierer auf einfache Weise die Möglichkeit, exakt festzulegen, wann welche Steuerelemente dem Anwender angezeigt werden. Bis auf das `Repeater`-Steuerelement können diese Vorlagen mit dem Designer des Visual Studios bearbeitet werden.

9.3.2.1 Das GridView-Steuerelement

Mit dem `GridView`-Steuerelement können Daten in Tabellenform dargestellt werden. Funktionen wie Bearbeiten, Löschen etc. können ebenso aktiviert werden (wenn die Datenquelle dies unterstützt) wie das seitenweise Arbeiten mit Daten (Paging).

Zusätzlich kann der Anwender auf die Köpfe vorgesehener Spalten klicken, um die Daten nach dem Inhalt dieser Spalte zu sortieren – ein weiterer Klick kippt die Sortierung. Mehrfachsortierungen und Gruppierungen sind allerdings nicht möglich.

Um das Steuerelement einzusetzen, gehen Sie wie folgt vor:

1. Erstellen oder verwenden Sie eine Seite, in der sich eine konfigurierte Datenquelle befindet.
2. Ziehen Sie das `GridView`-Steuerelement auf diese Form, und wählen Sie im Aufgabenmenü die gewünschte Datenquelle aus.

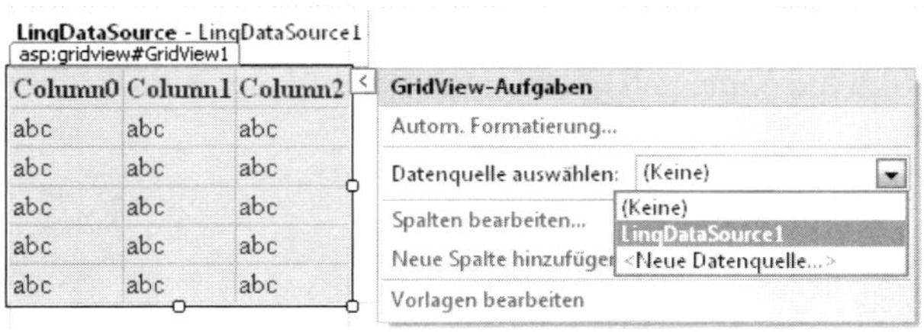

Abbildung 9.49 Das GridView-Steuerelement mit Aufgabenmenü im Entwurf

3. Nachdem Sie die Datenquelle ausgewählt haben, können Sie festlegen, welche der folgenden Aktionen das Grid dem Endanwender anbieten soll:
   - *Paging*: Zeigt die Daten jeweils seitenweise an. Über die `PageSize`-Eigenschaft kann festgelegt werden, wie viele Datensätze eine Seite umfasst.
   - *Sortieren*: Ermöglicht das Sortieren nach einer Spalte, indem der Anwender auf den Spaltenkopf klickt. Ein erneuter Klick kippt die Sortierung.
   - *Bearbeiten*: Erlaubt das Verändern der Werte.
   - *Löschen*: Löscht die entsprechende Zeile aus der Datenquelle.
   - *Auswahl*: Wählt der Anwender diesen Link aus, so wird serverseitig das `Selected-IndexChanged`-Ereignis ausgelöst.

Hinweis:

Löschen und Bearbeiten stehen nur zur Verfügung, wenn dies die Datenquelle unterstützt.

4. Ebenfalls im Aufgabenmenü können Sie über den Befehl Autom. Formatierung... dem Grid eine optisch halbwegs ansehnliche Erscheinung verleihen.

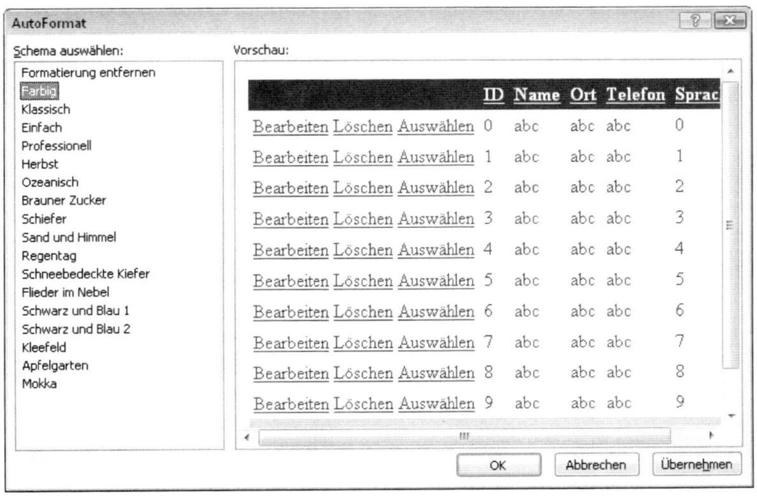

Abbildung 9.50 Knapp ein Dutzend Schemata stehen im Dialog AutoFormat zur Auswahl.

5. Wählen Sie ein Schema aus, bestätigen Sie den Dialog, und starten Sie die Anwendung. Mehr ist für eine einfache Datenbindung nicht notwendig.

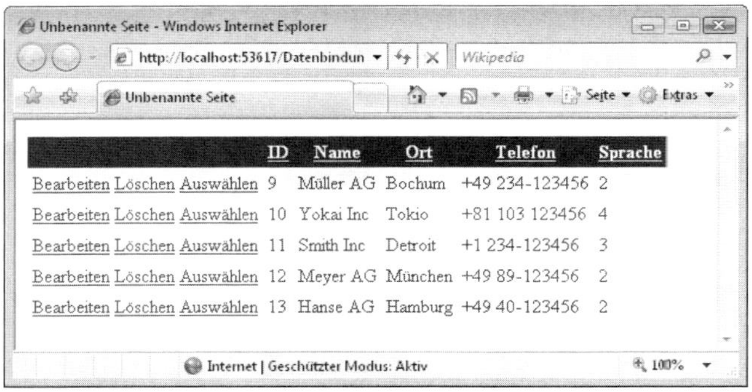

Abbildung 9.51 Das GridView-Steuerelement im Internet Explorer in Aktion

Spalten konfigurieren

Standardmäßig wird für jedes Feld, das die Datenquelle liefert, eine Spalte erzeugt, die dessen Daten anzeigt. Zusätzlich wird für jede Aktion wie Bearbeiten, Löschen etc. ebenfalls eine Spalte erzeugt, die einen entsprechenden Link enthält. Dieser Abschnitt erklärt, wie dieses automatische Erstellen von Spalten unterbunden bzw. angepasst und wie Spalten manuell konfiguriert werden können. Der Felder-Dialog, den Sie mit dem Befehl Spalten bearbeiten... im Aufgabenmenü des `DataView`-Steuerelements aufrufen, ist für die Konfiguration vorgesehen.

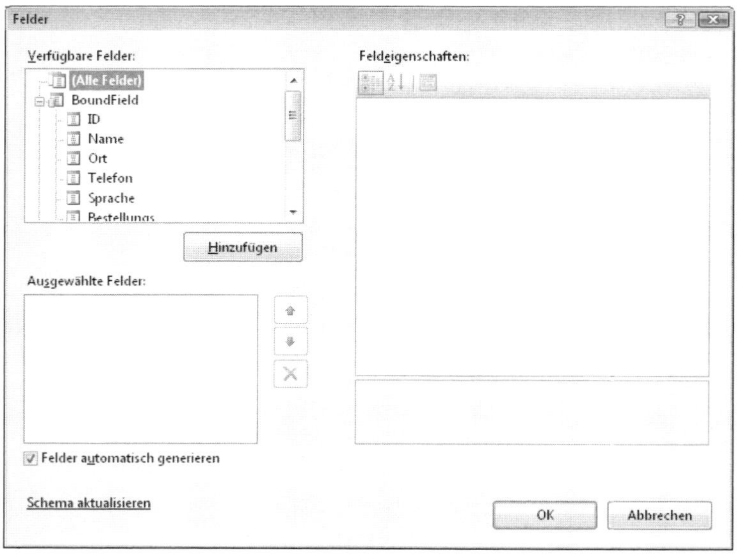

Abbildung 9.52 Über den Felder-Dialog lassen sich alle Spalten konfigurieren.

Über diesen Dialog können Sie offensichtlich Spalten entfernen, hinzufügen und deren Reihenfolge und Eigenschaften verändern. Dem Kontrollkästchen Felder automatisch generieren kommt dabei eine besondere Rolle zu. Es steuert das automatische Erzeugen von Spalten für jedes Feld der Datenquelle.

Um Spalten nicht mehr automatisch erstellen zu lassen, ohne dass das Grid gar keine Spalten mehr besitzt, gehen Sie wie folgt vor:

1. Wählen Sie das Kontrollkästchen Felder automatisch generieren ab.
2. Markieren Sie (Alle Felder) oben in der Liste Verfügbare Felder, und klicken Sie anschließend auf Hinzufügen.
3. Nachdem alle Felder in der Liste Ausgewählte Felder aufgeführt werden, können Sie deren Reihenfolge verändern oder das eine oder andere Feld wieder entfernen.
4. Bestätigen Sie den Dialog mit der OK-Schaltfläche.

Die Ausgabe zur Laufzeit sieht auf den ersten Blick erst einmal gleich aus, da faktisch auch die gleichen Spalten angezeigt werden. Lediglich Änderungen am Schema der Datenquelle werden nicht automatisch berücksichtigt, und es kann sogar zu Fehlern kommen, wenn ein Feld aus der Datenquelle entfernt wird.

Das `GridView`-Steuerelement bietet eine Reihe unterschiedlicher Spaltentypen, die entweder Daten darstellen oder für eine Funktion stehen.

- *BoundField*: Dieser Spaltentyp stellt den Inhalt eines gebundenen Feldes dar. Für jedes Feld der Datenquelle ist ein Element vorhanden.
- *CheckBoxField*: Durch diesen Spaltentyp können Ja-/Nein-Werte (Boolean) dargestellt werden.
- *HyperLinkField*: Dieser Spaltentyp erzeugt einen Hyperlink für den Browser.
- *ImageField*: Für die Darstellung eines Bildes in dieser Spalte durch das `img`-Tag steht dieser Spaltentyp zur Auswahl.
- *ButtonField*: Dieser Spaltentyp erzeugt eine Schaltfläche, bei deren Aktivierung serverseitig reagiert werden kann.
- *CommandField*: Unter dieser Rubrik werden unterschiedliche Schaltflächen aufgeführt, deren Funktion von dem `GridView`-Steuerelement selbst bedient wird.

Tipp:
Sie können mehrere (unterschiedliche) Spalten an ein Feld der Datenquelle binden. Damit können Sie z.B. erreichen, dass der Anwender bei relativ breiten Tabellen dadurch nicht die Übersicht verliert, dass sich aussagekräftige Spalte(n) am Anfang (ganz links) und am Ende (ganz rechts) einer Zeile befinden. Wenn es sich dabei um `BoundField` oder `CheckBoxField`-Spalten handelt, sollten Sie jedoch die `ReadOnly`-Eigenschaft auf `true` setzen, damit der Anwender beim Bearbeiten nicht durch zwei Textboxen für ein und dasselbe Feld verwirrt wird.

Im Folgenden werden die einzelnen Typen beschrieben.

BoundField/ CheckBoxField als Spaltentyp

Diese Spaltentypen sind für die direkte Darstellung der Inhalte aus der Datenquelle vorgesehen. `CheckBoxField` ist dabei auf Ja-/Nein-Werte (`bit`-Datentyp auf SQL Server) spezialisiert.

Tabelle 9.8 Einige wichtige Eigenschaften der BoundField- und CheckBoxField-Spaltentypen

Eigenschaft	Beschreibung
`DataField`	Gibt das Feld an, an das der Inhalt gebunden ist. Entspricht diese Eigenschaft `null` oder `String.Empty`, so wird die Spalte nicht angezeigt.
`DataFormatString`	Diese Eigenschaft dient der Formatierung des Wertes. Über den Platzhalter {0} kann auf den Inhalt Bezug genommen werden. Der Wert in dieser Eigenschaft entspricht den Möglichkeiten und Regeln für die `String.Format()`-Methode. Entspricht die Eigenschaft `null` oder `String.Empty`, so wird der Wert unformatiert ausgegeben – dies ist der Standard. Achtung! Existiert nicht bei `CheckBoxField`-Spalten.
`HeaderImageUrl`	Legt die URL zu der Grafik fest, die im Kopf anstelle des Textes (`HeaderText`-Eigenschaft) steht. Dies wird stattdessen als ToolTip verwendet.
`HeaderText`	Gibt den Text im Spaltenkopf an. Ist die `HeaderImageUrl`-Eigenschaft gesetzt, so ist dies der Text für den Tooltipp.
`ItemStyle`	Erlaubt die Angabe der optischen Formatierung für diese Spalte.
`ReadOnly`	Bestimmt, ob der Inhalt dieser Spalte bearbeitet werden darf.
`SortExpression`	Mit dieser Eigenschaft wird bestimmt, mit welchem Ausdruck diese Spalte sortiert werden soll, wenn das Sortieren für das Steuerelement aktiviert wurde. Ein Wert von `null` oder `String.Empty` sorgt dafür, dass nach dieser Spalte nicht sortiert werden kann.
`Visible`	Legt fest, ob die Spalte sichtbar ist, d.h., an den Client ausgegeben wird.

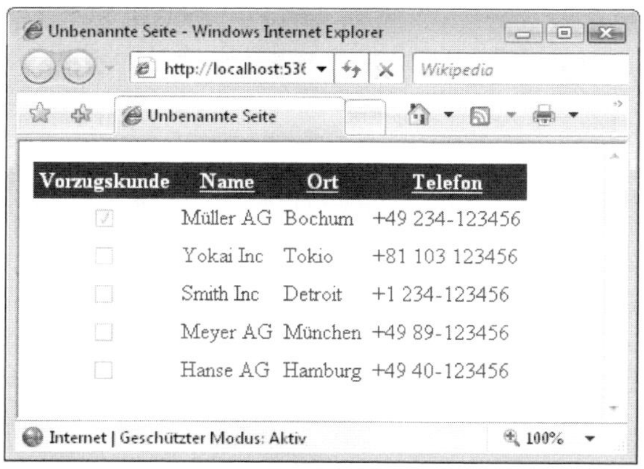

Abbildung 9.53 BoundField- und CheckBoxField-Spalten im Einsatz

HyperLinkField als Spaltentyp

Für das Hinzufügen eines (clientseitigen) Hyperlinks ist der `HyperLinkField`-Spaltentyp vorgesehen.

Tabelle 9.9 Einige wichtige Eigenschaften des HyperLinkField-Spaltentyps

Eigenschaft	Beschreibung
`DataNavigateUrlFields`	Durch diese Eigenschaft können mehrere Felder der Datenquelle angegeben werden, die in der `DataNavigationUrlFormat`-Eigenschaft der Reihe nach über die Platzhalter {0}...{n} angesprochen werden können. Mehrere Felder müssen durch ein Komma getrennt notiert werden.
`DataNavigateUrlFormatString`	Legt das Aussehen des Links fest. Dieser kann sowohl relativ als auch absolut sein. Werden in der `DataNavigationUrlFields`-Eigenschaft z.B. zwei Felder festgelegt, so kann dies z.B. so aussehen: `ZeigeDetails.aspx?ID={0}&Ort={1}`.
`Target`	Legt fest, in welchem Fenster oder Frame der Link geöffnet werden soll. Neben einem Namen sind folgende symbolischen Bezeichnungen vorgesehen, die auch das a-Tag kennt und angeben, wo der Link geöffnet werden soll. ■ *_blank*: In einem neuen Fenster. ■ *_parent*: In dem unmittelbar übergeordneten Fenster. ■ *_search*: Im Suchbereich. ■ *_self*: Im aktuellen Fenster/Frame öffnen. Dies ist der Standard, wenn die Eigenschaft leer ist. ■ *_top*: Im aktuellen Fenster und abhängig von evtl. vorhandenen Frames.
`DataTextField`	Gibt das Feld an, an das der Inhalt gebunden ist. Entspricht diese Eigenschaft `null` oder `String.Empty`, so wird der Wert der `Text`-Eigenschaft angezeigt.
`DataTextFormatString`	Diese Eigenschaft dient der Formatierung des Wertes. Über den Platzhalter {0} kann auf den Inhalt Bezug genommen werden. Der Wert in dieser Eigenschaft entspricht den Möglichkeiten und Regeln für die `String.Format()`-Methode. Entspricht die Eigenschaft `null` oder `String.Empty`, so wird der Wert unformatiert ausgegeben – dies ist der Standard.
`Text`	Legt den Text fest, der angezeigt werden soll, wenn die Spalte an kein Feld gebunden ist (siehe `DataTextField`-Eigenschaft).

Eigenschaft	**Beschreibung**
`HeaderImageUrl`	Legt die URL zu der Grafik fest, die im Kopf anstelle des Textes (`HeaderText`-Eigenschaft) steht. Dies wird stattdessen als ToolTip verwendet.
`HeaderText`	Gibt den Text im Spaltenkopf an. Ist die `HeaderImageUrl`-Eigenschaft gesetzt, so ist dies der Text für den Tooltipp.
`ItemStyle`	Erlaubt die Angabe der optischen Formatierung für diese Spalte.
`ReadOnly`	Bestimmt, ob der Inhalt dieser Spalte bearbeitet werden darf.
`SortExpression`	Mit dieser Eigenschaft wird bestimmt, mit welchem Ausdruck diese Spalte sortiert werden soll, wenn das Sortieren für das Steuerelement aktiviert wurde. Ein Wert von `null` oder `String.Empty` sorgt dafür, dass nach dieser Spalte nicht sortiert werden kann.
`Visible`	Legt fest, ob die Spalte sichtbar ist, d.h., an den Client ausgegeben wird.

Das folgende Beispiel zeigt die notwendigen Werte, um einen Hyperlink zu einer Detailseite zu realisieren, die in einem neuen Fenster geöffnet wird.

Setzen Sie folgende Eigenschaften:

Tabelle 9.10 Eigenschaften für einen Hyperlink zu einer Detailseite

Eigenschaft	**Wert**
`DataNavigateUrlFields`	ID
`DataNavigateUrlFormatString`	Details.aspx?ID={0}
`Text`	Details…
`Target`	_blank
`SortExpression`	*{Bitte leer lassen}*

Wenn Sie statt des Textes oder zusammen mit ihm ein kleines Symbol anzeigen lassen wollen, so genügt folgende abweichende Belegung der Werte.

Tabelle 9.11 Eigenschaften für einen Hyperlink mit Symbol zu einer Detailseite

Eigenschaft	**Wert**
DataNavigateUrlFormatString	<img src='img/properties.png' border='0'/> Details...

Durch das Schnippselchen HTML wird eine kleine Grafik vor den Text montiert – beide zusammen fungieren als Hyperlink.

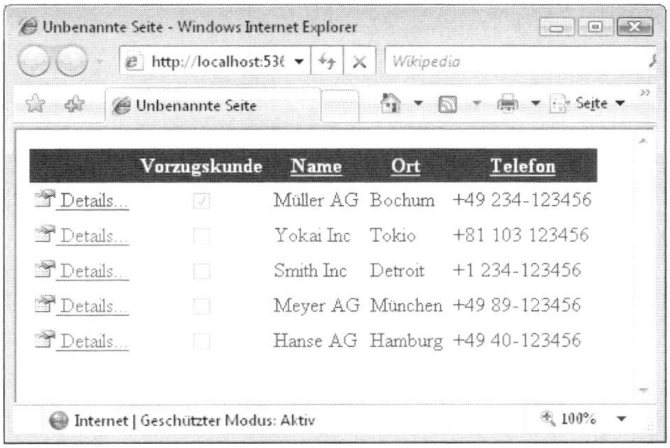

Abbildung 9.54 Eine Spalte mit Hyperlinks, die aus einem Symbol und Text bestehen

ButtonField als Spaltentyp

Während Hyperlinks klassischerweise nur für eine Aktion auf dem Client stehen, können mit einer Spalte vom Typ `ButtonField` serverseitige Aktionen ausgelöst werden. Klickt der Anwender auf eine solche Schaltfläche, so löst das `GridView`-Steuerelement das `Row-Command`-Ereignis aus.

Tabelle 9.12 Einige wichtige Eigenschaften des ButtonField-Spaltentyps

Eigenschaft	Beschreibung
`ButtonType`	Legt fest, wie die Schaltfläche im Client-Browser angezeigt werden soll. Mögliche Werte sind: ■ *Button*: Die Schaltfläche wird durch einen HTML-Button dargestellt. ■ *Image*: Eine Grafik fungiert als Schaltfläche. ■ *Link*: Die Schaltfläche ist ein einfacher Link. Dies ist der Standard.
`ImageUrl`	Wenn die `ButtonType`-Eigenschaft den Wert `Image` hat, legt dies die URL für die Grafik fest.
`CommandName`	Bestimmt den (eindeutigen) Namen der Schaltfläche. Hat das Steuerelement mehrere Spalten vom Typ `ButtonField`, kann mit diesem Wert bestimmt werden, welcher Button (aus welcher Spalte) angeklickt wurde.
`DataTextField`	Gibt das Feld an, an das der Inhalt gebunden ist, d.h., dessen Inhalt für die Beschriftung der Schaltfläche verwendet werden soll. Entspricht diese Eigenschaft `null` oder `String.Empty`, so wird der Wert der `Text`-Eigenschaft verwendet.

Eigenschaft	Beschreibung
DataTextFormatString	Diese Eigenschaft dient der Formatierung des Wertes. Über den Platzhalter {0} kann auf den Inhalt Bezug genommen werden. Der Wert in dieser Eigenschaft entspricht den Möglichkeiten und Regeln für die String.Format()-Methode. Entspricht die Eigenschaft null oder String.Empty, so wird der Wert unformatiert ausgegeben – dies ist der Standard.
Text	Legt den Text fest, der angezeigt werden soll, wenn die Spalte an kein Feld gebunden ist (siehe DataTextField-Eigenschaft).
HeaderImageUrl	Legt die URL zu der Grafik fest, die im Kopf anstelle des Textes (HeaderText-Eigenschaft) stehen soll. Dies wird stattdessen als Tooltipp verwendet.
HeaderText	Gibt den Text im Spaltenkopf an. Ist die HeaderImageUrl-Eigenschaft gesetzt, so ist dies der Text für den Tooltipp.
ItemStyle	Erlaubt die Angabe der optischen Formatierung für diese Spalte.
ReadOnly	Bestimmt, ob der Inhalt dieser Spalte bearbeitet werden darf.
SortExpression	Mit dieser Eigenschaft wird bestimmt, mit welchem Ausdruck diese Spalte sortiert werden soll, wenn das Sortieren für das Steuerelement aktiviert wurde. Ein Wert von null oder String.Empty sorgt dafür, dass nach dieser Spalte nicht sortiert werden kann.

Im folgenden Beispiel wird demonstriert, wie eine ButtonField-Spalte verwendet werden kann.

Setzen Sie folgende Eigenschaften in eine Spalte vom Typ ButtonField:

Tabelle 9.13 Eigenschaften für eine ButtonField-Spalte

Eigenschaft	Wert
ButtonType	Button
CommandName	cmdInvoice
Text	Abrechnen

Wie schon erwähnt, wird das RowCommand-Ereignis ausgelöst, wenn der Anwender auf eine der Schaltflächen klickt. Dies trifft nicht nur auf ButtonField-Spalten zu, sondern auch auf das Sortieren via Klick auf den Spaltenkopf, dem Blättern beim seitenweisen Arbeiten mit Daten (Paging) und bei den Schaltflächen für Bearbeiten, Löschen etc. Unterschieden werden die einzelnen Aktionen durch die CommandName-Eigenschaft, die dazu eine Reihe vordefinierter Werte kennt.

Tabelle 9.14 Vordefinierte Werte der CommandName-Eigenschaft für Standardaktionen

Wert	Beschreibung
`Cancel`	Bricht das Bearbeiten der Daten ab.
`Delete`	Löscht den entsprechenden Datensatz.
`Edit`	Beginnt mit der Bearbeitung des Datensatzes
`Page`	Wechselt bei der seitenweisen Arbeit mit den Daten (Paging) auf die entsprechende Seite. Mögliche Werte für die CommandArgument-Eigenschaft sind: ■ *First*: Erste Seite ■ *Last*: Letzte Seite ■ *Next*: Nächste Seite ■ *Prev*: Vorherige Seite ■ *{SeitenNummer}*: Die entsprechende Seite.
`Select`	Wählt die entsprechende Zeile aus.
`Sort`	Sortiert die entsprechende Spalte.
`Update`	Bestätigt das Bearbeiten der Daten und übernimmt die Eingaben.

Tipp:
Sie können die entsprechenden Werte für eigene Schaltflächen verwenden, wenn Sie die dazugehörige Aktion gezielt auslösen möchten. Ansonsten sollten Sie diese nach Möglichkeit vermeiden und andere Werte verwenden.

Zusätzlich dazu existiert eine `CommandArgument`-Eigenschaft, die detaillierte Informationen zu dem Kommando enthält. Der Inhalt und Sinn dieser Eigenschaft hängen also von der `CommandName`-Eigenschaft ab. Für `ButtonField`-Spalten ist der Wert der Index der Zeile, in der sich die Schaltfläche befindet.

Ausgerüstet mit diesem Wissen ist die Implementierung des `RowCommand`-Ereignisses ein Kinderspiel. Dieses ist so aufgebaut, dass leicht noch weitere `ButtonField`-Spalten eingebaut werden können. Ist das Kommando unbekannt (z.B. bei einem Klick auf einen Spaltenkopf), so wird lediglich eine Nachricht protokolliert.

```
protected void GridView1_RowCommand(object sender, GridViewCommand-
EventArgs e)
{
    // Index der Spalte mit dem Primärschlüsselwert
    const int PKColumnIndex = 2;

    // Referenz auf das GridView-Steuerelement
    GridView gv = (GridView)sender;

    // Nach Kommando entscheiden, was zu tun ist
    switch (e.CommandName)
    {
        case "cmdInvoice":
            // Zeilenindex ermitteln
            int rowIndex = Int32.Parse(e.CommandArgument.ToString());

            // Referenz auf die entsprechende Zeile
            GridViewRow gvr = gv.Rows[rowIndex];
```

```
                // PK-Wert ermitteln
                int PKValue = int.Parse(gvr.Cells[PKColumnIndex].Text);

                // Testnachricht
                Page.Title = string.Format("Kunde abrechnen: {0}", PKValue);
                break;
            default:
                // Protokollnachricht
                Debug.Print("{0}:{1}", e.CommandName, e.CommandArgument);
                break;
        }
}
```

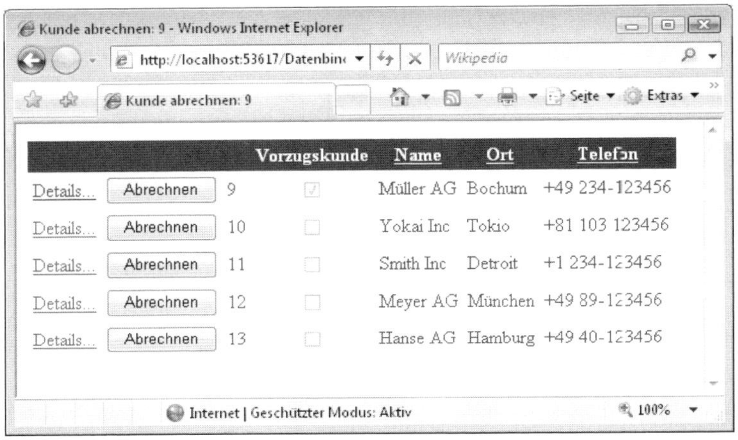

Abbildung 9.55 In der Titelleiste steht der eindeutige Wert des Kunden.

ImageField als Spaltentyp

Um lediglich eine Grafik oder ein Symbol in einer Zeile anzuzeigen, existiert die `ImageField`-Spalte.

Tabelle 9.15 Einige wichtige Eigenschaften des ImageField-Spaltentyps

Eigenschaft	Beschreibung
`AlternateText`	Der alternative Text der Grafik, wenn die Spalte an kein Feld der Datenquelle gebunden ist.
`DataAlternateTextField`	Legt das Feld der Datenquelle fest, das für den alternativen Text verwendet werden soll.
`DataAlternateTextFormat`	Diese Eigenschaft dient der Formatierung des alternativen Texts. Über den Platzhalter {0} kann auf den entsprechenden Wert in der Zeile Bezug genommen werden. Entspricht die Eigenschaft `null` oder `String.Empty`, so wird der Wert unformatiert ausgegeben – dies ist der Standard.
`DataImageUrlField`	Legt das Feld der Datenquelle fest, das für die URL der Grafik verwendet werden soll.

Eigenschaft	Beschreibung
`DataImageUrlFormatString`	Mittels dieser Eigenschaft kann die URL der Grafik erzeugt werden. Über den Platzhalter {0} kann auf den entsprechenden Wert in der Zeile Bezug genommen werden. Entspricht die Eigenschaft `null` oder `String.Empty`, so wird der Wert unformatiert ausgegeben – dies ist der Standard.
`HeaderImageUrl`	Legt die URL zu der Grafik fest, die im Kopf anstelle des Textes (`HeaderText`-Eigenschaft) stehen soll. Dies wird stattdessen als Tooltipp verwendet.
`HeaderText`	Gibt den Text im Spaltenkopf an. Ist die `HeaderImageUrl`-Eigenschaft gesetzt, so ist dies der Text für den Tooltipp.
`ItemStyle`	Erlaubt die Angabe der optischen Formatierung für diese Spalte.
`ReadOnly`	Bestimmt, ob der Inhalt dieser Spalte bearbeitet werden darf.
`SortExpression`	Mit dieser Eigenschaft wird bestimmt, mit welchem Ausdruck diese Spalte sortiert werden soll, wenn das Sortieren für das Steuerelement aktiviert wurde. Ein Wert von `null` oder `String.Empty` sorgt dafür, dass nach dieser Spalte nicht sortiert werden kann.

Auf Auswahl reagieren

Wurde für das `GridView`-Steuerelement eine Spalte eingerichtet, welche die Auswahl ermöglicht, so kann per `SelectedIndexChanged`-Ereignis darauf reagiert werden. Über die `SelectedRow`-Eigenschaft kann dann auf die Zeile zugegriffen werden. Wird der `SelectedIndex`-Eigenschaft ein Wert von –1 zugewiesen, so wird die Auswahl aufgehoben, und keine Zeile ist ausgewählt. Die `SelectedRow`-Eigenschaft hat dann den Wert `null`. Visuell wird die derzeit ausgewählte Zeile gemäß der `SelectedRowStyle`-Eigenschaft formatiert.

Das folgende kleine Beispiel zeigt, wie das Ereignis behandelt werden kann.

```
protected void GridView1_SelectedIndexChanged(object sender, EventArgs e)
{
    // Referenz auf das GridView-Steuerelement
    GridView gv = (GridView)sender;

    if (gv != null)
    {
        // Ist ein Kunde ausgewählt worden?
        if (gv.SelectedRow != null)
        {
            // Wert des Primärschlüssels der Zeile ermitteln
            int PKValue = (int)gv.SelectedValue;

            // Testnachricht
            Page.Title =
                string.Format("Ausgwählter Kunde: {0}", PKValue);
        }
        else
            Page.Title = "Kein Kunde ausgewählt";
    }
}
```

Da das Ereignis auch dann ausgelöst wird, wenn die Auswahl aufgehoben wird (z.B. durch eine Schaltfläche von „außen"), macht die Unterscheidung, ob ein Kunde aktuell ausgewählt wurde, Sinn.

Abbildung 9.56 Die ausgewählte Zeile ist gut zu erkennen.

9.3.2.2 Das DetailsView-Steuerelement

Mit diesem Steuerelement lassen sich leicht Detailansichten von Daten realisieren, die z.B. von einem `GridView`-Steuerelement aus geöffnet werden können. Im Gegensatz zu einer Liste zeigt dieses Steuerelement nämlich immer nur einen Datensatz an. Die Technik einzelner Felder, die im `GridView`-Steuerelement eine Spalte darstellen, wird hier für einzelne Steuerelemente aufgegriffen, die zeilenweise angeordnet werden – der Dialog für die Konfiguration ist der gleiche.

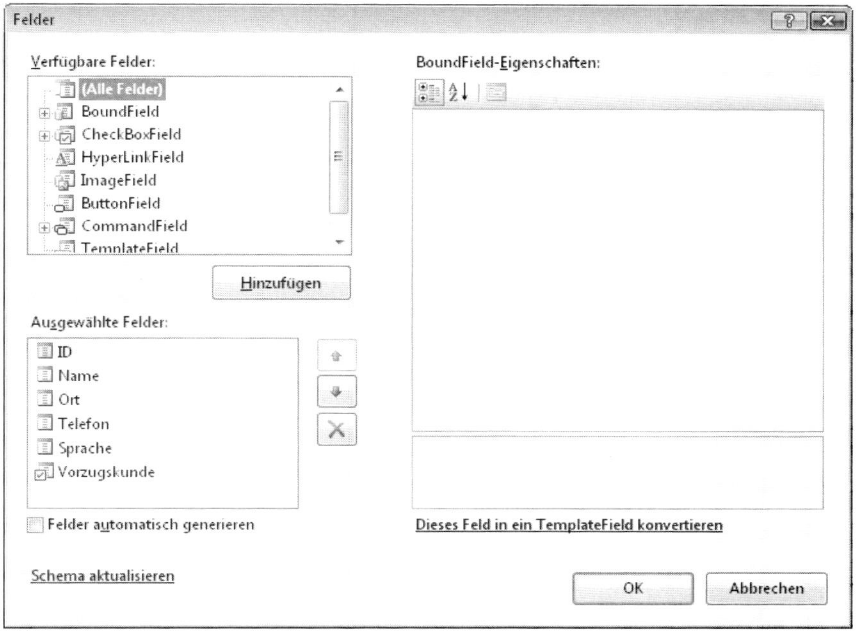

Abbildung 9.57 Der Dialog und die Arbeit mit Feldern ist dem des GridView-Steuerelements mehr als ähnlich.

Tipp:

Wenn Sie mehr Gestaltungsspielraum bei der Anordnung und Programmierung der Steuerelemente benötigen als das einfache „Auflisten", bietet sich das `FormView`-Steuerelement an. Es erlaubt das freie Anordnen von Steuerelementen, deren Eigenschaften (ähnlich wie bei der Datenbindung von Windows Forms-Anwendungen) an die Datenquelle gebunden werden können. Mehr Details unter *9.3.2.3, „Das FormView-Steuerelement"*. Der Entwicklungsaufwand ist dafür aber auch höher als beim `DetailsView`-Steuerelement.

Darüber hinaus ist das Steuerelement in der Lage, seitenweise mit Daten zu arbeiten (Paging), und verfügt über eine Reihe vorgefertigter Layouts für das äußere Erscheinungsbild. Auf Wunsch stellt es auch die Möglichkeit bereit, die Daten zu bearbeiten, zu löschen und einzufügen.

Hinweis:

Einfügen, Bearbeiten und Löschen stehen nur zur Verfügung, wenn dies die Datenquelle unterstützt.

Das folgende Beispiel zeigt, wie z.B. eine Detailansicht erstellt werden kann, die sich per Hyperlink aus dem `GridView`-Steuerelement aus *9.3.2.1, „Das GridView-Steuerelement"*, öffnen lässt (die URL sieht wie folgt aus: `Details.aspx?ID={KundenID}`):

1. Erstellen Sie eine neue Web Form mit dem Namen Details.aspx.
2. Ziehen Sie eine Datenquelle auf die Form, und konfigurieren Sie sie so, dass sie Daten für Kunden liefert. Wenn Sie ein `LinqDataSource`-Steuerelement verwenden, welches das schon bestehende LINQ-Kontextobjekt verwendet (dies wurde im App_Code-Ordner abgelegt), so wählen Sie dieses im ersten Schritt des Assistenten für die Konfiguration der Datenquelle aus. Im zweiten Schritt müssen Sie dann nur noch die richtige Tabelle („Kundes[2]") auswählen.
3. Da geplant ist, die eindeutige ID des Kunden per URL an die neue Form zu übergeben, soll der Umstand genutzt werden, dass die Datenquelle, die in Schritt 2 erzeugt und konfiguriert wurde, einen solchen Wert direkt als Parameter für die Abfrage verwenden soll. Damit wird exakt auf den Kunden eingeschränkt, dessen Details von Interesse sind. Konfigurieren Sie daher die Datenquelle weiter, indem Sie auf die Where-Schaltfläche im Schritt Datenauswahl klicken.

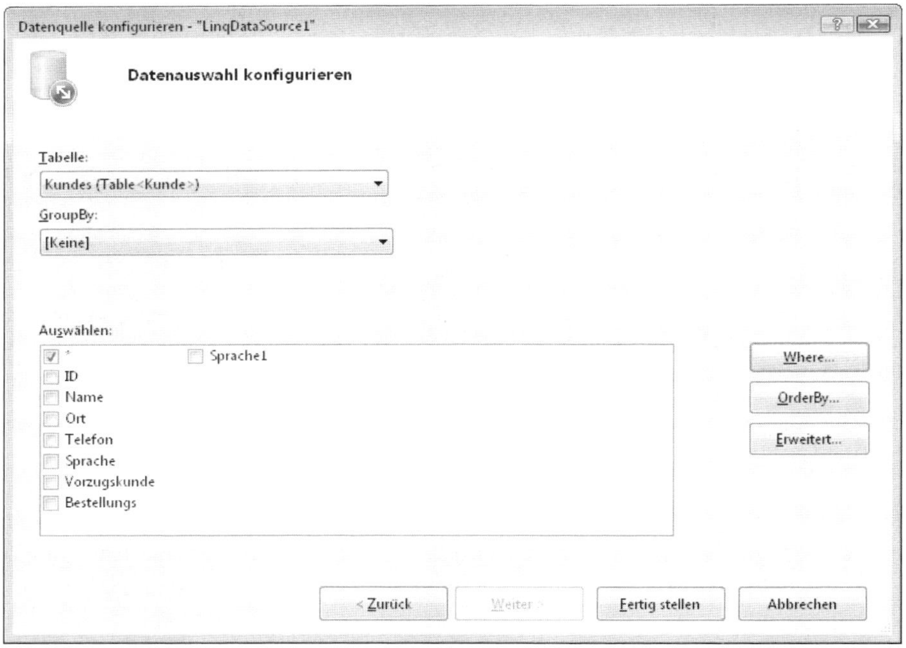

Abbildung 9.58 Bei der Konfiguration eines LinqDataSource-Steuerelements ist die Where-Schaltfläche hier.

[2] Zur Erinnerung: Dies ist ein automatisch erstellter Name mit dem englischen Plural-„S". Der abgedruckte Name ist also kein Schreibfehler!

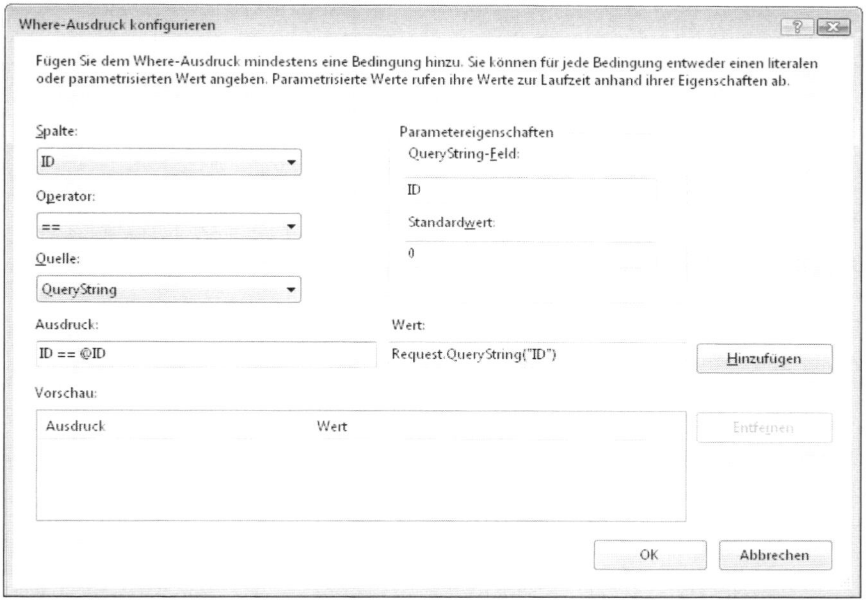

Abbildung 9.59 Und es wird dieser Dialog geöffnet.

4. Legen Sie im Where-Ausdruck konfigurieren-Dialog folgende Werte fest. Anschließend bestätigen Sie den Dialog und beenden den gesamten Assistenten. Durch diese Konfiguration entnimmt die Datenquelle automatisch den Wert aus der URL und wendet sie als Einschränkung auf die Daten an.

Tabelle 9.16 Eigenschaften für eine ButtonField-Spalte

Eigenschaft	Wert
`Spalte`	ID
`Operator`	==
`Quelle`	QueryString
`Parametereigenschaften`	Feld: ID Standardwert: 0

5. Nachdem die Datenquelle so präpariert wurde, können Sie nun ein `DetailsView`-Steuerelement auf die Form ziehen und an der gewünschten Stelle platzieren. Über das Aufgabenmenü können Sie die Datenquelle für das Steuerelement bestimmen.

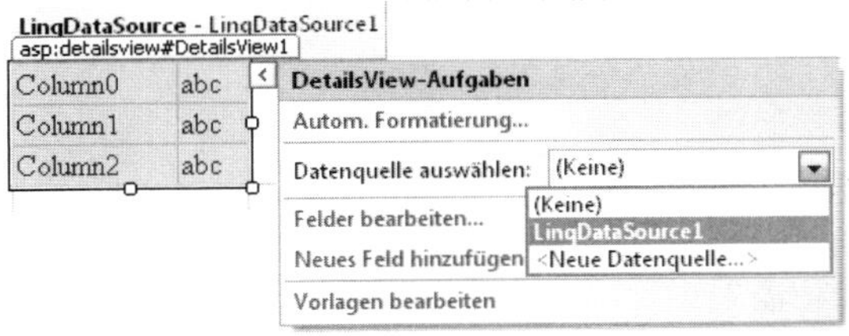

Abbildung 9.60 Über das Aufgabenmenü bestimmen Sie die Datenquelle.

6. Über den Befehl Autom. Formatierung... können Sie ein vorgefertigtes Layout auswählen, um den optischen Eindruck ein wenig zu verbessern.

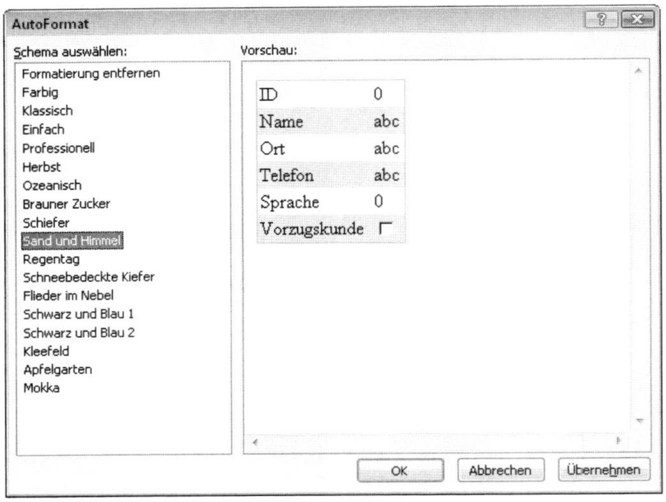

Abbildung 9.61 Vorgefertigte Layouts verbessern den optischen Eindruck.

7. Auf Wunsch können Sie über das Aufgabenmenü mittels des Befehls Felder bearbeiten... die Reihenfolge der Felder (von oben nach unten) bestimmen sowie alle weiteren Details verändern. Die Möglichkeiten und das Vorgehen entsprechen dabei größtenteils den bei den Feldern für die Spalten eines `GridView`-Steuerelements, sodass an dieser Stelle auf den Absatz *9.3.2.1*, „Das GridView-Steuerelement", verwiesen sei.
8. Wenn die Datenquelle dies unterstützt, können Sie zudem noch die Schaltflächen für Einfügen, Bearbeiten und Löschen einblenden. Ist auch das abgeschlossen, ist das Steuerelement einsatzbereit. Wichtig beim Öffnen der Seite ist nur, dass der Parameter `ID` in der URL vorhanden ist und einen gültigen Wert besitzt.

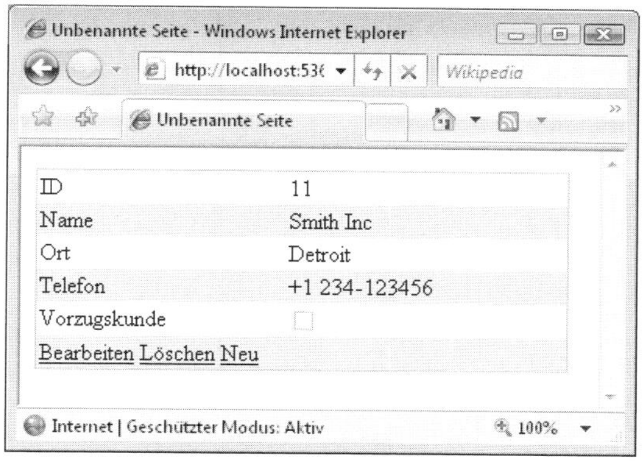

Abbildung 9.62 Das Endergebnis im Internet Explorer

Die Seite in der obigen Abbildung wurde aus dem `GridView`-Steuerelement mit der URL `Details.aspx?ID=11` geöffnet.

9.3.2.3 Das FormView-Steuerelement

Bietet das `DetailsView`-Steuerelement zu wenig Gestaltungsspielraum, so ist das `FormView`-Steuerelement die richtige Wahl. Es bietet neben einem hohen Maß an Flexibilität auch die Möglichkeit, einfach die Eigenschaften gewöhnlicher ASP.NET-Steuerelemente an die Datenquelle zu binden – damit kommt dieses Vorgehen der Datenbindung von Windows Forms-Anwendungen recht nah.

Das Steuerelement arbeitet dabei mit Vorlagen, die bestimmen, wie welche Steuerelemente zu welchem Zweck angezeigt werden sollen.

Für die Anzeige und Bearbeitung von Daten sind die folgenden Vorlagen definiert:

- *ItemTemplate*: Diese Vorlage legt fest, wie ein Datensatz angezeigt werden soll.
- *EditItemTemplate*: Legt die Oberfläche für die Bearbeitung von Datensätzen fest.
- *InsertItemTemplate*: Legt die Oberfläche speziell für das Einfügen neuer Datensätze fest.
- *EmptyDataTemplate*: Legt fest, wie die Oberfläche aussehen soll, wenn die Datenquelle, an die das Steuerelement gebunden ist, keinen aktuellen Datensatz hat.

Hinweis:

Darüber hinaus gibt es noch Vorlagen für den Kopfbereich (HeaderTemplate), dem Fußbereich (FooterTemplate) und dem Bereich, in dem die Schaltflächen für das Paging (PagerTempale) dargestellt werden.

Im Folgenden wird eine Alternative zu der detaillierten Ansicht mithilfe des `DetailsView`-Steuerelements aus *9.3.2.2,* „Das DetailsView-Steuerelement“, skizziert.

1. Folgen Sie den Schritten 1 bis 4 aus dem Abschnitt *9.3.2.2,* „Das DetailsView-Steuerelement", in denen im Wesentlichen eine neue Web Form erzeugt und mit einer funktionierenden Datenquelle versehen wird.
2. Ziehen Sie ein `FormView`-Steuerelement aus der Toolbox (Kartenreiter Daten) auf die Form.

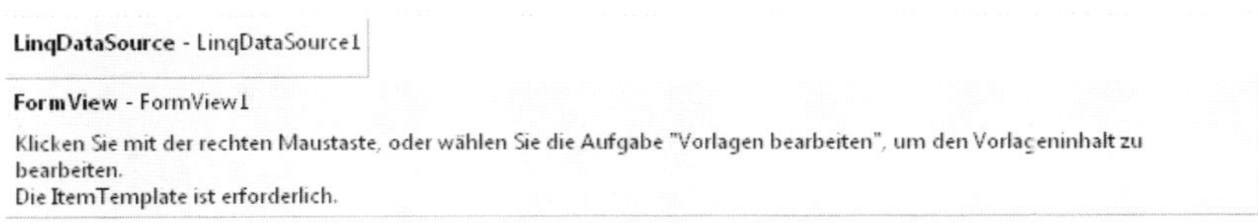

Abbildung 9.63 Das Steuerelement sieht noch recht unspektakulär aus – das wird sich nun aber ändern.

3. Öffnen Sie das Aufgabenmenü, und weisen Sie die Datenquelle zu. Dadurch werden in der `ItemTemplate`-Vorlage für jedes Feld Steuerelemente erzeugt. Das Beispiel ist damit schon lauffähig. Ebenfalls über das Aufgabenmenü kann man mit dem Autom. Formatieren-Befehl für ein ansprechendes Äußeres sorgen.
4. Um das Aussehen jedoch anzupassen, klicken Sie auf den Befehl Vorlagen bearbeiten. Dadurch verändert sich das Aussehen des Steuerelements abermals. Es ist nun sowohl möglich, die gewünschte Vorlage auszuwählen, also auch diese zu bearbeiten.

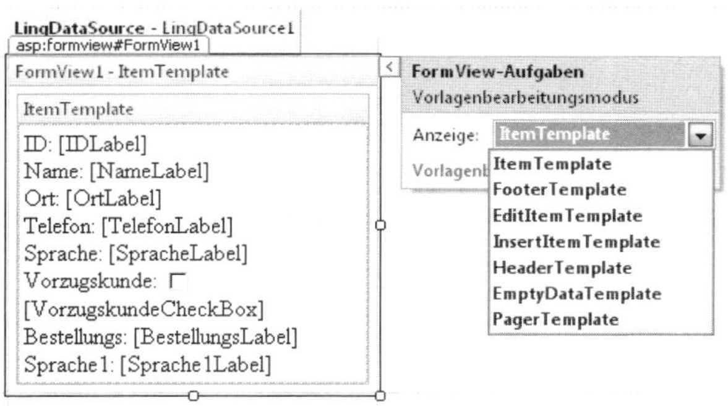

Abbildung 9.64 Die ausgewählte Vorlage kann nun frei bearbeitet werden.

5. Alle Steuerelemente, die sich in der Vorlage befinden, besitzen nun ein eigenes Aufgabenmenü, in dem die Datenbindung konfiguriert werden kann. Bereits gebundene Eigenschaften werden mit einem kleinen, gelben Symbol gekennzeichnet. Klicken Sie Alle Eigenschaften anzeigen an, um sich alle Eigenschaften des Steuerelements anzeigen zu lassen.

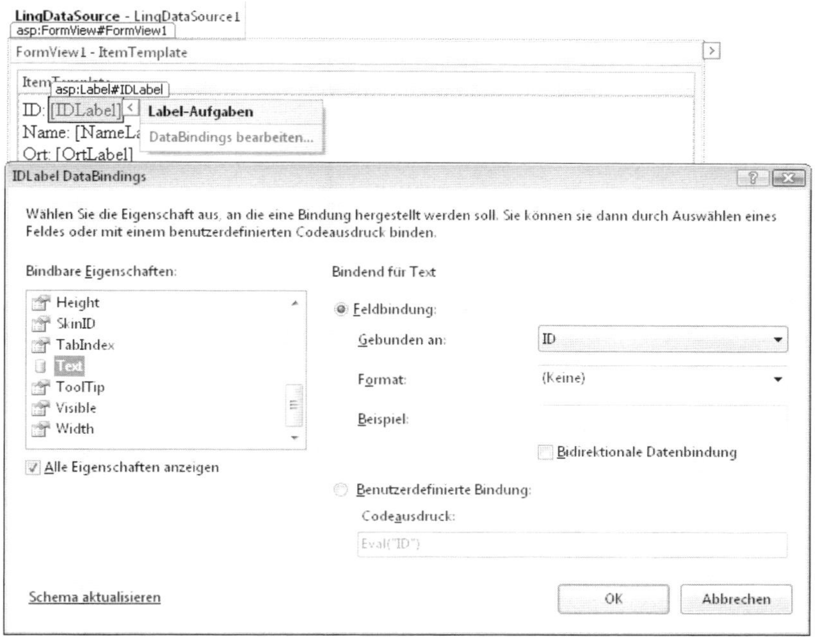

Abbildung 9.65 So ziemlich alle Eigenschaften eines Steuerelements können gebunden werden.

Prinzipiell gibt es dabei zwei unterschiedliche Arten von Datenbindung: solche, bei denen der Inhalt aus der Datenquelle nur an das Steuerelement übermittelt wird (unidirektional), und solche, bei denen der Wert auch wieder ausgelesen und in der Datenquelle aktualisiert wird (bidirektional).

- *Unidirektionale Datenbindung*: Diese einfachere Bindung wird im Markup-Code durch den `Eval`-Ausdruck repräsentiert.

```
<asp:Label ID="IDLabel" runat="server" Text='<%# Eval("ID") %>' />
```

- *Bidirektionale Datenbindung:* Um jegliche Änderung der Eigenschaften zurück an die Datenquelle zu übergeben, wird der `Bind`-Ausdruck verwendet.

```
<asp:Label ID="NameLabel" runat="server" Text='<%# Bind("Name") %>' />
```

Wichtig:

Eine bidirektionale Datenbindung macht nur Sinn, wenn die Daten auch bearbeitet werden können (`EditItemTemplate`- oder `InsertTemplate`-Vorlage) und wenn der Anwender auch die Möglichkeit hat, die Daten irgendwie zu modifizieren.

6. Fügen Sie der `ItemTempalte`-Vorlage ein Button-Steuerelement hinzu, und binden Sie die `CommandArgument`-Eigenschaft an das `ID`-Feld. Der HTML-Markup-Code für diese Vorlage kann z.B. so aussehen: Eine Tabelle sorgt für ein ruhiges Erscheinungsbild.

```
<ItemTemplate>
  <table>
  <tr>
    <td style="width:120px;">ID:</td>
    <td>
        <asp:Label ID="IDLabel" runat="server" Text='<%# Eval("ID") %>'/>
    </td>
  </tr>
  <tr>
    <td style="background-color:#dddddd;">Name:</td>
    <td>
      <asp:Label ID="NmLabel" runat="server" Text='<%# Bind("Name") %>'/>
    </td>
  </tr>
  <tr>
    <td style="background-color:#dddddd;">Ort:</td>
    <td>
      <asp:Label ID="OLabel" runat="server" Text='<%# Bind("Ort") %>' />
    </td>
  </tr>
  <tr>
    <td style="background-color:#dddddd;">Telefon:</td>
    <td>
      <asp:Label ID="tlb" runat="server" Text='<%# Bind("Telefon") %>' />
    </td>
  </tr>
  <tr>
    <td style="background-color:#dddddd;">Vorzugskunde:</td>
    <td>
      <asp:CheckBox ID="VorzugskundeCheckBox" runat="server"
        Checked='<%# Bind("Vorzugskunde") %>' Enabled="false" />
    </td>
  </tr>
  <tr>
    <td colspan="2">
      <asp:Button ID="Button1" runat="server" Text="Kunde abmahnen"
        CommandArgument='<%# Eval("ID") %>' onclick="Button1_Click" />
    </td>
  </tr>
</table>
```

7. Haben Sie alle gewünschten Änderungen an den Vorlagen durchgeführt, können Sie das `FormView`-Steuerelement mit dem Befehl Vorlangenbearbeitung beenden wieder in die andere Entwurfsansicht schalten.

Tipp:

Die Vorlagen lassen sich mit geübtem Blick schneller und genauer direkt im Markup-Code bearbeiten.

8. Das `Click`-Ereignis der Schaltfläche kann so aussehen. Über das `CommandArgument`-Ereignis ist die eindeutige ID des Kunden schnell und einfach ermittelt worden, da auf datengebundene Eigenschaftswerte wie üblich zugegriffen werden kann.

```
protected void Button1_Click(object sender, EventArgs e)
{
    // Referenz auf das Steuerelement

    Button btn = sender as Button;
    if (btn != null)
    {
        // Eindeutige Werte aus der Eigenschaft ermitteln
        int PKValue = int.Parse(btn.CommandArgument);
        // Testnachricht
        Page.Title = string.Format("PKValue: {0}", PKValue);
    }
}
```

9. Wenn gewünscht, kann für das Steuerelement nun noch die seitenweise Anzeige von Daten aktiviert werden. Wichtig beim Öffnen der Seite ist nur, dass der Parameter `ID` in der URL vorhanden ist und einen gültigen Wert besitzt.

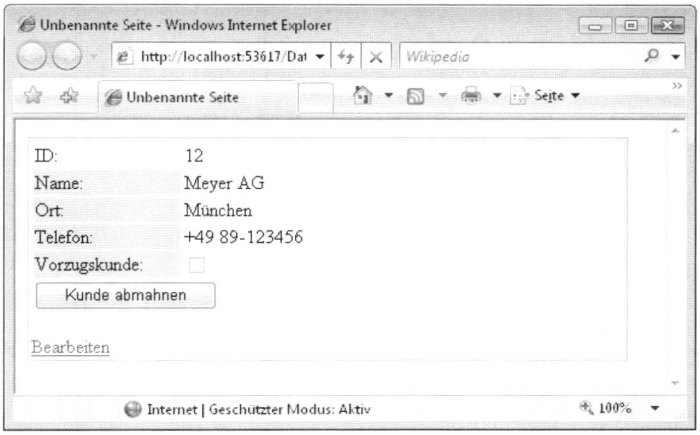

Abbildung 9.66 Das FormView-Steuerelement im Internet Explorer in Aktion

Die Seite in der obigen Abbildung wurde aus dem `GridView`-Steuerelement aus *9.3.2.1,* „Das GridView-Steuerelement", mit der URL `Details2.aspx?ID=12` geöffnet.

9.3.2.4 Das ListView-Steuerelement

Während das `FormView`-Steuerelement immer nur einen Datensatz gleichzeitig anzeigen kann, zeigt das `ListView`-Steuerelement mehrere Datensätze an. Vieles ist bei der Arbeit mit beiden Steuerelementen trotzdem sehr ähnlich: die Arbeit mit Vorlagen, das Binden der Eigenschaften an Standard-ASP.NET-Steuerelemente etc. Daher sei auf den vorherigen Abschnitt *9.3.2.3,* „Das FormView-Steuerelement", verwiesen, der auf die Details eingeht.

An dieser Stelle sollen nur die zur Verfügung stehenden Vorlagen aufgelistet und kurz erläutert werden.

- *ItemTemplate*: Diese Vorlage legt fest, wie ein Datensatz angezeigt werden soll.
- *AlternatingItemTemplate*: Vorlage für die alternative Anzeige jedes zweiten Datensatzes. Ist diese Vorlage nicht definiert, so wird die `ItemTemplate`-Vorlage für alle Datensätze verwendet.
- *EditItemTemplate*: Legt die Oberfläche für die Bearbeitung von Datensätzen fest.
- *InsertItemTemplate*: Legt die Oberfläche speziell für das Einfügen neuer Datensätze fest.
- *EmptyDataTemplate*: Legt fest, wie die Oberfläche aussehen soll, wenn die Datenquelle, an die das Steuerelement gebunden ist, keinen aktuellen Datensatz hat.

Um das ListView-Steuerelement zu verwenden, gehen Sie wie folgt vor:

1. Erstellen oder verwenden Sie eine Seite, auf der sich eine konfigurierte Datenquelle befindet.
2. Ziehen Sie das `ListView`-Steuerelement aus der Toolbox (Karteireiter Daten), und platzieren Sie es an der gewünschten Stelle.
3. Öffnen Sie das Aufgabenmenü des Steuerelements, und legen Sie die Datenquelle fest.

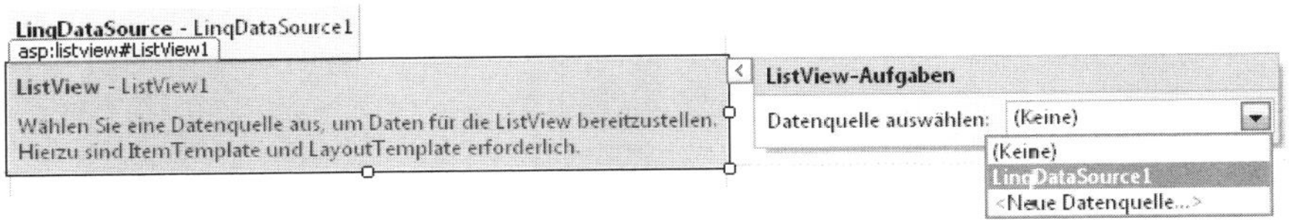

Abbildung 9.67 Durch das Aufgabenmenü ist wieder die Bestimmung der Datenquelle möglich.

4. Anschließend wählen Sie den ListView konfigurieren-Befehl (nun ebenfalls im Aufgabenmenü). Es erscheint der zentrale Dialog, in dem Sie das Aussehen und die Funktionen des Steuerelements festlegen können. Eine kleine Vorschau gibt dazu ein direktes Feedback.

Hinweis:
Einfügen, Bearbeiten und Löschen stehen nur zur Auswahl, wenn die Datenquelle diese Aktionen unterstützt.

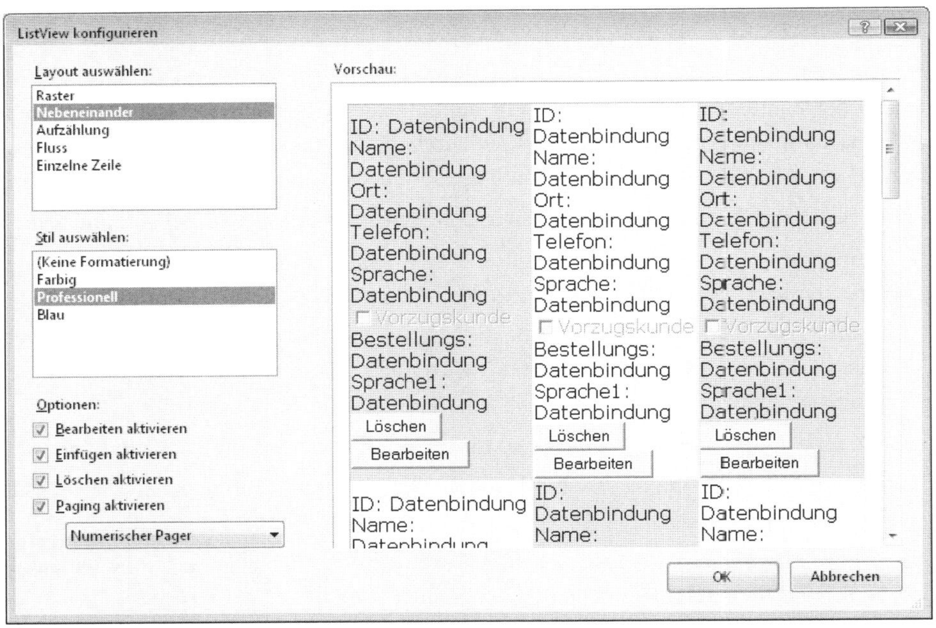

Abbildung 9.68 Der zentrale Dialog zur Konfiguration des ListView-Steuerelements

5. Haben Sie alle gewünschten Einstellungen vorgenommen, so bestätigen Sie den Dialog mit der OK-Schaltfläche.
6. Im nächsten Schritt können die Vorlagen bearbeitet werden. Wählen Sie dazu im Aufgabenmenü die gewünschte Vorlage unter Aktuelle Ansicht aus. Für Details, wie Vorlagen bearbeitet und Eigenschaften gebunden werden, sei nochmals auf *9.3.2.3*, „Das FormView-Steuerelement", verwiesen.
7. Sind alle Vorlagen nach Wunsch bearbeitet worden, kann das Steuerelement wieder in die Laufzeitansicht umgeschaltet und die Anwendung gestartet werden.

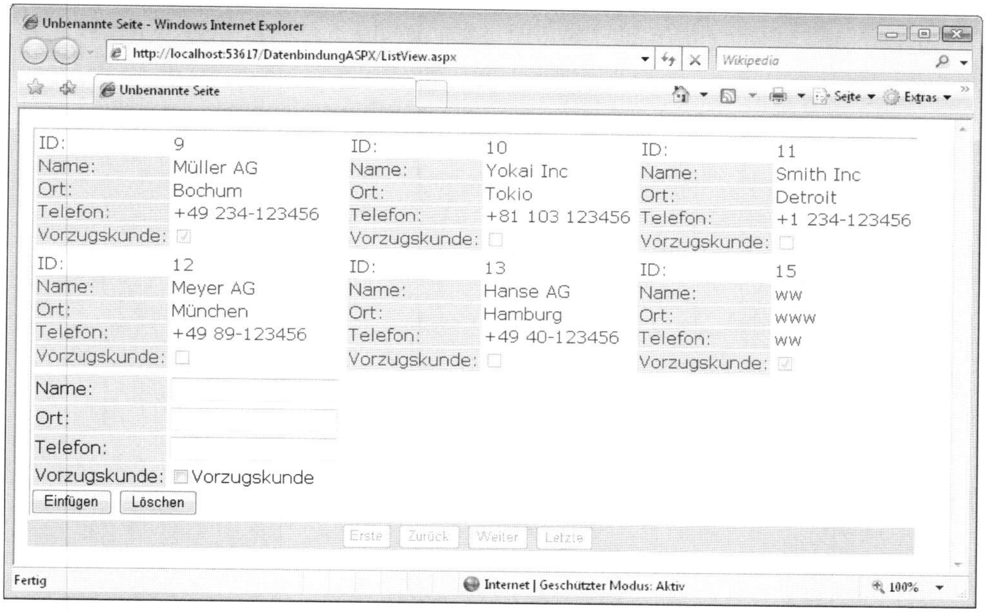

Abbildung 9.69 Das ListView-Steuerelement im Einsatz

Hinweis:
Auf Wunsch können Sie statt mit der internen `Paging`-Funktionalität mit dem `DataPager`-Steuerelement arbeiten. Von einem „gemischten" Einsatz ist jedoch abzusehen.

9.3.2.5 Das DataList-Steuerelement

Das `DataList`-Steuerelement stellt quasi die ältere Version des `ListView`-Steuerelements dar. Es arbeitet ebenfalls mit Vorlagen, die im Designer bearbeitet werden können. Wichtige Eigenschaften lassen sich komfortabel per Dialog verändern. Im Gegensatz zum `ListView`-Steuerelement unterstützt es jedoch das seitenweise Arbeiten mit Daten (Paging) nicht und ist nicht ganz so frei in der (automatischen) Layoutgestaltung.

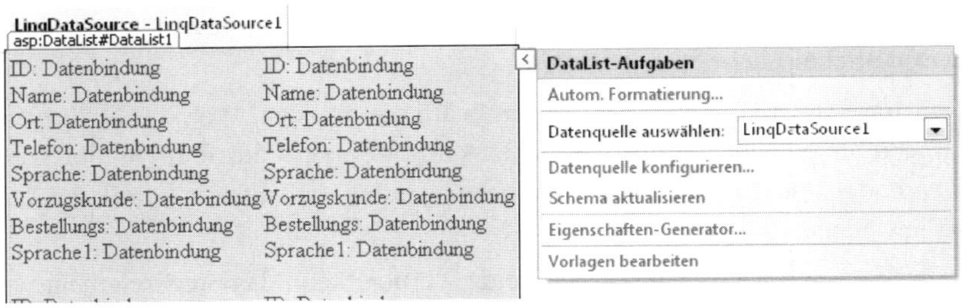

Abbildung 9.70 Das Aufgabenmenü des DataList-Steuerelements

Das Steuerelement stellt immer alle Datensätze dar, welche die Datenquelle liefert.

Im Eigenschaften-Dialog (Befehl Eigenschaften-Generator...) des Steuerelements kann neben der Angabe über das Format und den Rahmen auch bestimmt werden, ob die Datensätze im Fluss oder als Tabelle horizontal/vertikal angeordnet werden sollen. Im Falle einer Tabelle kann zudem bestimmt werden, nach wie vielen Datensätzen in der nächsten Zeile fortgefahren werden soll.

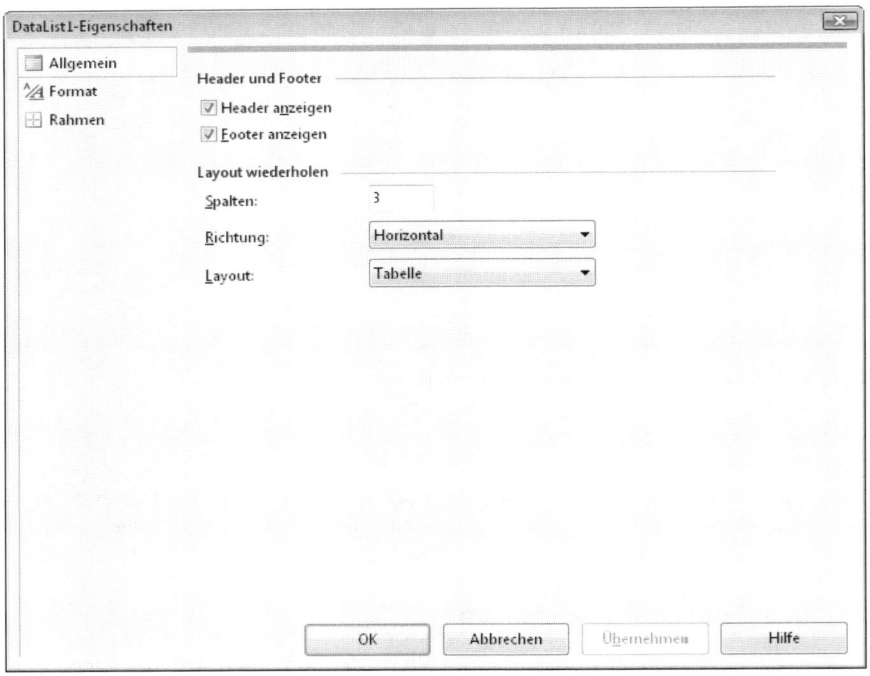

Abbildung 9.71 Wichtige Eigenschaften können per Dialog konfiguriert werden.

Das Steuerelement stellt die folgenden Vorlagen für die Darstellung der Daten bereit:

- *ItemTemplate*: Vorlage für die Anzeige eines Datensatzes.

- *AlternatingItemTemplate*: Vorlage für die alternative Anzeige jedes zweiten Datensatzes. Ist diese Vorlage nicht definiert, so wird die `ItemTemplate`-Vorlage für alle Datensätze verwendet.
- *SeparatorTemplate*: Vorlage für die Darstellung des Bereiches zwischen zwei Datensätzen.

Hinweis:
Zusätzlich existieren weitere Vorlagen für den Bereich vor und nach den Daten, die den Kopf- und Fußbereich definieren. Werden diese Vorlagen leer gelassen, so wird der jeweilige Bereich nicht dargestellt.

Die Daten des jeweils aktuellen Datensatzes werden mit Ausdrücken (die auch per Dialog bestimmt werden können) wie beim `FormView`-Steuerelement verwendet, weshalb auf den entsprechenden Abschnitt unter *9.3.2.3,* „Das FormView-Steuerelement“, verwiesen sei.

Begonnen werden kann mit der Bearbeitung der Vorlagen durch den Vorlagen bearbeiten-Befehl des Aufgabenmenüs, beendet später durch den Vorlagenbearbeitung beenden-Befehl an gleicher Stelle.

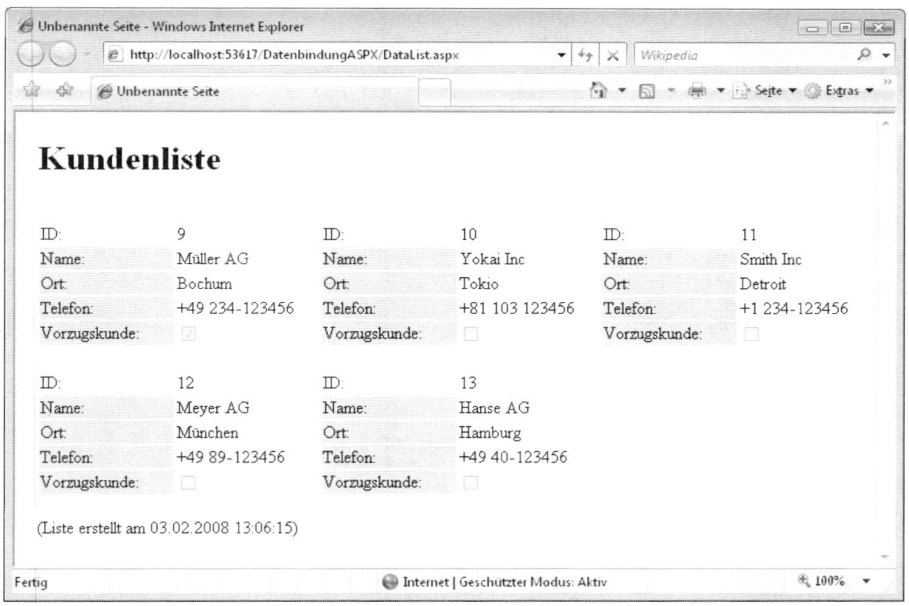

Abbildung 9.72 Das Steuerelement im Internet Explorer im Einsatz

Hinweis:
Das aktuelle Datum nebst Uhrzeit wurden per Inline-Code realisiert.

```
<FooterTemplate>
    (Liste erstellt am <% = DateTime.Now %>)
</FooterTemplate>
```

9.3.2.6 Das Repeater-Steuerelement

Das `Repeater`-Steuerelement stellt den flexibelsten Weg dar, um gebundene Daten darzustellen. Es legt im Wesentlichen nur einen Rahmen fest, der vom Programmierer mit Markup-Code gefüllt werden muss. Dabei werden wieder unterschiedliche Vorlagen verwendet, die in den jeweiligen Situationen zum Einsatz kommen. Die Bindung der Daten geschieht genau wie z.B. beim `FormView`-Steuerelement mit den Ausdrücken `Eval` und `Bind`.

Die einzelnen Vorlagen werden dann im Prinzip einfach der Reihe nach mit den Daten des jeweils aktuellen Datensatzes wiederholt (außer die für den Bereich vor dem ersten und nach dem letzten Datensatz natürlich).

Folgende Vorlangen sind für das `Repeater`-Steuerelement vorgesehen:

- *ItemTemplate*: Vorlage für die Anzeige eines Datensatzes.
- *AlternatingItemTemplate*: Vorlage für die alternative Anzeige jedes zweiten Datensatzes. Ist diese Vorlage nicht definiert, so wird die `ItemTemplate`-Vorlage für alle Datensätze verwendet.
- *SeparatorTemplate*: Vorlage für die Darstellung des Bereiches zwischen zwei Datensätzen.
- *HeaderTemplate*: Vorlage für den Bereich vor dem ersten Datensatz.
- *FooterTemplate*: Vorlage für den Bereich nach dem letzten Datensatz.

Das folgende Beispiel zeigt, wie der Markup-Code für ein Repeater-Steuerelement aussehen kann, für das alle fünf Vorlagen definiert wurden.

```
<asp:Repeater ID="Repeater1" runat="server"
    DataSourceID="LinqDataSource1">
    <HeaderTemplate>
        <!-- Vor dem ersten Datensatz -->
        <h3>Kundenliste</h3>
    </HeaderTemplate>
    <ItemTemplate>
        <!-- Darstellung eines Datensatzes -->
        <span><%# Eval("Name") %> aus <%# Eval("Ort") %></span>
    </ItemTemplate>
    <AlternatingItemTemplate>
        <!-- Darstellung jedes zweiten Datensatzes -->
        <span style="background-color:#dddddd">
            <%# Eval("Name") %> aus <%# Eval("Ort") %>
        </span>
    </AlternatingItemTemplate>
    <SeparatorTemplate>
         <!-- Trennbereich -->
         <hr />
    </SeparatorTemplate>
    <FooterTemplate>
        <!-- Nach dem letzten Datensatz -->
        <hr /><hr />
    </FooterTemplate>
</asp:Repeater>
```

Die Ausgabe im Internet Explorer sieht so aus:

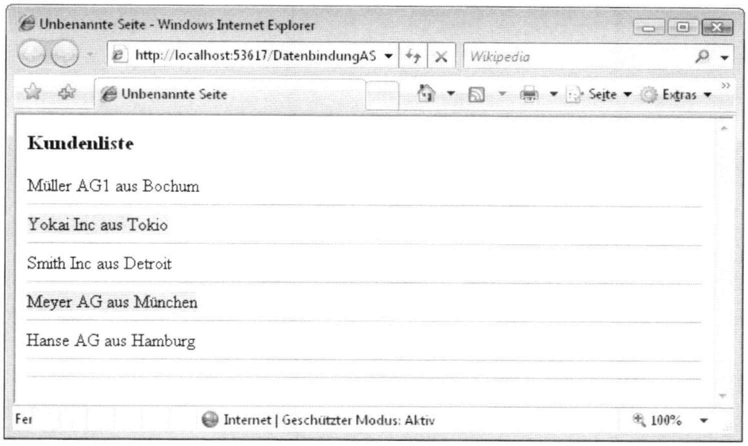

Abbildung 9.73 Die Ausgabe des Repeater-Steuerelements im Internet Explorer

Tipp:

Versuchen Sie, das `Repeater`-Steuerelement zu vermeiden, da seine Programmierung recht aufwendig und damit auch fehleranfällig ist. Viele Aufgaben können darüber hinaus mit dem `DataList`-Steuerelement oder dem `ListView`-Steuerelement ebenso gut erledigt werden.

9.3.2.7 Das DataPager-Steuerelement

Mit dem `DataPager`-Steuerelement können Steuerelemente, die nicht bereits von Hause aus mit der Fähigkeit ausgerüstet sind, Daten seitenweise zu bearbeiten (also solche, welche die `IPageableItemContainer`-Schnittstelle implementieren), mit einer solchen Funktion ausgestattet werden (dies ist z.B. das `ListView`-Steuerelement).

Über die `PagedSteuerelementID`-Eigenschaft wird die Steuerelement-ID des Steuerelements (nicht der Datenquelle) angegeben, das verwendet werden soll.

Hinweis:

Die Eigenschaft steht leider nicht im Aufgabenmenü bereit, sondern muss per Code oder durch den Eigenschaften-Dialog gesetzt werden.

Das `DataPager`-Steuerelement bietet zwei unterschiedliche Arten von Pagern an, die über das Aufgabenmenü des Steuerelements festgelegt werden.

- Nächster/Vorheriger

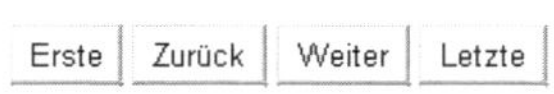

- Numerischer Pager

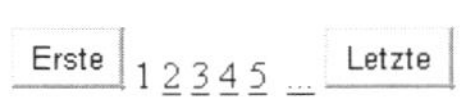

Darüber hinaus können die beiden Stile auch gemischt werden, indem die Pagerfelder modifiziert werden. Gehen Sie dafür wie folgt vor:

1. Öffnen Sie das Aufgabenmenü des `DataPager`-Steuerelements, und klicken Sie auf den Befehl **Pagerfelder bearbeiten**.
2. Im Dialog **Feld** können Sie bestimmen, welche Pagerfelder in welcher Reihenfolge erscheinen sollen.

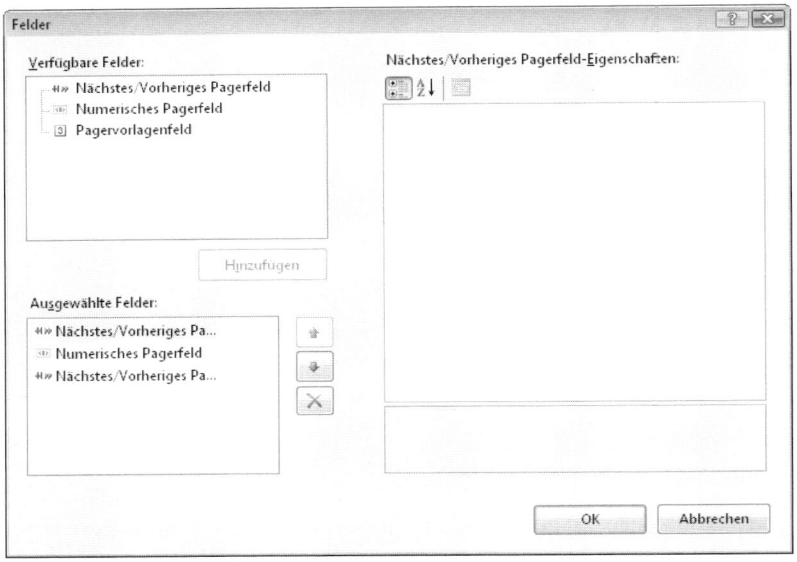

Abbildung 9.74 Der Felder-Dialog erlaubt weitere Anpassungen.

10

10 ADO.NET Entity Framework 4.0

Seit .NET Framework 3.5 Service Pack 1 bietet Microsoft einen eigenen O/R-Mapper[1] an: das ADO.NET Entity Framework (EF).

Mit .NET Framework 4.0 ist nun die überarbeitete und erweiterte Version mit grafischem Designer verfügbar. EF kann als technische Weiterentwicklung zu LINQ to SQL gesehen werden. Aus diesem Grund wird dem ADO.NET Entity Framework auch ein eigenes Kapitel in diesem Buch gewidmet, das als Einführung in diese Thematik gedacht ist.

Während LINQ to SQL noch recht eng mit dem SQL Server als Schicht zur Datenspeicherung verwoben ist, ist dies beim ADO.NET Entity Framework nicht mehr der Fall. Die Datenbank im Hintergrund ist stark abstrahiert, und es ist denkbar, Anwendungen zu schreiben, die völlig unabhängig von der verwendeten Datenbanktechnologie sind.

Das ADO.NET Entity Framework wurde bei seiner Entwicklung so konzipiert, dass Entwickler Datenzugriffsanwendungen erstellen können, indem sie für ein konzeptionelles Anwendungsmodell und nicht für ein relationales Datenbankschema programmieren. Das Ziel war es dabei auch, die Menge des Codes und den Wartungsaufwand zu verringern, die für datenorientierte Anwendungen erforderlich sind.

Wichtig:

Dieses Kapitel ist als Einfühlung in das ADO.NET Entity Framework 4.0 gedacht. Es soll dem geneigten Leser, der sich bereits mit SQL Server, der T-SQL-Abfragesprache und ADO.NET vertraut gemacht hat, helfen, sich in dieser Technologie zurechtzufinden.

---

[1] O/R-Mapper dienen zur objektrelationalen Abbildung und sind damit das Bindeglied zwischen Klassen auf .NET-Seite und Tabellen auf Seiten der Datenbank.

10.1 Wozu dient ein O/R-Mapper?

Gerade am Anfang stellt sich womöglich die Frage, warum man überhaupt einen O/R-Mapper verwenden soll; schließlich gibt es eine ungeheure Menge von Programmen auf diesem Planeten, die dies nicht tun und trotzdem gut laufen. Der Hauptgrund ist einfach: schnellere Entwicklung mit weniger Fehlerpotenzial, da es so einfach möglich ist, auf Spalten einer Tabellenzeile als Eigenschaft einer Klasse zuzugreifen. Die gesamte Tabelle wird als Auflistung von Instanzen dieser Klassen dargestellt. Auf diese Weise ist es mit Unterstützung der IntelliSense-Funktion des Editors möglich, sich ein wenig bei der Quellcodeerstellung unterstützen zu lassen. Zudem können auch Abfragen mit LINQ to Entities verwendet werden.

```
Kunden Kunde = KundenObjectContext.Kunden
     .Where(k => k.Name == "Müller AG").FirstOrDefault();
```

Existiert z.B. in einer SQL Server-Datenbank folgende Tabelle mit dem Namen „Kunden",

	ID	Name	Ort	Telefon	Sprache
▶	1	Müller AG	Frankfurt	+49 234-123456	1031
	2	Yokai Inc	Tokio	+81 103 123456	1041
	3	Smith Smith	Detroit	+1 234-123456	1033
	4	Meyer AG	München	+49 89-123456	1031
*	NULL	NULL	NULL	NULL	NULL

Abbildung 10.1 Die Tabelle mit einigen Zeilen auf dem SQL Server

so wird diese (vereinfachte) Klasse für die Daten einer Zeile generiert.

```
public partial class Kunden
{
    public int ID { get; set; }
    public string Name { get; set; }
    public string Ort { get; set; }
    public string Telefon { get; set; }
    ...
}
```

Auf diese Weise kann auf jede „Spalte" wie gewohnt als Eigenschaft zugegriffen werden (lesend und schreibend).

```
// Instanz wird über das ADO.NET Entity Framework erzeugt
Kunde meinKunde = ...;

meinKunde.Name = "Müller AG";
meinKunde.Stadt = "München";
```

Die gesamte Tabelle wird von einer Auflistung (ObjectSet) repräsentiert und ist über eine besondere Klasse, den Objektkontext (siehe *10.7.1.2, „Der Objektkontext"*), verfügbar.

```
public ObjectSet<Kunden> Kunden
{
    get ...;
}
```

Das Erstellen dieser Klassen wird über den entsprechenden Generator des Visual Studios erzeugt. Das Laden/Speichern der Daten aus der Datenbank geschieht dann über das ADO.NET Entity Framework 4.0.

Doch vor der Verwendung muss das Framework erst zum Einsatz gebracht werden.

10.2 ADO.NET Entity Framework im Projekt

Es gibt zwei Wege, das ADO.NET Entity Framework zu verwenden. Der erste besteht darin, dem Projekt ein entsprechendes Framework hinzuzufügen. Dies geschieht dann mit dem grafischen Designer beim Entwurf der gewünschten Entitäten und kann als Vorlage eine bestehende Datenbank verwenden. Der andere kommt ganz ohne Assistent aus und nennt sich daher „Code-Only"-Ansatz. Er ermöglicht es, bestehende Klassen in der Datenbank zu persistieren (siehe *10.7, „Code-Only"*).

10.2.1 Entitätenmodell (EDM)

In den folgenden Schritten wird beschrieben, wie mithilfe von Vorlagen und Assistenten ein Entitätenmodell erzeugt und dem aktuellen Projekt hinzugefügt werden kann. Das Entitätenmodell stellt die notwendigen Metadaten dar, damit die Entitäten, deren Beziehungen und weitere relevanten Informationen vorhanden sind.

Grob stehen dafür zwei unterschiedliche Ansätze zur Auswahl: Entweder die Datenbank liegt schon in fertiger Form vor, und es soll nach deren Vorbild ein Entitätenmodell erzeugt werden („Database first"), oder es wird der umgekehrte Weg beschritten, und das Entitätenmodell wird erst erstellt und anschließend auf dem SQL Server angelegt („Model frist"). Im Folgenden werden beide Wege der Reihe nach aufgezeigt.

10.2.1.1 Database first

Dieses Vorgehen ist hilfreich, wenn die Datenbank bereits besteht und ein passendes Entitätenmodell erzeugt werden soll.

1. Über das Kontextmenü fügen Sie dem Projekt ein Element „ADO.NET Entity Data Model" hinzu.

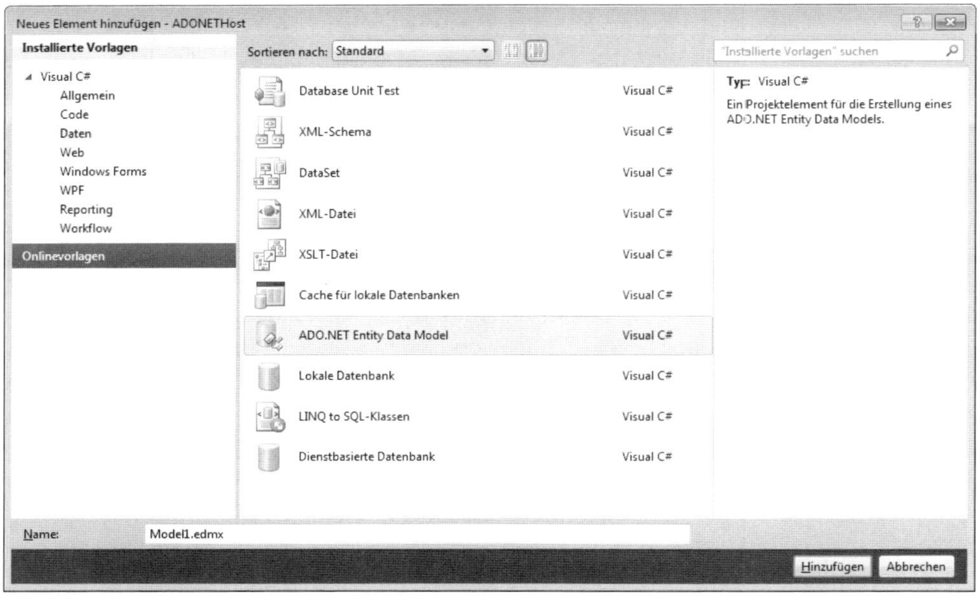

Abbildung 10.2 Dem Projekt muss das entsprechende Entitätenmodell hinzugefügt werden.

Ein solches besteht aus zwei Komponenten:

- eine partielle CS-Datei (wenn VB.Net verwendet wird, eine VB-Datei)
- eine XML-Datei

2. Im darauffolgenden Schritt kann eine Datenbank als Vorlage für das Modell angelegt oder mit einem leeren Modell begonnen werden. Beides endet im grafischen Designer, der im 5. Schritt zu sehen ist.
3. Wird die Datenbank als Vorlage ausgewählt, so gilt es im nächsten Dialog, die Datenbankverbindung auszuwählen bzw. anzulegen. Standardmäßig ist es möglich, die Verbindungsinformation unter dem angegebenen Namen in die Konfiguration der Anwendung aufzunehmen.

   Die Verbindung zur Datenbank beschränkt sich dabei keinesfalls nur auf SQL Server!

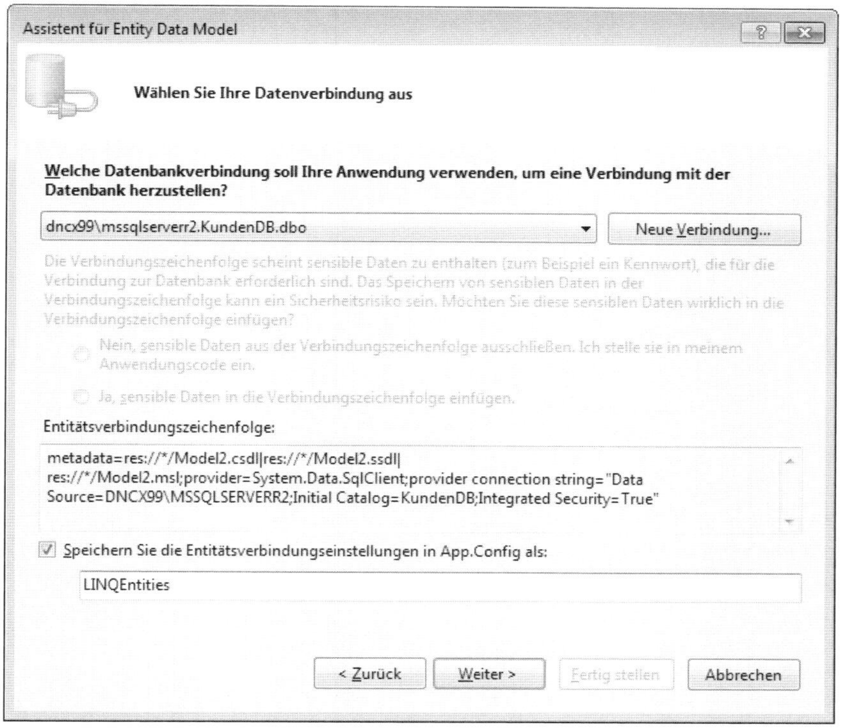

Abbildung 10.3 Die Festlegung der Verbindung zu der Datenbank

4. Im nächsten und letzten Schritt kann bestimmt werden, was aus der Datenbank für das ADO.NET Entity Framework verwendet werden soll. Zur Auswahl stehen dafür bei der Verwendung eines SQL Servers:
   - Tabellen
   - Sichten
   - Gespeicherte Prozeduren
   - Funktionen

   Dabei ist es möglich, alle Tabellen, Sichten etc. für das Modell auszuwählen oder gezielt einzelne auszusuchen.

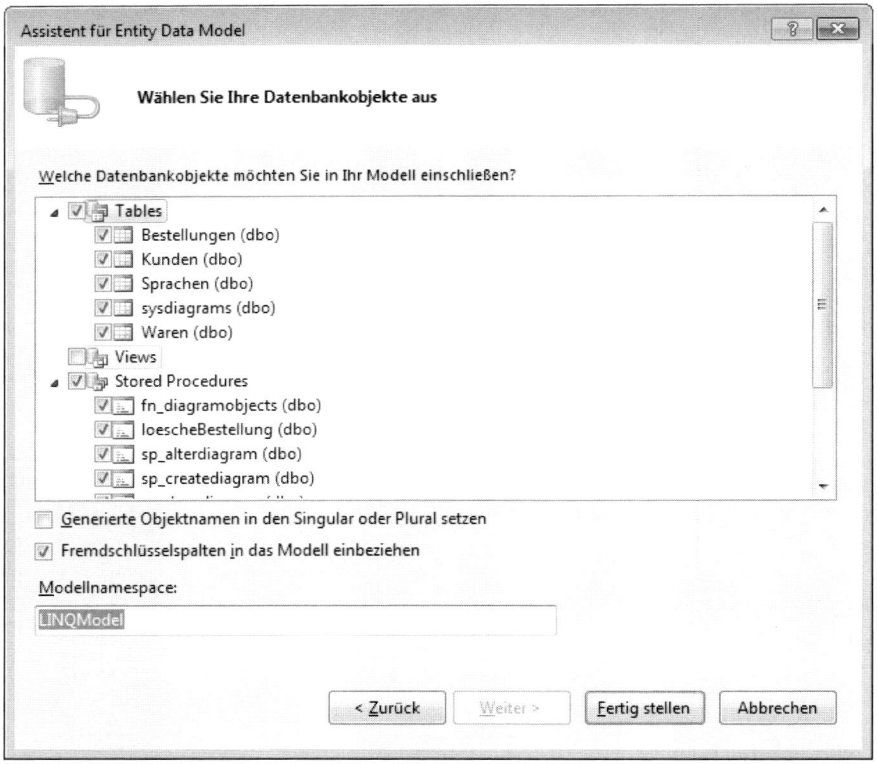

Abbildung 10.4 Bestimmung der Objekte für das Entitätenmodell

5. Nachdem der Assistent abgeschlossen wurde, ist das Modell fertig und kann verwendet oder weiter angepasst werden.

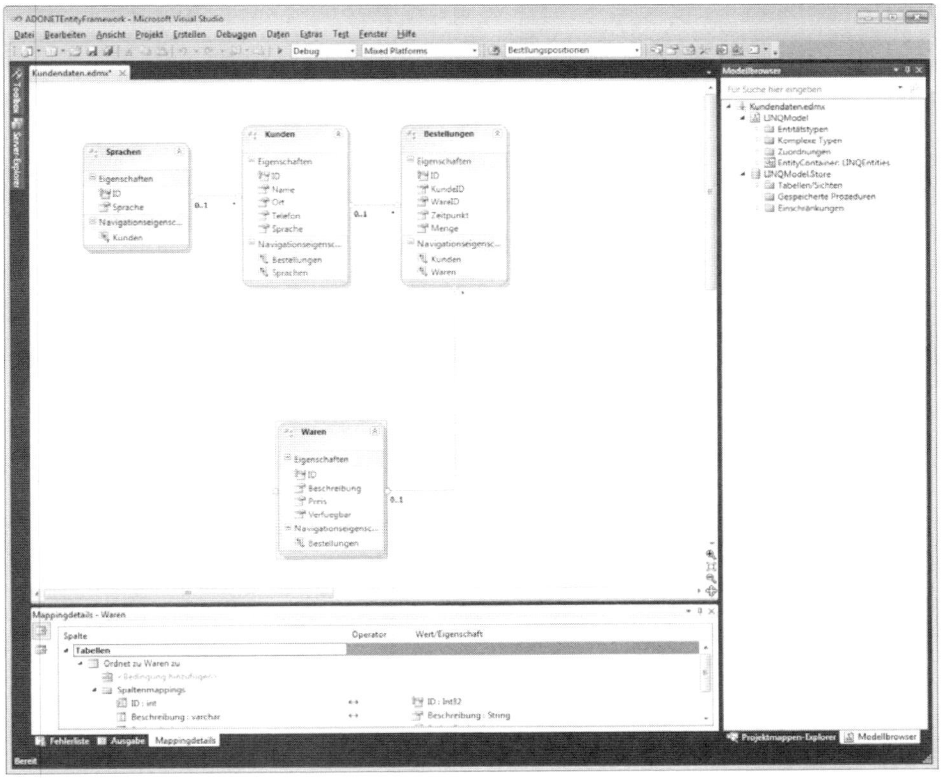

Abbildung 10.5 Der grafische Designer des Visual Studios für Entitätenmodelle

Ein Entitätenmodell lässt sich auch im Modellbrowser anzeigen. Dieser erscheint dort, wo auch der Projektmappen-Explorer standardmäßig zu finden ist (auf der rechten Seite des Visual Studios).

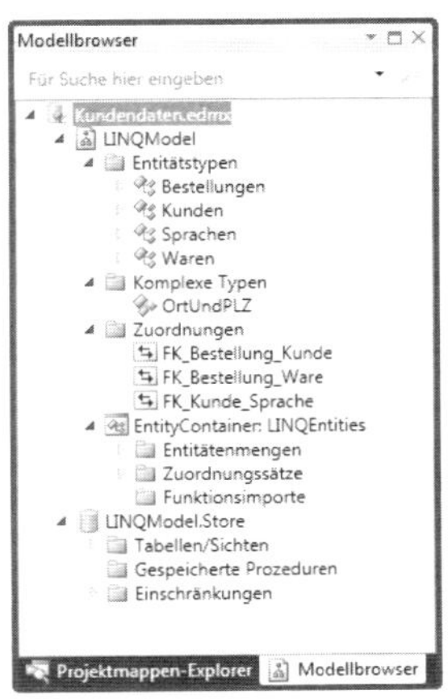

Abbildung 10.6 Die alternative Darstellung im Modellbrowser

10.2.1.2 Model first-Ansatz

Der „Model first"-Ansatz ist dann richtig, wenn noch keine entsprechende Datenbank existiert und das entsprechende Entitätenmodell per Hand erstellt werden muss.

> **Wichtig:**
> Es wird nicht die Datenbank im eigentlichen Sinne erstellt (diese muss nämlich bereits existieren), sondern es werden die notwendigen Objekte in einer Datenbank erstellt. Dies sind vor allem Tabellen zum Speichern der Daten.

1. Über das Kontextmenü fügen Sie dem Projekt ein Element „ADO.NET Entity Data Model" hinzu. Dieser Schritt ist in „**Abbildung 10.2** Dem Projekt muss das entsprechende Entitätenmodell hinzugefügt werden" zu sehen.

   Ein solches besteht, obwohl anfangs leer, aus zwei Komponenten:

   - eine partielle CS-Datei (wenn VB.Net verwendet wird, eine VB-Datei)
   - eine XML-Datei

2. Im zweiten Schritt muss ein leeres Model ausgewählt werden, das in den nächsten Schritten aufgebaut wird.

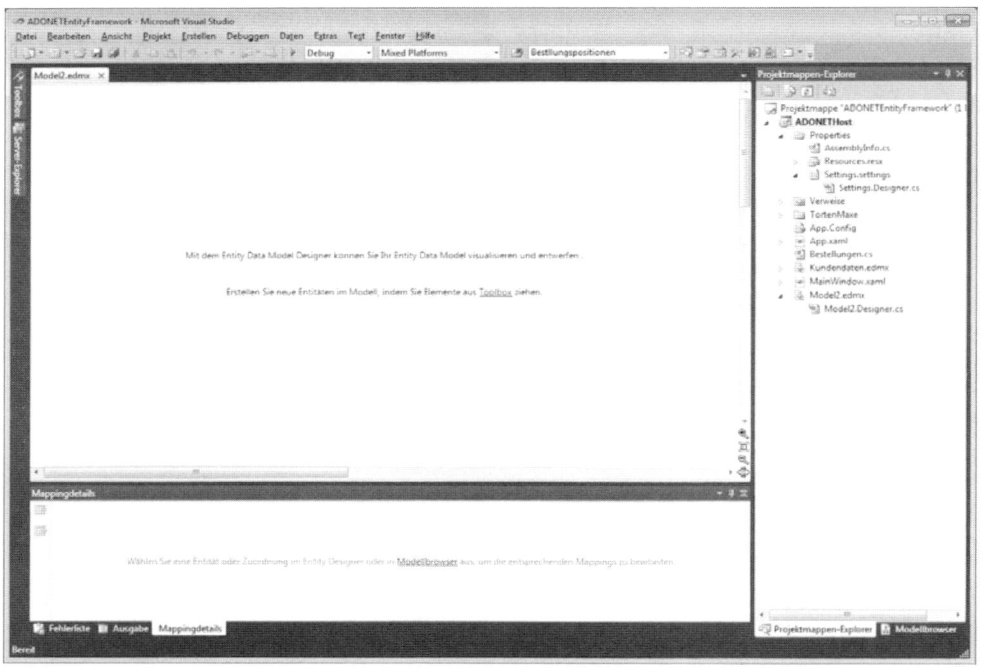

Abbildung 10.7 Das jungfräuliche Entitätenmodell mit der Toolbox an der linken Seite

3. Dem Entitätenmodell können per Drag&Drop weitere Entitäten hinzugefügt werden. Hier stehen Entitäten, Zuordnungen (Assoziationen) und Vererbungen zur Auswahl.

Hinweis:

Vieles kann dem Entitätenmodell auch über dessen Kontextmenü (Rechtsklick auf den „leeren“ Bereich) hinzugefügt werden.

4. Jeder Entität können über den Designer, Skalareigenschaften (für einfache Werte), komplexe Eigenschaften (für zusammengesetzte Werte) etc. hinzugefügt werden.

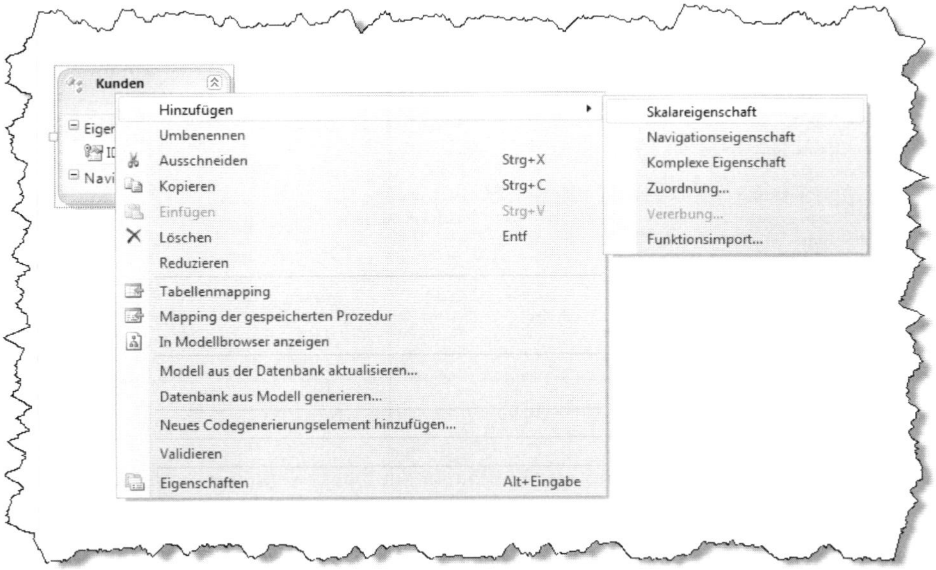

Abbildung 10.8 Entitäten können per Kontextmenü nach und nach aufgebaut werden.

5. Zuordnungen (also Beziehungen) zwischen Entitäten lassen sich durch Auswahl des entsprechenden Werkzeugs und anschließendes Auswählen der Entitäten im Designer festlegen.

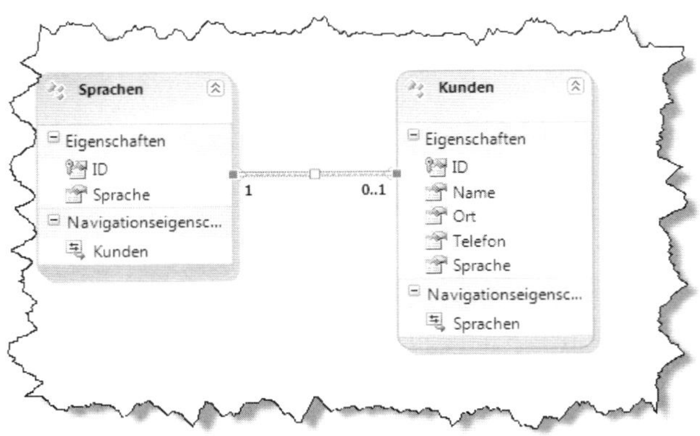

Abbildung 10.9 Die Beziehung zwischen zwei Entitäten

6. Ist die Beziehung erst einmal im Modell vorhanden, können deren Eigenschaften über das Kontextmenü aufgerufen und angepasst werden.

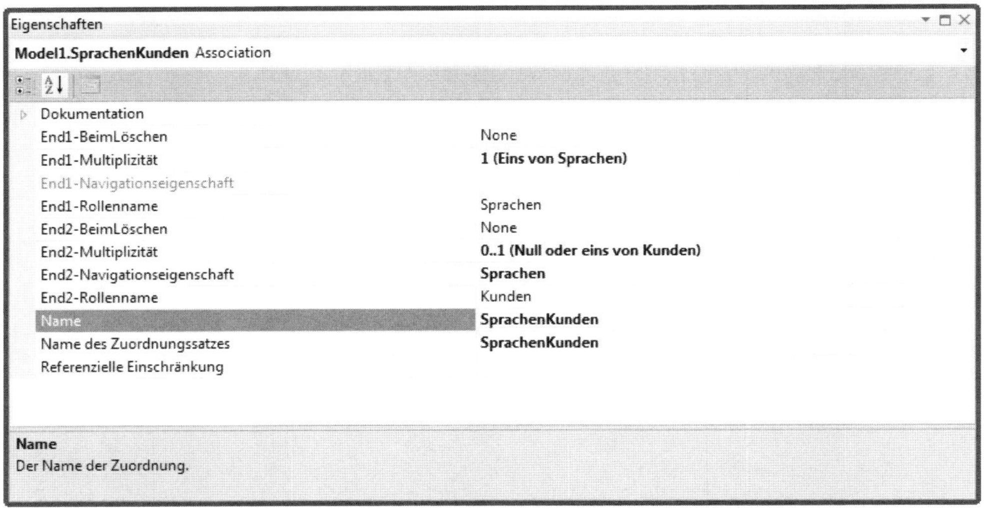

Abbildung 10.10 Die Eigenschaften einer Beziehung zwischen zwei Entitäten

7. Auf diese Weise kann das benötigte Entitätenmodell aufgebaut und verfeinert werden.
8. Ist das Modell vollständig, so reicht das Öffnen des Kontextmenüs (Rechtsklick in den „leeren Bereich"), um es mit dem Befehl „Datenbank aus Modell generieren" auszuführen. So wird der Assistent gestartet, der das notwendige DDL-Skript erstellt und auch ausführt, um die benötigte Datenbank zu erstellen.
9. Zunächst muss dafür die gewünschte Datenbankverbindung ausgewählt werden. Ist diese dem Visual Studio noch nicht bekannt, so kann sie erstellt werden.

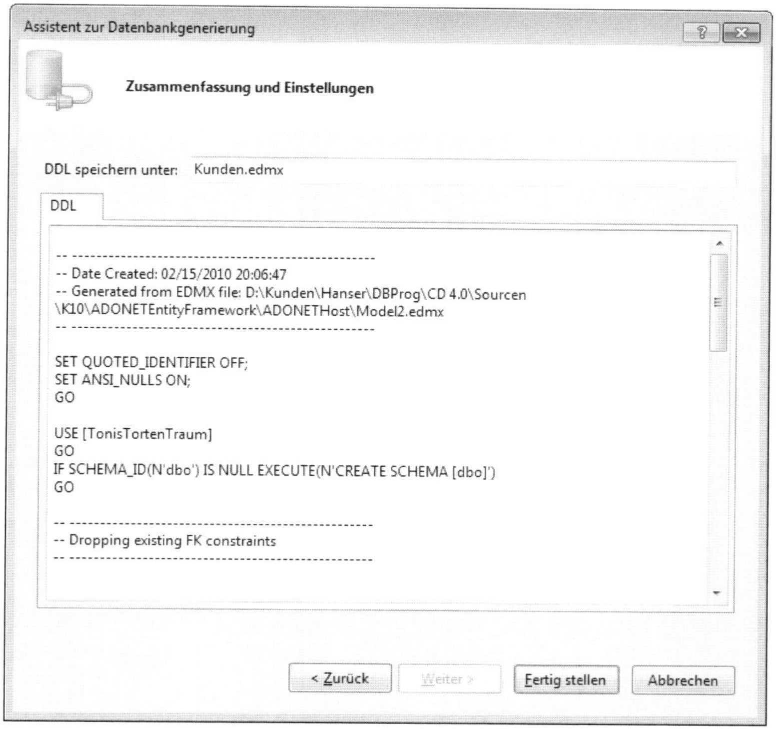

Abbildung 10.11 Die Eigenschaften einer Beziehung zwischen zwei Entitäten

Wichtig:
Die Tabellen werden nicht von dem Assistenten angelegt. Alles, was der Assistent erzeugt, ist das benötigte DDL-Skript, das auch Bestandteil des Visual Studio-Projektes wird (Name: {Entitätenmodel}.edmx.sql). Die Datenbankverbindung muss nur deswegen ausgewählt werden, damit bekannt ist, für welches Datenbanksystem das Skript erzeugt werden soll.

10. Sollen die Datenbankobjekte (die Datenbank an sich muss dafür bereits existieren) erzeugt werden, so muss das DDL-Skript ausgeführt werden.

Mit diesen Schritten wurde ein Skript erzeugt, das zum Entitätenmodell eine passende Tabellenstruktur erzeugt.

10.2.2 Entitäten

Einzelne Entitäten lassen sich über das Kontextmenü des Designers auf Wunsch anlegen, löschen oder gewähren Einblick in deren Eigenschaften.

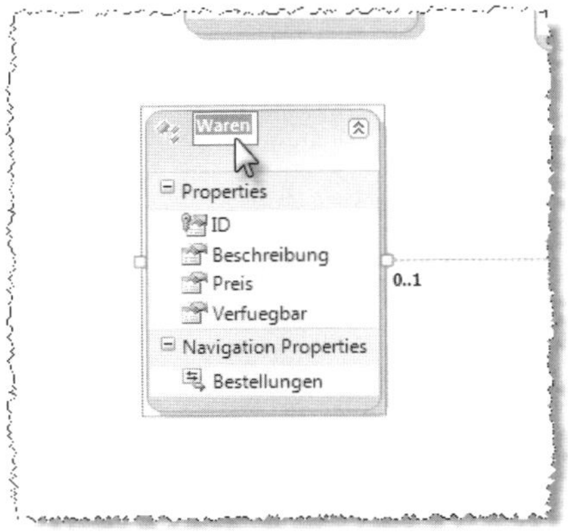

Abbildung 10.12 Entitäten und Ihre Eigenschaften können direkt umbenannt werden.

Wurde eine Entität markiert, so können (standardmäßig) in der unteren Hälfte alle Details über die Zuordnungen von Eigenschaften und den entsprechenden Spalten in der Datenbank eingesehen und modifiziert werden.

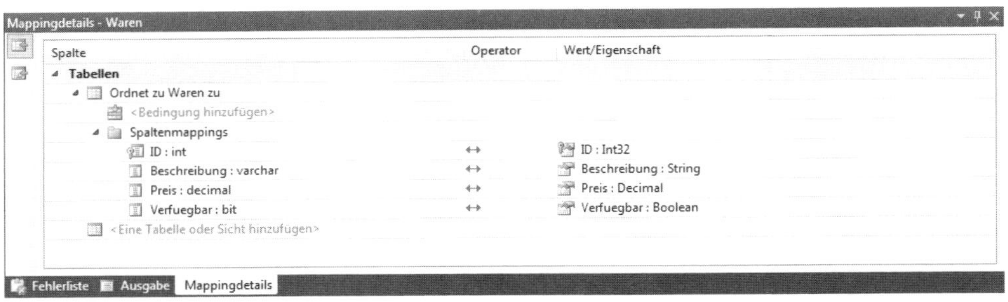

Abbildung 10.13 Die Zuordnungsdetails der markierten Entität

Durch entsprechende Anpassungen ist es so also möglich, dass die Namen von Eigenschaften und Spalten abweichen, obwohl ein gewisse Ähnlichkeit zwischen beiden Namen sicherlich hilfreich ist.

Das Laden, Speichern und Löschen einer Entität wird normalerweise mit entsprechenden DML-Anweisungen durchgeführt. Es ist jedoch auch möglich, diese für eine beliebige Funktion anzugeben. Wird als Persistenzschicht der SQL Server verwendet, so sind dies gespeicherte Prozeduren.

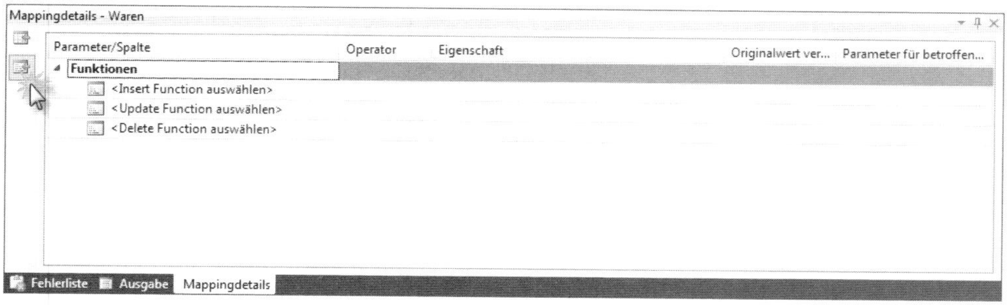

Abbildung 10.14 Benutzerdefinierte Funktionen (Prozeduren) für den Zugriff auf die Datenbank

Die gezeigte Ansicht befindet sich quasi hinter den Zuordnungsdetails und kann mit einem Klick auf einen Reiter auf der linken Seite hervorgeholt werden.

10.2.3 Abgeleitete Entitäten

Da es sich bei Entitäten um „gewöhnliche" Klassen handelt, liegt der Gedanke nahe, Entitäten ebenfalls von bestehenden Entitäten abzuleiten. Dies geschieht durch die Auswahl eines geeigneten Basistyps über die Eigenschaften einer ausgewählten Entität.

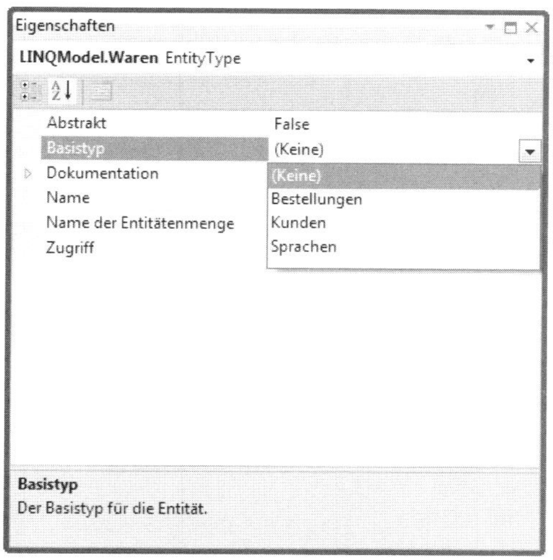

Abbildung 10.15 Basistypen für Entitäten lassen sich über deren Eigenschaften festlegen.

Auf diese Weise lassen sich leicht Szenarien abbilden, in denen eine Reihe von Entitäten gleiche Eigenschaften besitzen soll, jedoch jede für sich wiederum über Eigenschaften verfügen, die sich von den anderen unterscheiden.

Hinweis:
Neue Entitäten lassen sich auch über das Kontextmenü des grafischen Designers anlegen.

10.2.4 Entitäten mit eigenen Methoden und Eigenschaften erweitern

Alle Entitäten, die vom Visual Studio generiert werden, sind als partielle Klassen angelegt. Auf diese Weise ist es möglich, in eigenen Codedateien solche Klassen zu erweitern, ohne den automatisch generierten Code modifizieren zu müssen.

Wichtig:
Auch hier gilt: Niemals automatisch erstellten Code von Hand anpassen oder verändern. Solche Änderungen gehen schnell verloren, wenn Änderungen am Entitätenmodell vorgenommen werden.

Die folgende Abbildung zeigt einen Teil der Klasse, die für eine Entität generiert wurde.

Abbildung 10.16 Alle Klassen für Entitäten sind als partial markiert.

Der eigene Teil oder die eigenen Teile der Klasse können nun so gefahrlos im Projekt angelegt werden.

```
namespace ADONETHost
{
    partial class Bestellungen
    {
        // Eigene Methoden, Eigenschaften etc.
    }
}
```

Auf diese Weise lassen sich beliebige eigene Methoden, Eigenschaften etc. in die Entität einbauen.

Tipp:
Geben Sie für den eigenen Klassenteil kein Zugriff wie `public` oder `internal` an. Dies lässt sich dann ohne mögliche Widersprüche über die Eigenschaften einer Entität ändern.

Tipp:
Sollten Sie sich ob des zu verwendenden Namensraums nicht ganz sicher sein, so schauen Sie einfach in der erzeugten CodeBehind-Datei hinter dem Entitätenmodell nach. Diese finden Sie, wenn Sie das Entitätenmodell im Projektmappen-Explorer „aufklappen". Die CodeBehind-Datei trägt den Namen des Entitätenmodells und hat die Erweiterung Designer.cs.

10.2.5 Komplexe Typen

Das ADO.NET Entity Framework 4.0 führt sogenannte komplexe Typen (Complex Types) ein. Diese Typen werden nicht in einer einzelnen Spalte in der Datenbank angelegt, so wie es bei gewöhnlichen Eigenschaften der Fall ist, sondern in mehreren.

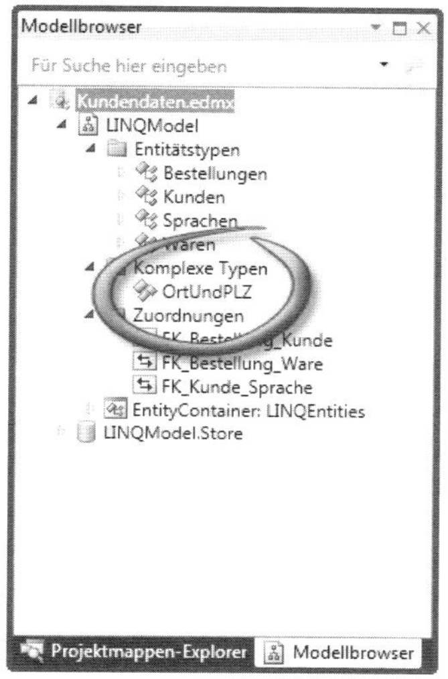

Abbildung 10.17 Ein komplexer Typ im Modellbrowser

Komplexe Typen (hier `OrtUndPLZ`) können über den Modell-Explorer oder über das Kontextmenü des grafischen Designers angelegt, verändert und gelöscht werden.

10.2.6 Beziehungen (Assoziationen)

Entitäten stehen wie Tabellen in einer Datenbank miteinander in Beziehung. Das bedeutet, dass z.B. einem Kunden eine oder mehrere Bestellungen zugeordnet werden können. Grafisch wird dies mittels einer Linie von einer zur anderen Entität dargestellt.

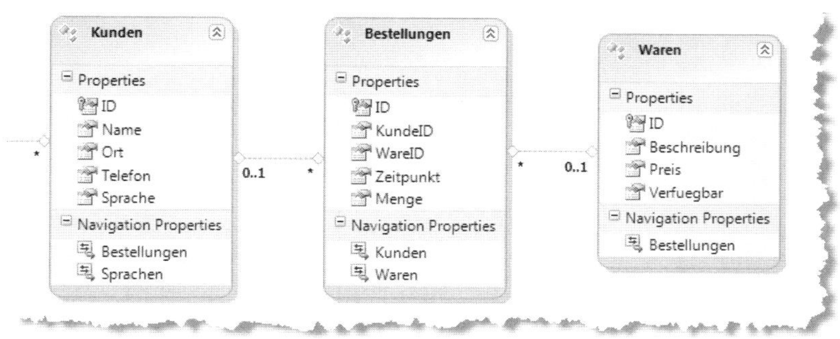

Abbildung 10.18 Beziehungen zwischen Entitäten werden als gestrichelte Linie dargestellt.

Per Code kann diese Beziehung per Auflistung durchlaufen und auch verändert werden, indem dieser Auflistung neue Elemente hinzugefügt oder bestehende entfernt werden.

```
// Objektkontext erstellen
LINQEntities KundenObjectContext = new LINQEntities();

// Ersten Kunden aus Kunden-Auflistung auswählen
Kunden k = KundenObjectContext.Kunden.FirstOrDefault();

// Kundennamen ausgeben
Debug.Print("Kundenname: '{0}'\n", k.Name);

// Sämtliche seiner Bestellungen durchlaufen
foreach (Bestellungen b in k.Bestellungen)
    // Alle einzeln ausgeben
    Debug.Print("{0} mal '{1}'", b.Menge, b.Waren.Beschreibung);
```

Die Ausgabe sieht dann so aus, dass ein Kunde und drei Bestellungen für eine kleine Essecke zu finden sind.

```
Kundenname: 'Müller AG'
1 mal 'Teppich (groß)'
1 mal 'Tisch'
4 mal 'Stuhl'
```

Neue Beziehungen können über das Kontextmenü des grafischen Designers erstellt werden. Die Eigenschaften lassen sich leicht nach dem Markieren einer bestehenden Beziehung über das Kontextmenü aufrufen.

Die wohl wichtigste Eigenschaft einer Beziehung (neben der Benennung der beiden beteiligten Entitäten) ist die Angabe der Vielfalt (Multiplicity), die beschreibt, wie oft welche der beiden Entitäten verwendet werden darf.

Abbildung 10.19 Die Vielfalt von Entitäten muss bei Erstellung einer Beziehung angegeben werden.

Die möglichen Werte sind in der folgenden Auflistung zu sehen:

- `0..1`: Null- oder einmal. Jede Ware kann in jeder Bestellung auftauchen (also einmal), muss es jedoch nicht (also null mal).
- `1`: Genau einmal. Jedem Kunden kann z.B. eine Sprache zugeordnet werden.
- `*`: Beliebig viele. Jede Bestellung kann beliebig viele Waren beinhalten (m:n). Theoretisch wäre auch 0 technisch möglich, was jedoch durch entsprechenden Code ausgeschlossen werden sollte.

Durch die Wahl des richtigen Wertes wird so also wesentlich zum Aufbau und Zusammenhang des Entitätenmodells beigetragen.

10.2.7 Gespeicherte Prozeduren und Funktionen

Wenn die verwendete Persistenzschicht Prozeduren oder Funktionen unterstützt, so wie SQL Server z.B. gespeicherte Prozeduren und Funktionen beherrscht, können diese vom ADO.NET Entity Framework 4.0 aus aufgerufen werden. Ohne Unterscheidung, ob es sich dabei um eine Prozedur, eine Funktion oder etwas anderes handelt, wird die Bezeichnung Funktionen dabei verwendet.

Hinweis:

Unter *10.2.1.2, „Model first-Ansatz“*, wird gezeigt, dass solche Funktionen auch für das Speichern, Anlegen und Löschen von Entitäten verwendet werden können.

Vor der Verwendung kann die entsprechende Prozedur oder Funktion importiert und damit dem Entity Framework bekannt gemacht werden. Dabei wird der Name der Prozedur/Funktion vonseiten der Datenbank für den Quelltext festgelegt. Diese Namen müssen nicht identisch sein, sollten jedoch aus Gründen der Übersichtlichkeit eine gewisse Ähnlichkeit aufweisen.

Zudem muss festgelegt werden, was die Funktion zurückliefert. Dies kann schlicht nichts, ein einfacher Wert (Skalar), ein komplexer Typ (siehe *10.2.5, „Komplexe Typen“*) oder eine Entität sein. Dabei ist die Rückgabe niemals auf nur ein solches Element festgelegt, sondern es können immer Auflistungen zurückgeliefert werden.

Hinweis:

Streng genommen werden immer Auflistungen zurückgeliefert, wenn überhaupt eine Rückgabe stattfindet. Dabei kann es sich natürlich auch um die Sonderfälle „Kein Element“ oder „Nur ein Element“ handeln.

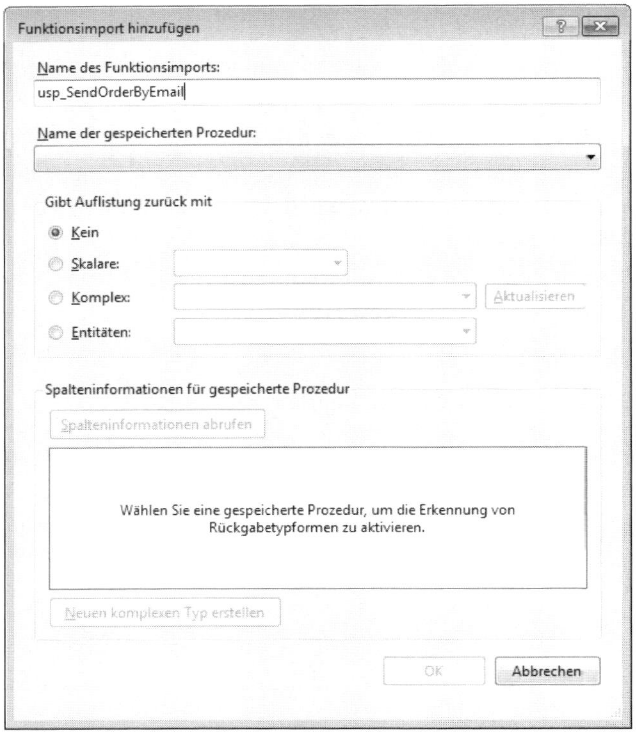

Abbildung 10.20 Der Dialog für den Funktionsimport

Handelt es sich nicht um eine gespeicherte Prozedur, so können die Spalten der Rückgabe analysiert und auf diese Weise wunschgemäß ein entsprechender komplexer Typ erstellt werden.

Der Aufruf einer solchen gespeicherten Prozedur geschieht dann durch die entsprechende Methode.

10.3 Daten abfragen mit LINQ

Abfragen mit LINQ to Entities zu schreiben ist ein Leichtes. Über den Objektkontext sind alle Auflistungen als Objektset (ObjectSet) verfügbar. Da dies die `IQueryable`-Schnittstelle implementiert, sind Abfragen wie im Folgenden möglich.

```
// Objektkontext erstellen, Verbindungsdaten werden aus
// den Einstellungen der Anwendung genommen
LINQEntities KundenObjectContext = new LINQEntities();

// Kunden nach Namen suchen
Kunden Kunde = KundenObjectContext.Kunden
    .Where(k => k.Name == "Müller AG").FirstOrDefault();
```

Hinweis:
Das gesamte Kapitel 8 beschäftigt sich mit LINQ. Dort finden Sie alle LINQ-Operatoren beschrieben, sodass es an dieser Stelle bei diesem kleinen Beispiel bleibt.

10.3.1 Lazy-Loading

Die Geschwindigkeit, mit der mittels des ADO.NET Entity Framework 4.0 auf Daten zugegriffen werden kann, hängt stark davon ab, was bei welchem Zugriff geladen wird. So ist z.B. die Frage, ob beim Laden eines Kunden auch gleich seine sämtlichen Bestellungen mit geladen werden sollen, für die Geschwindigkeit von Bedeutung. Dafür spräche, dass so nur ein einzelner Zugriff auf die Datenbank durchgeführt werden muss. Dagegen spräche, dass auf diese Weise eine Unmenge an Daten in den Speicher geladen wird, die möglicherweise gar nicht verwendet werden.

Das Verhalten, nur die Daten aus Beziehungen zu laden, die benötigt werden, nennt sich Lazy-Loading[2] und ist standardmäßig für jedes `DataContext`-Objekt aktiviert.

Abgefragt werden kann die entsprechende Eigenschaft über das folgende Quellcode-Fragment:

```
// Objektkontext erstellen
LINQEntities KundenObjectContext = new LINQEntities();

...

// Prüfen, ob Lazy-Loading (noch) aktiviert ist.
if (KundenObjectContext textOptions.LazyLoadingEnabled)
    Debug.WriteLine ("Lazy-Loading aktiv");
else
    Debug.WriteLine("Lazy-Loading nicht aktiv");
```

Durch einen schreibenden Zugriff auf die `LazyLoadingEnabled`-Eigenschaft kann Lazy-Loading für diesen Objektkontext ein- und ausgeschaltet werden.

```
KundenObjectContext.ContextOptions.LazyLoadingEnabled = false;
```

Hinweis:
Eine Veränderung dieses Wertes hat immer nur Einfluss auf das Ladeverhalten bei zukünftigen Datenzugriffen, betrifft jedoch niemals schon im Speicher befindliche Daten.

Auf diese Weise ist es auch möglich, das Lazy-Loading-Verhalten des Objektkontexts vor ausgesuchten Abfragen zu verändern (vermutlich zu deaktivieren) und anschließend wieder auf den Ursprungswert zurückzusetzen.

[2] Auf Deutsch in etwa „faules Laden". Da hierzulande niemand gerne faul ist, wird Lazy-Loading oftmals als verzögertes Laden bezeichnet

10.4 Daten abfragen mit Entity SQL

Entity SQL ist die von der Datenbanktechnologie unabhängige SQL-Variante, mit der Daten abgefragt werden können. Das ADO.NET Entity Framework übernimmt dabei die Aufgabe, den Abfragetext in den für die Datenbank verständlichen Text zu übersetzen. Festlegungen, ob zwischen Groß- und Kleinschreibung beim Sortieren oder Vergleichen unterschieden wird, richten sich also nach den Einstellungen der Datenbank.

Absolut wichtig:
Um es gleich am Anfang zu betonen. Entity SQL erlaubt keinerlei Änderungen — weder an Daten noch an anderen Objekten in der Datenquelle. Müssen Änderungen an den Daten vorgenommen werden, so ist LINQ to Entities das Mittel der Wahl!

Entity SQL wird von dem jeweiligen Abfrageanbieter in die jeweilige, für die Datenbank verständliche, Abfragesprache umgesetzt. Daher ist es möglich (aber vielleicht nicht ratsam), solche spezifischen Merkmale zu nutzen bzw. im Fall von Aggregaten und Funktionen selbst welche zu implementieren. Dadurch verliert das ADO.NET Entity Framework dann natürlich seine Unabhängigkeit gegenüber der verwendeten Datenbanktechnologie.

Hinweis:
In diesem Buch werden nur sogenannte kanonische Funktionen und Merkmale besprochen. Das sind solche, die von allen Datenbanktechnologien gleichermaßen unterstützt werden.

It's easy

Wer mit T-SQL-Abfragen à la `SELECT ... FROM ...` keine Probleme hat, wird auch mit Entity SQL keine großen Schwierigkeiten haben. Die eigentliche Schwierigkeit besteht eher darin, sich immer vor Augen zu halten, dass trotz der Ähnlichkeiten SQL nicht gleichzusetzen ist mit T-SQL.

Im folgenden Abschnitt (*10.4.1, „Unterschiede zu T-SQL“*) finden sich die wichtigsten Unterschiede zwischen Entity SQL und T-SQL. Obwohl ein Vergleich manchmal ein wenig hinkt, ist er doch hilfreich bei der Einarbeitung. Im anschließenden Abschnitt *10.4.2, „Einführung in Entity SQL“*, finden Sie eine kleine Einführung in die Abfragesprache.

10.4.1 Unterschiede zu T-SQL

Entity SQL weist einige wichtige Unterschiede zu T-SQL auf, die hier in diesem Abschnitt zu finden sind. Dabei handelt es sich nicht um eine vollständige Liste, sondern mehr um eine Ansammlung der wichtigsten „Stolpersteine“.

10.4.1.1 Abfragen auf Entitätenebene und deren Auflistungen

Der wichtigste Unterschied ist sicherlich der, dass Entity SQL konsequenterweise nicht mit Tabellen, sondern mit Auflistungen von Entitäten arbeitet. Damit sind deren Namen und die Namen ihre Eigenschaften maßgebend.

10.4.1.2 Angabe des Entitätenmodells

Es muss zwingend das Entitätenmodell angegeben werden, in dem eine Entität zu finden ist. Eine Entität heißt daher nicht nur `Kunden`, sondern `LINQEntities.Kunden`.

10.4.1.3 Alias-Pflicht für Entitäten

In Entity SQL-Abfragen muss jede Entität mit einem Alias versehen und bei der Auswahl der Eigenschaften auch verwendet werden. Für diesen Zweck existiert das `AS`-Schlüsselwort.

Folgendes Beispiel führt daher zu einem Fehler:

```
SELECT Name FROM LINQEntities.Kunden;
```

Richtig muss es so aussehen:

```
SELECT Kunden.Name FROM LINQEntities.Kunden AS Kunden;
```

Eigenschaften können auf Wunsch ebenfalls mit dem AS-Schlüsselwort mit einem Alias versehen werden, müssen es jedoch nicht. Zu Namensgleichheiten kann es wegen des nächsten Punktes nicht kommen.

10.4.1.4 Eigenschaften müssen voll qualifiziert benannt werden

Eigenschaften müssen voll qualifiziert benannt werden. D.h., es muss immer die Entität vorangestellt werden, zu der die Eigenschaft gehört.

Zu einem Fehler führt also:

```
SELECT Name FROM LINQEntities.Kunden AS Kunden;
```

Besser und korrekt ist es auf diese Weise:

```
SELECT Kunden.Name FROM LINQEntities.Kunden AS Kunden;
```

10.4.1.5 Kein Asterisk (‚*')

Es wird kein Asterisk[3] (‚*') für alle Eigenschaften einer Entität akzeptiert. Alle benötigten Eigenschaften müssen also aufgelistet werden.

Nicht korrekt ist daher:

```
SELECT * FROM LINQEntities.Kunden;
```

[3] Lateinisch: Asteriskus. Der Name des berühmten Galliers Asterix ist übrigens davon abgeleitet.

Richtig muss es so aussehen:

```
SELECT Kunden.Name, Kunden.Ort, Kunden.Telefon, Kunden.Sprache
    FROM LINQEntities.Kunden AS Kunden;
```

Der Asterisk für alle Eigenschaften einer Enträt wird allerdings auch nicht mehr benötigt, da bei Entity SQL die komplette Entität selbst als Objekt abgerufen werden kann. Das folgende Bespiel zeigt dies:

```
SELECT VALUE Kunden FROM LINQEntities.Kunden AS Kunden;
```

Mit T-SQL ist so etwas nicht möglich! Unter 10.4.3, „Die CreateQuery()-Methode des Objektkontexts“ finden Sie alle für den Einbau in die eigene Anwendung notwendigen Details.

10.4.1.6 Linkskorrelation und Aliasing

In T-SQL können Ausdrücke in einem bestimmten Bereich (eine einzelne Klausel wie `SELECT` oder `FROM`) nicht auf Ausdrücke verweisen, die vorher im selben Bereich definiert wurden. Einige Dialekte von SQL (einschließlich Transact-SQL) unterstützen sie in der `FROM`-Klausel in beschränktem Umfang.

Entity SQL verallgemeinert Linkskorrelationen in der `FROM`-Klausel und behandelt sie einheitlich. Ausdrücke in der `FROM`-Klausel können ohne die Verwendung zusätzlicher Syntax auf vorherige Definitionen (Definitionen auf der linken Seite) in derselben Klausel verweisen.

Diese Entity SQL-Anweisung

```
SELECT GroupKey, COUNT(Kunden.Name)
    FROM LINQEntities.Kunden AS Kunden
    GROUP BY Kunden.Name + \", \" + Kunden.Ort AS GroupKey;
```

entspricht also dieser T-SQL-Abfrage:

```
SELECT Name + ', ' + Ort AS 'GroupKey' , COUNT(*)
    FROM Kunden
    GROUP BY Name + ', ' + Ort;
```

10.4.2 Einführung in Entity SQL

Um Abfragen mit Entity SQL formulieren zu können, bietet dieser Abschnitt einige Grundlagen für die wichtigsten Abfragetechniken.

Die Ausführung geschieht dann über Vorgehensweisen, wie sie später in den Abschnitten *10.4.3*, *„Die CreateQuery()-Methode des Objektkontexts“*, und *10.4.4*, *„System.Data.EntityClient“*, beschrieben wird.

Wichtig:

Diese kleine Einführung beschreibt für Entity SQL nur solche Merkmale (wie z.B. Funktionen), die von alle Abfrageanbietern zur Verfügung gestellt werden. Diese werden manchmal als kanonisch bezeichnet.

10.4.2.1 Nur SELECT

Entity SQL ist eine reine Abfragesprache. Das bedeutet, dass nur Daten abgefragt, jedoch nicht geändert werden. Entity SQL ist also eine reine *DQL (Data Query Language.* Alle Abfragen beginnen also mit dem `SELECT`-Schlüsselwort.

10.4.2.2 Literale

Literale werden zur Notation von Zeichenketten, Datums- und Uhrzeiten und sonstigen Werten verwendet.

Zeichenketten

Zeichenketten können mit einfachen oder doppelten Anführungszeichen notiert werden.

```
"Hallo Welt"
```

ist also das Gleiche wie

```
'Hallo Welt'
```

Um einen Unicode-String zu notieren, wird, wie bei T-SQL, ein "N" vorangestellt.

```
N"Hallo Welt"
```

Tipp:

Die Verwendung des einfachen Anführungszeichens hat den Vorteil, dass so Abfragen, die in einer Zeichenkette im Quellcode abgelegt sind, noch halbwegs übersichtlich beleiben. Doppelte Anführungszeichen dienen bereits zur Begrenzung der Zeichenketten im Quellcode, sodass jedem doppelten Anführungszeichen, das innerhalb der Zeichenkette verwendet wird, ein Backslash (‚\') bzw. in VB.NET ein zweites Anführungszeichen (‚"') vorangestellt werden muss.

Datum- und Uhrzeit

Werte für Datum und/oder Uhrzeit können ebenfalls als Zeichenkette notiert werden.

10.4.2.3 Kommentare

Kommentare werden bei Entity SQL mit zwei Minuszeichen eingeleitet und gelten bis zum Ende der Zeile:

```
SELECT W.Beschreibung FROM LINQEntities.Waren AS W
    WHERE W.Beschreibung LIKE 'T%'; -- Alle Beschreibungen, mit 'T'
```

Auf diese Weise können umfangreichere Abfragen lesbarer gemacht werden.

10.4.2.4 Sortierung mittels ORDER BY

Datensätze können für die Rückgabe nach einer oder mehreren Eigenschaften sortiert werden.

```
SELECT W.Beschreibung FROM LINQEntities.Waren AS W
    ORDER BY W.Beschreibung;
```

Die Standardsortierreihenfolge ist wie beim T-SQL aufsteigend, sodass der Zusatz `ASC`[4] für aufsteigend entfallen kann. Die nächste Abfrage produziert also das gleiche Ergebnis.

```
SELECT W.Beschreibung FROM LINQEntities.Waren AS W
    ORDER BY W.Beschreibung ASC;
```

Soll absteigend sortiert werden, so muss `DESC`[5] angegeben werden.

```
SELECT W.Beschreibung FROM LINQEntities.Waren AS W
    ORDER BY W.Beschreibung DESC;
```

Soll nach mehreren Eigenschaften sortiert werden, so müssen diese nach `ORDER BY` durch Kommata getrennt werden. Für jede einzelne Eigenschaft kann getrennt `ASC` oder `DESC` angegeben werden.

10.4.2.5 Gruppierung mittels GROUP BY

Zur Gruppierung von Datensätzen verfügt Entity SQL über den `GROUP BY`-Operator.

```
SELECT W.Preis, COUNT(W.Beschreibung) FROM LINQEntities.Waren AS W
    GROUP BY W.Preis;
```

Auch bei Gruppierungen ist es möglich, nach mehreren Eigenschaften innerhalb einer Abfrage zu gruppieren.

10.4.2.6 LIMIT

Mit `LIMIT` lässt sich die maximale Anzahl der zurückgelieferten Datensätze festlegen. `LIMIT` muss in Verbindung mit `ORDER BY` verwendet werden.

```
SELECT W.Beschreibung FROM LINQEntities.Waren AS W
    ORDER BY W.Preis DESC LIMIT(10);
```

Dieses Bespiel liefert die zehn teuersten Waren. Wenn es weniger als zehn Waren in der Datenbank gibt, werden nur so viele geliefert, wie vorhanden sind.

10.4.2.7 TOP

Das aus T-SQL bekannte `TOP` ist auch in Entity SQL verfügbar und hat die gleiche Ausgabe wie `LIMIT`, nämlich die maximale Anzahl der gelieferten Datensätze zu beschränken. Der Unterschied ist jedoch der, dass `TOP` ohne `ORDER BY` verwendet werden kann.

```
SELECT TOP (10) W.Beschreibung FROM LINQEntities.Waren AS W;
```

Aber es geht selbstverständlich auch mit Sortierung,

```
SELECT TOP (10) W.Beschreibung FROM LINQEntities.Waren AS W
    ORDER BY W.Preis DESC;
```

---

[4] ASC für engl. „ascending“, was so viel wie aufsteigend bedeutet.

[5] DESC für engl. „descending“, was so viel wie absteigend bedeutet.

Wichtig:

Erst durch den Einsatz einer Sortierung ist ein verlässliches und reproduzierbares Ergebnis gewährleistet. Ansonsten kann es unter Umständen geschehen, dass das mehrfache Ausführen einer Abfrage auf gleichem Datenbestand unterschiedliche Daten liefert — oder zumindest in einer anderen Reihenfolge.

10.4.2.8 SKIP

Mittels `SKIP` können die ersten Datensätze vor der Rückgabe übersprungen werden. Auch `SKIP` muss in Verbindung mit `ORDER BY` verwendet werden.

```
SELECT W.Beschreibung FROM LINQEntities.Waren AS W
    ORDER BY W.Preis DESC SKIP(10);
```

Diese Abfrage liefert alle Waren, ausgenommen der ersten zehn. Gibt es nur zehn oder weniger Waren, so ist das Ergebnis leer.

10.4.2.9 Paging

Mit einer Kombination aus `ORDER BY`, `Limit` und `Skip` lässt sich unter Entity SQL ein Paging realisieren, d.h., aus einer Menge nur ab der x-ten Stelle y Datensätze liefern.

```
SELECT W.Beschreibung FROM LINQEntities.Waren AS W ORDER BY W.Preis DESC
    SKIP(100) LIMIT(25);
```

Dieses Bespiel liefert, entsprechend viele Datensätze vorausgesetzt, 25 Datensätze und überspringt dabei, gemäß der Sortierung, die ersten 100.

Tipp:

Die Werte, mit denen `SKIP` und `LIMIT` arbeiten, können auch als Parameter der Abfrage übergeben werden:

```
SELECT W.Beschreibung FROM LINQEntities.Waren AS W
    ORDER BY W.Preis DESC SKIP(@SKIP) LIMIT(@LIMIT);
```

Wie Parameter bei der Ausführung mit Werten versorgt werden können, finden Sie unter *10.4.4.5, „Abfragen mit Parametern“.*

10.4.2.10 Operatoren

Entity SQL kennt eine Vielzahl von Operatoren, von denen die wichtigsten in der folgenden Tabelle zusammengestellt sind. In den Beschreibungen finden Sie jeweils Beispiele, wenn die Operatoren (wie z.B. die arithmetischen Operatoren) nicht selbsterklärend sind.

Tabelle 10.1 Operatoren (Entity SQL)

Operatoren	Beschreibung
+ (Addition), - (Subtraktion), * (Multiplikation) / (Division), % (Modulo)	Dies sind die bekannten arithmetischen Operatoren für die Grundrechenarten sowie der Modulo-Operator.

Operatoren	Beschreibung
> (Größer als), >= (Größer als oder gleich), < (Kleiner als), <= (Kleiner als oder gleich), =, == (Gleich), <>, != (Ungleich), NOT] LIKE, IS [NOT] NULL, [NOT] BETWEEN,	Für Vergleiche, Prüfung auf Muster, Bereiche oder NULL stehen in Entity SQL diese Operatoren zur Verfügung. Ihr Einsatzort innerhalb einer Abfrage ist das Prädikat, um die ermittelten Zeilen einzuschränken. So kann beispielsweise nach allen Waren gesucht werden, deren Beschreibung mit einem „T" beginnt, die also auf das Muster „T*" passen. `SELECT W.Beschreibung FROM LINQEntities.Waren AS W WHERE` **W.Beschreibung LIKE 'T%'**; Ist nur ein Buchstabe beliebig, so heißt das Muster „_uch". Hier passen dann „Buch", „Tuch" etc. Soll nach allen Waren gesucht werden, deren Preis zwischen 10 und 100 liegt, so tut es die folgende Abfrage. `SELECT W.Preis FROM LINQEntities.Waren AS W WHERE` **W.Preis BETWEEN 10 AND 100**; Um Kunden ohne Namen aufzuspüren, hilft diese Abfrage. `SELECT W.Name FROM LINQEntities.Kunden AS W WHERE W.Name IS NULL;`
ANYELEMENT, EXCEPT, FLATTEN, INTERSECT, [NOT] EXISTS, [NOT] IN, OVERLAPS, SET, UNION	Dies sind die Mengenoperatoren, die von Entity SQL unterstützt werden. Mit ihnen ist es unter anderem wie bei T-SQL möglich, aus den Ergebnismengen eine kombinierte Menge zu erstellen oder Schnittmengen, Überschneidungen etc. zu erzeugen.
CAST()	Dieser Operator dient der Typenumwandlung von Spalten und Ausdrücken. Die Syntax ist dabei im Wesentlichen die gleiche wie bei T-SQL: `SELECT` **CAST(BITWISEAND(1, B.ID) AS Boolean)** `FROM LINQEntities.Bestellungen AS B;`
EXISTS()	Dieser Operator dient dazu (genau wie bei T-SQL) zu prüfen, ob die als Parameter übergebene Abfrage mindestens eine Zeile zurückgibt. Ist dies der Fall, wird `true`, sonst `false` zurückgeliefert.

Neben diesen Operatoren existiert eine Reihe von nützlichen Funktionen in der Entity SQL-Abfragesprache.

10.4.2.11 Aggregate (Skalar-Funktionen)

Aggregate, manchmal auch Skalar-Funktionen genannt, sind solche, die aus einer Menge von Werten genau einen als Ergebnis berechnen.

Die Menge ist insgesamt recht überschaubar, und die folgende Tabelle zeigt die wichtigsten kanonischen Aggregate, die Entity SQL für alle verwendeten Datenanbieter kennt. Ein kleines Beispiel zeigt die jeweilige Anwendung in einer Abfrage.

Tabelle 10.2 Kanonische Aggregate (Entity SQL)

Funktion	Beschreibung
`Avg()`	Gibt das arithmetische Mittel („Durchschnitt") aller von `NULL` verschiedenen Werte zurück. Erlaubt sind `Int32`, `Int64`, `Double` und `Decimal`. Das Ergebnis ist dann jeweils vom gleichen Datentyp oder `NULL`, wenn alle übergebenen Werte `NULL` waren.
`BigCount()`	Liefert die Anzahl aller Werte. Dies schließt sowohl doppelte als auch `NULL` ein. Das Ergebnis ist vom Typ `Int64`.
`Count()`	Wie `BigCount()`, nur dass das Ergebnis vom Typ `Int32` ist. Es dürfen also nicht ganz so viele Werte vorliegen.
`Min()`, `Max()`	Diese Aggregate liefern das Minimum bzw. Maximum der Werte. Diese dürfen eine der folgenden Datentypen besitzen: `Byte`, `Int16`, `Int32`, `Int64`, `Single`, `Double`, `Decimal`, `DateTime`, `DateTimeOffset`, `Time`, `String` und `Binary`. Das Ergebnis ist dann vom entsprechenden Datentyp oder `NULL`, wenn alle übergebenen Werte `NULL` waren.
`StDev()`	Liefert die Standardabweichung[6] der von NULL verschiedenen Werte. Erlaubte Datentypen sind `Int32`, `Int64`, `Double` und `Decimal`, das Ergebnis ist `Double` oder `NULL`, wenn alle übergebenen Werte `NULL` waren.
`Sum()`	Liefert die Summe aller Werte. Erlaubte Datentypen für diese Funktion sind: `Int32`, `Int64`, `Double` und `Decimal`. Das Ergebnis ist `Double` oder `NULL`, wenn alle übergebenen Werte `NULL` waren.

Ein kleines Beispiel: Um die Anzahl der Waren zu ermitteln, kann folgende Entity SQL-Abfrage verwendet werden:

```
SELECT COUNT(W.Preis) FROM LINQEntities.Waren AS W;
```

Sollten es mehr Waren sein, als der `Int32`-Datentyp darstellen kann[7], so kann auch `BigCount()` verwendet werden.

---

[6] Die Standardabweichung ist ein Maß der Streuung von Werten. Sie wurde von Francis Galton (1822–1911) um 1860 in die Statistik eingeführt und ist definiert als: $\sigma_x = \sqrt{Var(x)}$

[7] also $2^{31} - 1 = 2.147.483.647$. Das dürfte in vielen Fällen ausreichen.

10.4.2.12 Mathematische Funktionen

Auch einige mathematische Funktionen sind im Repertoire. Hier finden Sie die wichtigsten.

Tabelle 10.3 Kanonische mathematische Funktionen (Entity SQL)

Funktion	Beschreibung
`Abs()`	Gibt den absoluten, also immer den Wert einer Zahl zurück. Erlaubt sind `Int32`, `Int64`, `Byte`, `Single`, `Double` und `Decimal`. Das Ergebnis ist dann jeweils vom gleichen Datentyp.
`Ceiling()`	Rundet bedingungslos zur nächsten ganzen Zahl auf. Erlaubt sind `Single`, `Double` und `Decimal`. Die Rückgabe ist vom gleichen Datentyp.
`Floor()`	Rundet bedingungslos auf eine ganze Zahl ab. Erlaubt sind `Single`, `Double` und `Decimal`. Die Rückgabe ist vom gleichen Datentyp.
`Round()`	Rundet nach kaufmännischen Regeln auf eine ganze Zahl auf oder ab. Möglich ist die Angabe der gewünschten Anzahl Nachkommastellen. Erlaubt sind `Single`, `Double` und `Decimal`. Die Rückgabe ist vom gleichen Datentyp.

Um z.B. mit diesen Funktionen einen Preis auf zwei Nachkommastellen zu runden, kann diese Beispielabfrage verwendet werden.

```
SELECT ROUND(W.Preis, 2)
    FROM LINQEntities.Waren AS W WHERE W.ID = 101;
```

10.4.2.13 Zeichenfolgenfunktionen

Für das Arbeiten mit Zeichenketten steht ebenfalls eine Reihe von Funktionen bereit, die in Zusammenarbeit mit jedem Datenanbieter verwendet werden können.

Tabelle 10.4 Kanonische Zeichenfolgenfunktionen (Entity SQL)

Funktion	Beschreibung
`Concat()`	Verbindet zwei Zeichenketten zu einer und gibt diese zurück. Ist eine der beiden Zeichenfolgen `NULL`, wird insgesamt `NULL` zurückgeliefert. Alternativ kann der +-Operator anstelle dieser Funktion verwendet werden.
`IndexOf()`	Liefert das erste Vorkommen der ersten Zeichenkette in der zweiten. Der Index beginnt bei 1 und nicht wie in .NET üblich bei 0. Wird kein Vorkommen gefunden, so wird 0 geliefert. Die Rückgabe ist vom Typ `Int32`. So liefert `IndexOf('Rabe', 'Kohlrabe')` z.B. 5 als Ergebnis.

Funktion	Beschreibung
Left(), Right()	Diese Funktionen liefern von links bzw. von rechts gezählt n Zeichen der Zeichenfolge. So liefert `Left('Kohlrabe', 4)` als Ergebnis „Kohl". Sollen mehr Zeichen geliefert werden, als der erste Parameter überhaupt besitzt, so wird schlicht die gesamte Zeichenfolge zurückgeliefert — es kommt zu keinem Fehler! Ist der erste Parameter `NULL`, so wird unabhängig vom zweiten Parameter immer `NULL` geliefert. Die Funktion ist unabhängig davon, ob es sich um ASCII- oder UNICODE-Zeichenfolgen handelt.
Length()	Mit dieser Funktion kann die Länge einer Zeichenfolge (Anzahl der Zeichen) abgefragt werden. Das Ergebnis ist vom Typ `Int32`. Ist die Zeichenkette `NULL`, so liefert `Length()` ebenfalls `NULL`.
Trim(), LTrim(), RTrim()	Mit diesen Funktionen können Leerzeichen am Anfang (`LTrim()`), am Ende (`RTrim()`) oder an beiden Enden (`Trim()`)einer Zeichenkette entfernt werden. Ist dies `NULL`, so ist die Rückgabe aller drei Funktionen ebenfalls `NULL`.
Replace()	Tauscht alle Vorkommnisse von Parameter 2 in Parameter 1 mit Parameter 3 aus. So liefert z.B. `REPLA-CE('Wasserhahn','hahn','hähnchen')` als Ergebnis „Wasser-hähnchen". Kann die gesuchte Zeichenfolge nicht gefunden werden, entspricht das Ergebnis unverändert dem ersten Parameter.
Reverse()	Kehrt die Buchstaben der Zeichenfolge um. Ist der Wert des Parameters `NULL`, so wird auch `NULL` zurückgeliefert.
SubString()	Mit dieser Funktion können aus einer Zeichenfolge (dem ersten Parameter) ab einer Position (dem zweiten Parameter) beliebig viele Zeichen (dem dritten Parameter) zurückgeliefert werden. Der Index beginnt bei 1 und nicht wie in .NET üblich bei 0. So liefert `SUBSTRING('Rotkopfpapagei', 4, 4)` als Ergebnis beispielsweise „kopf". Ist die übergebene Zeichenfolge gleich `NULL`, so ist die Rückgabe der Funktionen ebenfalls `NULL`.
ToLower(), ToUpper()	Verwandelt die gesamte Zeichenfolge in Kleinbuchstaben (`ToLower()`) bzw. Großbuchstaben (`ToUpper()`). Ist die übergebene Zeichenfolge gleich `NULL`, so ist die Rückgabe der Funktionen ebenfalls `NULL`.

Als Beispiel soll eine kleine Abfrage dienen, die nicht nur die Beschreibung einer Ware zurückliefert, sondern auch deren Länge (also die Anzahl der Zeichen in der Beschreibung). Alles so sortiert, dass zunächst die längsten, gefolgt von den kürzesten Beschreibungen geliefert werden.

```
SELECT W.Beschreibung AS Beschreibung,
       LENGTH(W.Beschreibung) AS Laenge
FROM LINQEntities.Waren AS W ORDER BY Laenge DESC;
```

10.4.2.14 Datum- und Uhrzeitenfunktionen

Für das Arbeiten mit Datum und Uhrzeiten existiert eine kleine Menge von Funktionen, die dies unterstützen. Die folgende Tabelle enthält eine Übersicht über diese Gruppe der kanonischen Funktionen.

Tabelle 10.5 Kanonische Datum- und Uhrzeitfunktionen (Entity SQL)

Funktion	Beschreibung
`CurrentDateTime()`	Liefert die aktuelle Zeit (Datum und Uhrzeit) des Datenanbieters. Die Rückgabe ist vom Typ `DateTime`.
`CurrentDateTimeOffset()`	Liefert die aktuelle Zeit (Datum und Uhrzeit) des Datenanbieters plus ein Offset für dessen lokale Zeitzone. Die Rückgabe ist vom Typ `DateTimeOffset`.
`CurrentUtcDateTime()`	Liefert die aktuelle Zeit des Datenanbieters in dessen lokaler UTC[8]-Zeitzone. Die Rückgabe ist vom Typ `DateTime`.
`GetTotalOffsetMinutes()`	Gibt die Anzahl an Minuten zurück, die der Parameter von GMT abweicht. Mögliche Werte sind dabei +/– 780 Minuten (also +/– 13 Stunden). Die Rückgabe ist vom Typ `Int32`. Wird `NULL` als Parameter übergeben, so ist auch die Rückgabe `NULL`.
`Day()`, `Month()`, `Year()`, `Hour()`, `Minute()`, `Second()`, `Millisecond()`	Diese Funktionen liefern den jeweiligen Anteil des übergebenen Parameters (ein `DateTime`, `Time` oder `DateTimeOffset`) als `Int32` zurück. Ist der Parameter `NULL`, so wird ebenfalls einfach `NULL` zurückgeliefert.

Das anschließende Beispiel zeigt, wie alle Bestellungen aus dem aktuellen Jahr und deren ID und Zeitpunkt der Bestellung abgerufen werden können.

```
SELECT B.ID, B.Zeitpunkt FROM LINQEntities.Bestellungen AS B
    WHERE YEAR(B.Zeitpunkt) = YEAR(CURRENTDATETIME());
```

10.4.2.15 Binäre Funktionen

Werden binäre Funktionen bei der Entwicklung benötigt, so wird der geneigte Leser in diesem Abschnitt fündig.

[8] UTC: Universal Time Coordinated („Koordinierte Weltzeit“)

Tabelle 10.6 Kanonische binäre Funktionen (Entity SQL)

Funktion	Beschreibung
`BitWiseNot()`	Negiert den übergebenen Wert bitweise. Als Datentyp für die Parameter ist `Byte`, `Int16`, `Int32` und `Int64` erlaubt. Die Rückgabe ist vom gleichen Datentyp.
`BitWiseAnd()`	Diese Funktion verknüpft beide Parameter mit UND (AND). Als Datentyp für die Parameter ist `Byte`, `Int16`, `Int32` und `Int64` erlaubt. Die Rückgabe ist vom gleichen Datentyp. Haben die Parameter unterschiedliche Datentypen, so wird der mit der größeren Breite (Länge) zurückgeliefert.
`BitWiseOr()`	Wie `BitWiseAnd()`, nur dass die ODER(OR)Verknüpfung angewandt wird.
`BitWiseXor()`	Wie `BitWiseAnd()`, nur dass die EXKLUSIV ODER(XOR)-Verknüpfung angewandt wird.

Ein Beispiel für diese Funktionsgruppe könnte so aussehen.

```
SELECT CAST(BITWISEAND(1, B.ID) AS Boolean) AS IsEven
    FROM LINQEntities.Bestellungen AS B;
```

Mit dieser Abfrage kann (neben dem Einsatz des Modulo-Operators), geprüft werden, ob eine Zahl (hier die ID) gerade oder ungerade ist.

10.4.2.16 Sonstige Funktionen

Dies ist der kürzeste Abschnitt, da zurzeit nur eine einzige Funktion existiert, die sich in keinen der anderen Abschnitte einordnen lässt.

Tabelle 10.7 Kanonische sonstige Funktionen (Entity SQL)

Funktion	Beschreibung
`NewGuid()`	Erzeugt eine zufällige, eindeutige Kennung[9] vom Typ System.Guid.
`CASE...WHEN`	Wertet einen booleschen Ausdruck aus und liefert abhängig davon einen Wert zurück. Über ELSE lässt sich ein Wert definieren, der dann zurückgeliefert wird, wenn keiner der booleschen Ausdrücke zutrifft.

Zum Abschluss nun ein kleines Beispiel. Im Gegensatz zu T-SQL muss in der Abfrage ein Tabellenbezug stehen, auch wenn dieser für die Rückgabe nicht benötigt wird.

```
SELECT NEWGUID() FROM LINQEntities.Bestellungen;
```

Der so erzeugte Wert kann nur auf anderem Weg als über Entity SQL in die Datenbank geschrieben werden, da Entity SQL nur lesende Abfragen unterstützt.

---

[9] Guid: Globally Unique Identifier (in etwa „Weltweit eindeutige Kennung“)

Das folgende Fragment zeigt die `CASE...WHEN`-Funktion, die abhängig von der aktuellen Stunde einen entsprechenden Text liefert.

```
CASE WHEN HOUR(CurrentDateTime()) BETWEEN 6 AND 10 THEN 'Morgens'
    WHEN HOUR(CurrentDateTime()) < 12 THEN '1. Tageshälfte'
    ELSE '2. Tageshälfte'
END
```

Damit ist die Vorstellung der kanonischen Funktionen, die Entity SQL bereitstellt, abgeschlossen.

10.4.3 Die CreateQuery()-Methode des Objektkontexts

Mit der generischen `CreateQuery()`-Methode des Objektkontextes können Entity SQL-Abfrage-Objekte erzeugt werden. Auf diese Weise können auch ganze Entitäten (hier im folgenden Beispiel die Waren) abgefragt werden. Die typsichere Zuordnung übernimmt das Entity Framework an dieser Stelle automatisch.

Wichtig:
Für die Rückgabe kompletter Entitäten muss auch das `VALUE`-Schlüsselwort verwendet werden, da sonst besagte Zuordnung nicht durchgeführt werden kann.

Optional können eventuelle Parameter in der Abfrage mittels Objekten vom Typ `System.Data.Objects.ObjectParameter` mit Werten versehen werden.

```
using System.Data.Objects;

// Objektkontext erstellen
LINQEntities KundenObjectContext = new LINQEntities();

// Abfrage mit Parameter
const string ESql = "SELECT VALUE W FROM LINQEntities.Waren AS W " +
                    "WHERE W.Preis >= @Preis";

// Parameter erstellen, unterer Preis ist 100
ObjectParameter parPreis = new ObjectParameter("Preis", 100);

// Abfrage anlegen
ObjectQuery<Waren> teureWaren =
    KundenObjectContext.CreateQuery<Waren>(ESql, parPreis);

// Ausführen und ausgeben
foreach (Waren w in teureWaren)
    Debug.Print("{0} zum Preis von {1}", w.Beschreibung, w.Preis);
```

Wichtig:
Die `CreateQuery()`-Methode führt die Abfragen nicht direkt aus. Erst die Verwendung des Ergebnisses führt zu einem Zugriff auf die Datenbank (hier die `foreach`-Schleife). Dies bedeutet, dass erst an dieser Stelle mögliche Fehler in Form einer Ausnahme auffallen.

Die so abgefragten Entitäten können auch modifiziert und mittels eines Aufrufs der `SaveChanges()`-Methode wieder in der Datenbank gespeichert werden. Mehr Details zu dieser Methode finden Sie unter 10.6, „Änderungen speichern“.

10.4.4 System.Data.EntityClient

Im `System.Data.EntityClient`-Namensraum befinden sich alle benötigten Klassen für die Ausführung von Entity SQL und der Auswertung des Ergebnisses. Dabei kommt eine große Ähnlichkeit zu ADO.NET (siehe *Kapitel 5*) nicht von ungefähr. Sowohl die entsprechenden ADO.NET-Klassen als auch die des Entity-Clients leiten von den gleichen Basisklassen aus dem `System.Data.Common`-Namensraum ab. Die folgende Übersicht stellt die Klassen gegenüber, hier, gemäß dem Titel des Buches folgend, speziell die Klassen für SQL Server aus dem `System.Data.SqlClient`-Namensraum.

Tabelle 10.8 Gegenüberstellung gemeinsamer Basis-, SqlClient-, und EntityClient-Klassen

Basisklassen	SqlClient	EntityClient
DbConnection	SqlConnection	EntityConnection
DbCommand	SqlCommand	EntityCommand
DbDataReader	SqlDataReader	EntityDataReader
DbTransaction	SqlTransaction	EntityTransaction
DbParameter	SqlParameter	EntityParameter
DbConnection-StringBuilder	SqlConnection-StringBuilder	EntityConnection-StringBuilder

Aufgrund der gemeinsamen Basisklassen ist die Programmierung mit den `EntityClient`-Klassen der des ADO.NET sehr ähnlich. Daher soll an dieser Stelle nur ein Bespiel gezeigt werden, da ein Quelltext mehr als Tausend Worte sagen kann. In den anschließenden Abschnitten finden Sie einige wichtige Punkt in gekürzter Form, ungeachtet der Ähnlichkeit zwischen beiden Technologien.

```
using System.Data.EntityClient;
using System.Data;


// Entity SQL Anweisung
const string EntitySQL
    = "SELECT Kunden.Name FROM LINQEntities.Kunden AS Kunden;";

// Verbindungszeichenfolge erstellen
EntityConnectionStringBuilder csb = new EntityConnectionStringBuilder();

// Unter dem Namen ist die Verbindungszeichenfolge
// Konfiguration der Anwendung zu finden
// Das Ergebnis wird sein 'name=LINQEntities'
csb.Name = "LINQEntities";

// Verbindungsobjekt erstellen und öffnen
using (EntityConnection con = new EntityConnection("name=LINQEntities"))
{
    // Das spätere Schließen übernimmt der using-Block
    con.Open();

    using (EntityCommand cmd = con.CreateCommand())
    {
        // Art und Inhalt der Abfrage festlegen
        cmd.CommandType = CommandType.Text;
```

```
            cmd.CommandText = EntitySQL;

            // Datareader erzeugen. Dabei muss
            // CommandBehavior.SequentialAccess als Wert für
            // CommandBehavior festgelegt werden
            using (EntityDataReader dr =
                cmd.ExecuteReader(CommandBehavior.SequentialAccess))
            {
                // Alle Zeilen durchlaufen
                while (dr.Read())
                {
                    // Und testweise ausgeben
                    Debug.Print("Name='{0}'", dr["Name"]);
                }
            }
        }
    }
```

Wichtig:

Es ist ohne Weiteres möglich, auch mehrere DataReader für eine Verbindung zu erstellen und zu nutzen. Der Grund liegt darin, dass die Verbindungszeichenfolge für den SQL Server den Parameter `MultipleActiveResultSets=True` enthält, der genau dies möglich macht. Weitere Details dazu finden Sie in Kapitel *5.15, „MARS (Multiple Active Result Sets)“*.

Die folgenden Abschnitte vertiefen einige Punkte, in denen trotz aller Ähnlichkeiten Unterschiede bestehen und die dem geneigten Programmierer bekannt sein sollten.

10.4.4.1 Einzelne Werte als Abfrageergebnis

Soll die gewünschte Abfrage nur einen einzelnen Wert, ein Skalar zurückliefern, existiert die `ExecuteScalar()`-Methode der `EntityCommand`-Klasse.

Das folgende Beispiel zeigt deren Einsatz bei der Ermittlung der (Gesamt-)Anzahl der Kunden in der Datenbank.

```
// Entity SQL Anweisung
const string EntitySQL = "SELECT VALUE COUNT(Kunden.ID) FROM LINQEnti-
ties.Kunden AS Kunden;";
// Verbindungsobjekt erstellen und öffnen
using (EntityConnection con = new EntityConnection("name=LINQEntities"))
{
    // Das spätere Schließen übernimmt der using-Block
    con.Open();

    using (EntityCommand cmd = con.CreateCommand())
    {
        // Art und Inhalt der Abfrage festlegen
        cmd.CommandType = CommandType.Text;
        cmd.CommandText = EntitySQL;

        // Anzahl der Kunden ausgeben
        Debug.Print("Anzahl Kunden: {0}", cmd.ExecuteScalar());
    }
}
```

Wichtig:

Beachten Sie bitte das `VALUE`-Schlüsselwort, das vor der `COUNT`-Funktion stehen muss, damit der Wert gelesen werden kann.

10.4.4.2 Verbindungszeichenfolgen

Die Verbindungszeichenfolge, die der Entity-Client zum Verbindungsaufbau verwendet, ist denkbar einfach, da diese den Namen angibt, unter dem die ADO.NET Entity Framework-Verbindungszeichenfolge in der Konfiguration der Anwendung (App.Config) gespeichert ist. Dieser Eintrag wird beim Erstellen des Frameworks automatisch erzeugt.

```
<?xml version="1.0" encoding="utf-8"?>
<configuration>
  <connectionStrings>
    <add name="LINQEntities" connecti-
onString="metadata=res://*/Kundendaten.csdl|res://*/Kundendaten.ssdl|res:
//*/Kundendaten.msl;provider=System.Data.SqlClient;provider connection
string=&quot;Data Source=.;Initial Catalog=LINQ;Integrated Securi-
ty=True;MultipleActiveResultSets=True&quot;" providerNa-
me="System.Data.EntityClient" />
  </connectionStrings>
</configuration>
```

Die Verbindungszeichenfolge lautet für dieses Beispiel schlicht und ergreifend `name=LINQEntities`. Die `EntityConnectionStringBuilder`-Klasse aus dem `System.Data.EntityClient`-Namensraum, die für Erstellung verwendet werden kann, hat folglich auch nur eine relevante Eigenschaft: `name`.

10.4.4.3 Fehlerbehandlung

Kommt es bei der Ausführung zu einem Fehler, so wird eine Ausnahme vom Typ `System.Data.SqlEntityException` ausgelöst. Diese Ausnahme ist damit das Pendant zur `System.Data.SqlClient.SqlException`-Ausnahme. Die folgende Tabelle listet die wichtigen Eigenschaften auf.

Tabelle 10.9 Wichtige Eigenschaften der SqlEntityException-Klasse

Eigenschaft	Beschreibung
`Line` `Column`	Liefert die (ungefähre) Textzeile und Spalte, in der der Fehler im Abfragetext aufgetreten ist
`ErrorContext` `ErrorDescription`	Beide Eigenschaften liefern Klartextinformationen zu dem aufgetretenen Fehler.
`Data`	Liefert weitere Schlüssel-Werte-Paare, in denen zusätzliche Details bereitstehen. Diese Liste kann leer sein.

Der folgende Quelltest zeigt beispielhaft, wie auf diese Ausnahme reagiert werden kann.

```
try
{

    // Entity SQL-Abfrage mit EntityClient

}
catch (EntitySqlException ex)
{
    // Wo ist der Fehler im Abfragetext aufgetreten?
    // (Zeile/ Spalte)
    Debug.Print("Fehler bei {0}/{1}", ex.Line, ex.Column);

    // Was genau ist das Problem?
```

```
        Debug.Print("Fehlerkonext={0}", ex.ErrorContext);
        Debug.Print("Fehlerbeschreibung={0}", ex.ErrorDescription);

        // Weitere Details
        foreach (string key in ex.Data.Keys)
            Debug.Print("{0}={1}", key, ex.Data[key]);
    }
```

10.4.4.4 Ausführungsplan zwischenspeichern

Wird eine Abfrage öfter ausgeführt (möglicherweise mit unterschiedlichen Werten für Parameter), so kann es sich lohnen, dass der Ausführungsplan, der vor der Ausführung erzeugt werden muss, gespeichert und wieder verwendet wird. Zu diesem Zweck verfügt die `EntityCommand`-Klasse über die `EnablePlanCaching`-Eigenschaft, die den Wert `true` erhalten muss, damit diese Wiederverwendung stattfinden wird.

```
// con muss beim Einsatz ein vorhandenes EntityConnection-Objekt sein

using (EntityCommand cmd = con.CreateCommand())
{
    // Art und Inhalt der Abfrage festlegen
    cmd.CommandType = CommandType.Text;
    cmd.CommandText = EntitySQL;
    cmd.EnablePlanCaching = true;

    // Weitere Verwendung des EntityCommand-Objektes
}
```

10.4.4.5 Abfragen mit Parametern

Besitzt eine Entity SQL-Abfrage Parameter, so können diese wie bei ADO.NET-Abfragen mit einem „@“ als Präfix direkt in den Abfragetext geschrieben werden Die folgende Abfrage verdeutlicht dies.

```
SELECT Kunden.Name FROM LINQEntities.Kunden AS Kunden
    WHERE Kunden.Name = @Name;
```

Vor der Ausführung der Abfragen kann nun der `Parameters`-Auflistung für jeden Parameter zur Laufzeit ein Wert zugewiesen werden. Dadurch wird der Wert an den Parameter gebunden.

```
string gesuchterName = "Müller AG";

EntityParameter par = new EntityParameter()
    { ParameterName = "Name", Value = gesuchterName };
cmd.Parameters.Add(par);
```

Kürzer geht es mit der `AddWithValue()`-Methode, die Parametername und Wert akzeptiert.

```
cmd.Parameter.AddWithValue("Name", gesuchterName );Das gleiche Vorgehen
```

Anschließend kann die Abfrage ausgeführt und das Ergebnis (falls es existiert) verarbeitet werden.

10.5 Daten verändern

Nicht nur das Auslesen von Daten ist eine Aufgabe, die mithilfe des ADO.NET Entity Framework 4.0 bewältigt werden kann, sondern auch das Ändern von Daten gehört dazu.

Dieser Abschnitt zeigt, wie Werte von Eigenschaften verändert und Entitäten zu übergeordneten Entitäten hinzugefügt bzw. gelöscht werden können. Das Speichern von solchen Änderungen wird anschließend unter *10.6, „Änderungen speichern“*, noch einmal genau dargestellt.

10.5.1 Werte von Eigenschaften ändern

Genau wie bei LINQ to Objects oder LINQ to SQL versteht man bei LINQ to Entities unter der Änderung von Werten nichts anderes, als dass ein neuer Wert den Eigenschaften der Entität zugewiesen wird. Die Überwachung dieser Änderungen erfolgt dabei über den Objektkontext, sodass jederzeit bekannt ist, an welcher Stelle die Änderung vorgenommen wurde.

Im folgenden Beispiel wird nach einem Film gesucht mit dem Zweck, dessen Titel zu verändern und anschließend die Änderung in der Datenbank dauerhaft zu speichern.

```
// Objektkontext erstellen, Verbindungsdaten werden aus den
// Einstellungen der Anwendung genommen
LINQEntities KundenObjectContext = new LINQEntities();

// Kunden suchen, der verändert werden soll
Kunden Kunde = KundenObjectContext.Kunden
    .Where(k => k.Name == "Müller AG").FirstOrDefault();

if (Kunde != null)
{
    // Änderungen durchführen, wenn der Kunde gefunden wurde
    Kunde.Name = "Müller GmbH";
    Kunde.Ort = "Frankfurt";
}

// Speichern
KundenObjectContext.SaveChanges();
```

Da die Änderungen direkt im Speicher wirksam sind, werden diese von weiteren Abfragen sofort berücksichtigt.

10.5.2 Entitäten hinzufügen/löschen

Sollten Entitäten hinzugefügt werden, um etwa eine neue Bestellung für einen Kunden abzubilden, muss die notwendige Instanz der `Bestellung`-Klasse erst erzeugt werden. Dies geschieht nicht mit dem `new`-Schlüsselwort, sondern mittels der generischen `CreateObject()`-Methode des Objektkontextes. Anschließend können die gewünschten Eigenschaften mit Werten versehen und das Objekt hinzugefügt werden. Dieses Hinzufügen kann je nach den Beziehungen der beiden Entitäten untereinander durch Zuweisung der entsprechenden Eigenschaft oder durch Aufrufen der `Add()`-Methode der entsprechenden Auflistung geschehen. Das folgende kleine Beispiel demonstriert das Vorgehen.

```
// Objektkontext erstellen
LINQEntities KundenObjectContext = new LINQEntities();

// Den ersten Kunden auswählen
Kunden kd = (from k in KundenObjectContext.Kunden select k).First();

// Eine Bestellung erzeugen
Bestellungen b  = KundenObjectContext.CreateObject<Bestellungen>();

// Kunde und Bestellzeitpunkt speichern
b.Kunden = kd;
b.Zeitpunkt = DateTime.Now;

// Waren der Bestellung hinzufügen
Waren w1 = KundenObjectContext.CreateObject<Waren>();
w1.Beschreibung = "Stuhl deluxe";
w1.Preis = 99.99m;

Waren w2 = KundenObjectContext.CreateObject<Waren>();
w2.Beschreibung = "Tisch deluxe";
w2.Preis = 299.99m;

// Beide Waren hinzufügen
w1.Bestellungen.Add(b);
w2.Bestellungen.Add(b);

// Änderungen speichern
KundenObjectContext.SaveChanges();
```

Nach dem Aufruf von `SaveChanges()` sind alle gemachten Änderungen dauerhaft in der Datenbank abgelegt.

Soll genau das Gegenteil durchgeführt, d.h., eine Entität gelöscht werden, so reicht ein Aufruf der `DeleteObject()`-Methode des Objektkontextes. Zur Bestimmung, welche Entität dies sein soll, kann eine LINQ-Abfrage (aber auch eine Entity SQL-Abfrage, siehe *10.4.3, „Die CreateQuery()-Methode des Objektkontexts“*) verwendet werden.

```
// Objektkontext erstellen
LINQEntities KundenObjectContext = new LINQEntities();

// DateTime-Objekt als Parameter für LINQ-Abfrage
DateTime d = DateTime.Now.AddDays(-1);

// LINQ Abfrage
Bestellungen bestellung = (from b in KundenObjectContext.Bestellungen
where b.Zeitpunkt > d select b).FirstOrDefault();

if (bestellung != null)
    // Wenn eine Bestellung gefunden wurde, dann diese löschen
    KundenObjectContext.DeleteObject(bestellung);

// Änderungen speichern
KundenObjectContext.SaveChanges();
```

Entsprechende Entitäten, die sich „unterhalb“ der gelöschten Entität befinden und ohne diese nicht existieren können, werden automatisch ebenfalls aus der Datenbank entfernt.

Hinweis:

Zum Löschen mehrerer Entitäten muss eine entsprechende Schleife durchlaufen werden, welche die `DeleteObject()`-Methode für jede Entität aufruft.

10.6 Änderungen speichern

Änderungen, die vorgenommen werden, sind zunächst nur im Speicher vorhanden. Mithilfe der `SaveChanges()`-Methode des Objektkontextes lassen sich sämtliche Änderungen dauerhaft in der Datenbank speichern. Die Methode berücksichtigt dabei alle Änderungen, die seit dem letzten Speichern, dem Laden der Daten oder dem letzten Aufruf der `AcceptChanges()`-Methode stattgefunden haben, je nachdem, was zuletzt geschehen ist.

Wie Sie schnell erkennen werden, wird die folgende Kombination in der Datenbank niemals zu einer Änderung führen, da vor der Übertragung die Änderungen bereits wieder „vergessen" sind.

```
KundenObjectContext.AcceptAllChanges();

KundenObjectContext.SaveChanges();
```

Hinweis:

Bei der `AcceptAllChanges()`-Methode werden alle Änderungen sofort übernommen und sind nicht mehr als solche erkennbar. Es lassen sich so Änderungen vornehmen, ohne dass diese in die Datenbank geschrieben werden. Damit arbeitet diese Methode nach der gleichen Art wie die `AcceptChanges()`-Methode bei DataSets- und DataTable-Objekten.

Das korrekte Speichern erfolgt vielmehr erst, nachdem alle Änderungen durchgeführt wurden, durch den Aufruf der `SaveChanges()`-Methode. Um sicherzustellen, dass beim nächsten Speichern nur die neuen Änderungen in die Datenbank übertragen werden müssen, ruft `SaveChanges()` intern die `AcceptChanges()`-Methode auf.

10.6.1 Änderungskonflikte

Beim Speichern von Änderungen kann es immer zu Situationen kommen, in denen Änderungskonflikte, auch Parallelitätsverletzungen (Concurrency Conflicts) genannt, auftreten. Tritt beim Aufruf der `SaveChanges()`-Methode des Objektkontextes ein solcher Konflikt auf, wird dies durch eine Ausnahme signalisiert. Diese kann abgefangen und es kann entschieden werden, ob der Client (also die eigenen Änderungen) oder die Datenbank (also die Änderungen, die von anderer Seite gemacht wurden) dabei gewinnt. Zu diesem Zweck wird die `Refresh()`-Methode aufgerufen, deren erster Parameter einen Wert aus der `System.Data.Objects.RefreshMode`-Aufzählung darstellt, die dafür genau zwei Werte zulässt.

Tabelle 10.10 Mögliche Werte der RefreshMode-Aufzählung

Zustand	Beschreibung
`StoreWins`	Die Änderungen aus der Persistenzschicht werden übernommen und im lokalen gespeichert — die Änderungen von anderer Seite gewinnen also.
`ClientWins`	Die eigenen Änderungen werden gespeichert und gewinnen somit. Für andere Clients kann dies wiederum zu eigenen Konflikten führen.

Das folgende Codebeispiel zeigt, wie das generelle Vorgehen aussieht. Es zeigt, wie Änderungen an einem Kunden durchgeführt werden.

```
// Objektkontext erstellen
LINQEntities KundenObjectContext = new LINQEntities();

// Nun Änderungen an Daten durchführen
Kunden Kunde = KundenObjectContext.Kunden
    .Where(k => k.Name ==
        "Müller AG").FirstOrDefault();
if (Kunde != null)
{
    // Änderungen durchführen, wenn der Kunden gefunden wurde
    Kunde.Name = "Müller GmbH";
    Kunde.Ort = "Frankfurt";
}

try
{
    // Zunächst der Versuch, die Änderungen zu speichern

    KundenObjectContext.SaveChanges();
}
catch (OptimisticConcurrencyException)
{
    // Die Parallelitätsverletzungen lösen
    KundenObjectContext.Refresh(RefreshMode.ClientWins, Eunde);

    // Nun können die Daten gespeichert werden. Dabei kann es theoretisch
    // wieder zu einer OptimisticConcurrencyException-Ausnahme kommen
    // diese führt dann zum Abbruch des Speicherns
    KundenObjectContext.SaveChanges();
}
```

Durch dieses Vorgehen kann auch für unterschiedliche Entitäten von Fall zu Fall auch `ClientsWins` und/oder `StoreWins` angegeben werden. Wichtig ist nur, dass alle Konflikte beseitigt wurden, bevor ein erneuter Versuch unternommen wird, um die Änderungen zu speichern.

10.6.2 Transaktionen

Sollen mehrere Abfragen nach dem Alles-oder-nichts-Prinzip ausgeführt werden, so kann mittels der `System.Transaction.TransactionScope`-Klasse ein Block definiert werden, der die entsprechenden Abfragen umfasst.

Wichtig:

Vor Verwendung der `TransactionScope`-Klasse muss dem Projekt ein Verweis auf die `System.Transactions`-Assembly hinzugefügt werden.

Diese Änderungen werden dann wie gewohnt vollzogen und müssen zum Schluss mit einem Aufruf der `Complete()`-Methode abgeschlossen werden. Dieser Aufruf stellt also das Pendant zum `COMMIT TRAN`-Befehl in T-SQL dar. Fehlt der Aufruf, so wird die Transaktion automatisch verworfen, sodass die Daten in Ihren Ursprungszustand zurückversetzt werden. Da die `TransactionScope`-Klasse die `IDisposable`-Schnittstelle implementiert, bietet sich der Einsatz eines `using`-Blocks an. Wird dieser verlassen ohne `Complete()`-Aufruf, so sorgt der implizite Aufruf der `Dispose()`-Methode dafür, dass die Transaktion wie erwähnt verworfen wird.

Kommt es bei der Transaktion zu Fehlern, so wird dies mittels einer Handvoll Ausnahmen signalisiert, die allesamt von `System.Transaction.TransactionException` ableiten. Die wohl wichtigste unter ihnen ist die `TransactionAbortedException`-Ausnahme, die anzeigt, dass die Methode nicht wie gewünscht abgeschlossen werden konnte.

Das folgende Beispiel zeigt das Vorgehen mit `using`-Block und der Behandlung von Ausnahmen.

```
try
{
    // TransactionScope-Objekt erstellen.
    using (TransactionScope tran = new TransactionScope())
    {
        // Hier können wie gewohnt einzelne Änderungen via
        // LINQ to Entities vorgenommen werden, auch wenn diese
        // sich auf unterschiedliche Kontexte beziehen
        ...

        // Transaktion abschließen und damit alle Änderungen
        // dauerhaft übernehmen.
        // Bleibt der Aufruf aus, so werden nach Verlassen des
        // using-Blocks alle Änderungen wieder verworfen
        tran.Complete();
    }
}
catch (TransactionAbortedException)
{
    // Die Transaktion wurde nicht mit Complete() abgeschlossen
}
catch (TransactionException)
{
    // Etwas anderes, Schwerwiegendes ist mit dem Transaktionsblock
    // schiefgelaufen
}
```

Da der Einsatz von `TransactionScope`-Blöcken nicht nur auf das Entity Framework beschränkt ist, sondern auch mit anderen, transaktionsfähigen Komponenten (z.B. der SqlClient) funktioniert, können so Änderungen an unterschiedlichen Quellen zusammengefasst werden. Sogar Änderungen über mehrere Datenbanken/Server sind machbar.

Hinweis:
Der EntityClient verfügt sowohl über eine eigene `EntityTransaction`-Klasse für Transaktionen als auch über eine eigene `EntityExpception`-Klasse, mit der Fehler signalisiert werden. Weitere Informationen finden Sie im Abschnitt *10.4.4*, „System.Data.EntityClient".

10.6.3 Self Tracking Entities

In verteilten Szenarien ist es von erheblichem Vorteil, mit Objekten arbeiten zu können, die selbstständig in der Lage sind, Änderungen an ihren Daten zu registrieren und zu verwalten. Solche Objekte können dann vom Backend an den Client übertragen werden, dort vom Anwender bearbeitet und anschließend zurück an das Backend übertragen werden, wo deren Änderungen in der Datenbank gespeichert werden. `DataTable` und `DataSet` sind z.B. solche Objekte (siehe Kapitel *7, „DataSets“*). Leider bieten diese nicht die Vorzüge bei der Entwicklung, wie es das Entity Framework tut, das wiederum für solche Szenarien e-her ungeeignet ist.

Die Lösung sind sogenannte Self Tracking Entities (STE), welche die beiden gewünschten Eigenschaften miteinander vereinen und dabei noch für die Übertragung mittels WCF[10], der aktuellen Übertragungstechnologie von Microsoft, optimiert wurden.

Wichtig:

Dieses Feature ist zurzeit nur Bestandteil des Microsoft Entity Framework Feature CTP und nicht Bestandteil von Visual Studio 2010. Dieses muss extra heruntergeladen und installiert werden. Den Link zum ADO.NET Team Blog finden Sie hier. Dort auf der Seite ist auch ein Link für den Download zu finden.[11]

STE werden durch Textvorlagen, sogenannte Text Template Transformation (auch T4 genannt) realisiert. T4 ist eine domänenspezifische Beschreibungssprache, die bei der Entwicklung ausgeführt wird und deren „Ausgabe“ eine fertige Codedatei ist.

Erstellt werden STE durch den Befehl „Neues Codegenerierungselement hinzufügen“ aus dem Kontextmenü des Entitätenmodells (Rechtsklick irgendwo auf den freien Bereich). Im daraufhin erscheinenden Dialog muss die entsprechende Textvorlage ausgewählt werden, die dann für das Entitätenmodell ausgeführt wird. Anschließend sind die Vorlage und die generierte Codedatei Bestandteil des Projektes.

Hinweis:

T4 war auch schon mit Visual Studio 2005 möglich. Dazu musste nur die Erweiterung einer Datei in „tt“ verändert werden.

---

[10] WCF: Windows Communication Foundation

[11] http://blogs.msdn.com/adonet/archive/2009/11/04/ado-net-entity-framework-community-technology-preview-released.aspx

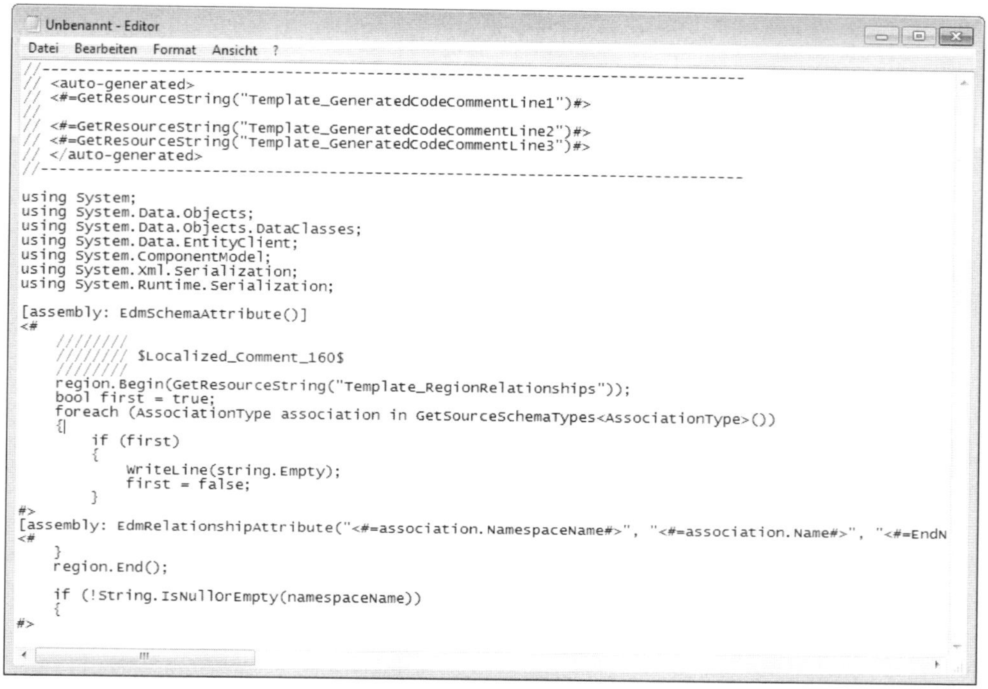

Unbenannt - Editor

Datei Bearbeiten Format Ansicht ?

```
//------------------------------------------------------------------------------
// <auto-generated>
// <#=GetResourceString("Template_GeneratedCodeCommentLine1")#>
//
// <#=GetResourceString("Template_GeneratedCodeCommentLine2")#>
// <#=GetResourceString("Template_GeneratedCodeCommentLine3")#>
// </auto-generated>
//------------------------------------------------------------------------------

using System;
using System.Data.Objects;
using System.Data.Objects.DataClasses;
using System.Data.EntityClient;
using System.ComponentModel;
using System.Xml.Serialization;
using System.Runtime.Serialization;

[assembly: EdmSchemaAttribute()]
<#
    ////////
    //////// $Localized_Comment_160$
    ////////
    region.Begin(GetResourceString("Template_RegionRelationships"));
    bool first = true;
    foreach (AssociationType association in GetSourceSchemaTypes<AssociationType>())
    {
        if (first)
        {
            WriteLine(string.Empty);
            first = false;
        }
#>
[assembly: EdmRelationshipAttribute("<#=association.NamespaceName#>", "<#=association.Name#>", "<#=EndN
<#
    }
    region.End();

    if (!String.IsNullOrEmpty(namespaceName))
    {
#>
```

Abbildung 10.21 Ausschnitt aus einer TT-Datei im Windows-eigenen Editor

10.7 Code-Only

Abgesehen von der Arbeit mit dem grafischen Designer gibt es noch einen anderen Weg, um mit dem ADO.NET Entity Framework 4.0 zu arbeiten. Dies kommt, wie der Name dieses Abschnitts schon vermuten lässt, ohne grafischen Designer aus und verwendet nur Quelltext.

Wichtig:

Dieses Feature ist zurzeit nur Bestandteil des Microsoft Entity Framework Feature CTP und nicht Bestandteil von Visual Studio 2010. Dieses muss extra heruntergeladen und installiert werden. Den Link des ADO.NET Team Blogs finden Sie hier. Dort auf der Seite ist auch ein Link für den Download zu finden.[12]

Dieser Ansatz eignet sich besonders für Anwendungen, bei denen Objekte gespeichert werden sollen, ohne dass zuvor die benötigten Tabellen in der Datenbank erzeugt werden müssen und ohne dass ein Entitätenmodell erzeugt werden muss. Es reicht, dass die Entitä-

[12] http://blogs.msdn.com/adonet/archive/2009/11/04/ado-net-entity-framework-community-technology-preview-released.aspx

ten als „gewöhnliche" Klassen vorhanden sind, die über die entsprechenden Eigenschaften verfügen.

Tipp:

Der Code-Only-Ansatz eignet sich praktisch quasi nur für einfache Szenarien, in denen eine Handvoll einfache Entitäten zum Einsatz kommen. Steigt der Umfang, so ist es meist wohl effizienter, auf diesen Ansatz zu verzichten. Außerdem besteht die Möglichkeit, die Datenbank für die Speicherung des Objekts gleich mit zu erstellen. Dies muss für den Anwendungsfall ebenfalls passend sein. Da das ADO.NET Entity Framework von der Datenbank unabhängig ist, muss es jedoch keine SQL Server-Datenbank sein, sondern kann z.B. auch eine Microsoft Access-Datenbank als Datenspeicher zum Einsatz kommen.

Hinweis:

Wer genau hinschaut, erkennt, dass dieser Ansatz viele Basisklassen und Techniken verwendet, die auch der grafische Designer beim Erstellen der CodeBehind-Quelltextdateien nutzt — nur einfacher und übersichtlicher.

Der Einsatz von Code-Only setzt drei Schritte voraus, die in den folgenden Abschnitten beschrieben werden. Als Beispiel sollen die Kunden eines Konditormeisters verwendet werden, die bei ihm eine oder mehrere (theoretisch auch keine) Torte bestellen können[13].

10.7.1.1 Die Entitäten

Zunächst ist da erst einmal eine Klasse für Torten. Torten haben eine Bezeichnung, ein Gewicht, eine Beschreibung und aus technischen Gründen eine eindeutige ID. Für jede dieser Eigenschaften werden entsprechende C#-Eigenschaften vom gewünschten Datentyp erstellt.

```
public class Torte
{
    // Eindeutige ID
    public int TorteId { get; set; }

    // Eigenschaften
    public string Name { get; set; }
    public double Gewicht { get; set; }
    public string Beschreibung { get; set; }
}
```

Für den Kunden wird ebenfalls eine Klasse erstellt. Ein Kunde verfügt ebenfalls über einen Namen, eine Adresse, eine Bemerkung und aus technischen Gründen natürlich auch eine eindeutige ID.

Da ein Kunde jedoch beliebig viele Torten bestellen kann, wird zusätzlich eine Eigenschaft benötigt, die eine generische Auflistung für den Typ `Torte` darstellt.

```
public class Kunde
{
    // Konstruktor
```

[13] Der Autor hofft, dem geneigten Leser damit Code-Only schmackhafter machen zu können.

```
        public Kunde()
        {
            // Leere Torten-Liste anlegen
            Torten = new List<Torte>();
        }

        // Eindeutige ID
        public int KundeId { get; set; }

        // Liste aller Torten
        public List<Torte> Torten { get; set; }

        // Eigenschaften
        public string Name { get; set; }
        public string Adresse { get; set; }
        public string Beschreibung { get; set; }
    }
```

Damit sind die beiden Objekte, die verwendet werden sollen, definiert. Keine der beiden Klassen verfügt über irgendwelche Besonderheiten, die auf das ADO.NET Entity Framework hinweisen, weshalb der Code-Only-Ansatz sich gut für schon bestehende Klassen eignet. Es folgt die Implementierung des benötigten Objektkontextes.

10.7.1.2 Der Objektkontext

Die Klasse für den Objektkontext muss von der Klasse `System.Data.Objects.ObjectContext` ableiten. Neben dem notwendigen Konstruktor benötigt sie außerdem für jede Entität eine Eigenschaft, deren Rückgabe die generische `System.Data.Objects.IObjectSet<>`-Schnittstelle implementiert. Ohne Aufwand kann dies durch die Verwendung der ebenfalls generischen `CreateObjectSet<>()`-Methode geschehen.

```
using System.Data.Objects;
using System.Data.EntityClient;

public class TortenMaxContext : ObjectContext
{
    // Konstruktor
    public TortenMaxContext(EntityConnection con)
        : base(con, "TortenMaxContext")
    { }

    // Objekt-Set für Torten
    public IObjectSet<Torte> Torten
    {
        get
        {
            return CreateObjectSet<Torte>();
        }
    }

    // Objekt-Set für Kunden
    public IObjectSet<Kunde> Kunden
    {
        get
        {
            return CreateObjectSet<Kunde>();
        }
    }
}
```

Mithilfe dieser Klasse können nun die beiden Klassen in einer Datenbank gespeichert und natürlich auch wieder geladen werden.

10.7.1.3 Verwendung von Entitäten und des Objektkontextes

Die Verwendung der Entitäten und des Objektkontextes gestaltet sich recht einfach. Für den Zugriff auf die Datenbank reicht eine gültige Verbindungszeichenfolge (für SQL Server siehe *5.2.5, „Verbindungszeichenfolge (Connection String)“*).

Der notwendige Objektkontext wird mittels `ContextBuilder.Create<>()` erzeugt. Der so erstellte Kontext kommt ohne Metadaten aus, wie sie vom generischen Designer erzeugt werden.

Ebenso verfügt dieser über Methoden zur Erkennung, ob die gewünschte Datenbank (aus der Verbindungszeichenfolge) schon existiert. Ist das der Fall, kann sie auf Wunsch gelöscht, andernfalls angelegt werden.

Das folgende Beispiel zeigt konkret, wie die selbst gemachten Entitäten und der Objektkontext verwendet werden.

```
// Notwendigen Namenraum einführen
using Microsoft.Data.Objects;

// Verbindungszeichenfolge für Zugriff auf SQL Server-Datenbank
const string SqlConString = @"...;";

using (TortenMaxContext tmc =
    ContextBuilder.Create<TortenMaxContext>(SqlConString))
{
    // Wenn die Datenbank schon existiert => löschen
    if (tmc.DatabaseExists())
        tmc.DropDatabase();

    // Datenbank erzeugen
    tmc.CreateDatabase();

    // Kunden anlegen
    Kunde k = new Kunde();
    k.KundeId = 1;
    k.Name = "Theo Tortenesser";
    k.Adresse = "Kalorienweg 1, 12345 Hohen Zuckerhut";

    // Torten anlegen und anfügen
    k.Torten.Add(new Torte()
        { TorteId = 1, Name = "Erdbeertorte", Gewicht = 500 });
    k.Torten.Add(new Torte()
        { TorteId = 2, Name = "Große Torte", Gewicht = 1000 });
    k.Torten.Add(new Torte()
        { TorteId = 3, Name = "Noch größere Torte", Gewicht = 1500 });

    // Kunde in den Objektkontext einfügen
    tmc.Kunden.AddObject(k);

    // Und in der Datenbank speichern
    tmc.SaveChanges();
}
```

Nachdem die Datenbank erstellt und die Daten gespeichert wurden, befinden sich in der Datenbank zwei Tabellen, für jede Entität eine.

Register

B

C

D

E

F

G

H

I

J

K

L

M

N

O